新訂
政治家人名事典

明治〜昭和

日外アソシエーツ

Japanese Statesmen
A
Biographical Dictionary
from 1868 to 1988

Revised Edition

Compiled by
Nichigai Associates, Inc.

©2003 by Nichigai Associates, Inc.
Printed in Japan

本書はディジタルデータでご利用いただくことができます。詳細はお問い合わせください。

●編集担当● 盆子原 和幸
装 丁：赤田 麻衣子

刊行にあたって

　国民の政治離れ、政治に対する無関心が指摘されて既に久しい。特に都市部や若年層における投票率の低下が顕著であるという。度重なる政治家の金銭をめぐるスキャンダルや、密室型のわかりにくい政治運営に対する不信・不満が、その要因となっていると推察される。

　しかしながら、ここ数年来、我々国民を取り巻く状況が、とても政治に無関心でいられるものではなくなってきているのもまた事実である。国内においては、バブル崩壊以降景気は低迷し、株価の下落や失業率の上昇など、依然として経済は停滞したままであり、大手企業の不正事件やトラブル隠しが相次ぎ、少子高齢化や犯罪の低年齢化の問題など、国や自治体の行政機関として果たすべき役割や責任が改めて問われている。一方、国外においては、テロ事件や戦争、諸外国の核兵器保有問題など、国の安全保障政策に影響を及ぼす問題が続出し、環境問題や経済問題とともに、国際社会における日本の的確な指針としての外交政策が政府に求められている。「聖域なき構造改革」を掲げて2001年4月に発足した小泉内閣が一時とはいえ空前の支持率を記録したのも、こうした国民の政治に対する期待の表出といえるだろう。

　平成時代以降の日本の政治は、戦後永く続いてきた「55年体制」の終結を経て、政界再編成と呼ばれる動きの中で、新しい政治の骨格づくりに向けての模索の時代が続いている。ある意味では、こうした時代であるからこそ、我々と政治との関わりを見つめ直す良い機会であるといえるのではないだろうか。現在の我々にとって、参政権とは、憲法により保障された国民として当然の権利である。しかし、ここに至るまでには、明治維新による近代政治体制の導入に

始まり、自由民権運動と国会開設、政党政治の展開と大正デモクラシー、社会主義運動と右翼・軍部勢力の台頭、女性参政権の実施と昭和の戦後改革など、いくつもの困難な局面と時代を経てこなければならなかったのであり、そうした日本政治史の節目において活躍した政治家とその事績に触れることは、けして意味のないことではないと思われる。

　小社では、1990年に明治期以降の中央政治家を収録した「政治家人名事典」を刊行した。本書はその新訂版であり、前版に収録した国政分野の政治家に加え、都道府県・大都市の地方政治家や、自由民権運動などで活躍した政治活動家など4,315人を収録した人名事典である。昭和末期から平成にかけての中央・地方政治家を収録した「現代政治家人名事典」(1999年1月刊)と合わせてご利用いただくと、近現代の日本の政治家を一望できることになる。

　本書編集にあたっては業績や経歴など可能な限り調査に努めたが、不十分な点も多々あると思われる。また、当然収録すべき人物にも関わらず調査が行き届かずに未収録となった例もあると思われる。お気付きの点など御指摘いただければ幸いである。

　本書が、さまざまな問題を抱えて混迷する日本の政治状況において、また、激動の度合いを増す世界情勢の中で、日本の政治家に問われているものを見極める一助となることを願いたい。

　　2003年9月

　　　　　　　　　　　　　　　　　　　　日外アソシエーツ

凡　例

1. 基本方針
1) 1868年(明治1)から1988年(昭和63)までの期間に活動・活躍した政治家4,315人を収録した。
2) 上記に該当する国会議員・歴代内閣閣僚の中央政治家、公選都道府県知事・政令指定都市市長全員と顕著な業績のある官選知事(県令)・市町村長の地方政治家、および自由民権運動や社会主義運動などに従事した著名な政治活動家を収録対象とした。

2. 人名見出し
1) 見出しには、政治家として一般的に通用している名前を本名、芸名等の別なく採用した。採用しなかった名前については適宜、参照見出しとした。
2) 使用漢字は原則常用漢字、新字体に統一した。

3. プロフィール
記載事項およびその順序は以下の通り。

肩書・職業(所属政党、選挙区)／㊟ 専攻分野／㊤ 生年月日／� 没年月日／㊲ 出生(出身)地／本名、旧姓(名)、別名／㊎ 学歴、学位／㊨ 資格／㊸ 興味テーマ／㊏ 受賞名／㊧ 経歴／㊵ 所属団体名／㊹ 趣味／㊶ 家族

4. 主な参考資料
「データベースWHO」　日外アソシエーツ
「新編　日本の歴代知事」　歴代知事編纂会
「日本の歴代市長」　第1巻～第3巻　歴代知事編纂会
その他各種人名録、人名事典、政治関連の文献など

収録人名一覧

【あ】

相川 勝六 ········· 3
藍川 清成 ········· 3
逢沢 寛 ··········· 3
相沢 重明 ········· 3
相沢 武彦 ········· 3
愛沢 寧堅 ········· 3
逢沢 英雄 ········· 3
相沢 英之 ········· 3
相島 勘次郎 ······· 4
愛知 和男 ········· 4
愛知 揆一 ········· 4
愛野 興一郎 ······· 4
愛野 時一郎 ······· 4
青井 政美 ········· 5
青木 一男 ········· 5
青木 作雄 ········· 5
青木 重臣 ········· 5
青木 茂 ··········· 5
青木 周蔵 ········· 5
青木 薪次 ········· 6
青木 精一 ········· 6
青木 清左ヱ門 ····· 6
青木 孝義 ········· 6
青木 正 ··········· 6
青木 信光 ········· 6
青木 正久 ········· 6
青木 理 ··········· 7
青木 亮貫 ········· 7
青島 幸男 ········· 7
青地 雄太郎 ······· 7
青野 武一 ········· 7
青柳 郁次郎 ······· 7
青柳 一郎 ········· 8
青柳 秀夫 ········· 8
青柳 盛雄 ········· 8
青山 憲三 ········· 8
青山 正一 ········· 8

青山 丘 ··········· 8
青山 元 ··········· 8
青山 幸宜 ········· 8
赤井 景韶 ········· 9
赤尾 敏 ··········· 9
赤木 格堂 ········· 9
赤木 亀一　⇒赤木格堂 を見よ
赤木 桁平 ········· 9
赤木 正雄 ········· 9
赤城 宗徳 ········· 9
赤桐 操 ··········· 10
赤沢 正道 ········· 10
赤路 友蔵 ········· 10
県 忍 ············· 10
茜ケ久保 重光 ····· 10
赤間 文三 ········· 10
赤松 勇 ··········· 10
赤松 克麿 ········· 11
赤松 常子 ········· 11
赤松 椋園 ········· 11
秋岡 義一 ········· 11
秋月 種樹 ········· 11
秋月 種殷 ········· 11
秋田 映季 ········· 12
秋田 清 ··········· 12
秋田 大助 ········· 12
彰仁親王　⇒小松宮彰仁 を見よ
穐山 篤 ··········· 12
秋山 俊一郎 ······· 12
秋山 長造 ········· 12
秋山 定輔 ········· 12
秋山 利恭 ········· 13
阿具根 登 ········· 13
阿子島 俊治 ······· 13
浅井 一郎 ········· 13
浅井 亨 ··········· 13
浅井 美幸 ········· 13
浅石 恵八 ········· 13
浅岡 信夫 ········· 13
浅香 克孝 ········· 13
浅香 忠雄 ········· 14
浅川 浩 ··········· 14

(6)

朝倉 親為	14	阿部 千一	22
浅田 徳則	14	阿部 武智雄	22
安里 積千代	14	阿部 竹松	22
浅沼 稲次郎	14	阿部 徳三郎	22
浅沼 享子	15	阿部 信行	22
浅野 順平	15	阿部 浩	22
浅野 長勲	15	阿部 文男	22
浅野 拡	15	阿部 未喜男	23
浅羽 靖	15	安倍 能成	23
浅原 健三	15	安部井 磐根	23
浅利 三朗	15	安保 清種	23
足鹿 覚	16	天春 文衛	23
芦田 均	16	天田 勝正	24
飛鳥田 一雄	16	天野 公義	24
東 隆	16	天野 光晴	24
東 武	16	天野 為之	24
東 龍太郎	17	天野 貞祐	24
麻生 太賀吉	17	天野 久	25
麻生 太郎	17	天野 等	25
麻生 久	17	天埜 良吉	25
麻生 良方	18	甘利 正	25
阿竹 斉次郎	18	綾部 健太郎	25
足立 梅市	18	綾部 惣兵衛	25
安達 謙蔵	18	鮎川 義介	25
足立 篤郎	18	新井 京太	26
足立 正声	18	新井 啓一郎	26
阿南 惟幾	18	荒井 賢太郎	26
穴水 要七	19	新井 章吾	26
安孫子 藤吉	19	新居 善太郎	26
安部 磯雄	19	新井 彬之	26
阿部 興人	19	新垣 弓太郎	26
安倍 寛	19	荒川 義太郎	26
安部 清美	20	荒川 五郎	27
阿部 邦一	20	荒木 貞夫	27
阿部 憲一	20	荒木 正三郎	27
安倍 源基	20	荒木 武	27
阿部 賢吉	20	荒木 寅三郎	27
阿部 源蔵	20	荒木 万寿夫	28
阿部 行蔵	20	荒畑 寒村	28
阿部 五郎	21	荒船 清十郎	28
阿部 茂夫	21	荒巻 禎一	28
安部 俊吾	21	有島 重武	28
阿部 昭吾	21	有栖川宮 熾仁	29
安倍 晋太郎	21	有田 一寿	29
阿部 助哉	21	有田 喜一	29

ありた　　　　収録人名一覧

有田 二郎 ……………………… 29
有田 八郎 ……………………… 30
有地 品之允 …………………… 30
有馬 英治 ……………………… 30
有馬 英二 ……………………… 30
有馬 秀雄 ……………………… 30
有馬 道純 ……………………… 30
有馬 美利 ……………………… 31
有馬 元治 ……………………… 31
有馬 頼寧 ……………………… 31
有馬 良橘 ……………………… 31
有松 英義 ……………………… 31
有森 新吉 ……………………… 31
有吉 忠一 ……………………… 31
粟谷 品三 ……………………… 32
粟屋 仙吉 ……………………… 32
淡谷 悠蔵 ……………………… 32
安西 愛子　⇒志村愛子 を見よ
安宅 常彦 ……………………… 32
安藤 巌 ………………………… 32
安藤 覚 ………………………… 32
安藤 紀三郎 …………………… 33
安藤 九華 ……………………… 33
安藤 謙介 ……………………… 33
安藤 孝三 ……………………… 33
安藤 新太郎 …………………… 33
安藤 直行 ……………………… 33
安藤 正純 ……………………… 33
安東 義良 ……………………… 34
安中 忠雄 ……………………… 34
安楽 兼道 ……………………… 34

【 い 】

井伊 誠一 ……………………… 34
井伊 直憲 ……………………… 34
井伊 直安 ……………………… 34
伊井 弥四郎 …………………… 34
飯塚 定輔 ……………………… 35
飯塚 春太郎 …………………… 35
飯塚 盈延 ……………………… 35
飯塚 森蔵 ……………………… 35
飯田 精太郎 …………………… 35

飯田 忠雄 ……………………… 35
飯田 義茂 ……………………… 36
飯村 五郎 ……………………… 36
飯村 丈三郎 …………………… 36
伊江 朝助 ……………………… 36
伊江 朝雄 ……………………… 36
家永 芳彦 ……………………… 36
家野 猛之 ……………………… 36
井岡 大治 ……………………… 36
伊賀 貞雪 ……………………… 37
五十嵐 吉蔵 …………………… 37
五十嵐 広三 …………………… 37
井川 伊平 ……………………… 37
井川 忠雄 ……………………… 37
生田 宏一 ……………………… 37
生田 和平 ……………………… 37
池上 隆祐 ……………………… 37
池谷 信一 ……………………… 38
池崎 忠孝　⇒赤木桁平 を見よ
生悦住 貞太郎 ………………… 38
池田 章政 ……………………… 38
池田 淳 ………………………… 38
池田 宇右衛門 ………………… 38
池田 克也 ……………………… 38
池田 亀治 ……………………… 38
池田 清 ………………………… 38
池田 成彬 ……………………… 38
池田 七郎兵衛 ………………… 39
池田 直 ………………………… 39
池田 恒雄 ……………………… 39
池田 禎治 ……………………… 39
池田 徳治 ……………………… 39
池田 勇人 ……………………… 39
池田 秀雄 ……………………… 40
池田 政礼 ……………………… 40
池田 正之輔 …………………… 40
池田 行彦 ……………………… 40
池田 慶徳 ……………………… 40
池端 清一 ……………………… 40
井坂 孝 ………………………… 40
井阪 豊光 ……………………… 41
伊坂 秀五郎 …………………… 41
伊沢 修二 ……………………… 41
伊沢 多喜男 …………………… 41
石井 菊次郎 …………………… 41

石井 桂	41	石本 鑽太郎	49
石井 三郎	42	石本 茂	49
石井 繁丸	42	石本 新六	50
石井 省一郎	42	石山 権作	50
石井 一	42	石山 寅吉	50
石井 光次郎	42	伊集院 俊	50
石川 栄一	42	伊集院 彦吉	50
石河 京市	43	石渡 荘太郎	50
石川 金次郎	43	石渡 敏一	50
石川 準吉	43	伊豆 富人	51
石川 次夫	43	和泉 邦彦	51
石川 半山	43	泉 敬太郎	51
石川 総管	43	和泉 照雄	51
石川 要三	43	泉山 三六	51
石黒 涵一郎	44	岩動 道行	51
石黒 武重	44	磯貝 浩	51
石黒 忠篤	44	磯崎 貞序	51
石黒 忠悳	44	磯田 正則	51
石坂 繁	44	磯野 庸幸	52
石坂 豊一	45	磯部 四郎	52
石坂 昌孝	45	磯辺 尚	52
石坂 公歴	45	磯山 清兵衛	52
石坂 養平	45	井田 磐楠	52
石塚 英蔵	45	井田 友平	52
石田 一松	45	板垣 清一郎	52
石田 英吉	46	板垣 征四郎	52
石田 貫之助	46	板垣 退助	53
石田 孝吉	46	板垣 武四	53
石田 幸四郎	46	板垣 正	53
石田 次男	46	板垣 守正	53
石田 博英	46	板川 正吾	53
石田 宥全	47	板倉 勝憲	54
石谷 伝四郎	47	板倉 胤臣	54
伊地知 正治	47	板倉 中	54
石野 久男	47	井谷 正吉	54
石破 二朗	47	板野 勝次	54
石橋 一弥	47	板野 友造	54
石橋 湛山	48	板原 伝	54
石橋 政嗣	48	板谷 順助	55
石原 円吉	48	市川 正一	55
石原 幹市郎	48	市川 正一	55
石原 健三	48	市川 房枝	55
石原 慎太郎	48	市川 雄一	55
石原 半右衛門	49	市来 乙彦	55
石村 英雄	49	一木 喜徳郎	56

いちし　　　　　　収録人名一覧

一条 実孝	56	稲垣 示	63
一宮 房治郎	56	稲垣 長敬	63
一万田 尚登	56	稲垣 平太郎	63
一柳 仲次郎	56	稲垣 義方	63
一龍斎 貞鳳　⇒今泉貞鳳 を見よ		稲田 直道	63
井手 以誠	57	稲田 昌植	64
井出 一太郎	57	稲田 又左衛門	64
井手 三郎	57	稲富 稜人	64
井出 繁三郎	57	稲葉 修	64
井手 敏彦	57	稲葉 誠一	64
井手 毛三	57	稲葉 道意	64
出井 兵吉	57	稲葉 正善	65
伊藤 郁男	58	稲葉 稔	65
伊藤 一郎	58	稲嶺 一郎	65
伊東 岩男	58	稲村 佐近四郎	65
伊藤 卯四郎	58	稲村 順三	65
伊藤 修	58	稲村 利幸	65
伊藤 憲一	58	稲村 隆一	66
伊藤 顕道	58	犬養 健	66
伊藤 郷一	59	犬養 毅	66
伊藤 公介	59	井野 次郎	66
伊藤 好道	59	井野 碩哉	67
伊藤 五郎	59	伊能 繁次郎	67
伊藤 三郎	59	井上 泉	67
伊藤 茂	59	井上 一成	67
伊藤 実雄	60	井上 馨	67
伊藤 祐昌	60	井上 角五郎	67
伊藤 宗一郎	60	井上 勝之助	68
伊藤 惣助丸	60	井上 吉夫	68
伊藤 大八	60	井上 計	68
伊藤 徳三	60	井上 敬之助	68
伊藤 徳太郎	60	井上 剛一	68
伊東 知也	61	井上 孝哉	68
伊藤 述史	61	井上 毅	68
伊藤 博文	61	井上 三郎	69
伊藤 昌弘	61	井上 信貴男	69
伊東 正義	61	井上 準之助	69
伊東 光次	61	井上 甚太郎	69
伊東 巳代治	62	井上 清一	69
伊東 要蔵	62	井上 孝	69
伊藤 よし子	62	井上 高格	70
伊藤 律	62	井上 卓一	70
伊東 隆治	63	井上 赳	70
稲浦 鹿蔵	63	井上 匡四郎	70
稲垣 実男	63	井上 伝蔵	70

井上 東治郎	70	岩上 二郎	77
井上 篤太郎	70	岩神 昴	77
井上 友一	71	岩川 与助	77
井上 知治	71	岩木 哲夫	77
井上 なつゑ	71	岩切 重雄	77
井上 彦左衛門	71	岩倉 具定	77
井上 広居	71	岩倉 具経	77
井上 密	71	岩倉 具視	78
井上 裕	71	岩佐 恵美	78
井上 良二	72	岩崎 勲	78
井之口 政雄	72	岩崎 革也	78
猪野毛 利栄	72	岩崎 幸治郎	78
猪俣 浩三	72	岩崎 小次郎	78
伊庭 貞剛	72	岩崎 純三	78
井原 岸高	73	岩崎 正三郎	79
井原 喜代太郎	73	岩沢 忠恭	79
井原 十郎 ⇒山田信道 を見よ		岩下 清周	79
井深 彦三郎	73	岩下 方平	79
伊部 真	73	岩瀬 亮	79
井堀 繁雄	73	岩田 宙造	79
今井 勇	73	岩田 義道	79
今井 磯一郎	73	岩垂 寿喜男	80
今井 耕	74	岩間 正男	80
今井 新造	74	岩村 高俊	80
今井 健彦	74	岩村 通俊	80
今井 嘉幸	74	岩村 通世	80
今泉 嘉一郎	74	岩元 信兵衛	81
今泉 正二 ⇒今泉貞鳳 を見よ		岩本 信行	81
今泉 貞鳳	74	岩本 晴之	81
今井田 清徳	75	岩本 武助	81
今枝 敬雄	75	岩本 政光	81
今川 正彦	75		
今澄 勇	75		
今西 林三郎	75	【う】	
今松 治郎	75		
今村 勤三	76	植木 枝盛	81
今村 忠助	76	植木 庚子郎	82
今村 等	76	植木 光教	82
井村 重雄	76	上草 義輝	82
井村 徳二	76	上杉 茂憲	82
伊能 芳雄	76	上田 建二郎 ⇒不破哲三 を見よ	
入江 嘉伝次 ⇒野村靖 を見よ		上田 耕一郎	82
入交 太蔵	76	上田 孝吉	83
伊礼 肇	77	上田 繁潔	83
岩男 仁蔵	77		

殖田 俊吉	83
上田 卓三	83
上田 保	83
上田 哲	83
上田 稔	84
植竹 繁雄	84
植竹 春彦	84
上塚 司	84
上野 富左右	84
上埜 安太郎	85
植場 平	85
上畠 益三郎	85
植原 悦二郎	85
上原 康助	85
上原 正吉	85
上原 勇作	85
上松 陽助	86
上村 千一郎	86
魚住 逸治	86
宇垣 一成	86
浮谷 竹次郎	86
受田 新吉	86
鵜崎 多一	87
鵜沢 宇八	87
鵜沢 総明	87
氏家 直国	87
潮 恵之輔	87
牛塚 虎太郎	87
牛田 寛	88
牛場 信彦	88
氏原 一郎	88
臼井 荘一	88
臼井 哲夫	88
臼井 日出男	88
宇田 国栄	89
宇田 耕一	89
宇田 恒	89
内ヶ崎 作三郎	89
内田 康哉	89
内田 善利	89
内田 常雄	89
内田 信也	90
内野 壮児	90
内野 辰次郎	90
内原 英郎	90
内村 清次	90
内山 岩太郎	90
宇都宮 徳馬	91
内海 清	91
内海 忠勝	91
内海 英男	91
内海 安吉	91
宇野 宗佑	92
宇野 亨	92
生方 大吉	92
梅川 文男	92
梅津 錦一	92
梅田 勝	92
梅原 真隆	93
梅村 速水	93
浦井 洋	93
浦野 幸男	93
浦野 烋興	93
占部 秀男	93
瓜生 清	93
漆 昌巌	94
海野 謙次郎	94
海野 三朗	94

【え】

江木 千之	94
江木 翼	94
江口 定条	94
江口 三省	95
江崎 一治	95
江崎 真澄	95
江島 淳	95
江角 千代次郎	95
江田 五月	95
江田 三郎	96
枝村 要作	96
江藤 智	96
江藤 源九郎	96
江藤 新作	96
江藤 新平	96
衛藤 征士郎	97
江藤 隆美	97

おおす

江藤 哲蔵 …………………… 97	大河原 太一郎 ………………… 104
衛藤 速 ……………………… 97	大木 遠吉 …………………… 104
榎本 武揚 …………………… 97	大木 正吾 …………………… 104
江原 素六 …………………… 97	大木 喬任 …………………… 104
戎谷 春松 …………………… 98	大木 浩 ……………………… 105
江間 俊一 …………………… 98	大木 操 ……………………… 105
遠藤 要 ……………………… 98	大来 佐武郎 ………………… 105
遠藤 源六 …………………… 98	正親町 実正 ………………… 105
遠藤 三郎 …………………… 98	正親町三条 実愛 ⇒嵯峨実愛 を見よ
遠藤 茂 ……………………… 98	
遠藤 胤城 …………………… 98	大口 喜六 …………………… 106
遠藤 秀景 …………………… 99	大久保 一翁 ………………… 106
遠藤 政夫 …………………… 99	大久保 武雄 ………………… 106
遠藤 柳作 …………………… 99	大久保 鉄作 ………………… 106
遠藤 良吉 …………………… 99	大久保 伝蔵 ………………… 106
	大久保 利通 ………………… 106
	大久保 留次郎 ……………… 107
【 お 】	大久保 直彦 ………………… 107
	大久保 弁太郎 ……………… 107
	大隈 重信 …………………… 107
及川 古志郎 ………………… 99	大隈 信常 …………………… 107
扇 千景 ……………………… 99	大隈 信幸 …………………… 108
近江 巳記夫 ………………… 100	大蔵 公望 …………………… 108
大麻 唯男 …………………… 100	大倉 三郎 …………………… 108
大井 憲太郎 ………………… 100	大倉 精一 …………………… 108
大井 成元 …………………… 101	大河内 正質 ………………… 108
大石 千八 …………………… 101	大坂 金助 …………………… 108
大石 八治 …………………… 101	大崎 清作 …………………… 108
大石 武一 …………………… 101	大迫 貞清 …………………… 108
大石 正巳 …………………… 101	大沢 嘉平治 ………………… 109
大石 大 ……………………… 101	大沢 久明 …………………… 109
大石 ヨシエ ………………… 102	大沢 喜代一 ⇒大沢久明 を見よ
大石 倫治 …………………… 102	大沢 雄一 …………………… 109
大泉 寛三 …………………… 102	大柴 滋夫 …………………… 109
大出 俊 ……………………… 102	大島 宇吉 …………………… 109
大内 一郎 …………………… 102	大島 健一 …………………… 109
大内 啓伍 …………………… 102	大島 定吉 …………………… 110
大内 暢三 …………………… 103	大島 友治 …………………… 110
大浦 兼武 …………………… 103	大島 寅吉 …………………… 110
大江 卓 ……………………… 103	大島 秀一 …………………… 110
大岡 育造 …………………… 103	大島 靖 ……………………… 110
大上 司 ……………………… 104	大島 要三 …………………… 110
大川 清幸 …………………… 104	大城 真順 …………………… 110
大川 光三 …………………… 104	大須賀 庸之助 ……………… 111
大河原 一次 ………………… 104	大杉 栄 ……………………… 111

(13)

おおす　　　　　　　　収録人名一覧

大角 岑生	111	大野 幸一	118
太田 淳夫	111	大野 伴睦	118
太田 一夫	111	大野 誠	118
太田 耕造	111	大野木 秀次郎	118
太田 信治郎	112	大場 茂馬	118
太田 誠一	112	大橋 和孝	118
太田 清蔵（4代目）	112	大橋 喜美	118
太田 朝敷	112	大橋 新太郎	119
太田 敏兄	112	大橋 武夫	119
太田 正孝	112	大橋 忠一	119
太田 政弘	112	大橋 敏雄	119
大高 康	113	大橋 正雄	119
大鷹 淑子 ⇒山口淑子 を見よ		大橋 頼摸	120
大竹 貫一	113	大原 一三	120
大竹 作摩	113	大原 亨	120
大竹 太郎	113	大原 博夫	120
大竹 平八郎	113	大東 義徹	120
大達 茂雄	113	大平 正芳	120
大谷 瑩潤	113	大村 襄治	121
大谷 嘉兵衛	114	大村 純雄	121
大谷 尊由	114	大村 清一	121
大谷 藤之助	114	大森 昭	121
大谷 靖	114	大森 創造	121
大谷 贇雄	115	大森 玉木	121
大津 淳一郎	115	大森 久司	121
大塚 惟精	115	大矢 省三	121
大塚 九一	115	大矢 四郎兵衛	122
大塚 喬	115	大屋 晋三	122
大塚 雄司	115	大矢 正	122
大坪 健一郎	115	大矢 半次郎	122
大坪 保雄	116	大屋 政夫	122
大鳥 圭介	116	大矢 正夫	122
大鳥 富士太郎	116	大山 郁夫	122
大西 伍一郎	116	大山 巌	123
大西 正道	116	大山 朝常	123
大西 俊夫	116	大山 綱昌	123
大西 正男	117	大山 綱良	124
大西 禎夫	117	岡 市之助	124
大貫 大八	117	岡 三郎	124
大沼 康	117	岡 延右衛門	124
大野 明	117	岡 正芳	124
大野 一造	117	岡 良一	124
大野 市郎	117	岡井 藤志郎	124
大野 亀三郎	117	岡内 重俊	124
大野 潔	117	小笠 公韶	125

岡崎 運兵衛	……………………	125
岡崎 英城	……………………	125
岡崎 勝男	……………………	125
岡崎 久次郎	…………………	125
岡崎 邦輔	……………………	125
岡崎 憲	………………………	125
岡崎 真一	……………………	126
岡崎 精郎	……………………	126
岡崎 万寿秀	…………………	126
小笠原 貞子	…………………	126
小笠原 貞正	…………………	126
小笠原 三九郎	………………	126
小笠原 忠忱	…………………	126
小笠原 長幹	…………………	127
小笠原 二三男	………………	127
小笠原 八十美	………………	127
岡田 伊太郎	…………………	127
岡田 喜久治	…………………	127
岡田 啓介	……………………	127
岡田 五郎	……………………	127
岡田 正平	……………………	128
岡田 信次	……………………	128
岡田 勢一	……………………	128
岡田 宗司	……………………	128
緒方 孝男	……………………	128
緒方 竹虎	……………………	128
岡田 忠彦	……………………	128
岡田 利春	……………………	129
岡田 春夫	……………………	129
岡田 春夫	……………………	129
尾形 兵太郎	…………………	129
岡田 広	………………………	129
岡田 正勝	……………………	129
岡田 温	………………………	129
岡田 良平	……………………	130
尾形 六郎兵衛	………………	130
岡野 清豪	……………………	130
岡野 敬次郎	…………………	130
岡部 三郎	……………………	130
岡部 次郎	……………………	130
岡部 長景	……………………	130
岡部 長職	……………………	131
岡村 文四郎	…………………	131
岡本 愛祐	……………………	131
岡本 悟	………………………	131
岡本 茂	………………………	131
岡本 実太郎	…………………	131
岡本 伝之助	…………………	131
岡本 富夫	……………………	132
岡本 隆一	……………………	132
岡本 弥	………………………	132
小川 一平	……………………	132
小河 一敏	……………………	132
小川 喜一	……………………	132
小川 国彦	……………………	132
小河 源一	……………………	132
小川 郷太郎	…………………	133
小川 省吾	……………………	133
小川 仁一	……………………	133
小川 新一郎	…………………	133
小川 泰	………………………	133
小川 半次	……………………	133
小川 久義	……………………	133
小川 平吉	……………………	134
小川 平二	……………………	134
小川 豊明	……………………	134
小川 三男	……………………	134
沖 外夫	………………………	134
沖本 泰幸	……………………	134
沖森 源一	……………………	134
大給 恒	………………………	135
奥 繁三郎	……………………	135
奥 久登	………………………	135
奥 むめお	……………………	135
小串 清一	……………………	135
奥田 栄之進	…………………	135
奥田 敬和	……………………	135
奥田 信吾	……………………	136
奥田 八二	……………………	136
奥田 幹生	……………………	136
奥田 義人	……………………	136
奥田 柳蔵	……………………	136
奥田 良三	……………………	136
奥平 昌邁	……………………	137
奥野 市次郎	…………………	137
奥野 小四郎	…………………	137
奥野 誠亮	……………………	137
奥村 悦造	……………………	137
奥村 嘉蔵	……………………	137
奥村 竹三	……………………	137

おくむ　　　　　収録人名一覧

奥村 栄滋	137
奥村 又十郎	138
小倉 久	138
小倉 正恒	138
小此木 彦三郎	138
尾崎 三良	138
尾崎 末吉	138
尾崎 忠治	138
尾崎 元次郎	139
尾崎 行雄	139
尾崎 行輝	139
長田 武士	139
長田 桃蔵	139
長田 裕二	140
小里 貞利	140
小山内 鉄弥	140
小沢 愛次郎	140
小沢 一郎	140
小沢 和秋	141
小沢 久太郎	141
小沢 潔	141
小沢 佐重喜	141
小沢 武雄	141
小沢 辰男	141
小沢 太郎	141
小沢 貞孝	142
押川 則吉	142
押川 方義	142
押谷 富三	142
小田 貫一	142
小田 栄	142
織田 小星　⇒織田信恒 を見よ	
小田 知周	142
織田 信親	143
織田 信恒	143
織田 万	143
小高 長三郎	143
越智 伊平	143
越智 茂	143
越智 通雄	143
落合 寅市	144
小渡 三郎	144
鬼木 勝利	144
鬼丸 勝之	144
鬼丸 義斎	144

小野 明	144
小野 梓	144
小野 謙一	145
小野 光洋	145
小野 重行	145
小野 秀一	145
小野 信一	145
小野 真次	145
小野 孝	145
小野 寅吉	145
小野 義夫	146
小野 吉彦	146
小野 隆助	146
小野瀬 忠兵衛	146
小畑 美稲	146
小幡 九龍　⇒小幡治和 を見よ	
小畑 達夫	146
小畑 敏四郎	146
小幡 治和	146
小幡 酉吉	147
小畑 勇二郎	147
小原 慶次	147
小原 重哉	147
小原 適	147
小原 直	147
小渕 恵三	147
麻見 義修	148
小山 倉之助	148
小山 鼎浦	148
小山 東助　⇒小山鼎浦 を見よ	
小山田 信蔵	148
小山田 義孝	148
折小野 良一	149
折田 兼至	149

【か】

何 礼之	149
海江田 鶴造	149
貝沼 次郎	149
改野 耕三	149
貝原 俊民	149
海部 俊樹	149

海江田 信義	150		片岡 勝治	157
嘉悦 氏房	150		片岡 健吉	157
加賀 操	150		片岡 清一	157
加賀田 進	150		片岡 利和	158
加々美 武夫	150		片岡 直温	158
加賀山 之雄	150		片岡 文重	158
香川 敬三	151		片島 港	158
香川 真一	151		片柳 真吉	158
賀川 豊彦	151		片山 甚市	158
柿沢 弘治	151		片山 潜	158
鍵田 忠三郎	152		片山 哲	159
影山 秀樹	152		片山 正英	159
笠井 重治	152		勝 海舟	159
笠井 信一	152		勝 正憲	160
笠原 貞造	152		香月 熊雄	160
風見 章	152		香月 恕経	160
鍛冶 清	153		勝沢 芳雄	160
加地 和	153		勝田 永吉	160
鍛冶 良作	153		勝間田 清一	160
梶木 又三	153		勝又 武一	161
鹿島 俊雄	153		勝俣 稔	161
鹿島 秀麿	153		桂 小五郎　⇒木戸孝允 を見よ	
鹿島 守之助	153		桂 太郎	161
梶山 静六	154		勘解由小路 資承	161
勧修寺 経雄	154		加藤 明実	161
柏木 庫治	154		加藤 宇兵衛	161
柏木 忠俊	154		加藤 閲男	161
柏田 忠一	154		加藤 勝弥	162
柏田 盛文	155		加藤 勘十	162
柏原 幸一	155		加藤 吉太夫	162
柏原 文太郎	155		加藤 清政	162
柏原 ヤス	155		加藤 久米四郎	162
梶原 清	155		加藤 紘一	162
梶原 茂嘉	155		加藤 弘造	163
春日 一幸	155		加藤 定吉	163
春日 佳一	155		加藤 シヅエ	163
春日 正一	155		加藤 進	163
春日 庄次郎	156		加藤 清二	163
春日 潜庵	156		加藤 精三	164
春日 由三	156		加藤 宗平	164
粕谷 義三	156		加藤 鯛一	164
粕谷 茂	156		加藤 高明	164
粕谷 照美	157		加藤 高蔵	164
加瀬 完	157		加藤 武徳	164
加瀬 禧逸	157		加藤 知正	165

かとう

加藤 恒忠	165	金光 庸夫	172
加藤 常太郎	165	金光 義邦	172
加藤 時次郎	165	鹿野 彦吉	172
加藤 友三郎	165	鹿野 道彦	173
加藤 弘之	166	狩野 明男	173
加藤 平四郎	166	嘉納 治五郎	173
加藤 正人	166	加納 久朗	173
加藤 政之助	166	加納 久宜	173
加藤 万吉	166	樺山 愛輔	173
加藤 六月	166	樺山 資紀	174
加藤 泰秋	167	樺山 資英	174
加藤 泰令	167	加太 邦憲	174
加藤 陽三	167	鎌田 逸郎	174
加藤 鐐五郎	167	鎌田 栄吉	174
加藤 鐐造	167	鎌田 勝太郎	175
加藤 六蔵	167	鎌田 要人	175
門田 定蔵	167	鎌田 三之助	175
門野 幾之進	167	上条 愛一	175
角屋 堅次郎	168	上条 勝久	175
楫取 素彦	168	神谷 信之助	175
金井 正夫	168	神近 市子	176
金井 元彦	168	上西 和郎	176
金井 之恭	168	上村 進	176
金井 芳次	168	神谷 卓男	176
金尾 稜厳	169	神山 茂夫	176
金岡 又左衛門	169	上山 満之進	177
金沢 春友	169	亀井 英三郎	177
金丸 徳重	169	亀井 貫一郎	177
金丸 富夫	169	亀井 茲監	177
金森 徳次郎	169	亀井 静香	177
蟹江 邦彦	170	亀井 光	177
兼岩 伝一	170	亀井 久興	178
金子 一平	170	亀井 善之	178
金子 岩三	170	亀岡 高夫	178
金子 堅太郎	170	亀田 得治	178
金子 正則	170	亀長 友義	178
金子 益太郎	170	亀山 孝一	178
金子 みつ	171	亀山 幸三	178
金子 満広	171	蒲生 仙	179
金子 元三郎	171	鴨田 宗一	179
金子 洋文	171	鴨田 利太郎	179
金子 与重郎	171	賀屋 興宣	179
兼田 秀雄	171	唐沢 俊二郎	179
金丸 三郎	172	唐沢 俊樹	179
金丸 信	172	柄沢 とし子	180

かんた

柄谷 道一 …………………… 180	川田 小一郎 …………………… 187
唐橋 在正 …………………… 180	川田 正則 …………………… 187
仮谷 志良 …………………… 180	河波 荒次郎 …………………… 187
仮谷 忠男 …………………… 180	川西 実三 …………………… 188
川合 彰武 …………………… 180	川野 三暁 …………………… 188
河合 義一 …………………… 180	河野 正 …………………… 188
川合 武 …………………… 180	川野 芳満 …………………… 188
川合 直次 …………………… 181	川橋 豊治郎 …………………… 188
河合 操 …………………… 181	川端 文夫 …………………… 188
河井 弥八 …………………… 181	河原 春作 …………………… 188
川合 義虎 …………………… 181	川原 新次郎 …………………… 189
河合 良成 …………………… 181	川原 茂輔 …………………… 189
川上 嘉市 …………………… 182	川俣 健二郎 …………………… 189
川上 貫一 …………………… 182	川俣 清音 …………………… 189
川上 紀一 …………………… 182	川眞田 徳三郎 ………………… 189
河上 丈太郎 …………………… 182	河村 勝 …………………… 189
河上 民雄 …………………… 182	河村 譲三郎 …………………… 189
川上 為治 …………………… 182	川村 純義 …………………… 190
河上 哲太 …………………… 183	川村 清一 …………………… 190
河上 肇 …………………… 183	川村 善八郎 …………………… 190
川口 木七郎 …………………… 183	川村 竹治 …………………… 190
川口 大助 …………………… 183	川村 継義 …………………… 190
川口 為之助 …………………… 183	川村 貞四郎 …………………… 190
川口 寿 …………………… 183	川村 松助 …………………… 190
河口 陽一 …………………… 183	川村 保太郎 …………………… 190
川口 義久 …………………… 184	河村 善益 …………………… 191
川越 進 …………………… 184	川村 和嘉治 …………………… 191
川崎 克 …………………… 184	河本 嘉久蔵 …………………… 191
川崎 寛治 …………………… 184	川本 末治 …………………… 191
川崎 二郎 …………………… 184	川本 達 …………………… 191
川崎 末五郎 …………………… 184	河原 伊三郎 …………………… 191
河崎 助太郎 …………………… 184	瓦 力 …………………… 191
川崎 卓吉 …………………… 185	河原田 稼吉 …………………… 191
川崎 なつ …………………… 185	菅 太郎 …………………… 192
川崎 秀二 …………………… 185	菅 直人 …………………… 192
川崎 安之助 …………………… 185	寒川 喜一 …………………… 192
河島 醇 …………………… 185	簡牛 凡夫 …………………… 192
川島 金次 …………………… 186	菅家 喜六 …………………… 192
川島 正次郎 …………………… 186	神崎 東蔵 …………………… 193
川島 義之 …………………… 186	神沢 浄 …………………… 193
河瀬 秀治 …………………… 186	苅田 アサノ …………………… 193
河瀬 真孝 …………………… 186	神田 厚 …………………… 193
河田 烈 …………………… 187	神田 坤六 …………………… 193
川田 甕江 …………………… 187	神田 重雄 …………………… 193
河田 賢治 …………………… 187	神田 大作 …………………… 194

(19)

神田 孝平 …………… 194	木島 則夫 …………… 200
神田 博 ……………… 194	木島 義夫 …………… 200
神田 正雄 …………… 194	岸本 賀昌 …………… 200
漢那 憲和 …………… 194	木津 太郎平 ………… 201
菅野 善右衛門 ……… 194	北 栄造 ……………… 201
菅野 和太郎 ………… 195	北 勝太郎 …………… 201
上林 繁次郎 ………… 195	喜多 孝治 …………… 201
上林 忠次 …………… 195	北 修二 ……………… 201
上林 与市郎 ………… 195	北 二郎 ……………… 201
上林山 栄吉 ………… 195	喜多 壮一郎 ………… 201
神戸 正雄 …………… 195	北 玲吉 ……………… 201
	北浦 圭太郎 ………… 202
	北垣 国道 …………… 202
【き】	北川 石松 …………… 202
	北側 義一 …………… 202
	北口 博 ……………… 202
木内 キヤウ ………… 195	北沢 直吉 …………… 202
木内 重四郎 ………… 196	北野 重雄 …………… 203
木内 四郎 …………… 196	北畠 教真 …………… 203
木内 良明 …………… 196	北原 阿知之助 ……… 203
菊川 君子 …………… 196	北原 亀二 …………… 203
菊川 孝夫 …………… 196	北原 雅長 …………… 203
菊川 忠雄 …………… 196	北村 一男 …………… 203
菊池 侃二 …………… 197	北村 徳太郎 ………… 203
菊池 恭三 …………… 197	北村 正哉 …………… 204
菊池 九郎 …………… 197	北村 又左衛門 ……… 204
菊池 謙二郎 ………… 197	北村 暢 ……………… 204
菊池 重作 …………… 197	北村 義和 …………… 204
菊池 清治 …………… 197	北山 愛郎 …………… 204
菊池 大麓 …………… 197	吉川 久衛 …………… 204
菊池 武夫 …………… 198	吉川 重吉 …………… 204
菊池 武徳 …………… 198	木戸 幸一 …………… 204
菊池 福治郎 ………… 198	木戸 孝允 …………… 205
菊地 養之輔 ………… 198	木戸 豊吉 …………… 205
菊池 義郎 …………… 198	木梨 精一郎 ………… 205
菊池 良一 …………… 199	木野 晴夫 …………… 205
木越 安綱 …………… 199	木下 郁 ……………… 205
木崎 為之 …………… 199	木下 敬之助 ………… 206
岸 昌 ………………… 199	木下 源吾 …………… 206
岸 信介 ……………… 199	木下 謙次郎 ………… 206
岸田 幸雄 …………… 199	木下 栄 ……………… 206
岸田 文武 …………… 200	木下 成太郎 ………… 206
岸田 正記 …………… 200	木下 友敬 …………… 206
木島 喜兵衛 ………… 200	木原 七郎 …………… 206
木島 虎蔵 …………… 200	木原 津与志 ………… 207

木原 実 …… 207	九鬼 隆一 …… 213
木部 佳昭 …… 207	釘本 衛雄 …… 213
木間 章 …… 207	日下 義雄 …… 213
君 健男 …… 207	草刈 武八郎 …… 214
木村 惇 …… 207	草川 昭三 …… 214
木村 格之輔 …… 207	草野 一郎平 …… 214
木村 禧八郎 …… 207	草野 威 …… 214
木村 公平 …… 208	草葉 隆円 …… 214
木村 小左衛門 …… 208	具志堅 宗精 …… 214
木村 作次郎 …… 208	串原 義直 …… 214
木村 誓太郎 …… 208	久次米 健太郎 …… 215
木村 武雄 …… 208	串本 康三 …… 215
木村 武千代 …… 208	鯨岡 兵輔 …… 215
木村 チヨ …… 209	楠田 英世 …… 215
木村 篤太郎 …… 209	楠 正俊 …… 215
木村 俊夫 …… 209	楠瀬 喜多 …… 215
木村 尚達 …… 209	楠瀬 幸彦 …… 215
木村 文男 …… 209	楠瀬 常猪 …… 216
木村 政次郎 …… 209	楠美 省吾 …… 216
木村 正義 …… 209	楠見 義男 …… 216
木村 睦男 …… 210	楠本 正隆 …… 216
木村 守江 …… 210	楠本 正敏 …… 216
木村 守男 …… 210	楠山 義太郎 …… 216
木村 義雄 …… 210	久世 広業 …… 216
木村 利右衛門 …… 210	朽木 為綱 …… 216
木本 主一郎 …… 211	沓脱 タケ子 …… 216
木本 平八郎 …… 211	工藤 晃 …… 217
喜屋武 真栄 …… 211	工藤 巌 …… 217
久間 章生 …… 211	工藤 吉次 …… 217
京極 朗徹 …… 211	工藤 善太郎 …… 217
京極 高徳 …… 211	工藤 鉄男 …… 217
京極 高典 …… 211	工藤 十三雄 …… 217
清浦 奎吾 …… 211	工藤 行幹 …… 217
清岡 公張 …… 212	工藤 良平 …… 217
清沢 俊英 …… 212	国井 庫 …… 218
清 寛 …… 212	国井 淳一 …… 218
清瀬 一郎 …… 212	国沢 新兵衛 …… 218
清瀬 規矩雄 …… 212	国重 正文 …… 218
	国東 照太 …… 218
	国富 友次郎 …… 218
	国光 五郎 …… 218
【く】	久野 忠治 …… 218
	久原 房之助 …… 218
九鬼 隆義 …… 213	久保 伊一郎 …… 219
九鬼 紋十郎 …… 213	久保 市三郎 …… 219

久保 勘一	219	来栖 七郎	225
久保 三郎	219	来栖 壮兵衛	225
久保 猛夫	219	栗栖 赳夫	226
久保 等	219	来馬 琢道	226
久保 亘	219	黒岩 重治	226
窪井 義道	220	黒金 泰美	226
久保田 円次	220	黒川 武雄	226
窪田 静太郎	220	黒木 重徳	226
久保田 鶴松	220	黒木 為楨	227
久保田 藤麿	220	黒木 博	227
久保田 譲	220	黒沢 幸一	227
久保田 豊	221	黒沢 酉蔵	227
久保田 与四郎	221	黒沢 義次郎	227
熊谷 巌	221	黒須 竜太郎	228
熊谷 憲一	221	黒住 忠行	228
熊谷 五右衛門	221	黒田 巌	228
熊谷 太三郎	221	黒田 清隆	228
熊谷 直太	221	黒田 清綱	228
熊谷 弘	222	黒田 清輝	229
熊谷 義雄	222	黒田 綱彦	229
熊川 次男	222	黒田 直養	229
熊本 虎蔵	222	黒田 長成	229
久米 民之助	222	黒田 長知	229
久山 知之	222	黒田 寿男	229
倉石 忠雄	222	黒田 英雄	230
蔵内 修治	223	黒田 了一	230
蔵内 次郎作	223	黒柳 明	230
蔵園 三四郎	223	桑名 義治	230
倉富 勇三郎	223	桑原 敬一	230
倉成 正	223	桑原 政	231
蔵原 惟郭	223	桑原 幹根	231
倉元 要一	224		
栗塚 省吾	224		
栗田 翠	224	【け】	
栗田 幸雄	224		
栗野 慎一郎	224	慶松 勝左衛門	231
栗林 三郎	224	毛山 森太郎	231
栗林 卓司	224	源田 実	231
栗原 俊夫	225	劔木 亨弘	231
栗原 浩	225		
栗原 祐幸	225		
栗原 亮一	225		
栗山 長次郎	225		
栗山 良夫	225		
久留島 通簡	225		

【こ】

氏名	頁
小池 四郎	232
古池 信三	232
小池 仁郎	232
肥塚 龍	232
小泉 策太郎	232
小泉 純一郎	232
小泉 純也	233
小泉 辰之助	233
小泉 親彦	233
小泉 秀吉	233
小泉 又次郎	233
小磯 国昭	234
小出 英尚	234
郷 純造	234
纐纈 弥三	234
上坂 昇	234
香坂 昌康	234
神崎 修三	234
合田 福太郎	235
幸徳 秋水	235
河野 一郎	235
河野 金昇	235
河野 謙三	235
河野 敏鎌	236
河野 秀男	236
河野 広中	236
河野 広躰	236
河野 正義	236
河野 密	236
河野 洋平	237
神鞭 知常	237
高村 坂彦	237
高村 正彦	237
河本 敏夫	238
神山 郡廉	238
高良 とみ	238
紅露 昭	238
紅露 みつ	239
小枝 一雄	239
郡 祐一	239
古賀 了	239
古賀 誠	239
久我 通久	239
古賀 雷四郎	239
古賀 廉造	239
小金 義照	240
国場 幸昌	240
国分 謙吉	240
小久保 喜七	240
木檜 三四郎	240
木暮 武太夫	240
木暮 武太夫	240
小坂 梅吉	241
小坂 順造	241
小坂 善太郎	241
小坂 善之助	241
小坂 徳三郎	241
小酒井 義男	242
小塩 八郎右衛門	242
越原 春子	242
古島 一雄	242
小島 静馬	242
小島 徹三	243
越山 太刀三郎	243
五条 為功	243
五条 為栄	243
小杉 イ子	243
小杉 隆	243
小平 権一	243
小平 重吉	244
小平 忠	244
小平 久雄	244
小平 芳平	244
小滝 彬	244
小谷 節夫	244
小谷 守	244
児玉 源太郎	245
児玉 仲児	245
児玉 秀雄	245
児玉 末男	245
児玉 右二	245
児玉 亮太郎	245
籠手田 安定	245
小寺 謙吉	246
古寺 宏	246

後藤 悦治	246	小林 信近	253
後藤 喜八郎	246	小林 房之助	253
五島 慶太	246	小林 政夫	253
五島 盛徳	246	小林 政子	253
後藤 茂	246	小林 正巳	254
後藤 象二郎	247	小林 亦治	254
後藤 新平	247	小日山 直登	254
伍堂 卓雄	247	小渕 正義	254
五島 虎雄	247	駒井 重次	254
後藤 文夫	247	駒井 藤平	254
後藤 文一郎	248	小巻 敏雄	254
後藤 正夫	248	小牧 昌業	254
後藤 義隆	248	駒谷 明	255
後藤 隆之助	248	小松 幹	255
後藤田 正晴	248	小松 謙次郎	255
小西 和	249	小松 信太郎	255
小西 甚之助	249	小松 茂藤治	255
小西 寅松	249	小松 勇次	255
小西 英雄	249	小松宮 彰仁	255
小西 博行	249	小松原 英太郎	255
近衛 篤麿	249	駒林 広運	256
近衛 文麿	249	小峯 柳多	256
小橋 一太	250	小宮 武喜	256
小橋 藻三衛	250	小宮山 重四郎	256
小畑 虎之助	250	小宮山 常吉	256
小早川 新	250	小村 寿太郎	256
小林 一三	250	小室 信介	256
小林 英三	251	小室 信夫	257
小林 勝馬	251	米田 虎雄	257
小林 錡	251	小柳 勇	257
小林 橘川	251	小柳 卯三郎	257
小林 絹治	251	小柳 冨太郎	257
小林 樟雄	251	小柳 牧衛	257
小林 国司	252	小山 一平	257
小林 乾一郎	252	小山 長規	257
小林 源蔵	252	小山 邦太郎	258
小林 孝平	252	小山 健三	258
小林 順一郎	252	小山 省二	258
小林 次郎	252	小山 松寿	258
小林 信一	252	小山 谷蔵	258
小林 進	252	小山 亮	258
小林 躋造	253	小山 松吉	259
小林 武	253	コロムビア・トップ	259
小林 武治	253	今 東光	259
小林 恒人	253	近藤 準平	259

近藤 信一	260		斎藤 安雄	266
近藤 達児	260		斎藤 良輔	267
近藤 忠孝	260		斎藤 和平太	267
権藤 恒夫	260		西原 清東	267
近藤 鶴代	260		佐伯 剛平	267
近藤 鉄雄	260		佐伯 宗義	267
近藤 元次	260		嵯峨 実愛	267
近藤 豊	261		境 一雄	267
近藤 廉平	261		坂井 大輔	268
金野 定吉	261		酒井 忠義	268
今野 武雄	261		酒井 忠亮	268
紺野 与次郎	261		酒井 忠経	268
			酒井 忠正	268
			酒井 忠宝	268
【さ】			酒井 忠美	268
			坂井 時忠	268
			酒井 俊雄	269
西園寺 公一	261		酒井 利雄	269
西園寺 公望	262		堺 利彦	269
斎木 重一	262		坂井 弘一	269
西郷 菊次郎	262		阪上 安太郎	269
西郷 吉之助	262		榊 利夫	269
西郷 隆盛	263		榊田 清兵衛	269
西郷 従道	263		榊原 千代	270
細郷 道一	263		榊原 亨	270
税所 篤	263		坂口 仁一郎	270
税所 篤秀	263		坂口 力	270
斎藤 晃	263		坂口 平兵衛	270
斎藤 宇一郎	264		坂倉 藤吾	270
斎藤 卯八	264		坂崎 斌	271
斎藤 栄三郎	264		坂下 仙一郎	271
斎藤 喜十郎	264		坂田 英一	271
斎藤 邦吉	264		坂田 警軒	271
斎藤 珪次	264		坂田 丈平　⇒坂田警軒 を見よ	
斎藤 憲三	265		坂田 道男	271
斉藤 滋与史	265		坂田 道太	272
斎藤 十朗	265		阪谷 芳郎	272
斎藤 隆夫	265		坂野 重信	272
斎藤 藤四郎	265		坂村 吉正	272
斎藤 寿夫	265		坂本 一角	272
斎藤 利行	266		坂本 金弥	272
斎藤 昇	266		坂本 志魯雄	273
斎藤 実	266		阪本 泰良	273
斉藤 正男	266		坂元 親男	273
斎藤 実	266		坂本 直寛	273

さかも	収録人名一覧		
坂元 英俊	273	笹森 儀助	281
阪本 勝	273	笹森 順造	281
坂本 三十次	273	笹山 茂太郎	281
坂本 実	274	笹山 登生	282
崎山 嗣朝	274	佐治 幸平	282
崎山 武夫	274	佐瀬 昌三	282
作田 高太郎	274	佐田 一郎	282
作間 耕逸	274	佐多 宗二	282
柵瀬 軍之佐	274	佐多 忠隆	282
桜井 三郎	274	佐竹 作太郎	282
桜井 錠二	274	佐竹 庄七	282
桜井 新	275	佐竹 新市	283
桜井 忠興	275	佐竹 晴記	283
桜井 忠剛	275	佐竹 義堯	283
桜井 兵五郎	275	佐々 友房	283
桜内 辰郎	275	佐々 弘雄	283
桜内 幸雄	276	薩摩 雄次	283
桜内 義雄	276	佐藤 昭夫	284
桜田 儀兵衛	276	佐藤 一郎	284
迫水 久常	276	佐藤 栄佐久	284
左近司 政三	277	佐藤 栄作	284
佐々 栄三郎	277	佐藤 勝也	284
佐々井 一晁	277	佐藤 観樹	284
佐々木 一郎	277	佐藤 観次郎	285
佐々木 家寿治	277	左藤 義詮	285
佐々木 喜久治	278	佐藤 敬治	285
佐々木 更三	278	佐藤 孝行	285
佐々木 志賀二	278	佐藤 里治	285
佐々木 静子	278	佐藤 三吾	285
佐々木 正蔵	278	佐藤 重遠	285
佐々木 政义	278	佐藤 昌蔵	286
佐々木 高行	279	佐藤 信古	286
佐々木 長治	279	佐藤 信二	286
佐々木 秀世	279	佐藤 善一郎	286
佐々木 文一	279	佐藤 隆	286
佐々木 平次郎	279	佐藤 暢	286
佐々木 満	279	佐藤 虎次郎	286
佐々木 盛雄	279	佐藤 尚武	286
佐々木 安五郎	280	佐藤 信安	287
佐々木 義武	280	佐藤 久雄	287
佐々木 良作	280	佐藤 啓	287
笹口 晃	280	佐藤 文生	287
笹沢 魯羊	280	佐藤 正	287
佐々田 懋	281	左藤 恵	288
笹本 一雄	281	佐藤 守良	288

収録人名一覧　　　　しはた

佐藤 与一 …………………… 288	塩田 晋 …………………… 294
佐藤 洋之助 ………………… 288	塩田 団平 ………………… 294
佐藤 芳男 …………………… 288	塩出 啓典 ………………… 294
佐藤 誼 …………………… 288	塩野 季彦 ………………… 294
真田 幸民 ………………… 288	塩谷 一夫 ………………… 294
佐野 憲治 ………………… 289	塩見 俊二 ………………… 294
佐野 助作 ………………… 289	志賀 健次郎 ……………… 295
佐野 常民 ………………… 289	志賀 節 …………………… 295
佐野 広 …………………… 289	志賀 義雄 ………………… 295
佐野 文夫 ………………… 289	志賀 和多利 ……………… 295
佐野 芳雄 ………………… 289	紫垣 伴三 ………………… 295
佐保 畢雄 ………………… 289	志喜屋 孝信 ……………… 295
鮫島 相政 ………………… 290	重岡 薫五郎 ……………… 295
鮫島 武之助 ……………… 290	重成 格 …………………… 296
鮫島 慶彦 ………………… 290	重野 謙次郎 ……………… 296
沢 簡徳 …………………… 290	重野 安繹 ………………… 296
沢 宣嘉 …………………… 290	滋野井 公寿 ……………… 296
沢 来太郎 ………………… 290	重政 誠之 ………………… 296
沢田 一精 ………………… 290	重政 庸徳 ………………… 296
沢田 佐助 ………………… 291	重松 重治 ………………… 296
沢田 広 …………………… 291	重光 葵 …………………… 297
沢田 政治 ………………… 291	重宗 雄三 ………………… 297
沢田 寧 …………………… 291	重盛 寿治 ………………… 297
沢田 利吉 ………………… 291	宍戸 璣 …………………… 297
沢辺 正修 ………………… 291	四条 隆平 ………………… 297
沢本 与一 ………………… 291	始関 伊平 ………………… 297
三治 重信 ………………… 291	信太 儀右衛門 …………… 298
三条 実美 ………………… 292	実川 清之 ………………… 298
山東 昭子 ………………… 292	幣原 喜重郎 ……………… 298
三宮 義胤 ………………… 292	幣原 坦 …………………… 298
	紫藤 寛治 ………………… 298
	志苫 裕 …………………… 298
【し】	品川 弥二郎 ……………… 299
	四王天 延孝 ……………… 299
椎井 靖雄 ………………… 292	篠田 弘作 ………………… 299
椎熊 三郎 ………………… 292	篠原 義政 ………………… 299
椎名 悦三郎 ……………… 292	篠原 陸朗 ………………… 299
椎名 隆 …………………… 293	篠原 和一 ………………… 299
椎名 素夫 ………………… 293	四宮 久吉 ………………… 299
椎野 悦朗 ………………… 293	四宮 有信 ………………… 300
塩川 正十郎 ……………… 293	柴 四朗　⇒東海散士 を見よ
塩崎 潤 …………………… 293	斯波 忠三郎 ……………… 300
塩島 大 …………………… 294	斯波 貞吉 ………………… 300
塩田 賀四郎 ……………… 294	志波 安一郎 ……………… 300
	柴田 家門 ………………… 300

(27)

柴田 健治	300	
柴田 栄	300	
柴田 善三郎	301	
柴田 等	301	
柴田 兵一郎	301	
柴田 弘	301	
柴田 睦夫	301	
柴立 芳文	301	
柴野 和喜夫	301	
柴原 和	301	
柴谷 要	302	
渋沢 敬三	302	
渋沢 利久	302	
渋谷 邦彦	302	
渋谷 直蔵	302	
島 清	302	
島 義勇	303	
島上 善五郎	303	
島口 重次郎	303	
嶋崎 均	303	
嶋崎 譲	303	
島津 珍彦	303	
島津 忠亮	303	
島津 忠彦	304	
島津 忠寛	304	
島津 長丸	304	
島津 隼彦	304	
島津 久光	304	
島田 叡	304	
島田 三郎	304	
嶋田 繁太郎	305	
島田 七郎右衛門	305	
島田 孝之	305	
島田 琢郎	305	
島田 糺	305	
島田 俊雄	305	
島田 安夫	305	
島田 保之助	306	
島野 武	306	
島村 一郎	306	
島村 軍次	306	
島村 宜伸	306	
島本 虎三	306	
島本 仲道	306	
清水 勇	307	
清水 市太郎	307	
清水 一郎	307	
清水 逸平	307	
清水 銀蔵	307	
清水 隆徳	307	
志水 直	307	
清水 澄	307	
清水 徳太郎	308	
清水 留三郎	308	
志村 愛子	308	
志村 源太郎	308	
志村 茂治	308	
下飯坂 権三郎	308	
下出 民義	309	
下岡 忠治	309	
下川 儀太郎	309	
下条 恭兵	309	
下条 進一郎	309	
下条 康麿	309	
下田 京子	309	
下平 正一	310	
下村 海南	310	
下村 定	310	
下村 宏	⇒下村 海南 を見よ	
下村 泰	⇒コロムビア・トップ を見よ	
十文字 信介	310	
首藤 新八	310	
尚 順	310	
庄 晋太郎	311	
庄司 一郎	311	
正示 啓次郎	311	
庄司 幸助	311	
東海林 稔	311	
庄司 良朗	311	
勝田 主計	311	
荘原 達	312	
正力 松太郎	312	
白井 勇	312	
白井 遠平（1代目）	312	
白井 遠平（2代目）	312	
白井 新太郎	313	
白石 春樹	313	
白川 勝彦	313	
白川 晴一	313	

白川 義則 ……………………… 313	杉本 勝次 ……………………… 319
白河 鯉洋 ……………………… 314	杉本 重遠 ……………………… 319
白木 義一郎 …………………… 314	杉元 恒雄 ……………………… 319
白鳥 義三郎 …………………… 314	杉本 文雄 ……………………… 320
白鳥 敏夫 ……………………… 314	杉山 茂丸 ……………………… 320
白根 專一 ……………………… 314	杉山 四五郎 …………………… 320
白波瀬 米吉 …………………… 314	杉山 昌作 ……………………… 320
白浜 仁吉 ……………………… 314	杉山 善太郎 …………………… 320
城地 豊司 ……………………… 315	杉山 宗次郎 …………………… 320
陣 軍吉 ………………………… 315	杉山 元 ………………………… 320
新庄 厚信 ……………………… 315	杉山 元治郎 …………………… 321
新谷 寅三郎 …………………… 315	杉山 令肇 ……………………… 321
進藤 一馬 ……………………… 315	助川 啓四郎 …………………… 321
神藤 才一 ……………………… 315	助川 良平 ……………………… 321
新村 勝雄 ……………………… 315	菅野 儀作 ……………………… 321
新村 源雄 ……………………… 316	図司 安正 ……………………… 321
榛村 純一 ……………………… 316	鈴木 市蔵 ……………………… 321
新盛 辰雄 ……………………… 316	鈴木 梅四郎 …………………… 322
	鈴木 一弘 ……………………… 322
	鈴木 和美 ……………………… 322
	鈴木 貫太郎 …………………… 322
【 す 】	鈴木 喜三郎 …………………… 322
	鈴木 吉之助 …………………… 323
末次 信正 ……………………… 316	鈴木 久次郎 …………………… 323
末延 道成 ……………………… 316	鈴木 恭一 ……………………… 323
末広 重恭 ⇒末広鉄腸 を見よ	鈴木 強平 ……………………… 323
末広 鉄腸 ……………………… 317	鈴置 倉次郎 …………………… 323
末松 偕一郎 …………………… 317	鈴木 憲太郎 …………………… 323
末松 謙澄 ……………………… 317	鈴木 重遠 ……………………… 324
末吉 興一 ……………………… 317	鈴木 舎定 ……………………… 324
末吉 忠晴 ……………………… 317	鈴木 周三郎 …………………… 324
菅 了法 ………………………… 317	鈴木 俊一 ……………………… 324
菅波 茂 ………………………… 318	鈴木 順一 ……………………… 324
菅村 太事 ……………………… 318	鈴木 正一 ……………………… 324
菅原 佐平 ……………………… 318	鈴木 正吾 ……………………… 324
菅原 伝 ………………………… 318	鈴木 昌司 ……………………… 324
菅原 通敬 ……………………… 318	鈴木 省吾 ……………………… 325
杉 孫七郎 ……………………… 318	鈴木 善幸 ……………………… 325
杉浦 武雄 ……………………… 318	鈴木 仙八 ……………………… 325
杉下 太郎右衛門 ……………… 318	鈴木 摠兵衛(1代目) ………… 325
杉田 定一 ……………………… 319	鈴木 荘六 ……………………… 325
杉戸 清 ………………………… 319	鈴木 大亮 ……………………… 325
杉原 荒太 ……………………… 319	鈴木 力 ………………………… 325
杉原 一雄 ……………………… 319	鈴木 強 ………………………… 326
杉村 沖治郎 …………………… 319	鈴木 貞一 ……………………… 326

すすき　　　　　　　収録人名一覧

鈴木 天眼　⇒鈴木力 を見よ	
鈴木 東民	326
鈴木 寅彦	326
鈴木 直人	326
鈴木 一	327
鈴木 英雄	327
鈴木 寿	327
鈴木 富士弥	327
鈴木 文治	327
鈴木 文史朗	327
鈴木 平三郎	328
鈴木 正文	328
鈴木 万次郎	328
鈴木 万平	328
鈴木 美枝子　⇒望月優子 を見よ	
鈴木 幹雄	328
鈴木 茂三郎	328
鈴木 安孝	329
鈴木 義男	329
鈴木 与平(6代目)	329
鈴木 力	329
鈴木 礼治	329
薄田 美朝	329
鈴切 康雄	330
須藤 嘉吉	330
須藤 五郎	330
周東 英雄	330
首藤 陸三	330
須永 好	330
砂田 重民	330
砂田 重政	331
砂原 格	331
砂間 一良	331
須原 昭二	331
周布 公平	331
須磨 弥吉郎	331
住 栄作	332
須見 千次郎	332
澄田 信義	332

【せ】

清 釜太郎	332

関 和知	332
関 信之介	332
関 直彦	332
関 一	332
関 晴正	333
関 義臣	333
関 嘉彦	333
関内 正一	333
関口 恵造	333
関口 隆吉	333
関戸 覚蔵	334
関根 久蔵	334
関根 柳介	334
関野 善次郎	334
関谷 勝嗣	334
関谷 勝利	334
関矢 儀八郎	334
関屋 貞三郎	334
世耕 弘一	335
世耕 政隆	335
瀬崎 博義	335
瀬戸山 三男	335
瀬長 亀次郎	335
瀬野 栄次郎	336
瀬谷 英行	336
膳 桂之助	336
千家 尊福	336
千石 興太郎	336
仙石 政固	337
仙石 政敬	337
仙石 貢	337
千田 軍之助	337
千田 貞暁	337

【そ】

宗 重正	337
宗 秋月	337
左右田 喜一郎	338
相馬 助治	338
副島 義一	338
副島 千八	338
副島 種臣	338

収録人名一覧　　　　　たかは

副島 道正	339
添田 敬一郎	339
添田 寿一	339
添田 飛雄太郎	339
添田 増太郎	339
曽我 祐邦	339
曽我 祐準	339
曽祢 荒助	340
曽祢 益	340
曽根田 郁夫	340
園池 公静	340
園田 清充	340
園田 直	340
園田 天光光	341
園山 勇	341
染谷 誠	341
征矢野 半弥	341

【 た 】

醍醐 忠順	341
泰道 三八	341
胎中 楠右衛門	342
大松 博文	342
平良 幸市	342
平良 辰雄	342
平良 良松	343
高石 幸三郎	343
高岡 大輔	343
高木 吉之助	343
高木 健太郎	343
高木 正明	343
高木 正夫	344
高木 正年	344
高木 益太郎	344
高木 松吉	344
高倉 定助	344
タカクラ テル	344
高倉 テル ⇒ タカクラテル を見よ	
高崎 五六	344
高碕 達之助	345
高崎 親章	345
高崎 正風	345

高沢 寅男	345
高島 鞆之助	345
高島 兵吉	345
高杉 廸忠	346
高瀬 荘太郎	346
高瀬 伝	346
高田 露	346
高田 勇	346
高田 耘平	346
高田 景次	346
高田 浩運	347
高田 早苗	347
高田 富之	347
高田 富与	347
高田 なほ子	347
高田 寛	348
高田 弥市	348
高津 正道	348
高津 仲次郎	348
高辻 武邦	348
高辻 正己	348
高鳥 修	348
高鳥 順作	349
高梨 哲四郎	349
高野 岩三郎	349
高野 一夫	349
高野 孟矩	349
高橋 英吉	349
高橋 円三郎	349
高橋 久次郎	350
高橋 邦雄	350
高橋 熊次郎	350
高橋 圭三	350
高橋 是清	350
高橋 左京	351
高橋 作衛	351
高橋 重信	351
高橋 寿太郎	351
高橋 進太郎	351
高橋 清一郎	351
高橋 誠一郎	351
高橋 高望	352
高橋 辰夫	352
高橋 長治	352
高橋 禎一	352

たかは　　収録人名一覧

高橋 直治 …… 352	武市 彰一 …… 359
高橋 秀臣 …… 352	武市 恭信 …… 359
高橋 等 …… 352	竹入 義勝 …… 359
高橋 衛 …… 353	竹内 歌子 …… 359
高橋 光威 …… 353	竹内 勝彦 …… 360
高橋 実 …… 353	竹内 潔 …… 360
高橋 元四郎 …… 353	武内 五郎 …… 360
高橋 守平 …… 353	竹内 茂代 …… 360
高橋 泰雄 …… 353	竹内 七郎 …… 360
高橋 雄之助 …… 353	竹内 俊吉 …… 360
高橋 嘉太郎 …… 354	竹内 猛 …… 360
高橋 義次 …… 354	竹内 友治郎 …… 361
高橋 義信 …… 354	竹内 藤男 …… 361
高橋 竜太郎 …… 354	竹内 黎一 …… 361
高原 須美子 …… 354	竹尾 弌 …… 361
高平 公友 …… 354	竹腰 俊蔵 …… 361
高見 三郎 …… 355	竹越 与三郎 …… 361
田上 松衛 …… 355	竹下 豊次 …… 361
高見 之通 …… 355	竹下 虎之助 …… 362
高嶺 朝教 …… 355	竹下 登 …… 362
高森 文夫 …… 355	武田 一夫 …… 362
多賀谷 真稔 …… 355	竹田 儀一 …… 362
高柳 覚太郎 …… 356	武田 キヨ …… 362
高柳 淳之助 …… 356	竹田 現照 …… 362
高山 義三 …… 356	竹田 四郎 …… 363
高山 恒雄 …… 356	武田 信之助 …… 363
高山 長幸 …… 356	武田 徳三郎 …… 363
財部 彪 …… 356	武市 安哉 …… 363
田川 誠一 …… 356	武知 勇記 …… 363
田川 大吉郎 …… 357	武富 時敏 …… 363
田川 亮三 …… 357	武富 済 …… 363
多木 久米次郎 …… 357	竹中 勝男 …… 364
滝 正雄 …… 357	竹中 修一 …… 364
立木 勝 …… 357	竹中 恒夫 …… 364
滝井 義高 …… 358	竹中 恒三郎 …… 364
滝川 末一 …… 358	竹内 明太郎 …… 364
滝口 吉良 …… 358	武内 作平 …… 364
田口 卯吉 …… 358	竹内 綱 …… 364
田口 一男 …… 358	竹内 正志 …… 365
田口 助太郎 …… 358	竹腰 正己 …… 365
田口 長治郎 …… 358	建部 遯吾 …… 365
田口 文次 …… 359	武部 文 …… 365
武井 守正 …… 359	武満 義雄 …… 365
武石 敬治 …… 359	竹村 藤兵衛 …… 365
武市 庫太 …… 359	竹村 奈良一 …… 365

武村 正義	365	舘林 三喜男	372
竹村 幸雄	366	建部 政世	372
竹本 孫一	366	田中 幾三郎	372
竹谷 源太郎	366	田中 伊三次	372
竹山 祐太郎	366	田中 栄一	373
田子 一民	366	田中 織之進	373
田沢 吉郎	367	田中 角栄	373
田沢 智治	367	田中 克彦	373
田沢 義鋪	367	田中 義一	373
田島 勝太郎	367	田中 喜太郎	374
田嶋 好文	367	田中 啓一	374
田島 ひで	367	田中 健吉	374
田島 衛	368	田中 源太郎	374
田代 栄助	368	田中 賢道	374
田代 正治	368	田中 好	374
田代 進四郎	368	田中 耕太郎	374
田代 富士男	368	田中 定吉	375
田代 文久	368	田中 覚	375
田代 由紀男	368	田中 茂穂	375
田添 鉄二	368	田中 実司	375
多田 勇	369	田中 彰治	375
多田 作兵衛	369	田中 昭二	375
多田 省吾	369	田中 正造	375
多田 光雄	369	田中 祐四郎	376
多田 満長	369	田中 寿美子	376
只野 直三郎	369	田中 清一	376
只松 祐治	369	田中 善助	376
舘 哲二	369	田中 善立	376
立川 太郎	369	田中 武夫	377
立木 洋	370	田中 武雄	377
立花 小一郎	370	田中 たつ	377
立花 種恭	370	田中 龍夫	377
橘 直治	370	田中 恒利	377
龍野 周一郎	370	田中 稔男	377
楯 兼次郎	370	田中 利勝	377
舘 俊三	371	田中 敏文	378
伊達 慎一郎	371	田中 長茂	378
伊達 宗敦	371	田中 一	378
伊達 宗城	371	田中 久雄	378
伊達 宗徳	371	田中 不二麿	378
伊達 宗基	371	田中 不破三	378
立川 談志	371	田中 正巳	378
建野 郷三	372	田中 万逸	379
舘野 芳之助	372	田中 美智子	379
舘林 千里	372	田中 光顕	379

たなか　　　　　　　　収録人名一覧

田中 貢	379	田渕 哲也	386
田中 弥助	379	田渕 豊吉	386
田中 豊	379	玉置 一徳	386
田中 養達	380	玉城 栄一	386
田中 隆三	380	玉置 和郎	386
田中 亮一	380	玉置 一弥	387
田中 六助	380	玉置 吉之丞	387
棚橋 一郎	380	玉置 信一	387
棚橋 小虎	380	玉沢 徳一郎	387
田名部 匡省	381	田万 広文	387
田辺 国男	381	田村 賢作	387
田辺 熊一	381	田村 惟昌	387
田辺 七六	381	田村 順之助	387
棚辺 四郎	381	田村 新吉	388
田辺 太一	381	田村 虎一	388
田辺 為三郎	382	田村 元	388
田部 長右衛門（23代目）	382	田村 秀吉	388
田辺 輝実	382	田村 文吉	388
田辺 治通	382	田村 良平	388
田辺 碧堂　⇒田辺為三郎 を見よ		玉生 孝久	388
田辺 誠	382	田母野 秀顕	389
田辺 良顕	382	田谷 充実	389
谷 伍平	382	樽井 藤吉	389
谷 重喜	383	田原 隆	389
谷 干城	383	俵 孫一	389
谷 正之	383	団 伊能	389
谷 洋一	383	丹下 茂十郎	390
谷垣 専一	383	丹後 直平	390
谷川 和穂	384		
谷川 寛三	384		
谷河 尚忠	384	【ち】	
谷川 昇	384		
谷口 慶吉	384	近岡 理一郎	390
谷口 善太郎	384	千頭 清臣	390
谷口 久次郎	385	千阪 高雅	390
谷口 弥三郎	385	地崎 宇三郎	390
谷沢 龍蔵	385	千田 謙蔵	391
谷原 公	385	千田 正	391
谷森 真男	385	千葉 三郎	391
頼母木 桂吉	385	千葉 七郎	391
頼母木 真六	385	千葉 千代世	391
田畑 金光	386	千葉 貞幹	391
田畑 政一郎	386	千葉 禎太郎	391
田原 武雄	386	千葉 信	392
田原 春次	386		

(34)

中馬 興丸 ………………………… 392
中馬 馨 …………………………… 392
中馬 弘毅 ………………………… 392
中馬 辰猪 ………………………… 392
長 正路 …………………………… 392
珍田 捨巳 ………………………… 392

【つ】

塚田 十一郎 ……………………… 393
塚田 庄平 ………………………… 393
塚田 大願 ………………………… 393
塚田 徹 …………………………… 393
津金 佑近 ………………………… 393
塚原 俊平 ………………………… 393
塚原 俊郎 ………………………… 393
塚本 三郎 ………………………… 393
塚本 重蔵 ………………………… 394
塚本 清治 ………………………… 394
塚本 三 …………………………… 394
津軽 承昭 ………………………… 394
津軽 承叙 ………………………… 394
津軽 英麿 ………………………… 394
津川 武一 ………………………… 395
次田 大三郎 ……………………… 395
津雲 国利 ………………………… 395
津崎 尚武 ………………………… 395
辻 維岳 …………………………… 395
辻 一彦 …………………………… 395
辻 嘉六 …………………………… 395
辻 寛一 …………………………… 396
辻 第一 …………………………… 396
辻 武寿 …………………………… 396
辻 英雄 …………………………… 396
辻 寛 ……………………………… 396
辻 文雄 …………………………… 396
辻 政信 …………………………… 396
辻井 民之助 ……………………… 397
辻原 弘市 ………………………… 397
津島 源右衛門 …………………… 397
津島 寿一 ………………………… 397
対馬 孝且 ………………………… 397
津島 文治 ………………………… 397

津島 雄二 ………………………… 397
都筑 馨六 ………………………… 398
津田 出 …………………………… 398
津田 一朗 ………………………… 398
津田 文吾 ………………………… 398
津田 真道 ………………………… 398
土倉 宗明 ………………………… 399
土屋 香鹿 ………………………… 399
土屋 源市 ………………………… 399
土屋 清三郎 ……………………… 399
土屋 寛 …………………………… 399
土屋 義彦 ………………………… 399
堤 ツルヨ ………………………… 399
堤 獻久 …………………………… 399
堤 康次郎 ………………………… 400
綱島 正興 ………………………… 400
常岡 一郎 ………………………… 400
恒松 制治 ………………………… 400
恒松 隆慶 ………………………… 400
恒松 安夫 ………………………… 400
津野田 是重 ……………………… 401
角田 真平 ⇒角田竹冷 を見よ
角田 竹冷 ………………………… 401
椿 繁夫 …………………………… 401
津原 武 …………………………… 401
坪井 亀蔵 ………………………… 401
坪井 九八郎 ……………………… 401
坪川 信三 ………………………… 402
坪山 徳弥 ………………………… 402
円谷 光衛 ………………………… 402
鶴岡 洋 …………………………… 402
鶴園 哲夫 ………………………… 402
鶴原 定吉 ………………………… 402
鶴見 祐輔 ………………………… 402

【て】

出口 広光 ………………………… 403
手島 栄 …………………………… 403
手代木 隆吉 ……………………… 403
出淵 勝次 ………………………… 403
寺井 純司 ………………………… 403
寺内 寿一 ………………………… 403

(35)

てらう　　　　　収録人名一覧

寺内 弘子 …………… 404
寺内 正毅 …………… 404
寺尾 博 ……………… 404
寺尾 豊 ……………… 404
寺崎 覚 ……………… 405
寺沢 晴男 …………… 405
寺下 岩蔵 …………… 405
寺下 力三郎 ………… 405
寺島 健 ……………… 405
寺島 権蔵 …………… 405
寺島 誠一郎 ………… 405
寺嶋 宗一郎 ………… 406
寺島 宗則 …………… 406
寺島 隆太郎 ………… 406
寺園 勝志 …………… 406
寺田 市正 …………… 406
寺田 栄吉 …………… 407
寺田 熊雄 …………… 407
寺田 栄 ……………… 407
寺前 巌 ……………… 407
寺本 斎 ……………… 407
寺本 広作 …………… 407
田 健治郎 …………… 407
田 艇吉 ……………… 408
田 英夫 ……………… 408
天坊 裕彦 …………… 408

【と】

戸井 嘉作 …………… 408
土居 光華 …………… 408
土井 権大 …………… 408
土井 たか子 ………… 409
土居 山義 …………… 409
土井 直作 …………… 409
戸井田 三郎 ………… 409
藤 金作 ……………… 409
東海 散士 …………… 409
堂垣内 尚弘 ………… 410
道家 斉 ……………… 410
道源 権治 …………… 410
東郷 茂徳 …………… 410
東郷 実 ……………… 411

東条 貞 ……………… 411
東条 英機 …………… 411
任田 新治 …………… 411
藤堂 高潔 …………… 411
藤堂 高邦 …………… 412
桃原 用永 …………… 412
当真 嗣合 …………… 412
当間 重剛 …………… 412
堂森 芳夫 …………… 412
東家 嘉幸 …………… 412
遠山 正和 …………… 412
渡海 元三郎 ………… 413
戸叶 里子 …………… 413
栂野 泰二 …………… 413
戸叶 武 ……………… 413
戸狩 権之助 ………… 413
戸川 貞雄 …………… 413
時岡 又左衛門 ……… 413
時任 為基 …………… 414
徳川 昭武 …………… 414
徳川 家達 …………… 414
徳川 家正 …………… 414
徳川 圀順 …………… 414
徳川 達孝 …………… 414
徳川 宗敬 …………… 415
徳川 茂承 …………… 415
徳川 慶勝 …………… 415
徳川 義親 …………… 415
徳川 慶喜 …………… 415
徳川 義宜 …………… 416
徳川 頼貞 …………… 416
徳田 球一 …………… 416
徳大寺 公弘 ………… 416
徳大寺 実則 ………… 417
徳富 蘇峰 …………… 417
徳永 正利 …………… 417
得能 通昌 …………… 417
徳安 実蔵 …………… 418
床次 竹二郎 ………… 418
床次 徳二 …………… 418
登坂 重次郎 ………… 418
戸沢 民十郎 ………… 418
戸沢 政方 …………… 418
戸沢 正実 …………… 418
戸田 菊雄 …………… 419

戸田 忠綱	419		内藤 政挙	425
戸田 由美	419		内藤 頼直	425
栃内 曽次郎	419		内藤 利八	425
戸塚 九一郎	419		内藤 魯一	426
戸塚 進也	419		名尾 良辰	426
土橋 一吉	419		名尾 良孝	426
飛島 繁	420		中 助松	426
富松 正安	420		中居 英太郎	426
苫米地 義三	420		中井 一夫	426
苫米地 英俊	420		永井 勝次郎	426
富井 清	420		長井 源	426
富井 政章	421		永井 孝信	427
富島 暢夫	421		中井 徳次郎	427
戸水 寛人	421		中井 弘	427
富田 健治	421		中井 洽	427
富田 幸次郎	421		永井 道雄	427
富田 鉄之助	422		中井 光次	427
富永 隼太	422		永井 柳太郎	428
富野 暉一郎	422		中井川 浩	428
富安 保太郎	422		仲井間 宗一	428
冨吉 栄二	422		中内 力	428
友末 洋治	422		永江 一夫	428
友納 武人	422		永江 一仁	428
外山 正一	423		永江 純一	429
豊川 良平	423		中江 兆民	429
豊田 収	423		中尾 栄一	429
豊田 貞次郎	423		長尾 四郎右衛門	429
豊田 豊吉	423		中尾 辰義	429
豊田 文三郎	424		中尾 宏	429
豊田 雅孝	424		長尾 元太郎	430
豊永 長吉	424		長岡 半太郎	430
鳥居 一雄	424		永岡 光治	430
鳥尾 小弥太	424		長岡 隆一郎	430
			中沖 豊	430
			中垣 国男	430
【 な 】			中川 一郎	431
			中川 寛治	431
			中川 健蔵	431
内藤 功	424		中川 幸太郎	431
内藤 久一郎	424		中川 幸平	431
内藤 健	424		中川 重春	431
内藤 誉三郎	425		中川 俊思	431
内藤 隆	425		中川 望	432
内藤 友明	425		中川 秀直	432
内藤 久寛	425		仲川 房次郎	432

中川 平太夫	432	中津井 真	439
中川 以良	432	中西 一郎	439
仲川 幸男	432	中西 啓介	439
中川 嘉美	432	中西 功	439
中川 利三郎	433	仲西 三良	439
中倉 万次郎	433	中西 績介	440
仲子 隆	433	中西 敏憲	440
中崎 敏	433	中西 光三郎	440
中崎 俊秀	433	中西 陽一	440
中沢 伊登子	433	中西 六三郎	440
中沢 茂一	433	中野 明	440
中路 雅弘	433	永野 厳雄	440
中島 巌	433	永野 修身	440
長島 銀蔵	434	中野 寛成	441
中島 久万吉	434	中野 重治	441
中島 源太郎	434	長野 重右衛門	441
中島 茂喜	434	中野 四郎	441
中島 武敏	434	長野 士郎	442
中島 知久平	434	中野 二郎三郎	442
中島 信行	435	長野 祐也	442
中島 英夫	435	中野 正剛	442
中島 鵬六	435	長野 高一	442
中島 錫胤	435	中野 武雄	442
中島 衛	435	中野 猛雄	443
中島 守利	435	永野 鎮雄	443
中島 弥団次	435	中野 鉄造	443
中島 祐八	436	中野 寅吉	443
中島 行孝	436	長野 長広	443
長島 隆二	436	中野 武営	443
仲小路 廉	436	中野 文門	443
長洲 一二	436	永野 護	443
永末 英一	436	中橋 徳五郎	444
中曽根 康弘	436	中林 友信	444
中田 幸吉	437	中林 佳子	444
中田 清兵衛	437	中原 健次	444
永田 善三郎	437	仲原 善一	444
永田 秀次郎	437	中部 幾次郎	444
中田 政美	438	中上川 アキ ⇒ 藤原あき を見よ	
永田 正義	438	中牟田 倉之助	445
中田 吉雄	438	中村 哲	445
永田 亮一	438	中村 梅吉	445
永田 良吉	438	中村 嘉寿	445
中田 駁郎	438	中村 喜四郎(1代目)	445
中谷 貞頼	438	中村 喜四郎(2代目)	446
中谷 武世	438	中村 喜平	446

収録人名一覧　　　　　なんり

中村 啓一 …………… 446	中山 正暉 …………… 453
中村 啓次郎 ………… 446	永山 盛輝 …………… 453
中村 弘海 …………… 446	中山 与志夫 ………… 453
中村 孝太郎 ………… 446	長与 専斎 …………… 453
中村 幸八 …………… 447	仲吉 朝助 …………… 454
中村 三之丞 ………… 447	仲吉 良光 …………… 454
中村 茂 ……………… 447	半井 清 ……………… 454
中村 重光 …………… 447	名川 侃市 …………… 454
中村 純一 …………… 447	南雲 正朔 …………… 454
中村 順造 …………… 447	梨木 作次郎 ………… 455
中村 正三郎 ………… 447	灘尾 弘吉 …………… 455
中村 人生 …………… 448	夏堀 源三郎 ………… 455
中村 是公 …………… 448	夏目 忠雄 …………… 455
中村 高一 …………… 448	名取 和作 …………… 455
中村 直 ……………… 448	鍋島 直縄 …………… 456
中村 太郎 …………… 448	鍋島 直紹 …………… 456
中村 禎二 …………… 448	鍋島 直虎 …………… 456
中村 時雄 …………… 448	鍋島 直彬 …………… 456
中村 俊夫 …………… 449	鍋島 幹 ……………… 456
中村 利次 …………… 449	鍋山 貞親 …………… 456
中村 寅太 …………… 449	並木 芳雄 …………… 457
中村 波男 …………… 449	奈良 武次 …………… 457
中村 英男 …………… 449	楢崎 弥之助 ………… 457
中村 不二男 ………… 449	楢橋 進 ……………… 457
中村 正雄 …………… 449	楢橋 渡 ……………… 457
中村 正直 …………… 449	奈良原 繁 …………… 458
中村 又一 …………… 450	成相 善十 …………… 458
中村 元雄 …………… 450	成川 尚義 …………… 458
中村 靖 ……………… 450	成清 信愛 …………… 458
中村 弥六 …………… 450	成重 光真 …………… 458
中村 雄次郎 ………… 450	成田 栄信 …………… 458
中村 雪樹 …………… 450	成田 知巳 …………… 458
中村 庸一郎 ………… 451	成田 直衛 …………… 459
仲谷 義明 …………… 451	成島 勇 ……………… 459
中山 栄一 …………… 451	成瀬 幡治 …………… 459
永山 武四郎 ………… 451	南条 徳男 …………… 459
永山 忠則 …………… 451	難波 清人 …………… 459
中山 たま …………… 451	南部 利恭 …………… 459
中山 太郎 …………… 451	南部 甕男 …………… 459
中山 千夏 …………… 452	南里 琢一 …………… 459
中山 利生 …………… 452	
中山 寿彦 …………… 452	
中山 福蔵 …………… 452	
中山 平八郎 ………… 453	
中山 マサ …………… 453	

(39)

【に】

二位 景暢 ……………………… 460
新妻 イト ……………………… 460
仁尾 惟茂 ……………………… 460
丹尾 頼馬 ……………………… 460
二階堂 進 ……………………… 460
西 英太郎 ……………………… 460
西 毅一 ………………………… 460
西 徳二郎 ……………………… 461
西五辻 文仲 …………………… 461
西尾 愛治 ……………………… 461
西尾 末広 ……………………… 461
西尾 武喜 ……………………… 461
西尾 彦朗 ……………………… 462
西尾 正也 ……………………… 462
西尾 邑次 ……………………… 462
西岡 武夫 ……………………… 462
西岡 竹次郎 …………………… 462
西岡 ハル ……………………… 463
西岡 広吉 ……………………… 463
西方 利馬 ……………………… 463
西川 貞一 ……………………… 463
西川 甚五郎（13代目）……… 463
西久保 弘道 …………………… 463
西沢 権一郎 …………………… 463
西沢 定吉 ……………………… 464
西田 郁平 ……………………… 464
西田 信一 ……………………… 464
西田 隆男 ……………………… 464
西田 天香 ……………………… 464
西田 八郎 ……………………… 464
西田 司 ………………………… 464
西谷 金蔵 ……………………… 465
西中 清 ………………………… 465
西野 元 ………………………… 465
西原 亀三 ……………………… 465
西宮 弘 ………………………… 465
西村 栄一 ……………………… 465
西村 英一 ……………………… 466
西村 茂生 ……………………… 466
西村 実造 ……………………… 466

西村 尚治 ……………………… 466
西村 章三 ……………………… 466
西村 甚右衛門 ………………… 466
西村 真太郎 …………………… 466
西村 関一 ……………………… 466
西村 丹治郎 …………………… 467
西村 直己 ……………………… 467
西村 久之 ……………………… 467
西村 正則 ……………………… 467
西村 力弥 ……………………… 467
西村 亮吉 ……………………… 467
西銘 順治 ……………………… 467
西山 亀七 ……………………… 468
西山 敬次郎 …………………… 468
西山 志澄 ……………………… 468
二条 厚基 ……………………… 468
西脇 晋 ………………………… 468
仁田 竹一 ……………………… 468
蜷川 虎三 ……………………… 468
二宮 武夫 ……………………… 468
二宮 治重 ……………………… 469
二宮 文造 ……………………… 469
仁礼 景範 ……………………… 469
丹羽 久章 ……………………… 469
丹羽 喬四郎 …………………… 469
丹羽 兵助 ……………………… 469
丹羽 雄哉 ……………………… 470

【ぬ】

貫井 清憲 ……………………… 470
温水 三郎 ……………………… 470
沼間 守一 ……………………… 470
沼田 宇源太 …………………… 470
沼田 嘉一郎 …………………… 470
沼田 武 ………………………… 470

【ね】

根岸 武香 ……………………… 471

根津 嘉一郎（1代目）	471	野村 光雄	478
根本 正	471	野村 素介	478
根本 龍太郎	471	野村 靖	478
		野本 品吉	478
		野依 秀市	479
		則元 由庸	479
【の】		野呂 恭一	479
		野呂田 芳成	479
野上 元	471		
野上 徹	472		
野口 勝一	472	**【は】**	
野口 奘	472		
野口 幸一	472	芳賀 貢	479
野口 忠夫	472	袴田 里見	479
野坂 昭如	472	萩野 左門	480
野坂 浩賢	473	萩元 たけ子	480
野坂 参三	473	萩原 寿雄	480
野坂 龍	473	箱田 六輔	480
野崎 欣一郎	473	橋口 隆	480
野崎 武吉郎	474	橋田 邦彦	480
野沢 清人	474	橋本 敦	481
野末 陳平	474	橋本 久太郎	481
野田 卯一	474	橋本 欣五郎	481
野田 卯太郎	474	橋本 圭三郎	481
野田 俊作	475	橋本 実梁	481
野田 武夫	475	橋本 繁蔵	481
野田 毅	475	橋本 清吉	482
野田 哲	475	橋本 太吉	482
野田 文一郎	475	箸本 太吉	482
野中 英二	475	橋本 綱常	482
野中 徹也	476	橋本 登美三郎	482
野々村 善二郎	476	橋本 富三郎	482
野々山 一三	476	橋本 正之	482
野原 覚	476	橋本 宗彦	483
野原 正勝	476	橋本 龍太郎	483
信正 義雄	476	橋本 龍伍	483
野間 友一	476	蓮池 公咲	483
野溝 勝	477	長谷雄 幸久	484
野見山 清造	477	長谷川 浩	484
野村 嘉六	477	長谷川 貞雄	484
野村 吉三郎	477	長谷川 正三	484
野村 治三郎（8代目）	477	長谷川 四郎	484
野村 直邦	477	長谷川 信	484
野村 万作	478	長谷川 仁	484
野村 ミス	478		

(41)

長谷川 泰	485	花井 卓蔵	493
長谷川 峻	485	花城 永渡	493
長谷川 保	485	葉梨 新五郎	493
長谷川 豊吉	485	葉梨 信行	493
長谷川 政友	485	花房 端連	493
長谷川 芳之助	486	花房 義質	493
長谷場 純孝	486	花村 四郎	494
長谷部 秀見	486	華山 親義	494
畑 英次郎	486	羽仁 五郎	494
畑 俊六	486	羽生 三七	494
羽田 孜	487	羽根 盛一	494
秦 豊助	487	馬場 鍈一	495
羽田 武嗣郎	487	馬場 辰猪	495
畑 桃作	487	馬場 富	495
畑 和	487	馬場 昇	495
秦 豊	488	馬場 元治	495
畠山 一清	488	浜井 信三	495
秦野 章	488	浜尾 新	496
波多野 鼎	488	浜口 雄幸	496
羽田野 次郎	488	浜口 吉右衛門	496
旗野 進一	489	浜田 国松	496
波多野 敬直	489	浜田 幸一	496
羽田野 忠文	489	浜田 卓二郎	497
波多野 伝三郎	489	浜田 尚友	497
波多野 林一	489	浜田 光人	497
蜂須賀 茂韶	489	浜地 文平	497
八田 一朗	489	浜名 信平	497
八田 貞義	490	浜西 鉄雄	497
八田 善之進	490	浜野 清吾	497
八田 宗吉	490	浜野 剛	498
八田 嘉明	490	浜野 徹太郎	498
服部 一三	490	浜本 万三	498
服部 岩吉	490	早川 慎一	498
服部 英明	490	早川 崇	498
服部 教一	491	早川 龍介	498
服部 信吾	491	林 市蔵	498
服部 安司	491	林 包明	499
初見 八郎	491	林 毅陸	499
初村 滝一郎	491	林 健太郎	499
羽藤 栄市	491	林 権助	499
鳩山 威一郎	491	林 讓治	500
鳩山 一郎	491	林 銑十郎	500
鳩山 和夫	492	林 大幹	500
鳩山 邦夫	492	林 大作	500
鳩山 秀夫	492	林 孝矩	500

収録人名一覧　　　　　　　　　　ひとみ

林 董	500	原田 憲	508
林 友幸	501	原田 佐之治	508
林 虎雄	501	原田 十衛	508
林 信雄	501	原田 昇左右	508
林 百郎	501	原田 越城	508
林 寛子　⇒扇千景 を見よ		原田 立	509
林 博太郎	501	春木 義彰	509
林 平馬	501	春田 重昭	509
林 保夫	502	坂西 利八郎	509
林 逸	502	番正 辰雄	509
林 有造	502	板東 勘五郎	509
林 佳介	502	坂東 幸太郎	509
林 義郎	502		
林 頼三郎	502		
林 了	503	【ひ】	
林 路一	503		
林田 亀太郎	503	比嘉 秀平	509
林田 哲雄	503	樋貝 詮三	510
林田 正治	503	檜垣 徳太郎	510
林田 悠紀夫	503	東浦 庄治	510
林屋 亀次郎	504	東尾 平太郎	510
早速 整爾	504	東久世 通禧	510
原 菊太郎	504	東久邇 稔彦	511
原 健三郎	504	東園 基光	511
原 茂	504	東中 光雄	511
原 修次郎	504	樋上 新一	511
原 善三郎	505	匹田 鋭吉	511
原 惣兵衛	505	疋田 敏男	511
原 敬	505	樋口 典常	511
原 彪	505	樋口 秀雄　⇒樋口龍峡 を見よ	
原 忠順	505	樋口 龍峡	511
原 玉重	505	比佐 昌平	512
原 虎一	505	久恒 貞雄	512
原 彪	506	久富 達夫	512
原 夫次郎	506	久松 勝成	512
原 文兵衛	506	久松 定武	512
原 保太郎	506	久松 定法	512
原 嘉道	506	久松 義典	513
原口 兼済	507	土方 雄志	513
原口 純允	507	土方 久元	513
原口 忠次郎	507	肥田 景之	513
原口 初太郎	507	一松 定吉	513
原島 宏治	507	一松 政二	513
原田 一道	507	人見 勝太郎	514
原田 熊雄	508		

(43)

ひなた

日向 輝武	514
日野 市朗	514
日野 資秀	514
日野 吉夫	514
百武 三郎	514
平等 文成	514
平井 義一	515
平井 城一	515
平井 卓志	515
平井 太郎	515
平井 龍	515
平井 六右衛門	515
平石 磨作太郎	515
平泉 渉	515
平生 釟三郎	516
平岡 市三	516
平岡 恵子	516
平岡 浩太郎	516
平岡 忠次郎	516
平岡 万次郎	517
平川 篤雄	517
平川 松太郎	517
平工 喜一	517
平島 敏夫	517
平島 松尾	517
平瀬 実武	517
平田 東助	517
平田 ヒデ	518
平田 未喜三	518
平塚 常次郎	518
平出 喜三郎	518
平沼 騏一郎	518
平沼 専蔵	518
平沼 赳夫	518
平沼 弥太郎	519
平沼 亮三	519
平野 市太郎	519
平野 三郎	519
平野 成子	519
平野 光雄	520
平野 力三	520
平林 鴻三	520
平林 太一	520
平林 剛	520
平松 時厚	520
平松 守彦	520
平山 岩彦	521
平山 成信	521
平山 靖彦	521
広岡 宇一郎	521
広川 弘禅	521
広沢 賢一	522
広沢 真臣	522
広沢 直樹	522
広住 久道	522
広瀬 和育	522
広瀬 貞文	522
広瀬 為久	522
広瀬 徳蔵	522
広瀬 豊作	523
広瀬 久忠	523
広瀬 秀吉	523
広瀬 正雄	523
広瀬 与兵衛	523
広田 幸一	523
広田 弘毅	523
広谷 俊二	524

【 ふ 】

深井 英五	524
深川 タマエ	524
深沢 吉平	524
深沢 豊太郎	524
深沢 晟雄	524
深水 六郎	525
深谷 隆司	525
吹田 愰	525
福井 勇	525
福井 三郎	525
福井 甚三	525
福井 盛太	526
福岡 精一	526
福岡 世徳	526
福岡 孝弟	526
福岡 日出麿	526
福岡 義登	526
福島 勝太郎	526

福島 茂夫	526	藤田 茂吉	534
福島 譲二	527	藤田 義光	534
福寿 十喜	527	藤田 若水	534
福田 五郎	527	藤波 孝生	534
福田 繁芳	527	藤沼 庄平	535
福田 越夫	527	藤野 繁雄	535
福田 辰五郎	527	伏見 康治	535
福田 篤泰	528	伏見宮 貞愛	535
福田 一	528	藤村 紫朗	536
福田 久松	528	藤村 義朗	536
福田 英子	528	藤本 荘太郎	536
福田 宏一	528	藤本 捨助	536
福田 昌子	528	藤本 孝雄	536
福田 雅太郎	529	藤本 虎喜	537
福田 又一	529	藤谷 豊	537
福田 幸弘	529	藤山 愛一郎	537
福田 喜東	529	藤山 雷太	537
福地 桜痴 ⇒福地源一郎 を見よ		藤原 あき	538
福地 源一郎	529	藤原 銀次郎	538
福永 一臣	530	藤原 繁太郎	538
福永 健司	530	藤原 孝夫	538
福間 知之	530	藤原 哲太郎	538
福家 俊一	530	藤原 豊次郎	538
藤井 勝志	530	藤原 ひろ子	538
藤井 啓一	531	藤原 房雄	539
藤井 真信	531	藤原 道子	539
藤井 達也	531	伏屋 修治	539
藤井 恒男	531	二上 兵治	539
藤井 裕久	531	二木 謙吾	539
藤井 丙午	531	二見 甚郷	539
藤枝 泉介	531	二見 伸明	539
藤尾 正行	532	二荒 芳徳	539
藤生 安太郎	532	淵上 房太郎	540
藤川 一秋	532	船越 衛	540
伏木 和雄	532	船田 享二	540
藤沢 幾之輔	532	船田 中	540
藤田 栄	533	船田 元	540
藤田 四郎	533	船田 譲	541
藤田 進	533	船橋 求己	541
藤田 スミ	533	麓 純義	541
藤田 高敏	533	古井 喜実	541
藤田 高之	533	古井 由之	541
藤田 達芳	533	古市 公威	541
藤田 藤太郎	534	古内 広雄	542
藤田 正明	534	古川 喜一	542

古川 丈吉	542		細川 護熙	549
古川 雅司	542		細川 八十八	550
古沢 滋	542		細川 韶邦	550
古島 義英	542		細迫 兼光	550
古荘 嘉門	542		細田 栄蔵	550
古田 誠一郎	543		細田 吉蔵	550
降旗 徳弥	543		細田 綱吉	551
降旗 元太郎	543		細田 徳寿	551
古屋 菊男	543		細野 次郎	551
降矢 敬義	543		細野 三千雄	551
古屋 貞雄	543		細谷 昭雄	551
古屋 亨	544		細谷 治嘉	551
古谷 久綱	544		堀田 正恒	551
古屋 慶隆	544		堀田 正倫	552
不破 哲三	544		堀田 正養	552
			堀田 連太郎	552
			保利 耕輔	552
			保利 茂	552
【ほ】			堀 末治	553
			堀 二作	553
			堀 真琴	553
帆足 計	544		堀 昌雄	553
坊 秀男	545		堀内 一雄	553
北条 秀一	545		堀内 俊夫	553
北条 浩	545		堀内 光雄	553
朴 春琴	545		堀内 良平	554
星 長治	545		堀江 実蔵	554
星 亨	545		堀江 正夫	554
星 一	546		堀川 恭平	554
星 廉平	546		堀木 鎌三	554
星島 二郎	546		堀切 善次郎	554
保科 善四郎	546		堀切 善兵衛	554
星野 重次	546		堀越 寛介	555
星野 力	547		堀之内 久男	555
星野 直樹	547		堀本 宜実	555
星野 靖之助	547		本庄 繁	555
星野 芳樹	547		本多 新	555
穂積 七郎	547		本多 市郎	555
穂積 真六郎	548		本田 英作	556
穂積 陳重	548		本田 親雄	556
穂積 八束	548		本田 恒之	556
細川 嘉六	548		本田 貞次郎	556
細川 潤次郎	549		本田 弥市郎	556
細川 護立	549		本多 康穣	556
細川 護成	549		本田 義成	556
細川 護久	549			

本出 保太郎	557	槇村 正直	563
本藤 恒松	557	牧山 耕蔵	563
本名 武	557	真崎 勝次	563
本間 俊一	557	正木 清	563
本間 光輝	557	正木 千冬	564
本領 信治郎	557	正木 照蔵	564
		正木 良明	564
		正森 成二	564
【ま】		増岡 康治	564
		増岡 博之	564
		増田 甲子七	564
前尾 繁三郎	557	増田 義一	565
前川 正一	558	増田 盛	565
前川 忠夫	558	増田 次郎	565
前川 旦	558	増田 敏男	565
前川 槙造	558	増田 繁幸	565
前島 英三郎 ⇒八代英太 を見よ		益谷 秀次	565
前島 密	558	桝谷 寅吉	566
前田 郁	559	増原 恵吉	566
前田 勲男	559	真館 貞造	566
前田 栄之助	559	町田 忠治	566
前田 佳都男	559	町田 武須計	566
前田 幸作	559	町村 金五	566
前田 種男	559	松井 郡治	567
前田 多門	560	松井 慶四郎	567
前田 千夏 ⇒中山千夏 を見よ		松井 茂	567
前田 利同	560	松井 豊吉	567
前田 利鬯	560	松井 文太郎	567
前田 利定	560	松井 誠	567
前田 久吉	560	松井 政吉	567
前田 房之助	561	松浦 詮	568
前田 正男	561	松浦 厚	568
前田 正名	561	松浦 功	568
前田 米蔵	561	松浦 五兵衛	568
前原 一誠	561	松浦 定義	568
真木 長義	561	松浦 鎮次郎	568
牧野 寛索	562	松浦 周太郎	568
牧野 賤男	562	松浦 清一	569
牧野 隆守	562	松浦 東介	569
牧野 忠篤	562	松浦 利尚	569
牧野 忠毅	562	松尾 官平	569
牧野 照	562	松尾 国松	569
牧野 伸顕	562	松尾 吾策	569
牧野 良三	563	松尾 四郎	569
牧原 源一郎	563	松尾 トシ子	570

(47)

まつお　　　収録人名一覧

松岡 克由 ⇒立川談志 を見よ		松平 正直	577
松岡 嘉兵衛	570	松平 慶民	577
松岡 駒吉	570	松平 慶永	577
松岡 政保	570	松平 頼寿	577
松岡 俊三	570	松谷 与二郎	577
松岡 広吉	571	松永 東	578
松岡 平市	571	松永 光	578
松岡 松平	571	松永 仏骨	578
松岡 康毅	571	松永 義雄	578
松岡 洋右	571	松野 鶴平	578
松家 徳二	571	松野 友	578
松方 幸次郎	571	松野 幸泰	579
松形 祐堯	572	松野 頼三	579
松方 正義	572	松原 一彦	579
松川 昌蔵	572	松原 喜之次	579
松木 弘	572	松原 芳太郎	579
松阪 広政	572	松前 重義	579
松沢 求策	573	松前 達郎	580
松沢 兼人	573	松実 喜代太	580
松沢 俊昭	573	松村 謙三	580
松沢 雄蔵	573	松村 光三	580
松下 軍治	573	松村 秀逸	581
松下 正寿	573	松村 真一郎	581
松嶋 喜作	574	松村 時次	581
松島 廉作	574	松村 文次郎	581
松田 吉三郎	574	松村 雄之進	581
松田 源治	574	松室 致	581
松田 竹千代	574	松本 一郎	582
松田 鉄蔵	574	松本 英一	582
松田 秀雄	574	松本 学	582
松田 正一	575	松本 鼎	582
松田 正久	575	松本 君平	582
松田 道之	575	松本 賢一	582
松田 三徳	575	松本 剛吉	582
松平 勇雄	575	松本 治一郎	583
松平 容大	575	松本 七郎	583
松平 定教	575	松本 十郎	583
松平 忠和	576	松本 俊一	583
松平 忠礼	576	松本 淳三	583
松平 忠久	576	松本 烝治	584
松平 恒雄	576	松本 善明	584
松平 直亮	576	松本 滝蔵	584
松平 信正	576	松本 忠雄	584
松平 乗承	576	松本 忠助	585
松平 乗命	576	松本 恒之助	585

松本 昇	585	三島 通庸	591
松本 孫右衛門	585	三島 通陽	591
松本 幸男	585	水久保 甚作	591
松山 常次郎	585	水田 三喜男	591
松山 義雄	585	水田 稔	592
真鍋 勝	585	水谷 長三郎	592
真鍋 儀十	586	水谷 力	592
真鍋 賢二	586	水谷 昇	592
丸谷 金保	586	水野 清	592
丸茂 重貞	586	水野 遵	592
丸山 勇	586	水野 甚次郎	592
丸山 孝一郎	586	水野 忠敬	592
丸山 嵯峨一郎	586	水野 忠弘	593
丸山 作楽	587	水野 忠幹	593
丸山 鶴吉	587	水野 寅次郎	593
円山 雅也	587	水野 直	593
丸山 名政	587	水野 錬太郎	593
		水平 豊彦	593
		水町 袈裟六	594
		溝口 直亮	594
【み】		溝淵 増巳	594
		三谷 軌秀	594
三池 信	587	三谷 秀治	594
三浦 数平	587	三田村 武夫	594
三浦 一雄	588	三井 徳宝	594
三浦 梧楼	588	箕作 麟祥	595
三浦 盛徳	588	三塚 博	595
三浦 隆	588	三土 忠造	595
三浦 辰雄	588	三橋 八次郎	595
三浦 虎雄	588	三ツ林 弥太郎	596
三浦 寅之助	588	薬袋 義一	596
三浦 久	588	水口 宏三	596
三浦 安	589	湊 徹郎	596
三浦 義男	589	三鍋 義三	596
三上 英雄	589	南 次郎	596
三木 治朗	589	南 弘	597
三木 申三	589	南 好雄	597
三木 武夫	589	峯山 昭範	597
三木 忠雄	590	美濃 政市	597
三木 武吉	590	箕浦 勝人	597
三木 行治	590	美濃部 達吉	597
三木 与吉郎	590	美濃部 亮吉	598
三木 与吉郎	590	箕輪 幸代	598
三木 喜夫	590	箕輪 登	598
三崎 亀之助	590	三原 朝雄	598

壬生 基修	598		三好 退蔵	606
三室戸 敬光	599		三好 竹勇	606
宮井 茂九郎	599		三善 信房	606
宮尾 舜治	599		三好 英之	606
宮川 一貫	599		三輪 市太郎	606
宮城 音五郎	599		三輪 貞治	606
宮城 タマヨ	599		三輪 寿壮	606
宮城 長五郎	600		三輪 信次郎	607
三宅 秀	600		三輪 精一	607
三宅 正一	600		三輪 伝七	607
三宅 徳三郎	600			
三宅 磐	600			
宮古 啓三郎	600		【む】	
宮崎 栄治	601			
宮崎 総五	601		向井 倭雄	607
宮崎 辰雄	601		向井 忠晴	607
宮崎 一	601		向井 長年	607
宮崎 八郎	601		向山 一人	607
宮崎 正雄	601		麦田 宰三郎	608
宮崎 正義	601		武者 伝二郎	608
宮崎 茂一	602		牟田口 元学	608
宮沢 喜一	602		陸奥 宗光	608
宮沢 清作	602		武藤 一忠 ⇒武藤環山 を見よ	
宮沢 胤勇	602		武藤 運十郎	608
宮沢 弘	602		武藤 嘉一	609
宮沢 裕	603		武藤 嘉文	609
宮下 創平	603		武藤 嘉門	609
宮島 誠一郎	603		武藤 環山	609
宮島 滉	603		武藤 金吉	609
宮田 早苗	603		武藤 山治	609
宮田 重文	603		武藤 山治	610
宮田 輝	603		武藤 武雄	610
宮田 光雄	604		武藤 常介	610
宮地 正介	604		宗像 政	610
宮之原 貞光	604		村尾 重雄	611
宮幡 靖	604		村岡 兼造	611
宮原 幸三郎	604		村上 勇	611
宮部 襄	604		村上 格一	611
宮本 邦彦	605		村上 義一	611
宮本 顕治	605		村上 恭一	611
宮本 小一	605		村上 国吉	612
宮脇 長吉	605		村上 孝太郎	612
三善 清之	605		村上 茂利	612
三好 重臣	605		村上 弘	612
三善 信二	606			

村上 正邦	612	最上 政三	618
村上 紋四郎	612	門司 亮	618
村上 由	613	望月 右内	618
村沢 牧	613	望月 邦夫	618
村島 喜代	613	望月 圭介	618
村瀬 直養	613	望月 幸明	618
村瀬 宜親	613	望月 小太郎	619
村田 敬次郎	613	望月 長夫	619
村田 省蔵	613	望月 優子	619
村田 保	614	持田 若狭	619
村田 秀三	614	基 政七	619
村野 常右衛門	614	本岡 昭次	619
村松 愛蔵	614	泉二 新熊	620
村松 亀一郎	614	本島 等	620
村松 恒一郎	614	本島 百合子	620
村松 久義	615	元田 永孚	620
紫安 新九郎	615	元田 肇	620
村山 喜一	615	本野 一郎	621
村山 喜一郎	615	本山 政雄	621
村山 達雄	615	粟山 明	621
村山 富市	615	粟山 秀	621
村山 道雄	615	粟山 博	621
村山 龍平	615	桃井 直美	621
室 孝次郎	616	百瀬 渡	622
		藻寄 鉄五郎	622
		森 有礼	622
【め】		森 恪	622
		森 勝治	622
目賀田 種太郎	616	森 兼道	622
目黒 今朝次郎	616	森 清	622
		森 清	623
		森 幸太郎	623
【も】		森 暁	623
		森 茂生	623
毛利 柴庵	616	森 秀次	623
毛利 高範	617	森 善治	623
毛利 松平	617	森 東一郎	624
毛利 元敏	617	森 矗昶	624
毛利 元徳	617	森 肇	624
毛里 保太郎	617	森 三樹二	624
最上 進	617	森 元治郎	624
最上 英子	617	森 八三一	624
		森 美秀	624
		森 喜朗	625
		森井 忠良	625

(51)

森丘 覚平	625		**【 や 】**	
森岡 二朗	625			
森岡 昌純	625	矢尾 喜三郎	631
森川 仙太	625	矢追 秀彦	631
森久保 作蔵	626	八百板 正	631
森下 国雄	626	八木 一郎	631
森下 昭司	626	八木 逸郎	631
森下 泰	626	八木 一男	632
森下 政一	626	八木 幸吉	632
森下 元晴	626	八木 宗十郎	632
守島 伍郎	626	八木 大介 ⇒木本平八郎 を見よ	
森島 守人	627	八木 徹雄	632
森田 欽二	627	八木 昇	632
森田 景一	627	八木 秀次	632
森田 茂	627	谷口 武雄	632
森田 重次郎	627	矢後 嘉蔵	633
森田 重郎	627	八坂 甚八	633
森田 たま	627	八坂 善一郎	633
森田 豊寿	628	矢島 浦太郎	633
森田 一	628	矢島 中	633
森田 福市	628	矢嶋 三義	633
森田 政義	628	八代 英太	633
守田 道輔	628	八代 六郎	633
森田 義衞	628	安井 英二	634
森近 運平	628	安井 謙	634
森戸 辰男	629	安井 誠一郎	634
森中 守義	629	安井 藤治	634
森部 隆輔	629	安井 吉典	634
森本 確也	629	保岡 興治	635
森本 駿	629	保岡 武久	635
森本 省一郎	629	安田 伊左衛門	635
森本 靖	629	安田 勲	635
守屋 栄夫	630	安田 貴六	635
守屋 此助	630	安田 修三	635
森山 鋭一	630	安田 純治	635
森山 欽司	630	安田 善三郎	635
森山 茂	630	安田 隆明	636
森山 真弓	630	安田 幹太	636
諸橋 久太郎	631	安武 洋子	636
門田 新松	631	安恒 良一	636
		安永 英雄	636
		安場 保和	636

安平 鹿一	636	
八角 三郎	636	
矢田部 理	637	
矢次 一夫	637	
八並 武治	637	
八並 達雄	637	
梁井 淳二	637	
柳川 宗左衛門	637	
柳川 平助	637	
柳沢 徳忠	638	
柳沢 伯夫	638	
柳沢 錬造	638	
柳田 国男	638	
柳田 秀一	639	
柳田 桃太郎	639	
柳原 三郎	639	
柳本 直太郎	639	
柳谷 清三郎	639	
柳原 前光	639	
矢野 絢也	639	
矢野 庄太郎	640	
矢野 俊比古	640	
矢野 酉雄	640	
矢野 龍渓	640	
矢幡 治美	640	
矢原 秀男	640	
矢吹 省三	641	
藪仲 義彦	641	
山内 徳信	641	
山内 広	641	
山尾 庸三	641	
山岡 謙蔵	641	
山岡 鉄舟	641	
山岡 万之助	642	
山県 有朋	642	
山県 伊三郎	642	
山県 勝見	642	
山川 健次郎	643	
山川 端夫	643	
山川 均	643	
山川 浩	643	
山川 良一	644	
山木 武夫	644	
山際 七司	644	
山口 義一	644	
山口 喜久一郎	644	
山口 好一	644	
山口 孤剣	644	
山口 貞美	645	
山口 重彦	645	
山口 シヅエ	645	
山口 俊一	645	
山口 丈太郎	645	
山口 忠五郎	645	
山口 恒太郎 ⇒山口天来 を見よ		
山口 鶴男	645	
山口 天来	646	
山口 敏夫	646	
山口 弘達	646	
山口 尚芳	646	
山口 熊野	647	
山口 淑子	647	
山口 律雄	647	
山口 六郎次	647	
山崎 巌	647	
山崎 岩男	647	
山崎 釚二	648	
山崎 五郎	648	
山崎 拓	648	
山崎 武三郎	648	
山崎 猛	648	
山崎 竜男	649	
山崎 達之輔	649	
山崎 常吉	649	
山崎 延吉	649	
山崎 昇	649	
山崎 恒	649	
山崎 平八郎	650	
山崎 始男	650	
山道 襄一	650	
山下 栄二	650	
山下 元利	650	
山下 義信	650	
山下 谷次	650	
山下 千代雄	651	
山下 ツ子	651	
山下 徳夫	651	
山下 春江	651	
山田 顕義	651	
山田 勇 ⇒横山ノック を見よ		

(53)

山田 英介	652	山本 伊三郎	658
山田 喜之助	652	山本 勝市	658
山田 耕三郎	652	山本 粂吉	658
山田 佐一	652	山本 敬三郎	659
山田 珠一	652	山本 幸一	659
山田 荘哉	652	山本 厚三	659
山田 節男	652	山本 権兵衛	659
山田 泰造	652	山本 幸雄	659
山田 武甫	652	山本 実彦	659
山田 為喧	653	山本 正一	660
山田 太郎	653	山本 条太郎	660
山田 長司	653	山本 慎平	660
山田 徹一	653	山本 杉	660
山田 信道	653	山本 宣治	660
山田 耻目	653	山本 壮一郎	661
山田 久就	653	山本 猛夫	661
山田 又司	653	山本 達雄	661
山田 道兄	654	山本 経勝	661
山田 弥一	654	山本 悌二郎	661
山田 譲	654	山本 利寿	662
山田 芳治	654	山本 富雄	662
山高 しげり	654	山本 政弘	662
山手 満男	654	山本 茂一郎	662
大和 与一	655	山本 弥之助	662
山名 義済	655	山本 勇造 ⇒山本有三 を見よ	
山中 郁子	655	山本 有三	662
山中 吾郎	655	山本 幸彦	663
山中 貞則	655	山本 芳治	663
山中 日露史	655	山本 米治	663
山梨 半造	655	山本 隆太郎	663
山西 きよ	656	谷村 貞治	663
山根 正次	656	矢山 有作	663
山内 一郎	656	屋良 朝苗	663
山之内 一次	656		
山内 豊範	656		
山内 万寿治	657	【ゆ】	
山花 貞夫	657		
山花 秀雄	657	湯浅 倉平	664
山原 健二郎	657	湯浅 凡平	664
山辺 常重	657	油井 賢太郎	664
山枡 儀重	657	結城 豊太郎	664
山宮 藤吉	658	湯川 宏	664
山村 新治郎(10代目)	658	雪沢 千代治	664
山村 新治郎(11代目)	658	湯沢 三千男	664
山邑 太三郎	658		

豊永 光	665	吉江 勝保	671
由谷 義治	665	芳川 顕正	671
湯地 幸平	665	吉川 兼光	671
湯地 定基	665	吉川 吉郎兵衛	671
柚木 慶二	665	吉川 末次郎	671
湯本 義憲	665	芳沢 謙吉	671
湯山 勇	665	吉田 安	672
由利 公正	666	吉田 磯吉	672
		吉田 円助	672
		吉田 清成	672
		吉田 敬太郎	672
【よ】		吉田 賢一	672
		吉田 顕三	672
横井 甚四郎	666	吉田 重延	673
横井 太郎	666	吉田 茂	673
横井 時雄	666	吉田 茂	673
横江 金夫	666	吉田 資治	673
横尾 竜	666	吉田 セイ	673
横川 重次	667	吉田 善吾	674
横川 正市	667	吉田 忠三郎	674
横川 信夫	667	吉田 法晴	674
横田 孝史	667	吉田 正雄	674
横田 甚太郎	667	吉田 実	674
横田 千之助	667	吉田 之久	674
横田 虎彦	667	吉武 恵市	674
横手 文雄	668	吉富 簡一	675
横堀 三子	668	吉永 時次	675
横路 節雄	668	吉野 信次	675
横路 孝弘	668	吉浜 智改	675
横山 勝太郎	668	吉原 正隆	675
横山 金太郎	668	吉原 米治	675
横山 助成	669	吉松 喬	676
横山 利秋	669	吉村 午良	676
横山 寅一郎	669	吉村 鉄之助	676
横山 ノック	669	吉村 真事	676
横山 フク	669	依田 銈次郎	676
横山 実	669	依田 実	676
与謝野 馨	669	四ツ谷 光子	676
吉秋 雅規 ⇒正木良明 を見よ		米内 光政	676
吉井 幸蔵	670	米内山 義一郎	677
吉井 友実	670	米津 政敏	677
吉井 光照	670	米窪 満亮	677
吉植 庄一郎	670	米倉 昌達	677
吉植 庄亮	670	米倉 竜也	677
吉浦 忠治	670	米沢 隆	677

よねた		
米田 東吾	……………………	677
米田 正文	……………………	678
米田 稔	……………………	678
米田 吉盛	……………………	678
米原 昶	……………………	678
米山 久	……………………	678
米山 文子	……………………	678

【り】

李 香蘭 ⇒山口淑子 を見よ		
竜野 喜一郎	……………………	678

【わ】

若尾 幾造	……………………	678
若尾 逸平	……………………	679
若尾 璋八	……………………	679
若木 勝蔵	……………………	679
若槻 礼次郎	……………………	679
若林 正武	……………………	679
若林 義孝	……………………	680
若宮 貞夫	……………………	680
脇 栄太郎	……………………	680
脇坂 行三	……………………	680
脇坂 安斐	……………………	680
鷲野 米太郎	……………………	680
鷲尾 隆聚	……………………	680
早稲田 柳右衛門	……………………	680
和田 一仁	……………………	680
和田 耕作	……………………	681
和田 貞夫	……………………	681
和田 静夫	……………………	681
和田 鶴一	……………………	681
和田 豊治	……………………	681
和田 春生	……………………	681
和田 彦次郎	……………………	682
和田 博雄	……………………	682
渡部 一郎	……………………	682
渡辺 栄一	……………………	682

渡辺 治	……………………	682
渡辺 勘吉	……………………	682
渡辺 勘十郎	……………………	682
渡辺 驥	……………………	683
渡辺 清	……………………	683
渡辺 国武	……………………	683
渡辺 洪基	……………………	683
渡部 恒三	……………………	683
渡辺 紘三	……………………	683
渡辺 三郎	……………………	683
渡辺 修	……………………	684
渡辺 省一	……………………	684
渡辺 惣蔵	……………………	684
渡辺 武	……………………	684
渡辺 武三	……………………	684
渡辺 千秋	……………………	684
渡辺 千冬	……………………	685
渡辺 銕蔵	……………………	685
渡辺 秀央	……………………	685
渡辺 文雄	……………………	685
渡辺 政之輔	……………………	685
渡辺 美智雄	……………………	686
渡部 通子	……………………	686
渡辺 貢	……………………	686
渡辺 泰邦	……………………	686
渡辺 祐策	……………………	686
渡部 行雄	……………………	686
渡辺 良夫	……………………	686
渡辺 朗	……………………	687
綿貫 民輔	……………………	687
亘 四郎	……………………	687

政治家人名事典 明治〜昭和

【あ】

相川 勝六　あいかわ・かつろく
厚相　衆院議員（自民党）　㊤明治24年12月6日　㊦昭和48年10月3日　㊥佐賀県　㊫東京帝大法科大学独法科（大正8年）卒　㊪勲一等瑞宝章（昭和40年）　㊧内務省に入り警視庁刑事部長、京都市警務部長、神奈川県警察部長、内務省警保局保安課長を経て宮崎、広島、愛知、愛媛各県知事、厚生次官から昭和20年小磯国昭内閣の厚相となった。宮崎時代に八紘一宇の塔を建てた。戦時中、翼賛会実践局長。戦後公職追放、26年解除。27年宮崎1区から衆院選に当選、以来当選8回。47年引退。その間、予算委員長、自民党総務、内閣委員長、自民党治安対策特別委員長などを歴任。40年勲一等瑞宝章受章。

藍川 清成　あいかわ・きよなり
衆院議員（立憲民政党）　名古屋鉄道社長　㊤明治5年4月　㊦昭和23年9月7日　㊥岐阜県　㊫東京帝大英法科（明治28年）卒　㊧名古屋市議、愛知県議を経て、衆院議員を1期つとめる。

逢沢 寛　あいさわ・かん
元・衆院議員（自民党）　㊤明治21年5月15日　㊦昭和57年10月25日　㊥岡山県　㊪藍綬褒章（昭和31年）　㊧昭和17年衆院議員に初当選、以来9期25年務めた。この間、運輸政務次官、日本遺族会副会長などを務めた。　㊕二男＝逢沢英雄（衆院議員）

相沢 重明　あいざわ・しげあき
元・参院議員（社会党）　㊤明治43年3月15日　㊦昭和56年6月28日　㊥神奈川県　㊫東京鉄道教習所（昭和4年）卒　㊧国労本部副委員長、総評副議長などを歴任したあと、昭和31年参院議員に当選、43年まで2期つとめた。共和製糖事件に連座、42年受託収賄罪で起訴、一、二審で有罪判決を受け、最高裁に上告中死去。

相沢 武彦　あいざわ・たけひこ
元・衆院議員　元・参院議員（公明党）　元・北海道議（公明党）　㊤昭和8年12月8日　㊥旧樺太　㊫留萌高（昭和28年）卒　㊧昭和28年北海道銀行入行。31年聖教新聞社に転じ、36年北海道総支局長。44年衆院議員に当選（1期）。49年参院議員に転じ、1期務める。62年から北海道議に2選。平成3年落選。

愛沢 寧堅　あいざわ・ねいけん
衆院議員（無所属）　㊤嘉永2年7月（1849年）　㊦昭和4年3月4日　㊥陸奥国（福島県）　号＝葵山　㊧明治15年福島県会を無視した県令三島通庸の暴政に反対し、県会議長河野広中らと、国事犯に問われて投獄された（福島事件）。22年憲法発布特赦で出獄、以後福島県から衆院議員に5回当選。31年大隈重信内閣の時、対華21か条交渉失敗を糾弾する国民外交同盟会の運動に参加した。

逢沢 英雄　あいさわ・ひでお
元・衆院議員（自民党）　㊤大正15年1月28日　㊥岡山県　㊫早稲田大学商学部（昭和25年）卒　㊧岡山青年会議所理事長、岡山商工会議所副会頭などを経て、昭和51年岡山1区より衆院議員に当選以来3選。56年鈴木改造内閣労働政務次官を務めた。　㊒旅行　㊕父＝逢沢寛（衆院議員），長男＝逢沢一郎（衆院議員），弟＝逢沢潔（アイサワ工業社長）

相沢 英之　あいざわ・ひでゆき
衆院議員（自民党　鳥取2区）　元・金融再生委員会委員長　㊤大正8年7月4日　㊥大分県宇佐市　㊫東京帝国大学法学部政治学科（昭和17年）卒　㊪勲一等旭日大綬章（平成14年）　㊧大蔵省に入り、大蔵省理財局長、主計局長などを歴任、昭和48年大蔵事務次官。翌年退官し、51年以来衆院議員に当選9回。平成2年第2次海部内閣の経済企画庁長官に就任。10年12月宮沢派を離脱し河野グループに参加。12年7月更迭された久

世公尭の後任として第2次森連立内閣の金融再生委員会委員長に就任。 [家]妻＝司葉子(女優), 長男＝相沢英孝(早稲田大学教授)

相島 勘次郎　あいじま・かんじろう
衆院議員(立憲国民党)　俳人　[生]慶応3年12月19日(1867年)　[没]昭和10年4月4日　[出]茨城県筑波郡小田村　別号＝相島虚吼　[歴]明治23年大阪毎日新聞社に入社し、編集主任、副主幹、顧問などを勤め、後衆院議員となり、憲政擁護、閥族打破を標傍した。27年正岡子規を知って俳句をはじめ「日本」に投句し、のちに「ホトトギス」に参加。句集として「虚吼句集」(昭和7年)「相島虚吼句集」(昭和11年)がある。

愛知 和男　あいち・かずお
元·衆院議員(自民党)　元·防衛庁長官　関西大学客員教授　[生]昭和12年7月20日　[出]東京　旧姓＝中田　[学]東京大学法学部(昭和36年)卒　[歴]昭和36年日本鋼管に入社。39年元蔵相・愛知揆一の婿養子となる。義父の秘書官を務め、49年1月仙台市長選に出馬したが敗退。51年自民党から衆院選に義父の後を継いで立候補し、当選。外務政務次官、労働政務次官、文教委員長を歴任。平成元年の宮城知事選挙に立候補を予定していたが断念。2年第2次海部改造内閣の環境庁長官に就任。当選8回。竹下派、羽田派を経て、5年6月新生党結成に参加。同年12月防衛庁長官に就任。6年新進党結成に参加したが、9年7月離党し、自民党に戻る。旧小渕派。12年落選。14年政界引退を表明。著書に「次世代の日本へ」がある。　[趣]ゴルフ, スキー, 音楽　[家]二男＝愛知治郎(参院議員), 父＝中田亮吉(日総建社長)

愛知 揆一　あいち・きいち
衆院議員(自民党)　蔵相　外相　[生]明治40年10月10日　[没]昭和48年11月23日　[出]東京　[学]東京帝国大学法学部政治学科(昭和6年)卒　[歴]昭和6年大蔵省に入り、財務書記として英、仏駐在。ロンドン国際経済会議随員、蔵相秘書官、20年文書課長、官房長を経て、22年銀行局長。25年参院選全国区に当選。28年大蔵政務次官、29年第5次吉田茂内閣の通産相兼経済審議庁長官。30年衆院選(宮城1区)に当選。32年岸信介内閣の官房長官から法相。39年第2次池田勇人内閣文相、41年第1次佐藤栄作内閣の官房長官、43年第2次佐藤内閣の外相として沖縄返還交渉に努め、44年愛知・ロジャース会談で協定を仕上げた。47年のポスト佐藤・総裁公選では田中角栄擁立に努め、同年暮れの第2次田中内閣で蔵相。翌年、石油ショック対策に追われる中で急死した。　[家]孫＝愛知治郎(参院議員)

愛野 興一郎　あいの・こういちろう
衆院議員(民政党)　元・経済企画庁長官　[生]昭和3年4月18日　[没]平成10年3月20日　[出]佐賀県鹿島市　[学]中央大学法学部(昭和26年)卒　[歴]民政党代議士だった父の跡を継ぎ、農協組合長、県議。昭和47年自民党から衆院議員に当選。外務政務次官、総理府総務副長官、衆院文教委員長を経て、平成元年竹下改造内閣の経済企画庁長官に就任。竹下派、羽田派、5年6月新生党を経て、6年新進党、10年1月国民の声結成に参加。9期務めた。　[家]父＝愛野時一郎(衆院議員), 弟＝福岡政文(佐賀日産社長), 愛野克明(東日本観光バス社長), 愛野孝志(愛野耳鼻咽喉科院長)

愛野 時一郎　あいの・ときいちろう
衆院議員(改進党)　[生]明治33年2月　[没]昭和27年12月31日　[出]佐賀県　[学]中央大学経済学部(大正11年)卒　[歴]陸軍輜重兵少尉を経て、鹿島村信用組合長、肥前鹿島運送社長、鹿島村長となる。昭和11年衆院議員初当選、以来当選4回。その間農林省委員を務める。　[家]息子＝愛野興一郎(衆院議員), 福岡政文(佐賀日産自動車社長), 愛野克明(東日本観光バス社長), 愛野孝志(愛野耳鼻咽喉科院長)

青井 政美　あおい・まさみ
元・参院議員(自民党)　愛媛県経済農協連名誉会長　[生]明治40年12月22日　[没]平成3年1月29日　[出]愛媛県今治市　[学]東洋商業(昭和2年)卒　[賞]農協功労賞(昭和45年), 勲三等旭日中綬章(昭和55年)　[歴]昭和22年愛媛県議となり2期。この間、26年愛媛県経済農協連会長となる。49年愛媛地方区から参院議員に当選し1期務める。著書に「ソ連・ヨーロッパの旅」がある。　[趣]囲碁(3段), 読書

青木 一男　あおき・かずお
元・参院議員(自民党)　元・蔵相　[生]明治22年11月28日　[没]昭和57年6月25日　[出]長野県　[学]東京帝大独法科(大正5年)卒　[資]弁護士　[賞]勲一等旭日大綬章(昭和46年)　[歴]大正5年大蔵省入省。昭和9年理財局長、12年企画院次長を経て、14年貴院議員、阿部内閣蔵相、南京政府最高経済顧問などを歴任し、17年東条内閣大東亜相。戦後A級戦犯として巣鴨拘置所に収容された。28年から参院全国区に連続当選4回。自民党の参院議員会長などを歴任。
[家]息子=青木俊男(神奈川大学教授), 青木辰男(クレディセゾン会長)

青木 作雄　あおき・さくお
元・衆院議員(興亜議員同盟)　[生]明治21年2月　[没]昭和60年8月6日　[出]山口県　[学]広島高工(昭和8年)卒　[歴]昭和12年東方会所属時に山口1区から衆院議員に当選、1期務めた。31年から自民党山口県連顧問。

青木 重臣　あおき・しげとみ
元・愛媛県知事　[生]明治33年8月　[出]長野県　[学]京都帝国大学法学部(昭和2年)卒　[歴]首相秘書官、内務省監査官などを経て、昭和21年官選愛媛県知事に任命される。5ヶ月間在職後依願免官となり、22年愛媛県最初の公選知事選挙に出馬して当選。

青木 茂　あおき・しげる
元・参院議員(サラリーマン新党)　[専]生活経済学　[生]大正11年10月29日　[出]愛知県豊橋市　[学]東京帝国大学商業学科(昭和21年)卒　[賞]勲三等旭日中綬章(平成4年)　[歴]愛知県立時習館高校教諭から、昭和26年愛知教育大学に転じ、48年から大妻女子大学短期大学部教授を務めた。44年サラリーマン同盟、45年サラリーマン新党、56年日本納税者連合を結成。58年6月の参院選で、サラリーマン新党から当選。平成元年落選し、党代表を辞任、最高顧問となる。その後サラリーマン新党が解散し、4年の参院選では社民連の比例区1位で出馬したが、再び落選。著書に「これで税金が必ずとり戻せる」「サラリーマン『民富論』」「中流の上の生活法」など多数。
[趣]ビデオ編集　[家]妻=青木淑子(評論家), 娘=青樹明子(エッセイスト)

青木 周蔵　あおき・しゅうぞう
外相　駐米大使　枢密顧問官　貴院議員　外交官　子爵　[生]天保15年1月15日(1844年)　[没]大正3年2月16日　[出]長門国(山口県)　旧姓=三浦　号=琴城
[歴]蘭方医・三浦玄仲の長男に生まれ、のち長州藩医・青木研蔵の養子となる。洋学・医学を修め、明治元年長州藩費でドイツ留学、政治・法律を学んだ。6年外務省に入り、外務1等書記官心得、7年ドイツ公使館に勤務、外務1等書記官。以後駐独特命全権公使、駐オーストリア、駐オランダ公使兼任。13年再び駐独公使、駐オーストリア、駐デンマーク公使兼任。19年井上馨外相の外務次官、子爵、22年枢密顧問官、次いで山県内閣、松方内閣の外相、25年駐独公使兼駐ベルギー公使。27年駐英公使となり、陸奥宗光外相に協力、日英通商航海条約改正に調印した。この間、23〜30年貴院議員。31年第2次山県内閣外相、32年枢密顧問官、39年駐米大使、41年3度目の枢密顧問官を歴任。著書に「青木周蔵自伝」がある。　[家]孫=青木盛夫(外交官)

青木 薪次　あおき・しんじ
元・参院議員（社民党）　元・労相　⽣大正15年4月8日　⽣静岡県　学鉄道教習所修了　賞勲一等瑞宝章（平成11年）　歴戦後国労の結成に参加、静岡県評議長を経て、昭和49年以来参院議員に4選。平成7年村山改造内閣の労相に就任。10年引退。

青木 精一　あおき・せいいち
衆院議員（翼賛政治会）　⽣明治16年4月　歿昭和20年4月14日　⽣群馬県　学正教神学校卒　歴日露戦争に従軍。大阪新報社東京支局長、中央新聞政治部長、ウラジオ派遣軍司令部附日本電報通信社従軍記者などを務めた。大正13年衆院議員に当選。以降連続7選される。岡田内閣の通信政務次官、通信省委員等を歴任。また満ソ国境方面視察のため派遣された。

青木 清左ヱ門　あおき・せいざえもん
元・衆院議員　⽣明治32年1月　歿昭和56年1月21日　⽣福井県　学福井中（大正8年）卒　歴昭和21年の衆院選福井全県区補選当選以来当選2回。民主党政務調査会理事、衆院水産委員長などを務めた。

青木 孝義　あおき・たかよし
衆院議員（自民党）　物価庁長官　経済安定本部総務長官　⽣明治30年1月　歿昭和37年1月14日　⽣愛知県　学日大専門部政治科（大正9年）卒　経済学博士　歴ベルリン、ハイデルベルク、ゲッチンゲン各大学で金融を研究、経済学博士の学位を得る。帰国後、日本大学教授、同経済学部長、同理事を歴任。戦後昭和21年愛知5区から衆院議員に当選、4期をつとめる。この間、23年自民党政調会長、第1次吉田茂内閣文部政務次官、第3次吉田内閣国務大臣、経済安定本部総務長官、物価庁長官となった。著書に「貨幣経済の理論」「銀行要論」などがある。

青木 正　あおき・ただし
自治庁長官　衆院議員（自民党）　⽣明治31年12月　歿昭和41年4月12日　⽣東京　学東京農大（大正9年）卒　歴中外商業新報政治部記者、論説委員、整理部長を経て昭和24年埼玉4区から衆院議員に当選、以来当選7回。第5次吉田茂内閣自治政務次官、衆院公職選挙法改正に関する調査特別委員長、33年第2次岸信介内閣の国務相（国家公安委員長）、34年自治庁長官を兼任した。自民党の選挙制度改正推進懇話会会長として小選挙区制の推進者であった。　家息子＝青木正久（衆院議員）

青木 信光　あおき・のぶみつ
貴院議員（子爵）　⽣明治2年9月20日　歿昭和24年12月28日　⽣常陸国松岡（茨城県）　学東京法学院（現・中央大学）（明治23年）中退　歴常陸松岡藩主中山信徴の4男、旧麻田藩主青木重義子爵の養嗣子となった。明治30年貴族院議員となり昭和21年まで務めた。この間、宗秩寮審議官、日本銀行、住宅営団各監事、鉄道会議議員、国有財産調査会委員などを歴任した。　家父＝中山信徴（常陸松岡藩主）

青木 正久　あおき・まさひさ
元・衆院議員（自民党）　元・環境庁長官　⽣大正12年1月22日　歿平成13年8月6日　⽣埼玉県北埼玉郡川里村　学東京帝大法学部（昭和22年）卒　賞日本文芸賞特別賞（第3回）（昭和58年）、オーストリア政府グランド・デコレーション・オナー（昭和61年）、文芸春秋ベストエッセイスト賞（昭和61年）、勲一等瑞宝章（平成8年）　歴昭和22年東京新聞社に入社。ニューヨーク支局長、編集局長を経て、41年退社。42年以来衆院議員に7選。63年竹下改造内閣の環境庁長官に就任。渡辺派。平成5年落選。　趣バラ作り、クラシック音楽　家父＝青木正（自治相）

青木　理　あおき・まさる
元・三重県知事　⊕明治35年8月9日　⊗昭和42年1月25日　⊕東京大学法科（大正12年）卒　⊕理研特殊鋼総務部長、日本兵器車両常務取締役、山本鋳造取締役などを経て、昭和17年拓務大臣井野碩哉の秘書官となる。18年実業界に戻り、その後は日本蚕糸近畿中国支社長、亀山製糸監査役などを歴任。22年初の知事公選に立候補し、三重県初代公選知事に当選。連続2期つとめた。

青木　亮貫　あおき・りょうかん
衆院議員（衆議院議員倶楽部）　⊕明治8年7月　⊗昭和16年8月4日　⊕滋賀県　⊕大阪府立高等医学校（明治37年）卒　⊕府立高等医学校病理教室助手兼大阪病院医員、日本赤十字社医員などを務め、のち（社）水口病院長となり、滋賀県議、水口町長などを経て、昭和5年衆院議員初当選、以来当選5回。その間平沼内閣の鉄道参与官を務める。

青島　幸男　あおしま・ゆきお
元・参院議員（二院クラブ）　元・東京都知事　タレント　作家　⊕昭和7年7月17日　⊕東京市日本橋区堀留町（現・中央区）　⊕早稲田大学商学部（昭和30年）卒、早稲田大学大学院中退　⊕直木賞（第35回）（昭和56年）「人間万事塞翁が丙午」、カンヌ国際映画祭批評家週間入選「鐘」　⊕日本橋の仕出し弁当屋「弁菊」の二男に生まれる。昭和34年フジテレビ「おとなの漫画」の台本を執筆、植木等の歌った"スーダラ節"、38年坂本九が歌った「明日があるさ」の作詞も手掛ける。41年青島幸男プロ製作の映画「鐘」を脚本・監督・主演で撮り、カンヌ国際映画祭批評家週間に入選。以来、テレビを中心に脚本「泣いてたまるか」「意地悪婆さん」（主演も）、司会「お昼のワイドショー」、タレント「シャボン玉ホリデー」と大活躍していたが、43年政治家に転向、参議院全国区に当選する。以後政見放送と公報以外の選挙運動をしない方式で連続4選。この間、市川房枝亡き後二院クラブの代表となる。平成元年4月予算の強行採決に抗議して辞任。同年の参院選で落選。4年復帰し、通算5期。7年辞職して東京都知事選に立候補。政党の応援を一切受けず、政見放送以外は選挙運動も全くしないという独自のスタイルで、保革相乗りの石原元官房副長官を破って当選。同年5月東京都市博の中止を決断した。11年4月の知事選には出馬せず、退任。以後、タレント活動を再開する。13年映画「釣りバカ日誌」にゲスト出演。同年二院クラブより参院選比例区に立候補。小説も書き、昭和56年には「人間万事塞翁が丙午」で直木賞受賞。ほかの著書に「蒼天に翔ける」「極楽トンボ」「青島の意地悪議員日記」「繁昌にほんばし弁菊」などがある。
⊕日本映画監督協会、日本作詩家協会
⊕長女＝青島美幸（放送作家）、息子＝青島利幸（放送作家）

青地　雄太郎　あおち・ゆうたろう
衆議議員（立憲国民党）　⊕慶応1年5月（1865年）　⊗大正15年12月24日　⊕静岡県　⊕東京専門学校政治経済科（明治19年）卒　⊕志太郡議、徴兵参事員、所得税調査委員などを務め、明治35年衆院議員に当選。以来4選される。後に、青島実業銀行頭取、早稲田大学評議員となった。

青野　武一　あおの・ぶいち
衆院議員（社会党）　⊕明治32年9月　⊗昭和34年12月9日　⊕福岡県　⊕小卒　⊕昭和24年衆院議員当選以来連続当選4回。この間、衆院決算委員長を務める。また社会党中央執行委員、事業部長、出版部長、機関紙部長、福岡県連執行委員長などを歴任。

青柳　郁次郎　あおやぎ・いくじろう
衆院議員（立憲政友会）　⊕明治10年3月　⊗昭和5年8月18日　⊕福岡県　⊕早稲田大学法律科（明治39年）卒　⊕村議、郡議、福岡県議、同副議長、帝国農会議員などを歴任。大正9年衆院議員当選以来当選3回。

青柳 一郎　あおやぎ・いちろう
元・衆院議員(自民党)　[生]明治33年7月29日　[没]昭和58年8月2日　[出]東京都千代田区　[学]東京帝大法学部(大正15年)卒　[賞]勲二等旭日重光章(昭和45年)　[歴]内務省に入り、昭和21年から22年まで山口県知事。24年1月山口2区から衆議院に初当選以来、3期連続当選。

青柳 秀夫　あおやぎ・ひでお
元・愛知県知事　元・参院議員(自民党)　[生]明治30年7月12日　[没]昭和61年5月31日　[出]群馬県前橋市　[学]東京帝大法学部政治学科(大正11年)卒　[賞]勲二等旭日重光章(昭和42年)　[歴]昭和2年に内務省(現自治省)に入り北海道、大阪府、福岡、長野県などを経て21年5月愛知県内務部長。官選県知事だった桑原幹根が公職追放となった22年3月に官選知事、同年4月公選による初代知事となり1期を務める。28年5月愛知地方区から参院議員に当選し、連続3期。参院大蔵、外務各委員長を務めた。27年以来愛知県労働福祉協会理事長。

青柳 盛雄　あおやぎ・もりお
元・衆院議員(共産党)　弁護士　[生]明治41年11月11日　[没]平成5年1月22日　[出]長野県東筑摩郡坂北村　[学]東京帝国大学法学部(昭和6年)卒　[歴]昭和6年に弁護士登録、布施辰治法律事務所入所。自由法曹団に参加し、3・15、4・16統一公判の弁護人を務めるが、8年に弁護士資格をはく奪、終戦まで活動停止を余儀なくされる。戦後、自由法曹団の再建に尽力、33年より日本共産党中央委員となり、44年から衆院議員を2期務めた。この間、プラカード事件、東宝争議、重要産業レッドパージ事件、ラストボロフ事件などの弁護にあたる。日本共産党中央委員会顧問、治安維持法国家賠償要求同盟中央本部副会長、日朝協会顧問など兼任。著書に「治安維持法下の弁護士活動」ほか。　[団]東京弁護士会, 日本民主法律家協会(理事), 日本国際法律家協会(顧問), 自由法曹団

青山 憲三　あおやま・けんぞう
衆院議員(無所属倶楽部)　[生]明治12年9月　[没]昭和28年1月27日　[出]石川県　[学]和仏法律学校卒　[歴]石川県議、石川県水産組合連合会長、石川県水産振興会長、全国漁業組合連合会長などを務め、大正13年衆院議員初当選、以来当選6回。また米内内閣の内務参与官、産業組合中央金庫評議員、立憲政友会総務などを歴任。

青山 正一　あおやま・しょういち
参院議員(自民党)　[生]明治38年2月　[没]昭和47年6月6日　[出]石川県　[学]中央大学法学部　[歴]昭和22年参院議員に初当選。当選2回。(財)水産研究会理事、京都水産(株)会長、(社)大日本水産会・日本定置網漁業協会各理事を歴任し、北海道開発政務次官、参院法務委員長等を務めた。

青山 丘　あおやま・たかし
衆院議員(自民党　比例・東海)　[生]昭和16年4月11日　[出]愛知県瀬戸市　[学]慶応義塾大学法学部(昭和39年)卒　[歴]昭和39年青山硝子入社。46年から瀬戸市議2期を経て、51年以来民社党から衆院議員に5選。平成2年落選。5年再選。6年新進党結成に参加。新進党の分裂では自由党に参加。保守党を経て、12年自民党入り。13年小泉内閣の文部科学副大臣に就任。通算8期目。江藤・亀井派。[家]兄＝青山優(青山硝子社長)

青山 元　あおやま・はじめ
貴院議員　男爵　[生]安政4年(1857年)　[没]大正7年10月7日　[歴]農商務省農事試験場技師、内国勧業博覧会審査官などを経て、明治37年貴族院議員。

青山 幸宜　あおやま・ゆきよし
貴院議員　子爵　[生]安政1年10月20日(1854年)　[没]昭和5年2月5日　[歴]文久3年美濃八幡藩主となる。明治17年子爵。日本印刷社長、岩倉鉄道学校理事などを経て、23年貴族院議員。

赤井 景韶　あかい・かげあき
自由民権運動家　㊓安政6年9月25日（1859年）㊒明治18年7月27日　㊥越後国高田(新潟県)　㊖高田藩士の子。明治10年西南戦争の際、徴募巡査を出願して新撰旅団に入団、のち神奈川県巡査となる。免職後貸席雇い、馬車夫などを経て、14年郷里で代言人を開業。頸城自由党結成と同時に入党し、16年の高田事件では内乱陰謀の罪で重禁固9年の刑。翌17年石川島監獄を脱獄するが、のち捕えられ、逃走中の殺人罪によって死刑に処せられた。

赤尾 敏　あかお・びん
大日本愛国党総裁　右翼活動家　㊓明治32年1月15日　㊒平成2年2月6日　㊥愛知県名古屋市東区　㊫愛知県立第三中学校中退　㊖三宅島で理想郷・新しい村を建設し、社会主義運動に関わるが、大正14年逮捕され、獄中で右翼に転向。昭和2年上杉慎吉に師事し、建国会(のち大日本皇道会)を結成し、建国祭を開催。大日本皇道会総裁・反共連盟理事などをつとめ、昭和17年東京第6区より衆院議員に当選、日米戦争に反対した。26年公職追放解除と同時に大日本愛国党を結成し党首となる。日の丸と星条旗をかかげ、軍艦マーチを鳴り響かせて、毎日、東京・数寄屋橋交差点で反ソ・反共の街頭演説を行う。衆院選、参院選、東京都知事選などに計26回出馬した。著書に「右翼革命か左翼クーデターか」「憂国のドン・キホーテ」がある。㊑弟＝赤尾四郎(アカオアルミ会長)

赤木 格堂　あかぎ・かくどう
衆院議員　山陽新報主筆　俳人　歌人　㊓明治12年7月27日　㊒昭和23年12月1日　㊥岡山県児島郡　本名＝赤木亀一　㊫早稲田大学卒　㊖早くから正岡子規を知り、明治31年頃から「日本」の俳句欄で活躍し、新進俳人として注目される一方、歌人としても認められた。子規没後はパリに留学し、植民政策を専攻。帰国後「九州日報」「山陽新報」などの主筆をつとめ、また政界でも活躍し、大正6年衆院議員に当選、1期つとめた。

赤木 亀一　⇒赤木格堂(あかぎ・かくどう)を見よ

赤木 桁平　あかぎ・こうへい
衆院議員　文部参与官　評論家　㊓明治24年2月9日　㊒昭和24年12月10日　㊥岡山県　本名＝池崎忠孝　㊫東京帝大法科大学独法科卒　㊖大正元年「鈴木三重吉論」を、2年に「夏目漱石論」を発表して評論家として注目される。5年発表の「『遊蕩文学』の撲滅」は論争にまでなった。5年「芸術上の理想主義」を、6年「夏目漱石」「近代人の諸象」を、7年「人及び思想家としての高山樗牛」を刊行。以後実業界、政界に転じ、米英排撃の国家主義的論著を発表。昭和5年刊行の「亡友芥川龍之介への告別」が最後の文芸評論となった。11年大阪3区より衆院議員に3選。第1次近衛内閣の文部参与官、大政翼賛会参与等を歴任した。

赤木 正雄　あかぎ・まさお
参院議員(緑風会)　森林砂防学者　㊓明治20年3月24日　㊒昭和47年9月24日　㊥兵庫県　㊫東京帝大農科大学林学科(大正3年)卒　農学博士(昭和10年)　㊮文化勲章(昭和46年)　㊖内務省土木局技師、同第3技術課長、農林省山林局技師を歴任。15年全国治水砂防協会を設立し、その中心となって活躍。17年貴院議員、25年参院議員に当選、2期務めた。オーストリアの砂防技術を日本に導入、渓流砂防工事の技術的発展や治水砂防政策の推進に尽くした。文化勲章受章者。著書に「渓流及砂防工学」などがある。

赤城 宗徳　あかぎ・むねのり
元・衆院議員(自民党)　元・農相　㊓明治37年12月2日　㊒平成5年11月11日　㊥茨城県真壁郡明野町　㊫東京帝国大学法学部法律学科(昭和2年)卒　㊮勲一等旭日大綬章(昭和50年)，ソ連民族友好勲章(昭和55年)　㊖昭和10年茨城県

議を経て、12年衆院議員初当選、以来茨城3区から当選15回。農相（計6回）、官房長官、防衛庁長官、党総務・政調会長などを歴任した。防衛庁長官だった35年の安保騒動では岸首相からの自衛隊出動要請を拒否した。川島派、椎名派を経て、河本派長老。平成2年引退。著書に「平将門」「わが百姓の記」。[家]弟＝赤城正武（NHK専務理事），孫＝赤城徳彦（衆院議員）

赤桐 操　あかぎり・みさお
元・参院副議長　元・参院議員（社民党）[生]大正9年6月5日　[出]千葉県銚子市　[学]匝嵯中（昭和14年）卒　[賞]勲一等旭日大綬章（平成10年）　[歴]昭和14年銚子郵便局に勤務。戦後労働運動に入り、28年全逓千葉地本執行委員長、35年千葉県労連協議会議長などを歴任後、49年以来参院議員に4選。社会党参院議員会長などを経て、平成4年参院副議長となる。10年引退。著書に「福祉政治への転換」がある。　[趣]読書

赤沢 正道　あかざわ・まさみち
元・衆院議員（自民党）　元・自治相　米子ガス会長　[生]明治40年7月26日　[没]昭和57年1月20日　[出]鳥取県　[学]東京帝大政治学科（昭和5年）卒　[歴]昭和10年赤沢組社長に就任。21年4月の戦後第1回の衆院選挙に、鳥取全県区から当選、以来9回当選を果たした。池田、佐藤両内閣で自治相兼国家公安委員長を務めた。51年12月の総選挙のとき、政界を引退した。

赤路 友蔵　あかじ・ともぞう
元・衆院議員（社会党）　[生]明治37年12月1日　[没]昭和62年9月16日　[出]鹿児島市　[学]大阪市民労働学院卒　[賞]勲二等瑞宝章（昭和50年）　[歴]昭和27年、衆院鹿児島一区から初当選。通算6回当選。社会党農漁民局長のほか、国土総合開発審議会委員、米価審議会委員などを務めた。

県 忍　あがた・しのぶ
内務官僚　[生]明治14年　[没]昭和17年1月6日　[出]静岡県　[学]東京帝大卒　[歴]内務省に入り、警視庁警務部長、山形・鹿児島・千葉・群馬各県知事を歴任。のち復興局聖地部長を経て、昭和4年樺太庁長官、7年大阪府知事、14年名古屋市長を務めた。

茜ケ久保 重光　あかねがくぼ・しげみつ
元・衆院議員　元・参院議員（社会党）[生]明治38年8月31日　[没]平成5年3月5日　[出]宮崎県　[学]早稲田大学政経学部（昭和12年）卒　[歴]阿能川鉱山に入り、群馬鉱業会理事長、妙義基地反対委員長を経て、昭和30年以来衆院議員に3選。46年参院議員に転じ、以来2選。参院逓信委員長、同決算常任委員長を歴任。　[家]妻＝茜ケ久保奈美（群馬ペンクラブ事務局長），三男＝茜ケ久保淑郎（群馬県議）

赤間 文三　あかま・ぶんぞう
法相　参院議員（自民党）　[生]明治32年5月　[没]昭和48年5月2日　[出]福岡県　[学]東京帝大法学部独法科（大正14年）卒　[歴]内務省に入ったが商工省に転じ、徳島県経済部長、軍需省石炭局長、商工省近畿地方商工局長などを歴任、昭和22年大阪府公選知事に当選、3期務めた。34年大阪地方区から自民党公認の参院議員に当選3回。参院商工、外務各委員長、42年第2次佐藤栄作内閣の法相となった。

赤松 勇　あかまつ・いさむ
元・衆院議員　元・社会党副委員長　[生]明治43年1月25日　[没]昭和57年8月30日　[出]兵庫県朝来郡和田山町　[学]高小（大正12年）卒　[歴]昭和3年、17歳で労働農民党に入党し書記、6年日本労働組合総評議会の結成に参加し、中央委員。のち、日本無産党結党後、12年の“人民電車事件”では4年間投獄されている。戦後は20年秋の日本社会党の結成に参画、愛知社会党を創設して初代書記長となったが、45年から4年間は本部副委員長として成田体制を支持。また衆院議員に

は21年以来11回当選、53年に引退した。 ㊇息子＝赤松広隆（衆院議員）

赤松 克麿　あかまつ・かつまろ

衆院議員　社会民衆党書記長　社会運動家　㊀明治27年12月4日　㊁昭和30年12月13日　㊂山口県徳山市　㊫東京帝大法学部政治学科（大正8年）卒　㊄大正7年宮崎竜介らと東大新人会を組織、社会主義の研究を目的とする学生運動の母体を作った。8年東洋経済新報記者を経て労働総同盟に入り、調査、出版各部長。11年日本共産党入党、12年の一斉検挙で脱党。15年社会民衆党の創立に参加、昭和5年書記長。7年には日本国家社会党を創立。12年日本革新党を結成。同年5月北海道3区から衆院議員に当選。15年大政翼賛会企画局制度部長。戦後、公職追放。婦人運動家の妻明子は吉野作造の長女。著書に「日本労働運動発達史」「日本社会運動史」など。 ㊇妻＝赤松明子（婦人運動家），妹＝赤松常子（政治家），祖父＝赤松連城（西本願寺執行長）

赤松 常子　あかまつ・つねこ

参院議員（社会党）　総同盟婦人部長　労働運動家　㊀明治30年8月11日　㊁昭和40年7月21日　㊂山口県徳山市　㊫京都専門学校（現・京都女子大学）中退　㊄大阪の煙草専売局、製紙工場の工員として働き、兄克麿の属する総同盟鉄工組合に加入、大正14年総同盟婦人部に加盟。昭和9年総同盟婦人部長となり、繊維産業に働く婦人の地位向上に尽力、「紡績女工の母」と慕われた。戦後20年日本社会党の結成に参加、婦人部長。22年参院全国区議員に当選、23年芦田均内閣厚生政務次官、25年参院社会労働委員長、全繊同盟副会長も務め、28年右派社会党、34年統一社会党から参院全国区に当選。35年民主社会党の結党に参加した。 ㊇兄＝赤松克麿（政治家），赤松智城（宗教学者），祖父＝赤松連城（僧侶）

赤松 椋園　あかまつ・りょうえん

高松市初代市長　漢詩人　㊀天保11年（1840年）　㊁大正4年5月29日　本名＝赤松範円　㊄高松藩侍医渡辺立斎の子として生まれ、のち本姓赤松に復す。高松藩少参事、会計検査院出仕などを経て、高松市初代市長に就任した。のち博物館主事となり、「香川県史」などを編纂。晩年吟詠を愉しみ、関西漢詩壇の老将と称せられた。著書に「付一笑居詩集」「蕉竹書寮詩稿」「先朝私記」「萍水相逢」「日本政記撮解」などがある。

秋岡 義一　あきおか・ぎいち

衆院議員（立憲政友会）　㊀文久3年5月（1863年）　㊁大正14年3月30日　㊂大阪府　㊄明治27年衆院議員に当選、以来8選される。広軌鉄道改築準備委員会委員を務めた。また、朝鮮綿業、京阪電気鉄道、京阪土地建物各（株）監査役、利別農場業務執行社員等となった。

秋月 種樹　あきずき・たねたつ

元老院議員　貴院議員（子爵）　書家　㊀天保4年10月17日（1833年）　㊁明治37年10月17日　㊂日向国（宮崎県）　号＝秋月古香　㊄少年時代から秀才をうたわれ、文久2年昌平黌学問所奉行、3年若年寄格を兼務、将軍家茂の侍読、若年寄を歴任。明治元年参与、次いで明治天皇侍読、公議所議長、民部大丞、左院小議官。5年欧米旅行、のち元老院議官。その間第十五銀行設立に参画。勅選貴院議員。漢詩、書、南画をよくした。詩集「古香公詩鈔」などがある。 ㊇父＝秋月種任（日向高鍋藩主），兄＝秋月種殷（日向高鍋藩主）

秋月 種殷　あきずき・たねとみ

高鍋藩知事　㊀文化14年6月9日（1818年）　㊁明治7年3月18日　㊄天保14年高鍋藩主となり、砂糖栽培や西洋兵式の採用、砲台の築造などの藩政改革を実施。明治2年版籍奉還により高鍋藩知事。

秋田 映季　あきた・あきすえ
三春藩知事　㊐安政5年2月1日(1858年)　㊑明治40年2月19日　㊓陸奥国田村郡三春城内(福島県)　㊕安政5年陸奥美春藩主秋田肥季の二男に生まれる。慶応1年父の急死にともない8歳で藩主となる。明治2年版籍奉還により三春藩知事となるが、4年廃藩置県により退官。17年子爵。

秋田 清　あきた・きよし
衆院議長　厚相　弁護士　㊐明治14年8月29日　㊑昭和19年12月3日　㊓徳島県　㊫東京法学院, 日本法律学校(明治34年)卒　㊕日本法律学校などで法律を学び司法省判事に任官したが、「二六新報」の記者に転じ、明治44年社長となった。45年以来衆院議員当選10回。国民党、革新倶楽部から政友会に合流、昭和2年田中義一内閣の逓信、内務各政務次官、7年衆院議長。その後政友会を脱党、岡田啓介内閣の審議会委員、12年第1次近衛文麿内閣の内閣参議、14年阿部信行内閣の厚相、15年第2次近衛内閣の拓務大臣を務めた。その間翼賛会顧問、翼賛政治会顧問を務めた。　㊎長男=秋田大助(衆院議員), 息子=秋田兼三(第一ホテル会長)

秋田 大助　あきた・だいすけ
元・衆院副議長(自民党)　㊐明治39年1月14日　㊑昭和63年11月29日　㊓徳島県　㊫東京帝大法学部(昭和7年)卒　㊚勲一等旭日大綬章(昭和51年)　㊕昭和21年父のあとを継いで衆院議員に当選。以来12期つとめ、自治相、法相、文相を歴任後、47年衆院副議長に就任。58年の総選挙で落選し、61年政界から引退する。　㊛野球, 囲碁, 読書　㊎父=秋田清(衆院議長・厚相), 弟=秋田兼三(第一ホテル会長)

彰仁親王　⇒小松宮彰仁(こまつのみや・あきひと)を見よ

穐山 篤　あきやま・あつし
元・参院議員(社会党)　㊐昭和2年1月16日　㊓山梨県甲府市　㊫甲府工土木科(昭和19年)卒　㊕国労静岡地本書記長、昭和44年全日本交通運輸労組協議会事務局長、48年日本ジャーナリスト協会副理事を経て、52年参院議員に当選。当選3回。平成7年引退。　㊛読書, 釣り, 登山

秋山 俊一郎　あきやま・しゅんいちろう
参院議員(自民党)　㊐明治25年10月　㊑昭和47年12月3日　㊓高知県　㊫農商務省水産講習所漁労科卒　㊕高知県・佐賀県各水産課長、長崎県水産試験場長を経て、大洋漁業(株)常務に就任。長崎県電力協議会・同県経営者協会各会長を務めた。昭和25年参院議員に初当選。当選2回。参院水産委員長、第5次吉田内閣の外務政務次官、参院農林水産委員長等を歴任。

秋山 長造　あきやま・ちょうぞう
元・参院議員(社会党)　元・参院副議長　㊐大正6年3月21日　㊓岡山県都窪郡妹尾町　㊫東京帝大法学部政治学科(昭和15年)卒　㊚勲一等旭日大綬章(平成2年)　㊕朝日新聞記者、岡山二中教諭を経て、昭和22年岡山県議となり、2期つとめる。28年～平成元年参院議員に7回当選。52年社会党参院議員会長、54年参院副議長を歴任。

秋山 定輔　あきやま・ていすけ
衆院議員(無所属)　新聞人　㊐慶応4年7月7日(1868年)　㊑昭和25年1月19日　㊓備中国倉敷(岡山県)　㊫東京帝大法科大学法律科(明治23年)卒　㊕明治23年会計検査院に入るが、26年「二六新報」を創刊し、その編集に当る。28年病臥のため休刊したが、33年再刊。三井攻撃、労働者懇親会、娼妓自由廃業支援などの運動で発禁処分などを受けるが、桂内閣打倒を目標に言論活動を展開した。その間、35年衆院議員に選出された。37年「東京二六新聞」と改題したが、44年桂との妥協で世評を悪くし、自ら後退した。桜田倶楽部を主宰し中

国革命を資金面より支援。以後、組閣工作など政界の黒幕として活躍した。

秋山 利恭 あきやま・としちか
元・衆院議員（自民党）　⊕明治34年6月12日　⊗昭和56年3月30日　⊕奈良県　⊕東京農業大学（大正13年）卒　⊛勲三等旭日中綬章（昭和46年）　⊛昭和27年以来、4回衆院議員に当選。35年第1次池田内閣の大蔵政務次官を務めた。

阿具根 登 あくね・のぼる
元・参院議員（社会党）元・参院副議長　⊕明治45年3月13日　⊕福岡県　⊕横須賀海軍通信学校（昭和8年）卒　⊛勲一等旭日大綬章（昭和61年）　⊛戦後三池炭鉱に労組を結成して組合長となる。のち、福岡県大牟田市議、福岡県議を経て、昭和28年以来参院議員に当選5回。46年には自民党反重宗派と結び河野議長を実現させる。この間社会党副委員長、石炭対策委員長などを務めた。58年7月参院副議長に就任。61年引退。

阿子島 俊治 あこしま・しゅんじ
衆院議員（日本進歩党）　⊕明治35年6月　⊗昭和29年4月30日　⊕宮城県刈田郡白石町　⊕早稲田大学政経学部政治学科（昭和2年）卒　⊛国民新聞社に入り政治部記者、政治部次長、論説委員を務めた。昭和17年4月衆院議員に当選。翼賛政治会、日本進歩党に所属。また大政翼賛会政策局嘱託、東亜連盟協会常任委員、内閣委員、大政翼賛会調査局第3部副部長などを務めた。著書に「藤沢幾之輔」。

浅井 一郎 あさい・いちろう
参院議員（民主党）　⊕明治16年1月　⊗昭和43年6月20日　⊕千葉県　⊕日本法律学校修了、コロンビア大学卒　⊛渡米してコロンビア大学で法律を学んだ。インターナショナル活動会社副社長、ヴァキュームオイル・レファイング社重役となった。他に千葉新聞社、日本製塩、木更津自動車などの顧問を務めた。さらに千葉県君津郡大貫町長となり、昭和22年4月千葉県から第1回参院議員選挙に当選。

浅井 亨 あさい・とおる
元・参院議員（公明党）　⊕明治35年9月25日　⊗昭和61年4月16日　⊕福井市　⊕東京慈恵医大（昭和21年）卒　⊛勲二等瑞宝章（昭和49年）　⊛昭和37年公明党の前身、公明政治連盟から参院全国区で当選。43年兵庫地方区に転進し、2回当選。参院法務委員長、同懲罰委員長などを歴任した。　⊛長男＝浅井美幸（衆院議員）

浅井 美幸 あさい・よしゆき
元・衆院議員（公明党）　⊕昭和2年8月25日　⊕東京都新宿区　⊕東京歯科医専（昭和24年）卒　⊛昭和38年大阪府議を経て、42年から衆院議員に9選、公明党副委員長もつとめる。平成5年引退。　⊛父＝浅井亨（参院議員）

浅石 恵八 あさいし・えはち
衆院議員（立憲政友会）　⊕元治1年2月（1864年）　⊗昭和16年2月5日　⊕徳島県　⊛徳島県議、宅地価修正委員、相続税審査委員などを歴任。大正9年衆院議員に当選以来通算3期務める。

浅岡 信夫 あさおか・のぶお
参院議員（自由党）　俳優　⊕明治32年12月15日　⊗昭和43年11月12日　⊕広島市大手町　⊕早稲田大学商学部（大正12年）卒　⊛高田商会に勤めた後、日活に入社。文部省嘱託として渡米、帰国後、文化映画研究所代表者、多摩帝国美術学校幹事となった。その後中国渡航、昭和21年帰国し引揚団体および在外軍人邦人引揚促進会を設け、海外戦災同胞引揚同盟委員長、東急ベースボールクラブ取締役となった。22年第1回参院議員選挙に全国区で当選、24年第3次吉田茂内閣の厚生政務次官となった。スポーツマンで第5回極東オリンピック槍投げで優勝した。

浅香 克孝 あさか・こくこう
衆院議員（憲政本党）　⊕安政3年10月（1856年）　⊗大正3年1月5日　⊕東京　⊛明治23年衆院議員に初当選、以来6期。東京府議、同郡部会副議長もつとめた。

浅香 忠雄　あさか・ただお
元・衆院議員(自民党)　⽣明治41年1月12日　没昭和60年5月28日　出大阪府　学堀川工商(大正14年)卒　賞勲二等瑞宝章(昭和53年)　歴大阪府議を経て、昭和24年大阪3区から衆院に初当選し35年まで当選5回。厚生政務次官や衆院逓信委員長などを務めた。

浅川 浩　あさかわ・こう
衆院議員(立憲民政党)　⽣明治2年1月　没昭和24年2月10日　出山梨県　学明治学館　歴旭川町議、旭川市議、北海道議、北海道教育会地方委員、旭川教育会理事を務め、大正9年衆院議員に当選、以来5選。後に旭川精米・旭川酒造・北海蓄産各社長となる。著書に「普通選挙法詳解」「普選に直面して」がある。

朝倉 親為　あさくら・ちかため
衆院議員(政友会)　⽣天保4年2月(1833年)　没明治34年5月9日　出豊後国直入郡豊岡村下木(大分県)　歴豊後藩士親安の長男。明治17年大分県大野郡長、次いで直入郡長。23年の第1回衆院選で代議士となり、6期つとめた。政界引退後、私費を投じて水路、新田開拓、鉄道敷設など公共事業に貢献、また信用組合を創設した。　家五男=朝倉毎人(政治家)

浅田 徳則　あさだ・とくのり
貴院議員(勅選)　実業家　⽣嘉永1年10月26日(1848年)　没昭和8年3月30日　出京都　歴明治元年丹後久美浜県書記、7年外務省に移り、1等書記生として駐米公使館付、19年外務省通商局長、21年弁理公使。22年神奈川県知事、以後長野、新潟、広島、神奈川(再)各県知事を経て、33年外務総務長官、さらに同年逓信総務長官。36年勅選貴院議員、錦鶏間祗候を許された。実業界でも成田鉄道、東京電力、日本生糸各社長。横浜正金銀行監査役を30余年間務めた。

安里 積千代　あさと・つみちよ
元・衆院議員(民社党)　元・沖縄社会大衆党委員長　弁護士　⽣明治36年8月22日　没昭和61年9月30日　出沖縄県島尻郡座間味村　学日本大学法科(昭和3年)卒　賞勲三等旭日中綬章(昭和53年)　歴昭和5年東京で弁護士を開業。6年台湾に渡り、10年台南市議。戦後沖縄に戻り、27年琉球立法府議員に当選。沖縄社会大衆党委員長などを経て、45年以来衆院議員に2選。47年民社党に転じ、同党沖縄県連委員長となる。51年には知事選にも立候補したが落選。社会大衆党委員長時代に米軍軍用地問題の解決のために尽力、本土復帰と自治拡大を推進、43年の革新政権の実現に大きく寄与した。

浅沼 稲次郎　あさぬま・いねじろう
日本社会党委員長　衆院議員　⽣明治31年12月27日　没昭和35年10月12日　出東京府三宅島(現・東京都三宅村)　学早稲田大学政経学部政治学科(大正12年)卒　歴早大予科在学中の大正8年建設者同盟を結成、社会主義運動へ。14年農民労働党委員長。昭和8年東京市議。11年衆院議員に当選し、12年再選するが、戦時中は大政翼賛会の推薦が得られず、18年東京都議に転じる。20年8月都議会副議長として敗戦を迎える。同年11月社会党結成大会では司会をつとめ、組織部長に就任。21年総選挙で東京一区から衆院議員に復帰、以後連続7回(通算9期)当選。23年社会党書記長となり、24年の書記長選で鈴木茂三郎に敗れたが、25年再び書記長に返り咲き、30年の社会党統一後は、鈴木委員長とコンビを組み、左右両派の調整役をつとめた。35年3月河上丈太郎と争い委員長に選出されたが、同年10月12日日比谷公会堂で行なわれた3党首演説会で演説中、右翼少年の凶刃に倒れた。同党きっての"雄弁型政治家"であり、下町の人々に愛された清貧の庶民政治家であった。

あさり

浅沼 享子　あさぬま・きょうこ
元・衆院議員（社会党）　生明治37年2月1日　没昭和56年3月10日　出大分県　歴昭和3年浅沼稲次郎と結婚。35年10月夫が右翼の凶刃に倒れ同年11月の衆院選に東京1区から立候補、暴力との戦いを訴えて当選。議員生活は1期だけだったが、39年9月には、中国の招きで建国15周年祝賀式典に参列するなど、日中友好につとめた。　家夫＝浅沼稲次郎（社会党委員長）

浅野 順平　あさの・じゅんぺい
衆院議員（憲政会）　生安政2年12月（1855年）　没大正14年9月23日　出石川県　歴和漢学を修めた。石川県議、同常置委員、第四高等学校設置に関し、北陸四県連合会議員となった。明治23年衆院議員に当選。以来9選。また、金沢電気取締役、北陸新聞社長等も務めた。

浅野 長勲　あさの・ながこと
元老院議官　貴院議員　侯爵　生天保13年7月23日（1842年）　没昭和12年2月1日　出安芸国広島（広島県）　幼名＝喜代槌、別名＝為五郎、長興、茂勲、号＝坤山　賞勲一等旭日大綬章（明治23年）、勲一等旭日桐花大綬章（昭和3年）　歴宗家浅野長訓の養嗣子となり、のち広島藩主長訓を補佐し、元治元年幕府の長征に中立を守り出兵拒否。慶応2年第2次長征には薩長芸3藩共同出兵を約束したが、土佐藩の公議政体論にも賛同、長幕間の調整に尽力した。3年将軍慶喜に大政奉還を勧告。明治2年襲封、広島藩主となり、のち広島藩知事。以後維新政府の会計事務総督、参与、議定。4年廃藩置県で東京移住。10年西郷隆盛を説得したが失敗、西南の役勃発。13年元老院議官、15年駐イタリア公使、17年帰国、侯爵、宮内省華族局長官、23年貴族院議員となった。また第十五銀行、浅野学校、徴古館、山中高等女学校などを創設、実業、文化面に活躍した。大名らしい風格で旧大名中最長命であった。　家養父＝浅野長訓（広島藩主）

浅野 拡　あさの・ひろむ
参院議員（自民党）　生昭和2年1月2日　没昭和56年5月15日　出岐阜県　学早稲田大学商学部（昭和26年）卒　歴三野工業社長、輪之内町長、岐阜県会議員、同議長を経て、昭和52年岐阜地方区から参議院議員初当選、55年7月大蔵政務次官。

浅羽 靖　あさば・やすし
衆院議員（立憲同志会）　北海英語学校長　生安政1年（1854年）　没大正3年10月22日　出大阪　歴北海道理事官、札幌区長を経て、明治20年北海英語学校（のち旧制北海中学、現・北海高校）の校長に就任。37年から大正3年にかけて衆院議員を務めた。

浅原 健三　あさはら・けんぞう
衆院議員（第一控室）　労働運動家　生明治30年4月28日　没昭和42年7月19日　出福岡県嘉穂郡穂波町　学日本大学専門部法科卒　歴父の破産で中学を中退、上京して新聞配達などをしながら日大専門部で学び、加藤勘十らを知る。大正8年福岡県八幡市で日本労友会を組織、9年の八幡製鉄所ストライキを指導、「溶鉱炉の火は消えたり」を著し一躍ヒーローとなった。懲役6カ月で入獄、3カ月で出獄、筑豊炭砿で西部炭坑夫組合を結成。14年九州民憲党を結党、執行委員長となり、昭和3年福岡2区から衆院選に最高点で当選。西尾末広、河上丈太郎らと無産政党に参加。5年に再選。満州事変以後は右傾化し、石原莞爾の東亜連盟の有力メンバーとして活躍。13年東条英機（当時航空総監）の命令で逮捕監禁された（東亜連盟が赤的体質を持つとされた浅原事件）。戦後の26年西日本建設国民連盟を結成、27年の衆院選に出馬したが落選した。

浅利 三朗　あさり・さぶろう
衆院議員（自由党）　生明治15年11月　没昭和41年11月3日　出岩手県　学東京帝国大学独法科（明治42年）卒　歴香川・栃木各県知事などを務める。昭和22年岩手2区より衆院議員初当選、以来連続

3期務める。この間衆院建設委員長、民主自由党総務などを歴任。

足鹿 覚　あしか・かく
元·衆院議員(社会党)　元·全日本農民組合連合会長　[生]明治37年12月28日　[没]昭和63年5月16日　[出]鳥取県米子市　[学]東京府立農業技術員養成所(大正13年)卒, 東京帝国大学セツルメント労働学校卒　[賞]勲二等旭日重光章(昭和52年), 米子市名誉市民　[歴]東京帝国大学セツルメント労働学校を終えた後、帰郷して農民運動をする。大正15年労働農民党の創立に参加し、労働組合運動にも参加。昭和6年米子市議、10年鳥取県議を経て、戦後は社会党に入り、24年から衆院議員に7期当選。43年から参院議員1期。50年から59年まで全日農会長をつとめた。

芦田 均　あしだ・ひとし
第47代首相　日本民主党総裁　[生]明治20年11月15日　[没]昭和34年6月20日　[出]京都府福知山市　[学]東京帝大仏法科(明治45年)卒　法学博士　[歴]外務省に入省、ロシア・フランス・トルコの駐在を経て、昭和7年退官。同年衆院議員に転じ、立憲政友会に属し、以後11回連続当選。戦後自由党の結成に参加するが、22年退党して民主党(旧)を結成、総裁に就任。23年片山内閣のあとをうけ、社会党・国協党と連立して内閣を組織するが、同年10月昭電疑獄事件が起こり、総辞職。のち民主党(新)最高委員、自民党顧問などを歴任。文筆にすぐれ、著書に「世界大戦後の欧州外交史」「君府海峡通航制度史論」「第二次世界大戦外交史」などがある。また「芦田均日記」は戦後政治史の重要資料として知られる。　[家]父=芦田鹿之助(代議士)

飛鳥田 一雄　あすかた・いちお
元・日本社会党委員長　元・横浜市長　元・衆院議員　弁護士　[生]大正4年4月2日　[没]平成2年10月11日　[出]神奈川県横浜市　[学]明治大学法学部卒, 明治大学大学院修了　[歴]昭和21年日本社会党に参加。弁護士、横浜市議、神奈川県議を経て28年神奈川1区から衆院議員に当選。35年の安保国会では社会党"安保7人衆"として活躍。4期務めた後、38年横浜市長に当選。以来53年まで4期15年間革新市政をしいた。この間39年全国革新市長会を組織し、会長となる。52年12月社会党委員長に就任し、54年東京1区で衆院議員に復帰。58年9月委員長を辞任し、弁護士生活に戻る。　[家]父=飛鳥田喜一(名古屋高検検事長), 弟=飛鳥田律之(三菱重工環境エンジニアリング社長)

東 隆　あずま・たかし
衆院議員　参院議員(民社党)　[生]明治35年3月　[没]昭和39年7月18日　[出]北海道旭川市　[学]東京帝国大学農学部(大正15年)卒　[歴]北海道農会専務理事、日本輸出農産物会社理事、北海道農業復興会議副議長等を歴任し、昭和22年衆院議員に当選。25年以来参院議員に2選。27年には日本社会党(右)入党、統一社会党を経て民主社会党所属。参院決算委員長を務めた。

東 武　あずま・たけし
衆院議員(立憲政友会)　北海タイムス社長　新聞人　[生]明治2年4月　[没]昭和14年9月3日　[出]奈良県十津川　[学]東京法学院(明治23年)卒　[歴]明治22年奈良十津川郷に大水害が発生、23年郷民3000人余を率いて北海道に渡り、新十津川村、深川村を開拓した。31年北海道の大水害でも農民救済に活躍。32年北海時事社を創立、34年北海道毎日、北門新報と合併、北海タイムス社を設立、理事、社長となった。昭和2年田中義一内閣の農林政務次官。34年第1期道議選で道議に当選2期務め、41年総選挙に当選、立憲政友会所属、当選10回、代議士として活躍した。著書に「遠津川」がある。

東 龍太郎　あずま・りょうたろう

元・東京都知事　元・国際オリンピック(IOC)委員　⽣明治26年1月16日　⽣昭和58年5月26日　⽣大阪市　⽣東京帝大医科大学(大正6年)卒　医学博士(大正15年)　⽣勲一等旭日大綬章(昭和42年)、東京都名誉都民(昭和56年)　⽣昭和9年東大教授。21年教授兼任で厚生省医務局長となり、医師国家試験の導入など医療制度の改革に当たり、26年まで在職。その後、茨城大、東邦大の学長を歴任。34年、東京都知事に当選して2期8年間在任。その間、39年の東京五輪を目標に道路、地下鉄などの整備を進め、在任中の五輪を成功させた。都知事退任後は日本赤十字社長などを務めた。学生時代はボート選手として活躍、弟の東陽一、東俊郎と並んで"スポーツ三兄弟"といわれ日本体育協会会長、IOC委員などをつとめた。　⽣弟＝東陽一(医師)、東俊郎(スポーツ医学者)、長男＝東克彦(北大教授)、二男＝東健彦(信州大教授)、三男＝東博彦(埼玉医大教授)

麻生 太賀吉　あそう・たかきち

元・衆院議員(自由党)　麻生セメント会長　実業家　⽣明治44年9月29日　⽣昭和55年12月2日　⽣福岡県飯塚市　⽣福岡中(昭和4年)卒、九州帝大法文学部聴講生　⽣藍綬褒章(昭和44年)　⽣九州の炭鉱王の家に生まれる。昭和8年父の経営する麻生商店に入り、9年社長。その後、麻生鉱業社長、麻生セメント社長、九州電力会長を歴任し故吉田茂首相の三女和子と結婚。24年以来3期の衆院議員時代には政界と財界のパイプ役を務めたが、吉田首相退陣とともに政界と縁を切った。40年には日本石炭協会会長に就任、また日本クレー射撃協会会長を務めたこともある。三女信子は55年11月三笠宮家の長男寛仁親王と結婚、皇族入りした。　⽣祖父＝麻生太吉(実業家)、妻＝麻生和子(吉田茂首相の娘)、長男＝麻生太郎(衆院議員)、次男＝麻生泰(麻生セメント社長)、三女＝三笠宮信子

麻生 太郎　あそう・たろう

衆院議員(自民党　福岡8区)　自民党政調会長　元・経済財政担当相　⽣昭和15年9月20日　⽣福岡県飯塚市　⽣学習院大学政治学部政治学科(昭和38年)卒、スタンフォード大学大学院(昭和40年)修了、ロンドン大学大学院(昭和41年)修了　⽣福岡・麻生財閥の当主で吉田茂元首相の孫。父・太吉の経営する麻生セメントに入社し、副社長、社長を務めたほか、日本青年会議所会頭などを歴任。実業家としてだけでなく、吉田茂の側近ナンバーワンと言われた父と同様に政治家の道に進み、昭和54年衆院議員に当選。7期目。平成8年第2次橋本内閣の経済企画庁長官に就任。10年12月自民党・宮沢派を離脱し河野グループに参加。11年党副幹事長を務める。13年1月第2次森改造内閣の経済財政担当相に就任。同年4月党総裁選に立候補。同年政調会長。またクレー射撃を得意とし、昭和48年メキシコでの国際射撃大会で優勝、51年モントリオール五輪にも出場した。平成11年バスケットボールの女子日本リーグ機構(WJBL)会長に就任。著書に「祖父 吉田茂の流儀」がある。　⽣射撃、ゴルフ、読書　⽣祖父＝吉田茂(首相)、父＝麻生太賀吉(政治家・実業家)、母＝麻生和子(麻生セメント会長)、弟＝麻生泰(麻生セメント社長)、妹＝三笠宮信子

麻生 久　あそう・ひさし

衆院議員　社会大衆党書記長　労働運動家　⽣明治24年5月24日　⽣昭和15年9月6日　⽣大分県玖珠郡東飯田村　筆名＝麻山改介　⽣東京帝大仏法科(大正6年)卒　⽣東京帝大在学中、新人会を結成して指導者の一人となる。大正6年卒業後、東京日日新聞記者ののち、8年友愛会本部に入り、鉱山部長となり、9年全日本鉱夫連合を創立、鉱山ストを指導して入獄。15年河野密らと日本農民組合を結成、委員長となり、以後日本大衆党、全国大衆党、全国労農大衆党の指導者として活躍。昭和7年社会大衆党発足で書記長に就任、実権を掌握。

11年衆院議員に当選、当選2回。15年近衛文麿の知遇で新体制準備委員となるが、同年急死した。著書に「濁流に泳ぐ」「無産政党の話」「黎明」「父よ悲しむ勿れ」などがある。 [家]長男＝麻生良方(政治家)

麻生 良方　あそう・よしかた
元・衆院議員(民社党)　政治評論家
[生]大正12年12月15日　[没]平成7年2月21日　[出]東京　[学]早稲田大学文学部(昭和20年)中退　[賞]勲二等瑞宝章(平成6年)　[歴]昭和25年浅沼稲次郎秘書、のち民主社会主義連盟事務局長を経て、35年民社党結成に参画。38年総選挙に東京1区から立候補し、初当選。以来当選3回。民社党副書記長をつとめた。47年の落選を機に離党。都知事選にも落選し、以後、評論、著述に専念。著書に「私の手も汚れていた」「革命への挽歌」など。[家]父＝麻生久(政治家)

阿竹 斉次郎　あたけ・さいじろう
元・参院議員(緑風会)　[生]明治25年2月　[没]昭和60年12月30日　[出]三重県　[歴]昭和22年5月から25年5月まで参院議員を務める。

足立 梅市　あだち・うめいち
元・衆院議員(社会党)　弁護士　[生]明治34年2月9日　[没]昭和63年2月2日　[出]三重県多気郡大台町　[学]日本大学法文学部(大正7年)卒　[歴]昭和22年から27年まで衆院議員を2期。社会党三重県支部連合会初代会長。三重県日本中国友好協会名誉会長。

安達 謙蔵　あだち・けんぞう
内相　逓信相　衆院議員　[生]元治1年10月23日(1864年)　[没]昭和23年8月2日　[出]肥後国熊本(熊本県熊本市)　号＝安達漢城　[学]済々黌　[歴]九州日日新聞記者として日清戦争に従事した後、朝鮮で「朝鮮時報」「漢城新報」を創刊、社長。明治28年李朝の閔妃事件に連座、入獄。出所後、済々黌創立者で代議士の佐々友房の熊本国権党に参加、35年以来、衆院議員当選14回。帝国党、大同倶楽部、中央倶楽部を経て、大正2年立憲同志会結成とともに総務。3年第2次大隈内閣で新設の外務参政官。4年の総選挙では選挙参謀として大勝、選挙の神様といわれた。同年外務政務次官、12年憲政会創立で総務。14年加藤内閣の逓相、次の若槻内閣でも留任。昭和2年民政党結成に働き、4年浜口内閣の内相。5年の総選挙でも圧勝。7年民政党を脱党、国民同盟を設立、総裁となった。10年岡田内閣の内閣審議会委員、15年国民同盟解散、大政翼賛会顧問。17年第2次近衛内閣の参議を最後に政界を引退。横浜に八聖殿、熊本に三賢堂を建て詩吟の普及に努めた。

足立 篤郎　あだち・とくろう
元・衆院議員(自民党)　元・農相　[生]明治43年7月22日　[没]昭和63年8月14日　[出]静岡県袋井市　[学]京都帝大法学部(昭和9年)卒　[賞]勲一等旭日大綬章(昭和59年)，袋井市名誉市民　[歴]満洲に渡り、満鉄参事などを経て帰国。昭和24年静岡3区から衆院議員に当選。以来12選。47年農相、49年科学技術庁長官を歴任。61年6月引退。

足立 正声　あだち・まさな
男爵　[生]天保12年9月20日(1841年)　[没]明治40年4月19日　[出]因幡国鳥取庖丁人町(鳥取県)　通称＝八蔵，字＝興郷，号＝老狸　[歴]文久元年大西正虎と共に芳野立蔵に師事する。2年鳥取藩国事周旋方、3年8月鳥取二十士事件に連座、鳥取荒尾家に幽閉されるが、慶応2年7月同志と共に脱出、長門に行き山口明倫館で兵学を修めた。維新後弾正少忠などを経て、明治3年伊那県大参事、その後教部大丞、東宮亮、諸陵頭、図書頭等を歴任。明治39年男爵となる。

阿南 惟幾　あなみ・これちか
陸相　陸軍大将　[生]明治20年2月21日　[没]昭和20年8月15日　[出]東京　[学]陸士(第18期)(明治38年)卒，陸大(大正7年11月)卒　[歴]明治39年歩兵少尉。参謀本部勤務などを経て、昭和2年フランス出張。3年歩兵第45連隊留守隊長、4年侍

従武官。8年大佐となり、近衛歩兵第2連隊長、9年東京幼年学校長、11年陸軍省兵務局長、12年人事局長、13年第109師団長、中国山西省に出征。14年陸軍次官、16年在中国第11軍司令官、17年第2方面軍司令官を歴任。18年5月大将に昇進。19年12月航空総監兼航空本部長。20年4月鈴木貫太郎内閣の陸相に就任。米内光政海相の早期講和論と対立して本土決戦を主張、ポツダム宣言の受諾をめぐる同年8月の御前会議では受諾反対を表明。無条件降伏の聖断が下ると8月15日未明「一死以テ大罪ヲ謝シ奉ル」の遺書を残し、割腹自殺した。
⠀息子＝阿南惟茂（外務官僚）

穴水 要七　あなみず・ようしち
衆院議員（立憲政友会）　実業家　⠀明治8年1月　⠀昭和4年1月3日　⠀山梨県　旧姓＝小野　幼名＝晢　幼時から伯父穴水嘉三郎の店に奉公、養子となるが、相場が好きで東京に出た。明治41年小野金六を頼り富士製紙に転じ、大正4年取締役、7年専務となった。同年政友会の推薦で甲府から衆院議員に当選、当選4回。また北海道電燈、小武川電力各社長、その他諸社の重役を務めた。

安孫子 藤吉　あびこ・とうきち
元・参院議員（自民党）　元・自治相　元・山形県知事　⠀明治37年2月22日　⠀平成4年4月6日　⠀山形県　⠀東京帝大法学部法律学科（昭和4年）卒　⠀勲一等瑞宝章（昭和55年）　農林省に入省、食糧管理局長を経て、昭和24年初代食糧庁長官に就任。27年退官。30年山形県知事に当選、5期つとめる。49年参院議員に転じ、55年鈴木内閣の自治相に就任。61年7月引退。

安部 磯雄　あべ・いそお
衆院議員　社会大衆党委員長　早稲田大学教授・野球部初代部長　キリスト教社会主義者　社会運動家　教育者　⠀元治2年2月4日（1865年）　⠀昭和24年2月10日　⠀筑前国（福岡県）　旧姓＝岡本　⠀同志社（明治17年）卒、ハートフォード神学校（明治27年）卒　⠀明治12年同志社に入り、新島襄に触れ社会問題に関心を抱く。24〜27年米国のハートフォード神学校に学び、のちベルリン大学を経て、28年帰国。31年幸徳秋水らと社会主義研究会を結成、33年社会主義協会に発展改称し、会長に就任。34年幸徳・片山潜らと日本初の社会主義政党・社会民主党を結成、即日禁止。大逆事件後、社会運動から遠ざかるが、大正13年日本フェビアン協会を設立、15年社会民衆党結成に導き、委員長となる。この間、明治32年〜昭和2年早大教授。3年第1回普通選挙で東京2区から衆院議員に当選。7年には社会大衆党委員長に就任。15年斎藤隆夫懲罰問題で同党を離党。戦後は日本社会党の結成を呼びかけ、その顧問となった。また早大野球部の初代部長（明治35〜昭和11年）でもあり、34年には最初の野球殿堂入りの一人となり、"学生野球の父"と呼ばれた。　⠀長男＝安部民雄（早稲田大学名誉教授・テニス選手）、娘＝赤木静（自由学園教師）

阿部 興人　あべ・おきんど
衆院議員（無所属）　北海道セメント社長　実業家　⠀弘化2年9月5日（1845年）　⠀大正9年1月2日　⠀阿波国板野郡木津村（徳島県鳴門市）　幼名＝金兵衛　⠀明治15年札幌に移り240万坪の未開地を開墾する。23年第1回衆院総選挙に当選。徳島県から当選5回。また北海道上磯村に北海道セメント（のち浅野セメントとなる）工場を設立し社長となるなど、北海道実業界で活躍した。

安倍 寛　あべ・かん
元・衆院議員（日本進歩党）　⠀明治27年3月　⠀昭和21年1月30日　⠀山口県　⠀東京帝大卒　⠀昭和3年普通選挙法による初の総選挙に立候補するが落選。肺結核とカリエスの養生中の体で8年山口県の日置村（現・油谷町）村長となり、10年には村長のまま県議に担ぎ出され、12年4月の総選挙で三木武夫らとともに初当選を果たす。17年4月には東条

英機内閣が推し進めたいわゆる翼賛選挙が行なわれ、非推薦にもかかわらず当選。 [家]息子＝安倍晋太郎(衆院議員・外相)

安部 清美　あべ・きよみ
元・参院議員(自民党) 教育家 [生]明治33年9月18日 [没]昭和56年11月24日 [出]福岡県 [学]福岡師範(大正9年)卒 [賞]勲三等旭日中綬章(昭和45年) [歴]大正から昭和にかけて福岡県の神興小で実践した“土の教育”は当時「神興教育」の名で全国的に注目され、文部大臣表彰を受けた。31年社会党から参院議員に当選。34年自民党に移り、第2次池田内閣の労働政務次官を務めた。また原水爆禁止運動にも参加した。

阿部 邦一　あべ・くにいち
元・徳島県知事 弁護士 [生]明治32年12月5日 [没]昭和63年3月14日 [出]徳島県 [学]東京大学英法科(大正12年)卒 [賞]勲三等瑞宝章(昭和45年) [歴]昭和26年5月から1期、徳島県知事を務めた。 [家]長男＝阿部嘉文(神戸商科大学教授)

阿部 憲一　あべ・けんいち
元・参院議員(公明党) [生]明治42年11月30日 [没]平成1年3月28日 [出]長野県佐久市 [学]東京帝大経済学部(昭和8年)卒 [賞]勲二等瑞宝章(昭和55年) [歴]渋沢海運社長などを歴任後、昭和43年の参院選(東京地方区)で初当選。当選2回。参院法務委員長、公明党中央委員などを歴任した。

安倍 源基　あべ・げんき
元・内相 元・警視総監 [生]明治27年2月14日 [没]平成1年10月6日 [出]山口県 [学]東京帝大法学部法律学科(大正9年)卒 [歴]大正9年内務省に入り、沖縄県地方課長、高知県商工水産課長、愛知県特高課長を経て、15年内務省の遣外事務官として上海に勤務、中国共産党と中国国民党、アジアの共産主義運動を研究。帰国後の7年、山形県労務部長から警視庁特別高等警察の初代部長に就任。全国の特高警察網を整備。東京市電スト、赤色ギャング事件、神兵隊事件、共産党スパイ査問事件などで“赤狩り安倍”の名をあげ、11年銀杯を下賜された。12年内務省保安課長から警保局長、次いで警視総監となり、ダンスホールの禁止、学生狩りなどを行った。14年に一時辞任、15年再び警視総監。16年企画院次長、20年鈴木貫太郎内閣の内相。敗戦後、A級戦犯として逮捕され、27年4月追放解除。31年の参院選に落選。33年木村篤太郎らと新右翼団体「新日本協議会」を結成、代表理事を務めた。著書に「昭和動乱の真相」「憂国直言」「ひとすじの道」「巣鴨日記」がある。 [趣]読書, 釣り [家]長男＝安倍基雄(衆院議員)

阿部 賢吉　あべ・けんきち
貴院議員 [生]弘化4年(1847年) [没]大正2年11月2日 [出]青森県北郡五林平 旧姓＝米田 [歴]米田家から旧青森藩時代の素封家、阿部家を継いだ。青森県議を経て、第2期貴院議員に選ばれた。

阿部 源蔵　あべ・げんぞう
福岡市長 [没]昭和49年4月22日 [歴]昭和35年から福岡市長を3期務めた。 [家]二男＝阿部真也(福岡大学名誉教授)

阿部 行蔵　あべ・こうぞう
元・立川市長 元・東京都立大学教授 宗教家 歴史学者 平和運動家 [専]近代思想史 歴史理論 [生]明治41年2月25日 [没]昭和56年4月28日 [出]広島県広島市 [学]同志社大学文学部神学科(昭和12年)卒, カリフォルニア大学大学院修了 [歴]上京して川端画学校の藤島武二に師事したが、昭和3年三崎町教会で賀川豊彦を知り、洗礼を受け関東学院に入学、神学部に学ぶ。キリスト者学生運動に参加したが、すぐ日本戦闘的無神論者同盟に加盟、8年治安維持法違反容疑で検挙され、執行猶予。その後、同志社大学文学部神学科に入学。12年卒業、日本バプテスト姫路教会の伝導師。アメリカのバークレー神学校留学。戦争のため17年帰国、太平洋協会アメリカ研究室に勤務。戦後、日本基督教団渋谷教会の牧師に就任。22年「アメリカ精

神の形成」を刊行。進歩的キリスト者として憲法改悪阻止各界連絡会議幹事長を務め、51年には日本平和委員会会長となった。また東京都立大学教授も務め、28年舞鶴監禁事件で罪に問われたが、執行猶予。46年社共両党の統一候補として立川市長選に当選。50年には落選。著書に「若き内村鑑三」「愛は怒りをこめて」など。

阿部 五郎　あべ・ごろう
衆院議員（社会党）　⊕明治37年3月　⊗昭和38年1月23日　⊕徳島県　⊕徳島県立徳島商（大正12年）卒　㉚徳島新聞記者などを経て弁護士に。その後徳島県地方労働委員会長、徳島県知事を歴任。また徳島弁護士会副会長、県労働組合評議会議長を経て、昭和27年衆院議員初当選以来5期連続務めた。社会党県連会長、同党両院議員総会副会長などを務める。

阿部 茂夫　あべ・しげお
元・衆院議員（無所属）　盈進学園校長
⊕明治25年1月　⊗昭和35年8月3日　⊕徳島市宮田浦町　⊕徳島師範学校卒, 早稲田大学卒　㉚徳島師範学校を卒業して教職についたのち早大に入学。卒業後古河鉱業に入社し、社内に一新会を組織する。大正11年労働事情調査のためアメリカに留学し、昭和2年帰国。帰国後は社会民衆党に入り、のちに3回渡米する。以後も政党活動を続け、東京市議、衆院議員を歴任。戦後は盈進学園校長をつとめた。

安部 俊吾　あべ・しゅんご
衆院議員（自由党）　不二貿易社長
⊕明治17年11月　⊗昭和45年2月3日　⊕宮城県　⊕早稲田大学専門部政経科卒, ホイトン大学（明治45年）卒　㉚在米日本人会会長を経て、宮城1区から衆院議員に2選。

阿部 昭吾　あべ・しょうご
元・衆院議員（新進党）　⊕昭和3年8月10日　⊕山形県飽海郡八幡町　⊕法政大学法学部（昭和26年）卒　㊥勲一等瑞宝章（平成11年）　㉚昭和22年小学校教員となると同時に社会党に入党。上林与市郎の秘書を経て、34年から山形県議に2選。42年衆院議員に当選。10期つとめる。52年離党し、社民連の結成に参加、のち書記長となる。平成5年日本新党に合流。6年12月新進党結成に参加。8年落選。

安倍 晋太郎　あべ・しんたろう
衆院議員（自民党）　元・外相　⊕大正13年4月29日　⊗平成3年5月15日　⊕山口県大津郡日置村（現・油谷町）　⊕東京大学法学部政治学科（昭和24年）卒　㊥アジア工科大学院名誉工学博士（昭和61年）　㉚昭和24年毎日新聞記者となる。衆院議員・岸信介の長女と結婚。岸の下で外相・首相秘書官を経て、33年34歳で政界入り。以来衆院当選11回。農相、自民党国対委員長、内閣官房長官、党政務調査会長、通産相など歴任。57年中曽根内閣の外相に就任。61年の選挙後、清和会会長となって福田派を引き継ぎ、自民党総務会長、同幹事長を歴任。実父は戦時中、東条首相と対決した安倍寛代議士。著書に「新世紀への架け橋」（対談集）。　㊗剣道（練士），囲碁，ゴルフ　㊕父＝安倍寛（衆院議員），異父弟＝西村正雄（日本興業銀行頭取），息子＝安倍晋三（衆院議員）

阿部 助哉　あべ・すけや
元・衆院議員（社会党）　⊕大正3年9月14日　⊗平成7年4月22日　⊕新潟県　⊕早稲田大学専門部法律科（昭和13年）卒　㉚昭和18年北支新民会中央参事、26年国会議員秘書、38年新潟県議を経て、42年から衆院議員に5選。農業問題が専門で、衆院予算委等で活躍。著書に「黄砂にまみれて―ある特務機関員の青春」。　㊗読書

阿部 千一　あべ・せんいち
元・岩手県知事　⽣明治26年11月23日　歿昭和47年9月3日　出岩手　学東大政治学科（昭和9年）卒　歴昭和9年大学卒業とともに朝鮮総督府官房事務官となり、尚南道知事などを経て20年終戦により帰国。27年衆議院議員。30年岩手県知事に当選、連続2期つとめた。

阿部 武智雄　あべ・たけちお
衆議院議員（政友本党）　⽣文久3年（1863年）　歿昭和6年2月3日　出青森県北郡七和村　学青森県師範学校卒　歴教員を経て政界に転じ、県会議員、衆院議員となった。また岩木川改修期成同盟会長として治水に尽力、さらに造林事業にも貢献した。

阿部 竹松　あべ・たけまつ
参院議員（社会党）　炭労中執委員長　労働運動家　⽣明治45年3月　歿昭和48年4月13日　出秋田県雄勝郡　学秋田中学卒　歴昭和7年北海道に渡り、12年三菱大夕張鉱業所保安係となり、20年大夕張労組を結成、副委員長。日本社会党北海道連の結成にも参加。22年夕張市議、23年全石炭北海道地本副執行委員長、24年全国三菱炭鉱労組連合会長、27年日本炭鉱労組（炭労）北海道地本執行委員長、28年炭労中央執行委員長となった。31年辞任、参院全国区に当選。37年再選（最下位当選の3年議員）、同年9月50位当選議員の死去で6年議員となった。

阿部 徳三郎　あべ・とくさぶろう
衆議院議員（立憲政友会）　弁護士　⽣慶応3年9月（1867年）　歿大正7年5月14日　出岩手県　学明治法律学校（明治22年）卒　歴弁護士となり、一関町議、一関葉煙草仲買監査役、東京印刷取締役、第八十八銀行法律顧問を務めた。明治36年衆院議員に初当選。以来連続6選される。

阿部 信行　あべ・のぶゆき
第36代首相　大政翼賛政治会総裁　陸軍大将　⽣明治8年11月24日　歿昭和28年9月7日　出石川県金沢市　学陸士（明治30年）卒，陸大（明治40年）卒　歴明治31年砲兵少尉となりドイツ留学。オーストリア大使館付武官、参謀本部総務部長を経て大正15年陸軍省軍務局長。昭和4年陸軍次官、5年国務大臣を歴任し、宇垣陸相の病気中、陸相臨時代理。その後、第4師団長、7年台湾軍司令官、8年大将、軍事参議官。11年2.26事件後、予備役。14年8月平沼騏一郎内閣総辞職の後をうけて首相に就任。折から第二次大戦勃発、大戦不介入と日中戦争の早期解決を声明したが、政治力の乏しさから、政党からも軍部からも見放され、貿易省設置問題から閣内の対立を招き、15年1月5ヶ月の短命で総辞職。同年11月特派大使として南京で汪兆銘政権と日華基本条約に調印。17年翼賛政治体制協議会会長から大政翼賛政治会総裁に就任。同年勅選貴院議員。19年7月朝鮮総督を務めた。戦後、A級戦犯容疑者となったが除外された。

阿部 浩　あべ・ひろし
衆院議員　貴院議員　東京府知事　⽣嘉永5年1月3日（1852年）　歿大正11年10月7日　出陸奥国盛岡（岩手県）　学慶応義塾　歴南部藩士の長男として生まれる。藩校の作人館で原敬（のち首相）と机を並べ、終生の友となる。明治15年工部省権少書記、18年鉄道事務官などを経て、26年内務省社寺局長に転じる。以後、群馬、千葉、富山、新潟各知事を歴任。この間、25年衆院議員に当選、2期務めた。39年貴院議員に勅選。41年〜大正1年、8〜10年東京府知事を務めた。　家長男＝阿部金剛（洋画家）

阿部 文男　あべ・ふみお
元・衆院議員（自民党）　元・北海道開発庁長官　⽣大正11年6月23日　出山形県東根市　学北海道大学林学専修科（昭和23年）卒　歴北海道議を経て、昭和44年

以来衆院に当選7回。北海道開発政務次官、党水産部会長、農林水産局長、衆院農林水産委員長を歴任。平成元年海部内閣の北海道開発庁長官、沖縄開発庁長官に就任。2年党道連会長。3年総選挙(2年2月)の運動資金が法定費用の7倍(1億600万円)だったことが判明。共和からの5億にのぼる不透明な政治献金も問題になり、同年12月3年宮沢派事務総長を辞任。4年1月共和から9000万円の賄賂を受け取ったとして受託収賄容疑で逮捕され、自民党離党。5年引退。6年5月東京地裁により懲役3年、追徴金9000万円の実刑判決が下る。8年3月東京高裁も1審判決を支持、控訴棄却となり、上告。 趣弓道、読書

阿部 未喜男　あべ・みきお
元・衆院議員(社会党)　生大正8年12月2日　出大分県杵築市　学熊本通信講習所卒　賞勲二等旭日重光章(平成4年)
歴全逓地方本部委員長を経て、昭和44年以来衆院議員に7選。60年衆院物価問題特別委員長。平成5年引退。

安倍 能成　あべ・よししげ
文相　学習院院長　一高校長　教育者　哲学者　生明治16年12月23日　没昭和41年6月7日　出愛媛県松山市小唐人町　学東京帝大文科大学哲学科(明治42年)卒　賞読売文学賞(第9回・評論・伝記賞)(昭和32年)「岩波茂雄伝」　歴東大在学中から「ホトトギス」などに文芸評論を発表し、明治44年阿部次郎ら4人の合著「影と声」を刊行。大正2年「予の世界」を刊行し、以後「西洋古代中世哲学史」「西洋近世哲学史」「カントの実践哲学」などを刊行。その間、慶大、法政大などに勤務し、13〜15年ヨーロッパに留学。帰国後は京城大教授を経て、昭和15年一高校長に就任した。21年幣原内閣の文部大臣となるが、数ケ月で辞任。同年10月学習院院長に就任し、戦後私立学校となった学習院の基礎固めに専念した。また、俳句は早くから夏目漱石の指導を受けるほか、高浜虚子、松根東洋城にも接し「渋柿」にも筆を執った。

著書に「静夜集」「朝暮抄」「思想と文化」「山中雑記」「時代と文化」「一日本人として」「我が生ひ立ち」「安倍能成選集」(全5巻、小山書店)などがある。　家弟=安倍恕(高裁長官)

安部井 磐根　あべい・いわね
衆院副議長　生天保3年3月17日(1832年)　没大正5年11月19日　出陸奥国安達郡二本松(福島県)　学奥州二本松藩士。慶応4年からの戊辰戦争で二本松藩も奥羽越列藩同盟に加わったが、中央政府軍につくことを主張して仙台に追われた。明治元年7月二本松城落城とともに、藩主丹羽氏の旧領回復に奔走、その功で町奉行となり、2年参事。5年官を退き、10年福島県議、次いで議長、11年安達郡長となったが、県令三島通庸の施政に反対、15年辞任。23年第1回衆院選以来3回当選、大成会、大日本協会、改進党などに所属。26年第2次伊藤内閣の衆院副議長となった。

安保 清種　あほ・きよかず
海相　海軍大将　男爵　生明治3年10月15日　没昭和23年6月8日　出佐賀県　学海兵(第18期)(明治24年)卒　歴男爵安保清康海軍中将の養子。明治33年軍令部副官、35年以降「須磨」「八雲」砲術長、日露戦争に「三笠」の砲術長で参戦。38年イギリス駐在、海軍大学教官、第二艦隊参謀、大正2年イギリス大使館付武官、9年軍令部次長、11年国際連盟海軍代表、艦政本部長、呉、横須賀鎮守府長官、海軍次官、昭和3年軍事参議官、5年ロンドン海軍軍縮会議専門委員、同年10月海軍大臣、9年予備役。12年近衛文麿内閣の内閣参議、翼賛政治会顧問を務めた。　家父=沢野種鉄(海軍大佐)

天春 文衛　あまかす・ふみえ
貴院議員(多額納税)　衆院議員(政友本党)　生弘化4年11月(1847年)　没昭和2年8月24日　出三重県　学三重県第二大区小区戸長、同朝明郡書記、三重県議、同常置委員を務めた。明治23年と25年に衆院議員に当選。30年から37年まで

貴院に在任した後、大正6年、9年と再び衆院議員に当選した。

天田 勝正　あまだ・かつまさ
参院議員（民社党）　労働運動家　⽣明治39年3月15日　⽋昭和40年2月27日　出埼玉県大里郡妻沼町　学東京物理学校別科卒　歴大正13年から社会運動に入り、全国農民組合埼玉県連役員、昭和3年日本大衆党の結成に参加、全国労農大衆党、社会大衆党などの埼玉県連役員を務めた。この間、4年に秋田県の小作争議で検挙され、懲役1年に処せられる。戦後社会党に入り中央執行委員となり、全農中央常任委員。23年参院選に埼玉地方区から当選、以後2回当選、社会党右派。35年民主社会党結成に加わり、後、同党参院議員会長を務めた。

天野 公義　あまの・きみよし
元・衆院議員（自民党）　元・自治相　⽣大正10年3月2日　⽋平成2年7月29日　出東京都荒川区　学東京大学文学部倫理学科、東京大学法学部卒　歴同盟通信、共同通信勤務を経て、首相秘書官となり、昭和24年東京6区から衆院議員に当選。文部政務次官、大蔵政務次官、衆院内閣委員長などを歴任。51年三木内閣の自治大臣をつとめる。当選11回。宮沢派。平成2年閣僚在任中に落選して話題を集めた。

天野 光晴　あまの・こうせい
元・衆院議員（自民党）　⽣明治40年3月26日　⽋平成7年3月24日　出福島県双葉町　学高小卒　賞勲一等旭日大綬章（昭和61年）　歴昭和22年福島県議となり、3期つとめたあと、33年福島1区より衆院議員に当選10回。労働、科学技術各政務次官を経て、51年三木内閣の国土庁長官、57年衆院懲罰委員長、59年予算委員長、61年中曽根内閣の建設相を歴任。中曽根派。平成2年落選。趣音楽、盆栽、ゴルフ、将棋（3段）

天野 為之　あまの・ためゆき
衆院議員　早稲田大学教授　早稲田実業学校校長　「東洋経済新報」主宰　経済学者　教育家　⽣万延1年12月27日（1861年）　⽋昭和13年3月26日　出江戸・深川　学東京大学文学部政治理財科（明治15年）卒　法学博士（明治32年）　歴明治元年唐津藩医だった父と死別して帰郷するが、8年上京して開成学校に入学。東大在学中から小野梓、高田早苗らと大隈重信を助けて15年立憲改進党結成や東京専門学校（早稲田大学の前身）創設に尽力。以後早大教授、同商科科長、35年より早稲田実業学校校長などを歴任。その間23年佐賀から衆院議員に当選するが、25年落選。22～23年独力で「日本理財雑誌」を発行した他、29年町田忠治らと「東洋経済新報」を創刊、30～40年主宰した。また東京商業会議所特別議員も務めた。経済学をフェノロサに学び、J.S.ミルの研究、紹介に尽力、福沢諭吉、田口卯吉とともに明治初期の3大経済学者の一人に数えられた。著書に「経済学原論」「経済学綱要」「経済策論」、訳書にミル「高等経済原論」がある。

天野 貞祐　あまの・ていゆう
元・文相　京都大学名誉教授　独協学園園長　哲学者　教育家　⽤カント哲学　⽣明治17年9月30日　⽋昭和55年3月6日　出神奈川県津久井郡鳥屋村　学京都帝国大学文科大学哲学科（明治45年）卒　文学博士（昭和6年）　賞文化功労者（昭和36年）、NHK放送文化賞（昭和46年）、勲一等旭日大綬章（昭和48年）　歴大正3年七高に赴任し、8年学習院教授に就任。12～13年にかけてドイツに留学し、15年京都帝大助教授に就任、昭和6年教授となる。19年退官。その間カント「純粋理性批判」の翻訳などをし、12年「道理の感覚」を刊行。戦後21～23年一高校長をつとめ、一高・東大合併の決議の際に辞職。23年京大名誉教授。日本育英会会長を経て、25年第3次吉田改造内閣の文部大臣に就任。28年母校独協学園校長となり、39年独協大学を

創立して初代学長となる。この間、教育刷新委員会委員、中央教育審議会会長、自由学園理事長、国立教育会館初代館長などをつとめ、48年日本学生野球協会会長として野球殿堂入りも果たす。36年文化功労者となり、46年NHK放送文化賞を受賞した。著書に専門のカント研究書のほか、「学生に与うる書」「若き女性のために」「如何に生くべきか」などの啓蒙書も多く、「天野貞祐全集」(全9巻・栗田出版会)がある。

天野 久　あまの・ひさし
衆院議員(国民民主党)　山梨県知事　[生]明治25年1月5日　[没]昭和43年2月15日　[出]山梨県　[歴]山梨県酒造組合副理事長などを務めて、衆院議員に当選。芦田内閣建設政務次官、民主党総務などを歴任。昭和26年以来山梨県知事に4選。[家]息子＝天野建(山梨県知事)

天野 等　あまの・ひとし
元・衆院議員(社会党)　弁護士　[生]昭和8年11月26日　[出]茨城県水戸市　[学]東京大学文学部(昭和34年)卒　[歴]昭和58年久保三郎の後継者として衆院議員に当選するが、61年落選。著書に「土地区画整理法の諸問題」(共著)。

天埜 良吉　あまの・りょうきち
参院議員(自民党)　[生]明治37年7月　[没]昭和47年1月11日　[出]愛知県　[学]東京帝国大学工学部土木科(昭和4年)卒　工学博士　[歴]昭和4年内務省土木局に入り、青森港修築事務所長、仙台土木出張所工務部長、運輸省港湾局長を務めた。34年参院選挙に全国区から当選、運輸政策審議会委員を務めた。日本大学理学部講師も務めた。

甘利 正　あまり・ただし
元・衆院議員(新自由クラブ)　[生]大正5年10月11日　[没]平成4年10月12日　[出]神奈川県　[学]東京物理学校(現・東京理科大学)中退　[賞]藍綬褒章　[歴]昭和22年依知村長、26年神奈川県議5期を経て、51年から衆院議員に2選。58年引退。[趣]古硯研究, 読書　[家]二男＝甘利明(衆院議員)

綾部 健太郎　あやべ・けんたろう
衆院議長(自民党)　運輸相　[生]明治23年9月6日　[没]昭和47年3月24日　[出]香川県高松市　[学]京都帝大政治科(大正5年)卒　[歴]東京電気工務所、東急エビス産業各社長を経て、昭和7年大分県から衆院選に立ち当選、以来当選6回。戦後公職追放、28年選挙で返り咲き、藤山派で37年の第2次池田内閣の運輸相。41年衆院議長となるが、共和製糖の黒い霧事件に関連して辞任。42年の衆院選に落選後は日本鉄道建設公団総裁を務めた。

綾部 惣兵衛　あやべ・そうべえ
衆院議員(憲政会)　[生]慶応3年6月6日(1867年)　[没]大正2年10月4日　[出]埼玉県入間郡川越　[学]東京帝大医科大学薬学部卒　[歴]東京薬学校で薬学を専攻、埼玉県川越で薬種商を開業。地方自治・公共事業に尽力、川越商業会議所会頭、埼玉県薬品監視員地方済生会員を務めた。明治41年以来衆院議員当選2回。大正元年立憲同志会に入党、地方議員として活躍した。

鮎川 義介　あゆかわ・よしすけ
参院議員(第十七控室)　日本中小企業政治連盟総裁　日産コンツェルン創始者　実業家　[生]明治13年11月6日　[没]昭和42年2月13日　[出]山口県山口市　[学]東京帝大工科大学機械科(明治36年)卒　[歴]芝浦製作所の職工となるが、のち渡米して鋳造見習工。30歳で帰国、明治43年戸畑鋳物を設立。大正10年東京に進出、昭和3年義弟・久原房之助の久原鉱業所社長となり、のち日本産業と改称、以後次々設立または吸収を繰り返して、日立製作所を含む日産コンツェルンを作りあげた。12年満州に進出して17年まで満州重工業開発総裁。18年勅選貴院議員。戦後はA級戦犯として服役したが、釈放後、28年参院議員となり、31年には日本中小企業政治連盟を結成して総裁。全国中小企業団体中央会会長、中小企業助成会会長、岸内閣経済最高顧問を歴任。34年二男の選挙違反事件の責任をとり親子で参院議員

を辞任した。のち東洋大学名誉総長となる。著書に「物の見方考え方」「私の考え方」などがある。 家二男＝鮎川金次郎（参院議員）

新井 京太　あらい・きょうた
衆院議員（自民党）　生明治25年5月　没昭和44年5月19日　出東京　学協調会社会政策学院（大正9年）卒　歴足立区議、東京市議、東京都議などを経て、昭和24年以来衆院議員に当選3回。第2次岸内閣の行政管理政務次官を務める。

新井 啓一郎　あらい・けいいちろう
衆院議員（立憲政友会）　生文久1年8月（1861年）　没大正13年3月4日　出埼玉県　歴戸長、所得税調査委員、徴兵参事員等を経て、明治25年衆院議員に初当選。35年まで連続5期務めた。

荒井 賢太郎　あらい・けんたろう
枢密顧問官　枢密院副議長　生文久3年10月（1863年）　没昭和13年1月29日　出越後国高田（新潟県）　学東京帝大法科（明治25年）卒　歴大蔵省に入り、奈良県収税長、大蔵省主計官、同参事官、主計局長。次いで朝鮮総督府参与官、同度支部長官などを歴任。大正11年加藤友三郎内閣の農商務相となり、勅選貴院議員。その後枢密顧問官、行政裁判所長官、懲戒裁判所裁判長、枢密院副議長などを務めた。

新井 章吾　あらい・しょうご
衆院議員（政友会）　生安政3年2月12日（1856年）　没明治39年10月16日　出下野国賀郡吹上村（栃木県吹上村）　歴明治14年「栃木新聞」創刊、自治政談社を組織。18年栃木県会議員となったが、上京して自由民権運動に参加、大井憲太郎らの大阪事件に連座、投獄された。22年大赦出獄、23年の第1回衆院選以来、栃木県から議員当選7回。その間拓務省北部局長を務めた。

新居 善太郎　あらい・ぜんたろう
大阪府知事　恩賜財団母子愛育会会長　生明治29年1月16日　没昭和59年1月12日　出栃木県足利市　学東京大学法学部（大正10年）卒　賞勲一等瑞宝章（昭和41年）、足利市名誉市民　歴鹿児島県知事、内務省国土局長、同地方局長、京都府知事、大阪府知事などを歴任。また建設広報協議会長、全国防災協会長、公園緑地管理財団理事長、道路緑化保全協会長、奥地開発道路協会長などもつとめた。

新井 彬之　あらい・よしゆき
元・衆院議員（公明党）　生昭和9年9月15日　出静岡県榛原郡川崎町　学関西大学法学部（昭和32年）卒　歴神戸市議を経て、昭和44年以来兵庫4区から衆院議員に6選。平成2年引退。

新垣 弓太郎　あらかき・ゆみたろう
自由民権運動家　生明治5年8月5日　没昭和39年3月19日　出沖縄県南風原　学沖縄尋常中学校（明治26年）中退　歴上京後、台湾に渡り、20歳代に警官を務め、帰国後東京専門学校書記となり、下宿屋を営んだ。明治31年沖縄自由民権運動の提唱者謝花昇が上京した時知り合い、参政権獲得運動に参加、奈良原繁治下の沖縄県政を批判。運動挫折後、頭山満の紹介で孫文を知り、のち中国に渡って辛亥革命下の国民党に参加して活躍した。大正12年帰郷。戦中沖縄戦で妻が日本兵に銃殺され、戦後は沖縄独立論者として通した。

荒川 義太郎　あらかわ・ぎたろう
貴院議員（勅選）　生文久2年9月28日（1862年）　没昭和2年4月1日　出武蔵国北豊島郡金杉村　学東京帝大法科（明治17年）卒　歴内務省に入り、御用掛、19年内務属となり岡山県書記官。22年内務参事官、23年富山県、次いで群馬、神奈川各県書記官、27年鳥取県知事となった。その後香川、長崎各県牧長官。43年退官後、横浜市長、同年錦鶏間祇候、勅選貴院議員となった。

荒川 五郎　あらかわ・ごろう
衆院議員（立憲民政党）　⽣慶応1年6月（1865年）　⽗昭和19年8月3日　⽥広島県　⽊日本大学法律科卒　通信省副参政官を経て、大東文化協会常任理事、大日本養正会理事長、全国私立学校協会理事長などを務め、憲政会政務調査会長となる。明治37年初当選以来、当選10回。

荒木 貞夫　あらき・さだお
陸相　文相　陸軍大将　⽣明治10年5月26日　⽗昭和41年11月2日　⽥東京　陸士卒、陸大（明治40年）卒　明治37年日露戦争に従軍、42年ロシア公使館駐在武官、第1次大戦中ロシア従軍武官、大正3年陸軍省副官、陸大教官、7年大佐。シベリア出兵には派遣軍参謀、8年23連隊長、12年少将、歩兵第8旅団長、13年憲兵司令官。14年参謀本部第1部長、昭和2年中将、3年陸大校長、4年第6師団長。6年教育総監本部長から犬養毅内閣の陸相。皇道派の中心として統制派と対立、陸軍中枢を自派で抑える人事を断行した。7年の5.15事件で犬養首相は暗殺されたが留任。8年大将、9年軍事参議官を経て、11年2.26事件後、予備役。13年第1次近衛文麿内閣の文相。山川均ら左翼思想家を検挙、河合栄次郎東大教授らへの弾圧など軍国主義教育を推進した。14年に内閣争議。23年東京裁判でA級戦犯として終身刑宣告となるが、30年仮釈放。東京狛江市に住み、所有文書を東大に寄贈、講演などで余生を送った。著書に「昭和日本の使命」「日本国民たる信念に生よ」「身を捨ててこそ」などがある。

荒木 正三郎　あらき・しょうざぶろう
参院議員（社会党）　日教組初代委員長　労働組合運動家　教育者　⽣明治39年9月17日　⽗昭和44年6月16日　⽥大阪府　池田師範学校専攻科（昭和2年）卒　大阪府箕面小学校などを経て池田市北豊島小学校校長に。戦後、大阪教員組合委員長、昭和22年日教組中央執行委員長（初代）となり、4期務めて、25年社会党から参議院議員に当選、2期務めた。24年ロンドンの自由世界労連結成大会に日本代表として出席、28年には党外交部長としてラングーンのアジア社会党会議結成大会に出席した。社会党大阪本部顧問。

荒木 武　あらき・たけし
元・広島市長　⽣大正5年3月4日　⽗平成6年6月15日　⽥広島市　東京帝国大学法学部法律学科（昭和15年）卒　ハマーショルド賞（昭和57年）、勲二等瑞宝章（平成6年）　三菱重工業に入社、広島造船所に勤務し、被爆。同労組委員長、昭和22年広島市議、26年以来3期広島県議を経て、50年広島市長に当選。54年全国の自治体に、原爆投下時刻の黙祷を要請。60年世界の非核宣言都市による、第1回世界平和連帯都市市長会議を開催。63年非同盟諸国の平和・軍縮首脳会議で演説、平成3年にも世界平和連帯都市市長会議の代表として国連で核戦争阻止を訴えた。また元年原爆ドーム保存募金を全国から募るなど反核平和運動の先頭に立って活躍した。4期務め、3年引退。

荒木 寅三郎　あらき・とらさぶろう
枢密顧問官　京都帝国大学名誉教授　生化学者　⽣慶応2年10月17日（1866年）　⽗昭和17年1月28日　⽥群馬県碓氷郡板鼻町　東京帝国大学医科大学別科（明治20年）卒　医学博士　帝国学士院会員　ドラゴン・ド・ランナン勲章（フランス）　群馬県の郷里で一時開業、東大生理学教室助手となり明治22年ドイツ留学、シュトラスブルク大学で生理化学を研究、24年ドクトル・メディチーネの学位を受けた。29年第三高等学校医学部教授、30年「ヒトサンに就て」で医学博士。32年京都帝大医科大学教授、36年同医科大学長を兼務。大正4年京大総長となった。昭和4年辞任、学習院院長。12年枢密顧問官。

荒木 万寿夫　あらき・ますお
文相　衆院議員(自民党)　国家公安委員長　[生]明治34年7月17日　[没]昭和48年8月24日　[出]福岡県大牟田市　[学]京都帝大経済学部(大正14年)卒　[歴]大正14年逓信省に入り、満州国国務院参事官、広島逓信局長、商工省電力局長など歴任。戦後、郷里の大牟田市長を2期務め、22年衆院選に当選、芦田均内閣の大蔵政務次官、民主党政調会長。35年池田内閣の文相、科学技術庁長官兼原子力委員長。3年間の文相在任中、新教育課程の実施、文部省全国一斉学力調査の実施などを手がけた。43年から佐藤栄作内閣の行政管理庁長官兼国家公安委員長を務めた。

荒畑 寒村　あらはた・かんそん
元・衆院議員　社会主義運動家　評論家　[生]明治20年8月14日　[没]昭和56年3月6日　[出]神奈川県横浜市　本名＝荒畑勝三　[学]横浜市立吉田高小(明治34年)卒　[賞]朝日文化賞(昭49年度)　[歴]高小卒後、造船工などするうち幸徳秋水、堺利彦らの日露戦争への非戦論に共鳴し、明治37年社会主義協会に入会、自らは横浜平民社を組織。40年日刊「平民新聞」の記者として活躍したが、41年に“赤旗事件”で入獄。その後の社会主義“冬の時代”には地味な運動を続けた。大正元年大杉栄らと「近代思想」を創刊。9年日本社会主義同盟を結成。11年には堺利彦、山川均らと第1次日本共産党の創立に参画、書記長に選ばれる。昭和2年「労農」同人となり、共同戦線党の実現に努める。12年日本無産党を支持し、“人民戦線事件”で検挙。戦後は日本社会党の創設に加わり、21年の総選挙で当選、翌年も再選されたが、23年には芦田連立内閣の運賃値上げ法案に反対して脱党、24年の総選挙で落選後、政界から退いた。その後は既成社会主義批判の論陣をはり、文筆活動に専念。著書に「谷中村滅亡史」、小説「艦底」「逃避者」、「寒村自伝」「ロシア革命運動の曙」「平民社時代」などのほか、「荒畑寒村著作集」(全10巻)がある。

荒船 清十郎　あらふね・せいじゅうろう
衆院議員(自民党)　元・運輸相　[生]明治40年3月9日　[没]昭和55年11月25日　[出]埼玉県秩父郡　[学]明治大学中退　[歴]埼玉県議会副議長から、昭和21年に衆院議員に初当選、以来13回当選。41年運輸相に就任、しかし地元の高崎線深谷駅に急行列車を停車させることにし、「一つぐらい、いいじゃないか」のセリフをはいて辞任に追いこまれた。45年衆院副議長、51年三木改造内閣の行政管理庁長官を歴任。国会運営にかけては手腕を発揮し、ロッキード事件の証人喚問では独得の尋問ぶりで話題になったほか、52年2月の鬼頭史郎判事補のニセ電話事件弾劾裁判では裁判長役を務めた。

荒巻 禎一　あらまき・ていいち
元・京都府知事　[生]昭和6年7月22日　[出]東京　[学]九州大学法学部(昭和28年)卒　[賞]勲一等瑞宝章(平成14年)　[歴]昭和29年自治省に入省、36年長崎地方課長、38年京都府管理課長、46年京都府総務部長、のち消防庁総務課長を経て、53年京都府副知事となり、林田悠紀夫を補佐。61年林田知事の指名を受け、共産党を除く6党の推薦で知事に当選。関西文化学術研究都市や鉄道·道路網の基盤整備を推進するなど、4期16年務めたのち、平成14年引退。北近畿タンゴ鉄道社長も務める。　[趣]テニス, ゴルフ　[家]父＝荒巻正修(法務省広島管区矯正局長), 息子＝荒巻隆三(衆院議員)

有島 重武　ありしま・しげたけ
元・衆院議員(公明党)　作曲家　[生]大正13年6月28日　[出]東京　[学]慶応義塾大学工学部(昭和23年)卒　[歴]創価学会理事、民主音楽協会理事を経て、昭和41年に公明党副幹事長に。42年以来東京6区から衆院議員に当選8回。この間、党文化·教育各局長、衆院議員団副団長、中央委員会副議長を歴任。平成2年引退、

日本ユネスコ国内委員会委員などをつとめた。 [趣]読書, 水泳, 音楽

有栖川宮 熾仁 ありすがわのみや・たるひと
元老院議長　有栖川宮第9代　左大臣
[生]天保6年2月19日(1835年) [没]明治28年1月15日 [出]京都府　幼名＝歓宮, 別称＝熾仁親王 [歴]有栖川宮幟仁親王の長子。嘉永2年(1849年)親王宣下。4年(1851年)和宮親子内親王との婚約の内旨を受けるが、万延元年(1860年)朝廷が幕府の要請を容れて和宮と将軍徳川家茂の婚姻を内定したため、成婚辞退の願出を差し出した。公武合体論の盛んな元治元年(1864年)、尊攘運動支持のかどで国事御用掛を免ぜられた。慶応3年(1867年)王政復古の政変によって新政府の総裁職。以後、皇族の第一人者として公務を担当。戊辰戦争には東征大総督として参加。明治維新後は、兵部卿、福岡藩知事を経て、明治8年元老院議官、翌年議長に就任。西南戦争においては征討総督。13年左大臣となり、18年参謀本部長、22年参謀総長を兼任。藩閥勢力の中核となり、重要な役割を果たした。「熾仁親王日記」がある。
[家]妻＝有栖川宮董子, 父＝有栖川宮幟仁, 弟＝有栖川宮威仁

有田 一寿 ありた・かずひさ
元・参院議員(新自由クラブ)　日本クラウン会長　久留米工業大学理事長
[生]大正5年1月1日 [没]平成11年4月1日
[出]福岡県北九州市　旧姓＝正木 [学]東京帝大文学部教育学科(昭和16年)卒 [賞]藍綬褒章(昭和56年), 勲二等瑞宝章(昭和61年) [歴]青葉ケ丘女子中学・高校校長を経て、昭和23年福岡県教育委員長。27年実業界に転じ、若筑建設入社、28年専務を経て、33年社長。40年若築建設と改称、51年会長、62年名誉会長、平成2年取締役相談役。また、昭和38年日本クラウン(48年クラウンレコード、平成2年日本クラウンに改称)を設立し社長、49年会長。45年ユニオン映画を設立、社長、のち会長。この間30年若松商工会議所会頭、32年日華油脂専務、35年東京湾開発興業社長などを経て、43年日経連に入り、常務理事のとき大学紛争の処理に活躍、日経連の教育問題特別委員を務める。47年第10期中央教育審議会委員。49年福岡地方区から参院議員に当選、自民党教育部会、参議院文教委員会に所属。51年離党して新自由クラブ結成に参画、55年引退。また久留米工業大学理事長、西日本工業学園理事長、国連大学準備調査委員、臨時教育審議会第三部会長を歴任。著書に「愛はほとばしる泉のごとく」「逃げてはいなかいか」「いのちの素顔」「日本の教育を考える」「教育改革の焦点」「教育改革と教科書」「人生は荒波の中の小舟—政・財界、芸能界の内側を歩いて」など多数。 [趣]ゴルフ, 釣り, カメラ

有田 喜一 ありた・きいち
元・衆院議員(自民党)　元・防衛庁長官 [生]明治34年4月30日 [没]昭和61年2月9日 [出]兵庫県氷上町 [学]東京帝大経済学部(大正14年)卒 [賞]勲一等旭日大綬章(昭和48年) [歴]大正14年逓信省に入り、大阪逓信局長などを経て、昭和24年兵庫5区から衆院初当選。41年文相兼科学技術庁長官、43年防衛庁長官、47年経済企画庁長官などを歴任。51年に引退するまで当選9回。52年からは日本海運振興会会長を務めていた。福田赳夫が自民党幹事長時代の41年、党経理局長を務め、その右腕としても活躍した。 [趣]読書, 碁

有田 二郎 ありた・じろう
元・衆院議員　元・自由党副幹事長
[生]明治37年7月1日 [没]昭和55年10月28日 [出]兵庫県神戸市 [学]東大文学部卒
[歴]戦後第1回総選挙に大阪一区から立候補(自由党)して以来連続5回の当選を果たした。昭和29年東京地検が摘発した造船疑獄事件に連座して贈収賄容疑で逮捕され、34年に懲役2年、執行猶予3年の判決を受け、控訴したが棄却された。その後政界を退いた。

有田 八郎　ありた・はちろう
外相　衆院議員（小会派クラブ）
外務官僚　⑭明治17年9月21日　㉣昭和40年3月4日　⑭新潟県佐渡郡　㊦東京帝大法科大学独法科（明治42年）卒
㊞明治42年外務省に入り、領事館補からシカゴ、オタワ、ホノルル在勤を経て、昭和2年本省アジア局長、オーストリア公使、7年外務次官、8年ベルギー大使、11年中国大使から広田弘毅内閣の外相。13年貴院議員。第1次近衛文麿内閣、14年平沼騏一郎内閣、15年米内光政内閣の各外相を務め、戦争突入期の日本外交を担当。日独防共協定は締結したが、日独伊同盟の締結には最後まで反対した。戦後は追放解除後、28年新潟1区から衆院議員に当選。また東京都知事選に革進統一候補として2度出馬したが落選。28年には料亭「般若苑」の女性畔上輝井と再婚、三島由紀夫の「宴のあと」に取り上げられ、プライバシー侵害で告訴騒ぎとなった。著書に「人の目の塵を見る」「馬鹿八と人はいう」など。
㊕兄＝山本悌二郎（政治家）

有地 品之允　ありち・しなのじょう
枢密顧問官　貴院議員　日本海事協会理事長　海軍中将　男爵　⑭天保14年3月15日（1843年）　㉣大正8年1月17日　⑭長門国萩（山口県）　別名＝信政，号＝一葦，幼名＝熊蔵　㊞戊辰戦争において、奥州各地で功をあげ、明治2年近衛兵大隊軍監となる。3年ヨーロッパ軍事視察、4年陸軍少佐に任官。7年海軍に転じ、常備艦隊司令長官などを経て、25年海軍中将、呉鎮守府司令長官となる。28年日清戦争に際し再び常備艦隊司令長官となり、台湾占領に従事。30年貴院議員。大正6年枢密顧問官。海軍思想の普及に力をつくし、日本海事協会を設立し、理事長としても活躍した。
㊕弟＝梨羽時起（海軍中将）、三男＝有地藤三郎（海軍造兵大佐）

有馬 英治　ありま・えいじ
衆院議員（自民党）　⑭明治41年3月　㉣昭和51年5月18日　⑭福岡県　㊦慶応義塾大学経済学部（昭和8年）卒　㊞時事新報新聞社経済部、読売新聞社政治部記者を経て、商工大臣秘書官、大蔵省委員、商工省委員、内閣総理大臣秘書官を歴任。昭和16年福岡4区から衆議院議員に立候補、当選、以後2期務める。民主党、自民党に所属して、党本部事務局長、運輸政務次官、自民党副幹事長などを歴任。

有馬 英二　ありま・えいじ
衆院議員　参院議員（自民党）　北海道帝国大学名誉教授　内科医学者　⑭明治16年5月25日　㉣昭和45年4月6日　⑭福井県　㊦東京帝国大学医学部（明治41年）卒　医学博士　㊞朝鮮総督府医官を経て大正10年北海道帝大内科教授となり、初代附属病院長、医学部長を歴任、退官後名誉教授。結核病学の草分けで中央結核研究所会長、日本胸部疾患学会長、柏戸記念財団会長、北里学園名誉理事長などを兼務。また戦後は昭和21年より衆院議員1期、26年より参院議員2期務めた。

有馬 秀雄　ありま・ひでお
衆院議員（立憲政友会）　⑭明治2年3月　㉣昭和29年12月10日　⑭福岡県　㊦駒場農林学校実科（明治25年）卒　㊞台湾総督府嘱託、久留米六十一銀行頭取、寺島町長などを経て、東京市議、京都府議、東京都議などを務める。明治45年衆院議員に初当選以来当選4回。

有馬 道純　ありま・みちすみ
丸岡藩知事　⑭天保8年（1837年）　㉣明治36年5月24日　⑭播磨国宍粟郡山崎（兵庫県）　㊞安政2年19歳で丸岡藩主・有馬家を継ぐ。文久2年寺社奉行、3年若年寄を経て、老中に就任。下関事件処理のため家茂に従って上洛するが、元治元年老中を辞して京都守護にあたった。明治2年版籍奉還により丸岡藩知事、4年廃藩により免ぜられ、東京に移住した。17年子爵。

有馬 美利　ありま・みとし
宮崎市長　宮崎商工会議所会頭　⽣明治21年11月24日　⽋昭和41年7月4日　本宮崎県　学京都蚕業講習所卒　歴大正13年宮崎市会議員選挙に当選。県会議員、宮崎商工会議所会頭などを経て、昭和30年宮崎市市長。

有馬 元治　ありま・もとはる
元・衆院議員（自民党）　⽣大正9年1月1日　本鹿児島県川内市　学東京帝国大学法学部政治学科（昭和16年）卒　賞勲二等旭日重光章（平成2年）　歴大学卒後、高文行政科合格。のち海軍に入り主計大尉。戦後労働省に入り、職業安定局職業訓練局長心得、中労委事務局長、昭和38年職業安定局長などを経て、43年労働事務次官。44年以来衆院議員に6回当選。防衛政務次官、社会労働委員長を歴任。河本派。平成2年落選し、引退。

有馬 頼寧　ありま・よりやす
衆院議員（立憲政友会）　貴院議員　農相　中央競馬会理事長　伯爵　⽣明治17年12月17日　⽋昭和32年1月10日　本東京・浅草　学東京帝大農科大学（明治43年）卒　歴農商務省嘱託から東京帝大農学部助教授。大正11年賀川豊彦らと日本農民組合設立に参加、部落解放運動にも関係し、華族の反逆児といわれた。13年衆院議員に当選、政友会に入る。昭和2年伯爵家を継ぎ、貴院議員。7年農林政務次官、8年産業組合中央金庫理事長。12年第1次近衛文麿内閣の農相、新体制運動に協力。15年大政翼賛会事務総長、5カ月で辞任。戦後A級戦犯容疑で9カ月拘禁、釈放後、中央競馬会理事長。その功績を記念して有馬記念競馬が設けられた。44年野球殿堂入り。著書に「七十年の回想」「政界道中記」など。　家父＝有馬頼万（旧久留米藩主）、三男＝有馬頼義（作家）。

有馬 良橘　ありま・りょうきつ
枢密顧問官　海軍大将　⽣文久1年11月（1861年）　⽋昭和19年5月1日　本和歌山県　学海兵（第12期）（明治19年）卒　歴イギリス出張（回航）後、「千代田」航海長、横須賀鎮守府参謀、明治37年の日露戦争には常備艦隊参謀として旅順港口閉塞作戦を指揮。その後「音羽」「磐手」各艦長、40年第2艦隊参謀長、砲術学校長、軍令部参謀第1班長、大正元年第1艦隊司令官、海軍兵学校長、教育本部長、6年第3艦隊長官、7年海軍将官会議員、8年大将。11年予備役。昭和6年明治神宮宮司となり、同年枢密顧問官となった。12年国民精神総動員運動中央連盟会長、14年海軍在郷将官団体有終会理事長となった。

有松 英義　ありまつ・ひでよし
枢密顧問官　法制局長官　貴院議員（勅選）　官僚　⽣文久3年6月10日（1863年）　⽋昭和2年10月24日　本岡山県　学独逸学協会学校（現・独協大学）卒　歴明治21年高等文官試験合格、判事試補、23年判事。以後司法省参事官、農商務省参事官、法制局参事官、内務省警保局長、三重県知事を経て再び警保局長、大正5年法制局長官兼拓殖局長官。この間、明治44年勅選貴院議員。大正9年より枢密顧問官。

有森 新吉　ありもり・しんきち
衆院議員（庚申倶楽部）　⽣万延1年1月（1860年）　⽋昭和8年12月18日　本岡山県　学専修学校理財科（明治14年）卒、東京帝国大学政治経済科選科、ストラスブルグ大学政治科（明治24年）卒　留ドイツ留学の後、学習院教授等を務める。明治45年以来衆院議員に当選3回。また山陽新報主筆・社長ほか多くの会社役員を歴任した。

有吉 忠一　ありよし・ちゅういち
貴院議員（勅選）　横浜市長　朝鮮総督府政務総監　横浜商工会議所会頭　内務官僚　⽣明治6年6月2日　⽋昭和22年2月10日　本豊岡県宮津（現・京都府宮津市）　学東京帝大法科大学（明治29年）卒

㊧内務省に入り、島根、兵庫各県参事官、内務参事官、官房台湾課長を経て、明治41年千葉県知事。その後、韓国統監府総務部長官、朝鮮総督府総務部長官。44年以降宮崎、神奈川、兵庫各県知事。大正11～13年朝鮮総督府政務総監、次いで横浜市長。昭和5～21年勅選貴院議員。横浜商工会議所会頭、日本商工会議所副会頭、日赤理事なども務めた。㊫息子＝有吉義弥（日本郵船社長），弟＝有吉明（外交官）

粟谷 品三　あわや・しなぞう
衆院議員（無所属）　㊐文政13年3月（1830年）　㊦明治28年11月10日　㊥大阪府　㊧銃砲火薬商を営んでいた。戸長となり、しばしば大阪府議となる。明治23年衆院議員に初当選。以来連続4期務めた。

粟屋 仙吉　あわや・せんきち
元・広島市長　元・大阪府警察部長　内務官僚　㊐明治26年11月7日　㊦昭和20年8月6日　㊥宮城県仙台市　㊫東京帝国大学法学部法律学科（大正8年）卒　㊧内務省に入り、昭和4年高知県警察部長、6年愛知県警察部長を経て、7年大阪府警察部長。8年6月、大阪・天神橋の交差点で信号無視した兵隊を制止したことから陸軍と大阪府警察部が対立した"ゴーストップ事件"が起こり、警察部長として陸軍の圧力に抵抗。同年11月兵庫県知事の調停により和解。その後、12年大分県知事、16年馬政局長官などを務め、17年退官。18年広島市長となったが、20年8月広島市長公舎で原爆に遭い死亡した。

淡谷 悠蔵　あわや・ゆうぞう
元・衆院議員（社会党）　農民運動家　著述家　㊐明治30年3月22日　㊦平成7年8月8日　㊥青森県青森市　㊫浦町高小卒　㊮青森県文化賞（昭和47年），勲二等旭日重光章（昭和52年）　㊧青森市の呉服屋の13人兄弟の末っ子に生まれる。大正7年から新城村（現・青森市）で農業（リンゴ園づくり）を始め、傍ら「文学世界」などに投稿し、8年文芸誌「黎明」の編集発行人となる。15年以降農民運動に入って多くの争議を指導。昭和3年全国農民組合（全農）青森県連の設立に参加し執行委員長、4年同県連会長。8年より新城村議員を3期つとめる。13年日本農民連盟加盟の勤労農民組合組合長となるが、その間の10年と14年検挙される。戦後は日農の再建に尽力し、また社会党に入って28年から衆院議員を連続6期つとめた。この間、砂川など基地闘争を指導し、社会党中央執行委員、同党機関紙局長を歴任、45年から同党県本部顧問。棟方志功記念館理事長もつとめた。傍ら旺盛な文筆活動も続け、「焦心」「砂川」「青森空襲の記録」「野の記録」（全7巻）「淡谷悠蔵著作集」（全23巻）などの著書がある。

安西 愛子　⇒志村愛子（しむら・あいこ）を見よ

安宅 常彦　あんたく・つねひこ
元・衆院議員（社会党）　㊐大正9年8月31日　㊦平成10年10月18日　㊥山形県村山市　㊫仙台逓信講習所普通科（昭和11年）卒　㊮勲二等旭日重光章（平成3年）　㊧昭和27年全電通東北地方本部委員長、30年山形県労評議長を経て、35年衆院議員に当選。以後、山形2区から連続6回当選。54年には超党派の日朝国交正常化国民会議事務局長を務めた。㊬囲碁，読書

安藤 巌　あんどう・いわお
元・衆院議員（共産党）　弁護士　㊐大正14年1月2日　㊥三重県　㊫京都大学法学部（昭和23年）卒　㊧中日新聞記者、総評弁護団幹事、地方公務員災害基金名古屋支部審査会長を経て、昭和51年共産党から衆院議員に4選。平成2年落選。

安藤 覚　あんどう・かく
衆院議員（自民党）　安竜寺（曹洞宗）住職　僧侶　㊐明治32年6月　㊦昭和42年11月27日　㊥神奈川県　㊫日本大学専門部宗教科（大正14年）卒　㊧万朝報を経て読売新聞社に入り、政治部長、編集局次長、日本大学新聞研究室講師を務

め昭和17年神奈川3区より衆議院選に立ち当選、以後4回当選。戦後公職追放となるが、解除後衆院議員となり、第1次鳩山一郎内閣の厚生政務次官、衆院外務委員長、日韓条約特別委員長などを歴任。また神奈川県安甲郡依知村(現・厚木市)曹洞宗安竜寺、広徳寺の各住職も務めた。

安藤 紀三郎　あんどう・きさぶろう
内相　国務相　陸軍中将　[生]明治12年2月11日　[没]昭和29年5月10日　[出]兵庫県篠山町　[学]陸士(明治32年)卒　[歴]明治33年歩兵少尉、日露戦争には中尉で従軍。陸軍省勤務、大正7年アメリカ出張、帰国後、12年人事局恩賞課長、少将となり、昭和2年歩兵第30旅団長、第1師団司令部付、7年中将、旅順要塞司令官を歴任。9年予備役、在郷軍人会本部指導部長。12年日中戦争で召集された留守第9師団長。召集解除後、中華民国新民会顧問、同副会長。17年大政翼賛会副総裁となり、同年東条英機内閣の国務相、18年内務相となり、戦時下の国民統制の主役を務めた。19年辞任、勅選貴院議員。戦後、戦犯容疑者として巣鴨に拘置されたが、23年出所、全日本無名戦没者合同墓建設会事務総長を務めた。
[家]父＝安藤直紀(歌人)

安藤 九華　あんどう・きゅうか
衆院議員(国民協会)　[生]文政8年3月25日(1825年)　[没]明治37年1月8日　[出]豊後国西国東郡(大分県)　[歴]帆足万里の藩校に学び、父の没後庄屋を継いだ。明治15年大分県西国東郡の郡長、23年第1回衆院選に当選、代議士として活躍。その間、秋月の乱、西南の役には福岡県属として鎮圧に努力。また公共事業にも尽力、その功績を称えて寿蔵碑が郷里に建てられた。

安藤 謙介　あんどう・けんすけ
京都市長　[生]安政1年1月(1854年)　[没]大正13年7月30日　[出]土佐国(高知県)
[歴]明治36年衆議院議員。のち愛媛、長崎、新潟の各県知事を経て、横浜、京都の市長を歴任。

安藤 孝三　あんどう・こうぞう
元・衆院議員(無所属倶楽部)　[生]明治31年5月　[没]昭和60年2月10日　[出]愛知県知多市　[歴]大正5年名古屋港上空で米飛行士アート・スミスの曲芸飛行を見て以来航空界を志し、13年地元知多市海岸に安藤飛行機研究所を開設して民間パイロット養成に乗り出す。15年名古屋―新宮、昭和3年名古屋―二見―蒲郡間に定期航路を始めるなど民間航空の先駆けとなる役割を果たした。12年代議士に選ばれ、初登院に名古屋港から羽田沖まで水上機で飛ぶなどの話題もまいた。育てたパイロットの中には樽林寿一・元運輸省航空局技術課長や日本の女流パイロット1号・西崎キクのほか、戦後の民間航空で活躍した人々が多数含まれる。

安藤 新太郎　あんどう・しんたろう
衆院議員(立憲政友会)　[生]慶応4年1月(1868年)　[没]大正8年2月13日　[出]兵庫県　[学]明治法律学校　[歴]日本汽船問屋業同盟会会長、ほかに辰馬汽船、浦賀船渠各(株)などの重役となる。明治36年衆院議員に当選。以来連続4期務める。後に第16回列国議会同盟会議に参列した。

安藤 直行　あんどう・なおゆき
貴院議員　男爵　[生]安政5年11月(1858年)　[没]明治41年3月6日　[出]江戸　[歴]紀伊田辺藩16代藩主安藤直裕の子。明治17年男爵。30年貴族院議員。

安藤 正純　あんどう・まさずみ
文相　国務相　衆院議員(日本民主党)　日本宗教連盟理事長　僧侶　[生]明治9年9月25日　[没]昭和30年10月14日　[出]東京・浅草(現・東京都台東区)　号＝鉄腸
[学]東洋大学哲学科(明治28年)卒, 早稲田大学政治科(明治32年)卒　[歴]東京朝日新聞編集局長から政界に転じ、浅草区議、区議長を経て、大正9年衆院議員となり、政友会に所属。犬養毅内閣で文部政務次官、政友会幹事長、久原派総務。昭和17年の翼賛選挙では非推薦で当選。戦後、公職追放。解除後の27年衆

院選に当選、自由党内に民主化同盟を結成。28年第5次吉田茂内閣の国務相、29年第1次鳩山一郎内閣の文相。当選11回。母校東洋大の講師も務め、壮年まで僧籍に在って宗教行政にも努力、戦後日本宗教連盟理事長に就任した。著書に「政界を歩みつつ」「政治と宗教の関係」「数論の哲学」など。

安東 義良　あんどう・よしろう

元・衆院議員(改進党)　元・拓殖大学総長　元・ブラジル大使　⊕明治30年5月4日　⊗昭和61年1月20日　⊕岐阜県御嵩町　⊕東京帝大法科大学(大正11年)卒、パリ大学院(大正14年)修了　㊥勲二等旭日重光章(昭和42年)　㊞大正11年外務省に入り、外務省欧亜局長、条約局長、大東亜省総務局長などを経て、昭和20年退官、のち弁護士。以来衆院に2選、拓殖大学教授、同総長、ブラジル大使、衆院外務委員長などを務めた。

安中 忠雄　あんなか・ただお

元・宮崎県知事　⊕明治38年12月27日　⊗平成11年8月17日　⊕新潟県　⊕東京帝大卒　㊞昭和3年内務省に入省。厚生省官房会計課長などを経て、20〜22年官選で宮崎県知事を務めた後、22年戦後初の公選知事となり、26年まで務めた。全国土木建築国民健康保険組合理事長なども歴任。

安楽 兼道　あんらく・かねみち

貴院議員(勅選)　警視総監　⊕嘉永3年12月12日(1850年)　⊗昭和7年4月12日　旧姓＝新納　㊞明治4年御親兵として上京、6年除隊。7年警視庁警部、9年前原一誠の乱に山口県に出張、10年西南役に先だって帰郷、私学校党など各地で遊説。13年石川県警部、警察課長。14年警視庁警視、15年高知県警察部長、19年熊本県警察部長、28年同県書記官、29年山口県知事、30年福島、31年岐阜各県知事。32年内務省警保局長、33年伊藤博文内閣の警視総監となり、以後39、44年の西園寺公望内閣、大正2年山本権兵衛内閣で総監を務めた。37年勅選貴院議員、錦鶏間祗候。

【い】

井伊 誠一　いい・せいいち

元・衆院議員(社会党)　弁護士　⊕明治25年10月5日　⊗昭和60年1月5日　⊕新潟県北蒲原郡川東村板山(現・新発田市)　⊕東京帝国大学法学部卒　㊞東京帝大卒業後、神戸海上保険に勤めるが、大正11年弁護士を開業。農民事件の弁護を多くし、昭和元年労働農民党新潟県連合会執行委員になったのをはじめとして、2年には労働農民党、日本労農党共同推薦で新潟県会議員に当選し、以後新発田町会議員、同議長をつとめ、21年社会党公認で衆院議員選挙に当選し、42年まで7期つとめた。

井伊 直憲　いい・なおのり

貴院議員　伯爵　⊕嘉永1年4月20日(1848年)　⊗明治37年1月9日　⊕江戸　㊞井伊直弼の二男。万延1年第16代近江彦根藩主となる。明治23年貴族院議員。

井伊 直安　いい・なおやす

貴院議員　子爵　⊕嘉永4年2月11日(1851年)　⊗昭和10年8月25日　⊕江戸　㊞井伊直弼の三男。文久2年越後与板藩主。明治17年子爵。29年貴族院議員。

伊井 弥四郎　いい・やしろう

日本共産党中央委員　労働運動家　⊕明治38年11月14日　⊗昭和46年12月12日　⊕富山県富山市水橋町　⊕岩倉鉄道学校(大正15年)卒　㊞大正15年国鉄入社、昭和15年新橋管理部列車課勤務。戦後、国鉄労働組合連合会結成に参加、21年2月中央執行委員。産別10月闘争の後、共産党指導で全官公庁共闘会議が結成され、議長となり、22年1月18日「2.1ゼネスト宣言」を発表、1月31日、中労委斡旋は失敗、スト突入不可避となった。伊井はGHQに呼ばれスト中止命令受諾を強要され同夜9時すぎ中止命令を受諾。そのままNHK放送室に連行され、マイクの前に立った伊井は「一

歩後退二歩前進、労働者農民ばんざい」と涙ながらに放送した。共闘会議は解放宣言し、わが国初のゼネストは占領軍命令で不発に終わった。伊井は占領政策違反に問われ23年から2年間獄中生活を送り、33年共産党中央委員、書記局員となったが、第11回党大会で解任された。

飯塚 定輔　いいづか・さだすけ
衆院議員（自民党）　⊕明治30年10月　⊗昭和45年11月5日　⊕秋田県　⊗日本大学法文学部法律科卒　⊗昭和24年秋田2区より初当選、以来通算4期衆院議員を務める。この間第5次吉田内閣の郵政政務次官、衆院逓信委員長などを歴任。また民主自由党政調会逓信部長、自民党総務、広報委員会副委員長、政調行政調査会副会長などを務める。

飯塚 春太郎　いいづか・はるたろう
衆院議員（民政党）　実業家　⊕慶応1年1月（1865年）　⊗昭和13年1月8日　⊕上野国山田郡広沢村（群馬県桐生市広沢町）　⊗東京法学院英法科卒　⊗緑綬褒章　⊗群馬県議を経て実業界に入り、桐生織物同業組合長、渡良瀬水電会社、日本絹織会社、両毛整織会社各重役を務めた。この間欧州、中国、インド、南洋などを巡遊。長く広幅絹織物製造に従事、関税審議委員長、関税調査会委員を務めた。大正9年以来衆院議員当選7回。民政党顧問、同党群馬県支部長を歴任。

飯塚 盈延　いいづか・みつのぶ
日本共産党中央委員　⊕明治35年10月4日　⊗昭和40年9月5日　⊕愛媛県周桑郡小松町　別名＝峰原暁助、ヒョドロフ、松村昇、天野熙、高瀬正敬　⊗新聞社給仕などをしながら、大正14年頃東京合同労働組合に参加、昭和元年クートベで学ぶためモスクワに渡る。5年に帰国し、すぐに検挙されるが、この検挙は秘匿され、当局のスパイになったとされている。6年日本共産党の中央委員となり、国内、国外の組織的連絡を掌握し、当局の共産党弾圧の手引きをした。

7年に検挙され、以後運動から姿を消した。「スパイM」として有名である。

飯塚 森蔵　いいづか・もりぞう
自由民権運動家　⊕嘉永7年6月2日（1854年）　⊗明治26年12月23日（?）　⊕武蔵国秩父郡下吉田村（埼玉県）　⊗田中千弥に師事。明治13年群馬県南甘楽郡平原村の小学校教師となり、16年校長に就任。自由民権思想の影響を受け、17年下吉田村に帰り村の筆生（助役）となる。同年11月1日田代栄助を秩父困民党総理として農民3千人と共に決起、乙大隊長となって東京に向かったが、武装鎮台兵の反撃で解体、消息を絶った。欠席裁判で重懲役11年。潜伏先の愛媛県で死亡したとされるが、異説があり、20年北海道へ脱出、自由党員笠松立太を頼り、のち釧路近辺のアイヌコタンで没したとされる。

飯田 精太郎　いいだ・せいたろう
貴院議員（男爵）　参院議員（緑風会）　⊕明治17年9月　⊗昭和27年3月7日　⊕山口県　⊗京都帝国大学理工科大学電気工学科（明治40年）卒　⊗明治42年臨時台湾工事部、鉄道院、鉄道省技師の後、鉄道省電気局長等を務める。昭和10年から貴院議員となり、その間運輸通信次官、（社）鉄道電化協会会長、鉄道会議議員等を務めた。22年最初の参院選で当選、1期務めた。

飯田 忠雄　いいだ・ただお
元・参院議員（公明党）　元・衆院議員　元・神戸学院大学教授　俳人　⊗刑法　刑事訴訟法　海上国際法　中華人民共和国刑法　⊕明治45年1月28日　⊕愛知県名古屋市　別名＝常不軽, 俳号＝飯田青蛙　⊗京都帝国大学法学部（昭和14年）卒　法学博士（京都大学）（昭和44年）　⊗勲三等旭日中綬章（平成1年）　昭和14年渡満、満州国総務庁内会を経て、21年帰国、22年運輸省に入省。27年海上保安庁警備救難部付兼総理府事務官、30年第八管区海上保安本部警備救難部長、34年海上保安大学校首席教授を歴任。44年神戸学院大学教授に転じ、同大

学生部長、法学部長を務める。51年以来衆院議員を2期務め、58年参院比例代表区に転じて当選。平成元年引退。自主憲法期成議員同盟常任理事。「日本国憲法正論」「これが日本国憲法だ」などの著書によって啓蒙活動にあたる。一方、学生時代に作句を始め、中断を経て、昭和63年「みちのく」同人、「黄鐘」同人。句集に「満蒙落日」「生命の詩」がある。
[団]俳人協会

飯田 義茂　いいだ・よししげ
衆院議員(改進党)　[生]明治15年12月　[没]昭和42年9月20日　[出]北海道　[歴]北海道議、北見市議会副議長などを務て、昭和21年衆院議員初当選、以来連続3期務める。この間、国民協同党国会対策委員長、改進党顧問などを歴任。

飯村 五郎　いいむら・ごろう
衆院議員(翼賛議員同盟)　弁護士　[生]明治21年4月　[没]昭和21年5月8日　[出]茨城県　[学]東京帝国大学独法科卒　[歴]陸軍三等主計を経て弁護士を開業。大正13年衆院議員に当選、以来連続6期務めた。昭和15年米内内閣の厚生参与官等となり、また第29回列国議会同盟会議(マドリード)に参列した。

飯村 丈三郎　いいむら・じょうざぶろう
衆院議員(東洋自由党)　[生]嘉永6年5月(1853年)　[没]昭和2年8月13日　[出]常陸国(茨城県)　[歴]いばらぎ新聞社長を経て、衆院議員に当選2回。

伊江 朝助　いえ・ちょうじょ
貴院議員(男爵)　沖縄新報社長　沖縄財団理事長　[生]明治14年10月10日　[没]昭和32年11月26日　[出]沖縄県首里郡当蔵町　[学]早稲田大学政経科(明治40年)卒
[歴]男爵伊江朝真の長男。明治44年沖縄電気軌道常任監査役となり、その後沖縄銀行取締役、沖縄民報社長を経て昭和15年沖縄新報社長となった。その間、大正2年に沖縄県会議員、14年貴族院議員を兼務。戦後、沖縄財団理事長、沖縄土地問題解決促進委員会委員長などを務めた。　[家]父＝伊江朝真(男爵)

伊江 朝雄　いえ・ともお
元・参院議員(自民党)　元・北海道開発庁長官　元・沖縄開発庁長官　[生]大正10年5月17日　[出]沖縄県那覇市　[学]東北帝大法学部法律学科(昭和19年)卒
[賞]勲一等瑞宝章(平成7年)　[歴]国鉄に入社。昭和43年名古屋鉄道管理局長、45年旅客局長、47年常務理事を歴任。52年参院議員に当選。58年大蔵委員長。平成3年宮沢内閣の北海道・沖縄開発庁長官に就任。当選3回。7年落選。竹下派を経て、小渕派。

家永 芳彦　いえなが・よしひこ
衆院議員　[生]嘉永2年10月10日(1849年)
[没]大正2年8月6日　[出]佐賀県佐賀郡西田代町　[歴]安政3年鍋島藩校弘道館に学び、藩海軍孟春艦隊に入って奥羽に従軍した。明治5年上京、江藤新平邸に寄宿、その征韓論に共鳴、佐賀に帰り、7年新平とともに佐賀の乱で官軍と戦った。15年西道仙らと長崎県改進党を組織、22年「長崎新報」を発刊、社長となった。長崎市会議長を10年務め、23年第1回衆院選に当選。大正2年桂太郎の同志会に入った。

家野 猛之　いえの・たけし
西大寺市初代市長　農民運動家　[生]明治23年2月1日　[没]昭和48年4月9日　[出]岡山県邑久郡邑久町　[学]邑久高小卒
[賞]勲五等双光旭日章(昭和45年)
[歴]大正13年神戸市での日本農民組合の結成大会に参加、農民運動にくわわる。昭和4年福田村会議員となり、福田村農会長などを歴任。22年西大寺町長に当選、26年再選。28年周辺町村の合併による西大寺市(現・岡山市)の誕生に際し市長職執行者となり、市長選挙で初代市長に当選した。

井岡 大治　いおか・だいじ
元・衆院議員(社会党)　[生]大正3年5月4日　[没]平成5年6月27日　[出]兵庫県　[学]大阪鉄道学校中退　[歴]昭和4年大阪市電気局に入り、20年大阪交通労組執行委員長となり、大阪市労組運執行委員長を兼任。30年以来衆院議員に9選。この

間、総同盟副会長、大阪運輸労組協議会議長、社会党国民運動局長などを歴任。48年衆院物価問題対策委員長、のち社会党衆院両院議員総会会長をつとめた。　㉘書道, スポーツ観戦, 読書

伊賀 貞雪　いが・さだゆき
元・愛媛県知事　㊍大正14年11月14日　㊐愛媛県温泉郡重信町　㊊松山商（昭和17年）卒　㊞昭和21年愛媛県庁に入る。45年財政課長、50年知事公室長、53年調整振興部長、55年出納長、57年副知事を経て、62年1月知事に当選、3期務める。平成11年落選。　㉘美術, 鯉飼育, ゴルフ

五十嵐 吉蔵　いがらし・きちぞう
衆院議員（自民党）　㊍明治34年10月　㊦昭和34年6月24日　㊐群馬県　㊊安中蚕糸学校卒　㊞群馬県議を経て、昭和17年衆院議員に初当選、以来当選5回。この間、農林省委員、衆院国土総合開発特別委員長などを歴任。また日本民主党総務、自民党政調会農林部長などを務める。

五十嵐 広三　いがらし・こうぞう
元・衆院議員（社民党）　元・内閣官房長官　元・建設相　㊍大正15年3月15日　㊐北海道旭川市　㊊旭川商（昭和18年）卒　㊞勲一等瑞宝章（平成9年）、旭川市名誉市民（平成10年）　㊞昭和21年社会党入党。雑穀商、民芸会社、地方新聞社など経営。38年旭川市長に当選。3期つとめる間、アイデア市長として、歩行者天国のさきがけとなった買物公園を始めた。55年以来衆院議員に5選。平成5年細川内閣の建設相、6年村山内閣の官房長官をつとめた。8年引退。共著に「人間都市復権」がある。

井川 伊平　いかわ・いへい
参院議員（自民党）　㊍明治28年3月18日　㊦昭和54年11月2日　㊐徳島県　㊊明治大学法律学科（大正10年）卒　㊎勲二等旭日重光章（昭和46年）　㊞大正12年札幌市で弁護士を開業。その後、札幌市議（当選3回）、昭和7年から北海道議（当選6回）を経て、34年から参院議員に2選。

井川 忠雄　いかわ・ただお
貴院議員（勅選）　元・産業組合中央金庫理事　㊍明治26年2月　㊦昭和22年2月18日　㊐島根県　㊊東京帝大法学部（大正6年）卒　㊞大蔵省に入り、昭和15年門司税関長を最後に退職。開戦前の日米民間交渉にたずさわった人として知られる。

生田 宏一　いくた・こういち
元・衆院議員（自民党）　㊍明治38年9月8日　㊦昭和57年9月15日　㊐徳島県　㊊徳島中（大正12年）卒　㊞昭和10年から徳島県議3期を経て、28年以来、徳島全県区から当選4回。労働、防衛各政務次官を務めた。

生田 和平　いくた・わへい
衆院議員（自由党）　実業家　㊍明治10年4月26日　㊦昭和30年9月9日　㊐徳島県　㊞徳島県石井町議から同町長、名西郡議、徳島県議となり、同県町村会長、全国町村会長のかたわら、麻名用水組合議員、徳島県蚕糸同業組合長、大日本蚕糸会評議員などを務めた。大正6年徳島県から衆議院議員に当選、政友会に属した。戦後（自由党）も含め8回当選。衆議院選挙法改正に関する特別委員長、政友会総務などで活躍。その他徳島水力電気、徳島瓦斯、阿波共同製糸、阿南鉄道各取締役社長、四国生糸取締役なども務めた。

池上 隆祐　いけがみ・たかすけ
元・衆院議員（国民協同党）　信濃木崎夏期大学代理事　㊍明治29年1月　㊦昭和61年4月3日　㊐長野県松本市　㊊東京帝大農学部・法学部卒　㊞昭和17年松本市議、21年衆院選に無所属で当選、1期務める。23年初の公選制県教育委員に立候補し当選、副委員長1期を含め、31年6月まで務めた。32年長野県学校給食会創立以来、59年1月まで理事長。また信濃木崎夏季大学の運営に理事、理事長として功績があり、32年発足した松本交響楽団の団長を務めた。

池谷 信一　いけがや・のぶいち
元・衆院議員(社会党)　弁護士　[生]明治32年11月29日　[没]昭和58年2月9日　[出]静岡県　[学]京都帝国大学法学部法律学科(昭和2年)卒　[賞]勲三等瑞宝章(昭和45年)　[歴]昭和22年静岡1区から衆院議員に当選、1期。炭管汚職の際は国会で当時の田中角栄法務政務次官の弾劾演説をした。日本弁護士連合会副会長などを歴任した。

池崎 忠孝　⇒赤木桁平(あかぎ・こうへい) を見よ

生悦住 貞太郎　いけずみ・ていたろう
元・衆院議員(改進党)　元・大阪特殊製鋼社長　[生]明治31年12月28日　[没]昭和59年4月25日　[出]奈良県　[学]大野高小(大正4年)卒　[歴]昭和22年から当選2回。

池田 章政　いけだ・あきまさ
貴院議員　侯爵　[生]天保7年5月3日(1836年)　[没]明治36年6月5日　[出]肥後国人吉(熊本県)　旧姓=相良　[歴]人吉藩主相良頼之の二男として生まれ、鴨方藩主池田政善の養嗣子となる。弘化4年鴨方藩2万5千石を継ぐ。明治元年2月本藩の岡山藩が勅命で討幕軍に参加となったため、慶喜実弟にあたる藩主茂政は隠退願・養子願を出して許され、同年3月宗家を相続。以後岡山藩は勤王討幕に参加して各地に出兵し、賞典禄2万石を下賜された。同年閏4月議定、5月刑法官副知事、9月明治天皇東幸に供奉。翌2年4月刑法官知事、5月麝香間祗候を経て、6月版籍奉還により岡山藩知事、4年廃藩により退任。以後東京に移住し、11年華族銀行頭取、日本鉄道会社重役などを兼任した。17年侯爵。

池田 淳　いけだ・あつし
元・衆院議員(自民党)　[生]大正7年12月19日　[没]平成1年6月16日　[出]千葉県　[学]日本大学法文学部(昭和22年)卒　[歴]昭和23年千葉県庁に入り、地方課長、総務課長などを経て、46年農林部長、50年出納長。その後国民保健会千葉県支部連副会長をつとめ、54年以来衆院に当選2回。

池田 宇右衛門　いけだ・うえもん
参院議員(自民党)　[生]明治27年5月　[没]昭和35年1月5日　[出]長野県　[歴]長野県農業会常任理事、市会・県会各議員、全国都市農会常任幹事、同会副会長、県・市各参事会員、都市計画地方委員、市農業会会長等を経て、第1回参院補欠選で初当選。2期務める。昭和24年第3次吉田内閣の農林政務次官、自由党総務、参院郵政委員長を歴任した。

池田 克也　いけだ・かつや
元・衆院議員(公明党)　[生]昭和12年3月9日　[出]東京都豊島区　[学]早稲田大学第二政経学部(昭和39年)卒　[歴]昭和39年潮出版社に入社。月刊誌「潮」編集長を経て、51年以来東京3区から衆院議員に4選。平成元年5月リクルート事件の際受託収賄容疑で起訴。6年12月東京地裁の懲役3年、執行猶予4年、追徴金1835万円の有罪判決が確定。

池田 亀治　いけだ・かめじ
衆院議員(立憲政友会)　池田銀行頭取　[生]慶応3年6月(1867年)　[没]昭和9年3月8日　[出]秋田県　[歴]秋田県議、県農会長を経て、大正6年衆院議員に当選。以来連続4期務める。帝国農会議員、同評議員、所得調査委員となった。池田銀行頭取もつとめた。

池田 清　いけだ・きよし
衆院議員　大阪府知事　警視総監　[生]明治18年　[没]昭和41年1月13日　[出]鹿児島県　[学]東京帝大卒　[歴]内務省に入り、警察部長、朝鮮総督府警務局長、大阪府知事などを経て、昭和14年警視総監。太平洋戦争中、海軍司政長官、軍需省軍需官などを歴任。敗戦後公職追放、解除後の27年衆院議員に当選した。

池田 成彬　いけだ・しげあき
蔵相　三井財閥の指導者　日銀総裁　実業家　[生]慶応3年7月16日(1867年)　[没]昭和25年10月9日　[出]出羽国米沢(山形県米沢市)　[学]慶応義塾別科(明治21年)卒, ハーバード大学(明治28年)卒　[歴]慶応義塾を経て、明治28年ハーバー

ド大学を卒業。帰国後、福沢諭吉の「時事新報」に入社するが、福沢と合わず退社。同年三井銀行に入り、30年足利支店長、本店営業部長を経て、42年常務、大正8年以降筆頭常務として君臨、同行を金融界のトップに押し上げた。ドイツの金融コンツェルンを研究し、三井財閥の基礎を固めた。昭和8年団琢磨暗殺の後をうけて三井合名常務理事となり、持株公開、三井一族の引退など三井改革を推進。11年定年制を設け、自ら退いた。12年日銀総裁に就任。13年には第1次近衛内閣の蔵相兼商工相をつとめ、16年枢密院顧問官となる。敗戦後、A級戦犯となるが、のち解除。妻・艶子は中上川彦次郎の長女。著書に「財界回顧」がある。　[家]父＝池田成章（米沢藩家老），息子＝池田潔（英文学者）

池田 七郎兵衛　いけだ・しちろうべえ
衆院議員（翼賛議員同盟）　参院議員（自由党）　[生]明治15年6月　[没]昭和37年2月20日　[出]福井県　[歴]福井県会議長を経て、昭和12年衆院議員に当選して1期務め、22年参院議員に転じ1期。第九十一銀行頭取もつとめた。

池田 直　いけだ・すなお
元・佐賀県知事　[生]明治34年11月19日　[没]昭和60年7月13日　[出]佐賀県佐賀郡川副町　[学]東大法学部（昭和4年）卒　[賞]勲四等瑞宝章（昭和19年），勲一等瑞宝章（昭和54年）　[歴]会計検査院に入り、昭和27年同検査院事務総長。34年、佐賀県知事選に初出馬で当選後、54年に引退するまで5期連続20年間同知事を務めた。この間、赤字再建団体に転落していた同県の財政を、当初の再建計画を2年短縮した6年で黒字化、また40、41年の2年連続で米づくり日本一を達成している。

池田 恒雄　いけだ・つねお
元・参院議員（労農党）　[生]明治42年4月　[没]昭和60年11月7日　[出]宮城県　[学]帝国農会技術訓練所卒　[歴]昭和22年の第1回参議院選茨城地方区に無所属で出馬、3年議員として当選。当選1回。

池田 禎治　いけだ・ていじ
衆院議員　民社党国対委員長　[生]明治43年1月22日　[没]昭和52年2月26日　[出]福岡県田川郡香春町　[学]東京府立五中　[歴]総同盟本部書記、社会民衆党本部書記などを務め、大正15年以来労働運動に投じたが、その後、都新聞、読売、時事などの政治部記者を経て時事新報政治部長となった。戦後の昭和22年日本社会党に入り、片山哲首相、西尾末広国務大臣の各秘書官を務める。27年福岡4区から衆議院選挙に立ち当選、以来7回当選した。35年には民主社会党結成に参加、党副書記長、福岡県支部連合会長などの後、44年党国会対策委員長に就任。

池田 徳治　いけだ・とくじ
元・秋田県知事　[没]昭和40年3月30日　[出]秋田県　[学]東京大学土木科（大正10年）卒　[歴]内務省、秋田県土木部長などを経て、昭和26年秋田県知事選挙に出馬して当選。1期つとめた。

池田 勇人　いけだ・はやと
第58・59・60代首相　[生]明治32年12月3日　[没]昭和40年8月13日　[出]広島県竹原町（現・竹原市）　[学]京都帝国大学法学部（大正14年）卒　[歴]大正14年大蔵省に入り、昭和22年事務次官。24年広島から衆議院議員に当選、第3次吉田内閣蔵相に就任（以降通算7期）。ドッジ・ライン、シャウプ勧告など占領下の経済政策を実行した。25年通産相を兼任、26年サンフランシスコ講和会議全権委員。28年造船疑獄で政治生命が危うくなるが指揮権発動で救われ、自由党政調会長、29年幹事長となる。その後石橋内閣の蔵相、岸内閣の蔵相・国務相・通産相を経て、35年首相就任。3次にわたって内閣を組織し、“寛容と忍耐”“所得倍増”をスローガンとし、高度経済成長政策を推進した。39年病気で辞任。「貧乏人は麦を食え」の失言が有名。

池田 秀雄　いけだ・ひでお
衆院議院(日本進歩党)　[生]明治13年2月　[没]昭和29年1月20日　[出]佐賀県　[学]東京帝国大学英法科(明治42年)卒　[歴]東京朝日新聞記者となる。のち秋田県知事、朝鮮総督府殖産局長、北海道庁長官などを歴任。また広田内閣の商工政務次官、京城日報社長、立憲民政党総務、改進党顧問などを務める。昭和7年初当選以来、連続4回当選。

池田 政礼　いけだ・まさかた
生坂藩知事　子爵　[生]嘉永2年12月17日(1849年)　[没]明治40年10月7日　[出]江戸　[歴]安政2年岡山支藩(岡山新田)主を継ぎ、文久3年上京し御所警衛をつとめる。慶応3年12月諸侯会同の朝召に応じて再度上京、明治元年鳥羽伏見の戦いが起こると、猿ケ辻を警衛、のち大津口で本藩に合併して防戦するなど、洛内外の警備、防戦に努めた。3年藩名を生坂と改称、生坂藩知事に就任。17年子爵。

池田 正之輔　いけだ・まさのすけ
元・衆院議員(自民党)　元・科学技術庁長官　[生]明治31年1月28日　[没]昭和61年3月27日　[出]山形県　[学]日本大学政治学科(大正14年)卒　[賞]勲一等瑞宝章(昭和43年・のち返上)　[歴]読売新聞論説委員、同盟通信理事などを経て、昭和17年衆院議員に当選。山形2区から当選10回。戦後、民主党副幹事長、科学技術庁長官などを歴任。43年日通事件に連座、受託収賄罪に問われ、懲役1年6ヶ月の実刑判決を受けたが、病気のため服役は免れた。　[趣]盆栽

池田 行彦　いけだ・ゆきひこ
衆院議員(自民党　広島5区)　自民党総務会長　元・外相　[生]昭和12年5月13日　[出]兵庫県神戸市　[学]東京大学法学部(昭和36年)卒　[歴]昭和36年大蔵省に入省、広島国税局間税部長、大平蔵相秘書官を経て51年衆院議員に当選。党遊説局長、国民運動本部長代理を経て、平成元年宇野内閣の総務庁長官、2年第2次海部改造内閣の防衛庁長官、8年橋本内閣の外相に就任。11月第2次橋本内閣でも留任。10年党政調会長、11年党総務会長。当選9回。宮沢派、加藤派を経て、堀内派。

池田 慶徳　いけだ・よしのり
鳥取藩知事　[生]天保8年7月13日(1837年)　[没]明治10年8月2日　[歴]嘉永3年幕府の命により鳥取藩主となり、藩政改革に努め、藩論を勤王に統一。明治2年版籍奉還により鳥取藩知事となるが、4年廃藩置県により解職。退隠後は華族会館創立に尽力。

池端 清一　いけはた・せいいち
元・衆院議員(民主党)　元・国土庁長官　[生]昭和4年8月20日　[出]北海道釧路市　[学]早稲田大学法学部(昭和29年)卒　[賞]勲一等瑞宝章(平成12年)　[歴]中学校教師から、昭和37年北海道教組書記長となり、51年社会党から衆院議員に当選。平成3年社会党北海道本部委員長、7年村山改造内閣の国土庁長官に就任。8年民主党に参加。同年衆院議員に立候補、比例区北海道ブロックで1位当選を果たす。7期務めた。12年引退。　[趣]サッカー, スポーツ観戦, 読書

井坂 孝　いさか・たかし
枢密顧問官　東京瓦斯社長　横浜興信銀行頭取　横浜商工会議所会頭　実業家　[生]明治2年12月8日　[没]昭和24年6月19日　[出]茨城県水戸　[学]東京帝大法科大学(明治29年)卒　[歴]明治29年東洋汽船に入り、41年専務取締役。大正3年辞職、4年横浜火災保険に迎えられ専務、9年社長。第一次大戦後、破産した七十四銀行の整理に当たり、横浜興信銀行を設立し副頭取から頭取に就任。10年から横浜商工会議所会頭を務め、関東大震災後の横浜の復興に尽力。昭和7年東京瓦斯社長、他にホテル・ニューグランド社長、横浜船渠会長、日本郵船取締役なども兼任した。戦中、戦後、日本工業倶楽部理事長、枢密顧問官などを歴任した。

井阪 豊光　いさか・とよみつ
衆院議院(日本進歩党)　[生]明治14年12月　[没]昭和41年2月26日　[出]大阪府　[歴]大正9年衆院議員初当選、以来当選7回。この間岡田内閣の外務政務次官、鉄道会議議員などを歴任。

伊坂 秀五郎　いさか・ひでごろう
衆院議員(昭和会)　[生]明治11年12月　[没]昭和15年12月17日　[出]三重県　[学]慶応義塾　[歴]若松村長、三重県議、県会議長、鉄道会議議員を歴任。大正9年衆院議員初当選。以来通算4期務めた。

伊沢 修二　いざわ・しゅうじ
貴院議員　東京師範学校校長　東京音楽学校校長　教育家　[生]嘉永4年6月29日(1851年)　[没]大正6年5月3日　[出]信濃国伊那高遠(長野県高遠町)　号=楽石　[学]大学南校(現・東京大学)(明治5年)卒　[歴]郷里の藩校で和漢の学を修め、明治初年東京に出て大学南校に学び文部省に奉職。7年に愛知師範学校の校長に就任。翌8年米国に派遣され声楽、視話法を習得。11年帰国後、東京師範学校長、12年音楽取調御用掛になり、教員養成の改善、唱歌教育の推進に精力を注いだ。14年「小学唱歌集」を刊行。20〜24年東京音楽学校初代校長をつとめる。一方、文部省編集局長として教科書検定制度を実施。23年国家教育社を結成。日清戦争後、台湾総督府学務部長となり、植民地教育を行う。30年帰国後、貴院議員、32年東京高師校長。36年楽石社を設立し吃音矯正事業に尽した。作詞作曲も多数、作曲に「紀元節」があり、著書に「教育学」「進化原論」「教授真法」「視話法」などがある。　[家]弟=伊沢多喜男(枢密顧問官)

伊沢 多喜男　いざわ・たきお
枢密顧問官　貴院議員(勅選)　内務官僚　[生]明治2年11月24日　[没]昭和24年8月13日　[出]長野県高遠　[学]東京帝大法科大学政治学科(明治28年)卒　[歴]明治39年内務省に入り、和歌山・愛媛・新潟などの各県知事、警視総監を経て、大正13年台湾総督となり、15年東京市長、昭和15〜22年枢密顧問官などを歴任。この間、大正5年〜昭和16年勅選貴院議員。政党には籍を置かなかったが民政党を応援し、政党政治を支持、枢密院では軍部の専横や対米戦争に反対し続けた。また、浜口雄幸が襲撃された直後には幣原外相を首相代理に据え、岡田内閣の成立に際しては後藤文夫らと謀り、純官僚内閣を誕生させるなど政界黒幕として活躍した。戦後22年公職追放。　[家]兄=伊沢修二(音楽教育家), 息子=伊沢竜作(関東特殊製鋼常務), 飯沢匡(劇作家)

石井 菊次郎　いしい・きくじろう
外相　枢密顧問官　貴院議員(勅選)　外交官　子爵　[生]慶応2年3月10日(1866年)　[没]昭和20年5月25日　[出]千葉県茂原市　別名=大和久　[学]東京帝大法科大学(明治23年)卒　[賞]勲一等旭日大綬章(大正4年)　[歴]明治23年外務省に入り、フランス、韓国に在勤、中国公使館一等書記官、電信課長、通商局長から第2次桂太郎、西園寺公望両内閣の外務次官、大正元年駐仏大使を経て、4年第2次大隈重信内閣の外相に就任。辞任後、勅選貴族院議員。6年駐米大使となり、ランシング国務長官との間で、対華21カ条要求をめぐって石井・ランシング協定を締結。7年再び駐仏大使。9年から国際連盟理事会日本代表、昭和2年にはジュネーブ軍縮会議全権などを兼ねた。同年退官。4年以降枢密顧問官を務める。8年世界経済会議全権、12年遣英国民使節。20年東京大空襲で戦災死した。著書に「外交余録」「外交随想」がある。

石井 桂　いしい・けい
元・衆院議員(自民党)　石井桂建築研究所社長　[生]明治31年8月21日　[没]昭和58年12月3日　[出]埼玉県　[学]東京帝国大学建築学科(大正12年)卒　工学博士(昭和27年)　[資]一級建築士　[賞]勲二等瑞宝章(昭和43年)　[歴]東京都建築局長を経て昭和28年参院東京地方区から初当選。2期務めたあと、45年衆院東京8区から当

選1回。科学技術政務次官、参院法務委員長などを歴任した。

石井 三郎　いしい・さぶろう
衆院議員（昭和会）　㊓明治13年2月　㊙昭和23年3月25日　㊖茨城県　㊫中央大学　㊐大正9年衆院議員初当選、以来当選5回。この間斎藤内閣、岡田内閣の陸軍参与官を歴任。

石井 繁丸　いしい・しげまる
元・衆院議員（社会党）　元・前橋市長　弁護士　㊓明治37年1月1日　㊙昭和58年10月8日　㊖群馬県前橋市　㊫日本大学法学部法律学科（昭和2年）卒　㊮勲二等瑞宝章（昭和50年）　㊐昭和22年4月から衆院議員（社会党）連続3期、33年7月から前橋市長を連続5期務めた。

石井 省一郎　いしい・しょういちろう
貴院議員　㊓天保12年12月28日（1841年）　㊙昭和5年10月20日　㊖豊前国企救郡片野村　㊐豊前小倉藩士。慶応2年長州再征に他藩応接掛を務め、小倉落城後、長州との和議に務めた。明治元年戊辰戦争に奥州出兵。2年民部官書記、同年6月庶務司判事、7月民部大録、8月大蔵大録兼務。次いで民部官改め民部省監督大佑、3年庶務大佑、4年土木権助に転じ土木権頭などを歴任。10年西南戦争では熊本県権県令心得として山県有朋に従い、地方鎮圧に務めた。17年以来岩手県令、岩手県知事、茨城県知事を務め、30年勅選貴院議員。

石井 一　いしい・はじめ
衆院議員（民主党　兵庫1区）　元・自治相　㊓昭和9年8月17日　㊖兵庫県神戸市須磨区　㊫甲南大学経済学部（昭和32年）卒，スタンフォード大学大学院政治学研究科（昭和36年）修了　㊐昭和44年以来衆院議員に当選10回。運輸、労働各政務次官、党国対副委員長、衆院内閣委員長、党国土開発北陸地方委員長などを歴任。平成元年海部内閣の国土庁長官に就任。のち衆院公職選挙法調査特別委員長、自民党国土開発調査会長などを務める。著書に「自民党よどこへ行く」「ダッカ・ハイジャック事件」、訳書に「挑戦する女サッチャー」「レーガン大統領への道」などがある。平成2年未公開資産（ハワイのリゾート他）が明るみに出て問題になる。竹下派、羽田派を経て、5年6月新生党結成に参加。6年羽田内閣の自治相に就任。同年12月新進党、10年1月国民の声結成に参加。民政党を経て、同年4月民主党に合流。のち党副代表。　㊮ゴルフ

石井 光次郎　いしい・みつじろう
元・衆院議長　㊓明治22年8月18日　㊙昭和56年9月20日　㊖福岡県久留米市　㊫東京高商（現・一橋大学）専攻科（大正3年）卒　㊮勲一等旭日大綬章（昭和40年）　㊐警視庁、台湾総督府などを経て朝日新聞社に入ったが、昭和20年専務で退社して政界に転じ、21年日本自由党に入党し4月の衆院選で福岡1区から当選、以後衆院選で10回当選。吉田内閣の商工相と運輸相、岸内閣の副総理、池田内閣の通産相、佐藤内閣の法相を歴任し、42～44年衆院議長を務めた。自由党内では30年の民主党との“保守合同”を幹事長としてまとめ、合同後は自民党総務会長。31年緒方竹虎の死後、緒方派を継いだが、同年と35年の2度の総裁選に敗れ、47年暮れの総選挙を前に政界を退いた。37～50年日本体育協会会長、51年から横綱審議会委員長。　㊮柔道（2段），相撲，ゴルフ　㊎長女＝朝吹京（ストーンウェル社長），二女＝石井好子（声楽家），長男＝石井公一郎（ブリヂストンサイクル会長），二男＝石井大二郎（昭和海運社長）

石川 栄一　いしかわ・えいいち
参院議員（自由党）　全国老人クラブ連副会長　㊓明治22年5月10日　㊙昭和51年5月30日　㊖埼玉県　㊫伊勢崎工（明治38年）卒　㊮藍綬褒章（昭和35年），勲三等旭日中綬章（昭和39年）　㊐埼玉県議3期、副議長を経て、昭和25年参院議員に当選。

石河 京市　いしかわ・きょういち
横浜市長　社会運動家　[生]明治31年3月16日　[没]昭和45年11月29日　[出]岐阜県稲葉郡加納町(現・岐阜市)　[歴]昭和3年、普選最初の県議会議員選挙で神奈川県会議員となり、14年には県会副議長に就任。また9年、13年には横浜市会議員にもなる。この間、3年に横浜市無産派共同委員会委員、委員長、全国大衆党神奈川県連合委員、同県連委員長などを歴任するなど労働運動を組織する。20年社会党の結成に参加し、22年革新統一候補として横浜市長選に当選。退任後は横浜市信用金庫理事長などをしながら、原水爆反対運動などの民主化運動に尽力した。

石川 金次郎　いしかわ・きんじろう
衆院議員(社会党)　社会運動家　弁護士　[生]明治30年1月14日　[没]昭和28年3月24日　[出]岩手県岩手郡日戸村(現・玉山村)　[学]岩手県立工業卒　[歴]海軍工廠に勤務していたが、病気のため帰郷し、母校の製図科教師となる。大正8年盛岡で社会思想研究団体・牧民会を組織し、9年日本社会主義同盟の創立に参加。15年社会民衆党に入り、昭和4年から20年迄盛岡市会議員をつとめる。この間、8年に弁護士を開業。20年社会党に入党し、21年以後4期衆議院議員をつとめた。

石川 準吉　いしかわ・じゅんきち
元・参院議員(民主党)　[生]明治31年11月24日　[没]平成2年7月12日　[出]秋田県　[学]東北帝大法学部(昭和2年)卒　[賞]勲三等瑞宝章(昭和44年)　[歴]農林省総務局長を経て、昭和22年の第1回参院選で秋田地方区から当選1回。

石川 次夫　いしかわ・つぎお
衆院議員(社会党)　労働組合運動家　[生]大正4年3月　[没]昭和49年3月28日　[出]茨城県　[学]東京商科大学専門部(昭和10年)卒　[歴]日立製作所に入社、多賀工場厚生課長、勤労課長、企画課長などを経て、茨城県議となり、3期務める。昭和33年茨城2区から衆院議員当選。以後3回当選、社会党に所属、同党茨城県連書記長、委員長を務め、中国視察にも参加した。

石川 半山　いしかわ・はんざん
ジャーナリスト　[生]明治5年8月17日　[没]大正14年11月12日　[出]岡山県岡山市一番町　本名=石川安次郎　筆名=呑海, 城北隠士　[学]慶応義塾卒　[歴]「庚寅新誌」記者、「信濃日報」主筆、「中央新聞」経済部長を経て、明治31年「毎日新聞」主筆となり「当世人物評」を連載。35年北清事変に従軍記者として赴き、35年「報知新聞」に転じ、そのかたわら「好学雑誌」を創刊。38年ポーツマス会議に特派員として派遣され、41年から45年にかけて中国・北京に滞在。大正に入ってからは「朝日新聞」、「万朝報」で活躍し、大正13年憲政党から衆院議員に当選した。著書に随筆集「烏飛兎走録」がある。

石川 総管　いしかわ・ふさかね
下館藩知事　[生]天保12年8月9日(1841年)　[没]明治32年6月23日　[出]江戸　[歴]嘉永2年常陸下館藩主を相続し、講武所奉行、陸軍奉行などを歴任。明治2年版籍奉還により下館藩知事となり、4年廃藩置県により退官。

石川 要三　いしかわ・ようぞう
衆院議員(自民党　東京25区)　元・防衛庁長官　[生]大正14年7月6日　[出]東京都青梅市　[学]早稲田大学政経学部(昭和26年)卒　[賞]勲一等瑞宝章(平成14年)　[歴]昭和34年青梅市議2期、42年青梅市長3期を経て、51年衆院議員に当選。この間、56年環境政務次官、57年外務政務次官、61年衆院内閣委員長を経て、平成2年第2次海部内閣の防衛庁長官に就任。5年落選したが、8年復帰。通算8期目。10年12月宮沢派を離脱し河野グループに参加。東京都サッカー協会名誉会長をつとめる。[趣]読書　[家]兄=岩浪太助(岩浪建設会長)

石黒 涵一郎　いしぐろ・かんいちろう

衆院議員　⽣安政1年1月（1854年）　没大正6年10月　出京都府舞鶴町　学漢学、兵学、法学を学び、明治9年代言人となって法曹界に活躍、18年の大阪事件などの訴訟で弁護した。また山陽自由党を組織、大同倶楽部に参加、欧米との不平等条約改正では、フランスから来日した法学者ボアソナードの意見書を秘密出版して投獄された。その後自由党、維新会に入った。衆院議員当選4回。　家父＝石黒五峯（藩校明倫館教授）

石黒 武重　いしぐろ・たけしげ

元・衆院議員　元・民主党幹事長　元・日本協同組合貿易社長　⽣明治30年5月13日　没平成7年1月23日　出石川県金沢市　学東京帝大法律学科（大正10年）卒　賞勲一等瑞宝章（昭和42年）、世田谷区名誉区民（昭和57年）　歴大正10年農商務省入省。経済更生部長、山形県知事などを経て、昭和17年農林次官、のち枢密院書記長。戦後、21年幣原内閣国務大臣兼法制局長官、22年衆院議員当選、第1次吉田内閣に参画。進歩党政調会長、民主党幹事長をつとめた。24年第一火災海上保険会長、26年横浜生糸取引所理事長、31年日本協同組合貿易社長、のち会長を歴任。53年〜平成4年日ソ協会（現・日本ユーラシア協会）会長をつとめた。　趣読書、ゴルフ

石黒 忠篤　いしぐろ・ただあつ

農相　参院議員（緑風会）　農政家　⽣明治17年1月9日　没昭和35年3月10日　出東京　学東京帝大法科大学（明治41年）卒　歴農商務省に入り、昭和6年農林次官。15年第2次近衛内閣の農商相、18年貴院議員、20年鈴木内閣の農相をつとめた。このほか戦前は産業組合中央金庫理事長、農業報国会連盟理事長、満州移住協会理事長などを歴任し、農本主義に支えられた農政を展開、"農政の神様"と呼ばれた。戦後は、追放解除後の27年静岡地方区から参議員に当選、31年には全国区から当選。緑風会に所属、国会の議員総会議長をつとめた。　家父＝石黒忠悳（陸軍軍医総監）

石黒 忠悳　いしぐろ・ただのり

枢密顧問官　陸軍軍医総監　⽣弘化2年2月11日（1845年）　没昭和16年4月26日　出福島県　号＝石黒況翁　学医学所医学博士　賞勲一等旭日大綬章　歴医業を志し江戸に出て、20歳の時医学所に入学、医学所教師である句読師となったが、維新の変で帰郷。明治2年大学東校に職を奉じ大学少助教となった。4年兵部省に転じ、一等軍医に任ぜられる。7年佐賀の乱、10年西南戦争に従軍。その間アメリカ派遣。12年東京大学医学部綜理心得となり、陸軍軍医監、軍医本部長としてわが国の軍医制度の創設に尽力した。22年陸軍軍医総監となり、陸軍省医務局長を兼任。日清戦争では野戦衛生長官として広島大本営に従軍。戦後勲功により男爵。34年予備役。35年勅選貴族院議員。中央衛生会会長、日本薬局方調査会長を務めた。日露戦争では大本営兼陸軍検疫部御用掛となり、軍功により勲一等旭日大綬章受章。のち大正9年子爵、枢密顧問官、日本赤十字社長を務める。著書に「長生法」「懐旧九十年」「況翁叢話」「耄録」「石黒忠悳懐旧九十年」などがある。　家養子＝石黒忠篤（農政家）

石坂 繁　いしざか・しげる

衆院議員（自民党）　熊本市長　⽣明治26年1月　没昭和47年12月31日　出熊本県　学東京帝国大学独法科（大正8年）卒　歴昭和11年衆院議員に当選、以降6期務めた。後に改進党副幹事長、民主党政調会副会長、自民党政調会外交部長を経て、衆院公職選挙法改正に関する調査特別委員員。また熊本弁護士会長、熊本市長、熊本海外協会理事長、日本海外協会連合会副会長、熊本学園理事長を歴任した。

石坂 豊一　いしさか・とよかず
衆院議員　参院議員(自民党)　[生]明治7年5月　[没]昭和45年5月5日　[出]富山県　[学]同志社大学　[賞]勲一等瑞宝章(昭和39年)　[歴]富山県理事官、猟場監、樺太庁長官官房主事兼内務部地方課長、財務課長、文部参与官、立憲政友会総務、富山市長を経て、大正13年衆院議員に当選以来5選。昭和22年、28年には参院議員にも当選。参院建設・懲罰各委員長、自民党相談役を務めた。　[家]息子＝石坂修一(最高裁長官)，孫＝石坂誠一(工業技術院院長)

石坂 昌孝　いしざか・まさたか
衆院議員(自由党)　群馬県知事　自由民権運動家　[生]天保12年4月22日(1841年)　[没]明治40年1月13日　[出]武蔵国南多摩郡野津田村(現・東京都町田市)　[歴]16歳で豪農石坂家を継ぐ。維新後、戸長、区長、県属を歴任し、青少年の教育機関小野郷学の設立に尽力するなど地方政界で活躍。明治11年多摩最初の民権結社をつくり、武相の民権家を総結集、組織化を図る。12年神奈川県議・議長となるが1年で退き、上京。14年村野常右衛門らと政治結社・融貫社を結成し、15年には自由党入りした。自由党解体後、18年大阪事件に連座。自由民権のために財産を使い果たすが、借金をして23年以来東京から衆院議員に4選。29～30年群馬県知事をつとめた。三多摩壮士の典型といわれる。

石坂 公歴　いしざか・まさつぐ
自由民権運動家　[生]明治1年　[没]昭和19年　[出]神奈川県南多摩郡(現・東京都)　[歴]東大予備門の入試失敗、父の民権運動での家産の傾斜、自由党の解散などの窒息状態から抜け出すため明治19年、18歳でアメリカへ。在米日本人愛国同盟を結成、新聞を発行した。しかしその後、職につけず転々とし、第2次大戦で多くの日系人と共に捕えられ昭和19年76歳で死去した。　[家]父＝石坂昌孝(多摩自由民権運動の最高指導者)

石坂 養平　いしざか・ようへい
元・衆院議員(日本進歩党)　文芸評論家　[生]明治18年11月26日　[没]昭和44年8月16日　[出]埼玉県大里郡奈良村　別号＝二松堂　[学]東京帝大文科大学哲学科(大正2年)卒　[賞]熊谷名誉市民(昭和37年)　[歴]東京帝大在学中から文芸評論を書き、卒業後は「帝国文学」「早稲田文学」などに執筆し、大正4年「芸術と哲学との間」を刊行。以後「自叙伝」「文芸中道」「興亜青年の書」などを刊行。昭和3年から4期衆院議員をつとめ、また埼玉県議会副議長をつとめたほか、銀行などの実業界でも活躍した。

石塚 英蔵　いしずか・えいぞう
枢密顧問官　台湾総督　貴院議員(勅選)　官僚　[生]慶応2年7月23日(1866年)　[没]昭和17年7月28日　[出]江戸　[学]帝大法科大学(明治23年)卒　[歴]明治23年内閣法制局参事官、24年同書記官兼任。韓国政府顧問官、台湾総督府参事官長、関東州民政署民政長官などを経て、39年関東都督府民政長官に就任。その後総監府参与官、朝鮮総督府取調局長官、同農工商部長官などを歴任、大正5年東洋拓殖会社総裁となった。同年勅選貴族院議員となり、昭和9年4月まで務めた。この間、昭和4年浜口内閣により台湾総督に任命された。6年霧社事件の責任を取り退官、9年枢密顧問官となる。

石田 一松　いしだ・いちまつ
衆院議員(民主党)　演歌師　[生]明治35年11月18日　[没]昭和31年1月11日　[出]広島県　[学]法政大学文学部法科(昭和2年)卒　[歴]レンズ工員を経て上京、苦学しながら法政大学を卒業。在学中に添田唖蝉坊らの東京倶楽部に入って演歌師になる。自作の歌詞も多く代表作「ノンキ節」は大正12年ごろの作。昭和5年吉本興行の専属となり、法学士の看板を浅草万成座にあげて初舞台。バイオリン片手に「ノンキ節」がヒット、映画やラジオに出演した。他のヒット作に「のんきな父さん」「酋長の娘」「いやじゃありませんか」などがある。戦後は21

年に一人一党の日本正論党から衆院選東京5区で当選、その後、国民協同党、改進党に所属、連続4回当選。26年民主党の党議に背き日米安保条約・対日平和条約の批准に反対、"全面講和"を主張して脱党。のち代議士の肩書で寄席などに出演した。著書に「のんき哲学」がある。

石田 英吉　いしだ・えいきち
貴院議員(勅選)　農商務次官　行政官　男爵　㊝天保10年11月8日(1839年)　㊚明治34年4月8日　㊓土佐国安芸郡中山村(高知県)　別名=伊吹周吉　㊞文久元年大阪に出て緒方洪庵に入門。3年吉村寅太郎らの天誅組挙兵に参加したが、幕軍に敗れ長州に脱走。元治元年禁門の変に従軍、重傷して再び長州に逃れた。慶応元年高杉晋作の奇兵隊に参加、2年坂本龍馬の海援隊に入り長崎へ出張、海軍事務に尽力。明治元年振遠隊の御用掛として奥羽鎮圧に出征、軍監として転戦。2年長崎県小参事、8年秋田県令、16年長崎県令、21年千葉県知事、23年陸奥宗光農商務大臣の次官、25年高知県知事など歴任。のち勅選貴院議員。29年男爵。

石田 貫之助　いしだ・かんのすけ
衆院議員(無所属)　富山県知事　㊝嘉永2年12月(1849年)　㊚昭和9年10月8日　㊓兵庫県　㊞兵庫県議、同議長、同常置委員、富山県知事を務めた。明治23年衆院初当選。以来4選された。また神戸又新日報を発刊した。

石田 孝吉　いしだ・こうきち
衆院議員(憲政会)　石見銀行頭取　㊝明治5年2月　㊚大正15年8月9日　㊓島根県　㊫慶応義塾(明治27年)卒　㊞農業を営む。勧業諮問会員、波津村議、邇摩郡議、同議長、島根県議を経て明治31年衆院議員に当選。以来連続6期務める。後に石見銀行頭取となった。

石田 幸四郎　いしだ・こうしろう
元・衆院議員(公明党)　元・総務庁長官　㊝昭和5年8月22日　㊓北海道札幌市　㊫明治大学商学部(昭和29年)卒　㊞聖教新聞公告部に入る。公明党の組織作りのため愛知県に派遣され定着。昭和42年の衆院選で当選。当選10回。創価学会時代からホープとして期待され、地元愛知では学会員以外の候補を衆参両院に当選させた手腕、力量をもっている。平成元年5月党委員長に就任。5年8月非自民連立政権に参加、初の国政与党となり、総務庁長官に就任。6年羽田内閣でも留任。同年12月新進党結成に参加し、副党首に就任。10年1月新党平和、同年11月新公明党結成に参加。12年引退。

石田 次男　いしだ・つぎお
元・参院議員(公明党)　元・聖教新聞主幹　㊝大正14年2月24日　㊚平成4年2月4日　㊓秋田県鹿角市　㊫芝浦高等工業専門学校電気学科卒　㊞昭和26年、戸田城聖2代目創価学会会長から「聖教新聞」初代編集長および創価学会青年部第1部隊長に指名され、後継会長候補ナンバーワンと目される。戸田会長の没後、会長就任を打診されたが辞退。34年参院議員に転じ、1期で引退。以後、「聖教新聞」主幹、同専務理事などを歴任。54年の本尊模刻事件以来池田大作名誉会長を批判しつづけた。　㊌弟=石田幸四郎(公明党委員長)

石田 博英　いしだ・ひろひで
元・衆院議員(自民党)　元・労相　㊝大正3年12月12日　㊚平成5年10月14日　㊓秋田県山本郡二ツ井町　㊫早稲田大学政経学部経済学科(昭和14年)卒　㊒勲一等旭日大綬章(昭和62年)，大館市名誉市民(平成5年)　㊞中外商業新報(日本経済新聞の前身)上海支局長、政治部次長を経て、昭和22年秋田1区から衆院議員に当選。自由党反主流派として"吉田政治"に歯向かい、31年の自由党総裁選では岸信介に対抗する石橋湛山擁立の参謀として名をは

せた。岸、池田、佐藤内閣で労相に就任、仲裁裁定完全実施の慣行をつくるなど、“ニューライト”的な「石田労政」を確立した。三木武夫の盟友。福田内閣でも労相をつとめ、58年12月引退。著書に「忘れられた子供たち」「勝負の孤独」「石田労政」など多数。
[趣]バラ栽培

石田 宥全　いしだ・ゆうぜん
元・衆院議員(社会党)　元・全日農会長　農民運動家　[生]明治34年1月5日　[没]昭和56年11月13日　[出]新潟県中蒲原郡川東村(現・五泉市)　[歴]高小卒業後農業に従事していたが、大正12年頃から日農組織の結成につとめ、15年日農関東同盟新潟県連理事に就任。同年小作争議で2度検挙され、懲役6カ月と2カ月に処せられる。この間、労働農民党などに参加。昭和10年以降は県議2期、15年には川東村村長になる。戦後は社会党に入り、衆院議員を5期つとめた。また一貫して農民運動の道を歩み、33年全日農常任理事、43年会長を務めた。著書に「農民運動の理論と実際」などがある。

石谷 伝四郎　いしたに・でんしろう
衆院議員　貴院議員(勅選)　[生]慶応2年4月(1866年)　[没]大正12年12月　[出]鳥取県八頭郡智頭町　[学]独逸協会学校卒　[歴]ロッシェル氏経済学を翻訳。鳥取銀行頭取、智頭報徳社長、奨恵銀行監査役、鳥取県の智頭町会議員などを務めた。第5、8、9回の衆院議員に当選、大同倶楽部に属した。勅選貴院議員。

伊地知 正治　いじち・まさはる
宮中顧問官　修史館総裁　伯爵
[生]文政11年6月1日(1828年)　[没]明治19年5月23日　[出]薩摩国鹿児島城下千石馬場(鹿児島県鹿児島市)　幼名=季靖, 通称=龍駒, 龍右衛門, 号=一柳
[歴]合伝流兵学の奥儀を極め、西郷従道、三島通庸らを育てる。文久2年薩摩藩軍奉行、慶応4年東山道先鋒総督府参謀となり会津戦争で功績をあげる。明治3年鹿児島藩大参事。4年新政府に入り、7年左院議長。8年修史館総裁となり官府修士事業を推進する。12年宮内省御用係となり、17年伯爵を授けられる。19年には宮中顧問官に任ぜられた。

石野 久男　いしの・ひさお
元・衆院議員(社会党)　[生]明治44年2月16日　[出]三重県　[学]早稲田大学政経学部(昭和11年)卒　[歴]昭和20年日立製作所水戸工場労組委員長。21年同社労組総連委員長。22年以来衆院議員に10選。原子力の安全性追求に精魂を込め、原発反対を社会党の党是として確立させた党科学技術政策の推進者。原発反対は出身母体の日立労組からも歓迎されず、総選挙では55年、58年と2度続けて苦杯をなめた。

石破 二朗　いしば・じろう
参院議員(自民党)　元・鳥取県知事
[生]明治41年7月29日　[没]昭和56年9月16日　[出]鳥取県郡家町　[学]東京帝大法律学科(昭和7年)卒　[歴]厚生事務官や陸軍司政官を経て、昭和25年建設省に入り、30年事務次官。33年鳥取県知事に当選、以後4期15年余にわたって“石破県政”を築いた。49年に当時の田中首相の懇請で参院選に出馬して当選2回。55年鈴木内閣の自治相となるが、同年暮れにすい臓結石の手術を受け辞任。　[家]長男=石破茂(衆院議員)

石橋 一弥　いしばし・かずや
衆院議員(自民党)　元・文相　[生]大正11年3月19日　[没]平成11年3月5日　[出]千葉県山武郡公平村　[学]日本農士学校(昭和16年)卒　[賞]勲一等瑞宝章(平成10年)
[歴]昭和27年公平村長、39年東金市助役、43年市長を経て、51年衆院議員に当選。55年文部政務次官。平成元年海部内閣の文相に就任。当選8回。三塚派を経て、森派。　[家]長男=石橋清孝(千葉県議)

石橋 湛山　いしばし・たんざん
第55代首相　自民党総裁　[生]明治17年9月25日　[没]昭和48年4月25日　[出]東京・麻布　幼名＝省三, 別名＝靄亭　[学]早稲田大学文学部哲学科(明治40年)卒, 早稲田大学大学院宗教研究科(明治41年)修了　[賞]勲一等旭日大綬章(昭和39年)　[歴]明治41年東京毎日新聞社入社。44年東洋経済新報社に移り、編集長、大正13年主幹、社長を歴任。戦後自由党に入り、昭和21年第1次吉田内閣の蔵相に就任。翌22年以来静岡2区から衆院議員に6選。後、反吉田体制の中心者として民主党の結成に参加。29年鳩山内閣の通産相を経て、31年12月自民党総裁となり、石橋内閣を組織したが、病に倒れ2ケ月で辞任。その後、日ソ協会会長、日本国際貿易促進協会総裁をつとめ、ソ連・中国との関係打開に尽力した。著書に「石橋湛山評論選集」がある。　[家]父＝杉田湛誓(久遠寺81世法王)

石橋 政嗣　いしばし・まさし
元・衆院議員　元・社会党委員長　[生]大正13年10月6日　[出]台湾・台北　[学]台北経専(昭和19年)卒　[歴]復員後、佐世保市で進駐軍労務者に。米軍佐世保基地の労働運動をはじめ、昭和22年全日本進駐軍要員労働組合(全駐労)佐世保支部を結成、初代書記長となる。長崎県議を経て、30年30歳で長崎2区から総選挙出馬、全国最年少で衆院議員に当選。以来当選12回。45年から7年間、社会党書記長を務め、57年副委員長、58年9月委員長に就任。“ニュー社会党”を提言して現実路線を推進した。62年から憲法擁護国民連合議長。平成2年引退。著書に「非武装中立論」など。

石原 円吉　いしはら・えんきち
衆院議員(自由党)　[生]明治10年12月　[没]昭和48年2月2日　[出]三重県志摩町和具　[歴]三重県議、県会議長を経て、昭和21年衆院議員初当選、以来当選3回。この間、衆院水産常任委員長、日本自由党総務、民主自由党水産対策委員長などを務める。三重県漁連会長も務めた。　[家]三男＝石原義剛(海の博物館館長)

石原 幹市郎　いしはら・かんいちろう
元・参院議員(自民党)　元・自治相　[生]明治36年4月1日　[没]平成1年3月7日　[出]福島県　[学]東京帝大法学部政治学科(大正15年)卒　[賞]勲一等旭日大綬章(昭和48年)　[歴]内務省に入り、北海道経済部長、大阪府第一経済部長、東京都経済局長、福島県知事などを経て、昭和22年初代民選知事となり、24年以来参院議員に4選。参院運営委員長、外務政務次官、参院予算委員長、自治庁長官、国家公安委員長、岸内閣の自治大臣などを務めた。　[趣]ゴルフ, 俳句, 謡　[家]長男＝石原健太郎(参院議員)

石原 健三　いしはら・けんぞう
枢密顧問官　貴院議員(勅選)　[生]元治1年1月(1864年)　[没]昭和11年9月4日　[出]岡山県　[学]東京帝国大学(明治22年)卒　[歴]明治22年司法省に入省し判事試補となる。その後、裁判所書記長、判事、山梨・千葉・高知・静岡・愛知・神奈川各県知事、北海道庁長官を経て、大正4年宮内次官に就任。11年貴院議員に選出され、昭和2年枢密顧問官に任官された。

石原 慎太郎　いしはら・しんたろう
元・衆院議員(自民党)　元・運輸相　東京都知事　小説家　[生]昭和7年9月30日　[出]兵庫県神戸市　[学]一橋大学法学部社会学科(昭和31年)卒　[賞]文学界新人賞(第1回)(昭和30年)「太陽の季節」, 芥川賞(第34回)(昭和31年)「太陽の季節」, 芸術選奨文部大臣賞(第21回)(昭和45年)「化石の森」, 平林たい子文学賞(第16回)(昭和63年)「生還」, イエローリボン賞(昭和63年), 毎日出版文化賞(特別賞, 第50回)(平成8年)「弟」, 正論大賞(第15回)(平成11年), 財界賞(特別賞)(平成12年), 経済界大賞(第27回)(平成13年), 海洋文学大賞(特別賞, 第6回)(平成14年)　[歴]大学在学中の昭和30年、「太陽の季節」で華々しく文壇に登場、“太陽族”“慎太郎刈り”などの風俗を生み出す。同作品は31年映画化され、弟・裕次郎のデビュー作となった。33年

に江藤淳、大江健三郎らと若い日本の会を結成、43年に体制内変革を唱えて参院選全国区に無所属で立候補し、トップ当選。自民党に入党し、47年以来衆院に8選。中川一郎らと自民党内タカ派の青嵐会を創設、50年東京都知事選で美濃部知事に敗北。51年福田内閣の環境庁長官、62年竹下内閣の運輸相。中川派の幹事長を務めていたが、58年中川一郎の死去の後、同派の会長代行に就任。その後安倍派、三塚派に所属。平成元年自民党総裁選に出馬したが落選。同年ソニー会長・盛田昭夫との共著「NOと言える日本」が反米的だとして米国議会で話題にされ、ベストセラーとなる。7年4月在職25年を区切りに衆院議員を辞職。同年12月芥川賞選考委員となる。8年弟・裕次郎を描いた小説「弟」を刊行しベストセラーに。11年4月政党の支援を得ない無党派候補として24年振りに東京都知事選に立候補、その強いリーダーシップが評価されて当選した。15年には4年間の実績を評価され、史上最高の308万票を得て、大差で再選される。他の著書に「化石の森」「生還」や初期評論集「価値紊乱者の光栄」、散文詩集「風と神との黙約」、「石原慎太郎短編全集」(全2巻, 新潮社)「三島由紀夫の日蝕」「宣戦布告『no』と言える日本経済」「法華経を生きる」「僕は結婚しない」「老いてこそ人生」など。 [団]日本外洋帆走協会(名誉会長), 日本文芸家協会(理事), 日本ペンクラブ(理事) [趣]ヨット, テニス [家]弟=石原裕次郎(俳優), 長男=石原伸晃(衆院議員), 二男=石原良純(俳優)

石原 半右衛門　いしはら・はんうえもん
衆院議員(三四倶楽部) [生]弘化4年6月(1847年) [没]昭和5年2月20日 [出]京都府 [歴]漢学を修めた。岩手県尋常師範学校長、京都師範学校幹事、船井郡長を経て、川辺村議、京都府議、同常置委員となった。明治23年衆院議員に当選、以降5期務める。平安遷都千百年記念祭協賛会評議員、第4回内国勧業博覧会評議員を務めた。

石村 英雄　いしむら・ひでお
衆院議員(社会党) [生]明治36年9月 [没]昭和38年4月24日 [出]山口県 [学]東京帝国大学経済学部経済学科卒 [歴]山口市議、山口県地方労働委員会委員、中外商業新報社記者、山一燃料株式会社取締役社長などを務め、中日文化研究所理事となる。昭和28年衆院初当選。以来連続4期務めた。日本社会党政策審議会財政金融委員長、塩業対策特別委員などを歴任。

石本 鏆太郎　いしもと・かんたろう
衆院議員(憲政会) 実業家 [生]元治1年4月4日(1864年) [没]昭和8年12月30日 [出]土佐国長岡郡岡豊村(高知県南国市) [学]東京帝国大学予備門 [歴]上海でフランス語・中国語を学び、日清・日露戦争に通訳として従軍。台湾総督府専売局翻訳官、関東州民政署勤務を経て、明治40年阿片販売の特許を取得、巨万の利を得た。以後、満州で炭坑、銀行、油房、製紙など幅広く事業を展開、大連高等女学校や奉天日日新聞なども経営し、大連市長も務めた。大正4年衆院議員に当選、2期務めた。弟の権四郎らと満蒙独立運動に取り組み、私財を運動に投じた。32年権四郎が満州で遭難すると没地である熱河に赴いたが、健康を害して大連で没した。 [家]弟=石本権四郎(満蒙独立運動の志士)

石本 茂　いしもと・しげる
元・参院議員(自民党) 元・環境庁長官 元・看護婦 [生]大正2年9月6日 [出]石川県能美郡苗代村蓮代寺(現・小松市蓮代寺町) [学]富山赤十字病院看護婦養成所(昭和9年)卒, 産業能率短期大学(昭和42年)卒 [賞]勲一等瑞宝章(昭和61年), フローレンス・ナイチンゲール記章(第38回)(平成13年) [歴]昭和12年から従軍看護婦として中国各地を転々、戦後は厚生省に10年勤めた後、がんセンター総婦長。36年にメルボルンの国際看護協会第12回総会に日本代表として出席。44年から46年まで日本看護協会会長をつとめた。40年の初当選以来、参院

4期目。59年10月の第2次中曽根改造内閣で、環境庁長官として入閣。22年ぶりの女性大臣。平成元年引退。 [趣]読書
[家]弟＝石本啓語（石川県議）

石本 新六 いしもと・しんろく
陸相 陸軍中将 男爵 [生]安政1年1月20日（1854年） [没]明治45年4月2日 [出]播磨国姫路（兵庫県） [学]陸士（旧1期）（明治10年）卒，フォンテンブロー砲工学校（明治14年）卒 [歴]明治2年藩の貢進生となり大学南校に入り、軍学、フランス語を学んだ。10年陸士卒業後、フランス留学、14年フォンテンブロー砲工学校卒業。20年帰国、28年工兵大佐、29年工兵課長、30年築城本部長兼砲工学校長など歴任。31年少将、35年から10年間、寺内正毅陸相のもとで陸軍次官。37年中将に昇進、日露戦争に従軍。40年男爵。44年西園寺内閣の陸相となったが病気のため辞任。
[家]兄＝石本綱（陸軍中佐）

石山 権作 いしやま・ごんさく
衆院議員（社会党） [生]明治42年5月 [没]昭和43年8月20日 [出]秋田県 [歴]秋田市議、秋田県労働組合会議議長、秋田県労働金庫理事長、全国紙パルプ労働組合連合会中央執行委員長などを務める。また社会党秋田県連合会執行委員長、同党中小企業対策副部長、寒冷地給与対策特別委員長などを歴任。昭和28年衆院議員に初当選、以来連続3回当選。

石山 寅吉 いしやま・とらきち
衆院議員 社会運動家 [生]明治23年1月25日 [没]昭和12年5月16日 [出]新潟県中蒲原郡沼垂町（現・新潟市） [歴]大正4年足尾銅山に入り、8年大日本鉱山労働同盟会結成に参加し、9・10・13年の足尾争議を指導。8年には懲役8カ月に処せられた。以後も多くの労働争議を指導し、昭和2年日本労農党に参加。6年日光鉱山争議で投獄される。12年衆議院議員に当選するが、その直後県内の市町村選挙の応援中に急逝した。

伊集院 俊 いじゅういん・しゅん
鹿児島市長 海軍少将 [生]明治4年 [没]大正14年 [出]鹿児島藩 [歴]海軍にはいり、日清戦争、日露戦争に従軍。大正8年軍令部参謀となり、海軍少将を経て、12年鹿児島市長。

伊集院 彦吉 いじゅういん・ひこきち
外相 外交官 男爵 [生]元治1年6月19日（1864年） [没]大正13年4月26日 [出]薩摩国（鹿児島県） [学]帝大法科大学法律学科（明治23年）卒 [歴]明治20年外務省に入り、外交官試補、英国、イタリア各国領事を経て、44年辛亥革命時の駐北京大使。その後駐イタリア大使、大正8年パリ講和会議全権委員、11年関東庁長官、12年山本内閣の外相となった。大正9年男爵。
[家]父＝伊集院吉次（鹿児島藩士）

石渡 荘太郎 いしわた・そうたろう
蔵相 宮内相 貴院議員 [生]明治24年10月9日 [没]昭和25年11月4日 [出]東京 [学]東京帝大法科大学英法科（大正5年）卒 [歴]大蔵省に入り、司税官、国税課長を経て、昭和9年主税局長、11年内閣調査局調査官、12年第1次近衛内閣の大蔵次官。北支事件特別増税案などを立案。14年平沼内閣の蔵相。その後、米内内閣書記官長、大政翼賛会事務総長を歴任し、17年国民政府・汪兆銘政権の最高経済顧問として南京に赴任。19年帰国後、東条内閣、小磯内閣の蔵相となり、強硬な増税政策を推進した。20年鈴木貫太郎内閣宮内相、21年公職追放。
[家]父＝石渡敏一（枢密顧問官）

石渡 敏一 いしわた・びんいち
枢密顧問官 貴院議員（勅選） 司法官 [生]安政6年11月（1859年） [没]昭和12年11月18日 [出]江戸 [学]東京大学英法科（明治17年）卒 法学博士（明治38年） [歴]司法省に入り、明治19年欧州留学、帰国後東京控訴院検事、大審院検事、32年ベルギーの万国監獄会議派遣。次いで民事局長、司法次官を経て、39年第1次西園寺内閣の書記官長。辞任後勅選貴院議員。のち東京瓦斯会社社

長。昭和9年枢密顧問官となる。
[家]長男＝石渡荘太郎（蔵相），弟＝辰沢延次郎（実業家）

伊豆 富人 いず・とみと
衆院議員（日本進歩党） 熊本日日新聞社長 [生]明治21年9月20日 [没]昭和53年4月13日 [出]熊本県 [学]早稲田大学専門部政治経済科（大正4年）卒 [歴]東京朝日新聞記者となり同盟通信社理事、熊本日日新聞社長、日本新聞連盟評議員を務め、逓信大臣秘書官となった。昭和7年衆院議員に当選、以来4期務める。阿部内閣の文部参与官、商工省委員を歴任。

和泉 邦彦 いずみ・くにひこ
衆院議員（無所属） [生]嘉永2年2月（1849年） [没]大正2年6月6日 [出]鹿児島県 [歴]明治3年警視庁に入り、7年台湾征討、10年西南戦争に従軍。17年清国福州駐在武官の小沢豁郎らと清国の秘密結社哥老会と通じ反清運動を計画したが、柴五郎武官になだめられた。また東洋学館設立計画にも参加。のち鹿児島新聞を創刊、県会議員、国会議員となり東洋問題に尽力した。

泉 敬太郎 いずみ・けいたろう
元・新居浜市長 [生]明治32年1月8日 [没]昭和59年12月7日 [出]愛媛県 [学]愛媛師範（大正6年）卒 [歴]小学校長、県教組副委員長を経て、昭和30年から県議2期（無所属）、40年社会党公認で同市長に初当選、5期20年続け全国最高齢で唯一の社会党公認市長だったが、59年9月病気のため任期満了を待たずに辞任した。平成4年有志により「泉敬太郎伝・愛と正義の生涯」が刊行された。

和泉 照雄 いずみ・てるお
元・参院議員（公明党） [生]大正10年8月20日 [没]昭和61年4月28日 [出]鹿児島県垂水市 [学]陸士本科（昭和15年）卒 [歴]昭和38年に鹿児島県議に初当選し、3期半ばの52年に参議院全国区で当選、1期6年を務めた。

泉山 三六 いずみやま・さんろく
元・参院議員 元・衆院議員 [生]明治29年3月 [没]昭和56年7月7日 [出]山形県 [学]東京帝大政治学科（大正16年）卒 [賞]勲二等旭日重光章 [歴]三井銀行企画部長、帝国銀行秘書役、調査役などを経て、戦後、昭和22年山形2区から衆院議員に当選。23年10月第2次吉田内閣蔵相に起用されたが、予算委員会に泥酔して出席し、2ケ月で引責辞任した。25年より参院議員2期。「トラ大臣になるまで」の著書がある。

岩動 道行 いするぎ・みちゆき
参院議員（自民党 岩手） [生]大正2年10月15日 [没]昭和62年1月25日 [出]岩手県紫波郡紫波町 [学]京大法学部卒 [歴]大蔵省に入省。昭和35年東海財務局長で退官し、38年衆院議員に岩手1区から当選。43年参院に転じる。58年第2次中曽根内閣の科学技術庁長官に就任。当選4回。宮沢派。

磯貝 浩 いそがい・ひろし
貴院議員（多額納税） 衆院議員（憲政会） 東洋倉庫社長 [生]元治1年8月（1864年） [没]昭和26年8月22日 [出]愛知県 [歴]愛知県議、同参事会員を経て大正4年から衆院議員に連続4選。14年から昭和8年まで貴院に在任した。そのほか愛知県農工銀行頭取、医薬制度調査会委員等をつとめた。

磯崎 貞序 いそざき・ていじょ
元・衆院議員（自由党） [生]明治23年10月 [没]昭和59年9月10日 [出]神奈川県茅ケ崎市 [学]東京農業大学（明治45年）卒 [賞]茅ケ崎市名誉市民 [歴]茅ケ崎町議を経て、昭和21年神奈川3区から衆院議員に当選2回。

磯田 正則 いそだ・まさのり
元・衆院議員（国民協同党） [生]明治32年1月 [没]昭和58年1月18日 [出]埼玉県 [歴]大滝村長、埼玉県議を経て、昭和21年から22年まで代議士。のち再び大滝村長となる。

磯野 庸幸　いその・つねゆき
元・貴院議員　元・ラジオ関東社長　⽣明治11年10月25日　歿昭和56年5月31日　籍神奈川県　学横浜商（明治33年）卒　賞勲二等瑞宝章（昭和39年）　昭和3年の第一回普選挙衆院選で政友会から初当選。13年から20年まで貴族院議員を務め、戦後神奈川相互銀行会長、ラジオ関東社長、横浜商工会議所会頭を歴任した。

磯部 四郎　いそべ・しろう
衆院議員　貴院議員（勅選）　法学者　弁護士　⽣嘉永4年7月15日（1851年）　歿大正12年9月1日　籍越中国富山（富山県）　旧姓＝林　幼名＝秀太郎　学大学南校、司法省法律学校、パリ大学　法学博士（明治39年）　パリ大学で法律、政治、経済学を専攻、明治12年帰国、判事任官。17年司法省権大書記官、19年大審院判事、24年大審院検事。25年辞任、弁護士開業。26年法典調査会委員、31年東京弁護士会長となり、弁護士界の長老として大逆事件の筆頭弁護人を務めた。この間東京専門学校、明治法律学校各講師。23、35〜41年衆院議員に当選。大正8年法制審議会委員、9年勅選貴院議員。著書に「帝国憲法講義」「刑法正解」「民法釈義」「日本刑法講義」「商法釈義」「刑事訴訟法講義」などがある。

磯辺 尚　いそべ・ひさし
衆院議員（政友会）　弁護士　⽣明治8年11月　歿昭和11年11月1日　籍福井県　学東京帝大英法科（明治32年）卒　弁護士となり、東京市議。大正6年以来東京府から衆院議員当選4回、政友会に所属。昭和に入り、田中義一内閣の司法参与官を務めた。

磯山 清兵衛　いそやま・せいべえ
自由民権運動家　⽣嘉永5年（1852年）　歿明治24年　籍常陸国潮来（茨城県）　家は酒造業。明治12年茨城県行方郡書記となって、自由民権運動に投じ、自由党創立に参画、国会開設請願、酒税軽減の建白などを行った。上京後本所に自由党の青年壮士に剣道を教える有一館を開設。18年自由党解党後、大井憲太郎らの朝鮮改革運動に参加、有一館の有志、同自由党同志らと爆弾を密造、大阪、長崎から密かに朝鮮渡航を図ったが、事件が発覚し、捕らえられた（大阪事件）。23年憲法発布大赦で出獄した。

井田 磐楠　いだ・いわくす
貴院議員（男爵）　陸軍少佐　⽣明治14年2月24日　歿昭和39年3月29日　籍東京　学陸士（明治35年）卒、東京帝大文学部卒　明治23年男爵を襲爵。35年砲兵少尉、野戦砲第16連隊中隊長、日露戦争に従軍、陸士教官を経て大正8年少佐、同年予備役となった。昭和4年貴院議員となり、公正会に所属、天皇機関説問題では終始美濃部学説に反対した。15年大政翼賛会常任総務、大日本興亜同盟総務委員を兼務。戦後戦犯容疑で逮捕され、22年釈放された。　族父＝井田譲（政治家・陸軍軍人）

井田 友平　いだ・ともへい
衆院議員（自由党）　メヌマ社長　⽣明治22年3月　歿昭和40年10月31日　籍東京　歴本所区議、東京市議、東京都議を経て、衆院議員に当選1回。

板垣 清一郎　いたがき・せいいちろう
元・山形県知事　⽣大正4年9月7日　歿平成5年10月2日　籍山形県寒河江市　学東京高師中退　歴昭和22年山形県議（4期）、34年副議長、37年副知事を経て、48年以来山形県知事に5選。平成3年庄内空港の開港、4年山形新幹線の開通を実現した。5年引退。

板垣 征四郎　いたがき・せいしろう
陸相　陸軍大将　⽣明治18年1月21日　歿昭和23年12月23日　籍岩手県岩手郡岩手町　学陸士（明治37年）卒、陸大（大正5年）卒　明治37年少尉で日露戦争に従軍、奉天郊外で重傷、内地送還。大正8年中支派遣軍参謀、参謀本部員、中国公使館付武官補佐官、昭和3年歩兵第33連隊長。4年関東軍高級参謀となり、部下の石原莞爾と謀って6

年9月満州事変を起こした。7年関東軍司令部付満州国執政顧問として溥儀を指導、9年満州国軍政部最高顧問。11年関東軍参謀長、12年第5師団長。13〜14年第1次近衛内閣及び平沼内閣の陸相を務め、日独伊三国同盟問題で米内光政海相と対立。14年支那派遣軍総参謀長。16年大将、朝鮮軍司令官。20年第17方面軍司令官から第7方面軍(シンガポール)司令官。敗戦後、東京裁判でA級戦犯として絞首刑の判決を受け、23年12月23日処刑された。
[家]息子=板垣征夫(ゼクセル会長), 板垣正(参院議員), 兄=板垣政参(生理学者)

板垣 退助　いたがき・たいすけ
自由党総裁　内相　民権家　伯爵　[生]天保8年4月17日(1837年)　[没]大正8年7月16日　[出]土佐国高知城下中島町(高知県高知市)　別名=乾退助　幼名=猪之助, 諱=正形, 号=無形　[歴]土佐藩士の出身。山内容堂の側用人、大監察などを歴任。慶応元年江戸で学び、3年中岡慎太郎と共に西郷隆盛と会見、討幕の密約を結ぶ。明治元年戊辰戦争で大隊司令・総督府参謀として会津攻略に活躍。この頃乾姓から先祖の旧姓板垣に復す。土佐藩大参事を経て、4年明治政府の参議となるが、6年征韓論争に敗れて下野。7年後藤象二郎、江藤新平らと東京で愛国公党を結成し、副島種臣らと「民撰議院設立建白書」を提出。また高知で立志社を設立して自由民権運動の口火を切る。14年国会開設が決まると自由党を結成し、その総理となる。15年外遊。17年自由党解党。20年伯爵(一代限り)。23年国会開催に伴い再び愛国公党を組織し、立憲自由党に合流、24年自由党に改組し総裁に就任。29年には第2次伊藤内閣の内相をつとめた。31年自由党・改進党が合流して憲政党を組織すると、大隈重信と隈板内閣(第1次大隈内閣)をつくり、内相に就任。33年憲政党を解散、立憲政友会に合流し、これを機に政界から引退した。晩年は社会事業などに尽力した。15年に岐阜で暴漢に襲われた際(岐阜遭難事件)の発言「板垣死するとも自由は死せず」は、民権運動の標語になった。著書に「武士道観」「板垣退助全集」がある。

板垣 武四　いたがき・たけし
元・札幌市長　[生]大正5年2月13日　[没]平成5年8月12日　[出]北海道川上郡和寒町　[学]東京帝国大学法学部政治学科(昭和16年)卒　[賞]札幌市栄誉市民章(平成3年), 勲二等旭日重光章(平成4年)　[歴]昭和16年三菱電機神戸製作所に勤務、2年後召集。21年札幌市秘書課長となり、23年総務課長、24年経済部長、27年総務部長、31年第二助役、34年第一助役を経て、46年以来札幌市長に連続5選。47年冬期五輪の開催、同年の政令指定都市昇格を実現。平成3年3月引退。

板垣 正　いたがき・ただし
元・参院議員(自民党)　[生]大正13年7月1日　[出]東京　[学]陸士(昭和20年)卒, 中央大学法学部(昭和30年)卒　[歴]日本遺族会事務局長、英霊にこたえる会事務局長を経て、昭和55年参院議員に当選、3期つとめる。平成10年引退。宮沢派。著書に「声なき声」「靖国公式参拝の総括」など。　[家]父=板垣征四郎(将軍大将)

板垣 守正　いたがき・もりまさ
劇作家　[生]明治33年3月15日　[没]昭和26年7月16日　[出]東京　[学]東京帝大社会学科卒　[歴]大正13年から「戯曲時代」「創造文芸」などに戯曲を発表し、人生派文学を提唱する。15年無形社を主宰。同年戯曲集「自由党異変」を刊行。昭和3年民政党に入党、政界に入るが、6年「板垣退助全集」を編集する。　[家]祖父=板垣退助

板川 正吾　いたがわ・しょうご
元・衆院議員(社会党)　埼玉県中小企業商工協会名誉会長　[生]大正2年7月9日　[出]栃木県　[賞]勲二等旭日重光章(昭和63年)　[歴]東武鉄道自動車局営業部次長、同労組中執委員長、東京労働金庫理事を歴任し、昭和33年以来埼玉4区から衆院議員に6選。衆院物価問題特別

委員長、総合エネルギー政策委員長等を務める。著書に「自小作農組合結成の手引」「日本経済とエネルギー問題」など。

板倉 勝憲　いたくら・かつのり
貴院議員　㊤明治4年9月　㊦昭和3年7月　㊫東京帝大法科卒　㊧大正2年襲爵、貴院議員、貴族院研究会の幹部。国民外交同盟会に参加、中国問題に傾注して有志の士と交わった。殿様仲間では平民的な変わり種。　㊪父＝板倉勝達(福島藩主・子爵)

板倉 胤臣　いたくら・たねおみ
衆院議員(自由党)　㊤天保11年9月2日(1840年)　㊦明治28年8月21日　㊥上総国長柄郡茂原(千葉県)　㊧25歳で上京、芳野金陵らの塾に学び、尊王精神を養成。明治元年上総安房監察兼知事柴山典の属官、4年の廃藩置県後、千葉県第7大区郡副戸長、また第8大区区長。10年県会議員となり、議長。23年第1回衆院選に当選、自由党に属した。

板倉 中　いたくら・なかば
衆院議員(中正会)　㊤安政3年(1856年)　㊦昭和13年3月5日　㊥千葉県　㊧早くから政界に入り、明治23年第1回衆院選以来当選11回。大正にかけて尾崎行雄らと活躍、電力国営、航空国防などを力説した。大正4年増師問題にからむ大浦内相の議員買収事件に連座、政界を引退、千葉県茂原町に隠棲した。仮名文字論者として知られる。

井谷 正吉　いたに・まさよし
衆院議員(社会党)　全農愛媛県連会長　農民運動家　㊤明治29年4月29日　㊦昭和51年2月10日　㊥愛媛県北宇和郡日吉村　㊫宇和農卒　㊬愛媛県功労賞(昭和46年)，愛媛新聞賞　㊧旧庄屋の家に生まれる。大正7年家出をし、大阪・奈良・三重などを放浪、8年三重県度会郡七保村の役場に勤務する。そこで村長とともに全国町村長会を結成、義務教育費全額国庫負担運動をおこす。その後上京して社会主義を学び、七保村に土民協会を組織。11年日農の旗揚げに参加。同年日吉村に帰郷し、5月には四国で最初のメーデー集会を開催。10月自給自足の自治村“我等の村・明星ケ丘”を建設、“我等の村運動”を始めた。15年日農予土連合会を結成、また労農党南予支部を創設。昭和2年には全日農愛媛県連を設立、3年日農と全日農が合同、全農愛媛県連を結成し会長を務める。戦後は社会党に入り、22年から衆議院議員を4期つとめた。

板野 勝次　いたの・かつじ
元・参院議員(共産党)　社会運動家　㊤明治36年1月26日　㊦昭和60年12月30日　㊥岡山市紺屋町　㊫岡山県立商業学校(大正9年)卒　㊧岡山商在学中から社会主義運動に参加して多くの労働争議を指導する。大正15年共産党に入党し、昭和3年神戸地方委員会を組織して委員長となるが、3.15事件で検挙され懲役8年に処せられる。戦後は共産党に入党し、22年参議院議員に当選。また農地改革のため活躍し、全日農中央委員などを歴任した。

板野 友造　いたの・ともぞう
衆院議員(翼賛議員同盟)　弁護士　㊤明治7年5月　㊦昭和20年12月12日　㊥岡山県　㊫関西法律学校(明治29年)卒　㊧大阪弁護士会副会長、大阪市議、同副議長となった。第13回衆院補欠選挙に当選、以来5期務めた。派遣軍慰問議員団長として北支那へ派遣された。

板原 伝　いたはら・つたえ
元・土佐市長　㊤明治43年2月8日　㊦昭和59年11月17日　㊥高知県　㊫高岡小(大正15年)卒　㊬藍綬褒章(昭和41年)　㊧昭和4年米穀検査反対運動に参加し、6年全農高知県連合会常任執行委員となる。以後、農民運動に参加し、22年高知県議となり、44年土佐市長に就任。

板谷 順助　いたや・じゅんすけ
衆院議員　参院議員（民主自由党）　⑮明治10年3月　⑱昭和24年12月19日　⑭北海道　⑲慶応義塾大学　⑯明治45年以降、板谷商船（株）副社長、小樽商業会議所顧問、北海道農友会会頭を歴任する。昭和2年衆院議員に初当選、連続6期める。その後、鉄道参与官、貴院議員になった。22年には参院にも当選、参院運輸および交通・運輸各委員長を務めた。

市川 正一　いちかわ・しょういち
日本共産党中央委員　社会主義運動家　⑮明治25年3月20日　⑱昭和20年3月15日　⑭山口県宇部市　筆名＝矢津九郎、阿部平智、梅村英一　⑲早稲田大学文学部英文科（大正5年）卒　⑯大正5年読売新聞社入社、8年にストライキを起こし退社。大正日日新聞、国際通信社などに勤務。11年青野季吉らと雑誌「無産階級」を創刊。12年共産党に入党し、「赤旗」編集委員。12年第1次共産党事件で検挙され禁固8カ月。14年共産党再建ビューロー委員となり「無産者新聞」主筆、15年同党中央委員。昭和2年渡辺政之輔らがコミンテルンに派遣された後の国内留守中央委員長。代表団帰国後、中央常任委員。3年3.15事件後の党組織再建に従事。同年コミンテルン第3回大会に出席。4年共産党大検挙（4.16事件）で検挙、起訴され、統一公判廷で党史について代表陳述。9年無期懲役の判決が確定、網走・千葉刑務所で服役、20年3月15日宮城刑務所で獄死した。著書に「日本共産党闘争小史」のほか「市川正一著作集」がある。

市川 正一　いちかわ・しょういち
元・参院議員（共産党）　⑮大正12年9月1日　⑭京都府京都市　⑲神戸高工建築科（昭和21年）卒　⑯国鉄に入り、国労の結成に参加。昭和52年以来参院議員に3選。平成7年引退。共産党名誉幹部会委員。⑳音楽議員連盟、映画議員連盟、スポーツを愛好する議員の会　㊙スポーツ、スキー、音楽鑑賞（オペラ）

市川 房枝　いちかわ・ふさえ
参院議員（第二院クラブ）　元・日本婦人有権者同盟会長　婦人運動家　評論家　⑳婦人問題　⑮明治26年5月15日　⑱昭和56年2月11日　⑭愛知県中島郡明地村（現・尾西市）　⑲愛知女子師範（大正2年）卒　⑯小学校教員、名古屋新聞記者を経て上京。大正8年平塚らいてうらと新婦人協会を結成。10～13年米国視察。同年帰国、ILO東京支局に入る。同年より婦人参政権獲得運動に専念して中心的指導者の役割を果たした。昭和8年東京婦人市政浄化連盟を組織。16年大政翼賛会調査委員、17年大日本婦人会審議員。戦後は20年新日本婦人同盟（のちの日本婦人有権者同盟）を設立、25年会長。参院選東京地方区から28年以降3回連続当選、46年には落選したが、49年には金権政治に反対する青年たちに推され、全国区で193万票を集めて2位で復活、55年には全国区で278万票を獲得、トップ当選している。39年に第二院クラブを結成、カネのかからぬ理想選挙を訴え、政界浄化の実践運動の先頭に立った。著書に「私の政治小論」「私の婦人運動」などの他、「市川房枝自伝」（2巻）がある。平成5年生誕100年の記念事業として展示会、講演会などが尾西市や名古屋、東京で開催される。

市川 雄一　いちかわ・ゆういち
衆院議員（公明党　比例・南関東）　元・公明党書記長　⑮昭和10年1月25日　⑭神奈川県横浜市　⑲早稲田大学第二商学部（昭和32年）卒　⑯公明新聞に入り、政治部長、編集局長を経て、昭和51年以来衆院議員に9選。59年党副書記長、61年12月国対委員長を経て、平成元年5月書記長に就任。6年新進党、10年1月新党平和、同年11月新公明党結成に参加。

市来 乙彦　いちき・おとひこ
大蔵大臣　日本銀行総裁　東京市長　参院議員　大蔵官僚　⑮明治5年4月13日　⑱昭和29年2月19日　⑭鹿児島県　⑲東京帝大法科大学政治学科（明治29年）卒

㉿明治29年大蔵省に入り、那覇税務管理局長、税関事務官、大蔵書記官、主計局長を経て大正5年12月大蔵次官となった。7年勅選議員、11年6月加藤友三郎内閣の大蔵大臣となった。12年9月内閣総辞職で日本銀行総裁。昭和3年第12代東京市長となり、22年参院議員(無所属、当選1回)。25年政界を去り東京高等電気学校顧問となった。和歌をよくした。

ー木 喜徳郎　いちき・きとくろう
枢密院議長　宮内相　内相　文相　東京帝大教授　法学者　㊤慶応3年4月4日(1867年)　㊦昭和19年12月17日　㊥静岡県　旧姓＝岡田　㊥東京帝大法科大学政治科(明治20年)卒　法学博士(明治32年)　㊥帝国学士院会員(明治39年)
㉿明治20年内務省に入り、ドイツ留学後、内務書記官。27年から東京帝大教授、憲法国法学を担当。その後内務行政に携わり、第1次桂内閣の法制局長官、内務次官、再び法制局長官を経て第2次大隈内閣の文相、ついで内相を歴任。この間、33年から勅選貴族議員。大正6年枢密顧問官、13年枢密院副議長。14年から昭和8年まで宮内相として大正天皇・昭和天皇に任えた。9年枢密院議長。美濃部達吉博士の「天皇機関説」を支持、右翼の襲撃を受ける。11年2.26事件後、一切の官職を辞した。9年大日本報徳社社長も務めた。文芸、書、刀剣鑑定など多趣味なことで知られた。男爵。
㊊父＝岡田良一郎(報徳運動家・政治家)、兄＝岡田良平(文部官僚・政治家)、息子＝杉村章三郎(東大名誉教授・行政法)

ー条 実孝　いちじょう・さねたか
貴院議員(公爵)　国家主義者　㊤明治13年3月15日　㊦昭和34年12月21日　㊥海兵(第28期)卒、海大卒　㉿フランス駐在武官、海軍大佐で大正13年退役、公爵を襲爵して貴院議員。火曜会に属し、美濃部達吉の天皇機関説問題には最も強硬に反対した国家主義者。昭和3年大日本経国連盟を創設、のち大日本護勤王会、興亜滅共連盟など、右翼団体の総裁、会長を務めた。戦中は翼賛会調査会委員、翼政会政調会評議員、翼賛会興亜総本部協力会議議長などを歴任。

ー宮 房治郎　いちのみや・ふさじろう
衆院議員(日本進歩党)　㊤明治17年9月　㊦昭和23年7月27日　㊥大分県　㊥上海東亜同文書院(明治37年)卒
㉿奉天に盛京時報社を創立し、社長を務める。また大阪朝日新聞記者、東亜同文会理事などを務める。大正6年衆院議員初当選、以来通算7回当選。農商務大臣秘書官、浜口内閣の内務参与官、第1次近衛内閣の海軍政務次官、内閣委員、大東亜省委員などを歴任。

ー万田 尚登　いちまだ・ひさと
元・蔵相　元・衆院議員(自民党)　日本銀行総裁(第18代)　銀行家　㊤明治26年8月12日　㊦昭和59年1月22日　㊥大分県野津原町　㊥東京帝大法学部政治学科(大正7年)卒　㊥国際基督教大学名誉法学博士号、シラキュース大学名誉博士号
㉿大正7日銀入りし、昭和17年考査局長、19年理事。名古屋、大阪各支店長を歴任後、21年第18代総裁となり、29年10月までの8年5か月間在任。戦争直後のインフレ収束など戦後日本の経済安定に尽くす一方、資金調達に悩む金融、産業界に多くの日銀出身者を送り込み、"一万田法王"と呼ばれた。26年9月のサンフランシスコ講和会議に全権委員として参加。総裁辞任後は鳩山内閣、岸内閣で4期蔵相を務め、また30年2月から44年12月まで衆院議員に当選を重ねたが、成長政策を奉じる池田勇人に敗れた格好で政界を引退した。

ー柳 仲次郎　いちやなぎ・なかじろう
衆院議員(立憲民政党)　㊤明治1年10月　㊦昭和14年4月14日　㊥北海道　㉿北海道議、同議長を経て、大正9年衆院議員となり当選連続5回。立憲民政党総務となったほか、札幌商業会議所副会頭、北海道信託社長、一柳物産社長などを務めた。

一龍斎 貞鳳　⇒今泉貞鳳(いまいずみ・ていほう) を見よ

井手 以誠　いで・いせい
元·衆院議員(社会党)　[生]明治42年11月29日　[没]昭和57年2月3日　[出]佐賀県　[学]逓信講習所卒　[賞]勲二等旭日重光章　[歴]新聞記者、鉄工所支配人を経て、昭和22年佐賀県議。27年衆院議員に初当選、以来7期連続当選。44年引退するまで社会党政策審議会長、衆院産業公害特別委員長などを歴任。「地下タビ代議士」として農民運動の先頭に立ち親しまれた。

井出 一太郎　いで・いちたろう
元・衆院議員(自民党)　元・郵政相　元·農相　歌人　[生]明治45年1月4日　[没]平成8年6月2日　[出]長野県南佐久郡臼田町　[学]京都帝国大学農学部農業経済科(昭和18年)卒　[賞]勲一等旭日大綬章(昭和61年)，佐久市名誉市民(平成1年)　[歴]昭和21年衆院議員に当選、以来16期連続当選。31年農相、45年郵政相、49年三木内閣の官房長官を歴任。国民協同党の結成以来、一貫して三木派(河本派)に属す。61年6月引退。歌人としては吉植庄亮に師事、53年の新年歌会始の召人を務め、歌集に「政塵抄」「政餘集」「明暗」などがある。　[家]姉＝丸岡秀子(評論家)，弟＝井出源四郎(千葉大名誉教授)，井出孫六(作家)，息子＝井出正一(衆院議員)，娘＝宮脇世紀子(吹上中央幼稚園園長)

井手 三郎　いで・さぶろう
衆院議員(憲政会)　「上海日報」社長　[生]文久3年5月(1863年)　[没]昭和6年11月16日　[出]熊本県　[学]済々黌(明治20年)卒　[歴]清国に留学後、「上海日報」を創刊。のち衆院議員に2選。

井出 繁三郎　いで・しげさぶろう
衆院議員(政友会)　[生]元治1年10月(1864年)　[没]昭和7年12月12日　[出]本庄町　[学]東京帝大仏法科(明治22年)卒　[賞]勲三等　[歴]東京地方裁判所検事、逓信省鉄道事務官、同省書記官、鉄道院参事、同理事、北海道、神戸各鉄道管理局長、鉄道省監督局長などを歴任して退官。大正13年衆院議員に当選、奈良電気鉄道会社取締役会長、帝国鉄道協会長を兼任した。

井手 敏彦　いで・としひこ
元·沼津市長　生活クラブ生協静岡理事長　市民運動家　[生]大正8年6月21日　[出]東京　[学]東京帝国大学法学部政治学科(昭和18年)卒　[歴]元・海軍大尉。戦後、工作機械会社勤務、沼津市議4期を経て、昭和48年から53年まで沼津市長。市長時代に始めたごみの分別収集は「沼津方式」として全国自治体のモデルとなる。市長を辞めたあとも、ぬまづ市民自治研や街角講座などで、沼津という地に根ざした市民運動を進めている。57年全国自然保護連合会理事長に。現在、生活クラブ生協静岡の理事長、廃棄物を考える市民の会代表。著書に「ごみ問題の焦点—フェニックス計画を撃つ」「ごみで斬る」(以上共著)「永らえて、こだわって」「公害(ゴミ)—未完成交響曲」。　[趣]囲碁

井手 毛三　いで・もうぞう
衆院議員(立憲政友会)　[生]嘉永3年1月(1850年)　[没]昭和4年9月15日　[出]岡山県　[歴]漢学を修めた。大区長、岡山県議、同議長を務め、明治27年衆院議員に当選。以来5期務めた。

出井 兵吉　いでい・ひょうきち
衆院議員(日本進歩党)　[生]明治4年6月　[没]昭和35年8月14日　[出]埼玉県　[学]慶応義塾大学　[歴]北埼玉郡議、埼玉県議、同議長、埼玉県町村長会会長、羽生市長等を務めた。昭和3年衆院議員当選、以来6期務める。後に立憲政友会総務、行田運送倉庫・合同運送各社長となった。

伊藤 郁男　いとう・いくお
元・参院議員(民社党)　俳人　⊕昭和5年9月11日　⊕長野県諏訪市　俳号＝無限子　⊕岡谷南高(昭和24年)卒　⊕勲三等旭日中綬章(平成12年)　⊕昭和35年民社党本部書記局に入り52年組織局次長を経て、55年に参院議員に当選。61年、平成元年にそれぞれ比例区で立候補したが落選。一方、句作を続け、昭和48年「鶴」入会、58年同人。62年「初蝶」入会、63年同人。平成9年「魚座」入会、10年同人。句集に「地蜂」「信濃路」「風やはらかき」など。　⊕俳人協会

伊藤 一郎　いとう・いちろう
衆院議員(無所属)　⊕嘉永3年4月(1850年)　⊕大正4年4月25日　⊕讃岐国三豊郡財田村(香川県)　号＝楓堂　⊕明治16年県議に推されたが就任せず、板垣退助の愛国公党組織に協力、23年第1回衆院選に当選、代議士として活躍。のち香川県善通寺に住み、仏教界に尽力した。

伊東 岩男　いとう・いわお
衆院議員(自民党)　⊕明治21年8月　⊕昭和41年12月23日　⊕宮崎県　⊕県立農学校卒　⊕宮崎県議を経て、昭和11年衆院議員に初当選。以来6期。衆院図書館運営委員長、同補助金等の整理等に関する特別委員長、石橋内閣および第1次岸内閣の郵政政務次官を歴任。また、日向民主党委員長、協同民主党代議士会長をも務め、派遣軍慰問のため、支那に派遣された。著書に「日向の農民大衆に捧ぐ」「農村の諸問題」がある。

伊藤 卯四郎　いとう・うしろう
衆院議員(民社党)　労働運動家　⊕明治27年8月19日　⊕昭和49年5月1日　⊕長崎県南高来郡有明町　⊕高等小学校卒　⊕18歳で北海道に渡航、炭坑を転々としたが、大正8年労働運動に入り、9年歌志内炭坑労組組合長。11年長崎に移り、総同盟南九州連合会を結成。昭和3年福岡県小倉に移動、八幡製鉄労組を指導、4～9年総同盟中央委員。福岡県議を2期務めた。21年総同盟九州連合会を結成し会長、同年総同盟副会長。戦後社会党の結成に参加、中央執行委員。21年以来福岡県から衆院議員に当選9回。34年西尾末広らと再建同志会結成、民主社会党設立準備委員長となり、同党副委員長、42年常任顧問。

伊藤 修　いとう・おさむ
参院議員(社会党)　弁護士　⊕明治29年3月　⊕昭和44年6月14日　⊕岐阜県　⊕日本大学法学部(大正10年)卒　⊕大正11年弁護士となり、岐阜市議、岐阜弁護士会会長を歴任。岐阜地方区から参院議員も1期つとめた。

伊藤 憲一　いとう・けんいち
元・衆院議員(共産党)　⊕大正1年1月25日　⊕昭和56年10月17日　⊕旧朝鮮　⊕高小(大正14年)中退　⊕大正14年小学校を中退して東京モスリン亀戸工場に入社し、総同盟関東紡織労働組合に加入。昭和元年東京帝大セツルメント市民学校に入学し、社会主義を学ぶ。以後多くの労働運動に参加し、4年検挙されて懲役4年6カ月に処せられる。出獄後は党の再建をはかるが、18年石井鉄工場に入社。戦後共産党に入党し、「赤旗」再刊の実務などをし、また労働運動を多く指導する。24年東京2区から衆議院議員に当選するが、翌年占領軍の追放を受けた。38年から54年まで大田区議をつとめ共産党議員団長として活動。著書に「労働者諸君に訴ふ」などがある。

伊藤 顕道　いとう・けんどう
元・参院議員(社会党)　⊕明治33年6月20日　⊕昭和57年4月26日　⊕群馬県　⊕東京高師(大正13年)卒　⊕勲三等瑞宝章(昭和45年)　⊕参院議員に群馬地方区から当選2回。群馬県労働金庫理事長、日教組関東地区協議会議長、参院通信委員長、同災害対策特別委員長などを歴任。

伊藤 郷一　いとう・ごういち
元・衆院議員(自民党)　[生]明治33年9月23日　[没]昭和62年9月8日　[出]北海道白糠郡白糠町　雅号＝黙鳴庵人　[学]京都帝大哲学科(昭和2年)卒　[賞]勲二等旭日重光章(昭和45年)　[歴]昭和21年戦後初の総選挙で北海道5区から初当選。23年農林政務次官。衆院文教委員長、裁判官訴追委員長などを歴任。当選7回、宏池会に所属した。

伊藤 公介　いとう・こうすけ
衆院議員(自民党　東京23区)　元・国土庁長官　[生]昭和16年10月23日　[出]長野県上伊那郡高遠町　[学]法政大学法学部(昭和39年)卒　[歴]昭和39年旧西ドイツベルリン自由大学、42年米国オハイオ州立大学留学。帰国して神田外語学院講師、国会議員秘書を経て、51年新自由クラブから衆院議員に当選、3期務める。58年自治政務事官、59年党国会対策委員長。61年に落選。新自由クラブ解党後、自民党に入り、平成2年衆院議員に復帰。8年第2次橋本内閣で国土庁長官に就任。通算7期目。三塚派を経て、森派。　[趣]柔道(2段)

伊藤 好道　いとう・こうどう
衆院議員　日本社会党政策審議会長　社会運動家　ジャーナリスト　[生]明治34年12月5日　[没]昭和31年12月10日　[出]愛知県豊田市　筆名＝青山健, 高杉登　[学]東京帝大法学部政治科(大正14年)卒, 東京帝大経済学部経済科(昭和3年)卒　[歴]大正14年中外商業新報(後の日本経済新聞)に入社、論説委員、政治部次長。在学中から黒田寿男らと新人会に属し、中外新報時代、鈴木茂三郎を知り、昭和3年無産大衆党の結党に参加、雑誌「労農」に執筆。12年の人民戦線事件で検挙され、保釈出所後、満鉄調査部に入った。戦後の27年左派社会党で愛知4区から衆院選に当選。29年左社政策審議会長となり、30年左右統一後も政審会長を務め、「左派綱領」や「統一社会党綱領」を作成、鈴木茂三郎委員長の理論的支柱を務めた。衆院当選3回。[家]妻＝伊藤よし子(衆院議員)

伊藤 五郎　いとう・ごろう
元・参院議員(自民党)　弁護士　[生]明治35年2月28日　[没]平成4年6月4日　[出]山形県　[学]中央大学法学部(昭和3年)卒　[歴]横浜弁護士会副会長を経て、昭和12年から衆院議員に3選、大蔵委員会調査団団長等を務める。40年参院議員に転じ、以来通算2期。

伊藤 三郎　いとう・さぶろう
元・川崎市長　[生]大正9年3月29日　[没]平成9年10月16日　[出]千葉県成田市　[学]早大高工(昭和15年)卒　[賞]セーシェル国際親善功労賞(昭和63年), 勲二等瑞宝章(平成2年)　[歴]15歳の時、川崎へ。昭和26年技術吏員として川崎市役所勤務。川崎市職組委員長、同市労連委員長、自治労神奈川県本部委員長などを経て、46年川崎市長に当選、以来5選。この間、47年全国で最も厳しいとされた市独自の公害防止条例を制定。60年2月には“指紋押捺拒否者告発せず”を決定、大きな反響を呼んだ。当時の美濃部亮吉東京都知事、長洲一二神奈川県知事、飛鳥田一雄横浜市長とともに革新自治体ブームの立役者となった。平成元年10月辞任。昭和58年から全国革新市長会会長もつとめた。　[団]土木学会　[趣]読書

伊藤 茂　いとう・しげる
元・衆院議員(社民党)　元・社民党副党首　元・運輸相　[生]昭和3年3月2日　[出]山形県最上郡舟形町　[学]東京大学経済学部経済学科(昭和27年)卒　[歴]昭和29年社会党本部に入る。長く成田知巳のブレーンを務め、51年衆院議員に当選。8期務めた。61年党政策審議会長、平成3年副委員長。5年細川内閣の運輸相に就任。8年1月社民党副党首兼政策審議会会長。同年9月党幹事長兼政策審議会会長。10年党副党首。12年引退。著書に「平和運動と統一戦線」など。[趣]園芸(花を美しく育てる), カメラ, パソコン

伊藤 実雄　いとう・じつお
元・衆院議員（日本農民党）　[生]明治39年3月　[没]昭和59年4月4日　[出]広島県　[学]山陽中(昭和13年)卒　[歴]昭和21年4月の総選挙で広島全県区（当時）から初当選、1期務めた。

伊藤 祐昌　いとう・すけまさ
貴院議員　松阪屋呉服店店主　実業家　[生]嘉永1年（1848年）　[没]昭和5年　[歴]名古屋松坂屋呉服店の第14代店主。伊藤銀行頭取、貴院議員を務めた。大正13年京都･上嵯峨に隠棲し、松尾宗吾に茶湯を師事、花、謡曲、狂言、製陶など、趣味人として生きた。別荘揚輝荘には3畳台目の暮雪庵を設置した。

伊藤 宗一郎　いとう・そういちろう
衆院議員(自民党)　元・衆院議長　元・科学技術庁長官　元・防衛庁長官　[生]大正13年3月21日　[没]平成13年9月4日　[出]宮城県加美郡中新田町　[学]東北帝国大学法学部政治学科（昭和22年）卒　[賞]勲一等旭日桐花大綬章（平成13年）　[歴]昭和23年読売新聞社に入社。政治記者時代に河野一郎農相（当時）の日ソ漁業交渉に同行取材したことなどを縁に秘書官に転じて政界入り。農林、科学技術政務次官、党広報委員長、56年鈴木内閣の防衛庁長官など歴任し、62年竹下内閣の科学技術庁長官となる。平成8年11月衆院議長に就任。10年の与野党対立で紛糾した金融国会、12年の衆院定数削減国会などで調整役を務めた。三木元首相の下で総裁予備選制度を起草した。竹下登との深い関係で知られ、竹下死去に伴い日韓議員連盟の後継会長を務めた。当選13回。三木派、河本派を経て、高村派。　[趣]囲碁，少林寺拳法　[家]長男＝伊藤信太郎（東北福祉大学教授）

伊藤 惣助丸　いとう・そうすけまる
元・衆院議員（公明党）　[生]昭和8年3月8日　[没]平成10年2月16日　[出]東京　[学]日本大学法学部卒　[歴]福島の労働基準局の給仕をしながら定時制高校を卒業し上京。昭和32年創価学会に入信。42年から衆院議員に当選2回。公明党中央委員、創価学会副理事長を歴任。福山商事代表取締役も務めた。

伊藤 大八　いとう・だいはち
衆院議員（政友会）　満鉄副総裁
[生]安政5年11月15日（1858年）　[没]昭和2年9月10日　[出]信濃国伊那郡伊賀良村（長野県）　旧姓＝平沢　[歴]明治9年上京、中江兆民の仏学塾に学んだ。20年陸軍幼年学校訳官、陸軍測量部員兼務。23年第1回帝国議会開設以来、衆院議員当選5回。31年政友会創立に参加、政務調査委員理事、43年幹事長、次いで院内総務、相談役など歴任。この間、31年の第3次伊藤内閣で逓信省参事官兼鉄道局長。大正2年南満州鉄道会社副総裁に就任。

伊藤 徳三　いとう・とくぞう
衆院議員(政友会)　実業家　[生]嘉永6年6月（1853年）　[没]大正10年4月26日　[出]尾張国(愛知県)　[歴]明治2年上京、英学を学び、尾張藩の先輩鷲津毅堂らに啓発された。奥羽巡撫使丹羽賢に従って奥州偵察、7年の佐賀の乱平定後、佐賀裁判所に勤め、間もなく辞任、長崎に行き米人デビンションに英学を師事、長崎自由新聞を創刊。弁護士となり20年大阪で法律事務に従事、かたわら尼ケ崎紡績、大阪瓦斯、今宮紡績など設立。大阪府議、大阪弁護士会長を務めた。31年衆院議員となり、立憲政友会幹事。36年政界引退、京津、大津電車を経営、また韓国瓦斯電気会社を設立、監査役。

伊藤 徳太郎　いとう・とくたろう
衆院議員(政友会)　[生]万延1年10月(1860年)　[没]明治38年11月　[出]千葉県大総村　[歴]和漢の学を修め、千葉農工銀行、成田鉄道会社各取締役となった。地方行政に参加しながら、衆院議員に当選6回、政友会に属した。

伊東 知也　いとう・ともや
衆院議員(無所属)　⑰明治6年4月　⑲大正10年11月26日　⑳山形県　㉑東京専門学校卒　㉒二六新聞社に入り、明治27〜28年の日清戦争に従軍記者として活躍。その後北満州、東部シベリア地方を巡歴、黒龍会結成に参加、ロシア情勢を調査。また中国華南各地を歩き、対華問題に貢献した。45年以来衆院議員当選3回。

伊藤 述史　いとう・のぶふみ
貴院議員(勅選)　内閣情報局総裁　外交官　⑰明治18年8月19日　⑲昭和35年4月3日　⑳愛媛県　号＝無川　㉑東京高商(明治42年)卒　法学博士　㉒明治42年外務省に入り、昭和2年国際連盟帝国事務局次長。満州事変勃発の6年、日本政府代表代理として活躍。8年2月の国連総会で、日本軍の満州撤退勧告案が42対1で可決され、松岡洋右首席代表らとともに退場、帰国。連盟脱退の陰の立役者となる。ポーランド公使の後、14年有田外相に求められ日独伊3国同盟推進派の大島浩駐独、白鳥敏夫駐伊両大使の説得工作に当たる。15年第2次近衛文麿内閣の初代内閣情報局総裁。20年勅選貴院議員。21〜26年公職追放。

伊藤 博文　いとう・ひろぶみ
第1・5・7・10代首相　立憲政友会総裁　元老　公爵　⑰天保12年9月2日(1841年)　⑲明治42年10月26日　⑳周防国熊毛郡東荷村野尻(現・山口県大和町)　旧姓＝林　幼名＝利助、前名＝伊藤俊輔、号＝伊藤春畝、滄浪閣主人　㉒松下村塾に学び、木戸孝允らの尊皇攘夷運動に加わる。文久3年(1863)井上聞多(馨)と渡英。下関砲撃の報に帰国し、列国との講和に努める。その後高杉晋作らと倒幕運動に挺身、維新の功臣として工部大輔などを歴任。明治4年岩倉具視遣外使節団副使、帰国後征韓論を排して参議。11年大久保利通の死後は内務卿を継いで憲法制定に当たる。14年の政変で大隈重信を追放、実質的な最高指導者となる。15年の渡欧でプロシア憲法など近代西欧の国家体制に大きな影響を受け、内閣制度、華族制度・枢密院の創始、大日本帝国憲法・皇室典範の制定など内政の整備に尽力。18年初代首相、21年枢密院議長。第4次まで組閣し、33年には立憲政友会を組織、36年まで総裁。39〜42年韓国統監府初代統監。42年満州視察の際、暗殺された。詩文をよくし、書にも巧みで、漢詩集に「藤公詩存」「春畝遺稿」、「伊藤博文公遺墨集」など。「伊藤公全集」(全3巻)がある。

伊藤 昌弘　いとう・まさひろ
元・衆院議員(民社党)　⑰昭和2年10月27日　⑳東京都墨田区　㉑千葉医大薬学部(昭和23年)卒　㉒昭和34年墨田区議2期、44年東京都議2期(自民党)を経て、58年民社党から衆院議員に当選。61年落選。平成7年文京区長選、11年墨田区長選、13年東京都議選に立候補するが落選。㉖読書、スポーツ

伊東 正義　いとう・まさよし
元・衆院議員(自民党)　元・外相　⑰大正2年12月15日　⑲平成6年5月20日　⑳福島県会津若松市　㉑東京帝国大学法学部(昭和11年)卒　㉒昭和11年農林省に入省。農地局長、水産庁長官を経て、37年事務次官。38年政界に入り、福島2区から衆院議員に当選。以来9期。54年大平内閣の官房長官となり、55年首相急死のあと、首相臨時代理を務める。同年鈴木内閣の外相に就任するが、日米首脳会議での共同声明をめぐるトラブルから56年辞任。61年党政調会長、62年党総務会長となり、平成元年竹下首相退陣後の総裁に推されたが、拒否した。自民党のアジア・アフリカ問題研究会や超党派の日中友好議員連盟の会長を務めるハト派。宮沢派。5年引退。

伊東 光次　いとう・みつじ
元・鳥栖町長　社会党佐賀県本部顧問　社会運動家　⑰明治33年11月5日　⑲昭和57年3月28日　⑳佐賀県三養基郡鳥栖町(現・鳥栖市)　㉑早稲田大学文学部露文科(大正13年)中退　㉒早大在学中から多くの労働運動に参加し、大正14年

帰郷して日農佐賀県連合会に加盟、教宣・青年部長なとって基山争議を指導して検挙され、昭和3年出獄する。4年の4.16事件で検挙された。戦時中は翼賛壮年団長などを歴任。戦後は日農佐賀県連再建に参加し、30年、社会党に入り鳥栖市会議員をつとめた。

伊東 巳代治　いとう・みよじ

農商務相　枢密顧問官　東京日日新聞社長　伯爵　⽣安政4年5月9日（1857年）　歿昭和9年2月19日　出肥前国長崎（長崎県）　歴明治4年上京、電信寮に入り、6年兵庫県6等訳官。9年上京、伊藤博文に才を認められ10年工部省に採用された。14年参事院議官補となり、11年伊藤の渡欧に随行、帝国憲法の原案作成に参画。18年第1次伊藤内閣の首相秘書官、22年枢密院書記官長、25年第2次伊藤内閣書記官長、31年第3次伊藤内閣の農商務相を務め、伊藤の懐刀として活動。一方24〜37年東京日日新聞社長として官僚政治擁護の紙面を作った。その間、32年枢密顧問官、36年帝室制度調査局副総裁。大正6年臨時外交調査会委員となり、7年のシベリア出兵には単独出兵を主張。11年伯爵。昭和2年の金融恐慌の際は幣原外交を非難して若槻内閣を崩壊させた。またロンドン海軍軍縮条約に猛反対するなど、一貫して日本の拡張路線を推進した。

伊東 要蔵　いとう・ようぞう

衆院議員（政友会）　実業家　⽣元治1年3月17日（1864年）　歿昭和9年5月9日　出遠江国（静岡県）　学慶応義塾（明治14年）卒　賞勲四等　歴慶応義塾、次いで大阪商業講習所で教え、辞任後郷里の静岡県で私塾経世社、養蚕伝習所を創立、子弟の訓育に努めた。明治22年県会議員、次いで議長。以後浜松信用銀行取締役、同頭取、三十五銀行頭取、富士紡績会社監査役、浜松委託会社取締役などを務め、東海財界の重鎮として活躍した。富士紡績社賓。42年以来衆院議員当選2回。

伊藤 よし子　いとう・よしこ

元・衆院議員（社会党）　⽣明治38年12月30日　歿平成3年3月24日　出愛知県豊田市　本名＝伊藤よし　学椙山高女卒　歴昭和31年夫・好道の急逝により、その志を継ぐ。33年愛知4区から立候補し、初当選。トヨタ労組の支援を得、38年にも当選。くらしの会全国連合会副会長、社会党婦人対策部長などをつとめた。家夫＝伊藤好道（衆院議員）

伊藤 律　いとう・りつ

元・日本共産党政治局員　社会運動家　⽣大正2年6月27日　歿平成1年8月7日　出広島県　幼名＝恵一　学一高（昭和7年）中退　賞文芸春秋読者賞（第55回）（平成5年）『『日本のユダ』と呼ばれて』　歴一高在学中、共産青年同盟に入り放校処分。昭和8年3月日本共産党に入党、5月検挙。10年保釈となり全農書記局を経て、14年満鉄東京支社調査室嘱託となり、尾崎秀実に重用される。同年11月商大グループに関連して検挙され、15年6月拷問を受け自供、ゾルゲ事件の発端となった情報を特高にあたえたといわれる。17年12月一審判決があったが上告、18年11月再審判決で懲役3年未決通算260日となり、東京拘置所に服役。敗戦後20年8月26日に仮出獄。21年共産党に再入党し、中央委員、47年政治局員、23年書記局員となり徳田球一の下でナンバー2の実力者として共産党再建に従事。25年GHQ公職追放で地下に潜行し、火炎瓶闘争などを指導。この間死亡説、米国亡命説など諸説が流れたが、実際は26年秋中国に密航し、徳田らの北京機関に合流していた。ここで日本向けの地下放送・自由日本放送の指導に当たった。28年スパイ活動の疑いで共産党除名、一時北京で監禁状態に置かれた。30年以後消息不明となって死亡説が定着していたが、55年8月北京で生存確認、同年9月30年ぶりに帰国した。昭和史の裏面を知る生き証人として、ゾルゲ事件の真相や戦後の共産党の武闘路線などについての証言が期待されたが、沈黙を守った。平成5年中国

での獄中生活やゾルゲ事件について書かれた遺稿が発見される。12年「生還者の証言 伊藤律書簡集」が刊行された。

伊東 隆治　いとう・りゅうじ
参院議員　衆院議員（国民民主党）⽣明治31年7月8日　⽕昭和43年3月28日　⊕鹿児島県　㊎東京帝国大学法学部政治学科（大正11年）卒　㊟ハヴァナ領事、総領事（バンコック）、漢口総領事、興亜院調査官、大使官参事官（中華民国）を経て、昭和22年参院議員に初当選、芦田内閣の外務政務次官を務めた。30年衆院議員当選。

稲浦 鹿蔵　いなうら・しかぞう
参院議員（自民党）⽣明治27年10月　⽕昭和53年3月30日　⊕兵庫県　㊎京都帝国大学工学部土木工学科（大正13年）卒　㊟大正13年内務省内務工手となる。大阪府土木部河港課長、兵庫県土木部長、建設省技監、事務次官を歴任した後、昭和31年から参院議員に2選。日本土木学会会長、参院建設委員長、国際技術協力協会理事、日本道路協会評議員、日本道路協会理事をつとめた。

稲垣 実男　いながき・じつお
元・衆院議員（自民党）　元・北海道開発庁長官　⽣昭和3年3月28日　⊕愛知県幡豆郡一色町　㊎早稲田大学政経学部経済学科（昭和28年）卒　㊏勲一等瑞宝章（平成12年）　㊟中垣国男、小笠原三九郎の秘書を経て、昭和51年衆院議員に当選。平成2年落選。5年再選。8年第2次橋本内閣で北海道開発庁長官兼沖縄開発庁長官。12年落選。通算7期。中曽根派、渡辺派、村上・亀井派を経て、江藤・亀井派。㊟読書、古画・古陶器の鑑賞・収集

稲垣 示　いながき・しめす
衆院議員（政友会）　自由民権運動家　⽣嘉永2年8月20日（1849年）　⽕明治35年8月9日　⊕越中国射水郡二口村（富山県大門町）号＝虎岳　㊟富山県の大富豪の家に生まれる。明治14〜16年石川県議。14年板垣退助

らと自由党を結成、18年大井憲太郎らと大阪事件を起こし、資金調達に奔走、長崎で逮捕され軽禁錮5年。22年出獄、北陸自由党の代表として活躍。25年以来衆院議員当選3回、立憲政友会の創立とともに入党、臨時協議員となった。一方、13年「北陸日報」、15年「自由新誌」を創刊、22年には「北陸公論」社長。

稲垣 長敬　いながき・ながひろ
鳥羽藩知藩事　子爵　⽣安政1年7月（1854年）　⽕大正9年8月　㊟明治2年版籍奉還により志摩鳥羽藩知藩事に任命される。4年廃藩置県により退官。

稲垣 平太郎　いながき・へいたろう
元・参院議員（国民民主党）　元・通産相　元・横浜ゴム会長　実業家　⽣明治21年7月4日　⽕昭和51年4月23日　⊕岡山県岡山市　雅号＝禾堂　㊎慶応義塾大学理財科（大正2年）卒　㊟古河合名、古河電気工業を経て富士電機製造に入り、大正12年営業部長。昭和7年時事新報社常務となり、東洋化工、東京発動機、湘南電鉄取締役を歴任、戦後横浜護謨製造社長となった。22年第1回参議院選挙全国区に国民民主党から立ち当選、党総務会長を務めた。24年2月第3次吉田茂内閣の商工大臣、通産大臣となった。また母校慶応大の評議員、理事、監事を兼ね、日本貿易会会長、横浜ゴム会長、ニッポン放送会長、日本ゼオン会長なども務めた。

稲垣 義方　いながき・よしかた
金沢市長　旧加賀藩士　⽣天保12年（1841年）　⽕明治41年　㊟加賀金沢藩の改作奉行、軍艦棟取役、明治新政府の石川県大属などを経て、明治23年最初の金沢市長となる。

稲田 直道　いなだ・なおみち
衆院議員（自由党）⽣明治22年7月　⽕（没年不詳）　⊕鳥取県　㊎早稲田大学政治経済学部（大正4年）卒　㊟鳥取新報社を創立、副社長に就任。また岩手県安国鉱山主、三陸肥料会長を歴任し、昭和12年衆院議員に初当選、以来5期選

出された。この間、因伯青年自由党総理、日本自由党総務、民主自由党議員総会長、衆院運輸委員長に就任した。

稲田 昌植　いなだ・まさたね
元･貴族院議員　元･東京農業大学教授　農政学者　[生]明治23年8月　[没]昭和43年11月28日　[出]北海道札幌　[学]北海道帝国大学農科大学(大正4年)卒, 東京帝国大学法科大学(大正8年)卒　[歴]東京外国語学校、東京農大各教授を歴任、昭和14年貴族院議員、拓務政務次官となり22年退官。この間、全国養蚕連合会長、全国製粉配給社長、中央食糧営団総裁、全国スキー連盟会長、農史研究所長などを歴任。戦前の植民政策、植民事業を推進。農業問題と植民政策の研究で業績を残した。著書に「婦人農業問題」「農民離村の研究」「植民と農政」「世界農業史論」などがある。　[家]父＝佐藤昌介(北大総長)

稲田 又左衛門　いなだ・またざえもん
衆院議員(議員倶楽部)　[生]天保5年1月21日(1834年)　[没]明治43年3月2日　[出]肥前国大村(長崎県)　[歴]大村藩藩校五教館に学び、用人などを務め、文久3年大村藩勤王37士の一人。明治元年家老、2年大村藩権大参事、廃藩置県とともに長崎県西彼杵郡長、12年長崎区長、17年長崎治安裁判所判事補。23年の第1回衆院選に当選、31年引退。

稲富 稜人　いなとみ・たかと
元・衆院議員　[生]明治35年10月19日　[没]平成1年11月6日　[出]福岡県八女郡岡山村(現･八女市)　[学]早稲田大学政経学部(大正14年)卒　[賞]勲二等瑞宝章(昭和47年), 勲二等旭日重光章(昭和52年), 勲一等瑞宝章(昭和61年)　[歴]代用教員を経て早大に進学し、農民運動に入る。大正15年全日本農民組合同盟を結成し、日本農民党に参加。のち社会民衆党に参加し、昭和7年日本国家社会党を支持し、10年福岡県議に当選。戦後、21年社会党から衆院議員となったが公職追放、27年改めて衆院議員に当選。通算11期つとめ、61年引退した。その間、衆院懲罰委員長、民社党中央執行委員などを歴任。

稲葉 修　いなば・おさむ
元・衆院議員(自民党)　元・法相　[生]明治42年11月19日　[没]平成4年8月15日　[出]新潟県村上市　雅号＝稲葉虎秀　[学]中央大学法学部独法科(昭和11年)卒, 中央大学大学院(昭和15年)修了　法学博士(昭和37年)　[資]弁護士　[賞]勲一等旭日大綬章(昭和55年)　[歴]昭和20年中央大学教授を経て、24年新潟2区から衆院議員に当選。憲法学者として自民党の憲法調査会長を長く務めた。文相などを歴任し、ロッキード事件の発覚、田中角栄逮捕と続いた当時の法相。田中軍団から“ハシャギ過ぎ”と決めつけられ、“A級戦犯”扱いとなり、55年ダブル選挙では落選。58年衆院選で復活。当選14回。旧中曽根派(渡辺派)。平成2年引退。横綱審議委員会委員のほか、世界平和協会会長、日本の水をきれいにする会会長を務めた。著書に「それでも親か!」などがある。　[趣]釣り, 囲碁(6段), 剣道(7段)　[家]長男＝稲葉大和(衆院議員)

稲葉 誠一　いなば・せいいち
元・衆院議員(社会党)　弁護士　[生]大正7年3月3日　[没]平成8年5月4日　[出]東京都新宿区　[学]中央大学法学部卒　[歴]東京･宇都宮等の地検検事を経て、昭和22年退官、弁護士となる。30年栃木県議2期、37年参院議員を経て、47年栃木1区から衆院議員に当選。6期つとめた。平成2年引退。

稲葉 道意　いなば・どうい
衆院議員(日本自由党)　真宗大谷派内務局長　僧侶　[生]明治15年8月19日　[没]昭和43年3月20日　[出]岐阜県　[学]真宗大学(明治41年)卒　[歴]岐阜県の真宗大谷派信願寺住職となり、真宗大谷派宗議会議員、同副議長、同議長、真宗大谷派教化研究院長、同参務、同内務局長などを歴任。昭和21年岐阜県から衆院議員に当選した。著書に「同信」がある。

稲葉 正善　いなば・まさよし
館山藩知事　子爵　⑭嘉永1年6月28日（1848年）　⑳明治35年3月19日　㊙元治1年安房館山藩主を襲封。明治2年版籍奉還により館山藩知事に任命される。4年廃藩置県により県知事となるが、廃県となり免職。

稲葉 稔　いなば・みのる
元・滋賀県知事　レイカディア振興財団理事長　⑭昭和4年9月14日　㊐滋賀県　㊕八日市中（昭和21年）卒　㊗勲二等旭日重光章（平成11年）　㊙昭和21年滋賀県庁に入り、47年県民生活課長、49年総務部地方課参事、53年企画部長、54年滋賀県総務部長、57年副知事を経て、昭和61年知事に当選、3期つとめる。平成10年引退。

稲嶺 一郎　いなみね・いちろう
元・参院議員（自民党）　琉球石油（株）会長　実業家　⑭明治38年9月23日　⑳平成1年6月19日　㊐沖縄県国頭郡本部町　㊕早稲田大学政経学部経済学科（昭和4年）卒　㊗サンパウロ市民文化章、勲二等瑞宝章（昭和51年）、海外移住功労賞、勲一等瑞宝章（昭和63年）　㊙満鉄に入り、参事調査役を経て、昭和25年琉球水産運会長、26年琉球石油社長、32年琉球大学財団理事長、43年東洋石油精製社長、51年琉球石油会長。また45年以来参院に3選、沖縄開発政務次官、参院外務委員長などをつとめた。著書に「歴史の訓え」「二十一世紀への胎動」「沖縄開発」「美しい沖縄の風土」「世界戦略への発想」などがある。　㊕囲碁（4段）、ゴルフ

稲村 佐近四郎　いなむら・さこんしろう
元・衆院議員（自民党）　元・国土庁長官　⑭大正6年1月20日　⑳平成2年7月29日　㊐石川県羽咋市　㊕安田商工専卒　㊙13歳の時農家から裸一貫でとび出し、上京。新聞配達や土工などをやって30代で建設会社社長に。昭和38年石川2区から衆院に初当選、以来8期。46年通産政務次官を経て、52年福田内閣の総理府総務長官、58年中曽根内閣の国土庁長官

を歴任。繊維族議員のボスとして、同郷の小田清孝撚糸工連元理事長と共に日米繊維交渉や衆院商工委員会で活躍。61年4月横手文雄民社党代議士（当時）らに働きかけた撚糸工連汚職で東京地検特捜部から取調べを受け、5月1日収賄罪で起訴、自民党を離党する。6月引退。平成元年11月東京地裁で懲役2年6月、執行猶予3年、追徴金500万円の有罪判決がでて、2年3月確定していた。　㊙長男＝稲村建男（石川県議）

稲村 順三　いなむら・じゅんぞう
元・衆院議員（社会党）　農民運動家　⑭明治33年9月30日　⑳昭和30年2月21日　㊐北海道　本名＝稲村順蔵　筆名＝村上進　㊕東京帝大文学部社会学科中退　㊙北大予科時代から労働運動に参加、東大では新人会で活動、大正15年労働農民党に入党、雑誌「マルクス主義」の編集に従事。無産大衆党、日本大衆党の各書記を務め、昭和2年「労農」同人。7年秋田、新潟で農民運動に従事。12年人民戦線事件に連座。帝国農会嘱託、中央農会副参与を務めた。戦後日本社会党の結成に参加、21年新潟3区、社会党から衆院選に立ち当選、以来当選5回。党農民部長、中執委、機関紙局長、衆院内閣委員長、28年には左派社会党大会で綱領起草委員長を務めた。著書に「日本における農業恐慌」「転換期の食糧問題」「農産物価格論」などがあり翻訳もある。

稲村 利幸　いなむら・としゆき
元・衆院議員（自民党）　元・環境庁長官　⑭昭和10年10月29日　㊐栃木県足利市　㊕学習院大学政経学部（昭和36年）卒、早稲田大学政経学部（昭和36年）卒　㊙大祖父は県議、叔父は埼玉県議という政治一家に生まれる。昭和38年衆院に立候補。41年山手満男労相の秘書を経て、42年再立候補、44年衆院議員に当選。49年郵政政務次官、52年大蔵政務次官、54年自民党副幹事長、61年第3次中曽根内閣の環境庁長官に就任。当選8回。59年田中派に入るが、62年から

中曽根派(現・渡辺派)。平成2年仕手集団・光進の仕手戦で便乗利益21億余りを得て約17億円を脱税していた事実が発覚して起訴され、自民党を離党、議員も辞職。3年11月東京地裁で懲役3年4か月の実刑判決。9年刑が確定。

稲村 隆一　いなむら・りゅういち
元・衆院議員(社会党)　農民運動家　[生]明治31年3月7日　[没]平成2年11月20日　[出]北海道虻田郡喜茂別村(現・喜茂別町)　[学]早稲田大学政経学部(大正12年)卒　[賞]勲二等瑞宝章(昭和45年・53年返上)　[歴]早大在学中に建設者同盟に参加し、農民運動に入る。その間共産党に入党、さらに大正15年労働農民党に入党し、昭和3年の3.15事件で検挙される。その後社会大衆党に入り、15年東方会に参加。戦後社会党に入ったが公職追放を受け、30年から44年まで衆議院議員をつとめる。その間、中越共同印刷社長、日ソ親善協会理事長などを歴任し、51年印刷センター社長に就任。45年勲二等瑞宝章を受章したが、53年笹川良一日本船舶振興会会長の勲一等瑞宝章受章に抗議して返上した。著書に「農民運動の経済的並に政治的基礎」など。

犬養 健　いぬかい・たける
法相　民主党総裁　衆院議員　小説家　[生]明治29年7月28日　[没]昭和35年8月28日　[出]東京市牛込区馬場下町(現・東京都新宿区)　[学]東京帝国大学文科大学哲学科中退　[歴]犬養毅の長男に生まれる。学習院時代に「白樺」の影響を受け、東大在学中の大正6年「一つの時代」を「白樺」に発表。以後「家鴨の出世」「二人兄弟」など多くの小説を発表し、12年「一つの時代」を刊行。以後「南国」「家鴨の出世」「南京六月祭」などを刊行した。昭和5年父の跡を継ぎ、政友会から衆院議員に当選、以来11期務める。この間、日支事変では汪兆銘の南京政府工作に尽力。16年ゾルゲ事件に関連して起訴されたが無罪となる。戦後は公職追放解除後、進歩党結成に参加し、23年には民主党総裁となる。26年自由党に入り、27年吉田内閣の法相に就任したが、29年の造船疑獄事件で指揮権を発動し、その責任をとって辞任した。他の著書に「楊子江は今も流れている」がある。
[家]父＝犬養毅(政友会総裁)，長女＝犬養道子(評論家)，長男＝犬養康彦(共同通信社長)，娘＝安藤和津(エッセイスト)

犬養 毅　いぬかい・つよし
第29代首相　政友会総裁　漢詩人　[生]安政2年4月20日(1855年)　[没]昭和7年5月15日　[出]備中国都窪郡庭瀬(岡山県岡山市)　号＝犬養木堂　[学]慶応義塾(明治13年)中退　[賞]勲一等旭日桐花大綬章(昭和7年)　[歴]父は庭瀬藩(岡山)藩士。明治8年上京、15年立憲改進党創立に参加し、「報知新聞」「朝野新聞」で反政府活動に従事。大隈重信の参謀として、23年初の総選挙から18回連続して代議士に当選。憲政党、憲政本党、立憲国民党総理、政友会ののち、大正11年革新倶楽部の党主となり、護憲運動、普選運動を進める。第2次山本内閣の逓信相、13年第1次加藤内閣の逓信相。15年一時引退。昭和4年政友会総裁、6年首相になるが、軍部急進派の青年将校の不興を買い、7年5.15事件で射殺された。尾崎行雄と並んで“憲政の神様”と称される。その一方では、漢詩文や書にも長け、文人としても内外に重んじられた。著書に「木堂先生韻語」がある。
[趣]書，刀剣　[家]息子＝犬養健(政治家・小説家)，孫＝犬養道子(評論家)，犬養康彦(共同通信社長)

井野 次郎　いの・じろう
沖縄県知事　宮城県知事　[生]明治10年　[没]昭和27年　[出]群馬県　[学]東京帝大卒　[歴]昭和2年北海道の土木部長などを経て第22代沖縄県知事となり、不況下の沖縄経済振興に尽力。8年沖縄振興15年計画案を立案、国会を通過させ実施に入ったが、戦時体制のため中途で計画は打ち切られた。10年宮城県知事。

井野 碩哉　いの・ひろや
元・参院議員(自民党)　元・法相　[生]明治24年12月12日　[没]昭和55年5月19日　[出]三重県　[学]東京帝大独法科(大正6年)卒　[賞]勲一等旭日大綬章(昭和47年)　[歴]農林次官を経て、戦前は農相、拓務相を歴任。戦後は28年から参院三重地方区で連続当選3回、第2次岸内閣で法相を務めた。当初は緑風会に所属し32年に自民党に入党、46年引退。

伊能 繁次郎　いのう・しげじろう
元・衆院議員(自民党)　[生]明治34年3月10日　[没]昭和56年6月12日　[出]千葉県　[学]東京帝大法学部(大正15年)卒　[賞]勲一等瑞宝章(昭和46年)　[歴]運輸事務次官を経て、昭和27年の総選挙で千葉二区から初当選。51年引退するまで、衆院当選6回、千葉地方区から参院当選2回。第二次岸内閣で防衛庁長官を務めたほか、衆院議運委員長、内閣、地方行政両委員長などを歴任。

井上 泉　いのうえ・いずみ
元・衆院議員(社会党)　[生]大正5年1月16日　[没]平成15年5月18日　[出]高知県南国市　[学]高小卒　[賞]勲二等旭日重光章(平成2年)　[歴]昭和22年稲生村長、26年高知県議を経て、42年高知全県区から衆院議員に当選。通算7期務めた。平成2年引退。帝銀事件の平沢貞通死刑囚の釈放を求める"平沢貞通救援国会議員連盟"事務局長を務めた。　[家]兄＝井上清(京大名誉教授), 岡林濯水(弁護士), 姉＝井上澄恵(日本看護協会名誉会員)

井上 一成　いのうえ・いっせい
元・衆院議員(保守党)　元・郵政相　[生]昭和7年1月15日　[出]大阪府摂津市　[学]同志社大学経済学部(昭和29年)卒　[賞]勲一等瑞宝章(平成14年)　[歴]昭和35年三島町議、43年摂津市長2期を経て、51年社会党より衆院議員に当選。当選8回。平成7年村山改造内閣の郵政相に就任。8年民主党結成に参加したが、10年無所属となり、同年12月自由党に入党。12年保守党に移り、同年落選。著書に「この道に賭ける」「摂津訴訟と地方自治の復権」「ヨーロッパの地方自治」「基本的人権をみんなの手で」「社会福祉論講義」「ダグラス・グラマン疑惑追及の足跡」「日中友好のかけ橋」「青春紀行」など。　[団]日本セネガル友好協会, 日本レンゲの会　[趣]水上スキー

井上 馨　いのうえ・かおる
外相　元老　侯爵　[生]天保6年11月28日(1836年)　[没]大正4年9月1日　[出]周防国吉敷郡湯田村高田(山口県)　幼名＝勇吉, 別名＝井上聞多, 号＝井上世外　[歴]父は長州藩士。岩屋源三に蘭学を学んだ後、江川塾で砲術を修める。万延元年(1860)小姓役、のち尊王運動に身を投じ、文久2年(1862)高杉晋作らと外国公館襲撃を画策。3年伊藤博文と英国に留学。帰国後下関砲撃事件の講和にあたった。慶応元年(1865)から薩長連合に奔走し、倒幕後、新政府で明治4年大蔵大輔となったが、西郷派、江藤新平らと対立し、6年辞職。実業界に転じて三井組最高顧問となる。8年大阪会議の功により復帰し元老院議官、9年江華島事件処理の特命副全権弁理大臣として日韓修好条規を結んだ。11年参議兼工部卿、12年外務卿。18年第1次伊藤内閣の外相となり、鹿鳴館の建設などの欧化政策を推進し条約改正を試みたが失敗。第2次伊藤内閣の内相、第3次伊藤内閣の蔵相を歴任し、34年元老。40年侯爵。

井上 角五郎　いのうえ・かくごろう
衆院議員(政友本党)　日本製鋼所創立者　北海道炭礦鉄道専務　実業家　[生]万延1年10月(1860年)　[没]昭和13年9月23日　[出]広島県深安郡　[学]慶応義塾(明治15年)卒　[歴]明治15年朝鮮政府顧問となり、甲申政変後の19年帰国。20年渡米。21年帰国して後藤象二郎らの大同団結運動に参加、大同新聞の記者となった。23年第1回衆議院選挙で当選、以後13回当選。26年北海道炭礦鉄道に入り32年専務、39年北海道人造肥料社長となり40年日本製鋼所を設立、会長となった。大正5年京都電気鉄道会長、6年日東製

鋼会長、8年日本ペイント会長など各社の社長、会長を歴任した。多くの炭鉱や鉄道の開発・整備に辣腕をふるい、"井の角さん"と呼ばれた名物男だった。

井上 勝之助　いのうえ・かつのすけ
枢密顧問官　式部長官　外交官　宮内官僚　侯爵　生文久1年7月11日(1861年)　没昭和4年11月3日　出周防国(山口県)　歴明治4年ヨーロッパに留学し、法律学を学ぶ。12年帰国し、大蔵省に入省。続いて日本銀行に入った。その後、外務省権少書記官に任官。31年駐ドイツ公使兼駐ベルギー公使、ついで駐ドイツ大使に就任。大正6年宮内省に出任し、宗秩寮総裁となり、10年式部長官を経て、15年枢密顧問官に任ぜられた。侯爵。家養父＝井上馨(明治の元勲)、養子＝井上三郎(陸軍少将)

井上 吉夫　いのうえ・きちお
参院議員(自民党　鹿児島)　元・国土庁長官　元・北海道開発庁長官　元・沖縄開発庁長官　生大正12年3月1日　出鹿児島県出水市　学熊本工採鉱冶金科(昭和17年)卒　賞勲一等旭日大綬章(平成11年)　歴昭和38年鹿児島県議3期を経て、49年以来参院議員に5選。平成元年宇野内閣の北海道・沖縄開発庁長官。5年細川内閣の予算委員長。10年小渕内閣の北海道・沖縄開発庁長官。10月国土庁長官を兼任。旧田中派二階堂系、竹下派、小渕派を経て、橋本派。

井上 計　いのうえ・けい
元・参院議員(新進党)　日動印刷社長　生大正8年10月22日　出広島県福山市　学師範附属小卒　歴昭和22年京都大松東京支店長、28年日動印刷を設立、社長。52年民社党から参院議員に当選し、平成6年新進党結成に参加。3期つとめる。7年愛知選挙区から比例区に回ったが、立候補を辞退した。

井上 敬之助　いのうえ・けいのすけ
衆院議員(政友会)　生慶応1年3月(1865年)　没昭和2年8月10日　出滋賀県石部村　歴会社重役、滋賀県議を経て、明治35年以来衆院議員当選6回。政友会に属した。

井上 剛一　いのうえ・ごういち
衆院議員(立憲民政党)　静岡弁護士会長　弁護士　生慶応4年4月(1868年)　没昭和21年5月12日　出静岡県　学和歌山県師範学校(明治18年)卒、東京法学院　歴浜松市議、静岡県議、静岡弁護士会長、遠州電気鉄道取締役、日本弁護士協会名誉理事を務めた。大正9年衆院議員に当選、以来4期務めた。後に、立憲民政党総務となった。

井上 孝哉　いのうえ・こうさい
元・衆院議員(立憲政友会)　元・大阪府知事　生明治3年10月　没昭和18年11月22日　出岐阜県　学東京帝大法科大学英法科(明治30年)卒　歴明治30年内務省に入り、滋賀県警察部長、神奈川県第四部長、警視総監官房主事、警保局書記官を経て41年佐賀県知事となった。42年東洋拓殖理事となるが、大正5年退社して官界に復帰。富山、神奈川、大阪の各府県知事を経て11年加藤友三郎内閣、13年清浦奎吾内閣の内務次官となった。この間9年には衆院議員に当選、無所属から庚申倶楽部、中正倶楽部、立憲政友会に属し、政友会総務、政調会長を務めた。当選4回。

井上 毅　いのうえ・こわし
枢密顧問官　文相　官僚　子爵　生天保14年12月18日(1843年)　没明治28年3月17日　出肥後国熊本城下坪井町(熊本県)　旧姓＝飯田　通称＝多久馬、号＝梧陰　歴肥後藩士飯田権五郎の三男。井上茂三郎の養子となり、木下犀潭の「韓村(いそん)書屋」、藩学自習館に学んだ。明治維新には戊辰戦争に従軍。2年上京、3年大学南校小舎長、4年司法省に転じ、5年岩倉具視使節団に随行、フランス、ドイツに留学。帰国後内閣法政官となり日清交渉に随行。内務大

書記官、太政官大書記官を経て、14年参事院議官となり、伊藤博文の憲法綱領を作成、国会開設の勅論を起草。15年内閣書記官長として条約改正運動を援け、以後伊藤枢密院議長の下、枢密院書記官長となり帝国憲法、皇室典範の立案を完了。23年枢密顧問官として教育勅語制定に尽力。26年第2次伊藤内閣の文相となり、高等学校舎の制定、実業教育の普及に努めた。死後子爵。著書に「梧陰存稿」、訳書に「王国建国法」「字国憲法」などがあり、のち梧陰文庫として国学院大学に寄贈された。

井上 三郎　いのうえ・さぶろう

貴院議員(侯爵)　陸軍少将　⽣明治20年2月6日　没昭和34年6月4日　出東京　学陸士(第18期)(明治38年)卒、陸大(大正5年)卒　歴陸軍大将・桂太郎の実子で、侯爵井上勝之助の養子。陸軍省軍務局付となり、軍事課員として大蔵省に派遣された。明治39年陸軍砲兵少尉、のち近衛野砲連隊付となり、大正9年欧米に留学。帰国後、砲兵少佐として近衛砲兵連隊大隊長、15年参謀本部員、昭和4年陸軍科学研究所員となり侯爵を継いだ。6年整備局動員課長、8年技術本部部長、9年少将に進級し予備役。昭和4～22年貴院議員。宮廷グループの一員として近衛文麿、木戸幸一らと親交があった。　家実父＝桂太郎(陸軍大将・首相)，養父＝井上勝之助(侯爵)，長男＝井上光貞(歴史家)

井上 信貴男　いのうえ・しぎお

元・衆院議員(自由党)　元・井上繊維工業社長　実業家　⽣明治41年3月24日　没昭和46年7月25日　出奈良県生駒郡安堵村　学奈良県立郡山中(昭和2年)卒　歴土木請負業、皮革加工、繊維メリヤス製造、ゴム工業などを営み、井上工業所顧問のかたわら奈良日日新聞社取締役、同会長を務め、井上皮革工業社主、井上繊維工業社長となった。昭和24年には民自党から衆院議員に当選、民自党会計総務を務めた。

井上 準之助　いのうえ・じゅんのすけ

蔵相　貴院議員(勅選)　日本銀行総裁　財政家　⽣明治2年3月25日　没昭和7年2月9日　出豊後国日田郡大鶴村(大分県日田市)　学帝大法科大学(現・東大)英法科(昭和29年)卒　歴明治29年日銀に入り、30年英国、ベルギーに留学。帰国後、大阪支店長、本店営業局長、ニューヨーク代理店監督など歴任。44年横浜正金銀行(のち東京銀行)に入り、大正2年頭取、8年日銀総裁に就任する。12年第2次山本内閣の蔵相となり、関東大震災後の救済・復興に従事。13年勅選貴院議員。金融恐慌時の昭和2年再び日銀総裁。4年浜口内閣の蔵相となり、金解禁とデフレ政策を実行。7年1月民政党総務となるが、同年2月血盟団事・小沼正に暗殺された。著書に「戦後に於ける我国の経済及金融」「井上準之助論叢」(全4巻)がある。　家四男＝井上四郎(アジア開発銀行総裁)

井上 甚太郎　いのうえ・じんたろう

衆院議員(政友会)　実業家　⽣弘化2年3月(1845年)　没明治38年8月22日　出讃岐国高松(香川県)　歴讃岐高松藩で砂糖の専売に従事し、のちに塩業界に入る。明治35年衆議院議員となり、塩専売法の審議で活躍。

井上 清一　いのうえ・せいいち

京都市長　参院議員(自由党)　⽣明治38年7月31日　没昭和42年1月8日　出富山県　学東京帝大法学部(昭和5年)卒　歴内務省に入り、京都府警を経て、副知事となった。昭和25年蜷川虎三と知事の座を争って敗れた。のち官房副長官を経て、28年参議院議員に当選、2期つとめる。41年京都市長に就任、在職中に死亡。

井上 孝　いのうえ・たかし

元・参院議員(自民党)　元・国土庁長官　⽣大正14年2月23日　出新潟県東頸城郡牧村　学京都帝国大学工学部土木工学科(昭和21年)卒　賞勲一等瑞宝章(平成10年)　歴昭和23年建設省に入省。47年東北地方建設局長、49年道路局長、

51年技監、53年事務次官を歴任して、54年退官。55年以来参院議員に3選。平成4年宮沢改造内閣の国土庁長官に就任。竹下派を経て、小渕派。10年引退。

井上 高格　いのうえ・たかのり
衆院議員　徳島市初代市長　[生]天保2年6月11日(1831年)　[没]明治26年4月26日　[歴]明治2年阿波徳島藩の参政を経て、4年大参事となる。7年政治結社自助社をおこし、自由民権を主張。22年初代徳島市長となり、23年衆議院議員。

井上 卓一　いのうえ・たくいち
衆院議員(日本自由党)　弁護士　[生]明治27年12月5日　[没]昭和54年12月7日　[出]岡山県勝南郡湯郷村(現・美作町)　[学]早稲田大学専門部法律科(大正12年)卒　[賞]勲三等旭日中綬賞(昭和43年)　[歴]東京で弁護士を開業。日本弁護士協会理事を務める。弁護士の仕事にたずさわる一方で、政治活動を行い、小石川区議、東京市議を経て、昭和22年郷里、岡山県から衆院議員に当選。総理大臣秘書官を務めた後、29年第1次鳩山内閣の内閣官房副長官となり、自民党顧問、パイオニア(株)監査役等を歴任。

井上 赳　いのうえ・たけし
衆院議員(国協党)　共立薬科大学教授　[生]明治22年7月　[没]昭和40年7月20日　[出]島根県　[学]東京帝大国文科(大正4年)卒　[歴]七高造士館教授を経て、文部省図書監修官、図書局第一編集課長などを歴任。児童中心の思潮を反映した「ハナハト読本」を完成、好評を得た。衆院議員に当選1回。

井上 匡四郎　いのうえ・ただしろう
元・鉄道相　元・技術院総裁　京都帝大教授　鉱山学者　[生]明治9年4月　[没]昭和34年3月18日　[出]熊本県　[学]東京帝大工科大学採鉱冶金科(明治32年)卒　工学博士　[歴]子爵井上毅の養子。明治34年ドイツ、米国に留学、40年帰国、大阪高等工業教授、東京帝大工学部教授、京都帝大教授を歴任、この間工学博士。その後、南満州鉄道撫順炭坑鞍山製鉄所長、海軍政務次官、43年貴院議員となり、大正15年第1次若槻礼次郎内閣の鉄道大臣となった。昭和17年技術院総裁。第11回国連総会日本代表でジュネーブ出張、また万国議員会議、万国商事会議の日本代表として出席。日本交通協会会長のほか、東京倶楽部、燃料協会、地質協会、地学協会などの役職を歴任した。
[家]養父=井上毅(子爵)，妻=井上哉子(香道家)

井上 伝蔵　いのうえ・でんぞう
自由民権運動家　[生]嘉永7年6月26日(1854年)　[没]大正7年6月23日　[出]武蔵国秩父郡下吉田村(埼玉県吉田町)　別名=伊藤房次郎，俳号=柳蛙　[歴]埼玉・下吉田村(のちの吉田町)きっての商家に生まれる。若くして“丸井のだんな”と呼ばれ、近隣村との連合議会の副議長も務めた。東京で自由民権運動の高まりに接し、明治17年自由党に入る。同年9月秩父農民の蜂起を組織しようとして田代栄助を最高指導者に迎え、秩父国民党を結成。同年11月の武装蜂起(秩父事件)に際しては会計長となり指導的役割を果たす。指導部潰滅後、村内に潜伏、欠席裁判で死刑判決を受けた。しかし、20年頃伊藤房次郎の変名で北海道に逃亡。苫小牧、石狩、札幌などを経て、45年石狩に移住。結婚し、三男三女をもうける。また、八幡神社の祭典委員を務め、柳蛙の俳号で句会にも参加するなどして余生を送った。

井上 東治郎　いのうえ・とうじろう
元・衆院議員(民主党)　[生]明治39年1月　[没]昭和55年9月9日　[出]宮城県　[学]仙台商業学校(大正13年)卒　[歴]宮城県議を経て、昭和21年宮城全県区で衆院当選1回。

井上 篤太郎　いのうえ・とくたろう
衆院議員(政友会)　京王電気軌道社長　[生]安政6年6月13日(1859年)　[没]昭和23年11月28日　[出]神奈川県　[学]明治法律学校(現・明治大学)(明治15年)卒　[歴]自由民権運動に参加後、神奈川県庁に

勤め、明治18年から神奈川県議を3期務めた。のち日本絹綿紡績支配人から、34年富士瓦斯紡績に転じ、製紙、絹織物技術の発展に貢献。その後玉川電気鉄道取締役兼支配人、王子電気軌道取締役を経て、昭和3年京王電気軌道社長となった。12年衆院議員に当選、政友会に属した。21年勅選貴院議員。

井上 友一　いのうえ・ともいち
東京府知事　内務官僚　[生]明治4年4月10日　[没]大正8年6月12日　[出]加賀国金沢(石川県金沢市)　号＝明府　[学]帝大法科大学(現・東大法学部)(明治26年)卒　法学博士(明治42年)　[歴]明治26年内務省に入省。県治局、地方局、内務書記官を経て、30〜41年府県課長、33年欧米出張、34年行政裁判所評定官兼務。日露戦争後は地方改良運動を推進、社会慈善事業育成に尽力。41年神社局長、大正3年明治神宮造営局長、4年東京府知事となった。7年の米騒動時には公設廉売市場、簡易食堂を開設、経済保護事業の先駆となった。著書に「都市行政及び法制」「救済制度要義」がある。

井上 知治　いのうえ・ともはる
衆院議員　参院議員(自民党)　[生]明治19年7月　[没]昭和37年9月19日　[出]鹿児島県　[学]東京帝大政治科(大正6年)卒　[歴]鈴木商店に入り冠東商会専務理事、東京歯科大学理事長となった。また読売新聞記者を経て昭和5年以来衆院議員に当選7回。22年衆院副議長、23年第2次吉田茂内閣の国務大臣、賠償庁長官となった。民主党、民主自由党、自由民主党各顧問を務め、28年参院議員に当選した。

井上 なつゑ　いのうえ・なつえ
参院議員(緑風会)　日本看護協会初代会長　看護教育家　[生]明治31年7月25日　[没]昭和55年11月13日　[出]兵庫県　[学]女子英学塾修了，ロンドン大学ベットフォード女子専門学校公衆衛生看護学科(昭和4年)卒　[歴]日赤大阪病院看護婦長、女子学習院講師、日本看護協会会長などを経て、昭和22年参院全国区で当選し1期務めた。日赤女子専門学校理事、日本助産婦看護婦保健婦協会長等を歴任。この間、国際看護婦協会総会に出席。

井上 彦左衛門　いのうえ・ひこざえもん
衆院議員(憲政本党)　[生]嘉永6年10月25日(1853年)　[没]昭和4年5月2日　[出]駿河国安倍郡豊田村八幡(静岡県)　[歴]静岡県の大地主の長男。豊田村議、聯合会議員、水利土工会議員、県会議員、徴兵参事会員、所得税調査委員などを歴任。また野崎銀行、静岡銀行などの創立に参画、取締役支配人を務めた。明治23年第1回以来、衆院議員に当選12回。その間静岡県農工銀行創立委員となり、頭取を務めた。

井上 広居　いのうえ・ひろやす
衆院議員(憲政会)　秋田市長　[生]元治1年10月4日(1864年)　[没]昭和31年6月5日　[出]出羽国秋田郡(秋田県)　[学]東京専門学校(現・早稲田大学)卒　[歴]明治22年「秋田魁新報」を創刊、のち社長に就任。45年衆議院議員。大正5年秋田市長となり、17年間つとめた。

井上 密　いのうえ・みつ
京都市長　京都帝国大学法科大学長　[専]法律学　[生]慶応3年10月2日(1867年)　[没]大正5年9月13日　[出]上総国大多喜(千葉県)　[学]東京帝国大学法科(明治25年)卒　法学博士(明治34年)　[歴]東京専門学校、明治法律学校、日本法律学校などで教え、明治29年ドイツ、フランス、英国に留学。32年帰国、東大教授となり国法学を講義した。39年京大法科大学長に就任。42年英、米に出張。大正2年京都市長となった。著書に「行政学」などがある。

井上 裕　いのうえ・ゆたか
元・参院議員(無所属)　元・文相　元・参院議長　[生]昭和2年11月17日　[出]千葉県成田市　[学]東京歯科医専卒　[賞]勲一等旭日大綬章(平成12年)　[歴]千葉県議を経て、昭和51年千葉2区から衆院議員にトップ当選を果たすが、54年落選。55

年参院議員に転じ、平成2年第2次海部改造内閣の文相に就任。参院予算委員長なども務めた。12年参院議長に就任。当選4回、三塚派を経て、森派。14年5月政策秘書が競売入札妨害容疑で逮捕されたのを受け、辞職。6年東京歯科大学理事長。

井上 良二　いのうえ・りょうじ
衆院議員（社会党）　労働運動家　⽣明治31年5月15日　没昭和50年9月2日　出高知県吾川郡伊野町　学尋常小学卒　歴大正7年友愛会に入り、12年大阪労働学校主事。15年社会民衆党、昭和6年全国労農大衆党中央執行委員、7年社会大衆党中央委員を歴任。その間、大阪府議を2期務め、12年大阪2区から衆議院議員に当選。戦後社会党の結成に参加、中央執行委員。21年衆院選に当選以来、6期連続当選、通算7回。22年には片山哲内閣の農林政務次官、農林、大蔵各委員長を務めた。全国土地改良協会常務理事。

井之口 政雄　いのぐち・まさお
元・衆院議員（共産党）　社会運動家　⽣明治28年4月28日　没昭和42年6月30日　出沖縄県那覇市　学慶応義塾大学理財科中退　歴日本社会主義同盟、水曜会で活動、大正12年共産党に入党、「無産者新聞」編集局員として活躍した。昭和3年の第1回普選に労働農民党候補として沖縄から立候補、3.15事件で検挙され、治安維持法違反で懲役8年判決。戦後、共産党兵庫県委員会再建に参加、21年機関紙アカハタ関西総局責任者となり、24年兵庫2区から衆議院議員に当選、共産党国会議員団長を務めた。

猪野毛 利栄　いのけ・としえ
衆院議員（日本進歩党）　福井放送社長　⽣明治19年1月　没昭和27年10月11日　出福井県　学日本大学法律科（明治44年）卒　歴順天中学校教諭、二六新報記者などを経て、日本浪人社を創立、雑誌「日本浪人」、経国社を創立し「政治及経界」を主宰する。また司法大臣秘書官、内務大臣秘書官を経て、大正13年衆院議員に初当選以来通算6期務めた。広田内閣の外務政務次官、外務省委員などを歴任。

猪俣 浩三　いのまた・こうぞう
元・衆院議員（社会党）　元・アムネスティ・インターナショナル日本支部長　弁護士　⽣明治27年7月20日　没平成5年8月21日　出新潟県刈羽郡石尻村（現・柏崎市）　学高田師範（大正3年）卒、日本大学法学部（大正13年）卒　歴大正15年司法官試験に合格し弁護士となる。自由法曹団設立に参画。昭和5年第2回普選に新潟3区から日本民衆党（地方無産党）候補として出馬するが落選。党解党後、社会民衆党に合流。戦後日本社会党に入党し、22年の第1回総選挙以来、新潟4区から8選。45年引退。この間、党左派に属して、中執委、国対委員長など歴任。衆院法務委員会では、日本発送電政治献金、東大ポポロ事件、造船疑獄、売春汚職などを問題化し、政府ににらみをきかせた。政界引退後、アムネスティ日本支部初代理事長を務め、徐兄弟や金芝河ら"良心の囚人"釈放要求の先頭に立った。主な著書に「教育疑獄を弁護して」「統制法令の臨床解釈」「1億人の法律」「闇取引と刑罰」「抵抗の系譜」「占領軍の犯罪」などがある。

伊庭 貞剛　いば・さだたけ
衆院議員　住友家総理事　実業家　⽣弘化4年1月5日（1847年）　没大正15年10月23日　出近江国蒲生郡武佐村西宿（滋賀県近江八幡市）　幼名＝耕之助、号＝幽翁　歴近江国に代官の長男となて生れ。17歳のとき勤皇討幕の商人・西川吉輔の知遇を得て慶応3年（明治元年・1867）出京、朝廷方の警備隊員となる。維新後、明治政府で末端の司法官として出仕、明治12年大阪上等裁判所判事を依願免官。まもなく叔父・広瀬宰平の勧めで住友家に入り、14年本店支配人となる。27年別子鉱業所に紛争が勃発すると同所勤務となり、29年同所支配人に任ぜられ、煙害問題紛争処理、精錬所の四阪島移転などにあたった。30年

総理事心得、32年本店に戻り、33年総理事。住友の近代化を進め、住友林業、住友化学工業などの母体をつくった住友"中興の祖"。37年勇退し、大正12年顧問を最後に引退。また、大阪紡績、大阪商船の重役、大阪商業学校校長なども務め、明治23年には第1回衆院議員に当選した。

井原 岸高　いはら・きしたか
元・衆院議員(自民党)　[生]明治36年4月23日　[没]平成4年9月25日　[出]愛媛県伊予三島市　[学]三島高小(大正5年)卒　[賞]勲二等旭日重光章(昭和52年)，勲一等瑞宝章(昭和62年)　[歴]昭和22年以来愛媛県議2期、この間県会議長、県政クラブ会長をつとめる。33年以来衆院議員に8選。農林、防衛、法務各政務次官、衆院逓信、運輸、決算各委員長を歴任した。　[家]息子＝井原正孝(井原工業社長)，孫＝井原巧(愛媛県議)

井原 喜代太郎　いはら・きよたろう
衆院議員(憲政会)　[生]文久3年6月(1863年)　[没]大正9年8月6日　[出]肥前国(佐賀県)　[歴]佐賀県議、議長を務める。鹿島銀行頭取等を務めたのち、大正4年の衆院選挙に初当選。以来連続3回当選するが、3期目の任期中に死去。

井原 十郎　⇒山田信道(やまだ・のぶみち)を見よ

井深 彦三郎　いぶか・ひこさぶろう
衆院議員(政友会)　陸軍通訳　[生]慶応2年7月2日(1866年)　[没]大正5年4月4日　[出]陸奥国会津若松(福島県)　[歴]日清戦争で陸軍通訳をつとめ、のち奉天居留民団長を経て、明治45年衆議院議員。　[家]兄＝井深梶之助

伊部 真　いべ・まこと
元・参院議員(社会党)　元・全日通労組中央執行委員長　労働運動家　[生]大正10年1月21日　[没]昭和48年10月9日　[出]福井県　[学]大阪此花商(昭和14年)卒　[歴]昭和16年日本通運に入り、大阪支店労務主任、23年全日通中央執行委員、関西地区本部副委員長、大阪支部書記長を経て32年全日通中央副執行委員長、35年全日通労働組合中央執行委員長となった。その後、全国通運労働組合協議会、全日本交通運輸労働組合の各議長を務めた。46年社会党から参議院議員全国区に当選した。

井堀 繁雄　いほり・しげお
元・衆院議員(社会党)　全国生協連合会会長理事　労働運動家　[生]明治35年9月30日　[没]昭和58年7月18日　[出]福岡県京都郡小波瀬村(現・苅田町)　[学]日本労働学校(大正12年)卒　[歴]大正4年八幡製鉄所に入り、7年神戸の川崎造船所で働らく。8年友愛会に参加し、10年の川崎造船所争議に参加して検挙され、懲役6カ月に処せられる。出獄後は仕事を転々とし、14年埼玉県草加の大阪窯業に入社。昭和2年東京鉄工組合川口支部長となり、以後多くの争議を指導し、また社会民衆党の組織結成をすすめる。のちに社会大衆党結成に参加。戦後は総同盟の再建に従事し、総同盟副会長などを歴任。33年社会党から衆議院議員となり、35年民主社会党の結党に参加した。「総同盟五十年史」などの著書がある。

今井 勇　いまい・いさむ
元・衆院議員(自民党)　元・厚相　[生]大正8年7月21日　[没]平成10年11月6日　[出]長野県長野市　[学]東京帝大工学部(昭和19年)卒　[賞]勲一等瑞宝章(平成4年)　[歴]昭和24年建設省入省。四国地方建設局長を経て、47年より衆院議員に当選7回。農水政務次官、厚生政務次官、党社会部会長、党政調副会長、59年衆院農林水産常任委員長を経て、60年中曽根第2次改造内閣で厚相。宮沢派。平成5年引退。　[趣]ゴルフ，小唄

今井 磯一郎　いまい・いそいちろう
衆院議員(国民協会)　[生]天保12年1月(1841年)　[没]明治42年9月10日　[出]愛知県　[歴]愛知県議、同常置委員を経て、明治23年衆院議員に当選、以降4選される。岡崎商業会議所会頭、岡崎米穀取

引所理事長、三河電力社長などを歴任した。

今井 耕　いまい・こう
衆院議員（自民党）　⊕明治29年2月　⊗昭和51年1月18日　⊕滋賀県　⊕長浜農学校卒　㈱昭和21年衆議院議員に初当選。以来通算6回当選。この間第2次鳩山内閣の建設政務次官、衆院決算委員長などを歴任。

今井 新造　いまい・しんぞう
衆院議員（無所属倶楽部）　⊕明治27年1月　⊗昭和37年8月23日　⊕山梨県　㈱山梨県議を経て昭和11年衆院議員初当選、以来連続3期務める。この間内閣委員、大東亜省委員などを歴任。

今井 健彦　いまい・たけひこ
衆院議員（日本進歩党）　⊕明治16年7月　⊗（没年不詳）　⊕静岡県　⊕福井日報社長。大正13年衆院議員に当選、以降7期務めた。昭和6年犬養内閣の農林参与官、14年には平沼内閣の商工政務次官、文部省委員となった。また立憲政友会総務を務め、第25回列国議会同盟会議（ベルリン）等に参列した。

今井 嘉幸　いまい・よしゆき
衆院議員　東京地裁判事　普選運動家　弁護士　⊕明治11年5月25日　⊗昭和26年6月30日　⊕愛媛県周桑郡小松町　⊕東京帝国大学法学部独法科（明治39年）卒　法学博士　㈱東京地裁判事として、明治41年清国に渡り、法制教育をする。帰国後の大正3年弁護士を開業。6年大阪市より衆院議員に当選、以後、普選運動家として活躍。のちに社会大衆党顧問となり、戦時下の翼賛選挙で2度目の代議士となった。平成10年中国・辛亥革命の指導者だった孫文にあてた、憲法私案とみられる書簡が発見された。

今泉 嘉一郎　いまいずみ・かいちろう
衆院議員（政友会）　八幡製鉄所技師　製鉄技術者　⊕慶応3年6月（1867年）　⊗昭和16年6月30日　⊕群馬県　⊕帝国大学工科大学採鉱冶金科（明治25年）卒　㈱明治25年農商務省に入り、技師としてドイツに留学、フライベルク鉱山大学で製鉄学を学び、その間、日本官立製鉄所技師となり、欧州の製鉄業を調査、30年帰国して直ちに八幡製鉄所の工場建設にかかり、工務部長および製鋼部長として建設経営に当たった。45年退官後、鋼管製造会社（現・日本鋼管）を創立、技師長となった。大正初期、日本鉄鋼協会会長、臨時経済調査会委員を務め、9年衆院議員となった。第19回万国議員総会には議会代表議員団長として出席。ルクセンブルク大公国名誉総領事、工業品規格統一調査会委員、日本鋼管、南洋鉄鋼各取締役などを兼務、わが国の製鉄事業発展に大きく貢献した。著書に「鉄屑業」（上下）がある。

今泉 正二　⇒今泉貞鳳（いまいずみ・ていほう）を見よ

今泉 貞鳳　いまいずみ・ていほう
元・参院議員（自民党）　評論家　俳人　元・講談師　⊕大正15年9月1日　⊕東京・蒲田　本名＝今泉正二　芸名＝一龍斎貞鳳　⊕法政二高卒　㈹文部大臣奨励賞（昭和40年）、日本放送作家協会賞（昭和44年）、紺綬褒章（昭和53年）、勲三等旭日中綬章（平成8年）　㈱13歳で一龍斎貞丈門下となり、一龍斎貞鳳として講談師に。司会、タレントなどを経て、昭和46年参院全国区で当選。49年北海道開発政務次官。52年落選して政界引退。57年ラジオに評論家として12年ぶりの復帰。俳句は昭和20年より始め、46年富安風生の知遇を得て師事。「若葉」「河」同人。著書に「話の味覚」「講釈師ただいま24人」「政治日記」、句集「昴」「貞鳳自註句集」などがある。　団俳人協会　⊕自転車旅行、絵画

今井田 清徳　いまいだ・きよのり
貴院議員（勅撰）　逓信次官　⽣明治17年2月2日　⽒昭和15年5月8日　⽣岡山県　旧名＝国塩　⽣東京帝大法科大学（明治42年）卒　⽣逓信省に入り大阪中央郵便局長、熊本、東京各逓信局長、本省簡易保険局長、同貯金局長の後一時退官、大阪市電気局長兼同市参与となった。昭和4年逓信次官となり、6年6月宇垣一成朝鮮総督に請われ政務総監となり、朝鮮北部の水力電気開発とその統制を実施、朝鮮の兵站工業基地化を推進した。11年8月退任、同年9月勅選貴院議員。12年宇垣流産内閣の組閣参謀。また国策研究会、昭和研究会にも加わった。日本放送協会理事。
⽣養子＝今井田研二郎（日本山岳協会会長）

今枝 敬雄　いまえだ・のりお
元・衆院議員（自民党）　⽣大正13年8月18日　⽒愛知県　⽣陸軍航空学校操縦科卒　⽣勲二等瑞宝章（平成9年）
⽣昭和42年から愛知県議を4期務める。議団幹事長を経て、55年より衆院議員に3選。自民党都市局次長、自民党愛知県顧問、経済企画政務次官などを歴任。竹下派を経て、小渕派。平成5年、8年落選。　⽒読書、絵画骨董観賞、ゴルフ

今川 正彦　いまがわ・まさひこ
元・京都市長　⽣明治44年1月4日　⽒平成8年12月7日　⽒山口県防府市　⽣東京帝国大学農学部（昭和10年）卒　⽣勲三等旭日中綬章（平成7年）　⽣旧内務省に入り、戦時中は中国勤務。戦後は経済安定本部などを経て建設省。昭和36年京都市都市計画局長、46年から助役を3期務め、前市長の病気辞任に伴い、56年市長に当選。60年古都保存協力税を導入して教徒仏教会と対立し、63年に廃止した。平成元年引退。

今澄 勇　いまずみ・いさむ
元・衆院議員（民社党）　政治評論家　⽣大正2年6月　⽒平成9年11月17日　⽒山口県　⽣山口高等商業学校（昭和9年）卒　⽣勲二等旭日重光章（昭和58年）
⽣日本企業組合連盟理事長を務め、昭和22年衆院議員に当選、以来8期選出される。社会党中小企業部長、同党国会対策部長、中央執行委員、政策審議会副会長を経て、民社党結成に参加。綱領審議委員長、政策審議会長、民社党統制委員長に就任し、また特派大使顧問としてアラブ連合共和国や中近東各国を訪問した。著書に「企業組合設立必携」「日本はどうする」など。　⽣オーディオ，ハイキング

今西 林三郎　いまにし・りんざぶろう
衆院議員　阪神電鉄社長　大阪商業会議所会頭　実業家　⽣嘉永5年2月5日（1852年）　⽒大正13年8月27日　⽒伊予国（愛媛県）　⽣三菱会社商業学校卒
⽣一時三菱社員を勤め、明治14年大阪で回漕問屋を経営。16年大阪同盟汽船取扱会社社長、18年同社と大阪商船が合併、回漕部長、支配人となった。22年辞任、石炭問屋、綿糸商を開業、関西屈指の豪商となった。また25年山陽鉄道支配人、26年阪神電鉄創立に参画、専務を経て、社長に就任。この間大阪商業会議所、大阪三品取引所創立にも参画、のち大阪商業会議所会頭。大阪市会議員を経て、大正4年愛媛県から衆院議員に当選した。

今松 治郎　いままつ・じろう
元・衆院議員（自民党）　⽣明治31年7月25日　⽒昭和42年10月14日　⽒愛媛県　⽣東京帝国大学仏法科（大正11年）卒
⽣大正11年内務省に入り、警視庁官房主事、内務省警保局長を経て昭和15年和歌山県知事、18年静岡県知事となった。戦後公職追放、解除後の27年愛媛3区から衆議院議員に当選、当選5回。32年第1次岸内閣の初代総理府総務長官となった。自由党副幹事長、民主党国会対策副委員長、自民党組織副委員長、副幹事長、全国組織委員長などを歴任した。

今村 勤三　いまむら・きんぞう
衆院議員（改進党）　奈良県議会議長（初代）　奈良鉄道社長　⽣嘉永5年2月（1852年）　⽋大正13年10月26日　⽣大和国生駒郡安堵村（奈良県安堵町）　⽣伴林光平に和漢を学んだ。明治4年父を継いで里正となり、廃藩置県で戸長、区長を務めた。14年大阪府議となり、15年大和国15郡の人民総代として上京、内務卿に廃県となった奈良県の分県請願書を提出、16年2度目の請願書を出したが却下され、さらに元老院議長佐野常民に建白して20年遂に奈良県設置が決定。その功績で県議、議長となった。のち讃岐鉄道会社の敷設工事を完成、21年養徳新聞社を創立、社長。23年以来衆院議員当選2回、改進党に所属。26年奈良鉄道会社を設立して社長。30年奈良農工銀行を興し頭取、36年郡山紡績社長を兼務した。

今村 忠助　いまむら・ちゅうすけ
衆院議員（自由党）　⽣明治32年2月　⽋昭和29年12月16日　⽣東京　⽣日本大学法文学部（昭和3年）卒　⽣日本道路美化協会理事長、日本幼少年教育協会長などを務める。昭和22年衆院議員に初当選。以来4回連続当選。この間、第3次吉田内閣の文部政務次官、民主自由党総務、自由党遊説部長などを歴任した。

今村 等　いまむら・ひとし
衆院議員（社会党）　労働運動家　⽣明治25年3月23日　⽋昭和54年11月1日　⽣熊本県玉名郡八嘉村中坂門（現・玉名市）　⽣小学校卒　⽣小学校卒業後各地の炭鉱で働き、大正5年友愛会に参加し、以後多くの労働運動を指導する。9年香焼炭鉱争議を指導して検挙され、懲役2年に処せられた。出獄後も総同盟で活動し、昭和4年日本大衆党から長崎市議に当選。満州事変後は国家社会主義者となり、長崎県議などをつとめる。戦後は社会党の結党に参加し、21年衆議院議員となるが、22年公職追放。30年再び衆議員議員となり、35年民主社会党の結党に参加した。

井村 重雄　いむら・しげお
衆院議員（自民党）　⽣明治36年1月　⽋昭和47年3月22日　⽣石川県　⽣金沢医科大学（大正13年）卒　⽣昭和17年金沢市議、22年金沢市長に就任。26年再選される。35年衆院議員初当選以来連続3期。社会保障制度審議会委員、海岸砂地地帯農業振興対策審議会委員、売春対策審議会委員、防衛政務次官などを歴任。

井村 徳二　いむら・とくじ
衆院議員　参院議員（自民党）　⽣明治32年11月　⽋昭和33年10月27日　⽣石川県　⽣早稲田大学商科　⽣北陸鉄道社長、加越能鉄道副社長、大市土地社長等を務める。昭和22年衆院、28年参院当選。自民党総務、同党政調会政策審議会、石橋および、第1次岸内閣の経済企画政務次官を歴任した。

伊能 芳雄　いよく・よしお
元・参院議員　元・群馬県知事　⽣明治31年2月12日　⽋昭和63年10月2日　⽣群馬県　⽣東北帝国大学理学部（大正12年）卒、東京帝国大学政治学科（大正14年）卒　⽣勲三等旭日中綬章（昭和43年）、勲二等旭日重光章（昭和50年）　⽣昭和23年8月から27年8月まで群馬県知事。28年の参院選で群馬地方区から初当選、1期6年間を務めた。

入江 嘉伝次　⇒野村靖（のむら・やすし）を見よ

入交 太蔵　いりまじり・たぞう
参院議員（自民党）　高知商工会議所会頭　実業家　⽣明治29年8月14日　⽋昭和54年10月17日　⽣高知県　⽣高知商卒　⽣藍綬褒章（昭和34年）、勲二等瑞宝章（昭和41年）　⽣家業を継ぎ、入交産業、共同石炭鉱業、高知瓦斯各社長。昭和12年高知商工会議所会頭、22年参院議員となり2期つとめた。四国財界の雄。　⽣弟＝入交太兵衛（入交産業会長）

伊礼 肇　いれ・はじめ
元・衆院議員(日本進歩党)　弁護士　[生]明治26年10月15日　[没]昭和51年6月7日　[出]沖縄県　[学]京都帝大独法科(大正8年)卒　[歴]弁護士を経て、昭和3年から衆院議員に6選。

岩男 仁蔵　いわお・にぞう
元・参院議員(国協党)　[生]明治21年9月23日　[没]昭和57年2月23日　[出]大分県　[学]大分師範　[歴]昭和22年4月参院大分地方区に当選、1期6年つとめた。

岩上 二郎　いわかみ・にろう
参院議員(自民党)　元・茨城県知事　[生]大正2年11月29日　[没]平成1年8月16日　[出]茨城県那珂郡瓜連町　[学]京都帝大法学部政治学科(昭和15年)卒　[賞]勲一等瑞宝章(昭和62年)　[歴]昭和22年瓜連町長に当選、1期4年を務め、27年アメリカに1年留学。ニュー・ディール農業政策を学び、再び町長に復帰。34年茨城県知事に当選。以後、50年まで4期16年在任。その間、独特のキャッチフレーズ“農工両全”を掲げ、工業と農業が両立する開発(鹿島開発)をうたったが、農業荒廃、公害発生など、開発に伴う問題点も発生。また開発に深入りするにつれ、当初の革新色は薄れ、次第に保守化していった。53年参院議員に当選、3期つとめ、田中派、竹下派に属した。この間、62年の公文書館法を議員立法で成立させた功績により、平成元年国際文書館評議会(ICA)から名誉メダルを授与された。　[家]妻＝岩上妙子(参院議員)

岩神 昂　いわかみ・のぼる
島根県知事　[生]天保12年(1841年)　[没]大正15年5月13日　[出]土佐国高岡郡佐川(高知県)　[歴]土佐高知藩士古沢南洋の長男。土佐勤王党に参加し、維新後は高知県権参事となるが、明治10年立志社の挙兵計画にくわわり禁獄10年の刑をうける。35年島根県知事に就任。
[家]弟＝古沢滋(政治家)

岩川 与助　いわかわ・よすけ
衆院議員(自由党)　[生]明治19年1月　[没](没年不詳)　[出]東京　[学]神戸市パルモア英学院(明治43年)卒　[歴]藤田商事取締役、大和海上保険、大平洋海上火災保険、旭日生命保険、合同硫黄鉱業、日東鉱業汽船各専務取締役を務め、鹿児島商船、興化工業、昭和電気建設各社長に就任。昭和3年衆院議員に当選、以降4期務めた。後に自由党総務務となった。

岩木 哲夫　いわき・てつお
元・参院議員(改進党)　[生]明治34年4月　[没]昭和55年2月2日　[出]大阪　[歴]昭和22年大阪地方区から参院議員に当選、1期務めた。

岩切 重雄　いわきり・しげお
元・衆院議員(民政党)　元・鹿児島市長　[生]明治21年1月　[没]昭和55年1月27日　[出]鹿児島県　[学]東京帝大政治科(大正3年)卒　[歴]大正9年から民政党所属衆院議員4期、昭和19～20年鹿児島市長をつとめた。

岩倉 具定　いわくら・ともさだ
宮内相　公爵　[生]嘉永4年12月27日(1851年)　[没]明治43年3月31日　[歴]慶応2年天皇の側近に侍し、中御門経之ら22卿の朝政刷新建言の一人。明治元年戊辰戦争に東山道鎮撫総督として活躍、江戸開城後奥羽征討白河口総督、3年米国留学、5年帰国、17年兄具綱隠退後、家督を継ぎ18年父の功により公爵、23年侍従職幹事、のち学習院長、枢密顧問官、42年宮内大臣となった。
[家]父＝岩倉具視

岩倉 具経　いわくら・ともつね
宮中顧問官　[生]嘉永6年6月17日(1853年)　[没]明治23年10月17日　[歴]明治元年東山道鎮撫副総督、江戸開城後奥羽征討白河口副総督となったが、勤学のため辞して帰京、東征の功により堂上に列せられ、一家を創立。3年米国留学、11年帰国、太政官大蔵権少書記官、17年男爵、ロシア公使館在勤、23年宮中顧問官。24年子爵。　[家]父＝岩倉具視

岩倉 具視　いわくら・ともみ
太政大臣　公卿　[生]文政8年9月15日(1825年)　[没]明治16年7月20日　[出]京都　雅号=対岳　[賞]正一位(明治18年)　[歴]岩倉家の養子に入る。安政元年(1854)孝明天皇の侍従、左近衛権中将となり、日米修好通商条約勅許に反対。のち公武合体に尽くし、和宮降嫁を斡旋したが、尊皇攘夷派の非難を浴びて蟄居、剃髪して岩倉村に棲んだ。その後討幕を唱え、慶応3年(1867)大久保利通らと王政復古を画策した。維新後、新政府の中心人物となり、参与、副総裁、大納言を経て、明治4年右大臣。条約改正の特命全権大使として欧米に渡った。6年帰国後征韓論に反対し、天皇制による立憲制確立のため自由民権運動などを弾圧、絶対主義的政府の基礎を築いた。また第十五国立銀行、日本鉄道会社を設立した。国葬。著書に「叢裡鳴虫」「全国合同策」、資料集に「岩倉具視関係文書」(マイクロフィルム・全54巻)など。
[家]父=堀川康親(権中納言)，養父=岩倉具慶(正三位)

岩佐 恵美　いわさ・えみ
参院議員(共産党　比例)　元・衆院議員(共産党)　[生]昭和14年5月25日　[出]神奈川県　[学]早稲田大学文学部(昭和37年)卒　[歴]貿易会社、日本生活協同組合連合会勤務を経て、昭和54年衆院議員に当選。平成2年落選。5年再選したが、8年落選。通算4期務めた。10年参院選比例区に名簿3位で当選。

岩崎 勲　いわさき・いさお
衆院議員(政友会)　[生]明治11年2月　[没]昭和2年1月18日　[出]静岡県　[学]東京帝大法科(明治36年)卒　[歴]弁護士となり、日本弁護士協会理事、東京弁護士会常議員。衆院議員当選4回。政友会の中堅として活躍。大正15年2月松島事件の中心人物とされて投獄され、病気保釈出所した。

岩崎 革也　いわさき・かくや
京都府議　須知銀行頭取　社会主義者　[生]明治2年12月21日　[没]昭和18年10月13日　[出]京都府須知村　本名=岩崎茂三郎　[歴]明治28年父の死後、家業の酒造業を継いだが数年後廃業。33年郷里の京都府須知村長、34年町制で初代町長。36年一家をあげて上京、以来社会主義運動に投じ、堺利彦、幸徳秋水らと交際、「平民新聞」の財政を援助。40年帰郷、須知銀行頭取として、昭和17年解散まで務めた。その間須知町長を3回、郡会議員、郡参事会員を務めた。大正12年～昭和2年京都府議。40年ころから政友会に属し、犬養毅と親交。

岩崎 幸治郎　いわさき・こうじろう
衆院議員(立憲政友会)　[生]明治7年4月　[没]昭和21年1月　[出]大阪府　[学]ライプチヒ大学　Ph.D.(ライプチヒ大学)　[歴]横浜地裁判事、東京控訴院判事を務め、大正4年衆院議員に当選。以降6選。加藤高明内閣の司法参与官になった。後に関西大学講師、立憲政友会総務を務めた。

岩崎 小次郎　いわさき・こじろう
貴院議員　[没]明治28年6月22日　[賞]勲四等　[歴]大村藩の儒学者松林飯山に学び、勤王論を唱えた。勤王党首領の飯山が暗殺され、渡辺昇、楠本正隆らと維新大業に尽力。のち民部省に勤め、黒田清隆欧米巡視の随員として英国留学。帰国後銀行局長、秋田、滋賀、大分各県知事を歴任、福岡県知事となった。

岩崎 純三　いわさき・じゅんぞう
元・参院議員(自民党)　元・総務庁長官　[生]大正13年5月5日　[出]栃木県真岡市　[学]日本大学法文学部(昭和23年)卒　[賞]勲一等旭日大綬章(平成13年)　[歴]昭和26年真岡町議、37年以来4期真岡市長。52年以来参院議員に当選4回。平成3年宮沢内閣の総務庁長官に就任。9年予算委員長。河本派。13年引退。

岩崎 正三郎　いわさき・しょうざぶろう
元・参院議員(社会党)　農民・労働運動家　[生]明治34年1月10日　[没]昭和58年5月4日　[出]栃木県下都賀郡藤岡町　[学]拓殖大学(大正13年)卒　[歴]報知新聞社に勤務していたが、大正14年退社し、昭和2年日本労農党に参加、多くの労働運動、農民運動を指導。9年運動から退ぞき、東京製鉄会社などに勤務。戦後は社会党に参加し、栃木県労働組合協議会の結成を指導。また参議院議員もつとめた。

岩沢 忠恭　いわさわ・ただやす
参院議員(自民党)　[生]明治24年6月　[没]昭和40年12月8日　[出]広島県　[学]東京帝国大学土木工学科卒　[歴]昭和25年参院初当選以降4選。自由党政策審議会会長、参院予算・建設各委員長、自民党相談役、国土開発縦貫自動車道建設審議会委員、自民党会計監督、同広島県支部連合長となる。日本河川協会副会長、高速道路調査会理事を歴任。著書に「道路の構造と舗装」。

岩下 清周　いわした・せいしゅう
衆院議員(中正会)　北浜銀行常務　実業家　[生]安政4年5月28日(1857年)　[没]昭和3年3月19日　[出]信濃国松代(長野県)　[学]東京商法講習所(現・一橋大学)(明治11年)卒　[歴]明治11年三井物産に入り、16年パリ支店長となり、桂太郎、原敬らと支遊。帰国後辞任、22年品川電燈創立に尽力、関東石材など経営。24年中上川彦次郎に招かれ三井銀行副支配人。29年辞して30年北浜銀行常務、次いで頭取に就任。40年衆院議員。大正4年背任横領(北浜銀行事件)で起訴され、有罪となった。13年出獄。　[家]息子＝岩下壮一(宗教家)

岩下 方平　いわした・まさひら
貴院議員　鹿児島藩藩士　子爵　[生]文政10年3月15日(1827年)　[没]明治33年8月15日　[歴]薩摩鹿児島藩士として生麦事件、パリ万博で気骨ある外交手腕を発揮。維新後は大阪府判事、京都府権知事を経て、明治11年元老院議官。23年貴族院議員に選出。

岩瀬 亮　いわせ・あきら
衆院議員(翼賛政治会)　[生]明治31年12月　[没]昭和19年11月1日　[出]千葉県　[学]東京殖民貿易語学校高等科(大正8年)卒　[歴]日本澱粉、桜組工業、樺太炭業、昭和航空計器各社長等を経て隣保教育財団、大日本映画協会各理事となった。また、日本輸出農産物(株)参与となり、昭和7年衆院議員に初当選。以降4期務めた。第28回列国議会同盟会議(ジュネーブ)に参列した。著書に「日本及各国澱粉事情」がある。

岩田 宙造　いわた・ちゅうぞう
司法相　貴院議員　日本弁護士連合会会長　弁護士　[生]明治8年4月7日　[没]昭和41年2月22日　[出]山口県　[学]東京帝大法科大学(明治31年)卒　[賞]勲一等瑞宝章(昭和39年)　[歴]東京日日新聞記者を経て、明治35年弁護士を開業。日銀、日本郵船、東京海上火災、三菱銀行、住友信託などの顧問弁護士として活躍。乃木希典大将の遺言状を預かり、東京地裁に提出した。昭和6年貴族院議員に勅選されるが、大政翼賛会には不参加。20年東久邇稔彦内閣、幣原喜重郎内閣の司法相。21年に公職追放され、26年解除。弁護士に復帰、公職資格訴願審査会委員長、日本弁護士連合会会長、国民協会初代会長を務めた。

岩田 義道　いわた・よしみち
日本共産党中央委員　社会運動家　[生]明治31年4月1日　[没]昭和7年11月3日　[出]愛知県葉栗郡北方村中島(現・一宮市)　[学]京都帝国大学経済学部　[歴]代用教員、教員を経て京大に入学。京大時代から社会主義運動に参加し、京大学連事件などで昭和2年禁錮10カ月に処せられる。3年共産党に入党し、3.15事件直後上海に渡ってコミンテルンと連絡をとり、以後2度中国に渡る。同年検挙されたが、偽装転向で5年に出獄し、以後党の再建に尽力する。7年逮捕され、拷問死した。

岩垂 寿喜男　いわたれ・すきお

元・衆院議員(社民党)　元・環境庁長官　⽣昭和4年4月25日　⽇平成13年3月7日　長野県松本市　中央大学専門部(昭和26年)卒　勲一等瑞宝章(平成11年)　昭和30年総評本部に入り、国民運動部長や企画部長を務め、大衆運動や地方首長選挙で、社会党と総評とのパイプ役を務めた。安保反対国民会議事務局次長等を経て、47年神奈川2区から衆院議員に当選。59年7月自然保護議員連盟幹事長に就任。平成8年橋本内閣の環境庁長官に就任。8期務め、同年引退。環境庁長官時代には、サンゴの群生地で、空港建設を巡って揺れた石垣島の白保海域などを国立公園に指定する方針を表明。三重県の長良川河口ぜき問題でも、河川事業を所管する旧建設省と旧環境庁の調整機関の設置を実現した。日本野鳥の会副会長を務めた。社民党神奈川県連顧問の他、東京大学教養部非常勤講師(環境問題)。

岩間 正男　いわま・まさお

元・参院議員　日本共産党名誉中央委員　元・日教組委員長　歌人　⽣明治38年11月1日　⽇平成1年11月1日　宮城県村田町　宮城師範学校(昭和2年)卒　多喜二百合子賞(第11回)(昭和54年)「風雪のなか―戦後30年」　大正14年から昭和22年まで宮城県、東京都で教員を歴任。戦後、教員組合運動に入り、全日本教員組合協議会(全教協)の指導者となり、日教組の結成に尽力。22年参院全国区に当選し共産党に入党。以来引退するまで議員生活27年、本会議や委員会で質問に立つこと1380回、参院共産党議員団長もつとめた。また、北原白秋に短歌を学び、白秋没年前後「多磨」編集に従事。歌集に「炎群」「母子像」「風雪のなか」「春塵孤影」、歌論集に「追憶の白秋・わが歌論」などがある。

岩村 高俊　いわむら・たかとし

貴院議員(勅選)　宮中顧問官　内務官僚　男爵　⽣弘化2年11月10日(1845年)　⽇明治39年1月3日　土佐国幡多郡宿毛(高知県)　通称=精一郎　慶応3年上洛、坂本龍馬らの暗殺者とされる三浦久太郎を陸奥宗光ら16人で襲撃。明治元年戊辰戦争に東山道総督府軍監として信越、奥羽に転戦。維新後宇都宮、神奈川県各権参事、明治7年佐賀県令となり、江藤新平の乱(佐賀の乱)を鎮定、同年愛媛県令。以後、内務省大書官、石川、愛知、福岡、広島の県令・知事を歴任。25年勅選貴院議員、31年宮中顧問官となる。29年男爵。　息子=岩村透(美術評論家)、兄=岩村通俊(男爵・貴院議員)、林有造(衆院議員)。

岩村 通俊　いわむら・みちとし

北海道庁長官　農商務相　貴院議員　官僚　男爵　⽣天保11年6月10日(1840年)　⽇大正4年2月20日　土佐国幡多郡宿毛(高知県)　幼名=猪三郎、通称=左内、雅号=貫堂、俳号=素水　高知藩士。土佐勤皇党に参加し、戊辰戦争では軍監して各地を転戦。明治2年箱館府権判事、3年開拓判官、5年開拓大判官となり北海道開拓に尽力。次いで佐賀、鹿児島各県令、元老院議官、会計検査院長、沖縄県令兼検事を経て、19年初代北海道庁長官となった。これまでの拓殖政策を大改革、土地払下規則を公布、移住者の便を図った。農商務省次官から22年第1次山県内閣の農商務相となり、さらに宮中顧問官、勅選貴院議員、宮内省御料局長を歴任。29年男爵。弟=林有造(衆院議員)、岩村高俊(男爵・貴院議員)、五男=岩村通世(検事総長)。

岩村 通世　いわむら・みちよ

元・法相　元・検事総長　司法官　弁護士　⽣明治16年8月21日　⽇昭和40年3月13日　東京・神田　号=素竹　東京帝大法科大学独法科(明治43年)卒　司法省に入り、司法官試補、東京地方裁判所検事、司法省参事官、名古屋地方

裁判所検事正、東京地方裁判所検事正、司法省刑事局長、大審院検事、司法次官、検事総長を経て、昭和16年第3次近衛内閣の法相、次いで東条内閣でも留任した。戦後、A級戦犯として巣鴨拘置所に拘禁されたが、23年12月釈放され、24年7月弁護士を開業、傍ら東京家庭裁判所調停委員、同裁判所参与員、東京地方裁判所調停委員を務めた。著書に「少年法」「筆蹟鑑定の研究」などがある。 [家]父＝岩村通俊（北海道庁長官・農商務相）

岩元 信兵衛　いわもと・しんべえ
衆院議員（立憲政友会） [生]元治1年11月（1864年） [没]大正6年4月14日 [出]鹿児島県 [歴]漢学を修め、呉服商を営むかたわら、鹿児島市議、同区議、鹿児島県商業会議所理事を務めた。明治35年衆院議員に当選、以降連続3期務めた。南島興産、第百四十七国立銀行、鹿児島電気各取締役、鹿児島貯蓄銀行取締役頭取となった。

岩本 信行　いわもと・のぶゆき
元・衆院副議長 [生]明治28年3月 [没]昭和38年4月5日 [出]神奈川県 [学]尚絅塾卒 [歴]農林関係各種団体の役員を務める一方、神奈県会議員、県会議長を経て昭和21年神奈川3区から衆院議員に当選、以後当選5回。23年第2次吉田茂内閣の国務大臣となり、地方財政委員長、24～28年衆院副議長を務めた。また皇室会議、皇室経済会議の各議員を務め自由党総務、自民党相談役、総務など歴任。

岩本 晴之　いわもと・はるゆき
衆院議員（政友会） [生]天保4年12月（1833年） [没]大正2年11月 [出]徳島市 [歴]漢学を修め、徴士、判士、白川県大参事、民政局検事大属、権中解部、県属、郡長などを務めた。明治35年以来衆院議員当選4回。政友会に属した。

岩本 武助　いわもと・ぶすけ
衆院議員（立憲政友会） [生]明治15年12月 [没]昭和11年9月6日 [出]奈良県 [学]立命館大学法律科本科（明治38年）卒 [歴]陸軍二等主計、地方森林会議員、所得税調査委員、斎藤内閣の司法参与官を歴任。また大日本山林会評議員、大和山林会、帝国林政研究会各理事、吉野北山郷木材同業組合組長、立命館大学評議員などを務める。昭和3年衆院議員初当選、以来連続4期当選。

岩本 政光　いわもと・まさみつ
元・参院議員（自民党） 東洋交通社長 [生]昭和4年4月15日 [出]北海道札幌市 [学]北海道大学工学部土木科卒 [賞]勲二等旭日重光章（平成11年） [歴]学生時代からスキー製作を手掛け、そのまま実業界入り。昭和35年東洋交通社長。父の故・政一の選挙を手伝ううちに政界を志すようになり、46年北海道議2期を経て、55年から参院議員に2選。宮沢派。平成4年落選。 [趣]囲碁（6段） [家]父＝岩本政一（参院議員），弟＝岩本允（北海道議）

【 う 】

植木 枝盛　うえき・えもり
衆院議員（自由倶楽部） 自由民権理論家・運動家 [生]安政4年1月20日（1857年） [没]明治25年1月23日 [出]土佐国高知城下井口村（高知県） [学]海南私塾 [歴]藩校致道館に学んだ後、明治6年上京、藩立の海南私塾に入学、福沢諭吉らの啓蒙思想に啓発された。7年板垣退助の立志社の所説に共鳴、政治を志す。10年立志社に参加、以後板垣のブレーンとして愛国社を再興、ついで国会期成同盟を組織。13年自由党準備会を結成、14年板垣を総理とする全国政党の自由党を結成、機関誌の編集・執筆と全国遊説に活躍した。15年酒税軽減を要求して酒屋会議を開いた。18年自由

党解党、23年第1回総選挙に当選、第1回帝国議会予算委員となった。徹底した人民主権論者で、明治政府の専制的性格に反対、自由民権運動の指導に当たった。また西洋政治理論や各国の歴史に通じ、多くの著書、論文を残し、「民権自由論」「日本国国憲案」「天賦人権弁」「一局議院論」「東洋之婦女」などがある。ほかに近代詩史初期の詩作として「民権田舎歌」「民権自由数え歌」があり、民権思想普及を目的に平易に表現されている。「植木枝盛全集」（全10巻）がある。

植木 庚子郎　うえき・こうしろう
元・蔵相　元・衆院議員（自民党）　⑭明治33年1月28日　⑲昭和55年3月11日　⑭福井県　⑳東京帝大法律学科（大正14年）卒　㊗勲一等瑞宝章（昭和45年）㊗大蔵省主計局長、専売局長官などを経て昭和21年退官。27年衆院議員に当選し、51年12月落選するまで福井全県区で当選9回。その間、衆院予算委員長、35年法相、47年蔵相などを歴任。

植木 光教　うえき・みつのり
元・参院議員（自民党）　元・総務庁長官　日本教育教会会長・理事長　⑭昭和2年3月24日　⑭京都府　⑳東京大学法学部（昭和25年）卒　㊗勲一等旭日大綬章（平成9年）㊗NHK勤務、町村金五秘書を経て、昭和37年京都府知事選に立候補するが落選。38年の補選で参院議員となる。49年三木内閣の総務長官となり、婦人対策室を開設し、独禁法改正をとりまとめた。55年自民党婦人問題協議会長に就任。61年党両議員総会長となる。当選5回。平成元年引退。

上草 義輝　うえくさ・よしてる
元・衆院議員（自民党）　⑭昭和14年6月11日　⑭北海道留萌郡小平町　⑳早稲田大学政経学部卒　㊗大野伴睦、中川一郎の秘書を経て昭和54年の総選挙で初当選。中川代議士の死後、中曽根派を経て、渡辺派へ移籍。59年北海道開発政務次官に就任。当選5回。平成5年落選。8年には新進党より出馬するが落選。13年参院選比例区に自由連合から出馬。

上杉 茂憲　うえすぎ・もちのり
貴院議員　元老院議官　沖縄県知事　伯爵　⑭弘化1年2月18日（1844年）　⑲大正8年4月18日　⑭出羽国米沢（山形県）㊗最後の米沢藩主。慶応元年父の名代として京都警衛に当る。明治元年奥羽列藩同盟に従うが政府軍に降伏、のち庄内・会津に進撃し、謝罪降伏の実を挙げた。同年家督を相続、2年版籍奉還により同藩知事となり、4年廃藩と共に朝命により東京に移居。5年ケンブリッジ大学に留学。14年第2代沖縄県令に就任と同時に人材養成に力を注ぎ、県費留学制度を設けて東京に留学生を送った。この中から謝花昇、太田朝敷、高嶺朝教、岸本賀昌らが輩出している。書記官池田成章の献策もあって沖縄の実情調査を行い、県政改革、特に国税の超過徴収の軽減を中央政府に具申したが受け入れられず、16年県令を解任。奨学金3千円を沖縄のために寄付し、戦前の沖縄県知事の中では異例の民主的県政を行った県令として、現在でも沖縄では高く評価されている。16年元老院議官に就任。17年伯爵。23年貴院議員。著書に巡回視察記録「上杉県令巡回日誌」。

上田 建二郎　⇒不破哲三（ふわ・てつぞう）を見よ

上田 耕一郎　うえだ・こういちろう
日本共産党副委員長　元・参院議員（共産党）　⑨政治理論　政策　⑭昭和2年3月9日　⑭神奈川県茅ヶ崎市　⑳東京大学経済学科（昭和26年）卒　㊗社会主義の問題，旧ソ連史，現代史　㊗昭和21年一高在学中に日本共産党に入党。東大経済学部卒業後、「中野新報」の記者として地域活動に専心。31年に「戦後革命論争史」で論壇へ。一時、構造改革派として活躍する。48年政権構想「民主連合政府綱領」を提案。「赤旗」編集局長、宣伝局長、政策委員長、副委員長などを歴任。参議院議員当選4回。実弟不破哲三とともに宮本体制の理論的な支柱。

平成10年引退。著書は「先進国革命の理論」ほか多数。 [趣]文学, 演劇, 音楽 [家]父=上田庄三郎（教育評論家）, 弟=不破哲三（共産党議長）

上田 孝吉 うえだ・こうきち
衆院議員（日本進歩党） [生]明治19年9月 [没]昭和27年8月16日 [出]大阪府 [学]東京帝国大学独法科（大正4年）卒 [歴]弁護士、大阪市議、同副議長を経て、昭和5年衆院議員に初当選。以来連続5期務める。この間平沼内閣の逓信参与官、商工省委員などを歴任し、大政翼賛会中央協力会議員を務めた。

上田 繁潔 うえだ・しげきよ
元・奈良県知事 関西大学常務理事 [生]大正10年10月16日 [出]奈良県奈良市 [学]関西大学経済学部（昭和21年）卒 [歴]14歳のとき奈良県庁で働きながら夜間中学へ。関西大進学と同時に学徒出陣し、復員後、大学に戻り、昭和21年卒業、奈良県庁入り。以後、財政課長、総務部長を経て、50年副知事。54年知事に当選、3期つとめる。平成3年引退。4年関西大学理事長に就任。のち常務理事。 [趣]映画

殖田 俊吉 うえだ・しゅんきち
法務総裁 行政管理庁長官 [生]明治23年8月4日 [没]昭和35年5月23日 [出]大分県宇佐 [学]東京帝国大学法科大学政治科（大正3年）卒 [歴]大正3年高文合格、税務監督局属兼大蔵属、広島税務署長、門司税関、大阪税関各監視部長兼総務課長、大蔵事務官、内閣総理大臣秘書官、大蔵書記官兼内閣総理大臣秘書官、拓務省殖産局長、台湾総督府殖産局長、関東財務局長などを歴任し、昭和8年退官。戦時中、近衛文麿の側近として吉田茂らと和平工作に参画、憲兵に検挙された。戦後復興金融金庫監事、23年第2次吉田内閣の国務大臣、行政管理庁長官、法務総裁となり、第3次吉田内閣にも留任、団体等規正令の改正などを手がけた。

上田 卓三 うえだ・たくみ
元・衆院議員（社会党） 元・部落解放同盟中央執行委員長 [専]反差別運動 [生]昭和13年6月24日 [出]大阪府大阪市 [学]扇町第二商（昭和33年）卒 [歴]昭和43年部落解放同盟大阪府連書記長、48年委員長を経て、51年以来衆院議員に5選。63年“リクルート疑惑”に秘書が関与し、議員を辞職した。平成2年再選されるが、5年落選。通算6期務めた。6年部落解放同盟書記長を経て、8年中央執行委員長。10年退任。著書に「部落解放と人間の復権」がある。

上田 保 うえだ・たもつ
元・大分市長 [生]明治27年 [没]昭和55年6月6日 [出]大分県大分市 [学]法政大学卒 [賞]大分市名誉市民 [歴]書生を経て、東京で弁護士を開業。戦時中大分に引き揚げ、昭和22年大分市長に当選。4期16年務め、38年退任。その後、全国で初めての回遊式水族館マリンパレスを建設、社長を務めた。市長時代はアイデア市長、ワンマン市長といわれ、卓抜した着想力と無類の実行力を発揮した。27年末から、高崎山で野生のニホンザルの餌付けを始め、火野葦平の小説「ただいま零匹」のモデルになる。著書に素人にもわかりやくす解説した「趣味の法律」がある。

上田 哲 うえだ・てつ
元・衆院議員（社会党） 元・参院議員 マスコミ世論研究所理事長 [専]財政 外交 マスコミ文化 [生]昭和3年2月26日 [出]東京 別名=清郁 [学]京都大学法学部政治学科（昭和29年）卒 [賞]勲二等旭日重光章（平成10年） [歴]旧制高校卒業後、滋賀県で高校教師をする傍ら大学に通う。26歳でNHKに入る。昭和37年日本放送労働組合（日放労）委員長となり、別名“上田天皇”といわれるほどの威力を発揮した。43年日放労をバックに、社会党から参院選全国区に立候補、上位当選。2期目は東京地方区に転じて当選。54年には衆院議員に転じ、以来5期。平成3年社会党委員長選に立候

補するが、田辺誠に敗れる。5年落選。のち社会党を離党し、護憲新党あかつきの委員長。6年9月和田静夫元衆院議員らと護憲市民全国協議会を結成。7年東京都知事選に立候補。同年の参院選ではスポーツ平和党から立候補。8年衆院選、10年衆院補選、同年参院選東京選挙区、12年衆院選比例区、13年参院選東京選挙区にも立候補。著書に「日本をダメにする十人の政治家」「こどもが危ない」「妻よ、お前の癌は告知できない」など。

上田 稔　うえだ・みのる
元・参院議員(自民党)　元・環境庁長官　東洋建設最高顧問　[生]大正3年5月8日　[出]京都府京都市　[学]京都帝大工学部土木工学科(昭和13年)卒　[賞]勲一等瑞宝章(昭和61年)　[歴]昭和13年内務省に入省、秋田県経済部土木課土木技手兼道路技手。陸軍応召を経て、戦後も建設省に勤務。38年近畿地方建設局長、39年河川局長、40年総理府近畿圏整備本部次長などを歴任して、42年退官。翌43年以降、参院議員に4選。58年第2次中曽根内閣の環境庁長官に就任。61年7月引退。同年東洋建設最高顧問。62年日本技術士会会長、平成5年顧問。著書に「黄塵の野(や)を征く」。

植竹 繁雄　うえたけ・しげお
衆院議員(自民党　比例・北関東)　[生]昭和5年12月20日　[出]栃木県那須郡黒羽町　[学]青山学院大学商学部(昭和28年)卒　[歴]昭和28年三井物産に入社。36年国会議員秘書となり、55年衆院議員に当選。石油販売会社社長、青山学院校友会理事、自民党栃木県顧問などを務める。平成2年再選、5年落選。8年再び返り咲き、通算4期目。13年小泉内閣の外務副大臣に就任。宮沢派、加藤派を経て、堀内派。　[趣]ゴルフ, ラクビー, ボート　[家]父＝植竹春彦(郵政大臣)

植竹 春彦　うえたけ・はるひこ
元・参院議員(自民党)　元・郵政相　[生]明治31年2月27日　[没]昭和63年5月20日　[出]東京　[学]東京商大(大正13年)卒　[賞]勲一等瑞宝章(昭和43年)　[歴]日本大学、明治大学各講師、東邦電力勤務のあと、東野鉄道専務となり、社長、会長を歴任。昭和22年以来参院議員に5回当選。その間、運輸政務次官、自民党政調会副会長、副幹事長、34年岸内閣の郵政相、42年自民党衆参両院議員総会長などを歴任。　[趣]読書, スポーツ, 園芸　[家]息子＝植竹英雄(帝国造林社長), 植竹繁雄(衆院議員)

上塚 司　うえつか・つかさ
衆院議員(自由党)　アマゾニア産業研究所理事長　[生]明治23年5月1日　[没]昭和53年10月22日　[出]熊本県　[学]神戸高商(明治45年)卒　[賞]南十字星大勲章(ブラジル)(昭和30年), 勲二等瑞宝章(昭和40年)　[歴]大正9年衆院議員に初当選。以来、通算7期務める。高橋是清が農商務、商工、大蔵各大臣を務めるその下で秘書官となり、斎藤内閣の大蔵政務次官、衆院外務委員長などを歴任した。またアマゾニア産業研究所理事長を務め、戦前戦後を通じてブラジル開拓に尽くした。日本高等拓殖学校長、海外移住中央協会副会長、日伯中央協会理事長、日本自由党総務なども務めた。著書に「農村の国デンマーク」「高橋是清経済論」、編著に「高橋是清自伝」がある。

上野 富左右　うえの・とみぞう
志士　[生]元治1年2月(1864年)　[没]明治22年　[出]栃木県　[学]中学校卒　[歴]村役場助役、小学校教師を経て、明治16年自由党に入党。17年自由党員富松正安らが茨城県加波山に蜂起した加波山事件に連座、投獄されたが、無罪放免。18年朝鮮改革を掲げた大井憲太郎の大阪事件に連座、入獄。19年無罪。20年憲法草案要領書類から「西哲夢物語」と題して出版、軽禁錮1年。22年憲法発布恩赦の前日獄死。

上埜 安太郎 うえの・やすたろう
衆院議員(立憲政友会) [生]慶応1年12月(1866年) [没]昭和14年4月4日 [出]富山県 [歴]富山県議、同議長、高岡市長、司法省参事官、田中内閣の鉄道政務次官、地方森林会議員、道路会議議員、富山市長などを歴任。明治35年衆院議員初当選以来連続当選10回。また北陸公論、越中新報、北陸新報、富山新報などを経営、東洋漁業(株)を創立し、捕鯨事業にもたずさわる。

植場 平 うえば・たいら
衆院議員(民政党) [生]安政2年3月(1855年) [没]昭和4年8月17日 [出]香川県仏生山町 [歴]大阪で実業に就き、府会議員、高槻銀行取締役となった。一方国勢調査員、大阪地方裁判所小作調停委員を務めた。明治から大正にかけ衆院議員当選8回、民政党に属した。

上畠 益三郎 うえはた・ますさぶろう
衆院議員(庚申倶楽部) 弁護士 [生]明治6年1月7日 [没]昭和13年1月25日 [学]和仏法律学校(明治34年)卒 [歴]判検事登用試験に合格、検事任官。徳島、大阪各地方裁判所検事を経て、大阪で弁護士開業。衆院議員も務め、大阪株式取引所理事長、日本信託銀行取締役兼務。

植原 悦二郎 うえはら・えつじろう
内相 国務相 衆院副議長 [生]明治10年5月15日 [没]昭和37年12月2日 [出]長野県 号=植原梓川 [学]ワシントン州立大学(明治40年)卒, ロンドン大学大学院(明治43年)修了 [歴]米国留学中、「日米商報」社長、帰国後、東京高等工業、明大、立教大教授。大正6年衆院選に出馬当選、以来当選8回。国民党、革新倶楽部を経て政友会に所属。昭和の初め田中義一内閣外務参与官、外務事務次官。7年衆院副議長を歴任。15年反大政翼賛会の同交会を結成、17年の翼賛選挙で落選。戦後回復ののち、第1次吉田茂内閣の国務相から内相に就任、自民党顧問も務めた。「日本民権発達史」などの著書がある。

上原 康助 うえはら・こうすけ
元・衆院議員(民主党) 元・国土庁長官 [生]昭和7年9月19日 [出]沖縄県国頭郡本部町字伊豆味 [学]北山高(昭和26年)卒 [賞]勲一等旭日大綬章(平成14年) [歴]昭和36～45年全沖縄軍労組委員長。米国相手に労働基本権の確立、反基地闘争、復帰運動と大活躍。45年以来衆院議員に当選10回。平成3年社会党影の内閣の外相に選ばれた。5年細川内閣の国土庁長官兼北海道開発庁長官・沖縄開発庁長官に就任。6年党副委員長、7年衆院予算委員長。10年社民党を離党し、民主党入り。12年落選。13年政界を引退。

上原 正吉 うえはら・しょうきち
元・参院議員(自民党) 大正製薬名誉会長 実業家 [生]明治30年12月26日 [没]昭和58年3月12日 [出]埼玉県北葛飾郡杉戸町 [学]明治薬学校(大正7年)修了 [賞]勲一等瑞宝章(昭和43年), 勲一等旭日大綬章(昭和50年) [歴]大正5年大正製薬所(大正製薬の前身)に入社、昭和21～48年社長として在任、同社を大衆薬品のトップメーカーに育て上げた。一方、25年6月から連続5期参院議員を務め、科学技術庁長官や裁判官弾劾裁判所裁判長などを歴任。また39～41年、51～54年の計7年間、全国高額所得番付でトップになった資産家で、57年には大正製薬からの退職金6億円を靖国神社に寄付して話題をまいた。 [家]妻=上原小枝(大正製薬名誉会長), 息子=上原昭二(大正製薬会長), 孫=上原明(大正製薬社長)

上原 勇作 うえはら・ゆうさく
陸相 陸軍参謀総長 陸軍大将 元帥 子爵 [生]安政3年11月9日(1856年) [没]昭和8年11月8日 [出]日向国都之城(宮崎県都城市) [学]陸士(第3期)(明治12年)卒 [歴]明治12年工兵少尉。14～16年フランス留学、帰国後、陸士教官。18年再び渡欧。19年参謀本部員、陸大教官兼務。26年安南、シャム出張。27年日清戦争には第1軍参謀として従軍。33年少将、砲工学校長。37年から第4軍参謀長として日

露戦争従軍。41年第7師団長。44年第14師団長。45年第2次西園寺内閣の陸相となるが、2個師団増設を強硬要求して大正元年単独辞職。2年第3師団長、3年教育総監。4年2月大将に進み、同年12月〜12年3月参謀総長。10年元帥、子爵。

上松 陽助　　うえまつ・ようすけ
元・岐阜県知事　⊕大正3年7月2日　⊗平成8年1月18日　⊕東京都渋谷区　⊕東京帝大法学部政治学科（昭和16年）卒　⊕岐阜市名誉市民（平成1年）、岐阜県名誉県民（平成2年）、勲二等旭日重光章（平成2年）　⊕日鉄鉱業勤務をへて、昭和23年岐阜市役所に入る。42年助役、45年から岐阜市長2期を務めたのち、52年岐阜県知事に当選。3期つとめ、平成元年引退。昭和55年中部圏の自然保護のため"中部圏統一クリーンデー（8月1日）"を提唱、57年実現させた。

上村 千一郎　　うえむら・せんいちろう
元・衆院議員（自民党）　元・環境庁長官　愛知大学教授　弁護士　⊕明治45年1月17日　⊗平成3年3月19日　⊕愛知県渥美郡渥美町　⊕早稲田大学法学部（昭和9年）卒　法学博士　⊕勲一等旭日大綬章（昭和61年）　⊕弁護士となり、豊橋市選管委員、名古屋弁護士会副会長、日弁連人権擁護委員などを歴任後、昭和35年愛知5区から衆院議員に初当選。以来当選10回。この間、43年大蔵政務次官、49年衆院大蔵委員長、51年法務委員長、53年大平内閣の環境庁長官など歴任。62年には裁判官弾劾裁判所裁判長をつとめた。旧中曽根派。平成2年引退し、愛知大学教授。　⊕囲碁（初段）、読書

魚住 逸治　　うおずみ・いつじ
衆院議員（改進党）　⊕安政4年5月（1857年）　⊗明治32年12月25日　⊕兵庫県母里村　⊕農業に従事。明治9年戸長、16年兵庫県議となり、改進主義者として活躍。23年の第1回衆院選以来、議員当選3回、改進党に属した。

宇垣 一成　　うがき・かずしげ
陸相　外相　参院議員（緑風会）　陸軍大将　⊕慶応4年6月21日（1868年）　⊗昭和31年4月30日　⊕岡山県赤磐郡潟背村（現・瀬戸町）　幼名＝杢次　⊕陸士（第1期）（明治23年）卒、陸大（明治33年）卒　⊕明治35〜37年ドイツに留学。44年陸軍省に入り、軍事課長。参謀本部総務部長、陸軍次官などを経て、大正13年から清浦圭吾、加藤高明、若槻礼次郎各内閣の陸相。この間、4個師団の削減を実行して"宇垣軍縮"といわれた。14年大将。昭和4年には浜口雄幸内閣の陸相となり、陸軍内に"宇垣閥"を形成。6年の三月事件に関わり、国家改造運動に論拠を与えたことで知られる。同年予備役後は朝鮮総督となって軍需産業の育成につとめた。12年組閣の大命を受けたが軍内派閥抗争により組閣を断念。13年近衛改造内閣の外相兼拓相となるが、再び陸軍と対立、5ケ月で退任。その後も度々首相候補に挙げられた。戦後、28年の追放解除後は、参院全国区で最高点で当選。著書に「宇垣一成日記」（全3巻）など。

浮谷 竹次郎　　うきや・たけじろう
元・市川市長　⊕明治20年　⊗昭和40年3月8日　⊕千葉県　⊕市川市名誉市民（昭和63年）　⊕昭和9年市制施行と同時に市川市長に就任、通算8期21年半つとめた。"ケンカ竹"の異名をもち、30年代には周囲の反対をおして海岸埋めたてを敢行、企業57社を誘致した。平成2年評伝「風走る」が刊行された。

受田 新吉　　うけだ・しんきち
衆院議員（民社党）　⊕明治43年5月18日　⊗昭和54年9月21日　⊕山口県　⊕日本大学卒　⊕昭和22年山口2区から社会党で初当選し、以来12回連続当選。35年民社党の結成に参加、副書記長をつとめた。

鵜崎 多一　うざき・たいち
福岡県知事　⽣明治38年3月4日　歿昭和46年9月11日　出京都市　学東京帝国大学農学部農業経済学科（昭和3年）卒　歴農林省に入り、企画院、興亜院各調査官、福岡地方経済安定局次長、福岡県知事室長などを歴任。昭和34年福岡知事選に全国ただ一人の社会党公認知事として当選、60年安保闘争、福岡では三井三池闘争のさ中の革新県政を担った。38年再選され、福祉対策に力投、産炭地問題、失業対策では大衆運動の先頭に立った。42年落選。

鵜沢 宇八　うざわ・うはち
衆院議員（政友会）　貴院議員（多額納税）　⽣慶応3年5月（1867年）　歿昭和18年10月13日　出千葉県　学東京専門学校, 慶応義塾大学　歴明治45年衆院議員初当選。当選8回。大正14年から15年の間、貴院に在任した。東洋捕鯨（株）取締役、神中鉄道（株）監査役を務めた。また、農林審議会委員、土木会議議員となる。

鵜沢 総明　うざわ・ふさあき
衆院議員（政友会）　貴院議員（勅選）　極東国際軍事裁判日本側弁護団長　明治大学総長　弁護士　法学者　⽣明治5年8月2日　歿昭和30年10月21日　出千葉県茂原市　幼名＝惣市　学東京帝大法科大学独法科（明治32年）卒　法学博士（明治41年）　歴明治32年弁護士を開業。38年の日比谷焼打ち事件、大逆事件、大阪松島遊廓事件、永田軍務局長を刺殺した相沢中佐事件、帝人事件など明治〜昭和の刑事大事件の弁護に当たり、戦後は極東国際軍事裁判（東京裁判）の日本側弁護団長として無罪論を展開した。一方明治41年以来、衆院議員当選5回、政友会で総務委員などを務め、昭和3年勅選貴族院議員。また明大教授を永く務め、9年以来明大総長を4度務めた。15年大東文化学院総長。主著に「政治哲学」「法律哲学」などがある。

氏家 直国　うじいえ・なおくに
自由民権家　⽣安政1年（1854年）　歿明治37年　歴明治維新後陸軍に入る。その後自由民権運動に加わり、その指導者大井憲太郎と親交。17年自由党解党の直後、秩父事件鎮圧に向かったが、逆に蜂起の人々を激励したという。憲太郎らの大阪事件前、奈良県信貴山の千手院を襲って資金調達を図り、捕まって重禁固2年、罰金30円の判決を受けた。23年の憲法発布で大赦、放免され、のち中国に渡った。

潮 恵之輔　うしお・しげのすけ
内相　文相　枢密顧問官　内務次官　内務官僚　⽣明治14年8月11日　歿昭和30年1月9日　出島根県益田市　学東京帝国大学法学部仏法科（明治40年）卒　歴内務省に入り、長野県事務官、内務事務官兼参事官、内務省衛生局長、同地方局長などを経て、昭和3年内務次官兼復興業務局長となる。法規典例に精通し、"内務省の生き字引"といわれた。6年勅選貴院議員。7年再び内務次官となり、11年広田内閣の内相、文相を兼任、13年枢密顧問官、21年枢密院副議長を歴任し、同年官制廃止で退官。戦後25年済生令顧問に。　家兄＝潮恒太郎（大審院検事）。

牛塚 虎太郎　うしずか・とらたろう
衆院議員（日本自由党）　東京市長　官僚　⽣明治12年4月28日　歿昭和41年11月1日　出富山県　号＝藤軒　学東京帝大法科大学政治学科（明治38年）卒　歴明治38年通信省に入り、通信書記官。41年内閣に移り、内閣書記官、内閣統計局長兼行政裁判所評定官、臨時国勢調査局次長、国勢院第1部長などを経て、大正11年岩手県知事、13年群馬県知事、15年宮城県知事を歴任。昭和4年東京府知事となり親任官待遇。8年東京市議、同年5月第15代東京市長となった。12年5月任期を終え、麹町区議に当選、議長に就任。17年4月衆院議員当選、翼賛政治会総務、中央大学講師などを務めた。戦後、公職追放、26年解除。著書に「大礼要義」「立儲要義」「市政四年」など。

牛田 寛　うした・ひろし
参院議員（公明党）　⊕大正4年4月　⊗昭和40年1月10日　⊕東京　⊗横浜高等工業学校機械工学科（昭和11年）卒　⊗昭和11年(株)東京計器製作所に入る。横浜工業専門学校嘱託、東京芝浦電気(株)嘱託を務めた後、都立機械工業専門学校教授、東京都立大学工学部講師、創価学会統監部長となる。昭和34年参院議員初当選以降、連続2選。

牛場 信彦　うしば・のぶひこ
元・対外経済担当相　外務省顧問　元・駐米大使　外交官　⊗外交問題　⊕明治42年11月16日　⊗昭和59年12月31日　⊕兵庫県神戸市下山手通　⊗東京帝国大学法学部（昭和7年）卒　⊗財界賞（昭和56年）、勲一等旭日大綬章（昭和57年）、ジャパン・ソサエティ賞（第1回）（ニューヨークの日本協会）（昭和59年）　⊗通産省通商局長、外務省経済局長、駐カナダ大使、外務審議官、外務次官などを経て昭和45年7月から約3年間駐米大使を務めたが、駐米大使時代には沖縄返還、日米繊維交渉などの難題と取り組む一方、"空飛ぶ大使"の異名をとりながら全米50州のほとんどを講演旅行して日米間の相互理解促進に尽力。その後、外務省顧問をしたあと52年11月、福田内閣の対外経済担当相に就任、米欧との経済摩擦緩和に東奔西走するなど、経済外交に大きな役割を果たした。59年には日米諮問委員会（賢人会議）の日本側委員長として、日米関係の順調な発展を目ざす報告書を出した。　⊗息子＝牛場昭彦（産経新聞編集委員）、兄＝牛場友彦（近衛首相秘書官）、牛場道雄（三菱石油常務）、弟＝牛場大蔵（慶大名誉教授）

氏原 一郎　うじはら・いちろう
元・衆院議員（社会党）　元・高知市長　⊕明治33年11月3日　⊗平成8年12月30日　⊕高知県吾川郡神谷村（現・伊野町）　⊗中央大学法専門部中退　⊗勲三等、藍綬褒章　⊗台湾銀行本店給仕、高知大林区署などに勤務し、大正9年上京して中大に学ぶが、病気退学で帰郷、高知営林局に勤務する。昭和2年退職したが、その間土佐普選連盟に加入し、政治運動に入る。4年社会民衆党から高知市議、10年高知県議となる。その間、多くの労働運動を指導する。戦後は社会党に入り、衆院議員、高知市長などを歴任した。

臼井 荘一　うすい・そういち
元・衆院議員　元・参院議員（自民党）　元・総理府総務長官　⊕明治35年7月26日　⊗昭和62年10月18日　⊕東京・深川　⊗早稲田大学商学部（大正14年）卒　⊗勲一等瑞宝章（昭和49年）　⊗一時会社勤めをしたが、父の病気で、家業のセメント製造業へ。千葉市議3期、千葉県議1期を経て、昭和27年衆院初当選。以来8期。池田、佐藤内閣では、総務長官に就任。56年参院に移り、裁判官弾劾裁判所裁判長を務めた。　⊗三男＝臼井日出男（衆院議員）

臼井 哲夫　うすい・てつお
衆院議員　⊕文久3年1月（1863年）　⊗昭和10年6月29日　⊕長崎県島原町　⊗慶応義塾卒　⊗勲三等　⊗明治13年松田正久らと私立勧業懇話会を興し、また同年西海日報社を創立、社長として執筆。改進党入党。のち総武鉄道、上野鉄道などを創立、吾妻川電力株式会社社長となった。明治以来衆院議員当選7回。

臼井 日出男　うすい・ひでお
衆院議員（自民党　千葉1区）　元・法相　元・防衛庁長官　⊕昭和14年1月3日　⊕千葉県千葉市　⊗中央大学経済学部（昭和36年）卒　⊗父の秘書を経て、昭和55年衆院議員に当選、7期。平成8年橋本内閣の防衛庁長官。11年10月小渕第2次改造内閣の法相に就任。12年4月森連立内閣でも留任。河本派を経て、高村派。　⊗父＝臼井荘一（衆院議員）

宇田 国栄　うだ・くにえ
元・衆院議員(自民党)　[生]明治36年3月1日　[没]昭和63年8月4日　[出]鹿児島県日置郡東市来町　[賞]勲二等旭日重光章(昭和48年)　[歴]昭和21年鹿児島1区から衆院議員に初当選。当選5回、農林政務次官、逓信委員長などを歴任。62年2月から自民党の後援会組織である自民党同志会会長をつとめた。

宇田 耕一　うだ・こういち
経済企画庁長官　科学技術庁長官　衆院議員　実業家　[生]明治37年10月15日　[没]昭和32年12月30日　[出]大阪市西区　[学]京都帝国大学法学部(昭和4年)卒　[歴]昭和4年ヨーロッパ視察、5年南満州鉄道に入り、9年土佐電気鉄道社長、13年淀川製鋼所社長を歴任。また白洋汽船、白洋産業の重役も務めた。17年高知1区から衆議院議員に当選(翼賛政治会)、戦後は21年から26年まで公職追放。その後、改進党、日本民主党から当選。改進党高知県連合会長、資金局長、日本民主党総務などを務めた。31年12月の石橋湛山内閣、32年の第1次岸信介内閣で経済企画庁長官兼科学技術庁長官兼原子力委員長を務めた。

宇田 恒　うだ・つね
元・衆院議員(自由党)　福山瓦斯会長　[生]明治37年9月2日　[没]昭和58年4月14日　[出]広島県　[学]中央労働学園(大正13年)卒　[賞]勲三等瑞宝章(昭和54年)　[歴]昭和24年1月から28年4月まで衆院議員を2期務めた。42年福山瓦斯社長、46年同会長。

内ケ崎 作三郎　うちがさき・さくさぶろう
衆院議員(日本進歩党)　早稲田大学教授　評論家　[生]明治10年4月8日　[没]昭和22年2月4日　[出]宮城県黒川郡　[学]東京帝大文科大学英文科(明治34)卒, オックスフォード・マンチェスター学院(明治44年)修了　[歴]早大講師となって世界文明史を講義。明治41年英国のオックスフォード・マンチェスター学院に留学、帰国して早大教授。大正13年憲政会から衆院議員に当選、以来当選7回。昭和4年浜口内閣の内務参与官、12年第1次近衛内閣の文部政務次官。16〜20年衆院副議長、民政党総務、大政翼賛会総務を歴任。著書に「人生と文学」「近代文芸之背景」など。

内田 康哉　うちだ・こうさい
外相　枢密顧問官　満鉄総裁　外交官　伯爵　[生]慶応1年8月10日(1865年)　[没]昭和11年3月12日　[出]肥後国(熊本県)　[学]帝大法科大学(現・東大)(明治20年)卒　[歴]外務省に入り、米英在勤の後、清国公使館一等書記官、外務次官を経て、明治34〜39年駐清国公使。のち駐オーストリア大使兼スイス公使、42年駐米大使を経て、44年第2次西園寺内閣の外相に就任。大正5年駐ロシア大使、帰国後、7年より原内閣、高橋内閣、加藤内閣の外相を務める。この間、パリ講話会議、ワシントン会議に出席。9年伯爵、12年枢密顧問官。昭和3年パリ不戦条約に全権として調印、その違憲問題で4年辞任。6年満鉄総裁。7年斎藤内閣の外相に迎えられ、満州国の承認、国際連盟脱退と続く国際的孤立化の外交を推進、"焦土外交"と批判された。8年9月外相辞任。

内田 善利　うちだ・ぜんり
元・参院議員(公明党)　[生]大正7年6月10日　[出]鹿児島県　[学]明治専門学校応用化学科(昭和16年)卒　[賞]勲二等瑞宝章(昭和63年)　[歴]高校教諭を経て、創価学会九州本部事務局長。昭和43年以来参院議員に2選。52年参院運輸常任委員長を務めた。　[趣]囲碁

内田 常雄　うちだ・つねお
厚相　経済企画庁長官　自民党幹事長　衆院議員　[生]明治40年6月30日　[没]昭和52年12月29日　[出]山梨県甲府市　[学]東京帝国大学経済学部(昭和5年)卒　[歴]昭和5年大蔵省に入り、資金運用課長、証券、国有財産各課長、経済安定本部財政金融局長、管財局長などを経て、27年山梨県から衆議院議員に当選、以来9回当選。第3次佐藤栄作内閣厚相、第2次田中角栄内閣経済企画庁長官を務め、

自民党が三木・反三木派に分かれ政権抗争が激化した51年9月党幹事長となり事態を収拾した。

内田 信也　うちだ・のぶや
農相　鉄道相　衆院議員（自由党）　明治海運会長　実業家　⊕明治13年12月6日　㊣昭和46年1月7日　㊣茨城県麻生町　㊣東京高商（現・一橋大学）（明治38年）卒　㊣明治38年三井物産入社。第一次世界大戦による船舶不足を予測して退社、大正3年1隻の船で神戸内田汽船を開業、間もなく株式配当60割の億万長者（船成金）となった。次いで明治海運、国際汽船を経営。一方、13年衆院選に当選、以来17年まで連続7回当選。政友会入党、海軍政務次官、逓信政務次官を経て、岡田内閣の鉄道相。昭和10年昭和会を結成、11年鉄道相として鉄道疑獄に連座。15年無罪となり18年宮城県知事。19年東条内閣の農商務相。同年辞任後、勅選貴院議員。戦後公職追放、解除後の27年衆院選に当選、自由党に属し、第5次吉田内閣で農相を務めた。著書に「風雲五十年」。

内野 壮児　うちの・そうじ
元・日本共産党中央委員　労働運動研究所代表理事　社会運動家　⊕明治41年11月22日　㊣昭和55年12月26日　㊣長崎県下県郡鶏知町（現・美津島町）　㊣東京帝国大学（昭和3年）中退　㊣東大に入学した昭和3年、新人会に属して柳島のセツルメント労働学校を運営したが、検挙されて東大を中退。以後、全協本部常任委員などをしながらオルグ活動を続け、9年検挙されるが執行猶予となる。11年再度検挙され、16年にも検挙されて下獄する。20年釈放され共産党に入党、中央委員などをつとめたが、36年除名される。以後社会主義革新運動を結成し、43年共産主義労働党の結党に参加。45年離党して労働者全国協議会を結成。44年労働運動研究所を創立した。

内野 辰次郎　うちの・たつじろう
衆院議員（立憲政友会）　陸軍中将　⊕慶応4年8月（1868年）　㊣昭和8年12月5日　㊣福岡県　㊣陸軍士官学校（明治22年）卒、陸軍大学校（明治36年）卒　㊣陸軍歩兵少尉より日清・日露戦争を経て陸軍中将に累進。陸軍士官学校教官、陸軍戸山学校教官、第11師団参謀長、教育総監部第1課長、歩兵第20、第40各旅団長、第7師団長となる。大正13年福岡4区から衆院議員に当選。通算4期つとめ、立憲政友会の総務となる。満州上海派遣軍ならびに在留邦人慰問議員団長として派遣された。

内原 英郎　うちはら・えいろう
元・石垣市長　⊕大正10年7月22日　㊣平成8年1月8日　㊣沖縄県　㊣陸軍獣医学校（昭和19年）卒　㊣石垣市助役を経て、昭和49年から市長に3選。平成2年落選。

内村 清次　うちむら・せいじ
参院議員（社会党）　⊕明治35年12月　㊣昭和39年11月22日　㊣熊本県　㊣飽田中部高等小学校（大正7年）卒　㊣大正7年国鉄に入る。熊本機関区機関手、助役、管理部機関車課員となり、国鉄労働組合総連合会中央副執行委員長、内閣給与審議会委員を歴任する。昭和22年参院議員初当選。以降3選。また、社会党中央執行委員、参院在外同胞引揚問題特別委員長、同地方行政委員長、鉄道建設審議会委員等を務めた。

内山 岩太郎　うちやま・いわたろう
神奈川県知事　外交官　⊕明治23年2月28日　㊣昭和46年11月19日　㊣群馬県前橋市　㊣東京外国語学校スペイン語部（明治42年）卒　㊣外務省留学生としてスペインに留学、大正6年外交官試験に合格。チリ、ポーランド各公使館をふり出しに内田康哉外務大臣秘書官、中南米経済調査団長、スペイン公使館、フランス大使館、アルゼンチン公使館各勤務を経て昭和6年サンパウロ総領事。ブラジル、フランス各大使館参事を経て12年アルゼンチン公使となった。16

年からハノイ大使府、サイゴン大使府の各支部開設に当たり、18年退官。戦後、21年幣原喜重郎内閣のとき神奈川県知事となりGHQから米軍食糧放出を実現させた。23年新憲下初の知事公選で当選、連続5期知事を務め、戦災復興、工業開発、会館建設に業績を残した。42年引退。他にテレビ神奈川社長、日本国連協会会長なども務めた。

宇都宮 徳馬　うつのみや・とくま
元・参院議員(新政クラブ)　元・衆院議員(自民党)　ミノファーゲン製薬創業者　日中友好協会名誉会長　[生]明治39年9月24日　[没]平成12年7月1日　[出]東京都渋谷区　[学]京都帝国大学経済学部中退　[賞]勲一等瑞宝章(昭和55年), 勲一等旭日大綬章(昭和62年), 北京大学名誉博士号(平成1年), 友の会平和賞(第2回)(平成1年), JCJ賞(平成3年)　[歴]陸軍幼年学校卒業後、京大経済学部へ。社研のリーダーをつとめるが、昭和3年不敬罪で検束され退学。5年日本共産党へ入党、治安維持法で投獄されるが転向。相場で大もうけし、13年ミノファーゲン製薬会社を設立、社長となる。戦後27年自民党より衆院議員に立候補し、以後当選10回。スローガンは平和共存外交、リベラリストとして自民党内では異色の人だった。日中、日ソ、日朝国交回復に尽力、日中友好協会会長も務め、「平和共存と日本外交」を著わす。51年ロッキード事件と金大中事件への自民党の対応に抗議して離党、議員も辞職した。55年参院選東京地方区に転じ、61年には新自由クラブの名簿1位として、比例区から当選。平成4年引退。この間、昭和55年公約に従い宇都宮軍縮研究室をつくり、月刊で「軍縮問題資料」を発行するなど軍縮に政治生命をかけた。私財で平成12年7月号(237号)まで続けた。著書に「七億人の隣人」「暴兵損民」など。　[家]父=宇都宮太郎(陸軍大将), 長男=宇都宮恭三(ミノファーゲン製薬社長)

内海 清　うつみ・きよし
衆院議員(民社党)　[生]明治34年6月12日　[没]昭和52年7月1日　[出]広島県　[学]広島師範本科(大正12年)卒　[賞]勲二等瑞宝章(昭和46年)　[歴]昭和14年日立造船向島工場入社。30年本社総務部長を経て、33年衆院議員に当選。7期つとめる。

内海 忠勝　うつみ・ただかつ
内相　貴院議員(勅選)　男爵　[生]天保14年8月19日(1843年)　[没]明治38年1月20日　[出]周防国吉敷郡吉敷村(山口県山口市)　旧姓=吉田　通称=義助, 豪助, 精一　[賞]勲一等大綬章(明治35年)　[歴]文久3年宣徳隊結成に参加。元治元年奇兵隊に入り、禁門の変に敗れた。慶応2年幕府の征長軍を破った。同年8月蘭学校に入学。明治3年大参事を経て、4年特命全権大使岩倉具視に従って欧州巡遊、6年帰国。長崎、兵庫、神奈川各県、大阪、京都各府知事などを務め、地方官として多くの功績をあげた。32年勅選貴院議員、ついで会計検査院長を経て、34年第1次桂内閣の内相。33年男爵。

内海 英男　うつみ・ひでお
元・衆院議員(自民党)　元・中央大学理事長　[生]大正11年4月26日　[出]旧満州・大連　[学]中央大学法学部(昭和19年)卒　[賞]勲一等旭日大綬章(平成4年)　[歴]学徒出陣し、復員後住宅営団に就職したが倒産。その後衆院議員だった父の秘書になり、昭和42年地盤を譲り受けた。初当選以降船田派だったが54年10月の総選挙後田中派に転じる。57年中曽根内閣の建設相、63年5月竹下内閣の国土庁長官に就任。竹下派を経て、小渕派。当選9回。平成5年引退。同年中央大学理事長に就任。11年退任。　[家]父=内海安吉(衆院議員)

内海 安吉　うつみ・やすきち
衆院議員(自民党)　[生]明治23年4月　[没]昭和51年4月11日　[出]宮城県　[学]日本大学法律科卒　[賞]勲二等旭日重光章　[歴]日本電報通信社政治記者、同社大連支局長を経て、奉天公報社長、帝国新報社長を歴任。次いで内閣嘱託(興亜院

上海在勤）となり宮城2区から昭和21年衆院議員初当選。以来9回連続当選。日本自由党創立委員、自由党党務部長、総務、自民党相談役、災害対策特別委員長、北海道開発特別委員長、衆院建設委員長、同内閣委員長など数多くの役職に就いた。 [家]息子＝内海英男（衆院議員）

宇野 宗佑　うの・そうすけ
元・衆院議員（自民党） 第75代首相 自民党最高顧問 [生]大正11年8月27日 [没]平成10年5月19日 [出]滋賀県野洲郡守山町（現・守山市） 俳号＝宇野犂子 [学]彦根高商（昭和18年）卒，神戸商業大学（昭和18年）中退 [賞]勲一等旭日桐花大綬章（平成6年） [歴]“栄爵”という銘柄をもつ守山の造り酒屋の8人兄弟の長男。学徒出陣で商大中退。昭和20年から2年間、シベリア抑留。26年滋賀県議、33年河野一郎代議士秘書を経て、35年衆院議員に当選、12期務める。中曽根派。防衛庁、科学技術庁、行政管理庁各長官、58年中曽根内閣通産相、62年竹下内閣外相を経て、平成元年6月首相に就任したが、参院選で社会党に敗れる公認36議席の大敗北を喫し、8月辞任。8年引退。文筆家としても知られ、26歳で抑留記「ダモイトウキョウ」を出版、映画化。昭和51年出版した「庄屋平兵衛獄門記」で文名を確立。59年秋には郷土史「中仙道守山宿」を出版した。俳人としても知られる。 [団]俳人協会 [趣]俳句，絵画，剣道 [家]妻＝宇野千代（宇野本家取締役），父＝宇野長司（郷土史研究家），祖父＝宇野正蔵（守山町長）

宇野 亨　うの・とおる
元・衆院議員（自民党） [生]大正13年4月19日 [没]平成7年11月11日 [出]千葉県 [学]早稲田大学文学部卒 [歴]千葉県議2期のあと、昭和51年千葉2区から衆院議員に当選。54年に再選されたが、2億5千万もの買収資金を用意した大がかりな選挙違反が摘発され、翌年の総選挙では立候補をとりやめた。59年懲役4年の実刑が確定したが、入院中のため刑の執行が停止された。のち昭和天皇逝去に伴う特別恩赦で、刑の執行免除を受けた。

生方 大吉　うぶかた・だいきち
元・衆院議員 [生]明治15年3月28日 [没]昭和39年3月13日 [出]群馬県 [学]利根中（明治31年）卒 [歴]大正7年利根電気社長、新治製材社長、ついで利根倉庫、坂東自動車各取締役、利根製紙監査役、棒丸百貨店会長を歴任した。また13年には憲政会に属し群馬県から衆議院議員に当選、以来5回当選した。

梅川 文男　うめかわ・ふみお
松阪市長 農民・労働運動家 [生]明治39年4月9日 [没]昭和43年4月4日 [出]三重県飯南郡松阪町新町（現・松阪市） 筆名＝佐野史郎，堀坂山行 [学]宇治山田中（大正9年）卒 [歴]小学校代用教員となって松阪社会思想研究会をつくり、大正15年三重合同労働組合を結成。日農でも活躍し、労働農民党兵庫県連執行委員などを歴任するが、昭和3年の3.15事件で懲役5年に処せられる。8年仮釈放後は社会大衆党で活躍し、日米開戦と同時に拘留され、19年に出獄。戦後、日本共産党に入り、22年三重県議、また日農三重県連執行委員長などをつとめるが、30年共産党を除名される。32年から松阪市長を3期11年つとめた。新日本文学会、日本民俗学会に所属、遺作集に「やっぱり風は吹くほうがいい」がある。

梅津 錦一　うめず・きんいち
元・参院議員（社会党） [生]明治31年12月 [没]昭和59年2月18日 [出]群馬県前橋市 [学]群馬県師範（大正9年）卒 [賞]勲三等旭日中綬章 [歴]昭和22年4月の第1回参院選群馬地方区から社会党公認で立候補して当選、1期つとめた。群馬県教組初代委員長。

梅田 勝　うめだ・まさる
元・衆院議員（共産党） [生]昭和2年8月14日 [出]京都府京都市 [学]高小卒 [歴]島津製作所勤務を経て、昭和48年以来衆院議員に3選。61年落選。

梅原 真隆　うめはら・しんりゅう
参院議員(緑風会)　浄土真宗本願寺派執行　顕真学苑主幹　富山大学学長　僧侶　仏教学者　[専]真宗学　[生]明治18年11月11日　[没]昭和41年7月7日　[出]富山県滑川市　[学]仏教大学(現・龍谷大学)研究科(明治45年)卒　[歴]大正8年仏教大学教授となり学監を兼任、11年龍谷大学と改称され、同教授、昭和4年まで務めた。5年顕真学苑を創設、「顕真学報」を刊行、また個人雑誌「親鸞研究」「道」も発行した。浄土真宗本願寺派執行、顕真学苑主幹、勧学寮頭、伝道院顧問などを歴任した。戦後21年専長寺住職。22年参議院全国区議員当選1回、緑風会に属し文部委員長を務めた。32年富山大学学長。友松円諦との指方立相論、極楽浄土否認論をめぐる論争は有名。また全国部落代表者会議発起人会の一人としても活躍。著書に「教行信証」「歎異鈔」「蓮如上人御一代記聞書」の訳注、「御伝鈔の研究」「教行信証新釈」「教行信証考説」「恵信尼文書の研究」「歎異鈔講話」「宗教に生きる」、「雑華雲―梅原真隆歌集」、「国民懺悔の運動」などのほか、「梅原真隆選集」(全32冊)がある。

梅村 速水　うめむら・はやみ
高山県知事　[生]天保13年1月4日(1842年)　[没]明治3年10月26日　[歴]高山県の設置により初代知事となるが、山方米廃止、人別米不渡、商法局設置などの改革を実施して県民の反感を買い、農民一揆を誘発して失脚。東京で取調中に病死。

浦井 洋　うらい・よう
元·衆院議員(共産党)　元·兵庫県民医連会長　東神戸病院名誉院長　医師　[生]昭和2年11月8日　[出]兵庫県神戸市　[学]神戸医科大学(現・神戸大学医学部)(昭和27年)卒　[歴]昭和29年東神戸診療所長、39年東神戸病院院長を経て、44年以来衆院議員に7選。平成2年落選し、医業に専念。港湾労働者の診療などに尽力し、"神戸の赤ひげ先生"と呼ばれた。

浦野 幸男　うらの・さちお
衆院議員(自民党)　労相　[生]大正3年1月14日　[没]昭和52年1月16日　[出]愛知県　[学]東邦商卒, 日本大学政経科中退　[歴]昭和26年愛知県議となり、3期務めた後、35年愛知4区から衆院議員に当選、以来6回当選した。その間、衆院商工委員長、行政管理政務次官、防衛政務次官を務め、51年三木武夫内閣の労働大臣となった。自民党では商工部会長、総務、副幹事長を務めた。

浦野 烋興　うらの・やすおき
元・衆院議員(自民党)　元・科学技術庁長官　[生]昭和16年11月3日　[出]愛知県豊田市　[学]学習院大学政経学部(昭和39年)卒　[歴]昭和39年警視庁に入る。45年豊田通商に転じ、父の秘書を経て、54年衆院議員に当選。平成7年村山改造内閣の科学技術庁長官に就任。6期。宮沢派。8年落選。10年参院選愛知選挙区に立候補。

占部 秀男　うらべ・ひでお
参院議員(社会党)　[生]明治42年7月　[没]昭和53年10月13日　[出]神奈川県　[学]日本大学商科卒　[歴]東京都職員労働組合委員長(7期)、全日本自治団体労働組合委員長(7期)、官公労議長。地方政治部長、東京都本部地方選挙対策委員長として美濃部革新知事実現に努力した。自治体対策委員長、明るい革新都政推進本部副委員長などを歴任する。昭和27年参院議員初当選。以降3選。参院社会党副委員長を務めた。

瓜生 清　うりう・きよし
参院議員(民社党)　[生]大正9年10月　[没]昭和45年11月9日　[出]大阪府　[学]関西大学専門部卒　[歴]兵役に従事し、復員後織布会社に勤務。昭和24年より労働運動に入る。大阪府地方労働委員会委員、社会保険診療報酬支払基金理事、社会保障制度審議会委員等を務めた。昭和40年参院議員初当選。以降連続2選。民社党中央執行委員、選挙対策委員長、全織同盟顧問を歴任。

漆 昌巌　うるし・しょうがん
衆院議員(政友会)　⽣嘉永3年1月(1850年)　没昭和9年1月22日　出岐阜県江内村　学増上寺学寮卒　経仏籍を学んで法禅寺住職。品川町会議員、郡会議員を経て品川町長。明治から大正にかけ衆院議員当選6回、政友会に属した。また品川馬車鉄道、日本製氷、大井銀行、品川白煉瓦などの社長、重役を務めた。

海野 謙次郎　うんの・けんじろう
衆院議員(政友会)　⽣弘化3年4月(1846年)　没大正2年10月16日　出三重県明合村　位勲四等　経漢学を修め、伊勢銀行、三重農工銀行各取締役。一方戸長、県議、所得税調査委員などを務め、明治37年前後衆院議員当選3回、政友会に属した。

海野 三朗　うんの・さぶろう
元・衆院議員(社会党)　元・参院議員　明善寺住職　僧侶　⽣明治22年9月　没昭和36年1月14日　出山形県　学東京帝国大学物理学科(大正5年)卒　理学博士　経山形県立米沢中学校教諭を経て八幡製作所研究所に勤め、日本製鉄理事、同研究所調査部長となった。また技術院事務嘱託、山形市立産業科学研究所所長を兼務。明善寺住職。戦後昭和22年山形1区社会党から衆院議員に立ち当選、当選2回。28年には参議院山形地方区から立候補、当選した。社会党山形県支部連合会会長、社会党中央委員。27年第2回世界仏教徒会議に県代表で出席。随筆「火と日本」がある。

【え】

江木 千之　えぎ・かずゆき
枢密顧問官　文相　貴院議員(勅選)　官僚　⽣嘉永6年4月14日(1853年)　没昭和7年8月23日　出周防国岩国(山口県)　経明治元年裁判所見習書記、3年藩命により大阪の原田一道の塾に学び、4年上京、早稲田蘭疇学舎、開拓使学校、大学南校、工部省修技黌、工部大学に学んだ。7年文部省に入り視学官、参事官、局長。25年内務省に転じ、26年県治局長、29年茨城県知事、以後栃木、愛知、広島、熊本各県知事を歴任。37年勅選貴院議員。大正13年清浦内閣の文相となり、文政審議会を創設、のち枢密顧問官。晩年は皇典講究所長・全国神職会会長。日赤、防長教育会にも尽力した。

江木 翼　えぎ・たすく
鉄道相　法相　貴院議員(勅選)　⽣明治6年4月24日　没昭和7年9月18日　出山口県玖珂郡御庄村　学東京帝大法科大学英法科(明治30年)卒　法学博士(大正9年)　経江木家の養子となり、明治30年内務省に入省。神奈川県事務官、法制局参事官、43年拓殖局部長。大正元年第3次桂太郎内閣、3年大隈重信内閣、13年加藤高明三派護憲内閣の各書記官長。この間5年には勅選貴族院議員。9年法学博士。14年加藤改造内閣、第1次若槻礼次郎内閣の法相。昭和4年浜口雄幸内閣、6年若槻内閣の各鉄道相。立憲民政党の総裁候補として将来を嘱望されたが、同年9月病気のため辞職した。著書に「江木翼論叢」。
親父=羽村卯作(酒造家), 養父=江木千之(文相)

江口 定条　えぐち・さだえ
貴院議員(勅選)　満鉄副総裁　三菱合資専務理事　実業家　⽣元治2年4月1日(1865年)　没昭和21年3月14日　出高知県　学東京商業学校(現・一橋大学)(明治20年)卒　経三菱合資会社に入り、長崎、門司各支店長、本社鉱業部副長、同営業部長、専務理事を歴任、三菱系各社の総理事も務めた。昭和6年満鉄副総裁、7年民政党系の故に犬養毅内閣に罷免され、不服の内田総裁が辞表を出し、軍部が慰留する事件となった。7年勅選貴院議員、同和会に所属。対支文化事業調査会委員も務めた。

江口 三省　えぐち・さんせい
衆院議員(自由党)　[生]安政5年(1858年)　[没]明治33年　[出]土佐国(高知県)　[歴]上京して語学、政治、経済学を修めた。長年新聞記者として活躍。明治25年第2回衆院選に小松三省の名で高知県から当選、第3、第4回にも当選した。しかし自由党の妥協化にあきたらず、33年札幌に渡った。著書も多く、ヘンリー・ジョージの訳書「社会問題」は転換期の自由党に影響を与えた。

江崎 一治　えざき・かずはる
元・衆院議員(共産党)　[生]明治40年10月1日　[没]昭和47年7月11日　[出]京都　[学]早稲田大学理工学部電気工学科(昭和8年)卒　[歴]昭和13年日本電気玉川向工場に入り、同社大津工場第2検査課長となった。戦後21年日本共産党に入党、滋賀県委員。日本電気労働組合大津分会執行委員。レッドパージで同工場を解雇された後、大阪府で会社を経営。24年には滋賀県から衆議院議員に当選した。

江崎 真澄　えさき・ますみ
元・衆院議員(自民党)　元・防衛庁長官　元・自治相　元・通産相　[生]大正4年11月23日　[没]平成8年12月11日　[出]愛知県一宮市　[学]日本大学経済学部卒　[賞]勲一等旭日大綬章(平成5年), 一宮市名誉市民(平成8年)　[歴]下出義雄代議士秘書を経て、昭和21年以来衆院議員に当選17回。池田、佐藤内閣の防衛庁長官、田中内閣の自治相、党総務・政調会長、大平内閣の通産相などを歴任。60年12月第2次中曽根第2回改造内閣で総務庁長官に就任。旧田中派二階堂系を経て、無派閥。平成5年引退。　[趣]剣道, 将棋　[家]息子=江崎鉄磨(衆院議員), 江崎洋一郎(衆院議員)

江島 淳　えじま・あつし
参院議員(自民党　山口)　[生]昭和2年10月5日　[没]昭和62年5月25日　[出]山口県下関市　[学]東大工学部土木工学科(昭和26年)卒　[歴]国鉄に入り、建設局計画課長、広島鉄道管理局長を経て、昭和55年以来参院議員に2選。安倍派。大蔵政務次官、参院自民党副幹事長などをつとめた。　[家]息子=江島潔(下関市長)

江角 千代次郎　えずみ・ちよじろう
衆院議員(大同倶楽部)　湖西銀行頭取　[生]元治1年11月(1864年)　[没]昭和9年6月19日　[出]島根県　[歴]漢籍を修めた後、村議、町村組合会議員、簸川郡議、徴兵参事員、所得税調査委員を務め、明治31年8月に島根郡部より衆院議員に初当選。以後4期連続してつとめる。

江田 五月　えだ・さつき
参院議員(民主党　岡山)　元・衆院議員　元・科学技術庁長官　元・社民連代表　[生]昭和16年5月22日　[出]岡山県上道郡財田村長岡(現・岡山市)　号(書)=水月　[学]東京大学法学部(昭和41年)卒　[資]弁護士　[興]憲法9条, 連合新党の結成　[歴]江田三郎元社会党副委員長の長男。東大教養部の自治会委員長時代に大学管理制度改革に反対し、全学ストを指揮して退学処分を受ける。1年後に復学して運動と縁を切り、昭和40年司法試験合格。41年卒業後、43年から東京、千葉、横浜の各地裁判事補。父の死により52年7月参院全国区に当選。58年衆院議員に転じ、岡山1区でトップ当選、4期。60年2月田英夫に代わって社民連代表に就任、野党連合の実現を目指し、奔走。平成4年政策集団シリウスを結成。5年8月非自民連立政権に参加し、科学技術庁長官となる。6年5月解党して日本新党に合流、日本新党副代表をつとめた。同年12月新進党結成に参加。8年離党し無所属となる。同年10月岡山県知事選に出馬するが落選。10年民主党より参院選岡山選挙区に立候補し、当選。通算2期目。著書に「出発のためのメモランダム」「国会議員」。　[団]日本鳥類保護連盟, アムネスティ議員連盟, 国連人権活動協力議員連盟　[趣]水泳(古式泳法), 書道, カラオケ　[家]父=江田三郎(社会党副委員長)

江田 三郎　えだ・さぶろう

元・衆院議員　元・社会党書記長　⽣明治40年7月22日（戸籍:明治40年7月29日）　没昭和52年5月22日　出岡山県建部町　学東京商科大学（現・一橋大学）（昭和6年）中退　歴昭和6年東京商大を中退して農民運動に入り、全国大衆党に入党。7年日農中央委員、9年全農岡山県連書記長、12年岡山県議。13年人民戦線事件で検挙、15年出獄後中国で就職。戦後帰国し21年日本社会党に入党。22年岡山県議、25年参院議員、党農民部長などを経て、35年書記長に就任。同年10月浅沼稲次郎暗殺後、委員長代行。構造改革論をとりいれた"江田ビジョン"の批判決議が37年の党大会で可決され、書記長辞任。38年衆院議員に初当選、51年12月の総選挙で落選。この間、社会党副委員長、書記長、副委員長をつとめたが、終始左派の攻撃を受け、41年・45年の委員長戦で敗れた。51年新しい日本を考える会を結成。52年離党して社会市民連合（社民連の前身）を結成したが急死した。著書に「女として人間として―明日を生きる科学」「日本の社会主義」「私の日本改造構想」など。　家長男＝江田五月（社民連代表）

枝村 要作　えだむら・ようさく

元・衆院議員（社会党）　⽣大正11年1月2日　出山口県　学小野田工業（昭和13年）卒　賞勲二等瑞宝章（平成4年）　歴社会党山口県本部副委員長、山口県労評委員長を経て、昭和42年以来衆院議員に5選、56年衆院石炭対策特別委員長をつとめた。

江藤 智　えとう・あきら

参院議員（自民党　全国）　元・運輸相　⽣明治40年1月19日　没昭和57年6月26日　出山口県　学京大土木学科（昭和4年）卒　工博　賞勲一等瑞宝章（昭和52年）　歴昭和4年鉄道省に入り、国鉄札幌鉄道局長などを経て、31年参院全国区に初当選、以来連続5回当選。運輸相を務めたほか、参院運輸委員長などを歴任した。工学博士、著書に「鉄道操車場の設計と保線」がある。

江藤 源九郎　えとう・げんくろう

衆院議員　時局協議会世話人　陸軍少将　⽣明治12年2月25日　没昭和32年5月3日　出奈良県　学陸士（第11期）（明治32年）卒　歴江藤新平の甥。日露戦争に中尉で従軍、明治43年参謀本部副官、大正2年関東都督府副官、8年八代連隊区司令官、11年新発田連隊区司令官、14年歩兵第38連隊長、昭和2年少将となり同年予備役。7年奈良県から衆議院議員に当選、20年まで議員を務めた。その間、7年2月の第67議会で美濃部達吉の「逐条憲法精義」発禁処分を政府に要求、美濃部を不敬罪で告発、天皇機関説撲滅同盟を結成、原理日本社の蓑田胸喜らと呼応して、自由主義者を激しく攻撃した。また右翼団体淡交会を結成、12年には日本革新党総務委員長となり右翼を指導するとともに、ファッショ的国民組織の構築をめざした時局協議会の世話人を務めた。

江藤 新作　えとう・しんさく

衆院議員（改進党）　⽣文久3年10月（1863年）　没明治42年　歴明治18年大井憲太郎らの大阪事件に連座、逮捕されたが、予審免訴。のち進歩党入党、36年佐賀県から衆院議員となり、以後連続4回当選。著書に「南白江藤新平遺稿」。　家父＝江藤新平（政治家）

江藤 新平　えとう・しんぺい

司法卿　⽣天保5年2月9日（1834年）　没明治7年4月13日　出肥前国佐賀郡八戸村（佐賀県）　号＝南白　歴母に学び、鍋島藩の上佐賀代官などを務めた。文久2年脱藩して上洛、公卿姉小路公知に接近、無期謹慎。慶応3年赦され、郡目付。明治元年江戸開城後、軍監として江戸に入り、江戸鎮台判事、4年文部大輔、次いで左院副議長、5年司法卿、6年参議となった。同年10月西郷隆盛らの征韓論に同調、辞職。7年板垣退助らと民選議院設立建白書を提出したが、佐賀の征韓主張者らに勧められ、首領となり同年2月挙兵、しかし政府軍に鎮圧され薩摩、土佐に逃れたが阿波に密行の途中逮捕されて刑死した。

衛藤 征士郎　えとう・せいしろう
衆院議員(自民党　大分2区)　元・防衛庁長官　[生]昭和16年4月29日　[出]旧朝鮮　[学]早稲田大学政経学部政治学科(昭和41年)卒, 早稲田大学大学院政治学研究科(昭和48年)修了　[歴]昭和46年玖珠町長に当選、2期。52年参院議員となり、58年衆院議員に転ずる。当選6回。農水政務次官などを経て、平成7年村山改造内閣の防衛庁長官に就任。10年12月宮沢派を離脱し河野グループに参加、のち森派。13年第2次森改造内閣の外務副大臣に就任。日本近代五種・バイアスロン連合会長も務める。

江藤 隆美　えとう・たかみ
衆院議員(自民党　宮崎2区)　元・総務庁長官　[生]大正14年4月10日　[出]宮崎県日向市　[学]宮崎農専(昭和22年)卒　[賞]勲一等旭日大綬章(平成10年)　[歴]宮崎県議を経て、昭和44年衆院議員に当選。58年国対委員長を経て、60年建設相、平成元年海部内閣の運輸相に就任。2年落選。5年返り咲き。通算10期目。7年村山改造内閣の総務庁長官に就任するが、同年11月朝鮮半島に対する日本の植民地支配に関する発言で辞任。渡辺派を経て、村上・亀井派入りし、11年7月江藤・亀井派会長。[趣]囲碁(5段), 蘭

江藤 哲蔵　えとう・てつぞう
衆院議員(政友会)　[生]明治5年8月　[没]大正6年6月24日　[出]熊本県菊池郡陣内　[学]東京専門学校(明治32年)卒　[賞]勲三等　[歴]16歳で上京、共立学校を苦学して卒業。帰郷して自由党入党。のち九州私学校を創立したが、閉鎖して再上京、東京専門学校で行政学を学んだ。明治37年衆院議員となり、41年欧米視察、帰国後政友会幹事。45年代議士再選、大正2年逓信省参事官となり、3年辞任。のち政友会幹事長。

衛藤 速　えとう・はやし
衆院議員(自由党)　炭鉱開発者　[生]明治27年9月　[没]昭和39年12月21日　[出]大分県竜王村(現・安心院町)　[歴]若くして郷里を離れ、沖縄や京阪神などを転々としたのち、福岡県田川郡川崎町で坑夫となり、採掘権を買い取って炭鉱開発に取り組む。昭和22年衆議院選挙に福岡県から出馬し当選、2期つとめた。

榎本 武揚　えのもと・たけあき
農商務相　外相　文相　逓信相　海軍卿　海軍中将　子爵　[生]天保7年8月25日(1836年)　[没]明治41年10月26日　[出]江戸・下谷御徒町　通称=榎本釜次郎, 号=梁川　[賞]勲一等従二位(明治19年)　[歴]12歳で昌平黌に入り、嘉永6年幕府伝習生として長崎の海軍練習所に学んだ。安政5年江戸に帰り海軍操練所教授。文久元年開陽丸建造監督を兼ねてオランダ留学、造船学、船舶運用術、国際法などを学び、慶応2年帰国、軍艦乗組頭取、海軍奉行となった。戊辰の役では幕府海軍副総裁として主戦論を唱え、江戸開城後も政府軍への軍艦引き渡しを拒否、明治元年8月全艦隊を率い仙台を経て北海道へ脱走、箱館の五稜郭にたてこもり抗戦した(箱館戦争)。2年降伏して入獄、5年特赦となり、北海道開拓使となった。7年海軍中将兼特命全権公使としてロシアに赴き、千島樺太交換条約を締結。12年外務省二等出仕、13年海軍卿、15年清国在勤特命全権公使として伊藤博文全権と共に天津条約を締結。18年逓信大臣、21年農商務大臣兼任、22年文部大臣、24年外務大臣、27年農商務大臣を歴任。20年子爵。著書に「西比利亜日記」。

江原 素六　えばら・そろく
衆院議員(政友会)　麻布学園創立者　教育家　[生]天保13年1月29日(1842年)　[没]大正11年5月19日　[出]江戸市外角筈五十人町　幼名=鋳三郎　[歴]昌平黌に学び、練兵館で剣を修め、安政6年講武所で洋式調練を習得。高島秋帆のもとで砲術を教え、文久3年講武所砲術教授。明治

元年鳥羽伏見の戦い、その他諸戦に幕臣として参加するが敗北し、沼津に潜行、のち大赦をうけ、名を素六と改めた。3年静岡藩少参事・沼津兵学校掛、4年欧米視察、帰国後離禄士族のため開墾・牧畜、茶の製造、輸出などに従事。8年静岡師範校長、12年沼津中学校長。11年受洗しキリスト教の伝道につとめた。22年上京しキリスト教系の東洋英和学校幹事、のち校長、28年麻生尋常中学校(のちの麻布学園)を創立して校長を務めた。37年東京基督教青年会理事長。一方23年以来静岡県、東京市から衆院議員当選7回、自由党、憲政党各総務、政友会幹部を務めた。45年勅選貴院議員。著書に「心の力」など。 [家]孫＝稲葉興作(石川島播磨重工業社長)

戎谷 春松　えびすだに・はるまつ
元・共産党副委員長　社会運動家　[生]明治41年8月6日　[出]徳島県海部郡牟岐町　[学]高小(大正12年)卒　[歴]大正12年大阪鉄工所に入り、以後機械工その他の自由労働に従事しているなかで労働運動に参加し、昭和3年労働農民党に入党、また全日本無産青年同盟に加盟。6年共産党に入り、以後多くの労働運動を指導し、検挙、投獄をくり返す。戦後は共産党に入り、大阪地区で活躍、のち党副委員長をつとめた。

江間 俊一　えま・しゅんいち
衆院議員(憲政会)　[生]文久1年5月(1861年)　[没]昭和8年5月31日　[出]栃木県見付町　[学]明治法律学校卒　[歴]弁護士となり法曹界に活躍。また東京府議、東京市議を務め、明治から大正にかけて衆院議員当選4回。江間式心身鍛練法の創始者。憲政会に所属。

遠藤 要　えんどう・かなめ
元・参院議員(自民党)　元・法相　[生]大正4年10月31日　[出]宮城県白石市　[学]白石高小卒　[賞]勲一等旭日大綬章(平成11年)　[歴]昭和22年宮城県議(7期)、46年県会議長を経て、49年から参院議員に4選。61年第3次中曽根内閣の法相に就任。平成10年落選。竹下派を経て、小渕派。　[家]弟＝遠藤雄三(宮城県議)

遠藤 源六　えんどう・げんろく
枢密顧問官　明治大学名誉教授　法学者　[生]明治5年8月15日　[没]昭和46年5月13日　[出]宮城県栗原郡志波姫町　号＝虚舟　[学]東京帝大法科大学仏法科(明治33年)卒　法学博士(明治41年)　[歴]海軍省主理試補、同参事官、明治大学講師から教授となったが、行政裁判所評定官に転じ同部長を経て昭和17年9月同裁判所長官となった。19年明大名誉教授。戦後昭和21年3月枢密顧問官、22年5月廃官。23年再び明大教授となり34年3月定年退職。著書に「日露戦役国際法論」「戦時禁制品論」「国際法提要」などがある。

遠藤 三郎　えんどう・さぶろう
衆院議員(自民党)　建設相　[生]明治37年4月15日　[没]昭和46年12月27日　[出]静岡県沼津市　[学]東京帝大法学部(昭和5年)卒　[歴]昭和5年農林省に入り、総務局長、畜産局長を経て24年静岡2区から衆院議員に当選、以来9回当選。衆院経済安定委員長となり、第1次鳩山一郎内閣の大蔵政務次官、33年第2次岸信介内閣の建設大臣となった。自民党内では農林漁業基本政策調査会長、経済調査会長、総務などを務めた。

遠藤 茂　えんどう・しげる
元・鳥取県知事　[没]昭和56年7月24日　[出]鳥取県　[学]鳥取大学農学部卒　農学博士　[歴]昭和25年和歌山県農林部長、29年12月鳥取県知事に当選、一期務めた。「農業災害と対策」「食用作物の病害防除」などの著書がある。

遠藤 胤城　えんどう・たねき
吉見藩知事　[生]天保9年6月5日(1838年)　[没]明治42年11月9日　[出]大坂・玉造　別名＝東胤城　[歴]文久3年近江三上藩主となり、明治3年和泉吉見藩知事。

遠藤 秀景 えんどう・ひでかげ
衆院議員(自由党) [生]嘉永6年12月(1853年) [没]明治44年5月 [出]石川県 [歴]早くから漢学を修めた。明治10年西南戦争で石川県士族島田一郎らが西郷隆盛を援けることを主張したが、兵糧不足を理由に反対。島田が大久保利通内相を暗殺後、実力で政権をとることを悟り、盈進社を興し、不平の徒を集め、旧藩主前田家に士族授産金を要請、起業社を設立、北海道開拓、千島漁業を始めたが失敗。22年石川県議、議長となり、23年金沢市から衆院議員に当選した。

遠藤 政夫 えんどう・まさお
元・参院議員(自民党) [生]大正12年2月6日 [没]平成7年11月9日 [出]福岡県甘木市 [学]東京帝大法学部(昭和19年)卒 [賞]勲二等瑞宝章(平成7年) [歴]労働省に入り、昭和47年職業訓練局長、48年職業安定局長を歴任して退官。52年参院議員に当選。当選2回。平成元年落選。選挙後、地元の久留米市議に対する大がかりな買収が明らかになった。4年無所属で立候補したが再び落選し、引退した。

遠藤 柳作 えんどう・りゅうさく
参院議員(自民党) 内閣書記官長 [生]明治19年3月18日 [没]昭和38年9月18日 [出]埼玉県 [学]東京帝大法科大学独法科(明治43年)卒 [歴]明治43年内務省に入り、以後朝鮮総督府秘書官、東京府産業部長、千葉県内務部長、満州国国務院総務庁長、青森、三重、神奈川、愛知各県知事を歴任。昭和14年阿部信行内閣の内閣書記官長、19年朝鮮総督府政務総監となった。戦後公職追放、解除後の30年参院埼玉地方区補欠選挙に無所属で立ち当選、32年首都圏整備審議会長となった。また東京新聞社長、武蔵野銀行会長も務めた。

遠藤 良吉 えんどう・りょうきち
衆院議員(政友会) [生]安政2年(1855年) [没]昭和6年12月6日 [出]陸前国桃生郡北村湖崎 号=李楊 [歴]村上家から遠藤温之の養子となった。宮城県議から衆院議員となり、当選4回。政友会に属した。晩年阿片事件のための罪を得て政界を引退した。

【 お 】

及川 古志郎 おいかわ・こしろう
海相 海軍大将 [生]明治16年2月8日 [没]昭和33年5月9日 [出]岩手県 [学]海兵(第31期)(明治36年)卒, 海大(大正4年)卒 [歴]日露戦争に「千代田」乗組で参戦、水雷学校を経て駆逐艦「朝潮」艦長、「夕霧」艦長、大正4年東宮武官、その後「鬼怒」「多摩」各艦長、軍令部第1班第1課長、海軍兵学校教頭、昭和3年少将、呉鎮守府参謀長、5年軍令部作戦班長、7年第1航空戦隊司令官、海軍兵学校長、10年第3艦隊長官、航空本部長、13年支那方面艦隊長官兼第3艦隊長官、14年大将、15年横須賀鎮守府長官、同年9月第2次近衛文麿内閣の海相となり三国同盟条約締結に踏み切った。16年10月まで在任、対英米開戦の路線を進めた。辞任後軍事参議官、海軍大学校長を兼任、18年海上護衛司令長官、19年8月軍令部総長に就任。レイテ沖海戦などを敢行したが、戦況を好転できず、20年5月辞任、軍事参議官となった。

扇 千景 おうぎ・ちかげ
参院議員(保守新党 比例) 国土交通相 元・保守党党首 元・女優 [生]昭和8年5月10日 [出]兵庫県神戸市 本名=林寛子 旧姓=木村 [学]神戸高(昭和27年)卒, 宝塚音楽学校(昭和29年)卒 [賞]芸術祭賞(奨励賞)(昭和34年)「君は今何をみつめている」 [歴]昭和29年宝塚歌劇団入団。同年映画「怪傑鷹」でデビュー。東宝専属となり、「琴の爪」「ち

ゃっきり金太」2部作などに出演。34年テレビドラマ「君は今何をみつめている」で芸術祭個人奨励賞受賞。48〜52年フジテレビ「3時のあなた」の司会を務め、52年エッセイ「泣いて笑って3時のわたし」を刊行する。同年自民党から参院全国区に当選。56年科学技術庁政務次官、60年参院文教常任委員長を務めた。平成元年落選するが、5年繰り上げ当選、6年4月新生党入りし、同年12月新進党結成に参加。10年1月自由党に参加。12年4月自由党が連立離脱するにあたり新党・保守党を結成して党首に就任、自民、公明両党とともに森連立政権に参画したが、直後の衆院選では16議席から7議席に激減した。通算5期目。同年7月第2次森連立内閣の建設相、国土庁長官に就任。同年12月第2次森改造内閣でも留任し、新たに運輸相、北海道開発庁長官に就任。13年1月中央省庁再編で国土交通相となり、同年4月の小泉内閣、14年9月の小泉改造内閣でも留任。13年7月参院選では自身の1議席のみとなり、9月保守党党首を退任。14年12月保守新党に参加。他のエッセイに「できること できないこと」がある。
[家]夫=中村鴈治郎(3代目), 長男=中村翫雀(5代目), 二男=中村扇雀(3代目)

近江 巳記夫　おうみ・みきお
元・衆院議員(公明党)　元・科学技術庁長官　[生]昭和10年10月1日　[出]大阪府池田市　[学]関西大学経済学部(昭和37年)卒
[歴]昭和38年大阪市議を経て、42年公明党から衆院議員に当選。平成6年羽田内閣の科学技術庁長官に就任。同年12月新進党、10年1月新党平和、同年11月新公明党に参加。10期務めた。

大麻 唯男　おおあさ・ただお
衆院議員(自民党)　国務相　[生]明治22年7月7日　[没]昭和32年2月20日　[出]東京
[学]東京帝大法科大学政治科(大正3年)卒
[歴]内務省に入り警保局から山形、山梨、神奈川各県の警察署長を歴任。大正13年衆院選に当選、以来当選7回。民政党幹事長、総務。政党解消後は翼賛会議会局議事部長。17年翼賛政治体制協議会委員、常任総務。18年東条英機改造内閣の国務相。軍部協力の大日本政治会を組織。戦後、公職追放、解除後の27年代議士に復帰、重光葵を担いで改進党を結成、顧問。同年鳩山一郎派と合同、日本民主党を旗揚げし、第1〜3次鳩山内閣の国務相。政界の寝業師として定評。

大井 憲太郎　おおい・けんたろう
衆院議員(憲政党)　自由民権運動家　社会運動家　[生]天保14年8月10日(1843年)　[没]大正11年10月15日　[出]豊前国宇佐郡高並村(大分県院内町)　旧姓=高並　幼名=彦六, 別名=馬城台二郎, 馬城山人　[学]大学南校　[歴]幼少から漢学を学び、20歳のころ長崎に出て蘭学・英学を修め、さらに江戸に出て仏学・化学を学ぶ。幕府の開成所舎密局に出仕。戊辰戦争では幕軍。明治2年箕作麟祥に師事。大学南校に入り、7年民選議院設立で加藤弘之と論争。8年元老院少書記となり翌年免官。同年愛国社創立に参画。その後は代言人(弁護士)として活動する傍ら、急進的自由民権運動のリーダーとなる。15年自由党に参加。17年秩父の借金党を指導、18年朝鮮の内政改革運動の大阪事件を起こして逮捕され、禁錮9年の刑を受けた。22年の大赦令で出獄、中江兆民らと自由党再興を図り、23年立憲自由党設立。同年「あづま新聞」を創刊、翌年廃刊。25年自由党を脱党、東洋自由党を結成、普通選挙を唱え、日本労働協会、小作条例調査会を設け社会運動の先駆的役割を果たした。同党は26年解散。27年衆院議員に当選、31年自由党、進歩党の合同に尽くし憲政党総務。32年普通選挙期成同盟会(後の普通選挙同盟)を片山潜らと結成。37年と41年に衆院議員に当選。晩年は満鉄の援助を受け、対外強硬論を主張した。著書に「時事要論」「自由略論」など。

大井 成元 おおい・しげもと

貴院議員　陸軍大将　⊕文久3年9月10日(1863年)　⊗昭和26年7月15日　⊞山口県　旧名＝菊太郎　⊗陸士(旧6期)(明治16年)卒、陸大卒　⊗明治16年歩兵第23連隊付、21年沖縄に分遣され、23年ドイツに留学、28年第2軍参謀として日清戦争に従軍。35年ドイツ公使館付、39年ドイツ大使館付となり、帰国後、陸軍省軍務局軍事課長、45年陸軍大学校長、大正3年第8師団長、7年12師団長としてシベリア出兵に従軍、8年ウラジオ派遣軍司令官。9年大将、10年軍事参議官、同年男爵、12年予備役となった。13年貴族院議員、公正会に属し右翼運動を推進。昭和8年三六倶楽部理事、10年天皇機関説排撃の先頭に立った。11年国体擁護在郷将校会を結成、広田内閣倒閣後の組閣をめぐって宇垣内閣を流産に追い込んだ。15年内閣参謀、17年翼賛政治会顧問。

大石 千八 おおいし・せんぱち

元・衆院議員(自民党)　元・郵政相　元・アナウンサー　⊕昭和10年11月21日　⊞静岡県静岡市　⊗早稲田大学商学部　⊗NHKのスポーツ・アナウンサーを12年務めたが、実父の八治代議士が倒れて、昭和47年静岡1区から出馬。当選8回。厚生・自治政務次官、衆院地方行政委員長を務め、平成元年海部内閣の郵政相に就任。旧渡辺派。8年引退。
⌂父＝大石八治(衆院議員)、息子＝大石秀政(衆院議員)

大石 八治 おおいし・はちじ

衆院議員(自民党)　⊕明治41年10月　⊗昭和51年7月20日　⊞静岡県　⊗横浜高商(昭和4年)卒　⊗静岡県議(4期)、県会議長を務める。昭和38年衆院に当選以来連続3回当選。この間自民党政調地方行政部会長、同和対策特別委員会副委員長を歴任。また日本茶業中央会会長、日本種豚登録協会副会長、静岡県茶業会議所副会頭、静岡県スキー連盟会長、自民党静岡県連会長なども務めた。　⌂息子＝大石千八(郵政相)、孫＝大石秀政(衆院議員)

大石 武一 おおいし・ぶいち

元・衆院議員(自民党)　元・環境庁長官　元・農相　緑の地球防衛基金会長　⊗反核軍縮と地球の緑の防衛　⊕明治42年6月19日　⊞宮城県仙台市　⊗東北帝国大学医学部(昭和10年)卒、東北大学大学院博士課程修了　医学博士(昭和15年)
⊗勲一等旭日大綬章(昭和55年)　⊗東北大学助教授、国立仙台病院内科医長から、亡父の跡を継いで、昭和23年以来衆院当選10回、参院1回。46年初代環境庁長官となって縦横に活躍し、"正義の味方、月光仮面"と親しまれる。その後農相、国際軍縮促進議連会長など歴任。58年自民党を離党、新自由クラブへ、同年参院選挙で落選。政界を退いてからは、緑の地球防衛基金会長、都のごみ焼却工場建設反対の署名運動、尾瀬を守る懇話会代表など市民運動の第一線で活躍。著書に「尾瀬までの道」。
⌂父＝大石倫治(政治家)、息子＝大石正光(衆院議員)、娘＝渡辺和子(舞台衣装家・演出家)

大石 正巳 おおいし・まさみ

衆院議員　農商務相　⊕安政2年4月(1855年)　⊗昭和10年7月12日　⊞高知県　⊗明治7年板垣退助の立志社に入り、自由民権運動、国会開設運動に従事。14年自由党結成で幹事。15年板垣の洋行に反対、脱党。20年後藤象二郎の大同団結に応じ、各地で遊説。25年朝鮮駐箚弁理公使となり、防穀令解除を談判、韓国に損害賠償金11万円を約させた。26年帰国、29年進歩党結成に参加、松方正義内閣の成立を斡旋。30年農商務次官、31年憲政党結成創立委員、大隈重信内閣成立で農商務相。憲政党分離後、国民党総務。大正2年桂太郎の立憲同志会に参加、4年政界引退。衆院議員当選6回。

大石 大 おおいし・まさる

衆院議員(無所属クラブ)　農民運動家　⊕明治11年1月28日　⊗昭和41年2月10日　⊞高知県長岡郡長岡村陣山(現・南国市)　幼名＝七蔵　⊗明治大学法律科

(明治36年)卒 [歴]明治28年以降、役場書記、代用教員、裁判所書記などを転々とし、37年京都に出て関西法律学校に学ぶ。のち大阪府警部、島根県警察部長などを歴任。45年から実業界、大正7年政界に転じて政友会から衆院議員となる。鉄道問題と農民問題で活躍し、昭和16年結成の翼賛会には参加しなかった。戦後は公職追放となったが、解除後は土佐農民組合を再建し農民運動にとりくみ、また憲法擁護・平和運動などにもとりくんだ。

大石 ヨシエ　おおいし・よしえ
衆院議員(社会党)　婦人運動家 [生]明治30年2月12日 [没]昭和46年6月7日 [出]京都府舞鶴市 [学]大阪信愛高女(大正4年)卒 [歴]奉天毎日新聞婦人部顧問、人類愛善会総務、新日本婦人会長、社会革新党常任中央執行委員、婦人部長、社会民主党副書記長、協同党国会対策委員長などを歴任した、婦人参政権運動の草分けの一人。昭和21年衆議院選挙に京都府2区から立候補して当選。当選5回。著書に「随筆・あほかいな」がある。

大石 倫治　おおいし・りんじ
衆院議員(民主自由党) [生]明治10年6月 [没]昭和23年3月20日 [出]宮城県 [歴]仙台市議を経て、昭和5年2月宮城2区より衆院議員当選。その後連続5回当選。第1次吉田内閣の農林政務次官に任命され活躍した。また、帝国馬匹協会、日本馬事会各監事、東北自動車学校長、キャバレーオリエント取締役社長を歴任。かたわら、立憲政友会総務、日本自由党総務も務めた。 [家]息子=大石武一(初代環境庁長官), 孫=大石正光(衆院議員), 渡辺和子(舞台衣装家・演出家)

大泉 寛三　おおいずみ・かんぞう
元・衆院議員(自民党) [生]明治27年9月4日 [没]昭和56年2月4日 [出]埼玉県 [賞]勲三等旭日中綬章(昭和42年) [歴]昭和22年川口市長1期を経て、24年埼玉一区から自民党公認で衆院議員に当選。35年埼玉地方区参院議員に転じ、38年再び衆院議員となる。通算3期。

大出 俊　おおいで・しゅん
元・衆院議員(社民党)　元・郵政相 [生]大正11年3月10日 [没]平成13年11月8日 [出]神奈川県横浜市 [学]逓信官吏練習所卒 [賞]勲一等旭日大綬章(平成7年) [歴]横浜鶴見郵便局に勤務。全逓本部書記長、副委員長、総評副議長を経て、昭和38年社会党(現・社民党)から衆院議員に当選。以後11回当選。61年9月党国対委員長、平成6年村山内閣の郵政相、党副委員長をつとめ、8年引退した。縦じまのスーツがトレードマークで国会でロッキード、ダグラス・グラランなどの汚職事件を追及、たびたび審議をストップさせたことから“国会止め男”とも呼ばれた。安保問題にも詳しく、旧社会党を代表する論客の一人だった。 [趣]剣道 [家]二男=大出彰(衆院議員)

大内 一郎　おおうち・いちろう
衆院議員(自由党) [生]明治24年3月 [没]昭和37年3月18日 [出]福島県 [学]早稲田大学専門部政治経済科 [歴]福島県議、公立福島病院組合会議員、福島新聞記者、福島民報主筆、読売新聞福島支局長、二本松自動車会社社長等を務める。昭和21年衆院初当選。以来連続当選3回。この間日本自由党幹事、民主自由党総務などを歴任。著書に「電力問題と東北モンロー主義」がある。

大内 啓伍　おおうち・けいご
元・民社党委員長　元・衆院議員　元・厚相 [生]昭和5年1月23日 [出]東京都台東区 [学]早稲田大学法学部(昭和26年)卒 [賞]勲一等旭日大綬章(平成12年) [歴]昭和28年右派社会党政策審議会事務局に入り、35年民社党結成に参加。民社党政策審議会事務局長、副会長を経て、51年衆院議員に当選。59年衆院沖縄・北方問題特別委員長、60年〜平成元年2月党書記長。民社党のニューリーダーとして期待され、61年に落選したが、平成2年復帰し、同年4月党委員長に就任。5年8月非自民連立政権に参加し、細川内閣の厚生相に就任。羽田内閣でも留任。6年6月衆院の新会派・改

新の結成を提唱したことが、社会党の政権離脱など政局の混乱を招いたとして、党委員長辞任。同年12月民社党が解党して新進党が発足した際には参加せず、自由連合に参加。7年11月自民党入り。通算6期つとめる。8年、12年落選。著書に「平和への道」「左翼全体主義」(共著)など。

大内 暢三　おおうち・ちょうぞう

衆院議員(立憲政友会)　東亜同文書院院長　[生]明治7年3月　[没]昭和19年12月31日　[出]福岡県　[学]東京専門学校(明治35年)卒　[歴]コロンビア大学に留学し、帰国後早稲田大学講師、東亜同文会理事を務めた。東方文化事業のを創立に際し、その総委員として上海研究所に駐在した。後に東亜文書院院長に就任。また、明治41年福岡3区より衆院議員に当選。通算5期を務めた。
[家]息子＝大内義郎(愛知大学教授), 孫＝大内順子(ファッション評論家)

大浦 兼武　おおうら・かねたけ

内相　農商務相　警視総監　男爵
[生]嘉永3年5月6日(1850年)　[没]大正7年9月30日　[出]薩摩国薩摩郡宮之城字屋地(鹿児島県)　[賞]勲一等旭日大綬章
[歴]明治元年の戊辰戦争で薩藩の奥羽征討に参加。明治4年警察制度が布かれ邏卒小頭、司法省警部、8年警視庁警部補。10年西南の役に参戦、陸軍中尉、中隊長などで活躍。15年三等警視、20年警視庁第三局次長、富山県書記官。21年警保局次長、24年警保局主事などを経て、26年島根、28年山口、29年熊本各県知事。31年第2次山県内閣及び34年第1次桂内閣で警視総監。33年貴院議員。以後、36年桂内閣の逓信相、41年第2次桂内閣の農商務相、大正元年第3次桂内閣内相、3年大隈内閣の農商務相、4年内相を歴任。この間、大正2年立憲同志会結成に参加、同党の指導にあたる。しかし4年選挙違反が問題(大浦内相事件)となり依願免官、鎌倉に閑居した。40年男爵。大日本武徳会長を務め、また南米移民事業など公共事業にも尽力した。

大江 卓　おおえ・たく

衆院議員　大蔵省理事官　東京株式取引所副会頭　帝国公道会副会長　内務官僚　実業家　社会運動家　[生]弘化4年9月25日(1847年)　[没]大正10年9月12日　[出]土佐国幡多郡柏島(高知県)　旧姓＝斎原　通称＝秀馬, 治一郎, 卓造, 号＝天也
[歴]慶応3年土佐藩の陸援隊に入り倒幕運動に参加。明治元年鳥羽伏見の戦いに参加。維新後、兵庫県判事補、外国事務御用掛などを経て、上海渡航、帰国後神戸で穢多非人廃止運動。4年民部省、次いで神奈川県庁に入り、5年神奈川県令となり、ペルー国汽船マリア・ルーズ号の中国人奴隷売買を摘発、中国人苦力を解放。7年大蔵省理事官、8年退官、後藤象二郎の蓬莱社に入った。10年西南戦争に挙兵をはかって11年投獄された。17年出獄、21年後藤の大同団結運動に参加、23年立憲自由党創立に参画し、同年衆院議員に当選、予算委員長などを務めた。25年落選、実業界に転じ、東京株式取引所副会頭、京釜鉄道重役などを務めた。42年財界引退、大正3年僧籍に入り、同年帝国公道会を創設、副会長に任じて融和事業など部落解放に尽力した。

大岡 育造　おおおか・いくぞう

衆院議長　文相　[生]安政3年6月3日(1856年)　[没]昭和3年1月26日　[出]長門国豊浦郡小串村(山口県)　[歴]長崎医学校に入ったが、後上京、講法学館、司法省法学校などで学ぶ。明治23年「江戸新聞」を買収、「中央新聞」と改称し、その社長となった。同年帝国議会開設に際し、山口県選出の衆議院議員となり、以来当選12回。この間、32年に欧米漫遊、帰国後政友会総務となる。36年東京市参事会員となり、次いで市会議長となった。大正元年以来、衆院議長に就任すること3回。3年山本権兵衛内閣の文部大臣となったが、間もなく退官、その後は政友会の長老として政界に重きをなした。
[家]息子＝大岡龍男(俳人)

大上 司　おおかみ・つかさ
元・衆院議員(自由党)　⽣大正3年10月　出兵庫県　学立命館大学法経学部(昭和17年)卒　職税務署属、財務局属となり、大阪新聞社等の記者を経て、大阪高等女学校名誉校長、内外財務研究所理事長となる。昭和22年4月に、兵庫4区より衆院議員当選。その後連続3回の当選を果たす。衆院郵政委員長、自由党総務、政調副会長を務める。

大川 清幸　おおかわ・きよゆき
元・参院議員(公明党)　日本図書輸送社長　⽣大正14年11月6日　出東京都墨田区　学中央大学経済学部(昭和27年)卒　職昭和34年墨田区議(1期)、38年東京都議(5期)を経て、55年参院議員に当選。58年参院法務委員長をつとめ、61年7月引退。

大川 光三　おおかわ・みつぞう
衆院議員　参院議員(自民党)　⽣明治32年3月　没昭和40年11月7日　出大阪府　学関西大学専門部経済科(大正12年)卒　職弁護士を開業。大阪府会副議長を経て、昭和17年衆院議員初当選、以降2選。のち参院に転じ、参院法務委員長を務めた。また、全大阪釣友会連盟会長等にもなった。著書に釣の随筆「みっちゃん」等がある。

大河原 一次　おおかわら・いちじ
元・参院議員(社会党)　⽣明治36年9月20日　没昭和63年3月7日　出福島県岩瀬郡長沼町　学錦城中(大正10年)卒　賞勲二等瑞宝章(昭和48年)　職炭労常磐地方本部執行委員長を8期務めたのち、昭和31年福島地方区から参院議員に初当選、以後43年まで当選2回。

大河原 太一郎　おおかわら・たいちろう
元・参院議員(自民党)　元・農水相　⽣大正11年5月26日　出群馬県碓氷郡松井田町　学東京帝大法学部政治学科(昭和19年)卒　職農林省に入省。昭和47年畜産局長、49年官房長、50年食糧庁長官、53年事務次官を歴任して、54年退官。55年参院議員に当選し、3期つとめる。平成6年村山内閣の農水相をつとめた。8年予算委員長。旧渡辺派。10年引退。

大木 遠吉　おおき・えんきち
司法相　貴院議員　伯爵　⽣明治4年8月5日　没大正15年2月14日　出東京府　学学習院卒　職病弱で学校に行かず、明治32年伯爵を継ぎ、41年貴院議員となった。政友会の原敬と親しく、上院の別働隊として党に私財を投じた。大正9年原内閣の司法相、つづいて高橋内閣の司法相、のち加藤内閣の鉄道相を務めた。政友会分裂で政友本党創立の時、水野錬太郎らと政本提携に奔走。アジア問題に関心を持ち、東京同交会、国民外交同盟会などに関係、貴院内の異色の存在であった。
家父=大木喬任(政治家)

大木 正吾　おおき・しょうご
元・衆院議員(社民党)　⽣大正11年3月26日　出千葉県山武郡松尾町　学日本大学専門部法科(昭和18年)中退　賞勲二等旭日重光章(平成9年)　職昭和12年東京浅草寿町郵便局に勤務。戦後の23年、全逓信従業員組合中央執行委員。25年郵政を離れ公社化された電電公社関東電気通信局に移り、28～32年全国電気通信労働組合(全電通)書記長。33年委員長となるが、千代田丸事件で1期で辞任。その後、37年総評幹事を経て、45年から51年まで事務局長。52年社会党から参院議員に当選、2期務めた。平成2年衆院議員に転じ、2期。8年引退。
趣囲碁(2段)

大木 喬任　おおき・たかとう
司法相　枢密院議長　⽣天保3年3月(1832年)　没明治32年9月26日　出肥前国佐賀(佐賀県)　職藩校弘道館に学び、勤王派として活躍。明治元年新政府徴士、外国事務局、京都府判事、軍務官判事などを歴任。この間江藤新平と東京遷都を建白、その功で東京府知事。4年民部卿、次いで文部卿、5年教部卿兼務、6年参議、同年司法卿兼任。萩、秋月の乱後、特命を受け現地で処刑遂行。17年伯爵、18年元老院議長、21年枢密

顧問官、22年枢密院議長。23年山県有朋内閣の司法相、24年松方正義内閣の文相、25年枢密院議長に再選された。

大木 浩　おおき・ひろし
衆院議員（自民党　愛知8区）　元・環境相　㊓昭和2年6月30日　㊍愛知県名古屋市　㊫東京大学法学部（昭和27年）卒　㊮勲一等瑞宝章（平成11年）　㊬昭和26年外務省入省、54年在ホノルル総領事で退官。55年以来参院議員に3選。平成9年第2次橋本改造内閣の環境庁長官に就任。同年12月気候変動枠組み条約第3回締約国会議（温暖化防止京都会議）本会議議長を務めた。10年落選。12年衆院選に転じ、当選。14年2月外相に転じた川口順子元環境相の後任として、小泉内閣の環境相に就任。橋本派。

大木 操　おおき・みさお
元・貴院議員（勅選）　元・東京都副知事　㊓明治24年10月　㊚昭和56年8月13日　㊍東京　㊫東京帝国大学法科（大正6年）卒　㊬書記官として衆院入り。昭和13年から20年まで第10代衆院書記官長（現在の事務総長）を務めた。戦後は貴院議員として新憲法制定にも携った。22年東京都の初代副知事に就任。著書に「大木日記—終戦時の帝国議会」などがある。

大来 佐武郎　おおきた・さぶろう
元・外相　国際大学名誉学長　エコノミスト　㊕経済問題　資源・人口問題　㊓大正3年11月3日　㊚平成5年2月9日　㊍旧満州・大連　㊫東京帝国大学工学部電気工学科（昭和12年）卒　経済学博士　㊮マグサイサイ賞，西ドイツ大功労十字星章，コンパニオン・オブ・ジ・オーダー・オブ・オーストラリア勲章（昭和60年），勲一等旭日大綬章（昭和61年），ブリタニカ賞（第2回）（昭和62年），フィリピン大学名誉法学博士（昭和62年），ミシガン大学名誉法学博士，白象一等勲章（タイ）（平成1年），ハワイ大学名誉人文学博士，アジア工科大学名誉工学博士，サン・マルティン大学十字章（アルゼンチン）（平成2年），インディラ・ガンジー平和・軍縮・開発賞（平成4年），東洋経済賞（第4回・特別賞）（平成5年）　㊬昭和12年逓信省入省。興亜院（のちの大東亜省）に出向。戦後、経済安定本部調査課長などを経て、27年エカフェ事務局勤務。帰国後経済企画庁に入庁、32年同庁総合計画局長となり、国民所得倍増計画策定を担当。38年同庁退官。この間、23〜26年「経済白書」を執筆。その後、39年日本経済研究センター初代理事長、48年海外経済協力基金総裁を経て、54年第2次大平内閣で外相に就任、民間人外相として話題となった。56年内外政策研究会会長、外務省顧問、57年国際大学学長となり、62年総長に。対外経済協力審議会会長などをつとめ、国際的エコノミストとして活躍。著書に「八方破れの経済戦略」「世界経済診断」「エコノミスト外相252日」「日本官僚事情」「資源のない国日本と世界」「21世紀に向けての日本の役割」などがある。平成7年大来佐武郎記念賞が創設された。㊐経済政策学会，計画行政学会，世界自然保護基金（日本委員会会長），日本ユニセフ協会（会長）　㊟読書，ゴルフ　㊄息子＝大来洋一（経済企画庁調査局内国調査第一課長）

正親町 実正　おおぎまち・さねまさ
貴院議員（伯爵）　大正天皇侍従長　賞勲局総裁　㊓安政2年6月7日（1855年）　㊚大正12年6月26日　㊍京都　㊫東京帝大理学部物理化学専攻卒　㊬文久2年孝明天皇侍従。維新後東大に学んで薬剤師の免許を得、明治12年宮内省御用掛、侍医寮薬剤掛となった。17年伯爵、23年貴院議員となり、研究会幹部で活躍。その間埼玉県知事、賞勲局総裁を務めた。大正7年侍従長、10年再び賞勲局総裁。　㊄父＝正親町公董（公卿）

正親町三条 実愛　⇒嵯峨実愛（さが・さねなる）を見よ

大口 喜六　おおぐち・きろく
衆院議員(政友会)　[生]明治3年5月25日　[没]昭和32年1月27日　[出]愛知県豊橋　[学]東京帝大医科大学薬学科(明治23年)卒　[賞]豊橋市名誉市長(昭和13年), 豊橋市名誉市民(昭和28年)　[歴]薬局を営業、明治26年改進党に入党、28年豊橋町議、31年豊橋町長となり、36年愛知県議を兼任。39年市制施行で40年初代豊橋市長となった。45年衆議院選に当選、犬養毅傘下の国民党、革新倶楽部に所属したが、同倶楽部が政友会と合同して政友会所属となる。当選10回。この間、大正9年豊橋市議会議長、昭和2年田中義一内閣の大蔵政務次官。3年田中政友会内閣の多数派工作に、武藤山治の実業同志会と政実協定を結んだ。また矢作水力、東京化学工業重役、国民更生金庫理事長も務めた。

大久保 一翁　おおくぼ・いちおう
東京府知事　子爵　[生]文化14年11月29日(1817年)　[没]明治21年7月31日　[歴]京都町奉行、外国奉行などを経て、大政奉還を建言。維新後の明治5年東京府知事に任命され、その後は教部少輔、元老院議官を歴任。

大久保 武雄　おおくぼ・たけお
元・衆院議員(自民党)　元・労相　俳人　[生]明治36年11月24日　[没]平成8年10月14日　[出]熊本県熊本市　俳号=大久保橙青　[学]東京帝大法学部(昭和3年)卒　[賞]勲一等瑞宝章(昭和52年)　[歴]運輸省船員局長、初代海上保安庁長官を経て、昭和28年以来衆院議員に7選。49年第2次田中内閣の労相をつとめた。また俳人としても知られ、「ホトトギス」同人でもある。句集に「霧笛」「海鳴りの日」など。　[団]海上保安協会(会長), ホトトギス同人会(会長), 日本伝統俳句協会(副会長)

大久保 鉄作　おおくぼ・てっさく
衆院議員(政友会)　[生]嘉永5年11月20日(1852年)　[没]大正10年7月5日　[歴]藩校で漢学を修めた。のち東京に遊学、明治8年朝野新聞に入社。14年郷里で秋田日報を創刊、秋田改進党を結成。17年県議となり、18年議長。また自由党に属し、星亨と結んで政友会に入党。衆院議員当選2回。39年秋田市長となった。

大久保 伝蔵　おおくぼ・でんぞう
元・衆院議員(日本進歩党)　元・山形市長　[生]明治34年12月4日　[没]昭和61年9月11日　[出]山形市　[学]中央大法学部(昭和3年)卒　[賞]イタリア共和国メリト勲章カバリエーレウフイチ(昭和37年), 紺綬褒章(昭和41年), 勲四等旭日小綬章(昭和48年), 中華民国中華学術院名誉哲学博士　[歴]昭和21年の総選挙で山形区から初当選、1期務めた。29年から山形市長3期。42年の知事選に市長を辞任して出馬したが、当時現職の安孫子藤吉知事(前参院議員)に敗れた。58年山形市名誉市民。

大久保 利通　おおくぼ・としみち
内務卿　[生]文政13年8月10日(1830年)　[没]明治11年4月14日　[出]薩摩国鹿児島城下高麗町(鹿児島県)　前名=利済, 通称=正助, 一蔵, 号=甲東　[歴]薩摩藩出身。幼少時より西郷隆盛と交わる。弘化3年(1846年)薩摩藩記録所助役として出任。島津斉彬の改革に参画、のち久光の下で公武合体運動を進めた。慶応2年木戸孝允と薩長連合を成立させ、討幕派の中心人物として、岩倉具視と組んで王政復古クーデターなど倒幕への過程で暗躍した。維新後の明治2年参議となり、版籍奉還や廃藩置県を推進する。4〜6年岩倉遣外使節団副使として欧米視察。帰国後は征韓論に反対の立場をとり、征韓派退陣後は内務卿を兼任、地租改正・殖産興業などによる資本主義育成政策を推進。7年佐賀の乱、台湾出兵、10年西南戦争の処理にあたり、内政の整備に奔走していた矢先に暗殺された。著書に「大久保利通日記」(全2巻)、

「大久保利通文書」(全10巻)がある。 [家]息子=牧野伸顕(宮内相), 大久保利賢(銀行家), 孫=大久保利謙(日本近代史学者)

大久保 留次郎　おおくぼ・とめじろう
国務相　衆院議員(自民党)　[生]明治20年5月12日　[没]昭和41年11月19日　[出]茨城県　[学]東京高師(現・筑波大学)地歴科(大正2年)卒　[歴]大正2年内務省に入り、東京・新橋、牛込、神楽坂各警察署長、警視庁特高係長、台湾総督府警務局長、千葉県知事、東京市第一助役を経て昭和14年から17年まで東京市長。戦後、鳩山一郎の自由党結成に参加、21年の衆院選に当選、内相になりかけて鳩山とともに公職追放、解除後、郷里から立候補して衆院に当選。民主党に移り30年第2次鳩山内閣の北海道開発庁長官。翌年石橋湛山内閣の行政管理庁長官兼国家公安委員長。33年第1次岸信介内閣に留任した。

大久保 直彦　おおくぼ・なおひこ
元・衆院議員(公明党)　元・参院議員　[生]昭和11年4月10日　[出]東京都千代田区　[学]早稲田大学政経学部(昭和34年)卒　[歴]証券会社に勤め、民主音楽協会常務理事に。創価学会副理事長を経て、昭和44年東京4区より公明党公認で衆院議員に当選。以来当選7回。平成2年落選、4年参院選比例区で当選。この間、党青年局長、副書記長、副委員長を歴任。国会対策畑が長く、昭和52年から公明党国対委員長もつとめた。平成10年引退。 [趣]野球, 音楽, 日本画鑑賞, 将棋　[家]父=大久保徳次郎(作曲家)

大久保 弁太郎　おおくぼ・べんたろう
衆院議員(無所属)　[生]嘉永5年5月(1852年)　[没]大正8年4月4日　[出]徳島県　[歴]美馬郡議、高知県議、徳島県議を経て明治31年3月徳島郡部より衆院議員当選。通算6期を務める。また、農工銀行取締役も務めた。

大隈 重信　おおくま・しげのぶ
第8・17代首相　憲政党党首　早稲田大学創立者　教育家　侯爵　[生]天保9年2月16日(1838年)　[没]大正11年1月10日　[出]肥前国佐賀城下(佐賀県佐賀市)　初名=八太郎　[学]弘道館(鍋島藩校), 蘭学寮　[歴]朱子学・葉隠主義になじまず蘭学を学ぶ。幕末、尊王攘夷運動に加わり、維新後新政府に出仕。徴士・参与、外国官副知事、民部大輔、大蔵大輔を経て、明治3年参議。6年大蔵卿、7年台湾征討・10年西南戦争の各事務局長官、11年地租改正事務局総裁。14年国会即時開設を主張し、さらに開拓使官有物払下げに反対して薩長派と対立し免官(明治14年政変)。15年立憲改進党を結成。21年黒田内閣外相として条約改正交渉を進めたが、国粋主義者の爆弾で片脚を失い辞職。29年立憲進歩党を結成。同年松方内閣の外相。31年板垣退助と憲政党を結成、最初の政党内閣を組織したが4ケ月で瓦解。大正3年に第2次大隈内閣を組織、第一次大戦ではドイツに宣戦を布告、更に中華民国に対華21か条要求をつきつけ、内外の批判をあびて、5年総辞職。また明治15年東京専門学校(早大)を創立し、40年総長に就任した。侯爵。著書に「大隈伯昔日譚」「開国五十年史」(全2巻・編著)「大隈侯論集」「東西文明の調和」など。 [家]父=大隈信保(佐賀藩士), 孫=大隈信幸(駐コロンビア大使)

大隈 信常　おおくま・のぶつね
衆院議員　早稲田大学名誉総長　教育家　[生]明治4年8月16日　[没]昭和22年1月11日　[出]長崎県平戸　[学]東京帝大法科大学(明治32年)卒　[歴]三井物産に入社。明治35年大隈重信の養子となり、欧米留学後早稲田大学教授、早稲田中学校長の後、大正12年早稲田大学名誉総長となった。この間4年には前橋市から衆院議員に当選、11年侯爵を襲爵、貴院議員となった。また大隈首相秘書官も務めた。 [家]養父=大隈重信(首相), 兄=松浦厚(伯爵)

大隈 信幸　おおくま・のぶゆき
元・貴院議員(侯爵)　元・参院議員(民主クラブ)　早稲田高校名誉校長　元・駐コロンビア大使　⽣明治43年5月20日　⽥東京　⽂東京帝大経済学部(昭和10年)卒　⼈日立製作所、日本航空勤務を経て、昭和22年2月貴院議員となり、同年4月参院議員に当選し1期。28年外務省入省、駐ウルグアイ大使、駐コロンビア大使、駐ガーナ大使などを務めた。退官後、51年早稲田高校理事長、61年ナカタニ会長に就任。早大名誉顧問、全国老人助成会会長などを兼任。　家祖父＝大隈重信(首相)

大蔵 公望　おおくら・きんもち
貴院議員　日本交通公社会長　男爵　⽣明治15年7月23日　⺼昭和43年12月24日　⽥東京　⽂東京帝大工科大学土木工学科(明治37年)卒　⼈男爵・陸軍中将大蔵平三の三男。明治44年襲爵。鉄道院に入り新橋運輸事務所長、運輸局貨物課長。大正8年南満州鉄道に転じ、運輸部次長、理事となり昭和6年退任。7年から貴族院議員、東亜研究所理事長、満州移住協会理事長を兼任。その後東亜交通公社総裁に就任。戦後日本交通公社会長、国鉄幹線調査会長を務めた。　家父＝大蔵平三(陸軍中将)

大倉 三郎　おおくら・さぶろう
元・衆院議員(自民党)　⽣明治30年11月16日　⺼昭和57年10月29日　⽥大阪　⽂八尾中卒　⽞勲二等旭日重光章(昭和43年)　⼈昭和17年から41年に病気で引退する間に、大阪4区から当選6回。衆院建設委員長、党総務などを務めた。

大倉 精一　おおくら・せいいち
元・参院議員(社会党)　労働運動家　⽣明治38年12月15日　⺼昭和49年8月14日　⽥三重県桑名市　⽂早稲田大学商学部(昭和2年)卒　⼈名古屋運搬合資会社に入社、昭和16年統合によって日本通運に移る。戦後21年全日通中部地区書記長、22年全日通労組中央執行委員長、全交通副委員長に就任。中央労働基準委員、中央職業安定委員などを務め、28年参院全国区から当選、社会党に所属、以後当選3回。社会党綱紀粛正特別委員会副委員長、参院運輸委員長など歴任。46年"日通事件"で斡旋収賄の有罪判決を受け社会党を離党した。控訴中に死去。

大河内 正質　おおこうち・まさただ
貴院議員　子爵　⽣弘化1年4月10日(1844年)　⺼明治34年6月2日　⽥越前国今立郡鯖江城内(福井県)　⼈越前鯖江藩主間部詮勝の五男。大河内正和の養子となり、文久2年上総大多喜藩主を襲封。維新後は貴族院議員。

大坂 金助　おおさか・きんすけ
衆院議員　貴院議員　青森商業会議所会頭　実業家　⽣弘化2年10月(1845年)　⺼大正14年3月12日　⽥陸奥国蜆貝村(青森県青森市)　⼈幼くして両親と死別、孤児となる。一時ヤクザの世界に身を置くが、明治5年の青森大火を機に、塩町に貸座敷・大金楼を開業。のち酒造業、質屋を開き、15年日本鉄道会社の株を大量に取得。株価の高騰で莫大な利益を得、堤川以東の広大な土地を買収、大地主となる。青森商業銀行、青湾貯蓄銀行、青森電燈会社、青森瓦斯会社などを設立し、青森商業会議所会頭となる。一方、青森市議、青森県議、貴院議員、衆院議員も務めた。

大崎 清作　おおさき・せいさく
衆院議員(立憲政友会)　⽣明治9年8月　⺼昭和32年11月23日　⽥東京　⽂陸軍砲兵工科学校(明治32年)卒　⼈日露戦争に従軍。陸軍砲兵上等工長を務める。のちに小石川区議、東京市議、所得調査委員等を歴任。昭和3年衆院議員に初当選以来連続3期務める。著書に「欧米の実際を見て」がある。

大迫 貞清　おおさこ・さだきよ
元老院議官　鹿児島県令　⽣文政8年5月7日(1825年)　⺼明治29年4月27日　⽥薩摩国鹿児島城下平之町(鹿児島県)　⼈薩摩藩士山之内立幹の四男に生まれ、大迫貞邦の養子となる。万延元年以降京都守衛に当たり、明治元年鳥羽伏見

の戦いでは二番遊撃隊隊長、のち東山道先鋒総督本営付として従軍。2年薩摩の藩政改革では参政、3年権大参事を務めた。5年陸軍少佐、ついで中佐に進むが、7年文官に転じ、静岡県令をふりだしに16年警視総監、さらに元老院議官、沖縄県令を歴任し、勲功により子爵となる。23年勅選議員。鹿児島県令を最後に27年隠退した。

大沢 嘉平治　おおさわ・かへいじ
元・衆院議員　㊓明治38年5月　㊚昭和58年8月21日　㊍栃木県　㊫法政大学商業学校卒　㊷昭和22年民主党から衆院栃木2区で初当選、のち自由党に。当選2回。

大沢 久明　おおさわ・きゅうめい
元・衆院議員(社会党)　元・日本共産党青森県委員長　労働運動家　㊓明治34年12月15日　㊚昭和60年3月11日　㊍青森県青森市　本名＝大沢喜代一　㊫青森商(大正6年)卒　㊷大正8年上京して市ケ谷監獄用度課雇となるが、10年同人雑誌発行で解雇される。この頃から社会主義運動に入り、北部無産社(弘前市)、青森合同労組を結成。多くの労働運動により何度か拘留される。昭和2年労働農民党青森県連を結成。4年日本共産党に入党、4.16事件で検挙され懲役5年に処せられる。出獄後も何度か検挙され、14年青森県議、15年青森市議。16年の検挙の際、議員を辞した。戦後はただちに日本社会党に参加し、21年衆議院議員となる。23年日本共産党に再入党、36～45年同党青森県委員長として活躍した。傍ら健筆をふるい、「大沢久明著作集」(全6巻)がある。

大沢 喜代一　⇒大沢久明(おおさわ・きゅうめい) を見よ

大沢 雄一　おおさわ・ゆういち
元・埼玉県知事　元・衆院議員(自民党)　元・参院議員(自民党)　㊓明治35年12月13日　㊚昭和59年7月23日　㊍埼玉県　㊫中大法律学科(昭和4年)卒　㊫勲二等旭日重光章(昭和55年)　㊷昭和24年から2期埼玉県知事を務めた後、31年参院議員、35年埼玉4区から衆院議員に当選、1期務めた。

大柴 滋夫　おおしば・しげお
元・衆院議員(社会党)　㊓大正6年11月11日　㊚平成10年11月12日　㊍山梨県　㊫早稲田大学政治経済科(昭和18年)卒　㊫勲二等旭日重光章(昭和63年)　㊷昭和20年社会党結成に参加。35年衆院議員に当選、5期務めた。52年離党、社会市民連合を結成、代表に就任。53年社会民主連合(社民連)結成に参加し、副代表をつとめた。のち顧問。山梨学院大学教授なども務めた。

大島 宇吉　おおしま・うきち
衆院議員(立憲政友会)　新愛知新聞社社長　㊓嘉永5年3月6日(1852年)　㊚昭和15年12月31日　㊍愛知県小幡村　㊷漢字者富永梅雪に漢学を学ぶ。明治13年小幡村戸長、17年愛知県議となった。19年「無題号新聞」、次いで「愛知絵入新聞」を発刊、21年改題して「新愛知」を創刊、23年社長となった。大正8年立憲政友会から衆院議員に当選。昭和8年には東京で「国民新聞」を経営。9年日本放送協会評議員、同盟通信理事を務め、10年国民新聞会長となる。

大島 健一　おおしま・けんいち
陸相　枢密顧問官　貴院議員(勅選)　陸軍中将　㊓安政5年5月9日(1858年)　㊚昭和22年3月24日　㊍美濃国(岐阜県)　㊫陸士(明治14年)卒　㊷明治14年砲兵少尉、陸士教官を経て23～27年ドイツ留学。砲工学校教官、30年監軍部参謀兼山県有朋元帥副官、参謀本部員、日露戦争で大本営兵站総監部参謀長、39年参謀本部第4部長、41年参謀本部総務部長、45年参謀次長を歴任。大正2年中将となり、3年陸軍次官、5年大隈重信内閣の陸相、寺内正毅内閣にも留任、日中陸軍共同防敵協定の調印、シベリア出兵などに携わった。7年青島守備軍司令官、8年6月予備役。9年勅選貴院議員、昭和15～21年枢密顧問官。㊮長男＝大島浩(陸軍中将)

大島 定吉　おおしま・さだきち
衆院議員　参院議員（自由党）　⽣明治20年10月　⻤昭和52年10月28日　⽣栃木県　⽥栃木県立足利工　栃木県煙草小売人（連）会長、栃木木工（株）社長、同県懐炉灰製造統制組合理事長、栃木市長を務めた。昭和21年衆院、22年参院に当選。参院通信、電気通信、郵政各委員長を歴任した。

大島 友治　おおしま・ともじ
元・参院議員（自民党）　元・科学技術庁長官　⽣大正5年10月2日　⻤平成11年4月19日　⽣栃木県下都賀郡岩船町　⽥京都帝大農学部（昭和16年）卒　⽂勲一等瑞宝章（平成4年）　栃木県庁に入り、昭和46年教育次長、47年農務部長を経て、49年以来参院議員に3選。平成2年第2次海部内閣の科学技術庁長官に就任。渡辺派。4年引退。　⽂剣道（教士6段）

大島 寅吉　おおしま・とらきち
衆院議員（日本進歩党）　⽣明治8年2月　⻤昭和33年6月1日　⽣北海道　⽥東京法学院（明治29年）卒　ロシア領漁業に従事し、ついで函館市議、北海道議、同参事会員、函館商工会議所議員等を経て、昭和7年衆院議員に当選し、通算4期をつとめる。米内内閣においては、鉄道参与官を務めた。また、函館硫安会社社長に就任した。

大島 秀一　おおしま・ひでいち
衆院議員（自民党）　主婦と生活社創業者　出版人　⽣明治30年2月28日　⻤昭和40年4月8日　⽣新潟県西蒲原郡　⽥信愛学院（大正11年）卒　大正10年太陽印刷を創業。昭和21年雑誌「主婦と生活」を創刊。23年社の称号も主婦と生活社に改めた。32年には河出書房から「週刊女性」を譲り受け、わが国初の女性週刊誌として成功させた。日本出版協会会長、日本出版販売取締役を歴任。この間、政界に進出。27年新潟1区から衆院議員に当選、30年3月、33年5月にも当選した。通産政務次官、衆院商工常任委員長などを務めた。

大島 靖　おおしま・やすし
元・大阪市長　大阪国際交流センター会長　⽣大正4年1月30日　⽣和歌山県田辺市　⽥東京帝大法学部（昭和14年）卒　⽂ポーランド功労勲章コマンダー章（昭和61年）　昭和14年内務省入省。24年大阪府労働部長、29年在ジュネーブ総領事、労働省労働統計調査部長、34年審議官、35年労働基準局長を歴任後、38年大阪市助役に。46年全国初の社公民相乗りで大阪市長に当選。2期からは自民党も加わる。4期つとめ、62年11月引退。この間、都市基盤整備に力を入れ、下水道はほぼ100％完備を実現した。63年大阪国際交流センターに就任。平成3年国際フォーラム・自治体と海外協力実行委員。　⽂囲碁、ゴルフ　⽂弟＝大島弘（衆院議員）

大島 要三　おおしま・ようぞう
衆院議員（憲政会）　大島組創立者　実業家　⽣安政6年2月15日（1859年）　⻤昭和7年3月23日　⽣埼玉県北埼玉郡大桑村　17歳の時上京し土工となる。のち土木請負業者となり、東海道線、日本鉄道、岩越線などの工事に従事。明治27年奥羽線板谷峠トンネルの工事を完成して以来、土木請負業・大島組として独立。本籍を福島県に移し、電気事業、鉄道工事など当時の先端をゆく事業を手がけて福島県経済界の中心人物となった。また大正13年以来衆院議員に2回当選し、憲政会の資金源として政界にも地歩を築いた。

大城 真順　おおしろ・しんじゅん
元・参院議員（自民党）　⽣昭和2年10月5日　⽣沖縄県島尻郡玉城村百名　⽥ミズリー州立大学政治学部（昭和30年）卒　⽂勲二等旭日重光章（平成9年）　昭和40年琉球立法府議員となる。復帰後沖縄県議を経て、54年衆院議員に当選。57年補選で参院議員に転じ、2期つとめる。竹下派。平成4年落選。　⽂21世紀の沖縄を創る会

大須賀 庸之助　おおすが・ようのすけ
衆院議員(立憲政友会)　[生]嘉永3年11月(1850年)　[没]明治39年4月17日　[出]千葉県　[歴]千葉県議を経て、明治23年衆院議員に当選し、通算4期を務めた。

大杉 栄　おおすぎ・さかえ
無政府主義者　革命家　評論家　[生]明治18年1月17日　[没]大正12年9月16日　[出]香川県丸亀　[学]陸軍幼年学校(名古屋)(明治34年)中退, 東京外国語学校(現・東京外国語大学)仏語科(明治38年)卒　[歴]在学中より足尾鉱毒事件に関心を持ち、明治38年より平民社に出入りし社会主義運動に傾斜。39年の東京市電値上反対事件で入獄、41年赤旗事件で再入獄。この間、幸徳秋水の影響で無政府主義者となる。45年荒畑寒村と「近代思想」「平民新聞」を創刊したのをはじめ、大正2年サンジカリズム研究会主宰、7年「労働運動」創刊と活発な運動を展開。この間、5年三角関係から神近市子に刺される"日蔭茶屋事件"を機に伊藤野枝と家庭を持つ。9年日本社会主義同盟の創設に参加。同年上海のコミンテルン極東社会主義者大会、11年ベルリン国際無政府主義大会に出席し、労働者の自由連合を提唱。12年パリのメーデー集会で検束されて国外追放。同年帰国し、関東大震災の際に麹町憲兵隊に拘引され、9月16日伊藤野枝、甥・橘宗一とともに軍部に虐殺された(甘粕事件)。著書に「正義を求める心」「自由の先駆」「自叙伝」「日本脱出記」、訳書にクロポトキン「一革命家の想出」、ダーウィン「種の起源」など。「大杉栄全集」(全14巻, 現代新潮社)がある。　[家]妻=伊藤野枝(婦人運動家・評論家), 四女=伊藤ルイ(市民運動家)

大角 岑生　おおすみ・みねお
海相　海軍大将　男爵　[生]明治9年5月1日　[没]昭和16年2月5日　[出]愛知県　[学]海兵(第24期)(明治30年)卒, 海大(明治40年)卒　[歴]明治30年「比叡」、31年「八島」乗り組み員。34年大尉、横須賀海兵団分隊長、35年「済遠」37年「松島」38年「満州丸」各航海長。日露戦争に従軍。42年ドイツ駐在。大正3年海軍省副官。7～8年フランス大使館付武官。11年軍務局長。13年中将。14年海軍次官。昭和3年第2艦隊司令、4年横須賀鎮守府長官。6年大将。同年から犬養毅、斎藤実、岡田啓介各内閣の海相。ロンドン条約をめぐる条約派追放の"大角人事"断行者。10年男爵に任ぜられ、11年軍事参議官。16年南支那で飛行機事故により死亡。

太田 淳夫　おおた・あつお
元・参院議員(公明党)　[生]昭和9年1月28日　[出]東京都中央区　[学]東京大学文学部国史学科(昭和31年)卒　[歴]三井生命勤務を経て、昭和49年以来参院議員に3選。平成4年引退。

太田 一夫　おおた・かずお
元・衆院議員(社会党)　[生]明治43年11月19日　[没]平成2年11月3日　[出]愛知県岡崎市　[学]岩倉鉄道学校業務科(昭和4年)卒　[賞]勲二等瑞宝章(昭和56年), 岡崎市名誉市民(平成3年)　[歴]昭和23年名古屋鉄道労組書記長に就任。33年衆院議員初当選以来5期務める。衆院地方行政常任委員会理事、50年交通安全対策特別委員会委員長、社会党私鉄対策委員会事務局長、愛知県本部執行委員長等を歴任。著書に「歴史のうしろ影」「私の源平盛衰帖」がある。　[趣]読書

太田 耕造　おおた・こうぞう
元・文相　亜細亜大学学長　弁護士　[生]明治22年12月15日　[没]昭和56年11月26日　[出]福島県　[学]東京帝大法学部英法科(大正9年)卒　[賞]勲一等瑞宝章(昭和40年)　[歴]大学卒業後、弁護士を開業、国本社の幹部となる。浜口雄幸狙撃事件、血盟団事件被告の弁護を担当。昭和13年法政大学教授。14年平沼内閣の内閣書記官長、勅選貴院議員。20年鈴木内閣の文相に就任。戦後、27年猶興学園理事、29年亜細亜学園と改称し理事長、30年亜細亜大学学長、37年福島テレビ会長を歴任した。

太田 信治郎　おおた・しんじろう
衆院議員（立憲民政党）　⽣明治6年2月　没昭和32年5月17日　出東京　深川区議、同議長、東京市議、東京製材組合組長を経て、大正9年に東京府4区より衆院議員に当選し、通算5期を務める。また、万信材木店、大日本林業各社長に就任。

太田 誠一　おおた・せいいち
衆院議員（自民党　福岡3区）　元・総務庁長官　⽣昭和20年10月30日　出福岡県福岡市　学慶応義塾大学経済学部（昭和43年）卒、慶応義塾大学大学院経済研究科（昭和48年）修了　経済学博士（慶応義塾大学）（昭和48年）　慶応義塾大学助教授を経て、昭和55年以来衆院議員に7選。宮沢派から無派閥となり、平成6年離党して自由党を結成。同年12月新進党結成に参加したが、7年5月離党、8月自民党に復党。10年小渕内閣の総務庁長官、11年小渕改造内閣でも留任。宮沢派、加藤派を経て、堀内派。　家父＝太田清之助（博多大丸会長）

太田 清蔵（4代目）　おおた・せいぞう
貴院議員　衆院議員（政友会）　第一徴兵保険社長　実業家　⽣文久3年8月19日（1863年）　没昭和21年4月4日　出福岡県　幼名＝新平　明治20年代から筑紫銀行、博多絹紡綿紡績、田川採炭、博多湾鉄道を設立して実業界で活躍。大正14年第一徴兵保険（現・東邦生命保険）社長に就任。一方、明治22年博多市議を経て、41年衆院議員（政友会）、大正14年貴族院議員（多額納税者）を歴任。昭和4年私鉄疑獄事件に連座して公職を辞任。

太田 朝敷　おおた・ちょうふ
首里市長　琉球新報社長　ジャーナリスト　⽣尚泰18年4月8日（1865年）　没昭和13年11月25日　出琉球・首里（沖縄県那覇市）　号＝天南、竹雨、潮東　慶応義塾中退　明治15年第1回県費留学生として、学習院、慶応義塾に学んだ。26年「琉球新報」社創設に参加、記者として活躍。一時29～30年旧士族の復藩運動"公同会"の運動に参加した。挫折後記者生活に戻り、大正2年主筆、琉球新報を社会の公器として育てることに尽力。昭和5年社長となり、晩年までその任にあった。沖縄県議会副議長、首里市長も務めた。著書に「沖縄県政五十年」がある。

太田 敏兄　おおた・びんけい
参院議員（社会党）　明治大学農学部教授　社会運動家　農業経済　⽣明治23年1月14日　没昭和47年4月20日　出岡山県邑久郡笠加村（現・邑久町）　学明治大学法学部（明治43年）卒、東京帝国大学　農学博士　大原農業研究所および大原社会問題研究所に入って農業問題を研究するが、その間農民運動に参加し、大正12年岡山県農民組合連合会を結成し、13年会長となる。その後日農に参加し、13年創立の岡山労働学校校長に就任。戦後社会党に入り、昭和22年参院議員に社会党から当選。のちに労働者農民党に入る。23年明治農業専門学校長、24年明治大学農学部教授となり、34年退職。

太田 正孝　おおた・まさたか
元・衆院議員（自民党）　⽣明治19年11月13日　没昭和57年7月10日　出静岡県　学東京帝大経済学科（明治45年）卒　経済学博士（大正13年）　大蔵省勤務、報知新聞副社長などを経て昭和5年から静岡3区で計7回衆院議員に当選。第三次鳩山内閣国務相自治庁長官、衆院予算委員長、大蔵政務次官などを歴任。34年参院議員当選1回。「太田経済辞典」「経済読本」などの著書がある。

太田 政弘　おおた・まさひろ
貴院議員（勅選）　警視総監　台湾総督　⽣明治4年10月4日　没昭和26年1月24日　出山形県　学東京帝大法科大学英法科（明治31年）卒　内務省に入り三重県参事官、宮崎、島根、愛媛各県警察部長、警視庁消防本部長、同第一部長を経て大正元年内務省警保局長。2年に福島県知事、4年石川、5年熊本、8年新潟、12年愛知県各知事を歴任、13年

加藤高明内閣の警視総監となった。15年勅選貴院議員(昭和22年まで)、4年関東州長官、6年台湾総督となり7年3月退官、のち民政党総務となった。

大高 康　おおたか・やすし
衆院議員(自民党)　⊕明治32年1月　⊗昭和44年1月29日　⊕茨城県　⊕茨城県立水戸中卒　⊕萩萩町長、茨城県会議長を経て、昭和28年衆院議員に初当選。以来通算4期務めた。郵政政務次官、裁判官弾劾裁判所裁判員等を務める。また自民党副幹事長、総務局人事部長、同党国対策副委員長、同党代議士会副会長等を歴任。

大鷹 淑子　⇒山口淑子(やまぐち・よしこ)を見よ

大竹 貫一　おおたけ・かんいち
衆院議員(第一議員倶楽部)　⊕安政7年3月12日(1860年)　⊗昭和19年9月22日　⊕新潟県　⊕新潟英語学校卒　⊕明治19年新潟県議となり3期務めた。その間20年に三大事件建白運動に参加、保安条例により東京追放。27年以来衆院議員に当選16回。大日本協会、進歩党、同志倶楽部、憲政会、革新倶楽部、革新党などを経て、昭和7年国民同盟に転じた。この間、遼東半島還付に反対の国論を起こし、日露戦争には主戦論を唱え、講和反対の日比谷焼き打ち事件の首謀者として起訴され、日韓合併の主張者など対外硬派として知られた。昭和13年貴院議員となったが翌年辞退して引退した。

大竹 作摩　おおたけ・さくま
元・福島県知事　⊕明治28年3月5日　⊗昭和51年7月16日　⊕福島県　⊕昭和2年北塩原村村議となり、6年福島県議に初当選、以後連続して5回当選。25年県知事に当選、2期つとめた。35年衆議院議員、38年引退。

大竹 太郎　おおたけ・たろう
元・衆院議員(自民党)　弁護士　⊕明治38年9月29日　⊗昭和62年12月16日　⊕新潟県中頸城郡頸城村　⊕東京帝国大学独法科(昭和5年)卒　⊕勲二等瑞宝章(昭和58年)　⊕頸城運送倉庫会社社長を経て、昭和27年から新潟県議2期。38年、新潟4区で衆議院議員に初当選し、連続4回当選。51年の総選挙で落選、引退した。この間、45年法務政務次官、51年衆院法務委員長などを歴任。

大竹 平八郎　おおたけ・へいはちろう
元・参院議員(自民党)　⊕明治37年2月8日　⊗昭和60年5月17日　⊕群馬県　⊕勲二等旭日重光章(昭和49年)　⊕昭和31年7月の参院選全国区に無所属で出馬して当選。参院同志会などを経て39年自民党に入党。通算3回当選。大蔵、災害対策、物価対策、予算各委員長などを歴任した。

大達 茂雄　おおだち・しげお
参院議員(自由党)　文相　内相　⊕明治25年1月5日　⊗昭和30年9月25日　⊕島根県浜田市　⊕東京帝大法科大学政治学科(大正5年)卒　⊕大正5年内務省に入省。昭和7年福井県知事、9年満州国法制局長、11年国務院総務庁長、14年阿部信行内閣、15年米内光政内閣の内務次官を歴任後、19年小磯内閣の内相に就任。戦後戦犯となり、巣鴨刑務所に拘留。28年参院議員に島根から当選、29年吉田内閣の文相となって、29年「教育二法」制定に尽力した。

大谷 瑩潤　おおたに・えいじゅん
衆院議員　参院議員　真宗大谷派(東本願寺)宗務課長　日中友好宗教者懇話会名誉会長　僧侶　⊕明治23年1月13日　⊗昭和48年5月23日　⊕京都府京都市　号=桂堂　⊕大谷大学華厳学部(大正5年)卒　⊕真宗大谷派(東本願寺)第22世法主・大谷光瑩の十一男。明治43年から死去まで函館大谷派別院浄玄寺住職を務める。大正14年欧米留学、帰国後文部省嘱託、司法省嘱託。真宗大谷派宗務課長、全日本仏教青年会連盟理事長

113

を経て昭和21年愛知2区から衆議院議員に当選、25年全国区から参議院議員に当選した。自民党総務。28年中国人捕虜殉職者慰霊実行委員会委員長。安保条約改定時の35年、中国敵視の条約として自民党を脱党。東京自立会長、大潤会長、横浜修道会長、安立園総裁、東本願寺連枝、函館大谷女学校名誉校長、日中友好宗教者懇話会名誉会長などを歴任した。平成12年強制連行された中国人の遺骨送還に尽力した功績を称え、真宗大谷派と中国仏教協会との共同で中国山西省交城県の玄中寺に顕彰碑が建立された。　㊞父＝大谷光瑩（真宗大谷派第22世法主・伯爵）、兄＝大谷光演（真宗大谷派第23世法主）

大谷 嘉兵衛　おおたに・かひょうえ

貴院議員　横浜商業会議所会頭　産業組合中央会会頭　実業家　㊌弘化1年12月22日（1844年）　㊡昭和8年2月3日　㊤伊勢国飯高郡谷野村（三重県）　幼名＝藤吉, 元吉　㊤黄綬褒章, 紺綬褒章, 勲三等旭日中綬章　㊤文久2年19歳で横浜に出て、伊勢屋小倉藤兵衛の店で製茶貿易業に従事。のちスミス・ベーカー商会を経て、慶応3年独立、製茶売込業を始め、明治10年代横浜最大の製茶売込商となった。この間、5年製茶改良会社を設立。17年全国茶業組合を組織、製茶貿易の基礎を築き、31年に米国が設けた製茶輸入関税の撤廃運動に尽力した。23年産業組合中央会議長、32年ニューヨークの万国商業大会日本代表、42年産業組合中央会会頭。一方、日本貿易協会、横浜商業会議所の各会頭を務め、第七十四国立銀行取締役のほか、台湾鉄道、台湾銀行、南満州鉄道、韓国銀行、常磐生命、東洋拓殖、三共、川俣電気会社などの設立に参与。40年および大正7年に貴院議員。また神奈川県議、横浜市会議長などを務めた。

大谷 尊由　おおたに・そんゆ

貴院議員　拓務相　真宗本願寺派（西本願寺）管長事務取扱　僧侶　㊌明治19年8月19日　㊡昭和14年8月1日　㊤京都府　㊞真宗本願寺派第21世法主・光尊（明如）の四男。明治37年本願寺遼東半島臨時支部長として日露戦争に従軍布教、41年神戸善福寺住職、43年本願寺派執行長となり渡欧、その後も3回欧米を訪問した。49年兄光瑞と共に中国、南洋で教線拡大に従事。護持会財団理事長を経て大正10年管長事務取扱となり兄を補佐した。昭和3年貴院議員。12年6月第1次近衛内閣の拓務相となった。1年後辞任、北支開発会社総裁、内閣参議になった。著書に「国土荘厳」「超塵画譜」「潮来笠」などがある。　㊞父＝大谷光尊（真宗本願寺派第21世法主）、兄＝大谷光瑞（真宗本願寺派第22世法主）、木辺孝慈（真宗木辺派第20世門主）、大谷光明（本願寺派管長事務代理）、妹＝九条武子（歌人）

大谷 藤之助　おおたに・とうのすけ

元・参院議員（自民党）　㊌明治39年12月3日　㊡平成1年2月8日　㊤島根県浜田市　㊤海兵（昭和3年）卒、海大（昭和11年）卒　㊤勲一等瑞宝章（昭和55年）　㊤航空艦隊参謀となり、昭和16年の真珠湾攻撃に参加。19年海軍省副官、のち米内海軍大臣秘書官。戦後公職追放を経て、21年靖国神社事務総長となり、31年以来参院に4選。35年科学技術政務次官、参院内閣委員長、文教委員長、49年予算委員長、51年ロッキード問題調査特別委員長を歴任した。　㊤囲碁, 読書, ゴルフ

大谷 靖　おおたに・やすし

貴院議員（勅選）　㊌1844年9月14日　㊡昭和5年3月6日　㊤周防国岩国（山口県）　㊤勲二等　㊤明治2年岩国藩から福岡県の官吏となり、以来大蔵省権書記官、同書記官、太政官少書記官を経て内務省に転じ、内務大臣書記官、会計局長、庶務局長兼造神宮副使、内務書記官などを歴任、大正3年退官。錦鶏間祗候を許され、済生会理事長を兼務、8年勅選貴院議員。

大谷 贇雄　おおたに・よしお
参院議員（自民党）　[生]明治33年11月　[没]昭和45年12月23日　[出]愛知県　[学]慶応義塾大学文学部卒　[歴]桜花高等女学校校長、（学）桜花学園理事長、初代愛知県教育委員長、東海毎日新聞社創設、日本国際連合協会理事、東本願寺顧問、（学）大谷学園理事長を務めた。昭和28年から参院議員に4選。参院懲罰委員長に就任した。著書に「詩集」がある。

大津 淳一郎　おおつ・じゅんいちろう
衆院議員（民政党）　貴院議員（勅選）　[生]安政3年12月23日（1857年）　[没]昭和7年1月29日　[出]常陸国多賀郡川尻村（茨城県日立市）　[歴]早くから自由民権を唱え、明治12年「茨城新報」編集長。13年興民公会を結成、同年茨城県議に選出。14年水戸で「茨城日日新聞」を創刊。16年立憲改進党に入党。23年第1回衆院選以来、茨城県から議員当選13回。改進党掌事、憲政本党常議員、憲政会総務、大蔵省副参政官、文部省参政官、文政審議会委員などを歴任。昭和2年勅選貴院議員。民政党長老として顧問を務めた。著書に「大日本憲政史」（全10巻）がある。

大塚 惟精　おおつか・いせい
広島県知事　貴院議員（勅選）　[生]明治17年12月11日　[没]昭和20年8月6日　[出]熊本県　[学]東京帝国大学法科（明治24年）卒　[歴]明治43年内務省に入り、徳島、宮城、神奈川各県警察部長を歴任。大正8年欧米出張、帰国後警保局外事課長。栃木、福岡、石川各県知事を経て、昭和4年警保局長に復帰。17年陸軍司政長官となり第16軍軍政顧問としてジャワ赴任。20年広島県知事、中国地方総監となったが、原爆に被災。この間6年から勅選貴院議員。　[家]養父＝上原勇作（陸軍元帥）

大塚 九一　おおつか・くいち
東大芦村村長　栃木県議　労働・農民運動家　[生]明治38年5月25日　[没]昭和45年2月18日　[出]栃木県上都賀郡東大芦村（現・鹿沼市）　[学]古河尋常小（大正6年）卒　[歴]足尾銅山鉱夫をしていた大正8年、大日本鉱山労働同盟会の結成に参加し、以後多くの労働・農民運動を指導。日本労農党に入り、昭和8年東大芦村村議となり、戦後は社会党に入って、東大芦村村長、栃木県議などを歴任した。

大塚 喬　おおつか・たかし
元・参院議員（社会党）　[生]大正6年6月7日　[出]栃木県　[学]栃木師範（昭和18年）卒　[賞]勲三等旭日中綬章（昭和62年）　[歴]小中学校教師を経て、昭和30年から栃木県議に4選。49年参院議員に当選。55年引退。　[趣]読書, 水泳, 旅行, 音楽鑑賞

大塚 雄司　おおつか・ゆうじ
元・衆院議員（自民党）　元・建設相　[生]昭和4年4月6日　[出]東京都港区　[学]慶応義塾大学経済学部（昭和29年）卒　[歴]昭和44年東京都議2期を経て、51年衆院議員に当選。当選6回。国土・文部政務次官、建設委理事、文教委筆頭理事、党調査局長などを経て、平成2年第2次海部改造内閣の建設相に就任。5年、8年落選。著書に「都市再開発について」「東京の政治」「今後の土地・地価対策の展開」など。三塚派。　[家]妻＝大塚礼子（日韓女性親善協会副会長），息子＝大塚隆朗（東京都議）

大坪 健一郎　おおつぼ・けんいちろう
元・衆院議員（自民党）　元・参院議員　[生]大正14年7月7日　[没]平成3年12月25日　[出]宮城県仙台市　[学]東京大学法学部政治学科（昭和24年）卒　[歴]労働省に入省、昭和49年大臣官房統計情報部長で退官。51年衆院議員に当選。2期つとめたあと、57年の補選で参院議員に転じるが、2期目の61年辞職して再び衆院議員に当選。通産政務次官、科学技術委員長など歴任。平成2年落選。

大坪 保雄　おおつぼ・やすお
衆院議員(自民党)　⽣明治32年3月　没昭和49年1月9日　出佐賀県　学東京帝国大学法学部卒　歴内務省に入省。内務省課長、厚生省局長、島根・長野各県知事を経て、昭和30年衆院議員に初当選、以来通算5期務める。文部政務次官、法務政務次官等を務める。この間、満州国法制処長、国民精神総動員本部常任理事、自民党国会対策委員長、総務、政調労働部会長、労働問題調査会副会長、衆院法務委員長、同文教委員長等を歴任。

大鳥 圭介　おおとり・けいすけ
枢密顧問官　駐清国公使　外交官　男爵　⽣天保4年2月25日(1833年)　没明治44年6月15日　出播磨国赤穂郡赤松村岩木(兵庫県)　諱=純彰、号=如楓　歴緒方洪庵、江川太郎左衛門、中浜万次郎らにつき、蘭学、医学、砲術などを学ぶ、慶応2年幕臣となり開成所洋学教授。元治元年歩兵差図役頭取となり、フランス式の歩兵訓練にあたった。幕府倒壊に際して主戦論を唱え、五稜郭で榎本武揚らと新政府軍に抵抗、降伏後、東京で入獄。明治5年以降新政府に仕え、工部頭、工部大学長などを経て、22年駐清国公使となる。27年の東学院の乱に際して、韓国王に清国軍撤退、内政改革の実行を迫って日清戦争の端を作った。後、枢密顧問官。　家孫=大鳥蘭三郎(慶大客員教授)

大鳥 富士太郎　おおとり・ふじたろう
貴院議員　男爵　⽣慶応1年12月(1865年)　没昭和6年11月7日　出江戸　学東京帝国大学法科(明治23年)卒　歴明治29年台湾総督府民政局参事官兼台北支庁長、34年台湾総督府参事官。同年外交官に転じ総領事、外務参事官、メキシコ公使。退官後貴院議員。　家父=大鳥圭介(外交官・男爵)

大西 伍一郎　おおにし・ごいちろう
衆院議員(憲政会)　大西銀行頭取　⽣安政5年(1858年)　没大正6年2月3日　出大阪府堺市　歴明治14年大西銀行を設立して頭取となる。堺商業会議所副会頭、堺市長を経て、41年衆議院議員。

大西 正道　おおにし・せいどう
衆院議員(社会党)　日教組副委員長　教育者　⽣大正1年11月7日　没昭和35年7月15日　出兵庫県　学日本大学高等師範部(昭和14年)卒　歴小学校訓導となり兵庫県、東京都、青森県などに勤務の後、県立弘前高等女学校教諭となった。戦後昭和21年から日教組中央執行委員、同副委員長となった。中央教育復興会議幹事長、文部省社会教育委員、教科書検定委員、ユネスコ全国連盟常任委員、世界連邦建設同盟理事、全日本仏教会参与などを歴任した。27年日本社会党入党、28年兵庫4区から衆議院選挙に立ち当選、当選3回。著書に「教育復興」「教育委員会法の解義」「講和と独立」などがある。

大西 俊夫　おおにし・としお
参院議員(無所属懇談会)　日農書記長　農民運動家　⽣明治29年8月18日　没昭和22年7月29日　出東京市浅草区花川戸(現・東京都台東区)　本名=大西十寸男　学早稲田大学政経学科(大正11年)卒　歴早大時代から社会主義運動に加わり、大正11年卒業後「日本農民新聞」を編集。12年ドイツに留学したが関東大震災で帰国し、日農総本部書記となって理論的・組織的指導の中心となる。昭和2年日本共産党に入り、3年の3.15事件で検挙されるが、釈放後、全農総本部書記となり、農民運動の統一のため奮闘した。12年人民戦線事件で検挙され14年まで投獄。戦後も農民組合活動を続け、22年日農書記長に選出され無所属で参院議員となったがまもなく病死した。

大西 正男　おおにし・まさお
衆院議員(自民党　高知)　元・郵政相　⽣明治43年10月12日　没昭和62年9月18日　出高知市　学東大法学部(昭和8年)卒　歴昭和24年衆院議員に当選、以来一時引退をはさんで通算9期。54年大平内閣の郵政相に就任。河本派代表世話人もつとめた。　家父=大西正幹(衆院議員)

大西 禎夫　おおにし・よしお
衆院議員(自由党)　高松琴平電鉄社長　⽣明治31年9月　没昭和41年3月30日　出香川県　学慶応義塾大学理財科(大正10年)卒　歴香川県議を経て、昭和24年衆院議員に初当選、以来連続3回当選。その間、衆院通商産業委員長を務める。また、琴平電気鉄道社長、屋島登山鉄道社長、自由党総務などを歴任。

大貫 大八　おおぬき・だいはち
参院議員(社会党)　日弁連副会長　弁護士　⽣明治36年6月1日　没昭和46年7月22日　出栃木県那須郡烏山町　学中央大学法律科(昭和2年)卒　歴昭和3年弁護士を開業すると共に日本労農党に参加し、5年宇都宮市議となる。その間、多くの労働・農民運動を指導し、7年検挙され懲役3年に処せられる。12年満州に渡り、21年に帰国。社会党に入って、33年から37年まで衆議院議員をつとめ、以後は弁護士活動に専念した。

大沼 康　おおぬま・やすし
元・宮城県知事　⽣明治41年4月　没昭和34年1月12日　出宮城　学京都帝国大学農林経済科(昭和9年)卒　歴宮城県経済農業協同組合連合会長を経て、昭和31年宮城県知事に就任。

大野 明　おおの・あきら
参院議員(自民党)　元・運輸相　元・労相　⽣昭和3年11月13日　没平成8年2月5日　出岐阜県　学慶応義塾大学法学部(昭和27年)卒　歴日本耐火建築社長を経て、昭和39年衆院議員に当選。57年第1次中曽根内閣の労相に就任するが、58年の総選挙で現職の閣僚ながら落選。61年復帰し、通算9期。平成2年第2次海部内閣の運輸相。三塚派。5年落選。7年参院議員に当選。　趣俳句、囲碁、将棋、麻雀　家父=大野伴睦、妻=大野つや子(参院議員)

大野 一造　おおの・いちぞう
衆院議員(日本進歩党)　⽣明治18年4月　没昭和42年3月6日　出愛知県　学東京高工(明治41年)卒　歴刈谷市名誉市民(昭和32年)　歴刈谷市長、愛知県議、同議長等を経て、昭和12年から終戦まで衆院議員をつとめる。

大野 市郎　おおの・いちろう
元・衆院議員(自民党)　大野屋本店会長　⽣明治43年11月25日　没昭和63年2月9日　出新潟県　学神戸高商(昭和7年)卒　賞勲二等旭日重光章(昭和56年)　歴昭和11年静岡県熱海市にホテル大野屋を開業。故佐藤栄作代議士の秘書を経て、27年衆院新潟3区から初当選、51年まで通算7回当選。この間、農林政務次官、運輸委員長を歴任。　家長男=大野英市(大野屋本店社長)

大野 亀三郎　おおの・かめさぶろう
衆院議員(同志会)　⽣文久1年8月(1861年)　没大正3年4月　出岐阜県岩村　歴興業銀行、岐阜移民、蘇東銀行、北海道馬匹奨励、釜山埋築などの重役を務め、日本興業銀行創立委員。一方岐阜県議を務め、第2回衆院選以来議員当選10回。

大野 潔　おおの・きよし
元・衆院議員(公明党)　⽣昭和5年3月30日　出東京都品川区　学攻玉社高工(昭和21年)卒　歴昭和42年以来衆院議員に東京7区から当選8回。党国対委員長、党選挙対策委員長等を歴任。平成2年引退。

大野 幸一　おおの・こういち
参院議員　衆院議員(民社党)　弁護士　⊕明治38年7月10日　㊣昭和51年11月9日　⊞岐阜県　㊦日本大学法文学部法律科(昭和6年)卒　㊤弁護士を開業。その後、片山中央執行委員長秘書を経て、昭和22年参議院議員初当選。33年には衆院議員にも当選する。社会党統制委員、参院郵政委員長等を務める。

大野 伴睦　おおの・ばんぼく
衆院議長　自民党副総裁　⊕明治23年9月20日　㊣昭和39年5月29日　⊞岐阜県山県郡美山町　俳号＝万木　㊦明治大学政経学部(大正2年)中退　㊤政友会院外団に入り東京市議を経て、昭和5年岐阜1区から衆院議員に当選、以来12回当選。戦後、鳩山一郎の日本自由党に入り、21年内務政務次官、党幹事長、27年衆院議長、28年第5次吉田内閣の国務相、北海道開発長官などを歴任した。30年三木武吉と保守合同を図り自由民主党を結成、32年同党副総裁。戦前戦後を通じ、生粋の政党人で、義理人情に厚い明治型の政治家。新幹線岐阜羽島駅を設置して話題を呼んだ。その一方で、少年時代より美濃派俳諧に親しみ、「ホトトギス」投句を経て、富安風生の指導を受ける。文壇句会で活躍、句集に「大野万木句集」がある。　㊕息子＝大野明(衆院議員)

大野 誠　おおの・まこと
長野県令　⊕明治17年　⊞越後国北蒲原郡諏訪山村(新潟県)　㊤江戸に上り、藤森天山に儒学を、伊庭軍兵衛に剣を学んだ。のち帰郷、漢学者の父を援けて塾生を監督。諸国の志士と盟を結んだが、新発田藩と折り合わず、江戸に出て「春風館」を開設、文武を教授した。維新後、工部権大丞に用いられ、太政官権大書記官を経て、長野県令となった。

大野木 秀次郎　おおのぎ・ひでじろう
参院議員(自由党)　国務相　⊕明治28年11月　㊣昭和41年3月4日　⊞京都　㊦立命館大学経済科中退　㊤大野木製作所などの社長を努め、多額納税者として昭和21〜22年貴院議員。22年4月京都地方区から参院議員に当選、当選4回。24年第3次吉田茂内閣の国務相となり、4次、5次も留任した。この間サンフランシスコ講和会議に首席全権代理として出席、自由党参院議員総会長を5期つとめた。

大場 茂馬　おおば・しげま
衆院議員　弁護士　㊨刑法学　⊕明治2年　㊣大正9年12月20日　⊞山形県　㊦東京法学院(現・中央大学)卒　法学博士(大正2年)　㊥勲三等旭日小綬章　㊤明治26年仙台で弁護士開業、28年地方判事となり、38年退職してドイツ留学。41年帰国、大正2年大審院判事となったが翌年辞職、弁護士に戻った。山形県から衆院議員当選3回。娼妓の自由廃業、指紋法の実施などに先鞭をつけ、刑法学の近代化に寄与した。著書に「刑法総論」(全2巻)「刑法各論」(全2巻)がある。

大橋 和孝　おおはし・かずたか
元・参院議員(社会党)　京都大橋総合病院長　医師　⊕明治43年6月4日　㊣昭和61年7月7日　⊞愛知県名古屋市　㊦京都府立医大卒　医博　㊤昭和40年から京都地方区選出の参院議員2期。48年6月から49年3月まで社会労働委員長を務めた。49年の京都府知事選に出馬、蜷川虎三に敗れた。　㊕長男＝大橋一郎(京都大橋総合病院副院長)

大橋 喜美　おおはし・きみ
元・衆院議員　⊕明治38年1月　㊣平成11年6月1日　⊞栃木県鹿沼市　㊦東京女子高等師範学校文科(大正14年)卒　㊤島根県立浜田高等女学校教諭、大津市高等女学校教諭、県立宮崎第一高等女子学校教諭、栃木県立鹿沼高等女子学校講師を経て、女性の参政権が認められた昭和21年第22回総選挙で宮崎県

選挙区（当時）から立候補し当選、1期務めた。初の女性国会議員39人のうちの一人。戦後の政党の離合集散の中、22年に結成された当時の民主党にも参加、国民協同党政策調査会厚生部長も務めた。

大橋 新太郎　おおはし・しんたろう
衆院議員（壬寅会）　貴院議員（勅選）　博文館創立者　日本工業倶楽部理事長　出版人　実業家　[生]文久3年7月29日（1863年）　[没]昭和19年5月4日　[出]越後国長岡（現・新潟県長岡市）　[歴]明治14年父と「北越新聞」を発行した後、「越佐毎日新聞」を創刊、また大橋書店を経営。19年上京し、20年父と共に本郷弓町に博文館を創設、「日本大家論集」を発行、続いて「日本之商人」「日本之殖産」「日本之女子」「日本之教学」など雑誌を次々創刊して成功した。28年には「太陽」「少年世界」「文芸倶楽部」などを創刊。34年父の死で館主となり、父の遺志を継いで日本初の私立図書館・大橋図書館を創立、大橋育英会も興し、貸費生を養った。また早大、慶大に図書館を寄贈した。35年衆院議員に当選、38年東京商業会議所副会頭、39年中国に渡り、東亜製粉、南満製粉、満豪毛織などを創立、社長となった。また朝鮮興業、大日本麦酒、日本硝子などの会長を務め、さらに王子製紙、白木屋、三共製薬、三井信託などの役員となり、関係会社70余社に及んだ。大正15年勅選貴族院議員、東京商業会議所特別議員、昭和10年日本工業倶楽部理事長となり、14年同評議員会会長となった。
[家]父＝大橋佐平（博文館創立者）

大橋 武夫　おおはし・たけお
元・衆院議員　元・運輸相　元・労相　[生]明治37年11月24日　[没]昭和56年10月3日　[出]島根県　[学]東京帝国大学法学部（昭和3年）卒　[歴]内務省に入り、岡山県警察部長のあと終戦直後の戦災復興院次長となる。昭和24年の衆議院選挙（島根全県区）に初出馬当選、51年の総選挙で落選、引退するまで連続10回当選。この間、第3次吉田内閣法務総裁（現在の法務大臣）、国務大臣（警察予備隊担当）など就任。25年朝鮮戦争が起こり、マッカーサー総司令部から警察予備隊（現在の自衛隊）の創設を命令され、これをめぐって国会が紛糾した際、得意の弁舌で憲法論争を交わし吉田ワンマン宰相の信任を厚くした。35年池田内閣の労働大臣、佐藤内閣運輸大臣、自由党副幹事長などを歴任。富士夫人は、東京駅頭で暗殺された浜口雄幸元首相の娘。
[家]息子＝大橋光夫（昭和電工専務）

大橋 忠一　おおはし・ちゅういち
衆院議員（自民党）　元・外務次官　[生]明治26年12月8日　[没]昭和50年12月14日　[出]岐阜県　[学]東京帝国大学英法科（大正7年）卒　[歴]外務省に入り、大使館書記官、公使館書記官、総領事、満州国外務局長官、大使官参事官、外務次官、蒙古政府最高顧問を歴任。昭和27年衆院議員に当選。以来連続3期務める。その間、日本民主党顧問、自民党総務などを務める。34～36年駐カンボジア大使。著書に「太平洋戦争由来記」がある。

大橋 敏雄　おおはし・としお
元・衆院議員　[生]大正14年11月3日　[出]福岡県福岡市　[学]旧制中卒　[歴]昭和27年日蓮正宗に入信、28年創価学会に入会。西日本相互銀行勤務を経て、38年公明党より福岡県議に当選。42年以来福岡2区で公明党より衆院議員に8選。63年創価学会池田大作名誉会長を公然と批判する論文を月刊誌「文芸春秋」に発表し、別件で公明党を除名される。平成2年引退。著書に「“吹けば飛ぶ男”の奮戦記」。

大橋 正雄　おおはし・まさお
元・和歌山県知事　[生]大正7年1月8日　[没]昭和50年10月4日　[出]和歌山市　[学]東京帝国大学法学部（昭和16年）卒　[歴]千葉県警察部を経て海軍に入隊。除隊後、昭和24年和歌山県土木部監理課長となり、知事公室秘書課長、知事公室長、経済部長、出納長を歴任。42年和歌山県

知事に当選。50年3期目当選を果たすが在職死亡。

大橋 頼摸　おおはし・らいも
衆院議員(政友会)　静岡新報社長　実業家　[生]文久1年2月(1861年)　[没]大正1年11月5日　[出]遠江国磐田郡井通村小立野(静岡県豊田町)　[学]浜松中学校師範連養科卒　[歴]小学校訓導、郡書記、官選戸長、井通村長を経て、明治21年静岡県議。22年自由党に入り、のち政友会に所属。41年より衆院議員に2回当選。また静岡県農会長、天竜川東縁水防組合長、静岡新報(現・静岡新聞)社長、静岡印刷社長を務めた。

大原 一三　おおはら・いちぞう
衆院議員(自民党　比例・九州)　元・農水相　[生]大正13年7月1日　[出]宮崎県東臼杵郡北方町　[学]東京大学法学部政治学科(昭和26年)卒　[賞]勲一等瑞宝章(平成9年)　[歴]大蔵省に入り昭和33年沼津税務署長。34年主税局課長補佐を経て、42年専売公社企画課長、45年大蔵官房参事官。51年新自由クラブから衆院議員に当選。のち自民党に移るが58年の選挙で落選。61年の衆参同時選挙で衆院議員に返り咲いた。平成8年橋本内閣の農水相に就任。7期目。竹下派、旧小渕派、橋本派を経て、無派閥。著書に「明日では遅すぎる」「パンとサーカスの時代」がある。　[趣]囲碁

大原 亨　おおはら・とおる
元・衆院議員(社会党)　[生]大正4年7月25日　[没]平成2年4月7日　[出]広島県豊田郡本郷町　[学]中央大学法学部(昭和17年)卒業　[歴]読売新聞社に入社。戦後教員となり、広島県教組委員長、県労会議長などを経て、昭和33年広島1区から衆院議員に当選。11期つとめ、平成2年引退。

大原 博夫　おおはら・ひろお
元・広島県知事　医師　[生]明治27年3月15日　[没]昭和41年1月11日　[出]広島　[学]慈恵医大(大正9年)卒　[歴]医院を経営し、大日本医師会理事、広島医師会長などを歴任。昭和21年衆議院議員。26年広島県知事に当選、連続3期つとめた。

大東 義徹　おおひがし・ぎてつ
衆院議員(大同倶楽部)　司法相　[生]天保13年7月(1842年)　[没]明治38年4月8日　[出]滋賀県　別名＝小西新左衛門　[歴]彦根藩校弘道館に学び、明治元年の戊辰戦争では奥羽に転戦。維新後藩の少参事、次いで司法省権少判事。4年岩倉具視に随い欧米巡遊、5年帰国、集議社を創立。10年西南の役には西郷隆盛を応援、敗れて京都で入獄。23年第1回衆院選に当選、代議士となり、7期つとめた。31年大隈重信内閣の司法相就任。

大平 正芳　おおひら・まさよし
衆院議員(自民党)　第68･69代首相　自民党総裁　[生]明治43年3月12日　[没]昭和55年6月12日　[出]香川県三豊郡豊浜町　[学]東京商科大学(現・一橋大学)(昭和11年)卒　[歴]昭和11年大蔵省に入省。27年の総選挙で衆院議員に初当選。35年には第1次池田内閣の官房長官として初入閣。その後、池田、佐藤、田中、三木の各内閣で外務、通産、大蔵の各相を歴任する一方、47年夏のポスト佐藤をめぐる角福戦争では「大角盟友関係」の力を発揮して田中角栄総裁の実現に協力。福田内閣では党幹事長をつとめたが、53年秋総裁予備選で福田赳夫を破って総裁となり、大平内閣を組閣。55年内閣不信任案による衆参同日選挙の中急死した。60年長男らにより大平記念賞が設けられた。　[家]息子＝大平裕(大平正芳記念財団常務理事)，大平明(大正製薬副社長)

大村 襄治　おおむら・じょうじ
元・衆院議員（自民党）　元・防衛庁長官　⽣大正8年3月30日　⽋平成9年12月15日　⽣東京都新宿区　⽂東京帝大法学部法律学科（昭和16年）卒　勲一等瑞宝章（平成1年）　自治庁（現・自治省）に入り、昭和37年官房長、38年財政局長などを経て、42年以来衆院議員に当選8回。大蔵政務次官、党副幹事長などを歴任し、鈴木内閣の防衛庁長官をつとめた。竹下派。平成2年落選。　剣道、短歌　父＝大村清一（防衛庁長官）

大村 純雄　おおむら・すみお
貴院議員（伯爵）　⽣嘉永4年4月（1851年）　⽋昭和9年8月18日　⽣肥前国（長崎県）　明治23～24年、30～44年貴院議員をつとめた。

大村 清一　おおむら・せいいち
衆院議員（自民党）　防衛庁長官　内相　⽣明治25年5月4日　⽋昭和43年5月24日　⽣岡山県　⽂京都帝大法科大学独法科（大正6年）卒　勲一等瑞宝章（昭和40年）　内務省に入り、長野、神奈川県知事となったが、長野県知事を2度つとめ話題になった。地方、警保局長を経て昭和14年阿部内閣の文部次官、18年日本育英会の初代理事長。戦後は21年の第1次吉田内閣の内務大臣を歴任、22年の総選挙に岡山から当選、以後6期を務める。内相時代は新憲法下の参議院の構成、新地方制度の創設で連合軍司令部との交渉に当たり、リコール制度などを確立した。のち自由党政調会長となり、反吉田色を強め29年鳩山民主党結成に参加。第1次鳩山内閣の防衛庁長官となり、初の「防衛力整備長期計画」を作成。日本林業協会長、相模女子大学長などもつとめた。

大森 昭　おおもり・あきら
元・参院議員（社会党）　⽣昭和2年3月20日　⽣茨城県　⽂法政大学法学部（昭和25年）中退　勲二等旭日重光章（平成9年）　全逓副委員長を経て、昭和52年参院議員に当選、3期つとめる。平成7年引退。

大森 創造　おおもり・そうぞう
元・参院議員（社会党）　⽣大正7年5月25日　⽋平成11年11月14日　⽣茨城県桂村　⽂九州大学中国文学科卒　勲二等瑞宝章（昭和63年）　又一貿易上海支店勤務。茨城県圷村長を2期、茨城県議を3期つとめ、昭和34年から参院議員を2期。この間、参院災害対策特別委員長を務めた。　乗馬、読書

大森 玉木　おおもり・たまき
衆院議員（自民党）　⽣明治19年3月　⽋昭和39年2月19日　⽣石川県　石川県議を経て、昭和22年衆院議員に当選。以来通算5回務める。その間衆院懲罰委員長、第2次岸内閣の北海道開発政務次官を歴任。改進党副幹事長、顧問、民主党代議士会長、総務、自民党両院議員総会副会長等を務める。

大森 久司　おおもり・ひさじ
参院議員（自民党）　近畿電気工事会長　⽣明治34年8月5日　⽋昭和51年8月13日　⽣奈良県　⽂関西学院大学中退　藍綬褒章（昭和32年）、勲二等旭日重光章（昭和48年）　奈良県会議長を経て、昭和40年参院議員初当選。以降3選。参院建設委員会理事、「飛鳥古京を守る」議員連盟事務局長、奈良商工会議所会頭等を歴任。

大矢 省三　おおや・しょうぞう
衆院議員（民社党）　労働運動家　⽣明治26年3月1日　⽋昭和37年1月19日　⽣三重県志摩郡阿児町　⽂西野田職工学校卒　大阪市内の小工場を転々としながら労働運動に参加する。以後多くの労働運動に参加し、昭和4年社会民衆党から大阪市議となる。のちに国家社会主義に転じたが、戦後総同盟の再建に尽力し、社会党に入って21年衆院議員となり、35年の民主社会党の結党に参加した。　息子＝大矢卓史（衆院議員）

大矢 四郎兵衛　おおや・しろうべえ
衆院議員（憲政本党）　⽣安政4年12月（1857年）　⽋昭和5年9月　出富山県鷹栖村　幼名＝愛一　歴漢学を修め、改進主義を唱えて、越中改進党を結成、立憲改進党に同盟。富山県鷹栖村長、郡議、県議を務めた。また庄川通運取締役、中越新聞社長、富山日報社長、中越銀行重役を歴任。第5回衆院選以来議員当選4回。憲政本党に属した。

大屋 晋三　おおや・しんぞう
元・参院議員（自民党）　帝人社長　実業家　⽣明治27年7月5日　⽋昭和55年3月9日　出群馬県邑楽郡明和村　学東京高等商業学校（大正7年）卒業　歴大正7年鈴木商店に入社、同14年、旧帝国人造絹絲（現・帝人）に派遣され、昭和20年11月には社長に就任した。以来、参院議員だった22年から9年間をのぞき一貫してトップの座に君臨し、帝人を世界的な合繊メーカーに育て上げるとともに、繊維業界のリーダーとして活躍した。参院議員在職中は商工、大蔵、運輸の各大臣を歴任。一方、「死ぬまでやめない」が口ぐせだった社長在任は26年余におよんだ。　家妻＝大屋政子（文化活動家）

大矢 正　おおや・ただし
元・参院議員（社会党）　⽣大正14年1月25日　⽋昭和58年1月1日　出北海道　歴北海道炭礦汽船労組会長、北海道炭労委員長を歴任後、昭和31年参院北海道地方区で初当選、以来3期連続当選。この間、参院文教委員長、石炭対策特別委員長、参院社会党国対副委員長などを務めた。

大矢 半次郎　おおや・はんじろう
参院議員（自由党）　⽣明治25年1月　⽋昭和52年12月7日　出岩手県　学東京帝大法学部（大正7年）卒　歴大蔵省に入省。主税局長、醸造試験所長を歴任。退官後、農林中金副理事長を経て、参院議員を1期つとめた。

大屋 政夫　おおや・まさお
元・横川村村長　社会運動家　⽣明治24年12月10日　⽋昭和56年5月27日　出栃木県宇都宮市西原町　旧姓＝木村　学盛岡高等農林（大正2年）中退　歴宇都宮で養鶏場を経営していたが、その後農民運動に入り、多くの争議を指導し、昭和6年全農栃木県連を組織した。12年の人民戦線事件で検挙されたが、戦後社会党に入って栃木県下で活躍し、24年横川村村長となった。

大矢 正夫　おおや・まさお
自由民権運動家　⽣文久3年11月6日（1863年）　⽋昭和3年7月13日　出相模国高座郡栗原村（神奈川県座間市）　歴神奈川県で小学校教師を務めた後上京、景山英子の紹介で有一館に出入りするうち、明治17年大井憲太郎の朝鮮独立運動計画（大阪事件）を知ってこれに参加。18年6月蜂須賀邸に会合する要人襲撃を図ったが、会が流れて中止。次に資金調達のため同郷の恩人で資産家の大矢弥市などの家を襲って失敗。さらに座間戸長役場の公金強奪を企てたが、事前に発覚して逮捕され、軽禁錮6年に処せられた。24年特赦出獄、以後、自由党・立憲政友会の壮士として活動。晩年は株取引に従事した。

大山 郁夫　おおやま・いくお
参院議員　衆院議員　早稲田大学教授　労農党委員長　政治学者　社会運動家　評論家　⽣明治13年9月20日　⽋昭和30年11月30日　出兵庫県赤穂郡上郡町　旧姓＝福本　学早稲田大学政経学科（明治38年）、シカゴ大学卒、ミュンヘン大学卒　賞スターリン国際平和賞（昭和26年）　歴医者の次男として生まれ、17歳のとき大山家の養子となる。早大卒後、シカゴ大学、ミュンヘン大学へ留学。大正3年早大教授となり進歩的評論活動を展開、大学当局と対立して6年早大を去る。同年朝日新聞大阪本社論説委員となったが、米騒動をめぐる朝日の筆禍事件（白虹事件）を機に7年退社。10年に早大復帰、民人同盟会、文化会など学生

団体を指導、12年には階級闘争説による「政治の社会的基礎」を出版、政治学に新しい分野を開いて注目された。昭和2年労働農民党の委員長に就任、このため再び早大を去る。5年衆院選に出馬（東京5区）、雄弁術で平和、反戦を訴え大衆をひきつけ初当選。ファシズムの台頭に抵抗を続けたが、満洲事変とともに運動の自由を失い自らも身の危険を感ずるようになり、13年3月柳子夫人を伴い横浜港からひっそりアメリカへ渡った。実質的な亡命で終戦までノースウェスタン大学で研究生活。22年帰国、東京・日比谷で歓迎国民大会が開かれ、早大教授に返り咲いた。戦時中から一貫して軍国主義を鋭く批判、亡命先のアメリカからも平和と自由を説き25年参院議員に当選、革新勢力の長老として重きをなした。同年平和を守る会会長、26年世界平和評議会理事となり、以後平和運動に挺身した。同年スターリン国際平和賞を受賞。 [家]妻＝大山柳子（社会運動家），息子＝大山聡（東京都立大学名誉教授）

大山 巌　おおやま・いわお

陸相　枢密顧問官　元老　内大臣　陸軍大将・元帥　公爵　[生]天保13年10月10日（1842年）　[没]大正5年12月10日　[出]薩摩国鹿児島城下加治屋町（鹿児島県鹿児島市）　号＝赫山　[賞]勲一等旭日大綬章（明治15年），勲一等菊花大綬章（明治35年）　[歴]明治維新三傑の一人西郷隆盛の従弟、薩摩藩士大山彦八の次男。文久2年上京、倒幕運動に参加、寺田屋事件では危うく難を逃れたが謹慎を命じられた。黒田清隆らと江戸で洋式操連術を学び鉄砲の12斤臼砲をつくった。のち大久保利通らと王政復古運動に奔走、明治元年の鳥羽伏見の戦いで砲隊長となり会津若松城陥落までの戦争に参加した。2年渡欧、普仏戦争を視察後、フランスに留学、軍政を学んだ。帰国後、陸軍省第一局長少将に任官、西南戦役では旅団司令長官として活躍。13年陸軍卿となり、17年陸軍の俊英を同道、欧米に出張、各国の兵制を研究。帰国後、18年第1次伊藤内閣の陸軍大臣に就任、以後第2次松方内閣まで6代の内閣の陸相を務めた。24年大将に昇進。日清戦争では第2軍司令官、日露戦争では総司令官を務め、山県有朋につぐ明治陸軍の実力者になった。31年元帥となり、40年公爵、病没まで元老、内大臣を務めた。 [家]後妻＝大山捨松（日本初の女子留学生）二男＝大山柏（先史考古学者）

大山 朝常　おおやま・ちょうじょう

元・コザ市長　元・琉球政府立法院議員　[生]明治34年12月25日　[没]平成11年11月24日　[出]沖縄県中頭郡越来村（現・沖縄市）　[学]沖縄県立師範学校（大正14年）卒　[賞]沖縄タイムス賞（昭和49年），琉球新報賞（平成4年）　[歴]教職につき、昭和18年から越来村立青年学校校長。戦後、米軍の収容所内で田井等市議員を務める。教職復帰後には実業高校校長などを経て、コザ地区教育長に就任。25年の全琉群島議員選挙に立候補したのを機に行政の世界に入り、沖縄社会大衆党創立メンバーの一人となる。29年琉球立法院議員（現・沖縄県議）に当選、2期務め、33年コザ市（現・沖縄市）市長に就任。以後4期をつとめ、この間、市長としてコザ暴動などを経験。革新系首長の代表的存在で沖縄復帰運動を推進した。49年3月31日辞任。同年沖縄市社会福祉協議会長、沖縄国際大学理事。のち沖縄国立国際海洋総合大学創立運動常任理事世話人となる。著書に「大山朝常のあしあと」「越来美里の先人達」「愛ひとすじに—大山光伝」「沖縄独立宣言—ヤマトは帰るべき『祖国』ではなかった」など。 [趣]晴耕雨読

大山 綱昌　おおやま・つなまさ

貴院議員（勅選）　[生]嘉永6年11月（1853年）　[没]昭和9年10月18日　[出]鹿児島県　[賞]勲二等　[歴]鹿児島県士族。明治8年警視庁に勤め、10年陸軍中尉となり西南の役に従軍、憲兵大尉、一等警視補。以後農商務書記官、参事官、工務局次長、商工局次長などを経て、佐賀、山梨、長

野、岡山各県知事を歴任。大正元年勅選貴院議員。錦鶏間祗候を許された。

大山 綱良　おおやま・つなよし
鹿児島県令　㊐文政8年11月16日(1825年)　㊰明治10年9月30日　㊫明治4年鹿児島県大参事を経て、7年初代鹿児島県令となるが、西南戦争時には公金を西郷軍に拠出したため、10年官位を奪われて処刑された。

岡 市之助　おか・いちのすけ
陸相　陸軍中将　男爵　㊐万延1年3月7日(1860年)　㊰大正5年7月30日　㊞長門国萩(山口県萩市)　㊫陸士(旧4期)(明治14年)卒, 陸大(明治20年)卒　㊓勲一等　㊫明治27年日清戦争に第1師団参謀として従軍、次いで北清事変(義和団の乱)、日露戦争にも参加。大正元年中将、2年第3師団長、3年大隈内閣の陸相となり、朝鮮に2個師団設置を実現。男爵。

岡 三郎　おか・さぶろう
元・参院議員(社会党)　元・日教祖委員長　労働運動家　㊐大正3年3月5日　㊰平成11年2月16日　㊞山梨県　㊫山梨師範(昭和8年)卒　㊓勲二等旭日重光章(昭和59年)　㊫山梨県や神奈川県下の小学校で教鞭をとり、神奈川県教組副委員長、日教組中執委員長などを務めた。昭和28年以来、参院議員に3回当選。37年ILO日本労働主席代表、のち日本墓園理事。　㊧野球, 釣り, 囲碁

岡 延右衛門　おか・のぶえもん
元·衆院議員(自由党)　元·万朝報編集局長　㊐明治32年3月　㊞長崎県　㊫早稲田大学専門部政治経済学科(大正12年)卒　㊫万朝報社会部、政治部各部長、編集局長、内閣情報部嘱託を経て、昭和24年衆院議員に当選、1期を務めた。

岡 正芳　おか・まさよし
日本共産党幹部　㊐大正3年　㊞佐賀県　㊫東京帝国大学文学部卒　㊫兵役後佐賀県立工業教官、共産党入党、昭和12年検挙。戦後21年上京、「赤旗」編集委員、徳田球一秘書、32年「前衛」編集長、36年中央委員、39年常任幹部会員、45年第11回大会で党副委員長となった。著書に「日本革命と理論闘争」。

岡 良一　おか・りょういち
元・衆院議員(社会党)　元・金沢市長　医師　㊐明治38年2月14日　㊰平成6年5月16日　㊞石川県金沢市　㊫金沢医科大学(昭和4年)卒　医学博士　㊓勲二等旭日重光章(昭和50年)　㊫昭和2年労働農民党に入党。6年保釈中の共産党員をひそかに治療したため金沢医科大学副手を免官となる。12年社会大衆党金沢支部長を経て、金沢市議。戦後社会党に入り、24年衆院議員初当選、以来6選。47年金沢市長に当選、53年病気のため2期目の任期途中で辞任。

岡井 藤志郎　おかい・とうしろう
衆院議員(民主自由党)　弁護士　㊐明治28年5月24日　㊰昭和49年10月19日　㊞愛媛県　㊫東京帝大独法科(大正11年)卒　㊫広島、松江、横浜などの裁判官判事を歴任。戦後弁護士となり、昭和22年衆院議員に当選、1期。24年松山城の濠埋め立てに対する反対運動の先頭に立ち、計画を中止させた。

岡内 重俊　おかうち・しげとし
元老院議官　貴院議員(勅選)　高等法院陪席判事　司法官　男爵　㊐天保13年4月2日(1842年)　㊰大正4年9月19日　㊞土佐国潮江村(高知県高知市)　通称=岡内俊太郎　㊫坂本龍馬の海援隊に入り、秘書役。明治2年刑法官となり、6年欧州巡遊、帰国後司法大検事となり、長崎上等裁判所長心得、大審院刑事局詰、高等法院陪席判事を歴任、19年元老院議官。23年勅選貴院議員、33年男爵。晩年政友会に属した。

小笠 公韶　おがさ・こうしょう
元・衆院議員　元・参院議員(自民党)　日本インドネシア協会長　[生]明治37年12月16日　[没]昭和60年9月13日　[出]徳島県　[学]東京帝大経済学科(昭和4年)卒　[歴]中小企業庁長官などを歴任したあと昭和28年徳島全県区から衆院当選5回、第1次岸内閣通産政務次官、第2次岸内閣官房副長官、物価問題特別委員長等を歴任。46年徳島地方区から参院当選1回。

岡崎 運兵衛　おかざき・うんべえ
衆院議員(憲政会)　[生]嘉永3年6月(1850年)　[没]大正8年12月　[出]出雲国稗原村(島根県)　[歴]豪農の出で、松江の豪家岡崎運兵衛の養子となり家督を嗣ぐ。明治15年松江で山陰新聞社を創立。続いて松江日報、松陽新報を発刊。一方貧民救済のため恵愛社を設立、山陰自由党を創立。松江地方の公共のため尽力。その間大正にかけて衆院議員当選7回。憲政会に所属。

岡崎 英城　おかざき・えいじょう
元・衆院議員(自民党)　元・警視庁特高部長　[生]明治34年1月10日　[没]平成1年2月18日　[出]宮城県　[学]東京帝国大学経済学科(昭和3年)卒　[賞]勲一等瑞宝章(昭和46年)　[歴]昭和4年内務省警視庁に入り、10年特別警備隊長、15年特高二課長、19年特高部長、20年内務省警備局保安課長を歴任。戦後は27年まで公職追放。30年衆院議員に東京4区から初当選、以来連続当選6回。岸内閣の官房副長官をはじめ、労働・行政管理・通産の各政務次官、自民党東京都連幹事長などを歴任した。　[家]父＝岡崎良城(海軍中将)

岡崎 勝男　おかざき・かつお
衆院議員(自民党)　外相　国連大使　外交官　[生]明治30年7月10日　[没]昭和40年10月10日　[出]東京　[学]東京帝大経済学科(大正11年)卒　[歴]大正11年外務省入省。在英大使館勤務中の13年、オリンピック第8回大会に陸上競技の選手として出場。昭和3年上海在勤副領事、5年領事。20年8月終戦のとき終戦連絡中央事務局長官となり連合国側との困難な折衝に当たる。23年外務次官、24年衆議院議員に当選、吉田ワンマン首相にその手腕を見込まれ側近中の側近になった。のちに内閣官房長官、賠償庁長官、外務大臣をつとめ戦後処理と外交政策の基礎づくりに苦心した。政界引退後、国連大使に登用され、わが国の国際的地位の向上に貢献。　[家]孫＝伊奈恭子(フィギュアスケート選手)

岡崎 久次郎　おかざき・きゅうじろう
衆院議員(同交会)　[生]明治7年1月　[没]昭和17年3月20日　[出]東京　[学]東京高商(明治28年)卒　[歴]東京商業会議所議員、大日本自転車、日米商店各社長、昭和絹靴下、北海道水力電気各取締役等を務める。また財団法人「光之村」を創立、理事に就任する。明治45年神奈川3区より衆院議員に当選。以来、通算6期務めた。著書に「蚕業国策樹立論」がある。

岡崎 邦輔　おかざき・くにすけ
農相　衆院議員(政友会)　貴院議員(勅選)　[生]嘉永7年3月15日(1854年)　[没]昭和11年7月22日　[出]紀伊国(和歌山県)　[賞]勲三等　[歴]明治21年従兄の陸奥宗光特命全権公使に随って渡米、ミシガン大学で学び、23年帰国。24年以来衆院議員当選10回。30年自由党に入党。陸奥没後、星亨と結び、憲政党内閣崩壊、33年政友会創立などに活躍、同年星亨逓信相官房長。大正元年犬養毅、尾崎行雄らと桂内閣反対、憲政擁護運動を起こした。4年政友会総務委員。10年原敬死後、政友会刷新派を支持し第2次護憲運動に活躍。普通選挙法成立に尽力した。14年加藤内閣の農相。昭和3年勅選貴院議員。著書に「憲政回顧録」。
[家]孫＝岡崎久彦(駐タイ大使)

岡崎 憲　おかざき・けん
衆院議員　社会運動家　[生]明治13年11月　[没]昭和17年7月15日　[出]宮城県仙台市　[学]東京高等商船航海科(明治40年)卒　[歴]東洋汽船に入社し、大正9年の第2回ILO総会に労働者側代表として参

加。帰国後、日本海員組合の創立委員長となる。日本港湾従業員組合長などもつとめ、昭和2年社会民衆党に入って、11年社会大衆党から衆議院議員となった。

岡崎 真一 おかざき・しんいち
参院議員（自民党）　神戸商工会議所会頭　同和火災海上保険社長　⊕明治40年5月　⊗昭和46年1月20日　⊕兵庫県　⊕慶応義塾大学法学部（昭和7年）卒　⊕鐘紡、岡崎汽船勤務を経て、神戸海上保険取締役、同和火災海上保険社長、神戸商工会議所会頭、日本商工会議所副会頭等を歴任。また昭和23年兵庫地方区から参議院議員に初当選、3期務める。

岡崎 精郎 おかざき・せいろう
秋山村長　全農高知県連委員長　高知県議　農民運動家　⊕明治31年12月21日　⊗昭和13年1月4日　⊕高知県吾川郡秋山村（現・春野町）　⊕高知一中卒　⊕地主の家の長男に生まれる。中学卒業後、画家を志して岸田劉生に師事していたが、病気のため帰郷し、武者小路実篤の人道主義に傾むく。その後農民運動に参加し、昭和4年以降秋山村議、村長をつとめる。7年全農高知県連委員長、全国労農大衆党高知県連会長に就任。同年12月の仁西村争議で検挙されて懲役8カ月に処せられた。10年全農県連執行委員長となり、11年高知県議となった。　⊗弟＝岡崎和郎（農民運動家）

岡崎 万寿秀 おかざき・ますひで
元・衆院議員（共産党）　⊕昭和5年1月1日　⊕佐賀県唐津市　⊕中央大学法学部（昭和28年）卒　⊕「前衛」編集長を経て、昭和58年以来衆院議員に2選。平成2年、5年落選。

小笠原 貞子 おがさわら・さだこ
日本共産党副委員長　元・参院議員　⊕大正9年4月20日　⊗平成7年10月9日　⊕北海道札幌市　⊕札幌高女卒　⊕熱心なクリスチャンの家庭に育ち、キリスト教矯風運動から平和運動に携わる。昭和28年共産党に入党。37年新日本婦人の会創立に参加、事務局長に。43年より北海道選出で参院議員当選4回、党婦人・児童局長などを歴任。55年7月に女性としては初めて党員の最高位、常任幹部会委員となり、62年11月副委員長に就任。平成4年引退。著書に「面を太陽にむけ」、歌集「きたぐに」がある。

小笠原 貞正 おがさわら・さだまさ
千束藩知藩事　⊕天保11年10月27日（1840年）　⊗明治39年3月21日　⊕江戸・鳥越　⊕安政3年小倉新田藩主となる。明治2年版籍奉還により小倉新田藩は千束藩に改称され、千束藩知藩事に任命される。4年廃藩置県により退官し、東京に移転。

小笠原 三九郎 おがさわら・さんくろう
衆院議員　農相　蔵相　通産相　⊕明治18年4月5日　⊗昭和42年12月13日　⊕愛知県　⊕東京帝大法科大学独法科（明治44年）卒　⊕西尾市名誉市民, 勲一等瑞宝章（昭和39年）　⊕台湾銀行に入り支店支配人、華南銀行専務、スマトラ拓殖、鋼管鉱業、昭和鉱業各役員などを歴任、昭和7年愛知県から衆議院議員に当選して以来当選6回。大蔵政務次官などを経て、20年幣原喜重郎内閣の商工相、27年第4次吉田茂内閣の農相、同年通産相兼経済審議庁長官、28年通産相、同年5月第5次吉田内閣の蔵相となった。また南方農林協会、日本貿易振興会各会長、太平洋海運社長、会長、相談役となり、極洋補鯨社長、相談役も務めた。著書に「日本の財政―現状と将来」「金買入法と金の諸問題」などがある。

小笠原 忠忱 おがさわら・ただのぶ
香春藩知藩事　伯爵　⊕文久2年2月8日（1862年）　⊗明治30年2月5日　⊕豊前国小倉城内（福岡県）　⊕慶応3年豊前香春藩主を襲封。明治2年版籍奉還により香春藩知藩事に任命され、3年香春藩の改称にともない豊津藩知藩事となる。4年廃藩置県により退官。

小笠原 長幹　おがさわら・ながよし
貴院議員　彫塑家　伯爵　⊕明治18年3月2日　⊗昭和10年2月9日　⑦学習院卒，ケンブリッジ大学卒　㊀勲二等　㊞帰国後式部官。大正7年貴院議員、貴族院研究会の頭目として活躍。9年陸軍省御用掛、11年国勢院総裁。伯爵。彫塑に優れ、大正14年の文展で「くつろぎ」が入選した。　㊁娘=小笠原日英（瑞竜寺12世門跡），息子=小笠原忠統（小笠原流礼法32代目宗家），曾孫=小笠原敬承斎（小笠原流礼法33代目宗家）

小笠原 二三男　おがさわら・ふみお
参院議員（社会党）　⊕明治43年4月　⊗昭和52年7月5日　⊕岩手県　⑦岩手県師範学校専攻科（昭和5年）卒　㊞20年間小学校教員を務める。日本教職員組合書記長、同副委員長、日本教育会常務理事を歴任。昭和25年、31年と参院議員に当選。国土総合開発審議会、地方制度調査会、東北開発審議会等の各委員、参院地方行政委員長、社会党岩手県連合会長等となる。また、24年以来、社会党中央執行委員をつとめた。

小笠原 八十美　おがさわら・やそみ
衆院議員（自民党）　十和田観光社長　中央畜産会長　⊕明治21年6月　⊗昭和31年12月27日　⊕青森県　⑦早稲田中学校中退　㊞三本木町議、青森県議を経て青森1区から衆院議員（立憲政友会）に当選8回。昭和21年第1次吉田茂内閣の厚生政務次官、衆院農林委員長を務めた。一方、馬事、畜産界、運輸業などで活躍、日本馬事会評議員、青森県馬匹組合連合会長、東日本産馬会副会長、十和田観光社長、全国畜産販売農業協同組合連合会長、中央畜産会長などを歴任した。

岡田 伊太郎　おかだ・いたろう
衆院議員（立憲政友会）　⊕明治10年12月　⊗昭和36年1月26日　⊕北海道　㊞江別村議、同町議、北海道議を経て大正9年北海道1区より衆院議員に当選し、通算5期を務めた。立憲政友会総務を務め、第31回列国議会同盟会議等に参列、また、北海道農林等の社長も務めた。

岡田 喜久治　おかだ・きくじ
参院議員（自由党）　⊕明治22年7月　⊗昭和34年2月2日　⊕栃木県芳賀郡清原村（現・宇都宮市）　⑦東京帝国大学政治学科（大正3年）卒　㊞内務省に入り、昭和7年衆院議員初当選、以後3選。9年に列国議会同盟会議、万国議院商事会に出席、米内内閣の農林政務次官等を務める。参院は第1回の補欠選で当選。

岡田 啓介　おかだ・けいすけ
第31代首相　連合艦隊長官　海相　海軍大将　⊕慶応4年1月21日（1868年）　⊗昭和27年10月17日　⊕越前国（福井県）　⑦海兵（第15期）（明治22年）卒、海大（明治34年）卒　㊞日露戦争に春日副艦長として日本海海戦に参戦。その後、海大教官、水雷学校長、春日・鹿島各艦長などを経て、大正4年海軍省人事局長、6年佐世保工廠長、9年艦政本部長、12年海軍次官などを歴任。13年6月海軍大将、軍事参議官、同年12月連合艦隊長官、15年横須賀鎮守府長官。昭和2年田中義一内閣の海相となるが、4年張作霖爆殺の"満州某重大事件"で辞職し、軍事参議官。5年のロンドン海軍軍縮会議では省内のまとめ役をつとめ、条約調印にこぎつける。7年再び斎藤実内閣の海相をつとめ、9年首相に就任。11年2.26事件で青年将校に襲われ、危うく助り、内閣総辞職。のち重臣として対米開戦に反対、東条内閣打倒に努力した。自伝に「岡田啓介回顧録」がある。　㊁父=岡田喜藤太（福井藩士），娘=迫水万亀（日本生活文化交流協会会長）

岡田 五郎　おかだ・ごろう
衆院議員（自由党）　日本鉄道車両工業協会理事長　⊕明治34年8月　⊗昭和40年9月23日　⊕兵庫県　⑦東京帝国大学英法科（大正14年）卒　㊞大正14年鉄道省に入省。鉄道局参事、鉄道大臣官房人事課長、秘書課長、札幌・大阪各鉄道局長を歴任。昭和24年衆院議員に当選。以来連続3回当選。その間27年第4次吉

田内閣の保安政務次官を務め、また日本鉄道車輌工業協会理事長、自由党政調会海運部長なども務めた。

岡田 正平 おかだ・しょうへい
元・新潟県知事 [生]明治11年10月19日 [没]昭和34年2月3日 [歴]元衆議院議員の岡田龍松の次男。中条村長、中魚沼郡教育会長を経て、明治44年から新潟県会議員をつとめ、昭和22年初代公選知事に当選。連続2期つとめ、只見川、三面川の開発にとりくんだ。

岡田 信次 おかだ・しんじ
元・参院議員(自民党) [生]明治31年12月13日 [没]昭和61年3月22日 [出]東京 [学]京都帝大土木学科(大正12年)卒 工学博士 [歴]運輸省鉄道総局施設局長を経て、昭和25年6月参院全国区に当選(自民党)。31年6月まで1期務め、運輸政務次官などを歴任。土木学会長を務めた。 [家]息子=岡田宏(日本鉄道建設公団総裁)

岡田 勢一 おかだ・せいいち
衆院議員(日本民主党) 運輸相 [生]明治25年8月 [没]昭和47年 [出]徳島県 [学]大阪造船学校卒 [歴]造船所見習工から修業し、岡田組を設立、日本のサルベージ王といわれた。戦後昭和21年衆院議員に当選、5期つとめた。22年国民協同党書記長、23年芦田内閣の運輸相となった。

岡田 宗司 おかだ・そうじ
参院議員(社会党) 社会運動家 [生]明治35年8月12日 [没]昭和50年7月8日 [出]東京市神田区小川町(現・東京都千代田区) [学]東京帝大経済学部(大正15年)卒 経済学博士 [歴]中学時代から社会主義に関心を抱き、大学卒業後産業労働調査所に入る。昭和3年無産大衆党の結党に参加、以後社会大衆党などに属する。また農民組合運動にも参加。12年の人民戦線事件で検挙され、のち南洋経済研究所嘱託となる。戦後社会党に参加し、参院議員として活躍し、26年には副委員長に就任した。レーニン「帝国主義論」などの翻訳書がある。

緒方 孝男 おがた・たかお
元・衆院議員(社会党) [生]大正1年9月7日 [没]昭和63年11月4日 [出]大分県速見郡山香町 本名=佐藤孝男 [歴]福岡県議を経て、昭和35年、福岡2区から衆院議員に当選1回。

緒方 竹虎 おがた・たけとら
衆院議員(自民党) 元・自由党総裁 元・朝日新聞社副社長 新聞人 [生]明治21年1月30日 [没]昭和31年1月28日 [出]山形県山形市 [学]早稲田大学専門部政経科(明治44年)卒 [歴]明治44年大阪朝日新聞社に入り、大正14年「東京朝日新聞」編集局長、昭和3年朝日新聞社取締役、11年主筆・代表取締役、18年副社長を歴任。この間、15年大政翼賛会総務。19年政界に転じ、小磯内閣の国務相兼情報局総裁に就任、戦時下の言論統制にあたった。同年大政翼賛会副総裁兼任。20年4月辞職し、鈴木内閣の顧問をつとめ、つづく敗戦後の東久邇内閣で国務相として敗戦処理に奔走した。同年12月戦犯容疑者に指名され、21年8月公職追放。解除後、27年衆院議員(自由党)に当選、以後3回連続当選。同年第4次吉田内閣の副総理兼内閣官房長官、28年第5次吉田内閣の副総理を経て、29年自由党総裁に就任。30年保守合同を促進し自民党総裁代行委員となるが、次期総裁・総理を目前にして急死した。著書に「議会の話」「人間中野正剛」「一軍人の生涯—回想の米内光政」がある。 [家]兄=緒方大象(生理学者), 三男=緒方四十郎(日本開発銀行副総裁

岡田 忠彦 おかだ・ただひこ
衆院議員(自由党) 厚相 [生]明治11年3月21日 [没]昭和33年10月30日 [出]岡山県 [学]東京帝大法科大学政治科(明治36年)卒 [歴]内務省に入り奈良、山口、熊本各県警察部長、警保局警務課長、長崎県、東京府各内務部長、埼玉、長野、熊本各県知事から大正12年警保局長となった。同年の虎の門事件で辞職。13年東京市高級助役となったが同年の衆議院選挙に立ち当選(以後当選8回)。昭

和2年政友会総務、11年衆議院副議長、14年久原派幹事長、17年衆議院議長となった。翼賛議員連盟、翼賛政治会、大日本政治会に属し、20年鈴木貫太郎内閣厚相となった。戦後公職追放、解除後の27年総選挙で議員に復帰、自由党に入った。著書に「南支那の一瞥」「旋風裡の欧米」。　家弟=岡田包義（北海道長官）

岡田 利春　おかだ・としはる
元・衆院議員（社会党）　生大正14年5月28日　出北海道白糠郡音別町　学釧路工採礦科（昭和17年）卒　賞勲一等瑞宝章（平成7年）　職太平洋炭鉱労組委員長を経て、昭和35年以来衆院議員に9選。衆院石炭対策特別委員長、社会党政審副会長を歴任し、61年党副委員長に就任。平成5年落選。

岡田 春夫　おかだ・はるお
衆院議員（立憲民政党）　生明治20年3月　没昭和12年12月11日　出北海道　学関西大学法律科（明治44年）卒　職明治44年北海道タイムス政治部記者になる。その後、美唄町議、北海道議、同参事会員を務める。昭和5年衆院議員に当選。以来通算3期務めた。

岡田 春夫　おかだ・はるお
元・衆院副議長（社会党）　生大正3年6月14日　没平成3年11月6日　出北海道美唄市　旧名=穣　学小樽高商（昭和12年）卒、慶応義塾大学（昭和12年）中退　賞勲一等旭日大綬章（昭和61年）　職製材業を営み、北海道議、労農党中執委などを経て、昭和21年の戦後第1回総選挙で初当選。以来当選15回。54年から衆院副議長を2期4年務めた。社会党の"安保七人衆"の一人として60年安保闘争の先頭に立った。また自衛隊幹部が有事を想定した極秘扱いの「三矢研究」をスッパ抜くなど"爆弾質問男"の異名を取った。60年衆院政治倫理審査会委員となる。61年6月引退。自伝に「オカッパル一代記」がある。

尾形 兵太郎　おがた・ひょうたろう
衆院議員（憲政本党）　弁護士　生嘉永4年11月14日（1851年）　没昭和9年1月6日　出備前国岡山城下（岡山県岡山市）　学岡山藩兵学校　職岡山藩兵学校教授を務める。のちに弁護士となる。また大阪東区第三連合区会議長、大阪弁護士会長を歴任。明治35年衆院議員に当選。以来3期連続務めた。

岡田 広　おかだ・ひろし
元・参院議員（自民党）　生明治43年4月6日　出栃木県矢板市　学東京帝大文学部（昭和11年）卒　賞勲二等旭日重光章（平成4年）　職芝浦工大講師、同短大教授を経て、昭和49年から参院議員に3選。宮沢派。参院沖縄北方問題特別委員長、懲罰委員長、裁判官弾劾裁判所裁判長等を歴任。平成4年引退。

岡田 正勝　おかだ・まさかつ
元・衆院議員（民社党）　生大正11年12月8日　出広島県福山市　学撫順工土木科（昭和15年）卒　賞藍綬褒章（昭和53年）、勲二等瑞宝章（平成5年）　職昭和26年から三原市議に5選し、43年市会議長。46年から広島県議2期を経て、54年広島3区から衆院議員に当選。4期つとめた。平成2年引退。

岡田 温　おかだ・ゆたか
衆院議員　生明治3年3月6日　没昭和24年7月25日　出愛媛県温泉郡石井町　学東京帝大農科大学農学実科（明治32年）卒　職愛媛県農会技師、同県技師から大正10年農会幹事となった。別子銅山の鉱毒問題解決に尽力。13年愛媛2区から衆議院議員に当選、中正倶楽部、後、新正倶楽部に参加。帝国農会特別議員、農業経済部長となり農業経営改善などに尽力。また「帝国農会報」「帝国農会時報」に執筆、家族小農による自作農を説いた。　家娘=岡田禎子（作家）

岡田 良平　おかだ・りょうへい
文相　貴院議員（勅選）　文部官僚　⽣元治1年5月4日（1864年）　⻭昭和9年3月23日　⽣遠江国佐野郡倉真村（静岡県掛川市）　学東京帝大文科大学哲学科（明治20年）卒　法学博士　賞勲一等旭日桐花章　経大学院に学び、明治23年第一高等中学校（一高の前身）教授。26年文部省に入り、視学官、山口高等中学校長、書記官兼会計課長などを歴任し、33年実業学務局長、34年総務長官となる。40年京都帝大総長、41年桂内閣文部次官、大正5年寺内内閣、13年加藤内閣、15年第1次若槻内閣の各文相を歴任。この間、明治37年〜昭和4年勅選貴院議員。その後4年枢密顧問官、5年産業組合中央会会頭をつとめた。家父＝岡田良一郎（報徳運動家・政治家）、弟＝一木喜徳郎（法学者・政治家）

尾形 六郎兵衛　おがた・ろくろうべえ
元・参院議員（自由党）　⽣明治34年3月29日　⻭昭和48年7月24日　⽣山形県加茂（現・鶴岡市）　学庄内中（大正9年）卒　賞藍綬褒章（昭和41年）、勲三等瑞宝章（昭和46年）　経昭和22年参院議員に当選。電気通信政務次官などを務めた。著書に「旅と相撲と人生」「60年目の自画像」「岩手の歌人と山形の文豪」など。

岡野 清豪　おかの・きよひで
元・文相　元・通産相　元・三和銀行頭取　⽣明治23年1月1日　⻭昭和56年5月14日　⽣岡山県岡山市　学東京帝大法科大学政治科（大正4年）卒　賞勲一等瑞宝章（昭和40年）　経大正4年日本銀行に入行。神戸支店長などを務めたあと、三和銀行に入り、昭和20年頭取、22年会長。24年以来大阪から衆院議員に3回当選。民主自由党に所属。25年第3次吉田内閣の地方自治庁長官・文相、第4次吉田内閣文相、第5次吉田内閣通産相兼経済審議庁長官をつとめた。30年落選。

岡野 敬次郎　おかの・けいじろう
文相　司法相　貴院議員（勅選）　帝国学士院院長　商法学者　男爵　⽣慶応1年9月21日（1865年）　⻭大正14年12月22日　⽣上野国岩鼻（群馬県）　号＝六樹　学帝大法科大学（明治19年）卒　経明治21年東大助教授、24年欧州留学、28年帰国後教授。また法典調査会委員となり、梅謙次郎らと商法典編纂に従事。大正11年辞任。その間農商務省官房長、法制局長などを務め、明治41年〜大正14年勅選貴院議員。11年加藤内閣の司法相、12年山本内閣の文相、農商務相を兼務。14年枢密院副議長、さらに帝国学士院院長、中央大学学長も務めた。著書に「日本手形法」「会社法」など。

岡部 三郎　おかべ・さぶろう
元・参院議員（自民党）　元・北海道開発庁長官　元・沖縄開発庁長官　⽣大正15年8月12日　⽣神奈川県横浜市　学東京大学農学部農業土木学科（昭和23年）卒　賞勲一等瑞宝章（平成9年）　経農林省に入省。昭和52年構造改善局次長、53年全国土地改良事業団体連顧問を経て、55年参院議員に当選、3期。平成8年北海道・沖縄開発庁長官に就任。竹下派を経て、小渕派。10年引退。

岡部 次郎　おかべ・じろう
衆院議員（憲政会）　⽣元治1年8月（1864年）　⻭大正14年7月　⽣長野県　学シカゴ大学卒　経同人社に学び、英・米・仏・独に留学しシカゴ大学で学位取得。ハワイでキリスト教伝道師となり、ハワイ革命に義勇軍として活躍。明治36年帰国、外務省翻訳局を経て、北海タイムス主筆。37〜38年の日露戦争に従軍、戦後営口に住み、居留民団長、会社重役を兼任。のち長野県から衆院議員当選4回。

岡部 長景　おかべ・ながかげ
文相　国際文化新興会会長　貴院議員（子爵）　⽣明治17年8月28日　⻭昭和45年5月30日　⽣東京・麹町　号＝観堂　学東京帝大法科大学（明治42年）卒　賞岸和田市名誉市民　家岸和田藩主・岡部

長職の嗣子。外務省に入り、ロンドン大使館書記官を経て対支文化事務局参事官、亜細亜局文化事業部長、昭和5年貴族院議員となる。10年岡田啓介内閣の陸軍政務次官、18年東条英機内閣では文部大臣として入閣、学徒動員、勤労動員計画をまとめた。このほか大日本育英会会長、国語審議会委員など歴任。戦後は国際文化振興会会長、ローマ日本文化会館総長、国立近代美術館長などをつとめ、もっぱら海外との文化交流事業に力を注いだ。 ㊫弟＝村山長挙(朝日新聞社主)

岡部 長職　おかべ・ながもと
司法相　東京府知事　貴院議員　外交官　子爵　㊐安政1年11月16日(1855年)　㊊大正14年12月27日　㊒和泉国岸和田(大阪府岸和田市)　㊖明治元年父長寛の後を継ぎ岸和田藩主。2年岸和田藩知事、4年廃藩置県後、8〜16年英米へ遊学。帰国後官につき、22年外務次官、全権公使、23年貴院議員、30年東京府知事、41年第2次桂内閣の司法相を歴任。大正5年枢密院顧問官となった。子爵。 ㊫息子＝村山長挙(朝日新聞社社長), 岡部長章(昭和天皇侍従)

岡村 文四郎　おかむら・ぶんしろう
参院議員(自民党)　㊐明治23年9月　㊊昭和43年10月20日　㊒高知県　㊫赤木小学校卒　㊖大正元年北海道に開拓に赴く。昭和4年下立牛産業組合長となる。その後、北海道農業会・同信用農業協同組合(連)各会長、全国農業会議所・(社)家の光協会各理事、共栄火災海上保険相互会社取締役、雪印乳業(株)取締役、農林放送事業団理事。昭和22年参院議員初当選。以降4選。参院懲罰委員長等を歴任。著書に「組合運動の思い出」がある。

岡本 愛祐　おかもと・あいすけ
元・参院議員(緑風会)　㊐明治27年9月8日　㊊昭和63年8月23日　㊒京都　㊫東京帝大法学部(大正9年)卒　㊮勲二等瑞宝章(昭和40年)　㊖大正8年高文行政科合格。昭和天皇が摂政時代の12年3月から昭和2年3月まで侍従をつとめた。その後帝室林野局長官を経て、22年退官。同年参院議員に当選、28年までつとめた。また三高時代は軟式テニス選手として活躍、軟式テニスの普及に尽力した。著書に「或る種の陳情」「明治大正時代の関西軟庭史」など。

岡本 悟　おかもと・さとる
元・参院議員(自民党)　㊐大正2年7月　㊊昭和63年11月12日　㊒広島市南区松原町　㊫東京帝国大学法学部(昭和12年)卒　㊖昭和12年に当時の鉄道省に入り、38年運輸事務次官。39年に退官し、40年から52年まで参院議員(全国区)を2期つとめ、運輸委員長、国土総合開発審議会委員等を歴任。

岡本 茂　おかもと・しげる
元・衆院議員(自民党)　㊐明治31年5月7日　㊊昭和55年9月30日　㊒奈良県　㊫京都帝大法学部卒　㊖富山、山口両県の官選知事を経て、昭和27年奈良県全区で衆院選初当選以来通算4期。通産政務次官、衆院懲罰委員長を務めた。

岡本 実太郎　おかもと・じつたろう
衆院議員(民主党)　弁護士　㊐明治14年6月　㊊昭和27年4月30日　㊒愛知県　㊫明治法律学校(明治36年)卒　㊖司法官試補となり、ついで各専売支局長を歴任。後に弁護士となり、日本弁護士協会理事、税務代理士会監事を務めた。大正13年愛知2区より衆院議員に当選。通算6期を務めた。そして、第2次若槻内閣において、農林参与官に任命された。また、日本進歩党総務委員も務めた。

岡本 伝之助　おかもと・でんのすけ
元・衆院議員(日本自由党)　さいか屋会長　㊐明治29年11月17日　㊊昭和57年1月15日　㊒神奈川県　㊫横須賀中(明治45年)卒　㊮藍綬褒章(昭和17年), 勲三等旭日中綬章(昭和42年)　㊖昭和3年さいか屋創立。16年2月横須賀市の官選市長、17年5月衆院議員に当選した。40年4月さいか屋会長、50年11月サイカマート会長となる。

岡本 富夫　おかもと・とみお
元・衆院議員(公明党)　㊓大正10年11月9日　㊍奈良県吉野郡西吉野村　㊫近畿短大中退　㊜勲二等旭日重光章(平成4年)　㊧昭和42年衆院議員に当選、以来7選。科学技術委員長などをつとめ、61年6月引退。

岡本 隆一　おかもと・りゅういち
元・衆院議員(社会党)　岡本病院院長　医師　㊓明治39年12月16日　㊍京都府　㊫京都府立医科大学(昭和5年)卒　医学博士　㊜勲二等瑞宝章(昭和52年)　㊧京都府立医大助手となり、後に岡本病院を創立して病院長となる。その後、京都府議、日本社会党京都府支部連合会執行委員長、京都府本部委員長等を歴任した。ついで、昭和30年衆院議員当選。その後5回当選を果たした。　㊪囲碁, 読書

岡本 弥　おかもと・わたる
端場村村長　全国融和連盟委員　部落解放運動家　㊓明治9年12月25日　㊀昭和30年3月8日　㊍和歌山県伊都郡端場村(現・高野口町)　幼名＝弥三郎　㊫簡易小卒　㊧明治26年19歳で端場村村長となり、同時に青年進徳会を結成。また早くから被差別運動に参加し、36年大阪で大日本同胞融和会を結成、融和運動の全国組織をはかる。大正9年「特殊部落の解放」を刊行。13年和歌山県同和会副会長に就任。14年有馬頼寧らとともに全国融和連盟を創立、委員となる。生涯を融和運動の指導者として活躍した。

小川 一平　おがわ・いっぺい
元・衆院議員(国民協同党)　元・後楽園スタヂアム副社長　㊓明治35年5月16日　㊀昭和57年8月8日　㊍東京都　㊫東京帝大政治学科(昭和2年)卒　㊧昭和21年衆院議員に当選し、1期。26年後楽園スタヂアム取締役、32年常務、42年副社長を歴任。　㊇弟＝小川平二(文相)

小河 一敏　おがわ・かずとし
堺県知事　㊓文化10年1月21日　㊀明治19年1月31日　㊧岡藩士。幕末期には志士活動に奔走し、明治1年堺県知事となる。河内国堤防修築の件で政府と意見が合わずに下野するが、のちに宮内大丞、宮内省御用掛などを歴任。

小川 喜一　おがわ・きいち
元・栃木県知事　㊓明治37年　㊀昭和54年8月18日　㊍徳島県　㊫京都帝大農林経済学部(昭和2年)卒　㊧茨城県勤務を経て内務省に入り、昭和21年官選栃木県知事に就任。22年辞職し知事公選に出馬するが落選。30年再度出馬して当選。

小川 国彦　おがわ・くにひこ
元・衆院議員(社会党)　元・成田市長　㊓昭和8年1月8日　㊍千葉県成田市　㊫中央大学法学部(昭和30年)卒　㊧昭和29〜37年衆院議員小川豊明秘書。38年から千葉県議3期。47年シンガポールで開かれたアジア社会主義インターに日本社会党代表として出席。51年以来衆院議員に6選。平成5年落選。7年成田市長に当選。2期務め、15年引退。著書に「利権の海—東京湾埋め立ての虚構」、「新利権の海—青べか物語の浜から」、「成田—現実と希望」など。　㊇父＝小川明雄(千葉県自動車販売店協会専務理事)

小河 源一　おがわ・げんいち
衆院議員　㊓安政6年6月19日(1859年)　㊀大正5年12月27日　㊍豊前国長洲町(大分県宇佐市)　㊧明治19年代言人となり、山口県で開業。一方防長同志会を結成、次いで自由党入党、憲政党山口支部幹事。政友会結成で入党、山口支部幹事。第7回総選挙以来、衆院議員当選7回。議会に露探問題を提出、有名になった。

小川 郷太郎 おがわ・ごうたろう
衆院議員(民政党) 京都帝大教授 財政学者 [生]明治9年6月9日 [没]昭和20年4月1日 [出]岡山県 旧姓=村山 [学]東京帝大法科大学政治学科(明治36年)卒 法学博士(大正2年) [歴]明治37年新設の京都帝国大学に迎えられ39年ヨーロッパ留学、6年間にわたり財政学を学んで帰国、同大教授に就任、財政学を担当、経済学部長となった。大正6年京都市から衆議院議員に選ばれ、以来当選8回。新政会から政友本党政調会長、13年政友本党分裂で民政党に入り政調会長。昭和4年浜口雄幸内閣の大蔵政務次官、11年広田弘毅内閣の商工大臣、15年第2次近衛文麿内閣の鉄道大臣となった。18年大政翼賛会総務となり、ビルマ政府最高顧問として赴任、20年阿波丸で帰任の途中、アメリカ潜水艦に撃沈され没した。著書に「租税総論」「財政学」「交通経済論」「税制整備論」などがある。 [趣]漢詩

小川 省吾 おがわ・しょうご
元・衆院議員(社会党) [生]大正11年3月29日 [没]平成5年12月23日 [出]群馬県新田郡新田町 [学]北京大学法学院(昭和18年)卒 [賞]勲二等瑞宝章(平成4年) [歴]群馬県庁職員労組書記長を6期務め、県議2期。昭和47年以来、衆院議員5期。61年6月引退。 [趣]読書, 散歩 [家]兄=小川泰(新田町長), 小川清(中央スバル自動車会長)

小川 仁一 おがわ・じんいち
元・衆院議員(社会党) [生]大正7年2月1日 [没]平成14年11月24日 [出]岩手県和賀郡東和町 [学]岩手師範本科(昭和13年)卒 [歴]日教組副委員長、総評副議長を経て、昭和51年旧岩手1区で社会党から衆院議員に当選。2期つとめ61年落選。62年参院選補選で自民党公認候補を大差で破って当選、25年振りに議席を獲得した。その後"ミスター売上税"として、全国各地で演説し、売上税廃案のきっかけを作った。のち参院地方行政委員長、参院議運委員長など歴任、土井たか子委員長時代の社会党躍進の一翼を担った。2期つとめ、平成7年引退。

小川 新一郎 おがわ・しんいちろう
元・衆院議員(公明党) [生]大正15年8月1日 [出]東京 [学]芝商(昭和19年)中退 [賞]勲二等旭日重光章(平成8年) [歴]牛乳販売店経営、日動火災海上勤務を経て、昭和38年埼玉県議に初当選。42年以来、衆院議員に7選。59年衆院交通安全対策特別委員長に就任。平成2年引退。 [趣]スポーツ観戦, 刀剣鑑賞

小川 泰 おがわ・たい
元・衆院議員(民社党) [生]大正12年1月2日 [出]千葉県 [学]中央大学専門部経済学科(昭和19年)卒 [歴]昭和19年日本発送電入社。戦後東京電力労組に入り、同盟政治局長を経て、58年衆院議員に当選。61年落選。

小川 半次 おがわ・はんじ
元・衆院議員 元・参院議員(自民党) [生]明治42年9月9日 [没]平成6年12月26日 [出]石川県 [学]立命館大学法科(昭和7年)卒 [賞]勲一等瑞宝章(昭和54年) [歴]京都市議3期、京都府議1期を経て、昭和21年以来衆院議員に10回当選。49年参院議員補選に当選。この間、衆院文化・予算各委員長、自民党副幹事長、全国組織委員長などを歴任。著書に「労働問題解決の方向」など。

小川 久義 おがわ・ひさよし
参院議員(国民民主党) [生]明治33年4月 [没]昭和29年5月25日 [出]富山県 [学]新庄高小卒 [歴]富山県農業会副会長、同県農業協同組合連絡協議会長、同県自家用自動車組合理事長を歴任。昭和22年全国区から参院議員に当選し、2期。参院選挙法改正特別委員長をつとめた。

小川 平吉　おがわ・へいきち
衆院議員(政友会)　司法相　鉄道相　[生]明治2年12月1日(1870年1月2日)　[没]昭和17年2月5日　[出]信濃国(長野県)　[学]東京帝大法科大学独法科(明治25年)　[歴]明治25年弁護士となり、34年近衛篤麿に従って上海の東亜同文書院創立に参画。36年総選挙に出馬当選、以来当選10回。日露戦争の際は主戦論の急先鋒となり、38年9月日比谷焼打ち事件の主謀者として投獄されるが無罪。この間、33年に立憲政友会に入り、大正4年幹事長、9年原内閣の国勢院総裁、14年第1次加藤内閣の司法相、昭和2年田中義一内閣の鉄道相(副総理格)を歴任。4年私鉄疑獄、売勲事件に連座して逮捕され、11年懲役2年で入獄。政界を引退。15年恩赦。鉄相当時、全国の駅名を右横書きにし、説明のローマ字を廃止した。[家]息子=小川平四郎(駐中国大使)

小川 平二　おがわ・へいじ
元・衆院議員(自民党)　元・文相　ぎょうせい会長　[生]明治43年1月14日　[没]平成5年7月16日　[出]長野県　[学]東京帝大経済学部卒　[歴]三菱商事、東亜研究所を経て、昭和24年衆院議員に初当選、以来12回当選。42年佐藤内閣の労相で初入閣。その後自治相、国家公安委員長、自民党副幹事長、税調会長、文相を歴任した。58年政界を引退。63年まで長野県商工会連合会会長をつとめた。　[家]父=小川平吉(政友会副総裁・鉄道相),弟=小川平四郎(駐中国大使)

小川 豊明　おがわ・ほうめい
衆院議員(社会党)　社会運動家　[生]明治31年3月20日　[没]昭和37年11月17日　[出]千葉県香取郡多古町喜多　[学]多古農卒　[歴]家業の農業に従事していたが、大正9年日本社会主義同盟に参加。「潮流」などを発刊して普選運動をする。昭和5年多古町議となるが、この間民政党の政治活動に参加。その後鉄道省による民営バスの買収反対運動などに参加。戦後は多古町長などを歴任し、27年社会党から衆院議員に当選、5期務めた。[家]弟=小川三男(社会運動家)

小川 三男　おがわ・みつお
衆院議員(社会党)　労働運動家　[生]明治35年1月4日　[没]昭和45年8月24日　[出]千葉県香取郡多古町喜多　別名=小川光生　[学]多古農中退　[歴]神田の夜学校時代、大杉栄に私淑し、大正7年の米騒動に参加して逮捕される。8年新聞印刷工組合正進会を結成し、出版法違反で下獄したりする。昭和12年帰郷し、13年香取家禽組合改革に着手し、15年成田鉄道に入るが、16年日米開戦で検挙される。戦後は共産党に入り成田町議などをつとめたが、のちに社会党に転じ、39年衆院議員となり、2期務めた。「猫のひとりごと」などの著書がある。[家]兄=小川豊明(社会運動家)

沖 外夫　おき・そとお
参院議員(自民党)　三協アルミニウム工業社長　[生]大正14年8月12日　[没]昭和61年6月28日　[出]富山県高岡市　[学]興亜工学院(昭和20年)卒　[歴]昭和35年三協アルミニウムを設立して常務となり、40年専務、46年副社長、54年社長を歴任。57年参院補選で当選、1期だけつとめ、61年6月の改選には立候補せず、政界からの引退を表明後死去。[趣]ゴルフ, 小唄

沖本 泰幸　おきもと・やすゆき
元・衆院議員(公明党)　[生]大正9年10月20日　[没]昭和60年6月14日　[出]広島県　[学]日本大学大阪中(昭和12年)卒　[歴]昭和42年以来、衆院議員に連続当選6回(大阪1区)。公明党中執、衆院法務委理事などを歴任し、58年に引退した。

沖森 源一　おきもり・げんいち
元・佐賀県知事　[生]明治32年8月　[没]昭和26年8月14日　[出]広島県　[歴]内務省に入り、香川県書記官経済部長、岡山県書記官経済部長、長野県内政部長などを経て、昭和20年官選佐賀県知事に就任。21年免本官となったが、22年初代佐賀県公選知事に当選。26年退任。

大給 恒　おぎゅう・わたる
枢密顧問官　賞勲局総裁　[生]天保10年11月(1839年)　[没]明治43年1月6日　[出]江戸　幼名=乗謨, 号=亀崖　[歴]嘉永5年奥殿藩を襲封。若年寄より、老中格となり、明治4年龍岡藩知事、6年式部寮賞牌取調御用掛となる。続いて、9年賞勲局設置にともない、副長官に就任。10年佐野常民と博愛社を創立し、副社長となる。11年賞勲局副総裁、28年総裁となり、40年伯爵を授けられる。42年枢密顧問官。賞勲の職務に忠実であらんとして、日常の交際を一切絶つという、謹言実直ぶりで知られる。　[家]父=松平乗利(三河奥殿藩主)

奥 繁三郎　おく・しげさぶろう
衆院議長(政友会)　京都瓦斯社長　実業家　[生]文久1年6月25日(1861年)　[没]大正13年9月8日　[出]山城国綴喜郡八幡(京都府)　[学]京都師範(明治12年)卒　[賞]勲一等　[歴]代々男山神社の神官。教職ののち、明治17年大阪法学舎で法律を学び、代言人(弁護士)を開業。27年京都府議、郡会議長。31年以来京都府から衆院議員当選8回。自由党、憲政党、立憲政友会に所属し、44年政友会幹事長となる。大正3年衆院議長、6～9年再び議長。一方、京都瓦斯、京都電気軌道各社長など関西実業界で活躍した。

奥 久登　おく・ひさと
衆院議員(進歩党)　[生]明治14年4月　[没]昭和49年8月18日　[出]広島県　[学]広島県立師範(明治35年)卒　[歴]広島市助役、広島県教育委員長を経て、衆院議員に当選1回。

奥 むめお　おく・むめお
元・参院議員(参院同志会)　主婦連名誉会長　女性運動家　[生]明治28年10月24日　[没]平成9年7月7日　[出]福井県福井市　本名=奥梅尾　旧姓=和田　[学]日本女子大学家政学部(大正5年)卒　[賞]勲二等宝冠章(昭和40年)　[歴]大学卒業後、女工となって実践運動に入り、大正9年平塚らいてう、市川房枝らとともに新婦人協会結成に参加。12年職業婦人社を設立、月刊誌「職業婦人」(後に「婦人運動」)を創刊、職業婦人の意識と地位向上に努めた。5年には東京・本所に婦人セツルメントを設立、協同隣保事業を手がける。戦後、昭和22年参院選に当選、3期務め、消費生活協同組合法の制定に尽力。23年主婦連合会を創立し会長に就任、平成元年名誉会長となる。この間、昭和31年東京・四谷に主婦会館を設立。全国婦人会館協議会会長もつとめた。“エプロンとおしゃもじ”に始まる戦後消費者運動の草分けで、象徴的な存在。著書に「婦人問題十六講」「花ある職場へ」「新女性の道」「あけくれ」「野火あかあかと—奥むめお自伝」など。　[趣]散策, 読書　[家]長女=中村紀伊(主婦連会長)

小串 清一　おぐし・せいいち
衆院議員　参院議員(自由党)　[生]明治9年6月　[没]昭和36年9月24日　[出]神奈川県　[歴]明治39年戸塚町外三カ村の耕地組合長となる。後に神奈川県議、同県農業会長、県会議長、同県養蚕業組合(連)・同県販売購売組合(連)各会長を務めた。昭和12年衆院議員に当選、22年には参院に当選。参院大蔵委員長、同選挙法改正特別委員長等を歴任した。

奥田 栄之進　おくだ・えいのしん
貴院議員(多額納税)　衆院議員(立憲政友会)　[生]元治1年2月(1864年)　[没]昭和20年1月7日　[出]鹿児島県　[歴]鹿児島県議、同議長等を経て、明治41年鹿児島郡部より衆院議員に当選し、連続4期を務めた。また、南薩鉄道取締役、鹿児島新聞社長等を歴任した。

奥田 敬和　おくだ・けいわ
衆院議員(民主党)　元・運輸相　[生]昭和2年11月26日　[没]平成10年7月16日　[出]石川県石川郡美川町　[学]早稲田大学政経学部(昭和26年)卒　[賞]勲一等旭日大綬章(平成10年)　[歴]北国新聞に入り、政治記者、経済部次長。昭和33年治山社副社長、40年社長。42年石川県議に初当選。44年自民党から衆院議員に当選10回。この間50年自治政務次官、51

年外務政務次官、55年外務常任委員長、57年党副幹事長、58年中曽根内閣の郵政相、平成2年第2次海部内閣の自治相、3年宮沢内閣の運輸相に就任。有数の外交通。竹下派、羽田派、平成5年新生党を経て、6年新進党、8年太陽党結成に参加。10年民主党に参加。㊙柔道(5段)、囲碁(2段)

奥田 信吾　おくだ・しんご
元・米内沢町(秋田県)町長　農民運動家
㊤明治30年2月5日　㊦昭和56年9月4日
㊥秋田県北秋田郡米内沢町浦田(現・森吉町)　㊎乙種七日市農林(大正2年)中退　㊙大正15年阿仁部農民同盟組合を結成して組合長となり、農民運動家として活躍し、昭和2年日農に加盟する。12年米内沢町議となるが、13年の人民戦線事件で検挙、拘留された。戦後社会党に参加し、22年米内沢町長となった。

奥田 八二　おくだ・はちじ
元・福岡県知事　九州大学名誉教授
㊛社会思想史　㊤大正9年11月1日　㊦平成13年1月21日　㊥兵庫県姫路市
号=奥田葦水　㊎九州帝大法文学部経済科(昭和19年)卒、九州大学大学院経済学研究科修了　㊙勲二等旭日重光章(平成7年)　㊙農家の八男に生れる。出征し、復員後九州大学で学者の道を歩く。昭和34年には、産炭地域の救済をめざす"黒い羽根運動"の先頭に立つなど、社会主義活動の理論的指導者として活躍。39年教授となり、43年九州大学紛争の最中に学生部長に就任、紛争の収拾では革新陣営も驚く手腕を発揮。58年社共両党、学者等の支持を得て福岡県知事に当選、16年ぶりに革新県政を実現した。3期つとめ、平成7年引退。この間、福岡県情報公開条例を制定したほか、企業誘致や日韓の自治体外交に尽力。佐賀、長崎両県との3県知事サミットを実現した。知事公舎には入居しないという公約を最後まで守り通した。引退後も、平和運動に積極的に携わった。

奥田 幹生　おくだ・みきお
元・衆院議員(自民党)　元・文相
㊤昭和3年3月21日　㊥京都府綾部市　㊎早稲田大学政経学部(昭和27年)卒　㊙勲一等瑞宝章(平成11年)　㊙小学校教師、昭和28年読売新聞記者、京都市議4期を経て、54年京都府議となり、55年衆院議員に当選。63年通産政務次官を経て、平成8年橋本内閣の文相に就任。当選6回。宮沢派を経て、加藤派。12年引退。

奥田 義人　おくだ・よしと
貴院議員(勅選)　衆院議員　東京市長　法相　中央大学学長　官僚　法学者　男爵　㊤万延1年6月14日(1860年)　㊦大正6年8月21日　㊥因幡国鳥取(鳥取県鳥取市)　㊎東京大学(明治17年)卒　法学博士　㊙農商務省に入り、拓殖務、農商務、文部各次官、法制局長官、衆院書記官長などを務め、明治36年衆院議員に当選、当選2回。45年勅選貴院議員。大正2年山本内閣の文相、3年法相、4年東京市長となった。一方、民法に精通、英吉利法律学校を創立に関わり、明治45年後身の中央大学学長となった。死去に際し男爵に叙せられる。著書に「民法親族法論」など。

奥田 柳蔵　おくだ・りゅうぞう
衆院議員(憲政会)　㊤明治1年11月　㊦昭和17年2月10日　㊥鳥取県　㊙大和村議、気高郡議、鳥取県議を経て、明治41年鳥取郡部より衆院議員に当選。以降、連続3回当選を果たす。また、鳥取農工銀行取締役、大正鳥取銀行頭取、鳥取貯蔵銀行頭取等を歴任。

奥田 良三　おくだ・りょうぞう
元・奈良県知事　㊤明治36年5月15日　㊦平成1年12月22日　㊥奈良県大和郡山市　㊎東京帝大法学部政治学科(昭和2年)卒　㊙勲三等瑞宝章(昭和48年)、勲一等旭日大綬章(昭和54年)　㊙昭和2年内務省入省。岡山県地方課長、22年官選最後の群馬県知事を務めたあと、福岡県副知事となる。26年奈良県知事に初当選し、以来55年9月退くまで全国最

多の8選を果たした。この間51年全国知事会会長。「奈良公園の松の木は一本なりとも切らせない」信念で開発から古都の環境を守ることに苦心し、また“ため池”に頼っていた水不足の大和平野を十津川・吉野川分水事業でうるおすなど先見性のある実績を残した。著書に「燦々青々滾々」がある。

奥平 昌邁　おくだいら・まさゆき
中津藩知事　東京府議　伯爵　㊐安政2年4月(1855年)　㊍明治17年11月26日　㊑江戸　㊎宇和島藩主伊達宗城の三男。文久3年(1863年)奥平昌服の養子となり、慶応元年(1865年)従五位美作守に叙任される。明治元年父に代り大阪城を警衛し、前将軍徳川慶喜が朝敵の汚名を蒙ると、徳川家の存続を朝廷に哀訴嘆願した。2年中津藩知事となり、4年廃藩により知事を免ぜられ、アメリカに留学。6年帰国し、13年東京府議、翌年芝区長に就任し、15年に辞職した。17年伯爵となる。

奥野 市次郎　おくの・いちじろう
衆院議員(政友会)　㊐嘉永3年(1850年)　㊍大正8年8月　㊑京都　㊎中学校、師範学校の教師を経て、自由党に入り、明治21年京都府会議員となった。一方京都新聞、自由新聞、東京新聞、自由通信などを監督。35年京都府から衆院議員となり、政友会に属し、院内幹事を務めた。

奥野 小四郎　おくの・こしろう
衆院議員(政友会)　㊐安政4年7月(1857年)　㊍大正4年12月31日　㊑淡路国洲本(兵庫県)　㊎明治24年洲本町の町長となった。その間町会、郡会、県会議員を務めた。町長在任中、高等小学校が廃校され、原来太郎校長と学科研究会を興して生徒を収容。また交通、道路、衛生面の開発に尽力、29年同志佐野助作らと淡路紡績会社を創設、失業救済に貢献。衆院議員に当選、地方開発功労者となった。

奥野 誠亮　おくの・せいすけ
衆院議員(自民党　奈良3区)　元・法相　元・文相　㊐大正2年7月12日　㊑奈良県御所市　㊫東京帝国大学法学部政治学科(昭和13年)卒　㊌勲一等旭日大綬章(昭和61年)　㊎内務省に入り、戦後自治事務次官を経て、昭和38年政界入り、以来当選13回。自民党文教制度調査会長、文相等を歴任。55年法相に就任したが、憲法改正論を打ち出した“奥野発言”をめぐって衆院予算委などが紛糾した。62年竹下内閣の国土庁長官となるが、63年5月今度は日中戦争をめぐる発言で引責辞任。平成5年衆院政治倫理審査会初代会長に就任。無派閥。　㊙ゴルフ, 囲碁, 美術鑑賞　㊜兄＝奥野治雄(工学院大学名誉教授)

奥村 悦造　おくむら・えつぞう
元・参院議員(自民党)　㊐明治40年10月9日　㊍昭和55年1月31日　㊑滋賀県　㊫同志社高商(昭和3年)卒　㊎大津市議、滋賀県議、滋賀新聞社社長、滋賀県副知事などを経て、昭和40年から1期参院議員(滋賀地方区)。

奥村 嘉蔵　おくむら・かぞう
貴院議員(多額納税)　阿波国共同汽船社長　㊐明治18年12月　㊍昭和42年1月6日　㊑徳島県　㊫徳島中(明治35年)卒　㊎藍園村議、徳島県議を経て、阿波国共同汽船社長。昭和16～22年貴院議員をつとめた。

奥村 竹三　おくむら・たけぞう
元・衆院議員(自由党)　㊐明治29年3月　㊍昭和56年1月31日　㊑京都　㊫京都師範(大正4年)卒　㊎昭和22年4月から24年1月まで京都2区選出で衆院議員をつとめた。

奥村 栄滋　おくむら・てるしげ
元・金沢市長　㊐嘉永6年9月7日(1853年)　㊍大正12年　通称＝奥村義十郎　㊎代々金沢藩家老をつとめる家に生まれる。維新後、尾山神社神職などを経て、明治31年金沢市長に就任。

おくむ

奥村 又十郎 おくむら・またじゅうろう
衆院議員（自民党）　⊕明治44年4月3日　⊗昭和51年11月22日　⊕福井県　本名＝奥村又一郎　㊇敦賀商（昭和5年）卒　㊟北西郷村議を経て、昭和21年衆院議員に当選。以来通算5回当選。その間衆院大蔵委員長、第2次岸内閣の大蔵政務次官等を務める。また福井県定置網漁業協同組合長、福井県漁港協会長等も務める。

小倉 久 おぐら・ひさし
和歌山・岐阜県知事　旧上州沼田藩士　⊕嘉永5年1月15日（1852年）　⊗明治39年　㊟フランスに留学し、帰国後は司法省などに勤務。のち大阪控訴院検事を経て、和歌山県、富山県、岐阜県の各知事を歴任。

小倉 正恒 おぐら・まさつね
蔵相　貴院議員（勅選）　住友財閥総帥　実業家　⊕明治8年3月22日　⊗昭和36年11月20日　⊕石川県金沢市　㊇東京帝大法科大学英法科（明治30年）卒　㊟内務省に入り、山口県参事官を経て25歳で退官、明治32年住友に移る。33年西欧留学。住友コンツェルン確立期のリーダーとなり、大正7年本店理事、10年常務理事を経て、昭和5年住友合資会社総理事。住友鉱業、住友化学工業、住友生命、日本板硝子などの各会長を歴任し、16年総理事を退く。一方8年勅選貴院議員、16年から第2、3次近衛内閣の国務、大蔵大臣に就任、戦時金融公庫総裁、東亜経済懇談会会長を経て、19年南京国民政府全国経済委員会最高顧問となり、中国で終戦を迎える。戦後は道徳運動を展開、石門心学会長、修養団後援会長、アジア文化図書館理事長などをつとめた。著書に「星巖集註」「五千巻堂集」など。

小此木 彦三郎 おこのぎ・ひこさぶろう
衆院議員（自民党）　⊕昭和3年1月26日　⊗平成3年11月4日　⊕神奈川県横浜市中区末吉町　㊇早稲田大学文学部哲学科（昭和27年）卒　㊟家業の材木商の社長をつとめ、昭和38年横浜市議を経て、44年衆院議員に当選。以来8期。外務、運輸政務次官を経て、58年通産相、63年竹下改造内閣の建設相に就任。平成3年衆院政治改革特別委員長に就任、政治改革関連法案の廃案を宣言。渡辺派。㊙ゴルフ、読書　㊐父＝小此木歌治（衆院議員）、息子＝小此木八郎（衆院議員）

尾崎 三良 おざき・さぶろう
貴院議員（勅選）　法制局長官　官僚　実業家　男爵　⊕天保13年1月22日（1842年）　⊗大正7年10月13日　⊕山城国葛野郡西院村（京都府京都市）　別名＝戸田雅楽、小沢床次、雅号＝四寅居士、四虎山人　㊣勲一等瑞宝章　㊟京都仁和寺坊官の家に生れる。三条実美に仕え尊攘運動に参加、文久3年の政変後、三条に従い長州、太宰府で活動。明治元年英国留学、6年帰国、太政官に仕え、以後左院院官、内務大丞、法制局主事、元老院議官、法制局長官、宮中顧問官などを歴任。23年勅選貴院議員、26年錦鶏間祇候。29年男爵授爵。また泉炭鉱社長、房総鉄道監査役となり、朝鮮の京釜鉄道の創立に参加し、取締役となる。晩年は維新史料編纂会委員を務めた。著書に「尾崎三良日記」「尾崎三良自叙略伝」（全3巻）がある。

尾崎 末吉 おざき・すえきち
元・衆院議員（自由党）　⊕明治27年4月　⊗昭和57年8月23日　⊕鹿児島県　㊇日本大学専門部法律科卒　㊟昭和22年から衆院議員に4選。28年予算委員長をつとめた。

尾崎 忠治 おざき・ただはる
枢密顧問官　男爵　⊕天保2年2月2日（1831年）　⊗明治38年10月16日　⊕土佐国（高知県）　㊣勲一等　㊟国学者奥宮慥斉に学び、明治3年刑部大解部。4年司法に転じ、長崎上等裁判所長心得、高等法院陪席裁判官、東京控訴院長、大審院長、高等法院裁判所長を経て、23年枢密顧問官、33年男爵。

尾崎 元次郎　おざき・もとじろう
貴院議員(多額納税)　衆院議員(正交倶楽部)　[生]明治3年9月　[没]昭和20年1月9日　[出]静岡県　[学]静岡県立尋常中(明治23年)卒　[歴]陸軍歩兵大尉となり、日清・日露戦争に従軍。その後、静岡市教育会長、静岡精華女学校長、静岡地方森林会議員、静岡市茶業組合長を経て、明治45年衆院議員に当選。通算3期を務める。また、富士製茶社長、静岡貯蓄銀行頭取、三十五銀行取締役、商工会議所会頭、帝国森林会理事をも務める。

尾崎 行雄　おざき・ゆきお
法相　文相　東京市長　[生]安政5年11月20日(1858年)　[没]昭和29年10月6日　[出]相模国又野村(神奈川県)　旧名=彦太郎　号=尾崎咢堂, 学堂, 愕堂, 卒翁, 莫哀荘主人　[学]慶応義塾(明治9年)中退　[賞]憲政功労者表彰(昭和10年), 国会名誉議員(昭和28年), 東京名誉市民(昭和28年)　[歴]明治12年新潟新聞、次いで報知、朝野などの記者をし、14年統計院権少書記官となるが、政変で辞職。15年大隈重信の立憲改進党結成に参加。20年第1次伊藤博文内閣の条約改正に反対、保安条例で東京退去処分を受け外遊。23年第1回総選挙に三重県から立候補、当選。以来昭和28年に落選するまで連続当選25回。明治31年第1次大隈内閣の文相。33年立憲政友会創立委員。36～45年東京市長(国会議員兼務)を務め、町並み整理や上下水道拡張などに実際政治家としての手腕を発揮した。その間、ワシントンに桜の苗木を贈る。大正元年第1次護憲運動に奔走。3年第2次大隈内閣の法相。5年憲政会筆頭総務。原敬内閣の時、普選運動の先頭に立ち、10年政友会除名。11年犬養毅の革新倶楽部に参加したが14年政友会との合同に反対して脱会、以後無所属。昭和6年ごろから高まる軍国主義・ファシズムの批判を展開、さらに近衛文麿内閣=大政翼賛会と東条英機内閣の“独裁政治”を非難。17年翼賛選挙での発言で不敬罪として起訴されたが、19年無罪。20年議会の戦争責任を追及、自ら位階勲等を返上、議員の総辞職論を唱えた。戦後は世界平和を提唱、世界連邦建設運動を展開。代議士生活63年の記録を樹立、“議会政治の父”“憲政の神様”として名誉議員の称号を贈られ、35年国会前に尾崎記念会館(憲政記念館)が建設された。著書に「墓標に代えて」「わが遺言」などのほか、「尾崎咢堂全集」(全12巻)がある。　[家]妻=尾崎テオドラ, 長男=尾崎行輝(日本航空取締役), 三女=相馬雪香(国際MRA日本協会副会長・難民を助ける会会長), 孫=尾崎行信(最高裁判事)

尾崎 行輝　おざき・ゆきてる
参院議員(緑風会)　日本航空取締役　[生]明治21年1月　[没]昭和39年6月3日　[出]東京　[学]京都帝大理科中退　[歴]尾崎行雄の長男。ライト兄弟に刺激されてパイロットを志し、帝国飛行協会の第1期生として民間航空草分けの一人となった。大正6年自分で設計した飛行機で不時着事故を起こし、その後は父の秘書となった。昭和22年全国区から参院議員に当選。日本航空の創設に尽力、同社顧問、日本航空協会理事として航空業発展に貢献した。　[家]父=尾崎行雄(政治家)

長田 武士　おさだ・たけし
元・衆院議員(公明党)　[生]昭和6年8月31日　[没]平成10年11月24日　[出]神奈川県津久井郡津久井町　[学]八王子高(定時制)(昭和27年)卒　[歴]公明党中央執行委員総務局長を経て、昭和51年以来衆院議員に6選。平成5年引退。

長田 桃蔵　おさだ・とうぞう
衆院議員(昭和会)　[生]明治3年8月　[没]昭和18年7月18日　[出]京都府　[学]日本法律学校(明治27年)卒　[歴]淀町長、京都府農会長、帝国農会議員等を経て、大正6年京都3区より衆院議員当選。通算4期を務めた。また、京都競馬倶楽部理事、奈良電気鉄道専務等を歴任。　[家]孫=谷川俊太郎(詩人)

長田 裕二　おさだ・ゆうじ
元・参院議長　元・参院議員(自民党)　元・科学技術庁長官　⽣大正6年3月13日　⽣平成15年4月28日　⽣千葉県勝浦市　⽣東京帝大法学部政治学科(昭和14年)卒　⽣勲一等旭日大綬章(平成4年)　⽣昭和14年逓信省に入省。戦後郵政省に移り、37年経理局長、39年郵務局長、41年事務次官を歴任して退官。43年自民党から参院選に出馬、4期連続当選。54年第2次大平内閣の科学技術庁長官、参院予算委員長、自民党参院議員会長などを務めた。平成3年10月～4年7月参院議長。在任中、国連平和維持活動(PKO)協力法採決の際、野党側が"牛歩戦術"を展開して採決までに13時間を要した。同年引退。　⽣囲碁,謡曲,歴史小説

小里 貞利　おざと・さだとし
衆院議員(自民党　鹿児島4区)　元・総務庁長官　元・労相　⽣昭和5年8月17日　⽣鹿児島県姶良郡霧島町　⽣加治木高(昭和24年)卒　⽣勲一等旭日大綬章(平成13年)　⽣昭和34年鹿児島県議6期、県会議長を経て、54年以来衆院議員に8選。平成2年第2次海部改造内閣の労相、6年村山内閣の北海道・沖縄開発庁長官となり、阪神大震災の発生で地震対策担当相に。9年9月佐藤総務庁長官の辞任をうけて同長官に就任。宮沢派を経て、加藤派。　⽣バイク,山歩き

小山内 鉄弥　おさない・てつや
衆院議員(立憲国民党)　⽣嘉永6年7月(1853年)　⽣明治44年11月26日　⽣陸奥国弘前　⽣明治元年函館五稜郭戦争に参加、10年警視局警部となったが、辞めて帰郷、青森県北郡相内村で牧場を経営。38年弘前市長、41年衆院議員に当選した。

小沢 愛次郎　おざわ・あいじろう
衆院議員(政友会)　剣道家　⽣文久3年12月(1863年)　⽣昭和25年6月20日　⽣埼玉中学校卒　⽣幼時から剣道を愛好。中学卒業後私塾を開いて漢学を研究した。衆院議員当選5回。星野仙蔵議員とともに、剣道を学校体育の正科にするよう再三議会に提案、第24議会で通過させた。大正15年武徳会範士、興武館道場を経営。小沢丘範士の父。

小沢 一郎　おざわ・いちろう
衆院議員(自由党　岩手4区)　自由党党首　⽣昭和17年5月24日　⽣岩手県水沢市　⽣慶応義塾大学経済学部(昭和42年)卒、日本大学大学院中退　⽣日大大学院在学中の昭和44年、亡父・小沢佐重喜(元建設相)の跡を継いで、27歳で自民党から衆院当選。以来連続11期。党内では建設・郵政族の一人で、田中政権発足時には1年生議員ながら力を発揮、田中の"秘蔵っ子"と言われたが、創政会結成に参画、以降竹下政権づくりに尽力する。政調副会長、総務局長などを歴任し、衆院議運委員長2期、国家公安委員長、自治相を経て、平成元年8月自民党幹事長。2年訪韓時天皇の"お言葉"問題に関する"土下座不要"発言が物議を醸す。3年東京都知事選後、混乱の責を取って党幹事長を辞任。4年12月竹下派が分裂し羽田孜と共に羽田派を結成した。5年6月衆院解散を機に自民党を離党、新生党を結成して代表幹事となる。さらに6年12月、公明、日本新、民社と組んで新進党を結成し、幹事長に就任。7年12月羽田孜を大差で破り党首となる。8年羽田が離党、総選挙では現有議席を割り込み敗北した。9年12月党首に再選するが、解党して10年1月新たに保守新党・自由党を結成した。11年1月同党は自民党と連立を組み、小渕改造内閣が発足。12年4月同党は政権から離脱、その際所属議員の約半数が脱党して保守党を旗上げした。著書に「語る」がある。　⽣読書,釣り　⽣父=小沢佐重喜(建設相)

小沢 和秋　おざわ・かずあき
衆院議員(共産党　比例・九州)　[生]昭和6年9月15日　[出]愛知県稲沢市　[学]東京大学法学部(昭和29年)卒　[歴]八幡製鉄に入社。昭和38年から福岡県議を3期つとめ、55年衆院議員に当選。5年、8年落選。12年返り咲き、通算4期目。

小沢 久太郎　おざわ・きゅうたろう
参院議員(自民党)　[生]明治33年12月　[没]昭和42年9月18日　[出]千葉県　[学]東京帝大工学部土木工学科(昭和2年)卒　工学博士　[歴]昭和2年内務省に入り土木局、近畿地方建設局長、経済安定本部建設交通局長を経て、28年自由党公認で全国区参院議員に当選、千葉地方区を含め当選3回。参院議員運営委員長、第1次岸信介内閣の建設政務次官、第2次池田勇人内閣の郵政相となった。自民党総務、副幹事長も務めた。

小沢 潔　おざわ・きよし
元・衆院議員(自民党)　元・国土庁長官　[生]昭和2年8月1日　[出]東京都国立市　[学]国立中(現・国立高)(昭和20年)卒　[賞]勲一等旭日大綬章(平成12年)　[歴]昭和27年国立町議、42年国立市議、44年東京都議を経て、54年衆院議員に当選。平成6年村山内閣の国土庁長官を務めた。当選7回。宮沢派を経て、加藤派。12年引退。

小沢 佐重喜　おざわ・さえき
衆院議員(自民党)　[生]明治31年11月25日　[没]昭和43年5月8日　[出]岩手県　[学]日本大学法律学科(大正12年)卒　[資]弁護士　[歴]弁護士、東京市会議員、同府会議員を経て昭和21年岩手2区から衆院議員に当選、当選10回。自由党、自民党に所属、23年第2次吉田茂内閣の運輸相、24年第3次吉田内閣の逓信相、郵政兼電気通信相、29年第5次吉田内閣の建設相を歴任。衆院議員運営委員長、外務委員長も務め、35年には第2次池田勇人内閣の行政管理庁、北海道開発庁各長官となった。同年の安保改定の際は衆院安保条約等特別委員長を務めた。　[家]三男＝小沢一郎(衆院議員)

小沢 武雄　おざわ・たけお
貴院議員　日本赤十字社副社長　陸軍中将　男爵　[生]弘化1年11月10日(1844年)　[没]大正15年1月29日　[出]豊前国企救郡小倉(福岡県)　[歴]小倉藩士の家に生まれる。慶応2年長州再征の役では小倉軍の先鋒として戦い、小倉落城後は赤心隊別隊幹事として主戦を堅持、長州藩との和議には随員として参加。明治元年戊辰戦争では東征軍に属し奥羽に転戦、同年若松民政局に出仕、2年軍務官筆生に転じ、兵部省少録、権大録、大録を経て、4年兵部権少丞、陸軍少佐に任じ、10年の西南戦争では陸軍大佐として山県参軍の参謀を務めた。11年少将、18年中将に進み、士官学校長、参謀本部長を歴任、貴族院議員となる。また西南戦争の際に博愛社を設立、のち日本赤十字社と改称して副社長として活躍、傍ら旧藩小倉の実業振興にも尽力した。

小沢 辰男　おざわ・たつお
元・衆院議員(改革クラブ)　元・厚相　新潟平成学院理事長　[生]大正5年12月7日　[出]新潟県新潟市　[学]東京帝大法学部政治学科(昭和16年)卒　[賞]勲一等旭日大綬章(平成12年)　[歴]内務省に入る。昭和24年厚生省医務局整備課長になり、公衆衛生局、保険局を経て、34年新潟硫酸取締役、35年新潟米油社長を兼任。35年自民党から出馬以来、衆院議員に当選13回。この間建設大臣、環境庁長官、厚生大臣を歴任。平成5年6月離党、新生党結成に参加。6年新進党結成に参加。10年解党後は改革クラブを結成、代表。12年引退。　[家]父＝小沢国治(衆院議員)

小沢 太郎　おざわ・たろう
元・衆院議員(自民党)　元・参院議員　元・山口県知事　[生]明治39年5月24日　[没]平成8年2月16日　[出]山口県萩市　[学]東京帝大法学部(昭和5年)卒　[賞]勲一等瑞宝章(昭和56年)　[歴]台湾総督府勤務を経て、昭和23年山口県副知事となり、28年同知事に当選、30年再選。35年以

来衆院議員に4選。この間、法務政務次官、環境政務次官、行政管理政務次官など歴任。52年参院議員に当選、52年参院懲罰委員長をつとめた。 [趣]東洋蘭栽培, ゴルフ, 柔道, 乗馬 [家]二男＝小沢克介(衆院議員・弁護士)

小沢 貞孝　おざわ・ていこう
元・衆院議員(民社党) [生]大正5年12月1日 [没]平成14年12月17日 [出]長野県松本市 [学]長野工(昭和13年)卒 [賞]勲二等旭日重光章(平成2年) [歴]昭和電工塩尻労組副委員長を経て、昭和26年から長野県議に2選。33年旧長野4区から無所属で衆院議員に当選、通算7期。のち社会党を経て、35年民社党結成に参加。民社党中央執行委員、党国会対策委員長、国会議員団長などを歴任した。55年衆院沖縄北方特別委員長に就任。平成2年落選した。

押川 則吉　おしかわ・のりきち
貴院議員(勅選) 内務次官 官僚 [生]文久2年12月19日(1862年) [没]大正7年2月18日 [出]鹿児島県 旧名＝千代太郎 [学]駒場農学校(現・東大農学部)(明治13年)卒 [歴]鹿児島藩士の長男として生まれる。明治16年農商務省に入省。21～24年欧州に出張。農商務技師、台湾総督府民政局事務官、同殖産部長、山口、山形、大分、長野、岩手、熊本などの知事を歴任。第2次桂内閣の農商務次官、第3次桂内閣の内務次官を務め、44年貴院議員に勅選。大正6年八幡製鉄所長官に就任したが、収賄事件の責任を追求され、7年2月自宅で自殺した。

押川 方義　おしかわ・まさよし
衆院議員(憲政会) 仙台神学校院長 宮城女学校創立者 牧師 教育家 実業家 [生]嘉永4年12月16日(1851年) [没]昭和3年1月10日 [出]伊予国松山(愛媛県) 幼名＝熊三 [学]大学南校, 横浜英学校 [歴]明治4年上京、大学南校に学び、横浜英学校に入り、宣教師ブラウンとバラーの感化でキリスト教に入信。5年日本基督公会の創立に参画。9年新潟に伝道、13年仙台に移り、19年W・ホーイの協力を得て仙台神学校(後の東北学院)を設立、院長となり、宮城女学校を創立した。27年大日本海外教育会を興し、29年朝鮮に渡り京城学堂を創立した。34年東北学院を去って実業界に進出、鉱山採掘、油田開発を手がけた。さらに大正6年郷里で憲政会から衆院議員に当選、当選2回。晩年はキリスト教から離れ、儒教主義に傾いた。 [家]長男＝押川春浪(小説家), 二男＝押川清(野球選手)

押谷 富三　おしたに・とみぞう
元・衆院議員(自民党) 弁護士 [生]明治26年2月5日 [没]昭和60年4月15日 [出]滋賀県東浅井郡浅井町 [学]関西大学法科(大正5年)卒 [賞]勲二等瑞宝章(昭和40年) [歴]大阪府議3期を経て、昭和24年衆院議員初当選以来、5期務め、文部、法務、政務次官などを歴任。

小田 貫一　おだ・かんいち
衆院議員 [生]安政3年3月(1856年) [没]明治42年7月22日 [出]安芸国佐伯郡宮内村(広島県) [歴]神官の出で、明治7年以来宮内村長を数回勤め、18年県議、25年広島県から衆院議員に6回当選。42年広島市長。

小田 栄　おだ・さかえ
元・衆院議員(第一議員倶楽部) 元・沖縄県議 [生]明治37年3月 [没]平成6年7月11日 [出]広島県 [歴]新聞記者、沖縄新聞社主などを経て沖縄県議となり、昭和12年に総選挙で沖縄県選挙区から初当選。衆院議員1期(4年1カ月)を務めた。

織田 小星　⇒織田信恒(おだ・のぶつね)を見よ

小田 知周　おだ・ともちか
衆院議員(中正会) [生]嘉永4年8月11日(1851年) [没]大正8年7月15日 [出]讃岐国香川郡宮脇村(香川県) [歴]高松市会議長、高松市長、高松商業会議所会頭などを経て、明治45年衆院議員に当選した。高松港築港、郷土開発に貢献。

織田 信親　おだ・のぶちか
柏原藩知事　子爵　[生]嘉永3年12月(1850年)　[没]昭和2年10月30日　[歴]慶応1年丹波柏原藩主となり、版籍奉還により明治3年柏原藩知事に任命される。4年廃藩置県により退官し、東京に移転。

織田 信恒　おだ・のぶつね
貴族院議員　京浜自動車工業社長　漫画作家　[生]明治22年8月3日　[没]昭和42年5月20日　[出]東京　筆名＝織田小星　[学]京都帝大法科大学政治科(大正4年)卒　[歴]明治28年織田信敏子爵の養子となり、のちに爵位を継いだ。日本銀行入行、欧米、中国漫遊の後、11年朝日新聞社に入った。12年日刊アサヒグラフ局員となり樺島勝一絵の「正ちゃんの冒険」の案と文を担当し、子供たちの人気を得、「正ちゃん帽」まで流行させた。フキ出しを採用した最初の漫画。昭和3年貴族院議員、農林政務次官、静岡電鉄社長、NHK理事を務めた。戦後京浜急行取締役、監査役、京浜自動車工業社長などを歴任、川崎さいか屋取締役、財団法人安達峰一郎記念館理事長などを兼務した。織田信長の16代目の子孫。

織田 万　おだ・よろず
貴院議員　京都帝大名誉教授　立命館大学名誉総長　行政法学者　[生]慶応4年7月4日(1868年)　[没]昭和20年5月25日　[出]佐賀県　[学]帝大法科大学仏法科(明治25年)卒　法学博士(昭和34年)　[資]帝国学士院会員　[歴]明治28年フランス、ドイツに留学、32年帰国して京都帝大教授となり、行政法、フランス法を担当した。大正10～昭和5年ハーグの常設国際司法裁判所判事、昭和5年京大退官、名誉教授。この間、台湾総督府の依頼で大著「清国行政法」を公刊。また明治33年京都法政学校(後の立命館大)創立に参画し、のちに立命館大学名誉総長となった。昭和6年勅選貴院議員、帝国学士院会員。著書に「行政法論綱」「日本行政法原理(仏文)」「法学通論」「行政法講義」「民族の弁」「法と人」などがある。西園寺公望と親しく、追悼文「嗚呼陶庵公」がある。

小高 長三郎　おだか・ちょうざぶろう
衆院議員(日本進歩党)　自由通信社相談役　[生]明治23年11月　[没]昭和33年3月26日　[出]千葉県　[学]大倉商(明治43年)卒　[歴]明治43年自由通信社に入社。外交部長、支配人を経て社長に就任。昭和7年衆院議員に当選、以来連続4期務める。米内内閣の外務参与官、外務省委員を歴任する。著書に「立憲政友会報国史」、「立憲政友会史」(7巻)がある。

越智 伊平　おち・いへい
衆院議員(自民党)　元・農水相　[生]大正9年12月10日　[没]平成12年3月24日　[出]愛媛県越智郡玉川町　[学]相模原工科学校(昭和16年)卒　[賞]勲一等旭日大綬章(平成10年)　[歴]愛媛県議4期を経て、昭和47年旧愛媛2区から衆院議員に当選。環境、労働各政務次官、自民党副幹事長、59年衆院大蔵委員長を経て、61年議運委員長、62年竹下内閣の建設相、平成2年予算委員長、4年宮沢改造内閣の運輸相、7年11月宗教法人特別委員会委員長、9年9月第2次橋本改造内閣の農水相に就任するが、病気療養のため同月辞任。当選10回。渡辺派を経て、村上・亀井派。　[趣]少林寺拳法(6段)　[家]長男＝越智務(四国通建社長)

越智 茂　おち・しげる
衆院議員(自民党)　[生]明治39年8月　[没]昭和32年9月10日　[出]愛媛県　[学]今治実践商業学校(大正12年)卒　[歴]小西村議、同村長、愛媛県議を経て、昭和24年衆院議員に初当選。以来4回連続当選。この間第4次吉田内閣の厚生政務次官、衆院文部委員長、自民党総務等を歴任。

越智 通雄　おち・みちお
元・衆院議員(自民党)　元・金融再生委員会委員長　元・経済企画庁長官　[生]昭和4年4月23日　[出]東京・銀座　[学]東京大学法学部(昭和27年)卒　[賞]勲一等旭日大綬章(平成12年)　[歴]昭和27年大蔵省に入り、32年ニューヨーク副領事、40年大蔵大臣秘書官、46年主計局調査課長などを経て、47年から衆院議員に連続4選。58年の選挙では敗れたが、61

年7月衆院に復帰。通算8期。平成元年宇野内閣、2年第2次海部改造内閣の経済企画庁長官を歴任。10年2月予算委員長。11年10月小渕第2次改造内閣の金融再生委員会委員長に就任するが、12年2月舌禍問題で辞任。同年落選。15年衆院補選に立候補するが落選。三塚派を経て、森派。　家兄=越智英雄（越川社長）、越智昭二（日銀監事）

落合 寅市　おちあい・とらいち
秩父困民党指導者　自由民権運動家
生嘉永3年9月17日（1850年）　没昭和11年6月26日　出武蔵国秩父郡般若村（埼玉県）　旧姓=黒沢　農業、炭焼に従事。一方、秩父困民党の指導者として活躍。明治17年大井憲太郎の秩父来訪を機に自由党に入党。郡役所へ負債延納を願い出たが入れられず、同年10月困民党大隊副長として蜂起（秩父事件）したが失敗、東京を経て、愛媛県別子銅山に潜伏。その間18年重懲役10年の判決。同年大井らの朝鮮内政改革クーデター（大阪事件）に加わり、資金集めの強盗を企て、門司で逮捕された。22年憲法発布の大赦で出獄。以後、勤皇尊皇立憲志士を自称した。

小渡 三郎　おど・さぶろう
衆院議員（自民党）　生大正14年12月14日　没昭和63年7月28日　出沖縄市美里　学海兵（昭和20年）卒　昭和33年美里村議に当選。その後、琉球政府に入り、労働局長、通産局長、副主席を歴任。46年立法院議員を経て、55年以来衆院議員に3選。中曽根派。　趣釣り

鬼木 勝利　おにき・かつとし
元・衆院議員（公明党）　生明治37年10月6日　没昭和59年2月10日　出福岡県甘木市　学日本大学高等師範部（昭和2年）卒　勲勲二等瑞宝章（昭和49年）　福岡県八女市議、福岡県議を経て、昭和37年から参院議員（全国区）1期、44年に衆院議員に福岡3区から初当選通算2期務め、この間、衆院石炭対策特別委員長、公明党石炭対策特別委員長などを歴任した。52年から中央選挙管理委員、党県本部顧問。　家長男=鬼木亮（福岡県議）

鬼丸 勝之　おにまる・かつゆき
参院議員（自民党）　生大正2年9月　没昭和52年2月14日　出福岡県　学東京帝国大学法学部政治学科卒　内務省に入省、北海道庁食糧課長、内閣総合計画局参事官、福島県経済部長兼労働部長、建設大臣官房長等を歴任する。昭和37年に福岡県知事選出馬のため退官。40年参院議員に初当選、以降連続2期当選。日本科学防火協会理事長、全日本不動産協会副会長、道路協会顧問等もつとめた。著書に「農村文化と農民指導」等。

鬼丸 義斎　おにまる・ぎさい
衆院議員　参院議員（改進党）　生明治19年9月　没昭和29年11月13日　出大分県　学明治大学法科（大正8年）卒　弁護士を開業。後に名古屋弁護士会長、大森製陶所会長となる。昭和3年衆院議員に初当選、22年に参院に当選。国民民主党参院議員会長、同総務会長、参院懲罰委員長、サンフランシスコ講和全権委員代理を歴任。

小野 明　おの・あきら
参院副議長（社会党）　生大正9年4月6日　没平成2年4月19日　出福岡県北九州市小倉北区　学小倉師範（昭和15年）卒　福岡県教組委員長、福岡県評議会議長を経て、昭和40年参院議員に当選、5期。平成元年参院副議長に就任。

小野 梓　おの・あずさ
思想家　法学者　生嘉永5年2月20日（1852年）　没明治19年1月11日　出土佐・宿毛（現・高知県）　号=東洋　英米に留学。帰国後、共存同衆をつくり、「共存雑誌」を創刊、論説を発表。明治9年官史となるが14年の政変で下野、鴎渡会を創設したほか、大隈の立憲改進党結成、東京専門学校創立にも協力。わが国法学の草分けの一人で、近代法体系の形成に大きな影響を与えた。著書に「国憲汎論」のほか、「小野梓全集」（全2巻・冨山房）がある。

小野 謙一　おの・けんいち
衆院議員(翼賛議員同盟)　太平洋通信主幹　[生]明治19年8月　[没]昭和38年1月12日　[出]青森県弘前　[学]明治大学卒　[歴]明治37年北辰日報記者、40年やまと新聞記者、政治部長を経て太平洋通信社に転じ、通信部長、主幹となった。約30年間の記者生活の後、昭和12年から衆院議員を1期。東方会、時局同志会、翼賛議員同盟に所属。著書に「第八師団日露戦争史」「満蒙策論」などがある。

小野 光洋　おの・こうよう
参院議員(自由党)　立正学園長　[生]明治33年4月4日　[没]昭和40年11月19日　[出]山梨県　[学]立正大学哲学科(昭和3年)卒　[賞]藍綬褒章(昭和31年)　[歴]大正13年大正新修大蔵経刊行会入会。立正学園石川台高女校長兼教諭、妙油寺住職。立正安国団理事、東京司法保護委員会嘱託、日蓮宗戦災寺院復興局委員、立正学園、錦葉学院各理事長、東京都私立中学校協会常任委員渉外部長、日本私学団体総連合会理事、私学教育研究所理事長などを歴任。昭和21年日本私立中学高校連合会理事長。22年自由党から参院全国区議員に当選。23年文部政務次官。また立正大学理事長、立正学園女子短大学長。

小野 重行　おの・しげゆき
衆院議員(立憲民政党)　[生]明治14年3月　[没]昭和6年7月30日　[出]神奈川県　[学]東京法学院(明治36年)卒　[歴]町田村長を経て、大正9年衆院議員に初当選。以来4期連続務めた。

小野 秀一　おの・しゅういち
衆院議員　[生]明治20年6月　[没]昭和47年4月1日　[出]長野県　[学]慶応義塾大学法律科(明治42年)卒　[歴]福島町議、長野県議、福島町長を経て、衆院議員に当選1回。

小野 信一　おの・しんいち
元・衆院議員(社会党)　元・釜石市長　[生]昭和7年4月26日　[出]岩手県釜石市　[学]成城大学経済学部(昭和31年)卒　[歴]昭和34年から釜石市議を4期務める。37年岩手県青年団体協議会長、50年釜石米雑穀協組理事長に。54年から衆院議員を2期務め、58年の選挙で落選したが61年の衆参同時選挙で返り咲きを果たす。通算4期。平成5年落選。7年岩手県知事選に立候補。11年釜石市長に当選、1期。15年引退。　[趣]スポーツ, 読書　[家]弟＝小野文克(小野総合企業社長)

小野 真次　おの・しんじ
元・和歌山県知事　[生]明治26年4月　[没]昭和49年1月3日　[学]京都高等蚕糸学校退学　[歴]大正9年西牟婁郡田並村村議に当選。和歌山県機帆船組合理事長、和歌山県機帆船運送社長などを経て、昭和21年衆議院議員。22年議員を辞職し、和歌山県公選知事選挙に当選、初代公選知事となる。連続5期つとめた。

小野 孝　おの・たかし
元·衆院議員(民主党)　[生]明治36年7月　[没]昭和63年9月14日　[出]山形県　[学]東京帝大政治科(大正15年)卒　[歴]昭和21年に衆院議院に初当選(山形1区)。以来、当選3回。衆院厚生委員長、民主党代議士会長などを務めた。

小野 寅吉　おの・とらきち
衆院議員(翼賛議員同盟)　[生]慶応2年12月(1866年)　[没]昭和22年3月17日　[出]愛媛県新居浜市　[歴]新居浜市の地主の家に生まれる。高津村長、愛媛県議、愛媛県農会議員、同蚕種配給統制組合長、宇新米種煙草耕作連合組合長、帝国水産会議員を経て、大正13年愛媛2区より衆院議員に当選。通算4期を務めた。また、傍ら東予蚕種社長、東予製氷取締役も務めた。

小野 義夫　おの・よしお
参院議員（自民党）　⽣明治13年10月　歿昭和31年10月13日　出大分県大分郡庄内村（現・庄内町）　学早稲田大学法科（明治38年）卒　経ラサ工業・田川炭礦各会社社長、肥料協会会長、東京商工会議所・日本鉱業協会・日本経営者連盟・日本関税協会各理事、経団連評議員となる。昭和25年参院議員初当選。以降2選。自由党総務、参院法務委員長、弾劾裁判所裁判員、自由党参院副会長等を歴任した。

小野 吉彦　おの・よしひこ
衆院議員（進歩党）　大分銀行頭取　⽣安政1年（1854年）　歿明治41年3月3日　出大分県　経大分県農工銀行頭取、大分銀行頭取を兼任。衆院議員に当選、県進歩党の幹部を務めた。

小野 隆助　おの・りゅうすけ
衆院議員　香川県知事　⽣天保11年（1840年）　歿大正12年9月　出筑前国太宰府（福岡県）　経太宰府神社神職、筑紫中学校校長などを経て、明治23年衆議院議員。31年香川県知事に就任。

小野瀬 忠兵衛　おのせ・ちゅうべえ
衆院議員（自由党）　⽣明治32年8月　歿昭和52年12月11日　出茨城県　学慶応義塾大学理財科（大正11年）卒　経（株）興亜製作所社長、茨城県食料品配給統制組合理事長等を務める。昭和21年衆院議員初当選以来、連続3期務めた。民主自由党会計監督、衆院経済安定委員長等を歴任。

小畑 美稲　おばた・うましね
元老院議官　貴院議員（勅選）　司法官僚　男爵　⽣文政12年9月（1829年）　歿大正1年11月12日　出土佐国土佐郡一宮村（高知県）　通称＝小畑孫次郎　経初め奥宮慥斎について陽明学を学んだが、土佐勤王党に加盟して同志と国事に奔走。文久3年勤王党の獄で入獄。維新後赦免され新政府に仕え、明治2年弾正大巡察となり、以後法界で活動。4年司法大解部に任じ、7年岩倉具視襲撃の赤坂喰違坂事件では主任判事として審理を行った。10年九州騒擾に際して奔走し、のち京都地方裁判所長、ついで名古屋、宮城控訴院長を歴任。17年元老院議官となり、23年より死去に至るまで貴族院勅選議員を務めた。26年香川県知事となり、29年男爵を授けられる。家弟＝小畑孫三郎（土佐藩士）

小幡 九龍　⇒小幡治和（おばた・はるかず）を見よ

小畑 達夫　おばた・たつお
日本共産党中央委員　社会運動家　⽣明治40年7月7日　歿昭和8年12月24日　出秋田県北秋田郡二井田村（現・大館市）　学大館中（大正14年）中退　経中学時代に社会主義研究会を組織し、大正14年中退して上京し郵便局に勤める。全協日本通信労働組合に加入し、昭和7年共産党に入って帰郷する。8年中央委員となるが、スパイ容疑で査問され、査問中逃走をはかって急死した。

小畑 敏四郎　おばた・としろう
国務大臣　陸軍中将　⽣明治18年2月19日　歿昭和22年1月10日　出高知県　陸士（第16期）（明治37年）卒、陸大（明治44年）卒　経明治37年少尉、大正2年参謀本部員、4年ロシア駐在となり第1次大戦のロシア軍に従軍、陸軍省軍務局課員、9年ロシア大使館付武官、15年参謀本部作戦課長、昭和3年歩兵第十連隊長、陸大教官、7年参謀本部第三部長、近衛歩兵第一旅団長、陸大校長、11年中将。対ソ戦略家として知られ、皇道派の有力メンバーで、2.26事件後の粛軍で予備役となった。敗戦後の20年8月から10月まで東久邇稔彦内閣の国務大臣を務めた。

小幡 治和　おばた・はるかず
元・参院議員（自民党）　俳人　⽣明治38年1月2日　歿平成10年7月29日　出東京　俳号＝小幡九龍　学東京帝国大学法学部（昭和3年）卒　賞勲二等旭日重光章（昭和50年）、草樹会理事長杯（昭和55年）　経内務省に入り、大阪

府経済・内務各部長、近畿地方行政事務局次長を経て、21年福井県知事(官選)、次いで同公選知事(2期)。30年より参院議員に2選。この間、自民党副幹事長、第2次岸内閣の防衛政務次官などを歴任した。傍ら俳句を柏翠・虚子に師事、「ホトトギス」同人となる。著書に「素顔の欧米」「欧米百句」「臥龍梅」(句集)がある。 俳人協会
二男=小幡喬士(富士通常務)

小幡 酉吉 おばた・ゆうきち
枢密顧問官 中華民国駐剳特別全権公使 外交官 明治6年4月12日 昭和22年8月9日 石川県金沢市 東京帝大法科大学(明治30年)卒 外交官領事官試験に合格、外務省に入った。天津駐在から芝罘総領事、天津総領事、中国大使館一等書記官、同参事官から外務省政務局長を経て大正7年中華民国駐在特別全権公使となった。11年山東省撤兵条約締結。14年トルコ駐在特命全権大使、昭和5年ドイツ大使となつた。8年退官、9年勅選貴院議員、15年枢密顧問官となった。

小畑 勇二郎 おばた・ゆうじろう
元・秋田県知事 秋田経済大学理事長 明治39年9月19日 昭和57年10月5日 秋田県 秋田中(大正13年)卒 勲一等瑞宝章(昭和54年)、秋田県名誉県民(昭和56年) 昭和14年秋田県属となり、民生部長、総務部長などを歴任。26年秋田市第一助役となり、30年以来54年まで、秋田県知事を6期つとめた。この間、全国知事会副会長、地方制度調査会委員などを歴任。世紀の大事業といわれた八郎潟干拓に着手した。

小原 慶次 おばら・けいじ
元・秋田県議 元・増田町長 社会運動家 明治34年1月3日 平成9年6月5日 秋田県平鹿郡増田町亀田 高小卒 農業に従事しながら「土と鍬」を発行する。大正11年上京し、13年警視庁巡査となるが、昭和2年帰郷。全日農支部増田農民組合、日本労農党に参加し、以後秋田県下で多くの農民運動を指導。昭和10年社会大衆党から秋田県議となり、戦後は増田町長となった。

小原 重哉 おはら・じゅうさい
貴族院議員(勅選) 天保7年(1836年) 明治35年5月28日 備前国上道郡倉田村(岡山県岡山市) 勲三等 文武を修め、藤本鉄石らと尊攘を唱えた。元治元年新撰組の松山幾之助を暗殺、投獄された。維新後司法省判事となり、監獄法改正の任に当たり、内務省監獄局次長、次いで元老院議官、勅選貴院議員。絵画に造詣深く、絵画共進会、内国勧業博覧会審査員も務めた。

小原 適 おはら・てき
衆院議員 貴族院議員(勅選) 天保13年2月(1842年) 明治43年4月9日 勤王を唱え、明治元年戊辰の役で鳥羽伏見の戦いに従軍。2年大垣藩大参事となり、和歌山七等出仕を経て、同県権参事。官を退いて外遊、25年衆院議員に当選、33年男爵、41年勅選貴院議員。

小原 直 おはら・なおし
法相 内相 司法官僚 弁護士 明治10年1月24日 昭和41年9月8日 新潟県長岡市 東京帝国大学法律科(明治35年)卒 勲一等旭日大綬章(昭和39年) 東京・千葉など各地の地裁検事を経て、大正10年東京地裁検事正。以後、大審院次席検事、司法省次官、東京控訴院長などを歴任。昭和9年岡田啓介内閣の法相、阿部内閣では内相・厚相を兼任。戦後は29年第五次吉田内閣の法相、国家公安委員長をつとめる。のちに弁護士を開業。著書に「小原直回顧録」がある。

小渕 恵三 おぶち・けいぞう
衆院議員(自民党) 第84代首相 元・自民党総裁 昭和12年6月25日 平成12年5月14日 群馬県吾妻郡中之条町 早稲田大学文学部(昭和37年)卒、早稲田大学大学院政治学研究科 昭和38年大学院在学中に群馬3区から衆院議員に当選、以来当選12回。郵政政務次官、建設政務次官、総理府総務長官、沖縄

開発庁長官、衆院安全保障委員長などを歴任し、59年自民党副幹事長。62年竹下内閣の官房長官に就任し、"平成"の元号を発表して有名になった。平成3年自民党幹事長。4年竹下派会長に選ばれたが、同年12月竹下派が分裂、小渕派として継承。6年党副総裁となり、9年第2次橋本改造内閣の外相に就任。10年7月橋本首相の後任として、党総裁選の末、梶山静六、小泉純一郎を破り、同月首相に就任。11年1月小沢一郎党首率いる自由党と連立して内閣を改造。9月の党総裁選で加藤紘一、山崎拓を抑え再選すると、10月に公明党を加えた3党連立による第2次改造内閣を発足させた。12年4月脳こうそくで倒れて総辞職、以来こん睡状態が続いていたが、5月に入院先で死去。首相在任中は経済再生などに尽力し、金融再生関連法を成立させたほか、賛否両論の日米防衛協力のための新指針(ガイドライン)関連法、国旗・国歌法、通信傍受法など次々と成立させ、自自公の巨大与党を作った。また"人柄のオブチ"と呼ばれ、"ブッチホン"の流行語を生み出すほど頻繁に電話を掛ける気配りを見せた。 [家]父=小渕光平(衆院議員), 兄=小渕光平(中之条町町長), 妻=小渕千鶴子, 長女=小渕暁子(イラストレーター), 二女=小渕優子(衆院議員)

麻見 義修　おみ・よしなが
官吏 [没]明治26年8月16日 [歴]但馬出石藩士で、幼主仙石政固を援け、藩政に貢献。維新後、藩の公議人となり、宮内大録、少書記官を務めた。

小山 倉之助　おやま・くらのすけ
衆院議員(新党同志会) [生]明治17年3月21日 [没]昭和31年8月3日 [出]宮城県 [学]東京帝国大学法学部政治科(明治42年)卒 [歴]商工大臣秘書官、阿部内閣の商工参与官、小磯内閣の農商政務次官、内閣、内務省各委員、商工省参与などを歴任。また改進党中央常任委員を務める。昭和3年、第1回の普通選挙で衆院議員に初当選以来、通算6回当選。著書にフランツ・ロイテル著「シャハト伝」の翻訳書がある。

小山 鼎浦　おやま・ていほ
衆院議員(憲政会)　「東京毎日新聞」主筆　評論家　詩人 [生]明治12年11月24日 [没]大正8年8月25日 [出]宮城県気仙沼町　本名=小山東助 [学]東京帝大哲学科(明治36年)卒 [歴]東京毎日新聞社入社。明治37年「帝国文学」編集委員、新人社同人となり、新聞にキリスト教的理想主義にたつ文芸評論、雑誌に創作詩、詩評を発表。42年文芸革新会発起人となり、毎日を退社。早稲田大学講師を経て、大正2年関西学院に転じ、高等科文科長。4年から衆院議員当選2回、憲政会に属した。大正デモクラシーの先駆けの一人といわれる。この間、5年毎日新聞主筆。著書に「社会進化論」「久遠の基督教」「光を慕いて」、「鼎浦全集」(全3巻, 鼎浦会刊)がある。

小山 東助　⇒小山鼎浦(おやま・ていほ)を見よ

小山田 信蔵　おやまだ・しんぞう
衆院議員(政友本党) [生]明治3年10月 [没]大正13年9月 [歴]実業界に入り、太田鉄道、豆相鉄道、隅田川倉庫などの社長を務めた。また水戸商業銀行頭取、北海道炭礦監査役を歴任。明治37年からの日露戦争以来衆院議員当選5回。政友本党に所属。

小山田 義孝　おやまだ・よしたか
衆院議員(日本進歩党) [生]明治29年11月 [没]昭和38年1月31日 [出]秋田県 [学]早稲田大学専門部政治経済科(大正8年)卒 [歴]陸軍主計少尉となる。その後強首村議、秋田県議、強首村長、淀川村耕地整理組合長等を務め昭和7年衆院議員初当選。以来4期連続務めた。阿部内閣の陸軍参与官、鉄道省委員等を歴任し、西仙北町長を務める。

折小野 良一　おりおの・りょういち
元・衆院議員（民社党）　元・延岡市長　[生]大正8年1月25日　[没]昭和61年10月20日　[出]鹿児島県薩摩郡宮之城町　[学]京大法学部（昭和16年）卒　[歴]昭和23年延岡市役所入り。助役を経て35年市長当選、2期務めた後42年、民社党から衆院選宮崎一区に出馬、初当選。44年落選後、47年返り咲き、当選2回。42年から46年まで宮崎県連委員長、党政審副会長、51年に引退後、党県連顧問を務めた。

折田 兼至　おりた・かねたか
衆院議員（九州進歩党）　[生]安政5年1月（1858年）　[没]大正12年6月5日　[出]鹿児島県知覧村　[歴]明治15年熊本に九州進歩党を創立。第1回選挙より連続4回代議士を務めた。

【 か 】

何 礼之　が・のりゆき
貴院議員（勅選）　内務大書記官　官僚　翻訳官　[生]天保11年7月13日（1840年）　[没]大正12年3月2日　[出]肥前国彼杵郡長崎村伊良林郷（長崎県）　幼名＝礼之助　[歴]長崎唐通事の長男に生まれ、中国語を学んで家職を継ぐ。また長崎英語伝習所で英語を学ぶ。明治元年開成所御用掛、3年大学少博士となり、4年岩倉使節団に一等書記官として随行する。帰国後、内務省に出仕、翻訳事務に従事。のち内務権大丞、内務大書記官、元老院議官、高等法院予備裁判官を歴任し、24年貴院議員に勅選された。訳書にモンテスキュー「万法精理」などがある。

海江田 鶴造　かいえだ・つるぞう
元・参院議員（自民党）　[生]大正12年3月27日　[出]鹿児島県姶良郡福山町　[学]東京帝大法学部政治学科（昭和18年）卒　[賞]勲二等瑞宝章（平成5年）　[歴]内務省に入省。海軍生活を経て、警察庁に入り、昭和47年近畿管区警察局長となり、退官。阪神高速道路利用協会理事長を経て、58年参院選に自民党比例代表で当選。環境政務次官をつとめた。平成元年落選。

貝沼 次郎　かいぬま・じろう
元・衆院議員（新進党）　[生]昭和8年3月15日　[出]新潟県　[学]新潟大学理学部（昭和30年）卒　[歴]原子燃料公社、公明党県役員、創価学会理事を経て、昭和44年以来衆院議員に7選。公明党副委員長を務め、平成6年新進党結成に参加。8年落選。

改野 耕三　かいの・こうぞう
衆院議員　[生]1857年3月　[没]昭和3年5月　[出]播磨国揖保郡太田村（兵庫県）　[賞]勲三等　[歴]兵庫県下の戸長、郡書記を務め、のち農商務省官房長、兵庫県議、同常置委員、南満州鉄道会社理事などを歴任。衆院議員当選11回、政友本党、政友会に属した。

貝原 俊民　かいはら・としたみ
元・兵庫県知事　神戸女子大学理事長　[生]昭和8年8月24日　[出]兵庫県　[学]東京大学法学部（昭和32年）卒　[歴]自治省に入省。税務局固定資産税課長補佐を経て、昭和45年兵庫県庁に入庁。48年総務部次長、49年農林部長、51年総務部長、55年副知事を歴任。61年から兵庫県知事に4選。3期目の平成7年1月阪神大震災が起き、対応に追われた。13年妻の介護のため退任。14年神戸女子大学理事長。

海部 俊樹　かいふ・としき
衆院議員（保守新党　愛知9区）　第76·77代首相　[生]昭和6年1月2日　[出]愛知県名古屋市東区　[学]早稲田大学法学部（昭和29年）卒　[賞]ペルー太陽大十字勲章（平成1年），ニューヨーク大学名誉法学博士号（平成2年），韓国修交勲章光化章（平成3年），ボストン大学名誉法学博士号（平成3年），深圳大学名誉教授号（平成3年），北京大学名誉教授号　[歴]河野金昇代議士に師事し、大学院で政治学を学ぶ。昭和35年の衆院選に、全国最

年少の29歳で当選。三木派ののち、河本派。労働政務次官、衆院議運委員長、三木内閣の官房副長官などを経て、福田内閣の文相を務め、大学入試制度改革のため、共通一次試験を導入。教育行政に精通し、その行政手腕は高く評価された。60年12月第2次中曽根内閣第2回改造内閣の文相を経て、平成元年8月首相に就任。翌2年総選挙で勝利し、第2次内閣を組閣。3年政治改革関連法案が廃案となり、辞任。6年6月首相指名選挙の際、自民党を離党して、新生党・公明党・日本新党らの連立政権側から立候補したが敗れた。7月新党みらいと共に統一会派“高志会”を結成。12月新進党発足にあたり党首となる。7年12月退任。9年12月解党に伴い、無所属。10年4月無所属の会入り。11年1月自由党、12年4月保守党、14年12月保守新党に参加。14期目。早大時代、雄弁会に所属し、全国学生弁論大会に優勝したこともあり、弁が立つ。著書に「未来への選択」など。　[趣]水玉模様のネクタイの収集　[家]長男＝海部正樹（首相秘書）

海江田 信義　かえだ・のぶよし
枢密顧問官　官僚　子爵　[生]天保3年2月11日（1832年）　[没]明治39年10月27日　[出]薩摩国（鹿児島県）　旧姓＝有村　[歴]薩摩藩士。11歳の時島津斉興の茶道に出仕、茶坊主となり俊斎を名のる。嘉永5年江戸に出て藤田東湖に師事し尊攘運動に従事。僧月照、西郷隆盛、大久保利通らと国事に奔走し、安政5年の大獄後僧月照と鹿児島まで逃れた。藩内の誠忠組で活躍、文久2年京都の寺田屋事件、江戸からの帰途、生麦事件、薩英戦争参加などを経て、明治元年戊辰の役に東海道先鋒総督参謀となり、江戸城受取りに功労。維新後新政府の弾正大忠、明治3年奈良県令、14年元老院議官。18年子爵。20年渡欧し、ウィーンでシュタインに法学を師事。帰国後23年貴院議員、錦鶏間祗候、24年枢密顧問官。著書に「実歴談」。

嘉悦 氏房　かえつ・うじふさ
衆院議員　[生]天保5年1月（1834年）　[没]明治41年12月30日　[出]肥後国熊本（熊本県）　[歴]明治維新後、地方県令となったが、のち政界に入り県下の同志を集めて九州改進党を組織、明治15年ごろ中央の民党に応じて声名を馳せた。一方九州鉄道の敷設に尽力した。九州改進党が自由党に合併されて後も党長老として尊敬され、26年衆院議員に推された。　[家]長女＝嘉悦孝子（教育家）

加賀 操　かが・みさお
元・参院議員（緑風会）　[生]明治30年7月25日　[没]昭和61年2月3日　[出]岡山県　[学]北海道帝大農学部（大正13年）卒　[歴]北海道庁、北連（現・ホクレン）北見ハッカ工場長などを経て、昭和22年4月から28年4月まで参院議員（北海道地方区）。道内で初めての本格的なハッカ工場を手がけ“ハッカの神様”で知られた。

加賀田 進　かがた・すすむ
元・衆院議員　社会党京都府連顧問　[生]明治44年3月18日　[出]石川県　[学]京都工電気科（昭和7年）卒　[歴]京都府地方労働委員、京都地方評議会議長等を経て、昭和27年京都1区より衆院議員に当選。通算5期を務めた。その後社会党京都府本委員長等を歴任。　[趣]釣り，書道

加々美 武夫　かがみ・たけお
大阪市長　[生]明治23年8月　[没]昭和11年9月18日　[出]山梨県　[学]京都帝大（大正4年）卒　[歴]警視庁保安課長、大阪府特高課長などを経て、内務省事務官となる。大正10年シベリアに出張、スパイ容疑で投獄される。帰国後は大阪市助役となり、昭和10年大阪市長に就任。

加賀山 之雄　かがやま・ゆきお
参院議員（参議院同志会）　国鉄総裁　[生]明治35年12月30日　[没]昭和45年8月7日　[出]福井県　[学]東京帝大法学部英法科（昭和2年）卒　[歴]昭和2年鉄道省に入り広島鉄道局長、本省職員局長、業務局長、運輸省鉄道総局長官を経て、24年6月国鉄副総裁、同年9月下山定則総裁横

死の後をうけ第2代国鉄総裁となった。2.1スト前後の労組対策、民主化同盟育成による組合分裂を図った。26年8月桜木町国電炎上事件で辞任、鉄道会館社長に。28年には会館をめぐるスキャンダルで世論の批判を浴びた。同年参院議員全国区に当選。緑風会に属し、文教委員長を務めた。当選2回。30年全国通運社長。

香川 敬三　かがわ・けいぞう
枢密顧問官　皇后宮大夫　宮内官　伯爵　[生]天保10年11月15日(1839年)　[没]大正4年3月18日　[出]常陸国茨城郡下伊勢畑村(茨城県御前山村)　変名＝鯉沼伊織,小林彦次郎,蓮見東太郎,字＝心豊,号＝東州　[歴]水戸藩士。尊王攘夷運動に参加し、文久3年藩主徳川慶篤に従って上京、天下の志士と交際し、国事に奔走する。後に岩倉具視に仕え、王政復古の計画に参画。明治元年戊辰戦争に際して軍監となり、流山で近藤勇捕縛に功をなす。3年欧米を視察し、帰国後、宮内大丞、宮内大書記官、皇后宮大夫、皇太后宮大夫等を歴任。42年枢密顧問官。20年子爵を授けられ、40年伯爵。

香川 真一　かがわ・しんいち
大分県令　牛窓町長　[生]天保6年4月6日(1835年)　[没]大正9年3月　[出]備前国岡山(岡山県)　[歴]岡山藩下士の家に生まれ、嘉永6年藩命により下曽根金三郎に西洋流砲術を学ぶ。ついで岡山藩が房総海岸警備に当ると、安房北条陣屋を担当。慶応元年邑久郡奉行となって功績をあげ、また身を挺して開港説を提唱した。明治元年岡山藩議長、翌年岡山藩権大参事に抜擢され江戸藩邸詰となる。4年岩倉具視に従って欧米を視察、のち伊万里県参事、工部省勧工助、大分県令などを歴任した。12年退官後は牛窓町長などを務め、花筵の輸出など産業振興に尽力、岡山地方財界の重鎮として活躍した。

賀川 豊彦　かがわ・とよひこ
キリスト教社会運動家　牧師　社会事業家　[生]明治21年7月10日　[没]昭和35年4月23日　[出]兵庫県神戸市　[学]明治学院高等部神学予科(明治40年)卒,神戸神学校(明治44年)卒,プリンストン神学校卒　[歴]神戸神学校在学中から貧民街に入って伝導活動を始める。大正3年渡米、プリンストン大、プリンストン神学校で学ぶ。6年帰国後も貧民街に戻り、8年日本基督教会で牧師の資格を得る。9年ベストセラーになった小説「死線を越えて」を刊行して有名になる。同年神戸購買組合を創設。10年川崎造船、三菱神戸造船争議を指導して検挙。その他、農民運動、普選運動、共同組合運動、神の国運動などを創始し、日米開戦には反戦的平和論者として行動し、憲兵隊に留置された。戦後は日本社会党の結成に加わり、顧問となる。またキリスト新聞社を創立し、「キリスト新聞」や口語訳「新約聖書」の刊行に尽力、死去するまで国内外で伝導に努めた。一方、著述活動もめざましく、自伝系小説5冊、虚構系小説21冊を数え、新聞に連載、収載された小説も数多い。他の主な小説に「キリスト」「石の枕を立てて」「一粒の麦」など、詩集に「涙の二等分」「永遠の乳房」などがあり、「賀川豊彦全集」(全24巻,キリスト新聞社)がある。　[家]妻＝賀川ハル(社会福祉家),息子＝賀川純基(賀川豊彦記念松沢資料館館長)

柿沢 弘治　かきざわ・こうじ
衆院議員(無所属　東京15区)　元・外相　[生]昭和8年11月26日　[出]東京都中央区　[学]東京大学経済学部(昭和33年)卒　[賞]レジオン・ド・ヌール勲章(平成1年)　[歴]昭和33年大蔵省に入省し、大蔵省主計局主査、内閣官房長官秘書官、大蔵大臣官房参事官などを歴任。52年参院議員に新自由クラブから当選、55年衆院に転じ、のち自民党に移る。58年環境政務次官、平成4年外務政務次官。6年自由党を結成、院内会派・改新に参加して連立与党に加わり、羽田内閣の外

相に就任。同年12月の新進党結成には参加せず、自由連合に参加。7年11月自民党に復帰。旧渡辺派を経て、10年12月山崎派に参加。11年4月自民党の方針に反して東京都知事選に立候補し、除名される。12年無所属で衆院選に当選。通算7期目。東海大学平和戦略国際研究所教授、柿沢総合政策研究所所長をつとめる。著書に「東京ビックバン」がある。　[趣]ワイン, 歌舞伎, 小唄　[家]妻＝柿沢映子（緑内障フレンド・ネットワーク代表）, 長男＝柿沢未途（東京都議）

鍵田 忠三郎　かぎた・ちゅうざぶろう
元・奈良市長　元・衆院議員（自民党）　[生]大正11年7月25日　[没]平成6年10月26日　[出]奈良県　[学]拓殖大学（昭和18年）卒　[賞]西安市名誉市民（昭和59年）, 勲三等瑞宝章（平成5年）　[歴]昭和26年29歳で奈良県議。その後、新若草山ドライブウェー、三笠温泉開発などの事業を手がけたが、38歳当時、胸を病んで2ケ月の命と宣告され、死ぬ気で四国遍路に。生命をとりとめ、42年以来、奈良市長に4選。雲の動きで地震を予知し、“地震雲市長”の異名で知られた。48年中国・西安市と友好都市の関係を結び、日本全国の自治体が中国の市と友好都市関係を結ぶきっかけとなる。58年奈良全県区から衆院議員に当選、1期つとめた。61年落選。

影山 秀樹　かげやま・ひでき
衆院議員　[生]安政4年4月（1857年）　[没]大正2年10月15日　[出]静岡県富士郡岩松村　[学]沼津学校卒　[歴]富士勧業会社を創立して社長。静岡県議を2期。静岡農工銀行頭取となり、韓国大邱民団長を務めた。衆院議員当選3回。郷里岩松村の村長も務めた。

笠井 重治　かさい・じゅうじ
元・衆院議員（民主党）　（社）日米文化振興会名誉会長　[生]明治19年7月14日　[没]昭和60年4月10日　[出]山梨県　[学]シカゴ大学政治学科（大正2年）卒, ハーバード大学大学院（大正4年）修了　B.P.（シカゴ大）, M.A.（ハーバード大）　[歴]明治37年渡米、シカゴ大、ハーバード大で学び、大正7年帰国。昭和4年から12年まで東京市議。11～17年と、21～22年まで無所属で衆院議員を務めた。また22年日米文化振興会会長、25年国際産業（社）社長、53年（株）学生援護会顧問なども歴任。

笠井 信一　かさい・しんいち
岡山県知事　貴院議員（勅選）　[生]元治1年6月（1864年）　[没]昭和4年7月25日　[出]駿河国富士郡（静岡県）　[学]東京帝大法科（明治25年）卒　[歴]内務省官吏となり、明治40年抜擢され岩手県知事に就任。後、北海道長官、貴族院勅選議員などを歴任。在任5年の岡山県知事時代に、大正天皇から受けた貧民状態に関する下問を契機として、大正6年済世顧問制度を創設、翌7年大阪に設立された方面委員制度の先駆となった。この制度の精神的基調を昭和3年著書「済世顧問制度の精神」にまとめ、後の社会事業家や、後に全国に施行された方面委員制度に大きな影響を与えた。「笠井明府頌徳誌」（41年）がある。

笠原 貞造　かさはら・ていぞう
元・衆院議員（社会党）　元・日弁連副会長　弁護士　[生]明治34年8月　[没]昭和60年3月19日　[出]群馬県　[学]早稲田大学専門部政経科（昭和3年）卒　[歴]昭和22年新潟1区から衆院初当選、1期務めたほか、新潟県弁護士会長などを歴任。

風見 章　かざみ・あきら
法相　衆院議員（社会党）　[生]明治19年2月12日　[没]昭和36年12月20日　[出]茨城県水海道市　[学]早稲田大学政経学部（明治42年）卒　[歴]杉浦重剛の称好塾に入り、中野正剛、緒方竹虎らと交友。大学を出て大阪で株屋をやり、「朝日新聞」記者などを経て、大正12年「信濃毎日新聞」主筆。5年で信濃毎日を辞め、昭和3年第1回普選に出馬したが落選。5年衆院選に当選、以降4回連続当選。民政党から国民同盟を経て無所属。12年第1次近衛内閣の書記官長に迎えられ、15年5月新体制運動に参加。同年7月第2次

近衛内閣の法相となるが、同年暮れ辞任、農業に従事。戦後、公職追放、26年解除。27年の衆院選に当選し政界に復帰、以降5回連続当選。この間、30年左派社会党に入党。護憲運動や平和運動に積極的に取り組み、また日中国交回復運動に尽力した。

鍛冶 清 かじ・きよし
元・衆院議員(公明党) [生]昭和3年2月18日 [出]福岡県北九州市小倉北区 [学]明治工専(昭和23年)卒 [賞]勲二等瑞宝章(平成10年) [歴]北九州市議を3期務めた後、昭和51年から衆院議員に5選。この間公明党福岡県副本部長、公明党中央委員を務めた。平成5年引退。 [趣]読書, スポーツ

加地 和 かじ・やまと
元・衆院議員(新自由クラブ) 弁護士 [生]昭和11年9月16日 [出]京都府京都市 [学]京都大学法学部(昭和34年)卒 [歴]京都市役所に入所。昭和38年司法試験に合格、40年から弁護士に。京都府議(自民党)2期を経て、51年新自由クラブから衆院議員に当選するが、1期で落選。56年京都市長選に立候補、善戦するも落選。

鍛冶 良作 かじ・りょうさく
元・衆院議員(自民党) 弁護士 [生]明治28年2月20日 [没]昭和55年6月8日 [出]富山県 [学]明治大学法学部(大正10年)卒 [賞]勲二等旭日重光章(昭和40年), 勲一等瑞宝章(昭和45年) [歴]昭和11年弁護士を開業。22年富山一区から初当選し、7期。法務政務次官、大蔵政務次官をそれぞれ1期務めた。政界引退後は再び自宅で弁護士活動をしていた。 [家]二男=鍛冶良堅(明治大学教授)

梶木 又三 かじき・またぞう
元・参院議員(自民党) 全国土地改良事業団体連合会会長 [生]大正8年1月4日 [出]兵庫県神戸市 [学]京都帝国大学農学部農林工学科(昭和16年)卒 農学博士 [賞]勲一等瑞宝章(平成2年) [歴]昭和17年農林省入省。42年農地局建設部長に。45年退官し、46年参院に当選、以来3選。大蔵政務次官、ロッキード特別委員長を歴任。57年国対委員長として、参院全国区の改正法案成立に尽力した。同年環境庁長官に就任。 [家]兄=梶木博之(中の坊会長)

鹿島 俊雄 かしま・としお
元・参院議員(自民党) 元・郵政相 [生]明治40年5月2日 [没]平成7年11月4日 [出]東京都 [学]東京歯科医専(現・東京歯科大学)(昭和8年)卒 医学博士(昭和28年) [賞]勲一等瑞宝章(昭和52年) [歴]昭和21年東京歯科大学評議員、24年東京歯大附属市川病院顧問をつとめ、27年日本歯科医師会専務理事に選ばれた。34年以来参院議員に3選。この間科学技術政務次官参院商工委員長、48年参院予算委員長、49年第2次田中第2回改造内閣郵政大臣を歴任。52年引退し、東京歯科大学理事長をつとめた。 [趣]読書, 柔道(4段), スキー, 登山

鹿島 秀麿 かしま・ひでまろ
衆院議員(憲政会) [生]嘉永5年8月(1852年) [没]昭和7年3月27日 [出]兵庫県 [学]慶応義塾 [歴]徳島藩小目付、文学助教となった。明治維新後、兵庫県議、同副議長、洲本中学校長等を歴任。その後、明治23年兵庫郡部より衆院議員に当選し、通算9期を務めた。また、藩但鉄道社長、阪神電気鉄道取締役等を歴任。

鹿島 守之助 かじま・もりのすけ
参院議員(自民党) 鹿島建設社長 実業家 外交史研究家 [生]明治29年2月2日 [没]昭和50年12月3日 [出]兵庫県揖西郡半田村(現・揖保郡揖保川町) 旧姓=永富 [学]東京帝大法学部政治学科(大正9年)卒 法学博士(東京帝大)(昭和9年) [賞]日本学士院賞(昭和34年)「日英外交史および日本外交政策の史的考察」, 文化功労者(昭和48年) [歴]大正9年外務省入省。駐ドイツ大使館、駐イタリア大使館勤務後、本省で日英外交文書、日米外交文書の研究に従事。昭和2年鹿島組社長・鹿島精一の婿養子となる。5年退官

し、11年鹿島組(のちの鹿島建設)に入社、13年社長に就任。32年会長となる。経営革新に采配をふるい、建設業の古い体質の一掃による近代化に成果をあげた。この間、28年自由党から参院議員に初当選、以来3期つとめ、32年に岸内閣の北海道開発庁長官に就任。26年より拓殖大学教授も務める。41年には鹿島平和研究所を設立。また、研究・著述活動にも精を出し、著書は「日本外交史」(全34巻)「日本の外交政策の史的考察」「日英外交史」、「鹿島守之助外交論選集」(全12巻・別巻3, 鹿島研究所出版会)など多数。48年文化功労者。 [家]妻=鹿島卯女(鹿島建設社長), 長男=鹿島昭一(鹿島建設社長), 娘=平泉三枝子(鹿島平和研究所常務理事)

梶山 静六　かじやま・せいろく
元・衆院議員(自民党)　元・内閣官房長官　[生]大正15年3月27日　[没]平成12年6月6日　[出]茨城県常陸太田市　[学]日本大学工学部土木科(昭和24年)卒　[賞]勲一等旭日大綬章(平成11年)　[歴]常陸大理石専務から昭和30年茨城県議に当選。42年県会議長を経て、44年茨城2区から衆院議員に当選。通産政務次官、衆院商工委員長などを歴任し、62年竹下内閣の自治相、平成元年宇野内閣の通産相、2年海部内閣の法相、4年党幹事長、8年橋本内閣の官房長官となり、第2次橋本内閣でも留任。10年7月自民党総裁選に出馬するが、小渕恵三に敗れる。当選9回。竹下派、小渕派を経て、無派閥。竹下内閣時代は"竹下派七奉行"の一人として"武闘派""大乱世の梶山"の異名を取った。著書に「破壊と創造」がある。12年1月追突事故にあい入院、同年4月政界引退を表明、同年6月衆院解散直後に死去。　[趣]ゴルフ, 将棋　[家]長男=梶山弘志(衆院議員)

勧修寺 経雄　かじゅうじ・つねお
貴院議員　伯爵　[生]明治15年　[没]昭和11年11月1日　[学]東京農学校卒　[歴]明治33年伯爵を継ぎ、掌典を務めた。のち貴院議員。園芸研究家として京都園芸倶楽部や他の同好者間で重んじられた。

柏木 庫治　かしわぎ・くらじ
参院議員(緑風会)　[生]明治21年8月　[没]昭和52年9月15日　[出]東京　[学]中津中学校　[歴]天理教本部数学審議会委員長、同教集会予算委員長、同教東中央分教会長、同文教部理事を務め、昭和22年参院議員初当選。以降3選。参院図書館運営委員長となる。

柏木 忠俊　かしわぎ・ただとし
足柄県令　[生]文政7年3月(1824年)　[没]明治11年11月29日　[出]伊豆国韮山(静岡県)　[歴]14歳で伊豆韮山代官江川坦庵(太郎左衛門)の書記となり、公事掛を経て、18歳で代官所手代に抜擢される。弘化3年江川に随行して伊豆七島を巡察、嘉永6年にも江戸周辺・防備地を視察した。安政元年長崎に赴き造船・航海術、砲術をオランダ人に学び、翌2年江川の没後その遺志を継いで、その子江川英敏・英武らを補佐して支配地の経営にあたり、慶応2年以降領内各地に農兵小隊を置いた。明治元年韮山県設置により判事、大参事を務め、4年足柄県の参事、権令、県令を歴任。また韮山の生産会社設立にも尽力した。

柏田 忠一　かしわだ・ただかず
元・衆院議員(立憲民政党)　拓殖大学教授　弁護士　[生]明治19年11月5日　[没]昭和33年10月3日　[出]岩手県　[学]東京帝大法科大学独法科(大正3年)卒　[歴]上海日日新聞記者、主筆となったが、大正5年弁護士を開業。9～11年ヨーロッパ留学、13年衆議院議員となり政友党本部に所属。時の首相田中義一の300万円事件で首相と対決。一期だけで代議士を辞めた後、拓殖大学教授、山口高商講師となり、植民政策、民族問題を講じた。昭和6年渡満、関東庁嘱託、ハルビン弁護士会会長などを務め、敗戦で帰国した。

柏田 盛文　かしわだ・もりぶみ
衆院議員　⽣嘉永4年3月(1851年)　歿明治43年　⿅慶応義塾(明治12年)卒　歴郷里鹿児島に帰り、県議、議長を務めた。明治22年第四高等学校長、25年衆院議員当選、31年千葉県知事、32年文部次官。その後茨城、新潟各県知事を歴任、36年休職。

柏原 幸一　かしわばら・こういち
元・衆院議員　⽣明治28年3月　歿昭和56年12月1日　⿅大分県　⿅東京帝大経済科(大正3年)卒　歴大分県議を務めたあと、昭和17年の翼賛選挙で衆院選大分1区で当選1回。

柏原 文太郎　かしわばら・ぶんたろう
衆院議員　⽣明治2年2月　歿昭和11年8月10日　⿅千葉県印旛郡成田町　⿅東京専門学校卒　歴育英事業に従事、東亜商業、清華学校、東亜同文書院、目白中学などを設立、東亜同文会幹事、横浜商業会議所顧問を務めた。衆院議員当選4回。

柏原 ヤス　かしわばら・やす
元・参院議員(公明党)　創価大学理事　⽣大正7年1月9日　⿅長野県　⿅埼玉女子師範(昭和11年)卒　⿅勲二等宝冠章(昭和62年)　歴小学校教師を経て、昭和34年から参院議員を4期つとめる。

梶原 清　かじわら・きよし
元・参院議員(自民党)　元・運輸省自動車局長　⽣大正10年11月2日　⿅兵庫県　⿅京都大学法学部卒　⿅勲二等旭日重光章(平成12年)　歴昭和25年運輸省に入省。47年広島陸運局長、48年官房参事官、49年航空局飛行場部長、52年自動車局業務部長、53年自動車局を歴任し、54年退官。55年参院議員に当選、2期つとめた。4年引退。

梶原 茂嘉　かじわら・しげよし
元・参院議員(自民党)　日本食糧協会会長　⽣明治33年2月8日　歿昭和53年10月8日　⿅兵庫県　⿅東京帝大独法科(大正12年)卒　歴農林省入省。京城米穀事務所長、商工省繊維局長、企画院第4部長、農商務省物価局長を歴任。戦後は昭和21年食糧配給公団総裁、26〜50年全国食糧事業協同組合連合会(全糧連)会長をつとめた。一方、28年から連続3回参院全国区に当選。この間外務、農林水産、商工各常任委員長を歴任した。

春日 一幸　かすが・いっこう
衆院議員　元・民社党委員長　⽣明治43年3月25日　歿平成1年5月2日　⿅岐阜県海津郡東江村(現・海津町)　⿅名古屋通信講習所高等科(昭和3年)卒　⿅勲一等旭日大綬章(昭和55年)　歴名古屋中央電信局員を経て、昭和10年春日楽器製造を設立。20年の日本社会党結成に参加し、右派に属す。愛知県議2期ののち、27年の総選挙で愛知1区から当選し、以来連続14期。35年民社党旗揚げに加わり、国対委員長、書記長等を歴任後、46年委員長に就任。中小企業育成に努力し、強い反共論者。また連合政権を悲願とし、政局の節目には必ず登場した。52年委員長を辞任、常任顧問となるが、党内に強い影響力を行使した。美文調"春日ぶし"の演説を得意とした。

春日 佳一　かすが・かいち
元・飯山市長　⽣明治36年6月24日　歿昭和56年11月13日　歴飯山市議会議長などを歴任後、革新系無所属として昭和37年から4期16年間飯山市長を務めた。

春日 正一　かすが・しょういち
日本共産党名誉幹部会委員　元・参院議員　⽣明治40年2月13日　歿平成7年2月22日　⿅長野県上伊那郡赤穂村(現・駒ケ根市)　⿅電機学校(大正13年)卒　歴昭和2年全日本無産青年同盟中執、3年共産党に入党。同年3.15事件で検挙

され、懲役5年。15年反戦運動で再び検挙され、獄中で終戦を迎える。21年関東労協書記長となり、戦後労働運動の発展に努めた。24年衆院議員当選、25年公職追放、30年共産党中央委員統制委議長、33年中央委幹部会員。40年以来参院議員に2選、49年参院懲罰委員長を務めた。著書に「民族民主統一戦線」「労働運動入門」など。

春日 庄次郎　かすが・しょうじろう
日本共産党中央委員　共産主義労働者党創立者　労働運動家　[生]明治36年3月25日　[没]昭和51年4月9日　[出]大阪府大阪市東区今橋　[学]立命館中中退　[歴]綿布商に奉公した後、大正11年上京、博文館の印刷工。13年関東印刷労働組合を組織、日本労働総同盟に参加。同年モスクワのクートベ（東洋勤労者共産大学）で学び、15年帰国。昭和2年日本共産党関西地方委員長。翌年共産党一斉検挙で懲役10年の判決を受け、12年満期出獄。日本共産主義者団を組織、13年再び検挙され無期懲役判決。20年釈放、21年共産党中央委員。25年書記局員。同年の党分裂で宮本顕治とともに国際派を指導。同年6月マッカーサー書簡で公職追放。30年党統一で中央委員、後書記局員。33年統制委員会議長。36年離党、社会主義革新運動準備会（社革）を結成、議長。37年運動方針をめぐって社革から離れ統一社会主義同盟を組織。42年社革、日本のこえの大半を合同、共産主義労働者党を結成。

春日 潜庵　かすが・せんあん
奈良県知事　儒学者　[生]文化8年8月3日（1811年）　[没]明治11年3月23日　[歴]安政5年安政の大獄に連座するが、文久2年赦免。明治1年大和鎮撫総督久我建通の参謀となり、5年奈良県知事となる。著書に「潜庵遺稿」「陽明学神髄」などがある。

春日 由三　かすが・よしかず
元・十日町市長　日本民謡協会理事長　元・NHK専務理事　[生]明治44年11月10日　[没]平成7年10月22日　[出]新潟県十日市町　旧姓＝大島　[学]東京帝大法律学科（昭和10年）卒　[賞]藍綬褒章（昭和47年），勲三等瑞宝章（昭和57年）　[歴]昭和10年NHK入局。富山放送局長から編成、企画、経理局を経て34年に理事、38〜40年専務理事。「のど自慢素人音楽会」「放送討論会」「街頭録音」など戦後のNHKラジオの拡充時代をリード。また「紅白歌合戦」審査委員長、大相撲の優勝杯授与にNHKの顔として活躍。さらにFM放送拡充にも尽力した。NHK出身の最初の会長と目されていたが、前田義徳に会長を譲って退陣、46年郷里の新潟県十日町市長に当選、50年に再選された。55年NHKインターナショナル理事長を経て、日本エッセイスト・クラブ理事長などを歴任。著書に「体験的放送論」「アンテナは花ざかり」など。　[団]日本エッセイスト・クラブ，日本民謡協会（理事長）　[趣]弓道

粕谷 義三　かすや・ぎぞう
衆院議長　衆院議員（政友会）　[生]慶応2年8月15日（1866年）　[没]昭和5年5月4日　[出]武蔵国入間郡藤沢村（埼玉県入間市）　旧姓＝橋本　号＝竹堂　[学]ミシガン大学卒　[歴]明治12年島村孝司に経学、洋書を師事。19年米国留学、財政、経済、政治学を学んで22年帰国。板垣退助らの「自由新聞」主筆となり、埼玉県議を経て、31年以来衆院議員当選10回、立憲政友会幹部として活躍。大正12年〜昭和2年衆院議長を務めた。また書をよくし竹堂と号した。

粕谷 茂　かすや・しげる
元・衆院議員（自民党）　元・北海道開発庁長官　[生]大正15年2月14日　[出]東京都渋谷区　[学]日本大学法文学部（昭和23年）卒　[賞]勲一等旭日大綬章（平成12年）　[歴]東京都議4期を経て、昭和47年以来衆院議員を9期務めた。57年自民党副幹事

長、59年衆院商工常任委員長、62年竹下内閣の北海道・沖縄各開発庁長官を歴任。平成4年政治改革本部長。5年予算委員長。10年12月宮沢派を離脱し河野グループに参加。12年落選。

粕谷 照美　かすや・てるみ
元・参院議員（社会党）　[生]大正13年4月19日　[出]新潟県佐渡郡　[学]東京府立女子師範（昭和18年）卒　[賞]勲二等宝冠章（平成6年）　[歴]新潟の小中学校教師を10数年務める。昭和26年新潟県教組委員、日教組中執委員を歴任。49年以来全国区より参院議員に3選。参院社会労働委員長、社会党文教副部会長、参院環境特別委員長を歴任。61年党教育文化局長に就任。4年引退。親と子の教育相談室長を務める。

加瀬 完　かせ・かん
元・参院議員（社会党）　[生]明治43年1月1日　[没]平成7年2月28日　[出]千葉県八日市場市　[学]千葉師範卒　[歴]戦後小学校校長をつとめていた頃、千葉県教組委員長となり、その後教育の民主化を目指して政界へ。昭和58年引退するまで連続5期参院議員に当選。この間参院副議長や社会党参院議員会長を務めた。

加瀬 禧逸　かせ・きいつ
衆院議員（無所属）　[生]明治6年9月　[没]昭和3年5月4日　[出]千葉県　[学]東京法学院卒　[歴]日清戦争従軍後、弁護士を開業し、日本弁護士協会理事等を経て、明治37年千葉県より衆院議員に当選し、通算5期を務めた。また、（株）旭町電燈所取締役等を務めた。

片岡 勝治　かたおか・かつじ
元・参院議員（社会党）　神奈川県社文会館理事長　[生]大正13年8月21日　[出]神奈川県　[学]神奈川師範（昭和19年）卒　[歴]中和田中学教諭、横浜市教組書記長、社会党神奈川県本部書記長、委員長を経て、昭和30年から神奈川県議を4期。県会副議長も務めた。46年から参院議員に2選。

片岡 健吉　かたおか・けんきち
衆院議長　同志社社長　自由民権家　[生]天保14年12月26日（1844年）　[没]明治36年10月31日　[出]土佐国（高知県）　幼名＝寅五郎, 諱＝益光　[歴]土佐藩士。文久3年土佐藩の郡奉行・普請奉行。明治元年戊辰戦争に従軍、2年藩中老職、4年権大参事となり、欧州巡遊、5年帰国。6年海軍中佐、征韓論を支持して官を辞し土佐に帰り、立志社を創立、民権運動を指導した。また8年には愛国社創立に参加。10年板垣らと民選議院設立建白書を提出。一方西南の役が始まり、林有造ら立志社内の暴動計画で逮捕され、禁獄100日を言い渡された。12年県議となり議長。13年愛国社大会議長となり、国会開設請願書を提出。14年高知新聞社長、15年海南自由党を結成。18年受洗、高知教会長老。20年三大事件建白書運動に参加、保安条例違反で軽禁錮2年。22年大赦、23年以来高知県から衆院議員に8回当選、副議長、議長を歴任。自由党解散後、政友会に属したが、36年退党。のち同志社社長、土陽新聞社長、日本基督教青年会理事長。

片岡 清一　かたおか・せいいち
元・衆院議員（自民党）　元・郵政相　[生]明治44年7月23日　[没]平成11年2月26日　[出]富山県砺波市苗加　旧姓＝野村　[学]東京帝大法学部政治学科（昭和10年）卒　[賞]勲一等瑞宝章（平成1年）　[歴]昭和9年高文行政科合格、10年内務省入省。兵庫県警本部長、東北管区警察局長など主に警察畑を歩み、35年退官。41年砺波市長、44年自民党に入党。47年以来富山2区から衆院議員に6選。56年自民党人事局長、58年衆院内閣委員長、59年衆院法務委員長を経て、63年竹下改造内閣の郵政相に就任。旧中曽根派。平成2年引退。　[趣]囲碁, ゴルフ, 麻雀, 乗馬, 読書

片岡 利和　かたおか・としかず
貴院議員（勅選）　侍従　男爵　⑭天保7年10月9日（1836年）　⑱明治41年11月2日　⑲土佐国土佐郡潮江村（高知県）　別名＝那須盛馬、片岡源馬　㊗文久元年土佐勤王党に加盟するが1年で謹慎を命ぜられる。元治元年8月14日に同志と脱藩、慶応年間には諸藩の志士の間を奔走した。戊辰戦争には北越に従軍し、柏崎監軍となる。維新後東京府参事等を歴任、のち侍従となる。明治33年男爵となり、39年5月には貴院議員に勅選された。

片岡 直温　かたおか・なおはる
蔵相　商工相　日本生命保険社長　衆院議員（民政党）　貴院議員　実業家　⑭安政6年9月18日（1859年）　⑱昭和9年5月21日　⑲土佐国高岡郡下半山村（高知県）　㊋高知陶冶学校（明治8年）卒　㊗土佐国高岡郡役所勤務を経て、明治13年上京、高陽会を組織し、自由党と対抗。17年内務省に入り滋賀県警察部長で退官。22年引世助太郎と共同で日本生命保険会社を設立、副社長から36年社長。31年衆院選に当選。大正13年護憲三派内閣で若槻礼次郎内相の内務政務次官。14年加藤高明内閣の改造で商工相、15年第1次若槻内閣の蔵相に就任。昭和2年震災手形整理法案に関連した議会で「東京渡辺銀行が破綻した」の答弁が、昭和金融恐慌の引き金になって若槻内閣総辞職。5年衆院選で落選し貴院議員。著書に「大正昭和政治史の一断面─続回想録」がある。

片岡 文重　かたおか・ふみえ
元・参院議員（民社党）　⑭明治38年9月15日　⑲千葉県　㊋日本大学専門部法律科卒　㊗大正13年鉄道省に入省。戦後、国鉄労組東京地方評議会議長、国鉄労組書記長等を歴任。昭和25年千葉地方区から参議院議員に当選、以来通算2期。参院運輸委員長をつとめた。

片島 港　かたしま・みなと
元・衆院議員（社会党）　⑭明治43年4月9日　⑱平成8年8月1日　⑲宮崎県　㊋逓信官史練習所第2部行政科（昭和9年）卒　㊗逓信事務官、全逓中央執行委員、社会党選挙対策副委員長等を歴任し、昭和22年宮崎1区より衆議員当選、通算6期を務めた。社会党代議士副会長、衆院逓信委員長となり活躍した。第51回列国議会同盟会議に衆院より派遣された。著書に「労働組合のつとめ」「社会党員の告白」「全逓闘争小史」「ITUに出席して」がある。　㊣読書

片柳 真吉　かたやなぎ・しんきち
元・参院議員　（財）日本農業研究所理事長　元・農林中央金庫理事長　⑭明治38年3月25日　⑱昭和63年6月8日　⑲東京　㊋東京帝国大学法学部（昭和3年）卒　㊆勲一等瑞宝章（昭和50年）　㊗農林省に入省。貿易庁輸入局長、食糧管理局長を経て事務次官に。のち参議院に当選し農林委員長を務めた。昭和41年より農林中金理事長に3選、52年から同顧問。ほかに日本農業研究所理事長などをつとめた。　㊣書道

片山 甚市　かたやま・じんいち
元・参院議員（社会党）　⑭大正12年1月31日　⑲徳島県阿南市　㊋大阪逓信講習所普通科（昭和15年）卒　㊆勲二等瑞宝章（平成5年）　㊗全電通闘委員長を経て、昭和49年から参院議員に2選。61年7月引退。

片山 潜　かたやま・せん
社会運動家　国際共産主義運動指導者　⑭安政6年12月3日（1859年）　⑱昭和8年11月5日　⑲美作国梁郡羽出木村（現・岡山県久米町）　幼名＝藪木菅太郎、号＝深甫　㊋岡山師範中退，グリンネル大学，エール大学　㊗庄屋の次男に生まれる。岡山師範中退後上京、印刷工の傍ら勉学に励み、明治14年渡米、グリンネル大学、エール大学で学ぶ。留学中キリスト教に入信。29年帰国後、日本の労働運動、社会主義運動、生協活動の先駆者となり、31年安部磯雄、幸徳秋水

らと社会主義研究会を設立、34年には社会民主党を結成。37年アムステルダムの第二インター第6回大会に日本代表として出席、ロシア代表のプレハーノフとの不戦を誓う握手は有名。その後、東京市電スト指導で検挙され、出獄後大正3年渡米、以後国外にあった。ロシア革命後の10年ソ連入りし、11年コミンテルン幹部会員に選ばれ、日本共産党の結成とその後の活動を指導。'27年テーゼ、'32年テーゼの作成に参画。死後クレムリンの赤壁に葬られる。著書に「日本の労働運動」「わが回想」「片山潜著作集」などがある。平成2年岡山県久米南町に記念館が建てられた。 㐂娘＝片山やす（ソ日友好協会副会長）

片山 哲 かたやま・てつ
第46代首相　日本社会党委員長　民社党最高顧問　社会運動家　弁護士　㊣明治20年7月28日　㊣昭和53年5月30日　㊣和歌山県西牟婁郡田辺町（現・田辺市）　㊣東京帝大法科大学独法科（明治45年）卒　㊣勲一等旭日大綬章（昭和39年）、藤沢市名誉市民　㊣大正2年弁護士開業。キリスト教的社会主義を説いた安部磯雄の社会運動に共鳴、日本労働総同盟、日本農民組合の顧問弁護士として無産運動に力を入れる。この間、7年"1件1円"の大衆法律相談所を開設、9年「中央法律新報」を発行。15年社会民衆党結成の際書記長に就任。昭和5年第2回普通選挙で神奈川2区から衆院議員に当選し、10期。7年社会大衆党書記長となるが、15年軍を批判した斎藤隆夫議士の除名に反対し、自らも除名となる。戦後、20年11月日本社会党の初代書記長になり、21～25年委員長。22年連立内閣の首相に就任。経済政策をめぐる左派の突き上げで23年総辞職。28年憲法擁護国民連合を結成し議長。35年民社党結成に合流し最高顧問、憲法擁護新国民会議議長、38年引退。39年護憲アピール十人委員会委員長。40年離党。また31年日中文化交流協会初代会長をつとめるなど日中友好運動にも活躍し、「大衆詩人白楽天」

の著書がある。他の著書に「危機突破のため国民に訴う」「民衆の福音」「民主政治の回顧と展望」「女性の法律」など。敬虔なクリスチャンとして知られる。

片山 正英 かたやま・まさひで
元・参院議員（自民党）　日本林業協会名誉会長　㊣大正3年2月17日　㊣宮城県仙台市　㊣東京帝大農学部林学科（昭和14年）卒　㊣勲二等旭日重光章　㊣農林省に入り、昭和41年林野庁業務部長、42年林野庁長官など歴任し、45年退官。46年以来参院議員に2選、49年科学技術政務次官、51年農林政務次官、56年文教常任委員長をつとめた。　㊣囲碁、読書、盆栽

勝 海舟 かつ・かいしゅう
海軍卿　枢密顧問官　蘭学者　伯爵　㊣文政6年1月30日（1823年）　㊣明治32年1月19日　㊣江戸・本所亀沢町（現・東京都墨田区）　本名＝勝安芳　幼名＝義邦、通称＝麟太郎、安房、安房守、別号＝氷川　㊣下級幕臣・勝左衛門太郎（小吉）の長男に生まれる。13歳頃から島田虎之助について剣術を修め、弘化2年頃から永井青崖について蘭学を学ぶ。嘉永3（1850）年赤坂で蘭学塾を開く。6年のペリー来航に際して積極開港論を軸とする海防策を建議。安政2年下田取締掛手付となり、ついで長崎海軍伝習に幹部学生として参加。6年軍艦操練所教授方頭取。万延元（1860）年、咸臨丸を指揮して太平洋を横断してサンフランシスコに行く。帰国後、蕃書調所頭取助、講武所砲術師範役、軍艦操練所頭取などを歴任し、文久2年軍艦奉行並に就任。元治元年軍艦奉行となるが、蛤門の変以降の幕府反動化で失脚する。慶応2年軍艦奉行に再任し、第2次征長戦、長州との講和談判などを調停。明治元年幕府方軍事総裁として西郷隆盛と談判して江戸の無血開城に成功したことで知られる。5年海軍大輔となり、6年参議兼海軍卿、8年元老院議官を歴任。21年枢密顧問官になるなど、明治維新で活躍した。20年伯爵。著書に「吹塵録」「海

軍歴史」「陸軍歴史」のほか、「勝海舟全集」(全22巻,講談社)がある。

勝 正憲　かつ・まさのり
逓信相　元・衆院議員(日本進歩党)　⊕明治12年5月21日　⊗昭和32年11月11日　⊕福岡県　⊕東京帝大法科大学独法科(明治38年)卒　⊕大蔵省に入り税務監督官、松江、長崎、鹿児島、長野、仙台、東京各税務監督局長、函館税関長、国税課長、駐米財務官などを歴任。昭和3年普選第1回総選挙に福岡県から出馬当選、以来連続当選6回。立憲民政党に入り大蔵参与官、商工政務次官、党幹事長、総務を務め、15年米内光政内閣の逓信大臣となった。17年の翼賛選挙で翼政協委員、翼生会常任総務、日政会総務などを務めた。戦後公職追放、解除後27年日本再建連盟顧問のほか九州鉱山会長、日本実業取締役などを歴任した。

香月 熊雄　かつき・くまお
元・佐賀県知事　⊕大正5年1月25日　⊗平成7年6月18日　⊕佐賀県杵島郡白石町　⊕鹿児島高等農林農芸化学科(昭和11年)卒　⊕勲二等旭日重光章(平成3年)　⊕昭和11年佐賀県庁農務課に入る。以来農林畑一筋で、開拓課長、農政食糧課長などを経て、33年農林部長、48年県農協中央会副会長。農林部長時代の40年と41年、2年連続で米の収穫量全国一位を達成。50年副知事を経て、54年から知事に3選。平成元年九州知事会長を務める。3年引退。
⊕剣道,読書

香月 恕経　かつき・ゆきつね
衆院議員　⊕天保13年6月(1842年)　⊗明治27年　⊕筑前国夜須郡下浦村(福岡県)　⊕筑前秋月藩学校の訓導を務め、維新後郡村教導役兼監察となった。明治6年福岡の農民決起に関係、国事犯として投獄された。7年赦免。12年夜須郡で集志社を設立、社長。以後甘木中学校長、玄洋社監督、福陵新聞主幹を経て、22年第1回衆院選に当選した。

勝沢 芳雄　かつざわ・よしお
元・衆院議員(社会党)　⊕大正10年2月1日　⊗平成10年11月4日　⊕静岡県　⊕名古屋鉄道教習所専修部電信科卒　⊕勲二等旭日重光章(平成3年)　⊕昭和11年国鉄入社、26年より国鉄労働地方本部委員長、静岡県労働組合評議会議長等を歴任。33年5月静岡1区より衆院議員に当選。通算6回当選。48年12月衆院交通安全対策特別委員長に就任。その後、社会党政審中小企業部長、決算部長等を務めた。著書に「中南米とアメリカの旅」「中国北鮮みたまま」など。
⊕釣り,囲碁

勝田 永吉　かつた・えいきち
衆院副議長　⊕明治21年　⊗昭和21年　⊕大阪　⊕東京帝国大学卒　⊕弁護士となり、大阪弁護士会副会長などで活躍。昭和3年衆院議員となり以来当選6回。民政党に属し、内務参与官、党総務、内務政務次官などを歴任。戦時中翼政会常任総務、日政会政調会長、20年衆院副議長となった。

勝間田 清一　かつまた・せいいち
元・衆院副議長　元・日本社会党委員長　⊕明治41年2月12日　⊗平成元年12月14日　⊕静岡県御殿場市　⊕京都帝国大学農業経済学部(昭和6年)卒　⊕勲一等旭日大綬章(昭和61年)　⊕協調会参事、企画院調査官、硫安製造業組合常勤理事を歴任。昭和16年4月のいわゆる企画院事件に連座して、2年間を巣鴨の監獄で過ごす。22年社会党に入党し、同年以来、衆院当選14回。国対委員長、政審会長等を経て、42年委員長に就任。翌年参院選敗北により引責退陣し、以後は党理論センター所長を務める。58年衆院副議長に就任。61年6月引退。片山内閣時代は党内の数少ない政策マンとして外交、経済政策の立案にあたったほか、党内論争の調停役としての功績が名高い。和田博雄以来の政策グループ路線を形成。座右の銘は「有情」。著書に「日本農業の統制機構」など。
⊕読書

勝又 武一　かつまた・ぶいち
元・参院議員(社会党)　静岡県教育公務員弘済会理事長　㊐大正13年6月9日　㊞静岡県富士市　㊫横浜経専(昭和20年)卒　㊑勲三等旭日中綬章(平成6年)　㊚昭和42年静岡県教職員組合執行委員長、43年静岡県労働者共済生協理事長、49年静岡県労組評議会議長を経て、52年参院議員に当選。56年参院逓信委員長をつとめた。　㊙野球, 読書, 登山, 映画

勝俣 稔　かつまた・みのる
元・衆院議員(自由党)　元・参院議員(自民党)　公衆衛生学者　㊐明治24年9月5日　㊍昭和44年3月9日　㊞長野県上田市　㊫東京帝大医学部(大正8年)卒　㊑勲二等旭日重光章　㊚大正8年北里研究所に入り、慶大医学部病理細菌学教室助手を経て、12年内務省衛生局に入省。13年新設の厚生省に移り、防疫、予防、結核課長。結核予防会創設に尽力、日本医療団医療局長などを経て、21年衛生局長。同年11月退官し22年から結核予防会長。27年長野2区から衆院議員、31年には参院議員を1期務めた。

桂 小五郎　⇒木戸孝允(きど・たかよし)を見よ

桂 太郎　かつら・たろう
第11・13・15代首相　陸相　元老　陸軍大将　公爵　㊐弘化4年11月28日(1848年)　㊍大正2年10月10日　㊞長門国萩城下平安古町(現・山口県萩市)　号=海城　㊚長州(萩)藩士の子。文久3年馬関戦争に参戦、戊辰戦争では奥羽各地を転戦。明治3年ドイツ留学。5年帰国、6年陸軍歩兵大尉。8年ドイツ駐在武官。11年帰国後、参謀本部入り。15年大佐。参謀本部管西局長を経て、19年陸軍次官となり、軍制改革を推進。日清戦争に第三師団長で出征、戦後子爵。29年台湾総督。31年第3次伊藤内閣の陸相。同年大将に昇進。次いで大隈内閣、第2次山県内閣、第4次伊藤内閣で陸相留任。34年首相となり、日露戦争では強硬論を唱え、日英同盟締結。38年ポーツマス条約締結後の日比谷焼打ち事件で桂内閣瓦解。戦後は西園寺公望と交互に政権担当。41年第2次内閣を組織、労働運動強圧政策を進め、43年の大逆事件後、社会主義が抹殺された。同年韓国併合。翌44年総辞職、内大臣兼侍従長。同年公爵。大正元年3度首相となったが2カ月で辞職。2年立憲同志会を結成。首相在任7年9カ月の記録を立てた。　㊎二男=井上三郎(陸軍少将・侯爵), 孫=桂広太郎(貴院議員)

勘解由小路 資承　かでのこうじ・すけつぐ
貴院議員　子爵　㊐万延1年9月13日(1860年)　㊍大正14年6月18日　㊞京都　㊚明治5年宮内省九等出仕、16年司法省御用掛として、裁判所書記。20年明宮祗候を許され22年東宮侍従、26年家督を継いで子爵。その後辞任して貴院議員となった。

加藤 明実　かとう・あきざね
水口藩知事　子爵　㊐嘉永1年3月1日(1848年)　㊍明治39年11月29日　㊞江戸水口藩邸　㊚慶応2年近江水口藩主を相続、版籍奉還により水口藩知事となる。明治4年廃藩置県により退官し、東京に移転。17年子爵。

加藤 宇兵衛　かとう・うへえ
衆院議員　貴院議員(多額納税)　㊐文久1年12月(1862年)　㊍昭和4年8月22日　㊞青森県　㊚青森県議、同参事員を経て、明治35年衆院議員初当選。以降3選。貴院には40年から44年まで在任した。同県農会名誉会員、津軽鉄道会社社長もつとめた。

加藤 閲男　かとう・えつお
元・参院議員(民社党)　国労初代委員長　労働運動家　㊐明治33年9月5日　㊍昭和50年12月5日　㊞熊本県熊本市　㊫釜山中学(朝鮮)卒　㊚大正9年から国鉄に勤め、敗戦直後に両国駅助役。昭和21年、国鉄千葉従組委員長から東京地方労組委員長となり、7,500人解雇に反対する10月闘争を指導、当局に解雇を撤回させた。22年国鉄労働組合結成

と同時に初代委員長。24年国際自由労連の結成委員として渡欧。25年に委員長辞任、26年に書記長を務めた後引退。28年、千葉地方区補欠選に勝って参院議員となり、35年民社党結成後は同党に属した。

加藤 勝弥　かとう・かつや
衆院議長　㊐安政1年（1854年）　㊗大正10年11月5日　㊍越後国岩船郡八幡村（新潟県）　㊫早くから政治運動に入り、明治7年板垣退助の自由民権論に呼応して民権運動を指導。北越会館館長を務め、のち新潟県議となった。23年国会開設以来衆院議員当選3回、政友会に属し、同会協議員となった。

加藤 勘十　かとう・かんじゅう
衆院議員（社会党）　労相　労働運動家　㊐明治25年2月25日　㊗昭和53年9月27日　㊍愛知県丹羽郡岩倉町（現・岩倉市）　㊫日本大学法学部中退　㊫大正7年シベリア出兵後、反戦・労働運動に参加。9年八幡製鉄所争議を指導。昭和3年関東金属産業労組委員長、9年日本労働組合全国評議会（全評）議長。一方、4年大山郁夫ら新労農党に入党し、11年には衆院選に全国最高点で当選、12年日本無産党委員長となるが、同年12月人民戦線事件に連座して検挙。戦後は日本社会党創立委員として結党に参加、組織局長、国対委員長などを歴任し、23年芦田内閣の労相に就任。26年の社会党分裂では右派に属す。衆院当選9回。44年引退、社会党顧問となる。著書に「加藤勘十の事ども」など。　㊮妻＝加藤シヅエ（女性運動家・政治家），娘＝加藤タキ（コーディネーター），兄＝加藤鯛一（衆院議員・民政党）

加藤 吉太夫　かとう・きちだゆう
元・衆院議員（日本農民党）　㊐明治28年2月　㊗昭和63年3月11日　㊍福井県鯖江市　㊫武生中（明治44年）卒　㊫昭和22年4月の戦後2回目の総選挙に、福井県農民連盟副委員長として福井全県区から出馬し初当選。同年5月農民支持の衆院議員6人とともに院内会派の日本農民党を結成、常務部長などを歴任した。当選1回。

加藤 清政　かとう・きよまさ
元・衆院議員（社会党）　元・千代田区長　㊐大正6年1月10日　㊗平成7年12月7日　㊍長野県　㊫法政大学法学部（昭和15年）卒　㊮紺綬褒章（昭和33年），藍綬褒章（昭和45年），勲三等旭日中綬章（昭和63年），千代田区名誉区民（平成1年）　㊫戦後、千代田区役所主事をへて都職労青年部長。昭和22年から千代田区議3期、都議4期。47年東京1区から衆院に初当選、51年再選に失敗。54年飛鳥田・社会党委員長の出馬に伴い立候補を断念、参院選に立候補したが落選。56年1月自民党推薦で千代田区長に当選、2期つとめた。

加藤 久米四郎　かとう・くめしろう
衆院議員（立憲政友会）　㊐明治17年6月　㊗昭和14年1月7日　㊍東京　㊫日本大学法律科（明治40年）卒　㊫大正9年衆院議員初当選。以来、7期連続務めた。内務大臣秘書官（3回）、田中内閣の内務参与官、犬養内閣の拓務政務次官、第1次近衛内閣の陸軍政務次官を歴任。

加藤 紘一　かとう・こういち
元・衆院議員（無所属）　㊐昭和14年6月17日　㊍愛知県名古屋市　㊫東京大学法学部（昭和39年）卒　㊫故加藤精三代議士の五男。昭和47年外交官から政界入り。衆院議員当選10回。外務官僚時代、ハーバード大学、台湾の大学に留学し、英語、中国語を話す国際派。大平内閣では内閣官房副長官に登用され、首相の外遊にはいつも同行、名スポークスマンをつとめた。また“年金の官民格差”を地道に追究して脚光を浴びた。59年11月中曽根内閣改造で防衛庁長官として初入閣、60年末の第2次改造で留任。3年宮沢内閣の官房長官。6年党政調会長、7年党幹事長。10年参院選で大敗を喫し、幹事長を辞任。同年12月宮沢派を継承し、加藤派領袖となる。11年党総裁選に立候補するが、敗れる。12年11月森内閣不信任決議案を採決する

衆院本会議を欠席した。13年衆院テロ対策特別委員長に就任。14年3月元事務所代表の脱税事件に絡み自民党を離党、4月辞職。著書に「いま政治は何をすべきか」がある。 [趣]料理, 読書 [家]父=加藤精三（衆院議員）, 娘=加藤亜里子（キャスター）

加藤 弘造　かとう・こうぞう
衆院議員（無所属倶楽部） [生]明治28年10月 [没]昭和57年7月28日 [出]静岡県島田市 [学]早稲田大学予科卒 [歴]廓潰運動、部落解放運動に参加。昭和6年静岡県議、9年島田町長を経て、17年4月から20年12月まで衆院議員。著書に「不幸なる同胞」。

加藤 定吉　かとう・さだきち
衆院議員（憲政会） [生]明治3年11月 [没]昭和9年4月14日 [出]静岡県 [学]慶応義塾（明治24年）卒 [歴]北支那、満州で貿易業務にたずさわる。大正4年衆院議員に初当選以来連続3期務めた。

加藤 シヅエ　かとう・しずえ
元・衆院議員（社会党） 元・参院議員 日本家族計画連盟会長 家族計画国際協力財団会長 女性運動家 [生]明治30年3月2日 [没]平成13年12月22日 [出]東京市本郷区西片町（現・東京都文京区） 旧姓=広田 [学]女子学習院中等科（大正3年）卒, バラードスクール（ニューヨーク）（大正8年）卒 [賞]勲二等宝冠章（昭和45年）, 勲一等瑞宝章（昭和50年）, 国連人口賞（昭和63年）, エイボン女性年度賞（女性大賞）（平成2年）, ブラウン大学総長特別賞（平成7年）, 日本エッセイスト・クラブ賞（特別賞, 第45回）（平成9年）「百歳人 加藤シヅエ 生きる」, 東京都名誉都民（平成9年）, 中華人口賞（国際協力栄誉賞, 第3回）（平成10年） [歴]新渡戸稲造、鶴見祐輔からリベラリズムを学ぶ。女子学習院卒業後、石本恵吉男爵と結婚。炭鉱技師の夫の赴任で三池炭鉱へ。大正8年渡米、産児制限運動に取り組むマーガレット・サンガー夫人に出会い、人生の転機となる。帰国後、女性解放の立場から婦人問題研究所、日本産児調節連盟を設立。昭和19年離婚、鉱山労働運動をしていた加藤勘十と再婚。21年戦後初の総選挙で日本社会党から衆院議員に最高得票当選、日本初の女性国会議員となる。一緒に当選した夫とともに政界のオシドリ夫婦としても有名に。31年参院全国区でも最高得票を獲得、49年に政界を去るまで衆院2期・参院4期つとめ、売春防止法や公害防止法の成立に尽力した。のち社会党を離党。傍ら、27年サンガー夫人らと国際家族計画を設立。29年日本家族計画連盟を結成、49年会長となる。61年11月には国際家族計画連盟（IPPF）世界総会の運営役をつとめ、平成8年にはIPPFにより"加藤シヅエ賞"が創設された。著書に「ある女性政治家の半生」「ふたつの文化のはざまから」「加藤シヅエ日記—最愛のひと勘十へ」「百歳人 加藤シヅエ 生きる」など。 [家]夫=加藤勘十（衆院議員）, 娘=加藤タキ（コーディネーター）

加藤 進　かとう・すすむ
元・参院議員 元・衆院議員（共産党） [生]明治42年1月10日 [没]平成8年3月27日 [出]愛知県名古屋市千種区 [学]名古屋帝国大学理学部数学科（昭和20年）卒 [歴]第八高等学校哲学科講師、名古屋大学理学部数学科教官、初代愛知県教員組合副委員長等を務め、その間愛知県労働学校等を開設。昭和38年愛知1区から衆院議員に初当選、1期務める。46年参院議員に転じ、1期。共産党愛知県委員長、日ソ協会愛知県連合会副会長を歴任。

加藤 清二　かとう・せいじ
元・衆院議員（社会党） [生]明治45年6月25日 [没]平成6年8月26日 [出]愛知県名古屋市 [学]愛知県第一師範学校専攻科（昭和10年）卒 [歴]小学校教師となり、愛知県教組書記長に。昭和25年ILO日本代表を務める。27年以来衆院議員に当選9回。衆院産業公害特別委員長、衆院決算委員長を歴任。全国学校生活協同組合理事長も務めた。 [趣]書道, 柔道（2段）

加藤 精三　かとう・せいぞう
衆院議員(自民党)　鶴岡市長　⽣明治33年11月　歿昭和40年5月3日　出山形県　学東京帝国大学法学部政治学科卒　歴文部省普通学務局庶務課長、宗教局保存課長、石川県、島根県、鹿児島県の学務課長等を務めたのち、昭和27年衆院議員に初当選以来通算5期務め自治政務次官となる。自民党全国組織委員会副委員長兼総務局長も務める。家五男=加藤紘一(衆院議員)

加藤 宗平　かとう・そうへい
衆院議員(自由党)　⽣明治30年5月　歿昭和32年12月14日　出福島県　学日本大学専門部政治科(大正9年)卒　歴横浜市主事、福島県議、人事調停委員等のほか、通商産業政務次官、日本自由党幹事を務める。昭和17年衆院議員に初当選以来通算4期務めた。

加藤 鯛一　かとう・たいいち
衆院議員(翼賛政治会)　⽣明治21年6月　歿昭和18年10月5日　出愛知県　大正13年衆院議員に初当選以来連続7期務めた。内務政務次官、内閣委員のほか国民同盟総務、幹事長、大政翼賛会中央協力会議員等を歴任。また、雑誌「実業帝国」を創刊し、東京政治通信社社長となる。著書に「大宰相浜口雄幸」「議会制度革正論」「新時代に処する国策を論ず」など。

加藤 高明　かとう・たかあき
第24代首相　外相　憲政会総裁　外交官　伯爵　⽣万延1年1月3日(1860年)　歿大正15年1月28日　出尾張国佐屋(愛知県佐屋町)　別名=服部総吉　学東京大学法学部(明治14年)卒　歴三菱会社に入社、明治16年英国遊学。18年帰国して本社副支配人となり日本郵船入社。19年岩崎弥太郎の長女春治と結婚。20年大隈重信外相秘書官。23年大蔵省に入り銀行局長、主税局長。27年外務省入りして駐英特命全権公使。33年第4次伊藤内閣の外相となり日英同盟を推進。35年高知県から衆院議員に当選。37年東京日日新聞社長。39年第1次西園寺内閣の外相となったが、鉄道国有化に反対し、55日で辞任。41年駐英特命全権大使。大正2年第3次桂内閣の外相となり、桂の立憲同志会に参加、桂の死で総裁に就任。3年第2次大隈内閣の外相。5年憲政会を組織して総裁。13年革新倶楽部、政友会と護憲三派を結成、同年6月首相として内閣を組織、普通選挙法、治安維持法を制定。翌年内紛で総辞職、憲政会単独の第2次内閣を組織したが、首相在任中死去。

加藤 高蔵　かとう・たかぞう
衆院議員(自民党)　⽣明治41年10月　歿昭和43年7月13日　出茨城県　学明治学院高商部卒　歴改進党政務副委員長、副幹事長、行政管理政務次官、自民党総務、茨城県支部連合会会長を6期務めた。昭和21年衆院議員に初当選。以来通算7期務めた。全国組織副委員長、衆院建設委員長等を務めた。また、第53回列国議会同盟会議に出席した。

加藤 武徳　かとう・たけのり
元・参議院議員(自民党)　元・自治相　元・北海道開発庁長官　弁護士　⽣大正4年11月21日　歿平成12年2月9日　出岡山県笠岡市　学中央大学法部(昭和17年)卒　賞勲一等旭日大綬章(昭和61年)　歴昭和17年司法試験に合格し、同年内務省入省。19年応召。23年衆院選に立候補。24年司法修習生となるが、25年参議院議員に当選、2期。39年岡山県知事に転じて2期務めた後、49年参院議員に復帰し、3期、通算5期務めた。52年福田改造内閣で自治相、北海道開発庁長官、55年参院安全保障特別委員長などを歴任。三塚派を経て、平成3年加藤グループに参加。4年引退。5年4月再び司法修習生となり、7年それまでの最高齢79歳で終了。郷里で弁護士を開業する。家二男=加藤紀文(参院議員)、弟=加藤六月(衆院議員)

加藤 知正　かとう・ちせい

衆院議員(無所属倶楽部)　⽣明治6年11月　歿昭和22年4月23日　出新潟県　学東京高等蚕糸学校(明治33年)卒　歴北越蚕業講習所教頭、大日本蚕糸会理事、全国養蚕業組合連合会副会長等を歴任し、大正13年新潟3区より衆院議員に当選。その後5回の当選を果たし、第29回列国議会同盟会議に参列。著書に「蚕業大辞典」「蚕業経済論」がある。

加藤 恒忠　かとう・つねただ

貴院議員(勅選)　衆院議員　松山市長　外交官　⽣安政6年1月22日(1859年)　歿大正12年3月26日　出伊予国松山(愛媛県松山市)　旧姓=大原　幼名=忠三郎、号=加藤拓川　学司法省法学校中退、パリ法科大学　歴松山藩儒者大原有恒(観山)の三男に生まれる。明治9年司法省法学校入学、原敬、陸羯南らと同級になり親交を結ぶ。16年パリ法科大学に入学、19年パリ在留のまま交際官(外交官)試補となり、その後外務省参事官、ベルギー駐在特命全権公使等を歴任。39年スペイン皇帝結婚式に参列。40年辞職し、41年衆院議員に当選。大阪新報社長兼任。45年~大正12年勅選。貴院議員をつとめ、8年特命全権大使としてシベリアへ出張、反赤軍を支持。また第一次大戦後は国際連盟協会愛媛支部長として平和思想の普及に尽力。晩年は11年松山市長に推された。遺稿集「拓川集」(全6巻)がある。子規の母八重は長姉にあたる。
家父=大原有恒(儒者)

加藤 常太郎　かとう・つねたろう

元・衆院議員(自民党)　元・労相　⽣明治38年4月30日　歿平成2年10月11日　出香川県高松市　学奉天外語学堂卒　勲勲一等旭日大綬章(昭和50年)　歴加藤海運社長を経て、昭和22年参院議員に当選。27年衆院議員に転じ、以来13選。47年第2次田中内閣の労相に就任。河本派。61年6月引退。　長男=加藤芳宏(瀬戸内海放送会長)

加藤 時次郎　かとう・ときじろう

医師　社会改良主義者　⽣安政5年1月1日(1858年)　歿昭和5年5月30日　出福岡県　旧姓=吉松　別名=加治時次郎　学崎陽医学校, 外国語学校　歴明治21年医師としてドイツ留学し、社会主義を知る。23年帰国後加藤病院を開業すると共に平民社の社会主義運動を援助する。34年社会主義協会に入会し、また理想団に参加。37年「直言」を創刊し、「平民新聞」が発行禁止になった38年同紙を譲渡する。39年結党の日本社会党評議員となる。40年再渡欧し、ドイツで開かれた第2インタナショナル大会に日本社会党代表として出席。帰国後の44年日本最初の実費診療所を開設して庶民の医療事業に努力し、大正5年生活社を設立、平民病院(加藤病院の改組)、平民薬局を運営するなど社会改良事業に活躍した。著書に「労働組合早わかり」(大9)や「第二維新」(大10)がある。

加藤 友三郎　かとう・ともさぶろう

第21代首相　海相　海軍大将　元帥　子爵　⽣文久1年2月22日(1861年)　歿大正12年8月25日　出安芸国広島大手町(広島県広島市)　学海兵(第7期)(明治13年)卒, 海大(明治22年)卒　勲大勲位菊花大綬章(大正12年)　歴明治16年海軍少尉に任ぜられ、19年大尉に進み、日清戦争時は吉野砲術長、日露戦争では大佐・第二艦隊参謀長を経て少将に進み、連合艦隊参謀長として日本海海戦を指揮。39年海軍次官、41年中将、42年呉鎮守府司令官、大正2年第一艦隊司令長官、4年大将となり、以来大隈・寺内・原・高橋各内閣の海相をつとめ、10年ワシントン会議に首席全権委員として出席、海軍軍縮条約に調印する。翌11年首相に就任し、貴院中心の超然内閣を組織。第一次大戦後の青島駐屯軍撤退、陸軍軍備縮小などを実施したが、12年在任中に病死した。同年子爵、元帥。

加藤 弘之　かとう・ひろゆき

枢密顧問官　東京大学初代総長　帝国学士院初代院長　啓蒙学者
⽣天保7年6月23日(1836年)　歿大正5年2月9日　出但馬国出石城下谷山町(兵庫県出石町)　幼名=土代士、弘蔵、前名=成之、誠之　文学博士(明治21年)、法学博士(明治38年)　歴早くから西洋兵学、蘭学を学び、万延元年蕃書調書教授手伝となり、ドイツ語を通じて西洋の政治社会の研究にはいる。元治元年開成所教授職並となり、大目付などを経て、維新後新政府に出仕、大学大丞、文部大丞、外務大丞など歴任。明治8年元老院議官、10年東京大学初代綜理、23～26年帝国大学総長。その後、宮中顧問官、帝国学士院初代院長、枢密顧問官などを歴任した。啓蒙学者として幅広く活躍し、明治元年の「立憲政体略」で立憲政体を初めて日本に紹介。また、明治政府の下で天皇に進講したブルンチュリーの「国法汎論」は日本国家学の出発点となった。他に「真政大意」「国体新論」「人権新説」「自然と倫理」などの著書がある。
家息子=加藤照麿(貴院議員・男爵)、孫=浜尾実(宮内庁東宮侍従)

加藤 平四郎　かとう・へいしろう

衆議院議員　⽣安政1年2月(1854年)　歿昭和10年3月18日　出岡山県真庭郡勝山町　歴静岡県知事、山梨県知事を経て甲府市長。第4回内国勧業博覧会評議員を務めた。衆議院議員当選4回。

加藤 正人　かとう・まさと

参院議員(緑風会)　大和紡績社長　実業家　⽣明治19年8月24日　歿昭和38年8月24日　出群馬県館林　学慶応義塾大学理財科(明治43年)卒　歴大正2年鐘淵紡績に入り、13年退職、浪速紡績取締役を経て14年、同社を合併した錦華紡績の取締役となり、昭和12年社長に就任。16年錦華紡ほか3社合併の大和紡績を設立、社長となった。戦後は日経連代表常任理事、関西経済連合会常任理事、関西経営者協会会長などを務め、また25年から参院議員当選2回、緑風会に属した。

加藤 政之助　かとう・まさのすけ

衆院議員(憲政会)　新聞人　⽣嘉永7年7月(1854年)　歿昭和16年8月2日　出武蔵国(埼玉県)　学慶応義塾　歴明治11年大阪新報主幹、14年北海道官有物払い下げに反対、また報知新聞に拠り自由民権を唱えた。13年埼玉県議、15～23年県会議長、25年以来衆議院議員当選12回。改進系に属し、憲政本党常議員、大蔵参政官、憲政会政調会長、総務などを務めた。昭和2年勅選貴族院議員。他に出羽石油会社、函館馬車鉄道会社社長、東上鉄道取締役、東京家畜市場社長、大東文化学院総長などを歴任した。著書に「西洋穴探」「欧米婦人の状態」「世界大観と新日本の建設」「回天綺談」などがある。

加藤 万吉　かとう・まんきち

元・衆議院議員(社民党)　⽣大正15年12月11日　出神奈川県茅ケ崎市　学電機学校(現・東京電機大学)(昭和17年)卒　賞勲二等旭日重光章(平成9年)　歴戦後労働運動に入り、総評の結成に参加。総評常任理事を経て、昭和42年衆院議員に当選。8期。平成8年引退。

加藤 六月　かとう・むつき

元・衆院議員(保守党)　元・農水相　⽣大正15年6月17日　出岡山県笠岡市　雅号=城山　学陸士卒、姫路高(旧制)(昭和22年)卒　賞勲一等旭日大綬章(平成11年)　歴星島二郎衆院議長の秘書を経て、昭和42年岡山2区から衆院議員に当選、以来11期務めた。47年運輸政務次官、53年衆院大蔵委員長、56年自民党全国組織委員長などを歴任。ロッキード事件の"灰色高官"と名指しされたが、57年第1次中曽根内閣の国土庁長官・北海道開発庁長官に就任して復活。60年自民党税制調査会長として党税制改正大綱案をまとめた。61年第3次中曽根内閣の農水相に就任。平成2年党政調会長。3年三塚派から除名され、加藤グループを旗揚げ、5年7月総選挙後離党。6年4

月新生党に入党し、羽田内閣の農水相に就任。同年12月新進党結成に参加、8年新進党税政調査会会長。10年1月自由党、12年保守党に参加。同年引退。
㊗読書　㊎兄＝加藤武徳（自治相），娘＝加藤康子（都市経済評論家）

加藤 泰秋　かとう・やすあき
大洲藩知事　貴院議員　子爵　㊐弘化3年8月12日（1846年）　㊍大正15年6月17日　㊞伊予国喜多郡大洲城内（愛媛県）　㊧元治1年伊予大洲藩主を襲封。明治2年版籍奉還により大洲藩知事。4年廃藩置県により退官、東京に移転。

加藤 泰令　かとう・やすのり
新谷藩知事　子爵　㊐天保9年3月18日（1838年）　㊍大正2年2月23日　㊞伊予国喜多郡新谷陣屋（愛媛県）　㊧文久2年家督を相続して伊予新谷藩主となり、明治2年版籍奉還により新谷藩知事に任命される。4年廃藩置県により免職となり、東京へ移転。17年子爵。

加藤 陽三　かとう・ようぞう
元・衆院議員（自民党）　㊐明治43年1月29日　㊍平成1年6月5日　㊞広島県　㊫東京帝大政治学科（昭和9年）卒　㊩勲二等旭日重光章（昭和55年）　㊧防衛事務次官を経て、昭和44年12月の総選挙に広島2区から初当選。当選2回。50年には防衛政務次官も務めた。

加藤 鐐五郎　かとう・りょうごろう
衆院議長　医師　㊐明治16年3月11日　㊍昭和45年12月20日　㊞愛知県瀬戸市　㊫愛知県立医専（現・名古屋大学医学部）（明治38年）卒　医学博士（昭和19年）　㊩勲一等旭日大綬章（昭和39年）　㊧大正2年名古屋市議、4年から愛知県議各4回当選。13年以来愛知1区から衆院議員当選12回。政友会、自由党、自由民主党に属し、昭和6年犬養毅内閣の商工参与官、15年米内光政内閣の商工政務次官。戦後29年第5次吉田茂内閣の国務大臣、法務大臣、33年衆院議長などを歴任した。また椙山女学園大学、中京女子短期大学各教授、喜安病院長も務めた。

加藤 鐐造　かとう・りょうぞう
元・衆院議員（社会党）　社会運動家　㊐明治32年8月15日　㊍昭和46年7月5日　㊞岐阜県土岐郡妻木村（現・土岐市）　㊫名古屋中学卒業　㊧日本労農党に入党し、昭和5年全国労農大衆党岐阜県連書記長となり、県議も務める。12年衆議院議員に当選するなど、労働運動の指導者として活躍する。戦後は社会党に入り、通算5期代議士をつとめた。35年民社党結成に参加。

加藤 六蔵　かとう・ろくぞう
衆院議員（同志倶楽部）　㊐安政5年4月（1858年）　㊍昭和44年8月11日　㊞愛知県　㊫慶応義塾（明治12年）卒　㊧海運業、醤油醸造業等を営むかたわら、尾三農工銀行、宝飯銀行取締役、豊橋商業会議所会頭等を歴任。また愛知県議、愛知郡農会長等も務めた。明治23年衆院議員初当選以来通算6期務めた。

門田 定蔵　かどた・さだぞう
参院議員（社会党）　㊐明治19年7月　㊍昭和37年1月12日　㊞鳥取県東伯郡上北条村（現・倉吉市）　㊫小卒　㊧上北条村議、鳥取県議を経て、参院議員に当選1回。

門野 幾之進　かどの・いくのしん
貴院議員（勅選）　慶応義塾塾頭　千代田生命保険社長　教育家　実業家　㊐安政3年3月14日（1856年）　㊍昭和13年11月18日　㊞三重県　㊫慶応義塾（明治6年）卒　㊧福沢諭吉に知られ17歳で慶応義塾の助教授となり、明治11年板垣退助と共に立志社を興し湯島共慣義塾教頭となった。14年大隈重信らの立憲改進党創立に参加し、さらに時事新報社、交詢社設立にも尽力、15年慶応義塾塾頭となった。32年欧米を巡遊、帰国後、衆院議員となったが、実業界に転じ、37年千代田生命を創設、社長に就任。他に千代田火災、千歳海上火災、第一機罐保険の各社長、時事新報社会長、三井信託取締役、東邦電力監査役などを務めた。昭和7年勅選貴院議員。
㊎弟＝門野重九郎（実業家）

角屋 堅次郎　かどや・けんじろう
元・衆院議員(社会党)　[生]大正6年3月15日　[出]三重県伊勢市　[学]三重高農土木科(昭和13年)卒　[賞]勲一等旭日大綬章(平成1年)　[歴]三重県労協議長などを経て、昭和33年三重2区から衆院議員に当選。当選11回。平成2年引退。　[趣]囲碁(3段), 剣道(5段)

楫取 素彦　かとり・もとひこ
元老院議官　宮中顧問官　貴院議員　官吏　男爵　[生]文政12年3月15日(1829年)　[没]大正1年8月14日　[出]長門国大津郡三隅村(山口県)　旧姓=松島, 小田村　諱=希哲, 字=士毅, 通称=伊之助, 文助, 素太郎, 号=耕堂　[歴]旧萩藩士。藩医・松島瑞蟠の二男。天保11年儒者・小田村家の養子となる。藩校・明倫館に学んだ後、江戸に出て安積良斎に師事。帰藩後、明倫館助教となる。吉田松陰の妹と結婚し、松陰の活動(松下村塾など)を援助した。また幕末の志士として、第2次長州征伐の際、開戦阻止に尽力。明治3年楫取と改名。維新後は足利県参事、熊谷県令、群馬県令、元老院議官、宮中顧問官、貴院議員を歴任。この間、群馬県令を務めていた15年に、我が国最初の"廃娼令"を布達した。20年男爵。
[家]兄=松島剛蔵(萩藩士)

金井 正夫　かない・まさお
元・衆院議員(日本進歩党)　弁護士
[生]明治25年2月　[没](没年不詳)　[出]鹿児島県　[学]京都帝国大学英法科(大正8年)卒　[歴]司法官試補、予備判事、大阪地裁判事等を歴任したのち、弁護士として活躍。また、関西大学講師をも務める。昭和7年2月鹿児島3区より衆院議員に初当選以来、通算4期を務める。第1次近衛内閣においては、鉄道参与官、司法省委員等に任命される。著書に、「実例破産手続詳解」「実例和議手続詳解」「選挙関係法」がある。

金井 元彦　かない・もとひこ
元・参院議員(自民党)　元・兵庫県知事　[生]明治36年11月28日　[没]平成3年8月6日　[出]兵庫県神戸市　[学]東京帝大法学部(昭和2年)卒　[賞]勲一等瑞宝章(昭和55年)　[歴]昭和2年内務省に入り、青森県知事(官選)などを経て、21年退官。30年兵庫県副知事となり、37年以来同知事に2選。46年以来参院議員を2期12年。この間、参院沖縄北方問題特別委員長、地方行政常任委員長、大平内閣国務大臣行政管理庁長官をつとめた。58年兵庫県立近代美術館3代目館長となる。
[趣]読書, 美術鑑賞, ゴルフ

金井 之恭　かない・ゆきやす
元老院議官　貴院議員　書家　[生]天保4年9月18日(1833年)　[没]明治40年5月13日　[出]上野国佐波郡島村(群馬県)　号=梧楼, 金洞, 錦鶏　[歴]新田氏支族の子孫と伝えられる家柄に生まれ、父烏洲の影響で高山彦九郎に私淑し、壮年より勤王に志した。文久年間から上州東南部の同志と糾合して、尊王攘夷運動を展開。元治元年水戸天狗党を支援。また慶応3年新田義貞の後裔新田満次郎を擁立し、尊王派浪士隊による下野国都賀郡出流山での倒幕挙兵に呼応しようとしたが、事前に幕府方に知られ逮捕された。翌年官軍の手で上野国岩鼻陣屋の獄中から救出され、再び新田満次郎を頭とする尊王隊を組織して東北戦争に従軍。明治元年市政局に出仕して以来諸官を歴任。西南戦争に総督参謀、15年内閣大書記官等を経て、21年元老院議官、24年貴院議員となった。書家としては明治3筆の一人とされる。

金井 芳次　かない・よしじ
元・衆院議員　元・神奈川県議　[生]明治28年1月20日　[没]昭和49年1月2日　[出]愛媛県南宇和郡城辺村(現・城辺町)　[学]日本大学中退　[歴]東洋通信社に勤務するが、大正8年横浜で沖仲士となり、待遇改善を要求してストライキを指導する。10年時事新報記者となり、15年市政刷新同盟を組織して横浜市議となる。昭

和2年神奈川自治党を組織し、日本労農党横浜支部結成で支部長となり、3年県議に当選。以後も県議に当選し、戦後社会党に参加、21年衆院議員となるが、22年公職追放。

金尾 稜厳　かなお・りょうごん
衆院議員　[生]安政1年1月(1854年)　[没]大正10年3月13日　[出]広島県　[歴]河野徴に経史を学んで僧となった。明治6年上京、英学を修め正伝寺住職。9年本願寺大学林監督、13年大阪教務所管事。15年英国留学、政治、法律、宗教を修学。イタリア、オーストリア、ドイツ、ロシア、東亜諸国を視察、さらにオーストリアのシュタイン博士に立憲政度を学んで18年帰国。本願寺学務局庶務局長、護持会副会長、22年特選会衆兼務。以後僧籍を離れ、日本倶楽部に参加、23年衆院議員当選、30年富山県、次いで島根県知事を務め、41年以来衆院議員に毎回当選した。

金岡 又左衛門　かなおか・またざえもん
衆院議員(憲政本党)　富山電燈社長　富山日報社長　実業家　[生]文久4年1月(1864年)　[没]昭和4年6月10日　[出]越中国(富山県)　[歴]医学、漢学を修める。新庄町議、富山県議、議長を経て、明治27年衆院議員に当選、以後3回当選して計4期を務めた。富山電燈社長、富山日報社長もつとめた。また育英事業に資金を投じ多くの人材を世に出した。

金沢 春友　かなざわ・はるとも
常豊村長　塙町長　郷土史家　[専]水戸史学　[生]明治17年11月10日　[没]昭和49年11月21日　[出]福島県東白川郡中石井村(現・矢祭町)　[学]安積中(明治35年)中退　[歴]明治35年父の死によって福島県立安積中学校を中退し、農業を営む。のち常豊村に移住して酒造業に転じ、大正3年以降は発電所・変電所の建設業務に携わる。14年常豊村村会議員となり、同村助役を経て昭和5年常豊村長に選出。23年文部省内に近世庶民史料調査委員会が設置されると同嘱託に就任。31年には塙町長となり、43年までの在職した。地方政界での活動の傍ら独学で福島県の郷土史研究を行い、福島県南部の古文書を調査。特に寺西代官や天狗党の研究ですぐれた業績を残している。著書に「寺西代官治績集」「寺西代官領における農山村の庶民生活史料」「水戸天狗党と久慈川水運」などがある。

金丸 徳重　かなまる・とくしげ
元・衆院議員(社会党)　[生]明治33年8月24日　[没]平成9年8月17日　[出]山梨県　[学]東北帝国大学法文学部(昭和3年)卒　[賞]勲二等瑞宝章(平成1年)　[歴]逓信省に入省。熊本逓信局長、郵政省簡易保険局長などを経て、昭和26年山梨県副知事に就任。33年山梨全県区から衆院議員に当選し、通算5期。49年には衆院災害対策特別委員長を務めた。

金丸 冨夫　かなまる・とみお
元・参院議員(自民党)　元・日本通運社長　[生]明治29年2月24日　[没]平成6年4月16日　[出]大分県　[学]京都帝国大学法学部(大正13年)卒　[賞]勲二等旭日重光章(昭和42年)　[歴]鉄道省に入り、昭和12年札幌鉄道管理局総務部長、鉄道調査部第2課長。15年退官、日通入社。16年事業部長、門司支店長、21年総務部長、24年常務、26年専務、29年副社長を経て、30年社長。35年会長、40年相談役。34年から参院議員に2選、通産政務次官、商工委員長を務めた。44年日経連顧問。　[趣]謡曲(師範), ゴルフ

金森 徳次郎　かなもり・とくじろう
元・国務相　元・貴院議員(勅選)　国立国会図書館初代館長　[生]明治19年3月17日　[没]昭和34年6月16日　[出]愛知県名古屋市　[学]東京帝大法学部(明治45年)卒　[歴]大蔵省から法制局参事官となり、昭和9年法制局長官となったが、美濃部達吉の天皇機関説を支持、右翼の攻撃目標となり、11年退官。21年貴院勅選議員となり、第1次吉田内閣に松本烝治のあとを受けて国務相として入閣。新憲法制定に際して議会の質疑のすべてにほとんど1人で対応し、答弁回数千数百回の記録をつくる。憲法公布と同時に

大臣を辞めた。23年国立国会図書館の初代館長に就任し、34年まで務める。㊋息子＝金森久雄（経済評論家）

蟹江 邦彦　かにえ・くにひこ
元・参院議員（社会党）　葵タクシー（株）代表　㊐明治39年4月26日　㊍昭和60年3月6日　㊞愛知県　㊕勲三等旭日中綬章（昭和51年）　㊔昭和22年参院選京都地方区で当選1回。

兼岩 伝一　かねいわ・でんいち
参院議員　共産党中央委員　㊐明治32年2月5日　㊍昭和45年9月15日　㊞愛知県名古屋市千種区　㊫東京帝大工学部土木学科（大正14年）卒　㊔大正14年内務省帝都復興局に入り、愛知県・三重県都市計画課長、昭和17年東京府道路課長、18年埼玉県土木課長を経て21年内務省国土局調査室に移り、全日本建設技術協会を設立し初代委員長となった。22年退官、全国区から参院議員に当選、日ソ親善協会理事を務め、23年共産党に入党。33年から共産党中央統制監査委員、中央委員などを歴任した。

金子 一平　かねこ・いっぺい
元・衆院議員（自民党）　元・蔵相　㊐大正2年2月12日　㊍平成1年3月23日　㊞岐阜県吉城郡国府村（現・国府町）　㊫東京帝大法学部（昭和12年）卒　㊕勲一等旭日大綬章（昭和61年）　㊔昭和12年大蔵省に入り、大阪国税局長などをつとめたあと、35年岐阜2区から衆院議員に当選、9期。53年大平内閣の蔵相、59年第2次中曽根改造内閣の経済企画庁長官を歴任。鈴木派。61年6月引退。㊋長男＝金子一義（衆院議員）

金子 岩三　かねこ・いわぞう
元・衆院議員（自民党）　元・農水相　長崎水産会館社長　㊐明治40年2月20日　㊍昭和61年12月27日　㊞長崎県北松浦郡生月町　㊕勲一等旭日大綬章（昭和59年）　㊔長崎県の離島の網元出身。水産会社社長を経て、戦後長崎県議、県会議長2期を務めた。昭和33年以来衆院議員に9選。逓信、農林水産委員長などを経て、53年12月大平内閣で科技庁長官、57年中曽根内閣で農水相を歴任。60年の科学万博開催にも尽力した。　㊋長男＝金子源吉（テレビ長崎社長），二男＝金子原二郎（長崎県知事）

金子 堅太郎　かねこ・けんたろう
法相　農相　日米協会初代会長　伯爵　㊐嘉永6年2月4日（1853年）　㊍昭和17年5月16日　㊞筑前国福岡（福岡県）　号＝渓水　㊫ハーバード大学法律学科（明治11年）卒　㊕ハーバード大学名誉法学博士号（明治32年）　㊔明治4年藩主とともに岩倉具視使節団に同行して渡米、ハーバード大学で学ぶ。11年帰国後、大学予備門講師、元老院権少書記官となり、制度取調局で伊藤博文のもと大日本帝国憲法起草に参画。18年第1次伊藤内閣の首相秘書官、枢密院議長秘書官。22年議会制度調査のため渡米。23年帰国、貴族院書記官長、農商務次官から第3次伊藤内閣で農商務相。33年第4次伊藤内閣の司法相。同年立憲政友会創立に参加。37年日露戦争開戦と同時に秘密大使として渡米、ルーズベルト大統領相手の戦時諒解工作に当たり、日露講和を有利に導いた。39年から枢密顧問官。大正6年初代日米協会会長。昭和9年伯爵。10年天皇機関説に反対し、軍部革新派に協力した。

金子 正則　かねこ・まさのり
元・香川県知事　弁護士　㊐明治40年3月29日　㊍平成8年10月21日　㊞香川県丸亀市　㊫東京帝大卒　㊔団扇職人の息子として生まれる。旧丸亀中、旧六高、東大を経て、裁判官となる。昭和25年より香川県知事を6期務め、“デザイン知事・建築知事”といわれた。

金子 益太郎　かねこ・ますたろう
元・衆院議員（社会党）　元・栃木市長　社会運動家　㊐明治30年7月7日　㊍昭和58年10月6日　㊞栃木県下都賀郡栃木町（現・栃木市）　幼名＝亀吉　㊔東京・雑司ケ谷に京染店を開業したが、のち栃木県下の労働運動に参加した。昭和7年阿久津村騒擾事件でその首謀者とさ

れて懲役3年の刑を受け入獄。12年栃木県議に当選。21年から衆院議員（栃木2区）に当選2回。38年から栃木市長を2期務めた。

金子 みつ かねこ・みつ
元・衆院議員　元・社会党副委員長　東京サフランホーム理事長　㊙看護学　㊈大正3年4月30日　㊇東京　本名＝金子光　㊊聖路加女子専門学校（現・聖路加看護大学）（昭和10年）卒、トロント大学大学院公衆衛生看護学専攻（昭和15年）卒，エール大学大学院公衆衛生学専攻（昭和24年）修了　㊥勲二等宝冠章（平成3年）　㊉昭和14年カナダのトロント大学で7カ月間勉強後、米国へ。16年厚生省に勤務。看護課長を経て、35年東京大学医学部保健科助教授、38年日本看護協会会長など歴任。47年衆院議員に当選。以来連続当選6回。平成2年引退。この間、58年より社会保障政策委員長、土井委員長の下で党副委員長を務めた。著書に「保健婦助産婦看護婦法の解説」がある。㊙日本看護協会（会長），家庭生活研究会（副会長）

金子 満広 かねこ・みつひろ
元・日本共産党副委員長　元・衆院議員（共産党）　㊈大正13年11月17日　㊇群馬県　㊊鉄道教習所卒　㊉国労高崎支部書記長を経て、昭和21年共産党に入党。47年衆院議員に当選。58年落選、61年再選。平成5年落選。8年の総選挙では比例区北関東ブロックで1位当選を果たし返り咲く。通算6期務めた。この間、昭和57年書記局長、平成2年副委員長に就任。12年引退。著書に「売上税葬送記」「原水爆禁止運動の原点」「反帝統一国際戦線」など。　㊙演劇観賞，写真

金子 元三郎 かねこ・もとさぶろう
貴院議員（多額納税）　衆院議員　㊈明治2年4月　㊇昭和27年4月11日　㊇北海道　㊉明治37年衆院議員初当選。以降3選。金子（資）、定山渓鉄道（株）、北海道造林（資）各社長を経て、豊山銀行、丁酉銀行各頭取となる。また、北海道拓殖計画調査会委員となった。貴院には大正14年から昭和14年まで在任した。

金子 洋文 かねこ・ようぶん
元・参議院議員　小説家　劇作家　演出家　㊈明治27年4月8日　㊇昭和60年3月21日　㊇秋田県秋田郡土崎港町（現・秋田市）　本名＝金子吉太郎　㊊秋田工業機械科（大正2年）卒　㊉秋田工業を出て、文学を志し武者小路実篤に師事。社会主義運動に参加し、大正10年小牧近江らと「種蒔く人」を創刊。12年雑誌「解放」に発表した小説「地獄」が出世作となった。13年からは「種蒔く人」を受け継ぎ「文芸戦線」を発刊。昭和2年青野秀吉らと労農芸術家連盟を結成。以後、文芸戦線派の作家として活躍した。運動解体後は、戯曲、脚本、演劇の分野で活躍した。22年社会党の参議院議員（全国区）を一期務めた後、社会党を励ます会副会長、松竹歌舞伎審議会専門委員、「劇と評論」編集委員。著書に創作集「地獄」「鴎」「白い未亡人」、戯曲集「投げ棄てられた指輪」「飛ぶ唄」「狐」「菊あかり」、随筆集「父と子」のほか、「金子洋文作品集」（全2巻，筑摩書房）がある。　㊙演劇協会，日本文芸家協会

金子 与重郎 かねこ・よしじゅうろう
衆院議員（改進党）　㊈明治34年1月　㊇昭和29年10月9日　㊇群馬県　㊊盛岡高等農林学校農学科別科（大正8年）卒　㊉農業を営むかたわら粕川信用販売利用組合長、群馬県購買販売利用組合専務理事、群馬蚕糸製造（株）監査役等を務めた。昭和24年より衆院議員に連続3回当選。国民民主党政調会副会長、改進党政策委員会副委員長等も務めた。著書に「農村と生活改善」がある。

兼田 秀雄 かねだ・ひでお
衆院議員（政友会）　㊈明治13年5月15日　㊇昭和12年11月22日　㊇青森県黒石町　㊊早稲田大学政治経済科（明治40年）卒　㊉中央新聞記者、東京朝日新聞社政治部長、満鉄総裁秘書、同参事などを経

171

て、昭和9年鉄道参与官。11年退官。その間大正13年衆院議員となり、政友会に所属、当選4回。

金丸 三郎　かねまる・さぶろう
元・参院議員(自民党)　元・総務庁長官　統計情報研究開発センター会長　[生]大正3年2月8日　[出]鹿児島県出水市　俳号=清萍　[学]東京帝国大学法学部(昭和13年)卒　[賞]勲一等瑞宝章(平成1年)　[歴]昭和13年内務省に入り、自治庁税務局長などを経て、33年鹿児島県副知事、38年自治事務次官を歴任。42年以来鹿児島知事を3期務めた。52年参院に転じ、当選2回。参院選挙制度改革プロジェクトチームの座長に選ばれ、全国区制の改革に取り組んだ。59年参院地方行政常任委員長。63年竹下改造内閣の総務庁長官。

金丸 信　かねまる・しん
元・衆院議員　元・自民党副総裁　元・副総理　[生]大正3年9月17日　[没]平成8年3月28日　[出]山梨県中巨摩郡今諏訪村(現・白根町上今諏訪)　[学]東京農業大学専門部(昭和11年)卒　[賞]バスコ・ヌネス・デ・バルボア章(平成1年)，ペルー太陽勲章大十字位(平成4年)　[歴]日東工業を創設。その後大平醸造などの社長を経て、昭和33年衆院議員に当選。以来、当選12回。田中角栄に師事。建設相、国土庁長官、防衛庁長官、衆院行革委員長を歴任。国対委員長4回の経験から与野党のパイプ役をつとめ、調整のうまさには定評があった。59年自民党幹事長、61年第3次中曽根内閣の副総理に就任。竹下登を総理・総裁にすることに情熱を燃やし、62年の竹下内閣誕生で自民党の大御所的存在となる。平成3年党副総裁となるが、4年佐川急便事件で副総裁を辞任。同年10月違法献金と暴力団との関係の責任をとって衆院議員を辞職、竹下派会長も辞任した。11月眼の手術のため入院した病院内で臨床尋問が行われ、竹下政権誕生の際に暴力団の関与したことを認めた。平成5年3月所得税法違反(脱税)の容疑で東京地検特捜部に逮捕、起訴されるが、糖尿病悪化のため、7年7月以降公判停止。8年3月判決を待たずに死去した。
[家]弟=金丸孝(信栄コンクリート会社社長)

金光 庸夫　かねみつ・つねお
衆院議員(自由党)　厚相　大正生命保険社長　実業家　[生]明治10年3月13日　[没]昭和30年3月5日　[出]大分県　[学]高小卒　[歴]福岡税務署長、長崎税関、熊本税務監督局などを経て実業界に転じ、大正2年大正生命保険会社を創設、社長となった。他に日本火災海上保険、日本教育生命保険などの役員を兼ね、東京商業会議所副会頭、また国際労働会議資本家代表を務めた。大正9年から衆院議員に当選9回、政友会総務、衆院副議長を経て、昭和14年阿部内閣の拓務相、第2次近衛内閣の厚相を歴任。大日本産業報国会が発足して初代総裁となり、大政翼賛会顧問、同会調査会長、翼賛政治会政調会長、大日本政治会総務会長などを務めた。戦後公職追放、解除後の28年自由党代議士として復帰、同党顧問となった。

金光 義邦　かねみつ・よしくに
衆院議員(自由党)　[生]明治42年3月　[没]昭和53年1月5日　[出]大分県　[学]東京帝国大学経済科(昭和10年)卒　[歴]昭和21年より衆院議員に連続3回当選。政調会副会長、民主党総務等のほか、厚生政務次官、衆院地方行政委員長等を務めた。また日本人造羊毛、愛国工業、東京セールス等の取締役、新日本火災海上保険、大正生命保険等の取締役も務めた。

鹿野 彦吉　かの・ひこきち
衆院議員(自民党)　[生]明治37年12月11日　[没]昭和53年2月18日　[出]山形県　[学]京都帝国大学法学部法律学科(昭和6年)卒　[歴]昭和24年衆院議員に初当選。以来通算5期務めた。自由党総務、自民党国会対策副委員長、衆院公職選挙法改正に関する調査特別委員長等を務めた。

また、関西ペイント常務、日東精密時計会長、経済企画政務次官、国土開発審議会委員等も務めた。著書に「日本経済自立の根本策」「所得倍増の具体策」がある。　[家]二男＝鹿野道彦（衆院議員）

鹿野 道彦　かの・みちひこ
衆院議員（無所属　山形1区）　元・農水相　[生]昭和17年1月24日　[出]山形県山形市　[学]学習院大学政経学部政治学科（昭和40年）卒　[歴]父の秘書を経て、昭和51年自民党から衆院議員に当選。56年運輸政務次官、61年衆院運輸委員長を歴任。平成元年海部内閣の農水相、4年宮沢改造内閣の総務庁長官に就任。6年離党して新党みらいを結成、代表となる。同年12月新進党結成に参加。8年党内に鹿野グループを結成。10年解党後は、国民の声を結成して代表となり、民政党結成に参加。同年4月民主党に合流、11年9月党副代表。14年2月離党。当選9回。[趣]囲碁, 将棋, 釣り　[家]父＝鹿野彦吉（衆院議員）

狩野 明男　かのう・あきお
参院議員（自民党）　[生]昭和9年10月3日　[没]平成4年2月26日　[出]茨城県新治郡出島村　[学]慶応義塾大学法学部（昭和32年）卒　[歴]昭和54年から衆院議員2期、茨城県遺族連会長などを経て、平成元年参院議員に当選。三塚派。
[家]妻＝狩野安（参院議員）

嘉納 治五郎　かのう・じごろう
貴院議員　講道館初代館長　東京高師校長　IOC委員　柔道家　教育家　[生]万延1年10月28日（1860年）　[没]昭和13年5月4日　[出]摂津国菟原郡御影村（兵庫県神戸市東灘区）　[学]東京大学文学部政治学・理財学科（明治14年）卒　[賞]朝日賞（昭9年度）　[歴]灘の代表的な酒造家嘉納治郎右衛門の一族・浜東嘉納家に生まれる。明治3年10歳で上京。14年東大卒業後、学習院講師となり、英語と理財学を教える。22年ヨーロッパに留学。帰国後、熊本の第五高等中学校（のちの五高）、東京の第一高等中学校（のちの一高）校長を経て、26年～大正9年まで27年間にわたって東京高師校長を務めた。一方、東大在学中から柔術に親しみ、15年東京・下谷に嘉納塾（講道館）を開設し学生に柔術を指導。21年麹町富士見町の新道場で古来の柔術を改良した“柔道”の成立を宣言、以来講道館柔道を完成させた。42年日本初の国際オリンピック委員会（IOC）委員に就任。44年大日本体育協会を創立し会長となり、翌年のストックホルム五輪に日本初参加を実現。昭和13年東京五輪招致のためカイロ会議に出席、その帰途船中で病死。平成11年国際柔道連盟（IJF）殿堂入り第1号となる。　[家]次男＝嘉納履正（講道館館長）

加納 久朗　かのう・ひさあきら
元・千葉県知事　日本住宅公団初代総裁　[生]明治19年8月1日　[没]昭和38年2月21日　[出]千葉県一宮市　[学]東大法学部（明治44年）卒　[歴]横浜正金銀行に入り、ロンドン支店長、取締役などを歴任。戦後公職追放解除とともにGHQと財界の連絡役として活躍、昭和30年日本住宅公団発足とともに初代総裁となり、34年まで務める。その後、海外の都市計画の視察ののち、東京再開発計画を打ち出し、37年自民党から千葉県知事に当選。意欲的に開発政策を指示したが、知事在任100日余で急死した。

加納 久宜　かのう・ひさよし
貴族院議員　鹿児島県知事　殖産家　子爵　[生]嘉永1年3月19日（1848年）　[没]大正8年3月2日　[出]江戸・本所　[歴]慶応3年上総一宮藩主となる。維新後は、新潟師範校長、大審院検事、鹿児島県知事、貴族院議員などを歴任。

樺山 愛輔　かばやま・あいすけ
貴院議員（伯爵）　実業家　[生]慶応1年5月10日（1865年）　[没]昭和28年10月21日　[出]鹿児島県　[歴]伯爵樺山資紀の長男。13歳でアメリカ留学、帰国後、国際通信、日英水力電気、蓬莱生命保険相互などの取締役、千歳火災海上再保険、千代田火災保険、函館船渠、大井川鉄道各社の重役を務めた。大正11

年襲爵、14年貴族院議員、昭和4年米国ウェスリヤン大学から名誉法学博士の学位を受け、5年ロンドン軍縮会議日本代表随員となった。21年枢密顧問官。戦後グルー元駐日米国大使から寄せられた基金を基に社会教育事業資金グルー基金創設に尽力した。また日米協会長、国際文化振興会顧問、国際文化会館理事、ロックフェラー財団にも関係、日米親善に貢献した。
㊇父＝樺山資紀（海軍大将・伯爵）、長男＝樺山丑二（モルガン銀行顧問）、二女＝白洲正子（随筆家）、孫＝白洲春正（東宝東和社長）

樺山 資紀　かばやま・すけのり
海相　台湾総督　文相　内相　海軍大将　元帥　伯爵　㊉天保8年11月12日（1837年）　㊙大正11年2月8日　㊋薩摩国鹿児島城下高見馬場（鹿児島県鹿児島市）旧姓＝橋口　通称＝覚之進、号＝華山
㊆大勲位菊花大綬章　㊙文久3年樺山家を継ぐ。明治元年戊辰戦争には鳥羽、伏見、次いで東北を転戦。4年陸軍少佐、7年台湾出兵には西郷従道に従って出征、中佐に昇進。10年西南戦争では熊本鎮台参謀長として熊本城を死守。11年大佐、近衛参謀長、14年警視総監を兼ね少将。16年海軍に転じ、17年海軍少将、18年海軍中将、19年次官。23年第1次山県内閣の海相、第1次松方内閣でも留任。27年日清戦争では現役に復し海軍軍令部長となり、黄海海戦に会した。28年海軍大将、初代台湾総督となった。同年伯爵、枢密顧問官、29年第2次松方内閣内相、31年第2次山県内閣文相を務め、36年元帥となる。　㊇息子＝樺山愛輔（貴院議員）、孫＝樺山丑二（モルガン銀行顧問）、白洲正子（随筆家）

樺山 資英　かばやま・すけひで
貴院議員（勅選）　㊉明治1年11月　㊙昭和16年3月19日　㊋東京　㊕エール大学法学部卒　㊙明治28年陸軍通訳となる。後に台湾総務府参事官、同外事部長心得、同南進軍司令部参事心得を経て、拓務大臣、内閣総理大臣、文部大臣の各秘書となる。大正12年9月第2次山本内閣の書記官長に就任。また満鉄理事、帝都復興参与、同審議会幹事、臨事法制審議会委員等を歴任した。東洋火災保険社長にもなった。

加太 邦憲　かぶと・くにのり
貴院議員（勅選）　大阪控訴院院長　司法官　㊉嘉永2年5月（1849年）　㊙昭和4年12月4日　㊋三重県桑名市　㊕大学南校卒、司法省明法寮（明治9年）卒
㊙明治3年藩の貢進生として大学南校に入り、5年司法省明法寮生徒となって法律学を学び9年卒業。司法省に入り、法学校副長、法学校長兼文部省少書記官、東京大学法学科部長心得、判事など歴任。19年フランス、ドイツに留学、23年帰国。大津地裁、京都地裁、東京地裁の各所長を経て、大阪控訴院長に就任。38年退官。43年貴院議員に勅選せられる。訳書にピコウ「仏国民法釈要」。

鎌田 逸郎　かまた・いつろう
元・参院議員（緑風会）　㊉明治30年10月　㊙昭和55年9月4日　㊋岩手県　㊙昭和22年参院全国区に無所属で当選1回。緑風会に属した。

鎌田 栄吉　かまだ・えいきち
枢密顧問官　慶応義塾塾長　教育家　㊉安政4年1月（1857年）　㊙昭和9年2月5日　㊋和歌山県　㊕慶応義塾卒　㊙和歌山藩校、同白修学校を経て明治7年慶応義塾に入り、卒業後母校教諭。その後帰郷、白修学校校長を経て再び慶応教諭。14年鹿児島造士館教頭、さらに母校に帰った。19年内務省御用掛、県治局、大分中学校長、同師範学校長を経て、27年和歌山から衆院議員当選。30年欧米巡遊、32年帰国して慶応義塾長。高等教育会議議員、教育調査会委員を務め、39年勅選貴院議員。大正8年ワシントン第1回国際労働会議政府代表、11年加藤友三郎内閣文相、昭和2年枢密顧問官。

鎌田 勝太郎　かまだ・かつたろう
貴院議員(多額納税)　塩産会社社長　讃岐紡績社長　実業家(塩業家)　⽣文久2年1月22日(1864年)　没昭和17年3月28日　出讃岐国(香川県)　諱=正康、号=淡翁　慶安年間創業の醤油屋・鎌田の長男に生まれる。明治11年上京、福沢諭吉に師事。16年20歳で坂出大浜に塩産会社を設立、社長となる。以来塩業の振興に尽力し、大日本塩業協会設立に参画。他に讃岐紡績社長、坂出銀行頭取など多くの事業・会社に関与した。一方、香川県議、衆院議員1期を経て、30年〜大正14年貴院議員も務め、晩年は鎌田共済会を設立して育英・社会事業に尽くした。

鎌田 要人　かまだ・かなめ
元・参院議員(自民党)　⽣大正10年10月2日　出鹿児島県日置郡金峰町　学東京帝国大学法学部(昭和18年)卒　勲勲一等瑞宝章(平成11年)　経昭和18年内務省に入り、戦後、自治省に。地方自治体の財政制度の確立に力を注いだ。38年静岡県副知事を経て、48年事務次官となり、51年に退官。52年3月鹿児島県知事に当選。3期つとめる。平成元年から参院議員に2選。宮沢派を経て、加藤派に。直言型の硬骨漢で知られる。13年引退。著書に「付加価値税」「国定資産税」「試練に立つ地方自治」など。

鎌田 三之助　かまだ・さんのすけ
衆院議員(同志研究会)　鹿島台村(宮城県)村長　⽣文久3年1月13日(1863年)　没昭和25年5月3日　出宮城県鹿島台村(現・鹿島台町)　学明治法律学校中退　経宮城県鳴瀬川流域の大地主で、仙台藩士の流れをくむ鎌田家に生まれる。政治家を志して明治法律学校に学び、32歳で宮城県議となり、明治35年衆院議員に当選。2期務める。洪水被害の多発する地元・鹿島台村にある品井沼の排水工事が着手されると移民事業に乗り出し、メキシコに渡るが、品井沼排水工事を巡る住民対立のため帰国。42年鹿島台村長に就任、以来10期38年に渡って務め品井沼干拓事業と村政立て直しに尽力した。村長在任中は報酬や旅費を一切受け取らずわらじ履きで通したことから"わらじ村長"と呼ばれた。鹿島台町の鎌田記念ホール内に記念展示室がある。　家四男=大槻洋四郎(ワカメ養殖研究家)

上条 愛一　かみじょう・あいいち
元・参院議員(民社党)　元・総同盟副会長　労働運動家　⽣明治27年10月2日　没昭和44年2月18日　出長野県筑摩郡今井村(現・松本市)　学早稲田大学政経科卒　経代用教員を経て早大に進み、読売新聞記者となる。大正9年友愛会東京連合会書記となり、14年ILO総会に労働代表随員として出席する。大正15年日本労農党を結党、また日本労働組合同盟の結成に参画するなど幅広く活躍し、昭和11年日本労働組合会議書記長となる。戦後は社会党に入り総同盟副会長などを歴任し、25年から参院議員を2期つとめた。35年民社党結成に参加。著書に「労働運動夜話」などがある。

上条 勝久　かみじょう・かつひさ
元・参院議員(自民党)　⽣明治43年8月29日　出宮崎県児湯郡高鍋町　学高鍋中(昭和5年)卒　勲勲二等旭日重光章(昭和63年)　経昭和11年宮崎県に入り、16年内務省入省。20年内務省国土局内務理事官、32年国土地理院総務部長に。40年建設大学校長、日本道路公団顧問を経て、49年以来、参院議員に当選2回。この間、52年科学技術政務次官、56年地方行政常任委員長。60年9月、なくなった参院118名に対する追悼演説集を編集、出版した。61年落選。　趣ゴルフ、刀剣鑑賞、釣り

神谷 信之助　かみたに・しんのすけ
元・参院議員(共産党)　⽣大正13年3月15日　没平成11年1月8日　出京都府京都市下京区　学東亜同文書院(昭和20年)卒　経昭和27年共産党に入党、京都府職員労働組合書記長に就任。49年全国区から参院議員に当選。55年京都に移り、通算3期。平成4年引退。6年共産

神近 市子　かみちか・いちこ

元・衆院議員　婦人解放運動家　評論家　⽣明治21年6月6日　⽇昭和56年8月1日　⾝長崎県佐々村（現・佐々町）本名＝神近イチ　筆名＝榊纓　⾟津田英学塾（現・津田塾大学）（大正3年）卒　⿊津田英学塾在学中、青鞜社に参加。弘前高女教師となったが、青鞜社同人だったことがわかって解雇され、大正3年東京日日新聞の記者となって女性解放論を展開。またアナキスト・大杉栄の仏蘭西文学研究会に参加。5年には、恋のもつれから大杉栄を神奈川県・葉山の日蔭茶屋で刺し、2年間服役（日蔭茶屋刃傷事件）。その後、家庭に入ったが、婦人解放を叫びながら著述を続け、昭和10年「婦人文芸」を主宰、戦後は22年民主婦人協会、自由人権協会の設立に参加。28年総選挙に東京5区で社会党左派から出馬、初当選、以来衆院議員を5期務めて売春防止法の制定や死刑囚再審問題などで活躍。大杉傷害事件をモデルにした独立プロの映画「エロス＋虐殺」にはプライバシー侵害で訴訟を起こした。44年の政界引退後も評論の筆をとり、著書に「わが青春の告白」「女性の思想史」など。

上西 和郎　かみにし・かずろう

元・衆院議員（社会党）　⽣昭和6年11月23日　⽇平成13年12月11日　⾝鹿児島県　⾟鹿屋高（昭和25年）卒　⿊昭和25年九州電力に入社。27年から組合専従となり、社会党鹿児島本部書記長、全九電労組本部書記を経て、59年5度目の挑戦で衆院議員に初当選、ニュー社会党の看板の一つ市民相談活動推進委員会事務局長に就任。1期務め、61年落選。のちニシム電子工業顧問を務めた。

上村 進　かみむら・すすむ

衆院議員　自由法曹団団長　弁護士　社会運動家　⽣明治16年1月23日　⽇昭和44年5月19日　⾝新潟県南魚沼郡塩沢町　⾟早稲田大学専門部法律科（明治41年）卒　⿊日露戦争に従軍、退役後上京、二六新報社入社。大正4年弁護士試験に合格、弁護士となる。6年事務所開設。8年普選要求大会で普選反対の代議士に天誅を加える決議をした天誅事件で起訴され、後無罪。10年布施辰治、山崎今朝弥らと自由法曹団を結成、労働、農民運動の弁護に活躍。また12年朴烈・金子文子の大逆事件の弁護にも当たった。15年労働農民党結党に参加、後委員長。昭和3年の普選第1回選挙に立候補したが落選。4年大山郁夫らと新労農党を結成。8年日本労農弁護士団団長となり、3.15事件の弁護活動で治安維持法違反に問われ、9年検挙、懲役2年の判決を受け、転向声明で執行猶予。戦後自由法曹団の再建に尽力。24年日本共産党から衆院選に立候補、当選したが、26年占領軍司令部の共産党員追放で公職追放。その後総評弁護団員などを務めた。

神谷 卓男　かみや・たくお

衆院議員　⽣明治4年12月　⽇昭和4年10月22日　⾝京都府与謝郡宮津町　⾟京都同志社卒　⿊米国留学を経て韓国政府財務官、道書記官、明治43年日韓合併後、朝鮮総督府道事務官を経て平安北道内務部長。その後名古屋市高級助役、衆院議員となった。

神山 茂夫　かみやま・しげお

元・日本共産党中央委員　元・衆院議員　社会運動家　評論家　⽣明治38年2月1日　⽇昭和49年7月8日　⾝山口県下関市　⾟成城中学卒　⿊昭和4年日本共産党に入党。全協刷新同盟を組織し、独自の統一戦線運動を進め、検挙される。戦後、党中央委員。"軍・封帝国主義"を主張し志賀義雄らと対立した"志賀・神山論争"は有名。24年衆院議員に東京五区から立候補し当選。25年公職追放。のち党を除名され、文筆活動に入る。著書

に「天皇制に関する理論的諸問題」「自主独立路線の正体」「除名をかけた私の直言」のほか「神山茂夫著作集」(全4巻, 三一書房)がある。

上山 満之進　かみやま・みつのしん
枢密顧問官　台湾総督　内務官僚　[生]明治2年9月27日　[没]昭和13年7月30日　[出]山口県佐波郡　[学]帝大法科大学(現・東大法学部)英法科(明治28年)卒　[歴]明治28年内務省に出任。その後、法制局に転じ、青森・山口各県参事官、行政裁判所評定官を務めた。農商務省山林局長、熊本県知事を経て、大正3年大隈内閣の農商務次官となった。5年独自の米穀政策を主張したが、採用されず、米騒動を招いた。7年貴院議員、15年台湾総督に就任。昭和10年枢密顧問官に任ぜられた。

亀井 英三郎　かめい・えいざぶろう
貴院議員(勅選)　[生]元治1年(1864年)　[没]大正2年2月16日　[出]熊本　[学]東京帝国大学法科(明治21年)卒　[賞]勲一等　[歴]法制局参事官から徳島、静岡、宮城各県知事を歴任、"良二千石"といわれた。明治41年桂太郎内閣の警視総監、のち勅選貴院議員となった。

亀井 貫一郎　かめい・かんいちろう
元・衆院議員(社会党)　社会運動家　[生]明治25年11月10日　[没]昭和62年4月7日　[出]神奈川県　[学]東京帝大法学部政治学科(大正6年)卒　[歴]在学中の大正6年外務省に入省。天津総領事館、ニューヨーク総領事館などに勤務し、15年退官。労働運動に入り、昭和3年第1回普通選挙で社会民衆党から衆院議員に当選、以後4期つとめた。12年から13年にかけて陸軍の命でアメリカ・ドイツで情報活動に従事、15年大政翼賛会東亜部長となる。戦後公職追放ののち、社会党に復帰。右社から2回総選挙に立候補したが落選した。

亀井 茲監　かめい・これみ
津和野藩知事　伯爵　[生]文政8年10月5日(1825年)　[没]明治18年3月23日　[歴]天保10年津和野藩主を襲封、殖産興業と兵制改革につとめる。維新後は新政府の参与などを経て、明治2年版籍奉還により津和野藩知事。

亀井 静香　かめい・しずか
衆院議員(自民党　広島6区)　元・建設相　[生]昭和11年11月1日　[出]広島県庄原市　[学]東京大学経済学部(昭和35年)卒　[歴]昭和35年製鉄化学会社勤務。37年警察庁に入庁。46年警備局極左事件総括責任者となり、成田空港問題、あさま山荘事件、テルアビブ空港乱射事件などに取り組む。官房調査官などを経て、52年退官。54年衆院議員に当選。当選8回。平成6年村山内閣の運輸相、8年第2次橋本内閣の建設相を歴任。10年9月自民党・三塚派を離脱し亀井グループを結成。11年3月旧渡辺派と合併し、村上・亀井派を旗揚げ、会長代行となる。のち江藤・亀井派。同年10月党政調会長。13年4月党総裁選に立候補する。同年11月超党派の国会議員でつくる死刑廃止議員連盟会長に就任。名前から受けるイメージとは裏腹な強面で党内タカ派のリーダーとして知られる。　[家]兄=亀井郁夫(参院議員)

亀井 光　かめい・ひかる
元・福岡県知事　元・参院議員(自民党)　[生]明治42年1月1日　[没]昭和61年9月26日　[出]福岡県北九州市小倉北区古船場　[学]東京帝大法学部(昭和10年)卒　[歴]昭和10年内務省に入り、労働基準局長、労政局長などを歴任し、35年労働事務次官。37年参院議員に当選、大蔵政務次官をつとめる。42年福岡県知事に当選し、県職労や教組に対してタカ派でのぞむ一方、日産九州工場を誘致するなど、らつ腕を発揮して4選を果たすが、6億円をかけた県知事公舎の建設など、県費乱用が大きく問題化し、58年の知事選で敗れた。59年6月からは福岡空港ビル社長をつとめていた。

亀井 久興　かめい・ひさおき
衆院議員(自民党　島根3区)　元・国土庁長官　[生]昭和14年11月8日　[出]東京　[学]学習院大学政経学部政治学科(昭和37年)卒　[歴]昭和37年日本郵船勤務、38年松田竹千代衆院議長(当時)の秘書を経て、49年自民党から参院議員に当選、2期務めた。61年6月衆院選に立候補するが落選、平成2年無所属で当選。3年自民党に復党。9年第2次橋本改造内閣の国土庁長官に就任。10年12月宮沢派を離脱し河野グループに参加。通算3期目。　[趣]ゴルフ　[家]父＝亀井茲建(旧伯爵)，祖父＝有馬頼寧(旧伯爵)

亀井 善之　かめい・よしゆき
衆院議員(自民党　神奈川16区)　農水相　元・運輸相　[生]昭和11年4月30日　[出]神奈川県伊勢原市　[学]慶応義塾大学経済学部(昭和37年)卒　[歴]大日本製糖、神糖物産勤務、父の秘書を経て、昭和54年以来衆院議員に7選。平成8年橋本内閣の運輸相に就任。15年4月大島理森農水相の辞任を受け、小泉内閣の農水相に就任。旧渡辺派を経て、10年12月山崎派に参加。著書に「日本エネルギー改造論」。　[趣]スポーツ　[家]父＝亀井善彰(参院議員)

亀岡 高夫　かめおか・たかお
衆院議員(自民党)　元・農林水産相　[生]大正9年1月27日　[没]平成1年3月13日　[出]福島県伊達郡桑折町　[学]陸士(昭和15年)卒　[歴]元陸軍少佐でガダルカナルで重傷を負う。戦後、復員して政治運動へ。厚生大臣秘書官、積雪寒冷地帯知事会事務局長などを経て、昭和35年以来福島1区から衆院に10回当選。郵政政務次官、内閣官房副長官などを歴任後、48年第2次田中改造内閣の建設大臣、55年鈴木内閣の農林水産大臣に就任。57年自民党バイオ・サイエンス議員懇談会代表世話人をつとめた。平成元年2月昭和天皇の大喪の礼で倒れ、3月死去。竹下派。

亀田 得治　かめだ・とくじ
元・参院議員(社会党)　弁護士　[生]大正1年8月14日　[没]平成6年3月14日　[出]北海道旭川市　[学]東京帝国大学法学部(昭和10年)卒　[歴]昭和10年弁護士を開業。新潟県長岡市、大阪市で農民運動の支援に活躍。戦後社会党結成直後に入党、28年から参院議員に連続3期当選。党本部委員長当時の46年第1期黒田革新府政を実現させたが、55年前年の知事選での自社公民連合を批判して離党。58年保革の多党連合に反対して大阪府知事選に立ち、落選。

亀長 友義　かめなが・ともよし
元・参院議員(自民党)　全国農業共済協会会長　[生]大正9年9月26日　[出]徳島県三好郡池田町　[学]東京帝国大学法学部(昭和18年)卒　[賞]勲二等旭日重光章(平成2年)　[歴]農林省に入り、昭和44年官房長、45年食糧庁長官、47年事務次官を歴任して、49年退官。52年から参院議員に2選。平成元年落選。また10年にわたり大日本水産会会長をつとめた。

亀山 孝一　かめやま・こういち
衆院議員(自民党)　[生]明治33年8月30日　[没]昭和54年3月25日　[出]岡山県　[学]東京帝国大学法学部独法科卒　[歴]昭和30年衆院議員に初当選以来通算6期務めた。裁判官弾劾裁判所裁判員、日本環境衛生工業会会長、自民党代議士会副会長、衆院地方行政委員長、建設委員長などを務めたほか、福島県知事、厚生省衛生局長、勤労局長、(財)厚生団理事長等を務めた。

亀山 幸三　かめやま・こうぞう
元・日本共産党中央委員　政治評論家　[生]明治44年　[没]昭和63年5月28日　[出]香川県　[学]京都大学　[歴]京大在学中、「人民戦線事件」などで検挙され、戦後日本共産党に入党。国際派幹部として活躍し、第6回全国協議会後、自治体対策部長を務めた。昭和36年綱領、選挙問題で党中央と対立し除名され、以後は評論活動に従事した。

蒲生 仙　がもう・せん
衆院議員　[生]安政2年12月(1855年)　[没]明治41年3月10日　[出]鹿児島県鹿児島郡荒田村　[学]法律学校卒　[歴]明治維新変革の時、法律、経済学を修め、参事院議官補、法制局参事官などを経て、衆院議員当選4回。議員引退後鹿児島に帰り、旧藩主を援け、山ケ野金山鉱業事務長となった。

鴨田 宗一　かもだ・そういち
衆院議員(自民党)　[生]明治39年9月17日　[没]昭和54年2月8日　[出]埼玉県　[学]東京大学経済学部卒　[歴]熊谷市長、埼玉商工信用組合理事長を経て、昭和33年衆院議員に初当選以来連続7期務めた。自民党幹事、建設政務次官、経済企画政務次官、衆院商工委員長、大蔵委員長、法務委員長等を務める。ローマで開催された世界道路会議やテヘランでの列国同盟会議に出席した。著書に「国税通則法早わかり」「政府資金の借り方」など。

鴨田 利太郎　かもだ・としたろう
元・衆院議員(自民党)　熊谷商工信用組合理事長　[生]昭和5年1月17日　[没]昭和60年1月16日　[出]埼玉県熊谷市　[学]拓殖大学政経学部(昭和26年)卒, 早稲田大学教育学部(昭和30年)卒　[歴]熊谷商工信用組合理事長などを経て、衆院議員だった父・宗一の跡を継ぎ、昭和54年埼玉3区から衆院に初当選。2期務めたあと、58年12月総選挙で"落下傘候補"と言われた糸山英太郎らと議席を争い次点で落選。再出馬のうわさもあったが、女性から婚約不履行で訴えられるなどして騒がれ、59年6月政界から引退。
[家]父＝鴨田宗一(衆院議員)

賀屋 興宣　かや・おきのり
蔵相　法相　日本遺族会会長　衆院議員(自民党)　大蔵官僚　[生]明治22年1月30日　[没]昭和52年4月28日　[出]広島県広島市　[学]東京帝大法科大学政治科(大正6年)卒　[歴]大正6年大蔵省に入り、主計課長、予算決算課長を経て、昭和9年主計局長、11年理財局長、12年林内閣の大蔵次官、同年第1次近衛内閣の蔵相を歴任。13年辞任後勅選貴族院議員。14年北支那開発総裁、16～19年東条内閣の蔵相。20年A級戦犯として終身禁錮、30年仮出所、33年赦免。同年東京3区から衆院選に出馬当選。34年から自民党外交調査会、社会保障調査会、政務調査会の各会長。38年から第2次、第3次池田内閣の法相を務めた。47年引退。日本遺族会会長も務めた。自伝「戦前戦後80年」がある。

唐沢 俊二郎　からさわ・しゅんじろう
元・衆院議員(自民党)　元・郵政相　全国治水砂防協会会長　[生]昭和5年6月24日　[出]東京都千代田区　[学]東京大学法学部(昭和28年)卒　[賞]西ドイツ功労勲章大功労十字星章付大綬章(昭和62年), 勲一等旭日大綬章(平成12年)
[歴]富士銀行入行。元法相の父・俊樹の死去で、亀戸支店次長を辞めて、昭和44年総選挙に父の地元、長野4区から立候補し当選。以来連続9回当選。自民党国対副委員長、大蔵政務次官、文部政務次官、衆院社会労働委員長、党政調副会長を歴任。60年12月内閣官房副長官、61第3次中曽根内閣の郵政相に就任。平成元年8月党総務会長。旧渡辺派。8年引退。著書に「わが子を守る50章」「通信大国ニッポン」など。
[家]父＝唐沢俊樹(法相)

唐沢 俊樹　からさわ・としき
衆院議員(自民党)　法相　[生]明治24年2月10日　[没]昭和42年3月14日　[出]長野県　[学]東京帝大法科大学政治学科(大正4年)卒　[賞]勲一等瑞宝章(昭和40年)
[歴]大正4年内務省に入り、3年間欧米留学。保安課長を経て、昭和6年和歌山県知事。7年本省土木局長、9年警保局長、11年2.26事件の責任をとって辞任。14年阿部信行内閣の法政局長官。15年貴族院議員。東亜研究所常務理事を経て18年内務次官。戦後公職追放、26年解除。27、28年の両選挙に出馬、落選。30年ようやく当選(民主党)。32年岸信介内閣の法相。　[家]二男＝唐沢俊二郎(衆院議員)

柄沢 とし子　からさわ・としこ
元・衆院議員(共産党)　社会運動家　㊓明治44年5月7日　㊕北海道札幌市　本名=松島と志子　㊫札幌高女(昭和3年)卒　㊝タイピストとして働きながら、日本労働組合全国協議会のオルグとなり、非合法活動を始める。昭和4年以来、度々検挙された。武田武と結婚するが、終戦後離婚。三菱美唄炭鉱の人民裁判事件をはじめとする炭鉱争議に関係。21年戦後初の衆院議員選挙に北海道1区で共産党から立候補し、当選。女性当選者で最年少の26歳だった。2期つとめる。のち共産党幹部の松島治重と結婚。　㊎夫=松島治重(社会運動家)

柄谷 道一　からたに・みちかず
元・参院議員(民社党)　㊓大正13年11月19日　㊚平成13年10月11日　㊕兵庫県神戸市　㊫国立拓南塾(昭和17年)卒　㊛勲二等瑞宝章(平成7年)　㊝昭和21年日東紡績に入社。全繊同盟中執委員、書記長、副会長などを経て、49年以来参院議員に2選。61年兵庫選挙区に転じて立候補したが落選した。

唐橋 在正　からはし・ありさだ
貴院議員　子爵　㊓嘉永5年11月　㊚昭和7年4月4日　㊕京都　㊝明治5年アメリカに留学し、帰国後は茨城県庁に勤務。19年子爵。のち貴族院議員を経て、御歌所参候となる。

仮谷 志良　かりや・しろう
元・和歌山県知事　㊓大正11年3月13日　㊚平成9年9月2日　㊕和歌山県西牟婁郡串本町　㊫京都帝大法学部(昭和22年)卒　㊛勲一等瑞宝章(平成8年)　㊝昭和24年和歌山県庁に入る。34年土木部次長、38年経済部長、42年出納長、50年副知事を経て、同年以来知事に5選。全国知事会副会長、近畿知事会長、全日本実業団相撲連盟会長(6期)などを歴任。平成7年引退。

仮谷 忠男　かりや・ただお
衆院議員(自民党)　建設相　㊓大正2年5月30日　㊚昭和51年1月15日　㊕高知県　㊫高小　㊝高知県議4期、県会議長経て、昭和35年から衆院議員に当選5回。農林政務次官、建設政務次官、衆院農林水産委員長などを経て、田中角栄改造内閣で科学技術庁長官を要請されたが辞退、49年三木武夫内閣の建設大臣となった。

川合 彰武　かわい・あきたけ
元・衆院議員(社会党)　躍進機械製作所会長　㊓明治39年9月30日　㊚昭和62年11月16日　㊕静岡県浜松市　㊫中央大学法学部(昭和2年)卒　㊛勲四等瑞宝章(昭和51年)　㊝昭和22年4月から衆院議員(静岡3区)を1期務めた。

河合 義一　かわい・ぎいち
元・衆院議員(社会党)　元・参院議員　農民運動家　㊓明治15年3月11日　㊚昭和49年7月25日　㊕兵庫県加古郡高砂町(現・高砂市)　㊫東京外国語学校仏語科卒　㊝明治37年日本銀行に就職し、44年退職して帰郷。大正8年高砂町議となり、のち農民運動に参加。12年日農東播連合会を結成して会長になる。その後全日農に参加し、昭和12年大日本農民組合結成で県連会長となる。その間日本労農党などを経て、社会大衆党から12年衆院議員に当選。戦後は社会党に参加し、衆院議員、参院議員を歴任した。

川合 武　かわい・たけし
元・衆院議員(新自由クラブ)　㊓大正4年9月21日　㊚平成3年1月15日　㊕神奈川県横浜市　㊫東京帝国大学法学部(昭和15年)卒　㊝昭和15年内務省に入省。24年吉田茂内閣総理大臣秘書官、28年日赤会計室長・報道室長、34年自治省、36年消防庁を経て、44年衆議員常任委員会専門員。51年衆院議員に当選し、1期つとめた。　㊗スポーツ

川合 直次　かわい・なおじ
衆院議員(立憲民政党)　[生]明治7年12月　[没]昭和13年8月4日　[出]新潟県　[歴]農業を営んでいたが、高田市長、直江津商業銀行専務取締役、高田市農会長、教育会長、新潟県体育協会副会長等を務めた。明治45年衆院議員に初当選以来通算4期務めた。

河合 操　かわい・みさお
枢密顧問官　陸軍大将　[生]元治1年9月26日(1864年)　[没]昭和16年10月11日　[出]大分県　[学]陸士(明治19年)卒, 陸大(明治25年)卒　[歴]明治19年歩兵少尉、陸大卒業後歩兵第5連隊付、28年台湾総督府参謀、35年ドイツ留学。日露戦争には少佐で第4軍参謀、第3軍参謀副長で従軍した。戦後再びドイツ留学、帰国後陸大教官、軍務局歩兵課長、43年少将、歩兵第7旅団長、陸軍省人事局長、陸大校長、大正4年中将、6年第1師団長、10年関東軍司令官として満州へ赴任、同年4月大将、11年軍事参議官、12年参謀総長、15年予備役。昭和2年枢密顧問官、13年議定官となった。

河井 弥八　かわい・やはち
参院議長　侍従次長　[生]明治10年10月24日　[没]昭和35年7月21日　[出]静岡県　[学]東京帝大法科大学政治学科(明治37年)卒　[歴]明治37年文部属、佐賀県内務部長代理から大正7年法制局参事官、8年貴族院書記官、15年内大臣秘書官長、昭和5年皇后宮職兼侍従次長、7年帝室会計審査局長官、13年勅選貴院議員、大成会に属し鉄道会議議員、大日本報徳社社長を歴任。戦後22年緑風会から参院議員に当選、2期務め、参院内閣委員長、28年議長に就任。31年落選。平成5年侍従次長として7年間昭和天皇に仕えた時の日記が「昭和初期の天皇と宮中—侍従次長河井弥八日記」(全6巻)として出版された。

川合 義虎　かわい・よしとら
労働運動家　[生]明治35年7月18日　[没]大正12年9月4日　[出]長野県小県郡西塩田村(現・上田市)　本名=川江善虎　[歴]旋盤工をしている間に労働運動を知り、大正8年積極的に参加するようになる。9年日本社会主義同盟創立大会に出席して検挙され、懲役3カ月に処せられた。11年日本共産党に入党し、南葛労働協会を設立、各地の労働争議にあたる。12年4月日本共産青年同盟の創立に参加して初代委員長となるが、9月1日に起こった関東大震災直後の混乱に乗じて亀戸警察署に検束され、虐殺された(亀戸事件)。

河合 良成　かわい・よしなり
元・衆院議員　元・厚相　元・小松製作所社長　実業家　[生]明治19年5月10日　[没]昭和45年5月14日　[出]富山県福光町　[学]東京帝大法科大学政治学科(明治44年)卒　[賞]勲二等旭日重光章(昭和39年)　[歴]農商務省に入ったが、大正7年の米騒動を機に退官。東京株式取引所(現・東証)常務理事、日華生命保険(第百生命保険)常務などを経て、帝国人絹取締役。昭和9年“帝人疑獄事件”に連座して検挙されるが、12年無罪となる。その後、満州国総務庁、企画院委員、17年東京市助役、19年運輸省船舶局長を歴任。戦後は20年農林事務次官、21年第1次吉田内閣の厚相になったが、22年公職追放。実業界に入り、同年小松製作所社長に就任、再建に取り組む。26年追放解除となり、27年衆院議員に当選。39年小松製作所会長となり、日経連・経団連の各常務理事としても活躍した。この間、39、41年に訪中、また37、42年に訪ソし、日中・日ソ経済交流の橋渡し役をつとめた。著書に「取引所講話」「帝人心境録」「私の人生遍路」などがある。　[家]長男=河合良一(小松製作所社長), 二男=河合二良(小松化成社長), 三男=河合三良(国際開発センター会長), 四男=河合良之(日鉄商事専務)

川上 嘉市　かわかみ・かいち
参院議員(緑風会)　日本楽器製造社長
[生]明治18年3月1日　[没]昭和39年4月6日
[出]静岡県浜北市　号＝如雲　[学]東京帝大工科大学(明治42年)卒　[歴]東京瓦斯に入ったが明治43年住友電線製造所に転じ、大正14年取締役。昭和2年日本楽器製造(現・ヤマハ)社長に迎えられ、ヤマハ・ピアノの製造をはじめ楽器製造面で同社回生に尽力した。また理研電化工業、小糸車両工業などの取締役を兼任。21年勅選貴院議員、22年参院議員に当選。23年全国楽器協会会長、25年日本楽器会長に退き経団連理事などを務めた。短歌、スケッチに長じ著書に「川上嘉市著作集」(全15巻)がある。　[家]長男＝川上源一(日本楽器製造社長), 孫＝川上浩(ヤマハ社長)

川上 貫一　かわかみ・かんいち
衆院議員　共産党中央委員　[生]明治21年1月28日　[没]昭和43年9月12日　[出]岡山県阿哲郡哲西町　[学]岡山県立農学校(明治40年)卒　[歴]代用教員から大正7年、岡山県庁内政部に勤務。北海道、長野、大阪府の社会課主事を務めた。昭和2年昭和文化学会に参加、8年治安維持法違反で逮捕、投獄された。出獄後、労働雑誌社関西支局長となり、日本政治経済研究所創立に尽力、反ファッショ運動などを行って12年、再び検挙され懲役2年。戦後20年に共産党入党。24年大阪2区から衆院選に当選。26年、衆院本会議で占領軍を批判して懲罰委員会に付され衆議院から除名され、さらに占領政策違反で起訴され公職追放。28年に衆院議員に復席。以後、当選を重ね、39年共産党国会議員団長を務めた。33年から同党中央委員。自伝「たたかいの足おと」がある。

川上 紀一　かわかみ・きいち
元・千葉県知事　[生]大正8年10月31日
[出]千葉県安房郡　[学]東京帝大法学部政治学科(昭和19年)卒　[歴]内務省に入省。千葉県警を経て昭和23年同県庁に入った。県の各課長、総務部長などを歴任し、39年副知事。50年の知事選に出馬、無所属で自民の推薦をうけ初当選。2期目をつとめていたが、56年1月に“5千万円念書事件”が表面化し、辞任。著書に「成田開港」。

河上 丈太郎　かわかみ・じょうたろう
日本社会党委員長　衆院議員　社会運動家　[生]明治22年1月3日　[没]昭和40年12月3日　[出]東京市芝区巴町(現・東京都港区)　[学]東京帝大法学部政治学科(大正4年)卒　[歴]立教大学講師を経て、大正7年関西学院大学教授となる。10年神戸の川崎造船・三菱造船争議を契機に無産運動に関心を深め実践活動に入る。15年日本老農党に入党。昭和2年関学大教授を辞職し、弁護士を開業。3年第1回普選で衆院議員に当選。以後計10回当選。この間、日本大衆党、全国労農大衆党、社会大衆党などを経て、15年大政翼賛会総務となる。戦後、21年公職追放、日本社会党結成に参加。追放解除後の27年分裂中の右派社会党委員長に迎えられ、社会党統一に尽力し、統一後は顧問。36年浅沼委員長刺殺後、委員長に就任したが、病気のため40年辞任した。
[家]息子＝河上民雄(衆院議員)

河上 民雄　かわかみ・たみお
元・衆院議員(社会党)　東海大学名誉教授　[専]現代政治　[生]大正14年7月12日
[出]兵庫県神戸市　[学]東京大学文学部西洋史学科(昭和23年)卒　[歴]青山学院大学、東京神学大学各講師を経て、昭和41年～平成8年東海大学教授。一方、昭和42年父の後を継ぎ衆院議員に。兵庫1区から当選7回。52～57年党国際局長。平成2年引退。著書に「社会思想読本」「河上丈太郎演説集」「現代政治家の条件」「政治と人間像」など。　[家]父＝河上丈太郎(社会党委員長)

川上 為治　かわかみ・ためじ
元・参院議員(自民党)　[生]明治40年10月10日　[没]昭和59年5月6日　[出]鹿児島県日置郡金峰町　[学]東京帝大経済学部(昭和9年)卒　[賞]勲二等旭日重光章(昭和52年)　[歴]商工省に入省。戦後は通産省鉱

山局長、中小企業庁長官。昭和34年からと43年からの2期、参院議員を務め、その間、行政管理庁政務次官、参院商工委員長を歴任。

河上 哲太　かわかみ・てつた
衆院議員（無所属倶楽部）　⊕明治14年10月　⊗昭和27年11月17日　⊕愛媛県
⊕東京高等商業学校（明治38年）卒　⊕国民新聞社経済部長を経て、大正6年に衆院議員初当選以来連続9期務めた。文部参与官、立憲政友会総務等を務めたほか、中華民国視察議員団長として派遣された。

河上 肇　かわかみ・はじめ
日本共産党員　京都帝国大学教授　経済学者　思想家　社会評論家　詩人　⊕明治12年10月20日　⊗昭和21年1月30日　⊕山口県玖珂郡岩国町（現・岩国市）　号＝梅陰，千山万水楼主人，閉戸閑人　⊕東京帝大法科大学政治学科（明治35年）卒　法学博士　⊕明治35年東京帝大講師となり農政学を講じる。38年「社会主義評論」を千山万水楼主人の筆名で「読売新聞」に連載。40年「日本経済新誌」を創刊。41年京都帝大講師となり経済史を担当、42年助教授を経て、大正2年ヨーロッパ留学後、4年教授となり、8年から経済原論を担当。この間、5年から大阪朝日新聞に「貧乏物語」を連載し注目を集める。その後急速にマルクス主義の立場に接近し、マルクスの「賃金と資本」を翻訳し、「唯物史観略解」を刊行。昭和3年辞職。翌年大山郁夫らの新労農党に協力したが、やがて解散を提唱。6年マルクス「政治経済学批判」「資本論」（第1巻）を刊行。7年5月地下運動に入り、「七年テーゼ」を翻訳、9月日本共産党員に入党。8年検挙され、懲役5年の判決。12年出獄後は閉戸閑人と称し、漢詩、短歌、書、篆刻などに親しんだ。18年より「自叙伝」を執筆。20年から体の衰弱がひどくなり、敗戦を病床で迎える。同年共産党に復党。著書に「経済学大綱」「第二貧乏物語」「資本論入門」「マルクス主義経済学」「自叙伝」（全5巻）のほか、詩歌集「雑草集」「旅人」「河上肇詩集」、「河上肇著作集」（全12巻，筑摩書房）、「河上肇全集」（第1期28巻・第2期7巻・別巻1, 岩波書店）がある。
㊙プロ野球, 漢詩

川口 木七郎　かわぐち・きしちろう
衆院議員（立憲国民党）　⊕明治3年4月　⊗昭和12年10月17日　⊕兵庫県　⊕飾磨郡議、兵庫県議を経て、明治35年衆院議員となり、当選通算4回。醸造業を営み山陽醤油社長を務めたほか、神戸信託、姫路三十八銀行、姫路銀行、飾磨銀行、神栄生糸のそれぞれ取締役に就任した。

川口 大助　かわぐち・だいすけ
衆院議員（社会党）　⊕大正7年3月5日　⊗昭和56年2月26日　⊕秋田県　⊕秋田中（旧制）卒　⊕国労秋田地本の初代委員長から秋田県議2期。昭和34年から46年まで秋田市長を3期つとめたあと、51年衆院秋田1区から当選、以来当選3回。衆院大蔵委員などを歴任。

川口 為之助　かわぐち・ためのすけ
元・千葉県知事　⊕明治14年12月　⊗昭和37年2月23日　⊕佐倉市　⊕千葉中学校（明治35年）卒　⊕明治37年野戦砲兵連隊に入隊。大正4年千葉県会議員に初当選以来、昭和15年までに4期つとめた。22年初代千葉県公選知事に当選。

川口 寿　かわぐち・ひさし
元・衆院議員（日本進歩党）　⊕明治31年10月　⊗昭和59年6月28日　⊕富山県　⊕明治大学法律科（大正12年）卒　⊕昭和17年4月東京2区から当選1回。

河口 陽一　かわぐち・よういち
元・衆院議員　元・参院議員（自民党）　⊕明治39年3月20日　⊗昭和53年9月16日　⊕富山県　⊕北農資材社長、全購連農副会長、永山農協組合長などを歴任。また、衆院議員2期。参院議員1期を務めた。

川口 義久　かわぐち・よしひさ
衆院議員(立憲政友会)　⽣明治12年1月　⽋昭和20年8月28日　出神奈川県　学日本大学(明治37年)卒,オハイオ州立大学(明治45年),エール大学大学院(大正3年)修了　ドクトル・オブ・ロー　歴日本大学幹事、教授、理事等を歴任、また神中鉄道取締役、川口製糸社長に就任。大正13年以来衆院議員に5期連続当選し、内務省と司法省の嘱託、鉄道大臣秘書官を務めた。

川越 進　かわごえ・すすむ
衆院議員(中央倶楽部)　⽣嘉永1年5月(1848年)　⽋大正3年11月16日　出宮崎県　歴鹿児島県議、議長、宮崎県議、議長、北那珂郡長等を歴任、明治23年衆院議員となり、通算5期を務めた。日州燐礦肥料会社社長。

川崎 克　かわさき・かつ
衆院議員(日本進歩党)　⽣明治13年12月28日　⽋昭和24年2月3日　出三重県上野市　号=克堂　学日本法律学校(現・日本大学)法律科(明治34年)卒,東京外国語学校仏語科卒　歴三重県上野の八十三銀行給仕となったが、尾崎行雄を頼って上京、日本法律学校、東京外語に学んだ後、日本新聞記者、朝鮮の元山時事新報主幹、元山民団長を経て、尾崎が東京市長の時、電気局に入った。尾崎の下で憲政擁護運動を進め、政友倶楽部、中正会の幹事を務めた。大正4年衆議院議員となり、以後当選10回。憲政会、立憲民政党、日本進歩党に属し、13年陸軍参与官、15年逓信参与官、昭和4年司法政務次官、のち立憲民政党総務会長、同政調会長、衆院予算委員長、日本進歩党常議員会長などを歴任。16年議会で翼賛会の違憲を追及、同志と同交会を結成、翌年の翼賛選挙では非推薦で当選した。郷里伊賀上野の伝統文化顕彰に尽くし、伊賀陶器の研究家としても知られ、絵もよくした。著書に「伊賀乃信楽」がある。　家長男=川崎勉(日本触媒常務)、二男=川崎秀二(厚相)、孫=川崎二郎(衆院議員)

川崎 寛治　かわさき・かんじ
元・衆院議員(社会党)　⽣大正11年4月18日　出鹿児島県川辺郡川辺町　学京都帝国大学法学部政治学科(昭和21年)卒　歴高校教諭、県労評事務局長、参院議員・佐多忠隆秘書を経て、昭和38年以来衆院議員に9選。平成5年落選し、引退。この間、昭和61年7月社会主義理論センター所長に就任。

川崎 二郎　かわさき・じろう
衆院議員(自民党　三重1区)　元・運輸相　⽣昭和22年11月15日　出三重県　学慶応義塾大学商学部(昭和46年)卒　歴昭和46年松下電器勤務を経て、55年衆院議員に当選。58年の選挙では落選し、自民党三重県相談役などを務める。61年の衆参同時選挙で返り咲きを果たす。平成10年小渕内閣の運輸相に就任。11年小渕改造内閣でも留任、また北海道開発庁長官を兼任。通算6期目。宮沢派を経て、加藤派。　家父=川崎秀二(厚相)、祖父=川崎克(衆院議員)

川崎 末五郎　かわさき・すえごろう
衆院議員(自民党)　⽣明治25年2月　⽋昭和46年11月8日　出京都府　学京都帝国大学政治学科(大正5年)卒　歴朝鮮総督府事務官、兵庫県学務部長、福島県知事を歴任したのち、昭和11年に衆院議員初当選以来通算5期務めた。衆院決算委員長、内務政務次官、大政翼賛会総務局長、日本民主党会計監査、自民党総務等を務めた。北支那に派遣軍慰問議員団長として派遣されたこともある。

河崎 助太郎　かわさき・すけたろう
衆院議員(第一控室会)　⽣明治6年1月　⽋昭和18年2月21日　出大阪府　学神戸私立英学校卒　歴大阪地裁商事調停委員、大阪織物同業組合長を経て、岐阜商工会議所会頭。大正4年衆院議員に当選、4期を務めた。羊毛紡績業に携わり、日本毛糸紡績、朝日毛糸紡績、東洋毛織工業、東洋毛糸紡績、共同毛織、日

川崎 卓吉　かわさき・たくきち
文相　商工相　民政党幹事長　貴院議員（勅選）　内務官僚　⽣明治4年1月18日　⻤昭和11年3月27日　出安芸国（広島県）　学東帝大学法科大学独法科（明治36年）卒　賞勲一等　歴大学院に学んだのち明治40年内務省に入り、静岡県小笠郡長、警視庁警務部長、福島県知事、台湾総督府内務部長、同警務部長、同殖産局長、名古屋市長などを歴任。大正13年内務省警保局長、14年内務次官、15年勅選貴院議員。昭和2年憲政会（直後に民政党）に入党。4年浜口内閣の法制局長官、6年第2次若槻内閣書記官長。7年民政党総務、幹事長、11年岡田内閣文相、次いで広田内閣の商工相となった。

河崎 なつ　かわさき・なつ
参院議員（社会党）　教育者　婦人運動家　⽣明治22年6月25日　⻤昭和41年11月16日　出奈良県五条町　学東京女師文学研究科（大正6年）卒　歴小樽高女教諭から大正6年東京女高師講師、7年東京女子大国語教授。10年文化学院教授の後学監。この前後から与謝野晶子らを知り、9年新婦人協会に入り、市川房枝の勧めで婦選運動に参加。昭和7年読売新聞の身上相談を担当、また「新女性読本」「職業婦人読本」を刊行、社会評論も試みた。戦時中は婦人時局研究会理事、大日本婦人会理事など歴任。戦後22年第1回参院選に社会党全国区で当選、厚生委員として活躍。28年落選後は日本婦人団体連合会の結成に尽力。30年第1回日本母親大会事務局長、その後実行委員長として「母親が変われば社会が変わる」をスローガンに母親運動に尽力した。戦後も白梅学園短大教授などをつとめ、60年間教師生活を送った。

本整毛工業、新興人絹、河崎商事のそれぞれ社長を務めた。

川崎 秀二　かわさき・ひでじ
衆議院議員（自民党）　厚相　⽣明治44年9月14日　⻤昭和53年2月22日　出大阪府大阪市東区清水谷町　学早稲田大学政治経済学部（昭和10年）卒　歴昭和10年NHKに入り、亜洲部、企画部副部長。21年父の地盤を継いで三重県から衆院選に出馬、当選。進歩党から改進党国対委員長、自民党総務などを経て、30年第2次鳩山一郎内閣の厚相。39年松村謙三の訪中に同行して以来、日中友好に努めた。尾崎記念財団理事長として尾崎咢堂を顕彰する尾崎記念館を建設した。また日本陸上競技連盟、ユネスコ議員連盟の各理事も務めた。家息子＝川崎二郎（衆院議員）、父＝川崎克（衆院議員）、兄＝川崎勉（日本触媒常務）

川崎 安之助　かわさき・やすのすけ
衆院議員　⽣慶応3年4月（1867年）　⻤昭和5年9月21日　出山城国乙訓郡大山崎村（京都府）　賞勲三等　歴京都府下の政界に活躍、山崎銀行頭取などを務め、衆議院議員当選6回。政友会に属したが、大正2年桂太郎内閣打倒の憲政擁護運動が起こり、尾崎咢堂らと政友会脱党、中正会員となった。以来憲政会に属し、京都支部長として活躍。

河島 醇　かわしま・あつし
衆院議員　日本勧業銀行総裁　⽣弘化4年3月（1847年）　⻤明治44年3月28日　出鹿児島長田町　歴明治4年外務書記官、その後ドイツ、ロシア、オーストリア各公使館に勤務、その間各地の大学に学び、帰国後大蔵権大書記官兼外務権大書記官。15年伊藤博文の渡欧に随行、のち再三渡欧、財政事務を調査、18年大蔵省参事官。23年以来鹿児島県より衆院議員当選4回。30年日本勧業銀行総裁、32年滋賀、ついで福岡県知事、36年勅選貴院議員、39年北海道庁長官となった。

川島 金次　かわしま・きんじ
衆院議員（社会党）　[生]明治36年9月　[没]昭和31年3月26日　[出]埼玉県　[学]中央大学経済科（大正14年）卒　[歴]日本連合通信社政治部記者、埼玉新聞社編集局長、第一冶金工業(株)社長等を経て、昭和21年戦後第1回目の選挙以来連続6回衆院議員当選。社会党政策審議会副会長、税制改革委員長等を務めた。スイスで開催されたMRA大会に出席した。

川島 正次郎　かわしま・しょうじろう
衆院議員(自民党)　自民党副総裁　専修大学総長　[生]明治23年7月10日　[没]昭和45年11月9日　[出]千葉県市川市　[学]専修大学経済科(大正3年)卒　[歴]内務省、東京日日新聞記者、後藤新平東京市長秘書を経て、昭和3年の総選挙で政友会から初当選。以来千葉1区から連続14期。戦時中は大日本政治会情報部長。30年鳩山内閣の自治庁･行政管理庁長官、36年北海道開発庁・行政管理庁長官、37年池田内閣の五輪担当大臣。この間34年自民党幹事長に就任し、川島派を率いて河野一郎・大野伴睦と共に党の指導者として君臨、39年から副総裁をつとめた。池田内閣誕生、佐藤総裁四選工作の際の手腕は“政界の寝技師”と評された。

川島 義之　かわしま・よしゆき
陸相　陸軍大将　[生]明治11年5月25日　[没]昭和20年9月8日　[出]愛媛県　[学]陸士（10期）（明治31年）卒, 陸大（明治41年）卒　[歴]歩兵第22連隊付となり、日露戦争に後備第11旅団副官として従軍、戦傷を負った。陸大卒業後の明治43年ドイツに渡り、大正2年ドイツ大使館付武官補佐官、帰国後教育総監部、参謀本部課長、教育総監部第2、第1課長、近衛歩兵第1旅団長、12年作戦資材整備会議幹事長、15年人事局長、昭和4年第19師団長、5年第3師団長、7年教育総監部本部長、朝鮮軍司令官、9年大将、軍事参議官、10年陸軍大臣となった。皇道派、統制派の対立の中、中立的立場に立っていたが、11年の2.26事件では調停者として処理が遅れ事件終結後予備役となった。

河瀬 秀治　かわせ・ひではる
印旛県令　富士製紙創業者　官僚　実業家　[生]天保10年12月15日（1840年）　[没]昭和3年4月2日　[出]丹後国与謝郡宮津（京都府）　旧姓＝牛窪　号＝雲影　[歴]旧宮津藩士。幕末の安政6年頃より、専ら国事に奔走。明治維新後は、県知事、県令を歴任。産業の振興に着目し、アメリカより農具を購入し、印旛県令時代には茶樹の栽培を奨励、群馬、入間両県では養蚕製糸の改良を図り、製糸工場を建設。明治7年内務大丞。翌年内務省博物館掛となって以来、内外の博覧会の事業、工芸美術の振興に尽し、岡倉天心、フェノロサらと共に明治の美術界に貢献した。大蔵、農商務大書記官を歴任し、13年渡欧、帰国後の14年退官。以後、実業界で活躍し、商業会議所の設立に参画。また「中外商業新報」を創刊し、富士製紙会社を創立した。

河瀬 真孝　かわせ・まさたか
枢密顧問官　駐英公使　外交官　子爵　[生]天保11年2月9日(1840年)　[没]大正8年9月29日　[出]周防国吉敷郡佐山村（山口県）　旧姓＝石川　幼名＝小五郎　[歴]萩の明倫館に学び、尊王攘夷運動に参加。文久2年先鋒隊に属し活躍。元治元年御楯隊に加わり、慶応元年高杉晋作の下関挙兵に遊撃隊を率いて参加。翌年、幕長戦に遊撃隊参謀として戦功をたてる。明治3年英国留学を命ぜられ、4年帰国、工部少輔、侍従長を歴任。6年イタリア、オーストリアに駐在。10年特命全権公使に昇進。12年帰国し、元老院議官、司法大輔などを経て、17～26年駐英公使。この間、子爵に叙せられ、ロンドン日本協会会長も務めた。36年枢密顧問官に親任。

河田 烈　かわだ・いさお
蔵相　貴院議院(勅選)　台湾拓殖社長　[生]明治16年9月24日　[没]昭和38年9月27日　[出]東京　号＝文所，靄渓　[学]東京帝大法科大学政治科(明治41年)卒　[歴]大蔵省に入り銀行局普通銀行課長、主計局予算課長から大正13年主計局長となり、昭和4年大蔵次官、7年拓務次官、9年岡田啓介内閣の書記官長となり、同年勅選貴族院議員、15年第2次近衛文麿内閣の大蔵大臣となった。国維会に属し、資金統制の強化など統制経済を積極的に推進した。16年東亜海運社長、19年台湾拓殖会社社長、20年大成火災海上社長を歴任。戦後追放となり解除後の27年日華交渉非公式会談の日本代表として日台和平条約に調印。横浜造船会長、日華経済協会会長、恩給特例軍人恩給審議会会長なども務めた。篆刻漢詩をよくした。著書に「帝国歳計予算の話」「三国以後支那歴代興亡略史」「河田烈自叙伝」がある。

川田 甕江　かわだ・おうこう
宮中顧問官　漢文学者　[生]天保1年6月13日(1830年)　[没]明治29年2月1日　[出]備中国浅口郡阿賀崎村(岡山県)　本名＝川田剛　字＝毅卿，幼名＝竹次郎，剛介　[歴]重野成斎、三島中洲と共に明治の三大文章家といわれる。漢文学者として活躍し、文学博士、学士院会員等、官職として東宮侍読などもつとめ、「近世名家文評」「文海指針」などの著書がある。　[家]息子＝川田順(歌人)

河田 賢治　かわた・けんじ
日本共産党名誉幹部会委員　元・参院議員　[生]明治33年1月1日　[没]平成7年12月17日　[出]京都府与謝郡岩滝村　[学]東京工科学校機械科　[歴]小学校を卒業後、明治45年舞鶴海軍工廠に入り、大正6年上京して富士電機に勤務、夜は学校に通った。8年日本鉄工に入社、友愛会東京鉄工組合支部に入会して労働運動に加わる。10年解雇され、11年総同盟関東同盟会主事となり、同年日本共産党創立とともに入党。昭和3年3.15事件で捕えられた。18年に出所。戦後共産党再建にあたり、21年京都府委員長、24年衆院議員に当選1回。26年レッドパージにあい、地下活動に移る。32年公然活動に復帰し、33年中央委員、39年中央委員会幹部会員。43年以来参院議員を2期務めた。のち名誉幹部会委員。

川田 小一郎　かわだ・こいちろう
貴院議員(勅選)　日本銀行総裁　男爵　[生]天保7年(1836年)　[没]明治29年11月8日　[出]土佐国土佐郡旭村(高知市)　[賞]勲三等(明治28年)　[歴]土佐藩士分となり、明治元年藩領伊予国川之江銅山の朝廷奉還をめぐる争議に敏腕を振るい、藩内の勧業、鉱山、通商事務を担当。藩営土佐商会の岩崎弥太郎と知り合い、4年廃藩置県後同商会を岩崎に譲り、岩崎が三菱商会として経営するのを援け、以後20年間三菱財閥創業に尽力した。22年日本銀行総裁、23年勅選貴院議員、28年男爵。29年病気で日銀を辞任した。

川田 正則　かわた・まさのり
衆院議員(自民党)　[生]大正12年3月20日　[没]昭和61年12月30日　[出]北海道旭川市　[学]中央大学法学部(昭和21年)卒　[歴]昭和22年旭川市役所に入る。企画室長を経て42年には衆院議員・松浦周太郎の秘書となり、51年から衆院に2選。外務、社会、労働の各委員を務めた。58年落選し、自民党北海道連顧問を務めていたが61年の衆参同時選挙で再び返り咲いた。　[趣]ラグビー

河波 荒次郎　かわなみ・あらじろう
衆院議員(立憲民政党)　[生]慶応1年8月(1865年)　[没]昭和7年2月21日　[出]福岡県　[学]東京専門学校(明治21年)卒　[歴]福岡県筑紫郡会議員、議長を経て、福岡県議となる。大正6年衆院議員に初当選以来通算3期務めた。

川西 実三　かわにし・じつぞう
東京府知事　日本赤十字社社長　内務省社会局社会部長・保険部長　内務官僚　[生]明治22年1月2日　[没]昭和53年3月3日　[出]兵庫県　[学]東京帝国大学法科大学独法科(大正3年)卒　[歴]高文にパスして内務省に入り、大正9〜15年ジュネーブの国際労働連盟帝国事務局事務官、第2、第7、第10回の国際労働会議に政府代表随員及び顧問として出席。帰国後社会局書記官、労政課長、職業課長となり、昭和初期の不況時代、労働手帳を作り、海外移住を奨励した。昭和7年社会部長兼保険部長となり医師会の強い抵抗を押し切って国民健康保険法を立案した。11年から埼玉、長崎各県知事、京都、東京各府知事を務め、17年退官。大日本婦人会理事長、大日本育英会理事長となった。戦後22年公職追放、解除後初代の社会保険審査委員長、恩賜財団済生会理事長、東京厚生年金会館長、日本赤十字社長(第9代)、日本ILO協会長、日本職業協会長などを歴任した。
[家]妻=川西田鶴子

川野 三暁　かわの・さんぎょう
元・参院議員　元・北海道開発政務次官　正念寺住職　元・浄土真宗本願寺派総務　僧侶　[生]明治43年3月31日　[没]平成1年12月18日　[出]広島県山県郡　[学]東洋大学文学部(昭和12年)卒　[賞]勲三等旭日中綬章(昭和55年)　[歴]昭和37年参院選全国区に立候補し当選、1期務めた。28年から平成元年まで浄土真宗本願寺派宗会議員9期。35年から同派総務4回。

河野 正　かわの・ただし
元・衆院議員(社会党)　[生]大正3年1月1日　[出]福岡県篠栗町　[学]九州医専(昭和10年)卒　医学博士　[賞]勲二等旭日重光章(平成2年)　[歴]昭和16年九州帝大附属専門部助教授。26年福岡県議となり、30年以来福岡1区から衆院議員に8選。平成2年引退。

川野 芳満　かわの・よしみつ
衆院議員(自民党)　[生]明治31年9月22日　[没]昭和54年7月2日　[出]宮崎県　[学]慶応義塾大学専修科(大正8年)卒　[賞]藍綬褒章(昭和36年)　[歴]昭和21年戦後第1回目の選挙以来、通算9回衆院議員に当選。証券民主化議員連盟委員長、自民党政調副会長、総務、組織副委員長のほか衆院交通委員長、運輸委員長、大蔵委員長等を務めた。各国の政情視察、貿易視察に赴くほか、列国議会同盟会議に出席する。全国酒卸協同組合連合会長、日本酒造組合中央会理事等も務めた。

川橋 豊治郎　かわはし・とよじろう
衆院議員(新自由党)　[生]明治16年12月　[没]昭和42年10月30日　[出]京都府　[学]早稲田大学専門部法律科(明治37年)卒　[歴]京都市議、副議長を経て、昭和7年に衆院議員初当選。以来通算3期を務めた。東西電球、寿重工業取締役を務めたこともある。著書に「野人森田茂」がある。

川端 文夫　かわはた・ふみお
元・衆院議員(民社党)　[生]明治38年3月20日　[没]昭和55年8月6日　[出]富山県　[歴]東京都議を4期務めた後、昭和44年から衆院東京2区で当選1回。

河原 春作　かわはら・しゅんさく
枢密顧問官　文部次官　東京文理科大学学長　大妻女子大学学長　[生]明治23年1月14日　[没]昭和46年10月11日　[出]東京　[学]東京帝大法科大学独法科(大正5年)卒　[賞]勲一等瑞宝章(昭和40年)　[歴]大正4年高文パス、内務省に入り静岡警察署長、静岡県保安課長、同学務課長から昭和9年文部省社会教育局長に転じ、普通学務局長を経て11年文部次官、12年退官。15年東京文理科大学学長、20年再び文部次官となったが、同年11月枢密顧問官、22年退官し社会教育連合会長、大日本教育会長を経て26年大妻女子大学長となり、日本農学指導協会長を兼任。36年文化財保護委員長となった。40年勲一等瑞宝章受章。また共

立女子学園常務理事、中央教育審議会委員、社会教育審議会委員も務めた。

川原 新次郎 かわはら・しんじろう
元・参院議員(自民党) [生]大正6年10月28日 [没]平成7年12月4日 [出]鹿児島県揖宿郡喜入町 [学]鹿屋農(昭和12年)卒 [賞]勲二等瑞宝章(昭和63年) [歴]専売公社勤めから鹿児島県議2期、喜入町長3期。町長時代に日石喜入基地を誘致。昭和50年4月の知事選では負けを承知で現職の金丸三郎と争う。55年6月参院選で2期目を目ざした社会党の久保亘を押しのけて当選、「奇跡」といわれた。2期つとめる。旧田中派二階堂系を経て、宮沢派。4年引退。 [趣]剣道, 柔道, 囲碁

川原 茂輔 かわはら・もすけ
衆院議長 衆院議員(政友会) [生]安政6年9月15日(1859年) [没]昭和4年5月19日 [出]肥前国西松浦郡大川内村(佐賀県) [賞]勲二等 [歴]明治7年草場船山の塾で漢学を学び、早くから佐賀県政界・実業界で活躍し、佐賀県会議長、佐賀日日新聞社長など歴任。25年以来衆院議員当選10回、政友会に属したが、大正13年政友会改造問題のため除名され、政友本党入党。昭和2年政友会に復帰、4年衆院議長となった。

川俣 健二郎 かわまた・けんじろう
元・衆院議員(社会党) [生]大正15年7月5日 [出]秋田県雄勝郡稲川町 [学]早稲田大学政経学部(昭和26年)卒 [賞]勲二等旭日重光章(平成10年) [歴]同和鉱業労組委員長を経て、昭和44年以来衆院議員に8選。61年9月政構研代表に就任。平成5年落選。 [趣]囲碁(5段), 尺八

川俣 清音 かわまた・せいおん
元・衆院議員(社会党) 社会運動家 [生]明治32年5月15日 [没]昭和47年12月7日 [出]北海道余市郡余市町山田 [学]早稲田大学法律科(大正12年)卒 [歴]早大時代、建設者同盟に参加して農民運動に関係し、大正13年秋田県で日農支部を結成。小坂銅山争議などを指導するが、日農分裂後は全日農に参加する。昭和4年全農秋田県連を創立して常任執行委員となり、11年社会大衆党から衆院議員に当選し、以後38年まで代議士に8回当選。戦後は社会党に参加した。 [家]養子＝川俣健二郎(衆院議員)

川真田 徳三郎 かわまた・とくさぶろう
衆院議員(新政会) [生]安政7年2月(1860年) [没]大正7年11月22日 [出]徳島県 [歴]麻植郡議、徳島県議、徴兵参事員等を歴任、明治23年衆院議員となり、以後当選8回通算9期を務めた。阿波商業会議所会頭、阿波国共同汽船専務、徳島鉄道社長のほか、阿波藍の社長及び同業組合組長も務めた。

河村 勝 かわむら・かつ
元・衆院議員(民社党) 交通道徳協会会長 神奈川民社協会名誉会長 [生]大正4年10月4日 [没]平成13年1月30日 [出]神奈川県小田原市 [学]東京帝国大学法学部(昭和13年)卒 [賞]勲二等旭日重光章(平成2年) [歴]鉄道省入省。昭和37年国鉄常務理事を経て、40年退官。民社党に入り、42年以来神奈川5区から衆院議員に7選。党政策審議会長、平成元年党副委員長に就任するが、2年引退。民社党神奈川県連会長も務めた。 [趣]囲碁

河村 譲三郎 かわむら・じょうざぶろう
貴院議員(勅選) 司法官 [生]安政6年2月10日(1859年) [没]昭和5年4月13日 [出]京都 法学博士(明治32年) [歴]明治19年欧州留学、帰国後司法省参事官、東京控訴院検事、35年ヘーグ万国国際法会議に出席、39年司法次官から大審院部長。大正8年会計検査院懲戒裁判官となり、法律取調委員会などに活躍。のち勅選貴院議員、錦鶏間祗候を許された。民法、民事訴訟法に詳しく、訳書に「独逸帝国民事訴訟法典」。

川村 純義　かわむら・すみよし
枢密顧問官　海軍卿　海軍大将　伯爵
[生]天保7年11月11日(1836年)　[没]明治37年8月12日　[出]薩摩国(鹿児島県)
[歴]明治維新に際し、志士として奔走し、戊辰戦争においては、東北各地で戦功をあげた。明治2年兵部大丞に任ぜられる。3年海軍掛となり、以後海軍に専従。5年海軍少輔、7年海軍中将兼海軍大輔となり、10年西南戦争で活躍。11年以降、海事卿となり、各鎮守府設置に尽した。17年伯爵を授けられ、翌18年宮中顧問官となる。21年枢密顧問官に任ぜられ、34年皇孫の養育主任となった。没後大将に昇進。これは他に類を見ない。　[家]父＝川村与十郎(海軍大将)

川村 清一　かわむら・せいいち
元・参院議員(社会党)　[生]明治44年3月23日　[出]北海道小樽市　[学]函館師範(現・北海道教育大学函館分校)卒　[賞]勲二等旭日重光章(平成5年)　[歴]昭和21年北教組情宣部長、23年浦河一中校長を経て、30年北海道議に当選、38年党北海道本部委員長。40年から参院議員3期連続当選。農林水産委理事を長く務めた。54年2度目の道本部委員長に就き、横路道政誕生に尽くす。58年引退。

川村 善八郎　かわむら・ぜんはちろう
衆院議員(自民党)　[生]明治25年9月
[没]昭和46年8月11日　[出]北海道　[歴]漁業を営むかたわら、北海道漁業協同組合連合会常務理事、森漁業会長、北海道水産業会副会長等を経て、昭和22年に衆院議員初当選以来連続5期務めた。北海道開発政務次官、民主自由党代議士会副会長、政調会水産部長、水産議員連盟理事等を務める。

川村 竹治　かわむら・たけじ
法相　内務次官　台湾総督　川村女学院顧問　[生]明治4年7月17日　[没]昭和30年9月8日　[出]秋田県　[学]東京帝大法科大学英法科(明治30年)卒　[歴]逓信省書記官、内務省書記官、内務参事官、台湾総督府内務局長、和歌山、香川、青森各県知事、内務省警保局長、拓殖局長官を経て大正11年加藤友三郎内閣の内務次官となった。同年6月辞任して勅選貴族院議員となり、南満州鉄道総裁に就任した。次いで政友本党から政友会顧問、台湾総督、昭和7年犬養毅内閣の法相となったが、同年5.15事件で依願免官。その後は夫人文子経営の川村女学院(現・川村学園)顧問なった。　[家]妻＝川村文子(川村女学院創立者)

川村 継義　かわむら・つぎよし
元・衆院議員(社会党)　[生]明治41年10月25日　[没]平成5年5月11日　[出]熊本県
[学]熊本県第一師範第二部(昭和2年)卒
[賞]勲二等旭日重光章(昭和53年)　[歴]熊本県八代郡市定小中学校に勤務し、のち文政小学校長、熊本県教職員合委員長。昭和27年熊本2区から衆院議員となり、7選。社会党熊本県本部委員長、自治体対策特別委員長、高校全入対策特別委員長、43年衆議院災害対策特別委員長等を歴任。　[趣]俳句　[家]長男＝川村充夫(お茶の水ゼミナール理事長)

川村 貞四郎　かわむら・ていしろう
元・山形県知事　元・東洋インキ社長
[生]明治23年7月23日　[没]昭和62年6月18日　[出]愛知県北設楽郡　[学]東大独法科(大正4年)卒　[賞]紺綬褒章(昭和37年), 藍綬褒章(昭和43年)　[歴]昭和6年12月から7年6月まで第23代山形県知事を務めた。　[家]三男＝古橋源六郎(総務庁官房長)

川村 松助　かわむら・まつすけ
元・参院議員　[生]明治23年9月　[没](没年不詳)　[出]岩手県　[歴]盛岡市会議員を経て、昭和22年参院議員に当選。2期。31年石橋内閣北海道開発庁長官に就任、34年引退。盛岡商工会議所会頭、花巻温泉電鉄社長なども務めた。

川村 保太郎　かわむら・やすたろう
衆院議員　労働運動家　[生]明治27年3月25日　[没]昭和20年2月11日　[出]大阪府中河内郡小坂村(現・東大阪市)　[歴]高小卒業後、米屋の小僧などをして大阪砲兵工廠職工となる。大正8年向上会の結成

に参加し、11年解雇され、以後労働運動に専念する。2度にわたってILO総会に労働者代表として出席するなどして活躍するが、その間社会民衆党中央委員などを歴任し、昭和4年大阪市議となり、11年衆院議員に当選。12年の衆議院選でも当選するが、選挙違反に問われて辞任し、運動の一線から退ぞいた。

河村 善益　かわむら・よします
貴院議員（勅選）　⊕安政5年1月（1858年）　㊙大正13年9月21日　⊕石川県　⊕司法省法律学校（明治12年）卒　㊣勲一等　㊣判事となり、京都地方裁判所長、福井地方裁判所長、大阪控訴院部長、大審院判事、大阪地方裁判所長。明治32年フランス、イタリア、ベルギーに派遣され、39年函館控訴院長、大審院検事から40年東京控訴院検事長。のち勅選貴院議員、竹田宮宮務監督となった。

川村 和嘉治　かわむら・わかじ
元・高知県知事　⊕明治34年2月21日　㊙昭和43年2月19日　⊕高知　⊕京都帝国大学農学部（昭和5年）卒　㊣昭和5年大阪毎日新聞の農政記者となり、中央農林協会幹事、農業報告連盟常任理事を経て、22年初代公選高知県知事に当選するが、公職追放令により退職。26年再選。

河本 嘉久蔵　かわもと・かくぞう
元・参院議員（自民党）　元・国土庁長官　⊕大正6年3月27日　㊙平成2年3月24日　⊕滋賀県高島郡安曇川町　⊕彦根高商（昭和12年）卒　㊣勲一等瑞宝章（昭和62年）　㊣昭和21年山城織物（現・綾羽工業）を設立して社長に就任。46年参院議員に当選。以来3選。通産・農林各政務次官、参院大蔵委員長、北海道開発庁長官を歴任後、59年第2次中曽根改造内閣の国土庁長官に就任。平成元年落選。
㊁長男＝河本英典（綾羽工業社長）

川本 末治　かわもと・すえじ
元・衆院議員　⊕明治31年6月　㊙昭和58年12月3日　⊕愛知県長久手町　⊕明治大学法学部（大正11年）卒　㊣昭和24年1月愛知2区から衆院議員に当選。当選1回。

川本 達　かわもと・とおる
衆院議員　郷土史家　⊕安政5年2月3日（1858年）　㊙昭和15年1月24日　⊕対馬国（長崎県下県郡厳原町）　⊕東京開成学校卒　㊣厳原町議・下県郡議を経て、明治20年に長崎県議となり、25年には衆院議員に選出された。のち厳原第百二銀行頭取・対馬漁業組合頭取・対馬汽船会社社長・仁田村長・鶏知村長などを歴任。対馬及び長崎県の政財界で活躍する一方、大正時代以降は対馬の郷土史研究にも従事した。著書に「対馬遺事」「日韓交通史」、共著に「対馬誌」「対馬人物志」などがある。

河原 伊三郎　かわら・いさぶろう
元・衆院議員（自由党）　⊕明治33年2月　㊙昭和58年9月1日　⊕滋賀県　⊕旧野洲郡速野村長、滋賀県議、議長を経て、昭和24年から衆院議員1期。

瓦 力　かわら・つとむ
衆院議員（自民党　石川3区）　元・防衛庁長官　元・建設相　⊕昭和12年4月1日　⊕石川県七尾市　⊕中央大学法学部（昭和35年）卒　㊣益谷秀次の秘書を経て、昭和47年以来衆院議員に10選。62年竹下内閣の防衛庁長官に就任するが、63年潜水艦事故で引責辞任。平成9年第2次橋本改造内閣の建設相。11年10月小渕第2次改造内閣の防衛庁長官に就任。12年4月森連立内閣でも留任。宮沢派、加藤派を経て、堀内派。

河原田 稼吉　かわらだ・かきち
内務相　文部相　衆院議員　⊕明治19年1月13日　㊙昭和30年1月22日　⊕福島県　旧姓＝奥村　⊕東京帝大法科大学政治学科（明治42年）卒　㊣内務省に入り福島県事務官、内務参事官、熊本、長崎各県警察部長、内務省警保局保安

課長、社会局第1部長を歴任。第6回国際労働会議政府代表として渡欧。社会局労働部長、昭和2年台湾総督府総務長官、6年内務次官を経て、12年林銑十郎内閣の内務大臣となった。13年貴院議員、14年阿部信行内閣の文部大臣に就任、産業報国運動を推進した。大政翼賛会総務、大阪府知事も務めた。戦後公職追放となり、解除後、自由党に入党。27年福島2区から衆院議員に当選、2期務めた。党総務、新党対策特別委副会長などを務めた。　⑱養父=河原田盛美(農商務省技師)

菅 太郎　かん・たろう
元・衆議院議員(自民党)　㊣明治37年5月30日　㊣昭和55年1月11日　㊣愛媛県　㊣東京帝大法学部(昭和3年)卒　㊣企画院調査官を経て、昭和27年愛媛1区から衆院議員に初当選以来、通算5期。この間、経済企画庁政務次官、衆院地方行政委員長、自民党総務などを歴任。

菅 直人　かん・なおと
衆院議員(民主党　東京18区)　元・厚相　民主党代表　㊣昭和21年10月10日　㊣山口県宇部市　㊣東京工業大学応用物理学科(昭和45年)卒　㊣弁理士　㊣大学卒業後、特許事務所を開く傍ら、住宅問題、食品公害問題等に取り組む。昭和49年の参院選では市川房枝の選挙事務長をつとめた。52年江田三郎と共に社会市民連合を結成、のち田英夫らと合流して社民連を創立し、55年衆院議員に当選。7期目。社民連政策委員長を務めた。平成6年新党さきがけに移る。8年橋本内閣の厚相に就任、エイズ薬害訴訟では厚生省を代表して原告団に公式に謝罪。同年実質原告勝訴の形でHIV訴訟の和解が成立した。同年9月民主党を旗揚げし鳩山由紀夫とともに代表となる。9年9月2代表制を廃止し、党代表に。10年4月民主、民政、新党友愛、民主改革連合からなる新党・民主党の代表に就任。7月の参院選では改選議席18を大きく上回る27議席を獲得。同月参院本会議の首班指名投票では、野党が結束し決選投票で小渕恵三に40票もの差をつけて首班指名された。11年1月民主党代表に再選。9月再選を目指し党代表選に出馬するが、決選投票で鳩山由紀夫に敗れる。のち党政調会長。13年7月参院選で改選数より4議席多い26議席を獲得。14年9月再び党代表選に出馬するが、決選投票で鳩山に敗れる。同年12月鳩山の辞任に伴う党代表選に出馬、岡田克也を破り代表となる。野党各党が基本政策に合意した上で統一首相候補を挙げて政権交代を目指す"政権連合"を提唱する。著書に「市民ゲリラ国会に挑む」「創発の座標」「国会論争『土地政策』」など。　㊣父=菅寿雄(セントラル硝子常務)、妻=菅伸子、長男=菅源太郎(市民運動家)

寒川 喜一　かんかわ・きいち
元・衆議院議員(民社党)　㊣明治44年10月27日　㊣平成2年2月3日　㊣徳島県　㊣関西大学専門部法科卒　㊣勲三等瑞宝章(昭和57年)　㊣昭和44〜47年衆議員を1期つとめた。

簡牛 凡夫　かんぎゅう・つねお
衆院議員(自民党)　㊣明治27年1月　㊣昭和48年5月21日　㊣福岡県　㊣早稲田大学政治経済科(大正9年)卒　㊣大蔵大臣秘書官、(株)津上製作所取締役等ののち、昭和5年に衆院議員初当選以来通算5期務めた。国民総力朝鮮連盟事務局次長、大政翼賛会総務、自民党政務調査会副会長、大蔵政務次官等を務めた。

菅家 喜六　かんけ・きろく
衆院議員(自民党)　㊣明治27年7月　㊣昭和42年7月24日　㊣福島県　㊣福島県教育養成所(明治45年)卒　㊣郡山市議、同副議長、福島県議となる。昭和24年衆院議員初当選。以降4選。衆院決算委員長、第4次吉田内閣の厚生政務次官、衆院運営委員長、また、福島民友新聞社長、会津興発(株)社長等を歴任。自民党総務、副幹事長となる。議会制度調査のため、議員団長として欧米各国に派遣される。

神崎 東蔵　かんざき・とうぞう
衆院議員(憲政本党)　弁護士　[生]慶応3年3月(1867年)　[没](没年不詳)　[出]佐賀県　[学]東京帝国大学英法科卒　[歴]地裁判事、佐賀市議、議長、佐賀県議を歴任、明治35年から衆院議員に4期連続当選。判事退任後は弁護士業務にも従事した。

神沢 浄　かんざわ・きよし
元・衆院議員(社会党)　[生]大正4年8月25日　[出]山梨県中巨摩郡竜王町上篠原　[学]甲府中(昭和8年)卒　[賞]勲三等旭日中綬章(平成10年)　[歴]竜王村長、山梨県議2期を経て、昭和46年参院議員、54年衆院議員各1期。内閣、予算委員など歴任。昭和59年10月竜王町長選に革新陣営からかつぎ出されて当選、2期つとめた。著書に「落穂拾い」がある。

苅田 アサノ　かんだ・あさの
元・衆院議員(共産党)　婦人運動家　[生]明治38年6月21日　[没]昭和48年8月5日　[出]岡山県津山町(現・津山市)　本名＝堀江アサノ　[学]日本女子大学国文科(大正15年)卒　[歴]学生時代から社会主義に関係し、昭和6年共産党に入党して財政活動にあたる。8年検挙され、10年の出獄後は東洋経済新報社などに勤務。13年帰郷し西日本製紙会社などで働く。戦後共産党に再入党し、24年の衆院議員選挙で当選。また、戦前より婦人解放運動をすすめ、戦後、新日本婦人の会中央委員、日本婦人団体連合会、国際民主婦人連盟各評議員など歴任した。

神田 厚　かんだ・あつし
元・衆院議員(民主党)　元・防衛庁長官　[生]昭和16年5月11日　[出]栃木県芳賀郡益子町　[学]早稲田大学文学部国文科(昭和41年)卒　[歴]昭和41年東京の私立駒込学園高教諭、のち栃木自動車整備専門学校教員。47年父の秘書となり、後継者として51年民社党から衆院議員に当選。農林漁業対策委員長・国対副委員長や、全国農民同盟書記長、衆院リクルート特別委員会理事、衆院運営委員会理事などを歴任。平成6年羽田内閣の防衛庁長官に就任。同年12月新進党結成に参加。8年の総選挙では比例区北関東ブロックで1位当選を果たす。10年1月新党友愛に参加、4月民主党に合流。8期務めた。12年引退。　[家]父＝神田大作(衆院議員)

神田 坤六　かんだ・こんろく
元・群馬県知事　群馬テレビ相談役　[生]明治41年12月10日　[出]新潟県横越村　[学]東大法学部(昭和9年)卒　[賞]勲二等旭日重光章(昭和54年)　[歴]戦時中は海軍司政官。戦後、群馬県総務・教育各部長、31年副知事を経て、35年から知事に4選。51年11月群馬テレビ会長となり、のち現職。

神田 重雄　かんだ・しげお
八戸市長　[生]明治7年4月22日　[没]昭和22年12月6日　[出]青森県三戸郡湊町(現・八戸市)　号＝八世花月堂, 蘭州　[学]湊尋常小学校漢学科卒　[歴]祖父はもと会津(斗南)藩士。湊尋常小学校を卒業後、叔父を頼って北海道に渡り電信技師の資格を取得、電信係として根室の郵便局に勤務。明治26年小学校教員検定試験に合格し、帰郷して母校湊小学校の教員となった。のち湊村役場に勤務、その傍ら漁業に従事して27年頃に神田商店を創立、八戸地方における漁業の顔役であった長谷川藤次郎の信任を受けて名望を高め、32年湊村議に選出。大正12年に青森県議となり、昭和4年八戸・小中野・湊・鮫の4町村の合併による八戸市の誕生に尽力して初代市議会議長となった。さらに5年八戸市長に就任、以来17年に落選するまで3期に渡って在職し、八戸の発展に尽くした。特に安全な漁港と産物の流通を確保するため大々的な港の修築を企図し、一貫して八戸港の建設推進に奔走。15年にはそれまでの激烈な陳情運動が実を結び、内務省に八戸港修築事務所を設置させた。しかし、戦時中に陸海軍への協力や大政翼賛運動への加担などがあり、その責任をとって戦後は一切の公職から退き、晩年は専ら俳句を楽しんだ。

神田 大作　かんだ・だいさく
元・衆院議員(民社党)　[生]大正2年2月12日　[没]昭和58年5月28日　[出]栃木県　[賞]勲二等瑞宝章(昭和51年)　[歴]昭和30年の衆院選で栃木2区から初当選して以来衆院議員4期を務めた。　[家]息子＝神田厚(衆院議員)

神田 孝平　かんだ・たかひら
蘭学者　数学者　啓蒙思想家　[生]文政13年9月15日(1830年)　[没]明治31年7月5日　[出]美濃国不破郡岩手村(現・岐阜県垂井町)　旧名＝孟恪　号＝淡崖　[歴]京都、江戸で漢学を学んでいたが、ペリー来航の頃から蘭学に転じ、文久2年蕃書調所数学教授方出役となる。わが国ではじめて西洋数学を講じる。文久元年探偵小説訳述の「和蘭美政録」を刊行。また翻訳「経済小学」「和蘭政典」を刊行。明治維新後は新政府に出仕し、議事体裁取調掛、兵庫県令、元老院議官、文部少輔、憲法取調委員など歴任。地租改正の建議などが有名。明治23年貴院議員、男爵。一方、7年より明六社に参加、また東京学士会院会員となり、学術文化の発展に寄与した。遺稿集「淡崖遺稿」がある。　[家]養子＝神田乃武(英語教育家)

神田 博　かんだ・ひろし
衆院議員　厚相　[生]明治36年12月25日　[没]昭和52年6月30日　[出]新潟県　[学]法政大学専門部法律科(昭和3年)卒　[歴]内務省に入り、地方局勤務から静岡県秘書、同県商工、水産各課長を務めた。戦後昭和21年静岡1区から衆議院議員に当選、以来当選8回。自由党、自民党に属し、31年の石橋湛山内閣厚相についで岸信介、池田勇人、佐藤栄作各内閣の厚相を歴任、40年厚生年金の1万円年金を実現させた。47年落選、49年全国区から参議院議員に当選した。

神田 正雄　かんだ・まさお
衆院議員　東京朝日新聞外報部長　新聞人　[生]明治12年3月18日　[没]昭和36年8月2日　[出]栃木県　号＝東洋　[学]東京専門学校(明治34年)卒　[歴]米英留学後の明治42年大阪朝日新聞社に入り、北京特派員となったが、大正6年依願退社。新聞研究のため渡米、8年帰国、東京朝日新聞社に再入社、政治部員、政治部次長、9年支那部初代部長、東京通信部長、政治部長を一時兼任、大正12年外報部長、同年10月美土路昌一、緒方竹虎らと編輯局員として実質局長を務めた。13年依願退職、栃木2区から立憲民政党推薦で衆議院議員に当選、昭和3年再選。その後雑誌「海外」社長兼主筆となった。

漢那 憲和　かんな・けんわ
衆院議員(日本進歩党)　海軍少将　[生]明治10年9月6日　[没]昭和25年7月29日　[出]沖縄県那覇　[学]海兵卒　[歴]沖縄尋常中学時代、ストライキを指導して退学処分を受けた。日露戦争で金鵄勲章受章。大正10年巡遊艦「香取」艦長(大佐)として皇太子殿下(昭和天皇)の欧州巡遊に随行。2年後少将に昇進、14年予備役。昭和3年第6回衆院選挙に出馬、最高得票で当選、以後当選5回。14年内務政務次官。戦後公職追放されたが、沖縄の復帰運動に尽力、21年10月マッカーサー司令官に嘆願書を出すなど東京で活躍した。著書に「今上陛下の昭和維新」がある。

菅野 善右衛門　かんの・ぜんえもん
衆院議員(立憲政友会)　[生]明治17年4月　[没]昭和29年2月5日　[出]福島県　[学]福島県立養蚕学校(明治39年)卒　[歴]福田村議、村長、伊達郡議、福島県議を経て、昭和3年衆院議員に当選。通算4期を務める。農業を営み、郡農会長、県農会副会長等を歴任。

菅野 和太郎 かんの・わたろう
衆院議員(自民党) 大阪経済大学名誉教授 経済史学者 [専]日本経済史 [生]明治28年6月20日 [没]昭和51年7月6日 [出]愛媛県松山市 [学]京都帝大経済学部(大正9年)卒 経済学博士(京都帝大)(昭和7年) [歴]彦根高等商業学校教授、大阪商科大学教授を経て、昭和11年大阪市理事、同教育部長を歴任。17年大阪4区(のち1区)から衆院議員に初当選、以来当選9回。第2次岸内閣の経済企画庁長官、佐藤内閣の通産相、経済企画庁長官を務めた。この間、19年昭和高等商業学校校長、28年大阪経済大学教授、51年退職し、名誉教授。著書に「日本商業史」「日本会社企業発生史の研究」「近江商人の研究」などがある。

上林 繁次郎 かんばやし・しげじろう
元・参院議員(公明党) 元・プロ野球選手 [生]大正6年1月13日 [没]平成14年2月8日 [出]東京 [学]明治大学政経学部卒 [賞]勲二等瑞宝章(昭和62年) [歴]昭和22年中日に入団。24年東急フライヤーズ、27年毎日に移籍。28年引退。実働7年、323試合、807打数162安打、8本塁打、57打点、9盗塁、打率.201。引退後、船橋市議を2期、千葉県議を1期を経て、43年参院議員に当選、2期。党国対副委員長、参院運輸委員長を務めた。

上林 忠次 かんばやし・ちゅうじ
参院議員(自民党) [生]明治39年2月 [没]昭和43年11月23日 [出]京都府 [学]九州帝国大学農学部(昭和5年)卒 [歴]日本専売公社理事、生産部長等を歴任し、昭和28年、34年参院議員当選。緑風会政調会副会長、参院建設委員長をも務めた。33年に自民党に入党後、同党政審副会長となる。たばこ輸出促進協議会理事にも就任した。

上林 与市郎 かんばやし・よいちろう
元・衆院議員(社会党) [生]明治45年1月1日 [没]平成5年6月8日 [出]山形県東田川郡羽黒町 [学]中央大学英法科(昭和16年)卒 [賞]勲二等瑞宝章(昭和57年), 羽黒町名誉町民 [歴]中央社会事業研究所所員を経て、酪農開拓農場を経営。戦後になって日本農民組合中央執行委員。昭和22年より衆院議員(社会党)に8選、決算委員長などを務めた。 [趣]読書, 剣道

上林山 栄吉 かんばやしやま・えいきち
衆院議員 [生]明治37年10月18日 [没]昭和46年8月10日 [出]鹿児島県指宿 [学]日本大学法律科(昭和3年)卒 [歴]鹿児島市議、同県議を経て昭和21年鹿児島1区から衆院議員に当選、以来9回当選。民主党、自由民主党に属し、衆院予算委員長、石炭対策特別委員長、第3次鳩山一郎内閣の郵政政務次官、佐藤栄作内閣の防衛庁長官となったが、41年8月、自衛隊機を使って派手なお国入りし、公私混同と強く批判された。

神戸 正雄 かんべ・まさお
京都市長 京都帝国大学名誉教授 関西大学学長 [専]財政学 [生]明治10年4月19日 [没]昭和34年10月16日 [出]愛知県 [学]東京帝大法科大学政治学科(明治33年)卒 法学博士 [資]帝国学士院会員(昭和5年) [賞]帝国学士院恩賜賞(昭和3年), 文化功労者(昭和34年) [歴]京都帝国大学法科大学助教授となり、ドイツ留学、明治40年教授となった。ドイツ正統派財政学の研究と紹介に努めた。昭和3年学士院恩賜賞を受賞、5年帝国学士院会員、京大辞任後(名誉教授)の12年関西大学学長となった。戦後22年京都市長を務め、34年文化功労者となった。著書に「租税研究」(全10巻)「改訂増補財政学」などがある。

【き】

木内 キヤウ きうち・きょう
参院議員(民主クラブ) 教育家 [生]明治17年2月14日 [没]昭和39年11月7日 [出]東京・浅草 旧姓=淡島 筆名=木内月上 [学]東京府立女子師範(明治36年)卒, 東京府立女子師範専攻科(昭和2年)卒 [歴]明治36年東京隅田小学校訓導と

なり、城東小、十思小を経て昭和6年10月、板橋区志村第一小学校長となり、日本初の女性校長といわれた。この間全国連合女教員会副会長として女教員の地位向上に尽力、2年には汎太平洋婦人会議に出席した。校長在任中は男女共学を実施し、平等を貫いた。16年に辞任、滝野川に木内学園を設立、鳩の家園長となった。戦後23年には全国区から参院議員に当選した。著書に「教育一路」がある。

木内 重四郎　きうち・じゅうしろう
貴院議員(勅選)　朝鮮総督府農商工部長官　官僚　[生]慶応1年12月10日(1866年)　[没]大正14年1月9日　[出]千葉県山武郡　[学]帝大法科大学政治学科(現・東大法学部)(明治21年)卒　[歴]義民佐倉惣五郎の末裔。明治22年法制局参事官補、欧州派遣、23年帰国、24年農商務省参事官、26年内務書記官兼貴院書記官、以後農商務省商務局長、同商工局長、内務次官、特許局長などを歴任。43年辞任ののち朝鮮総督府農商工部長官などを務め、44年勅選貴院議員。大正元年官を辞し、3年京都府知事となるが、府会議員買収疑獄“豚箱事件”を起こした。

木内 四郎　きうち・しろう
元・参院議員(自民党)　元・科学技術庁長官　[生]明治29年7月3日　[没]昭和63年8月31日　[出]長野県飯山市　[学]東京帝国大学法学部(大正9年)卒　[賞]勲一等瑞宝章(昭和41年)，勲一等旭日大綬章(昭和47年)　[歴]大蔵省に入り、専売局長官を経て、昭和22年4月長野から参院議員に当選。以来連続5回当選。43、46年と2回科学技術庁長官をつとめた。46年7月には河野謙三と参院議長を争ったが、僅か10票差で敗れた。

木内 良明　きうち・よしあき
元・衆院議員(公明党)　東京都議(公明党　江東区)　[生]昭和19年9月23日　[出]東京都墨田区　[学]慶応義塾大学法学部政治学科(昭和41年)中退　[歴]昭和54年以来衆院議員に3選。平成2年落選。9年東京都議に当選。2期目。

菊川 君子　きくかわ・きみこ
元・衆院議員(民社党)　社会運動家　[生]明治38年9月18日　[没]平成2年10月17日　[出]北海道亀田郡戸井村汐首(現・戸井町)　旧姓＝巽　[学]大谷女学校卒　[歴]大正10年上京し、看護婦見習いなど多くの職種を転々として社会主義に近づく。昭和2年全国婦人同盟結成に参加し、4年の無産婦人同盟の結成にも参加する。6年中野組合病院設立に尽力し、以後8年会計を担当する。戦後も婦人運動に参加し、33年社会党から衆院議員に当選。35年民主社会党の結党に参加した。　[家]夫＝菊川忠雄(社会運動家)

菊川 孝夫　きくかわ・たかお
元・参院議員(社会党)　[生]明治42年12月　[没]昭和61年1月18日　[出]三重県　[学]名古屋鉄道教習所卒　[歴]国労副委員長を経て、昭和25年の参院選で全国区から当選、31年まで1期務めた。

菊川 忠雄　きくかわ・ただお
元・衆院議員(社会党)　元・総同盟総主事　労働運動家　[生]明治34年3月1日　[没]昭和29年9月26日　[出]愛媛県越智郡　[学]東京帝国大学経済学部(大正15年)卒　[歴]東大在学中、新人会に入り学生運動、卒業後、日本労働総同盟(総同盟)の活動に参加。大正15年総同盟分裂、日本労働組合同盟結成に参加。満州事変後の昭和7年、日本労働組合会議結成で執行委員。9年全国労働組合同盟(全労)主事。11年の総同盟、全労合同で出来た全日本労働総同盟(全総)総主事。13年産業報国倶楽部を結成。戦後は日本鉱山労組組合長として再建総同盟(日本労働組合総同盟)右派の一翼となった。26年、総評結成で総同盟は解体され、解体反対の再建準備委員となり、同年6月再建の総同盟総主事となった。戦後の社会党結成にも参加、労働対策委員長、中央執行委員、組織局労働部長を歴任。22年東京4区から衆院選に当選、27、28年にも当選した。29年9月26日、洞爺丸遭難事故で死亡した。著書に「学生社会運動史」「労働組合組織論」などがある。

菊池 侃二　きくち・かんじ
衆院議員（中正会）　⊕嘉永3年9月（1850年）　㋣昭和7年11月25日　⊕大阪府　㊗弁護士業に従事。後に大阪市議、大阪府議、大阪府立商業学校長を務め、大阪府知事になる。立憲政友党新聞、関西日報を発行。明治23年衆院議員初当選。以降3選。

菊池 恭三　きくち・きょうぞう
貴院議員（勅選）　大日本紡績社長　実業家　⊕安政6年10月15日（1859年）　㋣昭和17年12月28日　⊕伊予国（愛媛県）　㊗工部大学校（現・東大工学部）（明治18年）卒　㊗海軍横須賀造船所、大蔵省大阪造幣局勤務を経て、明治20年平野紡績に入社。英・仏で機械紡績技術を修得して、21年帰国し、同社支配人兼工務部長となる。22年創立の尼ケ崎紡績の支配人を兼ね、さらに23年創立の摂津紡績の設立を担当、この三社の支配人兼工務部長となる。34年尼ケ崎紡績社長に就任。翌年平野紡績を摂津紡績に合併、大正4年摂津紡績の社長を兼任、7年には尼紡と摂津紡を合併して大日本紡績（現・ユニチカ）を発足、昭和11年まで社長、続いて15年まで会長を務めた。その間、大正15年勅選貴族院議員、日本レーヨン社長、昭和2年共同信託社長などを歴任した。

菊池 九郎　きくち・くろう
衆院議員（憲政本党）　弘前市長　⊕弘化4年9月18日（1847年）　㋣大正15年1月1日　⊕陸奥国弘前（青森県弘前市）　幼名＝喜代太郎。㊗弘前藩の藩学稽古館に学び、書院番、小姓。維新には奥羽各藩の間を奔走した。東京、鹿児島に留学、明治4年帰郷、東奥義塾創設に尽力し、10年塾長。11年共同会を結成、自由民権運動を指導。その後郡長、青森県議などを経て、22年初代弘前市長となった。23年第1回衆院議員選に当選、以来9回連続当選。この間、21年東奥日報社長、30年山形県知事、31年農商務省農務局長も歴任。41年政界を引退し湘南海岸に移り住むが、再出馬を要請され、44年再び弘前市長となった。

菊池 謙二郎　きくち・けんじろう
衆院議員　水戸中学校校長　水戸学者　教育家　⊕慶応3年1月19日（1867年）　㋣昭和20年2月3日　⊕常陸国水戸（茨城県水戸市）　㊗帝国大学文科大学（現・東京大学文学部）国史科（明治26年）卒　㊗山口高等中学校教授、岡山県津山尋常中学校校長、千葉県尋常中学校校長、第二高等学校長、上海の東亜同文書院監督・教頭などを経て、明治41年茨城県立水戸中学校長事務取扱、大正元年校長に就任。10年舌禍事件で休職。この間、"至誠一貫・堅忍力行"を校是とする一方、個人の自主性を重視する自由主義的な教育を進め、名校長と讃えられた。13年衆院議員。

菊池 重作　きくち・じゅうさく
元・衆院議員（社会党）　社会運動家　⊕明治30年7月14日　㋣昭和55年12月9日　⊕群馬県佐波郡茂呂村（現・伊勢崎市）　㊗大正12年の群馬共産党事件を機に社会主義運動に入り、日本労農党に参加して小作争議を指導する。昭和6年全農茨城県連を組織して書記長となり、11年社会大衆党から水海道町議となるが、13年の人民戦線事件で検挙され、懲役3年執行猶予5年に処せられる。戦後は社会党に参加し、22年衆院議員に当選した。

菊池 清治　きくち・せいじ
元・八幡浜市長　⊕明治19年1月17日　㋣昭和57年10月23日　⊕愛媛県八幡浜市　㊗東京帝大卒　旧制広島、松山の両高等学校を歴任の後、八幡浜市長、松山商科大学教授を務めた。

菊池 大麓　きくち・だいろく
文相　東京帝国大学総長　京都帝国大学総長　帝国学士院院長　数学者　教育行政家　男爵　⊕安政2年1月29日（1855年）　㋣大正6年8月19日　⊕江戸　旧姓＝箕作　㊗ケンブリッジ大学数学科卒　理学博士　㊗父の実家・菊池家を継ぐ。慶応2年、明治3年の二度にわたり英国に留学、ケンブリッジ大学で数学・物理を学ぶ。10年帰国後、東京大学理学部教

授となり日本で初めての洋算の講義を行った。一方、文部行政面では専門学務局長、文部次官を経て、31年東京帝国大学総長、34年第1次桂内閣の文部大臣、41年京都帝国大学総長、42年帝国学士院長を歴任。この間、23年から勅選貴院議員。45年枢密院顧問官。大正6年理化学研究所の開設に伴い初代所長となった。明治37年男爵。「初等幾何学教科書」をはじめ優れた教科書を著し、文部大臣としては高等教育制度の改革に力を注いだ。　[家]父＝箕作秋坪（洋学者）

菊池 武夫　きくち・たけお
貴院議員　陸軍中将　男爵　[生]明治8年7月23日　[没]昭和30年12月1日　[出]宮崎県　[学]陸士（第8期）（明治29年）卒, 陸大（明治39年）卒　[歴]男爵菊池武臣の嗣子。明治37年歩兵第23連隊付少尉、日露戦争に中隊長として従軍、40年第16師団参謀、大正2年陸大教官、9年歩兵第64連隊長、歩兵第11旅団長、13年奉天特務機関長を歴任。昭和2年中将で予備役となり勤労連盟を主宰、右翼政治家として活躍。6年貴院議員、7年神武会を結成、大川周明と結び、8年第64議会でマルクス主義を講義する帝大の廃校を鳩山文相に要求。9年頭山満らと昭和神聖会を結成、10年第67議会で美濃部達吉東大名誉教授を「学匪」と非難、天皇機関説排撃の先頭に立った。12年時局協議会に関係、14年国民精神総動員中央連盟理事。戦後戦犯に指名されたが、22年9月釈放。

菊池 武徳　きくち・たけのり
衆院議員（立憲政友会）　[生]慶応3年7月（1867年）　[没]昭和21年2月11日　[出]青森県　[学]慶応義塾（明治20年）卒　[歴]時事新報記者となり、のち九州鉄道会社に勤務、門司市参事会員となる。明治36年衆院議員に当選、通算4期を務めた。日宝石油会社取締役、吾妻牧場会社監査役、「演芸画報」社長を歴任。

菊池 福治郎　きくち・ふくじろう
元・衆院議員（自民党）　[生]大正14年5月18日　[出]宮城県気仙沼市　[学]早稲田大学政経学部政治学科（昭和25年）卒　[歴]保利茂の秘書を経て、昭和51年衆院議員に新自由クラブから当選。のち自民党に移る。平成9年10月無所属となり、同月辞職。12月公職選挙法違反（買収）で長男らの有罪確定に伴い、連座制適用を求めた行政訴訟で、仙台高裁より立候補を5年間禁止する判決が下され、確定。当選7回。旧宮沢派。

菊地 養之輔　きくち・ようのすけ
元・衆院議員（社会党）　元・日弁連副会長　弁護士　[生]明治22年9月5日　[没]昭和58年1月5日　[出]宮城県名取郡玉浦村（現・岩沼町）　[学]中央大学法科卒　[賞]勲二等瑞宝章（昭和42年）, 仙台市名誉市民, 岩沼市名誉市民　[歴]大正10年仙台市で弁護士開業。宮城県議2期を経て、昭和12年社会大衆党から衆院議員当選以来6期務めた。20年日本社会党創立に参加、中央執行委員などを歴任。21年衆院憲法審議特別委員長代理として憲法制定に尽力。弁護士を55年間務め28年から30年まで日弁連副会長。ほかに社会党中央本部顧問、日中友好協会県連会長、日弁連人権委員などをつとめた。

菊池 義郎　きくち・よしろう
元・衆院議員（自民党）　元・日本商科大学学長　[生]明治23年4月10日　[没]平成2年2月4日　[出]東京　[学]早稲田大学英文科卒, 日本大学政治学科（大正12年）卒　[賞]勲二等瑞宝章（昭和40年）, 勲二等旭日重光章（昭和45年）, 勲一等瑞宝章（昭和48年）　[歴]日本大学講師を務めたのち、外務省に入る。のち興亜同盟南方局次長。昭和22年以来47年まで、衆院議員に8選。日本商科大学長、私学振興議員連盟会長などを歴任。　[趣]映画, 水泳, 登山, 剣道

菊池 良一　きくち・りょういち
衆院議員(翼賛議員同盟)　[生]明治12年10月　[没]昭和20年2月25日　[出]青森県　[学]京都帝国大学法学部(明治41年)卒　[歴]中国との貿易業に携わったのち、弁護士業務に従事。(資)ボルネオ物産商会代表者、国民同盟総務を歴任し、大正4年衆院議員に当選、通算7期を務めた。

木越 安綱　きごし・やすつな
陸相　貴院議員　陸軍中将　男爵　[生]安政1年3月25日(1854年)　[没]昭和7年3月26日　[出]石川県　旧姓＝加藤　[学]陸士(旧1期)卒　[歴]明治10年陸軍少尉。ドイツに留学し、19年帰国、桂太郎とともに、ドイツ式軍政を採用した。日清、日露の戦役に従軍、27年中将。その間台湾守備隊参謀長、陸軍軍務局長、第3師団参謀、韓国臨時派遣隊司令官、第5師団長などを歴任。40年男爵。大正元年第3次桂太郎内閣の陸相を務め、9年貴院議員となる。

木崎 為之　きざき・ためゆき
元・衆院議員(無所属倶楽部)　豊国信用組合理事長　弁護士　[生]明治27年9月1日　[没]昭和55年10月15日　[出]兵庫県　[学]東京帝大独法科(大正9年)卒　[歴]大正10年から12年女子学習院教授。昭和17年から20年衆院議員1期を務め、のち大阪で弁護士となる。

岸 昌　きし・さかえ
元・大阪府知事　[生]大正11年1月22日　[出]大阪府豊中市　[学]東京帝国大学政治学科(昭和18年)卒　[賞]勲一等瑞宝章(平成4年)　[歴]昭和42年自治大学校長、45年沖縄北方対策庁沖縄事務局長、46年大阪府副知事を経て、54年以来知事に3選。平成3年引退。

岸 信介　きし・のぶすけ
第56・57代首相　自主憲法制定国民会議会長　[生]明治29年11月13日　[没]昭和62年8月7日　[出]山口県山口市八軒家　旧姓＝佐藤　[学]東京帝国大学法学部(大正9年)卒　[賞]勲一等旭日桐花大綬章(昭和42年)，国連平和賞(昭和54年)　[歴]農商務省に入り、工務局長を経て、昭和11年満州国産業部次長に転出、植民地経営に辣腕をふるう。帰国後、16年東条内閣の商工大臣となって戦争経済を推進し、翌17年衆院議員に当選。敗戦後、A級戦犯として逮捕されたが、起訴されずに23年釈放。追放解除後、28年自由党に入って衆院議員に復帰。翌29年には反吉田を掲げて民主党結成に参画、幹事長として鳩山内閣を実現させた。保守合同では自民党幹事長となり、31年の自民党総裁選で石橋湛山に敗れたが、外相に就任。32年石橋首相の病気退任後、岸内閣を組織、戦前の治安体制の復活を企図し、対米従属的な強硬政策を続けたが、60年安保闘争の高揚で窮地に追い込まれ、条約成立後首相辞任。37年には派閥を解散、54年には政界を引退したものの、後継者福田赳夫などを通じ、自民党右派の象徴的存在として影響力を行使しつづけた。晩年は“昭和の妖怪”ともいわれながら、自主憲法やスパイ防止法の成立を目ざし、また女婿の安倍晋太郎の首相就任に尽力していた。戦後衆院当選10回(山口2区)。　[家]兄＝佐藤市郎(海軍中将)，弟＝佐藤栄作(首相)，長男＝岸信和(西部石油会長)，孫＝安倍晋三(衆院議員)

岸田 幸雄　きしだ・さちお
元・兵庫県知事　元・参院議員(自民党)　[生]明治26年2月24日　[没]昭和62年10月16日　[出]京都府　雅号＝悠居　[学]京都帝大法科(大正5年)卒　[賞]藍綬褒章(昭和33年)，勲二等旭日重光章(昭和41年)　[歴]文官高等試験に合格、日本電力専務などを経て、昭和21年官選で兵庫県知事に任命された。26年初代公選知事として再選後、29年まで2期7年半にわたって知事をつとめた。電源開発副総裁を経て、34年補選で参院議員当選、2期つとめた。

岸田 文武　きしだ・ふみたけ
衆院議員(自民党)　[生]大正15年8月19日　[没]平成4年8月4日　[出]広島県広島市　[学]東京大学法学部政治学科(昭和23年)卒　[歴]昭和24年通産省入省、49年貿易局長、51年中小企業庁長官を歴任して53年退官。54年衆院議員に当選。当選5回。宮沢派。　[家]父＝岸田正記(衆院議員)，息子＝岸田文雄(衆院議員)，弟＝岸田俊輔(広島銀行会長)

岸田 正記　きしだ・まさき
衆院議員(自由党)　[生]明治28年12月　[没]昭和36年6月3日　[出]広島県　[学]京都帝国大学法学部卒　[歴]大連および奉天で不動産業、百貨店経営に従事。昭和3年から衆院議員に6期連続当選、その間第1次近衛内閣の海軍参与官、小磯内閣の海軍政務次官、翼賛政治会国防委員長、自由党総務等を歴任。戦後は28年に衆院議員に当選して1期務めたほか、幾久屋商事社長、穏田マンション社長を歴任。　[家]息子＝岸田文武(衆院議員)，岸田俊輔(広島銀行会長)，孫＝岸田文雄(衆院議員)

木島 喜兵衛　きじま・きへえ
元・衆院議員(社会党)　[生]大正6年5月10日　[没]平成5年1月12日　[出]新潟県上越市　[学]高田師範(昭和12年)卒　[歴]昭和26年から新潟県議を5期つとめたあと、44年以来衆院議員に6選。61年6月引退。日教組中執委員、日本武道館常任理事などを歴任。

木島 虎蔵　きじま・とらぞう
元・参院議員(自由党)　元・日本通運会長　[生]明治34年12月18日　[没]昭和58年7月29日　[出]鳥取県　[学]東京帝大卒　[歴]鉄道省に入り、運輸総局輸送局長、国鉄理事、日の丸自動車取締役などを経て、昭和28年参院全国区に当選。当選1回。この間、法務政務次官などを歴任。43年から49年まで日本通運会長つとめた。

木島 則夫　きじま・のりお
元・参院議員(民社党)　元・ニュースキャスター　[生]大正14年5月10日　[没]平成2年4月13日　[出]東京　[学]明治学院大学英文科(昭和23年)卒　[賞]テレビ記者会賞(昭和40年)，日本放送作家協会賞　[歴]昭和23年NHKにアナウンサーとして入局、「街頭録音」「生活の知恵」などを担当。39年退職してNET(現・テレビ朝日)「木島則夫モーニングショー」の司会となり、栗原玲児とコンビを組んで朝の時間帯の開拓に成功。その後、43年「NNNワイドニュース」、45年「あゝ戦友あゝ軍歌」の司会を経て、46年6月参院東京地方区に民社党から当選。参院議員を2期つとめ、党の青年婦人対策委員長に就任、国会では食品の不当表示、人工甘味料の追求を行う。58年落選。著書に「おはよう木島則夫です」「人を動かす話し方」がある。　[趣]ドライブ，釣，映画鑑賞

木島 義夫　きじま・よしお
元・参院議員(自民党)　[生]明治21年11月　[没](没年不詳)　[出]千葉県　[学]東京高等商業学校専攻部　[歴]千葉県長柄村長、同県町村長会長、県議を経て、昭和21年衆院議員に初当選。在職中、戦時中の町村長であったため6年間追放。35年千葉地方区から参院議員に3選し，参院法務委員長、北海道開発政務次官、東洋バス・長平不動産各社長等を歴任した。

岸本 賀昌　きしもと・がしょう
衆院議員(民政党)　沖縄市長　[生]尚泰21年7月1日(1868年)　[没]昭和3年2月28日　[出]琉球・那覇(沖縄県那覇市)　[学]慶応義塾卒　[歴]第1回県費留学生の1人。明治15年沖縄県庁に入り、のち内務省に移り、石川、沖縄各県参事官、同県学務課長などを経て45年沖縄県初の衆院議員に当選、以来4回代議士となった。また沖縄毎日新報社長、沖縄共立銀行頭取、沖縄電気会社取締役などを務め、大正14年第3代沖縄市長となった。

木津 太郎平　きず・たろへい
衆院議員(立憲政友会) [生]明治8年12月 [没]昭和25年7月8日 [出]富山県 [学]富山中卒 [歴]高岡市議、高岡市長を経て、衆院議員に2選。

北 栄造　きた・えいぞう
元・福井県知事 [生]明治34年5月15日 [没]昭和45年10月19日 [出]石川県 [歴]昭和3年文官高等試験に合格、栃木県学務部長、富山県経済部長などを経て、22年福井県副知事に就任。34年福井県知事選挙に出馬して当選、連続2期つとめた。

北 勝太郎　きた・かつたろう
衆院議員(日本農民党) 参院議員(緑風会) [生]明治22年9月 [没]昭和38年2月21日 [出]北海道 [学]空知農学校農科(明治44年)卒 [歴]砂川町議、北海道議、奈井江村長を経て、昭和11年衆院議員に当選、以来4期。28年参院議員に転じ、1期務める。その間農林省委員、奈井江町農業協同組合長を務めた。 [家]息子=北二郎(衆院議員), 北修二(参院議員), 北良治(北海道奈井江町長)

喜多 孝治　きた・こうじ
衆院議員(政友会) [生]明治11年2月 [没]昭和9年3月8日 [出]大阪府北河内郡門真村 [学]法学院卒 [歴]法学院高等法学科で国際法を専攻、通信事務官となり、逓信省書記官。英米留学後台湾総督秘書官兼総督府参事官、殖産局長、台湾南州知事、樺太庁長官となった。国際観光委員会委員。衆院議員に当選2回。

北 修二　きた・しゅうじ
元・参院議員(自民党) 元・北海道開発庁長官 [生]大正14年2月28日 [出]北海道空知郡奈井江町 [学]空知農(昭和18年)卒 [賞]勲一等瑞宝章(平成7年) [歴]25歳で奈井江町議、42歳で奈井江農協組合長。若いころから農民運動のリーダーとして活躍。昭和52年の参院選でトップ当選し政界入り。56年北海道開発政務次官、59年参院農林水産委員長をつとめる。平成2年鳩山由紀夫の北海道知事選候補擁立に失敗し、党北海道連会長を辞任した。4年宮沢改造内閣の北海道・沖縄開発庁長官。当選3回。河本派。7年引退。
[家]父=北勝太郎(衆院議員), 兄=北二郎(衆院議員), 弟=北良治(北海道奈井江町長)

北 二郎　きた・じろう
衆院議員(無所属) [生]大正7年9月 [没]昭和25年1月29日 [出]北海道空知郡 [学]北海道立岩見沢中(昭和12年)卒 [歴]酪農義塾、町村農場で農業、畜産を習得、農業を経営。昭和22年衆議院議員に当選、諸派に属した。奈井江村酪農振興会長、日本農民党渉外部長などを務めた。24年の衆院選でも当選し、農民新党に参加した。 [家]父=北勝太郎(衆院議員), 弟=北修二(参院議員), 北良治(北海道奈井江町長)

喜多 壮一郎　きた・そういちろう
衆院議員(日本民主党) [生]明治27年2月24日 [没]昭和43年1月28日 [出]石川県 筆名=陳奮館主人 [学]早稲田大学英法科(大正6年)卒 [歴]欧米に留学後、大正11年早稲田大学教授。昭和11年石川県2区から立憲民政党で総選挙に出馬、当選、以来4回当選。その間商工参与官、衆院外務委員長、大政翼賛会総務局国民生活指導部長などを務めた。26年公職追放解除の後、27年改進党結成に参加、同党中央常任委員。のち日本民主党(新)結成に参加し顧問となる。東日本観光バス取締役、日本スケート連盟会長なども務めた。著書に「カフェー・コーヒー・タバコ」「街頭政治学」「新聞展望台」「江戸の芸者」など。

北 昤吉　きた・れいきち
衆院議員 自民党政調会長 多摩美術大学創立者 大東文化学院教授 哲学者 [生]明治18年7月21日 [没]昭和36年8月5日 [出]新潟県佐渡 別名=礼華 [学]早稲田大学文学部哲学科(明治41年)卒 [歴]北一輝の弟。大正3～7年早大講師、のち大東文化学院教授。7～11年米国、ドイツに留学。大日本主義、アジ

ア主義を唱え、14年「日本新聞」の創刊に参加、編集監督兼論説記者。昭和2年哲学雑誌「学苑」を創刊。3年祖国同志会を結成し、雑誌「祖国」を創刊、主宰した。この間、帝国音楽学校校長、大正大学教授を務め、10年多摩帝国美術学校（現・多摩美術大学）を創設。11年衆院議員に初当選、以来8回当選、民政党に所属。戦後、自由党の結成に尽力。追放解除後、日本民主党、自由民主党議員として活動、自民党衆院懲罰委員長、政調会長など歴任。著書に「光は東方より」「哲学概論」、また「明治天皇御製」のドイツ訳書を刊行した。
[家]兄＝北一輝（国家主義者）

北浦 圭太郎　きたうら・けいたろう
衆院議員（民主党）　[生]明治20年12月　[没]昭和29年10月16日　[出]奈良県　[学]関西大学専門部法律科卒　[歴]小学校訓導、函館区裁検事等を歴任、昭和5年衆院議員となり、戦前2期、戦後2期の通算4回当選、その間第1次吉田内閣の司法政務次官を務めた。また、弁護士として活動したほか、大阪近郊土地社長、春日建築工業社長等を務めた。著書に「法廷回顧」「国定教科書と帝国憲法」など。

北垣 国道　きたがき・くにみち
京都府知事　枢密顧問官　官僚　男爵
[生]天保7年8月27日（1836年）[没]大正5年1月16日　[出]但馬国養父郡（兵庫県）
号＝静屋　[歴]豪農だったが農兵隊を組織して幕府に抵抗、生野の代官所を占領した。その後鳥取藩士として尊王攘夷の活動をした。維新後官吏となり、鳥取県少参事、内務省庶務局長、高知県令、徳島県令などを歴任後、明治14～25年京都府知事を務め、琵琶湖疎水事業を完成した。その後、北海道庁長官、貴院議員、枢密顧問官を務めた。29年男爵。

北川 石松　きたがわ・いしまつ
元・衆院議員（自民党）　元・環境庁長官　[生]大正8年1月28日　[出]大阪府寝屋川市　[学]関西大学法学部（昭和28年）中退　[賞]勲一等瑞宝章（平成9年）　[歴]昭和26年寝屋川市議、30年大阪府議（5期）、45年府会議長を経て、51年から衆院議員に6選。58年外務政務次官を経て、平成2年第2次海部内閣の環境庁長官に就任。5年、8年落選。旧河本派。

北側 義一　きたがわ・よしかず
元・衆院議員（公明党）　北側物産代表
[生]昭和2年4月26日　[出]福井県　[学]大阪府立城東工業学校　[歴]昭和20年近畿日本鉄道入社。22年浪速工芸社を設立、経営する。38年より大阪市議を1期務め、42年大阪6区から衆院議員に当選。6期務め、衆院科学技術特別委員長、衆院建設委員長、衆院交通安全対策特別委員長を歴任する。58年退任。　[趣]囲碁（3段），読書　[家]長男＝北側一雄（衆院議員）

北口 博　きたぐち・ひろし
元・衆院議員（自民党）　[生]昭和5年11月20日　[出]熊本県玉名郡天水町　[学]中央大学法学部（昭和29年）卒　[賞]勲二等瑞宝章（平成13年）　[歴]北口龍徳の秘書から熊本県議3期を務めたあと、昭和54年衆院議員に当選、4期。60年12月防衛政務次官に就任。宮沢派。平成2年落選。熊本県農協中央会会長なども務めた。

北沢 直吉　きたざわ・なおきち
元・衆院議員（自民党）　[生]明治34年9月25日　[没]昭和56年7月19日　[出]茨城県
[学]東京商大（大正14年）卒　[歴]大正14年外務省に入り、北京総領事などを経て、戦後吉田茂外相の秘書官。昭和24年茨城三区から衆院議員に初当選し、51年の落選で退くまで当選7回。内閣官房副長官、衆院外務委員長などを務めた。吉田茂記念事業財団理事長もつとめた。

北野 重雄　きたの・しげお
元・群馬県知事　元・商工中金理事長　[生]明治36年4月29日　[没]平成2年3月16日　[出]大阪　[学]東京帝国大学法学部政治学科(大正15年)卒　[賞]勲一等瑞宝章(昭和48年)　[歴]昭和21年官選群馬県知事に就任。22年公選で知事に当選し、通算3期つとめた。33年商工中金理事長に就任。

北畠 教真　きたばたけ・きょうしん
参院議員(自民党)　[生]明治37年8月　[没]昭和44年2月14日　[出]福岡県　[学]龍谷大学文学部卒, ベルリン大学卒, ライプチヒ大学卒　[歴]西本願寺の東京出張所長、築地本願寺輪番、大阪教区教務所長兼津村別院輪番、西本願寺宗会議長、全日本仏教会事務総長となる。昭和34年参院議員初当選。以降3選。参院文教委員長、参院自民党副幹事長を歴任した。

北原 阿知之助　きたはら・あちのすけ
衆院議員(翼賛議員同盟)　[生]慶応4年3月(1868年)　[没]昭和22年11月29日　[出]長野県　[歴]農業を営む。上郷村村長、下伊那郡会議員、同参事会員を務めた。また、下伊那郡方面委員会長、下伊那生糸販売連合会長、長野県信用組合連合会、同社会事業協会各理事を歴任。昭和5年衆院議員初当選。以降3選。著書に「伊那名勝誌」。

北原 亀二　きたはら・かめじ
元・上郷村(長野県)村長　社会運動家　[生]明治37年2月4日　[没]昭和35年8月25日　[出]長野県下伊那郡上郷村上黒田　[学]飯田中中退　[歴]養蚕業に従事していたが、大正11年下伊那自由青年連盟を組織し、社会主義教育を進める。13年長野青年共産党事件で検挙されるが、15年労働農民党南信支部を結成するなどして活躍。昭和3年の3.15事件で検挙されて不起訴となるが、4年の4.16事件で再検挙され、懲役2年執行猶予5年に処せられる。出獄後は養蚕技術員となり、長野県産業組合青年連盟などの運動に参加。戦後は共産党に入り、上郷村村長などを歴任した。

北原 雅長　きたはら・まさなが
長崎市長　[生]天保14年12月24日(1843年)　[没]大正2年7月24日　[出]陸奥国(福島県)　[歴]会津藩家老神保利孝の二男。北原家の養子となり、藩主松平容保に仕える。戊辰戦争で新政府軍に捕らえられるが、明治6年工部省に出仕、22年初代長崎市長。

北村 一男　きたむら・かずお
参院議員(自由党)　新潟県知事　[生]明治30年10月　[没]昭和40年3月29日　[出]新潟県　[学]中央大学商科(大正9年)卒　[歴]日魯漁業(株)秘書役となる。後に、鶴見化学工業(株)・東京測機(株)各代表取締役、新潟窯業(株)取締役となる。昭和22年参院議員初当選。以降2選。第2次吉田内閣の農林政務次官、国土総合開発審議会、米価審議会各委員、参院法務委員長を務めた。その後、30年新潟県知事となり、2期なかばの36年1月病気のため辞任。

北村 徳太郎　きたむら・とくたろう
衆院議員(民主党)　蔵相　運輸相　日ソ東欧貿易会長　親和銀行頭取　実業家　[生]明治19年5月9日　[没]昭和43年11月15日　[出]京都府京都市上京区　[学]関西大学法律学科(明治42年)卒　[歴]大正10年佐世保に移る。昭和6年佐世保商業銀行頭取、18年親和銀行頭取、21年佐世保商工会議所会頭などを歴任。同年長崎2区から衆院議員に当選、35年まで連続当選6回。進歩党で第1次吉田内閣の大蔵政務次官から22年民主党政調会長となり、片山内閣の炭鉱国管問題で修正資本主義者の名をあげた。同年民主党幹事長、片山内閣の運輸相、23年芦田内閣の蔵相を歴任。同内閣退陣後の24年民主党分裂の際、国民民主党・改進党の結成に参加、28年改進党発足で同党政策委員長、のち自民党顧問。35年の選挙で落選して引退した。その後、日ソ貿易の拡大に力を入れ、第2次訪ソ日本経済使節団団長、日ソ東欧貿易会長、日ソ経済合同委員会議議長を歴任。

北村 正哉　きたむら・まさや
元・青森県知事　[生]大正5年5月3日　[出]青森県三沢市　[学]盛岡高等農林卒　[賞]勲一等瑞宝章(平成7年)　[歴]旧会津、斗南藩士の血を引く。終戦を陸軍従医少佐としてスマトラで迎え、追放解除のあと町議を経て、昭和30年青森県議、42年副知事を歴任。54年知事に当選し、4期。平成7年落選。

北村 又左衛門　きたむら・またざえもん
元・衆院議員(日本進歩党)　北村林業会長　[生]明治35年9月26日　[没]昭和60年12月23日　[出]奈良県　[学]法政大学経済学部(昭和3年)卒　[賞]黄綬褒章(昭和29年)　[歴]全国林業組合長などを歴任。昭和17年の翼賛選挙に奈良全県区から初当選、20年11月まで在職。

北村 暢　きたむら・みつる
元・参院議員(社会党)　[生]大正4年4月22日　[没]平成7年2月3日　[出]北海道　[学]北海道帝国大学農学部(昭和13年)卒　[賞]勲二等瑞宝章(昭和60年)　[歴]北海道庁に入り、林野庁旭川営林局本庁勤務を経て、昭和26年全農林労組中執委員長に就任。31年以来全国区から参院議員に3選する。38年参院建設委員長、45年災害対策特別委員長を務めた。

北村 義和　きたむら・よしかず
元・衆院議員(自民党)　[生]大正14年8月19日　[没]昭和61年5月16日　[出]北海道阿寒郡鶴居村　[学]北海道帝大農林専門部農学科(昭和20年)卒　[歴]鶴居村農業会技術員、ホクレン農協連理事をつとめ、昭和50年以来道議に2選。55年衆院に当選するが、58年落選。　[家]息子＝北村直人(衆院議員)

北山 愛郎　きたやま・あいろう
元・衆院議員(社会党)　北山愛郎政治経済研究所所長　[生]明治38年7月16日　[没]平成14年2月22日　[出]岩手県花巻市　[学]東京帝国大学法学部政治学科(昭和5年)卒　[歴]東京市役所に入り、その後、中国で日本側の貿易統制機関に。戦後、昭和22年社会党公認で岩手県・花巻町(現・花巻市)町長となる。28年以来岩手2区から衆院当選10回。党内では一貫して理論・政策畑を歩き、39年同党の綱領的文書とされた「日本における社会主義への道」の起草者の一人。55～57年党副委員長、のち社会主義理論委事務局長、政策審議会長を歴任。この間、55年公明党との社公政権合意に尽力、社会党の共産党離れの契機を作った。きまじめな人柄と思想的な一貫性が多くの信奉者を生み、地元では社会党のシンボル的存在だった。人民服に似た特注のノーネクタイ服で登院し、“毛沢東”と呼ばれたりもした。57年北山政治経済研究所を設立、所長。58年の総選挙では落選。政界引退後も隔週刊「政治情報―解説と資料」を発行し、政治に強い関心を持ち続けた。　[趣]読書, 音楽, 花

吉川 久衛　きっかわ・きゅうえ
衆院議員(自民党)　[生]明治38年4月　[没]昭和53年6月20日　[出]長野県　[学]明治大学法学部卒　[歴]昭和22年衆院議員に初当選し、以来当選8回。農林政務次官、衆院農林水産委員長、衆院決算委員長、衆院地方行政委員長となる。また国民協同党、改進党、日本民主党、自民党の要職も歴任した。著書に「農業協同組合法要論」等がある。

吉川 重吉　きっかわ・ちょうきち
貴院議員　男爵　[生]安政6年12月24日(1859年)　[没]大正4年12月27日　[出]周防国岩国(山口県)　[歴]アメリカのハーバード大学に留学。帰国後は外務省に入り、明治21年ドイツ公使館書記官。22年退官し、24年男爵、26年貴族院議員。[家]父＝吉川経幹(周防岩国藩主)

木戸 幸一　きど・こういち
厚相　文相　内大臣　[生]明治22年7月18日　[没]昭和52年4月6日　[出]東京　[学]京都帝大法科大学政治学科(大正4年)卒　[歴]木戸孝允の養嗣子・孝正の子。大正4年農商務省に入省。商工省会計、文書各課長を経て、昭和5年宮内官に転じ、内大臣秘書官長兼宮内省参事官、8年

宮内省宗秩寮総裁兼任。この間、大正6年侯爵を継ぎ、貴族院議員。昭和12年第1次近衛内閣の文相・厚相、14年平沼内閣の内相を歴任。15年6月内大臣に就任、昭和天皇の第一側近となり、重臣会議や後継首相の推挙に重大な発言力を持つようになる。同年第2次近衛内閣を成立させ、16年には東条英機陸相をその後継首班に推挙、内府の権限を強大なものにして政治主流に身を置いた。戦争末期には本土決戦派を抑えてポツダム宣言受諾を演出。戦後、A級戦犯として終身刑を宣告されたが、30年仮釈放、33年赦免。この間、27年に獄中から天皇退位を進言した。東京裁判に提出された日記は41年「木戸幸一日記」(全3巻)として公刊され、昭和政治史研究の基本資料となっている。
㊇祖父=木戸孝允, 長男=木戸孝澄(日本勧業角丸証券顧問), 二男=木戸孝彦(弁護士), 三女=井上和子(宮内庁侍従職女官長)

木戸 孝允　きど・たかよし
参議　㊐天保4年6月26日(1833年)　㊍明治10年5月26日　㊓長門国萩呉服町(山口県萩市)　通称=桂小五郎, 別名=貫治, 準一郎, 号=松菊, 変名=新堀松輔　㊞吉田松陰に師事した後、江戸で斎藤弥九郎に剣術を、江川太郎左衛門に砲術を学ぶ。帰郷後有備館舎長をつとめ、長州藩の志士の指導者となり、京都に出て久坂玄瑞・高杉晋作らと共に藩論を倒幕に統一。慶応元年大村益次郎を登用して長州藩の軍制を改革、翌年には坂本龍馬の斡旋により、西郷隆盛・大久保利通らと薩長同盟の密約を結ぶ。維新後は新政府の中枢に参画、五箇条の誓文起草、廃藩置県の提唱など多方面に活躍。明治3年参議となり、4年岩倉遣外使節団副使として西欧を視察して内政整備の必要を痛感、以降征韓論を改め台湾出兵に反対して7年下野するなど開明的絶対主義を貫いた。8年には大阪会議を開いて、大審院・元老院の設置など立憲制の方針を定めた。同年第1回地方官会議議長。9年病で参議を退任、西南戦争の最中に病歿。著書に「木戸孝允日記」(全3巻)、「木戸孝允文書」(全8巻)がある。
㊇父=和田昌景(長州藩医), 養父=桂九郎兵衛(長州藩士), 孫=木戸幸一(内大臣)

木戸 豊吉　きど・とよきち
衆院議員(政友会)　㊐文久2年8月(1862年)　㊍昭和2年3月15日　㊓京都　㊫京都府師範学校卒, 和仏法律学校卒　㊞明治43年衆院議員当選。それ以後は府政に関わり、京都府議、府会議長などを務め、大正10年議長当時、若林府知事と対立、引退した。その後政友会から立候補、“寝そべって当選”し有名になった。

木梨 精一郎　きなし・せいいちろう
元老院議官　貴院議員　男爵　㊐弘化2年9月9日(1845年)　㊍明治43年4月26日　㊓長門国萩(山口県)　㊞長門萩藩士。維新後は長野県知事、元老院議官などを歴任。

木野 晴夫　きの・はるお
元・衆院議員(自民党)　㊐大正8年7月4日　㊍平成9年2月13日　㊓大阪府　㊫東京大学法学部(昭和28年)卒　㊑勲二等旭日重光章(平成1年)　㊞大蔵省に入り、銀行局金融検査官、大阪国税局関税部長、国税庁資産税課長、大蔵省地方資金課長、北海道財務局長などを経て、昭和42年以来衆院に6選。47年経済企画政務次官、48年防衛政務次官、53年衆院社会労働常任委員長、、54年内閣常任委員長を歴任した。　㊙読書, 将棋, ゴルフ

木下 郁　きのした・かおる
元・大分県知事　㊐明治27年　㊍昭和55年6月19日　㊓大分県　㊫東大政治学科(大正7年)卒　㊞大正7年東大政治学科を卒業し、15年弁護士を開業。大分市長、大分弁護士会会長、社会党代議士会副会長などを経て、昭和30年大分県知事に当選。以来4期16年間、「革新木下県政」を続けた。

木下 敬之助　きのした・けいのすけ
元・衆院議員(民社党)　元・大分市長　[生]昭和19年1月15日　[出]大分県大分市　[学]慶応義塾大学経済学部(昭和42年)卒　[歴]TBSサービス社を経て、昭和52年家業の梅の家(駅弁製造・販売)社長に就任。54年父の跡をついで衆院選に出馬、以来当選4回。平成3年大分市長に当選、3期務める。15年の市長選には出馬しなかった。一方、24歳から空手を始め、松濤会道場に所属し、昭和48年には同会最高位の5段に昇格。　[趣]ゴルフ, 空手(5段), 柔道(3段)　[家]父＝木下哲(衆院議員)

木下 源吾　きのした・げんご
元・参院議員(社会党)　社会運動家　[生]明治24年8月8日　[没]昭和40年11月26日　[出]北海道幌泉郡幌泉村(現・えりも町)　[学]明治大学専門部中退　[歴]兵役後、第7師団の御用商人となってシベリアに渡る。のち新聞記者になり、大正14年政治研究会旭川支部の結成に参加し、労働農民党に加入するなど労農運動で活躍。15年旭川市議となり、全農、社会大衆党などに参加。戦後は社会党に参加し、22年から参院議員を2期つとめた。

木下 謙次郎　きのした・けんじろう
衆院議員(政友会)　貴院議員　[生]明治2年2月28日　[没]昭和22年3月28日　[出]大分県　[学]司法省法学校卒　[歴]明治35年衆院議員に当選、以来当選9回。国民党、新政会、改進党、政友会と転じ、この間逓信省参政官、鉄道省参事官、政友本党総務などを経て昭和4年田中義一内閣の関東庁長官となり, のち貴院議員。食通として知られ庖技に長じ、中国料理に詳しかった。著書に「美味求真」がある。東京歯科医学専門学校理事、開成中学校理事も務めた。

木下 栄　きのした・さかえ
衆院議員(改進党)　[生]明治15年5月　[没]昭和27年5月26日　[出]兵庫県　[学]和仏法律学校　[歴]神明自動車、神姫自動車各(株)専務、明石・姫路各商工会議所議員、神姫合同自動車・兵庫県薪炭・菱油商事各(株)社長を務める。昭和21年衆院議員初当選。以降3選。芦田内閣の運輸政務次官、国民協同党中央常任委員になった。

木下 成太郎　きのした・しげたろう
衆院議員(翼賛議員同盟)　[生]慶応1年8月(1865年)　[没]昭和17年11月13日　[出]北海道　[学]帝国大学予備門　[歴]厚岸町議、北海道議、水産組合長、立憲政友会総務等を歴任。明治45年衆院議員に当選、通算7期を務める。また、我国初の沃度加里製造に携わったのち農牧業を営み、北海道新聞の刊行、帝国美術学校を設立しその校主となるなど各方面で活動。

木下 友敬　きのした・ゆうけい
元・参院議員(社会党)　元・下関市長　医師　俳人　[生]明治28年10月24日　[没]昭和43年11月14日　[出]佐賀県　旧姓＝平川　[学]九州帝大医学部卒　医学博士　[歴]昭和2年下関市で内科医開業。山口県医師会会長、参院議員、下関市長などを歴任。俳句は九大在学中から吉岡禅寺洞に師事し、「天の川」に入会。24年「舵輪」を創刊し主宰。口語俳句の育成にも努めた。句集「聴診器」、遺文集「長い道」がある。

木原 七郎　きはら・しちろう
広島市長　衆院議員(日本進歩党)　芸備日日新聞社長　[生]明治17年1月　[没]昭和26年12月24日　[出]広島県　[学]早稲田大学専門部政治経済科(明治39年)卒　[歴]芸備日日新聞社に入り大正8年副社長、15年早速整爾社長の死去で社長となった。この間広島県議を経て昭和5年衆院議員に当選、以後12、17年にも当選、立憲民政党に属した。戦時中、翼賛議員同盟、翼賛政治会、大日本政治会で活躍、戦後は日本進歩党に属した。20〜22年広島市長。

木原 津与志　きはら・つよし
衆院議員（社会党）　弁護士　⊕明治42年9月28日　㊼昭和46年4月17日　⊕長崎県　㊗日本大学法律科（昭和7年）卒　㊟戦前は朝鮮総督府の検事を務めたが、戦後長崎市で弁護士を開業した。長崎県地方労働委員会の中立委員・会長代理を務め、昭和27年長崎県1区から衆院議員に当選、以来当選6回。日本社会党法規対策副委員長、不当弾圧対策特別委員長などを務めた。

木原 実　きはら・みのる
元・衆院議員（社会党）　⊕大正5年3月1日　⊕愛媛県今治市　㊗今治中（昭和6年）中退　㊟党機関紙編集長等を経て、昭和42年から衆院議員に5選。公害対策・環境保全特別委員長をつとめた。

木部 佳昭　きべ・よしあき
元・衆院議員（自民党）　元・建設相　⊕大正15年6月7日　㊼平成13年9月2日　⊕静岡県伊東市　㊗中央大学専門部法科中退　㊟河野一郎秘書を経て、昭和38年以来衆院議員に10選。渡辺派、村上・亀井派を経て、江藤・亀井派。59年第2次中曽根内閣の建設相、平成2年第2次海部内閣の北海道・沖縄開発庁長官を務めた。5年野党に転じた党の総務会長に就任し、与党復帰に尽力した。12年落選。中東諸国とのパイプがあることで知られ、日本アラブ友好議員連盟会長なども務めた。　㊣読書、スポーツ、銃剣道

木間 章　きま・あきら
元・衆院議員（社会党）　⊕昭和5年7月27日　⊕富山県高岡市　㊗高岡中（旧制）（昭和23年）卒　㊟昭和23年高岡市役所に入る。42年高岡市議2期を経て、54年以来衆院議員に5選。社会党県本部書記長をつとめた。平成5年落選。

君 健男　きみ・たけお
元・新潟県知事　元・参院議員（自民党）　⊕明治44年12月22日　㊼平成1年4月19日　⊕新潟市　㊗新潟医科大学（昭和11年）卒　医学博士（昭和33年）　㊟新潟医大副手、新潟県栃尾病院内科長を経て昭和22年新潟県公衆保健課に入る。24年予防課長、30年公衆衛生課長、33年衛生部長を経て37年総務部長に。40年から副知事を務め、47年には参院補欠選挙で当選。自民党・田中派に所属し1年半務めた後49年から新潟県知事に4選。平成元年病気のため辞任。

木村 惇　きむら・あつし
元・京都府知事　⊕明治24年10月30日　㊼昭和44年2月12日　⊕宮城　㊗京都帝国大学政治科（大正4年）卒　㊟東京府内務部農商課長、外務省欧米局一課事務官、在米大使館書記官、マニラ総領事などを経て、昭和20年官選京都府知事に就任。22年退官し、初代公選知事選挙に出馬して当選。

木村 格之輔　きむら・かくのすけ
衆院議員（立憲国民党）　弁護士　⊕嘉永4年9月（1851年）　㊼大正5年7月18日　⊕茨城県　㊟代言人となり、のち弁護士業務に従事。茨城県議を経て、明治27年より衆院議員に7期連続当選。

木村 禧八郎　きむら・きはちろう
参院議員（社会党）　木村禧八郎経済研究所長　経済評論家　⊕明治34年2月2日　㊼昭和50年5月13日　⊕東京・八王子市　㊗慶応義塾大学経済学部（大正13年）卒業　㊟大正13年時事新報の経済部記者、毎日新聞、エコノミスト編集部員を経て、戦後は北海道新聞の論説委員。昭和22年の参院選全国区に社会党から立候補して初当選、以後当選4回。23年片山哲内閣の予算案に反対投票、黒田寿男らと脱退、労働者農民党を結成、政策委員長となる。28年の国会で検察より早く造船汚職を追及、吉田茂内閣退陣への口火を切った。32年社会党に復帰、池田勇人内閣時代は所得倍増論をインフレ政策と批判、田中角栄内閣の

列島改造論をインフレと公害促進政策と批判するなど、常に政府追及の先導者となった。46年の参院選で落選。木村経済研究所を創立、美濃部都知事のブレーンとなり、東京都新財源構想委員会座長として、中央集権支配を批判した。著書に「インフレーション」など。

木村 公平　きむら・こうへい
衆院議員（自由党）　[生]明治38年7月　[没]昭和51年9月27日　[出]岐阜県　[学]明治大学法律科（昭和4年）卒　[歴]大垣市副議長、岐阜県議を経て、昭和21年衆院議員当選。以降5選。衆院内閣委員長、第4次吉田内閣の運輸政務次官、内閣総理大臣秘書官を歴任。岐阜県西部紙工・山陽織物各社長、日本自由党幹事、民主自由党総務、副幹事長となる。

木村 小左衛門　きむら・こざえもん
衆院副議長　民主党幹事長　日本硝子窯業社長　[生]明治21年2月2日　[没]昭和27年2月28日　[出]島根県　初名＝吉郎　[学]早稲田大学（明治39年）中退　[歴]木村長門守重成の末裔。農会長、郡会議長、島根県農工銀行、山陰道産業、東京実用自動車会社、島根貯蓄銀行などの各重役を務め、日本硝子窯業、興化工業各社長を歴任。大正13年衆院議員となり以来当選7回。民政党に入り首相秘書官、拓務参与官などを経て昭和20年進歩党政務調査会長、21年衆院副議長、22年吉田茂内閣の農相、同年片山哲内閣の内相、同年12月建設院総裁となった。その後民主党幹事長を務めた。

木村 作次郎　きむら・さくじろう
衆院議員　美濃大正新聞社長　[生]明治5年7月5日　[没]昭和23年12月20日　[出]岐阜県　旧姓＝上田　[学]東京法学院，東京政治学校　[歴]旅館経営の一方、政治に関心、その一環として明治35年西濃週報を出した。36年美濃時報、39年美濃新聞、大正元年美濃大正新聞と改題、各社長を務めた。この間大垣町議、安八郡議、大垣市議、同議長、岐阜県議を歴任、大正9年新聞を利用して衆院議員に当選、立憲政友会に所属した。昭和11年にも衆院に当選、当選3回。戦時中は翼賛議員同盟に属した。

木村 誓太郎　きむら・せいたろう
衆院議員（憲政本党）　貴院議員（多額納税）　[生]弘化4年1月（1847年）　[没]大正8年7月25日　[出]三重県　[歴]明治維新前後、藩の土地開拓等に関与した。三重県議、議長を経て、明治27年から衆院議員に5期連続当選したのち、多額納税により貴院議員となる。関西鉄道会社を設立してその取締役を務めた。

木村 武雄　きむら・たけお
衆院議員（自民党）　元・建設相　[生]明治35年8月30日　[没]昭和58年11月26日　[出]山形県米沢市　[学]明治大学政経学部法律学科（大正15年）卒　[賞]勲一等旭日大綬章（昭和55年）　[歴]米沢市議、山形県議を経て、昭和11年山形1区から衆院に当選。中野正剛の東方会に入り、のち石原莞爾の東亜連盟に所属。戦後追放となり、解除後の27年に政界に復帰。鳩山一郎の自由党結成に参加。都合12回当選し、佐藤内閣の行政管理庁長官、北海道開発庁長官、田中内閣の建設相、国家公安委員長などを歴任。生粋の党人政治家で、47年には田中派の事実上の発足となった会合で呼びかけ人として活躍した。行動力や歯にきぬ着せぬ発言から“元帥”や“放言居士”の異名をとった。「近代史上3大革命家」など著作も多い。　[家]息子＝木村尚武（テレビプロデューサー）

木村 武千代　きむら・たけちよ
元・衆院議員（自民党）　[生]明治43年4月5日　[没]平成12年11月28日　[出]香川県　[学]東京帝大法学部（昭和12年）卒　[歴]外務省を経て、昭和38年から衆院議員に香川1区から当選6回。中曽根派。自治政務次官、郵政政務次官、法務委員長などを歴任した。　[家]長男＝木村義雄（衆院議員）

木村 チヨ　きむら・ちよ
衆院議員(民主党)　[生]明治23年9月　[没]昭和31年7月2日　[出]京都府　[学]技芸裁縫女学校(明治42年)卒　[歴]衆院議員に当選1回。

木村 篤太郎　きむら・とくたろう
元・参院議員(自民党)　元・法相　弁護士　[生]明治19年2月7日　[没]昭和57年8月8日　[出]奈良県五条市　[学]東京帝大文科大学英法科(明治44年)卒　[賞]勲一等旭日大綬章(昭和49年)　[歴]弁護士をへて、昭和21年検事総長となり、同年第1次吉田内閣の法相に就任。以後、26年第3次吉田内閣の法務総裁、27年第4次吉田内閣の保安庁長官、29年第5次吉田内閣で初代防衛庁長官。28年参議院初当選、40年引退。2期つとめた。再軍備、徴兵制を主張した「タカ派」。東京弁護士会会長、全日本剣道連盟や国際剣道連盟の会長もつとめた。

木村 俊夫　きむら・としお
元・衆院議員(自民党)　元・外相　[生]明治42年1月15日　[没]昭和58年12月1日　[出]三重県　[学]東京大学法学部政治学科(昭和13年)卒業　[賞]勲一等旭日大綬章(昭和58年)　[歴]逓信省に入り運輸省に転じたが、故佐藤栄作首相にくどかれて政界に入る。昭和24年の総選挙で三重1区から初当選以来、当選11回。佐藤内閣の副官房長官、官房長官、経企庁長官、田中改造内閣の外相などを歴任。52年から自民党のアジア・アフリカ問題研究会(AA研)代表世話人としてAA外交に先駆的役割を果たした。官房長官、副官房長官時代は佐藤首相を補佐して「核抜き」の沖縄返還に尽力。

木村 尚達　きむら・なおたつ
法相　検事総長　貴院議員　司法官　[生]明治12年5月27日　[没]昭和22年11月1日　[出]熊本県　旧姓＝東　[学]京都帝大法科大学独法科(明治39年)卒　[歴]明治39年司法省に入省。41年検事となり、岡崎、千葉各地裁検事を経て、44年ドイツ留学、大正3年帰国。その後東京地裁判事、同部長、司法書記官兼司法省参事官、大臣官房調査課付検事兼司法書記官、司法省刑事部長、大審院検事、司法省刑事局長などを経て、14年検事総長、15年米内内閣の司法相となる。この間、大本教事件、血盟団事件、5.15事件、美濃部達吉の天皇機関説問題を手がけた。15～21年貴院議員。21年公職追放、26年解除後、法政大学教授を務めた。

木村 文男　きむら・ふみお
衆院議員(自民党)　[生]明治37年7月　[没]昭和40年3月20日　[出]青森県　[学]青森県師範学校(大正14年)卒　[歴]警部、小学校長兼訓導、青年学校長兼教諭、社会事業主事、地方事務官、青森県議を経て、昭和27年衆院議員初当選。以降3選。第1次鳩山内閣の北海道開発政務次官となる。また、弘栄産業、県スポーツ振興会議長、県社会福祉協議会顧問、日本民主党国会対策副委員長もつとめた。

木村 政次郎　きむら・まさじろう
衆院議員(立憲政友会)　東京毎夕新聞社長　[生]慶応1年7月8日(1865年)　[没]昭和24年1月9日　[出]千葉県　[歴]黒田清隆の書生から身を興し産業界に入った。東京青物市場の頭取、札幌製糖会社支配人、横浜米穀取引所理事となった。明治34年週刊商況新聞を買収、東京毎夕新聞と改題、昭和16年の統制廃刊まで続けた。この間35年には東京急報社を受け継ぎ「米相場通信」を発行、37年全国の米穀取引所に呼びかけ商業通信社を設立した。大正6年千葉県8区から衆院議員に立ち当選3回。

木村 正義　きむら・まさよし
衆院議員(大日本政治会)　[生]明治23年1月　[没]昭和27年9月28日　[出]東京　[学]東京帝国大学独法科(大正4年)卒　[歴]京都府久世郡長、文部書記官、文部省実業学務局長等を歴任。昭和7年から衆院議員に4期連続当選、その間第1次近衛内閣の内務参与官、米内内閣の大蔵政務次官を務めた。四国地方行政協議会長ののち、香川県知事、立憲政友会総務、熊本中央信用金庫理事長を歴任する。著書に「公民教育」「職業指導」など。

木村 睦男　きむら・むつお
元・参院議員(自民党)　元・参院議長　元・運輸相　[生]大正2年7月29日　[没]平成13年12月7日　[出]岡山県新見市　[学]東京帝国大学法学部(昭和13年)卒　[賞]勲一等旭日大綬章(昭和62年)　[歴]鉄道省に入省。その後運輸省に移り、観光局長、自動車局長などを歴任し、昭和39年参院補選で当選し政界入り。当選5回。49年三木内閣では運輸相に。この間、ロッキード事件が発覚。後に田中角栄元首相の要請を受け、公判の証人に立ったことで議論を呼んだ。58年第15代参院議長に就任。平成元年引退。参院自民党のなかで旧田中派を最大派閥にした実力者として知られた。のち自主憲法制定国民会議会長、自主憲法期成議員同盟会長をつとめ、8年憲法改正私案を発表するなど改憲論者としても知られた。

木村 守江　きむら・もりえ
元・福島県知事　元・衆院議員(自民党)　[生]明治33年4月6日　[没]平成8年11月3日　[出]福島県いわき市四倉町　[学]慶応義塾大学医学部(大正14年)卒　医学博士　[賞]勲一等瑞宝章(昭和47年)　[歴]20～30代の頃は開業医として大繁盛した。戦時中は軍医としてニューギニアなどに従軍。戦後、代議士だった伯父の後を継いで政界入り。昭和25年参院議員に当選し、2期務めた。第5次吉田内閣首都建設政務次官、池田内閣通産政務次官等を歴任。33年衆院議員に転じ3期。福島県知事を4期務めたが50年の福島県政汚職事件で建設業者から計800万円のわいろを受け取ったとして収賄容疑で逮捕、起訴され、知事を辞職。53年12月仙台高裁で懲役1年6カ月、執行猶予5年、追徴金800万円の判決を受け、54年刑が確定した。以後ひっそりと暮していたが56年県下有数の特別養護老人ホームを開設。また、平成4年には富士山高齢登拝者番付で東の正横綱に登録されるほどの山好きとしても知られた。

木村 守男　きむら・もりお
元・青森県知事　元・衆院議員(新進党)　[生]昭和13年1月24日　[出]青森県南津軽郡藤崎町　[学]日本大学法学部法律学科(昭和35年)卒　[歴]昭和42年から青森県議を3期つとめ、県農林委員長を経て、55年衆院議員に当選。新自ク青森県連代表を務めていたが、55年12月新自クを離党、56年6月に自民党へ入党。58年落選するが、61年トップ当選で復帰。4期務める。竹下派、羽田派、平成5年新生党を経て、6年新進党結成に参加。7年より青森県知事に3選。15年女性問題で辞任。この間、8年21あおもり創造的企業支援財団理事長。10年3月青森県六ケ所村のむつ小川原港への高レベル放射性廃棄物輸送船の入港を拒否するが、橋本龍太郎首相(当時)との会談後、廃棄物の搬入を認めた。
[趣]水泳, いけ花

木村 義雄　きむら・よしお
元・衆院議員(自由党)　[生]明治30年8月　[没]昭和63年5月27日　[出]山口県長門市仙崎　[学]岡山医専(大正10年)卒　[賞]勲四等瑞宝章(昭和46年)　[歴]昭和12年油谷町で産婦人科医を開業。21年4月から衆院議員を1期、40年から油谷町長を1期務めた。

木村 利右衛門　きむら・りえもん
貴院議員　横浜貿易倉庫社長　実業家　[生]天保5年11月8日(1834年)　[没]大正8年8月20日　[出]上総国君津郡小櫃村(千葉県)　旧姓＝松崎　[歴]横浜開港後の明治初年、同地で生糸・織物の輸入を行い、25年以降は蚕糸の売込みにつとめる。また、13年横浜正金銀行(のちの東京銀行)の創立に尽力し、25年横浜共同電燈会社(のちの東京電力)、29年横浜電線製造会社(のちの古河電工)、横浜貿易倉庫などの社長、東京瓦斯紡績取締役などをつとめた。22年横浜市会議員、35年貴院議員となり、横浜財界を代表した。

木本 主一郎　きもと・しゅいちろう
衆院議員（政友会）　⽣明治8年3月　没昭和14年9月18日　出和歌山県　学東京専門学校政治科（明治28年）卒　歴和歌山県議、同議長を歴任、また、阪和鉄道（株）取締役を務める。昭和3年衆院議員初当選。以降3選。

木本 平八郎　きもと・へいはちろう
元・参院議員（サラリーマン新党）　作家　⽣大正15年8月9日　出大阪府枚方市　筆名＝八木大介　学京都大学経済学部（昭和26年）卒　賞日経懸賞経済小説賞（第2回）（昭和55年）「青年重役」　歴昭和26年協和交易（三菱商事の前身）に入社。36年からコロンビア三菱商事副支配人をつとめ、帰国後、機械総括部に配属され58年に次長で退職。同年の参議員比例代表区にサラリーマン新党のNO.2として立候補し、当選。のち離党して実年クラブ代表。平成元年は神奈川選挙区に転じるが落選。著書に「青年重役」「新さらりーまん塾」「横出世のすすめ」、共著に「あっ!と驚く国際マナーの常識・非常識」。　趣ジョギング、スキー、水泳、ゴルフ

喜屋武 真栄　きゃん・しんえい
元・参院議員（二院ク）　⽣明治45年7月25日　没平成9年7月16日　出沖縄県中頭郡北中城村字比嘉　学沖縄師範専攻科（昭和8年）卒　賞勲二等旭日重光章（平成7年）　歴沖縄教職員会長、祖国復帰協議会会長などをつとめ、沖縄革新勢力の中心的人物として昭和45年以来参院議員に当選。57年沖縄県知事選に立候補するが西銘に敗れる。58年参院に返り咲き、通算5選。平成7年引退。空手や棒術、サイなどの琉球古来の武術の指導普及にもあたった。著書に「政治を人間の問題として」「屋良朝苗伝」など。　趣空手道（松林流8段）、古武道、琉球舞踊

久間 章生　きゅうま・ふみお
衆院議員（自民党　長崎2区）　元・防衛庁長官　⽣昭和15年12月4日　出長崎県南高来郡加津佐町　学東京大学法学部（昭和39年）卒　歴昭和45年農林省から長崎県農林部に移る。46年同県議に当選。54年長崎1区から総選挙に出馬するが落選。55年無所属で当選。平成3年九州大栄運輸興業取締役に就任するが、4年佐川急便事件が表面化した後辞任。8年第2次橋本内閣で防衛庁長官に就任。9年の改造内閣でも留任。7期目。竹下派、旧小渕派を経て、橋本派。

京極 朗徹　きょうごく・あきゆき
丸亀藩知事　⽣文政11年9月17日（1828年）　没明治15年5月11日　出讃岐国丸亀（香川県）　通称＝栄三郎、源三郎、雅号＝宝嶺　歴嘉永3年丸亀藩主を継ぐ。藩財政逼迫により、節約令、藩士の減給、のち封札令を出す。明治2年版籍奉還により丸亀藩知事となり、4年廃藩により知事を免ぜられ東京に移った。藩主在任中には禁裏造営の功により、孝明天皇より十体和歌の巻物を賜わった。　家養父＝京極高朗（丸亀藩主）

京極 高徳　きょうごく・たかのり
貴院議員　子爵　⽣安政5年11月5日（1858年）　没昭和3年5月21日　賞勲三等　歴旧讃岐藩主で、丸亀藩京極家の嗣子となった。明治19年青山御所に勤め、明宮祗候などを経て、23年以来貴院議員。子爵。

京極 高典　きょうごく・たかまさ
貴院議員　⽣天保7年2月7日（1836年）　没明治39年1月14日　出讃岐国多度郡多度津（香川県）　歴安政6年讃岐多度津藩主となる。明治17年子爵、23年貴族院議員。

清浦 奎吾　きょうら・けいご
第23代首相　枢密院議長　伯爵　⽣嘉永3年2月14日（1850年）　没昭和17年11月5日　出肥後国鹿本郡来民町（熊本県鹿本町）　旧姓＝大久保　学咸宜園に学び、上京して埼玉県下級官吏となり、

明治9年司法省に入省。19年山県有朋内相の下で内務省警保局長となり治安立法、警察制度の整備に当たる。24年貴族院議員。25年司法次官を経て、第2次松方内閣、第2次山県内閣の法相に就任、治安警察法制定などを推進。第1次桂内閣の法相兼農商務相兼内相を務めた後、39年枢密顧問官。大正3年山本内閣の時、組閣を命ぜられたが、海相の人選難から辞任に追い込まれ、香りをかいだだけの"鰻香内閣"といわれた。6年枢密院副議長、11年議長。13年第2次山本内閣の後をうけて首相となり、貴族院を基盤に特権内閣を組織したが、護憲三派に攻撃され解散、衆院選で大敗、半年で総辞職した。以後、前官待遇、昭和3年伯爵。㊞漢詩

清岡 公張　きよおか・たかとも

枢密顧問官　子爵　㊗天保12年7月(1841年)　㊟明治34年2月25日　㊐土佐国安芸郡(高知県)　通称=半四郎、袋作、変名=式部諫尾　㊞少壮時、伊勢に遊学して経史を学ぶ。勤王の志深く、上京して諸藩の志士と交わる。ついで、藩命により三条実美の衛士となる。文久3年8月18日の政変後、七卿に従い国事に奔走。慶応3年三条実美に従い太宰府に移り、王政復古後入京。明治元年東山道鎮撫総督府大監察に任ぜられ、甲斐府権判事、福島県権知事等を経て、司法省に出仕。16年元老院議官、17年には子爵を授けられ、31年枢密顧問官に任ぜられた。

清沢 俊英　きよさわ・としえい

元・参院議員(社会党)　㊗明治23年8月7日　㊟昭和55年10月16日　㊐新潟県　㊎長岡中(明治41年)卒　㊏勲二等瑞宝章(昭和45年)　㊞長岡市議を経て、昭和21年から衆院議員2期、25年から新潟地方区で参院議員を2期。参院文教委員長を務めた。

清 寛　きよし・かん

衆院議員(日本進歩党)　㊗明治20年3月　㊟昭和41年9月30日　㊐岐阜県　㊞名古屋市議を経て、昭和7年より衆院議員に4期連続当選。岐阜新聞社、岐阜製紙、平湯温泉土地、濃飛印刷等の社長を務めた。

清瀬 一郎　きよせ・いちろう

衆院議員(自民党)　文相　弁護士　㊗明治17年7月5日　㊟昭和42年6月27日　㊐兵庫県　㊎京都帝国大学独法科(明治41年)卒　法学博士　㊏勲一等(昭和39年)　㊞弁護士を経て、大正9年衆院議員に当選。以来革新倶楽部、革新党、改進党、日本民主党、自民党から出馬し14期。昭和3年衆院副議長、東京弁護士会会長。7年国民同盟幹事長、のち時局同志会を経て、翼賛会・翼政会・日政会の総務。極東国際軍事裁判では日本人弁護団副団長、東条英機の主任弁護人を務めた。政界に復帰後は27年から衆院議員を6期。改進党幹事長、日本民主党政調会長、第3次鳩山内閣の文相、'60年安保闘争時の衆院議長等を歴任。教育委員の任命制、'60年安保条約の強行採択を敢行した。一方、自民党党内の清潔派として知られ、党綱紀粛正調査会会長として"黒い霧"事件を調査し粛党答申をまとめた。また東京弁護士会会長をつとめた。著書に「特許法原理」「秘録 東京裁判」など。㊐長男=清瀬一輔(学術選書会長)、二男=清瀬信次郎(亜細亜大学教授)、息子=清瀬義三郎(ハワイ州立大学名誉教授)

清瀬 規矩雄　きよせ・きくお

衆院議員(翼賛議員同盟)　㊗明治11年10月　㊟昭和19年12月5日　㊐大分県　㊞米国留学後、サンフランシスコ日米新聞記者、東京朝日新聞記者を経て、大正9年衆院議員に当選、通算5期を務めた。その間農林大臣秘書官、阿部内閣の大蔵政務次官、立憲政友会総務を歴任。豊国セメント取締役。

【く】

九鬼 隆義　くき・たかよし
貴院議員　子爵　[生]天保8年4月5日(1837年)　[没]明治24年1月24日　[出]丹波国綾部(京都府)　[歴]安政6年襲封し、三田藩主となる。一切の旧式を廃して人材登用に努め、白洲退蔵、小寺泰次郎を抜擢してそれぞれに藩政、財政を委ね、藩政改革を断行した。維新に際しては諸藩に先がけ帰農を奏請。明治2年三田藩知事に就任し、4年廃藩により免ぜられた。のち白洲、小寺らの意見により神戸に志摩三商会を設立し、実業に従事。神戸が開港されるとその発展を予測して土地を買入れ、巨財を築いた。
[家]義父=九鬼精隆(三田藩主), 実父=九鬼隆都(綾部藩主)

九鬼 紋十郎　くき・もんじゅうろう
元・衆院議員(民主党)　元・参院議員(自由党)　四日市近鉄百貨店会長　[生]明治35年6月7日　[没]昭和61年10月6日　[出]三重県四日市市　[学]東京帝大文学部(昭和4年)卒　[賞]藍綬褒章(昭和40年), 勲三等旭日中綬章(昭和47年)　[歴]昭和21年から4年間と38年から18年間、四日市商工会議所会頭。21年進歩党から衆院議員(三重全県区)に当選、1期務め、22年4月同党から参院議員に当選、その後、緑風会さらに自由党に所属し、これも1期務めた。32年創業の四日市近鉄百貨店の初代社長で、58年から会長に。
[家]息子=九鬼喜久男(四日市市長)

九鬼 隆一　くき・りゅういち
枢密顧問官　美術行政家　男爵　[生]嘉永5年8月(1852年)　[没]昭和6年8月18日　[出]摂津国三田町　旧姓=星崎　字=成海　[歴]摂津(兵庫)三田藩家老星崎貞幹の2男で、慶応2年16歳で丹波綾部藩家老九鬼隆周の養子となった。維新後上京、慶応義塾に学び、福沢諭吉の薫陶を受けた。大学南校勤務を振り出しに官途につき、文部少補時代、各地の寺社、古美術品などを調査、また明治12年には佐野常民の龍池会に参加、フェノロサに啓発され、政府の文教政策を反映、岡倉天心を配下に彼の活動を応援。博物館が宮内省図書寮所属となった21年、ワシントン特命全権公使から帰国、同省図書頭となり、博物館行政に活躍、のち帝国博物館総長に就任した。他に帝室技芸員選択委員、古社寺保存会会長、内外博覧会の審査総長、総裁などを歴任した。郷里の兵庫県三田に三田博物館を設立。枢密顧問官もつとめた。
[家]息子=九鬼周造(哲学者)

釘本 衛雄　くぎもと・もりお
衆院議員(翼賛議員同盟)　ジャーナリスト　[生]明治13年5月　[没]昭和24年6月23日　[出]福島県　[学]早稲田大学卒
[歴]福島県議から昭和6年同議長となった。また福島民報主筆として大正、昭和初期にかけて論説、時評で活躍、「福島だより」は名文として大評判を得た。11年福島新聞社長となり、12年衆院議員に当選、立憲民政党、翼賛議員同盟に所属した。

日下 義雄　くさか・よしお
衆院議員(政友会)　福島県知事　第一国立銀行取締役　官僚　実業家　[生]嘉永4年12月25日(1852年)　[没]大正12年3月18日　[出]陸奥国会津若松(福島県)
旧姓=石田　幼名=五助　[学]大阪英語学校卒, ユニバーシティ・カレッジ(ロンドン)　[歴]旧会津藩士。戊辰戦争の際、榎本武揚の軍と共に北海道箱館五稜郭に拠って官軍と戦う。明治3年大阪英語学校に入学、4～7年米国に留学。帰国後、井上馨に推挙され、紙幣寮七等出仕となり、9年井上馨の経済財政研究のための渡欧に随行し、自らロンドンに留まって統計学を研究する。13年帰国後、内務権大書記官、農商務権大書記官などを歴任後、19年長崎県令、26年福島県知事となり、岩越鉄道敷設に尽力した。29年第一国立銀行に入り、監査役に就任、41年まで務める。また東京貯蓄銀

行、京釜鉄道、東邦火災保険などの重役を務めた。政友会に属し、衆院議員に当選2回。

草刈 武八郎　くさかり・たけはちろう
衆院議員（立憲政友会）[生]嘉永6年7月（1853年）[没]昭和17年11月1日 [出]長崎県 [歴]明治27年から衆院議員に4期連続当選。九十九銀行取締役、平戸貯蓄銀行取締役等を務めた。

草川 昭三　くさかわ・しょうぞう
参院議員（公明党　比例）公明党副代表 [生]昭和3年8月16日 [出]愛知県名古屋市 [学]名古屋第一工芸高（昭和20年）卒 [歴]昭和33年から名古屋造船労組委員長、会社合併後は、石播労組名古屋支部委員長を50年まで務めた。51年に愛知2区に公明党から衆院議員に立候補し、トップ当選を果たす。以来当選8回。平成6年新進党、10年1月新党平和結成に参加。同年11月新公明党結成に参加、副代表に就任。12年落選。13年比例区から参院議員に当選。在日朝鮮人の差別問題に関心を持ち、その是正に努力する。[趣]スキー

草野 一郎平　くさの・いちろうべい
衆院議員（自民党）俳人 [生]明治39年1月5日 [没]昭和48年11月22日 [出]滋賀県 俳号＝草野鳴嵒 [学]大谷大学文学部中退 [歴]近江新報編集長、大津新聞社長、滋賀新聞取締役主筆兼、編集局長などを務め大津市議を3期務める。中野正剛が主宰する東方会に属し、戦後公職追放。日本民主党滋賀県連会長の後、昭和30年衆院議員に初当選。以来通算6回当選。その間、自民党初代滋賀県連会長、同本部組織委員会役員を務め、国土総合開発審議会委員、検察官適格審査委員を経て、38年第3次池田内閣の官房副長官、41年第1次佐藤内閣の農林政務次官、45年農林水産委員長等を歴任。一方、祖父・草野山海から俳句の手ほどきを受け、「宿雲」創刊主宰を経て、「歩道」を創刊主宰。滋賀俳壇に重きをなした。
[趣]書道

草野 威　くさの・たけし
元・衆院議員（公明党）[生]昭和3年8月19日 [出]旧樺太 [学]東京外事専（昭和24年）中退 [歴]昭和46年横浜市議を経て、51年から衆院議員に6選。平成5年引退。

草葉 隆円　くさば・りゅうえん
参院議員（自民党）厚相 [生]明治28年3月13日 [没]昭和41年9月20日 [出]福岡県 雅号＝隆月 [学]大谷大学（大正9年）卒
[歴]大正10以来社会事業に従事、愛知県遺友会会長を務めた。昭和22年愛知地方区から参院議員に当選、当選4回。24年第3次吉田茂内閣の外務政務次官となり、単独講和準備を手伝い、参院議員運営委員長を務めた。29年第5次吉田内閣では厚生大臣となり、参院外務委員長、日米安保条約特別委員長などを歴任。また自民党では総務、国会対策委員長を務めた。

具志堅 宗精　ぐしけん・そうせい
宮古民政府初代知事　元・琉球工業連合会会長 [生]明治29年8月22日 [没]昭和54年12月29日 [出]沖縄県那覇市 [学]島尻農業学校中退 [歴]与那原警察署長など各地の署長を経て昭和19年那覇署長となり、戦後22年宮古民政府の初代官選知事。群島知事公選の25年実業界に転じ、具志堅味噌醤油会社を創業。その後、オリオンビール、製油、アスファルト工業などの会社を興し、琉球工業連合会会長として地場産業の育成に尽くした。政財界に知己が多く、島の製産品の税率を、復帰まで低く抑えさせ、新企業の開発や社会福祉事業にも尽力した。反共主義者といわれながら、対中貿易には真っ先に乗り出した。

串原 義直　くしはら・よしなお
元・衆院議員（社会党）長野県日中交流協会会長 [生]大正15年9月7日 [出]長野県下伊那郡下条村 [学]下条実科中（昭和20年）卒 [歴]飯田市議2期、長野県議4期を経て、昭和55年以来衆院議員に4選。平成5年落選。8年飯田市長選に立候補するが落選。著書に「燃えよアフリカ」

「私の見た中国」「渓流閑話」「向こう三軒の国ぐに」「山、川、人間」がある。

久次米 健太郎　くじめ・けんたろう
参院議員(自民党)　㊓明治41年8月26日　㊙昭和55年7月2日　㊞徳島県　㊫中央大学中退　㊮徳島県議4期を経て、昭和43年徳島地方区から当選連続2回。県農協中央会長もつとめる。49年の参院選では三木派の久次米氏と、田中派の後藤田正晴代議士が激しい保守骨肉の争いを展開、三角代理戦争と呼ばれた。

串本 康三　くしもと・こうぞう
衆院議員(立憲政友会)　㊓文久2年9月(1862年)　㊙大正8年1月21日　㊞広島県　㊮奥海田村議、広島市議、広島県議を経て、明治31年衆院議員に当選、通算4期を務めた。広島汽船取締役、関西皮革取締役。

鯨岡 兵輔　くじらおか・ひょうすけ
元・衆院議員(自民党)　㊓大正4年9月15日　㊙平成15年4月1日　㊞福島県四倉町(現・いわき市)　㊫早稲田大学商学部(昭和13年)卒　㊬勲一等旭日大綬章(平成9年)　㊮陸軍航空大尉で終戦。戦後、父の経営する鯨岡製袋に入り、昭和22年足立区議、30年東京都議を経て、38年から衆院議員に当選12回。官房副長官、環境庁長官を歴任し、平成5年衆院副議長に就任。開かれた国会を提唱して社会党の闘士として知られた土井たか子衆院議長と国会改革に取り組み、委員会会議録の一般頒布や年次報告書にあたる「衆院の動き」の刊行などを実現させた。三木武夫を師と仰ぎ、のち河本派に属したが、4年派閥解消を訴えて無派閥となる。また政治倫理や軍縮、環境などの問題でしばしば自民党の方針に反して自説を貫く硬骨の政治家として知られ、ロッキード事件に際しては証人喚問に積極的で野党ばりの厳しい追及を行った他、3年と11年の東京都知事選でも党の推す候補者に異論を唱え、11年には一時離党するなど老いても一徹な政治姿勢を貫いた。12年政界を引退。著書に「政党論」がある。

楠田 英世　くすだ・ひでよ
元老院議官　新潟県知事　男爵　㊓文政13年11月(1830年)　㊙明治39年11月　㊞肥前国佐賀(佐賀県)　㊬勲二等瑞宝章(明治39年)　㊮明治元年戊辰の役に仁和寺宮参謀で従軍。2年新潟県知事、3年大学大丞、4年司法中判事、明法権頭、明法頭などを経て9年元老院議官、13年民法編纂委員。33年男爵。

楠 正俊　くすのき・まさとし
元・参院議員(自民党)　㊓大正10年6月11日　㊞島根県　㊫日本大学法学部(昭和21年)卒　㊬勲二等旭日重光章(平成3年)　㊮日本宗教連盟事務局長を経て、昭和40年から参院全国区に当選3回。参院商工、文教各委員長、通産政務次官、自民党道開発委員長などを歴任した。

楠瀬 喜多　くすのせ・きた
自由民権運動家　㊓天保7年9月9日(1836年)　㊙大正9年10月18日　㊞土佐国弘岡(高知県)　㊮車力人夫頭袈沙丸儀平の長女。小山興人の塾で漢学を学ぶ。安政元年(1854年)土佐藩の剣道指南役楠瀬実と結婚、剣道・薙刀を学び、かたわら鎖鎌も修得した。明治7年夫と死別したのちは、時事に奔走。板垣退助に共鳴し、立志社の民権運動に参加、自ら壇上に立ち民権家壮士と共に阿波、讃岐などに遊説した。河中広中、杉田定一、頭山満などの同志の面倒を見、"人権婆さん"として知られた。晩年は潮江村の寺に託居、念仏三昧の余生を送る。

楠瀬 幸彦　くすのせ・さちひこ
陸相　陸軍中将　㊓安政5年3月15日(1858年)　㊙昭和2年10月13日　㊞土佐国(高知県)　㊫陸士(明治13年)卒　㊮明治12年陸軍少尉。14〜18年フランスに留学。以後、陸大教官、露国駐在公使館付武官、第12師団参謀長、対馬警備隊司令官、由良要塞司令、樺太守備隊司令官・樺太庁長官などを歴任。この間、28年に起きた朝鮮の閔妃殺害事件に連座して一時入獄した。40年中将、44年技術審査部長。大正2年6月〜3年3月第1次山本内閣の陸相をつとめた。

楠瀬 常猪　くすのせ・つねい
元・参院議員(自民党)　㊐明治32年2月10日　㊍昭和63年6月18日　㊓高知市帯屋町　通称＝楠瀬常夫　㊫東京商科大学(現・一橋大学)(大正12年)卒　㊮勲二等瑞宝章(昭和45年)　㊕商工省に入り、燃料局長官。昭和20年官選の広島県知事、22年民選の同初代知事に当選。25年参院広島地方区補選に出馬、当選1回。

楠美 省吾　くすみ・せいご
元・衆院議員(民主党)　日産サニー弘前販売社長　㊐明治38年9月　㊍昭和55年1月13日　㊓青森県　㊫東北帝大法律科(昭和6年)卒, 満州大同学院(昭和7年)卒　㊕青森2区から衆院議員に当選3回。昭和32年に行政管理政務次官を務めた。

楠見 義男　くすみ・よしお
元・参院議員(緑風会)　㊐明治38年3月24日　㊍平成8年2月2日　㊓兵庫県神戸市　㊫東京帝国大学法学部(昭和3年)卒　㊮勲一等瑞宝章(昭和50年)　㊕昭和3年農林省に入省。満州国興農部農産・糧政各司長、総務庁企画処長、農林省総務・資材各局長、食糧管理局長官、農林次官等を歴任。昭和22年全国区から参院議員に当選、2期。参院農林委員長をつとめた。

楠本 正隆　くすもと・まさたか
衆院議長　男爵　㊐天保9年3月20日　㊍明治35年2月7日　号＝西洲　㊮勲一等　㊕大村藩の藩校頭取となり、尊王攘夷運動に投じ、維新後明治元年徴士、長崎裁判所権判事、九州鎮撫使参謀助役、3年外務権大丞、5年外務大丞から新潟県令となり、大河津事件などを鎮定。8年内務大丞兼東京府権知事、10年東京府知事、12年元老院議官、同院副議長を経て23年衆院議員に当選、衆院副議長、議長を務めた。この間東京市会議長。29年男爵。のち立憲革新党・進歩党を結成、憲政本党の幹部を務めた。

楠本 正敏　くすもと・まさとし
貴院議員　男爵　㊐慶応1年10月(1866年)　㊍昭和13年2月19日　㊮勲三等　㊕明治38年男爵を襲爵、都新聞社長となり大正9年まで務めた。貴院議員当選3回。日本競馬協会評議員としてその創立に尽力。

楠山 義太郎　くすやま・よしたろう
元・衆院議員(改進党)　元・東京日日新聞社長　㊐明治30年6月　㊍平成2年1月7日　㊓和歌山県　㊫早稲田大学政経学部(大正9年)卒　㊕大正9年9月東京日日新聞社入社。ロンドン特派員となり、昭和7年リットン調査団報告書をスクープ。その後、欧米部長、東京本社編集局長、取締役・主筆などを歴任。昭和26年12月退社。27年から衆院議員を1期つとめた。

久世 広業　くぜ・ひろなり
関宿藩知事　㊐安政5年3月24日(1858年)　㊍明治44年11月7日　㊓江戸　㊕明治元年戊辰戦争に徳川の脱走兵が上野に屯集した際、関宿藩士もこれに関与したため、兄の関宿藩主広文が辞任を命じられ、同年跡を継いだ。翌2年版籍奉還により関宿藩知事となり、4年廃藩置県により藩知事を免ぜられた。㊫父＝久世広周(関宿藩主), 兄＝久世広文(関宿藩主)

朽木 為綱　くちき・もりつな
福知山藩知事　㊐弘化2年11月(1845年)　㊍明治16年4月26日　㊕慶応3年家督を相続して丹波福知山藩主となる。明治2年版籍奉還により福知山藩知事に任命される。4年版籍奉還により免ぜられ、東京に移転。旧藩士族の救済に尽力した。

沓脱 タケ子　くつぬぎ・たけこ
元・参院議員(共産党)　西淀病院名誉院長　㊐大正11年7月7日　㊓大阪府　㊫大阪女子医専(昭和19年)卒　㊕診療所長を経て、昭和46年から大阪市議5期、48年から参院議員を2期務める。共産党大阪府副委員長を経て、61年の衆

参同時選挙で参院議員に返り咲いた。平成4年引退。共産党中央委員会顧問。

工藤 晃　くどう・あきら
日本共産党中央委名誉役員　元・衆院議員(共産党)　[専]経済学 地質学　[生]大正15年2月10日　[出]東京　[学]東京大学理学部地質学科(昭和24年)卒　[興]帝国主義の構造的変化　[賞]野呂栄太郎賞(第24回)(平成11年)「アメリカの軍事支配、多国籍企業の支配を最新の資料にもとづき解明」　[歴]昭和51年以来衆院議員を4期。党経済政策委員会責任者、社会科学研究所副所長を務める。平成2年落選。著書に「転機に立つ日本経済」「日本経済と環境問題」「帝国主義の新しい展開」「現代帝国主義研究」他多数。[団]日本地質学会, 地学団体研究会　[趣]音楽(クラシック), スキー, 水泳

工藤 巌　くどう・いわお
元・岩手県知事　元・衆院議員(自民党)　[生]大正10年12月18日　[没]平成10年8月25日　[出]岩手県盛岡市　[学]東京大学法学部(昭和23年)卒　[賞]勲二等旭日重光章(平成6年)　[歴]岩手県庁に入る。企画部長を経て、昭和44年盛岡市長に当選、3期。54年より自民党から衆院議員に当選5回、河本派。国土政務次官、文教委員長、党人事局長、党政調副会長などを歴任。平成3年岩手県知事選に当選。7年引退。

工藤 吉次　くどう・きちじ
衆院議員(立憲政友会)　[生]明治5年9月　[没]昭和11年1月9日　[出]山形県　[学]明治法律学校(明治26年)卒　[歴]判事となり、のち弁護士として働く。盛岡市議を経て、明治45年衆院議員に岩手郡部より立候補して当選。以来連続3期当選。

工藤 善太郎　くどう・ぜんたろう
衆院議員　[生]万延1年(1860年)　[没]昭和7年10月2日　[出]陸奥国南津軽郡大杉村(青森県浪岡町)　[歴]明治12年以来県議など地方政界で活躍、45年衆院議員に当選、小作米品評会をつくり、産業組合を組織するなど農事功労者。のち民政党顧問。

工藤 鉄男　くどう・てつお
衆院議員(民主自由党)　参院議員(自由党)　[生]明治8年8月　[没]昭和28年6月16日　[出]青森県　号=日東　[学]日本大学卒, ロンドン大学卒　[歴]日本新聞、二六新聞の記者となり、明治38年日露戦争後の講和反対日比谷焼き打ち事件に連座。大正4年ロンドン遊学後、日大、東京歯科医専各講師、日華事業協会、海上企業組合などに関係。13年衆院議員となり当選7回、参院議員にも当選1回。民主党を経て昭和22年同志クラブを結成、のち民自党に合流、同党顧問。その間文部参与官、厚生政務次官、23年第2次吉田茂内閣の行政管理庁長官となった。

工藤 十三雄　くどう・とさお
衆院議員(翼賛議員同盟)　[生]明治13年5月　[没]昭和25年12月17日　[出]青森県　[学]東京帝国大学独法科　[歴]時事新報政治部記者、同社客員を経て陸奥新報を経営。また東洋拓殖(株)嘱託、弘前新聞社長を務める。大正13年衆院議員に初当選。以来連続6回当選。その間、平沼内閣の鉄道政務次官を務めた。

工藤 行幹　くどう・ゆきもと
衆院議員(憲政党)　[生]天保12年12月28日(1842年)　[没]明治37年4月21日　[出]陸奥弘前　[歴]明治元年弘前藩士として戊辰戦争に従軍。維新後明治2年公議所書記、民部省土木権大祐、三重県大属、師範学校長などを歴任。のち帰郷、東・北津軽郡長、20年大同団結派に参加、22年第2代東奥日報社長。23年大同派から第1回衆院選以来代議士当選9回、進歩党、のち憲政党に属し、党幹部として活躍。

工藤 良平　くどう・りょうへい
元・衆院議員(社会党)　元・参院議員(社会党)　[生]大正15年3月14日　[没]昭和61年9月10日　[出]大分県大分郡庄内町　[学]三重県立三重農卒　[歴]大分県労評事務局長、社会党大分県本部委員長を歴任。昭和42年に衆院大分1区、46年に参院大分地方区から各1回当選。

国井 庫　くにい・くら
衆院議員（立憲国民党）　⊕文久3年7月（1863年）　⊗大正8年5月27日　⊕山形県　⊕明治法律学校（明治19年）卒　準訓導、代言人を経て弁護士業務に従事したほか、山形新聞社長を務めた。明治35年より衆院議員に4期連続当選。

国井 淳一　くにい・じゅんいち
元・参院議員（民主党）　詩人　⊕明治35年　⊗昭和49年10月29日　⊕栃木県那須郡親園　⊕東洋大学文化学科卒、上智大学哲学科中退　⊕同地舎同人として詩誌「地上楽園」に所属し、多くの農民詩を発表。農民詩人連盟を結成し主宰。また、農民青年運動を指導し、参院議員（1期）も務めた。詩集に「痩せ枯れたる」がある。

国沢 新兵衛　くにさわ・しんべえ
衆院議員（立憲政友会）　満鉄理事長　日本通運社長　実業家　⊕元治1年11月23日（1864年）　⊗昭和28年11月26日　⊕江戸　⊕東京帝大工科大学土木科（明治22年）卒　工学博士（大正4年）　⊕九州鉄道会社に入社。その後、通信省鉄道技師を経て、明治39年南満州鉄道創立とともに理事となり、副総裁、理事長を歴任。大正8年退任、9年高知県から衆院議員に当選、立憲政友会に属した。14年帝国鉄道協会会長、昭和3年朝鮮京南鉄道会長、12年日本通運初代社長となった。15年11月退任。　⊕兄=国沢新九郎（洋画家）

国重 正文　くにしげ・まさぶみ
富山県知事　稲荷神社宮司　神官　⊕天保11年10月15日（1840年）　⊗明治34年10月27日　⊕長門国萩（現・山口県萩市）　通称=篤次郎、号=半山　⊕慶応元年（1864年）には長州藩・明倫館の頭人役を務めていた。明治維新後、内務省に入り、明治4年京都府少参事、ついで同大書記官。16年石川県から分離・独立した富山県の初代県令に就任、19年同知事。21年内務省社寺局長。退官後は26～29年東京国学院長、31年官幣大社・稲荷神社宮司を務めた。

国東 照太　くにとう・てるた
元・高松市長　⊕明治20年1月1日　⊗昭和47年6月11日　⊕香川県　⊕高松商卒　⊕昭和13年高松市会議員となり、21年最後の官選高松市長に就任。22年初代公選市長に当選、5期つとめた。

国富 友次郎　くにとみ・ともじろう
岡山市長　⊕明治3年2月3日　⊗昭和28年12月1日　⊕岡山県浅口郡鴨方村（現・鴨方町）　⊕岡山県尋常師範学校（明治23年）卒　⊕岡山実科女学校の創立に参画、校長を務めた。また県会議員、市会議長、岡山市長などを歴任。茶の湯をよくし、速水流岡山支部長を務めた。　⊕四男=山本郁夫（杏林大学学長）

国光 五郎　くにみつ・ごろう
衆院議員（翼賛議員同盟）　⊕明治13年9月　⊗昭和26年2月3日　⊕山口県　⊕東京帝国大学政治科（明治39年）卒　⊕三重県属、山口県議、岩田村長等を歴任、明治45年衆院議員に当選、通算4期を務めた。農業に従事し、県農会長、熊毛郡農会長、県購買販売組合連合会長、天安電燈取締役等を務めた。

久野 忠治　くの・ちゅうじ
元・衆院議員（自民党）　元・郵政相　⊕明治43年2月27日　⊗平成10年10月25日　⊕愛知県　⊕東海中（昭和4年）卒　⊕朝鮮民主主義人民共和国親善勲章第1級（平成1年）、勲一等旭日大綬章（平成3年）　⊕昭和24年以来愛知2区から衆院議員に14選。47年第2次田中内閣の郵政相に就任。同年日朝友好促進議員連盟を組織、長く会長を務め、北朝鮮との関係改善に努力。55年衆院公選法改正調査特別委員長。平成2年引退。　⊕日中友好協会（全国本部副会長）　⊕長男=久野統一郎（衆院議員）

久原 房之助　くはら・ふさのすけ
衆院議員　政友会総裁　逓信相　久原鉱業所創立者　実業家　⊕明治2年6月4日　⊗昭和40年1月29日　⊕山口県萩市唐樋町　⊕慶応義塾本科（明治24年）卒　⊕森村組を経て、明治24年藤田組

に入り、秋田の小坂鉱山の黒鉱精練に成功、鉱山の衰微を復興。32年藤田組支配人、33年小坂鉱山事務所長。38年独立し、茨城の赤沢鉱山を買収して日立鉱山と改称。44年久原鉱業所を創立し、各地の鉱山を買収、成功をおさめた。大正3年第一次大戦景気で石油・海運・造船などの分野に進出、日産コンツェルンを築いたが、戦後恐慌で大打撃を受ける。昭和2年田中義一首相の特使としてスターリンに会見。同年会社を義兄・鮎川義介に委ね、3年政友会に入り衆院議員に当選、同年田中義一内閣の逓相をつとめた。4年政友会分裂の際は正統派に属し、14年第8代総裁となった。戦後、公職追放を経て、27年政界に復帰、日中・日ソ国交回復国民会議議長などを歴任。通算5期。 [家]父=久原庄三郎(実業家), 兄=田村市郎(実業家), 孫=朝吹京(ストーンウェル社長), 石井好子(シャンソン歌手), 石井公一郎(ブリヂストンサイクル会長), 石井大二郎(昭和海運会長)

久保 伊一郎 くぼ・いいちろう
衆院議員(中央倶楽部) [生]慶応2年1月(1866年) [没]大正14年4月7日 [出]奈良県 [歴]奈良県議、南葛城郡議、土地収用審査委員等を歴任、明治35年から衆院議員に4期連続当選。酒造業を営むほか、大和銀行専務も務めた。

久保 市三郎 くぼ・いちさぶろう
貴院議員(多額納税) 栃木県農工銀行頭取 下野新聞会長 [生]慶応3年7月(1867年) [没]昭和31年3月1日 [出]武蔵国三田ケ谷村(埼玉県) [学]慶応義塾大学理財科(明治26年)卒 [歴]栃木県農工銀行頭取、下野新聞会長を歴任。明治40〜49年、昭和7〜14年貴院議員をつとめた。

久保 勘一 くぼ・かんいち
元・長崎県知事 元・参院議員(自民党) [生]明治43年9月25日 [没]平成5年11月23日 [出]長崎県三井楽町 [学]長崎師範卒 [賞]勲一等瑞宝章(昭和57年) [歴]小学校の教員を務めた後、大連に渡りゴム工場を経営。昭和22年郷里に引揚げ、三井楽町農協長に。25年長崎県議に初当選、4期の後、37年参院議員。2期半ばの45年長崎県知事に就任。自治体のトップをきって県単位の訪中団を実現させた。3期つとめ、57年引退。

久保 三郎 くぼ・さぶろう
衆院議員(社会党) [生]明治44年3月8日 [没]昭和56年1月5日 [出]茨城県 [学]東京鉄道教習所卒 [歴]国労水戸地本委員長、県議を経て昭和33年から衆院茨城1区で連続当選9回。衆院交通安全特別委員長、党政審副会長、交通政策委員長を歴任。

久保 猛夫 くぼ・たけお
元・衆院議員(民主党) [生]明治33年2月1日 [没]平成5年10月28日 [出]長崎県 [学]長崎師範(大正8年)卒 [歴]長崎県の初等教育に携わり、のち県の教育行政に尽力。昭和20年8月9日原爆被爆。21年衆院議員当選。22年犬養健らと民主党を結成、党文教委員長。衆院議員を2期つとめ、その間教育基本法の成立に携わった。著書に「この事実をみよ 核の冬を生きのこるために」。

久保 等 くぼ・ひとし
元・衆院議員 元・参院議員(社会党) [生]大正5年10月6日 [没]平成14年6月15日 [出]香川県綾歌郡 [学]中央大学法学部(昭和16年)卒 [賞]勲一等瑞宝章(昭和61年) [歴]全電通労組(現・NTT労組)初代委員長を経て、昭和28年参院議員に旧全国区で3選。逓信委員長など歴任。47年衆院議員に転じ、旧香川2区で4期11年務めた。60年よりNTT監査役。 [趣]将棋, 読書

久保 亘 くぼ・わたる
元・参院議員(民主党) 元・蔵相 元・副総理 [生]昭和4年1月15日 [没]平成15年6月24日 [出]鹿児島県始良郡始良町 [学]広島文理科大学文学部(昭和27年)卒 [賞]勲一等旭日大綬章(平成13年) [歴]高校教師、鹿児島県教組委員長を経て、昭和38年以来鹿児島県議に3選。49年社会

党から参院議員に4選。平成2年党副委員長。5年8月非自民の細川連立政権樹立に尽力、同年9月党書記長。6年自民党、新党さきがけとの連立により村山内閣が誕生すると自衛隊合憲、日の丸・君が代の容認など党の基本政策転換の牽引役を務めた。8年第一次橋本内閣の蔵相兼副総理に就任、住専処理に取り組んだ。同年社会党から社民党に党名変更したが、土井たか子党首との路線対立により離党。民主改革連合から10年民主党に参加。同党参院議員会長などを務め、13年引退。"野党の大蔵大臣"と呼ばれ、消費税廃止運動の際には"社党のミスター消費税"の異名もとった。

窪井 義道　くぼい・よしみち
衆院議員(日本進歩党)　⊕明治25年5月13日　⊗昭和24年11月13日　⊕山口県　⊗東京帝国大学独法科(大正7年)卒　⊕欧米各地に留学。大倉商事会社員となり、のち弁護士の業務に従事、国際工船漁業・黄海漁業・不二映画各社長となる。大正9年山口2区より衆院議員に当選、通算5回当選。岡田内閣の海軍参与官、鈴木内閣の内務政務次官、内務省委員、松岡外務大臣欧州訪問の随員、大政翼賛会中央協力議員を歴任。第29回列国議員同盟会議(マドリード)に参列する。

久保田 円次　くぼた・えんじ
元・衆院議員(自民党)　元・防衛庁長官　⊕明治36年8月23日　⊗平成10年2月1日　⊕群馬県　⊗足利工(大正12年)卒　⊕勲二等旭日重光章(昭和48年)、勲一等瑞宝章(昭和59年)　⊕伊勢崎市会議長、群馬県議を経て、昭和35年衆院議員に当選。当選8回。54年第2次大平内閣の防衛庁長官に就任。⊕狩猟、釣り

窪田 静太郎　くぼた・せいたろう
枢密顧問官　中央社会事業協会副会長　社会事業家　⊕慶応1年9月22日(1865年)　⊗昭和21年10月6日　⊕備前国(岡山県)　⊗帝国大学法科大学(現・東大)(明治24年)卒　法学博士(大正5年)　⊕内務省に入り、明治36年衛生局長、43年行政裁判所評定官、大正11年長官となった。昭和7年枢密顧問官となり、以後、懲戒裁判所長官、文官高等懲戒委員長、議定官、宗秩寮審議官、日本赤十字社理事などを歴任した。一方、明治33年貧民研究会を発足、41年中央慈善協会設立に関与し、大正10年に改組された中央社会事業協会の副会長となり、以後、社会事業の育成に尽力した。「窪田静太郎論集」がある。

久保田 鶴松　くぼた・つるまつ
元・衆院議員(社会党)　労働運動家　⊕明治33年10月15日　⊗昭和59年1月12日　⊕大阪府中河内郡高安村(現・八尾市)　⊕勲一等瑞宝章(昭和51年)　⊕大阪府議を3期務めたあと、昭和22年衆院議員初当選。以来51年に政界を引退するまで当選10回。社会党に属し、分裂時には左派。33年社会党代議士会長。35年12月から36年6月まで衆院副議長を務めた。

久保田 藤麿　くぼた・ふじまろ
元・衆院議員(自民党)　元・大阪音楽大学理事長　⊕明治40年2月17日　⊗平成5年5月8日　⊕三重県　⊗東京帝大法学部(昭和5年)卒　⊕勲二等旭日重光章　⊕文部省勤務、九州大学助教授、私学振興会常任幹事を経て、昭和31年日本短波研究所理事長。35年以来衆院議員に2選、43年文部政務次官。46年参院議員に初当選、48年参院地方行政委員長。55～62年大阪音大理事長をつとめた。⊕囲碁(4段)、盆栽、読書

久保田 譲　くぼた・ゆずる
枢密顧問官　文相　教育行政家　男爵　⊕弘化4年5月(1847年)　⊗昭和11年4月14日　⊕兵庫県　⊗慶応義塾卒　⊕明治5年文部省権中録、以来大書記官、広島師範学校長、文部省会計局長、普通学務局長、文部次官などを経て、36年第1次桂太郎内閣の文相となった。39年戸水事件で引責辞職。高等教育改革を中心とする学制改革を構想し臨時教育会議副総裁を務めた。のち枢密顧問官、昭和9年宗秩寮審議官、議定官を歴任。

男爵。著書に「教育制度改革論」。
㊎長男＝久保田敬一（鉄道省次官）

久保田 豊　くぼた・ゆたか
元・衆院議員（社会党）　農民運動家　㊓明治37年10月4日　㊀昭和39年10月24日　㊍静岡県田方郡韮山市（現・韮山町）　㊫東京帝国大学英法科（昭和4年）卒　㊩東大時代新人会に参加。卒業後は田方農学校教諭となり、昭和6年共青静岡県準備委員会に参加して活躍する。6年検挙されたが起訴猶予となり、7年静岡34連隊に1年入営。9年満州へ渡り、ハルピン日日新聞記者となる。12年新京の協和会中央本部職員となり、17年から19年にかけて満州国東満総省雞寧県長を務める。戦後は在満日本人の引揚げに尽力し、21年帰国。22年韮山村長となり、28年社会党から5期連続代議士となった。

久保田 与四郎　くぼた・よしろう
衆院議員（立憲国民党）　㊓文久3年1月（1863年）　㊀大正8年4月24日　㊍信濃国小県郡長瀬村　㊫長野県師範学校, 慶応義塾　㊩ロンドンに留学後、小学校訓導、弁護士、長野県議を経て、明治35年から衆院議員に4期連続当選。

熊谷 巌　くまがい・いわお
衆院議員（政友会）　弁護士　㊓明治16年9月　㊀昭和8年1月2日　㊍岩手県下閉伊郡宮古町　㊫東京帝国大学法科卒　㊩東京府属、同南葛飾郡長、同荏原郡長、佐賀県警察部長、警視庁保安課長などを経て弁護士開業。その間衆院議員当選4回、政友会に属した。

熊谷 憲一　くまがい・けんいち
衆院議員（自民党）　㊓明治28年10月　㊀昭和31年10月9日　㊍福岡県　㊫東京帝国大学独法科（大正9年）卒　㊩内務省保険部経理課長、内務書記官、厚生省職業部長、岡山県知事、内閣情報部長、厚生省社会局長、山口県知事、防空総本部次長、北海道庁長官、北海地方総監を歴任し、その後弁護士として活躍。内閣、大東亜省、企画院各委員を務め、大政翼賛会総務局長、自由党政調会行政部長を歴任。昭和27年衆院議員に初当選。以来連続3回当選。

熊谷 五右衛門　くまがい・ごえもん
衆院議員（翼賛議員同盟）　㊓慶応1年6月（1865年）　㊀昭和17年9月1日　㊍福井県　㊩坪井村長、坂井郡会議員、福井県議、同議長、地方森林会議員を経て、丸岡町長を務める。また福井日報社長も務める。明治45年衆院議員に初当選。以来通算7回当選。

熊谷 太三郎　くまがい・たさぶろう
参院議員（自民党）　元・熊谷組会長　元・福井市長　実業家　㊓明治39年11月3日　㊀平成4年1月15日　㊍福井県福井市　㊫京都帝大経済学部（昭和5年）卒　㊜紺綬褒章（昭和13年）, 藍綬褒章（昭和32年）, BCS賞（昭和33年）　㊩昭和8年福井市議会議長を経て、20年10月〜34年福井市長を務めた。20年の福井大空襲や23年の福井大地震で壊滅した福井市を、道路計画を立て、下水道整備を進め、下水道普及率全国一の都市に再生させた。37年参院議員に転じ、連続5選。この間、52年福田内閣で科学技術庁長官に就任。一方、家業の熊谷組に入り、副社長を経て、昭和15年社長、43〜52年会長を歴任。アララギ派の歌人としても知られ、歌集に「しづかな春」「雪明」などがある。　㊛短歌, 随筆
㊎父＝熊谷三太郎（熊谷組創業者）, 長男＝熊谷太一郎（熊谷組会長）

熊谷 直太　くまがい・なおた
衆院議員（翼賛議員同盟）　弁護士　㊓慶応2年7月（1866年）　㊀昭和20年2月19日　㊍山形県　㊫東京帝国大学英法科（明治30年）卒　㊩前橋・東京各地方裁判所判事、長崎・東京各控訴院判事を歴任、のち弁護士の業務に従事する。明治45年山形2区より衆院議員に当選、通算9期つとめる。道路会議議員、加藤（高明）内閣、犬養内閣の司法政務次官をつとめ、立憲政友会総務となる。満州派遣郡慰問議員団長として派遣される。

熊谷 弘　くまがい・ひろし
保守新党代表　衆院議員（保守新党静岡9区）　元・内閣官房長官　⽣昭和15年6月26日　⽣静岡県水窪町　⽣一橋大学社会学部（昭和39年）卒　⽣昭和39年通商産業省に入省。官房秘書課、中小企業庁長官官房総務課などを経て、52年自民党から参院議員に当選。58年衆院に転じ、6期目。竹下派、羽田派を経て、平成5年6月新生党結成に参加。同年8月細川内閣の通産相に就任。6年羽田内閣では官房長官となる。同年12月新進党、8年12月太陽党結成に参加。10年民政党を経て、民主党に合流。11年9月党幹事長代理、14年9月副代表。同年12月保守党議員らとともに保守新党を結成、代表に就任。　⽣バードウォッチング

熊谷 義雄　くまがい・よしお
元・衆院議員（自民党）　デーリー東北新聞社会長　⽣明治38年5月20日　⽣平成6年1月4日　⽣岩手県普代村　⽣明治大学商科（昭和4年）卒　⽣勲二等瑞宝章（昭和55年）　⽣昭和28年デーリー東北新聞社取締役、29年八戸商工会議所会頭等を経て、38年から衆院議員当選5期。43年行政管理政務次官、51年衆院社会労働常任委員長のほか、党県連会長、政調水産部会長等を歴任。47年から八戸工業大学理事を務めた。
⽣スポーツ, 読書

熊川 次男　くまかわ・つぎお
元・衆院議員（自民党）　元・日弁連副会長　弁護士　⽣昭和5年11月10日　⽣群馬県吾妻郡嬬恋村　⽣中央大学卒、早稲田大学大学院（昭和34年）修士課程修了　⽣県議、群馬弁護士会長、日弁連副会長を経て、昭和54年衆院議員に当選。当選4回。中曽根派を経て、渡辺派。平成2年、8年落選。のち民主党に転じる。12年落選。　⽣娘＝吉川真由美（群馬県議）

熊本 虎蔵　くまもと・とらぞう
元・衆院議員　元・社会党中央委員　労働運動家　⽣明治28年11月3日　⽣昭和29年2月1日　⽣佐賀県　⽣農業学校卒後、国鉄小倉工場、佐賀県唐津製鋼所などを経て大正12年上京。本所鉄工場などで働き、その中で総同盟に参加し、総同盟の活動家として活躍し、たびたび検挙された。大正15年社会民衆党に入党、のち社会大衆党に参加し大島町議、城東区議、東京府議、東京市議などを歴任。戦後は社会党結党、総同盟再建に参画し、社会党中央委員、30年から総同盟副会長、衆院議員（昭和27～30年）も務めた。

久米 民之助　くめ・たみのすけ
衆院議員（無所属）　土木建築家　⽣文久1年8月（1861年）　⽣昭和6年5月25日　⽣上野国利根郡沼田町（群馬県）　⽣工部大学校（明治17年）卒　⽣皇居御造営事務局御用掛を経て、工部大学教授となった。その後大倉組に入り、佐世保鎮守府の建設工事を担当。次いで満韓起業株式会社取締役に転じ、土木建築界視察のため東洋、欧米を巡遊。帰国後工事測量、設計、監督、鑑定など土木建築業に従事した。また第5回総選挙以来代議士当選4回。

久山 知之　くやま・ともゆき
衆院議員（日本進歩党）　⽣明治22年4月　⽣昭和43年2月3日　⽣岡山県　⽣岡山県議、岡山県交通互助会長等を経て、昭和3年から衆院議員に6期連続当選、その間第1次近衛内閣の司法政務次官、司法省委員を務めた。高信銀行支配人、美作電化工業専務、（株）久山工業所長、立憲政友会総務等を歴任。

倉石 忠雄　くらいし・ただお
元・法相　元・農相　元・衆院議員（自民党）　⽣明治33年7月2日　⽣昭和61年11月8日　⽣長野県更埴市稲荷山　⽣法政大学法科（昭和14年）卒業　⽣勲一等旭日大綬章（昭和49年）　⽣南日本化学工業専務などを経て、昭和22年衆院議員に当選、以来連続14期。30年鳩山内

閣の労相となり、以後労相2回、農相4回を経て、54年第2次大平内閣の法相に就任。佐藤内閣農相時代の43年「日本国憲法は他力本願のめかけ憲法」と発言して辞任。また54年の法相就任記者会見で、田中元首相について「一日も早く青天白日の身になってほしい」と述べ、物議をかもした。58年引退。

蔵内 修治 くらうち・しゅうじ
元・参院議員(自民党) ⑭大正7年3月8日 ㉞平成5年12月29日 ㉕福岡県築城町 ㉖東京帝大国史学科(昭和17年)卒 ㉞電源開発調査役などを経て、昭和33年以来衆院議員に6選。労働、外務政務次官、衆院商工委員長、衆院内閣常任委員長を歴任し、55年参院議員となる。61年引退。

蔵内 次郎作 くらうち・じろさく
衆院議員(政友会) 実業家 鉱業家 代議士 ⑭弘化5年1月(1848年) ㉞大正12年7月18日 ㉕豊前国築上郡下城井村 ㉞明治12年から礦業に従事、16年福岡県田川郡弓削村で石炭採掘を始め、以来他の各地でも採掘に成功、筑豊地方有数の礦業家となった。また貧民救済、公共事業にも尽力した。明治41年以来衆院議員当選4回、政友会に属した。

蔵園 三四郎 くらその・さんしろう
衆院議員(第一議員倶楽部) ⑭明治2年1月 ㉞昭和14年4月6日 ㉕鹿児島県 ㉖明治大学 ㉞明治大学に学んだ後、弁護士として活躍。その後、神田区議、同議長を経て、大正13年衆院議員に初当選。以来6回連続当選。その間、鉄道政務次官、鉄道会議議員を歴任し、南洋拓殖(株)設立委員、薩摩製糸(株)取締役なども務める。

倉富 勇三郎 くらとみ・ゆうざぶろう
貴院議員(勅選) 枢密院議長 司法官 ⑭嘉永6年7月16日(1853年) ㉞昭和23年1月26日 ㉕福岡県 号=城山 ㉖司法省法律学校(明治12年)卒 法学博士(明治41年) ㉞判事試験に合格、司法省に入り、民刑部長、同参与官、大審院

検事、大阪控訴院検事長、東京控訴院検事長、韓国法務部次官、同統監府参与官、同司法庁長官、朝鮮総督府司法部長官を歴任。大正2年第1次山本権兵衛内閣の法制局長官となり、3年勅選貴院議員、9年枢密院顧問官で帝室会計審査局長を兼任、14年枢密院副議長、15年同議長となった。同年男爵。その後議定官、王公族審議会総裁となり、昭和9年退官、前官礼遇を受け、郷里福岡に引退。書をよくした。

倉成 正 くらなり・ただし
元・衆院議員(自民党) ⑭大正7年8月31日 ㉞平成8年7月3日 ㉕長崎県長崎市 ㉖東京帝国大学法学部政治学科(昭和16年)卒 ㉟レオポルド2世大十字勲章(ベルキー)(平成4年)、フランス国家功労勲章(グランド・オフィシェ・ド・オルドル・ド・メリット)(平成4年)、勲一等旭日大綬章(平成5年) ㉞東洋高圧、長崎県農地森林部長などを経て、昭和33年衆院議員に当選。自民党政調副会長、49年第2次田中内閣の経企庁長官を歴任。61年第3次中曽根内閣の外相に就任。当選12回。渡辺派会長代行をつとめた。平成5年引退。

蔵原 惟郭 くらはら・これひろ
衆院議員(立憲同志会) 熊本洋学校校長 教育家 ⑭文久1年7月6日(1861年) ㉞昭和24年1月8日 ㉕肥後国阿蘇郡黒川村(現・熊本県阿蘇町) 幼名=三治兵衛 ㉖熊本洋学校,同志社英学校卒 Ph.D. ㉞熊本洋学校、同志社英学校で学んだ後、明治17年米国に渡り、さらに23年英国に渡って24年帰国、熊本洋学校・女学校校長となる。29年岐阜県の中学校長を経て、翌年上京、帝国教育会主幹となり、図書館の普及につとめた。33年政友会創立に参加、日露戦争後、立憲国民党、立憲同志会に所属。41年~大正4年衆院議員を務め、国定教科書反対、普選運動で活躍した。8年立憲労働義会を設立し労働運動と普選運動の結合を目ざす。晩年は共産主義に理解を示し、極東平和友の会発起

人のほか労農救援会や学芸自由同盟などに関係した。 [家]次男＝蔵原惟人（プロレタリア運動家・ロシア文学者）

倉元 要一 くらもと・よういち
衆院議員（興亜議員同盟） [生]明治12年12月 [没]昭和17年11月12日 [出]静岡県 [学]明治大学専門部法律学科（明治37年）卒 [歴]大阪府属、滋賀・鳥取各県警部を経て、福井県今立・坂井各郡長同理事官、静岡県浜名郡長、同理事官、文部大臣秘書官を歴任。浜名市議を経て、大正13年静岡3区より衆院議員に当選、通算6期つとめる。平沼内閣の司法政務次官をつとめる。

栗塚 省吾 くりずか・しょうご
衆院議員（政友会） [生]嘉永6年11月16日（1853年） [没]大正9年11月3日 [出]福井県南条郡武生町 [学]大学南校卒 [賞]勲三等 [歴]フランス留学後、司法省書記官となり、司法卿秘書官、司法省刑事局長、同民事局長、大審院検事、同部長などを歴任。辞任後弁護士となり、東京の本所区会議員、同議長を務めた。衆院議員当選3回。

栗田 翠 くりた・みどり
元・衆院議員（共産党） [生]昭和7年5月17日 [出]東京 [学]静岡大学文理学部（昭和31年）卒 [歴]中学教師を経て、静岡県高教組書記、新日本婦人の会中央委員兼県本部事務局長、共産党県副委員長などを歴任し、現在党中央委員。昭和47年以来衆院議員に3選。新日本婦人の会県役員、共産党県消費税廃止闘本部長も務める。

栗田 幸雄 くりた・ゆきお
元・福井県知事 [生]昭和5年4月6日 [出]福井県鯖江市 [学]東京大学法学部（昭和28年）卒 [歴]自治省に入省。滋賀県や茨城県に出向したあと、昭和40年自治省税務局市町村税課長補佐、46年宮崎県総務部長、49年自治省税務局市町村税課長、51年固定資産税課長、52年福井県副知事を歴任。62年4月自社公民4党の推薦をうけて福井県知事に当選。4期務め、平成15年引退。

栗野 慎一郎 くりの・しんいちろう
枢密顧問官　外交官　子爵 [生]嘉永4年11月17日（1851年） [没]昭和12年11月15日 [出]福岡県 [歴]明治14年外務省に入省し、翌年外務権少書記官となる。以来外務省の諸職につき逓信省に転じ逓相秘書官・取調局次長から東京郵便電信学校長を歴任後、再び外務省に戻って取調・政務各局長となる。27年から各国大使を務め、日露開戦時にはロシア兼スウェーデン公使としてロシアに赴任中であった。39～44年フランス大使を務めて退官、翌45年子爵に叙せられる。のち昭和7年枢密顧問官に任ぜられ、宗秩寮審議官も兼ねた。

栗林 三郎 くりばやし・さぶろう
元・衆院議員（社会党） 全国出稼組合連合会名誉会長 [生]明治40年1月5日 [没]平成13年2月24日 [出]北海道 [学]江別小卒 [歴]大曲町議を経て、秋田県議に当選、2期。社会党県連書記長、日農統制委員、全日本農民組合連合会初代米価闘争特別委員長、のち国の米価審議会委員を務め、昭和32年秋田県内の農民10数人を率いて農水省前で座り込みをし、米価引き上げを訴えた。33年以来衆院議員に5選。39年第1回全国出稼ぎ者大会を開き、45年全国出稼組合連合会を結成、初代会長。出稼ぎ農家の労働条件向上に情熱を傾け、“米と出稼ぎの栗林”と呼ばれた。47年大曲信用金庫理事を経て、理事長、55年理事に退いた。 [趣]囲碁 [家]二男＝栗林次美（秋田県議）

栗林 卓司 くりばやし・たくじ
元・参院議員（民社党） [生]昭和6年3月8日 [没]平成9年9月21日 [出]宮城県仙台市 [学]東北大学法学部（昭和29年）卒 [歴]昭和29年日産自動車入社。39年日産労組情宣部長、40年副組合長、41年自動車労連情宣局長、43年副会長を経て、46年参院議員に全国区（後に比例区）から当選。3期。平成元年引退。

栗原 俊夫　くりはら・としお
元･衆院議員　元･参院議員(社会党)　[生]明治42年5月8日　[没]平成1年1月30日　[出]群馬県　[学]京都帝大法科(昭和7年)卒　[賞]勲二等旭日重光章(昭和54年)　[歴]群馬県多野郡の旧小野村長、県議を経て、昭和30年群馬3区から衆院議員に初当選。4期務めた後、49年参院群馬地方区から当選1回。参院逓信委員長、全国日中友好協会副会長などを歴任した。

栗原 浩　くりはら・ひろし
元・埼玉県知事　[生]明治33年1月6日　[没]昭和53年8月24日　[出]埼玉　[学]早大中退　[歴]埼玉県会計課長、知事室長、副出納長などを経て、昭和29年副知事に就任。31年埼玉県知事に当選、連続4期つとめた。

栗原 祐幸　くりはら・ゆうこう
元･衆院議員(自民党)　元･防衛庁長官　元･労相　[生]大正9年6月5日　[出]静岡県三島市　[学]東京帝国大学法学部(昭和19年)卒　[賞]勲一等旭日大綬章(平成8年)　[歴]静岡県農協役員などを経て、昭和37年から参院議員に2回当選。その間通産政務次官、大蔵常任委員長を歴任。47年以来衆院議員に7回当選。この間衆院外務常任委員長、大平内閣労働大臣、衆院予算常任委員長、第1次、第3次の中曽根内閣防衛庁長官を歴任。宮沢派。5年引退。　[家]長男＝栗原裕康(衆院議員)

栗原 亮一　くりはら・りょういち
衆院議員(政友会)　[生]安政2年(1855年)　[没]明治44年3月14日　[出]三重県　[歴]旧鳥羽藩士。明治の初め上京、同人社に学び、小松原英太郎と「草莽雑誌」を発行、反政府的論説を掲載して発禁となった。10年西南の役後板垣退助の立志社に入り、自由民権論を唱えた。清仏戦争には新聞記者として清国に渡航。板垣の渡欧に随行後、大阪の「東雲新聞」に執筆。23年愛国党創立に参加、三重県から衆院議員となり当選10回。政友会に属し大蔵省官房長となったが、日本製糖の贈賄事件に連座入獄。日本興業銀行、南満州鉄道各設立委員を務めた。

栗山 長次郎　くりやま・ちょうじろう
衆院議員(自由党)　[生]明治29年9月　[没]昭和46年7月8日　[出]東京　[学]青山師範学校(大正6年)卒, ユタ大学(大正12年)卒, ハーバード大学大学院　[歴]ハーバード大学大学院で政治、経済学を学んだあと、東京毎日新聞社に入社。ニューヨーク支局長、工務局長、業務局長を経て、昭和21年戦後第1回の衆院議員選挙で当選。以来4回連続当選。その間、第2次吉田内閣の文部政務次官、衆院外務委員長、日本自由党政調外務部長、同党渉外部長、民主自由党総務等を歴任。

栗山 良夫　くりやま・よしお
元・参院議員(社会党)　[生]明治42年11月16日　[没]昭和63年1月13日　[出]岐阜県関市　[学]浜松高工電気科(昭和5年)卒　[賞]勲二等瑞宝章(昭和55年)　[歴]中部電力労組初代委員長を経て、昭和22年参院議員に当選。3期目の36年辞職して名古屋市長選に立候補したが敗れた。

久留島 通簡　くるしま・みちひろ
貴院議員　子爵　[生]安政6年(1859年)　[没]大正8年10月21日　[賞]勲三等　[歴]豊後森の藩士で、明治12年家督相続、17年子爵、貴院議員に互選され、従三位勲四等、死後昇位。

来栖 七郎　くるす・しちろう
衆院議員(政友会)　[生]明治16年7月　[没]昭和3年5月24日　[出]茨城県相馬郡北文間村　[学]日本法律学校卒, 東京政治学校卒　[歴]二六新報、帝国通信などの新聞記者を経て、衆院議員当選2回。殖民協会理事長を務めた。

来栖 壮兵衛　くるす・そうべえ
改進党幹部　横浜商業会議所副会頭　実業家　[生]安政2年3月(1855年)　[没]大正6年4月9日　[出]常陸国水戸(茨城県水戸市)　[歴]水戸に生まれるが、父と共に横浜に出、明治3年雑貨貿易の家業を継承、壮兵衛を襲名。横浜貿易商組合に

入り横浜港湾改良論を唱えた。24年横浜船渠会社創立に参画、のち専務。また日清生命保険、横浜実業銀行、ラサ燐礦などの重役を兼ねた。この間、22年横浜市議、横浜市参事会員、23年には第1回衆院選挙に神奈川県第1区選挙立会人を務め、改進党幹部として衆院議長島田三郎を支援した。36年横浜政財界の代表として横浜商業会議所副会頭となる。

栗栖 赳夫 くるす・たけお
蔵相　参院議員（自由党）　日本興業銀行総裁　⊕明治28年7月21日　⊗昭和41年5月10日　⊕山口県岩国市　⊗東京帝大法学部卒　法学博士　㊙日本興業銀行に入り、証券課長、証券部長、理事を歴任したのち、昭和22年総裁に就任。同年第1回参院選に初当選、片山内閣の蔵相に入閣して総裁を辞任。23年芦田内閣の国務相（経済安定本部長官）となり、物価庁長官も兼任。同年9月昭電疑獄事件で収賄容疑で逮捕され、37年11月有罪（懲役8ケ月執行猶予1年、追徴金150万円）が確定した。社会信託の権威で中大教授を務めたこともある。

来馬 琢道 くるま・たくどう
参院議員（緑風会）　曹洞宗宗会議長　僧侶　⊕明治10年11月28日　⊗昭和39年7月10日　⊕東京　号＝籟旦、大心　⊗曹洞宗大学林（明治34年）卒　㊙紺綬褒章　㊙万隆寺の来馬立道に嗣法、西有穆山に随身、明治33年万隆寺住職、雑誌「仏教」主幹。44年シャム国皇帝戴冠式に出席、同年「禅門宝鑑」の編集に従事。仏教青年会運動で活動、東京区議などを務めた。曹洞宗宗会議長、宗務院教学部長、庶務部長などを歴任。昭和4年から「曹洞宗全書」（全20巻）の編集を企画、刊行。日朝協会理事長などを務めた。戦後参院議員に当選、緑風会に属し、全日本仏教会役員として活動。「洞上公論」などの主幹を務め、晩年永平寺西堂職に就いた。「禅的体験街頭の仏教」「列伝大日本仏教史」「仏教各宗綱要」など多数の著述がある。

黒岩 重治 くろいわ・しげはる
元・衆院議員　⊕明治29年6月　⊗昭和61年4月24日　⊕高知県　⊗高知県師範卒　㊙昭和22年4月衆院選高知全県区から無所属で当選し1期務めた。

黒金 泰美 くろがね・やすみ
元・衆院議員（自民党）　元・内閣官房長官　⊕明治43年11月25日　⊗昭和61年10月11日　⊕山形県米沢市　⊗東京帝大法学部政治学科（昭和10年）卒　㊙税理士　㊙勲一等瑞宝章（昭和56年）
㊙昭和10年大蔵省に入り、池田勇人蔵相秘書官、仙台国税局長を歴任して27年退官。同年衆院議員に転じ、池田派に属す。37年池田内閣の官房長官に就任。40年には吹原産業事件にからんで偽造の「黒金念書」が出回り、話題となった。51年落選して引退。その後は日本蒸留酒組合会長をつとめた。㊙父＝黒金泰蔵（政治家）

黒川 武雄 くろかわ・たけお
厚相　参院議員（自民党）　虎屋会長　⊕明治26年3月5日　⊗昭和50年3月8日　⊕熊本県　旧姓＝福田　⊗東京帝国大学英法科（大正6年）卒　㊙大正6年第一銀行に入行。のち虎屋店主、虎屋会長となり、全国菓子協会会長を務めた。昭和22年東京地方区から参議院議員に当選、当選3回。参院予算委員長、24年第3次吉田茂内閣の厚相をつとめた。著書に「羊かんと人生」「空の旅」「母を憶ふ」などがある。㊙長男＝黒川光朝（虎屋社長）

黒木 重徳 くろき・じゅうとく
元・共産党中央委員　社会運動家　⊕明治38年1月11日　⊗昭和21年3月16日　⊕鹿児島県出水郡中出水村（現・出水市）　⊗京都帝国大学法学部卒　㊙七高時代から学生運動に参加し、京大卒業後は西日本学生運動指導部会副議長として活躍。昭和3年の3.15事件で検挙されるが起訴猶予となり、共産党再建運動に従事する。以後検挙をくり返し予防拘禁を含め終戦まで獄中生活をする。21年共産党中央委員・書記局員となり、同

年の衆議院選挙に立候補したが、立会演説中に壇上で急逝した。

黒木 為楨　くろき・ためもと
枢密顧問官　陸軍大将　伯爵　㊗弘化1年3月16日(1844年)　㊙大正12年2月3日　㊐薩摩国鹿児島城下加治屋町(鹿児島県)　旧姓＝帖佐　㊣戊辰戦争、鳥羽伏見の戦いに参加。明治4年上京、歩兵大尉、8年中佐、広島鎮台第12連隊長、10年西南戦争に従軍。16年参本管東局長、18年少将、歩兵第5旅団長、26年中将。第6師団長として日清戦争に従軍、威海衛を占領、鶏冠山を陥落させ、戦後男爵。29年近衛師団長、30年西部都督、36年大将。37年軍事参議官。同年第1軍司令官として日露戦争に参加、各地に連戦、40年その功により功1級、伯爵。42年予備役、大正6年枢密顧問官となる。

黒木 博　くろき・ひろし
元・宮崎県知事　㊗明治40年2月10日　㊙平成13年12月24日　㊐宮崎県西都市　㊛宇都宮高農農政経済科(昭和2年)卒　㊣マグサイサイ賞(昭和49年)、アギラアステカ勲章(メキシコ)(昭和50年)、勲一等瑞宝章(平成3年)　㊣宮崎県庁に入り、民生労働部長、総務部長兼企業局長を経て、昭和30年副知事に就任。34年の知事選で当選を果たし、以来6期にわたって県政を担当。この間、沿道修景美化条例を日本で最初に制定、道路沿いに花木の植栽を進めた。しかし、県の土木工事にからむ汚職事件が明るみに出て、54年受託収賄の容疑で逮捕され、辞任。58年宮崎地裁において懲役3年の実刑判決が出たが、63年福岡高裁宮崎支部で逆転無罪が確定した。

黒沢 幸一　くろさわ・こういち
社会運動家　元・衆院議員　㊗明治35年10月11日　㊙昭和52年7月2日　㊐栃木県河内郡上三川町　㊛日本大学法科(大正15年)卒　㊣日大卒業後、家業の農業に従事しながら労農運動に入り、労農党栃木県連合会の結成に尽力する。のち日本大衆党栃木県連の結成に参加し、

県下各地の小作争議を指導。昭和7年大衆党員と共産党員とが衝突した、いわゆる阿久津村事件の首謀者のひとりとして検挙され懲役3年に処せられ、また11年の争議でも検挙され懲役6カ月に処せられた。戦後は社会党に参加し、栃木県連書記長、会長を歴任。28年から衆院議員(1期)を務めた。第一線引退後は社会党県本部顧問。

黒沢 酉蔵　くろさわ・とりぞう
衆院議員(大政翼賛会推薦)　雪印乳業相談役　酪農学園創立者　㊗明治18年3月28日　㊙昭和57年2月6日　㊐茨城県常陸太田市　㊛京北中学(明治38年)卒　㊣勲三等旭日中綬章(昭和39年)、北海道文化賞(昭和41年)、勲二等旭日重光章(昭和45年)、勲一等瑞宝章、キリスト教功労者(第12回)(昭和56年)　㊣京北中学時代、田中正造の足尾鉱毒難民救済運動に参加。明治38年20歳で中学を卒業し渡道。札幌で4年間牧夫をしたあと自立し、大正4年札幌牛乳販売組合を結成して協同組合運動を始める。14年雪印乳業の前身の北海道製酪販売組合を設立、15年同組合連合会(酪連)に改組。昭和16年には北海道酪農の一本化に尽力し、北海道興農公社を設立し社長に就任。25年雪印乳業と北海道バターに分割、33年合併し雪印乳業となり相談役。この間、8年には酪農義塾(現・酪農学園)を設立して我が国"酪農の父"といわれる一方、永らく道開発審議会会長として北海道開発にも貢献してきた。また札幌市議会副議長、衆院議員(大政翼賛会推薦)、北海タイムス社長などを歴任。著書に「酪農学園の歴史と使命」、語録集「反芻自戒」、「田中正造全集」(編)など。

黒沢 義次郎　くろさわ・よしじろう
元・鹿島町(茨城県)町長　農業　㊗明治40年2月23日　㊙平成4年3月10日　㊐茨城県鹿島町　㊛水戸農学校中退　㊣若い頃は国粋運動に加わる。戦後の昭和30年鹿島町議に当選すると、海上自衛隊神之池基地反対闘争の先頭に立

ち、33年町長に当選してこれを阻止。また「大企業中心の開発は地域に公害をばらまき、農業をつぶす」という信念から、愛町運動を組織し、鹿島開発に反対した。37年激戦の末、町長に再選されたが選挙違反に問われ、41年最高裁の上告却下により町長失格が確定。その後は農業の前途にかけ、土地改良運動に打ち込んだ。

黒須 竜太郎　くろす・りゅうたろう
衆院議員　弁護士　ⓈⒷ明治1年6月　ⒹⒹ昭和26年8月10日　Ⓑ江戸　Ⓖ埼玉師範卒　Ⓚ小学校校長を経て東京英語学校、東京法学院などで学び、弁護士となる。東京市芝区会議員、東京市会議員などを経て、大正1年東京市からに衆議院議員選挙に立候補して当選、連続3期つとめた。

黒住 忠行　くろずみ・ただゆき
元・参院議員（自民党）　日本自動車ターミナル社長　Ⓑ大正8年7月16日　Ⓓ昭和63年9月29日　Ⓑ岡山市矢坂本町　Ⓖ東京商科大学（現・一橋大学）（昭和17年）卒　Ⓚ鉄道省入り。復員後、運輸省国鉄部長、自動車局長を歴任。昭和46年7月参院全国区から出馬、当選1回。運輸委理事、のち50年通産政務次官を務めた。政界から引退後は日本自動車会議所副会長、57年から日本自動車ターミナル社長。

黒田 巌　くろだ・いわお
元・衆院議員（進歩党）　Ⓑ明治39年9月　Ⓓ昭和56年4月27日　Ⓑ兵庫県印南郡　Ⓖ京都帝大法学部（昭和7年）卒　Ⓚ昭和17年衆議院議員に当選、1期務めた。大阪日本観光バス社長、日本原子力東海クラブ社長などを歴任。

黒田 清隆　くろだ・きよたか
第2代首相　枢密院議長　元老　Ⓑ天保11年10月16日（1840年）　Ⓓ明治33年8月23日　Ⓑ薩摩国鹿児島城下（鹿児島県）　号＝羽皐、通称＝了介　Ⓘ大勲位菊花大綬章（明治33年）　Ⓚ薩長連合の成立に尽力、早くから西郷隆盛、大久保利通の知遇を得る。戊辰戦争では五稜郭攻撃に参謀として活躍。維新後、外務権大丞、兵部大丞を経て、明治3年開拓次官、8年長官となり、北海道開拓に専心する。9年江華島事件に際して、特命全権大使として朝鮮に赴き、軍事力を背景に日朝修好条規を締結。しかし、14年起きた開拓使官有物払下げ事件で世論の糾弾を受け、一時内閣顧問の閑職に追いやられる。20年第一次伊藤内閣の農商務相となり、翌年首相に就任。在任中、帝国憲法が発布され、条約改正に努めるが、1年で降板。のち28年に枢密院議長に任ぜられた。

黒田 清綱　くろだ・きよつな
枢密顧問官　貴院議員（勅選）　歌人　子爵　Ⓑ文政13年3月21日（1830年）　Ⓓ大正6年3月23日　Ⓑ薩摩国鹿児島城下高見馬場（鹿児島県）　通称＝新太郎、号＝滝園　Ⓚ幼少より藩学造士館の童子員として学び、22歳の時島津斉彬により史館見習役、ついで史館副役に挙げられ、元治元年軍賦役となる。慶応2年幕府が長州再征に当って筑前にある五卿を大阪に招致しようとした際、藩命により太宰府に赴き、幕臣に談判して五卿の移転をくいとめた。次いで同年薩摩藩の正使として山口を訪れ、藩主毛利敬親の引見を受けるなど、幕末期志士として国事に奔走。明治元年山陰道鎮撫総督府参謀を命ぜられ、凱旋後鹿児島藩参政となった。3年弾正少弼、4年東京府大参事、5年教部少輔、ついで文部少輔、8年元老院議官となり、20年子爵授爵、23年勅選貴族院議員、33年枢密顧問官に就任、宮内省御用掛を兼ねた。歌を八田知紀に学び、滝園社を開いて子弟を教授。45年御歌所長高崎正風の没後は大正天皇、貞明皇后の御製御歌をみた。歌集に「庭につみ」「滝園歌集」など。　Ⓕ養子＝黒田清輝（洋画家）

黒田 清輝　くろだ・せいき
貴院議員　帝国美術院院長　東京美術学校教授　洋画家　㊙慶応2年6月29日（1866年）　㊙大正13年7月15日　㊙薩摩国鹿児島高見馬場（鹿児島県鹿児島市）　幼名＝新太郎、号＝水光　㊙二松学舎、東京外国語学校　㊙伯父の子爵・黒田清綱の養子となり、明治5年上京、二松学舎、築地英学校、東京外語などで学ぶ。17年法律研究のためパリに留学するが、洋画に転じラファエル・コランに師事。26年帰国、27年久米桂一郎と画塾・天真道場を開設。28年内国勧業博覧会に「朝妝」を出品、裸体画論争を起こす。29年白馬会を結成し、また同年東京美術学校（現・東京芸術大学）に西洋画科を開設、のち主任教授に就任。その後、文展審査員、43年帝室技芸員、大正2年国民美術協会会頭を歴任。8年帝国美術院の創立に尽力して会員となり、11年森鴎外を継いで院長となる。また、6年子爵を継ぎ、9年貴院議員となり、社会事業調査会委員、臨時教育行政調査委員を務めたほか国際文化交流に貢献した。代表作に「読書」（24年）「舞妓」（26年）「湖畔」（30年）「鉄砲百合」（42年）など。　㊙養父＝黒田清綱（歌人・子爵）

黒田 綱彦　くろだ・つなひこ
衆院議員　第十七銀行頭取　㊙嘉永3年（1850年）　㊙大正2年5月14日　㊙備前国岡山（岡山県）　㊙はじめ兵学館に入り、廃藩後元老院権中書記となる。明治19年内務省参事官、ついで内務省図書局長を経て、25年衆院議員となる。日清戦争に際し、日本赤十字社救護班理事として中国に渡った。37年福岡第十七銀行頭取に就任。著書に「仏国法律要略」（全2巻）、「仏国森林法」など。

黒田 直養　くろだ・なおなが
久留里藩知事　㊙嘉永2年4月8日（1849年）　㊙大正8年11月29日　㊙文久2年黒田直和の養子となり、慶応2年藩主となる。明治2年の版籍奉還から4年の廃藩置県まで久留里藩知事を務めた。

黒田 長成　くろだ・ながしげ
貴院副議長　㊙慶応3年5月5日（1867年）　㊙昭和14年8月14日　㊙筑前国秋月　㊙ケンブリッジ大学（英国）　㊙明治11年家督を継ぎ、17年侯爵。同年〜22年ケンブリッジ大学に遊学。帰国後式部官となったが、23年辞任。25年貴族院議員となり、37年副議長に就任。大正13年枢密顧問官。宗秩寮審議官、議定官などを兼任した。　㊙父＝黒田長知（旧福岡藩主）、長男＝黒田長礼（動物学・鳥学者）

黒田 長知　くろだ・ながとも
福岡藩知事　侯爵　㊙天保9年12月19日（1838年）　㊙明治35年1月7日　㊙江戸・柳原（現・東京都）　初名＝慶賛、通称＝健若、官兵衛　㊙津藩主・藤堂高猷の二男として江戸藩邸に生まれる。嘉永元年（1848年）福岡藩主・黒田長溥の養嗣子となり、名を長知と改める。文久3年（1863年）8月18日の政変の後、病中の長溥に代って上京、長州藩の赦免と公武合体を朝廷・幕府に訴えた。慶応2年（1866年）第二次長州征伐後に上京、二条城で国事への意見を開陳。明治2年家督を相続、同年版籍奉還により福岡藩知事。4年戊辰戦争出兵による財政難から藩当局が貨幣贋造を行っていたことが発覚、藩知事を罷免された。同年欧米に留学、のち明治憲法起草者の一人となる金子堅太郎、三井合名理事長を務める団琢磨らを抜擢して同行させた。　㊙実父＝藤堂高猷（津藩主）、養父＝黒田長溥（福岡藩主）、息子＝黒田長成（貴院副議長）

黒田 寿男　くろだ・ひさお
元・衆院議員（社会党）　元・労農党主席　弁護士　農民運動家　㊙明治32年4月14日　㊙昭和61年10月21日　㊙岡山県御津郡金川町（現・御津町）　㊙東京帝大法学部法律学科（大正12年）卒　㊙自由法曹団の弁護士として労働争議や小作争議にあたる一方、労農党など無産政党の結成に参加。昭和4年東京無産党を結成して書記長に就任、翌5年全国大衆党に合流。11年衆院議員に当選し、以

来12選を果たす。12年には人民戦線事件で検挙された。戦後日本社会党結成に参加。芦田内閣の予算案に反対して、一時労働者農民党を結成、主席となるが、32年復帰。統制委員長、顧問を歴任。47年落選。

黒田 英雄　くろだ・ひでお
貴院議員(勅選)　参院議員(自由党)　大蔵次官　東洋火災海上保険社長　[生]明治12年9月2日　[没]昭和31年11月1日　[出]岡山県　[学]東京帝国大学法科大学法律学科(明治38年)卒　[歴]明治38年大蔵省に入り、丸亀税務監督局長、大蔵大臣秘書官、臨時議員建築局理事、銀行局長、主税局長を経て、昭和2年大蔵次官となる。"事務大臣""副大臣"の異名をとるなど、省内で一大勢力を張ったが、9年"帝人事件"に連座して休職。7年貴院議員。22年最初の参院選に当選、1期務める。参議院財政、金融委員長のほか、東洋火災海上社長を務めた。

黒田 了一　くろだ・りょういち
元·大阪府知事　大阪市立大学名誉教授　弁護士　評論家　[専]憲法　政治学　[生]明治44年3月16日　[没]平成15年7月24日　[出]大阪府北区大淀町　筆名＝黒田草舟　[学]東北帝国大学法学部法律学科(昭和8年)卒　[興]人生論, 教育文化論, 森と砂漠, 日本のことば　[歴]昭和8年東北大学法学部助手(社会法専攻)。14年満州に渡り、大同学院教官となる。戦後ソ連に抑留にされ、25年帰国。同年大阪市大助教授となり、31年教授に就任。46年革新統一候補として大阪府知事に当選、2期つとめた。54年引退後は弁護士となる。大阪市立大学名誉教授、大阪経済法科大学客員教授。著書に「日本国憲法論序説」「学習憲法学」「比較憲法論序説」「大阪に文化のルネッサンス」「明日への希い」「わが人生論ノート」「わが師、わがことば」「やちまた放談」など多数。[団]日本弁護士連合会, 大阪憲法会議, 全国華科懇·非核政府を求める会, 大阪歌人クラブ(顧問), 関西棋院(顧問)　[趣]短歌, 囲碁

黒柳 明　くろやなぎ・あきら
元・参院議員(新進党)　[生]昭和6年6月19日　[出]東京都新宿区　[学]早稲田大学文学部英文科(昭和28年)卒　[歴]聖教新聞勤務を経て、昭和40年以来参院議員に5選。公明党副委員長。55年参院運輸委員長をつとめる。平成6年新進党結成に参加。7年の参院選は出馬せず、8年の衆院選に出馬したが落選。

桑名 義治　くわな・よしはる
元・参院議員(公明党)　[生]昭和5年3月18日　[出]福岡県北九州市　[学]明治大学法学部(昭和31年)卒　[歴]昭和42年福岡県議、44年衆院議員を経て、49年参院議員に当選。2期。61年落選。

桑原 敬一　くわはら・けいいち
元・福岡市長　元・労働事務次官　福岡市博物館館長　[専]労政・労働問題　[生]大正11年9月28日　[出]福岡県太宰府市　[学]東京大学法学部(昭和23年)卒　[興]これからの日本の労働慣行の動向　[賞]勲一等瑞宝章(平成12年)　[歴]陸軍主計少尉として学徒出陣。昭和22年第1回監督官試験に合格し、23年労働省(現・厚生労働省)に入省。職業安定局失業対策部長、福岡県副知事、労働大臣官房長、労働基準局長などを経て、54年労政局長から事務次官に。56年退官。58年労働省の外郭団体として"パソコン技士"をつくる中央職業能力開発協会理事長に就任。役人の頃、熊本、福岡両県庁に出向し、48年には当時の亀井光福岡県知事に請われて、2年間副知事を務めた。59年から福岡市の政務担当助役を経て、61年12月保守・中道の推薦で市長に当選。3期。平成10年落選し、山崎市政下で同市特別顧問に就任。11年市長時代に建設構想を提案した博多座の顧問を務める。同年5月福岡市博物館館長に就任。この間、九州市長会会長、地方分権推進委員会委員。5〜7年全国市長会会長を務めた。

桑原 政　くわばら・せい
衆院議員(中正倶楽部)　[生]安政3年2月(1856年)　[没]大正1年9月9日　[出]江戸　[学]工部大学校卒　[歴]欧米各国を巡遊、帰国後工部技手、大学校教授補、工部大学助教授となった。のち住友別子銅山、藤田組に招かれ、清国天津海関道台盛宣懐に招待されて同国炭坑鉱山などを調査。豊州鉄道(株)取締役、同社顧問技師、第4・5回内国博覧会審査官、明治炭坑(株)社長を歴任。衆院議員当選3回。

桑原 幹根　くわはら・みきね
元・愛知県知事　[生]明治28年8月29日　[没]平成3年4月11日　[出]山梨県富士吉田市　[学]東京帝国大学法学部(大正11年)卒　[賞]勲一等旭日大綬章(昭和48年), 明治村賞(昭和58年), 愛知県名誉県民(昭和62年)　[歴]内務省に入り、内閣東北局長、東京商工会議所理事などを経て、昭和21年愛知県知事(官選)に任官、東海北陸地方行政事務局長を兼務する。26年以来愛知県知事に6回当選。この間、愛知用水、豊川用水を実現、また東海製鉄を誘致して中京工業圏をつくり上げた。全国知事会会長もつとめた。50年引退。　[趣]絵画鑑賞, 書道(中日書道会会長)

【 け 】

慶松 勝左衛門　けいまつ・しょうざえもん
参院議員(日本自由党)　日本薬剤師協会会長　薬学者　[専]有機合成化学　[生]明治9年9月21日　[没]昭和29年1月28日　[出]京都府京都市　旧名=勝太郎　[学]東京帝大医科大学薬学科(明治34年)卒　薬学博士　[歴]東京帝大医科大学助手、東京衛生試験所技師、関東都督府中央試験所長、満鉄中央試験所長を経て、大正11年東京帝大薬学科教授となり、薬品製造学講座を担当した。戦争中は医薬品統制社長、戦後は昭和21年に貴院議員に勅選され、22年の参院選挙では全国区から当選し1期。日本薬剤師協会会長を務めた。在満中は大豆製油試験工場を建設、溶媒製油工業の端緒を開拓、また撫順炭、油頁岩の低温乾留研究では液体燃料工業の道を拓いた。サルバルサンの国産化にも成功をおさめる。　[家]長男=慶松一郎(厚生省初代薬務局長)

毛山 森太郎　けやま・もりたろう
元・衆院議員　[生]明治29年3月　[没]昭和61年6月23日　[出]愛媛県　[学]宇和島中卒　[歴]昭和17年から衆院議員1期を務めた。

源田 実　げんだ・みのる
元・参院議員(自民党)　元・防衛庁航空幕僚長　[生]明治37年8月16日　[没]平成1年8月15日　[出]広島県山県郡加計町　[学]海兵(第52期)(大正13年)卒, 海大(昭和12年)卒　[賞]リー・ジョン・オブ・メリット勲章(アメリカ)(昭和37年), 勲二等瑞宝章(昭和49年), 勲二等旭日重光章(昭和56年)　[歴]昭和16年海軍第1艦隊参謀として真珠湾攻撃の計画に参加、その後第343航空隊司令をつとめ、大佐で終戦。名パイロットで知られ、「源田サーカス」の異名をとった。戦後防衛庁に入り、34年航空幕僚長。37年以来全国区から参院議員に当選4回。この間、43年自民党政調会国防部会長、59年裁判官弾劾裁判所裁判長に就任。61年7月引退。　[趣]少林寺拳法(4段)　[家]兄=源田松三(加計町町長)

劔木 亨弘　けんのき・としひろ
元・文相　元・参院議員(自民党)　元・共立女子大学長　[生]明治34年9月3日　[没]平成4年11月29日　[出]福岡県田川郡大任町　[学]東京帝大法学部政治学科(昭和2年)卒　[賞]勲一等瑞宝章(昭和47年), 勲一等旭日大綬章(昭和52年)　[歴]文部省に入り、昭和25年事務次官に。28年以来参院議員に当選4回。参院逓信委員長、商工委員長を経て、佐藤内閣の時に2期文相をつとめる。その後、福岡市立美術館長、共立女子大学長などを歴任。

【こ】

小池 四郎　こいけ・しろう
元・衆院議員(議員倶楽部)　社会運動家　[生]明治25年3月21日　[没]昭和21年3月11日　[出]東京府神田区錦町(現・東京都千代田区)　[学]東京帝国大学工学部採鉱冶金科(大正6年)卒　[歴]帝国炭業に入り各地の所長などを歴任したが、大正13年社会運動への参加を志して退職。上京して出版社クララ社を創立し、自著「英国の労働党」などを刊行。15年社会民衆党の創立に参加し、昭和7年衆議院議員に当選、17年まで議員を務める。この間国家社会主義への流れに加わり、7年に日本国家社会党を結成し、中央執行委員。17年落選後は日本南方協会の稲作訓練所(静岡県函南)所長となった。

古池 信三　こいけ・しんぞう
元・参院議員(自由党)　元・郵政相　元・KDD会長　[生]明治36年4月3日　[没]昭和58年10月7日　[出]岐阜県高山市　旧姓=広瀬　[学]東京帝国大学法学部政治学科(昭和3年)卒　[賞]勲一等旭日大綬章(昭和49年)　[歴]昭和4年逓信省に入り、のち商工省電力局長。戦後、電力増強問題でGHQと渡り合い名古屋通産局長に左遷。25年から参院議員当選4回。第2次・第3次池田内閣の郵政相をつとめた。50年からKDD会長に就任、54年のKDD事件では当時の板野学社長の辞任後、社長を兼務して事件の収拾に当たり翌55年に退陣した。

小池 仁郎　こいけ・にろう
衆院議員(民政党)　[生]慶応2年5月(1866年)　[没]昭和11年1月24日　[出]新潟県中頸城郡潟町　[賞]勲三等　[歴]明治初年新潟から北海道の根室町に移住。北海道会議員、根室水産会長、北海道水産会長、帝国水産副会長などを歴任、水産業界に重きをなした。大正4年から衆院議員当選7回、逓信政務次官を務めた。

肥塚 龍　こいずか・りゅう
衆院副議長　実業家　[生]嘉永1年1月10日(1848年)　[没]大正9年12月3日　[出]播磨国揖保郡中島村(兵庫県)　[歴]農家の出身で一時僧籍に入る。明治5年上京、中村正直の同人社に入り英学を修めた。8年横浜毎日新聞社に入社、一時辞めたが、12年「東京横浜毎日新聞」と改称、嚶鳴社機関新聞となって再入社、主事とし社説担当。15年社長沼間守一と立憲改進党に入党、「嚶鳴雑誌」、「東京輿論新誌」などで自由民権論を展開。その間神奈川県議、東京市議、東京市会参事会員などを務め、27年第3回以来兵庫県から衆院議員当選8回。30年大隈内閣で農商務省鉱山局長、31年東京府知事、41～44年衆院副議長。後年実業界に転じ秀英社監査役、愛国生命保険取締役、日本キネトホン社長を務めた。「肥塚龍自叙伝」がある。

小泉 策太郎　こいずみ・さくたろう
衆院議員(第一控室会)　経済新聞社長　ジャーナリスト　[生]明治5年11月3日　[没]昭和12年7月28日　[出]静岡県南伊豆町　号=小泉三申　[歴]「静岡日報」「自由新聞」の記者、「九州新聞」主筆を経て、明治36年「経済新聞」社長。相場で巨利を得る。45年以降衆院議員に連続7回当選、政友会の重鎮となるが、昭和3年田中義一首相と意見対立のため脱党。晩年は西園寺公望の伝記執筆に従事。著書に「懐往時談」「小泉三申全集」(4巻)などがある。

小泉 純一郎　こいずみ・じゅんいちろう
衆院議員(自民党　神奈川11区)　第87代首相　[生]昭和17年1月8日　[出]神奈川県横須賀市　[学]慶応義塾大学経済学部(昭和42年)卒　[歴]祖父、父と続く政治家一族の3代目。福田赳夫秘書を経て、昭和47年以来衆院議員に10選。63年竹下改造内閣の厚相となり、平成元年宇野内閣でも留任。4年宮沢改造内閣の郵政相を務める。7年9月自民党総裁選に立候補、橋本龍太郎に敗れる。8年第2次橋本内閣の厚相に就任。10年7月再び

党総裁選に立候補するが、小渕恵三に敗れる。三塚派を経て、同年12月森派となり、同派会長として森喜朗首相を支えた。13年4月党総裁選に3たび立候補、予備選で圧勝して総裁となり、首相に就任、一時は80％を越える高支持率を誇った。6月経済財政運営及び経済社会の構造改革に関する基本方針を打ち出す。7月米国、英国、フランスを訪問、ジェノバ・サミット（イタリア）に出席。同月参院選で改選過半数を上回る64議席を獲得。14年9月歴代首相として初めて北朝鮮を訪問し、金正日総書記と会談、国交正常化交渉の再開を柱とする日朝平壌宣言に署名した。同月改造内閣を発足。15年1月ロシアを公式訪問し、プーチン大統領と会談。同年3月米英のイラク攻撃（イラク戦争）を支持。同年6月エビアン・サミット（フランス）に出席。郵政三事業の民営化が持論で、過去に公職選挙法で禁止されている個別訪問解禁を提唱するなど大胆な意見を述べる。13年には"米百俵""聖域なき改革"など6語が流行語大賞に選ばれた。　⑱祖父＝小泉又次郎（逓信相）、父＝小泉純也（防衛庁長官）、母＝小泉芳江、姉＝小泉信子（小泉純一郎首相秘書）、長男＝小泉孝太郎（俳優）

小泉　純也　こいずみ・じゅんや
衆院議員（自民党）　防衛庁長官　⑭明治37年1月24日　⑱昭和44年8月10日　㊦鹿児島県　㊎日本大学政治科（昭和5年）卒　㊣逓信大臣秘書、内務参与官を経て、昭和12年神奈川県から衆議院議員当選。戦後公職追放となり、解除後の27年改進党から衆院選に再び当選、同党遊説部長、自由民主党総裁、副幹事長などを務め、30年第2次鳩山一郎内閣の法務政務次官、39年第3次池田勇人内閣、第1次佐藤栄作内閣の各防衛庁長官となった。　⑱父＝小泉又次郎（衆院副議長）、長男＝小泉純一郎（首相）

小泉　辰之助　こいずみ・たつのすけ
衆院議員（政友本党）　⑭明治8年12月　⑱昭和11年5月29日　㊦青森県東津軽郡筒井村　㊣青森県議、同議長などを務め地方政界に尽力。政友本党に入り、青森県から衆院議員に当選した。

小泉　親彦　こいずみ・ちかひこ
厚相　陸軍軍医中将　⑭明治17年9月9日　⑱昭和20年9月13日　㊦福井県　㊎東京帝大医科大学（明治41年）卒　㊣明治41年陸軍見習医官、42年二等軍医、昭和7年近衛師団軍医部長兼軍医学校教官、8年陸軍軍医学校校長、9年軍医総監、同時に陸軍省医務局長、13年予備役。16年第3次近衛文麿内閣の厚相、東条英機内閣でも留任、結核の予防、撲滅に尽力。19年辞任、貴族院議員となり、ついで日本赤十字社理事となったが、20年9月13日割腹自決した。著書に「軍陣衛生」「実用工業衛生学」がある。　⑱父＝小泉親正（陸軍軍医）

小泉　秀吉　こいずみ・ひできち
参院議員（社会党）　全日本海員組合初代組合長　労働運動家　⑭明治12年9月21日　⑱昭和34年2月11日　㊦茨城県　㊎商船学校卒　㊣三井物産に勤め、昭和12年労働代表としてILO会議に出席。戦時中は三井船舶重役、三井木船建造社長を歴任。戦後20年10月全日本海員組合初代組合長。22年社会党公認で参院全国区当選。同党参院議員会長。33年日本海難防止協会会長。

小泉　又次郎　こいずみ・またじろう
衆院副議長　逓信相　衆院議員（日本進歩党）　貴族院議員（勅選）　⑭慶応1年5月17日（1865年）　⑱昭和26年9月24日　㊦神奈川県　㊎交郷校卒　㊣鳶職の家に生まれる。小学校教師、地方新聞記者を経て横須賀市議、神奈川県議。明治41年以来、衆院議員当選12回。立憲同志会から憲政会に属し、幹事長、総務を務めて普選、護憲運動に尽力。大正13年～昭和2年衆院副議長に就任、党籍離脱の先例を作る。3年民政党幹事長、翌年浜口内閣・第2次若槻内閣の逓信相。

233

その後再び幹事長。9年横須賀市長。14年内閣参議。戦時中は翼賛政治会顧問、同代議士会長、小磯国昭内閣顧問などを務めた。20年勅選貴院議員。著書に「普選運動秘話」など。 [家]孫＝小泉純一郎(首相)

小磯 国昭　こいそ・くにあき
第41代首相　陸軍大将　[生]明治13年3月22日　[没]昭和25年11月3日　[出]栃木県宇都宮市　[学]陸士(12期)(明治33年)卒, 陸大(明治43年)卒　[歴]日露戦争に出征、関東都督府参謀、のち参謀本部員として情報謀略を担当。大正5年清朝粛親王の宗社党を援けて、満蒙独立運動を展開。その後欧州で戦争研究に従事、6年「帝国国防資源」を著した。陸軍省整備局長を経て、昭和5年軍務局長となり、満州事変前後の軍部の政治進出を推進。以後関東軍参謀長、10年朝鮮軍司令官等を歴任し、12年大将。13年予備役に編入。14年から平沼･米内内閣の拓相となり南方進出を主張。17年朝鮮総督。19年東条内閣倒壊後首相となるが、20年4月総辞職。戦後、A級戦犯として終身刑に服役中、病死。自伝に「葛山鴻爪」がある。

小出 英尚　こいで・ひでなお
園部藩知事　子爵　[生]嘉永2年9月21日(1849年)　[没]明治38年9月27日　[出]丹波国園部(京都府)　[歴]安政3年丹波園部藩主を襲封、京中見廻役をつとめる。大政奉還後は新政府に帰順し、明治2年園部藩知事に任命される。4年廃藩置県により免職、園部藩は園部県を経て京都府に編入された。

郷 純造　ごう・じゅんぞう
貴院議員(勅選)　大蔵次官　男爵　[生]文政8年(1825年)　[没]明治43年12月2日　[出]美濃国黒野　[賞]勲一等　[歴]弘化元年江戸に出て旗本用人の若党となり、清水太郎の門に学んだ。慶応末年幕府の散兵番代、明治元年工兵差閲役頭取、同年明治政府の会計局組頭、7年大蔵省大丞、14年国債局長、17年主税局長、19年大蔵次官。24年勅選貴院議員、32年錦鶏間祗候を拝し、33年男爵。 [家]孫＝石原恵香(茶道宗徧流四方庵8世家元)

纐纈 弥三　こうけつ・やぞう
衆院議員(自民党)　[生]明治26年12月　[没]昭和53年3月15日　[出]岐阜県　[学]京都帝国大学法学部卒　[賞]勲二等瑞宝賞(昭和40年)　[歴]北海道警保安課長、兵庫県警外事課長、警視庁特高課長、外務事務官、兼任内務書記官、上海領事、宮城･兵庫各県警察部長、大分県知事、文部省社会教育・普通学務・国民教育各局長、文部･大蔵･科学技術各政務次官を歴任。六所神社官司。昭和30年岐阜2区より衆院議員に当選、4期。自民党幹事、文化局教育部長、政調地方行政部長、全国組織委員会副委員長、総務をつとめた。

上坂 昇　こうさか・のぼる
元･衆院議員(社会党)　[生]大正7年7月6日　[出]福島県いわき市　[学]早稲田大学政経学部卒　[賞]勲二等旭日重光章(平成1年)　[歴]昭和18年日本水素入社。労組委員長を経て、昭和30年平市議に当選、2期。以後38年から福島県議2期を経て、47年以来福島3区から衆院議員に6選。58年衆院石炭対策特別委員長。平成2年引退。

香坂 昌康　こうさか・まさやす
東京府知事　[生]明治14年　[没]昭和42年12月21日　[出]山形県　[学]東京帝大卒　[歴]千葉県属となり、福島、愛媛、岡山、愛知各県知事を歴任し、昭和7年東京府知事に就任。同年新官僚グループ「国維会」に参加。11年大日本連合青年団及び日本青年館理事長に就任。また全日本弓道連盟副会長を務めた。

神崎 修三　こうざき・しゅうぞう
衆院議員(立憲政友会)　[生]嘉水5年12月(1852年)　[没]大正6年5月4日　[出]和歌山県　[歴]和歌山県議、同常置委員、同参事会員を経て、明治35年和歌山郡部より衆院議員に当選、4期。

合田 福太郎　ごうだ・ふくたろう

衆院議員（憲政本党）　⑰万延1年5月（1860年）　⑱大正10年5月29日　⑲愛媛県　⑳愛媛県師範学校高等師範科卒　㉑小学校訓導を経て、愛媛県議、土居村長となる。明治31年愛媛郡部より衆院議員に当選、4期。

幸徳 秋水　こうとく・しゅうすい

社会主義者　⑰明治4年9月23日　⑱明治44年1月24日　⑲高知県幡多郡中村町（現・中村市）　本名＝幸徳伝次郎　⑳中村中卒　㉑薬種商と酒造業を営む旧家の三男に生まれ、子どもの頃から神童といわれた。少年期から自由民権思想を抱き、明治21年中江兆民の書生となり、その思想・人格に感化される。「自由新聞」「広島新聞」「中央新聞」を経て、31年「万朝報」の論説記者となり、名文家として頭角を現す。同年社会主義研究会に入り社会主義者に転じ、34年片山潜らと社会民主党を結成（即日禁止）。36年日露開戦に反対して堺利彦と平民社を結成、「平民新聞」を発刊、開戦後も"非戦論"を展開する。38年「平民新聞」は廃刊させられ、同紙の筆禍事件で入獄。出獄後、保養を兼ねて渡米、39年在米日本人で社会革命党を結成。この頃よりクロポトキンなどの影響でアナーキズムに傾斜する。帰国後の40年第2回日本社会党大会で直接行動論を掲げ、片山らの議会政策派と論争、堺らと金曜会を結成して社会主義講演会を組織。42年管野すがと「自由思想」を創刊。43年天皇暗殺計画"大逆事件"に連座し逮捕、翌年1月絞首刑に処せられた。著書に「廿世紀之怪物帝国主義」「社会主義神髄」「基督抹殺論」、「幸徳秋水全集」（全11巻）などがある。

河野 一郎　こうの・いちろう

農相　建設相　衆院議員（自民党）　自由党幹事長　⑰明治31年6月2日　⑱昭和40年7月8日　⑲神奈川県小田原市　⑳早稲田大学政治経済学科（大正12年）卒　㉑朝日新聞記者、農相秘書官を経て、昭和7年衆院議員（政友会）に初当選。以来、当選11回。戦時中は非翼賛議員として興亜議員連盟に参加、反東条の立場をとった。戦後、自由党結成に参加して初代幹事長となるが公職追放を受け、一時日魯漁業社長をつとめる。26年解除後、鳩山擁立派として吉田首相退陣を要求し、28年衆院解散に際し分党派自由党を結成、選挙後の28年末分党派を解体し、三木武吉らと日本自由党を結成、幹事長となる。29年日本民主党に合流し民主自由党総務、同年第1次鳩山内閣の農相に就任。日ソ国交回復交渉及び漁業交渉に尽力した。のち、岸内閣の経企庁長官、池田内閣の建設相、東京オリンピック担当相、自由民主党総務会長など要職を歴任し、生粋の党人派実力者として活動した。　㉒二男＝河野洋平（衆院議員）、弟＝河野謙三（参院議長）、孫＝河野太郎（衆院議員）

河野 金昇　こうの・きんしょう

衆院議員（自民党）　⑰明治43年2月　⑱昭和33年3月29日　⑲愛知県　⑳早稲田大学専門部政経科（昭和8年）卒　㉑昭和18年中野正剛門下「東方会」に対する一斉弾圧で、特高に逮捕されるが、戦後の21年の第1回総選挙に無所属で当選、以後当選6回。当時、一宮市の工場2階を"自宅"とし、その清貧ぶりとあふれるほどの正義感にホレこみ支持者が増えた。剛直、果敢な男といわれ、戦後の保守系代議士の中で死ぬまで借家住まいを続けたただ一人の政治家。　㉒妻＝河野孝子（衆院議員）

河野 謙三　こうの・けんぞう

元・参院議員　元・日本体育協会会長　⑰明治34年5月14日　⑱昭和58年10月16日　⑲神奈川県小田原市　⑳早稲田大学専門部商科（大正12年）卒　㉑勲一等旭日大綬章（昭和47年）、早稲田大学名誉博士、平塚市名誉市民　大日本人造肥料に入社したが、戦後、追放を受けた兄・一郎の身代わりで昭和24年の衆院選に立候補し当選。一郎の追放解除後

は参院に回り、28年から連続5回当選。緑風会から自民党に転じ、副議長のあと46年から6年間議長を務めたが、就任後は党籍を離脱して参院の運営改革に功績を残した。また日本体育協会会長を務め、日中友好促進にも尽力。
[家]兄＝河野一郎（農相）

河野 敏鎌　こうの・とがま
内相　文相　子爵　[生]弘化1年10月（1844年）　[没]明治28年4月26日　[出]土佐国高知（高知県）　[歴]安政6年江戸に出て安井息軒に学んだ。文久元年土佐勤王党結成で武市半平太に従い帰郷。2年江戸に出、坂本龍馬らと交わり国事に奔走したが、3年藩論が佐幕に急転、投獄された。維新後赦され、明治2年待詔院に出仕、5年江藤新平に随って欧州巡遊。6年司法大検事、7年大判事となり、佐賀の乱の裁判長として江藤らを審理。元老院幹事となり、13年文部卿、14年の政変で下野し、15年立憲改進党結成に参加、副総理。17年解党論が敗れ脱党、21年枢密顧問官。25年から松方正義内閣の農商務相、司法相、内相、伊藤博文内閣の文相を歴任。26年子爵。

河野 秀男　こうの・ひでお
貴院議員（勅選）　[生]明治7年　[没]昭和13年3月12日　[出]信濃国（長野県）　[学]東京法学院（明治29年）卒　[歴]司法属となり、検査官補、衆院書記官、会計検査院書記官、検査官、会計検査院部長などを経て、昭和8年同院長となった。13年退官、勅選貴院議員。

河野 広中　こうの・ひろなか
衆院議長　農商務相　自由民権運動家
[生]嘉永2年7月7日（1849年）　[没]大正12年12月29日　[出]磐城国田村郡三春（福島県三春町）　号＝河野磐州　[歴]幕末の戊辰戦争で三春藩を官軍支持にまとめ官軍参謀の板垣退助を知った。維新後、若松県官吏。明治8年福島に政治結社・石陽社を結成、東北地方の自由民権運動の先駆けとなる。その後、自由党結成に参加し幹部として活躍。13年国会開設の請願書を政府に提出。一方、14年福島県会議長となり、翌年着任した県令三島通庸と対立、福島事件に連座、下獄。22年出獄、翌年第1回衆院議員選に出馬、以後14回当選。30年自由党を脱党、憲政本党入り。35年衆院議長。38年日露講和反対運動を起こし日比谷焼打ち事件で投獄され、翌年釈放。大正4年第2次大隈内閣の農商務相となる。
[家]孫＝河野守宏（評論家）

河野 広躰　こうの・ひろみ
自由民権運動家　[生]文久4年1月15日（1864年）　[没]昭和16年1月24日　[出]陸奥国三春町　号＝北洲　[歴]河野広中の感化を受け、土佐の発揚社に学び、自由民権運動に参加。明治15年福島事件で検挙、高等法院に送られたが免訴、釈放された。16年集会条例違反で罰金10円。17年福島事件で弾圧を加えた栃木県令三島通庸の暗殺を図ったが事前に漏れ、爆裂弾をもって同志と加波山に挙兵の檄を発した（加波山事件）。逃亡中栃木県で捕らえられ、19年無期徒刑の判決を受けた。27年恩赦で北海道空知集治監から出獄。その後進歩党に入り、星亨に従って渡米、帰国後は移民事業に従事した。

河野 正義　こうの・まさよし
衆院議員（第一控室会）　[生]明治12年7月　[没]昭和19年11月18日　[出]東京　[歴]駿河台郵便局長、数多の会社重役を経て、明治36年通信教授大日本国民中学会を創立し経営。また、（財）公民教育会をおこし、その理事長に、高等予備学校を創立し、その校長となる。大正4年茨城1区より衆院議員に当選、4期。

河野 密　こうの・みつ
元・日本社会党副委員長　元・衆院議員　弁護士　[生]明治30年12月18日　[没]昭和56年1月4日　[出]千葉県夷隅郡夷隅町　[学]東京帝大法学部独法科（大正11年）卒　[賞]勲一等旭日大綬章（昭和48年）
[歴]朝日新聞記者、同志社大講師を経て、昭和2年日本労働党に入党、無産政党運動、労働組合運動に入る。6年弁護士を開業、11年には衆院議員に当選。戦後、

21年公職追放となったが26年解除となり、27年の総選挙で右派社会党から当選、政界に復帰した。通算12選。47年の総選挙で落選し、政界を引退。この間40年から43年まで社会党副委員長をつとめた。著書に「日本の労働運動」「社会思想八講」などがある。

河野 洋平　こうの・ようへい
衆院議員（自民党　神奈川17区）　元・外相　元・自民党総裁　日本陸上競技連盟会長　⑭昭和12年1月15日　⑮神奈川県平塚市　㊗早稲田大学政経学部（昭和34年）卒　㊞ルビー国旗勲章（ハンガリー）（平成2年）　㊋河野一郎元農相の次男。昭和34年丸紅飯田に入社。2年間のアメリカ研修留学から帰国後、退社。亡父の跡を継いで、42年30歳の若さで衆院議員に初当選、以来連続12回当選。自民党時代、毛並みの良さとフレッシュな行動から"自民党のプリンス""将来の総裁候補"と目されたが、51年6月ロッキード事件後の自民党の金権体質、長老支配に反発して同志5人と自民党を離党。新自由クラブを結成して初代代表となるが、54年11月辞任。56年7月代表代行、59年再び党代表となる。60年12月科学技術庁長官に就任。61年衆参同時選挙後の8月新自由クラブを解散して自民党に戻り、宮沢派に属す。平成4年宮沢改造内閣の官房長官。5年7月分裂して総選挙に敗れ、野に下った自民党の総裁に就任。6年6月社会党、新党さきがけと連立を組んで与党に復帰、村山内閣の外相兼副総理となる。7年改造内閣でも留任したが、9月党総裁選には立候補しなかった。10年12月宮沢派が加藤派に引き継がれるのを機に宮沢派を離脱し河野グループを結成。11年10月小渕第2次改造内閣の外相に就任。12年4月森連立内閣、7月第2次森連立内閣、12月第2次森改造内閣でも留任。　㊥ゴルフ　㊋父＝河野一郎（政治家），長男＝河野太郎（衆院議員）

神鞭 知常　こうむち・ともつね
衆院議員（憲政本党）　⑭嘉永1年8月4日（1848年）　⑮明治38年6月21日　⑯丹後国与謝郡石川村（京都府）　旧姓＝鞭　号＝謝海　㊋安政6年京都で働き、帰郷後元治元年再上洛、蘭学、漢学を学んだ。宮津藩に仕え、明治3年上京、英学を修めた。5年星亨と知り、6年大蔵省十一等出仕となり、米国出張。12年大蔵省一等属、14年農商務省にも勤め17年大蔵省権大書記官から主税局次長、局長となった。23年衆院議員となり当選7回。31年安部井盤根らと大日本協会を組織。29年松方内閣、31年大隈内閣の各法制局長官。以後憲政本党に属し、国民同盟会、対露同志会を組織、対外硬派の指導的地位にあった。　㊋息子＝神鞭常孝（大蔵官僚）

高村 坂彦　こうむら・さかひこ
元・衆院議員（自民党）　徳山大学理事長　⑭明治35年12月18日　⑮平成1年10月7日　⑯山口県光市　㊗中央大学法律学科（昭和2年）卒　㊞勲二等瑞宝章（昭和48年）　㊋昭和2年内務省に入り、鳥取、香川、新潟各特高課長、内務事務官、警察講習所教授、近衛内閣総理大臣秘書官、愛媛県警察部長、内務省国土局総務課長、大阪府警察局長、内務省調査局長等を歴任し、22年退官。31年衆院議員、36年から徳山市長を4期、51年から衆院議員を2期。46年私立徳山大学を設立し、理事長に就任。　㊥読書，謡，乗馬，小唄，詩吟　㊋四男＝高村正彦（衆院議員）

高村 正彦　こうむら・まさひこ
衆院議員（自民党　山口1区）　元・法相　⑭昭和17年3月15日　⑯愛媛県松山市　㊗中央大学法学部（昭和40年）卒　㊗弁護士　㊋昭和55年父・高村坂彦代議士引退のあとをうけて衆院議員に当選。大蔵政務次官を経て、平成6年村山内閣の経済企画庁長官、10年小渕内閣の外相、11年小渕改造内閣でも留任。12年12月第2次森改造内閣の法相に就任。当選7回。13年旧河本派を継ぎ、高村派の領袖となる。　㊋父＝高村坂彦（衆院議員）

河本 敏夫　こうもと・としお
元・衆院議員(自民党)　元・通産相　[生]明治44年6月22日　[没]平成13年5月24日　[出]兵庫県相生市　[学]日本大学法文学部(昭和11年)卒　[賞]勲一等旭日大綬章(平成8年)　[歴]大学在学中から親類の経営する三光海運の取締役となり、昭和12年社長。翌年三光汽船に社名変更。24年衆院選で国民民主党から旧兵庫4区に初当選。以来連続当選17回。のち改進党を経て、自民党入り。39年政府の海運集約化政策に反発、“海運業界の一匹狼”として勇名をはせ、その後の急成長の基をつくった。43年郵政相に就任。49年三木内閣の通産相となり、三光汽船社長を辞任したが、実質上のオーナーを続けた。以後三木武夫と政治行動を共にし、自民党政調会長、経企庁長官などを歴任。52年通産相に再任。53年11月の自民党総裁予備選に三木首相の後継者として立候補。55年三木派を継ぎ、河本派とし同派会長に就任。57年再び党総裁予備選に立候補したが、中曽根康弘に敗れた。59年中曽根内閣で民活導入・対外経済摩擦対策の特命相に任命されたが、60年三光汽船の倒産で引責辞任。平成元年の総裁選では一時出馬に意欲を見せたが、世代交代の波に逆らえず自派の海部俊樹が首相となった。独自の経済合理主義と勘の良さで財界筋の評価は高かった。平成8年引退、9年河本派会長も辞任した。　[家]三男=河本三郎(衆院議員)

神山 郡廉　こうやま・くにきよ
貴院議員　男爵　[生]文政12年1月(1829年)　[没]明治42年8月20日　[出]土佐国高知城下中島町(高知県)　[歴]文久年間に吉田東洋に抜擢され藩の要職につく。慶応3年10月大政奉還建白書の署名人の1人となる。12月王政復古により参与となり新政府の行政官弁事、刑法官副知事を務める。明治4年長野県権令、5年島根県権令、6年和歌山県権令、さらに元老院議官、高等法院陪席判官を歴任。20年男爵を授けられ、23年帝国議会開設とともに貴院議員に勅選された。日記が「神山郡廉日記」として刊行されている。

高良 とみ　こうら・とみ
元・参院議員(緑風会)　タゴール会会長　婦人運動・平和運動家　[生]明治29年7月1日　[没]平成5年1月17日　[出]富山県　旧姓=和田　筆名=高良富子　[学]日本女子大学英文学科(大正6年)卒, ジョンズホプキンズ大学大学院心理学科修了　哲学博士(コロンビア大)(大正11年)　[賞]勲二等瑞宝章(昭和47年)　[歴]婦人運動の先駆者・和田邦子の長女。米国留学の後、九大医学部助手を経て、日本女子大教授、帝国女子医専教授などを歴任。昭和22年民主党から参院全国区に当選、緑風会に移籍して2期つとめる。24年世界平和者会議に出席、以後、国際平和運動に奔走する。27年モスクワ世界経済会議に出席、同年日本人として初めて新生中国を訪問し、第1次日中民間貿易協定を締結した。28年日本婦人団体連合会(婦団連)を結成し、副会長となる。著書に自伝「非戦(アヒンサー)を生きる」、タゴール詩集「ギタンジャリと新月」などがある。平成14年「高良とみの生と著作」(全8巻, ドメス出版)が刊行された。　[趣]日本画, 果樹草栽培, 世界旅行　[家]母=和田邦子(婦人運動家), 夫=高良武久(慈恵医大名誉教授), 長女=高良真木(洋画家), 二女=高良留美子(詩人)

紅露 昭　こうろ・あきら
衆院議員(日本進歩党)　弁護士　[生]明治20年10月20日　[没]昭和42年6月15日　[出]徳島県　[学]法政大学法科(大正3年)卒, 日本大学法科高等専攻科(大正5年)卒　[歴]税務署に勤めた後弁護士となった。昭和7年衆院当選、立憲政友会に所属。太平洋戦争中、翼賛議員同盟、翼賛政治会、大日本政治会に属し、政友会総務、同徳島県支部長を務めた。戦後日本進歩党に入り、当選4回。幣原喜重郎内閣の農林政務次官となったが21年公職追放となり、のち日本住宅福祉協会理事長をつとめた。　[家]妻=紅露みつ(参院議員)

紅露 みつ　こうろ・みつ
元・参院議員(自民党)　元・衆院議員　[生]明治26年5月　[没]昭和55年12月20日　[出]徳島県　[学]神田高女卒　[賞]勲二等宝冠章(昭和40年)　[歴]昭和21年初の総選挙で徳島全区から衆院議員に当選。22年参院に転じ、43年まで連続4回当選。厚生政務次官、産業公害対策特別委員長を歴任。国会初の婦人委員長だった参院在外同胞引揚特別委員長時代、"暁に祈る"の吉村隊長事件を扱った。　[家]夫=紅露昭(衆院議員)

小枝 一雄　こえだ・かずお
衆院議員　参院議員(自民党)　[生]明治34年7月　[没]昭和50年6月22日　[出]岡山県　[学]東洋大学経済学部卒　[歴]昭和22年衆院議員初当選、以降6選。43年参院議員に転じる。岡山県中小企業連盟会長、全国山村振興連盟副会長等となる。また、県連会長、新農政基本問題調査会副会長を務めた。その間には、衆院農林水産委員長、農林政務次官となった。

郡 祐一　こおり・ゆういち
元・参院議員(自民党)　元・郵政相　[生]明治35年3月16日　[没]昭和58年12月28日　[出]茨城県　[学]東京帝国大学法学部法律学科(昭和4年)卒　[賞]勲一等旭日大綬章(昭和47年)　[歴]昭和4年内務省に入り、地方局長、石川県知事、官房副長官を歴任。25年以降、参院茨城地方区から当選6回、この間に岸内閣自治庁長官、佐藤内閣郵政相、田中内閣法相、党紀委員長、参院自民党議員会長を歴任。58年6月の参院選では当選すれば参院議長の最有力候補と目されていたが落選、政界を退いた。

古賀 了　こが・さとる
元・衆院議員(無所属)　[生]明治37年　[没]平成9年5月5日　[出]佐賀県　[学]東京帝国大学卒　[歴]久保田農協会長、佐賀県議、佐賀経済農協連会長などを歴任。昭和35年衆院議員に当選、1期務め、全国農民総連盟委員長も務めた。

古賀 誠　こが・まこと
衆院議員(自民党　福岡7区)　元・運輸相　日本遺族会会長　[生]昭和15年8月5日　[出]福岡県山門郡瀬高町　[学]日本大学商学部(昭和40年)卒　[歴]参院議員・鬼丸勝之の秘書を経て、昭和55年衆院議員に当選。59年国会の議員進行係となる。平成8年第2次橋本内閣で運輸相。12年12月自民党幹事長。宮沢派を経て、加藤派。13年堀内派を結成、幹事長となる。7期目。14年戦没者の遺族でつくる日本遺族会会長に就任。　[趣]読書

久我 通久　こが・みちつね
貴院議員　東京府知事　侯爵　[生]天保12年11月28日(1842年)　[没]大正14年1月10日　[出]京都　[歴]嘉永7年近衛権少将に任ぜられ、ついで権中納言、権大納言となる。明治元年戊辰戦争では東北平定に戦功をあげ、2年陸軍少将、兵部少輔となる。17年侯爵。23年帝国議会開設とともに貴院議員となる。26年宮中顧問官、29年東京府知事、41年麝香間祗候、43年宮内省宗秩寮総裁を歴任した。大正10年貴院議員を辞し引退。
[家]父=久我建通(内大臣)

古賀 雷四郎　こが・らいしろう
元・参院議員(自民党)　元・北海道開発庁長官　[生]大正4年12月23日　[出]佐賀県　[学]九州帝国大学工学部土木工学科(昭和15年)卒　[賞]勲一等瑞宝章(昭和63年)　[歴]昭和15年海軍省に入省。戦後建設省に移り、40年河川局長、42年建設技監を経て、46年から参院議員に3選。54年参院内閣委員長、60年北海道・沖縄開発庁長官を歴任。平成元年引退。　[趣]囲碁(5段), ゴルフ

古賀 廉造　こが・れんぞう
貴院議員(勅選)　[生]安政5年(1858年)　[没]昭和17年10月1日　[出]肥前国　[学]東京帝大法科大学(明治17年)卒　法学博士　[歴]司法官、東京地方裁判所、東京控訴院、大審院各検事、判事を経て明治39年第1次、44年の第2次西園寺公望内閣の警保局長、また拓殖長官を務めた。大正元年貴族院議員となるが、12年阿片

事件に連座し、懲役1年6月(執行猶予)の判決を受け、貴族院議員除名。その後大連取引所事件、支那紙幣偽造事件などに連座した。

小金 義照　こがね・よしてる
元・衆院議員(自民党)　元・郵政相　[生]明治31年2月28日　[没]昭和59年2月11日　[出]神奈川県足柄上郡開成町　[学]東京帝国大学法学部仏法科(大正11年)卒　[歴]商工省の燃料局長官などを経て昭和24年の衆院選で神奈川3区に自民党から当選。吉田茂首相にかわいがられた"吉田十三人衆"の一人。以後当選8回。この間、35年の第2次池田内閣で郵政相をつとめた。47年落選。

国場 幸昌　こくば・こうしょう
元・衆院議員(自民党)　国場組会長　[生]大正1年9月27日　[没]平成1年2月20日　[出]沖縄県国頭郡国頭村　[学]海軍航海学校(昭和18年)卒　[賞]勲二等旭日重光章(昭和61年), 沖縄県功労者(昭和63年)　[歴]昭和40年琉球立法院議員となり、復帰後45年衆院議員に当選。福田派、6期。沖縄開発政務次官、決算委員長、環境委員長などをつとめ、61年6月引退。　[家]兄=国場幸太郎(国場組社長)

国分 謙吉　こくぶん・けんきち
岩手県知事　[生]明治11年　[没]昭和33年11月24日　[出]岩手県二戸市　[歴]小学校卒業後、八戸の豪商に丁稚奉公するが、3年後帰郷して私立の農業試験場を創立。優秀な種苗を育てて農家に配布するなど篤農家の道を歩む。また"一人一研究"を奨励し、"農者国本也"を説く岩手農政社を設立。戦後は初代民選の岩手県知事となり、農民に県庁を開放するなど異色の農民知事として2期務めた。

小久保 喜七　こくぼ・きしち
衆院議員(立憲政友会)　貴院議員(勅選)　[生]元治2年3月23日(1865年)　[没]昭和14年12月14日　[出]下総国猿島郡(茨城県)　号=城南　[歴]中島撫山の私塾で漢学を学び、明治14年から「輿論新報」「曙新聞」で自由民権、藩閥政権打倒を唱えた。17年加波山事件、18年大阪事件で逮捕されたが無罪。大隈重信外相の条約改正案に反対、22年同外相襲撃事件で検挙投獄されたが無罪。25年茨城県議、県会副議長。29年引退したが、41年衆院議員で復帰、当選6回。立憲政友会に属し幹事、政調会長を務めた。大正9年逓信省勅任参事官、昭和3年貴族院議員。自由通信社長、小田急鉄道取締役も務めた。著書に「城南片鱗」「城南詩鈔」など。

木檜 三四郎　こぐれ・さんしろう
衆院議員(同交会)　参院議員(民主党)　[生]慶応4年8月(1968年)　[没]昭和34年8月14日　[出]群馬県　[学]早稲田大学政治科(明治26年)卒　[歴]町長、郡議、同議長、群馬県議、鉄道会議議員となり、また(株)奥利根ホテル社長、日刊上野日日新聞社長を歴任。大正9年群馬2区より衆院議員に当選、7期。憲政会党務委員長、立憲民政党総務となる。第14回万国議院商事会議(ベルリン)に参列する。戦後参院議員に当選、1期つとめた。

木暮 武太夫　こぐれ・ぶだゆう
衆院議員(立憲政友会)　[生]安政7年2月(1860年)　[没]大正15年3月25日　[出]上野国(群馬県)　旧名=秀一　[学]慶応義塾　[歴]町議、郡議、群馬県議を経て、明治23年第1回帝国議会以来、衆院議員を7期務める。また農工銀行、伊香保鉱泉場の取締役となった。　[家]息子=木暮武太夫(運輸相)

木暮 武太夫　こぐれ・ぶだゆう
参院議員(自民党)　運輸相　[生]明治26年2月17日　[没]昭和42年7月10日　[出]群馬県伊香保町　旧名=正一　[学]慶応義塾大学理財科(大正6年)卒　[歴]三井銀行に勤め伊香保町会議員を経て大正13年衆院議員に当選、以来当選8回。第1次近衛文麿内閣、幣原喜重郎内閣の商工政務次官、自由党政務調査会長、自民党群馬県連会長。昭和31年群馬地方区参院議員となり当選2回。参院予算委員長、第2次池田勇人内閣の運輸相。他に伊香

保自動車取締役、群馬大同銀行会長、関東いすゞ自動車販売社長などを歴任。[家]父=木暮武太夫(衆院議員)

小坂 梅吉　こさか・うめきち
衆院議員(立憲民政党)　貴院議員(多額納税)　新橋演舞場社長　[生]明治6年11月　[没]昭和19年12月2日　[出]東京　[学]工学院採鉱冶金科(明治25年)卒　[歴]京橋区議、同議長、東京市議、同参事会員、区教育評議員会議長、市学務委員長、同土地区画整理委員会議長、帝都復興院評議員を歴任する。昭和11年東京府3区より衆院議員に当選。1期。また、多額納税により、貴院議員となる。磐城炭鉱取締役、(株)新橋演舞場社長、(資)大松閣社長をつとめた。

小坂 順造　こさか・じゅんぞう
衆院議員(民政党)　電源開発総裁　信越化学工業社長　実業家　[生]明治14年3月30日　[没]昭和35年10月16日　[出]長野県上水内郡柳村(現・長野市)　[学]東京高商(現・一橋大学)(明治37年)卒　[歴]明治37年日本銀行入行。父が病に倒れたため帰郷し、41年信濃銀行取締役、44年信濃毎日新聞社長、長野県商業会議所会頭を歴任。45年衆院選に出馬、民政党に属し当選6回。大正15年信越化学工業を設立。昭和7年多額納税者として貴院議員。戦時中一時政財界から引退するが、戦後信越化学工業社長に復帰。21年8月枢密顧問官。25年吉田茂首相に請われて国策会社日本発送電の最後の総裁を引き受け、26年同社の解散と九電力会社への分割に当たる。29〜31年電源開発総裁。　[家]父=小坂善之助(衆院議員), 弟=小坂武雄(信濃毎日社長), 長男=小坂善太郎(外相), 三男=小坂徳三郎(運輸相)

小坂 善太郎　こさか・ぜんたろう
元・衆院議員(自民党)　元・外相　日本国際連合協会会長　信越化学工業相談役　[生]明治45年1月23日　[没]平成12年11月26日　[出]長野県長野市西町　[学]東京商科大学(現・一橋大学)(昭和10年)卒　[賞]勲一等旭日大綬章(昭和57年), 国連平和章(昭和57年)　[歴]信州の名門・小坂財閥に生まれ、祖父・善之助は「信濃毎日新聞」創業者で衆院議員、父・順造も衆院議員・貴院議員を務めた政治家一族の出身。大学卒業後、三菱銀行勤務、信越化学工業取締役を経て、昭和21年以来長野1区から衆院議員当選16回。衆院予算委員長、労相などを経て35年第1次池田内閣の外相となり対米協調を基軸に経済大国をめざす池田外交の推進役を果たした。その後47年経済企画庁長官、自民党政調会長、党外交調査会長などを歴任。58年落選したが、61年復帰し、中曽根派(現・渡辺派)に入る。議員外交をライフワークに47年の日中国交正常化に際しては日中国交正常化協議会会長として田中角栄首相(当時)の訪中の地ならしをするなどハト派外交を推進した。平成2年二男・憲次に地盤を譲って引退。昭和45年より日本国際連合協会会長を務めた。平成7年国連50周年記念国内委員会委員長となる。　[趣]ゴルフ, 空手　[家]祖父=小坂善之助(衆院議員), 父=小坂順造(電源開発総裁・衆院議員), 弟=小坂徳三郎(運輸相), 二男=小坂憲次(衆院議員)

小坂 善之助　こさか・ぜんのすけ
衆院議員(立憲政友会)　信濃銀行頭取　信濃毎日新聞創業者　実業家　[生]嘉永6年11月(1853年)　[没]大正2年12月21日　[出]長野県　[歴]戸長、郡町村連合会議員、同議長、更級郡長兼埴科郡長、南安曇郡長兼北安曇郡長、長野県議、上水内郡参事会員、徴兵参事員、所得税調査委員を歴任。明治23年長野郡部より衆院議員に当選。4期。信濃毎日新聞を創立。また、信濃銀行頭取、長野電燈取締役会長、北海道拓殖銀行監査役も務める。[家]長男=小坂順造(電源開発総裁・衆院議員), 三男=小坂武雄(信濃毎日新聞社長)

小坂 徳三郎　こさか・とくさぶろう
元・衆院議員(自民党)　元・運輸相　元・信越化学工業社長　実業家　[生]大正5年1月20日　[没]平成8年2月23日

[出]長野県長野市　[学]東京帝国大学経済学部(昭和14年)卒　[賞]勲一等旭日大綬章(昭和63年)　[歴]昭和14年朝日新聞入社。記者生活を10年送った後、信州の小坂財閥に戻る。24年信越化学工業に入り、26年副社長を経て、31年から16年間社長を務めた。一方、44年以来、東京3区から衆院議員に当選7回。この間、48年第2次田中改造内閣総務長官、53年大平内閣経企庁長官、56年鈴木内閣運輸大臣を歴任。59年に超党派の日米議員連盟の設立を取りまとめ、初代会長になった。平成2年政界を引退。5年信越化学工業会長に復帰するが、7年最高顧問に退く。著書に「産業人宣言」「人間第一主義」「日本人永久繁栄論」など。旧田中派二階堂系。
[趣]テニス, スキー, ゴルフ　[家]祖父=小坂善之助(衆院議員), 父=小坂順造(電源開発総裁・衆院議員), 兄=小坂善太郎(外相)

小酒井 義男　こざかい・よしお
元・参院議員(社会党)　[生]明治39年3月21日　[没]平成5年6月21日　[出]岐阜県郡上郡八幡町　[学]八幡尋常小(大正7年)卒
[賞]勲二等旭日重光章(昭和53年)　[歴]昭和2年美濃電気軌道入社。20年名古屋鉄道労組執行委員長、22年私鉄総連副委員長などを歴任して、25年以来参院議員(社会党)に3選。　[趣]読書, 旅行, 陶芸

小塩 八郎右衛門　こしお・はちろうえもん
衆院議員(立憲政友会)　貴院議員(多額納税)　[生]慶応1年11月(1865年)　[没]昭和22年1月17日　[出]神奈川県　[歴]相川村長、神奈川県議、地方森林会議員、県農会副会長、徴兵参事員、所得調査委員を歴任。大正6年神奈川6区より衆院議員に当選。2期。また、多額納税により貴院議員。神奈川県農工銀行頭取、産業組合中央会支部長となる。

越原 春子　こしはら・はるこ
元・衆院議員(国民協同党)　名古屋女学院長　[生]明治18年1月　[没]昭和34年1月29日　[出]岐阜県東白川　越原はる
[歴]教師を志し大正4年名古屋に出て、名古屋女学校を創設。戦後第1回の総選挙で、愛知1区の上位当選を果たす。愛知国民協同党に所属。女性解放の推進者で、簡略な「名古屋帯」の考案者でもある。

古島 一雄　こじま・かずお
衆院議員(政友会)　貴院議員(勅選)　ジャーナリスト　[生]慶応1年8月1日(1865年)　[没]昭和27年5月26日　[出]但馬国豊岡(兵庫県)　号=一念, 古一念
[歴]但馬国豊岡の京極家の勘定奉行の家に生まれる。小卒後の明治12年上京、共立学校、同人社などに学び杉浦重剛に私淑。14年帰郷後、再び上京し21年三宅雪嶺の雑誌「日本人」(のち「日本及日本人」)の記者、次いで「日本新聞」の記者となり、日清戦争に正岡子規らと従軍。31年「九州日報」主筆、41年「万朝報」記者となった。44年支那浪人に推され衆議院補欠選挙に出馬。以来当選6回。立憲国民党、革新倶楽部、政友会に所属。この間、頭山満と結んで孫文らの中国革命を援助、東宮妃冊立問題にからむ宮中某大事件に介入、また犬養毅の懐刀として護憲3派連合の成立に参画。大正13年犬養逓相の下、政務次官を務めたが、昭和3年初の普通選挙で落選。7〜22年勅選貴院議員。戦後、幣原喜重郎内閣の組閣に当たり入閣を要請されたが固辞、さらに21年5月自由党総裁鳩山一郎追放の後をうけ後任に懇請されたが、吉田茂を推薦、以後は政界の指南番といわれた。著者に「一老政治家の回想」がある。

小島 静馬　こじま・しずま
元・参院議員(自民党)　[生]昭和3年12月15日　[出]静岡県田方郡伊豆長岡町
[学]早稲田大学法学部(昭和28年)卒
[賞]勲三等旭日中綬章(平成11年)
[歴]在学中雄弁会幹事長をつとめ、卒業

後衆院議員山田弥一の秘書となる。38年以来静岡県議3期を経て、51年衆院議員に当選。54年落選し、58年参院に転じる。平成元年落選。

小島 徹三　こじま・てつぞう
元・衆院議員(自民党)　弁護士
[生]明治32年9月29日　[没]昭和63年1月10日　[出]兵庫県　[学]東京帝大仏法科(大正12年)卒　[賞]勲一等瑞宝章(昭和44年)，勲一等旭日大綬章(昭和51年)
[歴]外国人専門の弁護士を開業。のち香港銀行顧問弁護士を経て、昭和21年自由党より衆院議員に当選、以来10期。この間、35年第一次池田内閣法相などをつとめ、51年引退した。以後弁護士として活躍。　[団]第一東京弁護士会，全国治水砂防協会(副会長)
[趣]囲碁

越山 太刀三郎　こしやま・たちさぶろう
衆院議員(庚申倶楽部)　[生]文久3年5月(1863年)　[没]昭和4年6月11日　[出]三重県津市　[学]滋賀県師範学校卒　[歴]教師となり、間もなく上京、日報社(後の東京日日新聞)社長の伊東巳代治に認められ日報社代表社員となった。次いで帝国商業銀行、東京電燈会社監査役、東台銀行会長、大正板硝子取締役を務めた。衆院議員当選2回。

五条 為功　ごじょう・ためこと
貴院議員　子爵　[生]明治6年10月　[没]昭和2年10月26日　[歴]公家の子として京都下京七本松に住み、明治30年父の後を襲って子爵。貴院議員選出2回。　[家]父＝五条為栄(堂上公家・元老院議官)

五条 為栄　ごじょう・ためしげ
貴院議員　元老院議官　陸軍少将　子爵　[生]天保13年3月21日(1842年)　[没]明治30年7月16日　[出]山城国愛宕郡　[歴]嘉永元年穀倉院学問料を賜わり、安政2年元服、昇殿を許され文章得業生。万延元年大学頭、文久2年侍従、3年文章博士。4年2月元治の年号を申請。勤王の志厚く、長州と通じていたため、元治元年の禁門の変で参朝停止などに処せられた。慶応3年許され、明治元年征討大将軍嘉彰親王の錦旗奉行、中四国追討監軍となった。同年参与兼刑法事務局権輔、三等陸軍将、2年陸軍少将などを経て元老院議官、貴院議員、子爵。

小杉 イ子　こすぎ・いね
参院議員(緑風会)　[生]明治17年11月
[没]昭和39年1月6日　[出]宮崎県　[学]桜花女学校(明治38年)卒　[歴]大正2年大阪の緒方病院に就職し、のち同院産婆看護婦養成所監督、大阪桜花女子専門学校評議員、川西航空機補導課教育係寮母などをつとめる。昭和2年全国区から参院議員に当選、緑風会に属した。著書に「生きる人」「霊肉の闘い」などがある。

小杉 隆　こすぎ・たかし
元・衆院議員(自民党)　元・文相
帝京大学経済学部教授　日本野鳥の会会長　[専]環境問題　[生]昭和10年9月25日　[出]東京都目黒区　[学]東京大学教育学部(昭和34年)卒　[歴]TBS勤務を経て、昭和40年史上最年少の29歳で都議に当選。自民党に入り、都議自民党幹事長となる。52年新自由クラブに移り、54年東京3区より衆院選に出馬し落選。55年6月に当選、党国対委員長などを経て環境政務次官。61年自民党に復帰。平成8年第2次橋本内閣の文相。旧渡辺派を経て、10年12月山崎派に参加。当選6回。12年落選。5年GLOBE(地球環境国際議員連盟)総裁。13年日本野鳥の会会長、帝京大学教授。また昭和60年の宮古島トライアスロン完走の記録を持つ。著書に「失われた心の教育を求めて」がある。　[団]地球環境とごみ問題を考える市民と議員の会
[趣]ジョギング，サイクリング

小平 権一　こだいら・ごんいち
衆院議員(日本進歩党)　農林次官　[生]明治17年1月6日　[没]昭和51年8月1日
[出]長野県諏訪郡米沢村　[学]東京帝大農科大学(現・農学部)(明治43年)卒，東京帝大法科大学政治科(現・法学部)(大正3年)卒　農学博士　[歴]大正3年農商務省入省、昭和7年経済更生部長を経て、13

年農林次官に就任。14年退官して満州に渡り、16年満州国参議となるが、翌年帰国して衆院議員に当選。㊛長男＝小平邦彦（数学者），息子＝小平信彦（気象庁気象衛星センター所長）

小平 重吉　こだいら・じゅうきち
元・栃木県知事　㊛明治19年9月10日　㊛昭和35年4月3日　㊛栃木県　㊛明治大学中退　㊛昭和2年栃木県会議員に当選、その間、石橋町長を兼任。12年衆議院議員当選、17年落選。22年初代公選栃木県知事に当選、連続2期つとめた。

小平 忠　こだいら・ただし
元・民主党副委員長　元・衆院議員　㊛大正4年8月1日　㊛平成12年12月3日　㊛北海道空知郡栗沢町　㊛日本大学経済科（昭和16年）卒　㊛永年勤続議員衆議員表彰（昭和52年），勲一等旭日大綬章（昭和61年）　㊛北海道農協協会専務理事を経て、昭和24年旧北海道4区から衆院議員に当選、国協党、社会党（右派）を経て民社党に属す。通算11期。61年に落選。国会議員団長、社会党副委員長、党常任顧問を歴任。著書に「農業団体統合論」がある。　㊛息子＝小平忠正（衆院議員）

小平 久雄　こだいら・ひさお
元・衆院議員（自民党）　元・労相　㊛明治43年2月22日　㊛平成10年8月12日　㊛栃木県　㊛東京商科大学（昭和9年）卒　㊛藍綬褒章（昭和36年），勲一等旭日大綬章（昭和55年），小山市名誉市民（昭和57年）　㊛三井鉱山勤務、小平産業、関東自動車各取締役、関東車体製作、小平林業各社長、小平重工常務を経て、昭和22年衆院議員（民主党）に当選、11期務めた。この間、36年池田内閣総理府総務長官、40年佐藤内閣で労働大臣、42～44年衆院副議長、48年衆院法務委員長などを歴任。のち小平産業、関東自動車各会長などを務めた。著書に「労政一コマ」。　㊛読書、絵画、ゴルフ

小平 芳平　こだいら・よしへい
元・参院議員（公明党）　㊛大正10年9月22日　㊛平成13年6月18日　㊛長野県諏訪郡富士見町　㊛中央大学法学部卒　㊛中労委事務局、創価学会参与を経て、昭和34年以来参院に4選。公明党公害対策本部長、社労委員長、参院議員副団長、同団長、党法務・災害対策各委員長などを務めた。

小滝 彬　こだき・あきら
参院議員（自民党）　㊛明治37年7月1日　㊛昭和33年5月28日　㊛島根県　㊛東京帝大経済学部（昭和2年）中退　㊛昭和2年外務省に入り大使館書記官。20年終戦連絡大阪事務局長、22年外務省情報部長、のち貿易庁渉外部長、同輸出局長、通産省通商監を歴任。28年自由党から参院議員となり、外務政務次官を経て31年石橋湛山内閣・第1次岸信介内閣の防衛庁長官となった。参院外務委員長、自民党外交調査会副会長を務めた。その間ロンドン軍縮会議、日独通商交渉、日韓交渉などで活躍。

小谷 節夫　こたに・せつお
衆院議員（日本進歩党）　㊛明治18年1月　㊛昭和34年8月30日　㊛岡山県　㊛上海東亜同文院（明治41年）卒　㊛古河鉱業社員として満州に駐在、のち青島にて貿易商天佑公司を営む。呉佩孚の政治顧問、岡山県私立金川中学校長、青島新報社長を歴任。昭和3年岡山2区より衆院議員に当選。5期。内閣委員となる。著書に「実力の人原さん」「中華民国と帝国日本」などがある。

小谷 守　こたに・まもる
元・参院議員（社会党）　㊛大正4年9月23日　㊛鳥取県　㊛関西大学法律学科（昭和11年）卒　㊛勲二等瑞宝章（昭和60年）　㊛昭和15年から神戸の旧制中学で教師をしており、22年に日教組が結成された時に活躍。26年から兵庫県議を5期、46年から参議院議員を2期務める。56年社会党の国対委員長に就任し、与野党の取りまとめ役として手腕を発揮したが、58年引退。

児玉 源太郎　こだま・げんたろう
陸相　内相　文相　陸軍大将　伯爵　⊕嘉永5年閏2月25日(1852年)　㊣明治39年7月23日　㊥周防国岩国(山口県岩国市)　幼名=百合若、健　㊥戊辰戦争に参加。のち陸軍に入り、佐賀の乱、神風連の乱、西南戦争で功績をあげる。明治20年陸大校長になり、ドイツの軍制・戦術を移入紹介に努めた。24年ヨーロッパ視察。25年陸軍次官となり日清戦争では大本営参謀として活躍。29年中将。31年台湾総督、33年第4次伊藤内閣の陸相、のち第1次桂内閣の陸相、内相、文相をつとめ、36年参謀次長、37年大将に昇進。日露戦争では満州軍総参謀長として大山巌総司令官を補佐した。戦功により子爵となり、39年参謀総長に就任。また南満州鉄道株式会社創立委員長をもつとめる。没後伯爵となる。
㊊父=児玉半九郎忠碩(徳山藩士)

児玉 仲児　こだま・ちゅうじ
衆院議員(政友会)　⊕嘉永2年11月(1849年)　㊣明治42年1月24日　㊥和歌山県那賀郡粉河町　㊥慶応義塾卒　㊙和歌山県議、同副議長、議長、那賀郡長などを経て、衆院議員当選3回。

児玉 秀雄　こだま・ひでお
貴院議員(伯爵)　内相　文相　⊕明治9年7月19日　㊣昭和22年4月7日　㊥山口県　㊥東京帝大法科大学(明治33年)卒　㊙明治33年大蔵省に入省。40年伯爵。43年〜大正7年、昭和8〜21年貴院議員。明治43年朝鮮総督府設置とともに総務局長、大正5年寺内正毅内閣書記官長、12年賞勲局総裁、関東庁長官、昭和4年朝鮮総督府政務総監、辞任後貴族院研究会で活躍。9年岡田啓介内閣の拓務相、12年林銑十郎内閣の逓信相、15年米内光政内閣の内務相、17年陸軍軍政最高顧問となりジャワ赴任、19年小磯国昭内閣国務相、文相となった。戦後公職追放中に死去。
㊊父=児玉源太郎(陸軍大将・子爵)、弟=児玉常雄(大日本航空総裁)

児玉 末男　こだま・まつお
元・衆院議員(社会党)　⊕大正10年12月1日　㊥鹿児島県曽於郡末吉町　㊥門司鉄道教習所(昭和17年)　㊙勲二等旭日重光章(平成4年)　㊙国鉄に入り、都城駅助役を経て、昭和33年衆院議員に当選。衆院災害対策特別委員長をつとめる。当選8回。61年落選。

児玉 右二　こだま・ゆうじ
衆院議員(昭和会)　⊕明治6年9月10日　㊣昭和15年1月23日　㊥山口県美祢郡綾木村　㊥東京帝大法律科卒　㊙サミュル・アンド・サミュル商会員、東京朝日新聞、岡山中国民報、大分中正日報、北京東報、東京日日通信、議会春秋などで各主筆を務めた。のち二六新報、大陸新聞通信、哈爾賓日日新聞各社長、国際銀公司理事。また通商公司を創設、その代表社員として日露貿易にも従事。大正6年山口県から衆院議員となり当選6回。

児玉 亮太郎　こだま・りょうたろう
衆院議員(政友会)　⊕明治5年9月　㊣大正10年10月25日　㊥和歌山県那賀郡粉河村　㊥京都同志社(明治28年)卒, ミシガン大学(明治31年)卒 Ph.D.(ミシガン大学)　㊙勲三等　㊙大阪毎日新聞記者、京都帝大経済学部講師、同志社大学講師、逓信大臣・内務大臣各秘書官、北海道拓殖銀行営業部長、富士製紙主事などを歴任。衆院議員当選4回。

籠手田 安定　こてだ・やすさだ
貴院議員　男爵　⊕天保11年3月21日(1840年)　㊣明治33年4月1日　㊥肥前国平戸村西の久保　前名=桑田源之丞　㊙勲一等　㊙文武、特に剣に長じ、文久元年平戸藩主松浦詮に近習、慶応3年主命で上洛、王政復古の動静を偵察。明治元年大津県判事試補、次いで判事、2年大参事、6年滋賀県参事、8年権令、11年県令。17年元老院議官、18年島根県令、同県知事、新潟県知事、滋賀県知事を歴任、"良二千石"の称を得たが、30年退官。貴院議員、錦鶏間祗候となり、男爵となった。

小寺 謙吉　こでら・けんきち
神戸市長　元・衆院議員(第一控室会)　浪速化学社長　[生]明治10年4月14日　[没]昭和24年9月27日　[出]兵庫県神戸市　[学]神戸商(明治27年)卒　[歴]エール大、コロンビア大で法律、ジョンズ・ポプキンス大学で政治経済学を学び、ドイツ、オーストリアに学んで帰国。明治41年以来衆院議員当選6回。その間神戸市議、44年郷里に三田中学を創立して理事。昭和5年の落選を機に実業界に転身、12年コデラ工業所設立。13年浪速化学社長、岩木金山を経営。戦後21年新日本新聞社長、22年から神戸市長。

古寺 宏　こでら・ひろし
元・衆院議員(公明党)　医師　[生]大正14年5月10日　[没]平成1年7月26日　[出]青森市　[学]東北大学附属医専(昭和24年)卒　[歴]昭和28年古寺医院を開業。38年から青森市議2期を経て、44年と51年の2回青森1区から衆院議員に当選。

後藤 悦治　ごとう・えつじ
元・衆院議員(民主党)　トヨタオート阪神社長　[生]明治37年5月31日　[没]昭和55年9月28日　[出]兵庫県　[学]尼崎商工実習(大正10年)卒　[歴]尼崎市議2期、兵庫県議2期を経て、昭和22年兵庫2区から衆院議員に当選、1期務めた。長男悦治郎はフォークグループ「紙ふうせん」の歌手。　[家]長男＝後藤悦治郎(フォーク歌手)

後藤 喜八郎　ごとう・きはちろう
元・武蔵野市長　[生]大正9年9月12日　[出]東京都武蔵野市　[学]中央大学中退　[歴]昭和25年社会党に入党。26年から武蔵野市議3期を経て、38年武蔵野市長に当選。連続4期つとめ、54年引退。この間、全国革新市長会幹事長なども歴任。

五島 慶太　ごとう・けいた
運輸通信相　東急グループ創立者　東京急行電鉄会長　実業家　[生]明治15年4月18日　[没]昭和34年8月14日　[出]長野県小県郡青木村　旧姓＝小林　[学]東京帝大法科大学政治学科(明治44年)卒　[歴]農商務省を経て、大正2年鉄道院に入る。9年退官して、武蔵野鉄道(のち東京横浜電鉄)常務となる。11年目黒蒲田電鉄を設立し専務。昭和14年両社を合併し、さらに17年東京急行電鉄と改称。この間、池上電鉄、玉川電鉄、京浜電鉄など私鉄各社を買収・合併し、私鉄経営のナンバーワンとなる。19年には東条内閣の運輸通信相となり、戦後公職追放、26年解除。27年東急電鉄会長に就任。以来、交通を中心に百貨店、土地開発、レジャーランド、映画などを含む多角的事業体の東急グループの強化・発展に尽力、旺盛な事業拡張から“強盗慶太”の異名をとった。また五島美術館や東横学園、武蔵工業大学、亜細亜大学などを設立する一方、茶器の蒐集家でもあり、茶道界の有力な後援者であった。著書に「事業をいかす人」などがある。　[趣]茶道　[家]長男＝五島昇(東急電鉄会長)

五島 盛徳　ごとう・しげのり
五島藩知事　[生]天保11年6月17日(1840年)　[没]明治8年11月11日　[出]肥前国南松浦郡福江(長崎県)　[歴]安政5年家督を相続して肥前五島福江藩主となる。明治2年五島藩知事されるが、4年廃藩置県により免職。

後藤 茂　ごとう・しげる
元・衆院議員(民主党)　随筆家　[生]大正14年7月3日　[出]兵庫県相生市　[学]拓殖大学商学部(昭和22年)卒　[賞]兵庫県半どんの会文学賞，姫路市芸術文化賞文化年度賞(文学部門)(平成5年)，勲二等旭日重光章(平成10年)　[歴]社会党本部に入り、「社会新報」編集長、総務部長などをつとめ、昭和46年埼玉県所沢市長選に立候補するが落選。51年総選挙で兵庫4区から当選する。61年落選。平成2年再選。通算6期。7年離党して、民主の会を結成。のち市民リーグを経て、8年民主党に参加。同年落選。文芸誌「播火」特別会員、日本郵趣協会顧問。グローエネ後藤研究所所長。著書に「わが心の有本芳水」「随筆 百日紅」などがある。　[趣]切手収集

後藤 象二郎　ごとう・しょうじろう

伯爵　⽣天保9年3月19日（1838年）　没明治30年8月4日　出土佐国高知城下片町（高知県）　勲一等旭日大綬章　安政5年弱冠にて抜擢され土佐藩幡多郡奉行などを勤め、文久3年江戸に出て航海術、蘭学、英学を学んだ。元治元年土佐に帰り、大監察に任じ、藩主山内豊信（容堂）に登用されて藩政の中心となった。慶応2年長崎、上海に出張、3年坂本龍馬と会い啓発され、藩主に大政奉還を建白させこれを実現した。この間藩家老格となり、維新後新政府の参与に任じ、外国事務掛、同事務局判事、大阪府知事、工部大輔、左院議長、参議などを歴任。明治6年征韓論に敗れて辞職。7年板垣退助らと愛国党を組織、民選議院設立建白書を提出。8年元老院議官となったが再び辞職、一時高島炭坑を経営して失敗、岩崎弥太郎に譲渡。14年板垣の自由党結成に参加、弾圧を避けて15年板垣と洋行。16年帰国、朝鮮独立党を援助したが失敗。20年条約改正反対運動統一を呼びかけ大同団結運動を提唱したが、保安条例による運動への弾圧を受けて同志を裏切り、22年黒田清隆内閣の逓相となる。その後23年山県有朋、24年松方正義両内閣の逓相、25年2次伊藤博文内閣農商務相となり、取引所設置の醜聞で27年辞任した。20年に伯爵に叙せられ、22年勲一等旭日大綬章受章。

後藤 新平　ごとう・しんぺい

内相　逓信相　東京市長　満鉄初代総裁　伯爵　⽣安政4年6月4日（1857年）　没昭和4年4月13日　出陸奥国胆沢郡水沢町（岩手県水沢市）　須賀川医学校卒　愛知県立病院長兼愛知医学校長から明治16年内務省に入り、ドイツ留学を経て、25年衛生局長となる。31年台湾総督府民政局長に就任、植民地経営に手腕をふるう。36年勅選貴院議員となり、39年満鉄初代総裁から第2次・第3次桂内閣の逓信相、鉄道院総裁などを歴任。大正5年寺内内閣の内相、7年外相としてシベリア出兵を推進する。9年東京市長、12年山本内閣の内相兼帝都復興院総裁に就任し、12年の関東大震災後の東京復興計画を立てた。その後、東京放送局総裁、少年団（ボーイスカウト）総裁などを務めた。昭和3年伯爵。明治14年自由党総裁・板垣退助が難に遭った際、官憲をおしきって往診した話がよく知られる。著書に「後藤新平論集」など。

伍堂 卓雄　ごどう・たくお

商工相　鉄道相　農相　日本能率協会会長　海軍造兵中将　⽣明治10年9月23日　没昭和31年4月7日　出石川県金沢　東京帝大工科大学造兵学科（明治34年）卒　工学博士　明治34年海軍造兵中技師に任官、海大教官、海軍造兵廠監督官、大正13年呉海軍工廠長、海軍造兵中将。昭和4年満州の昭和製鋼所社長、5年満鉄理事。12年林銑十郎内閣の商工相兼鉄道相に就任。貴族院議員に勅選され、13年東京商工会議所会頭、14年阿部信行内閣の商工相兼農相。17年日本能率協会会長、18年商工組合中央会会長。20年軍需省顧問。戦後戦犯に指名されたが22年釈放、27年3月追放解除、以後、日本能率協会会長に復帰。著書に「国防資源論」「金属材料学」など。

五島 虎雄　ごとう・とらお

衆院議員（社会党）　⽣大正3年3月24日　没昭和60年10月22日　出熊本県熊本市　早稲田大学法学部（昭和12年）卒　勲二等瑞宝章（昭和59年）　山陽電鉄に入社。山陽電鉄労組委員長、神戸市議などをつとめ、昭和30年から衆院議員に連続当選4回。

後藤 文夫　ごとう・ふみお

元・内相　元・参院議員（緑風会）　⽣明治17年3月7日　没昭和55年5月13日　出大分県　東京帝大政治学科（明治41年）卒　藍綬褒章（昭和35年）、勲一等旭日大綬章（昭和46年）　内務省に入り、内相秘書官、台湾総督府総務長官などを経て、昭和5〜20年勅選貴院議員。7年斎藤内閣の農相、9年岡田内閣の内相、18年東条内閣の国務大臣

を歴任。この間近衛文麿らと新日本同盟を結成、大政翼賛会副総裁、東亜振興会副総裁、大日本防空協会理事長などをつとめた。また11年2.26事件の時は私邸にいて難を免れ、事件後首相臨時代理として事件処理をした。戦後、28年大分地方区から緑風会で参院議員に当選。31年日本青年館理事長。
[家]息子＝後藤正夫(参院議員・法相)，後藤米夫(東京学芸大学名誉教授)

後藤 文一郎　ごとう・ぶんいちろう
衆院議員(立憲政友会)　[生]文久1年4月(1861年)　[没]昭和3年9月29日　[出]愛知県　[学]東京法学校卒　[歴]弁護士の業務に従事する。愛知県議を経て、明治31年愛知郡部より衆院議員当選、4期。

後藤 正夫　ごとう・まさお
元・参院議員(自民党)　大分大学名誉教授　[生]大正2年6月18日　[没]平成12年1月29日　[出]大分県大分市　[学]横浜高工電気化学科(昭和12年)卒　[賞]デミング賞(昭和27年)，日本オペレーションズリサーチ学会賞(昭和53年)，勲一等瑞宝章(平成2年)　[歴]昭和34年行政管理庁統計基準局長、43年大分大学長を経て、51年以来大分県選挙区で参院議員に3選。平成元年～3年海部内閣の法相に就任。3年参院PKO委員長となるが辞任。宮沢派。4年引退、東海大学客員教授を務めた。　[家]父＝後藤文夫(内相)，弟＝後藤米夫(東京学芸大名誉教授)

後藤 義隆　ごとう・よしたか
元・衆院議員(改進党)　元・参院議員(自民党)　弁護士　[生]明治33年9月20日　[没]昭和61年1月2日　[出]大分県宇佐郡安心院町　[学]中央大学専門部(大正11年)卒　[賞]勲二等旭日重光章(昭和49年)　[歴]大分県弁護士会長を経て、昭和27年衆院議員(大分1区)に初当選し1期、31年から参院議員3期。自民党副幹事長、経済企画、農林両政務次官、大分県弁護士会長などを歴任した。また、24年に大豊無尽(現・豊和相互銀行)を設立。

後藤 隆之助　ごとう・りゅうのすけ
昭和研究会代表世話人　[生]明治21年12月20日　[没]昭和59年8月21日　[出]茨城県　[学]京都大学(大正8年)卒　[賞]藍綬褒章(昭和37年)　[歴]京大時代から近衛文麿と親交を結び、近衛を団長とする大日本連合青年団に入り、昭和17年の大日本翼賛壮年団の創立に参画。8年に結成された近衛のブレーンといわれる昭和研究会を主宰し、蝋山政道、風見章、尾崎秀実、笠信太郎らの人材を集め、さらに人材養成のため昭和塾を創立した。12年の第1次近衛内閣の組閣参謀を務め、15年の第2次近衛内閣で大政翼賛会が結成された際、組織局長となった。しかし観念右翼の赤攻撃で、局長を辞任、昭和研究会、昭和塾も解散。戦後は昭和同人会を主宰。

後藤田 正晴　ごとうだ・まさはる
元・衆院議員(自民党)　元・法相　元・副総理　[生]大正3年8月9日　[出]徳島県麻植郡東山村(現・美郷町)　[学]東京帝国大学法学部(昭和14年)卒　[賞]勲一等旭日大綬章(平成9年)，文化交流貢献賞(中国)(平成14年)　[歴]昭和14年内務省に入省。自治省、防衛庁、警察庁の要職を経て44年警察庁長官に。連合赤軍の“あさま山荘事件”、沖縄返還交渉にからむ外務省機密漏えい事件などの難事件を扱った。いったん退官したが、当時の田中首相に請われ、内閣官房副長官に。51年衆院議員に当選、以来7期。自治大臣、内閣官房長官、行政管理庁長官を経て、59年7月に発足した総務庁の初代長官に就任。“カミソリ後藤田”の異名をとり、歯に衣着せずズバズバ物を言うことでも有名。60年12月第二次中曽根第二次改造内閣で官房長官となり、61年も留任。平成4年宮沢改造内閣の法相となり、5年副総理。無派閥。8年引退。日中友好会館、日本ゴルフ協会会長を務める。著書に「政治とは何か」「内閣官房長官」「情と理」など。
[家]兄＝後藤田英治朗(豊益海漕社長)

小西 和　こにし・かのう
衆院議員(立憲民政党)　⊕明治6年4月　⊗昭和22年11月30日　⊕香川県　⊕札幌農学校卒　⊕東京朝日新聞記者、日本海洋会理事、南満州製糖取締役社長などを歴任。明治45年香川1区より衆院議員に当選。7期。憲政会党務委員長、立憲民政党総務となる。第14回万国議員商事会議(パリ)、第25回列国議会同盟会議(ベルリン)に参列する。著書に「日本の高山植物」、「瀬戸内海論」がある。

小西 甚之助　こにし・じんのすけ
衆院議員　⊕安政2年9月(1855年)　⊗昭和3年　⊕香川県塞川郡長尾村　⊕板垣退助の自由党に入り、香川県自由党を指導、国会開設運動に奔走。明治23年国会開設とともに衆院議員となり、第11回まで連続当選。小学校教科用図書審査員、香川県会議長なども務めた。

小西 寅松　こにし・とらまつ
衆院議員(自民党)　⊕明治35年9月10日　⊗昭和35年4月14日　⊕大阪府　⊕高等小学校卒　⊕土建業を経営し、昭和20年寅林組を興し社長。のち寅林建設取締役社長、大阪府漁港協会長、大阪府消防協会長、大阪府土木建築協同組合理事長を歴任。21年から衆院議員(大阪4区)連続当選7回。民自党、自由党、自民党各総務、自民党相談役、同大阪府連会長。その間第3次吉田茂内閣の賠償政務次官を務めた。

小西 英雄　こにし・ひでお
参院議員　衆院議員(自民党)　⊕明治44年11月　⊗昭和39年12月8日　⊕愛媛県　⊕自彊舎卒　⊕第1回参院補欠選挙当選し、以降5選。衆院には昭和24年当選。軍需省生産隊本部長、日本重量挙協会長、日本商事(株)、東急航空(株)取締役、引揚者団体全国(連)顧問を務めた。後に自由党内総務、参院決算委員長等となる。

小西 博行　こにし・ひろゆき
元・参院議員(民社党)　⊕昭和11年10月19日　⊕香川県善通寺市　⊕高知大学農学部農芸化学科(昭和34年)卒　⊕昭和34年淀川製鋼所に入社。44年近大講師を経て、55年以来参院議員に2選。平成4年には連合から出馬したが落選。

近衛 篤麿　このえ・あつまろ
貴院議長　枢密顧問官　公爵　⊕文久3年6月26日(1863年)　⊗明治37年1月2日　⊕京都・上京区　号=霞山　⊕大学予備門(明治12年)入学、ライプツィヒ大学(明治23年)卒　⊕公家近衛忠房と島津久光の娘光子の長男として生まれる。明治6年父の死により家督相続。17年華族令制定で公爵。18年よりオーストリア、ドイツに留学。23年帰国後貴院議員となり、三曜会、懇話会、月曜会を率いて指導者として活躍。24年の大津事件、25年の選挙干渉事件で松方内閣を糾弾、また27年伊藤内閣でも日英条約改正手続き問題を批判。28年学習院長となり華族教育の改革を唱えた。29年貴院議長、36年枢密顧問官。大陸問題に関心深く、日清戦争後、「日清同盟論」を公刊、東亜の大同団結を呼びかけた。31年同文会を組織、上海に同文学堂(後の東亜同文書院)を置き、東亜同文会会長。33年同会を国民同盟会に改組、満州問題解決を主張。36年対露同志会を結成、対露強硬外交を唱えた。文麿、秀麿の父。著書に「近衛篤麿日記」(全5巻、別巻1)がある。　㊣父=近衛忠房(公家)、母=近衛光子(島津久光の娘)、妻(後妻)=近衛貞子、息子=近衛文麿(首相)、近衛秀麿(指揮者)、近衛直麿(雅楽研究家)

近衛 文麿　このえ・ふみまろ
第34・38・39代首相　貴院議長　公爵　⊕明治24年10月12日　⊗昭和20年12月16日　⊕東京　⊕京都帝大法科大学政治学科(大正6年)卒　五摂家筆頭の家柄。東京帝大に進むが、河上肇を慕って京都帝大に転学。明治37年公爵。大正5年貴院議員。6年京大卒業後、内務省

に入る。8年パリ講和会議に全権随員として出席。昭和6年貴院副議長、8年議長。革新派として期待され12年第1次内閣を組閣したが、日中戦争勃発に際して不拡大方針を維持できず、翌年「国民政府を相手にせず」と声明を出し、ついで国家総動員法を強引に成立させた。中国は屈服せず持久戦となり、14年1月総辞職。枢密院議長を経て、15年第2次内閣を組閣、政党解消、大政翼賛会の創始、松岡外交などを推進。16年第3次内閣を率い日米交渉に努めたが、主戦論の前に総辞職した。戦後、20年東久邇宮内閣の国務相となるが、12月A級戦犯容疑に指名され、出頭日の早暁に服毒自殺した。著書に「清談録」「平和への努力」「近衛日記」「失はれし政治」など。革新意図と予想外の結果との落差にしばしば感傷的になり、"近衛謝まろ""すぐ辞めたがる男"と評された。[家]曽祖父＝島津久光（藩政家），父＝近衛篤麿（公爵・貴院議長），長男＝近衛文隆（ゴルフ選手・陸軍中尉），二男＝近衛通隆（霞山会会長），弟＝近衛秀磨（指揮者），孫＝細川護熙（首相），近衛忠煇（日本赤十字社副社長）

小橋 一太　こばし・いちた
衆院議員（立憲民政党）　文相　東京市長　[生]明治3年10月1日　[没]昭和14年10月2日　[出]熊本県　[学]東京帝大法科大学英法科（明治31年）卒　[歴]内務省に入り、山口・長崎各県参事官、文書課長、地方・土木各局長、明治41年欧米出張、衛生・地方各局長、大正7年原敬内閣内務次官。9年衆院議員となり当選3回。政友会政務調査会長などを経て13年清浦奎吾内閣書記官長、政友本党総務。昭和2年立憲民政党結成に参画、4年浜口雄幸内閣文部大臣となったが、越後鉄道疑獄事件で辞任、12年東京市長となった。

小橋 藻三衛　こばし・もざえ
衆院議員（立憲政友会）　[生]慶応2年12月（1866年）　[没]昭和22年1月22日　[出]岡山県　[学]岡山県師範学校（明治19年）卒　[歴]岡山県議、同参事会員、同議長を経て、大正4年岡山3区より衆院議員に当選。4期。また岡山県蚕糸同業組合長、同畜産会長、同運送組合長、同織物同業連合組合長などを歴任。

小畑 虎之助　こばた・とらのすけ
衆院議員（日本民主党）　[生]明治27年3月　[没]昭和30年4月20日　[出]兵庫県　[歴]兵庫県議、同議長を歴任し、揖水銀行支配人、新日報社社長を務める。昭和11年衆院議員初当選。以来通算4期務めた。

小早川 新　こばやかわ・あらた
元・久山町（福岡県）町長　[生]大正11年1月1日　[没]平成12年2月9日　[出]福岡県粕屋郡久山町　[学]九州帝国大学法文科（昭和18年）卒　[賞]勲三等瑞宝章（平成5年）　[歴]昭和32年久山町議2期、38年議長を経て、39年から町長に7選。平成4年10月引退。福岡県町村会長もつとめた。九州大学医学部と提携し、全町民が無料で定期検診など健康指導を受ける一方で、研究データを提供する地域医療を進め、生活習慣病の早期発見施策"ひさやま方式"を推進。これを世界保健機関（WHO）が紹介し、内外から注目された。また町全体の96%を市街化調整区域に指定し乱開発を防止。助役制を廃止するなど故土光敏夫・第二次臨調会長から"行革のモデル"とたたえられた。

小林 一三　こばやし・いちぞう
元・商工相　阪急グループ創始者　元・東宝社長　実業家　[生]明治6年1月3日　[没]昭和32年1月25日　[出]山梨県北巨摩郡韮崎町（現・韮崎市）　号＝逸翁　[学]慶応義塾（明治25年）卒　[歴]明治26年三井銀行入社。40年箕面有馬電鉄（現・阪急電鉄）創立に参加して専務となり、大正3年宝塚少女歌劇、東宝映画などを創設、昭和2年社長。阪急百貨店、東京電灯（東京電力の前身）各社長のほか、15年第2次近衛内閣の商工相も務め、"今様太閤"といわれた。敗戦後も20年幣原内閣の国務相、復興院総裁に就任。21年公職追放。26年解除後東宝社長に就任、コマ劇場を建設した。43年野球殿堂入り。著書に「小林一三全集」（全7巻）がある。

[家]長男＝小林富佐雄（東宝社長），三男＝小林米三（阪急電鉄社長），孫＝松岡功（東宝会長），ひ孫＝松岡修造（テニス選手）

小林 英三　こばやし・えいぞう
参院議員（自民党）　厚相　[生]明治25年11月9日　[没]昭和47年11月7日　[出]広島県尾道市　[学]東京高等工業学校（大正6年）卒　[歴]埼玉県経営者協会会長、川口鋳物工業協同組合理事長、日本鋳物工業会会長、川口コークス、国際重工業、寿屋各会長、埼玉紡績取締役を歴任。一方埼玉県議、川口市議、日本自由党埼玉県支部長を経て昭和22年以来埼玉地方区から参院議員連続当選3回。この間、参院建設･予算各委員長、商工･通産各政務次官、第3次鳩山一郎内閣の厚相、自由党副幹事長、参院自由党副会長、自民党総務などを務めた。また米政府の招きで渡米、対日平和会議に出席した。

小林 勝馬　こばやし・かつま
元･参院議員（民主党）　山王工業代表取締役社長　全国道路利用者会議理事　[生]明治39年11月16日　[没]昭和62年12月23日　[出]佐賀市　[学]熊本逓信講習所卒　[賞]勲四等旭日小綬章（昭和52年）　[歴]昭和22年の第1回参院選全国区で民主党から当選、1期3年を務めた。

小林 錡　こばやし・かなえ
衆院議員（自民党）　[生]明治21年3月3日　[没]昭和35年10月25日　[出]愛知県　[学]日本大学法学部英法科（明治45年）卒，ベルリン大学（大正15年）卒　法学博士　[歴]東京地方裁判所検事、弁護士、日本大学専門部長、同大法学部長等を歴任。昭和5年衆院議員初当選、以来通算8期務めた。第1次吉田内閣の商工政務次官、衆院法務委員長、裁判官弾劾裁判所裁判長の他、立憲政友会幹事、日本進歩党、民主党各総務、自民党党紀委員長、国会秩序保持対策委員長等を務める。

小林 橘川　こばやし・きっせん
元・名古屋市長　元・名古屋新聞副社長　新聞人　僧侶　[生]明治15年10月1日　[没]昭和36年3月16日　[出]滋賀県　本名＝小林海音　旧姓＝山本　幼名＝音次郎　[学]浄土宗高等学院（明治36年）中退，大正大学卒　[歴]明治38年近江新報主筆に迎えられ、44年名古屋新聞主任となり、大正3年主筆となる。記者として社会批判の筆をふるい、9年名古屋労働者協会を創立。昭和5年名古屋新聞副社長となり、22年中部日本新聞取締役論説委員。27年、名古屋市初の革新市長となり、同市の復興と発展に尽くしたが、3選半ばで没した。

小林 絹治　こばやし・きぬじ
衆院議員（自民党）　[生]明治21年2月20日　[没]昭和48年3月28日　[出]兵庫県　[学]関西大学法学部卒，カリフォルニア大学大学院法科修了　[歴]中央新聞社主筆、同編集局長を経て、南満州鉄道（株）秘書役、同ニューヨーク支店長などを務める。昭和5年衆院議員に初当選。以来通算7期務める。この間広田内閣の農林参与官、農林省、農商務省各委員、衆院地方行政委員長、第2次岸内閣の外務政務次官等を歴任。自民党相談役、外交調査会副会長、中南米問題調査会副会長等を務める。　[家]息子＝小林正巳（衆院議員）

小林 樟雄　こばやし・くすお
衆院議員（自由党）　自由民権運動家　[生]安政3年9月16日（1856年）　[没]大正9年4月9日　[出]備前国船頭町（岡山県岡山市）　号＝樟南　[歴]岡山藩士の子。藩校兵学館、英仏普通学館に学んで上洛、フランス法の研究中、自由民権思想に共鳴。明治11年岡山に帰り、県民を代表して国会開設建白書を太政官に提出。13年国会期成同盟に入り、14年自由党結成に加盟。17年清仏戦争が起こると後藤象二郎らと謀り、朝鮮から清国追い出しを画策したが失敗。18年大阪事件に連座、大井憲太郎らと捕まり、軽禁獄6年判決、上告中余罪がわかり重懲役9年に処せられた。22年憲法発布大赦で

出獄。23年国会開設とともに衆院議員となり当選3回。自由党、立憲革新党などに属した。

小林 国司　こばやし・くにじ

元・参院議員(自民党)　[生]明治41年1月10日　[没]平成5年7月9日　[出]鳥取県　[学]東京帝大農学部農業土木科(昭和11年)卒　[賞]勲二等瑞宝章(昭和56年)，勲二等旭日重光章(平成2年)　[歴]農林省に入り、北陸農政局長を経て、昭和43年以来参院議員に3選。61年引退。

小林 乾一郎　こばやし・けんいちろう

衆院議員(政友会)　[生]弘化2年6月(1845年)　[没]昭和4年1月1日　[出]日向国東臼杵郡国富村(宮崎県)　[歴]英学を修め、宮崎県延岡中学校教師を経て延岡学社英語教員。その後宮崎県会議員、同議長となり、衆院議員当選5回。

小林 源蔵　こばやし・げんぞう

衆院議員(政友会)　[生]慶応3年3月(1867年)　[没]大正10年1月9日　[出]出羽国米沢(山形県)　[学]東京帝国大学法科(明治27年)卒　[歴]鉄道省に入り、鉄道事務官。明治35年鉄道事業視察のため欧米派遣。37年日露戦争に鉄道隊で従軍、捕虜となって2年間抑留された。39年帰国、鉄道理事となり、衆院議員に当選3回。

小林 孝平　こばやし・こうへい

元・参院議員(社会党)　元・長岡市長　[生]明治41年7月15日　[没]平成3年4月13日　[出]新潟県長岡市　[学]東京帝大農学部(昭和8年)卒　[賞]勲二等瑞宝章(昭和52年)　[歴]農林省の革新官僚から社会党参院議員(昭和25年から2期)を経て、社共の共闘により41年長岡市長に初当選。以来5期18年という長期政権を維持し、テクノポリス指定、ニュータウン造りという大開発構想を具体化した。一方で田中角栄と親しく、緊密な関係を保持。田中角栄の政治力を活用しながら産業都市への開発の道を歩き続けたが、59年5月、任期半ばで辞職。

小林 順一郎　こばやし・じゅんいちろう

陸軍砲兵大佐　[生]明治13年1月3日　[没]昭和38年11月20日　[出]新潟県　号＝勇堂　[学]陸士(第13期)(明治34年)卒　[歴]近衛野砲連隊付で日露戦争に従軍、明治42年フランス駐在、大正5年第一次大戦にフランス軍に従軍。8〜11年平和条約実施委員として欧州出張、帰国後、砲兵大佐で予備役。その後フランス鉄鋼会社日本代表で財を成し、それを資金に右翼運動の黒幕となり、昭和8年三六倶楽部を主宰、天皇機関説に反対、14年大東塾顧問、17年翼賛政治会総務、20年戦犯容疑で収容され、22年釈放。著書「陸軍の根本改進」がある。

小林 次郎　こばやし・じろう

貴院議員(勅選)　[生]明治24年8月　[没]昭和42年7月2日　[出]長野県　[学]東京帝国大学法科大学(大正6年)卒　[歴]貴族院守衛長のかたわら、貴族院、工務局、農商務、営繕、管財局の書記官を務めたほか、臨時震災救護事務局事務官、行政裁判所評定官、貴族院書記官長等も務める。昭和20年から22年に貴族院が廃止になるまで議員を務めた。

小林 信一　こばやし・しんいち

元・衆院議員(社会党)　[生]明治41年1月27日　[没]昭和58年8月16日　[出]山梨県　[学]山梨県師範学校(大正15年)卒　[歴]小学校教員、山梨県教組委員長、社会党同県本部委員長などを歴任。昭和24年の総選挙で山梨全県区から初当選し、以来7回当選。

小林 進　こばやし・すすむ

元・衆院議員(社会党)　[生]明治43年9月9日　[没]平成9年8月6日　[出]新潟県寺泊町　[学]中央大学法学部(昭和10年)卒　[賞]勲一等旭日大綬章(昭和60年)　[歴]東京倉庫運輸常務、三信鉱業常務を経て、昭和24年以来衆議院議員に当選11回。全農組織部長、衆院逓信委員長、社会党外交政策委員長などを歴任。のち中央大学理事、日中友好会館理事、日中友好協会顧問をつとめた。

小林 躋造　こばやし・せいぞう
貴院議員（勅選）　海軍大将　⽣明治10年10月1日　⽣昭和37年7月4日　⽣広島県　旧姓＝早川　⽣海兵（明治31年）卒、海大（明治42年）卒　⽣大正2年から英米に駐在、「平戸」艦長、海軍省副官、9年英国大使館付武官、のち軍務局長を歴任。昭和2年ジュネーブ軍縮会議随員、帰国後練習艦隊司令官、艦政本部長、5年海軍次官、6年連合艦隊司令長官、8年大将、軍事参議官、11年予備役となり台湾総督。19年貴族院議員、翼賛政治会総裁、小磯国昭内閣の国務相となった。

小林 武　こばやし・たけし
元・参院議員（社会党）　元・日教組委員長　労働運動家　⽣明治39年11月3日　⽣昭和62年4月4日　⽣北海道石狩郡石狩町　⽣札幌師範（昭和3年）卒　⽣帯広市立三条中教諭を経て、昭和24年北海道教組帯広支部委員長、26年北海道教組委員長、28年日教組委員長を歴任。勤評・学テ闘争を指導、33年には高知県で闘争反対の父母に集団で暴行を受け、重傷を負った。36年7月の第23回定期大会では日教組の社会党支持を決定。37年参院議員に当選、49年まで2期つとめた。

小林 武治　こばやし・たけじ
元・参院議員（自民党）　元・法相　⽣明治32年8月28日　⽣昭和63年10月12日　⽣長野県　⽣東京帝大英法科（大正13年）卒　⽣勲一等瑞宝章（昭和46年）　⽣大正13年逓信省入省。昭和21年静岡県知事を経て、28年参院議員に当選、3期。37年厚相、41年郵政相、45年法相を歴任。46年1月静岡県知事選の放言で、2月法相を引責辞任。参院選でも落選し、引退した。　⽣長男＝小林俊二（駐パキスタン大使）

小林 恒人　こばやし・つねと
元・衆院議員（社会党）　⽣昭和13年1月22日　⽣北海道帯広市　⽣川西高林業科（昭和30年）卒　⽣国鉄釧路鉄道局に入り、国労札幌地本副委員長を経て、昭和54年総選挙に出馬、翌55年当選。以来4期務め、平成5年引退。

小林 信近　こばやし・のぶちか
衆院議員（改進党）　伊予鉄道創立者　伊予銀行創立者　実業家　⽣天保13年8月28日（1842年）　⽣大正7年9月24日　⽣伊予国松山（愛媛県松山市）　旧姓＝中島　⽣維新後、松山藩少参事を務めたのち、明治10年愛媛県特設議会初代議長、11年和気温泉久半郡郡長、23年松山市議会初代議長を歴任。また改進党に参加し衆議院議員も務める。この間、明治9年士族救済のため牛行舎を設立、製織、製靴を営む。11年松山で第五十二国立銀行（現・伊予銀行）を創設、さらに海南新聞（現・愛媛新聞）の経営に参加し、16年社長。続いて20年伊予鉄道会社（現・伊予鉄道）を創立し初代社長に就任。34年には有志らとともに伊予水力電気（現・四国電力）を創設し、愛媛の電気事業の基礎づくりをした。

小林 房之助　こばやし・ふさのすけ
元・衆院議員（翼賛議員同盟）　⽣明治24年1月　⽣昭和61年2月26日　⽣大阪市　⽣早稲田大学政経科卒　⽣昭和12年から17年まで民政党、翼賛議員同盟所属の衆院議員1期。

小林 政夫　こばやし・まさお
元・参院議員（緑風会）　日東製網会長　⽣大正3年2月16日　⽣平成12年9月15日　⽣広島県福山市　⽣東京商科大学（昭和13年）卒　⽣勲二等瑞宝章（平成1年）　⽣昭和23年日本製網社長、38年日東製網と改称。平成9年会長となる。この間、昭和25年参議員に当選、1期。26年臨時金融制度懇談会委員に就任。41年～平成3年福山商工会議所会頭をつとめた。著書に「東南アジア紀行」「日に新たに」など。　⽣読書、ゴルフ　⽣長男＝小林嗣宜（日東製網社長）

小林 政子　こばやし・まさこ
元・衆院議員（共産党）　⽣大正13年2月29日　⽣新潟県　⽣日本大学卒　⽣昭和19年小学校教諭となる。23年都教組足立支部執行委員婦人部長、25年全日自労足立分会執行委員婦人部長を経て、26年より足立区議を4期、42年東

京都議。44年以来衆院議員に5選。著書に「いつもみんなと—"豆タンク"奮戦記」。 [趣]読書

小林 正巳 こばやし・まさみ
元・衆院議員(新自由クラブ) [生]昭和4年4月15日 [出]兵庫県 [学]慶応義塾大学経済学部(昭和26年)卒 [歴]新自由クラブ結党「六人衆」の1人。昭和47年毎日新聞政治部の記者から政界に転じた2世議員。田中派にいたが、ロッキード事件に揺れる51年、新自由クラブへ転向。「カネ作り」を嫌う理念をかかげていたが、その後落選が続き61年政界を引退。地元、兵庫三区を引き払って上京し、電気部品メーカーの顧問となる。 [趣]音楽, 囲碁(6段), 剣道(初段) [家]父=小林絹治(衆院議員)

小林 亦治 こばやし・またじ
元・参院議員(社会党) 弁護士 [生]明治24年5月19日 [没]昭和57年8月10日 [出]山形県 [学]日本大学法律学科(昭和9年)卒 [歴]判事、弁護士を経て、昭和25年参院選に山形地方区から当選1回。参院決算委員長、裁判官弾劾裁判所裁判長、社会党山形県連会長などを歴任。のち山形県弁護士会長を5期つとめた。

小日山 直登 こひやま・なおと
運輸相 南満州鉄道総裁 実業家 [生]明治19年4月24日 [没]昭和24年8月29日 [出]福島県 [学]東京帝大英法科(明治45年)卒 [歴]大正元年南満州鉄道に入り、昭和18年総裁となった。また昭和製鋼所社長、鉄鋼統制会理事長を務めた。20年鈴木貫太郎内閣で運輸通信大臣(のち運輸相)、敗戦後も東久邇稔彦内閣の運輸大臣に留任。貴院議員に勅選されたが、すぐに公職追放された。

小渕 正義 こぶち・まさよし
元・衆院議員(民社党) [生]大正13年12月2日 [出]長崎市 [学]三菱工業青年校卒 [賞]勲二等瑞宝章(平成7年) [歴]長崎県同盟会長を経て、昭和54年以来長崎1区から衆院議員に4選。平成2年引退。

駒井 重次 こまい・じゅうじ
衆院議員(日本進歩党) 大蔵官僚 [生]明治28年2月23日 [没]昭和48年11月12日 [出]東京市 [学]東京帝大経済学部商科(大正9年)卒 [歴]大蔵省に入り、前橋・亀戸・神田橋各税務署長、銀行検査官を務め昭和7年退官。同年計理士登録するとともに東京府2区から衆院議員(立憲民政党)に選ばれ以来連続4回当選、大蔵委員を務めた。25年公認会計士試験に合格、日本大学講師、愛知大学教授、東京税理士会、日本税理士会各会長を務めた。

駒井 藤平 こまい・とうへい
衆院議員 参院議員(自由党) [生]明治18年3月 [没]昭和42年1月17日 [出]奈良県 [学]大阪府立農業学校(明治40年)卒 [歴]奈良県酒造組合(連)会長、信貴生駒電鉄(株)常務、近畿畜産会理事、東邦海運(株)取締役、奈良県議、同県名誉職参事会員を歴任。昭和21年衆院、22年参院に当選。第1次芦田内閣の商工政務次官を務める。

小巻 敏雄 こまき・としお
元・参院議員(共産党) [生]大正9年3月21日 [没]平成2年6月16日 [出]京都府 [学]早稲田大学文学部卒 [歴]京都、大阪で教員を務め、日教組運動に参加。昭和49年の参院選全国区で当選、1期務めた。

小牧 昌業 こまき・まさなり
宮中顧問官 貴院議員(勅選) 官僚 漢学者 [生]天保14年9月12日(1843年) [没]大正11年10月25日 [出]薩摩国(鹿児島県) 字=偉卿, 号=桜泉 文学博士(大正9年) [歴]15歳で江戸の塩谷宕蔭に学び、19歳で帰国、造士館教員。維新後朝廷に仕え、明治2年行政官史官試補、小史、権大史。4年清国留学、香港で英語を学び、帰国後の7年開拓使に出仕。のち太政官大書記官、文部大臣秘書官、黒田清隆首相秘書官、同内閣書記官長、奈良県知事、愛媛県知事、帝室博物館長など歴任。30年勅選貴院議員。大正

4年宮内省御用掛となり、大正天皇に漢学を進講。のち宮中顧問官。

駒谷 明　こまたに・あきら
元・衆院議員(公明党)　[生]昭和5年3月30日　[出]兵庫県神戸市　[学]姫路中(旧制)(昭和23年)卒　[歴]昭和46年兵庫県議3期を経て、58年衆院議員に当選するが、61年1期で落選。平成元年参院選比例区に転じるが落選。　[趣]囲碁

小松 幹　こまつ・かん
元・衆院議員(社会党)　[生]大正3年9月9日　[没]平成2年8月11日　[出]大分県　[学]大分県師範学校専攻科(昭和13年)卒　[賞]勲二等瑞宝章(昭和59年)　[歴]戦前、大分県下小中学校教師をつとめる。終戦時陸軍伍長で復員、ただちに教組運動に参加し日教組本部中央執行委員書記次長となる。昭和27年大分県労働評議会委員長から衆院議員に当選6期。社会党県連委員長、政調会長等を務めた。　[趣]囲碁, 読書, 柔道

小松 謙次郎　こまつ・けんじろう
貴院議員(勅選)　[生]1863年11月11日　[没]昭和7年10月15日　[出]信濃国松代(長野県)　[学]東京帝国大学法科(明治21年)卒　[歴]逓信省に入り、参事官、為替管理局長、高等海員審判官、逓信局長などを経て明治33年次官となり、45年辞職。のち勅選貴院議員、貴族院研究会に属し、大正13年清浦奎吾内閣の鉄道相となり、研究会幹部として活躍。昭和7年京城日報社長となったが、就任途中急死。

小松 信太郎　こまつ・しんたろう
元・衆院議員(民社党)　[生]明治35年7月9日　[没]昭和62年9月29日　[出]福島県安達郡本宮町　[学]仙台市立商(大正7年)卒　[歴]昭和32年総選挙で福島1区で社会党から立候補して初当選、連続2期。35年の民社党結党に参加した。

小松 茂藤治　こまつ・もとうじ
元・衆院議員(翼賛政治会)　[生]明治21年12月　[没]昭和56年3月1日　[出]福島県　[学]早稲田大学専門部法科(明治43年)卒　[歴]福島県議、同議長を経て、昭和17年衆院議員に福島一区で当選。当選1回。

小松 勇次　こまつ・ゆうじ
衆院議員(改進党)　[生]明治26年12月　[没]昭和37年7月29日　[出]静岡県　[学]韮山中卒　[歴]多賀村議、村長、熱海市議、静岡県議、熱海市長を経て、衆院議員に2選。

小松宮 彰仁　こまつのみや・あきひと
陸軍大将・元帥　[生]弘化3年1月16日(1846年)　[没]明治36年1月18日　幼名＝豊宮, 前名＝東伏見宮嘉彰　[歴]嘉永元年仁和寺を相続、同年4月仁孝天皇の養子となり、安政5年3月親王宣下を受け名嘉彰を賜る。王政復古とともに議定、軍事総裁、明治2年7月兵部卿に任命される。その後2年間の海外遊学を経て、軍務に復帰し、陸軍少将、中将、大将等を歴任、31年1月には元帥府に列せられる。この間、15年より東伏見宮より小松宮に改称し、彰仁と改名。

小松原 英太郎　こまつばら・えいたろう
文相　枢密顧問官　貴院議員(勅選)　官僚　[生]嘉永5年2月6日(1852年)　[没]大正8年12月26日　[出]備前国御野郡(岡山県岡山市)　[学]慶応義塾中退　[賞]勲二等　[歴]明治8年から「曙新聞」「評論新誌」などに執筆、9年筆禍事件で入獄、11年出獄。「朝野新聞」に入り、12年岡山で「山陽新報」発行。13年外務省に入り、17年ベルリン駐在、20年帰国後埼玉県知事となり、以後内務省警保局長、静岡、長崎各県知事、司法、内務各次官を歴任。33年勅選貴院議員。41年第2次桂内閣で文相兼農商務相、大正5〜8年枢密顧問官。その間、大阪毎日新聞社長、日英博覧会総裁、港湾調査会長、さらに東洋協会専門学校(現・拓殖大学)校長、日華学会、東洋協会各会長、皇典講究所長、国学院大学長などを歴任した。

駒林 広運　こまばやし・ひろゆき
衆院議員（大同倶楽部）　⑰安政3年11月（1856年）　⑱昭和10年11月23日　⑲山形県　㉟山形県議、同常置委員を経て、明治23年衆院議員に当選、5期。また奥羽土功取締役その他数会社の重役となる。

小峯 柳多　こみね・りゅうた
衆院議員（自民党）　⑰明治41年9月3日　⑱昭和49年5月29日　⑲群馬県　㉓東京商科大学専門部（昭和4年）卒　㉟理化学興業総務部長、理研科学映画専務、東洋鉄工所専務、日本テレビ販売取締役を歴任。戦後昭和21年群馬3区から衆院議員となり、のち東京4区から立ち、当選6回。その間第3次吉田茂内閣の経済安定本部政務次官、衆院商工委員長となり、日本自由党政調会副会長、自由党副幹事長、自民党政調会副会長、同全国組織委副委員長などを務めた。著書に「工業新路の発見」「和の思索」「ポケット予算書」など。

小宮 武喜　こみや・たけき
元・衆院議員（民社党）　⑰大正5年11月20日　⑱平成11年4月20日　⑲長崎県焼香町　㉓長崎三菱職工業学校卒　㉔勲三等旭日中綬章（昭和62年）　㉟長崎県香焼村村会副議長、三菱重工長崎造船労働組合執行委員、全日本労働総同盟長崎地方同盟議長等を経て、昭和44年衆院議員に当選。以来3期を務めた。衆院農林水産委員、同災害対策委員、同科学技術振興対策特別委員、離島振興対策審議会委員等を歴任。

小宮山 重四郎　こみやま・じゅうしろう
衆院議員（自民党）　元・郵政相　⑰昭和2年9月15日　⑱平成6年11月21日　⑲山梨県　㉓早稲田大学政経学部（昭和26年）卒、日本大学法文学部卒　㉟東洋大学理事、読売新聞記者を経て、昭和38年以来衆院議員に11選。通産政務次官などを歴任し、福田内閣の郵政相をつとめた。竹下派を経て、小渕派。
㊣父＝小宮山常吉（参院議員）、長女＝小宮山泰子（埼玉県議）

小宮山 常吉　こみやま・つねきち
参院議員（緑風会）　⑰明治15年10月18日　⑱昭和49年4月24日　⑲山梨県　㉓甲府市立小学校高等科卒　㉔勲三等旭日中綬章（昭和41年）　㉟河内屋商店に勤務の後、機械製造売買業を経て、足立鋼管、足立産業、昭和鋼管の社長を歴任。昭和22年山梨地方区から参院議員に当選し1期務める。34年武蔵野開発代表となった。
㊣長男＝小宮山英蔵（平和相互銀行創立者）、二男＝小宮山精一（平和相銀社長）、三男＝小宮山重四郎（衆院議員）

小村 寿太郎　こむら・じゅたろう
外相　外交官　侯爵　⑰安政2年9月16日（1855年）　⑱明治44年11月26日　⑲日向国飫肥（宮崎県日南市）　㉓ハーバード大学法科（明治13年）卒　㉟米国留学後の明治13年司法省に入り、大阪控訴裁判所判事、大審院判事を経て、17年外務省入り。翻訳局長、26年清国公使館1等書記官、政務局長を経て28年駐朝鮮弁理公使。29年外務次官、31年駐米公使、33年駐露公使を歴任。34年全権として北清事変議定書に調印。同年第1次桂内閣の外相となり、35年日英同盟を締結。在任7年の間、日露開戦外交を進めたが、ポーツマス交渉には全権としてロシア蔵相ウイッテを相手に南樺太割譲を取りつけ、ポーツマス条約に調印。しかし賠償放棄に憤激した国民は小村私邸や交番を焼き打ちした。39年枢密顧問官から駐英大使。41〜44年第2次桂内閣の外相として日露協約締結、韓国併合などに携わる。

小室 信介　こむろ・しんすけ
自由党志士　新聞記者　政治小説家　⑰嘉永5年7月21日（1852年）　⑱明治18年8月25日　⑲丹後国宮津　旧姓＝小笠原　号＝小室案外堂、小室案外坊　㉟小学校教師などをしていたが、国会開設運動に加わり、明治11年「京都日日新聞」おこす。12年には「大阪日報」に関係し、自由民権の論陣をはる。以後朝鮮や中国に渡り、自由党員として活躍。

「勤王為経民権為緯 新編大和錦」「興亜綺談 夢恋々」などの著書がある。

小室 信夫 こむろ・のぶお
貴院議員（勅選） 実業家 ⊕天保10年1月（1839年） ⊗明治31年6月5日 ⊕丹後国与謝郡岩滝村 ㊞勲四等 ㊞家は丹後の豪農。尊王運動に投じ、文久3年同志とともに京都等持院にある足利尊氏の木像を切ってさらし首にし、熊本、徳島と逃れ、元治元年自首して入獄。明治元年釈放され、徳島藩に仕え、2年上野岩鼻県権知事、3年徳島藩大参事、5年蜂須賀茂韶に従い欧米視察。7年板垣退助らと民選議院設立建白書を左院に提出。8年大久保利通、木戸孝允、板垣らの大阪会議を斡旋した。その後実業界に転じ、15年北海道運輸会社を設立、16年井上馨らの援助で共同運輸会社創立に尽力。24年勅選貴院議員。

米田 虎雄 こめだ・とらお
明治天皇侍従 宮中顧問官 子爵 ⊕天保10年1月（1839年） ⊗大正4年11月27日 ⊕肥後国熊本城下町内坪井（熊本県） 本名＝米田是保 旧姓＝長岡 通称＝虎之助 ㊞慶応2年9月兄の跡を継いで、熊本藩の家老となる。戊辰戦争では熊本藩兵総指揮者として東北各地に転戦した。明治3年熊本藩権大参事となり、実学党による改革を推進した。4年宮内省に出仕、10年陸軍歩兵中佐となり、のち侍従長に転じる。元田永孚らと共に明治天皇の側近にあり侍従職幹事を務めた。25年男爵、のち子爵。37年宮中顧問官兼任。また狩猟をよくし、41年以後主猟頭も兼任した。

小柳 勇 こやなぎ・いさむ
元・参院議員（社会党） 小柳勇政治経済研究所長 ⊕明治45年1月4日 ⊕熊本県横島町 ㊞中央鉄道学園（昭和13年）卒 ㊞勲一等旭日大綬章（平成3年）㊞鉄道省に入り、昭和30年国労委員長に就任。33年以降参院議員に5選。46年災害対策特別委員長、57年社会党副委員長などをつとめ、61年7月引退。同年11月勲一等瑞宝章を辞退したが、平成3年4月勲一等旭日大綬章を受章。

小柳 卯三郎 こやなぎ・うさぶろう
衆院議員（自由党） ⊕天保14年3月（1843年） ⊗大正4年9月6日 ⊕新潟県西蒲原郡小吉村 ㊞農業に従事、漢学を学んだ。自由民権を唱え、新潟県議となって北陸政界に貢献。のち自由党に入って新潟県から衆院議員当選3回。

小柳 冨太郎 こやなぎ・とみたろう
元・衆院議員 ⊕明治37年9月24日 ⊗昭和59年10月25日 ⊕長崎県諫早市 ㊞西南学院 ㊞昭和12年長崎市議を経て、21年から衆院議員（長崎1区）を1年間。その後、長崎県議を1期つとめた。26年富陽建設を設立し、社長。

小柳 牧衛 こやなぎ・まきえ
元・参院議員（自民党）⊕明治17年7月13日 ⊗昭和56年12月21日 ⊕新潟県 ㊞東京帝大政治学科（明治42年）卒 ㊞青森、福島、長崎、兵庫各県知事、新潟市長を経て、昭和11年新潟2区から衆院議員に初当選。3期務め、その間文部政務次官。30年から新潟地方区で参院議員当選3回。参院内閣、外務各委員長などを歴任。

小山 一平 こやま・いっぺい
元・参院議員（社会党） 元・参院副議長 ⊕大正3年11月3日 ⊕長野県埴科郡坂城町 ㊞上田中（昭和7年）卒 ㊞勲一等瑞宝章（平成4年） ㊞長野県議2期、上田市議3期を経て、昭和49年社会党から参院議員に当選、3期。党参院議員会長、産業・資源・エネルギー調査会長などを歴任。平成2年参院副議長に就任。4年引退。

小山 長規 こやま・おさのり
元・衆院議員（自民党） 元・建設相 ⊕明治38年6月10日 ⊗昭和63年1月31日 ⊕宮崎県小林市 ㊞東京帝国大学法学部（昭和4年）卒 ㊞勲一等旭日大綬章（昭和51年） ㊞三菱銀行労組初代委員長を経て、昭和24年に政界入り。衆院議員当選12回。環境庁長官、建設相、裁

判官弾劾裁判所長、衆院予算委員長などを歴任し、61年7月引退。宏池会（鈴木派・宮沢派）の最長老だった。　ゴルフ

小山 邦太郎　こやま・くにたろう
元・参院議員（自民党）　元・衆院議員　⊕明治22年11月16日　⊗昭和56年3月24日　⊕長野県小諸市　⊕長野商（明治39年）卒　勲一等旭日大綬章（昭和48年）　昭和3年長野2区から衆院議員に当選、通算6期。29年小諸市長などを経て、31年参院議員に当選、49年まで参院予算委員長などを歴任した。信州味噌会長もつとめた。
弟＝小山敬三（洋画家）、孫＝井出正一（衆院議員）

小山 健三　こやま・けんぞう
貴院議員（勅選）　三十四銀行頭取　実業家　⊕安政5年6月13日（1858年）　⊗大正12年12月19日　⊕武蔵国埼玉郡忍城郭内（埼玉県行田市）　⊕東京攻玉社卒　勲二等　長野県、群馬県の教員を経て、明治14年文部省に転じ、長崎県学務課長兼師範学校長、東京高工教授、東京高商校長。また文相秘書官、文部省参事官から31年文部次官、実業教育局長を歴任。32年三十四銀行（三和銀行）に入り、のち頭取。34年大阪銀行集会所委員長を兼務、37年大阪手形交換所委員長を務め関西財界を代表する一人。大正期には米価調節調査会、経済調査会の委員を兼ね、大正9年勅選貴院議員。

小山 省二　こやま・しょうじ
元・衆院議員（自民党）　⊕明治39年8月18日　⊗平成1年4月6日　⊕東京　⊕東京府立織染学校（大正13年）卒　藍綬褒章（昭和43年）、勲二等旭日重光章（昭和52年）　昭和22年より都議に5選。38年以来衆院に4選。労働政務次官、自治政務次官、衆院地方行政常任委員長など歴任。のち全国中小企業団体会会長をつとめた。
映画、骨とう品収集

小山 松寿　こやま・しょうじゅ
元・衆院議長　衆院議員（日本進歩党）　立憲民政党幹事長　名古屋新聞社長　⊕明治9年1月28日　⊗昭和34年11月25日　⊕長野県小諸町　⊕東京専門学校（現・早稲田大学）法律科（明治28年）卒　大阪朝日新聞名古屋支局長を経て、明治39年名古屋新聞（現・中日新聞）を創刊、社長となった。一方、名古屋市議を経て大正4年衆院議員となり、立憲民政党に属し当選10回。この間、農林政務次官、衆院副議長、昭和12年衆院議長となり4年5カ月在職。また、憲政会幹事長、立憲民政党総務、幹事長も務めた。戦後、日本進歩党に属す。早稲田大学評議員会長を兼務。平成3年から「名古屋新聞・小山松寿関係資料集」（全6巻）が刊行される。
長女＝小山千鶴子（「小山松寿伝」編集）

小山 谷蔵　こやま・たにぞう
衆院議員（日本進歩党）　⊕明治9年8月　⊗昭和26年1月1日　⊕和歌山県　⊕コロンビア大学卒　Ph.D.（コロンビア大学）　米国コロンビア大学に学ぶ。台湾総督府翻訳官、文部省副参政官、第2次若槻内閣の内務参与官、米内内閣外務政務次官などを歴任。明治45年衆院議員に初当選。以来通算8回当選。

小山 亮　こやま・まこと
元・衆院議員（社会党）　⊕明治28年2月　⊗昭和48年2月9日　⊕長野県　⊕弓削商船学校航海科（大正9年）卒　山下汽船武州丸に乗り組みイタリア海軍御用船として第一次世界大戦に参加。国際汽船に入社し、世界の各船路に就船する。退社後農村更生連盟を設立、農村運動に従事。小諸町議を経て、昭和11年長野2区より衆院議員に当選、4期。文部省委員、大日本育英会評議員となる。また、旭海運社長、全国商船学校十一会会長、国民同忌会会長をつとめた。

小山 松吉 こやま・まつきち
法相　検事総長　法政大学総長　司法官　⊕明治2年9月28日　⊗昭和23年3月27日　⊕茨城県水戸　旧姓＝高橋　⊗独逸協会学校専修科（明治25年）卒　法学博士（昭和15年）　⊕明治26年司法官試補、29年検事、熊本、長崎、東京勤務。34年判事に転じ、長崎地方裁判所判事、同控訴院判事、同地裁部長。39年再び検事となり東京控訴院検事、神戸地方裁判所検事正、長崎控訴院検事長、大審院検事を経て大正10年判検事登用試験弁護士試験各委員長、13年検事総長に就任、以来在職8年に及ぶ。この間大逆事件、朴烈、虎ノ門事件などを扱った。昭和7年斎藤実内閣の法相、8年司法赤化事件で辞表を提出するが天皇沙汰で留任。9年勅選貴院議員、9〜17年法政大学総長。著書に「刑事訴訟法提要」。
㊕孫＝山下洋輔（ジャズピアニスト）

コロムビア・トップ
元・参院議員　漫才師　⊕大正11年5月6日　⊕東京市浅草区（現・東京都台東区）　本名＝下村泰　旧コンビ名＝コロムビア・トップ・ライト　⊗北辰電機青年学校（昭和15年）卒　㊕芸術祭賞奨励賞（昭和38年）、日本文芸大賞（特別賞、第9回）（平成1年）「オレは芸人議員だ」　⊕昭和17年陸軍に入隊。復員後の21年、抑留中に知り合った池田喜作（初代ライト）と漫才コンビを組み、青空トップ・ライトでデビュー。24年2代目ライト（本名・島屋二郎）とコンビを組み、27年にコンビ名を"コロムビア・トップ・ライト"に改称、社会・政治諷刺の時事漫才で人気を得る。39年漫才研究会（現・漫才協団）会長。49年参院選全国区に初当選、漫才コンビを解消。身障者問題に力を入れたが55年落選。57年コンビを復活するが、58年12月野坂昭如の衆院選出馬による繰り上げで再び議席に。通算3期務める。平成7年落選。10年も立候補するが落選。一貫して福祉問題、老人問題に取り組む。二院クラブ代表。昭和57年からあゆみの箱代表幹事を務める。平成9年6月胃がん手術を受ける。15年食道がんと診断され、放射線治療を受ける。
㊕漫才協団（名誉会長）　㊕三男＝下村彰宏（俳優）

今 東光 こん・とうこう
元・参院議員（自民党）　天台宗権大僧正　中尊寺貫主　小説家　僧侶　⊕明治31年3月26日　⊗昭和52年9月19日　⊕神奈川県横浜市　法名＝今春聴　⊗関西学院中等部中退　㊕直木賞（第36回、昭和31年度下期）（昭和32年）「お吟さま」　⊕大正7年川端康成を知り、10年第6次「新思潮」に参加。12年「文芸春秋」、13年「文芸時代」の同人となり、「軍艦」「痩せた花嫁」などを発表し、新感覚派の作家として認められたが、14年菊池寛と対立して新感覚派から離れ、昭和4年にはプロレタリア作家同盟に加入。5年出家剃髪し、天台宗の僧侶となって比叡山に籠り、文壇から離れる。戦後、26年大阪府河内郡八尾（現・八尾市）の天台院住職となり、31年中外日報社長に就任。大阪河内の風土・人情を題材にした「闘鶏」「悪名」などの"河内もの"を執筆し人気を得る。32年「お吟さま」で直木賞を受賞して文壇に戻り、以後作家として華々しく活躍した。他の主な作品に「山椒魚」「春泥尼抄」「こまつなんきん」「小説河内風土記」などがある。41年から権大僧正として平泉の中尊寺貫主となり、43年から自民党の参議院議員となった。のち、全国各地にて辻説法、外務委員、自民党総務、天台宗枢機顧問などを歴任。随筆に「みみずく説法」がある。
㊕弟＝今日出海（小説家）

近藤 準平 こんどう・じゅんぺい
衆院議員（大成会）　静岡県議　⊕天保12年6月（1841年）　⊗明治33年8月4日　⊕遠江国長上郡有玉村（静岡県浜松市）　⊕小学校教員、内務省勤務などを経て、明治12年静岡県会議員に当選。23年衆議院議員。　㊕父＝近藤耐軒（儒学者）

近藤 信一　こんどう・しんいち
元・参院議員(社会党)　[生]明治40年6月11日　[没]平成2年12月28日　[出]愛知県名古屋市　[学]小碓小卒　[賞]勲二等旭日重光章(昭和52年)　[歴]戦前から労働運動を続け、昭和12年人民戦線事件で検挙。戦後、愛労評事務局長を経て、28年から参院議員に3選。

近藤 達児　こんどう・たつじ
衆院議員(政友会)　[生]明治8年10月　[没]昭和6年9月22日　[出]福島県安達郡二本松町　[学]東京帝国大学法科卒　[歴]日本橋区議、東京市議、東京市区改正委員、臨時大都市制度調査会委員、帝都復興院評議員などを務めた。この間欧米視察、ベルギーの万国議員商事会議に出席、のち政友会に属して衆院議員当選3回。

近藤 忠孝　こんどう・ちゅうこう
元・参院議員(共産党)　弁護士　[専]公害　[生]昭和7年4月2日　[出]東京都北区　[学]東京都立大学人文学部(昭和30年)卒　[歴]昭和35年共産党に入党。37年弁護士を開業し、青年法律家協会議長、43年イタイイタイ病弁護団副団長、全国公害弁護団連絡会議初代幹事長をつとめたのち、49年参院議員に当選、3期。平成4年引退。著書に「営業と暮らしを守る税金相談」「歩かせるな消費税」「公害と住民運動」「生活大変国日本―税金と住まいの話」など。

権藤 恒夫　ごんどう・つねお
元・衆院議員(自由党)　[生]昭和5年3月23日　[没]平成13年5月29日　[出]福岡県粕屋郡　[学]九州電気工学専電気工学科(昭和32年)卒　[歴]専売公社で働きながら夜学に通う。昭和30年創価学会入会、九州青年部長を経験。38年福岡市議、42年福岡県議2期を経て、51年公明党から衆院議員に当選。59年12月国会開会前に当選わずか3回で党国会対策委員長に抜擢され、平成2年党副委員長に就任。6年新進党結成に参加。のち党総務会長代理を務めた。新進党の分裂では自由党に参加。7期務め、12年6月引退した。

近藤 鶴代　こんどう・つるよ
参院議員(自民党)　衆院議員(自由党)　[生]明治34年11月16日　[没]昭和45年8月9日　[出]岡山県　[学]日本女子大学家政科(大正13年)卒　[歴]岡山県山陽高等女学校、岡山第一高等女学校各教諭を経て昭和21年以来衆院議員(岡山2区)に当選4回。のち参院議員当選2回。その間第2、第3次吉田茂内閣の外務政務次官、37年第2次池田勇人内閣の科学技術庁長官、原子力委員長となった。中山マサに次ぐ二人目の女性大臣。その間日自党幹事、同婦人部長、民自党婦人対策委員長、自由党婦人部長、自民党婦人局長、国対副委員長、同外交調査会副会長、参院外務委員長などを務め、43年引退。

近藤 鉄雄　こんどう・てつお
元・衆院議員(自民党)　元・労相　新時代戦略研究所代表取締役　[生]昭和4年8月11日　[出]山形県南陽市　[学]一橋大学経済学部(昭和28年)卒　[賞]西ドイツ功労勲章大功労十字星章付大綬章(昭和62年), 勲一等旭日大綬章(平成12年)　[歴]昭和28年大蔵省に入省。29年フルブライト留学生として米国カリフォルニア大学大学院、ハーバード大学に留学。帰国後、税務署長、大蔵省課長補佐などを経て41年退官。43年現代政策研究所を設立し理事長に。47年の衆院補欠選挙で初当選し政界入り。以来9回連続当選。選挙区では"コンテツ"と名乗り精力的に歩く。行政管理政務次官、文部政務次官、農林水産政務次官、自民党政務調査会副会長などを歴任し、61年第3次中曽根内閣の経済企画庁長官、平成3年宮沢内閣の労相。旧河本派。8年落選。　[趣]スポーツ, 読書

近藤 元次　こんどう・もとじ
衆院議員(自民党)　元・農水相　[生]昭和5年6月20日　[没]平成6年2月16日　[出]新潟県佐渡郡相川町　[学]日本大学理工学部土木工学科(昭和30年)卒　[歴]昭和36年相川町議、40年副議長、42年新潟県議3期を経て、54年衆院議員に当選。平成

2年第2次海部改造内閣の農水相を務めた。当選6回。宮沢派。 [家]息子＝近藤基彦（衆院議員）

近藤 豊　こんどう・ゆたか
元・衆院議員（無所属） [生]昭和10年7月15日 [出]愛知県豊川市 [学]東京外国語大学（昭和33年）卒 [歴]昭和33年外務省に入り、53年退官するまで、オランダ、韓国などの大使館に勤務。54年民社党から衆院議員に当選、3期務める。59年無所属に転じ、のち田中派に入るが、61年落選。平成5年日本新党の支援で復帰。6年日本新党解党後、新進党に参加せず無所属。同年12月所得税法違反（脱税）と政治資金規正法違反（虚偽記載）の罪で名古屋地裁に在宅のまま起訴される。7年3月名古屋地裁により懲役1年6ケ月、罰金500万円の実刑判決が出された。同年9月辞職。著書に「小説・日本国有鉄道」 。 [趣]演劇

近藤 廉平　こんどう・れんぺい
貴院議員（勅選） 日本郵船社長 実業家 男爵 [生]嘉永1年11月25日（1848年） [没]大正10年2月9日 [出]阿波国麻植郡西尾村（徳島県鴨島町） [学]大学南校 [歴]明治5年三菱商会に入り、吉岡鉱山、高島炭鉱を経て、16年横浜支社支配人となる。18年日本郵船設立後、22年理事、東京支配人、26年専務、27年副社長を経て、28年社長に就任。以後没するまで社長を務め、遠洋定期航路の開設、近海航路の充実などを図り、同社を世界最大の海運企業に育てあげた。44年男爵。大正7年勅選貴族院議員。

金野 定吉　こんの・さだきち
元・衆院議員（社会党 山形2区） [生]明治43年7月 [没]昭和61年3月2日 [出]山形県遊佐町 [学]高瀬村小卒 [歴]昭和22年に山形2区から衆院議員に当選1回。

今野 武雄　こんの・たけお
元・衆院議員（共産党） 数学者 科学史家 [生]明治40年3月17日 [没]平成2年3月29日 [出]東京 [学]東京帝大理学部数学科（昭和6年）卒 [歴]東京物理学校、慶大、法大、陸軍気象部などで数学を講義。昭和8年日本共産党に入党、逮捕されること3度、3度目は18年から敗戦まで拘留された。その間、10年には唯物論全書「数学論」を出版。戦前から戦後にかけて「百万人の数学」（L.ホグベン、12巻）「市民の科学」（同、6巻）、「新科学対話」（ガリレオ・ガリレイ）などを共訳出版、科学史や数学啓発に活躍した。戦後は読売新聞論説委員を務めたが、21年民科（民主主義科学者協会）設立に参加、読売を辞めて民科事務局長に就任した。その後、鎌倉アカデミア講師、専修大学教授を経て24年神奈川2区から衆院選に当選、1期務めた。27年創立の労働者教育協会理事として数学研究所の設立を提唱、数学普及に尽力した。

紺野 与次郎　こんの・よじろう
元・衆院議員（共産党） [生]明治43年3月9日 [没]昭和52年12月19日 [出]山形県西置賜郡荒砥町（現・白鷹町） [学]山形高（旧制）中退 [歴]山形高校時代、社会科学研究会に参加し、放校される。上京して東京合同労働組合向島支部などの書記をし、昭和4年共産党に入党。同年のプロフィンテルン大会に参加する。7年検挙され懲役12年に処せられる。戦後は22年共産党政治局員、41年幹部会員・書記局員となり、39～45年は東京都委員長として革新都政実現を指導した。47年東京1区から衆院議員に当選。

【さ】

西園寺 公一　さいおんじ・きんかず
元・参院議員（緑風会） 日中文化交流協会常任理事 [生]明治39年11月1日

[没]平成5年4月22日　[出]神奈川県　[学]オックスフォード大学政治経済学部(昭和5年)卒　[賞]人民友好使者(中国人民対外友好協会)(平成3年)　[歴]昭和9年外務省の嘱託となり、12年太平洋問題調査会日本理事会事務局長に就任。戦前は、近衛文麿のブレーンとして対中国、対英米和平外交で活躍。14年尾崎秀実との交友から"ゾルゲ事件"に連座し逮捕され懲役1年6ケ月、執行猶予2年の刑を受けた。戦後は第1回参院選に当選、緑風会に所属。33年一家をあげて北京に移住、日中文化交流協会常任理事として、12年間滞在し、日中交流に尽力した。のち西園寺事務所を設立。著書に「貴族の退場」「釣魚迷」「北京十二年」など。
[家]祖父＝西園寺公望(政治家)

西園寺 公望　さいおんじ・きんもち
第12・14代首相　元老　政友会総裁　明治大学創立者　公爵　[生]嘉永2年10月23日(1849年)　[没]昭和15年11月24日　[出]京都上京21区蛤門内(京都府京都市)　幼名＝美麿, 号＝陶庵　[学]パリ第4大学(ソルボンヌ)卒　[歴]九清華家の一つ徳大寺公純の二男に生まれ、西園寺家の養子となる。公卿社会の因襲を嫌って慶応3年維新政府の参与となり、戊辰戦争に従軍。明治2年私塾・立命館を創設。3年12月パリ・コミューンの渦中にあるフランスに留学し、クレマンソー、中江兆民らと交わる。13年帰国し、14年明治法律学校(現・明治大学)を創立。また自由主義者として「東洋自由新聞」を発行して天皇の咎めを受けた。15年伊藤博文に随いて渡欧、以降各国公使、賞勲局総裁、27年から第2次・第3次伊藤内閣の文相、33年枢密院議長などを歴任。36年立憲政友会総裁に就任。39年第1次西園寺内閣、44年第2次と桂太郎と交互に政権を担当して"桂園時代"をつくった。大正元年2個師団増設問題で陸軍と対立して3年辞職、最後の元老となり、後継首班推薦の任にあたる。8年にはベルサイユ講和会議首席全権もつとめた。9年公爵。国葬。著書に「西園寺公望自伝」など。
[家]父＝徳大寺公純(公卿), 兄＝徳大寺実則(明治天皇侍従長), 弟＝住友友純(住友銀行創設者), 孫＝西園寺公一(政治家)

斎木 重一　さいき・しげいち
元・衆院議員(社会党)　元・福井県議　労働運動家　[生]明治28年3月23日　[没]昭和52年5月13日　[出]福井県坂井郡金津町　[歴]越前木材工の職工長であった大正7年、福井製材職工同盟会を結成し、14年福井県労働同志会に改組。農民運動にも参加し、昭和7年社会大衆党県連会長となり、8年から福井市議を3期、県議を2期務めた。戦後は21年社会党県連を組織して委員長、28～30年衆院議員を務め、34年社会党県連顧問に。

西郷 菊次郎　さいごう・きくじろう
京都市長　[生]文久1年1月2日(1861年)　[没]昭和3年11月27日　[出]大隅国奄美大島龍郷村(鹿児島県)　[歴]11歳から2年間米国に留学。明治10年17歳の時、父・隆盛に伴い西南戦役に従軍、片足を失う。23歳で外務省に入省、米国、台湾などで長く勤務。37年北垣国道・京都府知事の推薦を受け、京都市長に就任。退職後、地元の金山に勤務。のち金山のある集落で、夜間学校を開き教育にあたった。　[家]父＝西郷隆盛

西郷 吉之助　さいごう・きちのすけ
元・参院議員(自民党)　元・法相　[生]明治39年7月20日　[没]平成9年10月12日　[出]鹿児島県　雅号＝南山　[学]東北帝大経済学科(昭和6年)卒　[賞]勲一等旭日大綬章(昭和61年)　[歴]興銀に入り、南方開発金庫参事、ジャワ支金庫業務課長を経て、昭和11年貴院議員、22年以来参院議院に4選。参院地方行政委員長、自由党国対委員長等をを歴任し、43年第2次佐藤改造内閣の法相を務めた。
[趣]スポーツ, 読書, 散歩　[家]祖父＝西郷隆盛(政治家・陸軍大将), 弟＝西郷隆明(スターライト工業会長)

西郷 隆盛　さいごう・たかもり
参議　陸軍大将　⊕文政10年12月7日（1827年）　⊗明治10年9月24日　⊕薩摩国鹿児島城下下加治屋町山之口馬場（鹿児島県）　幼名＝吉之介、号＝南洲、通称＝吉之助、変名＝菊池源吾　⊕造士館（薩摩藩校）　⊕旧薩摩藩士で、弘化元年（1844）出仕し農政を担当。安政元年（1854）藩主斉彬の知遇を得て藩政改革にとりくむが、安政の大獄で絶望して自殺を図る。流島を経て、元治元年（1864）から禁門の変・第1次長州戦争などで幕府の大役を果たす。慶応2年（1866）薩長連合の密約以降は討幕に邁進、明治元年王政復古のクーデターを起こし、戊辰戦争では大総督軍参謀として東征、江戸城の無血開城に成功する。5年陸軍大将兼参議となるが、6年征韓の議が容れられず退官、帰郷する。10年不平士族に擁されて西南戦争を起こして敗れ、城山に自刃した。そのため逆賊とされたが、後に許されて正三位を追贈される。「大西郷全集」（全3巻）、「西郷隆盛全集」（全6巻）がある。　⊕孫＝西郷吉之助（法相）、西郷隆明（スターライト工業会長）

西郷 従道　さいごう・つぐみち
海相　内相　元老　枢密顧問官　海軍大将・元帥　侯爵　⊕天保14年5月4日（1843年）　⊗明治35年7月18日　⊕薩摩国鹿児島城下加治屋町（鹿児島県鹿児島市）　幼名＝竜助、通称＝信吾　⊕西郷隆盛の弟。戊辰戦争に従軍、鳥羽伏見の戦いで重傷。明治2年山県有朋とともに欧州を巡遊、兵制を調査して3年帰国、兵部権大丞。4年兵部大丞、同年12月兵部少輔、5年陸軍少将、7年陸軍中将と進み、同年4～12月征台総督として政府の出兵中止を押して台湾出兵を指揮した。10年近衛都督、西南戦争では兄に加担しなかった。11年文部卿、陸軍卿などを経て、海軍に転じ、18年第1次伊藤内閣の海相兼農商務相、21年黒田内閣海相、22年第1次山県内閣海相、内相、24年第1次松方内閣相。さらに第2次伊藤内閣以後の海相、内相

を歴任。25年枢密顧問官、27年海軍大将、31年元帥。17年伯爵、28年侯爵。　⊕兄＝西郷隆盛（明治維新の元勲）

細郷 道一　さいごう・みちかず
元・横浜市長　元・自治事務次官　⊕大正4年11月25日　⊗平成2年2月15日　⊕神奈川県横浜市　⊕東京帝大法学部政治学科（昭和16年）卒　⊕昭和16年内務省（現・自治省）入省。税務部府県課長、財政局財政課長、大阪府総務部長、税務局長、財政局長を経て、44年事務次官に就任。その後、地方財務協会理事長、公営企業金融公庫総裁などを歴任、53年横浜市長に選出。以来3期当選。前市長飛鳥田一雄の打ち出した「都心部強化事業」を受け継いで発展させた「みなとみらい（MM）21計画」を推進した。　⊕散歩

税所 篤　さいしょ・あつし
枢密顧問官　⊕文政10年11月5日（1827年）　⊗明治43年6月21日　⊕薩摩国（鹿児島県）　通称＝喜三左衛門、号＝巌舎、鵬北　⊕青年時代、平田篤胤の門下に入り学ぶ。西郷隆盛や大久保利通とは古くから親交があり、誠忠組の中堅として活躍した。勘定所郡方、三島方蔵役を務める。禁門の変、第1次長州戦争に参加。明治維新後、内国事務局権知事、大阪府判事、河内県知事、兵庫県権知事、堺県知事を歴任。明治4年堺県令、14年元老院議官、20年子爵、奈良県知事、23年宮中顧問官、38年枢密顧問官となる。

税所 篤秀　さいしょ・あつひで
貴院議員　子爵　⊕明治15年5月8日　⊗昭和5年7月9日　⊕祖父は薩摩藩士・枢密顧問官、子爵。父篤一を継ぎ大正3年子爵。のち貴院議員となった。

斎藤 晃　さいとう・あきら
元・衆院議員（立憲養正会）　⊕明治35年11月　⊗昭和56年5月12日　⊕福島県　⊕磐城中卒　⊕昭和22年4月から24年1月まで、福島3区選出で衆院議員を1期務めた。

斎藤 宇一郎　さいとう・ういちろう
衆院議員(革新倶楽部)　農事改良家　[生]慶応2年5月18日(1866年)　[没]大正15年5月10日　[出]秋田県由利郡平沢村(現・仁賀保町)　[学]帝大農科科大学(現・東大農学部)卒　[歴]明治学院教授となるが、志願して近衛歩兵第4連隊に入り、明治27年日清戦争に従軍、大尉。農商務省林務官を務めた後、32年帰郷、農事改良に尽力。秋田県側の推進する湿田通し苗代と対立しながら乾田馬耕法に成功、コメの生産を大幅に引き上げた。35年から衆院議員当選8回。憲政本党、憲政会、革新倶楽部に所属、自由主義政治家として活躍。また帝国農会特別議員、小作制度調査委員、秋田県教育会長を務め、横荘鉄道会社を創設、社長となった。　[家]息子＝斎藤憲三(TDK創設者)

斎藤 卯八　さいとう・うはち
衆院議員　[生]嘉永6年12月8日　[没]明治45年2月9日　[出]甲斐国中巨摩郡今諏訪村(山梨県)　[歴]家は名主。明治5年副戸長、8年地租改正総代、11年戸長。25年県会議員となり副議長。27年衆院議員当選。32年釜無川架橋を提唱、開国橋を完成、私財を投じて公益に尽くした。

斎藤 栄三郎　さいとう・えいざぶろう
元・科学技術庁長官　元・参院議員(自民党)　経済評論家　[生]大正2年6月19日　[没]平成12年7月9日　[出]東京都江戸川区　[学]早稲田大学商学部(昭和11年)卒　商学博士, 法学博士, 文学博士, 政治学博士　[賞]勲一等瑞宝章(平成2年)　[歴]日本経済新聞、NHKニュース解説委員など経て、昭和49年以来参院に当選3回。自民党独禁法改正調査会長、物価対策特別委員長、労働政務次官などを歴任し、経済評論家としても知られ、東京放送の「時事放談」などで活躍。平成元年海部内閣の科学技術庁長官に就任。渡辺派。4年引退。著書に「宰相中曽根康弘の思想と行動」「世界経済の基礎知識」「中国四千年史」「自分を守る経済学」「ペレストロイカの理論と実際」「言葉の文化史」「政治改革の原点―政界汚職百年史」など。　[団]日本科学技術振興協会, 独禁法研究協議会　[趣]尺八, 水泳

斎藤 喜十郎　さいとう・きじゅうろう
衆院議員(憲政会)　貴院議員(多額納税)　[生]元治1年7月(1864年)　[没]昭和16年1月13日　[出]新潟県　[学]脇村漢学塾　[歴]新潟商業会議所議員を経て、大正4年に衆院議員に1回だけ当選。昭和14年9月から22年5月まで貴院議員を務めた。他に第四銀行、新潟鉄工所・新潟銀行・新潟貯蓄銀行等の要職にも就いた。

斎藤 邦吉　さいとう・くにきち
衆院議員(自民党)　元・厚相　元・自民党幹事長　[生]明治42年6月26日　[没]平成4年6月18日　[出]福島県相馬市　[学]東京帝国大学法学部法律学科(昭和8年)卒　[資]弁護士　[賞]勲一等旭日大綬章(昭和62年)　[歴]昭和8年内務省入省。神奈川県地方課、内務省警保局図書課勤務の後、静岡県教育課長、厚生省勤労局企画課長、厚生・労働各大臣官房総務課長、労働省職機安定・労政各局長を経て、28年労働事務次官就任。33年政界入りし、福島3区から衆院議員に当選12回。この間、38年大蔵政務次官、39年内閣官房副長官、41年自民党総務、47年厚生大臣、51年党副幹事長、53年幹事長、55年厚生大臣、57年行政管理庁長官を歴任。労働・厚生畑の政策通として知られる。“自民党40日抗争”の際は幹事長として、手堅い党内運営で政局を乗り切った。宮沢派会長代行。　[家]長男＝斎藤邦彦(労働事務次官)

斎藤 珪次　さいとう・けいじ
衆院議員(政友会)　[生]万延1年3月25日(1860年)　[没]昭和3年3月21日　[出]武蔵国北埼玉郡三田ケ村(埼玉県羽生市)　[歴]慶応義塾、外国語学校に学び、明治16年自由党入党。25年以来衆院議員当選7回。政友会の闘士として活躍。30年自由新聞主幹、31年内務大臣秘書官。

斎藤 憲三　さいとう・けんぞう

衆院議員(自民党)　TDK創設者　⽣明治31年2月　没昭和45年10月31日　出秋田県由利郡仁賀保町　学早稲田大学商学部卒　秋田県平沢町長を経て、昭和17年衆院議員に初当選。以来通算5回当選。この間、経済企画政務次官、科学技術政務次官を務める。また自民党広報副委員長、対外経済協力副委員長、衆院科学技術振興対策特別委員長等を歴任。一方、東京電気化学工業(現・TDK)を創立し、代表取締役、顧問などを務めた。また49年本庄市内に心と心社を設立、55年まで小新聞「心と心」を発行。平成3年その縮刷版が刊行された。　家父=斎藤宇一郎(衆院議員)

斉藤 滋与史　さいとう・しげよし

元・静岡県知事　元・衆院議員(自民党)　元・建設相　⽣大正7年8月9日　出静岡県　学早稲田大学商学部(昭和16年)卒　勲勲一等瑞宝章(昭和63年)　昭和36年大昭和製紙副社長から39年吉原市長となり、41年合併で富士市長。44年以来衆院議員に当選6回(静岡2区)。国土・労働各政務次官、鈴木内閣の建設相を歴任したほか、田中派の若手でつくっている"七日会"の会長をつとめた。57年大昭和の危機に際し、社長に就任。政治家との二足のわらじをはくことになったが、再建終了の58年11月社長を辞任した。61年から静岡県知事に2選。平成5年病気のため辞任。　趣囲碁、ゴルフ、小唄　家父=斉藤知一郎(大昭和製紙創設者)、兄=斉藤了英(大昭和製紙名誉会長)、弟=斉藤喜久蔵(昭和特種製紙会長)、斉藤孝(大昭和製紙社長)

斎藤 十朗　さいとう・じゅうろう

参院議員(自民党　三重)　元・参院議長　元・厚相　⽣昭和15年2月5日　出三重県阿山郡伊賀町　学慶応義塾大学商学部(昭和37年)卒　三井銀行勤務を経て父の秘書となり、昭和47年父の急逝に伴う参院補選で自民党から当選、以来6期。大蔵政務次官、商工委員長を経て、61年第3次中曽根内閣の厚相に就任。平成7年史上最年少の55歳で参院議長に就任。10年再び議長。12年参院選比例区への非拘束名簿式導入などを盛り込んだ公職選挙法改正案をめぐる議会の空転に伴い辞任。竹下派、小渕派を経て、橋本派。　趣囲碁(4段)　家父=斎藤昇(厚相)、兄=斎藤七朗(苫小牧駒沢大学国際センター長)

斎藤 隆夫　さいとう・たかお

衆院議員(民主自由党)　⽣明治3年8月18日　没昭和24年10月7日　出兵庫県出石郡出石町　学東京専門学校(現・早稲田大学)行政科(明治27年)卒　エール大大学院に留学し、帰国後弁護士を開業。明治45年立憲国民党から衆院議員に当選し、以来13選。憲政会、立憲民政党に属し、浜口内閣の内務政務次官、第2次若槻内閣の法制局長官、斎藤内閣で再び法制局長官を歴任したが、昭和11年2.26事件直後の議会で"粛軍演説"を、また15年衆院本会議で陸軍を非難する演説を行い、衆院議員を除名された。17年翼賛選挙に非推薦で最高位当選。戦後、日本進歩党結成に参加、21年第1次吉田内閣、22年片山内閣で国務相として入閣した。23年民主自由党(民自党)創立に参加、総務会長、顧問をつとめた。著書に「比較国会論」「帝国憲法論」「回顧七十年」など。平成2年日記が公開された。　家二男=斎藤義道(衆院法政局次長)

斎藤 藤四郎　さいとう・とうしろう

衆院議員(政友会)　実業家　⽣明治19年10月22日　没昭和10年6月1日　出栃木県塩谷郡大宮村(現・塩谷町)　日本化学肥料取締役、人造肥料連合会幹事などを歴任。大正13年衆議院議員、当選2回。

斎藤 寿夫　さいとう・としお

元・参院議員(自民党)　元・静岡県知事　⽣明治41年1月11日　没平成11年5月24日　出静岡県富士市　学京都帝国大学法学部(昭和8年)卒　勲勲二等旭日重光章(昭和53年)　大阪府司法事務官、内務省警局、静岡県民生部長、総務部長

を経て、昭和26年から静岡県県知事を4期務めた。42年から衆院議員1期、46年参院議員に転じ、1期を務めた。

斎藤 利行　さいとう・としゆき
参議　⊕文政5年1月11日（1822年）　⊗明治14年5月26日　⊕土佐国（高知県）別名＝渡辺弥久馬　⊛初め渡辺弥久馬と称す。13代土佐藩主山内豊熈の御側物頭となる。おこぜ組の一人として活躍するが反対党のため失脚、その後吉田東洋の抜擢をうけ、豊熈夫人智鏡院の御用役に新おこぜ組の一人として務める。安政の初め近習目付となり、同3年頃藩の銃隊を組織するにあたり、その操練教授となり、後、仕置役に昇進。慶応3年7月長崎における英国水兵殺害事件に際し、後藤象二郎と共に談判委員として活躍。維新後斎藤利行と改名し、新政府に仕える。明治3年2月刑部大輔、5月参議となり、4年2月新律綱領撰修の功を賞され、8年7月元老院議官となった。

斎藤 昇　さいとう・のぼる
参院議員（自民党）　運輸相　厚相　警察庁長官　⊕明治36年1月28日　⊗昭和47年9月8日　⊕三重県阿山郡伊賀町　⊛東京帝大農学部（大正14年）卒、東京帝大法学部（昭和3年）卒　⊛昭和2年内務省入り。戦後官選山梨県知事、22年内務次官から警視総監。23年初代国家地方警察本部長官。現行の警察法を作り、戦後警察の基礎を築いたが、警察法改正で新設された警察庁初代長官に就任した。30年に退官。同時に自民党から参院選に出馬、以来4回当選。36年池田勇人内閣の運輸相。43年と46年の佐藤栄作内閣厚相を務めた。　⊛長男＝斎藤七朗（苫小牧駒沢大学国際センター長）、二男＝斎藤十朗（参院議員）

斎藤 実　さいとう・まこと
第30代首相　内大臣　海相　海軍大将　⊕安政5年10月27日（1858年）　⊗昭和11年2月26日　⊕陸奥国水沢（岩手県水沢市）　⊛海兵（第6期）（明治12年）卒　⊛明治17年海軍中尉としてアメリカに派遣され、21年帰国。その後、軍政、とくに行政畑を歩き、のち秋津洲・厳島各艦長、31年海軍次官を経て、39年第1次西園寺内閣の海相に就任、9年間在任。この間大正元年海軍大将、3年シーメンス事件で予備役編入。8年～昭和2年と4～6年朝鮮総督。昭和2年ジュネーブ海軍軍縮会議全権委員、枢密顧問官をつとめた。7年の5.15事件後、"挙国挙党内閣"を組織して反平沼騏一郎の体制を築くが、9年帝人事件にまきこまれ総辞職。翌10年内大臣。11年2.26事件で暗殺された。　⊛妻＝斎藤春子

斉藤 正男　さいとう・まさお
元・衆議院議員（社会党）　⊕大正7年9月13日　⊕静岡県浜北市　⊛浜松師範学校専攻科（昭和18年）卒　⊛勲二等瑞宝章（昭和63年）　⊛昭和11年から30年まで島田、浜松、引佐で教職に勤務。30年以来静岡県議に3選、42年以来衆院議員に5選し、55年退任。　⊛ゴルフ

斎藤 実　さいとう・みのる
元・衆院議員（公明党）　⊕大正12年9月25日　⊕青森県下北郡大湊町　⊛函館市立商工青年学校（昭和15年）修了　⊛勲二等瑞宝章（平成5年）　⊛昭和34年公明党の札幌市議、38年北海道議会1期を経て、42年衆院議員に初当選。1度の落選をはさんで6期つとめる。61年6月引退。

斎藤 安雄　さいとう・やすお
衆院議員（立憲政友会）　貴院議員（多額納税）　深谷銀行頭取　⊕慶応元年6月（1865年）　⊗昭和6年1月28日　⊕武蔵国（埼玉県）　⊛埼玉県師範卒　⊛小学校訓導、埼玉県議を経て、明治31年に埼玉県から衆院議員に初当選。以後通算5回当選する。また深谷銀行頭取をつとめた。

斎藤 良輔　さいとう・りょうすけ
衆院議員（憲政本党）　⽣弘化3年6月（1846年）　没明治42年6月22日　出山形県　歴和漢学を修めた後農業を営む。かたわら里正、戸長、町村連合会議員、水利土功会議員、山形県議、同議長等を歴任。明治25年衆院議員に初当選、以後通算6回当選する。

斎藤 和平太　さいとう・わへいた
衆院議員（立憲政友会）　⽣慶応1年4月（1865年）　没大正14年9月24日　出新潟県　歴漢学を修め、石油採掘、北海道開墾の業に従事。のち、西蒲原郡議、新潟県議、小池村長を経て、明治31年に衆院議員に初当選。以後連続4回当選。

西原 清東　さいばら・せいとう
衆院議員（立憲政友会）　同志社社長　農園経営者　⽣文久1年9月8日（1861年）　没昭和14年4月11日　出土佐国高岡郡出間村（現・高知県土佐市出間）　学立志学舎　歴明治17年立志学舎に入り、司法代言人（弁護士）の資格を得る。31年には全国最年少の38歳で、憲政党から衆院議員に当選。翌32年同志社社長に就任。35年渡米して、ハートフォードの神学校に入学。のちテキサス州ウェブスターに西原農場を創設、郷里より移民を導入してテキサス米を作り"ライス・キング"と呼ばれた。大正7年ブラジルへ再移民、在14年で甘蔗栽培や米作りを試みた。この間、移民会社支配人として移民促進に尽力、"移民の父"といわれた。

佐伯 剛平　さえき・ごうへい
自由民権家　⽣嘉永5年（1852年）　没明治44年10月15日　出備中国（岡山県）　歴明治初年上京し、講法学舎で法律を学び代言人となる。傍ら馬場辰猪、大石正巳らと自由民権運動に参加、演説を巧みにした。のち33年会津若松で弁護士を開業した。

佐伯 宗義　さえき・むねよし
元・衆院議員（自民党）　富山地方鉄道会長　⽣明治27年2月28日　没昭和56年8月4日　出富山県立山町　経済学博士　栄紺綬褒章（昭和23年）、藍綬褒章（昭和35年）、勲二等瑞宝章（昭和40年）、勲二等旭日重光章（昭和45年）、富山市名誉市民（昭和54年）　歴大正13年福島電鉄専務、のち社長、会長を歴任。昭和5年富山電気鉄道を創立、社長。18年富山地方鉄道と改称。立山、黒部一帯の観光開発に努め、29年会長。この間、22年に富山1区から初当選以来、衆院議員8期。著書に「複式企業論」「水力と電力」「日本鋳直し」など。　家妻＝佐伯芳子（東越興業会長）

嵯峨 実愛　さが・さねなる
刑部卿　⽣文政3年12月5日（1820年）　没明治42年10月20日　出京都府　別名＝正親町三条実愛　歴初め正親町三条と称す。参議、権中納言、権大納言を経て、万延元年6月議奏となって朝政に参加。討幕派公家の勢力が強い中、当時中立派だったため、蟄居。慶応3年討幕にかわり、復官。この頃岩倉具視、中山忠能、中御門経之らと王政維新達成の中堅として奔走。明治維新後、内国事務総督を務め、明治2年刑部卿となる。3年12月嵯峨と改姓。　家父＝正親町三条実義（参議）

境 一雄　さかい・かずお
元・衆院議員（社会党）　⽣明治33年11月8日　没昭和58年9月17日　出北海道小樽市　学早稲田大学政経科中退　歴大正15年日本労働組合評議会道地方評議会議長に就任。同年5月1日、小樽で行われた道内初のメーデーの実行委員長として活躍した。戦後は昭和22年から3年半、社会党衆院議員、27年からは小樽市議を3期、この間、30年には同副議長を務めた。57、58年には春の叙勲を「現体制を擁護する勲章はいらない」と辞退した。

坂井 大輔　さかい・だいすけ

衆院議員（政友会）　⽣明治20年10月　没昭和7年5月9日　出福岡市　学早稲田大学卒　歴米国遊学、第1次大戦後の欧州を巡遊して帰国。外務省嘱託としてワシントン会議に出張。政友会に属し、福岡4区から衆院議員に当選5回、逓信参事官を務めた。

酒井 忠義　さかい・ただあき

小浜藩知事　⽣文化10年7月9日（1813年）　没明治6年12月5日　出若狭小浜藩　藩主酒井忠進の六男。天保5年藩主となり、寺社奉行を経て、京都所司代を務める。大老井伊直弼による安政の大獄に協力し、和宮降嫁を実現させるが、文久2年辞職し蟄居処分となる。明治1年養子で時の藩主忠氏の死去により家督を再相続、2年版籍奉還により小浜藩知事となり、廃藩置県により免官。

酒井 忠亮　さかい・ただあき

貴院議員　子爵　⽣明治3年10月　没昭和3年8月1日　学東京帝国大学法科卒　歴明治17年華族令により子爵。34年以来貴院議員に選ばれ、研究会に所属、常務委員を務めた。また横浜正金銀行、海外興産、高砂商事などで重役。　家父＝酒井忠經（越前敦賀藩主）

酒井 忠経　さかい・ただつぐ

敦賀藩知事　⽣嘉永1年9月1日（1848年）　没明治17年12月5日　出江戸・馬場先門　歴慶応3年家督を相続して越前敦賀藩主となる。維新の難局にあたり、先代以来の佐幕派を転じて新政府に恭順。明治2年版籍奉還により敦賀藩知事。3年敦賀藩の鞠山藩へ改称のと小浜藩合併により小浜藩権知事となり、4年廃藩置県により免職。

酒井 忠正　さかい・ただまさ

貴院副議長（伯爵）　農相　⽣明治26年6月10日　没昭和46年2月16日　出東京市本郷　別名＝阿部元彦　学京都帝大法科大学（大正7年）卒　歴明治43年伯爵酒井忠興の養子となり、大正8年襲爵。9年司法相秘書、11年鉄道相秘書、12年貴院議員。帝国農会会長、内閣調査局参与、昭和14年阿部信行内閣の農相、19年貴院副議長。一方、安岡正篤に傾倒、自邸内に金鶏学院を創設、7年安岡と国維会を結成、国民精神総動員運動にも参加。翼賛会総務、翼政協委員、翼政会常任総務などを務め戦後戦犯として逮捕された。解除後27年からヒロポン患者更生の復光会会長、中央競馬会理事長、横綱審議会委員長などを歴任。相撲の殿様といわれ著書に「相撲随筆」「日本相撲史」などがある。　家実父＝阿部正桓（旧福山藩主・伯爵）、養父＝酒井忠興（伯爵）、妻＝酒井美意子（評論家・随筆家）、長男＝酒井忠元（伯爵）

酒井 忠宝　さかい・ただみち

庄内藩知事　⽣安政3年6月13日（1856年）　没大正10年9月17日　出羽国庄内（山形県）　幼名＝徳之助　歴奥羽越列藩同盟に加盟した兄の酒井忠篤が新政府軍に降伏、所領没収の上謹慎を命じられたことにより、明治1年家督を相続して出羽庄内藩主となる。2年磐城国平藩転封により平藩知事に任命されるが、庄内藩復帰をゆるされ、庄内藩知事となる。庄内藩は大泉藩に改称。4年廃藩置県により免職となり東京に居住。6年法学を学ぶためドイツに留学、12年帰国。　家父＝酒井忠発

酒井 忠美　さかい・ただよし

安房加知山藩知事　子爵　⽣安政5年10月（1858年）　歴万延1年父の死により安房勝山藩主を襲封。戊辰戦争では新政府軍に恭順し、明治2年勝山の加知山への改称と版籍奉還により加知山藩知事に任命される。4年廃藩置県により加知山県知事となるが、同年廃県により免職。

坂井 時忠　さかい・ときただ

元・兵庫県知事　⽣明治44年9月18日　没平成2年1月19日　出佐賀県　学東京帝大法学部法律学科（昭和10年）卒　賞勲一等瑞宝章（昭和61年）　歴昭和10年内務省に入り、埼玉、兵庫各県警察隊長、兵庫県警本部長、警察庁長官官房

長、警察庁警務局長、近畿管区警察局長を歴任。37年阪神高速道路公団理事、38年兵庫県副知事を経て、45年以来知事に4選。61年引退。

酒井 俊雄　さかい・としお
元・衆院議員（国協党）　[生]明治31年6月　[没]昭和57年8月5日　[出]愛知県　[学]中央大学専門部法律科（昭和4年）卒　[歴]昭和21年、22年の総選挙に愛知4区から当選。協同民主党政調法制部長、国民協同党政調司法部長、中央委員を務めた。

酒井 利雄　さかい・としお
衆院議員　参院議員（自民党）　[生]明治24年7月　[没]昭和44年2月3日　[出]福井県　[歴]昭和17年衆院議員初当選。28年参院議員に転じる。福井放送（株）・福井駅ビル（株）各取締役、自民党党務委員、同党会計監督、自民党福井県支部（連）会長、参院逓信委員長等を務める。

堺 利彦　さかい・としひこ
社会主義者　ジャーナリスト　評論家　小説家　[生]明治3年11月25日　[没]昭和8年1月23日　[出]豊前国仲津郡豊津村（現・福岡県京都郡豊津町）　号＝堺枯川，筆名＝貝塚渋六　[学]一高（明治21年）中退　[歴]豊津藩士族の子として生まれる。一高中退後、小学校教師、新聞記者などを経て、明治32年万朝報社に入社。35年社会主義協会に参加。日露戦争の開戦前夜、幸徳秋水、内村鑑三らと共に「万朝報」に非戦論を展開。36年同社退社後は幸徳と平民社を創設し、週刊「平民新聞」を発刊して社会主義の狼火をあげる。39年日本社会党結成に参加、同党禁止後は幸徳系の金曜会に属したが、41年赤旗事件で入獄。以後は売文社を拠点にマルクス主義の立場をつらぬき、"冬の時代"にも、風刺的な痛烈な戯文を書いて抵抗し、大正期の思想、社会運動に強い影響をあたえた。大正9年日本社会主義同盟を結成、11年日本共産党創立に参加して総務幹事長（委員長）に就任。翌年検挙後は社会民主主義に転じ、無産政党を支持。昭和2年共産党を脱党。4年普通選挙法による東京市会議員に最高点で当選。評論家・小説家としても活躍し、代表作に「悪魔」「肥えた旦那」「楽天囚人」「売文集」「猫のあくび」「猫の百日咳」など。「堺利彦全集」（全6巻）がある。　[家]妻＝堺為子（社会運動家），長女＝近藤真柄（婦人運動家）

坂井 弘一　さかい・ひろいち
元・衆院議員（公明党）　[生]昭和4年3月21日　[出]和歌山県日高郡南部町　[学]摂南工専電気工学科（昭和23年）卒　[歴]食品会社経営を経て、昭和42年和歌山県議、44年から衆院議員に8選。平成2年党副委員長。5年引退。

阪上 安太郎　さかがみ・やすたろう
元・衆院議員（社会党）　元・水球選手　[生]明治45年1月9日　[没]昭和59年2月27日　[出]大阪府茨木市　[学]早大政経学部卒　[歴]ロサンゼルス、ベルリン両オリンピックに水球選手として出場。昭和25年から高槻市長を2期。33年大阪3区から衆院議員に初当選、51年まで連続6期当選。

榊 利夫　さかき・としお
日本共産党名誉幹部会委員　元・衆院議員　[専]哲学・イデオロギー論　[生]昭和4年2月21日　[出]福岡県八女郡広川町　[学]早稲田大学大学院文学研究科（昭和30年）修士課程中退　[歴]海軍飛行予科練で終戦になる。昭和22年17歳で日本共産党に入り、早大卒業ののち、33年赤旗編集局に入り、理論政策部長、前衛編集長、理論委員長、赤旗編集局長などを歴任。54年より衆院議員に2選。日本共産党の中では、上田、不破に次ぐ理論家として活躍。

榊田 清兵衛　さかきだ・せいべえ
衆院議員（政友会）　[生]元治1年5月（1864年）　[没]昭和4年10月10日　[出]出羽国仙北郡大曲村　[歴]漢学を修め、町会、県会各議員、同参事会員、同議長を務め、大曲銀行、県農工銀行各取締役。明治41年以来衆院議員当選7回。政友会に属した。大正13年政友会分裂で床次竹二郎

の政友本党結成に参加、昭和4年政変で新党倶楽部が政友会に復帰した時、床次について復党、同会顧問となり、終始床次と行動を共にした。

榊原 千代 さかきばら・ちよ
元・衆院議員(社会党) 元・フェリス女学院理事長 ⓑ明治31年7月 ⓓ昭和62年4月28日 ⓞ静岡県 ⓔフェリス女学院(大正6年)卒、青山女学院(大正8年)卒 ⓟキリスト教功労者(第11回)(昭和55年) ⓡ昭和21年4月の戦後初の衆院選で福島1区から当選した女性初の代議士の1人。片山内閣で女性初の法務政務次官、フェリス女学院理事長などを歴任。

榊原 亨 さかきばら・とおる
元・参院議員(自民党) 十全会榊原十全病院理事長 医師 ⓟ臨床外科学 ⓑ明治32年11月3日 ⓓ平成4年1月27日 ⓞ福井市 ⓔ九州帝国大学医学部(大正14年)卒 医学博士(昭和3年) ⓟ勲三等旭日中綬章(昭和44年) ⓡ岡山医科大学助教授を経て、昭和7年榊原外科病院を開設、岡山県医師会長を務める。9年日本臨床外科学会を設立。17年心臓鏡を使い、世界で初めて僧帽弁閉鎖不全手術に成功。22年衆院議員1期。25年日本医師会副会長を経て、28年参院議員に転じ1期。党参院副幹事長、行政管理政務次官を務める。榊原十全会理事長、日本臨床外科医学会長、日本外科学会名誉会長を歴任。 ⓕ長男=榊原宣(東京女子医科大学教授)

坂口 仁一郎 さかぐち・じんいちろう
衆院議員 漢詩人 随筆家 ⓑ安政6年1月3日(1859年) ⓓ大正12年11月2日 ⓞ越後国中蒲原郡阿賀浦村(新潟県) 号=坂口五峰 ⓟ勲四等 ⓡ家は越後の大地主。漢学を修め、明治7年上京して同人社で英語を学んだ。米商会社の頭取となり、帰郷して県会議員、18年議長。米穀取引所理事を務め、35年以来衆院議員当選8回。日露戦争に従軍。憲政会新潟支部長のほか新潟新聞社長を務めた。一方漢詩、随筆家として名高く、著書に「北越詩話」(上下)、漢詩集「五峰遺稿」(上中下)がある。 ⓕ五男=坂口安吾(作家)、孫=坂口綱男(写真家)

坂口 力 さかぐち・ちから
衆院議員(公明党 比例・東海) 厚生労働相 ⓑ昭和9年4月1日 ⓞ三重県松阪市 ⓔ三重県立大学大学院医学研究科(昭和40年)修了 医学博士 ⓡ昭和40年三重県赤十字血液センターに入所。44年同センター所長。47年以来衆院議員に通算8選。公明党県本部長などを経て、平成5年細川内閣の労相。6年新進党、10年1月新党平和結成に参加。同年11月新公明党結成に参加、副代表に就任。12年12月第2次森改造内閣の労相、厚相に就任し、13年1月中央省庁再編で厚生労働相となる。4月の小泉内閣でも厚生労働相に就任。14年9月小泉改造内閣でも留任。

坂口 平兵衛 さかぐち・へいべえ
元・衆院議員(無所属倶楽部) 米子商工会議所名誉会頭 実業家 ⓑ明治39年2月15日 ⓓ昭和61年2月17日 ⓞ鳥取県 ⓔ明治大学政治経済学部(昭和4年)卒 ⓟ藍綬褒章(昭和45年)、勲三等旭日中綬章(昭和51年) ⓡ昭和16年3月から18年9月までと26年9月から54年3月まで米子商工会議所会頭、17年5月から20年8月まで衆院議員のほか、坂口(名)社長、米子製鋼所・日本製糸・山陰水産・山陰石油各社長、米子銀行頭取、山陰放送・米子高島屋・米子国際ホテル各会長を歴任。54年4月から米子商工会議所名誉会頭。

坂倉 藤吾 さかくら・とうご
元・参院議員(社会党) ⓑ昭和5年1月1日 ⓞ三重県伊勢市 ⓔ名古屋通信講習所(昭和23年)卒 ⓟ勲三等旭日中綬章(平成13年) ⓡ全逓三重地区本部委員長、三重県公労協議長、三重県労組協副議長を経て、昭和53年参院議員に当選。平成2年衆院選に出馬。 ⓗ囲碁、将棋、釣り、卓球

坂崎 斌　さかざき・びん

高知新聞編集長　自由民権運動家　ジャーナリスト　政治小説家　㊍嘉永6年11月7日(1853年)　㊙大正2年2月17日　㊳江戸(現・東京都)　号＝坂崎紫瀾, 幼名＝謙次, 別名＝鉄香女史, 芸名＝馬鹿林鈍翁　㊥江戸の土佐藩邸に藩医・坂崎耕芸の二男として生まれる。安政3年(1856年)土佐に戻り, 藩校・致道館で漢学などを修める。明治5年彦根の学校教官となったが, 上京して7年板垣退助の愛国公党結成に参画。8年司法省に出仕, 松本裁判所判事に就任したが, 征韓論のため下野。10年松本新聞主筆に転じ, 11年高知に帰り, 百做社編集長。13年高知新聞編集長となり, 以後,「土陽新聞」「自由灯」などの新聞で自由民権の論陣を張った。15年政治演説が禁止されると遊芸稼人の鑑札を受けて馬鹿林鈍翁を名乗り, 民権講釈の一座を組むが, 芸能界初の不敬罪に問われた。また同年板垣の遭難事件を劇化した「東洋自由曙」を上演。「自由灯」退社後は諸新聞の記者を務める傍ら執筆活動を行い, 後藤象二郎や板垣の伝記を著した。晩年は維新史料編纂局編纂委員を務めた。著作に坂本龍馬を描いた小説「汗血千里駒」の他,「鯨海酔侯」「維新土佐勤王史」などがある。日本で初めてビクトル・ユゴーの翻訳を手がけたことでも知られる。　㊲長男＝坂崎侃(哲学者)

坂下 仙一郎　さかした・せんいちろう

衆院議員(日本進歩党)　㊍明治9年11月　㊙昭和22年2月9日　㊳静岡県　㊧静岡県師範学校講習所卒　㊥雄踏町議, 同町長を経て静岡県議となる。昭和11年衆院議員に初当選。以来3回連続当選。この間浜松自動車組合長, 郡畜産組合長などを務める。

坂田 英一　さかた・えいいち

衆院議員(自民党)　農相　㊍明治30年3月27日　㊙昭和44年7月22日　㊳石川県加賀市　㊧東京帝大農学部(大正9年)卒　㊥農商務省に入り, 欧米出張中, ジュネーブの国際労働会議理事会に出席。のち特産課長, 農林省食品局長, 経済安定本部生活物資局長, 食糧配給公団総裁を歴任。昭和24年石川1区から衆院議員となり, 以来当選7回。その間第3次吉田茂内閣の物価政務次官, 衆院農林, 農林水産各委員長, 積雪寒冷単作地帯振興対策審議会会長を務め, 第1次佐藤栄作内閣の農相となった。また自民党広報副委員長, 組織委農林水産局長, 総務。また生産性政策国会議員視察団長, 日韓基本条約等の批准書交換式典特派大使, 東南アジア開発閣僚会議日本政府代表などを務めた。

坂田 警軒　さかた・けいけん

衆院議員　漢学者　㊍天保10年5月5日(1839年)　㊙明治32年8月15日　㊳備中国川上郡九名村(岡山県)　通称＝坂田丈平, 別名＝丈, 字＝夫卿, 別号＝九邨　㊥阪谷朗廬の興譲館(後月寺戸村)で15歳から学び, 都講となった。万延元年肥後の木下犀潭に入門, 慶応元年江戸に出て安井息軒に師事。帰国後岡山藩家老池田天城の賓師となり, 明治元年興譲館長となった。12年岡山県会議員, 次いで議長, 19年京都同志社講師, 23年以来衆院議員当選3回。のち慶応義塾, 高等師範, 斯文学会, 哲学館などの講師を務めた。

坂田 丈平　⇒坂田警軒(さかた・けいけん)を見よ

坂田 道男　さかた・みちお

衆院議員(翼賛議員同盟)　八代市長　経済学者　㊍明治20年5月18日　㊙昭和48年1月4日　㊳熊本県　㊧東京帝大独法科(明治45年)卒　㊲八代市名誉市民　㊥英国, ドイツに留学後, 第五高等学校講師, 教授を務めたのち植柳村会議員, 熊本県会議員を経て, 昭和12年熊本2区から衆院議員となった。戦後は八代市長となり, 植柳漁業組合長, 八代郡水産会評議員, 同農会長, 同実業団体連合会長, 九州木材防腐社長などを務めた。　㊳謡曲(金春流)　㊲父＝坂田貞(貴院議員), 長男＝坂田道太(衆院議長)

坂田 道太　さかた・みちた
元・衆院議長　元・法相　[生]大正5年7月18日　[出]熊本県八代郡植柳村（現・八代市植柳下町）　[学]東京帝国大学独文科（昭和17年）卒　[賞]勲一等旭日桐花大綬章（昭和61年）　[歴]昭和21年以来、熊本2区から衆院議員連続17回当選。34年厚相、43年から文相を2期、49年防衛庁長官、56年法相と歴任。55年安全保障特別委員会初代委員長に就任。祖父、父と三代続いた保守政治家。60年衆院議長となり、61年5月衆院定数是正で8増7減の調整案を取りまとめる。教育、防衛問題に詳しい党内ハト派の政策通。平成2年引退、3〜9年成城学園理事長。著書に「大学—混迷から再建へ」「小さくても大きな役割」など。[趣]クラシック, 油絵　[家]父＝坂田道男（衆院議員), 祖父＝坂田貞（貴院議員）

阪谷 芳郎　さかたに・よしろう
蔵相　貴院議員（男爵）　財政家　子爵　[生]文久3年1月16日（1863年）　[没]昭和16年11月14日　[出]備前国（岡山県）　[学]東京大学政治学理財学科（明治17年）卒　法学博士　[歴]大蔵省に入り、主計局調査課長、予算決算課長、日清戦争では大本営付として戦時財政を運用、明治30年主計局長、34年大蔵省総務長官、36年次官、39年西園寺公望内閣の蔵相となり日露戦後の戦時公債を整理償還。40年男爵、蔵相辞任後洋行し、45〜大正4年東京市長。5年パリ連合国経済会議に出席、6年貴族院議員、以後5選。昭和に入り軍部の財政拡張要求に反対、「狒虎（ヒットラー）にまんまと一ぱい喰はされて国をあやまる罪ぞ恐ろし」の狂歌がある。学校、学会など文化事業に多く関係し“百会長”といわれた。初の国勢調査や軍艦三笠の保存に尽力。16年子爵。[家]長男＝阪谷希一（植民地官僚）

坂野 重信　さかの・しげのぶ
参院議員（自民党）　元・自治相　[生]大正6年7月23日　[没]平成14年4月17日　[出]鳥取県東伯郡北条町　[学]東京帝大工学部土木工学科（昭和16年）卒　工学博士　[賞]勲一等旭日大綬章（平成12年）　[歴]昭和16年内務省に入省して、すぐに陸軍技術部に入隊。戦後は茨城県庁、大阪府庁を経て、30年建設省入省。41年関東地方建設局長、42年河川局長、45年技監、47年事務次官を歴任して退官。49年全国区から参院議員に当選、61年には鳥取選挙区に転じ通算5期。63年竹下改造内閣の自治相に就任し、平成元年宇野内閣でも留任。6年予算委員長。竹下派を経て、小渕派、のち橋本派。

坂村 吉正　さかむら・よしまさ
元・衆院議員（自民党）　[生]大正2年6月19日　[没]昭和58年6月2日　[出]群馬県　[学]東京大学法律学科（昭和12年）卒　[歴]昭和33年の第30回総選挙で群馬二区から初当選、以来4期連続衆院議員。43年から45年まで防衛政務次官、51年1月から同9月まで内閣委員長。

坂本 一角　さかもと・いっかく
衆院議員（日本進歩党）　[生]明治30年10月　[没]昭和22年4月8日　[出]東京　[学]日本歯科医学専門学校（大正10年）卒　[歴]東京高等拓殖学校長、拓殖大学教授を務める。東京市議、同参事会員などを歴任。昭和3年、第1回普通選挙で衆院議員に初当選。以来通算4回当選。

坂本 金弥　さかもと・きんや
衆院議員　[生]慶応1年2月（1865年）　[没]大正12年10月22日　[学]仏蘭西法律塾中退　[歴]明治22年入江武一郎らと鶴鳴会を創立、政治運動をし、24年備作同好倶楽部と改称、さらに雑誌「進歩」を発行、のち日刊新聞（のちの中国民報）として発刊。この間、帯江鉱山を経営、40年大島製錬を創立、中国屈指の鉱山家となった。その間県会議員を経て衆院議員となり、数回当選。進歩党、国民党を経て桂太郎の同志会に入り幹部となった。

坂本 志魯雄　さかもと・しろお
衆院議員(政友会)　[生]明治4年4月　[没]昭和6年4月11日　[出]土佐国長岡郡瓶岩村(高知県)　[歴]専修大学に学び、中外商業新報記者、のち樺太庁嘱託となりアレクサンドロフスク港に出張。明治27年日清戦争には軍事探偵となり満蒙で活躍。29年フィリピン独立運動の際、台湾総督乃木希典の密命を帯びて活躍した。また中外石油会社取締役を務めた。高知県から衆院議員となり、政友会に属した。

阪本 泰良　さかもと・たいら
元・衆院議員(社会党)　元・中央大学教授　[生]明治37年8月　[没]昭和57年9月6日　[出]熊本県　[学]中央大学法学部英法科卒　[歴]昭和24年以来衆院熊本1区から通算6回当選。裁判対策特別委員長、衆院決算委員長等をを歴任。44年落選して政界を引退、弁護士、中央大教授としても活躍。著書に「法学講義要綱」「破産法要義」など。

坂元 親男　さかもと・ちかお
元・参院議員(自民党)　元・北海道開発庁長官　[生]明治44年2月2日　[没]平成10年4月17日　[出]宮崎県北諸県郡高崎町　[学]京都高蚕(昭和7年)卒　[賞]勲一等瑞宝章(平成1年)　[歴]宮崎県議5期を経て、昭和44年衆院議員に当選するが、47年落選。51年の参院補選で無所属で当選を果たし、自民党に入る。63年竹下改造内閣の北海道開発庁・沖縄開発庁長官に就任。当選3回。平成元年引退。

坂本 直寛　さかもと・なおひろ
自由民権運動家　[生]嘉永6年10月5日(1853年)　[没]明治44年9月6日　[出]土佐国安芸郡安田村(現・高知県安田町)　旧姓=高松　通称=南海男, 号=無外　[歴]土佐の郷士高松順蔵の次男、母千鶴は坂本龍馬の姉。伯父坂本権平の養子となる。英学を志し立志学舎に学ぶ。明治10年頃から文筆活動を開始し、17年高知県会議員、18年キリスト教に受洗。20年の暮れ、三大事件建白運動の総代として活躍、保安条例の適用を拒否して投獄された。30年北海道北見に入植し、移民結社・北光社を創立、自ら社長となり、キリスト教布教と開拓移民の指導にあたる。35年夕張で大日本労働至誠会の結成に人道主義的立場から参加、会長となり、苛酷な労働を強いられた炭鉱労働者や小作農民のために尽力した。

坂元 英俊　さかもと・ひでとし
衆院議員(立憲政友会)　[生]文久3年6月(1863年)　[没]昭和31年2月14日　[出]宮崎県　[学]慶応義塾　[歴]農業を営むかたわら、庄内村議、宮崎県議などを務め、明治35年衆院議員に初当選。以来、4期連続当選。ほかに陸軍雇員、台湾総督府台中県属などをつとめた。

阪本 勝　さかもと・まさる
元・兵庫県知事　元・衆院議員(社会党)　兵庫県立近代美術館長　評論家　[生]明治32年10月15日　[没]昭和50年3月22日　[出]兵庫県尼崎市　[学]東京帝大経済学部(大正11年)卒　[歴]大阪毎日新聞学芸部記者となるが、その後社会主義運動家、プロレタリア文学作家、政治家、美術評論家として活躍。兵庫県議3期、衆院議員2期などを経て、昭和26年尼崎市長、29年兵庫県知事を歴任し、知事退任後は兵庫県立美術館館長に就任した。6年戯曲「洛陽餓ゆ」を刊行、以後も「戯曲資本論」、随筆「市長の手帳」「知事の手帳」「流氷の記」、伝記「佐伯祐三」、歌集「風塵」などを刊行した。

坂本 三十次　さかもと・みそじ
元・衆院議員(自民党)　元・内閣官房長官　元・労相　[生]大正12年1月22日　[出]石川県鳳至郡穴水町　[学]東北帝国大学法学部(昭和22年)卒　[賞]勲一等旭日大綬章(平成8年)　[歴]昭和23年石川県教育委員。30年自民党に入党し、42年衆議院石川2区より立候補、以来当選11回。この間、47年環境政務次官、49年政務調査会外交部会長、51年審議委員、52年党副幹事長、53年文教常任委員長、同年党外交調査会副会長、54年党林政調査会副会長、57年党総務副会長、58年

労働大臣を歴任し、平成2年第2次海部内閣の官房長官に就任。旧河本派。12年引退。 [趣]剣道(7段), 読書, 書道 [家]長男＝坂本明(穴水町町長)

坂本 実　さかもと・みのる
衆院議員(自由党) [生]明治37年7月 [没]昭和45年2月5日 [出]山口県 [学]山口高商(昭和2年)卒 [歴]昭和21年衆院議員に初当選。以来3回連続当選。この間、衆院農林委員長、第3次吉田内閣の農林政務次官、民主自由党総務等を歴任。

崎山 嗣朝　さきやま・しちょう
衆院議員(日本進歩党) [生]明治41年5月 [没]昭和35年6月4日 [出]沖縄県 [学]京都帝国大学独法科卒 [歴]弁護士業に従事。のち那覇市議、沖縄県議を経て、昭和5年に衆院議員に初当選。以後、通算4回当選。

崎山 武夫　さきやま・たけお
衆院議員　実業家 [生]明治23年11月 [没]昭和9年5月11日 [出]鹿児島県 [学]中央大学経済学部(大正9年)卒, 日本大学法学科(大正10年)卒 [歴]鉄道書記官を務め、辞任後衆院議員に当選2回。鹿児島中央鉄道会社社長、九州窯業会社社長を兼務。

作田 高太郎　さくた・たかたろう
衆院議員(日本進歩党) [生]明治20年5月 [没]昭和45年3月15日 [出]広島県 [学]中央大学法律科卒 [歴]税務署属・戦時保険局属の職についた後、弁護士業従事。昭和3年に広島3区から衆院議員に初当選。以後、連続6回当選。広田内閣の文部参与官、阿部内閣の文部政務次官、大蔵省委員となる。また立憲民政党総務、日本進歩党総務をつとめ、ほかに関東航空計器・和田製本工業各社長にもなった。

作間 耕逸　さくま・こういつ
衆院議員(無所属)　貴院議員(勅選)　弁護士 [生]明治13年5月 [没]昭和26年1月2日 [出]山口県 [学]日本大学法学部(明治39年)卒 [歴]弁護士業に従事。東京市議、東京弁護士会常議員会議長、日本弁護士協会理事、東京弁護士会長を歴任、大正9年に東京府8区から衆院議員に初当選。以後13年にも衆院に当選している。昭和21年6月から22年5月まで貴院議員を務めた。

柵瀬 軍之佐　さくらい・ぐんのすけ
衆院議員　実業家 [生]明治2年1月15日 [没]昭和7年8月28日 [出]陸中国西磐井郡中里村 [学]英吉利法律学校(明治22年)卒 [歴]山梨日日新聞主筆から明治25年嚶鳴社、さらに毎日新聞編集長に転じ、立憲改進党入党。その後赤羽万次郎と北国新聞を発刊。27年日清戦争には毎日新聞戦時通信員となった。31年大倉組台湾支店支配人、38年合名会社柵瀬商会を設立、石炭、火薬、銅鉄などを販売。40年以来衆院議員当選6回。大正14年加藤高明内閣商工政務次官となり、昭和2年辞職、立憲民政党相談役。商工審議会、関税審議会、肥料調査委員会各委員も務めた。

桜井 三郎　さくらい・さぶろう
元・熊本県知事 [生]明治32年12月6日 [出]新潟県 [学]京都大学法律科(大正15年)卒 [歴]内務・外務各省勤務を経て、昭和21年官選熊本県知事に就任。22年熊本県最初の公選知事に当選して以来、連続3期つとめた。

桜井 錠二　さくらい・じょうじ
貴院議員(勅選)　東京帝大名誉教授　帝国学士院院長　理化学研究所副所長　化学者　男爵 [生]安政5年8月18日(1858年) [没]昭和14年1月28日 [出]加賀国金沢(石川県金沢市) [学]大学南校(現・東京大学)中退　理学博士 [資]帝国学士院会員 [歴]金沢藩士桜井甚太郎の六男として生まれる。明治4年大学南校に入学、9年英国に留学、ロンドン大で有機化学を学ぶ。14年帰国後、東京帝大講師となり、翌年日本人初の化学教授となる。40年東京帝大理科大学学長を務め、大正8年定年退官。この間、池田菊苗とともにベックマン沸点測定法を改良し、分子量測定装置を考案するなど業績をあげ、またわが国の化学教育の基礎を固めた。行政家としてもすぐれ、大正6年

の理化学研究所設立に努め、開所後は副所長となり、15年からは帝国学士院院長をつとめた。また日本学術研究会議、日本学術振興会の設立に尽力し、勅選貴院議員、枢密顧問官もつとめた。著書に「化学訳語集」(高松豊吉と共著)、遺稿集「思出の数々」がある。

桜井 新　さくらい・しん
参院議員(自民党　比例)　元・環境庁長官　㊓昭和8年4月8日　㊍新潟県北魚沼郡小出町　㊫早稲田大学理工学部土木学科(昭和32年)卒　㊩父の経営する伊米ケ崎建設に入社。昭和36年取締役、42年社長に就任。田中角栄の後援会・越山会の元青年部長で、46年より新潟県議を2期務めた後、55年から衆院議員に6選。平成6年村山内閣の環境庁長官に就任。同年8月第二次世界大戦に関しての侵略否定発言で更迭。10年9月三塚派を離脱し亀井グループに参加。11年3月村上・亀井派を経て、江藤・亀井派。12年落選。13年参院選比例区に当選。昭和37年に新和コンクリートを設立し、会長を務めるほか、兼任職は数多い。㊪ゴルフ, スポーツ全般

桜井 忠興　さくらい・ただおき
貴院議員　子爵　㊓弘化5年1月8日(1848年)　㊚明治28年4月29日　㊩尼崎藩主桜井忠栄の第7子として生まれ、文久元年襲封。同年7月禁門の変に西宮を守衛、慶応元年幕府の長州再征に進んで従軍を請い、3年11月諸侯会同の朝命に応じて上京した。明治2年版籍奉還により尼崎藩知事となる。のち大和の大神神社の宮司となったが、西南戦争に際し日本赤十字社の前身博愛社の創立に尽力。自邸を同社に寄付し、自ら長崎に仮病院を設けて負傷者の救援に当った。17年子爵、23年貴院議員となるがまもなく辞任した。㊇父＝桜井忠栄(尼崎藩主)

桜井 忠剛　さくらい・ただたけ
尼崎市長　洋画家　㊓慶応3年(1867年)　㊚昭和19年10月15日　㊩尼崎藩主桜井家の正統だが、父忠顕の隠居により大叔父忠栄がこれを継いだため分家となる。早くから東京に出て勝安房邸に寄寓し川村清雄に学ぶ。明治20年東京府工芸品共進会で妙技2等賞、23年内国勧業博で褒状を受ける。27年頃松原三五郎らと関西美術会(第1次)を結成。31～33年新古美術品展で3等賞銅牌、34年同展で2等賞銀牌を受ける。33年京都美術協会に入り、34年京都で関西美術会(第3次)創立に参画し同会委員となる。同年同会第1回批評会で3等賞を受けるが、38年尼崎町長となり、大正5年尼崎初代市長に就任してからは次第に画壇から退いた。のち昭和3年、7年と3度市長を務めた。

桜井 兵五郎　さくらい・ひょうごろう
衆院議員(日本進歩党)　実業家　㊓明治13年8月8日　㊚昭和26年2月11日　㊍石川県　幼名＝正清　㊫早稲田大学政治経済科(明治44年)卒　㊩石川県議を経て、大正4年衆院議員に当選、選挙無効となったが5年再選。昭和6年以来連続9回当選、憲政会、立憲民政党に属し、商工参与官、民政党総務、岡田啓介内閣の拓務政務次官を経て15年党幹事長。また翼賛政治会、大日本政治会に属しビルマ派遣軍軍政顧問、翼政会総務、20年鈴木貫太郎内閣の国務相となった。敗戦後A級戦犯として逮捕され、23年釈放。北日本耐火煉瓦、北陸毎日新聞、日本タイプライターなどの社長を務めた。㊇三男＝桜井広明(石川県議)

桜内 辰郎　さくらうち・たつろう
衆院議員(立憲政友会)　参院議員(改進党)　㊓明治19年3月13日　㊚昭和29年11月14日　㊍島根県　㊫早稲田大学政治経済科卒　㊩昭和3年東京府1区から立憲民政党に属し衆院議員に選出され、次期選挙にも当選。22年には東京都から参院議員に当選した。国民民主党最高委員、参院予算、大蔵、外務各

委員長を務めた。このほか東海ラミー紡績社長、桜内商事社長、朝鮮産金社長なども歴任。

桜内 幸雄 さくらうち・ゆきお
蔵相　農相　商工相　衆院議員(民政党)　実業家　弁護士　⊕明治13年8月14日　⊗昭和22年10月9日　⊕島根県　⊕東京専門学校(現・早稲田大学)中退　⊕岐阜新聞、愛知新聞などで記者を務めていたが、実業家の雨宮敬次郎に認められ、実業界に入り、大日本軌道、日本高架鉄道の設立に参画、明治40年東洋競馬会を起こして理事。また銚子、石巻、埼玉、逗子などで電燈会社を創業、43年日本電燈株式会社を設立、取締役。のち揖斐川電気、琴用電力、出雲電気各社長を務めた。他に支那興業、利根川水力など電力数十社の重役、相談役を兼ねた。その間大正9年以来衆院議員(島根1区)当選8回、政友本党で政調会長、総務、民政党に合して初代幹事長、総務。昭和6年第2次若槻礼次郎内閣の商工相、14年平沼騏一郎内閣農相、15年米内光政内閣蔵相を歴任。翼賛会、日政会各顧問、鈴木貫太郎内閣の顧問、20年枢密院顧問官。21年公職追放。自伝に「蒼天一夕談」。　㊕四男=桜内義雄(衆院議員)

桜内 義雄 さくらうち・よしお
元・衆院議員(自民党)　元・衆院議長　元・外相　元・通産相　元・農相　元・建設相　元・国土庁長官　⊕明治45年5月8日　⊗平成15年7月5日　⊕東京・四谷尾張町　⊕慶応義塾大学経済学部(昭和10年)卒　⊕パドマ・ブーシャン(インド)(平成1年)、勲一等旭日桐花大綬章(平成5年)　⊕昭和10年鐘紡に入社。13年応召、14年除隊。蔵相の父・幸雄の私設秘書、民政党の桜井兵五郎の秘書となり、同時に日本電化を経営。22年東京1区で衆院議員に当選。いったん参院に回った後、27年父の選挙区島根全県区を継承した。通算18回当選。39年通産相、47年農相、52年建設相、同年国土庁長官、56年外相などを歴任。この間、55年の衆参同日選挙では大平正芳首相の急逝に遭うが、自民党幹事長として混乱する党内をまとめ、大勝に導いた。平成2〜5年衆院議長を務め、在任中の4年社会党議員が牛歩戦術で激しく抵抗する中、国連平和維持活動(PKO)協力法の採決にこぎ着け、同法を成立させた。スポーツ議員連盟会長、日本国際貿易促進協会会長も務めた。11年3月史上5人目となる議員在職50年を迎え、特別表彰された。中曽根元首相と行動を共にし、のち渡辺派を経て、村上・亀井派。12年引退。　㊕父=桜内幸雄(蔵相)

桜田 儀兵衛 さくらだ・ぎへえ
柳原町(京都府)初代町長　⊕天保3年(1832年)　⊗明治26年11月7日　⊕京都・銭座跡村　幼名=繁蔵　⊕39歳の時、解放令が発令され地区の戸長に就任、その後すぐに六条村、銭座跡村、大西組が集まった柳原庄の連合戸長となる。解放令発令後、ほとんどの被差別身分地区は財力不足などの理由からそれまでの支配から抜け出せなかったが、小学校建設のための土地と費用の提供、火災や天災による被災者を救済、コレラの流行時には衛生状態保持を努力するなど私財を投げ打ち地区改善に尽力、行政手腕を発揮した。またドイツ人技師を招き、本格的な製靴場の設置を考えるなど実業家としても活躍した。明治22年市町制施行により柳原庄は愛宕郡柳原町に変更、選挙により初代町長に当選した。没後の平成7年には功績を称えた顕彰碑が町民の手によって建てられた。

迫水 久常 さこみず・ひさつね
参院議員(自民党)　衆院議員　郵政相　大蔵官僚　⊕明治35年8月5日　⊗昭和52年7月25日　⊕鹿児島県鹿児島市　⊕東京帝国大学法学部英法科(大正15年)卒　⊕大正15年大蔵省に入り、昭和5年甲府税務署長、9年岳父岡田啓介首相の秘書官となる。2.26事件当時、首相救出に活躍。その後12年理財局企画課長、のち総務局長、19年銀行保険局

長を経て、20年鈴木終戦内閣の書記官長となり、終戦工作の舞台裏で奔走した。戦後22年公職追放、26年解除。昭電疑獄事件に連座し起訴されるが無罪判決。27年衆院議員となり2期、31年から参院議員を4期務める。その間池田内閣の経済企画庁長官、郵政相を歴任した。著書に「機関銃下の首相官邸」「大日本帝国最後の四カ月」など。
㊈妻＝迫水万亀(日本生活文化交流協会会長), 長男＝迫水久正(社会福祉・医療事業団理事)

左近司 政三　さこんじ・せいぞう
商工相　貴院議員(勅選)　海軍中将
㊓明治12年6月27日　㊚昭和44年8月30日　㊍大阪　㊫海兵(第28期)(明治33年)卒, 海大(明治45年)卒　㊡日露戦争に「磐城」航海長で従軍。海大卒業後第1艦隊参謀、練習艦隊参謀、大正7年以降オランダ、英国駐在、帰国後「矢矧」「長門」艦長、人事局第1課長、軍務局第1課長、昭和2年軍務局長、3年中将、5年ロンドン海軍軍縮会議首席随員、同年10月練習艦隊司令長官、6年海軍次官、次いで第3艦隊司令長官、佐世保鎮守府司令長官、9年予備役。10年北樺太石油会社社長、16年第3次近衛文麿内閣の商工相、18年貴族院議員、20年鈴木貫太郎内閣国務相で敗戦。

佐々 栄三郎　ささ・えいざぶろう
元・衆院議員(社会党)　㊓明治44年8月10日　㊚平成2年1月28日　㊍香川県　㊫早稲田大学法科(昭和10年)卒　㊡香川県議、社会党同県連書記長などを経て、昭和42年1月から衆院議員を1期務めた。また香川県の百姓一揆の研究家として知られ、著書に「讃州百姓一揆史」などがある。

佐々井 一晁　ささい・いっちょう
衆院議員　やまとむすび総務委員長　社会運動家　㊓明治16年2月22日　㊚昭和48年1月12日　㊍兵庫県氷上郡葛野村(現・氷上町)　本名＝佐々井晁次郎　㊫神戸市パルモア英学院高等科(明治41年)卒　㊡内務省嘱託をしていたが、昭和2年平凡社社友となり、懸賞論文「五十年後の太平洋」を「大阪毎日新聞」「東京日日新聞」に発表。7年下中弥三郎と経済問題研究会を設立し、同年新日本国民同盟創立で書記長。12年日本革新党を結成、総務委員。15年日本主義を主導して大日本党主宰となる。17年衆院議員に当選、同時に大日本党を思想結社“やまとむすび”に改組、総務委員長に。敗戦後は引退生活を送る。また奥むめおと永年にわたり同居生活を続けていた。
㊈兄＝佐々井信太郎(二宮尊徳研究家)

佐々木 一郎　ささき・いちろう
元・津山町(宮城県)町長　㊓明治43年7月24日　㊚平成14年5月30日　㊍宮城県本吉郡津山町　㊫佐沼中(旧制)卒　㊮河北文化賞(平元年度, 第39回)「木工芸の育成など地場産業の振興」, 朝日森林文化賞奨励賞(第8回)(平成2年), 津山町名誉町民(平成3年)　㊡昭和23年陸軍大尉で復員し、家業の呉服店経営。宮城県・津山町消防団長、家裁調停委員などを経て、49年以来津山町長を務め、4選。林業の町再生を柱にした町政を進め、“もくもくランド”の建設をはじめとする独創的な町おこし策として数々の関連事業に取り組み、町の名を全国に広めた。63年から全国山村振興連盟理事を務め、平成3年名誉町民に選ばれた。　㊙読書

佐々木 家寿治　ささき・かじゅじ
元・宮城県知事　衆院議員(政友会)　㊓明治19年12月7日　㊚昭和29年3月2日　㊍宮城県　㊫盛岡高農卒　㊡石炭鉱業取締役、吉川人造石工監査役を経て、宮城県議会議長に選出される。昭和7年から衆議院議員に3回当選。日本度量衡取締役、潜ヶ浦石材監査役を経て、昭和24年宮城県知事に当選。

佐々木 喜久治　ささき・きくじ
元・秋田県知事　[生]大正10年11月25日　[出]秋田県鹿角郡小坂町　[学]東北帝国大学法文学部(昭和19年)卒　[歴]昭和21年内務省入省。自治庁財政局理財課長、自治省税務局府県税課長、財政局財政課長を歴任。41年徳島県副知事となり、43年自治大臣官房参事官、46年自治省税務局長、48年消防庁長官、51年秋田県副知事を経て、54年知事に当選、5期。秋田県の公費乱用問題をめぐり、平成9年3月末で辞任。同年まで秋田経済法科大学理事長も務める。著書に「固定資産税」「事業税」など。　[趣]写真, コインコレクション

佐々木 更三　ささき・こうぞう
元・衆院議員　元・日本社会党委員長　[生]明治33年5月25日　[没]昭和60年12月24日　[出]宮城県津山町　幼名＝弥左衛門　[学]日本大学専門部政治科(昭和3年)卒　[歴]三陸沿岸の貧農の三男に生まれ、炭焼き人夫、製糸工場の臨時雇いなどを経て、24歳で上京。働きながら夜は日大専門部政治科に学び、社会民衆党に入党。以来労働運動、農民運動に身を投じた。戦前は地元・宮城県を根拠地に運動を展開、仙台市議を務めた。戦後日本社会党結成に参加。昭和22年宮城県から衆院議員に初当選し、以来連続11回当選。党内では鈴木茂三郎とともに左派路線を確立、33年の左右社会党の合同ではその推進役として活躍。40年委員長に就任し、約2年間務めた。ズーズー弁と飾り気のない人柄で庶民型委員長として人気を博した。また親中国派のリーダーでもあり、日中国交正常化に大きな足跡を残した。51年の落選を機に53年政界を引退。著書に「炭焼きから日中のかけ橋まで」「社会主義的・的政権」など。

佐々木 志賀二　ささき・しがじ
衆院議員(立憲政友会)　貴院議員(多額納税)　[生]明治15年2月　[没]昭和9年9月18日　[出]岡山県　[学]東京帝国大学政治科(明治42年)卒　[歴]韓国総監府理事庁属、朝鮮総督府中枢院属兼朝鮮総督府属、同試官、同道事務官となり、忠清北道財務部長、同第2部長、全羅北道・京畿道名第2部長を歴任。大正9年岡山3区より衆院議員に当選、1期。また、多額納税により貴院議員となる。

佐々木 静子　ささき・しずこ
元・参院議員(社会党)　佐々木静子法律税務事務所所長　日本女性人権協会会長　弁護士　[生]大正15年8月27日　[出]大阪府大阪市　[学]大手前高女(昭和19年)卒　[賞]勲三等宝冠章(平成8年), 大阪府女性基金プリムラ賞(平成11年)　[歴]昭和30年関西最初の女性弁護士として登録。46～52年参院議員を経て、弁護士事務所を開設。たびたび訪中しており、中国の法体系に詳しい。著書に「もえる日日―わたし自身の暦」、編著に「女性のライフサイクルと法―家庭・職場・社会」「中国ビジネス法体系」など。

佐々木 正蔵　ささき・しょうぞう
衆院議員　[生]安政2年(1855年)　[没]昭和11年2月7日　[出]筑前国三井郡味坂村(福岡県)　[賞]勲三等　[歴]漢学を修め、戸長、福岡県議、町村連合会議長、内務省土木会議議員、治水会議常任幹事などを経て、明治23年第1回以来福岡県から衆院議員当選10回。大成会、国民協会、山下倶楽部、憲政本党、憲政会などに属し、農商務省参事官兼山林局長を務めた。

佐々木 政乂　ささき・せいがい
衆院議員(無所属)　[生]安政3年9月26日(1856年)　[没]明治40年5月19日　[出]和泉国(大阪府)　[学]京都師範卒　[歴]公立小学校教員、郡書記、大阪府議、士族授産事業負担人、所得税調査委員を歴任。明治23年大阪府郡部より衆院議員に当選、6期。また南海鉄道ほか取締役、大阪農工銀行監査役となる。　[家]九男＝佐々木勇蔵(泉州銀行頭取)

佐々木 高行　ささき・たかゆき
枢密顧問官　侯爵　⽣天保1年10月12日（1830年）　歿明治43年3月2日　国学、兵学、剣道を修め、尊攘派として土佐藩内の保守、公武合体、勤王各派の間に立って活躍。慶応2年藩主山内容堂の命で太宰府にあった三条実美を訪ね、帰国後藩論を倒幕にまとめた。さらに坂本龍馬らと図り藩主に大政奉還の建議を勧めた。明治元年鳥羽伏見の戦いでは長崎奉行所を占領、治安維持に尽力。維新後新政府にあって長崎裁判所助役を振り出しに参議、司法大輔に進み、明治4年岩倉具視に従って欧米視察。6年征韓論で下野せず、10年西南戦争には、西郷軍についた立志社の片岡健吉、林有造らを逮捕させた。14年参議兼工部卿、21年枢密顧問官となり、明宮（大正天皇）らの教育主任。42年侯爵。

佐々木 長治　ささき・ちょうじ
衆院議員（立憲政友会）　貴院議員（多額納税）　伊予鉄道会長　⽣明治27年2月　歿昭和45年9月12日　出愛媛県　学東京高商卒　歴伊方郵便局長、西宇和郡議、同郡農会長、八幡浜商工会議所会頭、八幡浜市長、愛媛県商工経済会会頭などを経て、大正13年衆院議員に愛媛3区より初当選。以後2期連続して務める。また西南銀行、第29銀行、予州銀行各頭取等を歴任。また佐々木愛郷会を設立し、私立実践農業学校の経営、及び育英事業に尽力した。

佐々木 秀世　ささき・ひでよ
元・衆院議員　元・運輸相　日本武道館常務理事　⽣明治42年4月12日　歿昭和61年2月1日　出山形県東村山郡山辺町　学早稲田大付属早稲田工手学校（昭和3年）卒　勲勲一等瑞宝章（昭和55年）　歴旭川市議を経て昭和22年北海道2区から初当選。以来当選9回を果たしたが51年に引退した。運輸政務次官、衆院社会労働、議院運営各委員長、自民党国対委員長、広報委員長などを務めた国対、議運のベテラン。この間、47年7月、第1次田中内閣の運輸相に起用され、日中航空協定交渉でも運輸省の最高責任者として指揮をとった。ロッキード事件で、30ユニットのロ社資金3千万円のうち3百万円を受領したとされ、57年の全日空ルート判決で「灰色高官」の1人としての認定を受けた。　家息子＝佐々木秀典（衆院議員）

佐々木 文一　ささき・ぶんいち
衆院議員　⽣明治1年12月　歿昭和5年10月16日　出美濃国可児郡伏見村（岐阜県）　勲勲四等　歴明治41年岐阜県から衆院議員となり、当選4回。請願委員長を務め、政友会幹事、協議員。また日本大学理事を務めた。

佐々木 平次郎　ささき・へいじろう
衆院議員（政友会）　実業家　⽣明治6年4月22日　歿昭和10年4月21日　出秋田県由利郡金浦町　歴北海道函館で漁業を経営。樺太定置漁業水産組合長、露領水産組合評議員を務め、北日本汽船、北海鉄道各重役、樺太漁業、佐々木倉庫、壽都鉄道各社長。早くから政友会に属し、北海道3区から衆院議員当選6回。議員代表としてウラジオ派遣軍慰問、日露漁業交渉のためウラジオに数回渡った。また漁業条約改訂顧問としてモスクワにも出張。

佐々木 満　ささき・まん
元・参院議員（自民党）　元・総務庁長官　⽣大正15年4月20日　出秋田県湯沢市　学東京大学法学部政治学科（昭和25年）卒　勲勲一等瑞宝章（平成12年）　歴厚生省に入省後、昭和51年参院議員に当選。平成2年第2次海部改造内閣の総務庁長官に就任。参院宗教法人等特別委員長なども務めた。当選4回、渡辺派。10年引退。

佐々木 盛雄　ささき・もりお
元・衆院議員（自民党）　⽣明治41年8月23日　歿平成13年8月25日　出兵庫県　学東京外国語大学（昭和7年）卒　歴報知新聞社入社。外信部、政治部各記者、海外特派員を経て、同紙廃刊後、自由新聞を創刊。編集局長、渉外部長、論説委

員を歴任。昭和22年以来、衆院議員に4選。この間、自由党情報部長、衆院厚生委員長、外務委員長、第一次池田内閣官房副長官などを歴任した。著書に「天皇制打倒論と闘う」「反共読本」など。
⑲スポーツ

佐々木 安五郎 ささき・やすごろう
衆院議員(新正倶楽部) ⑮明治5年1月17日 ⑯昭和9年1月1日 ⑰山口県豊浦郡阿川村(現・豊北町) 号＝照山 ⑱九州学院(明治27年)卒 ⑲明治27年日清戦争に出征、のち台湾総督府吏員となったが、すぐ辞職、雑誌「高山国」を発刊、また「台湾民報」主筆となり、総督府を批判した。37年大和の資産家土倉鶴松の依嘱で内蒙古を探検、"蒙古王"といわれた。帰国後41年以来衆院議員当選4回、又新会、立憲国民党、革新倶楽部、新正倶楽部などに属し、野党闘将として活躍。浪人会にも所属。

佐々木 義武 ささき・よしたけ
元・衆院議員(自民党) 元・通産相 元・科学技術庁長官 ⑮明治42年4月3日 ⑯昭和61年12月13日 ⑰秋田県河辺郡河辺町 ⑱東京帝国大学経済学部(昭和8年)卒 ⑲勲一等旭日大綬章(昭和60年) ⑳満鉄調査部に入社、興亜院、企画院、大東亜省、内閣調査局各調査官を歴任。昭和22年経済安定本部に転じ、経済計画室長、経済審議庁計画部長を歴任。31年科学技術庁原子力局長を経て、35年秋田1区より衆院議員に当選。当選9回。この間、40年厚生政務次官、43年自民党政調会科技特別委員長、46年党総務、47年党政調審議委員、49年科学技術庁長官、53年党副幹事長、54年通産大臣を歴任。61年6月引退。
⑲読書

佐々木 良作 ささき・りょうさく
元・衆院議員(民社党) 元・民社党委員長 ⑮大正4年1月8日 ⑯平成12年3月9日 ⑰兵庫県養父郡八鹿町 筆名＝佐々木良素 ⑱京都帝国大学法学部(昭和14年)卒 ⑲昭和14年日本発送電に入社。電産労組の初代書記長、副闘争委員長と

なる。22年に参院選に無所属で出馬し、全国区第8位で当選。27年電産の分裂で参院選再出馬を断念。同年電源開発会社の総務部長に就任、29年退社。30年郷里の兵庫5区から衆院選に右派社会党代議士として当選。34年同党の分裂騒動で、民社党創設に参加。以来、同党の国対委員長、書記長、副委員長を歴任し、52年11月第4代委員長に就任、理論面での指導者として、野党連合や与野党連合の構想を具体化した。60年退任。衆院当選12回。平成2年引退。民社協会顧問。 ㊕兄＝升本喜兵衛(中大学長)、弟＝佐々木剛(洋画家)

笹口 晃 ささぐち・あきら
元・衆院議員(社会党) ⑮明治37年2月16日 ⑯平成1年3月3日 ⑰東京 ⑱中央大学法学部中退 ⑲横須賀市議、神奈川県議を経て、昭和22年の総選挙で社会党(神奈川2区)から立候補して当選、1期務めた。 ㊕長男＝笹口穣(ニコン常務)

笹沢 魯羊 ささざわ・ろよう
大畑町長 郷土史家 ⑮明治18年1月8日 ⑯昭和47年2月13日 ⑰青森県三戸郡八戸町(現・八戸市) 本名＝笹沢善八 幼名＝虎之助 ⑱正則英語学校夜間部卒 ⑲東奥賞(第15回)(昭和37年)、青森県文化賞(昭和44年) ⑳明治36年八戸尋常小学校を中退して上京し、内閣統計局に勤めながら正則英語学校夜間部に学ぶ。同校卒業後の41年に郷里八戸の「奥南新報」記者となったのを皮切りに「陸奥日報」「西北新報」「弘前新聞」など青森県内の地方紙で活躍。これと同時に青森県下北地方の郷土史に興味を持ち、44年「八戸便覧」、45年「八戸町地誌」を発行した。大正9年県議河野栄蔵の招きで田名部(現・むつ市)に移住して「下北新報」を発行し、その発行人兼編集長として下北地方の政治・経済・教育・郷土史などに関する論評を執筆。その傍ら同地方を跋渉して資料の収集や研究を行い、10年に下北初の地方史「下北郡地方誌」をまとめ、

さらに昭和9年の「大畑町誌」以降、田名部町・大湊町・東通村・川内村・佐井村・風間浦村といった同地方の各町村誌の編纂・刊行に携わった。また14年以降は地方政界でも活動し、大畑町助役を経て16年大畑町長に就任したが、戦後の21年に公職追放を受けて辞職。以後は研究活動に専念し27年「下北半島史」を、28年には民俗学的な「宇曽利百話」を発表。公職追放解除後の29年には政界に復帰し、大畑町助役を務めた。

佐々田 懋 ささだ・すすむ
衆院議員（自由党）貴院議員（多額納税）⑤安政2年11月（1855年）㊨昭和15年3月27日 ㊺石見国那賀郡木田村（島根県）㊻和漢学を修めた後、浜田県議、浜田県十五等出仕、郡賀郡議、島根県議、同議長を務めた後、明治23年に島根県から衆院議員に初当選。以来3期連続してつとめる。また出雲電気社長にもなる。

笹本 一雄 ささもと・かずお
衆院議員（自民党）⑤明治31年6月 ㊨昭和39年6月11日 ㊺群馬県 ㊻群馬県立館林中学校 ㊼内閣調査事務嘱託、軍需省嘱託、朝鮮総督府顧問、商工省総務局嘱託などを務める。昭和28年衆院議員に初当選以来通算3回当選。この間、日本民主党政調会貿易部長、遊説局長、自民党産業組織局商工部長などを歴任。

笹森 儀助 ささもり・ぎすけ
青森市長 探検家 島嶼研究家 ⑤弘化2年1月25日（1845年）㊨大正4年9月29日 ㊺陸奥国弘前在府町（青森県弘前市）㊻陸奥弘前藩士。明治3年弘前藩庁権少属、14年青森県中津軽郡長となる。15年士族授産のため岩木山の麓に農牧社を経営。24年より西国巡視。25年請願して探検艦磐城に便乗し、千島列島を探険、翌年奄美、沖縄諸島を調査し、国境警備、辺境の社会改革を提言した。27年奄美大島島司に推され、31年まで務めた。この間、吐噶喇列島の調査、台湾視察を行い、次いで朝鮮、シベリアまで調査の範囲を広げた。32年近衛篤麿の東亜同文会の創立に加わり、また朝鮮咸鏡道に城津校を創立、校長に就任。34年帰国、35年青森市長となった。著書に「千島探検」「南島探検」「拾島状況録」「西伯利亜旅行日記」「台湾視察論」など。

笹森 順造 ささもり・じゅんぞう
元・参院議員（自民党）元・衆院議員 元・青山学院院長 教育者 ⑤明治19年5月18日 ㊨昭和51年2月13日 ㊺青森県弘前市若党町 ㊻早稲田大学政経学科（明治40年）卒, デンバー大学大学院修了 哲学博士（デンバー大）㊼勲一等瑞宝章 ㊽14歳でキリスト教の洗礼を受ける。早大卒業後の明治45年渡米、デンバー大学で学位を得た。「デンバー新報」主筆、米国南加中央日本人会書記長などを務め、帰国。大正11年から約18年間弘前市の東奥義塾塾長、昭和14年青山学院長、その後、東京女子大学理事、東京神学大学理事などを歴任。戦後政界に転じ、21年より青森2区から衆院選に連続当選4回。国民党結成に参画、22年協同民主党を合同、国民協同党を結成、同年片山内閣の国務相・復員庁総裁に就任。28年衆院選に落選したが参院補欠選挙で当選（3回当選）。参院文教、外務各委員長となった。また党務では自民党参院議員総会副会長、同両院議員総会長、同党紀委員長を務めた。43年引退。小野派一刀流の正統継承者で剣道8段。「剣道」「一刀流極意」などの著書がある。

笹山 茂太郎 ささやま・しげたろう
元・衆院議員（自民党）⑤明治34年10月15日 ㊨昭和57年5月15日 ㊺秋田県 ㊻東京帝大英法科（大正15年）卒 ㊼農林事務次官を経て、昭和24年1月初当選以来、衆院議員に当選9回。衆院決算委員長、党代議士会長などを歴任。
息子＝笹山登生（衆院議員）

笹山 登生　ささやま・たつお
元・衆院議員(自由党)　[生]昭和16年2月8日　[出]秋田県横手市　[学]慶応義塾大学経済学部(昭和39年)卒　[歴]農林中金、父の秘書を経て、昭和55年自民党から衆院議員に当選。平成2年落選。宮沢派を経て、5年新生党に転じ、衆院議員に復帰。6年新進党結成に参加。のち無所属となるが、10年12月自由党に入党。通算5期務める。12年落選。著書に「かまくらとぴあ」「田園環境創造論」がある。[家]父＝笹山茂太郎(衆院議員)

佐治 幸平　さじ・こうへい
衆院議員(政友会)　[生]文久1年11月(1861年)　[没]大正6年8月13日　[出]岩代国大沼郡高田　[賞]勲四等　[歴]早くから福島地方産業の開発に尽力、明治27年以来衆院議員当選6回、政友会に属し、議会では農村政策に力をそそいだ。また若松市長にも就任、市政に功労があった。

佐瀬 昌三　させ・しょうぞう
元・衆院議員(自由党)　佐瀬昌三法律事務所所長　弁護士　[生]明治35年7月8日　[没]平成13年6月23日　[出]千葉県　[学]法政大学法律科(大正13年)卒　法学博士　[賞]勲三等旭日中綬章(昭和47年)　[歴]東京控訴院判事を経て、昭和20年弁護士を開業。かたわら、法政大学教授、明治大学教授、共立女子大学教授を兼任。22年以来衆院議員に3選。この間、自民党政調会副会長、同党組織局長、衆院法務委員長、福田会理事長などを歴任した。著書に「法律概論」「刑法大意」など。[団]第二東京弁護士会　[趣]旅行, 読書

佐田 一郎　さた・いちろう
元・参院議員(自民党)　群馬県商工会議所連合会会長　[生]明治35年6月9日　[没]平成3年9月1日　[出]群馬県　[学]高山社蚕業校卒　[賞]勲二等瑞宝章(昭和50年)　[歴]大正9年家業の土建業に従事。昭和24年佐田建設(株)を設立社長。42年以来参院議員に2期。自民党県連顧問、参院運輸委員会理事等を務めた。[趣]ゴルフ

佐多 宗二　さた・そうじ
元・参院議員(自民党)　元・全国商工会連合会会長　[生]大正10年8月2日　[没]平成8年11月10日　[出]鹿児島県揖宿郡頴娃町　[学]松原高小(昭和11年)卒　[賞]藍綬褒章(昭和60年), 勲三等旭日中綬章(平成4年)　[歴]高小を出て家業に従事。昭和30年以来、鹿児島県議6選、県会議長、参院議員を経て、57年全国商工会連合会会長に就任。全国的に地域振興のための村おこし運動に尽力。

佐多 忠隆　さた・ただたか
元・参院議員(社会党)　[生]明治37年6月5日　[没]昭和55年4月23日　[出]鹿児島県　[学]東京帝大経済学部(昭和3年)卒　[歴]片山内閣経済安定本部財政金融局長などを経て、25年から参院議員3期(鹿児島地方区)。党国際局長を務めた。

佐竹 作太郎　さたけ・さくたろう
衆院議員(政友会)　東京電燈社長　実業家　[生]嘉永2年3月15日(1849年)　[没]大正4年8月17日　[出]山城国愛宕郡大原村(京都府)　[歴]明治10年若尾逸平の推挙により第十国立銀行に入行、15年頭取に就任。28年若尾の腹心として東京電燈に入り、取締役を経て、32年社長となり、没年まで務めた。この間、発電所の設立、資本集中などに尽力した他、東京電車鉄道、富士身延鉄道などにも要職を占め、いわゆる甲州財閥の一員として活躍した。また甲府市議、山梨県議を務め、35年以来衆院議員に当選5回、政友会に所属した。

佐竹 庄七　さたけ・しょうしち
衆院議員(立憲民政党)　[生]明治13年3月　[没]昭和21年1月4日　[出]大阪府　[学]大阪府師範学校(明治34年)卒　[歴]小学校訓導兼校長、大阪市北区済美連合区会議員、市衛生組合長同学務委員を務め、大正9年に大阪5区から衆院議員に初当選、以来4期。また東邦護謨社長、浪速窯業重役、大阪産業無尽社長にもなる。またロンドンで行われた第26回列国議会同盟会議にも参列した。

佐竹 新市　さたけ・しんいち
社会大衆党広島県連書記長　元・衆院議員　社会運動家　[生]明治32年12月5日　[出]広島県山県郡川迫村(現・千代田町)　[学]修道中卒　[歴]石炭販売外交員などをしたのち、大正13年頃から労農運動に参加し、昭和2年労働農民党広島県支部支部長となり、4年中国無産党を結成し広島市議となる。のち社会大衆党などで活躍し、8年広島統一労働組合結合結成大会で委員長となる。10年県議に当選。13年人民戦線事件で検挙され、起訴猶予となったが社会大衆党を除名される。14年中国に渡って21年帰国し、22年衆院議員に当選、4期つとめた。

佐竹 晴記　さたけ・はるき
元・衆院議員　民主社会党高知支部長　弁護士　[生]明治29年9月6日　[没]昭和37年4月24日　[出]高知県高岡郡窪川町　[学]中央大学(大正8年)卒　[歴]大正8年苦学して弁護士となり、小作争議や漁民争議に力をいれ、社会民衆党に参加。昭和4年高知市議となり、10年高知県議となり、11年衆院議員に当選。戦後社会党に参加して衆院議員となるが、23年脱党して社会革新党を結成したが、のちに社会党右派に合流した。

佐竹 義堯　さたけ・よしたか
久保田藩知事　侯爵　[生]文政8年7月27日(1825年)　[没]明治17年10月23日　[歴]相馬中村藩主相馬益胤の三男。久保田藩支封岩崎藩主佐竹義純の養子となり、安政4年同藩宗家佐竹義睦の死去により久保田藩主を襲封、藩の富国強兵と西洋砲術を推進。戊辰戦争の際は新政府側につき奥羽越列藩同盟軍と交戦した。明治2年久保田藩知事に就任。

佐々 友房　さっさ・ともふさ
衆院議員(大同倶楽部)　[生]安政1年1月23日(1854年)　[没]明治39年9月28日　[出]肥後国熊本(熊本県熊本市坪井町)　幼名＝寅雄, 坤次, 号＝克堂, 鵬洲　[歴]旧熊本藩士の子。藩校時習館に学び、のち水戸学の影響を受ける。征韓論決裂後、「時勢論」を著し、西南戦争では熊本隊を組織して、薩軍に属す。明治15年同心学舎を発展させた私立中学・済々黌を設立。23年熊本国権党副総理となり、以後衆院議員に9期連続当選を果たす。この間、国民協会、帝国党、大同倶楽部などの中心メンバーとして活躍。また大陸通として知られ、東亜同文会とも関係があった。著書に「戦袍日記」など。　[家]三男＝佐々弘雄(法学者・参院議員), 孫＝紀平悌子(参院議員), 佐々淳行(評論家・防衛施設庁長官)

佐々 弘雄　さっさ・ひろお
参院議員(緑風会)　九州帝大教授　熊本日日新聞社長　法学者　政治評論家　[生]明治30年1月23日　[没]昭和23年10月9日　[出]熊本県熊本市　[学]東京帝大法学部政治学科(大正9年)卒　[歴]東京帝大助手、外務省嘱託を経て、九州帝大教授に就任するが、昭和3年九大事件で大学を追われる。その後、9年東京朝日新聞論説委員、のち同論説主幹、熊本日日新聞社長を歴任。11～15年昭和研究会のメンバーとなり、新体制運動の理論家として活動。戦後、22年第1回参院議員選挙(全国区)に立候補して当選。政治評論家としても知られ、著書に「日本ファッシズムの発展過程」「人物春秋」などがある。　[家]父＝佐々友房(衆院議員), 息子＝佐々淳行(評論家・防衛施設庁長官), 娘＝紀平悌子(参院議員)

薩摩 雄次　さつま・ゆうじ
衆院議員(自民党)　[生]明治30年12月　[没]昭和41年8月4日　[出]福井県　[学]京都帝国大学経済学部選科　[歴]中国・ドイツに留学。拓殖大学、大東文化学院、東京高等殖民貿易学校教授、理事、国民新聞編集局長、主筆になる。昭和17年4月に福井全県区より衆院議員に初当選。以後通算4回当選。鉄道省、台湾総督府各嘱託、衆院建設委員長を務める。また東方会青年部長、進歩党総務、改進党中央常任委員、日本民主党遊説部長など多くの役職にもつく。著書に「政治の人格化」「哲学統体観」「支那の生態」などがある。

佐藤 昭夫　さとう・あきお
元・参院議員(共産党)　[生]昭和2年8月15日　[出]愛知県名古屋市　[学]京都大学理学部(昭和25年)卒　[歴]京都市立日吉ケ丘高教諭から昭和33年京都教職員組合役員となり、52年から参院議員に2選。平成元年落選。

佐藤 一郎　さとう・いちろう
元・衆院議員(自民党)　元・経済企画庁長官　[生]大正2年5月1日　[没]平成5年2月26日　[出]東京　[学]東京帝大法学部(昭和12年)卒　[賞]勲一等瑞宝章(平成1年)　[歴]大蔵省入省、昭和38年主計局長、40年事務次官を歴任して退官。42年補選で参院議員に当選。45年佐藤内閣の経企庁長官に就任。54衆院議員に転じ、神奈川4区から当選4回。安倍派。平成2年引退。　[家]長男＝佐藤謙一郎(衆院議員)

佐藤 栄佐久　さとう・えいさく
福島県知事　元・参院議員(自民党)　[生]昭和14年6月24日　[出]福島県郡山市　[学]東京大学法学部(昭和38年)卒　[歴]父の経営する三東スーツに入社。昭和53年参院選に立候補するが落選、58年当選を果たし、宮沢派に属す。大蔵政務次官、日本青年会議所副会頭などを歴任。63年9月福島県知事に転じた。4期目。

佐藤 栄作　さとう・えいさく
第61・62・63代首相　[生]明治34年3月27日　[没]昭和50年6月3日　[出]山口県熊毛郡田布施村(現・田布施町)　[学]東京帝国大学法学部独法科(大正13年)卒　[賞]大勲位菊花大綬章(昭和47年)，ノーベル平和賞(昭和49年)　[歴]大正13年鉄道省に入省。昭和19年大阪鉄道局長、戦後、鉄道総局長官、22年鉄道省事務次官(運輸事務事官)を歴任して、23年退官し民主自由党に入党。同年10月議席なしで第2次吉田内閣の官房長官となり、24年山口2区から衆院議員に初当選(当選10回)。同年民自党政務調査会長、25年自由党幹事長、26年第3次吉田内閣の郵政相・電気通信相、27年第4次内閣の建設相、28年再び自由党幹事長を歴任。29年造船疑獄が発覚したが、犬養法相の指揮権発動で逮捕を免れた。32年自民党に参加。吉田引退後は池田勇人と派閥を二分、32年第2次岸内閣の党総務会長、33年蔵相、36年第2次池田内閣の通産相・科学技術庁長官をつとめ、39年11月池田首相退陣をうけて総裁に推され、首相に就任。以来7年8ケ月にわたって政権4期を維持、この間、日韓基本条約の締結、日米安保条約自動延長、小笠原・沖縄返還を実現させた。49年首相在任中の非核3原則などの政策によりノーベル平和賞受賞。著書に「今日は明日の前日」など。平成9年、昭和27～50年にわたって綴られた日記の全文が「佐藤栄作日記」(全6巻)として刊行された。
[家]兄＝佐藤市郎(海軍中将)，岸信介(首相)，妻＝佐藤寛子(外相・松岡洋右の姪)，長男＝佐藤龍太郎(アジア掘削社長)，二男＝佐藤信二(衆院議員)

佐藤 勝也　さとう・かつや
元・長崎県知事　弁護士　[生]明治37年4月10日　[没]昭和63年3月19日　[出]長崎県　[学]東京大学法科(昭和3年)卒
[賞]勲二等旭日重光章(昭和49年)
[歴]昭和22年官選の徳島県知事を経て岡山県副知事、長崎県副知事を歴任。33年から3期12年間、長崎県知事を務めた。知事退任後は東京で弁護士活動をしていた。

佐藤 観樹　さとう・かんじゅ
衆院議員(民主党　愛知10区)　元・自治相　[生]昭和17年1月29日　[出]愛知県海部郡蟹江町　[学]早稲田大学政経学部経済学科(昭和40年)卒　[歴]文芸春秋社に入社し出版局企画室次長などを歴任。昭和44年倒れた父の後を継いで代議士となる。社会党政審副会長、選挙制度特別委事務局長、選対委員長などを務め、平成3年より党政治改革・政治腐敗防止プロジェクト事務局長。5年細川内閣の自治相、6年村山内閣の予算委員長に就任。7年党副委員長。8年社会民主党への党名変更で幹事長に就任。同年民主党に参加。同年落選、12年返り咲き。通算10期目。　[趣]読書，テニス　[家]父＝佐藤観次郎(衆院議員)

佐藤 観次郎　さとう・かんじろう
衆院議員(社会党)　ジャーナリスト　[生]明治34年8月19日　[没]昭和45年3月3日　[出]愛知県海部郡蟹江町　[学]早稲田大学政経学部経済学科(昭和3年)卒　[歴]中央公論社に入り、昭和8年編集長、12年中京新聞社取締役編集総務となった。戦後22年愛知県3区から衆院議員に当選、以来当選8回。社会党教宣局長、社会党両院議員総会長、衆院文教委員長などを務めた。著書に「自動車部隊」「泥濘」「文壇えんま帖」「編集長の回想」「陣中の読書」「世界の農業農民問題」などがある。　[家]長男=佐藤観樹(衆院議員)

左藤 義詮　さとう・ぎせん
元・大阪府知事　元・防衛庁長官　元・参院議員(自民党)　[生]明治32年6月3日　[没]昭和60年1月9日　[出]三重県　[学]京都帝大文学部選科卒　[歴]大谷高等女学校、神戸高等商船学校の教授、大谷学校理事長を経て昭和21年の衆院選に自民党から当選。翌年参院に移り大阪地方区から3回当選し、この間33年6月から半年余り防衛庁長官。34年に大阪府知事選に当選後は3期12年知事を務め、"坊さん知事"を自称しながら、45年には大阪万博を成功させて"万博知事"の異名をとった。ほかに、千里・泉北ニュータウンの建設、堺泉北臨海工業地帯の造成など、大阪の骨格づくりを進めた。
[家]父=左藤了秀(大谷学園創立者)，長男=左藤恵(衆院議員)，二男=河野弘(河野薬品社長)，三男=左藤孜(NHK大阪放送局長)，孫=左藤章(衆院議員)

佐藤 敬治　さとう・けいじ
元・衆院議員(社会党)　元・大館市長　[生]大正9年3月10日　[出]秋田県大館市　[学]東京帝国大学文学部社会学科(昭和19年)卒　[歴]秋田県立大曲高教諭を経て、昭和26年大館市長に当選、4期つとめる。47年から衆院議員に当選6回。平成5年引退。

佐藤 孝行　さとう・こうこう
元・衆院議員(自民党)　元・総務庁長官　[生]昭和3年2月1日　[出]北海道瀬棚郡検山町　[学]明治大学政経学部(昭和27年)卒　[歴]代議士秘書、北海あけぼの食品会長を経て昭和38年自民党から衆院議員に当選。運輸政務次官、自民党総務局長を歴任した。51年8月ロッキード事件に連座し、受託収賄罪で逮捕、離党。57年6月執行猶予付き(3年)懲役2年の判決が出、61年5月の東京高裁でも一審通り有罪となり、7月上告を取り下げたため有罪が確定した。平成元年復党。3年党総務会長。9年第2次橋本改造内閣の総務庁長官に就任したが、党内外の反対にあい、12日間で辞任。旧渡辺派を経て、11年8月江藤・亀井派。当選11回。12年落選。

佐藤 里治　さとう・さとじ
衆院議員(大同倶楽部)　自由民権運動家　[生]嘉永3年3月(1850年)　[没]大正2年12月21日　[出]羽後国西村山郡酒味(山形県)　[歴]里正、副戸長、山形県議、同常置委員、同副議長、議長を経て明治23年山形郡部から衆院議員に初当選、以来通算8回当選している。また、山形県蚕糸業中央部会議長、鉄道会議員にもなる。

佐藤 三吾　さとう・さんご
元・参院議員(社会党)　[生]昭和4年7月8日　[出]大分県大分郡挾間町　[学]庄内農芸(昭和23年)卒　[賞]勲二等旭日重光章(平成11年)　[歴]自治労副委員長を経て、昭和52年参院議員に当選。59年決算委員長。当選3回。平成7年引退。

佐藤 重遠　さとう・じゅうえん
衆院議員(自由党)　目白学園理事長　[生]明治20年12月　[没]昭和39年1月5日　[出]東京　[学]東京帝国大学政治科卒　[歴]大正13年宮崎1区より衆院議員に初当選。以来通算4回当選。駿豆鉄道(株)社長、国学院大学理事、目白学園(中学校・高校)を創立、理事長となる。立憲政友会・日本自由党各宮崎県支部長、大蔵大臣秘書官、衆院大蔵委員長等を歴任。

佐藤 昌蔵　さとう・しょうぞう
衆院議員(政友会)　[生]天保4年6月25日(1833年)　[没]大正4年11月30日　[出]陸中国和賀郡黒沢尻(岩手県)　[歴]明治元年戊辰戦争中、奥州列藩同盟加盟に反対、勤王を唱えた。城中勤番に抜てきされ、2年盛岡藩権少参事、3年少参事、4年廃藩置県で盛岡県権典事、以後岩手県西磐井郡長、茨城県東茨城郡長などを経て23年以来岩手県から衆院議員当選数回。予算委員長、請願委員長などを務めた。北大総長佐藤昌介は長男。
[家]長男＝佐藤昌介(北大総長)

佐藤 信古　さとう・しんこ
衆院議員(立憲政友会)　貴院議員(多額納税)　[生]明治6年2月　[没]昭和17年9月7日　[出]山形県　[学]二松学舎　[歴]正心学校、二松学舎で漢学を修める。農業を営むかたわら栄村議、同村長、東田川郡議、郡教育会理事長、郡育英会理事長などを務める。明治45年に山形郡部から衆院議員に当選。他に山形県北洋漁業取締役、共益倉庫社長も務めた。

佐藤 信二　さとう・しんじ
元・衆院議員(自民党)　元・通産相　[生]昭和7年2月8日　[出]佐賀県鳥栖市　[学]慶応義塾大学法学部(昭和32年)卒　[賞]勲一等旭日大綬章(平成15年)　[歴]父は首相を務めた佐藤栄作。昭和32年日本鋼管入社。49年参院議員に当選。54年衆院議員に転じ、7選。沖縄開発政務次官、通産政務次官、商工委員長を経て、63年竹下改造内閣で運輸相、平成8年第2次橋本内閣で通産相に就任。12年落選。
[家]父＝佐藤栄作(首相)，兄＝佐藤龍太郎(アジア掘削社長)

佐藤 善一郎　さとう・ぜんいちろう
元・福島県知事　[生]明治31年10月　[没]昭和39年3月23日　[出]福島市　[歴]昭和27年福島県農協連会長を経て衆議院議員に当選。32年福島県知事選挙に出馬して当選、連続2期つとめた。

佐藤 隆　さとう・たかし
衆院議員(自民党)　元・農水相　[生]昭和2年12月11日　[没]平成3年4月17日　[出]新潟県中蒲原郡亀田町　[学]東京農業大学農業経済学科(昭和24年)卒　[賞]国連平和賞(昭和60年)　[歴]昭和24年農林中金入庫。41年より参院議員の父の秘書となる。42年集中豪雨で両親と2人の息子を亡くし、同年暮れの参院補選で初当選。2期を経て、51年衆院議員に転じる。当選6回。農林水産常任委員長を経て、55年自民党副幹事長(3期)、57年筆頭幹事長、59年全国組織委員長、62年竹下内閣の農水相。安倍派。自然災害の被害者への救済に尽力し、「自然災害に対する個人救済制度」などの著書がある。
[家]父＝佐藤芳男(参院議員)

佐藤 暢　さとう・ちょう
栃木県知事　[生]嘉永3年12月(1850年)　[没]明治43年9月7日　[出]薩摩国(鹿児島県)　[歴]東京府に勤め、明治7年台湾の役に従軍。その後、大阪府収税長、群馬県書記官、内閣書記官などを歴任。27年年栃木県知事に。足尾鉱毒の予防工事を訴え、奉呈書を書く。明治30年職を解かれた。のち実業界に入り、博多湾鉄道会社社長などを務めた。

佐藤 虎次郎　さとう・とらじろう
元・衆院議員(自民党)　元・清水市長　東洋パイルヒューム管製作所会長　[生]明治35年1月20日　[没]昭和58年3月27日　[出]静岡県　[学]明治大学卒　[賞]勲二等瑞宝章(昭和47年)　[歴]昭和21年から38年まで衆院議員5期。40年から清水市長3期をつとめ、この間静岡県柑橘振興会長などを歴任。

佐藤 尚武　さとう・なおたけ
参院議長(緑風会)　駐ソ大使　外相　外交官　[生]明治15年10月30日　[没]昭和46年12月18日　[出]大阪府　旧姓＝田中
[学]東京高等商業学校(現・一橋大学)(明治37年)卒　[歴]津軽藩士・田中坤六の次男に生まれ、外交官・佐藤愛麿の養子となる。明治38年外務省入り。ロシア在

勤、ハルビン総領事、スイス公使館1等書記官、仏大使館参事官、ポーランド公使などを歴任。昭和2年国際連盟帝国事務局長。5年駐ベルギー大使、8年駐仏大使。12年林銑十郎内閣の外相に就任。日独防共協定で悪化した対ソ・対中関係の調整に乗り出したが、3カ月で退陣。17年から終戦まで駐ソ大使。20年政府のソ連への和平工作依頼に対し、無条件降伏しかないことを進言した。敗戦後に帰国、枢密顧問官から22年青森地方区で参院議員に当選、山本有三の緑風会結成に協力、以来当選3回。24～28年参院議長。31年日本の国連加盟を承認した第11回国連総会に日本代表の1人として出席した。著書に「回顧の八十年」がある。その功績を記念して東奥日報社により佐藤尚武郷土大賞が設定された。

佐藤 信安　さとう・のぶやす
元・広島市長　㊓明治7年4月5日　㊱昭和39年8月1日　㊒松江雑賀町　㊫東京帝国大学法科独乙法律科(明治32年)卒　㊧軍隊勤務を経て、明治35年東京で弁護士を開業。42年検事となり、各地方裁判所検事局勤務を経て、熊本県警察部長、広島県内務部長などを歴任。大正11年第13代広島市長に就任。

佐藤 久雄　さとう・ひさお
元・衆院議員(民主党)　元・佐藤工業社長　㊓明治33年1月9日　㊱昭和57年2月14日　㊒富山県礪波市　㊫早稲田大学商学部(大正13年)卒　㊮勲三等瑞宝章(昭和45年)　㊧昭和20年佐藤工業社長となり、21年衆院議員に当選。第1次吉田内閣の厚生参与官、日本進歩党総務、同党富山県支部長等を歴任。

佐藤 啓　さとう・ひらく
衆院議員(第一議員倶楽部)　㊓慶応4年2月(1868年)　㊱昭和16年4月21日　㊒出羽国　㊫東京専門学校英語行政科(明治23年)卒　㊧郷里の西山村村長となり、郡の産牛畜産組合長を務めた。明治39年県会議員、大正9年衆院議員に当選、憲政会、立憲民政党、国民同盟、第1議員倶楽部に所属し当選6回。この間山形民報社長、羽陽銀行取締役、三山電気鉄道取締役などを務めた。
㊜父＝佐藤里治(衆院議員)

佐藤 文生　さとう・ぶんせい
元・衆院議員(自民党)　元・郵政相　㊓大正8年7月21日　㊱平成12年4月25日　㊒大分県別府市　㊫明治大学専門部政経科(昭和14年)卒　㊮勲一等瑞宝章(平成7年)　㊧昭和26年大分県議を経て、42年以来衆院議員に8選。弾劾裁判所判事、運輸政務次官、党広報委員長などを務めた。48年日航ジャンボ機がハイジャックされたドバイ事件で政府代表として犯人側と折衝、乗客全員の救出に尽くす。61年第二次中曽根内閣の郵政相に就任。久留米予備士官学校の教官時代、広島で被爆をした入校生をみて以来、原水爆反対の信念をもつ。永らく核禁会議理事。平成2年、8年落選し、政界から引退。旧中曽根派。油絵は政経画人展に2度も入賞。映画にも出演したことがある。米国政府学者ジェラルド・カーティス著「代議士の誕生」のモデル。　㊮ハンググライダー, ヨット
㊜妻＝那智わたる(宝塚スター)

佐藤 正　さとう・まさし
衆院議員(立憲民政党)　㊓明治17年9月　㊱昭和26年1月12日　㊒東京　㊫早稲田大学文学部哲学科(明治42年)卒　㊧鉄道院総裁官房嘱託を経て、東北帝国大学・宮城県立工業学校講師となる。のち教育新聞社社長、日本社会教育協会専務理事、海外教育協会理事、日本特殊繊維・ボルネオ殖産の各社長を歴任する。昭和3年東京府6区から衆院議員に初当選。以来4回当選。その間岡田内閣の拓務参与官として南洋方面視察のため派遣される。著書に「日本民族性格概論」「近世社会運動」がある。

左藤 恵　さとう・めぐむ
元・衆院議員(自民党)　元・国土庁長官　大谷学園理事長　[生]大正13年2月28日　[出]大阪府大阪市　[学]京都帝大法学部(昭和20年)卒　[賞]勲一等旭日大綬章(平成8年)　[歴]逓信院に入り、大阪逓信局渉外室長などを経て、昭和31年在ジュネーブ総領事館領事、35年貯金局国際業務課長、電波管理局放送部長などを歴任、44年松山郵政局長を最後に退官。44年以来衆院議員を10期務めた。自民党政権下で自治次官、郵政次官などを経て、59年郵政相、平成2年法相に就任。5年6月新生党結成に参加し、6年羽田内閣の国土庁長官に就任。同年12月新進党結成に参加。9年死刑廃止議員連盟会長に就任。同年12月新進党解党後は国民の声結成に参加。10年1月野党6党の統一会派・民主友愛太陽国民連合代表。のち民政党を経て、無所属。同年12月自民党に復党。11年3月加藤派入り。12年引退。大谷学園理事長兼学園長、浄雲寺(大阪)11代目住職も兼任。　[趣]囲碁　[家]息子＝左藤章(衆院議員)，父＝左藤義詮(大阪府知事)，祖父＝左藤了秀(大谷学園創立者)，弟＝河野弘(河野薬品社長)，左藤孜(NHK大阪放送局長)

佐藤 守良　さとう・もりよし
衆院議員(新進党)　元・北海道開発庁長官　[生]大正11年3月28日　[没]平成8年3月7日　[出]広島県御調郡向島町　[学]中央大学法学部英法科(昭和22年)卒　[賞]勲一等旭日大綬章(平成7年)　[歴]永野護運輸大臣、手島栄郵政大臣秘書官を経て、昭和44年から衆院議員に9回当選。この間、運輸政務次官、国土政務次官、逓信常任委員長などを歴任。58年自民党副幹事長、59年農林水産大臣、平成2年第2次海部内閣の国土庁長官に就任。ニックネームは“スッポン”。竹下派、羽田派を経て、5年6月新生党結成に参加。6年羽田内閣の北海道・沖縄開発庁長官に就任。同年12月新進党結成に参加。　[趣]読書　[家]息子＝佐藤公治(衆院議員)

佐藤 与一　さとう・よいち
衆院議員(立憲民政党)　[生]明治15年1月　[没]昭和15年3月25日　[出]新潟県　[学]早稲田大学　[歴]亀田町議を経て新潟県議となる。また沼垂銀行取締役、亀田町教育会長、新潟県青年団長等を歴任。昭和3年第1回普通選挙で初当選。以来通算5回当選。

佐藤 洋之助　さとう・ようのすけ
元・衆院議員(自民党)　[生]明治27年7月9日　[没]昭和59年7月7日　[出]茨城県　[学]慶応義塾大学経済学部(大正10年)卒　[賞]勲一等瑞宝章(昭和44年)，古河市名誉市民　[歴]茨城県議二期を経て、昭和7年衆議院茨城三区から初当選、以後当選10回。戦中は小磯内閣の内務参与官、戦後は衆院逓信委員長、自民党代議士会会長などを務め44年引退。

佐藤 芳男　さとう・よしお
衆院議員　参院議員(自民党)　[生]明治29年9月　[没]昭和42年8月29日　[出]新潟県　[学]早稲田大学政治経済科卒　[歴]新潟県議、全国町村長会長を経て、昭和17年衆院議員初当選。以降3選。34年参院に転じ、以降2選。日本民主党人事局長を務める。また、同党社会保障制度恩給制席特別委員会会長、社会保障制度審議会委員、自民党国会対策副委員長、参院決算委員長等を歴任。　[家]息子＝佐藤隆(衆院議員)

佐藤 誼　さとう・よしみ
元・衆院議員(社会党)　[生]昭和2年5月28日　[出]山形県鶴岡市　[学]東北大学教育学部(昭和29年)卒　[賞]勲三等旭日中綬章(平成10年)　[歴]山形県高教組書記長を経て、昭和54年安宅常彦の後継者として衆院議員に当選、3期。61年落選。

真田 幸民　さなだ・ゆきもと
松代藩知事　伯爵　[生]嘉永3年(1850年)　[没]明治36年9月8日　[歴]伊予宇和島藩主伊達宗城の二男に生まれ、真田幸教の養子となる。慶応2年家督を相続して信濃松代藩主。戊辰戦争では官軍側に属し、明治1年版籍を奉還、松代藩知事に

任命される。4年廃藩により東京に居住、17年子爵となり、24年伯爵。

佐野 憲治　さの・けんじ
衆院議員(社会党)　⊕大正4年2月6日　㊣昭和53年4月4日　⊕富山県　㊣中央大学法学部卒　㊣富山県議を経て、昭和33年衆院議員に初当選。以来連続7回当選。その間、衆院地方行政・建設各委員会理事、衆院予算委員、社会党代議士会副会長、衆院公害対策ならびに環境保全特別委員長等を歴任。

佐野 助作　さの・すけさく
衆院議員　⊕弘化1年7月(1844年)　㊣明治43年9月　⊕淡路国津名郡塩田村(兵庫県)　㊣洲本町の大庄屋に養子となり、早くから人望を集め、郡会・県会議員となり、議長数回。水産会長、農会長も務め、町民の福利増進、地方開発に尽力。同志阿部瑞穂らと淡路紡績会社を創設、のち鐘淵紡績会社を誘致して洲本町振興に貢献した。衆院議員にも当選。明治41年洲本町長となった。

佐野 常民　さの・つねたみ
農商務相　枢密顧問官　日本赤十字社創設者　伯爵　⊕文政5年12月28日(1823年)　㊣明治35年12月7日　⊕肥前国佐賀郡早津江(佐賀県)　旧姓=下村　㊣天保6年藩校弘道館で医学を修め、京都、大阪、江戸に遊学、蘭学を学んだ。弘化4年長崎に学び、嘉永6年藩の精錬社主任となった。安政2年日本初の蒸汽車と蒸汽船の模型製作に成功。また佐賀藩海軍の育成につとめた。慶応3年パリ万国博のため渡仏。明治6年新政府の兵部少丞となり、海軍創設に尽力。以後工部大丞、元老院議官、大蔵卿、元老院議長を経て20年子爵、21年枢密顧問官、25年松方内閣の農商務相、28年伯爵。その間、10年の西南戦争の時博愛社を創設、負傷者救護に当たり、20年同社を日本赤十字社と改称、初代社長となった。また博覧会総裁として勧業を奨励、龍池会(のちの日本美術協会)を結成、美術工芸発展に尽くした。

佐野 広　さの・ひろし
元・参院議員　⊕明治37年9月28日　㊣昭和55年1月19日　⊕島根県　㊣京都帝大法律学科(昭和7年)卒　㊣中国電力東京支社長を経て、昭和30年の参院島根地方区補選で当選。34年再選され、大蔵政務次官を務めた。

佐野 文夫　さの・ふみお
日本共産党書記長　社会運動家　⊕明治25年4月18日　㊣昭和6年3月1日　⊕山形県米沢市　㊣東京帝大文学部中退　㊣国学院教師、満鉄調査課図書館、外務省情報部などに勤務し、この間社会主義思想に接近する。大正11年「無産階級」を創刊し、12年共産党に入党し書記長などを歴任する。昭和3年の3.15事件で検挙され、5年保釈され間もなく死去した。

佐野 芳雄　さの・よしお
元・参院議員(社会党)　元・総評兵庫地本委員長　労働運動家　⊕明治36年7月23日　㊣昭和47年9月27日　⊕兵庫県三原郡湊村(現・西淡町)　旧名=好男　㊣三菱造船所に勤務し、大正10年友愛会に参加する。以後労農運動家として幅広く活躍し、日本大衆党などに参加し、昭和13年共立精機工作所を経営する。戦後は総同盟の育成に尽力し、また社会党に入り参議院議員もつとめた。

佐保 畢雄　さほ・ひつお
衆院議員(立憲政友会)　⊕明治13年1月　㊣昭和15年9月9日　⊕長崎県　㊣早稲田大学政治経済科卒　㊣農業を営むかたわら、佐世保市議、長崎県議を経て、鉄道大臣秘書官となる。また佐世保信託、佐世保土地、九州鉄工所、佐世保鉄工所、佐世保貯蓄銀行などの要職に就く。昭和5年長崎2区から衆院議員に初当選、以後連続4回当選。南洋方面視察、派遣軍慰問のため満州・北中国へ派遣された。

鮫島 相政　さめじま・すけまさ
衆院議員　[生]安政4年1月18日(1857年)　[没]明治44年12月12日　[出]薩摩国揖宿郡頴娃村(鹿児島県)　[歴]鹿児島県議、同議長を務め、明治31年以来鹿児島県から衆院議員に当選3回。33年立憲政友会創立準備委員となり、のち幹事として活躍。政界引退後検事となり北海道室蘭に在勤した。

鮫島 武之助　さめじま・たけのすけ
貴院議員(勅選)　内閣書記官長　官僚　[生]嘉永1年11月10日(1848年)　[没]昭和6年2月20日　[出]薩摩国(鹿児島県)　[学]慶応義塾(明治6年)卒　[歴]米国留学後外国語学校教諭。明治14年東京府に勤め、外務省に転じ書記生となりワシントン駐在数年。その後外務大臣秘書官、ローマ公使館書記生、外務省参事官、総理大臣秘書官、弁理公使などを経て、第3次・第4次伊藤内閣の書記官長となり、伊藤博文の新党計画や閣内調整を助けた。29年勅選貴院議員。36年退官、以後日本銀行監事を長く務めた。

鮫島 慶彦　さめじま・よしひこ
衆院議員　[生]慶応1年9月(1865年)　[没]昭和3年10月8日　[出]鹿児島県　[学]二松学舎卒　[歴]郷里で村議、副議長を経て、明治41年以来衆院議員当選5回。また南薩鉄道社長、万瀬水力電気、薩摩製糸各重役を務めた。

沢 簡徳　さわ・かんとく
貴院議員(勅選)　[生]天保9年9月(1838年)　[没]明治36年10月　[歴]文久2年講武所頭取から目付となり、3年生麦事件の償金支払問題に連座。明治維新後徴士刑法官判事試補、3年刑部大丞、7年若松県令、8年五等判事兼任、9年五等判事。10年東京第4区大区長、11年神田区長、24年勅選貴院議員となった。

沢 宣嘉　さわ・のぶよし
外務卿　[生]天保6年(1835年)　[没]明治6年9月27日　[出]京都　通称=主水正, 号=春川, 変名=姉小路五郎丸　[歴]攘夷親征の急進論を唱え、安政条約締結の反対を主張して上書したが、文久3年8月18日の政変で京都を追われ、三条実美ら公卿6人と共に長州に下る。同年10月但馬生野で平野国臣らの挙兵の計画に首領として迎えられ、挙兵するが失敗、讃岐、伊予にしばらく潜伏した後、長州へ。明治維新後、参与、九州鎮撫総督、長崎裁判所総督を経て、長崎府知事を務める。明治2年外国宮知事となり、同年7月官制改革によって設置された外務省の外務卿に就任。4年8月盛岡県知事に任命されたがすぐに辞任。6年2月ロシア駐在特命全権公使に任命されるが赴任する前に病死。　[家]養父=沢為量(堂上公家)

沢 来太郎　さわ・らいたろう
衆院議員　[生]慶応1年10月(1865年)　[没]大正12年3月23日　[出]宮城県　[歴]仙台市に東北義塾を設立、育英事業に携わり、明治14年公教会を興し自由民権論を広めた。27年血誠義団を組織、仙台新聞を発行。30年自由党から憲政本党に入り県政界に活躍。33年朝鮮、中国を視察、35年以来衆院議員当選6回。44年再び朝鮮、中国を回り、45年政務調査所を設立、政務を調査発表。大正3年政友会に所属、東北商業、三星炭鉱各重役。著書に「陸海軍軍政整理論」「帝国国有財産総覧」などがある。

沢田 一精　さわだ・いっせい
元・参院議員(自民党)　[生]大正10年10月6日　[出]熊本県下益城郡小川町　[学]京都帝大政治学科(昭和19年)卒　[賞]勲一等旭日大綬章(平成7年)　[歴]昭和35年熊本県副知事を経て、37年参院議員に当選。46年熊本県知事に転じて3期務め、58年再び自民党所属の参院議員に復帰した。平成元年離党、3年復党。通算4期つとめ、7年引退。9年自民党県連会長。三塚派。

沢田 佐助 さわだ・さすけ
衆院議員(政友会) ㊐安政2年11月(1855年) ㊎明治44年7月3日 ㊍大阪 ㊞大阪府議、大阪商業会議所議員を経て、明治35年以来衆院議員当選4回、政友会に属し、協議員を務めた。

沢田 広 さわだ・ひろし
元・衆院議員(社会党) ㊐大正7年11月15日 ㊎平成14年2月10日 ㊍埼玉県大宮市 ㊫日本大学文理学部卒 ㊮勲二等旭日重光章(平成5年) ㊞国鉄大宮工機部総務課に勤務し、終戦後、組合運動に参加。中央執行委員を経て、教育部長、企画・統制部長、組織・社会部長などを歴任。この間、民同派結成にも参画。昭和24年社会党に入党し、同年4月中央執行委員に選出される。大宮市議、市会副議長、埼玉県議4期を経て、51年衆院議員に旧埼玉5区から当選、6期。沖縄および北方問題に関する特別委員長などを務めた。平成5年の総選挙では公認されず、無所属で出馬したが落選。のち、しらかば幼稚園長、トーニチ社長を務めた。

沢田 政治 さわだ・まさじ
元・衆院議員(社会党) 元・参院議員(社会党) ㊐大正11年6月18日 ㊎昭和60年10月15日 ㊍秋田県鹿角市 ㊫東京帝大卒 ㊞昭和38年秋田1区から衆院議員当選1回。42年秋田地方区補選で参院当選2回。全日本金属鉱山労働組合連合会副委員長、秋田県労連副議長、参院建設委員長などを歴任した。

沢田 寧 さわだ・やすし
衆院議員(立憲政友会) ㊐嘉永5年10月(1852年) ㊎昭和12年3月16日 ㊍静岡県 ㊞漢学及び法律学を学んだ後、浜松県訓導、浜松町議、同町長を経て、明治35年8月に衆院議員に初当選。以後連続4期つとめる。また弁護士業にも従事した。

沢田 利吉 さわだ・りきち
衆院議員(翼賛政治会) ㊐明治12年8月 ㊎昭和19年2月14日 ㊍北海道 ㊞黒松内村議、札幌市議、同参事会員等を経て、大正13年に衆院議員に初当選。以後通算5期つとめる。その間平沼内閣の商工参与官、鉄道会議議員になる。また日本空罐問屋商業組合理事長、南尻別電気、北海道日日新聞社等の社長にも就任。派遣軍慰問のため北中国へ派遣された。

沢辺 正修 さわべ・せいしゅう
京都府議 自由民権運動家 ㊐安政3年1月10日(1856年) ㊎明治19年6月19日 ㊍丹後国与謝郡宮津(京都府) ㊞明治4年廃藩後、京都府綴喜郡田辺村の小学校に教え、11年宮津の天橋義塾社長となり、自由民権思想の普及に努めた。13年国会期成同盟第2回大会に京都府代表として出席、同会幹事。その後立憲政党幹事、常議員。日本立憲政党新聞社の会計監督を兼任。解党後京都府会議員。

沢本 与一 さわもと・よいち
衆院議員 ㊐明治13年 ㊎昭和10年1月16日 ㊍山口県 ㊫早稲田大学政治科(明治31年)卒 ㊞新聞記者、内閣嘱託、久原鉱業会社秘書役兼北京出張所長、中華民国農政部実業顧問、次いで司法大臣秘書官、鉄道大臣秘書官、外務参与官などを歴任。衆院議員当選3回。東京市第2助役、同市高級嘱託も務めた。

三治 重信 さんじ・しげのぶ
元・参院議員(民社党) ㊐大正6年2月1日 ㊎平成6年5月13日 ㊍愛知県西尾市 ㊫京都帝大農学部農林経済学科(昭和15年)卒 ㊞昭和15年内務省に入省。戦後労働省に移り、職業安定局長、労政局長、事務次官を歴任して退官。47年衆院選に立候補するが落選、49年の参院選で当選を果たす。以来3選。平成元年党副委員長に就任。4年引退。

三条 実美　さんじょう・さねとみ
内大臣　太政大臣　公卿　歌人　公爵　㊐天保8年2月7日(1837年)　㊀明治24年2月18日　㊉京都・梨木町　別名＝梨木誠斉, 号＝梨堂　㊄安政の大獄で官を退いた父の遺志を継いで、尊王攘夷運動の先頭に立った。文久3年国事御用掛、同年薩摩・会津藩の尊攘派排撃8.18政変で長州へ逃れた(七卿落ち)。第1次長州征伐後の慶応元年太宰府に移され幽居3年。この間薩摩藩との提携を強め、また岩倉具視と気脈を通じて画策につとめた。明治元年王政復古で議定に復帰、次いで副総裁兼外国事務総督、関東監察使, 2年右大臣となり永世禄五千石を受けた。4年天皇を輔弼する政府の最高責任者、太政大臣となり、西南の役など難局を乗り切り、11年賞勲局総裁兼任、17年華族令制定で公爵。18年内閣制度新設で内大臣。22年黒田内閣総辞職後一時首相を兼任。国葬。　㊇父＝三条実万(右大臣), 息子＝河鰭実英(昭和女子大学学長)

山東 昭子　さんとう・あきこ
参院議員(自民党　比例)　日本健康・栄養食品協会会長　元・科学技術庁長官　㊐昭和17年5月11日　㊉東京市世田谷区新町　㊫文化学院(昭和36年)卒　㊄幼時から芸能界に憧れ、昭和32年ラジオ「赤胴鈴之助」の語り手に起用され人気が高まる。東映と契約を結び、「旗本退屈男・謎の蛇姫屋敷」などの時代劇や現代劇に出演。またテレビのクイズ番組などでも活躍。49年参院選に自民党から全国区に立候補し、5位で当選。党国民運動本部長代理・婦人局次長、環境政務次官等を経て、平成2年第2次海部改造内閣の科学技術庁長官に就任。4年落選したが、7年繰り上げ当選。8年衆院選に立候補するが、落選。13年参院議員に返り咲き。通算5期目。旧河本派を経て、高村派。著書に「がんばれ、日本の男たち」「個性派の節約178の作戦」がある。

三宮 義胤　さんのみや・よしたね
宮内省式部長　男爵　㊐天保14年12月24日(1843年)　㊀明治38年8月14日　㊉近江国滋賀郡真野村　㊄勤王派志士として行動、頼三樹三郎、梅田雲浜らと交流をもつ。王政復古の際、鷲尾隆聚と高野山に挙兵、戊辰戦争には仁和寺宮の小軍監として北越、奥羽に転戦した。明治2年兵部権少丞、3年10月東伏見宮に随行してイギリスに渡る。10年1月より2等書記官としてドイツ公使館に勤め、13年9月帰国。16年12月外務省から宮内省へ移り、18年大書記官、28年式部長となり10年余り務める。29年男爵となる。

【 し 】

椎井 靖雄　しい・やすお
元・参院議員(社会党)　㊐明治39年1月15日　㊀平成1年5月25日　㊉宮崎県　㊫宮崎商(大正9年)卒　㊮勲四等旭日小綬章(昭和61年)　㊄昭和22年に参院宮崎地方区から初当選、一期務めた。

椎熊 三郎　しいくま・さぶろう
衆院議員(自民党)　㊐明治28年4月11日　㊀昭和40年7月27日　㊉北海道　㊫中央大学法律科(昭和2年)卒　㊄鉄道大臣官房嘱託、文部省社会局嘱託を経て小樽新聞社に入り、北海道政治同盟に参加、民政党院外団を指導、のち取締役。戦後北海道1区から衆院議員となり当選9回。昭和22年片山哲内閣の逓信政務次官となり、衆院議員運営委員長、衆院副議長、民主党副幹事長、自由民主党総務副会長、同代議士会長などを務めた。

椎名 悦三郎　しいな・えつさぶろう
衆院議員(自民党)　自民党副総裁　外相　㊐明治31年1月16日　㊀昭和54年9月30日　㊉岩手県水沢市　㊫東京帝大独法科(大正12年)卒　㊮勲一等旭日大綬章　㊄大正12年農商務省入省。昭和16年商工次官、20年軍需次官を歴任し、戦後

公職追放に指名される。解除後の30年以来衆院議員に連続当選(8回)、外相、通産相などを歴任して、47年自民党副総裁となる。日韓条約締結の立役者となり、また党副総裁として三木内閣生みの親となりながら、ロッキード疑獄発覚後は三木下ろしに動いた。後藤新平の甥。　[家]二男＝椎名素夫(参院議員)

椎名 隆　しいな・たかし
元・衆院議員(自民党)　[生]明治33年9月　[没]昭和58年1月17日　[出]千葉県銚子市　[学]早大専門部卒　[歴]昭和30年千葉二区から衆院議員に当選し、1期務めた。

椎名 素夫　しいな・もとお
参院議員(無所属の会　岩手)　[生]昭和5年8月19日　[出]東京都文京区　[学]名古屋大学理学部物理学科(昭和28年)卒　[歴]電源開発に入った後、米国のアルゴンヌ国立研究所に学び、帰国後は精密機器会社・サムタクを設立し取締役。のち会長。もともとは物理学者。故椎名悦三郎自民党副総裁の二男で、父親のあとを継ぎ、昭和54年衆院議員に当選。当選4回。自民党国際局長、政調副会長など歴任。平成2年落選。4年参院議員に転じ、無所属となる。2期目。7年参議院フォーラムを結成。8年解散。9年自由の会に所属。のち無所属の会。10年11月院内会派・参議院の会を結成し、代表。日英2000年委員会日本側座長も務める。　[家]父＝椎名悦三郎(政治家)

椎野 悦朗　しいの・えつろう
元・日本共産党統制委員会議長　社会運動家　[生]明治44年5月10日　[没]平成5年4月5日　[出]旧満州・撫順　本名＝椎野武　筆名＝小笠原鉄平　[学]高小卒　[歴]炭鉱労働者として、昭和5年全協に加盟し、筑豊炭田争議などに参加し、7年検挙されて懲役5年に処せられる。17年獄中で共産党に入党。19年出獄。戦後も共産党の再建運動に尽力し、統制委員会議長、中央委員を歴任した。33年除名。

塩川 正十郎　しおかわ・まさじゅうろう
衆院議員(自民党　大阪13区)　財務相　元・文相　[生]大正10年10月13日　[出]大阪府東大阪市　[学]慶応義塾大学経済学部(昭和19年)卒　[賞]勲一等旭日大綬章(平成12年)　[歴]昭和32年布施市青年会議所理事長となり、布施市助役、東大阪3市合併協議会事務局長などを経て、42年以来衆院議員に当選11回。47年通産政務次官、51年内閣官房副長官、54年衆院商工常任委員長、55年鈴木内閣の運輸相、58年衆院安全保障特別委員長を歴任。61年9月更迭された藤尾文相のあとをうけて文相に就任。平成元年宇野内閣では官房長官、3年宮沢内閣の自治相。7年党総務会長。自民党には数少ない都市議員の一人。8年落選。12年返り咲き、13年小泉内閣の財務相に就任。14年9月の小泉改造内閣でも留任。三塚派を経て、森派。また昭和63年12月から東洋大学理事長を務める。平成2年日本の政治家の慣例を破って胃がんの手術・入院を公表した。
[趣]登山，囲碁(3段)，サッカー
[家]父＝塩川正三(初代布施市長)

塩崎 潤　しおざき・じゅん
元・衆院議員(自民党)　元・総務庁長官　国民税制綜合研究所理事長　翻訳家　[生]大正6年5月31日　[出]愛媛県松山市　[学]東京帝国大学法学部政治学科(昭和16年)卒　[賞]勲一等旭日大綬章(平成5年)，愛媛県功労賞(平成9年)　[歴]大蔵省入省、昭和40年国税庁次長、同年主税局長を経て42年退官。44年以来衆院議員に当選8回。57年経済企画庁長官、平成2年第2次海部内閣の総務庁長官。税制関係の著書、訳書に定評がある。また大蔵省以来、女優・藤村志保や代議士・鳩山邦夫など250組以上の仲人をつとめたことでも有名。宮沢派。5年引退。
[趣]読書，音楽，ゴルフ　[家]息子＝塩崎恭久(衆院議員)

塩島 大　しおじま・だい
衆院議員(自民党)　⊕昭和9年4月9日　⊗昭和60年9月20日　⊕長野県松本市　⊕東京大学農学部(昭和34年)卒　⊕昭和34年建設省に入省。公園、緑化関係一筋に歩み、57年都市局公園緑地課長で退職。58年暮れの総選挙に長野4区から自民党公認で立候補し、新人ながらトップ当選を果たした。田中派で、竹下登の創政会に発足当時から参加していた。党では出版局、地方組織局、商工局の各次長などを務めていた。

塩田 賀四郎　しおた・がしろう
元・衆院議員(自民党)　⊕明治37年6月31日　⊗平成1年9月7日　⊕兵庫県　⊕早稲田大学法科卒　⊕昭和24年の第24回総選挙で当選(兵庫2区)、衆院議員を1期務めた。

塩田 晋　しおた・すすむ
衆院議員(自由党　比例・近畿)　⊕大正15年2月27日　⊕兵庫県加古川市　⊕京都大学経済学部(昭和25年)卒　⊕勲二等瑞宝章(平成15年)　⊕労働省に入省。公労委事務局次長を経て、昭和54年衆院議員に民社党から当選、3期。61年落選。平成8年新進党より返り咲き。10年1月自由党に参加。通算5期目。

塩田 団平　しおた・だんぺい
衆院議員(立憲民政党)　貴院議員(多額納税)　羽後銀行会長　⊕明治14年4月　⊗昭和38年4月16日　⊕秋田県　⊕東京高商専攻部修了　⊕沼館町長、秋田県議を経て、大正15年、昭和5年と2回衆院議員に当選した。また羽後銀行頭取もつとめる。

塩出 啓典　しおで・けいすけ
元・参院議員(公明党)　⊕昭和8年1月10日　⊕愛媛県周桑郡小松町　⊕京都大学工学部冶金学科(昭和30年)卒　⊕昭和30年八幡製鉄所勤務を経て、43年から参院議員に4選。平成2年衆院選に広島1区から出馬したが落選。

塩野 季彦　しおの・すえひこ
法相　大審院次長検事　東京地裁検事正　検察官　⊕明治13年1月1日　⊗昭和24年1月7日　⊕長野県　旧姓=山寺　⊕東京帝大法科大学独法科(明治39年)卒　⊕明治41年検事となり、大阪・東京各区裁判所検事、司法参事官、東京控訴院検事、司法省行刑局長、名古屋控訴院検事長、昭和11年大審院次長検事を歴任。この間、シーメンス事件、3.15事件、4.16事件、東京市会疑獄事件などに携わる。12年林内閣、第1次近衛内閣、14年平沼内閣の3代にわたり法相を務め、14年の一時通相を兼任した。同年8月下野して日本法理研究会を創設、主宰し、戦時司法体制のイデオロギー作りに当たった。

塩谷 一夫　しおのや・かずお
衆院議員(自民党)　⊕大正9年1月2日　⊗平成1年12月28日　⊕静岡県袋井市　⊕早稲田大学政経科(昭和16年)卒、早稲田大学文学部東洋史(昭和18年)中退　⊕静岡県教育委員企画調整部長を経て、昭和42年以来衆院議員7期。47年労働政務次官、52年自民党総務委員長、53年衆院外務委員長、54年衆院地方行政委員長などを歴任した後、57年自民党副幹事長。58年の選挙では落選したが61年の衆参同時選挙で返り咲きを果たした。62年、自民党が62年度予算の委員会採決を強行した直後から、売上税撤回を求める同党衆院議員の署名運動で代表世話人をつとめた。無派閥。著書に「日本の支配政党・自由民主党」。⊕剣道(5段練士)　⊕息子=塩谷立(衆院議員)

塩見 俊二　しおみ・しゅんじ
元・厚相　元・参院議員(自民党)　⊕明治40年5月17日　⊗昭和55年11月22日　⊕高知県　⊕東京帝大法学部政治学科(昭和5年)卒　⊕昭和31年に全国区から参院議員当選、以後高知地方区に移り、参院議員4期。この間、自治相、厚相などを歴任。55年6月の参院選前に病気のため引退した。　⊕兄=塩見俊雄(初代土佐市長)

志賀 健次郎　しが・けんじろう
元・防衛庁長官　元・衆院議員(自民党)　⊕明治36年12月10日　⊗平成6年9月28日　⊕岩手県東磐井郡大東町　⊗早稲田大学政経学部政治学科(昭和6年)卒　⊗勲一等瑞宝章(昭和49年)、大東町名誉町民　⊗朝日新聞記者を経て、昭和22年から衆院議員に9選。この間、民主党常任幹事、改進党代議士会長、自民党広報委員長などを経て、第3次池田内閣の防衛庁長官をつとめた。⊗長男=志賀節(衆院議員)、長女=志賀かう子(エッセイスト)

志賀 節　しが・せつ
元・衆院議員(自民党)　元・環境庁長官　⊕昭和8年2月3日　⊕岩手県一関市　⊗早稲田大学文学部卒　⊗勲一等瑞宝章(平成15年)　⊗南カリフォルニア大学大学院の国際政治部に学び、5年ほど三木武夫の秘書をつとめる。昭和47年衆院議員に当選。以来三木の若手側近として政治家修業。外務政務次官、農水政務次官などを歴任。平成元年海部内閣の官房副長官を経て、環境庁長官に就任。旧河本派。8期務める。8年、12年落選。⊗父=志賀健次郎(防衛庁長官)

志賀 義雄　しが・よしお
元・衆院議員　元・日本共産党中央委政治局員　平和と社会主義議長　社会運動家　⊕明治34年1月8日　⊗平成1年3月6日　⊕福岡県門司市(現・北九州市)　旧姓=川本　別名=松村徹也　⊗東京帝大文学部社会学科(大正14年)卒　⊗在学中、新人会を経て、大正12年日本共産党に入党。昭和3年3.15事件で検挙されるが非転向を貫き18年間獄中にあった。戦後すぐ党中央委員となり再建に参画、「アカハタ」主筆などを経て、21年から衆院議員を5期務める。39年部分核停条約批准で党議に反して賛成票を投じて除名された。同年"日本のこえ"を創立、52年"平和と社会主義"と改称、議長をつとめた。

志賀 和多利　しが・わたり
衆院議員(翼賛議員同盟)　⊕明治7年10月　⊗昭和20年6月14日　⊕岩手県　⊗日本法律学校(明治33年)卒　⊗司法官試補、検事代理となり、弁護士業にも従事。大正9年に岩手2区から衆院議員に初当選、以来連続7期。その間、田中義一内閣の鉄道参与官、斎藤内閣の逓信政務次官になり、また立憲政友会の総務もつとめた。

紫垣 伴三　しがき・ばんぞう
衆院議員(国民協会)　貴院議員(多額納税)　⊕天保12年11月(1841年)　⊗明治45年6月12日　⊕熊本県　⊗守富村長、同村議、熊本県議を経て、明治27年9月に1回だけ衆院議員に当選。

志喜屋 孝信　しきや・こうしん
沖縄民政府初代知事　琉球大学初代学長　教育者　⊕明治17年4月19日　⊗昭和30年1月26日　⊕沖縄県具志川町　⊗広島高師(明治41年)卒　⊗明治41年熊本県鹿本中学校教諭、44年沖縄県立二中教諭となり、大正13年校長。昭和11年に私立開南中学校を創設した。戦後20年8月米軍政府が設けた住民の代表機関沖縄諮詢会委員長に選ばれ、21年4月創設の沖縄民政府知事に任命された。25年11月群島政府の発足で知事を辞め、琉球大学初代学長に迎えられ27年6月退任。

重岡 薫五郎　しげおか・くんごろう
衆院議員(立憲政友会)　⊕文久2年(1862年)　⊗明治39年6月21日　⊕伊予国(愛媛県)　⊗司法省法律学校卒, パリ法科大学卒　法学博士(パリ法科大学)　⊗帰国後判事試補。第三高等学校教授を経て外務省に転じ、通商局長、文部省官房長、法典調査委員となった。辞任後弁護士を開業、自由党入党、明治27年以来愛媛県から衆院議員連続当選7回。のち憲政会、立憲政友会に属した。

重成 格　しげなり・かく
鹿児島県知事　参院議員(自民党)　㊓明治34年7月　㊣昭和31年10月16日　㊥岡山県　㊫東京帝大法学部法律学科(大正14年)卒　㊸官選鹿児島県知事、公選鹿児島県知事を経て、参院議員に当選1回。

重野 謙次郎　しげの・けんじろう
衆院議員(政友会)　㊓嘉永7年10月(1854年)　㊣昭和5年11月5日　㊥出羽国東村山郡天童　㊸山形県議、副議長、議長、山形市議などを務め、明治25年以来山形市から衆院議員当選5回。33年立憲政友会創立で臨時協議員となり、のち幹事。

重野 安繹　しげの・やすつぐ
貴院議員　修士館編修長　東京帝大名誉教授　漢学者　国史学者　㊓文政10年10月6日(1827年)　㊣明治43年12月6日　㊥薩摩国鹿児島郡阪元村(鹿児島県鹿児島市)　字=士徳, 通称=厚之丞, 号=成斎　文学博士(明治21年)　㊸嘉永元年江戸に出て昌平黌に学び、造士館訓導師になるが、安政4年奄美大島へ流刑される。薩摩藩に仕え、慶応元年「皇朝世鑑」を編纂。明治4年上京して官に就き、8年太政官修史局副局長、10年修史館編修長となり、26年退職。この間、史料の収集・編纂に力を尽くし、明治期の修史事業の基礎を定めた。一方、21〜24年、31〜34年帝国大学文科大学(のち東京帝大)教授を務め、国史科を創設。実証的方法を用いて日本史の研究に新生面を開き、史学会会長として重きをなした。また、漢文の名文家として知られ、多くの漢文の文社に関係して漢学の維持に貢献した。23年貴院議員。主著に「万国公法」「編年日本外史」「赤穂義士実話」「国史眼」(共著)「大日本維新史」「国史綜覧稿」「成斎文初集」「成斎文二集」「重野安繹博士史学論文集」(全3巻, 雄山閣)などがある。

滋野井 公寿　しげのい・きんひさ
伯爵　㊓天保14年6月4日(1843年)　㊣明治39年9月21日　㊥山城国(京都府)　㊸安政3年元服して昇殿を許され、侍従となる。幕末、尊攘派公家として国事に奔走。維新後は、明治元年佐渡裁判所総督、佐渡鎮撫使、ついで甲斐府知事となり、2年甲府県知事兼甲府城守に就任したが、3年水害による管内窮民を独断で救恤したため、謹慎となり、のち辞職。以後桂宮祇候などを務め、17年伯爵を授けられた。　㊇父=滋野井実在(公卿)

重政 誠之　しげまさ・せいし
元・衆院議員(自民党)　元・農相　㊓明治30年3月20日　㊣昭和56年6月3日　㊥広島県福山市　㊫東京帝大法学部独法科(大正12年)卒　㊮勲二等旭日重光賞(昭和47年)　㊸大正12年農商務省に入省し、小磯内閣の農商事務次官、東久邇内閣の農林事務次官をつとめる。戦後、公職追放。昭和23年には昭電疑獄に連座して逮捕された(無罪)。27年自由党から衆院議員に当選。6期つとめ、37年第2次池田内閣の農相に就任した。44年引退。　㊇兄=重政庸徳(参院副議長)

重政 庸徳　しげまさ・ようとく
参院副議長(自民党)　㊓明治28年1月15日　㊣昭和52年9月28日　㊥広島県　㊫東京帝大農業経済学科(大正12年)卒　㊸岐阜県内務部耕地課長、農林省開墾課長、岡山農地事務局長、昭和26年日本学術会議議員となり、参院議員に当選。37年参院副議長。また自民党政務調査会副会長、同民情部長、参院農林水産委員長などを歴任した。　㊇弟=重政誠之(農相)

重松 重治　しげまつ・じゅうじ
衆院議員(翼賛議員同盟)　㊓明治3年11月　㊣昭和18年2月4日　㊥大分県　㊸柳ケ浦村議、宇佐郡議、大分県議、鉄道会議臨時議員を経て、大正9年から連続して7期衆院議員をつとめる。また郡

米穀商業組合長、国東鉄道、柳浦銀行の各取締役にもなった。

重光 葵　しげみつ・まもる
外相　日本民主党副総裁　衆院議員
外交官　⽣明治20年7月29日　没昭和32年1月26日　出大分県速見郡杵築(現・杵築市)　学東京帝大法科大学独法科(明治44年)卒　歴明治44年外務省に入省。ポーランド領事、上海総領事を経て、昭和6年駐華公使となったが、翌年1月上海事変がおこり、4月の天長節祝賀式場で反日運動家の爆弾で右脚を失った。その後、8年外務次官、11年駐ソ大使、13年駐英大使を歴任、日中戦争を拡大した近衛内閣には批判的であり、日独伊三国同盟にも反対した。18年には東条内閣の外相となり、戦後の東久邇内閣まで留任した。20年9月ミズーリ号上で降伏文書に調印。21年A級戦犯として逮捕され、23年の東京裁判で禁固7年の判決を受け服役。25年仮釈放、26年刑期満了。27年追放解除後、改進党総裁に就任、同年衆院議員に当選し、以後3回当選、29年日本民主党副総裁となり、鳩山内閣の副総理・外相に就任し、31年の日ソ国交回復と国連加盟に尽力した。また国連総会で日本人として初めて演説をした。「昭和の動乱」「外交回想録」「巣鴨日記」などの著書がある。

重宗 雄三　しげむね・ゆうぞう
参院議長(自民党)　明電社社長　実業家
⽣明治27年2月11日　没昭和51年3月13日　出山口県岩国市　学東京高工付属工業学校(現・東工大附属高)電気科(明治45年)卒　賞藍綬褒章(昭和36年)、勲一等旭日桐花大綬章(昭和48年)　歴兄が創設した明電社に入社し、昭和13年社長、38年会長に就任。また22年参院議員に当選し、以後5期連続当選。28年参院副議長、35年第2次岸内閣の運輸相を経て、37年参院議長に就任。以来9年間にわたって議長をつとめ、参院自民党に"重宗王国"を築いたが、46年反重宗派が造反して野党と結び失脚。49年には政界を引退した。

重盛 寿治　しげもり・としはる
元・衆院議員(社会党)　元・参院議員
⽣明治34年4月29日　没平成9年12月14日　出長野県上伊那郡西箕輪村(現・伊那市)　学蔵前工専建築科(大正8年)卒　賞勲二等旭日重光章(昭和46年)　歴大正13年自動車運転手となる。昭和9年東京市電自動車課に入り、同年の争議に参加し、14年の東交大会で常任委員となる。戦後の東交再建大会で初代委員長となった。25年社会党から参院議員に当選、2期めて、38年衆院議員に転じ、1期務めた。

宍戸 璣　ししど・たまき
貴院議員　子爵　⽣文政12年3月15日(1829年)　没明治34年10月1日　出長門国萩松本村(山口県)　歴長州藩士安田直温の三男。吉田松陰に師事し、尊王攘夷の志士として活躍した。功績が認められ、慶応元年家老宍戸備前の養子となる。明治2年山口藩権大参事、5年教部大輔兼文部大輔を務め、ついで10年に元老院議官に就任、12年には特命全権公使として清国に駐在する。のち、20年に子爵を授けられ、23年から30年まで貴院に在任した。

四条 隆平　しじょう・たかとし
奈良県令　男爵　⽣天保12年4月21日(1841年)　没明治44年7月18日　出京都　歴北陸道鎮撫副総督、越後国柏崎県知事、越後府知事などを経て、明治2年若松県知事、4年五条県知事、奈良県令などを歴任。

始関 伊平　しせき・いへい
元・衆院議員(自民党)　元・建設相
弁護士　⽣明治40年4月7日　没平成3年11月26日　出千葉県市原市　学東京帝大法学部(昭和5年)卒　賞勲一等瑞宝章(昭和53年)　歴昭和5年商工省に入り、岸元首相の下で働く。鉱山、鉄鋼各局長、資源庁長官を経て、28年に政界入り。千葉一区より衆院当選9回。この間、通産政務次官、労働政務次官、科学技術政務次官、中小企業基本問題調査会長、建設、内閣各委員長、56年建設相な

どを歴任した。エネルギー問題の権威。のち弁護士開業。 [団]千葉県弁護士会 [趣]囲碁, 謡, ゴルフ, 剣道(7段)

信太 儀右衛門 しだ・ぎえもん
衆院議員(日本進歩党) [生]明治15年11月 [没]昭和45年4月6日 [出]秋田県 [学]札幌農学校, 早稲田大学政治経済科 [歴]金岡村長、秋田県議などを経て、大正13年秋田1区より初当選。以後、17年までに通算5回当選。また、体育協会顧問、秋田魁新聞社監査役なども歴任した。

実川 清之 じつかわ・きよし
衆院議員(社会党) 全日農中央委員 [生]明治36年10月6日 [没]昭和55年9月11日 [出]千葉県山武郡千代田村(現・芝山町) [学]日本大学 [歴]日大在学中から農民運動に参加し、大正14年日農千葉県連合会発足と共に書記となる。大正15年京都学連事件で検挙され禁錮10カ月に処せられる。のち労働農民党千葉県連の結成に尽力するが、昭和4年の4.16事件で検挙され懲役6年に処せられた。出獄後は全農の運動に参加し、13年人民戦線事件で検挙され、釈放後満州に渡る。戦後は社会党に入り、千代田村長、33年から衆院議員(4期)などを歴任した。

幣原 喜重郎 しではら・きじゅうろう
第44代首相 進歩党総裁 衆院議長 外相 外交官 男爵 [生]明治5年8月11日 [没]昭和26年3月10日 [出]大阪府北河内郡門真村(現・門真市) [学]帝大法科大学(現・東大法学部)法律学科英法科(明治28年)卒 [歴]明治28年農商務省に入るが、翌年外務省に転じた。電信課長、在オランダ・デンマーク公使などを経て、大正4年外務次官に起用され、8年駐米大使となり、10年ワシントン軍縮会議に全権委員として出席。病気静養などを経て、13年外相に就任。約5年3ケ月外相として在任し、加藤高明、第1次若槻、浜口、第2次若槻と続く民政党内閣で外交を担当。対米、対中政策の改善、ロンドン軍縮会議批准等に努め、“幣原外交”と呼ばれる親英米政策をとった。昭和6年の満州事変により、同年12月野に下る。この間、大正9年男爵、15年勅選貴院議員。終戦の20年10月総理大臣として返り咲くが、翌年総辞職。その後進歩党総裁に迎えられ、22年衆院議員に当選。24年衆院議長となり、26年3月議長在任のまま急逝した。政治家としても、終始一貫した平和主義の外交理念をつらぬいた。著書に「外交五十年」がある。 [家]長男＝幣原道太郎(国文学者), 兄＝幣原坦(台北帝大総長)

幣原 坦 しではら・ひろし
枢密顧問官 台北帝大総長 [専]南島史 東洋史 [生]明治3年9月18日 [没]昭和28年6月29日 [出]堺県茨田郡門真村(現・大阪府門真市) [学]帝大文科大学(現・東大)国史科(明治26年)卒 文学博士(明治37年) [歴]明治26年鹿児島造士館教授、30年山梨県立中学校長、33年東京高等師範学校教授、38年韓国政府学政参与官、39年文部省視学官、43年東京帝大教授兼任、大正2年広島高等師範学校長、9年文部省図書局長などを経て、昭和3年台北帝大初代総長となり、10年退官、名誉教授。17年興南錬成学院(のち大東亜錬成院)初代総長、19年辞職。21年枢密顧問官。著書に「南島沿革史論」「朝鮮教育論」「植民地教育」「南方文化の建設」「極東文化の交流」など。 [家]弟＝幣原喜重郎(首相)

紫藤 寛治 しとう・かんじ
衆院議員(国民協会) [生]天保3年3月(1832年) [没]明治30年6月15日 [出]熊本県 [歴]和漢学を修めた後、戊辰戦争・西南戦争に従軍。里正、熊本県議をつとめ、明治23年から連続4期衆院議員に当選。製糸業改善発達に尽力した。

志苫 裕 しとま・ゆたか
元・参院議員(社民党) [生]昭和2年11月29日 [出]新潟県両津市 [学]佐渡農(昭和20年)卒 [賞]勲二等旭日重光章(平成10年) [歴]昭和38年新潟県議3期を経て、49年以来参院議員に3選。平成元年5月辞任して新潟県知事選に立候補するが

落選。4年比例区で復帰。通算4期務めた。10年引退。 [趣]囲碁

品川 弥二郎 しながわ・やじろう
内相 枢密顧問官 子爵 [生]天保14年閏9月(1843年) [没]明治33年2月26日 [出]長門国(山口県) 変名＝橋本八郎 [歴]松下村塾に入門。尊王攘夷運動に挺身し、明治元年戊辰戦争には奥羽鎮撫総督参謀として従軍。6年外務省書記官(ドイツ駐在)、15年農商務大輔、18年ドイツ公使、21年枢密顧問官を経て、24年松方内閣の内相。25年選挙干渉の責を負って辞任。その後西郷従道らと国民協会を組織し、副会頭。20年には京都に尊攘堂を設立した。

四王天 延孝 しのうてん・のぶたか
衆院議員(無所属倶楽部) 国際連盟陸軍代表 陸軍中将 [生]明治12年9月2日 [没]昭和37年8月8日 [出]東京·赤羽 [学]陸大(明治42年)卒 [歴]日露戦争従軍、第2次大戦ではフランス軍に従軍。帰国後は陸軍航空の発達に尽し、大正12年軍務局航空課長、13年から昭和2年まで国際連盟陸軍代表を務める。4年陸軍中将を最後に退役。その後は航空知識の普及やユダヤ問題の研究に当る。17年衆院議員に当選。著書に「四王天延孝回顧録」「ユダヤ思想及運動」。

篠田 弘作 しのだ・こうさく
元·衆院議員(自民党) 元·自治相 [生]明治32年7月27日 [没]昭和56年11月11日 [出]富山県富山市 [学]早稲田大学政経科(昭和2年)卒 [歴]朝日新聞記者、国策パルプ札幌支店長などを経て、昭和24年衆院議員に初当選し、54年に引退するまで北海道4区で連続11回当選。37年第2次池田内閣で自治相·国家公安委員長となる。自民党総務、副幹事長、広報委員長、代議士会長を歴任した。 [家]妻＝篠田スミ(日本棋院参与)

篠原 義政 しのはら・よしまさ
衆院議員(翼賛政治会) [生]明治25年1月 [没]昭和18年7月16日 [出]群馬県 [学]東京帝国大学英法科(大正6年)卒 [歴]長野県、東京府、内務省の職員を経て、内閣軍需局事務官、国勢院書記官を歴任。一時期、弁護士の業務に携わった後、昭和7年群馬2区より初当選。以後、17年まで連続4回当選。在任中は、内務省委員、大政翼賛会参与、同中央協会議員を務めた。著書に「日本はどうなる!」「満州縦横記」など。

篠原 陸朗 しのはら・ろくろう
衆院議員(日本進歩党) [生]明治16年3月 [没]昭和41年9月6日 [出]東京 [学]東京帝国大学独法科卒 [歴]司法官試補、大蔵省、税務監査局事務官、大蔵省主計官、同書記官、長崎税関長、熊本税務監督局長を経て、昭和5年千葉1区より初当選。以後、通算4回当選する。在任中は、内閣委員、大東亜省委員に就任。小磯内閣では大東亜政務次官を務めた。また、ハーグ(オランダ)で開かれた第34回列国議会同盟会議などの国際会議にも参列した。

篠原 和一 しのはら・わいち
衆院議員 [生]明治14年 [没]昭和5年8月14日 [出]長野県南佐久郡岸野村 [歴]明治39年大阪毎日新聞社に入り、毎日電報の政治記者で活躍。その後東京日日新聞社に移った。大正12年退社、政界に入り、14年以来衆院議員当選3回。司法大臣秘書官、内務大臣秘書官を務め、政友会幹事。

四宮 久吉 しのみや・ひさきち
元·衆院議員(自民党) 弁護士 [生]明治28年9月8日 [没]昭和55年11月10日 [出]徳島県 [学]明治大学法学部(大正11年)卒 [賞]勲二等瑞宝章(昭和45年) [歴]昭和18年まで東京府議3期。戦後は22年から38年まで都議、30年から翌年まで都議会議長、全国都道府県議会議長会長。38年以降、衆院当選2回(東京1区、8区)。

四宮 有信　しのみや・ゆうしん
衆院議員（憲政本党）　[生]安政6年4月（1859年）　[没]明治36年12月12日　[出]千葉県　[歴]漢学を修め、農業を営むかたわら、戸長、印旛郡徴兵参事員、学芸委員、千葉県議となる。明治27年に衆院議員に初当選。以来連続4期つとめる。また房総馬車会社をも経営した。

柴 四朗　⇒東海散士（とうかい・さんし）を見よ

斯波 忠三郎　しば・ちゅうさぶろう
貴院議員　東京帝国大学教授　男爵
[生]明治5年3月8日　[没]昭和9年10月3日　[出]石川県金沢市　[学]工科大学（現・東京大学工学部）機械工学科（明治27年）卒　工学博士　[歴]旧金沢藩の国家老の長男に生る。明治27年工科大学助教授、31年教授に就任。同年文部省より海外留学を命じられ、ヨーロッパ各国で舶用機関学を研究、34年グラスゴーでの英国工学会議に名誉会員として出席した。39年家督を相続し、男爵襲爵。同年海大教官となり、特許局技師を兼任。同年日本初の海底電線敷設船の設計、監督を嘱託された。大正6年貴院議員となり、12年航空研究所長。昭和2年国際経済会議、万国議員商議会等に日本代表として出席。6年満鉄に招聘され技術面を監督。7年東大教授を辞任。この他、満鉄顧問、日満マグネシウム、満州化学社長等を務めた。

斯波 貞吉　しば・ていきち
衆院議員（立憲民政党）　ジャーナリスト
[生]明治2年8月　[没]昭和14年10月14日　[出]福井県　[学]東京帝大文科大学英文科選科（明治29年）卒，オックスフォード大学卒　[歴]英留学を終えて盛岡中学校教諭、高輪仏教高等中学・同大学各教授を務め、明治30年万朝報に入り、英文記者、編集局長となった。社長黒岩涙香の下、石川半山、茅原華山らと大正初期の憲政擁護に健筆をふるい、黒岩没後は常務兼主筆。堺利彦らの週刊「平民新聞」英文欄も執筆。38年山路愛山らと国家社会党を創立。大正14年東京大勢新聞社を創立、社長に就任。同年東京府から衆院補欠選挙に立候補、当選、憲政会、立憲民政党に属し、当選6回。

志波 安一郎　しば・やすいちろう
衆院議員（政友会）　[生]明治6年9月　[没]昭和7年6月10日　[出]佐賀県　[学]第三高等学校卒　[歴]地方の銀行に勤めた後長崎県農工銀行監査役となった。一方県会議員から衆院議員当選4回。政友会に属した。

柴田 家門　しばた・かもん
文相　貴院議員（勅選）　内閣書記官長
官僚　[生]文久2年12月18日（1863年）
[没]大正8年8月25日　[出]長門国萩（山口県萩市）　号＝岑堂　[学]帝大法科大学（現・東大法学部）（明治23年）卒　[歴]内閣書記官、法制局参事官などを経て、明治31年内務省地方局長、34～39年第1次桂太郎内閣の書記官長。36年勅選貴院議員。41年第2次桂内閣の書記官長。拓殖局総裁を経て、大正元年第3次桂内閣の文相。2年勅選貴院議員。防長教育会、防長倶楽部などにも尽力。

柴田 健治　しばた・けんじ
元・衆院議員（社会党）　[生]大正5年11月14日　[没]昭和59年3月9日　[出]岡山県　[学]秀実小卒　[歴]昭和26年から岡山県議を連続4期務めたあと、昭和42年衆院議員（岡山1区）に初当選、以来4期。この間、社会党本部統制委員、農林水産部会長、日本消防協会副会長を歴任。

柴田 栄　しばた・さかえ
元・参院議員（自民党）　[生]明治33年11月12日　[没]昭和57年9月23日　[出]愛知県　[学]東京帝大林学科（昭和3年）卒　[賞]勲二等旭日重光章（昭和46年）　[歴]昭和27年から30年まで林野庁長官。31年から49年まで参院議員。当選3回。

柴田 善三郎 しばた・ぜんざぶろう
大阪府知事 貴院議員(勅選) [生]明治10年 [没]昭和18年 [出]静岡県 旧姓=佐藤 [学]東京帝大卒 [歴]愛媛県警察部長、北海道庁拓殖部長、宮城県、大阪府各内務部長、朝鮮総督府学務局長などを経て、大正11年以来三重・福岡・愛知各県知事を歴任、昭和4年大阪府知事。7年斎藤実内閣書記官長となった。のち勅選貴院議員、同成会に属し、文政審議会、選挙制度調査会各委員を務めた。

柴田 等 しばた・ひとし
元・千葉県知事 [生]明治32年 [没]昭和49年2月17日 [出]宮崎県 [学]京都帝国大学農学部(昭和3年)卒 [歴]昭和6年農林省に入り、ハノイ、サイゴン各領事館勤務を経て物価庁第二食品課長。22年千葉県副知事となり、25年知事選に出馬し当選、連続3期つとめた。

柴田 兵一郎 しばた・ひょういちろう
衆院議員(民主党) 貴院議員(多額納税) 東北銀行頭取 [生]明治32年6月 [没]昭和51年3月30日 [出]岩手県 [学]慶応義塾大学経済学部卒 [歴]沼宮内町長を経て、昭和21年岩手県から初当選。在任中、第一次吉田内閣の大蔵参与官を務める。また、日本進歩党総務委員、東北銀行頭取、盛岡商工会議所会頭なども歴任した。

柴田 弘 しばた・ひろし
元・衆院議員(公明党) [生]昭和8年5月1日 [出]愛知県尾西市 [学]名古屋大学経済学部(昭和31年)卒 [歴]昭和46年以来名古屋市議2期を経て、54年愛知1区から衆院議員に当選。4期つとめた。平成2年引退。

柴田 睦夫 しばた・むつお
元・衆院議員(共産党) 弁護士 [生]昭和3年7月28日 [出]福岡県三井郡立石村 [学]東京大学法学部政治学科(昭和26年)卒 [歴]昭和29年弁護士を開業。47年から衆院議員に5選。平成2年落選。

柴立 芳文 しばたての・よしふみ
参院議員(自民党) [生]大正4年8月 [没]昭和50年8月5日 [出]鹿児島県 [学]鹿児島高農林学科卒 [賞]藍綬褒章(昭和45年) [歴]鹿児島県議、議長、全国都道府県議長会副会長、自民党鹿児島県支部連合会幹事長のほか、県木材事業協同組合連合会長なども務める。昭和46年参院議員に初当選、以降2期。その間参院建設委員、自民党国会対策副委員長等を務めた。

柴野 和喜夫 しばの・わきお
元・参院議員(無所属) 元・北陸鉄道社長 [生]明治35年7月2日 [没]昭和57年12月18日 [出]石川県 [学]東京帝大法学部(昭和2年)卒 [賞]勲二等瑞宝章 [歴]昭和21年1月官選滋賀県知事。22年4月公選で石川県知事に当選、2期つとめた。33年12月参議院石川地方区補選に当選(無所属)、残任期間4カ月余りつとめた。35年北陸鉄道社長、43年会長、47年相談役。

柴原 和 しばはら・やわら
元老院議官 貴院議員 地方官会議幹事 [生]天保3年2月7日(1832年) [没]明治38年11月29日 [出]播磨国龍野(兵庫県) [歴]若くして江戸に出、大槻磐渓、安井息軒に学び、また京都で梁川星巌などに師事。尊王倒幕の志を抱き、国事に奔走。安政6年から諸国を歴遊、一時脱藩し森田節斎の塾頭を務めた。のち帰藩して藩学の助教となり、元治元年頃から主に京にあって周旋し藩の方向を誤らせなかった。明治2年待詔院に出仕、以後甲府県大参事、岩鼻県大参事、宮谷県権知事を経て、4年木更津県権令となり、6年印旛県権令を兼任、同年両県合併により千葉県令に就任。地方民会の創設、教育・警察・地租改正などで治績をあげ、8年には地方官会議幹事を務めるなど、日本三県令の一人といわれ、12年元老院議官、21年山形県知事、のち香川県知事を歴任し、27年貴院議員となった。

柴谷 要　しばや・かなめ
元・参院議員(社会党)　⽣明治43年2月27日　没平成7年4月26日　出群馬県　学鉄道教習所専門部(昭和7年)卒　賞勲二等瑞宝章(昭和55年)　歴大正14年鉄道省に入り、東鉄勤務。鉄道現業員組合に加入。昭和20年国労上野支部副委員長、21年東京地方本部委員長、28年国労本部委員長などを歴任。31年以来参院議員(社会党)に2選。39年決算委員長、44年労働福祉事業団監事、48年理事を務め、51年退任。のち富士産業相談役。著書に「手をつなぐ人々」。

渋沢 敬三　しぶさわ・けいぞう
蔵相　日銀総裁　日本民族学協会会長　実業家　財界人　民俗学者　⽣明治29年8月25日　没昭和38年10月25日　出東京市深川(現・東京都江東区)　号=祭魚洞　学東京帝大経済学部(大正10年)卒　名誉文学博士(東洋大学)(昭和38年)　賞農学賞(大正15年)「豆州内浦漁民史料」、朝日文化賞(昭和37年)、広告功労者顕彰(昭和41年)　歴大正10年横浜正金銀行に入行。東京、ロンドン各支店に勤務。14年第一銀行に転じ、15年取締役、昭和7年常務、16年副頭取。この間、6年東京貯蓄銀行会長。17年蔵相に請われて日銀副総裁に就任、19年第16代総裁に就いた。戦後20年幣原内閣の蔵相になったが、21年公職追放。26年に解除。以後、国際電信電話会社初代社長、IOC国内委員会議長、文化放送会長、日本国際商業会議所会頭、日本航空相談役、金融制度調査会会長などを歴任し、財界の世話役をつとめた。渋沢栄一の孫で、東京・三田の豪邸を率先、財産税で物納するなど、育ちの良い財界大物ぶりを発揮した。また生物学・民俗学への造詣も深く、自宅に"アチック・ミューゼアム・ソサエティ(のちの常民文化研究所)"を創立、多くの民俗学者を輩出させ、自らも日本民族学協会会長、日本人類学会会長をつとめた。昭和6年襲爵(子爵)。著書に「豆州内浦漁民史料」(全2巻)「祭魚洞雑録」「日本魚名集覧」「絵巻による日本常民生活絵引」(全5巻, 編著)「渋沢敬三著作集」(全5巻, 平凡社)などがある。　趣釣り　家祖父=渋沢栄一(実業家)

渋沢 利久　しぶさわ・りきゅう
元・衆院議員(社会党)　⽣昭和3年1月21日　出静岡県御殿場市　学早稲田大学第二政経学部中退　賞勲二等瑞宝章(平成10年)　歴議員秘書、江戸川区議、東京都議を経て、昭和51年以来衆院議員に5選。平成3年党副委員長。5年落選。6年離党。

渋谷 邦彦　しぶや・くにひこ
元・参院議員(公明党)　⽣大正13年5月30日　出宮城県　学中央大学法学部中退　歴産業復興公団主事を経て日動火災海上保険に勤務し、昭和37年以来3回当選。党中央委員、愛知県本部長などををを歴任。

渋谷 直蔵　しぶや・なおぞう
衆院議員(自民党　福島2区)　元・自治相　⽣大正5年8月20日　没昭和60年12月16日　出福島県　学東京帝大法律学科(昭和15年)卒　歴労働省初代官房長、労働基準局長を歴任。昭和35年に衆院初当選、以来当選9回。53年12月から54年11月まで自治相(国家公安委員長、北海道開発庁長官を兼務)。自民党河本派の幹部で、代表世話人代行などを務めた。60年10月、病気療養のため引退を表明。

島 清　しま・きよし
元・参院議員(社会党)　元・うるま新報社長　⽣明治41年9月29日　没平成9年5月15日　出沖縄県　学法政大学文学部英文科(昭和13年)卒　賞勲二等旭日重光章(昭和53年)　歴昭和5年日本大衆党に入り、全国大衆党、全国労農大衆党、社会大衆党を経て、戦後日本大衆党に入る。22年東京地方区から参院議員に当選、通算2期務めた。民社党結成にも参加。また20年7月に発行された沖縄戦終結後初の新聞「うるま新報」創刊時の社長も務めた。

島 義勇　しま・よしたけ
秋田県令　㊇文政5年9月12日（1822年）　㊣明治7年4月13日　㊥明治1年佐賀藩海軍軍監として江戸へ進攻、江戸鎮台府判事として民政に当たる。2年北海道開拓使判官として、札幌市街地の建設に尽力。のち大学少監、侍従、秋田県令などを歴任、7年佐賀憂国党を率い佐賀の乱を戦ったが、敗れ処刑。

島上 善五郎　しまがみ・ぜんごろう
元・衆院議員（社会党）　労働運動家　㊇明治36年12月16日　㊣平成13年1月2日　㊥秋田県天王町　本名＝佐々木善五郎　㊨高小卒　㊤勲二等旭日重光章（昭和50年）　戦前の東京交通労組の指導者の一人。大正9年東京電気局に入り、車掌になったが待遇の悪さにすぐ組合運動に入る。15年「人民電車事件」で懲戒免職されたが、地下から指導。日本無産党結成に加わり2年間未決拘置された。戦後東交再建の一翼を担い、昭和20年社会党結党に参加、21年日本労働組合総同盟主事を経て、25年初代総評事務局長。22年以来東京6区から8期、衆院議員をつとめた。議員引退後、社会党中央統制委員長もつとめた。

島口 重次郎　しまぐち・じゅうじろう
元・衆院議員　元・全日農青森県連会長　社会運動家　㊇明治45年1月15日　㊣昭和43年3月17日　㊥青森県弘前市　㊦昭和7年全農青年部青森県連合会を結成して執行委員となる。9年共産党に入党し、同年検挙され懲役3年に処せられる。戦後は日農の再建に尽力し、また社会党に入り、26年、30年と青森県議、35年、42年衆院議員に当選した。

嶋崎 均　しまさき・ひとし
参院議員（自民党）　元・法相　㊇大正12年3月28日　㊣平成9年5月11日　㊥石川県小松市　㊨東京帝大法学部政治学科（昭和22年）卒　㊦昭和22年大蔵省入省。官房審議官を経て退官し、46年補選で参院議員に当選。この間、59年に第2次中曽根改造内閣の法相を務めた。平成元年落選、4年再び落選。3年腎移植普

及会理事となり、8年腎移植ネットワーク理事長に就任。同年繰り上げ当選。通算5期。　㊕兄＝嶋崎弘（雲井社長）、弟＝嶋崎譲（衆院議員）、東方歩（東洋交通社長）、嶋崎丞（石川県立美術館長）、嶋崎忞（旭カーボン社長）、妹＝嶋崎晶子（立正大短大部教授）

嶋崎 譲　しまさき・ゆずる
元・衆院議員（民主党）　元・九州大学教授　㊥政治学　㊇大正14年1月21日　㊥石川県小松市　㊨九州大学大学院政治学専攻（昭和28年）修了　㊤勲二等旭日重光章（平成13年）　㊦昭和42年九州大学法学部教授となったが、44年退官。社会党の学者出身サラブレット候補として政界に転身し、47年以来衆院議員に当選8回。党県委員長、党政策審議会長、党副委員長をつとめた。のち市民リーグを経て、平成8年民主党に参加。同年引退。のち林政総合調査研究所顧問。著書に「政治学概説」「もう一つの時代」「林政政策の方法」などがある。　㊕兄＝嶋崎弘（雲井社長）、嶋崎均（参院議員）、弟＝東方歩（東洋交通社長）、嶋崎丞（石川県立美術館長）、嶋崎忞（旭カーボン社長）、妹＝嶋崎晶子（立正大短大部教授）

島津 珍彦　しまず・うずひこ
貴院議員　男爵　㊇弘化1年10月22日（1844年）　㊣明治43年6月16日　㊥文久元年父久光が宗家に復帰した後をうけて、大隅重富領1万4060石。慶応3年西郷隆盛らの討幕論に賛成、京都守衛に当たり、鳥羽伏見、函館に転戦。明治9年鹿児島師範校長、22年男爵。照国神社宮司、鹿児島造士館長を務め、23年貴院議員。　㊕父＝島津久光（薩摩藩主）

島津 忠亮　しまず・ただあきら
貴院議員　伯爵　㊇嘉永2年5月（1849年）　㊣明治42年6月20日　㊥日向国佐土原（宮崎県）　㊦明治2年アメリカに留学。帰国後は東京赤坂区長、貴族院議員などをつとめた。

島津 忠彦　しまず・ただひこ
元・参院議員　[生]明治32年8月30日　[没]昭和55年5月12日　[出]鹿児島県　[学]成蹊実専(大正12年)卒　[賞]勲二等旭日重光章(昭和44年)　[歴]貴族院議員を経て、参院議員に鹿児島地方区から昭和22年から31年まで当選2回。その後、帝都高速度交通営団理事、阪神高速道路公団監事をつとめた。

島津 忠寛　しまず・ただひろ
佐土原藩知事　伯爵　[生]文政11年2月(1828年)　[没]明治29年6月20日　[歴]天保10年12歳で佐土原藩主を襲封。宗藩である薩摩藩と藩政をともにし、生麦事件や薩英戦争で講和交渉を続けた。明治2年版籍奉還により日向佐土原藩知事。

島津 長丸　しまず・ながまる
貴院議員　男爵　[生]明治4年9月　[没]昭和2年2月1日　[出]鹿児島県　[賞]勲三等　[歴]鹿児島宮之城藩主の子で久光の孫。2歳で家督を継ぎ、明治30年男爵、貴院議員。日本水電、鹿児島電軌道各監査役。

島津 隼彦　しまず・はやひこ
貴院議員　男爵　[生]明治12年8月　[没]昭和11年6月5日　[学]東京帝国大学法科卒　[賞]勲三等　[歴]父は薩摩今和泉藩主。明治30年男爵。第百四十七銀行取締役。のち貴院議員に互選された。

島津 久光　しまず・ひさみつ
左大臣　[生]文化14年10月24日(1817年)　[没]明治20年12月6日　[出]薩摩国(鹿児島県)　[歴]斉彬の異母弟。嘉永4年父斉興の死後、後嗣決定で斉彬に敗れたが、斉彬の死後、安政5年遺命により久光の子、忠義が後嗣となると、久光は国父として藩の実権を握る。文久2年国事周旋のため兵を率いて上洛、伏見寺田屋で尊攘派の志士を弾圧。公武合体運動推進のため、勅使大原重徳を擁して江戸に入り、幕政を改革させる。文久3年8月18日の政変後、幕政、朝政に参加。元治元年禁門の変で長州の兵と戦って勝ち、以後公武合体派の中心人物となる。維新後明治7年征韓論の分裂で弱体化した明治政府に入り左大臣となるが極端な保守的性格のため、当時の欧化政策をとっていた政府と合わず、8年辞官。帰国し、隠退。　[家]父＝島津斉興(薩摩藩主)，兄＝島津斉彬(薩摩藩主)

島田 叡　しまだ・あきら
沖縄県知事　[生]明治34年12月25日　[没]昭和20年6月　[出]兵庫県　[学]東京帝大法学部(大正14年)卒　[歴]大正14年内務省に入り、佐賀県書記官を振り出しに主に警察畑を歩く。昭和19年大阪府内政部長となるが、沖縄県知事が出張名目で離県し、そのまま帰任しなかったため、特に内務省から請われて、20年1月沖縄県知事に就任、米軍の上陸が必至とみられていた沖縄へ赴く。着任直後から米軍の上陸に備え、県民の疎開をはかる一方、自ら台湾に飛んで食糧の確保に全力を尽した。米軍が沖縄に上陸した後は繁多川の地下壕内で戦時行政に当たったが同年6月下旬沖縄本島南部の摩文仁丘付近で戦死した。26年島民により摩文仁丘に「島守の塔」が建立された。

島田 三郎　しまだ・さぶろう
衆院議長　毎日新聞社社長　ジャーナリスト　[生]嘉永5年11月7日(1852年)　[没]大正12年11月14日　[出]江戸　旧姓＝鈴木　幼名＝鐘三郎，号＝沼南　[学]昌平黌卒，沼津兵学校卒，大学南校卒，大蔵省付属英学校卒　[歴]明治7年横浜毎日新聞社主・島田豊寛の養子に入り、同紙の主筆となり、自由民権をとなえる。のち元老院などの官職についたが、明治14年政変で下野し、再び毎日新聞に入り、27年社長に就任。この間、15年立憲改進党の創立に参加。19年植村正久牧師により受洗。ついで「条約改正論」「開国始末」など執筆。また23年から衆院議員に連続14回当選し、27年副議長、大正4年議長に就任。進歩党、憲政会、立憲国民党、革新倶楽部憲政本党などに属した。労働問題に早くから理解を示し、廃娼問題、足尾鉱山鉱毒事件、普

通選挙運動、シーメンス事件などで活躍した。また雄弁家として知られ、"島田しゃべ郎"の異名をとった。「島田三郎全集」(全7巻, 龍渓書舎)がある。[家]養父=島田豊寛(横浜毎日新聞社員総代)

嶋田 繁太郎　しまだ・しげたろう
海相　海軍大将　[生]明治16年9月24日　[没]昭和51年6月7日　[出]東京　[学]海兵(第32期)(明治37年)卒, 海大(大正4年)卒　[歴]大正5年～8年イタリア大使館付武官。帰国後、「多摩」、「比叡」各艦長、第二艦隊参謀長などを経て、昭和5年第一艦隊兼連合艦隊参謀長、7年第三艦隊参謀長、8年軍令部作戦部長。10年軍令部次長となり海軍軍縮条約の破棄を進めた。日中戦争開始後、第二艦隊司令長官、呉鎮守府司令長官、15年支那方面艦隊長官などを歴任。同年大将に進級。16年には横須賀鎮守府長官から東条内閣の海相に就任し、開戦を主張。19年2月軍令部総長を兼任したが、サイパン陥落で同年7月海相を辞任した。戦後A級戦犯として終身刑となるが、30年釈放。

島田 七郎右衛門　しまだ・しちろうえもん
衆院議員(立憲政友会)　[生]明治16年1月　[没]昭和37年7月25日　[出]富山県　[学]富山中卒　[歴]富山県議を経て、衆院議員に2選。

島田 孝之　しまだ・たかゆき
衆院議員　[生]嘉永3年5月(1850年)　[没]明治40年1月15日　[出]越中国東砺波郡般若野(富山県)　[歴]明治8年新川県教務監督、次いで青森県警察署長。14年郷里に帰り北辰社を創設、その後富山で改進党を組織、次いで立憲改進党入党、16年富山県会議員から議長となり、22年帝国憲法発布の祝典に出席。23年以来衆院議員当選4回。28年中越鉄道会社を設立、35年富山日報社長、富山農工銀行頭取となった。著書に「湘洲詩鈔」がある。

島田 琢郎　しまだ・たくろう
元・衆院議員(社会党)　[生]大正15年8月28日　[出]北海道紋別郡上涌別町　[学]美幌農林林業科(昭和19年)卒　[賞]勲二等瑞宝章(平成10年)　[歴]北海道庁勤務、涌別町議を経て、昭和47年以来衆院議員に5選。61年落選し、翌62年9月政界から引退。

島田 糺　しまだ・ただす
衆院議員　[生]嘉永5年(1852年)　[没]大正3年5月2日　[出]土佐国吾川郡秋山村甲殿(高知県)　[歴]明治元年致道館砲術取立役、藩兵小隊司令となったが、辞めて8年地方郡区区会議長、区長、14年高知県会議員となった。板垣退助らの自由党に入り、吾川郡の領袖となった。17年高知県水産会会頭、20年高知県海面漁業組合頭取、26年県会議長。35年以来衆院議員当選2回。

島田 俊雄　しまだ・としお
衆院議長　農相　立憲政友会幹事長　[生]明治10年6月18日　[没]昭和22年12月21日　[出]島根県江津市　[学]東京帝大法科大学政治学科(明治33年)卒　[歴]東京市役所の吏員から弁護士に転じ、明治45年の総選挙に郷里から出馬、当選、以来衆院議員当選9回。政友会に属し、昭和3年田中義一内閣の政友会幹事長。6年犬養内閣法制局長官。11年広田内閣の農相。翌年鳩山一郎らと政友会総裁代行委員。14年鈴木喜三郎総裁の任期満了に伴う後継総裁争いで中島知久平を推し、同会分裂を促進した。15年米内内閣の農相。翼賛会、翼政会などの顧問、衆院予算委員長などを経て小磯内閣の農商務相。終戦時は衆院議長。早大、中央大などで政治経済を講じ、「明義」「王道」など雑誌経営にも当たった。

島田 安夫　しまだ・やすお
衆院議員(自民党)　[生]大正9年2月10日　[没]昭和59年4月11日　[出]鳥取県　[歴]鳥取県議、同議長を経て、昭和47年の第33回総選挙で初当選、日中国交正常化に反発して結成された自民党青嵐会に参加した。その後、落選を続け58年暮れ

の総選挙で返り咲いた。当選2回、中曽根派所属。鳥取県農業共済組合連合会長などを歴任し、同県農業会議議長、全国内水面漁連会長もつとめた。

島田 保之助　しまだ・やすのすけ
衆院議員　㊤安政5年10月(1858年)　㊦昭和2年2月21日　㊥近江国野洲郡野洲村(滋賀県)　㊧県議となり、江州新聞を発刊、自治の発達に努めた。明治41年以来衆院議員当選2回。滋賀県憲政会支部長として活躍した。

島野 武　しまの・たけし
仙台市長　東北市長会長　弁護士　㊤明治38年9月20日　㊦昭和59年11月6日　㊥宮城県仙台市　㊫東京帝大経済学部(昭和4年)中退　㊧昭和6年弁護士開業、東京弁護士会副会長、東京都地労委委員など歴任後、33年、社会党などに推されて仙台市長に初当選。連続当選7期。この間、全国市長会長、全国革新市長会副会長を務めた。

島村 一郎　しまむら・いちろう
衆院議員　㊤明治27年9月7日　㊦昭和52年2月1日　㊥東京　㊫中央大学中退　㊜勲一等瑞宝章(昭和44年)　㊧小松川町長、東京府議、江戸川区会議長、東京市議、同都議などを経て大蔵大臣秘書官となった。昭和21年東京6区(のち10区)から衆院議員となり、連続当選12回。30年第2次鳩山一郎内閣の通産政務次官。衆院大蔵、商工、懲罰、東京オリンピック大会準備促進特別委員長を歴任。また自由党、日本民主党各政調会副会長、自民党総務、同東京湾開発特別委員長を務めた。列国議会同盟会議に議員団代表で4回出席。　㊮六男＝島村宜伸(衆院議員)

島村 軍次　しまむら・ぐんじ
元・参院議員　㊤明治28年4月6日　㊦昭和61年8月30日　㊥岡山市　㊫高松農(大正2年)卒　㊧岡山県庶務課長、鳥取県経済部長などを経て、昭和22年4月、初の参院選に岡山地方区から当選。緑風会に所属、2期12年務めた。

島村 宜伸　しまむら・よしのぶ
元・衆院議員(自民党)　元・農水相　㊤昭和9年3月27日　㊥東京都江戸川区　㊫学習院大学政経学部政治学科(昭和31年)卒　㊧日本石油勤務、中曽根康弘秘書を経て、昭和51年以来衆院議員に7選。平成7年村山改造内閣の文相に就任、直後の侵略戦争に関する発言で物議をかもした。9年第2次橋本改造内閣で辞任した越智伊平の後を受けて、農水相に就任。12年落選。中曽根派、渡辺派、村上・亀井派を経て、江藤・亀井派。　㊮父＝島村一郎(衆院議員)

島本 虎三　しまもと・とらぞう
元・衆院議員(社会党)　元・仁木町(北海道)町長　㊤大正3年6月20日　㊦平成1年11月10日　㊥北海道小樽市高島　㊫札幌逓信講習所卒　㊜勲二等旭日重光章(昭和59年)　㊧昭和9年から小樽郵便局電信課勤務。22年小樽市議に初当選し、小樽地区労働組合会議を結成、連続11期議長を務める。35年衆院議員に初当選、5期つとめる。54年仁木町長に就任。58年西武流通グループ代表・堤清二、半農半工の若者集団「アリス・ファーム」代表・藤門弘と「仁木町の地域開発に関する三者協定」に調印、新しいまちづくりを行った。62年引退。

島本 仲道　しまもと・なかみち
自由民権運動家　㊤天保4年4月18日(1833年)　㊦明治26年1月2日　㊥土佐国土佐郡潮江村(高知県)　㊧土佐藩士。幼時より陽明学を好み、東遊して安井息軒の門に入り、久坂玄瑞らと交わる。土佐勤王党に加わり、文久2年藩主山内豊範上洛の実現に尽力した。3年勤王党の獄にあって終身禁錮となる。維新後許され、松山征討に出陣した。新政府に仕え、兵部権少丞、地方官を経て、司法省に入り、5年司法大丞、さらに大検事、警保頭を兼任。司法卿江藤新平に信頼され、司法制度の改正、新律綱領の制定に尽力した。6年征韓論が敗れ、江藤と共に下野。のち民権運動に従い、14年自由党顧問となり、河野敏鎌の親

友として活躍したが、20年保安条例により東京から追放された。多摩困民党顧問も務めた。

清水 勇　しみず・いさむ
元・衆院議員(社会党)　⊕大正14年10月16日　⊕長野県長野市　⊕早大附高工機械工学科(昭和19年)卒　⊕勲二等旭日重光章(平成7年)　⊕印刷工から長野県労評議長を経て、昭和51年以来衆院議員に6選。平成5年落選。

清水 市太郎　しみず・いちたろう
衆院議員(立憲政友会)　法律学者　弁護士　⊕慶応1年9月(1865年)　⊕昭和9年12月19日　⊕尾張国知多郡鬼崎村(愛知県)　⊕東京帝国大学英法科(明治22年)卒、ミッドルテンプル大学(英国)(明治26年)卒　⊕判事試補、海軍教授、法政局参事官、弁護士などを経て、明治41年愛知9区より初当選。以後、連続6回当選を果たした。在任中、ハーグ(オランダ)で開かれた第18回列国議会同盟会議に参列した。

清水 一郎　しみず・いちろう
群馬県知事　⊕大正7年9月4日　⊕平成3年6月12日　⊕群馬県前橋市　⊕福島高商(昭和13年)卒　⊕勲二等旭日重光章(平成1年)　⊕前橋商、前橋工教諭から昭和30年前橋市議、34年群馬県議に当選。45年副議長、49年議長を歴任し、51年以来県知事に4選。　⊕三男=清水澄(群馬ロイヤルホテル社長)

清水 逸平　しみず・いっぺい
元・衆院議員(民主自由党)　入間川ゴム会長　⊕明治28年11月5日　⊕昭和58年2月16日　⊕長野県　⊕日本大学法律学科卒　⊕黄綬褒章(昭和39年)、勲三等瑞宝章(昭和41年)、勲三等旭日中綬章(昭和53年)、狭山市名誉市民　⊕昭和24年1月から27年8月まで衆院議員。狭山市商工会長、入間川ゴム会長をつとめる。

清水 銀蔵　しみず・ぎんぞう
衆院議員(立憲政友会)　⊕明治12年1月　⊕昭和12年4月20日　⊕大阪府　⊕東京専門学校英語政治科(明治35年)卒　⊕愛国生命保険(株)社員を経て江州日日新聞社取締役に就任。第15回衆議院補欠選挙に滋賀県より立候補、当選。以来連続4回当選。

清水 隆徳　しみず・たかのり
衆院議員(憲政会)　⊕文久2年8月(1862年)　⊕昭和4年10月21日　⊕愛媛県　⊕愛媛県議、同常置委員、同議長を経て、明治27年愛媛郡部より初当選。以後、大正4年まで通算4回当選。また、愛媛県農業銀行頭取、伊予水力電気株式会社取締役も歴任した。

志水 直　しみず・ただし
衆院議員(政友会)　陸軍歩兵大佐　名古屋市長　⊕嘉永2年4月21日(1849年)　⊕昭和2年4月26日　⊕名古屋　⊕明治6年陸軍に入隊、歩兵大佐で退役。30年名古屋市長を経て、35年衆議院議員。

清水 澄　しみず・とおる
枢密院議長　公法学者　⊕憲法学　行政法学　⊕慶応4年8月12日(1868年)　⊕昭和22年9月25日　⊕石川県金沢　⊕東京帝大法科大学仏法科(明治27年)卒　法学博士(明治38年)　⊕帝国学士院会員(大正15年)　⊕明治27年内務省に入り、ドイツに留学。帰国後31年学習院教授、38年憲法学、行政法学の研究で法学博士。39年行政裁判所評定官、大正11年同長官。この間、東大講師、帝国学士院会員、東宮御学問所御用掛となる。昭和9年枢密顧問官、10年帝国美術院長、16年高等捕獲審検所長官、19年枢密院副議長、21年枢密院議長を歴任。22年9月22日公職追放を受けた直後の25日、熱海で投身自殺した。　⊕息子=清水虎雄(東洋大教授)

307

清水 徳太郎　しみず・とくたろう
衆院議員(衆院議員倶楽部)　[生]明治15年2月　[没]昭和38年11月28日　[出]山形県　[学]東京帝国大学政治科(明治42年)卒, 東京帝国大学大学院修了　[歴]鉄道院、栃木県理事官、奈良・宮崎・山形各県警察部長、山形県内務部長、和歌山県知事などを歴任した後、昭和3年山形2区より初当選。以後、連続5回の当選を果たした。また在任中は、ジュネーブで開かれた第28回列国議会同盟会議に参列、ブリュッセルで開かれた万国議院商事会議評議員会議に出席した。著書に「最近欧米各国事情」がある。

清水 留三郎　しみず・とめさぶろう
衆院議員(日本進歩党)　[生]明治16年4月　[没]昭和38年4月18日　[出]群馬県　[学]早稲田大学法科(明治35年)卒, ワシントン大学, ミネソタ大学　[歴]関東産業新聞社長、上野新聞社専務などを経た後、大正9年群馬1区より初当選。以後、連続7回の当選を果たした。在任中は、平沼内閣の外務政務次官、外務省委員を務めた。また、ベルリンで開かれた第15回万国議院商事会議に参列した。著書に「モダンジャパン」「緊迫セル国際事情」など。

志村 愛子　しむら・あいこ
元・参院議員(自民党)　声楽家　[専]ソプラノ　[生]大正6年4月13日　[出]東京　別名=安西愛子　[学]東京音楽学校(現・東京芸術大学)本科声楽科(昭和15年)卒, 東京音楽学校研究科(昭和17年)修了　[賞]日本童謡賞特別賞(第1回)(昭和46年), 勲二等宝冠章(平成1年)　[歴]大学院に籍を置きながら共立女子学園、明治大学女子部などで教鞭をとる。傍らコロムビア専属となり、昭和19年童謡「お山の杉の子」が大ヒット。24年NHKの"歌のおばさん"となり活躍。46年以来参院当選3回。北海道開発次官などを歴任。自民党政審副会長も務めた。平成元年参院選に際し離党、太陽の会を結成して立候補したが落選。その後は福祉や教育をテーマに講演行脚。5年暮れ障害者の長男を亡くした。共編著に「日本の唱歌」などがある。

志村 源太郎　しむら・げんたろう
貴院議員(勅選)　日本勧業銀行総裁　農務官僚　実業家　[生]慶応3年3月1日(1867年)　[没]昭和5年8月23日　[出]甲斐国人志村(山梨県)　[学]東京帝大法科大学(明治22年)卒　[歴]明治22年駒場農林学校教授、23年農商務省に移り参事官、書記官、特許局審判官、製鉄所事務官を経て30年工務局長。31年辞任、日本勧業銀行相談役を務めた後、横浜正金銀行に転じ、海外支店の検査役。35年再び日本勧業銀行に戻り副総裁、44年総裁。大正11年勅選貴院議員。小作調査会特別委員長、産業組合中央会会頭、帝国農業会評議員、蚕糸業組合中央会会長、大日本米穀会会頭などを務めた。また東京商業会議所特別議員のほか日本窒素肥料、富士瓦斯紡績、富士電力などの重役を務めた。

志村 茂治　しむら・しげはる
衆院議員(社会党)　[生]明治31年9月　[没]昭和46年8月9日　[出]神奈川県　[学]東京帝国大学農学実科(大正10年)卒, 京都帝国大学経済学部(大正14年)卒　[歴]ハイデルベルグ大学およびベルリン大学で経済学を学ぶ。専修大講師、日本大学商経学部教授、中央物価統制協力会議調査部長、神奈川県購買農業協同組合連合会長、日本女子経済短期大学教授などを務める。また社会党教育宣伝局教育文化副部長、原子力関係調査委員長を務める。昭和27年衆院議員に初当選。以来連続3回当選。

下飯坂 権三郎　しもいいざか・ごんざぶろう
衆院議員(立憲政友会)　[生]嘉永5年11月(1852年)　[没]大正12年12月19日　[出]岩手県　[歴]塩釜村議、水沢町議、水沢町長、岩手県議などを経て、明治23年岩手4区より初当選。以後、明治31年まで通算4回当選した。

下出 民義　しもいで・たみよし
衆院議員（政友本党）　貴院議員（多額納税）　名古屋電燈副社長　⊕文久1年12月（1861年）　⊗昭和27年8月16日　⊕愛知県　⊕名古屋市議、同参事会員、名古屋商業会議所議員を経て、大正9年愛知4区より衆院議員に当選。また、名古屋電燈副社長、愛知電気鉄道取締役、名古屋株式取引所相談役なども歴任した。

下岡 忠治　しもおか・ちゅうじ
衆院議員（憲政会）　官僚　⊕明治3年10月2日　⊗大正14年11月22日　⊕摂津国広根村（兵庫県）　号＝三峯　⊕帝大法科大学（現・東大）（明治28年）卒　⊕内務省に入り、熊本県、京都府参事官、茨城県書記官、法制局書記官などを経て、30年秋田県知事、41年農商務省農務局長、大正元年農商務省次官、3年枢密院書記官長、つづいて内務次官。4年以来衆院議員当選4回、大隈内閣の内務省参政官を務め、憲政会幹部。13年朝鮮総督府政務総監となった。

下川 儀太郎　しもかわ・ぎたろう
元・衆院議員（社会党）　詩人　⊕明治37年2月1日　⊗昭和36年2月6日　⊕静岡県静岡市太田町　⊕日本大学芸術科中退　⊕早くから文学に親しみ、昭和4年日本プロレタリア作家同盟に加入。その一方で母子ホーム、託児所を経営した。戦後は社会党に入って県議をつとめ、また27年から33年まで衆院議員を3期務めた。詩集に「富士と河と人間と」がある。

下条 恭兵　しもじょう・きょうへい
元・参院議員　⊕明治33年4月　⊗昭和61年1月12日　⊕新潟県　⊕早稲田工手学校（大正11年）卒　⊕昭和22年、第1回参院選に社会党推薦で新潟地方区から当選1回。逓信政務次官、参院建設委員長などを歴任。

下条 進一郎　しもじょう・しんいちろう
元・参院議員（自民党）　元・厚相　⊕大正9年3月16日　⊕長野県下伊那郡下条村　⊕東京帝大法学部政治学科（昭和19年）卒　⊕勲一等瑞宝章（平成10年）　⊕大蔵省に入り、昭和44年官房審議官、45年国税庁次長、46年日本銀行政策委員を歴任。52年以来参院議員に3選。平成7年落選。宮沢派。10年参院選長野選挙区に無所属で立候補。この間、2年第2次海部改造内閣の厚相に就任。参院PKO特別委員会委員長を務めた。著書に「間接税で何が起るか」など。　⊕父＝下条康麿（文相）

下条 康麿　しもじょう・やすまろ
参院議員（自民党）　文相　内務官僚　⊕明治18年1月20日　⊗昭和41年4月25日　⊕東京・日本橋　⊕東京帝大法科大学政治学科（明治42年）卒　経済学博士（昭和6年）　⊕内務省に入り、内閣書記官、警保・統計局勤務を経て大正12年内閣恩給局長、13年統計局長兼任。昭和4年浜口雄幸内閣の賞勲局総裁。この時、前総裁の天岡直嘉にからむ"売勲事件"が起こり大揺れの同局建て直しに努力、15年まで在任。その功により貴院議員に勅選。戦後、22年の参院選に全国区から出馬し当選、2期。23年吉田茂内閣の文相に就任するが、翌年法隆寺金堂火災で引責辞職。その後日大教授、郡山女子短期大学学長、日本人口学会・家族計画連盟各会長を務めた。著書に「社会政策の理論と施設」「日本社会政策的施設史」がある。　⊕長男＝下条進一郎（参院議員）

下田 京子　しもだ・きょうこ
元・参院議員（共産党）　⊕昭和15年6月29日　⊕福島県塙町　⊕福島大学芸学部（昭和48年）卒　⊕昭和46年石川町議を経て、52年参院議員に当選し、2期務めた。平成2年福島2区から衆院選に立候補。

下平 正一　しもだいら・しょういち
元・衆院議員(社会党)　[生]大正7年1月10日　[没]平成7年8月25日　[出]長野県塩尻市　[学]東筑摩農中退　[賞]勲一等旭日大綬章(昭和63年)　[歴]塩尻町議、国労長野地本委員長を経て、昭和30年衆院議員に当選。社会党総務局長、財務委員長、副委員長を歴任。当選10回。58年落選し、63年政界を引退。

下村 海南　しもむら・かいなん
国務相　貴院議員(勅選)　朝日新聞副社長　新聞人　歌人　[生]明治8年5月11日　[没]昭和32年12月9日　[出]和歌山県和歌山市　本名=下村宏　[学]東京帝国大学法学部政治学科(明治31年)卒　法学博士(大正7年)　[歴]逓信省に入省。貯金局長などを経て、大正4年台湾総督府民政長官。10年朝日新聞社に入社、11年専務、昭和5年副社長を歴任。緒方竹虎と共に同社の近代化を推進。広田弘毅内閣の拓相として有力視されていたが、軍の反対で実現せず、11年退社。12年勅選貴院議員となり、20年4月鈴木貫太郎内閣の国務相兼情報局総裁に就任。この間、18年から日本放送協会会長をつとめ、終戦時に玉音放送の成功を導いた。戦後、参院選に出馬したが落選。平成2年昭和20年当時の手帳が見つかった。著書に「終戦秘史」「財政読本」など。また歌人でもあり、歌集に「芭蕉の葉蔭」「天地」「白雲集」「蘇鉄」などがある。　[家]息子=下村正夫(演出家)，孫=下村宏彰(福井大教授・数学)

下村 定　しもむら・さだむ
陸相　参院議員　陸軍大将　[生]明治20年9月23日　[没]昭和43年3月25日　[出]高知県　[学]陸士(第20期)(明治41年5月)卒，陸大(大正5年11月)卒　[歴]野砲第14連隊付、参謀本部員、大正8年フランス駐在(フランス陸大卒)、昭和4年ジュネーブ軍縮会議委員、参謀本部作戦課を経て野戦重砲第7連隊大隊長。満州事変後、関東軍参謀。11年少将、参本第4部長、参本第1部長。16年陸大校長、17年第13軍司令官、19年西部軍司令官から北支方面軍司令官。20年5月大将、同年8〜11月東久邇・幣原内閣の陸軍大臣として陸軍解体に当たった。34年参院議員。

下村 宏　⇒下村海南(しもむら・かいなん)を見よ

下村 泰　⇒コロムビア・トップ を見よ

十文字 信介　じゅうもんじ・しんすけ
衆院議員　[生]嘉永5年(1852年)　[没]明治41年8月12日　[出]陸前国涌谷　[歴]明治4年東京に出て箕作麟祥に英学を学んだ。学農社の編集長から広島、宮城各県勧業課長、農学校長、宮城郡長などを務めた。23年第1回総選挙に代議士当選。のち銃砲、消火器、農具などを販売、「農業雑報」を発行した。晩年失明。

首藤 新八　しゅとう・しんぱち
衆院議員(自民党)　実業家　[生]明治25年10月15日　[没]昭和51年7月20日　[出]大分県　[学]就奨学館(明治41年)卒　[歴]新日本ゴム工業社長、甲陽ゴム工業社長のほか、日本合成ゴム工業、別府国際観光各相談役、日本ゴム工業会、神戸ゴム工業団体連合会各相談役、神戸ゴム取引所、日本自転車工業会、日本タイヤ工業会、日本ケミカルシューズ工業会の各顧問、兵庫県ゴム工業協同組合理事長などを歴任。昭和24年兵庫県から衆院議員に連続5回当選。25年第3次吉田茂内閣の通産政務次官となり、自民党では総務を務めた。

尚 順　しょう・じゅん
貴院議員　琉球新報創業者　実業家　男爵　[生]尚泰26年4月6日(1873年)　[没]昭和20年6月16日　[出]琉球・首里(沖縄県)　通称=松山王子，号=鷺泉　[歴]最後の琉球王である尚泰の四男。明治5〜12年の琉球処分により父と上京したが、25年帰県。26年沖縄最初の新聞である琉球新報を創刊、社長。32年沖縄銀行を創設した他、船会社や農園など様々な事業を展開した。尚家の分家として男爵を授けられ、37年〜大正4年貴院議員。昭和20年6月沖縄戦の最中、避難壕の中で死去した。　[家]父=尚泰(最後の

琉球王)，兄＝尚典(貴院議員)，六男＝尚詮(琉球新報取締役)

庄 晋太郎　しょう・しんたろう
衆院議員(立憲政友会)　⊕明治3年3月　⊗昭和14年9月14日　⊕山口県　⊕明治法律学校卒　㊡宇部村議、宇部市議、山口県議、同議長を歴任。また山口地方森林会議員、山口県水産会長等を務める。昭和3年第1回普通選挙において衆院議員に初当選。以来通算4回当選。

庄司 一郎　しょうじ・いちろう
衆院議員(自由党)　⊕明治25年1月　⊗昭和39年8月15日　⊕宮城県　⊕東北学院　㊡新聞記者を経て、大河原町議、宮城県議、大河原町長、宮城司法保護委員会会長などを歴任。昭和12年宮城1区より衆院議員に初当選。以後、24年まで連続5回当選。28年にも当選し、通算6回の当選を果たした。在任中は、大東亜省委員、第二次吉田内閣の厚生政務次官、衆院決算委員長を務めた。また、実業界では仙南日日新聞社長、東北自由新聞社長、宮城県印刷文化協会顧問などを歴任し、幅広い活躍をした。

正示 啓次郎　しょうじ・けいじろう
元・衆院議員(自民党)　元・経済企画庁長官　⊕明治44年5月16日　⊗平成6年4月17日　⊕和歌山県　⊕東京帝大経済学部(昭和8年)卒　㊣勲一等瑞宝章(昭和60年)　㊡昭和8年大蔵省に入り、国税庁総務部長、同庁次長、大蔵省主計局次長、管財・理財各局長を歴任。34年農林漁業金融公庫副総裁。35年以来衆院議員に8選。この間、外務政務次官、衆院沖縄北方問題特別委員長、54～55年第2次大平内閣の経企庁長官などを歴任。60年ユニバーサル証券参与を務めた。

庄司 幸助　しょうじ・こうすけ
元・衆院議員(共産党)　仙台ブナ林と水・自然を守る会常任代表　⊕大正7年3月31日　⊕宮城県仙台市　⊕東北帝大法文学部(昭和22年)卒　㊡昭和22～47年日本共産党の宮城県議として活動。47～51年、54～55年衆院議員。45年ごろ

からブナ問題に関心をもち東北各地を歩きまわり、ブナを守る運動にかかわって活動。著書に『とろろの心』『わが宮城野─続とろろの心』『ブナが消える─四季の自然林を歩く』他。

東海林 稔　しょうじ・みのる
衆院議員(社会党)　⊕明治36年11月　⊗昭和42年10月1日　⊕新潟県　⊕北海道帝国大学農学部農業経済学科卒　㊡台湾総督府技師、陸軍司政官(ジャワ)、群馬県農地部長、経済部長等を務める。その後、畜産物価格審議会委員、社会党群馬県本部執行委員長、全日農中央常任委員、群馬県労働者生活協同組合理事等を歴任。昭和33年衆院議員に初当選。以来、連続4回当選。

庄司 良朗　しょうじ・よしろう
衆院議員(政友会)　⊕明治12年12月　⊗昭和6年6月22日　⊕静岡県駿東郡原町　⊕早稲田大学卒　㊡沼津商業教諭を経て駿東郡会議員、同議長、静岡県会議員、同参事会員。駿豆新聞社長兼主筆、のち静岡朝報を経営した。他に東駿銀行監査役、沼津市畜産組合長も務めた。第15回以来静岡県2区から衆院議員当選3回、政友会に属した。

勝田 主計　しょうだ・かずえ
蔵相　文相　財政家　⊕明治2年9月15日　⊗昭和23年10月10日　⊕伊予国松山(愛媛県)　俳号＝勝田宰州、勝田明庵　⊕東京帝大法科大学政治科(明治28年)卒　㊡大蔵省に入り、29年高文合格、31年函館税関長、34～37年フランス、ロシアで財政経済を調査。帰国後文書課長、40年理財局長、大正元年桂太郎内閣の大蔵次官、3年貴院議員、4年朝鮮銀行総裁。5年再び大蔵次官、同年寺内正毅内閣の大蔵大臣となり、積極財政を推進。中国北方政権(段祺瑞)を相手に西原亀三と組み西原借款を成立させた。13年清浦奎吾内閣で再び蔵相となり、昭和3年田中義一内閣の文相、14年内閣参議。太平洋戦争開戦で「日本は滅びる」と絶望したという。正岡子規とは少年時代からの友人で勧め

れ常盤会寄宿舎の句会に参加。以後俳句作りに没頭、3万2000句に達した。著作に「黒雲白雨」「ところてん」「宰州句日記」「宰州500句」などがある。 [家]四男＝勝田龍夫（日本債券信用銀行会長）

荘原 達 しょうばら・とおる

日本社会党本部書記　日農政治部長　社会運動家　[生]明治26年12月18日　[没]昭和52年12月16日　[出]山口県佐波郡串村（現・徳地町）　[学]東京帝大法学部政治学科（大正12年）卒　[歴]二高時代新人会に参加し、大正11年日農関東同盟の結成に参加する。15年労働農民党の結党に参加するが、のちに離党し、昭和2年から「社会思想」の編集にあたる。戦後は社会党で活躍した。

正力 松太郎 しょうりき・まつたろう

衆院議員　科学技術庁長官　読売新聞社主　日本テレビ社長　日本野球連盟会長　実業家　[生]明治18年4月11日　[没]昭和44年10月9日　[出]富山県大門町　[学]東京帝大法科大学独法科（明治44年）卒　[賞]駒沢大学名誉文学博士（昭和37年），レジオン・ド・ヌール勲章（昭和39年），勲一等旭日大綬章（昭和39年）　[歴]内閣統計局から警視庁に入り、米騒動、東京市電争議などに辣腕をふるう。大正12年虎の門事件で責任を負い警視庁を退き、後藤新平の融資を受けて新聞経営に乗り出す。13年読売新聞社長に就任。以後、徹底的な大衆化を図り経営不振を克服。昭和9年大日本東京野球倶楽部（のち読売巨人軍）を創設、ベーブ・ルース等を招くなどプロ野球の振興に尽力した。15年大政翼賛会総務、19年貴院議員。敗戦後、A級戦犯容疑となったが、22年釈放。また21年公職追放、26年追放解除。24年初のプロ野球コミッショナー、日本野球連盟会長。27年日本テレビ放送網を創立、社長となる。29年読売新聞社主。30年以来衆院議員に5回当選。その間、北海道開発庁長官、原子力委員会委員長、科学技術庁長官、国家公安委員長などを歴任、東海村原子力研究所創設に尽力。34年野球殿堂入り。また、仏教の信仰に厚く、全日本仏教会顧問なども兼務。“大衆とともに歩んだ人”といわれる。酒も煙草もやらず、生涯を仕事の鬼として通した。著書に「私の悲劇」がある。 [家]息子＝正力亨（読売新聞社主）

白井 勇 しらい・いさみ

元・参院議員（自民党）　[生]明治31年6月19日　[没]昭和59年4月12日　[出]山形県　[学]東大農学部農業経済学科（大正14年）卒　[賞]勲二等旭日重光章（昭和49年）　[歴]昭和28年参院全国区で初当選。34年参院山形地方区に転じ、3回連続当選。大蔵政務次官、参院逓信委員長などを務めた。49年から運輸審議会委員2期。

白井 遠平（1代目） しらい・えんぺい

衆院議員（政友会）　磐城炭礦会社社長　実業家　[生]弘化3年4月29日（1846年）　[没]昭和2年10月9日　[出]下野国芳賀郡真岡（栃木県）　旧姓＝佐藤　[歴]安政3年父が家族とともに陸奥国磐城郡上小川村の名主白井家に入り同家を継ぐ。福島平藩の神林復所塾に学び、福島県菊多、磐城、西白河各郡長などを務め、自由民権運動家として福島事件にも参加。のち県会議員、副議長を経て、明治23年以来衆院議員当選3回、政友会に属した。その間26年磐城炭礦会社を創設、採炭に初めて動力機械を使った。28年入山採炭会社、37年好間炭礦を開発、39年株式会社とし社長として常磐炭田の開発に貢献した。また帝国冷蔵会社取締役、殖産興業を奨励し、蚕糸改良に尽くした。

白井 遠平（2代目） しらい・えんぺい

衆院議員　[生]明治2年12月　[没]昭和9年　[歴]東京英語学校、東京農林学校に学び、極東製菓会社社長、福島貯蓄銀行、磐城銀行、平製氷、植田水力電気、東部電力各社重役を兼任。また福島県会議員、次いで衆院議員当選4回。

白井 新太郎　しらい・しんたろう

衆院議員　富士水力電気創立者　⊕文久2年10月22日（1862年）　⊗昭和7年12月10日　⊕陸奥国会津若松（福島県）号＝如海　⊕明治11年上京し学を修め、16年南部次郎が芝罘（チーフー）領事として赴任するのに従って渡清し、華南の中国革命運動の機密に関わった。のち荒尾精の漢口楽善堂に拠るが、21年東京で福本日南らと共に東邦協会を設立。27年台湾総督府の嘱託となり抗日土匪掃討に尽力、32年官塩売捌組合顧問となって台湾全島に食塩専売制度を布く道を開いた。また台湾商工公司顧問として土木建築方面にも手腕を振るった。39年内地に帰り、富士水力電気会社を創立し、駿豆鉄道取締役を兼任。大正6年衆院議員となった。

白石 春樹　しらいし・はるき

元・愛媛県知事　⊕明治45年1月2日　⊗平成9年3月30日　⊕愛媛県伊予郡松前町　⊕高松高商（現・香川大学）（昭和8年）卒　⊕勲一等瑞宝章（昭和63年）⊕昭和22年愛媛県議に当選、以来6選。農業協組連理事、農業共済組連会長などを経て、46年以来愛媛県知事に4選。この間、56～61年にかけて靖国神社などへの玉ぐし料を公費支出。57年県民から提訴された（愛媛玉ぐし料訴訟）。59年県立高校新設問題の報道にからんで「日刊新愛媛」（廃刊）に対し取材拒否を続け波紋を呼んだ。愛媛県スポーツ振興事業団理事長などを兼務。62年1月引退した。平成9年4月死後4日後に行なわれた愛媛玉ぐし料訴訟上告審で最高裁は「公費支出は憲法が禁止した宗教的活動に当たる」という初めての判断を示し、16万6千円の支払いを命じる判決を言い渡した。　⊕書画

白川 勝彦　しらかわ・かつひこ

元・衆院議員（自民党）　元・自治相　⊕昭和20年6月22日　⊕新潟県十日町市　⊕東京大学法学部政治学科（昭和44年）卒　⊕弁護士　⊕東京で弁護士を開業。昭和50年10月郷里に帰り、政治活動を始める。地盤は全くなかったが、草の根方式で支持者を獲得し、2度目の挑戦となった54年秋の衆院選に無所属で出馬し当選。のち自民党に入党。60年国土政務次官、62年郵政政務次官。また大規模リゾート建設促進議員連盟幹事長などを務めた。平成2年落選するが、5年再選。8年第2次橋本内閣の自治相に就任。宮沢派を経て、加藤派。12年落選。通算6期。13年新党・自由と希望代表として参院選比例区に出馬するが落選。著書に「地方復権の政治思想」「新憲法代議士」「自民党を倒せば日本は良くなる」など。　⊕テニス，水泳，映画鑑賞，ゴルフ

白川 晴一　しらかわ・せいいち

日本共産党中央委員　⊕明治35年　⊗昭和27年7月28日　⊕愛媛県松山市　⊕松山地方で労働運動に参加し、昭和6年共産党に入党。同年検挙され13年出獄。戦後は共産党の東京都委員長などを歴任した。

白川 義則　しらかわ・よしのり

陸相　陸軍大将　男爵　⊕明治1年12月12日　⊗昭和7年5月26日　⊕伊予国松山（愛媛県）　⊕陸士（旧1期）（明治23年）卒、陸大（明治31年）卒　⊕明治24年少尉、陸大在学中に日清戦争従軍。31年近衛師団参謀、ドイツ留学後、陸士教官となる。日露戦争には歩兵第21連隊大隊長として従軍。大正2年以後、中支派遣軍司令官、歩兵第9旅団長、陸軍省人事局長、陸士校長、第1・11師団長、陸軍航空本部長、関東軍司令官を歴任。この間、大正14年陸軍大将。昭和2年田中義一内閣の陸相、4年軍事参議官、7年上海派遣軍司令官。上海事変停戦後の同年4月29日、天長節記念式場で朝鮮人民族主義者尹奉吉が投げた爆弾で重傷を負い、5月死去した。男爵。　⊕妹＝船田ミサヲ（女子教育者）

白河 鯉洋　しらかわ・りよう
衆院議員　新聞記者　中国文学者　[生]明治7年3月2日　[没]大正8年12月25日　[出]福岡県　本名＝白河次郎　[学]東京帝国大学文科大学漢学科(明治30年)卒　[歴]学生時代から「江湖文学」を創刊、文筆活動を始めた。明治31年神戸新聞、32年九州日報主幹を務め、36年中国南京の江南高等学堂総教習。帰国後早大講師、45年大阪日報主筆。大正6年大阪市から衆院議員当選、立憲国民党に属した。著書に「陶淵明」「支那文学大綱」「支那文明史」「孔子」「諸葛孔明」などがある。

白木 義一郎　しらき・ぎいちろう
元・参院議員(公明党)　元・プロ野球選手　[生]大正8年9月20日　[出]東京・京橋　[学]慶応義塾高等部(昭和16年)卒　[賞]勲一等旭日大綬章(平成1年)　[歴]昭和20年プロ野球セネターズに入団、21年30勝22敗で最多勝を獲得、翌22年には防御率1位になるなど活躍。退団後創価学会に入り、31年以降参院議員に5選。運輸、建設、外務、法務各委員、災害対策特別委員長、懲罰委員長等を歴任。また公明党副委員長なども務めた。61年7月引退。

白鳥 義三郎　しらとり・ぎさぶろう
元・習志野市長　全国町村会長　[生]明治31年9月21日　[没]昭和40年12月27日　[出]千葉県　[学]ベルリン工科大学卒　[歴]教師を経て、昭和22年千葉県津田沼町長。30年初代習志野市長に当選、連続2期つとめた。

白鳥 敏夫　しらとり・としお
衆院議員(無所属倶楽部)　駐イタリア大使　外交官　[生]明治20年6月8日　[没]昭和24年6月3日　[出]千葉県茂原市　[学]東京帝大法科大学経済学科(大正3年)卒　[歴]大正3年外務省入り。奉天領事官補、駐米大使館3等書記官、外務省事務官を経て昭和4年本省情報部第2課長。この頃から陸軍に接近し、5年情報部長。対米英協調路線の幣原外交に造反、8年スウェーデン公使、13年駐イタリア大使となり、大島浩駐独大使と呼応して日独伊三国同盟の締結をリードした。外務省内の革新官僚として親枢軸外交を推進、白鳥派と呼ばれた。14年阿部信行内閣の野村吉三郎外相に罷免されたが、15年第2次近衛内閣の松岡外相誕生で同省顧問となり松岡のブレーンとなる。17年翼賛選挙で衆院議員に当選、翼賛政治会総務も務める。戦後、A級戦犯として終身禁固の判決を受け服役中に病死した。著書に「日独伊枢軸論」など。

白根 専一　しらね・せんいち
逓信相　貴院議員　男爵　[生]嘉永2年12月22日(1849年)　[没]明治31年6月14日　[出]長門国萩(山口県)　旧名＝専八　[歴]萩の明倫館に学び、上京後福沢諭吉の塾に入った。明治5年司法省に入り、木更県大書記官などを経て、12年内務省に転じ、大書記官などを務めた。21年愛媛県知事、22年愛知県知事。23年内務次官となり、25年の第2回総選挙で内相品川弥二郎と民党弾圧の選挙干渉を行い、全国で死傷400余人の大不祥事を起し引責辞職。宮中顧問官となったが、28年第2次伊藤博文内閣の逓相、29年の第2次松方正義内閣に留任した。30年男爵、貴院議員。

白波瀬 米吉　しらはせ・よねきち
元・参院議員　元・グンゼ取締役　元・北海道開発政務次官　[生]明治20年4月11日　[没]昭和61年11月13日　[出]京都府　[学]立命大卒　[賞]勲二等瑞宝章(昭和41年)　[歴]昭和25年の参院選全国区に自由党(現自民党)で当選、1期務めた。

白浜 仁吉　しらはま・にきち
衆院議員(自民党)　元・郵政相　[生]明治41年8月1日　[没]昭和60年1月4日　[出]長崎県南松浦郡若松町　[学]東京慈恵会医科大学卒　[賞]勲一等瑞宝章(昭和55年)　[歴]軍医時代の昭和20年8月、長崎原爆で妻子3人を失ったあと実家の五島で漁業に従事。県議2期を経て、27年以来衆院議員に当選12回。通産、防衛、建設各政務次官や衆院決算、予算各委員長などを歴任し、53年に大平内閣で郵政相。

福田派長老の一人で、58年から自民党長崎県連会長。

城地 豊司 しろち・とよじ
衆院議員(社会党)　元・電機労連副委員長　[生]昭和2年7月30日　[没]平成1年11月9日　[出]東京　[学]日立工専(昭和21年)卒　[歴]日立製作所に勤務。昭和49年電機労連副委員長、51年中立労連副議長を経て、55年以来衆院議員に3選。茨城県の労連事務局長をつとめた。

陣 軍吉 じん・ぐんきち
衆院議員(翼賛議員同盟)　[生]明治2年2月　[没]昭和18年1月13日　[出]宮崎県　[歴]宮崎警察署長を務めた後、韓国政府に招かれて韓国政府警視に就任。その後、統監府警視まで務めて帰国。大正6年宮崎県より出馬し初当選。13年まで3期連続当選、昭和12年までに通算5回当選した。また、静岡県磐田郡長、宮崎県農会議長なども歴任した。

新庄 厚信 しんじょう・あつのぶ
岡山市長　[生]天保5年4月(1834年)　[没]明治36年3月8日　[出]備前国岡山(岡山県)　[歴]勤王の志篤く、維新の際京都に出て諸藩の間を奔走、岡山藩の藩論を勤王に統一することに貢献した。明治元年行政官書記に任ぜられ、徴士、権弁事、2年柏崎県権知事、4年岡山県参事などを経て、6年同県権令に就任。のちいったん辞職するが、7年置賜県権令、8年5等判事を兼任。9年置賜県廃県解職後は二十二国立銀行の設立に参画、また士族授産、公共事業に尽力。22年初代岡山市長となった。

新谷 寅三郎 しんたに・とらさぶろう
参院議員(自民党)　[生]明治35年10月30日　[没]昭和59年12月16日　[出]奈良県　[学]東京帝大法学部政治学科(大正14年)卒　[賞]勲一等旭日大綬章(昭和49年)　[歴]大正14年逓信省入省。昭和20年逓信院次長を経て、22年の第1回参院選で全国区から無所属で初当選。25年以降、奈良地方区から連続6回当選。この間、緑風会から自民党へ。41年佐藤内閣郵政相、47年田中内閣運輸相などを歴任。参院発足以来連続7回当選の、ただ1人の議員だった。

進藤 一馬 しんとう・かずま
元・福岡市長　元・衆院議員(自民党)　[生]明治37年1月1日　[没]平成4年11月28日　[出]福岡市西職人町(現・福岡市中央区舞鶴)　[学]早稲田大学政経学部(大正15年)卒　[賞]勲二等瑞宝章(昭和49年)，福岡市名誉市民(昭和62年)，勲一等瑞宝章(昭和62年)　[歴]昭和4年東方会に入って中野正剛の秘書となり、右翼理論家として活動。三宅雪嶺主筆「我観」編集署名人となる。10年九州日報社取締役、19年玄洋社社長に就任。戦後A級戦犯。出所後、33年衆院議員に当選。4期つとめた。40年通産政務次官、42年法務政務次官となり、47年福岡市長に転じる。59年9月4選を果たしたが、高齢のため61年末に任期途中で引退。62年3月福岡市美術館長に就任。　[趣]柔道(6段)，尺八　[家]父＝進藤嘉平太(玄洋社社長)

神藤 才一 しんどう・さいいち
衆院議員(立憲同志会)　[生]安政4年8月(1857年)　[没]昭和9年1月5日　[出]神奈川県　[学]陸軍士官学校(明治12年)卒，リヨン大学法律科(明治28年)卒　法学博士　[歴]留学から帰国後、陸軍に入り大尉まで累進。明治31年神奈川郡部より初当選。以後、45年までに通算4回当選。また、教育にも関心をもち、政治・外交・法律の専門学校である無学館やフランス語学校の設立に携わり、慶応・早稲田・明治などの諸大学でも教鞭をとる。著書に「今日の露西亜」「欧州列強外交秘史」など。

新村 勝雄 しんむら・かつお
元・衆院議員(社会党)　元・野田市長　[生]大正7年5月1日　[没]平成15年6月24日　[出]千葉県東葛飾郡福田村(現・野田市)　[学]東京高師(昭和19年)中退　[賞]勲二等旭日重光章(平成5年)　[歴]昭和22年福田村長、32年野田市議、37年野田市長4期を経て、51年以来衆院議員に6選。平成

しんむ　政治家人名事典 明治～昭和

5年引退。衆院物価問題特別委員長を務めた。

新村 源雄　しんむら・げんゆう
元・衆院議員（社会党）　⊕大正8年10月21日　⊗平成7年3月22日　⊕富山県杉原村（現・婦負郡八尾町）　⊕杉原尋常高小卒　⊕上士幌町名誉町民、勲四等旭日小綬章（平成6年）　⊕昭和8年北海道上士幌村に移住、開拓に従事。戦後の混乱期の農民運動のリーダーとして上士幌町議を2期、十勝農協監事を務め、42年北海道議に当選、3期。54年衆院議員となる。当選2回。61年落選。平成3年社会党北海道本部副委員長を退任し、引退。

榛村 純一　しんむら・じゅんいち
掛川市長　⊕地方自治　地域経済　地域社会　⊕昭和9年7月12日　⊕静岡県掛川市　⊕早稲田大学文学部（昭和35年）卒　⊕紺綬褒章（昭和38年、40年）、藍綬褒章（平成10年）　⊕約400年続く旧家の15代目。実家は森林地主で、弁護士だった父も掛川市長を務めた。昭和35年家業の製材会社を経営、38年掛川市森林組合長、43年静岡県森林組合連合会事務理事、48年掛川市教育委員を歴任。52年より掛川市長。7期目。54年「生涯学習都市宣言」"これしっか文化""新田舎人"などの造語、新幹線駅の誘致、森の中の工業団地エコポリス建設など、市の活性化に努める。61年第3セクター・天竜浜名湖鉄道社長を兼任。平成元年米国オレゴン州に学習村を開設。静岡県森林組合連合会長、森とむらの会理事長も務める。13年大日本報徳社社長。著作「地域学のすすめ」「山とむらの思想」は、地方の時代の一指針となる。マルクス主義者・向坂逸郎は親類。　⊕読書、旅行

新盛 辰雄　しんもり・たつお
元・衆院議員（社会党）　⊕大正15年11月15日　⊕鹿児島県　⊕鹿児島実土木科（昭和18年）卒　⊕勲二等瑞宝章（平成9年）　⊕昭和19年鹿児島鉄道に入社。23年社会党に入党し国鉄労働組合の鹿児島地方本部書記長、執行委員長を経て、鹿児島県総評議長を3期務める。51年衆院議員に当選、以来通算5選。平成5年落選。

【 す 】

末次 信正　すえつぐ・のぶまさ
内相　海軍大将　⊕明治13年6月30日　⊗昭和19年12月29日　⊕山口県徳山　⊕海兵（第27期）（明治32年）卒、海大（明治42年）卒　⊕明治37年軍艦「磐城」分隊長で日露戦争に参戦。42年「肥前」砲術長、砲術学校教官、軍令部参謀を経て大正3年イギリス駐在。帰国後、海大教官、第1艦隊参謀、「筑摩」艦長。12年少将、昭和2年中将、3年軍令部次長に就任、加藤寛治軍令部長とともにロンドン軍縮条約に強く反対した。5年舞鶴要港部司令官に左遷されたが、6年第2艦隊司令長官、8年連合艦隊司令長官兼第1艦隊長官、9年横須賀鎮守府長官、10年軍事参議官など歴任、大将。12年予備役。同年第1次近衛内閣の内務大臣。14年辞任。その後大東亜建設連盟会長、大政翼賛会中央協力会議議長など歴任。海軍内最強硬派の一人として知られ、わが国潜水艦戦術の権威であった。

末延 道成　すえのぶ・みちなり
貴院議員（勅選）　東京海上火災保険会長　実業家　⊕安政2年10月19日（1855年）　⊗昭和7年5月24日　⊕土佐国香美郡夜須村（高知県）　⊕東京大学法科（明治12年）卒　⊕勲四等　⊕留学後三菱汽船会社入社、支配人、明治18年日本郵船となり副支配人、21年海外巡遊。24年明治生命保険、明治火災保険各取締役、30年東京海上火災取締役会長となり29年間務めた。他に山陽鉄道取締役、北越鉄道、東武鉄道、豊川鉄道各社長、北樺太石油、北樺太鉱業などの重役も務めた。26年法典調査会委員、30年東京商業会議所議員、大正5年勅選貴院議員。

316

末広 重恭 ⇒末広鉄腸(すえひろ・てっちょう)を見よ

末広 鉄腸　すえひろ・てっちょう
衆院議員(無所属)　小説家　⑭嘉永2年2月21日(1849年)　㉘明治29年2月5日　⑰伊予国宇和島笹町(愛媛県)　本名=末広重恭　幼名=雄三郎,字=子倹,別号=浩斎　㊎藩校明倫館に学び,慶応元年17歳で藩校舎長,明治2年藩校教授となる。7年言論人をめざし上京,8年「曙新聞」に入社,同年「朝野新聞」に転じ,成島柳北とのコンビで活躍。14年自由党に入り,党議員となる。離党後政治小説を執筆し,19年「二十三年未来記」「雪中梅」,翌年「花間鶯」で大衆の人気を博す。21年外遊し,帰国後「国会新聞」を主宰。23年国会開設後は衆院議員となって活躍するが,26年ころ舌がんにかかり,29年に死亡。　㊎二男=末広恭二(造船学者),孫=末広恭雄(東大名誉教授),末広重二(気象庁長官)

末松 偕一郎　すえまつ・かいいちろう
衆院議員(翼賛議員同盟)　⑭明治8年6月　㉘昭和22年6月26日　⑰福岡県　㊋東京帝国大学独法科(明治35年)卒　㊎静岡県参事官,内務書記官,徳島県知事,台湾総督府財務局長等を歴任した後,昭和3年福岡3区より,衆院議員に初当選。以降4回当選し,第二次若槻内閣においては鉄道政務次官を務めた。また,弁護士としても活躍,明治・拓殖各大学講師,清国政府自治局顧問,九州歯科医学専門学校理事長等を務めた。著書に「行政法」「自治制大意」等がある。

末松 謙澄　すえまつ・けんちょう
衆院議員　内務相　逓信相　枢密顧問官　評論家　文学者　法学者　子爵　⑭安政2年8月20日(1855年)　㉘大正9年10月5日　⑰豊前国京都郡前田村(福岡県行橋市)　幼名=線松,号=青萍　㊎東京高師中退,ケンブリッジ大学卒　文学博士(明治21年),法学博士(大正5年)　㊎帝国学士院会員(明治40年)　㊎大庄屋の家に生まれる。村上仏山の私塾・水哉園に学び,明治4年上京して「東京日日新聞」の記者に。伊藤博文の知遇をえ,官界に転じ,11年外交官として英国に留学,その間15年に「源氏物語」を英訳。19年帰国し,文部・内務省に勤務しつつ,演劇改良運動にも尽力。23年第1回総選挙で政界入り,衆院議員に連続3期当選。のち,法制局長官,貴院議員,逓信相,内務相,枢密顧問官などの要職を歴任。40年子爵。40年学士院会員。この間法律書など150編の著作があり,とくに「修訂・防長回天史」(12巻)の編纂は有名。また翻訳小説「谷間の姫百合」も人気を博した。

末吉 興一　すえよし・こういち
北九州市長　⑭昭和9年9月20日　⑰福岡県　㊋東京大学法学部(昭和33年)卒　㊎昭和33年建設省に入省し,57年住宅局住宅総務課長,60年河川局次長,同年9月国土庁土地局長を歴任。62年北九州市長に当選。5期目。　㊎将棋

末吉 忠晴　すえよし・ただはる
衆院議員　⑭天保3年(1832年)　㉘明治36年7月10日　⑰大和国(奈良県)　㊎維新前大和から江戸に出て,明治初年公共事業に携わり,麹町区会議長,東京市会議長,同参事会員,市助役などを経て衆院議員となった。

菅 了法　すが・りょうほう
衆院議員(独立倶楽部)　評論家　僧侶　⑭安政4年2月7日(1857年)　㉘昭和11年7月26日　⑰島根県　号=桐南　㊋慶応義塾　㊎交詢社社員として「交詢雑誌」編集に従事。のち本願寺の学校に学び,オックスフォード派遣留学生として英国留学。帰国後の明治21年後藤象二郎創刊の「政論」記者となり,筆禍で入獄。22年特赦。23年島根4区から衆院議員となり,独立倶楽部に所属,「東洋新報」を創刊。のち僧籍に復し,鹿児島県川内町に本願寺別院を建て,布教。以後築地本願寺出張所長,本願寺内局執行を務めた。著書に「哲学論綱」「倫理要論」がある。

菅波 茂　すがなみ・しげる
衆院議員（自民党）　⽣大正2年2月25日　⽋昭和57年12月23日　出福島県　学昭和医専（昭和10年）卒　歴福島3区から衆院議員に当選6回。環境、労働各政務次官、衆院文教委員長などを歴任。

菅村 太事　すがむら・たいじ
衆院議員　⽣文久3年12月（1863年）　⽋昭和9年3月6日　歴福島県の豪農で、県会議員、同議長を務めた。衆院議員当選3回、昭和7年民政党支部長となった。

菅原 佐平　すがわら・さへい
一関市長　海軍軍医　⽣明治18年3月17日　⽋昭和44年7月17日　出岩手県一関　学東京帝大医科大学（明治44年）卒　医学博士（昭和11年）　歴卒業後海軍に入り、ロンドン軍縮会議全権委員随員、呉海軍病院長兼鎮守府軍医長などを経て軍医中将。戦後昭和30年から一関市長を2期務めた。

菅原 伝　すがわら・でん
衆院議員　⽣文久3年8月（1863年）　⽋昭和12年5月9日　出陸前国遠田郡涌谷村　学大学予備門卒　賞勲三等瑞宝章　歴明治19年渡米、パシフィック大学に入学したが、21年サンフランシスコで在米日本人愛国有志同盟会を結成。帰国後自由党に入り新聞「十九世紀」を発刊。26年再渡米。31年以来宮城県から衆院議員当選16回。立憲政友会に属し、この間「人民新聞」を発刊、社長。大正19年加藤高明内閣の海軍参与官、政友会総務。国有財産調査会、補償審査会各委員。

菅原 通敬　すがわら・みちよし
枢密顧問官　貴院議員（勅選）　大蔵次官　⽣明治2年1月6日　⽋昭和21年12月18日　出宮城県　学帝大法科大学（現・東大法学部）（明治28年）卒　歴大蔵省に入り、沖縄県収税長、函館税務管理局長、同税関長、神戸税務監督局長、大蔵省参事官などを経て明治42年主税局長、大正4年大蔵次官。その間2年には東北振興会を創立、会長。また信託事業を起こし、信託協会会長を務めた。5年～昭和13年貴族院議員。5年東洋拓殖会社総裁、13～21年枢密顧問官。

杉 孫七郎　すぎ・まごしちろう
枢密顧問官　子爵　⽣天保6年1月16日（1835年）　⽋大正9年5月3日　出長門国萩（山口県萩市）　旧姓＝植木　諱＝重華、号＝松城　歴安政2年藩校明倫館に学び、吉田松陰の薫陶を受けた。文久元年遣欧使節に随行。3年久留米藩の内紛調停、元治元年四国連合艦隊の下関砲撃の講和談判、慶応元年高杉晋作ら萩急進派の鎮撫に当たり、2年長征軍に参謀として石州口に出陣、3年肥前大村、芸州と飛び、同年の討幕出兵に参謀として進発、明治元年福山、松山に転戦、山口に帰った。同年山口藩権大参事、廃藩後4年宮内大丞、5年秋田県令、10年宮内大輔、15年特命全権公使を歴任し、17年宮内省2等出仕。20年子爵。27年東宮御用掛、30年枢密顧問官、39年議定官兼任。

杉浦 武雄　すぎうら・たけお
衆院議員　参院議員（自民党）　⽣明治23年5月　⽋昭和38年9月12日　出愛知県　学東京帝国大学法科大学法律科（大正5年）卒　歴司法官試補となる。後に東京地方裁判所検事代理、東京・前橋各地方裁判所判事、京城覆審法院判事を務める。また、弁護士も開業。大正13年衆院議員初当選、以降6選。34年参院当選、以降2選。拓務参与官、社会事業調査委員、日本民主党総務、自民党相談役、弾劾裁判所裁判員等を歴任した。

杉下 太郎右衛門　すぎした・たろううえもん
衆院議員（憲政本党）　貴院議員（多額納税）　⽣慶応3年9月（1867年）　⽋大正7年5月4日　出岐阜県　歴学務委員、徴兵参事員、吉城郡議等を経て、明治31年岐阜7区より衆院議員に初当選し、2期を務めた。また、濃飛農工銀行監査役も務めた。

杉田 定一　すぎた・ていいち
　衆院議長　立憲政友会幹事長　民権運動家　⽣嘉永4年6月2日(1851年)　⽇昭和4年3月23日　⽥越前国坂井郡波寄村(福井県福井市)　号＝鶉山　⽥吉田東篁の塾などに学び、海老原穆の「評論新聞」に入り民権論を提唱、時の政府を攻撃して入獄。明治11年板垣退助らと愛国社を再興、福井県の地租改正再調査運動を指導、筆禍で入獄。14年自由党結成に参加。17年清仏戦争で清国に渡航し、上海に東洋学館を興した。18年欧米漫遊、20年帰国。23年以来衆院議員当選9回、憲政党結成に参加、31年大隈内閣の北海道庁長官。33年立憲政友会創立に参画、36年衆院副議長、38～41年議長。41年政友会幹事長。45年～昭和4年勅選貴院議員。大正13年政友本党に属したが、昭和2年政友会に復帰して顧問。著書に「血痕記」「経世新論」「国是策」「東亜管見」などがある。

杉戸 清　すぎと・きよし
　元・名古屋市長　⽣明治34年10月10日　⽇平成14年4月24日　⽥愛知県名古屋市中村区　⽊東京帝大工学部土木工学科(大正15年)卒　工学博士(昭和20年)　⾴勲二等瑞宝章(昭和48年)　⾵大正15年名古屋市役所入所。水道局長、助役を経て、昭和36年から48年まで市長を3期つとめた。著書に「厠談義」「水道学」など。　⾵日本画

杉原 荒太　すぎはら・あらた
　元・参院議員(自民党)　元・防衛庁長官　⽣明治32年8月28日　⽇昭和57年1月20日　⽥佐賀県杵島郡山内町　⽊大阪高商卒、バーモント大学(米国)卒　⾵大正13年外務省に入り、南京総領事、調査局長、条約局長などを歴任。参院佐賀地方区から当選4回。昭和30年第2次鳩山内閣で防衛庁長官。参院自民党政審会長、参院外務委員長も務めた。49年引退。

杉原 一雄　すぎはら・かずお
　元・参院議員(社会党)　⽣明治42年8月26日　⽇昭和60年3月3日　⽥富山県　⽊富山師範(昭和4年)卒　⾵富山県教組委員長、同県労協議長、社会党同県本部委員長を歴任。昭和43年から参院議員(富山地方区)を1期務めた。60年同党県本部顧問。

杉村 沖治郎　すぎむら・おきじろう
　衆院議員(社会党)　⽣明治23年8月　⽇昭和30年10月17日　⽥埼玉県　⽊日本大学法律科(大正11年)卒　⾵四谷区議を経て、衆院議員に2選。

杉本 勝次　すぎもと・かつじ
　元・福岡県知事　元・衆院議員(社会党)　⽣明治28年11月14日　⽇昭和62年1月2日　⽥福岡市　⽊東京帝大法学部政治学科(大正10年)卒　⾴勲三等旭日中綬章(昭和41年)、福岡県私立学校教育功労者表彰(昭和51年)、ベストメン(昭61年度)、キリスト教功労者(第13回)(昭和57年)　⾵九大、福岡高校、福岡女専各講師を務めたのち、西南女学院専門学校長。昭和21年衆院議員に福岡1区から当選(2期)。22年初の公選で福岡県知事となり、2選。31年久留米市長に当選。2期目在任中の38年、合併で発足した北九州市長選に立候補したが落選、政界を引退した。その後、西南学院理事長、福岡放送取締役をつとめた。
　⾵謡、長唄

杉本 重遠　すぎもと・しげとお
　大分県知事　⽣弘化3年(1846年)　⽇大正10年　⽥江戸浜町　⾵上野館林藩士。維新後は徳島県書記官、警視庁警務局長などを経て、明治30年大分県知事。退官後は群馬商業銀行の経営に従事。

杉元 恒雄　すぎもと・つねお
　元・参院議員(自民党)　税理士　⽣大正9年10月15日　⽇平成9年2月16日　⽥神奈川県横浜市　⽊明治大学商学部卒　⾴勲三等旭日中綬章(平成3年)　⾵昭和16年杉元会計事務所を設立。30年以来神奈川県議に7選。52年県会議長

319

を経て、58年参院議員に当選。平成元年引退。

杉本 文雄　すぎもと・ふみお
日本共産党中央委員会顧問　[生]明治38年1月20日　[出]愛知県名古屋市　[学]早稲田大学政経学部(昭和2年)卒　[歴]大正12年から学生運動に参加し、昭和2年労働農民党本部書記となり、3年共産党に入党。4年の4.16事件で検挙されるが病気のため仮保釈され、地下活動に入る。8年検挙され、16年に出獄。戦後も共産党で中央機関紙編集委員、中央政策委員など多くの要職を歴任した。

杉山 茂丸　すぎやま・しげまる
国家主義者　[生]元治1年8月15日(1864年)　[没]昭和10年7月19日　[出]筑前国(福岡県福岡市)　[歴]13歳の時ルソーの民約論を読み、明治13年上京、自由民権運動に参加。22歳の時、玄洋社の頭山満を知り、帝国主義的な海外膨張政策に共鳴、炭鉱獲得など資金面で活躍。22年大隈重信外相襲撃事件に関係して投獄され、また伊藤博文暗殺を企てたが逆に説伏された。のちに伊藤、山県有朋、桂太郎ら長州閥と親交を結ぶ。日露戦争中、桂の依頼で渡米、公債募集で活躍。43年韓国併合では韓国と日本の橋渡しをし、南満州鉄道(満鉄)創設、日本興業銀行や台湾銀行の設立など内外諸問題の裏面で暗躍した。官途に就かず浪人を以て任じた明治政財界のフィクサー。
[家]長男＝夢野久作(作家)

杉山 四五郎　すぎやま・しごろう
衆院議員　[生]明治3年1月6日　[没]昭和3年6月13日　[出]越後国北蒲原郡島塚村(新潟県)　旧姓＝小川　[学]東京帝国大学政治科(明治27年)卒　[歴]大学卒業後、内務省に入り、山梨県、神奈川県の参事官を務める。明治33年海港都市行政調査のため渡欧し、ドイツ、フランスで政治学を修めた。帰国後、内務省参事官などを経て、43年高知県知事に就任。大正4年政友会から衆院議員に当選。のち宮崎県知事、京都府知事、内務省次官などを歴任した。
[家]養父＝杉山叙(丸亀税務官理局長)

杉山 昌作　すぎやま・しょうさく
元・参院議員(参議院同志会)　[生]明治33年10月18日　[没]平成6年3月1日　[出]静岡県静岡市　[学]京都帝国大学経済学部(大正14年)卒　[賞]勲二等瑞宝章(昭和45年)
[歴]大正14年専売局に入る。大蔵調査官、専売局長官等を務めるかたわら、東北興業副総裁、(社)専売事業協会会長、全国たばこ耕作組合中央会理事等を歴任。昭和25年全国区から参院議員に通算2期。参院同志会議員総会議長、参院図書館運営・大蔵各委員長等を歴任。また37年日本製箔社長、45年会長をつとめた。　[家]二男＝杉山武(安田生命保険常務)

杉山 善太郎　すぎやま・ぜんたろう
元・参院議員(社会党)　[生]明治36年2月25日　[没]昭和63年2月21日　[出]愛知県幡豆郡吉良町　[学]日本大学工学科卒
[賞]勲二等瑞宝章(昭和58年)　[歴]昭和28年新潟県労協結成以来、連続9期議長。37年新潟地方区から参院議員に初当選。当選2回。47年から約1年間逓信委員長を務めた。

杉山 宗次郎　すぎやま・そうじろう
元・長崎県知事　[生]明治24年5月1日
[出]愛知県　[学]東京大学土木学科(大正6年)卒　[歴]東京府土木部道路課長、長野県土木部長、大阪府土木部長などを経て、原子爆弾が落とされた長崎の復興にあたるため、昭和21年官選長崎県知事に就任。22年免官となり、長崎県最初の公選知事選挙に出馬して当選。

杉山 元　すぎやま・はじめ
陸相　陸軍元帥　[生]明治13年1月2日
[没]昭和20年9月12日　[出]福岡県　[学]陸士(第12期)(明治33年)卒, 陸大(明治43年)卒　[歴]日露戦争に出征。大正11年初代の陸軍省航空課長となり、陸軍航空育ての親となる。以後陸軍次官、航空本部長、参謀次長兼陸大校長などを経て昭和11年陸軍大将。12年第1次近衛内

閣の陸相。15年10月参謀総長となって、太平洋戦争の指導にあたり、18年元帥。19年2月参謀総長を辞任、同年7月小磯内閣の陸相、20年4月本土決戦に備えて編成された第1総軍司令官に就任。同年9月12日夫人と共に自決した。第2次大戦に至る陸軍の戦争遂行の最高責任者であった。

杉山 元治郎 すぎやま・もとじろう
元・衆院議員・副議長 日本農民組合創立者 全日農顧問 農民運動指導者 ⓢ明治18年11月18日 ⓢ昭和39年10月11日 ⓢ大阪府泉南郡北中通村（現・泉佐野市） ⓢ東北学院神学部（明治42年）卒 ⓢ若くして受洗し、牧師などをするが、大正9年頃から農民運動に入り、11年日本農民組合を創立し初代組合長、14年労働農民党を結党し初代中央執行委員長に就任。昭和2年全日本農民組合（全日農）結成と同時に執行委員となり、3年に日農と全日農の統一によって全国農民組合（全農）が結成されると初代委員長に選ばれる。7年全国労農大衆党から衆院議員に初当選、11年・12年社会大衆党から当選、計9期務めた。戦後は社会党に参加し、30年には衆院副議長となった。

杉山 令肇 すぎやま・れいじょう
元・参院議員（自民党） 順勝寺住職 聖徳学園名誉理事長 ⓢ大正11年10月7日 ⓢ岐阜県岐阜市 ⓢ龍谷大学文学部（昭和21年）卒 ⓢ勲三等旭日中綬章（平成9年） ⓢ昭和46年以来岐阜県議3期を経て、56年補選で参院議員（自民党）に当選。当選2回。平成元年落選。4～5年浄土真宗本願寺派（西本願寺）総務。

助川 啓四郎 すけかわ・けいしろう
衆院議員（翼賛政治会） ⓢ明治20年8月 ⓢ昭和18年10月5日 ⓢ福島県 ⓢ早稲田大学専門部政治経済科（明治39年）卒 ⓢ購買組合、早稲田消費組合理事を経て帰郷。農業のかたわら、片曽根村長、船引町長、福島県議、片曽根実業公民学校長などを歴任。農村之青年社を創設、雑誌「農村之青年」を発刊した。昭和5年衆院選に出馬、次点となったが、鈴木万次郎死去で繰り上げ当選。立憲政友会に属し、戦時中は翼賛議員同盟、翼賛政治会に所属。当選5回。著書「米穀問題解決方策」「農村問題対策」がある。

助川 良平 すけかわ・りょうへい
衆院議員（自民党） ⓢ大正10年1月 ⓢ昭和34年6月15日 ⓢ福島県 ⓢ東京帝国大学政治科卒 ⓢ福島県議を経て、昭和28年衆院議員に初当選。以来、3回連続当選。その間自由党政調会農林部長、自民党産業局農林部長等を歴任。

菅野 儀作 すげの・ぎさく
参院議員（自民党） ⓢ明治40年6月1日 ⓢ昭和56年1月25日 ⓢ千葉県 ⓢ千葉中卒 ⓢ八幡町長、千葉県議5期を経て、昭和42年参院千葉地方区補選に初当選後、46年、52年と連続2回当選。45年北海道開発政務次官をつとめた。

図司 安正 ずし・やすまさ
元・衆院議員 ⓢ明治38年12月4日 ⓢ平成2年5月12日 ⓢ山形県 ⓢ法政大学法科（昭和2年）卒 ⓢ勲二等瑞宝章（昭和51年） ⓢ昭和21年衆院山形2区から無所属で立候補して初当選。22年の衆院選では民主党に転じ、以後2期当選。

鈴木 市蔵 すずき・いちぞう
元・参院議員（共産党） 労働運動家 ⓢ明治43年3月25日 ⓢ神奈川県真鶴町 ⓢ昭和9年国鉄入社、終戦時は品川客貨車区助役。労働運動、共産党活動に入って国鉄労働組合総連合（後の国労）左派の中心として活躍。21～22年国鉄東京地方労組執行委員として10月闘争、2.1ストを支え、その後民同台頭に対決。国労本部中央執行委員となった23年には、公務員のスト権剥奪に対し実力闘争を主張したが、共産党指導の職場離脱は中止させた。24年の9万人解雇には反射闘争方式を主張したが、下山事件などもあって敗れ、解雇された。民同の指令0号に対抗、国労正統本部を形成した

が、労働運動統一の視点から民同系の活動に重点を移した。25年徳田球一追放後は地下に潜入、日本共産党臨時中央指導部の一員で活躍。26年公職追放、講和発効とともに復帰、参院全国区に立候補したが落選、37年には当選した。39年部分的核実験停止条約反対の党中央と対立、国会で同条約賛成票を投じ、党を除名された。志賀義雄らと日本のこえを結成。のち平和と社会主義に改称。徳田会代表理事なども務めた。著書に「シグナルは消えず」「職場で語る労働運動」「証言2.1ゼネスト」「下山事件前後」などがある。

鈴木 梅四郎　すずき・うめしろう
衆院議員(立憲政友会)　実業家　[生]文久2年4月(1862年)　[没]昭和15年4月15日　[出]信濃国(現・長野県)　[学]慶応義塾(明治20年)卒　[歴]時事新報記者、横浜貿易新報社長から三井銀行調査係長、横浜支店長を経て王子製紙専務。この間明治43年に苫小牧に新聞用紙専門工場を建設した。日本殖民会社社長を兼任。晩成社を設立、育英事業に尽力。また社団法人実費診療所を創立した。45年に衆院議員に立ち当選5回。犬養毅の国民党に属し党幹事長。他に第一火災保険、三越など数社の重役を兼ねた。著書に「平和的世界統一政策」「医業国営論」「昭和維新の大国是」「立憲哲人政治」「福沢先生の手紙」などがある。

鈴木 一弘　すずき・かずひろ
元・参院議員(公明党)　[生]大正13年11月1日　[没]平成15年7月7日　[出]東京　[学]横浜高等工専(昭和19年)卒　[歴]日新工業に入社。のち川崎市議、神奈川県議を経て、昭和37年公明党から参院議員に当選。4期務め、61年引退。公明党参院議員団団長、同党副委員長、参院法務委員長などを歴任。

鈴木 和美　すずき・かずみ
元・参院議員(社民党)　元・国土庁長官　[生]昭和4年8月28日　[没]平成15年6月29日　[出]福島県郡山市　[学]郡山商(昭和21年)卒　[賞]勲一等瑞宝章(平成11年)　[歴]昭和21年専売公社に入る。49年全専売委員長、総評副議長を経て、55年社会党(のち社民党)から参院議員に3選。平成8年第一次橋本内閣の国土庁長官に就任。10年引退。

鈴木 貫太郎　すずき・かんたろう
第42代首相　枢密院議長　海軍大将　[生]慶応3年12月24日(1868年)　[没]昭和23年4月17日　[出]和泉国大鳥郡久世村(大阪府)　[学]海兵(第14期)(明治20年)，海大(明治31年)卒　[歴]関宿藩(千葉県)領地の和泉国久世村(大阪府)の生まれ。明治27年日清戦争に対馬水雷艦隊長として参加、日露戦争にも出撃した。大正3年大隈内閣の海軍次官となり、シーメンス事件後の海軍粛正を行なう。海軍兵学校長、第二、第三艦隊司令長官、呉鎮守府司令長官などを歴任し、12年海軍大将となる。13年連合艦隊司令長官、軍事参議官を経て、14年軍令部長に就任。昭和4年予備役編入され、同時に侍従長兼枢密顧問官に任ぜられ、昭和天皇の側近に長く仕えた。11年2.26事件では反乱将校に襲撃され、ピストルの乱射を受けるが、一命をとりとめる。この年侍従長を辞任、同年11月男爵。15年枢密院副議長、19年議長。20年4月組閣の大命を拝受し、首相となる。同年8月15日、“天皇による終戦”“玉音放送”を演出し、同日内閣総辞職。同年12月から翌21年6月までふたたび枢密院議長をつとめたあと、あらゆる公職から引退した。「鈴木貫太郎自伝」がある。[家]弟＝鈴木孝雄(陸軍大将)，長男＝鈴木一(日本馬事協会会長)

鈴木 喜三郎　すずき・きさぶろう
法相　内相　衆院議員　政友会総裁　検事総長　司法官僚　[生]慶応3年10月11日(1867年)　[没]昭和15年6月24日　[出]神奈川県川崎市　旧姓＝川島　[学]東京帝大

法科(明治24年)卒　[歴]明治24年司法省入り。26年判事に任ぜられ、東京地裁、東京控訴院、大審院各判事を歴任。検事に転じて辣腕をふるい本省刑事局長、大審院検事、法務局長を経て、大正3年司法次官に就任。10年平沼騏一郎の後任の検事総長。9年貴族院議員に勅選され、13年清浦内閣の法相。15年政友会に入り、昭和2年田中義一内閣の内相として特高警察の拡充、治安維持法の強化を図り、昭和3年の3.15事件で共産党の弾圧を指揮した。また第1回普選では選挙干渉し、責任を問われて辞任。党内では義弟鳩山一郎の支持を得て中心に立ち、6年犬養内閣で法相から内相。7年衆院選に当選。同年の5.15事件後政友会総裁に選ばれたが、11年の総選挙に敗れ、14年総裁も辞任した。一方、右翼団体大日本国粋会の顧問・総裁をつとめた。　[家]長男=鈴木国久(弁護士・京都地裁所長)

鈴木 吉之助　すずき・きちのすけ
衆院議員(立憲政友会)　[生]明治20年1月　[没]昭和26年12月7日　[出]京都府　[学]日本大学商科卒　[歴]京都市議、同副議長、京都府議、同副議長、同市部会議長等を歴任。また京都市連合青年団評議員会議長、京都毎日新聞社長等を務める。昭和3年第1回普通選挙において衆院議員に初当選。以来3回連続当選。

鈴木 久次郎　すずき・きゅうじろう
衆院議員(革新倶楽部)　[生]慶応2年7月(1866年)　[没]昭和6年12月29日　[出]千葉県　[学]専修学校　[歴]千葉県議を経て、明治35年8月千葉8区より衆院議員に初当選。通算7回当選を果たす。また、南総銀行・久留米銀行取締役、日本緬羊毛織・大平炭砿各社長等を務めた。

鈴木 恭一　すずき・きょういち
元・参院議員(自民党)　元・逓信次官　[生]明治31年12月29日　[没]昭和62年7月29日　[出]神奈川県　俳号=鈴木杏一　[学]東京大学法学部政治学科(大正14年)卒　[賞]勲二等旭日重光章(昭和44年),若葉賞(昭和56年)　[歴]逓信省に入り逓信次官、電気通信次官を歴任。昭和25年退官し、同年参院議員(全国区)に当選、2期務め、参院逓信委員長などを歴任。引退後、日本船舶通信会社社長、財団法人逓信協会会長をつとめた。また富安風生、高浜虚子に師事した俳人でもあり、句集に「西片町」「後の月」がある。

鈴木 強平　すずき・きょうへい
衆院議員　参院議員(自民党)　[生]明治31年4月　[没]昭和44年3月3日　[出]群馬県　[学]慶応義塾大学理財科卒　[歴]前橋市議を経て、昭和21年衆院議員初当選、以降2選。25年には参院議員に当選。日本進歩党・民主党・国民民主党各党総務、国民民主党両院議員総会長、農林参与官、衆院災害対策特別委員長、第2次鳩山内閣首都建設政務次官等を歴任した。また(社)全国燃料会館副理事長も務めた。

鈴置 倉次郎　すずき・くらじろう
衆院議員　[生]慶応3年3月(1867年)　[没]大正15年5月6日　[出]愛知県　[学]東京帝国大学政治科(明治23年卒)　[賞]勲二等　[歴]大蔵省に入り検査官補。明治29年辞任、民声倶楽部を結成、愛知県政に貢献。35年衆院議員に当選、桂太郎の同志会創立に参加、憲政党に改称後も引き続き所属。その間外務副参政官、大正13年加藤高明内閣の文部政務次官となり、以後若槻礼次郎首相、岡田文相らに仕えた。

鈴木 憲太郎　すずき・けんたろう
衆院議員(翼賛議員同盟)　[生]明治15年9月　[没]昭和28年1月17日　[出]宮崎県　[学]明治大学法律科(明治37年)　[歴]陸軍三等主計、岡富村議、延岡市長、宮崎県議、県農会長等を経て、昭和3年宮崎県より衆院議員に初当選。以後3回当選した。また、延岡電気・神都電気興業各取締役等を務めた。

鈴木 重遠　すずき・しげとお
衆院議員　[生]文政11年11月19日(1828年)　[没]明治39年4月7日　[出]江戸　[歴]安政4年松山藩奉行、以後家老、大参事を務め、明治4年廃藩で免官。11～20年後海軍省属官として横須賀造船所に勤務。以後愛媛に帰り自由民権運動に投じ、14年自由党結成に参加、23年第1回総選挙以来愛媛県より衆院議員当選5回。立憲革新党、進歩党、憲政党、憲政本党に属した。35年国民同盟会、日露開戦では対露同志会を組織した。

鈴木 舎定　すずき・しゃてい
自由民権運動家　[生]安政3年2月13日(1856年)　[没]明治17年1月1日　[出]陸奥国盛岡(岩手県)　[歴]盛岡藩士、少年時代上洛、中村敬宇の門に学び、盛岡に帰って求我社を結成、自由民権運動を唱え、奥羽各地を巡説した。明治14年自由党結成に参加、幹事、常議員を務めた。

鈴木 周三郎　すずき・しゅうざぶろう
衆院議員(憲政会)　貴院議員(多額納税)　[生]明治9年9月　[没]昭和15年12月16日　[出]福島県　[歴]杉妻村長、福島商業会議所議員等を経て、大正9年5月福島3区より衆院議員に当選。また、鈴木実業銀行頭取、福島紡績社長等を務めた。

鈴木 俊一　すずき・しゅんいち
元・東京都知事　東京国際交流財団会長　[生]明治43年11月6日　[出]東京都昭島市　[学]東京帝国大学法学部政治学科(昭和8年)卒　[賞]レジオン・ド・ヌール勲章コマンドール章(昭和61年)，勲一等旭日大綬章(昭和62年)，南十字星ブラジル国家勲章グランデ・オフィシアル章(平成1年)，国連平和賞(平成1年)，米国ロサンゼルス郡名誉市民(平成5年)，東京都名誉都民(平成9年)，レジオン・ド・ヌール・グラン・ド・フィシエ勲章　[歴]内務省に入り、昭和25年地方自治庁次長、自治省事務次官、岸内閣官房副長官を経て、東都政の副知事2期を歴任。その後、日本万国博覧会協会事務総長、首都高速道路公団理事長等を経て、54年東京都知事に当選。4期務め、平成7年退任。のち東京国際交流財団会長、日本倶楽部会長などを務める。この間、全国知事会長、自治医科大学会長、横綱審議会委員も兼務。都知事在任中に新都庁舎計画、臨海副都心計画などを推進。自治庁時代7人の大臣に次官としてつかえた日本官僚史上稀有の記録をもつ。[趣]ゴルフ，書道，囲碁(5段)，音楽，絵画

鈴木 順一　すずき・じゅんいち
元・参院議員(民主党)　[生]明治42年5月　[没]昭和61年10月13日　[出]群馬県　[学]東京農業大学(昭和5年)卒　[歴]昭和22年群馬地方区から出馬して当選、1期。25年5月まで在職し、民主党、国民民主党に所属した。

鈴木 正一　すずき・しょういち
元・参院議員(自民党)　[生]大正8年2月1日　[没]平成10年8月6日　[出]福島県　[学]福島県立蚕糸本科(昭和11年)卒　[賞]勲二等瑞宝章(平成1年)　[歴]昭和34年より福島県議に5選、46年には議長となり、49年再選される。なお47年東北電力監査役となり、のち取締役。52年参院議員に当選し、57年農林水産政務次官を務めた。

鈴木 正吾　すずき・しょうご
元・衆院議員(自民党)　元・尾崎行雄記念財団理事長　[生]明治23年6月　[没]昭和52年6月1日　[出]愛知県　[学]明治大学政治科卒　[歴]雑誌「大観」編集長、「読売」記者などを経て政界入りし、豊川市長ののち昭和7年衆院議員に初当選。戦後、追放解除されて政界に復帰したが、金権選挙に順応しようとせず、何度か落選の憂き目をみた。通算6回当選。晩年は尾崎行雄記念財団理事長、「尾崎咢堂全集」などを手がけた。

鈴木 昌司　すずき・しょうじ
衆院議員　[生]天保12年(1841年)　[没]明治28年　[出]越後国中頸城郡吉川村代石(新潟県)　[歴]明治10年明十社を結成、早くから自由民権を唱えた。12年新潟県会開設とともに県議に当選、13年鳴鶴社、14年頸城自由党を結成。のち県

会議長。23年以来衆院議員当選2回。自由党に属した。27年再び頸城自由党を結成、幹事長となった。

鈴木 省吾　すずき・せいご
元・参院議員(自民党)　元・法相　[生]明治44年8月7日　[没]平成11年10月4日　[出]福島県岩瀬郡鏡石町　[学]東京帝大農学部(昭和8年)卒　[賞]勲一等旭日大綬章(平成7年)　[歴]昭和27年福島県議となり、県会議長を経て、43年参院議員に当選。農林水産委員長などをつとめ、60年法相に就任。当選5回、三塚派。平成10年引退。　[趣]ゴルフ

鈴木 善幸　すずき・ぜんこう
第70代首相　衆院議員　自民党最高顧問　[生]明治44年1月11日　[出]岩手県下閉伊郡山田町　[学]農林省水産講習所(現・東京水産大学)(昭和10年)卒　[歴]網元の長男として生まれ、漁業団体勤務。戦後全漁連職員組合を組織して委員長に就く。昭和22年社会党から衆院議員に当選、のち社会革新党を経て民主自由党に移り、池田派で活躍。自民党総務会長を9期11年、ほかに郵政、厚生、農林各相を歴任した。大平首相の急死で55年7月首相となり、57年11月まで在任。61年9月派閥を宮沢喜一に譲った。当選16回。平成2年引退。4年共和汚職事件の参考人として国会で質疑を受ける。
[家]息子＝鈴木俊一(衆院議員)

鈴木 仙八　すずき・せんぱち
衆院議員(日本民主党)　[生]明治32年8月19日　[没]昭和42年5月15日　[出]東京・王子　[歴]王子町議、東京市議、東京府議、同参事会員を経て昭和21年東京5区から衆院議員となり、当選5回。その間商工参与官、第3次吉田茂内閣の建設政務次官、衆院決算委員長を務めた。民自党常任総務、自由党総務、同東京支部幹事長、日本民主党代議士会長、自民党東京都連合会副会長のほか日本身体障害者団体連合会会長を務め、晩年王子百貨店社長。

鈴木 摠兵衛(1代目)　すずき・そうべえ
衆院議員　[生]安政3年2月(1856年)　[没]大正14年12月23日　[出]尾張国名古屋　[賞]勲三等　[歴]名古屋市会議長、愛知県議、同参事会員。名古屋商業会議所副会頭。また名古屋生命保険、愛知材木、時計製造、名古屋倉庫、名古屋瓦斯各取締役、名古屋取引所理事長などを歴任。名古屋市から衆院議員当選5回。この間軍需評議会評議員、東洋拓殖会社設立委員、臨時国民経済調査委員、臨時財政調査会委員などを務め、中央倶楽部所属。のち多額納税者として貴院議員に2度選ばれた。

鈴木 荘六　すずき・そうろく
枢密顧問官　陸軍大将　[生]元治2年2月19日(1865年)　[没]昭和15年2月20日　[出]新潟県　[学]陸士(第1期)卒, 陸大卒　[歴]明治24年騎兵第4大隊付、27年同中隊長で日清戦争に従軍、日露戦争には第2軍参謀。41年参謀本部作戦課長、次いで騎兵第3旅団長、騎兵監。大正8年第5師団長、ロシア革命干渉でシベリアに出征。台湾軍司令官などを経て13年大将、朝鮮軍司令官、15年参謀総長、昭和5年予備役。6年帝国在郷軍人会長、7年枢密院顧問官。

鈴木 大亮　すずき・だいすけ
貴院議員　男爵　[生]天保13年7月17日(1842年)　[没]明治40年2月1日　[出]陸前国遠田郡中埣村　[賞]勲二等旭日重光章　[歴]江戸に出て江川太郎左衛門に砲術を研習、また漢学を学んだ。明治4年北海道開拓使、のち農商務省、大蔵省各大書記官、秋田、石川両県知事。26年黒田清隆逓相の次官、28年華族に列し男爵。31年勅任貴院議員となった。

鈴木 力　すずき・ちから
衆院議員(国民党)　東洋日の出新聞社長　評論家　ジャーナリスト　[生]慶応3年7月8日(1867年)　[没]大正15年12月10日　[出]陸奥国二本松(福島県二本松市)　号＝鈴木天眼　[学]大学予備門(現・東京大学)中退　[歴]二本松藩士の子。明治23年北村三郎らと雑誌「活世界」を発刊、

日本精神と大陸経営を説いた。26年秋山定輔創刊の「二六新聞」主筆となり、27年全国同志新聞記者連合に参加。日清関係の緊迫で朝鮮に渡り、天佑侠を組織。31年「九州日の出新聞」、35年「東洋日の出新聞」を創刊、社長。41年長崎から衆院議員当選。43年軍艦"生駒"に便乗、南アフリカ、南米、ヨーロッパをまわり、大正3年には南洋を視察した。「独尊子」「活青年」「小日本歟大日本歟」を刊行、訳書にフレッベル「教育哲学史」、ヘロルド「教育哲学年表」などがある。

鈴木 強　すずき・つよし
元・衆院議員(社会党)　[生]大正3年2月12日　[没]平成7年9月5日　[出]山梨県西八代郡下部町　[学]逓信官吏練習所無線通信科(昭和12年)卒　[賞]勲一等瑞宝章(昭和61年)　[歴]逓信省に入省、昭和25年全電通初代書記長に就任、のち委員長となる。31年参院議員に当選し、3期つとめたあと、51年衆院議員に転じ、3選。61年6月引退。

鈴木 貞一　すずき・ていいち
元・企画院総裁　元・陸軍中将　[生]明治21年12月16日　[没]平成1年7月15日　[出]千葉県山武郡芝山町　[学]陸士(明治43年)卒, 陸大(大正6年)卒　[歴]明治43年歩兵第18連隊長付、大正6年参謀本部付、9年からは中国問題を担当、支那班、作戦課、北京・上海駐在員を経て15年歩兵第48連隊大隊長。昭和6年軍勢局員・新聞班長から内閣調査局調査官、13年興亜院政務部長。16年4月からは企画院総裁として第2次、第3次近衛文麿内閣、東条英機内閣に留任。陸軍の代表的な政治軍人。戦後A級戦犯で終身刑となったが、30年9月出所。郷里に戻り、以後公職にはつかなかった。

鈴木 天眼　⇒鈴木力(すずき・ちから)を見よ

鈴木 東民　すずき・とうみん
元・釜石市長　元・読売新聞編集局長　ジャーナリスト　[生]明治28年6月25日　[没]昭和54年12月14日　[出]東京　[学]東京帝大経済学部(大正13年)卒　[歴]家は代々岩手県気仙郡唐丹村字川目(現・釜石市)で医業を営む。遠野中学、旧制二高を経て、東京帝大では吉野作造博士の薫陶を受け、新人会・帝大新聞で活躍。大正13年帝大卒業後、大阪朝日新聞京都支局に入り、社会部記者となる。昭和4年日本電報通信社(現・電通)のドイツ特派員を経て、10年読売新聞に迎えられ、外報部長、論説委員を歴任。この間、日本軍閥の侵略戦争に反対するとともに反ナチの論陣を張り、戦後、新聞界を賑わした読売争議を闘争委員長として指導した。争議解決後、編集局長兼論説主幹。23年共産党に入党するが、2年後に脱党。その後岩手県知事選、衆院選などに出馬するが落選し、30年5月釜石市長に当選、3期12年間市長をつとめる。公害阻止のため釜鉄とたたかい、42年市長選に敗れて釜石を追われた。著書に「ナチスの国を見る」など。

鈴木 寅彦　すずき・とらひこ
衆院議員(立憲民政党)　[生]明治6年3月　[没]昭和16年9月18日　[出]福島県　[学]東京専門学校邦語政治科(明治29年)卒　[歴]日本曹達社長、北海道瓦斯会長、東京瓦斯・朝鮮鉄道各専務等を務めた。また、明治41年福島2区より衆院議員初当選。以後4回当選した。

鈴木 直人　すずき・なおと
参院議員　衆院議員(自由党)　[生]明治33年5月　[没]昭和32年9月20日　[出]福島県　[学]東京帝国大学法学部政治学科(大正15年)卒　[歴]東京市に入る。石川・広島・山口・愛知・熊本各県の部長、熊本県知事等を経て、昭和22年参院議員初当選。27年衆院当選。以降2選。第2次吉田内閣の逓信政務次官、参院両院法規委員長等を務めた。26年講和会議調印状況視察。　[家]三男=田中直紀(参院議員)

鈴木 一　すずき・はじめ
参院議員　衆院議員(社会党)　[生]大正2年10月　[没]昭和53年2月7日　[出]秋田県　[学]東京帝国大学文学部(昭和13年)卒　[歴]文部省嘱託となる。後に、全国購買農業協同組合(連)嘱託、農業復興会議幹事等を務める。昭和28年参院議員初当選。33年衆院議員に転じる。　[家]父＝鈴木安孝(参院議員)，妹＝西岡光子(弁護士)

鈴木 英雄　すずき・ひでお
衆院議員　[生]明治10年11月　[没]昭和37年3月8日　[出]神奈川県小田原　[学]東京帝大政治学科(明治36年)卒　[歴]農商務省に入り、水産局漁政課長、大臣官房会計課長、特許局長などを経て、昭和3年衆院議員となり、当選4回。立憲政友会、翼賛議員同盟に属した。19～21年小田原市長、小田原魚市場社長、日本魚網船具社長なども務めた。27年小田原信用金庫理事長に請われ、取付け騒ぎを沈静、再建に成功。死後小田原市初の名誉市民。

鈴木 寿　すずき・ひとし
参院議員(社会党)　[生]明治40年1月　[没]昭和45年8月30日　[出]秋田県　[学]秋田県師範学校専攻科(昭和8年)卒　[歴]小学校教員、小中学校長を務めた。21年には秋田県教職員組合結成と同時に委員長となり、4期。昭和31年参院議員初当選、以降2選。東北開発審議会委員、選挙制度審議会委員、決算常任委員長を歴任。

鈴木 富士弥　すずき・ふじや
衆院議員(民政党)　[生]明治15年11月26日　[没]昭和21年1月12日　[出]大分県　[学]東京帝国大学独法科(明治39年)卒　[歴]欧米を視察後弁護士開業。大正6年以来衆院議員当選6回、憲政会、民政党に属し、内務参与官、党政調会長を務め、昭和4年浜口雄幸内閣の書記官長となった。

鈴木 文治　すずき・ぶんじ
衆院議員(社会民衆党)　日本労働総同盟会長　労働運動家　[生]明治18年9月4日　[没]昭和21年3月12日　[出]宮城県栗原郡金成村(現・金成町)　[学]東京帝大法科大学政治学科(明治43年)卒　[歴]10歳で受洗。秀英舎(現・大日本印刷)、東京朝日新聞記者を経て、明治44年東京ユニテリアン派統一基督教弘道会幹事となる。大正元年友愛会を結成、10年日本労働総同盟と改称、昭和5年までその会長をつとめた。この間、大正15年社会民衆党創立に参画、中央執行委員となり、昭和3年から衆院議員に3回当選。15年党除名。また国際労働会議代表に4回選ばれた。戦後は日本社会党結成に参加、21年の総選挙に立候補したが、選挙運動中に急死した。著書に「日本之労働問題」「国際労働問題」「労働運動20年」など。

鈴木 文史朗　すずき・ぶんしろう
参院議員(緑風会)　朝日新聞社常務　「リーダーズ・ダイジェスト」日本版初代編集長　ジャーナリスト　評論家　[生]明治23年3月19日　[没]昭和26年2月23日　[出]千葉県海上郡豊浦町(現・銚子市)　本名＝鈴木文四郎　[学]東京外国語学校(現・東京外国語大学)英語学科(大正2年)卒　[歴]三菱合資会社地所部を経て、大正6年東京朝日新聞社入社、シベリア出兵時の従軍記者。パリ講和会議、ロンドン、ワシントン軍縮会議などに特派員として活躍。14年社会部長となり、その後編集総務、論説委員、整理部長、名古屋支社長、取締役を歴任し、昭和17年常務取締役に就任、終戦で辞任した。戦後は幣原喜重郎内閣の戦時調査会、内務省国土計画要員会などに勤め、21年「リーダーズ・ダイジェスト」の日本版初代編集長となる。24年同社日本支社長、25年辞任。全国出版協会理事長、NHK理事なども務め、25年参院議員(緑風会)に当選。日本青年館理事長として青年運動にも尽力。著書に「米欧変転記」「文史朗随筆」「心を打つもの」などがある。

鈴木 平三郎　すずき・へいざぶろう
元・三鷹市長　西白河病院長　医師　[生]明治39年5月26日　[没]昭和59年2月2日　[出]東京都三鷹村　[学]日本大学医学科(昭和5年)卒業　医学博士　[賞]保健文化賞, 勲三等旭日中綬章(昭和51年)　[歴]三鷹市で産婦人科医を開業するとともに、社会大衆党員として社会主義運動に入る。戦中は、軍医として中国大陸で転戦。復員後、社会党入党、北多摩支部長に。昭和30〜50年まで5期にわたり三鷹市長を務めた。

鈴木 正文　すずき・まさぶみ
衆院議員(自由党)　労相　ジャーナリスト　[生]明治32年8月30日　[没]昭和53年5月25日　[出]山梨県北巨摩郡　[学]早稲田大学政治経済学部(大正14年)卒　[歴]朝日新聞社に入り、昭和15年論説委員。16年退社し、日本印刷文化協会理事、17年山梨日日新聞社論説委員。戦後22年山梨全県区から衆院選に当選、自由党に属し、3期務めた。23年第2次吉田内閣の労働政務次官、24年第3次吉田内閣の労相となった。

鈴木 万次郎　すずき・まんじろう
衆院議員　医師　[生]万延1年3月(1860年)　[没]昭和5年2月26日　[出]岩代国安達郡本宮(福島県)　[学]東亜医学校卒　[賞]勲四等　[歴]福島師範予科、東京外語に学び医学校に転じた。開業試験合格、医師となったが、愛国生命保険会社社長、都ホテル、加富登麦酒、白棚鉄道各取締役も務めた。明治23年福島県から第1回総選挙以来衆院議員当選5回。晩年民政党に属した。

鈴木 万平　すずき・まんぺい
参院議員(自民党)　三共製薬社長　実業家　[生]明治36年7月20日　[没]昭和50年12月3日　[出]静岡県静岡市　[学]東京帝大英法科(大正15年)卒　[賞]勲一等瑞宝章(昭和48年)　[歴]昭和3年東洋紡入社、常務を経て20年社長に就任したが翌年辞任。静岡で東洋冷蔵を設立。一時政界パージにあったが、解除後の24年佐野製紙社長、三共製薬社長に就任、同社再建に貢献、50年会長。この間、31年から2回参院議員に当選。富士製粉、日本エームス各社長も務めた。日本製薬団体連合会会長、日本卓球協会会長、日経連、経団連各理事なども歴任。

鈴木 美枝子　⇒望月優子(もちずき・ゆうこ) を見よ

鈴木 幹雄　すずき・みきお
元・衆院議員(日本民主党)　[生]明治37年10月27日　[没]平成3年11月10日　[出]愛知県　[学]京都帝大法律科(昭和4年)卒　[歴]内務省入省。警視庁特高部外事課、防犯課各課長を経て、昭和21年島根県知事、同年警視総監、22年内務次官。24年衆院議員に当選、2期務めた。

鈴木 茂三郎　すずき・もさぶろう
日本社会党委員長　衆院議員　社会運動家　[生]明治26年2月7日　[没]昭和45年5月7日　[出]愛知県蒲郡市　筆名=薄茂人　[学]早稲田大学専門部政経科(大正4年)卒　[歴]報知新聞、大正日日新聞の政治・経済記者を経て、大正9年渡米。在米中社会主義に関心を持ち、革命直後のソ連に入り、11年帰国。同年日本共産党に入党。同年12月東京日日新聞社に入社し、昭和3年まで勤務。この間、2年山川均らと「労農」を創刊、執筆活動を続ける。3年無産大衆党の結成に参加し書記長。以後、全国大衆党、全国労農大衆党などの役員を歴任。11年労農無産協議会(12年日本無産党に改称)書記長となるが、12年12月人民戦線事件で検挙。戦後は日本社会党の結成に加わり、21年から衆院議員に当選9回。24年書記長、26年委員長となり、分裂後は左派の委員長。30年社会党統一後も委員長をつとめ、35年委員長辞任。41年引退。同年日本近代文学館に社会主義運動文献約1万点を「社会文庫」として寄贈。「日本財閥論」「日本独占資本の道」「或る社会主義者の半生」「忘れ得ぬ人々」など著書も多数。「鈴木茂三郎選集」(全4巻)がある。　[家]三男=鈴木徹三(法政大学名誉教授)

鈴木 安孝　すずき・やすたか
衆院議員　参院議員(自由党)　秋田市長　㊓明治10年9月　㊡昭和30年2月27日　㊥秋田県　㊫和仏法律学校(明治36年)卒　㊞明治39年秋田地方裁判所判事となり,その後弁護士となる。秋田県会議長、秋田市長、同弁護士会長を務めた。昭和3年衆院議員初当選、以降3選。同22年参院当選。参院郵政・法務各委員長に就任した。　㊇息子=鈴木一(衆院議員), 娘=西岡光子(弁護士)

鈴木 義男　すずき・よしお
衆院議員(民社党)　法相　専修大学学長　法律学者　弁護士　㊓明治27年1月17日　㊡昭和38年8月25日　㊥福島県白河市　㊫東京帝大法科大学法律学科(大正8年)卒　法学博士　㊞東大法学部助手、助教授を経て大正9年東京女子大教授、13年東北帝大教授。のち弁護士となり、帝人事件、人民戦線事件、ゾルゲ事件など担当。戦後昭和20年日本社会党結成に参加、文教部長。21年以来福島県から衆院議員当選7回。22年片山内閣法相(法務総裁)、23年芦田内閣留任。22年から専修大理事、26年専修大教授、27年学長、理事長を兼任。34年青山学院大教授。35年民主社会党結成に参加、統制委員長、国会議員団長などを歴任した。著書に「行政法総論」「行政法各論」など。

鈴木 与平(6代目)　すずき・よへい
貴院議員(多額納税)　鈴与創業者　実業家　㊓明治16年2月5日　㊡昭和15年5月2日　㊥静岡県清水市　旧姓=山崎　幼名=通太郎　㊫東京高商専攻部(明治39年)卒　㊞養家の鈴木与平商店に勤め、大正6年家督相続、6代目鈴木与平を名乗る。昭和11年株式会社鈴与商店(現・鈴与)に改組。家業の回漕業を軸に倉庫業、海運業などを多角経営し、14年までに鈴与倉庫、清水木材倉庫、駿遠塩業、清水運送、清水食品、鈴与機械製作所、清水精機を次々設立。この間大正13年から清水市会議長、昭和6年からは静岡県会議長、清水商工会議所会頭を歴任。14年貴族院議員。　㊇息子=鈴木与平(7代目, 鈴与会長), 孫=鈴木与平(8代目, 鈴与会長)

鈴木 力　すずき・りき
元・参院議員(社会党)　㊓大正2年7月15日　㊡平成10年10月14日　㊥岩手県北上市　㊫岩手師範本科(昭和8年)卒　㊯勲二等瑞宝章(昭和59年)　㊞小・中学校教諭を経て、岩手県教職員組合委員長、日本教職員組合副委員長、総評副議長、公務員共闘会議議長、岩手労働金庫理事長を務める。昭和40年全国区から参院議員に当選、通算2期務めた。51年決算委員長、内閣委員会理事、社会党財務委員長、岩手県本部委員長を歴任。53年印刷センター社長なども務めた。
㊪植木, 盆栽

鈴木 礼治　すずき・れいじ
元・愛知県知事　㊓昭和3年12月4日　㊥三重県桑名市　㊫名古屋大学経済学部(昭和27年)卒　㊯勲一等瑞宝章(平成12年)　㊞昭和27年愛知県職員となり、32年総理府事務官に転出。39年愛知県庁に戻り企画課長などを務める。その後、教育長、総務部長を歴任し、54年4月副知事に就任。58年知事に当選。リニア中央新幹線、中部新国際空港、第二東名・名神などの大型プロジェクトに取り組む。平成10年7月発足した愛知県高速道路交通システム(ITS)推進協議会会長。4期つとめ、11年2月引退。
㊪ゴルフ, カラオケ, 囲碁

薄田 美朝　すすきだ・よしとも
衆院議員　㊓明治30年　㊡昭和38年4月16日　㊥秋田県　㊫東京帝国大学卒
㊞大阪府属・警部を振り出しに岡山、長崎、広島、京都各府県警察部長を経て、昭和12年警視庁警務部長、満州国治安部次長、総務部次長、さらに群馬、鹿児島各県知事を経て、18年東条内閣警視総監。戦後公職追放、解除後自由党政務調査会治安部長、自民党総務となり、27年以来衆院議員当選3回。

鈴切 康雄　すずきり・やすお
元・衆院議員(公明党)　⽣大正15年6月28日　⽣愛知県名古屋市　⽣神戸高等商船専科機械科(昭和20年)中退　⽣勲二等旭日重光章(平成8年)　⽣鈴切材木店経営を経て、昭和38年大田区議に当選。同年創価学会理事に。40年以来、東京2区から衆院議員に8選。53年公明党衆院議員団長。平成2年引退。

須藤 嘉吉　すどう・かきち
衆院議員(憲政会)　⽣嘉永4年4月(1851年)　⽣大正14年12月14日　⽣上野国碓氷郡原市町　⽣勲三等　⽣群馬県会議員、同参事会員、同副議長を経て群馬県から衆院議員当選5回、憲政会に属した。また地方実業界でも活躍し精糸碓氷社取締役、農工銀行取締役を務めた。

須藤 五郎　すどう・ごろう
日本共産党名誉中央委員　元・参院議員　作曲家　指揮者　⽣明治30年9月14日　⽣昭和63年11月18日　⽣三重県鳥羽市　筆名=鳥羽英夫　⽣東京音楽学校(大正12年)卒　⽣東洋音楽学校で教鞭をとり、大正11年宝塚歌劇団の作曲家、指揮者となった。昭和3年3.15事件で日本共産党中央が壊滅したが、党に資金カンパを続けたため5年2月検挙され投獄。留置場で作曲した「しぐれに寄する抒情」は三浦環に愛誦された。戦後、宝塚労働組合を結成したが不当解雇された。23年日本共産党入党、25年参院全国区に当選、52年に引退するまで当選4回。国対委員長もつとめた。音楽労働者の先達として日本作曲家協議会委員も務めた。　⽣日本作曲家協議会(委員)、日ソ協会(顧問)、日中友好協会(顧問)

周東 英雄　すとう・ひでお
元・農相　元・衆院議員(自民党)　⽣明治31年1月27日　⽣昭和56年8月8日　⽣山口県大津郡　⽣東京帝大独法科(大正10年)卒　⽣勲一等瑞宝章(昭和43年)、勲一等旭日大綬章(昭和48年)　⽣農林省の局長などを経て、昭和22年以来山口1区から当選8回。44年に引退

した。この間、吉田内閣の農相、国務相、池田内閣の自治相、農相や衆院議運委員長、自民党政調会長などを歴任。

首藤 陸三　すどう・りくぞう
衆院議員　⽣嘉永4年3月(1851年)　⽣大正13年6月　⽣陸前国登米　⽣勲三等　⽣新潟県庁から大蔵省出仕、宮城県属、仙台師範学校長となった。のち宮城県会議員、同副議長、第2回総選挙以来宮城県郡部選出の衆院議員に当選9回、憲政会に属した。

須永 好　すなが・こう
日本社会党中央委員　衆院議員　日農会長　農民運動家　⽣明治27年6月13日　⽣昭和21年9月11日　⽣群馬県新田郡強戸村大字成塚(現・太田市)　⽣大正9年から農民運動に参加し、10年強戸村は小作人組合を結成して組合長。11年日本農民組合(日農)創立大会で関東を代表して理事のひとりとなる。13年日農群馬県連合会創立大会で会長に就任。以後各地の農民運動を指導し、労働農民党にも参加するなど、戦前の農民運動をリードした。戦後は21年日農結成で会長になり、また社会党から衆議院議員に当選した。著書に「須永好日記」がある。

砂田 重民　すなだ・しげたみ
衆院議員(自民党)　元・北海道・沖縄開発庁長官　元・文相　⽣大正6年3月4日　⽣平成2年9月24日　⽣兵庫県神戸市　⽣立教大学経済学部(昭和15年)卒　⽣昭和30〜35年河野一郎の秘書をつとめ、38年以来衆院議員に当選8回。自治政務次官、総務庁次官、党副幹事長、福田内閣の文相、党選挙制度調査会長などを歴任し、平成2年第2次海部内閣の北海道・沖縄開発庁長官となるが、病気で辞任。渡辺派。大学時代はアイスホッケーの選手として活躍した。　⽣音楽、カメラ　⽣父=砂田重政(防衛庁長官)

砂田 重政 すなだ・しげまさ
衆院議員(自民党) 弁護士 [生]明治17年9月15日 [没]昭和32年12月27日 [出]愛媛県 [学]法学院大学法律科(明治37年)卒 [歴]司法官補を経て弁護士開業。大正9年以来衆院議員当選10回。国民党、政友会などに属し犬養毅内閣の農林政務次官、政友会総務、幹事長を務めた。その後翼賛会議会局審査部長。昭和17年議員を辞め、南方軍軍政顧問。戦後公職追放、解除後の27年衆院議員に返り咲き30年第2次鳩山一郎内閣の防衛庁長官となり、のち自民党総務会長。全国遺族援護協議会会長。 [家]長男=砂田重民(政治家)

砂原 格 すなはら・かく
衆院議員(自民党) [生]明治35年4月3日 [没]昭和47年5月8日 [出]広島県 [学]高等小学校卒業 [歴]砂原組社長、会長、広島建材取締役、広島商工会議所副会頭。かたわら広島市議、議長、広島県議を経て昭和27年広島1区から衆院議員となり当選6回。この間通産、厚生各政務次官、衆院逓信、運輸各委員長。自民党商工部長、広島県支部総務、副幹事長などを務めた。

砂間 一良 すなま・いちろう
日本共産党名誉幹部会委員 元・衆院議員(共産党) 社会運動家 [生]明治36年2月8日 [没]平成4年12月12日 [出]静岡県田方郡土肥村(現・土肥町) [学]東京帝大経済学部(昭和3年)卒 [歴]東大在学中の昭和2年無産者新聞に入り、3年の3.15事件の後、その責任者となる。同年共産党に入党し、4年の4.16事件で検挙され懲役12年に処せられ、18年迄投獄される。戦後ただちに共産党に入党し、24年衆議院議員に当選するが、翌年アメリカ占領軍により公職追放に。40〜42年日本共産党代表として北京に駐在した。 [家]妻=砂間あき(社会運動家)

須原 昭二 すはら・しょうじ
元・参院議員(社会党) [生]昭和2年9月4日 [没]昭和50年3月4日 [出]愛知県 [学]岐阜薬専(昭和25年)卒 [歴]昭和30年愛知県議に当選。2期半つとめたあと、46年参院議員に当選。

周布 公平 すふ・こうへい
枢密顧問官 貴院議員(勅選) 男爵 [生]嘉永3年12月6日(1850年) [没]大正10年2月15日 [出]長門国萩(山口県) 号=水石 [歴]毛利忠愛に仕え、元治元年家督を継ぎ、山口農兵隊長。維新後海外留学、明治9年司法省に入り、11年太政官権少書記官、14年権大書記官、18年法制局法制部長、20年公使館参事官などを経て、22年内閣書記官長となった。23年勅選貴院議員、24年兵庫県知事、30年行政裁判所長官、33年神奈川県知事、のち枢密顧問官。41年男爵。

須磨 弥吉郎 すま・やきちろう
衆院議員 自民党政調副会長 外交官 [生]明治25年9月9日 [没]昭和45年4月30日 [出]秋田県南秋田郡土崎新城町 筆名=梅花草堂主人 [学]東京帝国大学退学, 中央大学法学部(大正8年)卒 [賞]勲二等旭日重光章(昭和40年) [歴]大正8年外務省入省。英、独などに勤務の後、南京総領事、米大使館参事官から外務省情報部長。昭和15年有田外相の放送内容事前漏えい事件で憲兵の取り調べを受ける。16年スペイン公使、終戦で帰国。公職追放解除後の28年に改進党から衆院選に出馬、当選。民主党宣伝情報局長、自民党外交調査会、同政調会各副会長を歴任。ユネスコ日本理事長、スペイン文化協会会長なども務めた。随筆家、美術愛好家としても著名で、滞欧中に購入した西洋画350余点は須磨コレクションとして、平成6年長崎県立美術博物館に寄贈された。 [家]息子=須磨未千秋(駐カナダ大使)

住 栄作　すみ・えいさく
衆院議員(自民党)　元・法相　⽣大正9年5月20日　⽋昭和61年12月20日　出富山県魚津市大光寺　学東京帝大法学部(昭和18年)卒　昭和18年内務省に入り、41年中労委事務局長、44年労働省職業安定局長を歴任して退官。47年衆院議員に当選。58年第2次中曽根内閣の法相に就任。当選6回。宮沢派。　家息子＝住博司(衆院議員)。

須見 千次郎　すみ・せんじろう
衆院議員(憲政会)　⽣弘化3年12月(1846年)　⽋昭和2年4月12日　出阿波国美馬郡三島村(徳島県)　勲四等　剣道を修め貫心流免許皆伝。実業界に入り、阿波紡績会社監査役、徳島毎日新聞社監査役、阿波製糸会社取締役、八十九銀行取締役会長を歴任。また県会議員を務め、徳島県郡部選出の衆院議員当選4回、憲政会に属した。

澄田 信義　すみた・のぶよし
島根県知事　⽣昭和10年2月20日　出島根県出雲市今市町　学東京大学法学部(昭和32年)卒　昭和32年国鉄に入る。門司鉄道管理局営業部長、大阪鉄道管理局総務部長、首都圏本部次長、新幹線総局次長などを経て、省庁の交流人事で55年和歌山県警本部長。57年国鉄に復帰し監察局長、59年旅客局長、60年職員局長、61年常務理事を歴任。62年国鉄分割・民営を前に辞職して、同年4月島根県知事に当選。5期目。

【せ】

清 釜太郎　せい・きんたろう
衆院議員　⽣明治7年3月3日　⽋大正10年5月28日　出静岡県富士郡柚野村　学早稲田大学(明治36年)卒　中央新聞記者から尾崎行雄東京市長秘書となり、内記課に勤め、臨時治水調査委員。明治40年以来静岡県から衆院議員に数回当選した。

関 和知　せき・かずとも
衆院議員　⽣明治3年10月　⽋大正14年2月18日　出千葉県長生郡東浪見村　学東京専門学校邦語政治科(明治28年)卒、プリンストン大学卒　千葉民報主筆となり、明治30年日刊紙「新総房」を発行、主筆兼印刷工、配達夫で活躍。35年エール大留学、プリンストン大に転じた。39年帰国、万朝報、東京毎日新聞記者、英文雑誌「日本の産業」編集主任を務めた。41年以来衆院議員当選7回、憲政会に属した。大正2年ハーグ万国平和会議出席、のち司法省副参政官を経て、加藤高明内閣の陸軍政務次官。著書に「現代政治の理想と現実」。

関 信之介　せき・しんのすけ
衆院議員(政友会)　⽣嘉永6年2月(1853年)　⽋大正6年1月20日　出常陸国久慈郡久米村(茨城県)　勲四等　早くから自由民権を唱え、水戸市会議員、茨城県会議員を務め、水戸弁護士組合会長。明治25年以来茨城県から衆院議員当選10回、政友会に属した。

関 直彦　せき・なおひこ
貴院議員(勅選)　衆院副議長　翻訳家　⽣安政4年7月16日(1857年)　⽋昭和9年4月21日　出和歌山県　学東京大学法科(明治16年)卒　福地源一郎の日報社に入り、明治21〜25年社長。23年以来和歌山から衆院議員当選10回、31年憲政本党、以後立憲国民党、革新倶楽部、革新党に属した。大正元〜4年衆院副議長。明治25年弁護士となり大正12年東京弁護士会長。昭和2〜9年勅選貴院議員、7年安達謙蔵らと国民同盟結成。英国宰相ビーコンスフィールドの「コニングスビー」を「政党余談春鶯囀」として翻訳、著書「七十七年の回顧」がある。

関 一　せき・はじめ
大阪市長　貴院議員　社会政策学者　都市行政家　⽣明治6年9月26日　⽋昭和10年1月26日　出静岡県伊豆　学東京高商(現・一橋大学)(明治26年)卒　法学博士　神戸商業教諭、新潟商業教諭を経て、明治30年東京高商教授に就

任。31〜33年ベルギーに留学。帰国後、交通政策、工業政策などを研究。大正3年大阪市助役に転出、都市改良、公設市場開設、市営住宅建設、市役所の機構改革（都市計画部の設置など）などを推進した。12年市長となり、御堂筋の整備、大阪商科大学の設置、総合大阪都市計画の策定などを行って大阪の都市基盤整備に務め、昭和6年には3選された。都市問題に関しては日本有数の権威とされ、九州帝大で都市問題の連続講義を行った。また、9年からは貴族院議員も務めた。　家孫＝関淳一（大阪市助役）

関 晴正　せき・はれまさ
元・衆院議員（社会党）　生大正12年11月26日　本青森県五所川原市　学青森師範（昭和20年）卒　小学校教師となり、日教組中央委員。昭和26年青森市議選に初当選して政界入り。青森県議を経て、54年衆院議員に当選。61年落選し、翌62年青森県知事選、平成元年5月青森市長選に出馬。2年衆院議員に復帰、通算4期つとめる。5年引退。

関 義臣　せき・よしおみ
貴院議員　男爵　生天保10年11月（1839年）　没大正7年3月　本越前国武生（福井県）　勲勲二等旭日中綬章　越前藩に仕え、明治元年大阪司農局出仕。2年租税局長、次いで会計局長兼任、4年鳥取県権参事。以来大蔵権大丞、高等法院陪席裁判官、宮城控訴院検事長、23年大審院評定官、さらに徳島、山形各県知事。30年勅選貴院議員、40年華族に列せられ男爵。

関 嘉彦　せき・よしひこ
元・参院議員（民社党）　東京都立大学名誉教授　専社会思想史　生大正1年11月19日　本福岡県福岡市養巴町　学東京帝国大学経済学部（昭和11年）卒　法学博士　著社会主義思想史　賞文芸春秋読者賞（昭和55年）、勲三等旭日中綬章（平成1年）、正論大賞（特別賞、第15回）（平成11年）　河合栄治郎門下で、英労働党や社会主義研究の第一人者。戦後、東京都立大学教授や早稲田大学客員教授を務め、同時に民社党結成以来の同党の理論的主柱であった。昭和58年参院比例代表区で民社党候補者名簿の第1位に登場、当選し1期務めた。主な著書に「イギリス労働党史」「社会思想史十講」など。　所日本政治学会　家弟＝森口嘉郎（独協医科大学教授）

関内 正一　せきうち・しょういち
衆院議員（自由党）　生明治30年3月　没昭和37年4月26日　本福島県　学早稲田大学商科　平町議、福島県議、平市会議長を経て、昭和22年衆院議員に初当選。以来通算3回当選。その間衆院電気通信・運輸各委員長を歴任。また日本自由党福島県連合会支部長、民主自由党総務なども務める。

関口 恵造　せきぐち・けいぞう
元・参院議員（自民党）　歯科医　生大正15年3月13日　没平成6年1月17日　本埼玉県秩父郡皆野町　学東京歯専（昭和22年）卒　歯学博士（昭和45年）　昭和55年参院議員に当選、2期。58年法務政務次官、平成元年沖縄開発政務次官をつとめる。宮沢派。4年引退。埼玉県歯科医師会会長、日本歯科医師会常務理事もつとめた。

関口 隆吉　せきぐち・たかよし
静岡県知事　元老院議官　生天保7年9月17日（1836年）　没明治22年5月17日　本江戸　号＝黙斎　幕臣で嘉永5年父の職である御弓持与力を継ぐ。米艦が浦賀に来航するや攘夷論を唱え、反対派の勝海舟を九段坂に襲って失敗した。明治元年江戸開城の際、精鋭隊頭取と町奉行支配組頭を兼帯し、のち市中取締役頭となる。5年三潴県権参事、8年山口県令に就任し、9年前原一誠の乱が起ると、直ちにこれを平定し、10年西南戦争時には前原の残党の動きを制した。のち高等法院陪席判事、元老院議官、17年静岡県令、19年同県知事を歴任した。

関戸 覚蔵　せきと・かくぞう
衆院議員　⽣弘化1年6月（1844年）　没大正5年5月9日　出常陸国行方郡潮来（茨城県）　学東京高等師範学校卒　歴戸長、郡書記、茨城県勧業課長から県会議員。明治25年以来茨城県1区から衆院議員当選3回。27年立憲革新党結成に参加した以外は中立派か無所属。「いばらき新聞」創刊、のち文部省維新史料編纂嘱託。著書に「東陲（刀水）民権史」「水戸城」などがある。

関根 久蔵　せきね・きゅうぞう
参院議員（自民党）　⽣明治27年12月20日　没昭和44年3月29日　出埼玉県　学富岡中卒　歴昭和21年から衆院議員2期、28年から参院議員1期をつとめた。

関根 柳介　せきね・りゅうすけ
衆院議員（政友会）　⽣天保10年11月（1853年）　没大正7年3月　出武蔵国南葛飾郡奥戸村　歴内務省出仕、鹿児島県属、大蔵省属、福井県属などを経て、明治35年以来東京府郡部選出の衆院議員当選3回。政友会協議員。また台湾民政局嘉義弁務署長を務めた。

関野 善次郎　せきの・ぜんじろう
衆院議員（憲政会）　⽣嘉永6年5月（1853年）　没昭和10年11月15日　出富山県　歴富山市議、同議長、富山県議、同議長、富山市長を経て、明治23年衆院議員に初当選。通算して6期を務めた。また、第十二国立銀行頭取、米穀肥料取引所理事長、中越鉄道取締役等を務めた。

関谷 勝嗣　せきや・かつつぐ
参院議員（自民党　愛媛）　元・建設相　元・郵政相　⽣昭和13年3月6日　出愛媛県松山市　学中央大学法学部政治学科（昭和35年）卒　歴昭和39年日航に入社。その後父の秘書を経て、51年衆院議員に当選。運輸政務次官、郵政政務次官、運輸委員長などを経て、平成2年第2次海部改造内閣の郵政相、10年小渕内閣の建設相に就任。11年小渕改造内閣でも留任、また国土庁長官を兼任。当選8回。旧渡辺派を経て、同年12月山崎派に参加。12年参院補選に当選。2期目。　家父＝関谷勝利（衆院議員）

関谷 勝利　せきや・かつとし
元・衆院議員（自民党）　⽣明治37年10月20日　没昭和62年7月6日　出愛媛県松山市　学松山中（大正11年）卒　歴昭和21年初当選以来11期30年間衆院議員を務め、51年引退。党交通部会長、衆院内閣委員長などを歴任した。運輸族として活躍"陰の運輸大臣"といわれた。29年の造船疑獄に連座して有罪確定、42年大阪地検が摘発した大阪タクシー汚職では収賄容疑で逮捕され、54年一審の大阪地裁で懲役1年、執行猶予2年の判決を受けた。58年大阪高裁でも一審判決が支持され、上告中の62年死去。　家長男＝関谷勝嗣（参院議員）

関矢 儀八郎　せきや・ぎはちろう
衆院議員（政友会）　⽣安政5年10月（1858年）　没大正13年11月　出越後国刈羽郡枇杷島村（新潟県）　歴自由党、政友会に所属、新潟県会議員を数回務めた。明治35年以来衆院議員当選3回、立憲政友会協議員、新潟支部長を務めた。露領水産組合評議員を務め、シベリア沿海州に漁場を租借、経営に当たった。

関屋 貞三郎　せきや・ていざぶろう
貴院議員（勅選）　宮内次官　内務官僚　⽣明治8年5月4日　没昭和25年6月10日　出栃木県　学東京帝大法科大学英法科（明治32年）卒　歴明治32年内務省に入省。33年台湾総督府参事官、内相秘書官、満鉄創立委員、関東都督府民政部長、朝鮮総督府学務局長、同中枢院書記官長、宮内省宗秩寮審議官などを経て、大正8年静岡県知事、10年宮内次官となった。以来東宮外遊、東宮結婚、第十五銀行問題処理などに当たり、昭和8年辞任、貴院議員。17年日本学術振興会総務部長、18年大日本母子愛育会副会長兼理事長、21年枢密顧問官。

世耕 弘一　せこう・こういち
衆院議員(自民党)　経済企画庁長官　近畿大学総長・理事長　学校経営者　[生]明治26年3月30日　[没]昭和40年4月27日　[出]和歌山県東牟婁郡熊野川町　[学]日本大学法文学科(大正12年)卒　[歴]ベルリン大学留学後、日本大学講師から教授、大阪専門学校校長を経て、昭和24年近畿大学初代総長兼理事長に就任。一方、7年政友会から総選挙に出馬当選。当選8回。21年吉田内閣の内務政務次官。22年石橋湛山蔵相時代に隠退蔵物資摘発処理特別委員会の委員長として、陸海軍が集積した物資を摘発、中には日銀の時価500億円ダイヤモンドもあばかれるなど"世耕機関"として世論をわかせた。34年第2次岸内閣の経企庁長官に就任。　[家]息子＝世耕政隆(参院議員・自治相)，世耕弘昭(近畿大学理事長)，孫＝世耕弘成(参院議員)

世耕 政隆　せこう・まさたか
参院議員(自民党)　元・自治相　近畿大学総長　[生]大正12年1月6日　[没]平成10年9月25日　[出]東京　[学]日本大学医学部皮膚科(昭和24年)卒　医学博士　[賞]勲一等旭日大綬章(平成10年)　[歴]日本大学医学部教授(皮膚科学)を経て、昭和42年衆院議員に当選。46年には参院和歌山地方区に転じて当選。政調副会長、参院文教、物価対策特別、大蔵各委員長を歴任し、56年12月鈴木改造内閣の自治相に就任。平成2年4月〜3年3月弾劾裁判所裁判長。当選5回。無派閥。一方、昭和40年より近畿大学総長・理事長も務めた。また、詩人でもあり、共著に詩画集「七」がある。　[団]日本文芸家協会　[趣]植木，ゴルフ　[家]父＝世耕弘一(経企庁長官)，弟＝世耕弘昭(近畿大学理事長)，甥＝世耕弘成(参院議員)

瀬崎 博義　せざき・ひろよし
元・衆院議員(共産党)　[生]昭和2年3月28日　[没]平成12年12月2日　[出]大阪府大阪市　[学]東京大学工学部電気工学科　[歴]石部町議、瀬崎林業取締役を経て、昭和47年衆院議員に当選。5期。61年落選。三田木材工業企業組合理事長も務めた。

瀬戸山 三男　せとやま・みつお
元・衆院議員(自民党)　元・文相　[生]明治37年1月7日　[没]平成9年6月23日　[出]熊本県天草郡有明町　[学]明治大学法学部(昭和7年)卒　[賞]勲一等旭日大綬章(昭和49年)　[歴]山口地裁判事、都城市長を経て、昭和24年以来宮崎2区から衆院に当選11回。建設相、法相、文相、予算・裁判官訴追各委員長などを歴任し、55年から自民党憲法調査会長。党の長老で、改憲論者として知られた。58年、61年落選。平成元年与野党OB議員を中心とする政治浄化連盟を結成、会長に就任。日本厚生保護協会会長。著書に「改憲論語」がある。

瀬長 亀次郎　せなが・かめじろう
日本共産党名誉幹部会委員　元・衆院議員　[生]明治40年6月10日　[没]平成13年10月5日　[出]沖縄県島尻郡豊見城村　[学]七高理科(旧制)中退　[賞]ジョリオ・キュリー平和賞(フランス)(昭和44年)　[歴]戦前は京浜地区で労働運動に参加、治安維持法違反で3年の刑を受けた。のち沖縄朝日新聞の記者、毎日新聞那覇支局員。戦後21年「うるま新報」(現・琉球新報社)社長となる。22年沖縄人民党を結成し、書記長となり、以後政治運動に専念、沖縄の革新勢力のリーダーとして活躍した。27年初の立法院議員選挙で最高得票を獲得し琉球政府立法院議員に当選、就任式典では居並ぶ米軍高官を前に宣誓を拒否した。29年米軍による同党弾圧で2年間投獄された。31年武力による米軍用地の強制収用に抵抗する"島ぐるみ闘争"の中で圧倒的な人気で那覇市長に当選したが、わずか10ケ月で米軍から追放された。45年初の国政参加選挙から衆院議員に当選。48年沖縄人民党は日本共産党に合流、党幹部会副委員長となる。連続7期務め、平成2年引退。地元では沖縄革新の顔として"カメさん"の愛称で親しまれた。

瀬野 栄次郎　せの・えいじろう
元・衆院議員(公明党)　[生]大正10年11月25日　[出]熊本県免田町　[学]球磨農(昭和14年)卒, 千葉陸軍防空学校(昭和18年)卒, 水戸航空通信学校(昭和20年)卒　[賞]勲二等瑞宝章(平成4年)　[歴]昭和34年熊本市議、38年熊本県議に2選した後、44年以来衆院議員4選。この間衆院科学技術対策特別委員長、同災害対策特別委員会理事、日本鳥類保護連盟評議員・理事、党中央執行委員を歴任。　[趣]花卉園芸, 剣道(初段), 空手(五段)

瀬谷 英行　せや・ひでゆき
元・参院議員(社民党)　[生]大正8年2月28日　[出]東京都文京区　[学]中央大学法学部(昭和16年)卒　[賞]勲一等旭日大綬章(平成10年)　[歴]国鉄に入り、国労の結成に参加。埼玉公労協議長などを経て、昭和37年以来参院議員に6選。交通安全対策特別委員長、決算常任委員長などを歴任。61年参院副議長をつとめた。平成10年引退。著書に「ガダルカナルの詩集より」など。

膳 桂之助　ぜん・けいのすけ
経済安定本部総務長官　日本団体生命保険社長　実業家　[生]明治20年7月21日　[没]昭和26年11月25日　[出]群馬県伊勢崎　[学]東京帝大法科大学(大正3年)卒　[歴]農商務省に入り、労働、市場、蚕糸、能率各課長を務め、大正15年退官。日本工業倶楽部に転じ、昭和7年理事、全国産業団体連合会常務理事。8年日本団体生命保険を創立、専務、社長を歴任。12年国際労働会議に出席、13年産業報国連盟設立で理事、15年大日本産業報国会理事。戦後21年中央労働委員会の使用者側代表、貴族院議員。同年第1次吉田茂内閣の国務相、経済安定本部総務長官、物価庁長官。22年全国区から参院線に当選したが、公職追放となり当選辞退。

千家 尊福　せんげ・たかとみ
貴院議員　司法相　出雲大社教初代管長　出雲大社大宮司　神道家　歌人　男爵　[生]弘化2年8月6日(1845年)　[没]大正7年1月3日　[出]出雲国(島根県)　[賞]勲一等旭日大綬章　[歴]明治5年出雲大社大宮司、大教正を兼ねた。11年出雲国造(いずものくにのみやつこ)第80代を継承。15年大宮司を辞し公認された出雲大社教の初代管長となり、神道の興隆に尽力。17年華族に列せられ男爵。21年管長を辞め元老院議官、23年以来貴院議員当選4回。その間文部省普通学務局長、埼玉、静岡各県知事、東京府知事を経て、41年第1次西園寺内閣司法相となった。法典調査会委員、法律取調委員会会長などのほか、東京鉄道会社社長を務めた。歌をよくし「大八洲歌集」があり、"年の始めのためしとて"で始まる唱歌「一月一日」の作者。著書に「教学大要」「出雲大神」など。
[家]父＝千家尊澄(出雲国造・国学者), 息子＝千家元麿(詩人)

千石 興太郎　せんごく・こうたろう
農相　産業組合中央会会頭　産業組合指導者　[生]明治7年2月7日　[没]昭和25年8月22日　[出]東京・日比谷　[学]札幌農学校(明治28年)卒　[歴]札幌農学校の助手として植物病理学の研究に従事、菌の新種"ウンシュラ・センゴクアイ"を発見。その後、明治39年松江に農業技師として赴任し、大正8年まで島根県の産業組合の推進に心を注ぐ。9年産業組合(農協の前身)中央会主事、15年主席主事、昭和9年理事、14年第7代会頭となり、"産組の独裁王"といわれる活躍ぶりだった。この間、昭和13年貴院議員。敗戦直後の東久邇内閣では農相に就任。のち公職追放。著書に「産業組合概論」「産業組合の陣営より」「我が農村建設」などがある。　[家]長男＝千石龍一(社会運動家)

仙石 政固　せんごく・まさかた
貴院議員　子爵　[生]天保14年12月15日(1843年)　[没]大正6年10月23日　[歴]維新後、学校権判事、大学少監などを経て、明治3年出石藩知事。

仙石 政敬　せんごく・まさゆき
宮内官　貴院議員　子爵　[生]明治5年4月　[没]昭和10年9月16日　[学]東京帝国大学法科大学政治科(明治31年)卒　[賞]勲一等　[歴]貴院、大蔵省、宮内省各書記官、宮内省諸陵頭などを経て大正12年内閣賞勲局総裁。14年宮内省宗秩寮総裁となり、昭和8年退官、9年貴院議員。子爵。

仙石 貢　せんごく・みつぐ
鉄道相　衆院議員(憲政会)　満鉄総裁　[生]安政4年6月2日(1857年)　[没]昭和6年10月30日　[出]土佐国(高知県)　[学]工部大学校(現・東大工学部)土木工学科(明治11年)卒　工学博士(明治24年)　[賞]勲一等　[歴]東京府雇、工部省御用掛、鉄道権少技長、鉄道3等技師を歴任。明治21年欧米視察、29年逓信省鉄道技監、次いで鉄道局管理課長、同運輸部長。31年退官、筑豊鉄道、九州鉄道各社長、福島木材、猪苗代水力電気、日本窒素肥料各重役。41年以来高知県から衆院議員当選3回、戊申倶楽部、国民党、同志会、憲政会に属した。大正3年大隈重信内閣の鉄道院総裁、13～15年第1次、第2次加藤高明内閣の鉄道相、昭和2年立憲民政党結成に参画、4～6年南満州鉄道総裁。勅選貴院議員。

千田 軍之助　せんだ・ぐんのすけ
衆院議員(政友会)　[生]安政3年2月(1856年)　[没]大正3年3月2日　[出]紀伊国那賀郡長田村(和歌山県)　[歴]明治19年和歌山県那賀郡の自由民権会を組織、紀陽新聞を発刊。27年以来和歌山県から衆院議員当選4回、政友会に属し、院内幹事、協議員を務めた。農民の福利増進に努め、紀勢縦貫鉄道の建設に尽力。また私立猛山学校を設立、子弟育成にも貢献した。

千田 貞暁　せんだ・さだあき
広島県知事　貴院議員　男爵　[生]天保7年7月29日(1836年)　[没]明治41年4月23日　[出]鹿児島県　[歴]鹿児島藩士の子として生まれ、幕末の志士として活躍。明治維新後、東京、広島、新潟、和歌山、愛知、京都、宮崎各地の知事を務める。この間、広島県知事の際、宇品港の建設で大きな功績があった。一方、第2回総選挙では選挙干渉で名をあげた。また男爵を授けられ、明治37年貴院議員となる。

【そ】

宗 重正　そう・しげまさ
外務大丞　対馬厳原藩知事　官僚　歌人　伯爵　[生]弘化4年11月6日(1847年)　[没]明治35年5月25日　[出]対馬国府中(長崎県)　前名＝宗義達　[歴]対馬国府中藩主の家に生まれ、文久2年襲封。明治元年新政府より朝鮮との外交を従来通り委任される。厳原藩知事を経て、外務大丞などを歴任。17年伯爵。その間、歌道に親しみ、作品は「大八洲家集」「現今自筆百人一首」などに収録されている。

宗 秋月　そう・しゅうげつ
元・熱海市長　社会運動家　[生]明治31年2月24日　[没]昭和39年5月26日　[出]鹿児島県大島郡和泊村(現・和泊町)　本名＝宗義保　[学]中央大学経済学部, 早稲田大学法学部中退　[歴]熱海ホテルに勤務し、海岸埋立反対運動にたつ。その後も朝鮮人問題などで活躍し、昭和8年検挙された。9年熱海町議となり、12年日本無産党から市議に当選。12年人民戦線事件で検挙される。戦時中は大西拓殖満州支店長に赴任。戦後は社会党に入り、同党熱海支部長として静岡県支部連合会の結成に尽力。23～27年熱海市長を務めた。

左右田 喜一郎　そうだ・きいちろう
貴院議員　左右田銀行頭取　哲学者　経済学者　銀行家　⽣明治14年2月28日　⽋昭和2年8月14日　出神奈川県横浜市　学東京高商(現・一橋大学)専攻部(明治37年)卒　法学博士(大正5年)　賞帝国学士院賞(大正13年)「貨幣と価値」「経済法則の論理的性質」　師福田徳三の指導をうけて貨幣理論を研究。明治37年東京高商卒業後、ケンブリッジ大、フライブルク大、テュービンゲン大などに留学、大正2年帰国。東京高商、京大講師として経済哲学を講じ、鬼才といわれた。また「西田哲学の方法について」という西田幾多郎を批判した論文から"西田哲学"の名が広まる。一方、4年父を継いで左右田銀行頭取となり、他に横浜商品倉庫などの役員、神奈川県匡済会議評議員、横浜社会問題研究所長も務めた。14年貴院議員。著書に「経済哲学の諸問題」「文化価値と極限概念」、「左右田喜一郎全集」(全5巻)がある。

相馬 助治　そうま・すけじ
元・衆院議員(無所属)　元・参院議員(社会党)　⽣明治44年3月20日　⽋昭和59年10月28日　出栃木県　学栃木師範(昭和6年)卒　歴昭和22年4月から23年12月まで衆院議員1期、25年6月から37年7月まで社会党から参院議員2期、35年に民社党結党に参加、同党栃木県連会長を務めた。栃木新聞社取締役も歴任。

副島 義一　そえじま・ぎいち
衆議院議員(無所属)　早稲田大学教授　法学者　⽣慶応2年1月5日(1866年)　⽋昭和22年1月27日　出肥前国(佐賀県)　学帝大法科大学(現・東大法学部)独法科(明治27年)卒　法学博士(明治41年)　歴大学院に進学、明治35年ベルリン大学留学、帰国後早稲田大学教授となった。44年中華民国第一革命で孫逸仙の顧問となり中国渡航。帰国後、国士舘大学長。大正9年衆院議員。昭和5年には国民政府考試院立法院の法律最高顧問となり、日中親善に尽力。早大内で大隈内閣を攻撃するなど、奇行の人として知られた。

副島 千八　そえじま・せんぱち
農相　関東証券社長　⽣明治14年8月15日　⽋昭和29年2月15日　出佐賀県　学東京帝国大学法科大学(明治40年)卒　歴明治42年以降農商務省の書記官となる。以降同省食糧局長、鉱山局長、商務局長を歴任。後に経済界に転出、大阪・東京の各株式取引所理事長を歴任。紀元2600年記念の万国博覧会事務総長となる。昭和20年10月幣原内閣の農林大臣に就任。また関東証券社長として証券界に活躍した。　家息子=副島有年(日本ヒルトン社長)

副島 種臣　そえじま・たねおみ
外務卿　内相　枢密顧問官　伯爵　⽣文政11年9月9日(1828年)　⽋明治38年1月31日　出肥前国佐賀(佐賀県佐賀市)　幼名=龍種、通称=副島二郎、号=副島蒼海　歴明治の元勲。23歳の時兄・神陽の主唱する楠公義祭同盟に参加、31歳の時、佐賀藩士副島和忠の養子となる。元治元年(1864)致遠館(長崎)学監となり、宣教師フルベックに欧米事情を学ぶ。慶応3年大隈重信らと脱藩、討幕運動に加わるが捕えられ、謹慎処分をうける。明治になると新政府の参与、制度取調局判事、参議。明治4年渡欧の岩倉具視に代わって外務卿を務める。6年征韓論を唱えて辞職、7年板垣退助らと民選議院設立建白書を提出したが、その後運動から離れた。9〜11年清国を漫遊し、書道への造詣を深める。17年伯爵。19年宮中顧問官、21〜23年、25〜38年枢密顧問官。25年第2次松方内閣の内相をつとめた。能書家として知られる。「蒼海全集」(全6巻)がある。　家父=枝吉忠左衛門(国学者)、兄=枝吉神陽(義祭同盟主唱者)、息子=副島道正(衆院議員)

副島 道正　そえじま・みちまさ
貴院議員　IOC委員　実業家　伯爵　⽣明治4年10月14日　⽋昭和23年10月13日　出東京・芝烏森　学ケンブリッジ大学（明治27年）卒　歴明治21年渡欧、帰国後東宮侍従、式部官を経て32年学習院で教え、38年辞任、同年伯爵。大正7～14年、昭和11～22年貴院議員。また日英水力電気、早川電力、朝鮮水力電気、日本製鋼所、東明海上保険などの取締役、京城日報社長を歴任。この間、昭和9年IOC委員となり、15年の東京五輪招致に尽力した（戦争で中止）。家祖父=枝古忠佐衛門（国学者）、父=副島種臣（外務卿・内相・伯爵）。

添田 敬一郎　そえだ・けいいちろう
衆院議員（日本進歩党）　⽣明治4年8月28日　⽋昭和28年10月20日　出福井県　学東京帝大法科大学英法科（明治31年）卒　歴内務省に入り、大分県警察部長、滋賀県などの内務部長、埼玉、山梨、山形各県知事を経て大正6年内務省地方局長。9年退官、協調会に入り、12年衆院補欠選挙に当選以来7回当選。民政党の総務、政調会長、岡田啓介内閣の文部政務次官、協調会常理事などを務めた。また翼賛議員同盟、翼賛政治会、戦後は日本進歩党に所属した。

添田 寿一　そえだ・じゅいち
貴院議員（勅選）　日本興業銀行総裁　大蔵次官　報知新聞社社長　銀行家　大蔵官僚　⽣元治1年8月15日（1864年）　⽋昭和4年7月4日　出筑前国遠賀郡島門村（福岡県）　学東京大学政治学理財学科（明治17年）卒　法学博士（明治32年）　歴明治17年大蔵省主税局御用掛となり、旧藩主黒田長成に従って渡欧、ケンブリッジ大学、ハイデルベルク大学に学ぶ。20年帰国し、大蔵省主税官、参事官、大臣秘書官、書記官、監督局長などを経て、31年大蔵次官となる。この間、早大、専修学校、学習院、高等商業学校、東大などで経済学の講義を担当した。32年台湾銀行頭取となり、35年日本興業銀行総裁に就任。大正2年総裁辞任後、中外商業新報社長に就任、4年鉄道院総裁となった。のち報知新聞社長、同社顧問を経て、14年～昭和4年勅選貴院議員を務めた。この間、財政、経済、労働、社会政策など多方面にわたって指導的役割を果たしたが、特に金本位制実施や台銀、興銀、日仏銀行の創立、発展などに功績があった。

添田 飛雄太郎　そえだ・ひゅうたろう
衆院議員（革新倶楽部）　⽣元治1年11月（1864年）　⽋昭和12年1月25日　出秋田県　学チュービンゲ大学（ドイツ）で政治、経済、法律学を学ぶ。秋田で県立中学校校長を務める。横荘鉄道（株）取締役を務める。大正13年衆院議員に初当選。以来連続5回当選。

添田 増太郎　そえた・ますたろう
元・参院議員（自民党）　全国養蚕農協連会長　⽣昭和3年11月1日　出福島県岩瀬郡鏡石町　学岩瀬農（昭和21年）卒　歴鏡石町議を経て昭和43年から福島県議、58年5月から県会議長を務めた。60年2月村田秀三参議員の死去に伴う参院福島選挙区補欠選挙で参議員に当選。平成元年落選。

曽我 祐邦　そが・すけくに
貴院議員（子爵）　⽣明治3年7月　⽋昭和27年8月18日　出東京　歴大正14年～昭和21年貴院議員。

曽我 祐準　そが・すけのり
枢密顧問官　貴院議員（勅選）　陸軍中将　子爵　⽣天保14年12月25日（1843年）　⽋昭和10年11月30日　出筑後国柳河（福岡県）　歴明治元年明治政府に出仕、戊辰戦争には海軍参謀として加わり、箱館・五稜郭攻略に武勲をたてる。4年陸軍大佐、6年少将。その後、兵学頭、陸軍士官学校長を歴任。10年西南戦争には第4旅団司令長官として出征する。14年谷干城らとともに国憲（憲法）制定を上奏。15年参謀本部次長、16年陸軍中将に進級。17年子爵授爵。19年山県有朋らと対立して休職となる。東宮大夫・宮中顧問官を経て、24年貴院議員に勅

選される。大正4年枢密顧問官に任ぜられたが、12年辞して以後閉居。また明治31年日本鉄道会社社長も務めた。

曽祢 荒助　そね・あらすけ
蔵相　韓国統監　衆院副議長　貴院議員（勅選）　子爵　⽣嘉永2年1月28日（1849年）　没明治43年9月13日　出長門国萩（山口県）　旧姓=宍戸　勲正二位旭日桐花大綬章　歴文久3年藩校明倫館に学び、明治元年戊辰戦争では東北各地を転戦、2年御親兵中隊司令。3年大阪兵学寮に入りフランス語を学び、5年フランスに留学。10年帰国し、陸軍に入ったが、14年太政官少書記官に転じ、法制局参事官、内閣記録局長、官報局長などを経て、23年議会開設で衆院書記官長。25年辞任して第2回衆院選に山口県から当選、衆院副議長。26年駐仏特命全権公使、31年第3次伊藤博文内閣の法相、次いで第2次山県有朋内閣農商務相。33年パリ大博覧会事務局総裁、34年第1次桂太郎内閣の蔵相、40年韓国副統監、42年統監となり日韓併合を画策したが44年病気のため辞任。その間勅選貴院議員、枢密顧問官。子爵。家息子=曽祢達蔵（建築家）、孫=曽祢益（民社党書記長）

曽祢 益　そね・えき
元・民社党書記長　元・衆院議員　⽣明治36年12月5日　没昭和55年4月25日　出東京　学東京帝大法学部政治学科（大正15年）卒　歴大正15年外務省に入り、フランス、中国に駐在。昭和20年、終戦連絡事務局政治部長としてGHQと折衝にあたったが、吉田茂外相と対立、九州に更迭。24年社会党に入り、翌年の参院選で初当選。35年民社党の結党に参加、初代書記長となる。37年辞任、党外交委員長に。42年の総選挙で代議士に転進。46年春日一幸と委員長ポストを争ったが敗れる。54年政界から引退。参院当選3回、衆院当選3回。家父=曽祢達蔵（建築家）、祖父=曽祢荒助（子爵）、兄=曽祢武（立教大教授）

曽根田 郁夫　そねだ・いくお
元・参院議員（自民党）　⽣大正14年2月1日　没平成7年5月6日　出北海道　学東京帝国大学法学部政治学科（昭和22年）卒　勲勲二等旭日重光章（平成7年）　歴昭和23年厚生省に入省。49年年金局長、51年社会局長、52年社会保険庁長官、53年事務次官を歴任して退官。58年参院議員に当選、1期つとめた。平成元年落選。

園池 公静　そのいけ・きんしず
奈良県知事　子爵　⽣天保6年6月25日　没大正8年10月8日　出京都　歴王政復古ののち明治1年奈良府知事を経て、2年奈良県知事に就任。3年侍従となり、滋賀祇候、明宮祇候などを歴任。17年子爵。

園田 清充　そのだ・きよみつ
参院議員（自民党　熊本）　元・国土庁長官　⽣大正8年10月6日　没昭和60年9月7日　出熊本県豊野村　学法政大学法学部（昭和14年）中退　歴昭和22年、27歳で熊本県議に初当選して以来連続5回当選。この間、豊野農協組合長、自民党熊本県連幹事長、県会議長を務めた。40年参院議員熊本地方区補欠選挙で初当選。当選4回。国会では農政通でならし"ベトコン議員"としても活躍。農林政務次官、参院農林水産委員長を歴任。54年11月、第2次大平内閣で国土庁長官に就任。

園田 直　そのだ・すなお
衆院議員（自民党）　元・衆院副議長　元・外相　⽣大正2年12月11日　没昭和59年4月2日　出熊本県天草郡河浦町　学天草中（昭和6年）卒　勲勲一等旭日大綬章（昭和59年）　歴20代で郷里の村長を務めたあと、昭和22年熊本2区から民主党公認で衆院議員に当選し、以来15回当選。この間、佐藤内閣時代の衆院副議長の後、42年厚相として初入閣、水俣病、イタイイタイ病を公害病と認定。福田内閣では51年官房長官、52年外相を歴任。日中平和友好条約の締結に尽力し、53年8月12日同条約に外相として

調印した。その後、大平内閣の外相、鈴木内閣の厚相、外相を務めた。政党関係は、戦後の民主党、改進党から自民党になって河野派、福田派にいたが、54年の大平首相、福田前首相による“40日抗争”では大平支持に回って福田派を除名され無派閥となった。24年には労農党の代議士だった松谷天光光と結婚し、“白亜の恋”と騒がれた。剣道7段、合気道8段の武道家でもある。 [家]妻＝園田天光光（衆院議員），二男＝園田博之（衆院議員）

園田 天光光　そのだ・てんこうこう
元・衆院議員（労農党） [生]大正8年1月23日 [出]東京 旧姓＝松谷 [学]東京女子大学英語専攻部（昭和15年）卒，早稲田大学法学部（昭和17年）卒 [歴]戦後、実業家の父とともに市民団体・餓死防御同盟を結成。昭和21年東京2区から衆院選に当選。社会党、労農党と連続3回当選。のち立場を異にする民主党・園田代議士と“白亜の恋”をし結婚、ジャーナリズムの話題となる。27年以降4度衆院選に落選。その後、45年アジア福祉教育財団理事、56年自民党各種婦人団体連会長、竹光会会長を歴任。61年夫の死を受けて熊本2区から立候補したが落選。平成3年ロンドン郊外ベリー・セント・エドマンズ市にマナースクール、セント・エドマンズ・レディース・カレッジを開校。日本・ラテンアメリカ婦人協会会長、日中平和友好連絡会会長なども務める。 [家]夫＝園田直（外相），二男＝園田博之（衆院議員）

園山 勇　そのやま・いさむ
衆院議員（立憲政友会） [生]嘉永1年3月（1848年） [没]大正10年8月14日 [出]島根県 [歴]藩立皇漢学校大教授、島根県議、長野・宮崎各県知事を経て、明治27年島根郡部より、衆院議員初当選。以後4回当選を果たした。また、蚕糸会社社長も務めた。

染谷 誠　そめや・まこと
元・衆院議員（自民党） [生]大正7年3月3日 [没]平成4年1月22日 [出]千葉県 [学]拓殖大学商学部（昭和16年）卒 [賞]藍綬褒章（昭和46年），勲二等瑞宝章（昭和63年） [歴]昭和30年千葉県議に当選（6期）、40年県議会議長を経て、47年以来千葉4区から衆院議員当選5回。52年から1年間自治政務次官を務め、54年防衛政務次官。また党地行部会長・国民運動副本部長などを歴任。竹下派。平成2年引退。 [趣]囲碁（3段）

征矢野 半弥　そやの・はんや
衆院議員　福岡日日新聞社長 [生]安政4年8月（1857年） [没]明治45年2月9日 [出]福岡県小倉 [歴]明治22年福岡日日新聞社長となり、福岡県議、同議長を経て、27年から衆院議員に6選。

【た】

醍醐 忠順　だいご・ただおさ
貴院議員　侍従　侯爵 [生]天保1年3月17日（1830年） [没]明治33年7月4日 [出]京都 通称＝楫君 [賞]従一位 [歴]天保12年左近権少将、ついで中将、弘化元年正三位、安政4年権中納言、文久3年権大納言。明治元年参与、内国事務掛、大阪鎮台督、大阪裁判所総督となり、奥羽討伐に勲功。次いで大阪府知事。また昭憲皇太后の皇后宮大夫、のち侍従、侍従番長。9年宮中祇侯となり、23年貴院議員。17年侯爵。 [家]父＝醍醐輝弘（内相）

泰道 三八　たいどう・さんぱち
元・衆院議員（自民党） 元・コスモ信用組合理事長 元・エスエス製薬会長 [生]昭和20年1月31日 [出]千葉県 旧名＝彰良 [学]慶応義塾大学経済学部（昭和43年）卒 [歴]昭和43年エスエス製薬に入社。45年取締役を経て、48年東都信用組合理事長。55年市川交響楽団会長、58年エスエス製薬代表取締役を兼任。62年東洋

信用金庫と合併、コスモ信用組合と名称変更し、理事長に就任。平成2年エスエス製薬会長。秋葉原、エスエス製薬、コスモ信組、コスモ総合研究所、泰道リビングなど10数社を抱える泰道グループ（コスモ・グループ）の総帥として活躍。一方、20代から政治家を目指し、当初新自由クラブから立って落選。昭和55年の衆院選で千葉1区から無所属で立候補、最高点で当選し自民党に入党。58年落選。著書に「こんな社長には金は貸せない」がある。平成7年7月コスモ信用組合は経営破綻し、東京都によって業務停止命令が出され、経営責任を取り辞任。　㊤将棋、音楽、釣り、ゴルフ　㊗父＝泰道照山（コスモ信用組合創業者）

胎中 楠右衛門　たいなか・くすえもん
衆院議員（立憲政友会）　㊥明治9年9月22日　㊦昭和22年3月22日　㊧高知県安芸郡安芸町（現・安芸市）　㊨農林審議会議員、米穀統制調査会委員、立憲政友会総務を務め、昭和3年に神奈川3区から衆院議員に初当選。以来連続4期つとめる。また第15回万国議院商事会議（ベルリン）に参列した。

大松 博文　だいまつ・ひろふみ
元・参院議員　東京五輪女子バレーボール代表監督　バレーボール監督　㊥大正10年2月12日　㊦昭和53年11月24日　㊧香川県綾歌郡宇多津町　㊨関西学院大学高等商業部（昭和16年）卒　㊥20世紀最優秀賞（女子最優秀監督特別賞）（平成13年）　㊨昭和16年大日本紡績に入社。学生時代からバレーボール選手として知られ、28年日紡貝塚（現・ユニチカ）バレーボール部監督に就任して名をあげた。回転レシーブ、変化球サーブなどの新しい技を考案、厳しいトレーニングで選手を鍛えた。40年に監督の座を退くまで175連勝の記録をつくった。日紡貝塚のメンバー主体の全日本チームの監督も務め、37年には世界選手権で優勝。39年東京五輪では決勝の対ソ連戦にストレートで勝ち、金メダル。河西主将、宮本、谷田、半田ら"東洋の魔女"たちが"鬼の大松"の胸に飛び込んだシーンはブラウン管を通して日本中の感動を呼んだ。引退直後の40年中国を訪問、バレーボールの指導に当たる。43年参院全国区に自民党から立候補、7位で当選。1期6年を務め、次回は落選。その後はママさんバレー指導に全国を歩いた。著書に「おれについてこい」「為せば成る」などがある。没後の平成12年世界殿堂入りを果たす。

平良 幸市　たいら・こういち
元・沖縄県知事　元・沖縄社会大衆党委員長　㊥明治42年7月23日　㊦昭和57年3月5日　㊧沖縄県西原村　㊨沖縄師範本科2部（昭和3年）卒　㊨戦前は小学校教師をつとめた。戦後、昭和25年沖縄社会大衆党の結成に参加。30年初代書記長、33年委員長に就任。復帰前の立法院議員8期、県議1期をつとめ、51年知事に、53年病のため退職。任期中は、地方自治の確立、反戦平和の旗頭として、沖縄革新のリーダーとして気骨を示した。

平良 辰雄　たいら・たつお
沖縄群島政府知事　沖縄社会大衆党委員長　㊥明治25年4月6日　㊦昭和44年4月11日　㊧沖縄県大宜味村　㊨昭和6年沖縄県庁で会計課長、10年商工水産課長、14年振興計画課長、15年退任、県産業組合連合会長となった。戦後、農業組合連合会長、琉球農林省総裁を経て25年沖縄群島政府知事にかつがれ、農民、青年層の支持で松岡政保、瀬長亀次郎を破って当選した。同年沖縄社会大衆党を結成、委員長となり、沖縄の日本復帰運動を展開した。27年琉球政府の発足で知事を辞め、29年まで立法院議員。政界引退を表明後、33年1月の那覇市長選にかつぎ出され落選。38年に回顧録「戦後の政界裏面史」を出版した。

平良 良松　たいら・りょうしょう
元・那覇市長　社会運動家　[生]明治40年11月12日　[没]平成2年3月19日　[出]沖縄県那覇市　[学]沖縄県立一中卒　[歴]上京して近衛師団の兵器部に勤め法政大学に通ったが、赤色救援会の活動を手伝って解雇。土方などをして川崎周辺で活動したが脚気のため沖縄へ帰る。警察の監視付きで就職できず、昭和9年ペルーに渡り、リマ市で日本人学校の教師を8年間務めた。戦争のため1年余アメリカに抑留され、18年末、交換船で帰国の途中、軍にとられるのがいやでフィリピンで下船。21年沖縄へ帰り、村会議員、農業協同組合会長などをした後、29年から立法院議員を4期務め、また沖縄社会大衆党から那覇市長を4期務めた。反戦運動の先頭に立ち軍事基地の撤去を主張。著作に「反戦と自治」がある。

高石 幸三郎　たかいし・こうざぶろう
元・衆院議員(自民党)　元・川口市長　[生]明治31年8月4日　[没]昭和61年1月28日　[出]埼玉県　[学]中央大学経済学部卒　[賞]勲三等瑞宝章(昭和47年)　[歴]昭和13年4月～22年1月と28年2月～32年2月川口市長。33年5月～35年10月埼玉1区選出の衆院議員をつとめた。

高岡 大輔　たかおか・だいすけ
元・衆院議員(自民党)　[生]明治34年9月15日　[没]平成4年7月10日　[出]新潟県村松町　[学]東京外国語学校印度語部拓殖科(大正11年)卒　[賞]勲二等瑞宝章(昭和46年)　[歴]新潟新聞、大倉土木の社員となる。大正15年日印協会に勤務。昭和11年新潟2区から衆院議員に初当選。以来通算5回当選。その間、参謀本部嘱託、大東亜省委員等を務める。30年衆院東南アジア視察団長として、32年には岸総理随行員として東南アジアを歴訪。著書に「素っ裸のガンジー」「印度の真相」がある。　[趣]油絵

高木 吉之助　たかぎ・きちのすけ
元・衆院議員(自由党)　[生]明治30年3月　[没]昭和59年11月21日　[出]京都市　[学]京都高等工芸(大正7年)卒　[歴]京都市議を経て京都1区で昭和24年1月から衆院当選2回。西陣織物同業会会長なども務めた。

高木 健太郎　たかぎ・けんたろう
参院議員(公明党)　名古屋大学名誉教授　名古屋市立大学名誉教授　[専]生理学　[生]明治43年3月17日　[没]平成2年9月24日　[出]福岡市　[学]九州帝国大学医学部(昭和9年)卒　医学博士　[賞]朝日科学奨励金(昭和34年)，中日文化賞(昭和42年)，紫綬褒章(昭和49年)，全米医学教育学会賞(昭和54年)　[歴]昭和9年九州帝国大学助手、14年新潟医科大学助教授、26年教授、30年名古屋大学教授、44年同大医学部長事務取扱。この間、40年高所医学研究のため南米アンデス、アカンコグア遠征隊長。47年日本学術会議会員、同年8月名古屋市立大学学長、52年公立大学協会会長を歴任。55年6月参院議員に当選し、2期。58年参院科学技術特別委員長をつとめた。また、鍼灸医学研究のため再三中国を訪れ、全日本鍼灸医学会会長も務めるなど、西洋医学と東洋医学の交流に力を尽した。主著に「生体の調節機能」「呼吸運動」「からだの中の電気のはなし」、随筆集「ふれあい」など。　[家]長男＝高木正道(東京大学農学部教授)

高木 正明　たかぎ・まさあき
元・参院議員(自民党)　元・北海道開発庁長官　[生]昭和4年5月13日　[出]北海道札幌市　[学]中央大学法学部(昭和30年)卒　[賞]勲一等瑞宝章(平成11年)　[歴]知事選などに関係したことから政治の道を志し、佐藤元首相が首相に就任する直前までの4年間秘書を務めた。昭和46年から北海道議2期を経て、55年から参院議員に3選。58年北海道開発政務次官、平成7年村山改造内閣の北海道・沖縄開発庁長官に就任。竹下派を経て、小渕派。10年引退。

高木 正夫　たかぎ・まさお
参院議員(緑風会)　㊓明治23年1月　㊙昭和48年1月26日　㊔和歌山県　㊕京都帝大経済学部(大正11年)卒　㊖大正11年鉄道省に入省、のち門司鉄道局運輸部長を経て、参院議員を1期つとめた。

高木 正年　たかぎ・まさとし
衆院議員(民政党)　㊓安政3年12月9日(1857年)　㊙昭和9年12月31日　㊔武蔵国品川宿(東京都品川区)　旧姓＝細川　㊗勲三等　㊖武州府中で木村芥舟に和漢を学び、伯爵金子堅太郎に行政学を師事。明治12年郷里に帰り、13年金子伯と講法会を設け法律研究に尽力。15年東京府会議員、次いで同常置委員。22年帝国憲法が発布されると、憲法を講法会の研究科目とし、次いで「東海政法雑誌」を発刊。23年以来衆院議員当選13回。29年京都からの帰途、車中で失明したが、民政党長老として39年間、憲政のため尽力した。

高木 益太郎　たかぎ・ますたろう
衆院議員(民政党)　㊓明治2年1月20日　㊙昭和4年12月11日　㊔東京・神田　㊕和仏法律学校(現・法政大学)(明治22年)卒, 東京帝国大学選科(明治22年)入学　㊖明治22年代言人試験に合格、24年弁護士開業。30年から「法律新聞」を発行。一方尾西鉄道会社社長、遠州電気、木曽川物産各取締役、東華生命保険監査役を務め、のち法政大学総務部長。39年欧米巡遊。41年以来東京市から衆院議員当選6回、国民党、のち民政党に属した。

高木 松吉　たかぎ・まつきち
衆院議員(自民党)　㊓明治31年10月　㊙昭和40年12月9日　㊔東京　㊕中央大学法律科(大正11年)　㊖弁護士業に従事し、報知新聞法律相談所長を務める。昭和24年福島3区から衆院議員に初当選。以来連続4期。その間運輸大臣秘書官、第3次吉田内閣の法務政務次官等に就任。また自由党議員総会副会長、日本民主党全国委員会副委員長等をも務めた。

高倉 定助　たかくら・さだすけ
衆院議員(改進党)　㊓明治26年8月　㊙昭和40年1月20日　㊔滋賀県　㊖音更村議、帯広市議、北海道議となり帯広市農会、同農業会各会長、北海道農会議員等を歴任。昭和27年衆院議員に初当選。以来連続3回当選。日本農民党代議士会長、農民協同党会計局長、改進党院内総務、会計監督を務める。

タカクラ テル
日本共産党中央委員会顧問　元・衆院議員　元・参院議員　小説家　言語学者　㊓明治24年4月14日　㊙昭和61年4月2日　㊔高知県幡多郡七郷村浮鞭　本名＝高倉輝　旧名＝輝豊　旧筆名＝高倉テル　㊕京都帝大英文学科(大正5年)卒　㊖京大卒業後、京大の嘱託となりマルクス主義の研究を。その後長野県に移り、上田自由学校を設立。昭和8年、「長野県教員赤化事件」で検挙されたのをはじめ、23年までに検挙5回。20年10月共産党に入党。21年、戦後初の総選挙に長野県から立候補して当選。22年党中央委員。25年に参院全国区で当選したが、公職追放指令で無効。26年密出国し、中国、ソ連などで活躍。36年から再び中央委員。48年から中央委員顧問。言語学者でもあり、「ハコネ用水」「タカクラ・テル名作選」などの著書がある。

高倉 テル　⇒タカクラテル を見よ

高崎 五六　たかさき・ごろく
元老院議官　東京府知事　男爵　㊓天保7年2月19日(1836年)　㊙明治29年5月6日　㊔薩摩国鹿児島郡川上村(鹿児島県)　㊖薩摩藩士で幕末期公武合体派の志士として活躍。明治維新後、地方官を務め、明治4年置賜県参事、5年中議官教部御用掛、8年岡山県令、17年参事院議官、18年元老院議官、19年東京府知事を歴任。20年男爵。

高碕 達之助　たかさき・たつのすけ

衆院議員（自民党）　通産相　大日本水産会会長　電源開発初代総裁　実業家　⑰明治18年2月7日　⑳昭和39年2月24日　㊗大阪府高槻市　㊗水産講習所製造科（明治39年）卒　㊗明治39年東洋水産の技師となり、44年渡米して製缶技術を学ぶ。大正6年東洋製缶を設立、10年専務取締役社長。昭和9年東洋鋼板を設立し社長。17年国策企業の満州重工業総裁に就任。戦後、満州で日本人会会長となり、抑留邦人の引揚げに尽した。22年帰国。公職追放となるが解除されると27年電源開発総裁、東洋製缶会長などを歴任。29年第1次鳩山内閣の経済審議庁長官となり、翌30年民主党から衆院議員に当選、以来連続当選4回。第2次・第3次鳩山内閣でも経済企画庁長官留任、33年第2次岸内閣の通産相に就任。その後、日ソ漁業交渉や、日中民間貿易でも大きな役割を果たした。また、ライオンやワニなど、猛獣の飼育でも知られた。　㊗猛獣の飼育

高崎 親章　たかさき・ちかあき

貴院議員（勅選）　大阪府知事　警察・内務官僚　⑰嘉永6年5月1日（1853年）　⑳大正9年12月27日　㊗薩摩国（鹿児島県）　幼名＝半十郎　㊗勲一等　㊗維新後上京し、明治8年警視庁警部補。9年鹿児島出張の時私学校党に監禁された。その後警視兼2等警察使となり地方官などを経て、25年内務省警保局長、26年茨城、29年長野、30年岡山、33年宮城各県知事、同年京都府、35年大阪府各知事を歴任した。44年辞任、錦鶏間祗候を許される。この間、26年勅選貴院議員。その後日本製鋼所取締役会長、浪速銀行、大阪城東土地会社各重役を務めた。

高崎 正風　たかさき・まさかぜ

枢密院顧問官　御歌所初代所長　歌人　⑰天保7年7月28日（1836年）　⑳明治45年2月28日　㊗薩摩国鹿児島（鹿児島県）　㊗明治元年征討将軍の参謀、4年欧米視察、9年宮中の御歌掛拝命、21年御歌所設置にともない初代所長となる。明治天皇の信任厚く、28年枢密院顧問官に任ぜられる。没後の大正15年「たづがね集」3巻本が刊行された。

高沢 寅男　たかざわ・とらお

元・衆院議員　元・社会党副委員長　⑰大正15年10月27日　⑳平成11年8月5日　㊗新潟県上越市　㊗東京大学経済学部（昭和29年）卒　㊗社会党本部に入り、教宣局長、中執副委員長などを経て昭和47年以来衆院議員に7回当選。学生時代は、全学連の闘士、東京都学連の委員長で、共産党の不破委員長らと同志だった。平成3年党副委員長。理論家、論客として定評があった。5年落選。7年練馬区長選に立候補するが落選。支持者の間では"寅さん"の愛称で親しまれた。著書に「日本の政党」「安保体制と70年闘争」など。　㊗社会主義協会

高島 鞆之助　たかしま・とものすけ

陸相　拓務相　枢密顧問官　陸軍中将　子爵　⑰天保15年11月9日（1844年）　⑳大正5年1月11日　㊗薩摩国鹿児島城下高麗町（鹿児島県）　諱＝昭光、号＝革丙　㊗勲一等　㊗文久2年島津久光に従い上洛、明治元年戊辰戦争に従軍。3年侍従番 、7年陸軍大佐、10年西南戦争に従軍、少将。12年ドイツ、フランス留学。13年熊本、14年大阪各鎮台司令官、15年西部監軍部長、16年中将。17年子爵。20年第4師団長、24年第1次松方内閣の陸相となった。25年枢密顧問官、29年第2次伊藤内閣の拓務相、続いて第2次松方内閣の拓務相、陸相。32年再び枢密顧問官となった。

高島 兵吉　たかしま・ひょうきち

衆院議員（立憲民政党）　⑰慶応2年6月（1866年）　⑳昭和21年2月20日　㊗徳島県　㊗徳島県議を経て、大正6年4月に徳島2区から衆院議員に初当選。以来通算5回つとめた。

高杉 廸忠 たかすぎ・みちただ
元・参院議員(社会党) [生]大正14年8月16日 [没]平成12年5月27日 [出]静岡県駿東郡小川町 [学]専修大学法科(昭和25年)卒, 日本社会事業大学研究科(昭和26年)卒 [賞]勲二等瑞宝章(平成7年) [歴]参院議員・藤原道子の秘書を25年間務めたあと、昭和52年茨城地方区から参院議員に当選。2期。平成元年引退。

高瀬 荘太郎 たかせ・そうたろう
文相 通産相 郵政相 参院議員(緑風会) 東京商大学長 成蹊学園総長 会計学者 [生]明治25年3月9日 [没]昭和41年9月4日 [出]静岡県大宮町 [学]東京高商銀行科(大正3年)卒 商学博士(昭和8年) [歴]昭和2年東京商大教授。会計学専攻、8年に「グッドウイルの研究」で商博。15〜21年同大学長。戦後の22年第1次吉田茂改造内閣の経済安定本部長官、24年第3次内閣の文相、25年通産相、27年第4次内閣の郵政相を歴任。その間、22年の参院選に緑風会から当選。当選3回。23年には緑風会政調会長。日本経済学会理事長、産業教育振興会中央会長を歴任。文相時代、ドッジラインで財政窮乏下の6・3制教育制度の実施、新制大学育成などに尽力。著書に「会計学」「企業財政論」など。

高瀬 伝 たかせ・でん
衆院議員(自民党) [生]明治31年12月6日 [没]昭和44年4月27日 [出]栃木県 [学]東京帝国大学法学部政治科(大正12年)卒 [歴]大正13年文官高等試験に合格し、鉄道省に入る。東鉄旅客課長、国際観光局ニューヨーク事務所長、タイ国大使館一等書記官、鉄道監、終戦連絡中央事務局参与などを歴任。昭和21年衆院議員に当選して労働政務次官、衆院懲罰委員長などを歴任。また東北線電化促進議員連盟会長などもつとめた。

高田 露 たかだ・あきら
衆院議員 [生]嘉永7年8月15日(1854年) [没]大正4年2月19日 [出]熊本県 [歴]熊本藩士。時習館に学び、竹添進一郎に師事。その後、大阪開成所、大阪兵学寮に学ぶ。明治7年台湾出兵に従軍。帰国後、同志とともに民権党を結成。10年西南戦争に協同隊を組織、小隊長として各地に転戦、延岡で官軍に降り、東京の市ケ谷に入獄した。出獄後、熊本県人吉で開墾社を創立し、開墾事業に従事。一方自由党、立憲政友会に属し、35年衆院議員に当選、4期務めた。

高田 勇 たかだ・いさむ
元・長崎県知事 [生]大正15年7月8日 [出]東京 [学]東京大学法学部(昭和24年)卒 [賞]勲一等瑞宝章(平成11年) [歴]昭和24年自治省に入省。35年消防庁予防課長、45年長崎県総務部長を経て、49年副知事を務め、57年から知事に4選。平成10年引退。のち長崎空港ビルディング社長。 [趣]ゴルフ

高田 耘平 たかだ・うんぺい
衆院議員(日本進歩党) [生]明治6年12月 [没]昭和32年6月29日 [出]栃木県 [学]栃木県立中学校(明治25年)卒 [歴]農業をいとなむかたわら村役場につとめ、荒川村助役、那須郡議、栃木県議などを歴任し、大正4年代議士に当選。昭和4年農林政務次官となり、9年民政党総務となる。戦時中は翼賛議員同盟などに参加し、戦後は日本進歩党に所属した。また烏山電気、黒羽木材などの取締役もつとめた。

高田 景次 たかだ・けいじ
元・秋田市長 元・秋田魁新報編集局長 [生]大正5年1月23日 [没]平成15年3月16日 [出]秋田県仙北郡中仙町 [学]東京帝大法学部法律学科(昭和15年)卒 [賞]西ドイツ功労勲章大功労十字章(昭和56年), 秋田県自治功労表彰(平成1年), 勲三等旭日中綬章(平成3年) [歴]昭和20年秋田魁新報入社。政治経済部長、編集局長、34年取締役を経て、監査役。また48年秋田市長に当選。以来5期17年間

務めた。平成2年健康を理由に辞任。全国市長会副会長も務めた。

高田 浩運　たかた・こううん
参院議員（自民党）　㊌明治25年3月　㊼昭和52年7月17日　㊨熊本県　㊊東京帝国大学法学部（昭和11年）卒　㊕内務省に入る。昭和16年には厚生省に入省、厚生事務次官を務めた後、40年2月に退官。昭和43年参院議員初当選。以降2選。社会労働委員会理事、内閣委員長、自民党国内対策副委員長等を歴任した。

高田 早苗　たかだ・さなえ
文相　衆議院議員（憲政本党）　貴院議員（勅選）　早稲田大学総長　政治学者　教育家　文芸批評家　㊌安政7年3月14日（1860年）　㊼昭和13年12月3日　㊨江戸・深川　号＝高田半峰　㊊東京大学文学部政治科・理財科（明治15年）卒　法学博士（明治34年）　㊕帝国学士院会員（昭和3年）　㊕法学者・小野梓に従って、明治15年大隈重信の改進党結成、東京専門学校（現・早大）創設に参画。同年同校評議員・講師となり、以後大隈の腹心として早稲田の経営に力を注ぎ、44年早大学長、大正10年～昭和6年早大総長を務めた。この間、明治20～24年「読売新聞」主筆。政治家としては23年衆議院議員となり、当選6回、改進党員として活躍。大正4年勅選貴院議員となる。また外務省通商局長、文部省参事官、同高等学務局長、専門学務局長などを歴任し、大正5年第2次大隈内閣の文相を務める。著書に「英国政典」「代議政体論」「半峰昔ばなし」などがある。

高田 富之　たかだ・とみゆき
元・衆院議員（社会党）　㊌明治45年3月26日　㊼平成11年10月14日　㊨埼玉県深谷市　㊊東北帝大法科（昭和12年）卒　㊕深谷市名誉市民、勲一等瑞宝章（昭和62年）　㊕東北大学経済学研究室助手より繊維需給調整協議会調査課長、全国商工経済会企画部主事、日農県連会長及び全国連書記長をつとめ、昭和24年共産党から衆院議員に当選。のち社会党から出馬。当選10回。その間衆院災害対策特別委、決算委の各委員長を歴任、社会党衆・参両院議員総会長も務めるなど、革新系のベテランとして活躍した。著書に「日本の社会主義」「私の社会民主主義」。　㊙囲碁、詩吟、絵画、水石

高田 富与　たかだ・とみよ
元・衆院議員（自民党）　元・札幌市長　㊌明治25年5月11日　㊼昭和51年10月17日　㊨福島県　㊊中央大学専門部（大正12年）卒　㊕弁護士を経て、昭和5年から札幌市議3期を経て、22年から札幌市長に3選。34年北海道1区の補選で衆院議員に当選、2期つとめ、38年の解散で引退。岸派に属した。戦前は治安維持法違反者の弁護を多くつとめ、昭和15年北海道の教師60人が検挙された「北海道綴方教育連盟事件」の弁護が有名。また冠婚葬祭のスケジュールを嫌って引退するなど毒舌と一徹ぶりでも知られ、その清潔な人柄から人望は厚かった。

高田 なほ子　たかだ・なほこ
元・参院議員（社会党）　退職婦人教職員全国連絡協議会長　婦人運動家　平和運動家　㊌明治38年1月18日　㊼平成3年5月19日　㊨福島県福島市　㊊福島女子師範（大正11年）卒　㊕福島県下の小学校教師を務める。戦後教員組合の活動に入り、日本社会党創立以来の女性党員。昭和22～25年品川区議、さらに日教組初代婦人部長となり、男女同一賃金、産前産後休暇運動など日本の女性教師の代弁者として活躍。25～37年参院議員（社会党）をつとめ、この間に世界各地の婦人会議に出席して原水爆禁止を訴えたり第1回日本母親大会開催に尽力するなど、国際的に平和運動を行なう。議員勇退後は社会党婦人局長、日本婦人会議議長などを歴任し、43年退職婦人教職員全国連絡協議会長となる。56年ソ連婦人代表団訪日の受け入れ組織"日ソ連人セミナーと交流の会実行委員会"委員長を務めた。著書に「雑草のごとく」など。　㊙水彩画、短歌

高田 寛　たかだ・ひろし
元・参院議員(緑風会)　元・はとバス会長　[生]明治32年1月15日　[没]昭和54年5月3日　[出]千葉県　[学]東京帝大政治学科(大正11年)卒　[歴]大正11年鉄道省に入省。昭和17年退官し、22年参院議員に当選、1期つとめる。また日本交通公社会長、はとバス会長などを歴任。

高田 弥市　たかだ・やいち
衆院議員(自由党)　[生]明治38年10月　[没]昭和45年1月15日　[出]岩手県　[歴]高弥建設(株)社長、日本建設工業会評議員、岩手県建設業協会長、黒沢尻商工会議所会頭などを歴任。昭和22年衆院議員に初当選。以来通算3回当選。その間第5次吉田内閣の首都建設政務次官を務め、日本自由党政調会電気副委員長、民主自由党水害対策部長などを務める。

高津 正道　たかつ・せいどう
元・衆院議員(社会党)　社会運動家　評論家　[生]明治26年4月20日　[没]昭和49年1月9日　[出]広島県御調郡羽和泉村羽倉(現・久井町)　[学]正則学校, 早稲田大学文学部哲学科(大正9年)中退　[歴]早大時代暁民会を結成し、放校処分となる。大正10年反軍ビラで検挙され禁錮8カ月に処せられる。11年共産党の創立に参加し、12年上海を経てソ連に渡る。13年帰国し禁錮10カ月に処せられ、昭和2年出獄後は共産党から離れ、中国無産党に参加。その後全国大衆党などを経て全日本無産党中央委員などを歴任。戦後は社会党から衆院議員となり、4回当選。32年以降同党顧問を務めた。

高津 仲次郎　たかつ・なかじろう
衆院議員(立憲政友会)　[生]安政4年10月(1857年)　[没]昭和3年12月19日　[出]群馬県　[学]専修学校法律科・経済学科修了　[歴]群馬電力、烏川電力を創立。他に東京電力、渡良瀬水電、上毛電気の要職にも就く。明治23年群馬2区から衆院議員に初当選。以来、通算4回当選した。

高辻 武邦　たかつじ・たけくに
元・富山県知事　[生]明治29年10月1日　[没]昭和38年3月21日　[出]富山県　[学]東京帝国大学政治科(大正12年)卒　[歴]内務省勤務、官選大阪府知事を経て、昭和22年富山県副知事に就任。23年富山県知事選に出馬し当選、連続2期つとめ、31年退任。

高辻 正己　たかつじ・まさみ
元･法相　元･最高裁判事　元･内閣法制局長官　弁護士　[専]公法学　[生]明治43年1月19日　[没]平成9年5月20日　[出]静岡県沼津市　[学]東京帝国大学法学部(昭和10年)卒　[賞]勲一等旭日大綬章(昭和55年)　[歴]昭和10年内務省に入省。地方自治庁部長、内閣法制局部長、のち次長を経て、39年長官、48年最高裁判事を歴任。55年退官し、弁護士開業。同年国家公安委員、59年地方制度調査会委員、62年麻薬・覚せい剤乱用防止センター理事長を経て、63年12月竹下改造内閣の法相に就任。法務・検察当局の最高責任者としてリクルート事件の捜査にかかわった。著書に「憲法講説」「立法における常識」など。　[家]長男＝高辻正基(東海大学教授)

高鳥 修　たかとり・おさむ
衆院議員(自民党　比例・北陸信越)　元・経済企画庁長官　[生]昭和4年6月3日　[出]新潟県西頸城郡能生町　[学]東京大学法学部(昭和28年)卒　[賞]勲一等旭日大綬章(平成11年)　[歴]能生町長、新潟県議を経て、昭和44年以来衆院議員11期。大蔵政務次官、法務常任委員長、地方行政委員長を歴任し、62年竹下内閣の総務庁長官、平成4年宮沢内閣の予算委員長に就任。5年6月経済企画庁長官となる。のち衆院行政改革委員長。12年の衆院選では新潟6区から比例区に転じ1位当選。竹下派、旧小渕派を経て、橋本派。　[趣]スキー, ゴルフ, 読書

高鳥 順作　たかとり・じゅんさく
衆院議員(立憲民政党)　貴院議員(多額納税)　㊌慶応4年4月(1868年)　㊍昭和33年2月8日　㊎新潟県　㊏和漢学を修めた後、西頸城郡議、同議長、能代町議、同町長等を経て、大正4年3月衆院議員に初当選。以来通算4回。この間、衆議院全院委員長を務める。ほかに能代銀行頭取、中央電気、日本ステンレス、富士炭礦等の要職にも就いた。また第23、24回の列国議会同盟会議(ワシントン・オタワ、パリ)に参列した。

高梨 哲四郎　たかなし・てつしろう
衆院議員(立憲政友会)　㊌安政3年2月(1856年)　㊍(没年不詳)　㊏法学を修めた後、代言人となる。明治23年7月に衆院議員に初当選。以来通算7回つとめる。台湾総督府民政局参事官、横浜株式取引所理事長を歴任。

高野 岩三郎　たかの・いわさぶろう
日本社会党顧問　日本放送協会会長　東京帝大教授　大原社会問題研究所所長　統計学者　㊌明治4年9月2日　㊍昭和24年4月5日　㊎長崎県長崎市　㊫帝大法科大学(現・東大法学部)政治学科(明治28年)卒　法学博士　㊏明治31年渡欧、ミュンヘン大学でマイヤー教授に師事、36年帰国して東京帝大教授となり、統計学を講じた。41年再渡欧。大正8年東大経済学部創設に尽力したが、国際労働会議(ILO)代表問題で教授を辞任。9年大原社会問題研究所所長となった。以来、日本統計協会会長として統計学の進歩、統計思想の普及に努める。また友愛会の顧問格として労働学校の育成、労働調査、無産政党の運動にも尽力。日本大衆党、社会大衆党顧問も務めた。戦後は日本社会党結成に安部磯雄、賀川豊彦らと斡旋役を務め同党顧問となった。さらに天皇制廃止などを内容とする日本共和国憲法私案要綱を発表、昭和21年日本放送協会会長に就任した。著書に「統計学研究」「本邦人口の現状及未来」「社会統計学史研究」「かっぱの屁」などがある。　㊇兄＝高野房太郎(労働運動家)

高野 一夫　たかの・かずお
元・参院議員(自民党)　㊌明治33年2月25日　㊍昭和55年2月23日　㊎鹿児島県　㊫東京帝大薬学科(大正13年)卒　薬学博士(昭和36年)　㊕勲二等旭日重光章(昭和45年)　㊏日本薬剤師会長6期を経て、昭和28年以来参院議員に2選。著書に「薬制」「新薬学」。

高野 孟矩　たかの・たけのり
衆院議員(戊申倶楽部)　初代台湾総督府高等法院長　司法官　弁護士　㊌嘉永7年1月23日(1854年)　㊍大正8年1月4日　㊎陸奥国磐城宇多郡谷地小屋村(福島県)　㊏仙台藩士の陪臣の子として生まれる。上京後、政治家の大木喬任の書生となり、明治13年大木の推挙により検事に任官。大阪上等裁判所などに勤めた。16年判事となり、24年札幌地裁所長、27年新潟地裁所長を歴任。29年台湾総督府高等法院の初代院長に就任。30年10月政府により院長を免ぜられると、裁判官の身分は憲法により保障されているとして転任を拒否、同年12月懲戒免官された。以後、政府に対して訴訟を起こし、処分の撤回はなされなかったものの、台湾の司法官に憲法上の身分保障があることを認めさせることに成功した。36年衆院議員に当選、2期務めた。

高橋 英吉　たかはし・えいきち
元・衆院議員(自民党)　弁護士　㊌明治31年1月　㊍昭和56年5月14日　㊎愛媛県八幡浜市　㊫日本大学法科卒　㊕勲一等瑞宝章(昭和44年)　㊏愛媛3区選出で昭和47年まで当選9回。裁判官訴追委員長、衆院法務、公選法改正委員長などを歴任。　㊇五男＝高橋英吾(八幡浜市長)

高橋 円三郎　たかはし・えんざぶろう
衆院議員(自由党)　㊌明治27年9月26日　㊍昭和31年6月4日　㊎島根県　㊫早稲田大学政治経済科(大正9年)卒　㊏報知新聞、東京朝日新聞の記者になり、のち法制局事務嘱託となって農相・内閣書記官長各秘書官となる。また日本大

豆統制常任監査役などもつとめ、昭和12年衆院議員に当選。戦後、自由党の副幹事長をつとめた。

高橋 久次郎　たかはし・きゅうじろう
衆院議員（憲政会）　⊕安政5年7月（1858年）　㊣大正5年6月11日　⊕島根県　㊣漢学を修め、農業を営むかたわら簸川郡議、島根県議、道路会議議員等を歴任。明治23年から通算5回衆院議員に当選。他に郡農会長、郡農青年農業団総裁等を務めた。

高橋 邦雄　たかはし・くにお
元・参院議員（自民党）　元・群馬県副知事　⊕明治43年7月25日　㊣昭和63年8月26日　⊕群馬県群馬郡箕郷町　㊣京都大学法学部（昭和11年）卒　㊣勲二等瑞宝章（昭和55年）　㊣群馬県出納長を経て、昭和39年から45年まで群馬県副知事。46年の参院選に群馬県地方区から当選、1期。在任中、法務政務次官を務めた。

高橋 熊次郎　たかはし・くまじろう
参院議員（日本進歩党）　⊕明治13年9月　㊣昭和32年11月13日　⊕山形県　㊣東京高商（明治36年）卒　㊣ブライアント・ストラットン商業大学（米国）に学ぶ。山形商業銀行、山形自由新聞社各取締役、上山電気（株）社長を務める。山形県議を経て、大正13年衆院議員に初当選。以来連続7回当選。その間、犬養内閣の外務参与官、土木会議議員、農林省経済更生部参与、上山市長、立憲政友会総務などを歴任。

高橋 圭三　たかはし・けいぞう
元・参院議員　圭三プロダクション社長　司会者　アナウンサー　⊕大正7年9月9日　㊣平成14年4月11日　⊕岩手県花巻市　㊣高千穂高商（昭和16年）卒　㊣勲三等旭日中綬章（昭和63年）、日本レコード大賞（特別功労賞、第44回）（平成14年）　㊣昭和17年NHKのアナウンサーとなり、ラジオ「話の泉」、テレビ「私の秘密」「のど自慢」などを担当。28年からテレビ中継が始まった「紅白歌合戦」では9年連続白組の司会者を務めた。軽妙な語り口と"圭三スマイル"で、ニュースやスポーツ中継が中心だったNHKアナウンサーのイメージを変え、テレビ草創期のスター的存在に。37年フリーとなり高橋圭三プロダクションを興し、社長となる。「輝く日本レコード大賞」（TBS系）、「新春スターかくし芸大会」（フジテレビ系）など民放の大型番組の司会で活躍、テレビ局から独立してフリーで活躍するアナウンサーの先駆となった。一方、圭三塾を設立し、アナウンサーの人材育成にも尽力。59年芸能人のボランティア活動の集まり・虹の会理事長に就任。この間、52年参院議員を1期務めた。著書に「私の放送史」がある。

高橋 是清　たかはし・これきよ
第20代首相　蔵相　政友会総裁　日銀総裁　財政家　⊕嘉永7年閏7月27日（1854年）　㊣昭和11年2月26日　⊕江戸・芝露月町　幼名＝和喜次　㊣大勲位菊花大綬章　㊣慶応3年仙台藩留学生として渡米。維新後帰国し、森有礼の書生、相場師などののち、明治14年農商務省に入り、20年初代特許局長。22年ペルーで銀山開発を行うが失敗。25年日銀に入行し、32年副総裁、44年総裁。39年から横浜正金銀行頭取を兼任、財政家としての名声を得る。また38年勅選貴院議員となり、大正2年第1次山本内閣、7年原内閣の蔵相、10年原暗殺の後首相兼蔵相に就任。13年第2次護憲運動に加わり衆院議員に当選、加藤内閣の農商務相、田中・犬養・斎藤・岡田各内閣の蔵相をつとめ、金融恐慌後のモラトリアム、大恐慌後の軍需インフレ政策を敢行。その後も日銀の発行限度額を10億に引きあげるなど景気回復に大きな足跡を残し、"だるま"の愛称で親しまれたが、軍事抑制の予算案が軍部の反感を買って、昭和11年2.26事件で青年将校の襲撃を受け射殺された。「随想録」「高橋是清自伝」がある。平成9年にはロシア革命後に散逸したロマノフ王朝の金貨が、高橋の直接の指示で軍用品

に偽装されて日本に移送、日本の金貨に鋳造し直されていた史実が明らかになった。 [家]父=川村庄右衛門(御用絵師), 養父=高橋是忠(仙台藩士), 六男=高橋是彰(大倉商事取締役), 孫=藤間苑素娥(舞踏家), 高橋賢一(北海道議), 高橋正治(三井物産副社長)

高橋 左京　たかはし・さきょう
衆院議員(自由党)　貴院議員(多額納税)　[生]嘉永3年6月(1850年)　[没]大正7年4月15日　[出]千葉県　[歴]漢籍を学んだ後、区議、郡議、千葉県議等を経て、明治27年に衆院議員に1回だけ当選。また禅徒生命保険副社長に就任。他に私立中学校を設立し地方子弟の教育に尽力した。著書に「紫海拾草」「紅鶴山房双存」「芸陽紀程」などがある。

高橋 作衛　たかはし・さくえ
貴院議員(勅選)　東京帝大法科大学教授　国際法学者　[生]慶応3年10月10日(1867年)　[没]大正9年9月12日　[出]信濃国高遠(長野県高遠町)　[学]帝大法科大学(現・東大法学部)政治科(明治24年)卒　法学博士(明治33年)　[資]帝国学士院会員(明治41年)　[歴]大学院で国際法を研究、海軍大学校教授となる。明治27年日清戦争に常備艦隊司令長官付法律顧問として従軍、旅順口海軍根拠地通訳。30年から英、独、仏に留学。34年帰国し東京帝大法科大学教授となり、国際公法、外交史を講じた。日露戦争に際しては対露強硬論七博士の一人で軍嘱託として参戦。41年帝国学士院会員。大正3年大隈内閣法制局長官、5年勅選貴院議員となり教授を辞任。国際法学会長を務めた。著書に「戦時国際公法」「平時国際法論」「日米之新関係」などがある。

高橋 重信　たかはし・しげのぶ
元・衆院議員(社会党)　[生]大正7年4月9日　[没]昭和55年7月30日　[出]岐阜県　[学]岐阜師範(昭和13年)卒　[歴]岐阜県議3期を経て、昭和39年補選で衆院議員に当選。

高橋 寿太郎　たかはし・じゅたろう
衆院議員(大日本政治会)　海軍少将　[生]明治12年1月　[没]昭和20年4月8日　[出]岩手県　[学]海軍大学校(明治45年)卒　[歴]海軍に入り海軍砲術学校長、海軍軍令部出仕などを経て海軍少将まで累進する。昭和5年岩手1区より初当選。以後、17年までに通算4回当選。

高橋 進太郎　たかはし・しんたろう
元・宮城県知事　元・行政管理庁長官　元・参院議員(自民党)　[生]明治35年12月18日　[没]昭和59年6月5日　[出]宮城県　[学]東北帝大法文学部(昭和3年)卒　[賞]勲一等瑞宝章(昭和48年)　[歴]拓務省企画課長、大東亜省行政課長などを経て昭和22年6月宮城県初代副知事、25年から参院議員3期。この間議院運営委員長、行政管理庁長官。40年3月から宮城県知事を1期つとめた。

高橋 清一郎　たかはし・せいいちろう
衆院議員(自民党)　[生]明治43年2月　[没]昭和47年10月29日　[出]新潟県　[学]京都帝国大学法学部卒　[歴]高清商会を設立、高清モータープール会社社長となる。新潟県議を経て、昭和33年衆院議員に初当選。以来連続5回当選。その間、防衛政務次官、郵政政務次官、自民党産業局商工組織部長、同地盤沈下特別委員、同交通部会副部長、同国防部会委員、衆院運輸・大蔵・決算各委員と衆院観光小委員長を歴任。

高橋 誠一郎　たかはし・せいいちろう
元・文相　慶応義塾大学名誉教授　元・日本芸術院院長　経済学者　浮世絵研究家　[生]明治17年5月9日　[没]昭和57年2月9日　[出]新潟県　[学]慶応義塾大学政治学科(明治41年)卒　経済学博士　[資]日本学士院会員(昭和22年)　[賞]文化功労者(昭和37年), 勲一等旭日大綬章(昭和48年), 文化勲章(昭和54年)　[歴]明治43年ロンドンに留学。経済学史を学んで帰国後、大正3年慶応義塾大学理財科教授、のち経済学部長となり、昭和18年名誉教授、終戦後は塾長代理を務めた。22年第1次吉田内閣に文相として入閣。

23年には非会員で日本芸術院長に選ばれ、11期連続して院長を務め、ほかに映倫委員長、東京国立博物館長、文化財保護委員長、国立劇場会長など歴任。主著に「経済学前史」「重商主義経済学説研究」「経済学原論」「古版西洋経済書解題」などがある。また、浮世絵の研究家、コレクターとしても知られ、「浮世絵250年」「高橋誠一郎コレクション浮世絵」ほか多数の解説・研究書がある。54年文化勲章受章。

高橋 高望　たかはし・たかもち
衆院議員(民社党)　[生]昭和5年9月26日　[没]昭和56年1月30日　[出]東京都　[学]慶応義塾大学文学部卒　[歴]昭和33年鉄鋼プレス会社「啓愛社製作所」を設立。51年衆院選神奈川4区に民社党から立候補して当選、以来当選3回。衆院公職選挙法改正調査特別委理事。

高橋 辰夫　たかはし・たつお
元・衆院議員(自民党)　[生]昭和3年11月23日　[没]平成13年10月11日　[出]北海道伊達市　[学]中央大学経済学部(昭和28年)卒　[賞]勲二等旭日重光章(平成11年)　[歴]篠田弘作衆院議員秘書を経て、昭和38年以来北海道議に4選。54年衆院議員に当選。厚生政務次官、北海道開発政務次官を歴任。当選5回、旧三塚派。平成8年落選、同年引退した。

高橋 長治　たかはし・ちょうじ
元・衆院議員　[生]明治30年5月21日　[没]昭和56年12月11日　[出]神奈川県横浜市南区　[学]慶応義塾大学経済学部(大正9年)卒　[賞]藍綬褒章(昭和34年)，勲四等旭日小綬章(昭和41年)　[歴]昭和3年から神奈川県議に5選し、議長もつとめる。22年民主党、27年改進党から衆院議員に当選。のち神奈川県公安委員長もつとめた。

高橋 禎一　たかはし・ていいち
元・衆院議員(自民党)　弁護士　[生]明治32年7月27日　[没]昭和62年5月27日　[出]広島県福山市芦田町　[学]日本大学専門部法律科(大正14年)卒　[賞]勲二等瑞宝章(昭和44年)　[歴]弁護士、検事として活躍。昭和22年4月～44年12月衆院選広島3区から11回立候補し、23年4月～42年1月6期務めた。この間、岸元首相の派閥に所属し、防衛、自治の各政務次官、衆院法務委員長などを歴任。売春防止法の制定や備後工特地域の指定などに尽くした。60年には日弁連から法曹界在職60年で表彰された。

高橋 直治　たかはし・なおじ
衆院議員(無所属)　貴院議員(多額納税)　[生]安政3年1月(1856年)　[没]大正15年2月18日　[出]北海道　[歴]小樽区会議員などを経て、明治35年北海道庁小樽区より初当選。以後、41年までに通算3回当選。また、小樽米穀取引所理事長、小樽委託業組合長、小樽海陸物産商組合長なども歴任した。

高橋 秀臣　たかはし・ひでおみ
衆院議員(立憲民政党)　[生]1864年(元治元年)　[没]昭和10年11月14日　[出]伊予国(愛媛県)　[学]明治法律学校法律政治学科修了　[歴]伊予市之川鉱山会社取締役を経て、進歩党党報、憲政党党報各記者、北陸タイムス社社長兼主筆を歴任。東京市会議員ののち、第17期衆院議員。著書に「日本帝国之富力」「急務檄言」「列国之富力」など。

高橋 等　たかはし・ひとし
法相　衆院議員(自民党)　[生]明治36年3月20日　[没]昭和40年8月10日　[出]広島県福山　[学]東京帝国大学法科大学英法科(昭和2年)卒　[歴]昭和2年高等文官試験行政科に合格し、逓信省に入る。以後熊本鉄道·岐阜各郵便局長、簡易保険局管理課長、軍需省大阪地方燃料局長、中国地方商工局部長などを歴任。24年広島3区から衆院議員に当選し、6期。防衛政務次官、自民党政調会内閣部長などを歴任し、39年法務大臣となった。

高橋 衛　たかはし・まもる
元・参院議員(自民党)　元・経済企画庁長官　⽣明治36年2月26日　⽋昭和61年4月26日　⽣福井県武生市　⽉東京帝大経済学部(昭和2年)卒　⽉勲一等瑞宝章(昭和48年)　台湾総督府に入り、台北州知事で終戦。戦後、昭和21年神戸税関長となり、24年初代国税庁長官に就任、シャウプ税制を実施。27年退官、翌28年参院選に全国区から初当選、34年福井地方区に転じ、通算3期つとめる。39年経済企画庁長官に就任。46年落選。

高橋 光威　たかはし・みつたけ
衆院議員　「大阪新報」主筆　⽣慶応3年12月(1867年)　⽋昭和7年4月9日　⽉越後国北蒲原郡(新潟県)　⽉慶応義塾法科(明治26年)卒　⽉福岡日日新聞社に入り、間もなく渡欧、ケンブリッジ大などで法律、経済を学び、農商務省嘱託としてトラストについて研究、出版。また米国製鉄王カーネギーの著書を翻訳「米国繁昌記」として出版。カーネギーの招きで渡米、帰国後福日主事。のち原敬の大阪新報主筆となり、原内閣成立で内閣書記官長。明治41年以来新潟県から衆院議員当選8回。日魯漁業、大北漁業各監査役も務めた。

高橋 実　たかはし・みのる
元・妹背牛町(北海道)町長　北海道柔道連盟理事　⽣大正11年12月15日　⽉香川県　⽉満州国立新京法政大学卒　戦後、北海道・妹背牛町に入り、青年団活動に活躍、妹背牛町議を経て昭和44年から60年まで4期、同町長を務める。在職中から"柔道町長"として知られ、56年に7段昇格。空知柔道連盟理事長などを務める。平成元年講道館柔道の形の審査で合格し、全7種目の制覇を果たす。26年間かけての偉業達成。また全道庁労組文芸誌「赤煉瓦」の初代編集長もつとめた。　⽉柔道、読書、将棋

高橋 元四郎　たかはし・もとしろう
衆院議員(民政党)　鹿沼印刷会社社長　⽣明治7年10月　⽋昭和8年6月22日　⽣栃木県　旧姓=渡辺　⽉明治法律学校卒　印刷業に従事、のち鹿沼印刷会社社長。栃木県会議員、同副議長を務め、大正13年以来衆院議員当選3回。民政党に属し、党会計監督、栃木県支部長などを務めた。

高橋 守平　たかはし・もりへい
衆院議員(日本進歩党)　⽣明治27年10月　⽋昭和35年1月8日　⽣埼玉県児玉郡丹荘村(現・神川村)　⽉埼玉県師範学校(大正5年)卒　⽉小学校訓導となる。その後、村農会長、郡農会長、県農会議員、丹荘村長を経て、昭和3年、第1回普通選挙において衆院議員に初当選。以来連続6回当選。その間、岡田内閣の商工参与官、第1次近衛内閣の農林政務次官、農林省委員を歴任。また城西学園中学校理事・平凡社・東洋繊維各社長を務め、大政翼賛会中央協力会議員、日本進歩党総務を務める。

高橋 泰雄　たかはし・やすお
衆院議員(日本自由党)　浦和市長　⽣明治20年2月　⽋昭和42年9月6日　⽣埼玉県　⽉東京帝国大学独法科(大正2年)卒　⽉浦和市名誉市民　浦和町議、同町長、埼玉県議を経て浦和市長を歴任。また弁護士として浦和地方裁判所所属弁護士会長を務める。昭和7年衆院議員に初当選。以来通算4回当選。その間恩給金庫評議員、復興金融金庫設立委員、日本自由党総務、選挙対策副部長などを務める。

高橋 雄之助　たかはし・ゆうのすけ
元・参院議員(自民党)　元・北海道農協中央会長　⽣明治40年5月20日　⽋昭和58年1月24日　⽣秋田市　⽉札幌通信講習所(大正13年)卒　⽉勲二等旭日重光章(昭和52年)、芽室町名誉町民(昭和54年)　昭和15年旧芽室村村議、22年北海道議、32年北海道農協中央会長を経て、40年参院北海道地方区に初当選。52年まで2期12年間務め、この間、

参院外務委員長、農林水産常任委員長、北海道開発政務次官を歴任。

高橋 嘉太郎　たかはし・よしたろう
衆院議員(政友会)　[生]嘉永5年(1852年)　[没]昭和3年12月18日　[出]岩手県　[歴]早くから政界に投じ、板垣退助の自由党に参加。明治41年、大正6年の2回衆院議員に当選、政友会岩手支部長、岩手新聞社長をつとめた。

高橋 義次　たかはし・よしつぐ
衆院議員　弁護士　[生]明治15年8月23日　[没]昭和44年2月2日　[出]宮城県　[学]日本大学英法科(大正4年)卒　[歴]大正6年弁護士試験に合格し、以後弁護士業に従事し、東京弁護士会常議員、日本弁護士協会理事などを歴任。芝区議、東京市議をつとめ、昭和7年の衆議院選に民政党から立候補して当選する。当選2回。戦後の極東国際軍事裁判では海軍側の主任弁護人として活躍、また東京弁護士会長、日本弁護士連合会長などもつとめた。

高橋 義信　たかはし・よしのぶ
衆院議員(政友会)　東京市議　[生]元治1年5月5日(1864年)　[没]昭和4年11月28日　[出]美濃国安八郡川並村(岐阜県)　[歴]17歳の時伊勢桑名に出て米仲買店を開いたが失敗。明治17年兵役、除隊後遠江に陶器会社を設立、社長。自由民権論にひかれて上京、25年大隈重信らに爆発物を送った容疑で捕まったが、8カ月で出獄、鉱山業に従事後、33年京都で仏教感徳会を創設、社会教化に尽力。衆院議員当選3回、政友会に属した。また東京の下谷区会議長、東京府会、市会議員を務め、東京下水工事完成に貢献した。

高橋 竜太郎　たかはし・りゅうたろう
通産相　参院議員(緑風会)　大日本麦酒社長　日商会頭　実業家　[生]明治8年7月15日　[没]昭和42年12月22日　[出]愛媛県喜多郡内子町　[学]三高機械科(昭和31年)卒　[歴]明治31年大阪麦酒入社。ミュンヘン大学に留学し、ビールの醸造技術を研究。後、大日本麦酒に転じ、昭和12年同社社長。21年日商会頭、貴院議員、22年参院議員全国区に当選、26年第3次吉田茂内閣の通産相。28年落選。工業倶楽部専務理事、経団連評議員会議長も務めた。プロ野球にも熱心で、戦前は「イーグルス」のオーナー、戦後は28年パ・リーグの「高橋ユニオンズ」を創立した。

高原 須美子　たかはら・すみこ
元・経済企画庁長官　元・プロ野球セ・リーグ会長　経済評論家　[専]経済学(とくにマクロ経済と家計の接点)　[生]昭和8年6月16日　[没]平成13年8月19日　[出]東京　[学]一橋大学商学部(昭和31年)卒　[賞]放送文化賞(第52回)(平成13年)　[歴]昭和31年毎日新聞社入社。経済雑誌「エコノミスト」記者を経て、38年フリージャーナリストとなる。家計や消費経済生活など、広く国民経済に関わる分野を得意とし、「男性経済論への挑戦」「女は三度老いを生きる」「エイジレスライフ」「いきなり大臣」などの著書がある。55年政府税制調査会委員となり、ほかに国民生活安定審議会委員を務めた。平成元年民間の女性として初めて入閣、海部内閣の経済企画庁長官に就任。2年"フォーラム・エネルギーを考える"代表、住友生命総合研究所顧問、金融制度調査会委員、女性初の行革審委員。3年日本証券業協会有識者懇談会委員、4年国民生活審議会委員、5年女性初の日本体育協会会長。7年8月～10年3月駐フィンランド大使を務め、日本大使館のないエストニアの特命全権大使も兼任。のち財政制度審議会委員を経て、10年プロ野球のセ・リーグ会長に就任したが、12年病気療養のため任期途中に退任した。　[団]日本エストニア友好協会(名誉会員)　[家]夫＝高原富保(著述業)

高平 公友　たかひら・きみとも
元・参院議員(自民党)　[生]大正3年7月18日　[没]平成12年2月10日　[出]富山県中新川郡立山町　[学]滑川商卒　[賞]勲二等

瑞宝章(平成2年) ㉚富山県議5期、県会議長を経て、昭和52年参院議員に当選。当選2回。内閣委員長、科技政務次官を歴任。平成元年引退。

高見 三郎　たかみ・さぶろう
文相　衆院議員(自民党)　㊗明治37年1月8日　㊙昭和53年2月28日　㊌山口県美禰郡　㊣大阪府天王寺師範学校(昭和3年)卒　㉚昭和3年天王寺師範学校の訓導となる。独学で高文試験を受け、4年行政科、5年司法科に合格し、内務省に入る。13年秋田県社会課長となり、17年警視庁警視、交通課長となる。戦後は和歌山県警察部長、静岡県経済部長などを歴任し、26年静岡県副知事に就任。27年の衆院選挙で自由党から立候補して当選、以後8期代議士をつとめた。その間、文部政務次官、衆院文教委員長などを歴任し、46年文部大臣に就任した。

田上 松衛　たがみ・まつえ
元・参院議員(民社党)　社会運動家　㊗明治33年1月10日　㊙平成7年1月28日　㊌鹿児島県揖宿郡山川村(現・山川町)　㊣大成実業補修学校高等部卒　㉚船員となり、大正8年友愛会会員部に入り、10年日本海員組合の結成に参加。昭和4年総同盟に加わり、横浜地区の組織作りをする。11年神奈川県議となり、横浜市議をもつとめる。戦後は社会党に入り、34年から神奈川地方区選出の参院議員を1期つとめる。35年民主社会党の結党に参加、後民社党顧問を務めた。

高見 之通　たかみ・ゆきみち
衆院議員(日本進歩党)　㊗明治13年3月　㊙昭和37年10月30日　㊌富山県　㊣東京帝国大学英法科(明治41年)卒　㉚卒業後、弁護士に。その後、東岩瀬町長、富山県売薬同業組合長を務め、大正6年衆院議員に初当選。以来通算7回当選。立憲政友会総務、政友会本党党務委員長を歴任。著書に「信念の力」「偉行録・2巻」がある。

高嶺 朝教　たかみね・ちょうきょう
衆院議員(政友会)　首里市長　㊗明治1年12月15日　㊙昭和14年1月12日　㊌沖縄県首里　㊣慶応義塾中退　㉚明治26年沖縄初の新聞「琉球新報」創刊に参加。33年沖縄銀行を設立、初代頭取。42年第1回沖縄県会議員に当選、初代議長。大正3年沖縄初の衆院議員に最高点当選、政友会に属した。その間旧琉球王尚泰をかついで県知事にしようとする公同会運動に参加、また謝花昇らの民権運動と対立した。琉球処分後の沖縄政・財・言論界のリーダーとして活躍。のち首里市長。

高森 文夫　たかもり・ふみお
元・東郷町(宮崎県)町長　詩人　㊗明治43年1月20日　㊙平成10年6月2日　㊌宮崎県東臼杵郡　㊣東京帝国大学仏文科卒　㊞中原中也賞(第2回)(昭和16年)「浚渫船」　㉚昭和3年上京。成城高校のとき日夏耿之介門下に入り、詩作を始める。6年中原中也と知り合い、大学1年の時には3ケ月程寝起きを共にし影響を受ける。10年頃より「四季」に投稿、17年同人となる。その間、16年に処女詩集「浚渫船(しゅんせつせん)」で第2回中原中也賞を受賞。戦後は43年に復刊された「四季」に参加、詩集「昨日の空」を刊行。一方、英語教師を振り出しに、宮崎県延岡市と東郷町の教育長を務めるなど、教育畑を歩む。60年東郷町長選挙に当選、1期務めた。

多賀谷 真稔　たがや・しんねん
元・衆院副議長(社会党)　㊗大正9年1月5日　㊙平成7年4月9日　㊌広島県呉市　㊣早稲田大学法学部(昭和18年)卒　㊞勲一等旭日大綬章(平成2年)、穂波町名誉町民(平成3年)　㉚昭和22年より福岡県議2選。27年以来福岡2区より衆院に当選12回。52年社会党書記長、政審会長などを経て、61年から衆院副議長をつとめた。平成2年引退、社会主義理論センター所長をつとめる。

高柳 覚太郎　たかやなぎ・かくたろう
衆院議員(革新倶楽部)　浜松市長　[生]慶応3年10月(1867年)　[没]昭和12年12月21日　[出]静岡県　[学]東京法学院(明治23年)卒　[歴]弁護士として活躍。その後浜松市長を務める。明治41年衆院議員に初当選。以来通算4回当選。

高柳 淳之助　たかやなぎ・じゅんのすけ
衆院議員(政友本党)　貴院議員(多額納税)　[生]明治15年10月　[没]昭和39年11月17日　[出]茨城県　[学]茨城尋常中学校　[歴]小学校教授雇、小学校准訓導、出版業を経た後、大正9年茨城8区より当選。また、日比谷ビルディング、池上電気鉄道の各社長、文化農業研究会長などを歴任した。

高山 義三　たかやま・ぎぞう
元・京都市長　国立京都国際会館初代館長　弁護士　[生]明治25年6月15日　[没]昭和49年12月6日　[出]京都府京都市　旧姓=中村　[学]京都帝大法科大学(大正7年)卒　[歴]学生時代に労働運動に加わり、大正6年友愛会の初代京都支部長に選ばれた。7年河上肇らと労学会を結成。京大助手、同志社大講師を経て、10年神戸で弁護士を開業。13年大阪に移り、小笛殺し事件、第2次大本教事件などの弁護に当った。戦後、自由党に参加、京都支部幹事長、昭和21年脱党し京都民主党を結成、委員長。25年2月社共両党を含む民主戦線に推され社会党公認で京都市長に当選。まもなく保守無党派となり、4期在職16年、国際観光都市としての京都の振興に尽くした。なかでも祇園祭の山鉾巡行を観光事業として位置付けたことで知られる。41年市長を退き、国立京都国際会館館長に就任。全国市長会会長を務めた。自伝「わが八十年の回顧―落第坊主から市長まで」がある。
[家]父=中村栄助(初代京都市会議長)

高山 恒雄　たかやま・つねお
元・参院議員(民社党)　[生]明治35年3月20日　[没]昭和59年6月8日　[出]宮崎県東諸県郡木脇村　[学]三月高小卒　[賞]勲二等瑞宝章(昭和47年)　[歴]昭和37年から民社党参院議員(全国区)を2期、その間、同党参院議員会長を9期。49年から同党岐阜県連委員長、56年から同顧問。

高山 長幸　たかやま・ながゆき
衆院議員　東洋拓殖会社総裁　[生]慶応3年7月(1867年)　[没]昭和12年1月19日　[出]伊予国(愛媛県)　[学]慶応義塾(明治22年)卒　[歴]三井銀行に入行。本店副支配人、函館、深川、三池、長崎各支店長を歴任。明治41年以来衆院議員当選6回。のち雨龍炭鉱、第一海上火災保険、大日本製糖、帝国商業銀行各重役を務め、昭和7年東洋拓殖会社総裁となった。

財部 彪　たからべ・たけし
海相　海軍大将　[生]慶応3年4月7日(1867年)　[没]昭和24年1月13日　[出]日向国(宮崎県)　[学]海兵(第15期)(明治22年)卒，海大(明治26年)卒　[歴]高雄航海長、常備艦隊参謀、明治30年イギリス駐在、帰国後第2水雷艦隊長、軍令部参謀など歴任。37年大本営参謀、40年宗谷・富士艦長、第1艦隊参謀長、42年少将、海軍次官。スピード出世で岳父山本権兵衛人事の批判もあった。大正3年シーメンス事件の余波を受け一時待命、以後、第3艦隊司令、旅順要港部、舞鶴鎮守府、佐世保鎮守府、横須賀鎮守府各司令長官を歴任。8年大将。12年から昭和5年10月の間に海相に3度就任。5年のロンドン軍縮会議に全権として出席、補助艦制限の条約に調印、反対派の攻撃の矢面に立ち辞任。7年予備役編入。

田川 誠一　たがわ・せいいち
元・衆院議員　元・進歩党代表　[生]大正7年6月4日　[出]神奈川県横須賀市　[学]慶応義塾大学法学部政治学科(昭和16年)卒　[賞]勲一等旭日大綬章(平成3年)　[歴]横須賀で米穀商を営む名望家の長男。朝日新聞社記者、同社労組委員長の経

験を持つ。昭和35年衆院神奈川2区から出馬、当選連続11回。科学技術・厚生政務次官、衆院社会労働委員長など歴任後、55年新自由クラブ代表となる。58年12月自治相に就任。61年8月の新自由クラブ解散後も自民党に復党せず、62年市民運動家とともに反自民を鮮明にする進歩党を結成した。また34年以来、訪中19回、日中正常化に尽力。平成5年引退し、進歩党を解散。著書に菊池寛賞候補となり英訳も行われた「日中交渉秘録—田川日記14年の証言」、「日中交流と自民党領袖たち」「自民党よ、驕るなかれ」など。

田川 大吉郎 たがわ・だいきちろう
衆院議員(社会党) ジャーナリスト
[生]明治2年10月26日 [没]昭和22年10月9日 [出]長崎県東彼杵郡西大村(現・大村市) [学]東京専門学校(現・早稲田大学)(明治23年)卒 [歴]報知新聞、都新聞の主筆を多年にわたってつとめ、その間日清、日露の両戦争に陸軍通訳として従軍した。明治41年尾崎行雄の知遇を受けて東京市助役となり、同年衆院議員に初当選、以来9回当選。又新会、中正会、憲政会、革新倶楽部などに所属し、普選運動で活躍した。その間、基督教教育同盟理事、明治学院総理などを歴任。戦後は日本社会党に属し、世界平和協会理事長、民主外交協会副会長などをつとめ、昭和22年の東京都知事選に立候補した。著書に「都市政策汎論」がある。

田川 亮三 たがわ・りょうぞう
元・三重県知事 [生]大正8年3月8日 [没]平成7年9月18日 [出]神奈川県 [学]京都帝大農学部農林経済学科(昭和17年)卒 [歴]昭和17年農林省入省。25年三重県に転じ、30年秘書課長、36年出納長、42年副知事。46年三重テレビ副社長を経て、47年以来知事に6選。平成7年引退。

多木 久米次郎 たき・くめじろう
衆院議員(政友会) 貴院議員(多額納税) 多木製肥所社長 実業家 [生]安政6年5月(1859年) [没]昭和17年3月15日 [出]播磨国加古郡別府村(兵庫県加古川市別府町) [歴]20歳で魚肥商の家業を継ぐ。明治23年過燐酸肥料(人造肥料)製造を始め、大正7年株式に改組し、多木製肥所社長。多木農工具、別府軽便鉄道社長も務める。また、自身の理想の実践として、朝鮮で4000町歩の模範農場を経営。この間、兵庫県農会長、加古郡会議長、兵庫県議を経て、明治41年衆院議員初当選。以降6選。貴院には昭和14年から17年まで在任。

滝 正雄 たき・まさお
貴院議員(勅選) 衆院議員(昭和会) 企画院総裁 [生]明治17年4月14日 [没]昭和44年8月12日 [出]愛知県 [学]京都帝国大学法科大学政治学科(明治44年)卒 [歴]大学院で学び京都大、関西大の講師となるが、のちに床次竹二郎内相の秘書官として政界に入り、大正6年の総選挙で代議士となる。立憲政友会、政友本党、立憲民政党、立憲政友会、昭和会に所属し、昭和12年企画院設置とともに初代総裁に就任するため、代議士を辞任。この間、当選7回で外務政務次官、法政局長官を歴任。14年貴院議員に勅選され、戦時中は大政翼賛会総務などを歴任した。

立木 勝 たき・まさる
元・大分県知事 大分県社会福祉協議会長 [生]明治39年8月2日 [没]昭和62年4月13日 [出]大分県大分市 [学]東京帝大法学部政治学科(昭和6年)卒 [歴]東京市役所に入り、昭和13年朝鮮小林鉱業に転じる。戦後、大分市助役を経て、28年大分県大阪物産観光館長、30年総務部長、39年出納長、43年副知事を歴任。46年から2期知事をつとめた。

滝井 義高　たきい・よしたか
元・衆院議員(社会党)　元・田川市長　[生]大正4年2月25日　[出]福岡県　[学]東京慈恵会医科大学卒　[歴]開業医から、昭和22年田川市議、26年福岡県議となり、28年から衆院議員に5選。在任中は主に社会政策・労働政策の委員を担当。国会対策副委員長、選挙対策委員長なども歴任した。54年田川市長に当選。6期務め、平成15年引退。

滝川 末一　たきかわ・すえいち
元・内閣官房副長官　[生]明治24年　[没](没年不詳)　[出]大阪府　[歴]薬剤師として従事するかたわら、大阪市議を2期務める。その後、社会民衆党に入党、大正15年以降、西尾末広の良きパートナーとして二十数年にわたり活躍。昭和22年5月片山内閣の内閣官房副長官に就任。

滝口 吉良　たきぐち・よしろう
衆院議員(同志会)　貴院議員(多額納税)　防長銀行頭取　[生]安政5年10月27日(1858年)　[没]昭和10年8月18日　[出]長門国阿武郡明木村(山口県)　[学]慶応義塾(明治19年)卒　[賞]正六位勲四等　[歴]山口県の豪農。明治21年以来県会議員当選4回、議長を務めた。23年貴院多額納税議員。33年農商務省嘱託でパリ博覧会に出席、欧米漫遊。37年衆院議員に当選、政友会、のち同志会に属した。大正6年の補欠選挙に再選。この間防長銀行頭取、萩銀行、朝鮮勧業会社各重役。また朝鮮に農場を開拓した。

田口 卯吉　たぐち・うきち
衆院議員　両毛鉄道社長　経済学者　史論家　ジャーナリスト　[生]安政2年4月29日(1855年)　[没]明治38年4月13日　[出]江戸・目白台(東京都文京区)　本名＝田口鉉　字＝子玉，号＝田口鼎軒　法学博士(明治32年)　[歴]明治2年沼津で小学校、ついで勝海舟の兵学校に学び、4年大学予備門、退学後尺振八の私立共立学舎で医学を研究。5年大蔵省翻訳局に入り、洋書翻訳に当たる。7年紙幣寮に勤務。10年嚶鳴社に参加。同年から「日本開化小史」を執筆、文名を高めた。自費出版し25年完成。12年「東京経済雑誌」を創刊、自由主義の立場で政府の経済政策を批判。17年には「大日本人名辞書」の編纂に着手、19年完了。24年「史海」を発行、史学の科学的研究に貢献した。また「国史大系」や「群書類従」を編纂刊行。この間、東京株式取引所肝煎、東京府会、市会各議員、20年両毛鉄道社長を務め、27年には衆院議員に当選した。著書は他に「自由貿易日本経済論」「支那開化小史」(全5巻)「日本開化の性質」「日本之意匠及情交」「楽天録」、「鼎軒田口卯吉全集」(全8巻、同人社)がある。

田口 一男　たぐち・かずお
衆院議員(社会党)　[生]大正14年5月11日　[没]昭和58年5月1日　[出]三重県尾鷲市　[学]トヨタ工科青年学校(昭和20年)卒　[歴]トヨタ自工入社。戦後、三重県職員となり、三重県職労、自治労役員、三重県労協議長を経て、昭和47年三重1区で初当選。福祉、年金政策が専門だった。当選4回。

田口 助太郎　たぐち・すけたろう
元・衆院議員(民主自由党)　産経映画社社長　[生]明治40年8月10日　[没]昭和58年12月11日　[出]埼玉県　[学]早稲田大学法学部(昭和7年)卒　[賞]藍綬褒章(昭和47年)　[歴]農林省を経て22年から24年まで衆院議員。24年から51年まで読売映画社社長。この間、ニュース映画製作者連盟会長、映像文化製作者連盟理事長を歴任し、東京オリンピック、札幌冬季オリンピック、大阪万国博、沖縄海洋博などの公式記録映画の総プロデューサーを務めた。

田口 長治郎　たぐち・ちょうじろう
衆院議員　参院議員(自民党)　[生]明治26年6月　[没]昭和54年5月4日　[出]長崎県　[学]農林省水産講習所本科卒　[賞]勲二等旭日重光章　[歴]昭和24年衆院議員初当選。以降7選。衆院水産委員長、海外同胞引揚および遺家族援護に関する調査特別委員長、社会労働委員長、農林政

務次官を歴任。41年列国議会同盟会議春季大会出席のため、東南アジア、オーストラリア、ニュージーランドに派遣される。43年参院議員に転じた。

田口 文次　たぐち・ぶんじ
衆院議員(政友会)　[生]慶応4年4月(1868年)　[没]昭和15年5月31日　[出]佐賀県　[学]慶応義塾　[歴]慶応義塾および東京専門学校に学ぶ。杵島郡会議員、山口村長、佐賀県議、同議長、佐賀県農会長を歴任。大正13年衆院議員に初当選。以来通算3回当選。

武井 守正　たけい・もりまさ
枢密顧問官　貴院議員(勅選)　東京火災保険社長　官僚　実業家　男爵　[生]天保13年3月25日(1842年)　[没]大正15年12月4日　[出]播磨国姫路(兵庫県姫路市)　幼名＝寅三　[歴]藩校好古堂に入って漢学を学び、秋元安民に国学を修める。河合惣兵衛、秋元安民らの勤王党に加盟し国事に奔走し捕えられ在獄5年。維新後、内務権大書記官、農商務省会計・山林各局長、鳥取・石川県知事等を歴任。のち実業界に投じ、明治銀行・東京火災保険・帝国火災保険・日本商業銀行等を創立し重役となった。従二位勲一等男爵を授けられる。明治24年～大正12年勅選貴院議員ののち、枢密顧問官となった。

武石 敬治　たけいし・けいじ
衆院議員(立憲政友会)　[生]安政5年6月(1858年)　[没]明治37年10月13日　[出]秋田県　[歴]秋田県議、常置委員、副議長を経て、明治23年秋田郡部より衆院議員に当選。以後、36年まで通算7回の当選を重ねる。

武市 庫太　たけいち・くらた
衆院議員(無所属)　[生]文久3年10月(1863年)　[没]大正13年10月20日　[出]愛媛県　[学]同志社英学校　[歴]北伊予村議、愛媛県議、愛媛県農会長を経て、明治31年愛媛郡部より衆院議員に当選。同年8月に再選され、以後、45年までに通算6回当選した。

武市 彰一　たけいち・しょういち
衆院議員(無所属)　徳島市長　[生]文久2年8月(1862年)　[没]昭和14年12月30日　[出]徳島県　[学]東京専門学校政治科　[歴]徳島県議、徳島市長を経て、明治27年衆院議員に初当選。以来通算4回当選。

武市 恭信　たけいち・やすのぶ
元・徳島県知事　元・衆院議員　[生]大正6年1月7日　[出]徳島県　[学]京大法学部(昭和16年)卒　[賞]勲二等旭日重光章(昭和62年)　[歴]貞光町長4期、徳島県町村会長、三木武夫国務相秘書官を経て、昭和38年衆院当選。40年以来知事に4選。

竹入 義勝　たけいり・よしかつ
元・衆院議員　元・公明党委員長　[生]大正15年1月10日　[出]長野県上伊那郡辰野町　[学]政治大学校(昭和38年)卒　[賞]勲一等旭日大綬章(平成8年)　[歴]陸軍航空士官学校在学中に敗戦。昭和24年国鉄に入り、のち肺結核を病み、28年創価学会に入信。池田大作の門下生として頭角をあらわす。34年国鉄をやめ、東京・文京区議、38年東京都議、創価学会副理事長。39年公明党結成とともに副書記長となり、42年衆院議員に当選し、党委員長に就任。矢野書記長と“竹入・矢野体制”を確立、党勢を拡大した。45年“政教分離”以降政治活動に専念。反共を基調とする中道政治をかかげる。61年12月、満20年を契機に辞任。東京10区から当選8回。平成2年議員引退、公明党最高顧問。

竹内 歌子　たけうち・うたこ
元・衆院議員(民主党)　[生]大正4年12月15日　[出]岡山県邑久郡牛窓町　[学]山陽高女卒　[歴]昭和7年に18歳で東京の都新聞社(東京新聞の前身)に記者として入社、3年後に国際通信社に移り、ここでも婦人記者として16年まで務めた。17～19年東京第一服装女学院長、20年11月王子産業取締役、21年1月房総産業役員就任。21年4月の総選挙に出馬、当選。初の女性代議士の一人となるが再出馬した22年総選挙では落選。以後政界から姿を消した。

竹内 勝彦　たけうち・かつひこ
元・衆院議員(公明党)　[生]昭和13年2月19日　[出]長野県埴科郡戸倉町　[学]東京電機大学工学部(昭和36年)卒　[歴]兼松江商勤務、聖教新聞記者を経て、公明党京都府本部書記長となり、昭和51年から衆院議員に6選。琵琶湖対策委員長などを歴任。平成5年引退。

竹内 潔　たけうち・きよし
参院議員(自民党)　[生]大正9年10月4日　[没]昭和59年8月21日　[出]東京都　[学]九州帝大法文学部(昭和22年)卒　[歴]三木元首相の秘書を約20年間務め、三木内閣当時は首相政務秘書官になった。その間、軍恩連副会長を務めたことなどから、軍恩票をバックに昭和52年の参院選に全国区から出馬、初当選。58年参院選は比例代表選挙で当選、2期目だった。参院法務委理事、参院自民党副幹事長、党全国組織委副委員長などを歴任。

武内 五郎　たけうち・ごろう
元・参院議員(社会党)　[生]明治35年3月25日　[没]昭和56年2月10日　[出]青森県　[学]早稲田大学専門部商科(大正15年)卒　[賞]勲二等瑞宝章(昭和47年)　[歴]昭和34年から新潟地方区で連続2回当選。参院懲罰委員長、建設委理事などを歴任。

竹内 茂代　たけうち・しげよ
衆院議員(自由党)　医師　[生]明治14年8月31日　[没]昭和50年12月15日　[出]長野県　旧姓＝井出　[学]東京女子医学校(明治40年)卒　医学博士　[歴]代々名主を務めた井出家の長女。大正8年東京で井出医院を開業、かたわら市川房枝らと社会運動に参加、婦人参政権運動の財務理事を務めた。昭和21年東京1区から衆議院議員に女性として初めて当選、日本自由党に属し総務及び婦人部長を務めたが、1期だけで引退。以後医業に専念、文部省嘱託、厚生省体力審議会専門委員、引揚援護院参与、結核予防東京婦人委員会副委員長、日本女医会副会長のほか大妻専門学校講師などを歴任した。女子医学校創立者の吉岡弥生とは師弟でありライバルであった。著書に「吉岡弥生先生と私」「一般家庭看護学及一般育児学」などがある。

竹内 七郎　たけうち・しちろう
日本共産党幹部会委員　[生]明治39年11月23日　[没]昭和49年10月29日　[出]福島県二本松市　[学]早大仏文科(昭和3年)中退　[歴]大学在学中、労働運動を理由に退学処分。その後、福島民友新聞社、福島県庁、日本発送電に勤め、21年8月日本発送電従業員組合副委員長。この時から日本共産党電産グループのキャップとして電算型賃金を生み出した10月闘争などを指導、22年単一組合の日本電気産業労働組合に改組されて副委員長となった。24年パージで福島県に帰り、日本共産党県委員長となり、25年の分裂後、33年委員長、36年党中央委員、書記局員、45年党幹部会委員を務めた。

竹内 俊吉　たけうち・しゅんきち
元・青森県知事　元・衆院議員(自民党)　青森放送会長　[生]明治33年2月5日　[没]昭和61年11月8日　[出]青森県西津軽郡出精村(現・木造町)　[学]三田英語学校中退　[賞]紺綬褒章(昭和38年)，勲二等旭日重光章(昭和46年)，勲一等瑞宝章(昭和51年)　[歴]大正14年東奥日報入社。昭和4年社会部長となり、青森県議を経て17年以来衆院議員に4回当選。青森放送社長、大蔵政務次官などを歴任し、38年から青森県知事を4期つとめた。また東奥日報記者時代に無名だった棟方志功を見出したことでも知られる。　[家]息子＝竹内黎一(衆院議員)

竹内 猛　たけうち・たけし
元・衆院議員(社民党)　[生]大正11年9月25日　[出]長野県茅野市湖東白井出　[学]日本大学法文学部(昭和21年)卒　[賞]勲二等旭日重光章(平成8年)　[歴]日本農民組合中央本部を経て、昭和24年社会党に入り、41年から組織局長を3期つとめる。47年以来衆院議員に8選。平成8年引退。

竹内 友治郎　たけうち・ともじろう
衆院議員(立憲政友会)　[生]明治5年10月　[没]昭和11年11月10日　[出]山梨県　[歴]金沢郵便局長、樺太庁拓殖部長、独立第十三師団郵便部長、東京逓信局長、朝鮮総督府逓信局長、台湾総督府警務局長、農商務次官、田中内閣の陸軍政務次官を歴任。大正13年衆院議員に初当選。以来4回連続当選。著書に「議会制新論」「東眼西視録」がある。

竹内 藤男　たけうち・ふじお
元・茨城県知事　元・参院議員　[生]大正6年11月30日　[出]茨城県鹿島郡鉾田町　[学]東京帝大法学部(昭和16年)卒　[歴]建設省で首席監察官、都市局長、首都圏整備委事務局長を務めたあと、昭和46年参院議員に当選。50年茨城県知事に転じ、以来5期務める。平成5年7月総合建設会社(ゼネコン)ハザマからダムや庁舎移転などの公共工事発注をめぐり1千万円の賄賂を受け取った収賄の疑いで逮捕される。

竹内 黎一　たけうち・れいいち
元・衆院議員(自民党)　元・科学技術庁長官　[生]大正15年8月18日　[出]青森県黒石市　[学]東京大学経済学部(昭和23年)卒　[賞]勲一等旭日大綬章(平成12年)　[歴]毎日新聞政治部記者を経て、昭和38年知事に転じた父の後継者として衆院議員に当選。外務政務次官、経済企画庁政務次官、原子力委員長などを歴任。59年第2次中曽根改造内閣の科学技術庁長官に就任。平成2年落選するが、5年返り咲く。8年再び落選。竹下派を経て、小渕派。当選10回。　[家]父＝竹内俊吉(青森知事・衆院議員)

竹尾 弌　たけお・はじめ
衆院議員(自民党)　著述家　[生]明治29年12月11日　[没]昭和33年2月8日　[出]千葉県　[学]東京外国語学校露語科(大正7年)卒　[歴]朝鮮銀行浦塩支店に勤務したのち、報知新聞、東京毎夕新聞記者となる。そのかたわら著述面でも活躍し、また国士館高等拓殖学校講師となり、のち朝鮮林業協会付属北方産業研究所主事となる。昭和22年政界に入り、衆院選に千葉2区から立候補し、連続5回当選。その間、文部政務次官、文教委員会理事などを歴任。著書に「ソヴィエト統制経済論」「世界外交史」などがある。

竹腰 俊蔵　たけこし・しゅんぞう
元・群馬県知事　[生]明治28年12月　[没]昭和38年3月28日　[歴]大正4年群馬県師範を卒業後、県教育委員を経て、昭和31年群馬県知事選挙に出馬して当選。

竹越 与三郎　たけこし・よさぶろう
衆院議員(政友会)　貴院議員(勅選)　枢密顧問官　史論家　[生]慶応1年10月14日(1865年)　[没]昭和25年1月12日　[出]武蔵国本庄(埼玉県本庄市)　旧姓＝清野　号＝竹越三叉　[学]慶応義塾中退　[歴]同人社、慶応義塾に学び、明治16年時事新報に入社。のち「基督教新聞」「大阪公論新聞」を経て、23年徳富蘇峰の「国民新聞」発刊に参加、民友社の同人としても活躍。一方、史書「新日本史」(24・25年)「二千五百年史」(29年)を刊行、啓蒙的立場から文明史観の史論を展開した。陸奥宗光、西園寺公望の知遇を得、29～33年「世界之日本」主筆。32年渡欧。35年以来政友会から衆院議員に5選。大正11年貴院議員となり、宮内省帝室編修官長を経て、昭和15年枢密顧問官。22年公職追放。著書は他に「日本経済史」(全8巻)「台湾統治史」「三叉小品」「読画楼随筆」など。

竹下 豊次　たけした・とよじ
貴院議員(多額納税)　参院議員(緑風会)　[生]明治20年2月　[没]昭和53年4月25日　[出]宮崎県　[学]東京帝国大学法科卒　[歴]福岡県警視、八幡製鉄所・農商務省工場課長、長野県警察部長、台中州知事、関東庁長官等を経て貴院議員を務める。昭和22年宮崎地方区から参院議員に初当選、通算2期務める。第2次吉田内閣の労働政務次官、参院運営・両院法規・内閣・建設各委員長、裁判官弾劾裁判所裁判員を歴任。

竹下 虎之助　たけした・とらのすけ
元・広島県知事　修道学園理事長　[生]大正13年8月6日　[出]島根県大田市　[学]京都帝国大学法学部(昭和22年)卒　[賞]勲二等旭日重光章(平成8年)　[歴]島根県庁、香川県庁から広島県庁に転じ、昭和35年地方課長、のち財政部長、企画室次長を経て、38年商工部長、42年総務部長を歴任。47年副知事となり、56年知事に当選。3期務め、平成5年引退。8年修道学園理事長。　[趣]読書, スポーツ, 園芸

竹下 登　たけした・のぼる
元・衆院議員(自民党)　第74代首相　[生]大正13年2月26日　[没]平成12年6月19日　[出]島根県飯石郡掛合村(現・掛合町)　[学]早稲田大学商学部(昭和22年)卒　[賞]レジオン・ド・ヌール・グラン・ド・フィシエ勲章　[歴]造り酒屋の長男として生まれ、学徒動員で陸軍飛行隊に入隊、少尉で終戦を迎える。のち学校教員、自民党島根県連青年団長、島根県議を経て、昭和33年衆院議員に当選。連続当選14回。この間、36年自民党青年局長、38年通産政務次官、39年内閣官房副長官、46年第3次佐藤内閣官房長官、49年第2次田中内閣官房長官、51年三木内閣建設相、53年衆院予算委員長、54年第2次大平内閣蔵相、56年党幹事長代理を歴任。57年11月の第1次中曽根内閣発足から、60年12月の第2次中曽根第2回改造内閣に至るまで、蔵相を4期連続務めた。60年先進5ケ国蔵相会議で“プラザ合意”に加わる。政界復帰が危ぶまれている田中元首相の間隙を縫って、同年に創政会を旗上げ、62年7月には二階堂進、小沢辰雄らと袂をわかち、113人を率いて竹下派を結成、11月第1次竹下内閣を発足。首相在任中は税制改革に取り組み、平成元年消費税を導入したほか、全国の市町村に一律1億円を交付する“ふるさと創生”事業を実施し話題を呼んだ。また昭和天皇の逝去で元号を“平成”に改めた。しかし、昭和63年の“リクルート事件”をきっかけに政治不信が広がり、平成元年6月に退陣した。3年党最高顧問。退陣後は自らを“平成の語り部”と称し、最大派閥・竹下派のオーナー、小渕派の創設者として以後の内閣への影響力を保持した。　[趣]麻雀, ゴルフ　[家]弟=竹下亘(衆院議員), 孫=影木栄貴(漫画家)

武田 一夫　たけだ・かずお
元・衆院議員(公明党)　[生]昭和9年7月23日　[出]宮城県玉造郡一栗村　[学]東北大学教育学部(昭和33年)卒　[歴]公明新聞記者を経て、昭和47年衆院選に出馬、51年当選。5期つとめた。平成2年引退。

竹田 儀一　たけだ・ぎいち
厚相　衆院議員(民主党)　[生]明治27年3月24日　[没]昭和48年4月30日　[出]石川県　[学]京都帝国大学法律科(大正7年)卒　[歴]神戸鈴木商店に入り、のち弁護士となり、さらに大阪市議となる。また樺太ツンドラ工業、福井工作、大聖寺商業の社長を歴任。昭和4年立憲民政党から衆院選に立候補して当選。戦前、戦後を通して計4回代議士となり、戦後日本民主党の幹事長、芦田内閣の厚生大臣となるが、昭和電工事件に連坐して政界から引退。その後、竹田産業、神鋼商事などの社長に就任した。

武田 キヨ　たけだ・きよ
衆院議員(民主党)　[生]明治29年9月21日　[没]昭和29年3月14日　[出]滋賀県　旧姓=植原　[学]東京女高師(大正8年)卒　[歴]呉高女、呉港中教諭を経て、昭和21年から衆院議員を2期つとめ、日本自由党総務、婦人部副部長等を歴任。

竹田 現照　たけだ・げんしょう
元・参院議員(社会党)　北海道郵政福祉協会長　[生]大正13年1月8日　[出]北海道夕張市　[学]逓信官吏練習所外国通信語学科(昭和19年)卒　[賞]勲二等瑞宝章(平成6年)　[歴]昭和19年札幌中央郵便局に入り、郵政事務官として40年まで勤務。この間全逓道地本書記長として労働運動で活躍。40年以来参院議員に2選。63年札幌日ソ親善協会の初代理事長に就任。著書に「友好往来」「現照短信」「永

田町メモ」など。 ㊙読書, 切手収集, 旅行

竹田 四郎 たけだ・しろう
元・参院議員（社会党） ㊗大正7年1月20日 ㊥静岡県小笠郡 ㊦東京帝大経済学部（昭和16年）卒 ㊕日本鋼管に入社、鶴見造船労組委員長、神奈川県議2期を経て、昭和43年から参院議員に3選。51年参院建設委員長、57年決算委員長を歴任して、61年7月引退。

武田 信之助 たけだ・しんのすけ
元・衆院議員 ㊗明治31年6月1日 ㊙昭和57年2月20日 ㊥北海道旭川市 ㊦空知農卒 ㊕北海道議を経て、昭和21年衆院議員（自由党）に初当選。翌年公職追放になったが、28年4月から30年1月まで再び衆院議員を務めた。

武田 徳三郎 たけだ・とくさぶろう
衆院議員（翼賛議員同盟） ㊗明治5年2月 ㊙昭和25年5月23日 ㊥新潟県 ㊦和仏法律学校卒 ㊕新聞記者を経て、大正9年新潟4区より衆院議員に当選。以後、昭和3年から12年まで5期連続当選を果たした。また、農林大臣秘書官、高岡ステンレス取締役、中央電気工業監査役なども歴任した。

武市 安哉 たけち・あんさい
元・衆院議員（弥生倶楽部） 自由民権論者 キリスト教者 ㊗弘化4年4月1日（1847年） ㊙明治27年12月2日 ㊥土佐国（高知県） ㊕高知の士族民権運動に参加、自由党員となり、明治5年高知県議を経て、25年地元民に推されて衆院議員となる。この間、18年に高知教会でキリスト教に入信。政界の汚なさに失望して26年辞職し、キリスト教信仰による理想農村づくりを目指して26人の青年と共に北海道浦臼へ渡る。翌27年の急死により農場は長く続かなかったが、今も町の子孫たちにその気風を残している。

武知 勇記 たけち・ゆうき
衆院議員（自民党） 郵政相 ㊗明治27年7月10日 ㊙昭和38年10月11日 ㊥愛媛県 ㊦明治大学法律科（大正3年）卒 ㊕愛媛県議、松山市議を経て、昭和5年以来衆議院議員選に連続5回当選。戦後公職追放となるが、27年代議士に返り咲き、3回当選する。戦前では文部参与官、逓信政務次官、翼政会衆議院総務、戦後は両院法規委員長、第1次鳩山内閣の郵政大臣などを歴任した。35年引退。また愛媛新聞社長、金亀学園総長などもつとめた。

武富 時敏 たけとみ・ときとし
蔵相 貴院議員（勅選） ㊗安政2年12月9日（1856年） ㊙昭和13年12月22日 ㊥肥前国（佐賀県） 号＝唇堂 ㊕明治初年東京に遊学し、のち佐賀の乱に加わったが無罪となる。その後再上京し大学南校に学び、また九州改進党の結成に参加。16年佐賀県議となり、18年議長に就任。23年の第1回総選挙で当選し、3回から14回まで連続当選、大正13年貴院議員に勅選される。この間、農商務省商工局長、大蔵省参事官、内閣書記官長などを歴任し、のち通信大臣、大蔵大臣に就任した。紅木屋侯爵のあだ名があった。 ㊇息子＝武富敏彦（外交官）

武富 済 たけとみ・わたる
衆院議員（民政党） 弁護士 ㊗明治12年4月 ㊙昭和12年3月2日 ㊥愛知県 旧姓＝三浦 ㊦東京帝大法科大学独法科（明治37年）卒 ㊕司法官試補、次いで検事任官、東京区兼地方裁判所検事。大審院検事事務取扱となり、明治43年の幸徳秋水の大逆事件で論功。その後弁護士開業、東京弁護士会常議員会議長。大正13年以来衆院議員当選5回、民政党に属し、拓務参与官を務めた。

竹中 勝男　たけなか・かつお
参院議員(社会党)　同志社大学教授　⑰社会福祉学　⑭明治31年7月27日　⑲昭和34年1月26日　⑭長崎県　⑰同志社大学(大正10年)卒　⑰米国に留学後、同志社大学教授。戦時中、厚生理論を研究、厚生学科を開設。戦後は独自の社会福祉理論を構築した。昭和28年退職後、参院議員(社会党)となる。

竹中 修一　たけなか・しゅういち
元・衆院議員(自民党)　青森ガス社長　⑭大正7年4月20日　⑲平成9年7月31日　⑭青森県青森市　⑰東北帝大法文学部(昭和16年)卒　⑰紺綬褒章(昭和36年)、勲二等旭日重光章(平成2年)　⑰陸軍中尉、日本郵船勤務を経て、昭和47年から衆院議員を5期務めた。52年防衛政務次官、54年建設政務次官を歴任。竹下派。平成2年落選。　⑰読書,スポーツ,書道,映画観賞

竹中 恒夫　たけなか・つねお
参院議員(自民党)　歯科医　⑭明治35年4月30日　⑲昭和46年2月4日　⑭兵庫県　⑰大阪歯科医学専門学校(大正13年)卒　医学博士　⑰大正13年神戸市に歯科医院を開設し、のち兵庫県歯科医師会会長、日本歯科医師会副会長、日本歯科医師政治連盟会長などを歴任。昭和31年の参院選に当選し、大蔵政務次官、大蔵委員長などを歴任。また日本歯科医師会長もつとめた。

竹中 恒三郎　たけなか・つねさぶろう
日本共産党名誉中央委員　⑭明治42年1月30日　⑲昭和62年10月21日　⑭京都市三条　⑰大阪商科大学中退　⑰昭和5年大学在学中に治安維持法違反で検挙され、退学処分。以後、大阪市内で古本屋を開業し、6年共産党に入党。2度検挙されて、8年には懲役4年、13年には懲役10年の判決を受ける。戦後出獄、20年12月統制委員、30年中央委員を歴任。

竹内 明太郎　たけのうち・あきたろう
衆院議員(政友会)　夕張炭鉱重役　実業家　⑭安政7年2月28日(1860年)　⑲昭和3年3月23日　⑭土佐国宿毛村(高知県宿毛市)　⑰父に従い上京、英語、仏語を学んだ。自由党に入り、「東京絵入自由新聞」を発行。のち鉱山を経営、明治34年欧米漫遊。帰国後茨城無煙炭、夕張炭鉱各社重役、さらに竹内鉱業会社、九州唐津鉄工場の重役兼務。衆院議員に当選、政友会相談役。また早大理工科新設に尽力、高知市に工業学校を設立するなど育英事業に貢献した。　⑰父=竹内綱(自由党領袖)、弟=吉田茂(首相)

武内 作平　たけのうち・さくへい
衆院議員(民政党)　⑭慶応3年10月23日(1867年)　⑲昭和6年11月8日　⑭伊予国今治(愛媛県)　⑰関西法制学校卒、東京専門学校卒　⑰明治30年大阪に法律事務所を開設、大阪地裁検事局所属弁護士を務め、大阪弁護士会会長。一方大阪土地建物、岡山電気軌道、阪神電鉄各重役などを歴任。明治35年愛媛県から衆院議員となり、以後大阪から当選8回。憲政会、民政党に属し、愛媛県民政党支部長。海軍、大蔵各政務次官、衆院予算委員長、民政党総務を歴任。昭和6年第2次若槻礼次郎内閣の法制局長官となった。

竹内 綱　たけのうち・つな
衆院議員(自由党)　京釜鉄道専務理事　実業家　⑭天保10年12月26日(1839年)　⑲大正11年1月9日　⑭土佐国宿毛村(高知県宿毛市)　通称=竹添進一郎、字=光鴻　⑰戊辰戦争に従軍後、明治3年大阪府典事、少参事、大蔵省六等出仕となり、8年後藤象二郎とともに高島炭坑の経営にあたる。10年林有造らと西南戦争に呼応しようとした罪で禁獄1年の刑に処せられる。その後板垣退助の自由党結成に尽力し、23年以降衆院議員に当選3回、自由党、立憲政友会に所属した。29年京釜鉄道専務理事、のち芳谷炭坑社長となり、40年以降は東京の

実業界で活躍。また秋田鉱山専門学校(現・秋田大学鉱山学部)を創立した。著書に「竹内綱自叙伝」がある。 [家]息子=竹内明太郎(実業家・政治家), 吉田茂(首相)

竹内 正志　たけのうち・まさし
衆院議員 [生]嘉永7年4月(1854年) [没]大正9年9月3日 [出]岡山県 [学]慶応義塾卒 [歴]卒業後愛国社を創立、文筆に携わった。次いで閑谷黌の教頭を務めた。欧米漫遊後、明治27年郷里岡山県から衆院議員に数回当選、20年間務めた。31年には農商務省水産局長となる。

竹腰 正己　たけのこし・まさわれ
貴院議員 男爵 [生]明治4年8月 [没]昭和8年10月4日 [歴]美濃今尾藩主竹腰正旧の長男。明治17年男爵となる。貴族院議員。

建部 遯吾　たけべ・とんご
衆院議員 貴院議員(勅選) 東京帝大教授 社会学者 [生]明治4年3月21日 [没]昭和20年2月18日 [出]新潟県中蒲原郡 号=水城 [学]帝大文科大学(現・東大)哲学科(明治29年)卒 文学博士(明治35年) [歴]東京帝大大学院に進み、明治31年東京帝大社会学講座の初代担当教授となる。37年わが国初の社会学研究室を設立。日露戦争にあたっては主戦論を主張。大正2年日本社会学院(学会)を結成し、主宰した。日本の社会学の開祖で、百科全書的な普通社会学を体系化した。11年退官。その後、衆院議員から昭和12年勅選貴院議員となる。主な著書に「理論普通社会学」(全4巻)や「応用社会学十講」などがある。

武部 文　たけべ・ぶん
元・衆院議員(社会党) [生]大正9年10月7日 [没]平成13年4月24日 [出]鳥取県米子市 [学]米子商蚕商業科(現・米子南商)(昭和13年)卒 [賞]勲二等旭日重光章(平成4年) [歴]昭和20年米子郵便局に入る。30年以来鳥取県総評議長を10期つとめたあと、42年衆院議員に当選。61年落選、平成2年再選、通算7期つとめた。5年引退。

武満 義雄　たけみつ・よしお
衆院議員(立憲政友会) [生]文久3年2月(1863年) [没]昭和6年6月19日 [出]鹿児島県 [学]東京法学院 [歴]鹿児島県議、鹿児島県議常置委員を経て、明治35年鹿児島県郡部より衆院議員に当選。以後、大正4年まで6期連続当選を果たした。また、鹿児島新聞社顧問、立憲政友会鹿児島県支部幹事長も務めた。

竹村 藤兵衛　たけむら・とうべえ
衆院議員(山下倶楽部) 中京銀行頭取 [生]天保2年2月(1831年) [没]明治34年11月14日 [出]京都府 [歴]明治25年京都2区より衆院議員に当選。以後、31年まで連続4期当選を果たした。在任中は、勧業諮問委員、地方衛生会委員、所得税調査委員を歴任した。また実業界でも、中京銀行頭取、日本貿易銀行取締役、京都銀行監査役などを務めた。

竹村 奈良一　たけむら・ならいち
元・衆院議員 元・日農総本部書記長 農民運動家 [生]明治39年6月27日 [没]昭和53年11月17日 [出]奈良県高市郡金橋村(現・橿原市) [歴]早くから農民運動に参加し、昭和4年全農奈良県連争議部長となり、多くの農民運動を指導。6年の争議で懲役2カ月執行猶予3年の判決を受ける。12年全農の方向転換後は日本農民連盟の傘下に入り、戦後は日農奈良県支部を結成後、同中央委員。24年共産党から出馬し、衆院議員に当選した。

武村 正義　たけむら・まさよし
元・衆院議員(無所属) 元・さきがけ代表 元・蔵相 元・滋賀県知事 [生]昭和9年8月26日 [出]滋賀県八日市市 [学]東京大学教育学部卒, 東京大学経済学部(昭和37年)卒 [歴]昭和37年自治省入省。愛知、埼玉両県総務部へ出向。46年八日市市長を経て、49年滋賀県知事に当選。53年、57年と連続無投票再選。徹底した県民との対話を提唱し、住民運動を先取りした県政で知られる。全国初の合成洗剤追放条例(琵琶湖条例)、風景条例など一連の環境保全条例の制定は全

国の注目を集めた。59年8月には世界初の湖沼環境会議を大津市で開催、琵琶湖の再生に力を注ぐ。61年衆院議員に当選以来、4期つとめる。平成5年6月の解散を機に同志10人で自民党を離党し、新党さきがけを結成。同年7月の衆院選では13人を当選させ、日本新党と院内統一会派を組む。8月細川内閣の官房長官に就任。6年4月の羽田内閣成立の際、院内会派・改新に参加せず連立から離脱。6月自民党、社会党と連立を組んで村山内閣を成立させ、蔵相に就任。7年の改造内閣でも留任。同年9月フランス核実験再開にあたり、タヒチで行われた抗議集会に参加した。8年8月代表を辞任。10年5月代表に復帰。同年10月党名をさきがけと改め、奥村展三参院議員と二人で党を存続させる。12年無所属で立候補し落選。のち日中友好砂漠緑化協会会長。主な著書に「水と人間」「『草の根政治』私の方法」「小さくともキラリと光る国・日本」などがある。
[趣]水泳, 自転車, サウナぶろ

竹村 幸雄　たけむら・ゆきお
元・衆院議員(社会党)　[生]昭和5年4月23日　[没]平成10年11月19日　[出]京都府京都市　[学]堀川高(昭和24年)卒　[歴]京都市議を経て、昭和47年衆院議員に当選。平成2年再び当選。通算2期。5年落選。京都新報社社長、京都原水禁議長などをつとめた。　[趣]読書

竹本 孫一　たけもと・まごいち
元・衆院議員(民社党)　[生]明治39年12月21日　[没]平成14年5月30日　[出]山口県
[学]東京帝国大学法学部政治学科(昭和6年)卒　[賞]勲二等瑞宝章(昭和52年)
[歴]企画院調査官、大政翼賛会制度部副部長、満州総務庁参事官など歴任。戦後は、昭和22年内閣総理大臣秘書官、海上保安大事務局長兼教授を経て、38年以来旧静岡3区選出で衆院議員に7選。52年沖縄北方問題特別委員長、民社党国会議員団長、日本経済研究協会理事長などをつとめた。著書に「新しい政治」「日本経済の在り方」など。　[趣]謡, 映画

竹谷 源太郎　たけや・げんたろう
衆院議員(民社党)　[生]明治34年2月14日　[没]昭和53年9月12日　[出]宮城県　[学]東京帝国大学仏法科(大正13年)卒　[歴]北海道庁事務官、富山・山口・兵庫各県警察部長、陸軍司政長官、福岡県経済部長、千葉・新潟各県内政部長を歴任。その後、弁護士として活躍。昭和21年衆院議員に初当選。以来通算6回当選。その間、衆院運輸委員長、社会党中央執行委員、統制委員、国土開発特別委員長、民社党中央執行委員、財務委員長を歴任。著書に「監獄部屋廃止論」「市町議会議員必携」「所得三倍論」がある。

竹山 祐太郎　たけやま・ゆうたろう
元・衆院議員　元・建設相　元・静岡県知事　[生]明治34年4月25日　[没]昭和57年7月7日　[出]静岡県　[学]東京大学(大正11年)卒　[賞]勲一等瑞宝章(昭和46年)
[歴]農林省技師などを経て、昭和21年日本協同党で衆院に初当選、以来連続9回当選。この間、自民党国対委員長、衆院決算委員長を歴任。また、田川誠一らと共に故松村謙三を助け、日中国交回復に尽力した。42年静岡県知事に転じる。　[家]長男＝竹山裕(参院議員)

田子 一民　たご・いちみん
衆院議員(自民党)　衆院議長　農相
内務官僚　[生]明治14年11月14日　[没]昭和38年8月15日　[出]岩手県　[学]東京帝国大学法科大学政治学科(明治41年)卒
[歴]内務省に入り、警保局警務課長、地方局救護課長、社会局長などを経て、大正12年三重県知事となる。13年衆院選挙に立候補するが落選し、昭和3年の総選挙で当選、以来連続9回当選。鉄道政務次官などを歴任し、16年衆院議長となる。戦後公職追放されたが、27年政界に復帰、農林大臣をつとめ、33年自民党顧問となる。また全国福祉協会長などもつとめた。

たしま

田沢 吉郎　たざわ・きちろう
元・衆院議員（自民党）　元・農水相　元・防衛庁長官　元・弘前学院大学学長　⑮大正7年1月1日　⑲平成13年12月12日　⑭青森県南津軽郡田舎館村　⑯早稲田大学政経学部政治学科（昭和18年）卒　⑳勲一等旭日大綬章（平成9年）　⑱青森県議を経て、昭和35年以来、衆院議員に12回連続当選。41年郵政政務次官、46年衆院議院運営委員長、51年福田内閣国土庁長官、56年鈴木内閣農林水産相、63年竹下内閣の防衛庁長官を歴任。平成8年の衆院選で落選し、引退した。旧宮沢派の中で数少ない党人派で、宏池会の七奉行と称され、旧宮沢派会長代行を務めた。政界引退後は弘前学院大学理事長を経て、8年学長。青森テレビ会長も務めた。大学時代から俳句が趣味で俳号は"いなほ"。　㉑俳句、スポーツ

田沢 智治　たざわ・ともはる
元・参院議員（自民党）　元・法相　⑮昭和7年11月23日　⑭神奈川県横浜市　⑯日本大学法学部（昭和31年）卒　⑱昭和49年佼成学園理事を経て、55年参院議員に当選。平成7年村山改造内閣の法相に就任。同年10月宗教法人からの2億円借り入れを取り沙汰され、法相を辞任。3期務める。10年落選。三塚派。

田沢 義鋪　たざわ・よしはる
貴院議員（勅選）　大日本連合青年団理事長　社会教育家　青年団運動指導者　⑮明治18年7月20日　⑲昭和19年11月24日　⑭佐賀県藤津郡鹿島村（現・鹿島市）　⑯東京帝大法科大学政治科（明治42年）卒　⑱高文行政科に合格し、明治43年静岡県属として安倍郡長に就任。地方自治振興をめざし、青年団の育成など青年教育に尽力する。大正4年内務省明治神宮造営局総務課長となり、修養団運動や労務者教育を推進する。9年内務省を退職し、労使協調のための団体（財）協調会の常務理事に就任。10年日本青年館理事。13年1月選挙浄化運動を目的とした新政社を創立。同年5月衆院選に立候補するが落選。同10月東京市助役となり、15年大日本連合青年団常任理事に就任。昭和8年貴院議員に勅選され、9年から11年にかけて大日本連合青年団理事長、日本青年館理事長を務める。10年壮年団中央協会を設立し、12年第1回壮年団全国協議会を開催。15～19年協調会常務理事。著書に「青年団の使命」「政治教育講話」「青年如何に生くべきか」「道の国日本の完成」（昭3年）、「田沢義鋪選集」（昭42年）などがある。

田島 勝太郎　たじま・かつたろう
衆院議員（立憲民政党）　⑮明治12年8月　⑲昭和14年1月28日　⑭大分県　⑯東京帝国大学独法科（明治39年）卒　⑱農商務属、水産講習所教授兼水産局書記官、農商務書記官、東京、福岡各鉱山監督局長、商工次官を歴任。昭和7年衆院議員に初当選。以来連続3回当選。第1次近衛内閣では逓信政務次官を務める。また八幡市会議長、東京市助役、臨時産業審議会幹事長などを務めた。

田嶋 好文　たしま・こうぶん
衆院議員（自由党）　⑮明治42年11月　⑲昭和38年3月5日　⑭高知県　⑯中央大学法学部（昭和8年）卒　⑱弁護士として働く。神戸製鋼所名古屋工場法律顧問、林金属工業（株）代表取締役、大同衛生材料（株）常任監査役を務める。昭和24年衆院議員に初当選。以来3回連続当選。その間、衆院法務委員長、国民協同党県支部長、自由党幹事、治安副部長を歴任。

田島 ひで　たじま・ひで
衆院議員（共産党）　婦人運動家　⑮明治34年1月24日　⑲昭和51年1月12日　⑭愛知県海部郡　⑯日本女子大学国文科（大正9年）中退　⑱市川房枝や平塚雷鳥らと知り合い婦人参政権運動に飛び込む。大正9年新婦人協会書記、13年婦選同盟書記。15年婦人労働調査所を設立し、機関誌「未来」を発刊。第1次共産党事件で検挙され、昭和になってからも弾圧と地下潜行を繰り返し"女

闘士"。昭和24年総選挙で愛知1区からトップ当選。42年ごろから中国の文化大革命をめぐって党と対立、44年9月除名された。

田島 衛　たじま・まもる
元・衆院議員(新自由クラブ)　⽣大正10年2月23日　没昭和63年1月17日　出東京　学早稲田大学法学部(昭和19年)卒　歴昭和26年江戸川区議(4期)を経て、44年以来東京都議に自民党から2選。54年新自由クラブに転じて衆院議員に当選。2期つとめ党国対委員長になるが、58年落選。61年の総選挙でも落選した。

田代 栄助　たしろ・えいすけ
自由民権運動家　⽣天保5年8月14日(1834年)　没明治18年5月17日　出武蔵国秩父郡(埼玉県)　歴生家は江戸時代は名主であったが維新後没落、侠客とも三百代言ともいわれた。明治17年井上伝蔵、加藤織平らの要請で秩父困民党の最高指導者に迎えられ、借金10年据え置き、40年賦返済、学校費・雑収税・村費減免を要求する請願運動を展開した。武装蜂起の延期を主張したが、急進論に押され、同年11月困民軍の総理として6300余名を率いて蜂起を決行した。本陣は崩壊、敗走して山中にひそんだが密告により捕まえられ、18年副総理・加藤織平らとともに死刑となった。

田代 正治　たしろ・しょうじ
元・衆院議員　⽣明治25年9月　没昭和58年11月11日　出新潟県　歴函館市議、北海道議を経て、昭和12年から4年間、北海道3区選出の衆院議員を務めた。

田代 進四郎　たしろ・しんしろう
衆院議員　⽣嘉永3年(1850年)　没大正15年3月13日　出肥前国小城(佐賀県)　歴藩校興譲館に学び、明治元年戊辰の役には奥羽に従軍。鎮静後東京に遊学、代言人となった。10年仙台で自由民権を唱え、若生精一郎、箕浦勝人らと政談演説を開いた。以来宮城県会議長、仙台市会議長、弁護士会長などを務め、45年衆院議員に当選した。

田代 富士男　たしろ・ふじお
元・参院議員(公明党)　⽣昭和6年2月22日　出佐賀県神埼郡神埼町　学佐賀県立三養基中(昭和53年)卒　歴創価学会関西本部事務総局長を経て、昭和40年参院議員に当選し、4期。法務委員長、運輸委員長などを歴任したが、63年1月全国砂利石材転用船組合連合会の汚職にからみ辞任。平成4年大阪地裁で懲役2年6か月・執行猶予3年の判決。

田代 文久　たしろ・ふみひさ
元・衆院議員(共産党)　⽣明治33年12月5日　没平成8年2月29日　出福岡県直方市　学京都帝国大学経済学部(昭和4年)卒　歴昭和4年日本共産党入党。真岡炭鉱事務員等を経て、党九州地方委員会議長、党中央委員等を歴任。また、24年福岡2区より衆院議員に当選し、通算4期。47年衆院石炭対策特別委員長を務めた。　趣囲碁(3段)

田代 由紀男　たしろ・ゆきお
元・参院議員(自民党)　⽣大正5年4月15日　没平成9年8月22日　出熊本県天草郡河浦町　学東亜同文書院卒　賞勲二等瑞宝章(平成4年)　歴満鉄に入社。戦後一町田村長を経て、昭和26年から熊本県議7期。42年県会議長。52年参院補選に当選し、以来3期。旧三塚派。農水政務次官、自民党政策審議会副会長などを歴任。平成4年引退。

田添 鉄二　たぞえ・てつじ
社会主義者　⽣明治8年7月24日　没明治41年3月19日　出熊本県飽託郡中緑村(現・天明村)　学鎮西学院神学科、シカゴ大学神学部　歴「長崎絵入新聞」および「鎮西日報」主筆を務めた後、上京して明治37年「経済進化論」を刊行。早くから社会主義に近づき、39年の社会党発足では評議員に選ばれる。「新紀元」「平民新聞」などに評論を発表し、明治初期社会主義者として活躍した。著書に「近世社会主義史」などがある。

多田 勇　ただ・いさむ
元・衆院議員(自由党)　多田印刷会社長　⊕明治44年2月8日　⊗平成2年3月12日　⊕千葉県　㊕日本大学商学部卒　㊣勲三等瑞宝章(昭和58年)　㊙昭和22年4月から27年8月まで衆院議員を連続2期つとめた。

多田 作兵衛　ただ・さくべえ
衆院議員(立憲政友会)　⊕天保14年9月(1843年)　⊗大正9年1月4日　⊕筑前国朝倉郡栗田村(福岡県)　㊣従六位勲四等　㊙明治22年から福岡県議を数回務め、27年以来福岡県から衆院議員当選7回、自由党、憲政党、立憲政友会に属し、田畑地価修正、地主保護政策の推進に努めた。党内では協議員、懲罰委員長を歴任。

多田 省吾　ただ・しょうご
元・参院議員(公明党)　⊕昭和6年2月18日　⊕山形県山形市　㊕東北大学工学部化学工学科(昭和28年)卒　㊙聖教新聞社に入り、昭和40年から参院議員に4選。61年7月参院議員団長となる。参院法務委員長も務めた。平成元年引退。㊤囲碁(初段)

多田 光雄　ただ・みつお
共産党北海道副委員長　元・衆院議員　⊕大正7年11月19日　⊗昭和62年3月26日　⊕北海道空知郡上砂川町　㊕東京帝国大学文学部英文科(昭和17年)卒　㊙昭和17年徴兵され、終戦時はソ連に抑留。帰国後、23年に共産党入党、党美唄地区委員長、北海道委員会統一戦線部長などを歴任、50年から道副委員長。47年の衆院選で初当選。当選2回。道平和委員会副会長、道原水協副理事長、日朝協会道副会長も務めた。

多田 満長　ただ・みつなが
衆院議員　⊕明治19年4月14日　⊗昭和26年2月9日　⊕千葉県君津郡昭和町　㊕早稲田大学政治経済科(明治44年)卒　㊙大日本通信社を創立して社長に就任。昭和5年千葉1区から衆院議員となり、以後4期連続当選し、戦後は日本進歩党に属した。この間、逓信参与官、外務政務次官、大政翼賛会参与などを歴任した。

只野 直三郎　ただの・なおさぶろう
元・衆院議員(日本人民党)　⊕明治33年10月2日　⊗昭和59年9月26日　⊕宮城県　㊕東北帝大法文学部(昭和7年)卒　㊙陸軍司政官、東北中学・商業学校校長代理、東北農学校長などを経て昭和21年、日本人民党を結成、党首となった。22年4月宮城1区から衆院選に初当選、27年10月と28年4月に連続当選、通算3期務めた。

只松 祐治　ただまつ・ゆうじ
社民党埼玉県連合常任顧問　元・衆院議員(社会党)　⊕大正9年6月28日　⊗平成12年4月2日　⊕福岡県久山町　㊕中央大学法学部中退　㊙大学在学中に海軍飛行予備学生として学徒動員。戦後、日本社会党の再建に尽力。埼玉県民会議事務局長、日中友好協会理事、軍事基地反対連絡会議代表委員、社会主義協会幹事、党選挙対策、全国LPガス協会顧問等を経て、昭和38年埼玉県より衆院議員に初当選、54年までの間に通算3期を務めた。日本税政連顧問、党財政金融委員会副委員長、党埼玉県本部委員長等を歴任。のち社民党埼玉県連合常任顧問。著書に「『欲望社会』への訣別」がある。㊤囲碁, 盆栽

館 哲二　たち・てつじ
参院議員(自民党)　⊕明治22年5月10日　⊗昭和43年9月27日　⊕富山県　㊕東京帝大法学部卒　㊙鳥取県知事、石川県知事、東京府知事、内務次官、富山県知事を歴任し、昭和26年参院議員に当選以来3選。参院予算委員長(2回)、参院地方行政委員長等を歴任。

立川 太郎　たちかわ・たろう
衆院議員(立憲政友会)　⊕明治17年4月　⊗昭和35年7月31日　⊕広島県　㊕東京帝国大学政治科(明治45年)卒, 東京帝国大学法律科(大正10年)卒　㊙警視庁、弁護士を経て牛込区議、東京市議とな

る。昭和3年東京府1区より衆院議員に当選。以後、11年まで4期連続当選を果たした。また、日本紡績などの取締役も務めた。

立木 洋　たちき・ひろし
元・参院議員(共産党)　[専]国際問題　[生]昭和6年3月11日　[出]旧朝鮮・新義州　[学]東北人民大学(中国)(昭和33年)卒　[歴]昭和33年に日本に引き揚げ、高知で電器器具のセールスマンをする中で共産党に入党、39年から党本部勤務。49年以来、参院議員を5期務め、平成12年12月引退。中国での生活が26年というだけあって、中国語が堪能。

立花 小一郎　たちばな・こいちろう
貴院議員　福岡市長　陸軍大将　男爵　[生]万延2年2月10日(1861年)　[没]昭和4年2月15日　[出]筑後国柳河(福岡県)　[学]陸士(明治16年)卒, 陸大(明治22年)卒　[歴]柳川藩士の長男として生まれる。明治16年陸軍少尉に任官。日露戦争には第4軍参謀副長として従軍。奉天会戦直前に大本営参謀に転じる。38年ポーツマス講話会議に小村寿太郎全権の随員として派遣された。駐米大使館附属武官、朝鮮駐劄憲兵隊司令官、第19・4師団長、関東軍司令官などを歴任。9年大将。10年浦塩派遣軍司令官としてシベリア徴兵に尽力。12年予備役に編入。福岡市長、14年貴院議員も務めた。

立花 種恭　たちばな・たねゆき
貴院議員　子爵　[生]天保7年2月28日(1836年)　[没]明治38年1月30日　[出]江戸・深川　[歴]嘉永2年奥州下手渡藩主となる。明治2年三池藩知事に任命されるが、4年廃藩置県により免職、東京に居住。10年華族学校(学習院)の初代校長を経て、宮内省用掛、貴族院議員などを歴任。

橘 直治　たちばな・なおじ
元・衆院議員　元・参院議員(自由党)　[生]明治41年11月15日　[没]平成9年9月10日　[出]富山県　[学]早稲田大学商学部(昭和6年)卒　[賞]藍綬褒章(昭和44年), 勲二等瑞宝章(昭和54年)　[歴]昭和19年伏木海陸運送社長、のち取締役相談役。守山村議、高岡市議、同市会議長を経て、21年旧日本進歩党から衆院議員に3選。第3次吉田内閣の賠償政務次官を務めた。34年より高岡商工会議所会頭を3期つとめ、46年参院議員に転じ、1期務めた。　[趣]ゴルフ　[家]長男＝橘康太郎(衆院議員), 孫＝橘慶一郎(伏木海陸運送社長)

龍野 周一郎　たつの・しゅういちろう
衆院議員(立憲政友会)　益友社社長　実業家　[生]元治1年4月7日(1864年)　[没]昭和3年4月11日　[出]信濃国(現・長野県)　別名＝先憂亭後楽　[学]上田中卒　[歴]明治14年益友社を興して社長。同年自由党に入党、先憂亭後楽を名乗って各地で遊説。村会議員、長野県会議員を経て、31年衆院議員に当選。立憲政友会に所属。通算5期つとめ、板垣退助の右腕として名を残した。また田沢炭鉱会社をおこした。平成2年孫の自宅から「旅日記」「漫遊要録」などの遊説日記が発見された。　[家]孫＝龍野武昌(明星大学教授)

楯 兼次郎　たて・かねじろう
元・衆院議員(社会党)　[生]大正2年5月23日　[没]平成1年9月11日　[出]岐阜県　[学]名古屋鉄道教習所卒　[賞]勲一等旭日大綬章(昭和59年)　[歴]国鉄勤続25年を経て、大井駅助役となる。国鉄労組名古屋地方本部執行委員長、愛知県地方労組評議会副議長、全日本交通運輸労組中部地方協議会議長を経て、衆院議員に12選。この間、社会党国対委員長、衆院決算委員長を歴任。　[趣]釣り

館 俊三　だて・しゅんぞう
衆院議員(社会党)　[生]明治29年6月　[没]昭和39年4月6日　[出]北海道　[学]七尾中(大正5年)卒　[歴]鉄道局書記、鉄道官補、函館駅助役を経て、国有鉄道中央調停委員会、札幌地方国有鉄道調停委員会・札幌地方公共企業体等調停委員会各委員も務める。また国鉄労働組合北海道地方本部執行委員長、同組合総連合会中央委員、労働者農民党中央執行委員、国会対策部長を歴任。昭和22年衆院議員に初当選、以来通算4回当選。

伊達 慎一郎　だて・しんいちろう
元・島根県知事　弁護士　[生]明治40年12月6日　[没]平成6年10月11日　[出]島根県　[学]東京帝大法学部(昭和6年)卒　[歴]戦後島根県庁に入り、昭和35年副知事を経て、46年知事に当選。引退後、弁護士となる。

伊達 宗敦　だて・むねあつ
貴院議員(男爵)　[生]嘉永5年5月(1852年)　[没]明治43年12月6日　[出]伊予国宇和島(愛媛県)　[歴]明治元年事件に連座、官位を停止されたが、3年仙台藩知事。4年英国遊学、8年帰国。22年別に一家を創立、男爵。帝国議会の初期から貴院議員に互選された。　[家]父=伊達宗城(宇和島藩主)

伊達 宗城　だて・むねなり
民部卿　大蔵卿　伊予宇和島藩主　[生]文政1年8月1日(1818年)　[没]明治25年12月20日　[出]江戸　号=藍山　[歴]旗本山口直勝の次男。文政12年伊予宇和島藩主伊達宗紀の養子となり、弘化元年家督を継ぐ。賢侯として知られた。一橋慶喜を将軍継嗣に擁立したことにより安政5年隠居、その後も島津久光、松平慶永、山内豊信らと公武合体派の諸侯として活躍。王政復古後、義定、外国事務総督、外国知官事、民部兼大蔵卿等を歴任。明治4年全権大使として清国に派遣され通商条約締結に努める。16年修史館副総裁に就任。

伊達 宗徳　だて・むねのり
宇和島藩知事　侯爵　[生]天保1年閏3月27日(1830年)　[没]明治38年11月29日　[歴]天保8年宇和島藩主伊達宗城の養嗣子となり、安政5年宗城が大老井伊直弼との政争に敗れ隠居、謹慎処分にされたため襲封。しかし藩政主導は避け、専ら内外で雄藩連合樹立をめざす宗城を補翼した。明治2年藩知事に就任、4年廃藩により免官された。17年伯爵、24年侯爵。

伊達 宗基　だて・むねもと
仙台藩知事　伯爵　[生]慶応2年7月15日(1866年)　[没]大正6年1月26日　[出]陸奥国仙台(宮城県)　初名=亀三郎　[歴]戊辰戦争によって謹慎を命じられ官位を止めた仙台藩士の父・伊達慶邦にかわり、明治元年仙台伊達家第30代を継ぎ、28万石を封ぜられた。2年藩籍奉還、同年6月仙台藩知事に就任、9月従五位に叙され宗基と名乗る。10月北海道紗那支配を命じられる。3年退任し、4年東京府貫属に転じ、17年伯爵となる。

立川 談志　たてかわ・だんし
元・参院議員　落語家　[生]昭和11年1月2日　[出]東京・小石川　本名=松岡克由　[学]東京高(昭和27年)中退　[歴]昭和27年5代目柳家小さんに入門。29年二ツ目になり、柳家小ゑんと名乗る。38年秋真打ちとなり、5代目立川談志を襲名。テレビ「笑点」の司会で人気を得、映画や舞台でも活躍。46年参院選全国区に出馬し当選、52年までつとめる。58年真打ち制度をめぐって落語協会と衝突し、9月脱退。11月落語立川流を創設、家元となる。平成9年9月高座で自ら食道がんであることを告白。12年3月所属事務所である立川企画を退社し、フリーとなる。14年「遺言大全集」(全14巻)を刊行。著書に「現代落語論」「あなたも落語家になれる」「世の中与太郎で、えじゃないか」「立川談志独り会」「談志百選」、「談志人生全集」(全3巻, 講談社)「立川談志遺言大全集」(全14巻, 講談社)など。落語ビデオ・CD集「立川談志ひとり会」もある。

建野 郷三　たての・ごうぞう
元老院議官　大阪府知事　実業家　⊕天保12年1月(1841年)　⊗明治41年2月16日　⊕豊前国小倉(福岡県)　旧姓＝牧野　⊛慶応2年長州再征の役、小倉落城後、同志と赤心隊を結成して主戦を堅持し、和議ののち、香春藩の参政となる。明治3年英国留学、10年西南戦争では警備隊に従軍、同年宮内省御用掛、三等侍補、翌11年太政官権大書記官を兼任。13年大阪府知事に就任した。22年元老院議官となり、同年米国特命全権公使に任ぜられた。27年実業界に転じ、唐津興業鉄道会社社長、日本移民会社監督、内外物産貿易会社取締役などとして活躍した。

館野 芳之助　たての・よしのすけ
自由党志士　⊕万延1年(1860年)　⊗明治24年9月22日　⊕常陸国(茨城県)　⊛早くから自由民権を唱え、同志と筑波山上に集まり、自由党本部改革を期して爆弾製造中片手を失う。明治18年大井憲太郎らの朝鮮独立党救援資金収集の途次、茨城県で計画暴露の端を作り、逮捕され大阪で投獄されたが、22年憲法発布で特赦、出獄した。

館林 千里　たてばやし・ちさと
社会党総務局長　⊕昭和3年1月4日　⊗平成1年10月20日　⊕福島県船引町　⊛東京大学経済学部(昭和27年)卒　⊛大学卒業後、左派社会党に入党。海外経験が豊富で昭和30年から2年間ラングーンのアジア社会党会議会同書記局に勤務したのを皮切りに、ハーバード大でキッシンジャー博士に学んだほか、46年から社会新報記者として北京に駐在。以来、国際部長、総務部長、国民運動局長、政策担当中執を歴任し、61年社会党としては初めてのノーバッチ(非議員)国際局長に就任。のち総務局長となる。

舘林 三喜男　たてばやし・みきお
衆院議員　実業家　⊕明治37年1月25日　⊗昭和51年10月22日　⊕佐賀県有田市　⊛東京帝国大学法学部政治科(昭和3年)卒　⊛在学中の昭和2年高等文官行政科試験に合格。卒業後内務省に入り、千葉県保安課長、群馬県警察部長、東久邇首相秘書官、佐賀県副知事などを歴任。27年民主党から衆院議員となり、連続3回当選。その間、自民党文化局長、農林政務次官などを歴任。政界引退後は財界に入り、42年三菱石油副社長になり、のち社長に就任。44年リコー社長となった。

建部 政世　たてべ・まさよ
林田藩知藩事　⊕安政1年12月10日(1854年)　⊗明治10年6月16日　⊕江戸上屋敷　⊛文久3年兄政和の病没により家督を相続、播磨林田藩主となる。明治2年版籍奉還を建白、聴許されて林田藩知藩事に任命される。

田中 幾三郎　たなか・いくさぶろう
衆院議員(民社党)　民主法曹協会会長　弁護士　⊕明治29年12月　⊗昭和42年11月2日　⊕三重県　⊛日本大学専門部法律科(大正9年)卒　⊛弁護士として活躍。東京地方裁判所司法委員を経て、昭和28年衆院議員に初当選。以来連続4回当選。その間、社会党三重県支部連合会長、同顧問、綱紀粛正特別委員長、民社党選挙対策副委員長を歴任。

田中 伊三次　たなか・いさじ
元・衆院議員　元・法相　弁護士　⊕明治39年1月3日　⊗昭和62年4月11日　⊕兵庫県　⊛立命館大学法学部(昭和9年)卒業　法学博士(昭和23年)　⊛勲一等旭日大綬章(昭和51年)　⊛京都市議、府議を経て昭和17年京都1区から衆院議員に当選。戦後追放を経て、24年に復活、通算15期。42年第2次佐藤内閣の法相に就任、47年の第2次田中内閣でも法相をつとめ、金大中事件ではKCIAの介入を示唆した(第6感発言)。51年ロッキード問題調査特別委員長となって灰色高官名を公

表、以後一貫して政治倫理の確立を訴えた。のち離党して、55年の選挙では無所属で当選した。58年引退。
⑱能、仕舞、茶道

田中 栄一　たなか・えいいち
元・衆院議員（自民党）　元・警視総監　日本武道館理事長　⑭明治34年10月8日　⑳昭和55年2月1日　⑲東京・浅草　⑳東京帝国大学法学部政治学科（昭和2年）卒　㊣勲二等旭日重光章（昭和46年）　㊣昭和2年内務省に入省。23年第61代警視総監に就任、29年6月まで6年4カ月つとめた。退官後の33年衆院議員に当選し、連続6期務めた。内閣官房副長官、通産政務次官、外務政務次官等を歴任。

田中 織之進　たなか・おりのしん
衆院議員（社会党）　⑭明治44年2月27日　⑳昭和53年3月2日　⑲和歌山県　⑳九州帝国大学法科卒　㊣昭和11年読売新聞社に入社。政経部次長を経て20年退社。22年衆院議員に初当選。以来8回連続当選。その間、社会党中央執行委員、青年部長、組織部長、機関紙局長、代議士会副会長、同和歌山県連会長、日本農民組合和歌山県連会長、部落解放同盟書記長、日中友好協会国交回委員長、議会制度七十年史編纂委員会委員、鉄道建設審議会委員、衆院郵政委員長等を歴任。

田中 角栄　たなか・かくえい
第64・65代首相　⑭大正7年5月4日　⑳平成5年12月16日　⑲新潟県刈羽郡西山町　⑳中央工学校土木工学科（昭和11年）卒　㊣高等小学校卒後上京、建築士から出発し、19歳で独立して設計事務所をもち、田中土建をつくり、終戦までにそれを数倍の規模に成長させた。昭和22年の総選挙で衆院議員に初当選し、以来16期連続当選。佐藤派に属し、法務政務次官を経て、39歳で郵政相として初入閣。その後、党政務調査会長、蔵相、幹事長、通産相を歴任。途中"炭鉱国管疑獄"で逮捕（無罪）されたこともあるが、保守本流の参謀役としての地歩を固めた。47年佐藤退陣を受けて田中派を結成、7月の総裁選で福田赳夫を破り、首相に就任。小学校出の首相として絶大な人気を得、日中国交正常化、日本列島改造に着手。しかし49年「文芸春秋」で、その金脈、不当な利潤を追及され、12月9日総辞職に追い込まれた。51年8月にはロッキード事件、5億円収賄容疑で逮捕起訴される。58年10月12日東京地裁で、懲役4年、追徴金5億円の実刑判決が下り、62年7月の二審でも支持された。首相退陣後も最大派閥田中派を率い、キングメーカーとして自民党に君臨していたが、60年2月脳梗塞で倒れ入院。以来一度も登院しないまま、平成2年引退。10年生家のある新潟県西山町に田中角栄記念館が開館。
㊕長女＝田中真紀子（衆院議員）、孫＝田中雄一郎（経営コンサルタント）

田中 克彦　たなか・かつひこ
元・衆院議員（社会党）　⑭昭和3年7月18日　⑲山梨県中巨摩郡玉幡村（現・竜王町）　⑳山梨農林学校（昭和21年）卒　㊣竜王町議、山梨県議4期、県会副議長を経て、昭和58年衆院議員に当選したが、61年1期で落選。

田中 義一　たなか・ぎいち
第26代首相　陸相　政友会総裁　貴院議員（勅選）　陸軍大将　男爵　⑭元治1年6月22日（1864年）　⑳昭和4年9月29日　⑲長門国萩（山口県萩市）　幼名＝音熊、号＝素水　⑳陸士（旧第8期）（明治19年）卒、陸大（明治25年）卒　㊣明治9年萩の乱に加わる。長崎で漢学を学んだ後、15年上京、陸士、陸大を卒業。日清戦争従軍後、29年参謀本部第2部に勤務、ロシア留学、日露戦争時満州軍参謀を経て、43年少将・歩兵第2旅団長、44年陸軍省軍務局長となり2個師団増設を推進。大正4年中将・参謀次長となり、7年には原内閣の陸相としてシベリア出兵を指揮。9年男爵、10年大将に進み軍事参議官となる。12年第2次山本内閣の陸相ののち、14年立憲政友会総裁に迎えられ、翌年勅選貴院議員（昭和4年まで）。昭和2年政友会内閣を組織し首相となり、外

相、拓相を兼任、普通選挙による最初の総選挙を実施した。治安維持法の改悪、3.15事件、3次にわたる山東出兵など"積極外交"を掲げて強硬な軍事路線を敷いたが、張作霖爆殺事件(満州某重大事件)や閣僚人事が"暗黒政治"の非難を浴びて4年7月総辞職し、9月急死した。　㊃父＝田中信佑(長州藩士)、息子＝田中龍夫(衆院議員)、田中義昭(大洋漁業専務)。

田中 喜太郎　たなか・きたろう
衆院議員(憲政会)　㊙安政6年6月(1859年)　㊣昭和11年5月31日　㊍石川県　㊞石川県議、同副議長等を経て、昭和31年石川郡部より、衆院議員に初当選し、以後5回当選を果たす。また、機業副社長、一ノ明銀行取締役等を務めた。

田中 啓一　たなか・けいいち
衆院議員(自由党)　参院議員(自民党)　㊙明治29年1月8日　㊣昭和52年6月10日　㊍岐阜県　㊁京都帝大経済学部(大正14年)卒　㊞農林省に入省。岐阜県副知事などを経て、昭和24年衆院議員、28年参院議員に当選。参院地方行政委員長となる。その後、日本中央競馬会顧問をつとめた。

田中 健吉　たなか・けんきち
協同党中央執行委員　元・衆院議員　社会運動家　㊙明治42年12月22日　㊣昭和30年1月13日　㊍秋田県北秋田郡上川沿村(現・大館市)　㊞早くから農民運動を続け、昭和5年の阿気村争議で懲役8カ月に処せられるなど、数度にわたって下獄。昭和14年秋田県議となり、戦後は社会党から衆院議員になったが、のちに社会革新党を結党した。

田中 源太郎　たなか・げんたろう
衆院議員(無所属)　貴院議員(多額納税)　実業家　㊙嘉永6年1月3日(1853年)　㊣大正11年4月3日　㊍丹波国桑田郡亀岡町(現・京都府)　別名＝垂水源太郎　㊞亀山藩御用達の二男として生まれる。13歳の時に庄屋・垂水家の養子となるが、兄の夭折のため復籍。明治2年亀岡陸軍会社、4年三丹物産、17年京都株式取引所、26年亀岡銀行などを創設、京都財界の中心人物として活躍。また4～6年京都で漢学や政治経済学を修め、7年追分村戸長、13年京都府議を務める。23年京都5区より衆院議員に初当選、通算3期を務めた他、30年貴院議員。京都鉄道・北海道製麻・京都電燈・京姫鉄道各社長、北海道拓殖銀行監査役等を歴任した。32年に建てられた亀岡の本邸は、今日保津川観光ホテル楽々荘として残されている。

田中 賢道　たなか・けんどう
自由民権論者　㊙安政2年(1855年)　㊣明治34年　㊍熊本　㊞肥後熊本藩の医家に生まれ、植木学校で民権思想を学ぶ。西南戦争では西郷軍に加わり、懲役5年となる。明治14年上京して自由新聞社に入社。28年朝鮮の閔妃暗殺事件に連座して投獄された。

田中 好　たなか・こう
衆院議員(日本民主党)　㊙明治19年12月　㊣昭和31年5月14日　㊍京都府船井郡園部町城南町　㊁立命館大学専門部法律科(明治43年)卒　㊞幼くして父を失い、苦学して立命館大学に進む。卒業後、京都府属、兵庫県属、内務属、内務省土木事務官、臨時震災救護事務局事務官兼鉄道省事務官を歴任。京都府の交通網整備など土木・道路行政に携わり、日本の道路法の基礎を築く。昭和11年衆院議員に初当選。以来通算4回当選。この間土木会議議員、商工省委員、厚生省行政委員、衆院厚生委員長等を務めた。また東京合同自動車社長、日本女子鉄道学校長等も務めた。

田中 耕太郎　たなか・こうたろう
文相　参院議員(緑風会)　東京大学名誉教授　最高裁長官　法学者　裁判官　㊙明治23年10月25日　㊣昭和49年3月1日　㊍鹿児島県鹿児島市　㊁東京帝大法学部独法科(大正4年)卒　法学博士(昭和5年)　㊞日本学士院会員　㊤イタリア文化功労金賞(昭和32年)、ブラジル南十字勲章(昭和32年)、イタ

リア文化勲章(昭和33年), 西ドイツ大十字勲章(昭和35年), 文化勲章(昭和35年), 勲一等旭日大綬章(昭和39年), 勲一等旭日桐花大綬章(昭和45年)
㊞内務省勤務を経て、大正6年東京帝大助教授、12年教授として商法を担当。20年10月文部省学校教育局長に転じ、21年第1次吉田内閣の文相となるが、吉田首相と対立して8ケ月で辞任。22年参院議員に当選。25年初代最高裁長官、35年国際司法裁判事を歴任した。著書「世界法の理論」は有名で、近代法学の発展に尽くした。著書は他に「会社法概論」「商法研究」「ラテンアメリカ史概説」など多数。

田中 定吉　たなか・さだきち
衆院議員(政友会)　㊐明治3年2月　㊍昭和4年1月5日　㊊讃岐国高松(香川県)　㊫専修大学理財科卒　㊞郷里高松で市会議員となり、次いで香川県会議員、議長を務め、高松商業会議所会頭。明治36年以来衆院議員当選5回、政友会に属した。一方高松銀行、高松土地建物、東京郊外土地などの重役を兼ねた。

田中 覚　たなか・さとる
元・三重県知事　元・衆院議員　㊐明治42年12月15日　㊍平成14年8月10日　㊊三重県　㊫東京帝大農学部(昭和9年)卒　㊞農林省に入り、三重県農林部長、農地部長、企画本部長を経て、昭和28年から農林省調査課長、30年から三重県知事に5選。四日市コンビナートの開発や、本田技研工業の誘致などを進めた。47年衆院議員に当選、1期。51年衆院選に出馬したが、落選。52年参院選でも落選し、引退した。

田中 茂穂　たなか・しげほ
元・参院議員(自民党)　㊐明治44年9月15日　㊍昭和57年10月11日　㊊鹿児島県　㊫東京農業大学(昭和12年)卒　㊞鹿児島県議3期を経て、昭和31年から参院鹿児島地方区で当選3回。参院議院運営委員長のほか、佐藤内閣時代の41年行管庁長官を務めた。

田中 実司　たなか・じつじ
元・衆院議員(自由党)　㊐明治27年10月18日　㊍昭和55年11月6日　㊊岐阜県　㊞岐阜市議を経て、昭和21年衆院議員に当選、1期つとめる。のち、岐阜商工会議所名誉副会頭もつとめた。

田中 彰治　たなか・しょうじ
衆院議員(自民党)　実業家　㊐明治36年6月18日　㊍昭和50年11月28日　㊊新潟県新井市　㊫岩倉鉄道学校卒　㊞鉄道勤務、樺太で農業経営、九州で炭鉱経営など転々。その間、恐かつ、詐欺などの犯歴を重ねたが、戦後の昭和24年1月、地元新潟4区から衆院選に立ち当選。大がかりな選挙違反をして一時姿を消し、裁判では有罪になったが恩赦となった。7回連続当選、うち6回は最高点。この間第1次鳩山内閣の建設政務次官、衆院決算委員長(3回)、自由党副幹事長、民主党総務、自民党新潟県連会長、自民党総務などを歴任。自民衆院決算委員長時代、航空自衛隊の戦闘機輸入をめぐってロッキードかグラマンかの論争で吉田茂内閣をゆさぶった。問題に火をつけては消して回るところから“マッチポンプ”といわれた。虎ノ門国有地払い下げ事件では小佐野賢治国際興業社主を脅し41年東京地検に逮捕され、拘置中に議員を辞職。49年東京地裁の有罪判決を受け控訴中に死亡。

田中 昭二　たなか・しょうじ
元・衆院議員(公明党)　㊐昭和2年1月6日　㊊福岡県　㊫福岡商卒, 大蔵省税務講習所熊本支所(昭和19年)卒　㊞大蔵省、国税庁勤務を経て、昭和42年から衆院議員に6選。公明党農水局次長、中央委員、税制部会長、大宰府遺跡保護特別委員長、衆院運輸委員会理事、同逓信委員会理事等を歴任。

田中 正造　たなか・しょうぞう
衆院議員(無所属)　社会運動家　㊐天保12年11月3日(1841年)　㊍大正2年9月4日　㊊下野国安蘇郡小中村(現・栃木県佐野市)　幼名＝兼三郎　㊞19歳で名主を継ぎ、領主・六角家を批判して領地

追放となる(六角家事件)。江刺県(現・岩手県)官吏を経て、明治12年「栃木新聞」を創刊。自由民権運動に参加。13年栃木県議、19年県会議長。この間中節社を組織、県令・三島通庸の施政に反対して投獄される。23年第1回衆院選で当選、以来6期つとめる。24年から半生をかけて足尾鉱毒問題にとりくみ古河財閥や政府を追及、議会活動と被害農民の"押出し"(大挙上京請願運動)を展開。33年の大弾圧(川俣事件)後、憲政本党を脱党、34年議員を辞し、幸徳秋水筆の直訴状により天皇に直訴。37年谷中村に居を移し、39年以降は谷中村遊水池化反対運動にかかわり、44年下野治水要道会を設立、利根川・渡良瀬川の治水問題に貢献した。「田中正造全集」(全20巻)がある。

田中 祐四郎　たなか・すけしろう
衆院議員(立憲民政党)　[生]慶応4年2月(1868年)　[没]昭和16年6月8日　[出]京都府　[学]立命館大学法律科・経済科卒　[歴]上鳥羽村長、京都府議、同議長、京都市議等を経て、明治35年京都2区より衆院議員に初当選。通算3期を務めた。また、淀川低水工事期成同盟会長をも務めた。

田中 寿美子　たなか・すみこ
元・社会党副委員長　元・参院議員　評論家　[専]婦人問題　[生]明治42年12月20日　[没]平成7年3月15日　[出]兵庫県神戸市　[学]津田英学塾英文科(昭和6年)卒　[賞]藍綬褒章(昭和55年)　[歴]高等女学校教師などを経て、昭和23年労働省婦人少年局に入省。25年婦人課長、29年ブリンマー大学特別研究生として留学。30年退職。同年社会党に入党。婦人問題の評論家として活動。40年社会党から参院全国区に初当選以来、当選3回。参院決算委員長、参院公害対策環境保全特別委員長など歴任後、55年社会党初の女性副委員長に就任。58年引退。著書に「新しい家庭の創造」「自立する女性へ—私の生涯から」「パラシュートと母系制」「女性解放の思想と行動」(編著)など。　[団]日本婦人会議, 婦人問題懇話会, 高齢化社会をよくする女性の会　[家]夫=田中稔男(衆院議員), 娘=田中道子(エル・コレヒオ・デ・メヒコ大学教授)

田中 清一　たなか・せいいち
元・参院議員(自民党)　富士製作所社長　[生]明治25年9月3日　[没]昭和48年11月27日　[出]福井県大野郡和泉村　[学]大阪工業専修学校(大正5年)卒　[賞]藍綬褒章(昭和29年), 勲二等瑞宝章(昭和41年)　[歴]大正7年大阪製材機工作所を設立し、昭和6年富士製作所と改称。31年沼津商工会議所会頭。34年参院議員に当選し、1期務めた。

田中 善助　たなか・ぜんすけ
元・上野町(三重県)町長　実業家　[生]安政5年(1858年)　[没]昭和21年　[出]三重県上野町(現・三重県上野市)　[歴]下駄屋の息子に生まれ、15歳で金物屋・田中家の養子に。のち、三重県内初の水力発電所の建設や、近鉄伊賀線の前身となる鉄道の開通を手がけたほか、大正13年から昭和4年まで町長として下水道整備にあたるなど、伊賀の近代化に貢献。"鉄城"のあだ名で事業家として成功を収める一方、書画や陶芸など趣味の世界でも万能の才能を発揮した。平成10年伊賀地方の文化や教育の振興を目指す前田教育会から「田中善助伝記」が出版された。

田中 善立　たなか・ぜんりゅう
衆院議員(立憲政友会)　[生]明治7年11月　[没]昭和30年2月20日　[出]愛知県　[学]東京哲学館(明治28年)卒　[歴]大谷派本願寺の中国福建省泉州布教所駐在員として布教活動にたずさわる。また台湾総督府嘱託、海軍省副参政官、第1次若槻内閣の文部政務次官、鉄道会議議員、憲政会総務、愛知県中央鉄道会社取締役社長を務める。明治45年衆院議員初当選。以来通算7回当選。著書に「台湾及南方支那」がある。

田中 武夫　たなか・たけお
衆院議員(社会党)　[生]大正1年12月　[没]昭和54年1月3日　[出]兵庫県　[学]中央大学法学科卒　[歴]昭和12年国鉄に入社。ついで川西機械(現富士通)に入社し、労働組合を結成。委員長となる。22年日本社会党に入党。30年兵庫3区より衆院議員に当選。以後6回当選を果たした。ロッキード特別委員会理事、国対・選対各委員長等を歴任。

田中 武雄　たなか・たけお
衆院議員　[生]明治21年6月26日　[没]昭和45年2月26日　[出]兵庫県姫路市　[学]青山学院高等科卒　[歴]欧米に留学し、帰国後鉄道相秘書官となる。大正9年、兵庫県から衆院議員となり、以後7回当選し、憲政会、民政党に所属する。その間、外務参与官、拓務政務次官などを歴任し、またストックホルムで催された第19回列国議会同盟会議や汎太平洋商業会議などに出席。さらに南米視察議員団長などもつとめ、戦後は幣原内閣の運輸相をつとめた。また岩見銀行頭取なども歴任した。

田中 たつ　たなか・たつ
元・衆院議員(国民協同党)　[生]明治25年8月　[没]昭和60年8月30日　[出]鳥取県　[学]米子産婆学校卒　[歴]昭和21年4月、婦人参政権が成立後初の衆院選(鳥取県)で無所属で当選(1期)、国民協同党婦人部副部長、日本産婆会名誉理事として終戦直後の混乱期に妊産婦、新生児の食糧確保に活躍した。

田中 龍夫　たなか・たつお
元・衆院議員(自民党)　元・通産相　元・山口県知事　[生]明治43年9月20日　[没]平成10年3月30日　[出]山口県萩市　[学]東京帝大法学部政治学科(昭和12年)卒　[賞]勲一等旭日大綬章(平成2年)　[歴]昭和初期の首相、田中義一陸軍大将の長男。38歳で貴族院議員から郷里山口県の初代知事を2期務めたあと、昭和28年の総選挙から山口1区で連続当選13回。福田赳夫内閣の通産相、鈴木善幸内閣の文相を務めた。平成2年引退。　[家]父＝田中義一(陸軍大将), 弟＝田中義昭(大洋漁業専務)

田中 恒利　たなか・つねとし
元・衆院議員(社民党)　[生]大正14年4月1日　[出]愛媛県東宇和郡明浜町　[学]日本大学専門部社会学科(昭和28年)卒　[賞]勲二等旭日重光章(平成8年)　[歴]宇和高教諭、愛媛労農会議副会長を経て、昭和44年から衆院議員に6選。平成8年引退。

田中 稔男　たなか・としお
元・衆院議員　日本国際問題研究協会代表委員兼理事長　社会運動家　[生]明治35年2月14日　[没]平成5年3月29日　[出]佐賀県東松浦郡唐津町(現・唐津市)　別名＝田中正文　[学]東京帝大法学部政治学科(昭和3年)卒　[歴]東大時代新人会に加盟し、昭和2年共産党学生フラクションを組織する。3年の3.15事件のあとで検挙され懲役2年執行猶予5年に処せられる。のち社会大衆党に入党し、東京市役所嘱託などを経て日本製鉄所参事としてボルネオ製鉄所建設にあたる。戦後は社会党に入党し、22年以来衆議院議員に5選。35年には同党国民運動委員長として安保闘争を指導した。のち中央執行委員。　[家]妻＝田中寿美子(参院議員)

田中 利勝　たなか・としかつ
元・衆院議員　社会運動家　[生]明治30年3月12日　[没]昭和36年11月2日　[出]栃木県上都賀郡足尾町　[学]高小卒　[歴]大正7年の米騒動で社会問題に関心を抱き、8年大日本鉱山労働同盟会に加入する。その後多くの争議に参加し、数度にわたって入獄する。のち日本大衆党などに参加し、11年郡山市議となり、戦後は社会党に入党し、22年参院議員。30年右派社会党公認で衆院議員、34年民主社会党結党に参画した。

田中 敏文　たなか・としふみ
元・北海道知事　⊕明治44年11月9日　⊗昭和57年12月20日　⊕青森県　⊕九州帝大林学科(昭和10年)卒　❀昭和10年道庁入り。林政部森林土木係長の時、全道庁職組初代委員長となり、22年の初の知事公選に社会党から立候補して35歳の全国最年少知事として当選。以後3期12年間にわたり革新道政を担当。34年に知事退任後は北海道造林技術センター会長、日本緑化センター理事、(財)工業開発研究所理事などをつとめた。　❀碁, 読書

田中 長茂　たなか・ながしげ
元・宮崎県知事　⊕明治24年6月11日　⊗昭和44年9月14日　⊕東京帝国大学政治学科(大正8年)卒　❀農林省に入り、農務局副業課長、経済更生部総務課長、農務局農政課長、農業報国会理事長などを経て、昭和26年宮崎県知事に当選。

田中 一　たなか・はじめ
元・参院議員　日刊建設通信新聞社社主　⊕明治37年5月7日　⊗平成1年4月2日　⊕青森県　⊛勲二等旭日重光章(昭和53年)　❀戦前、キリスト教社会主義運動や農民運動にかかわる一方、建設関係の新聞、雑誌の出版を手がけた。昭和25年から参院全国区で社会党から連続当選4回。参院建設委員長などを務めた。41年から53年まで日刊建設通信新聞社(現・日刊建設通信新聞社)代表取締役会長。

田中 久雄　たなか・ひさお
元・衆院議員(自民党)　⊕明治38年12月18日　⊗昭和56年4月29日　⊕三重県　⊕関西大学専門部商科(昭和3年)卒　⊛勲二等瑞宝章(昭和51年)　❀鐘紡を経て、昭和21年三重県一区から衆院議員に初当選。以来、当選5回。防衛政務次官、自民党政調副会長などを歴任。

田中 不二麿　たなか・ふじまろ
司法相　枢密顧問官　子爵　⊕弘化2年6月12日(1845年)　⊗明治42年2月1日　⊕尾張国名古屋(愛知県)　通称＝国之輔、号＝夢山、静淵　❀幕末、尊王論者として尾張藩論をまとめた。明治元年徴士、4年文部大丞。同年から岩倉具視特命全権大使に従い欧米を視察。7年文部大輔、10年米国の教育制度調査に出張、12年教育令制定に尽力。13年司法卿に転じ、14年参事院副議長、17年イタリア公使、20年フランス公使兼スイス・ポルトガル公使。23年枢密顧問官、24年第1次松方正義内閣の司法相、25年再び枢密顧問官を務め、同年子爵。教育・司法界に多くの業績を残した。著書に「米国学校法」「理事功程」がある。　❀息子＝田中阿歌麿(湖沼学者)

田中 不破三　たなか・ふわぞう
元・衆院議員(自由党)　⊕明治34年12月28日　⊗平成6年3月8日　⊕宮崎県　⊕東京帝国大学政治学科(昭和2年)卒　❀鉄道省に入省。鉄道省事務官、広島鉄道局経理部長、監督局総務課長、総務局主計課長、大臣官房文書課長を経て、情報局情報官、技術院参与技官、鉄道監、門司鉄道局長、鉄道総局総務局長を歴任。退官後の昭和24年衆院議員に当選。自由党副幹事長、衆院人事常任委員長を務め、28～29年吉田内閣の内閣官房副長官をつとめた。

田中 正巳　たなか・まさみ
元・衆院議員(自民党)　⊕大正6年6月12日　⊕北海道函館市　⊕東京帝大法学部(昭和16年)卒　⊛勲一等旭日大綬章(昭和62年)　❀昭和30年衆院議員に当選。8期つとめ、49年三木内閣の厚相に就任。55年参院議員に転じ、2期つとめた。61年対比経済援助調査特別委員長。三塚派。4年引退。

田中 万逸　たなか・まんいつ
衆院議員（自由党）　[生]明治15年9月23日　[没]昭和38年12月5日　[出]大阪府富田林市　[学]早稲田大学中退　[歴]報知新聞記者を経て、早稲田鉱山、日進織物工業取締役、石切土地監査役となる。大正4年衆院議員に当選し、以来当選14回。逓信政務次官などを歴任。戦後は国務大臣、衆院副議長、日本進歩党幹事長、自由党総務、顧問、自民党顧問などをつとめた。著書に「皇居」「雲上宝典」がある。

田中 美智子　たなか・みちこ
元・衆院議員　[専]家政学（家族・婦人問題）　[生]大正11年10月5日　[出]広島県　[学]日本女子大学家政学部社会福祉科（昭和18年）卒　[歴]女学校教師、師範学校教師、日本福祉大助教授、名古屋家裁調停委員長を経て、昭和47年以来愛知1区から共産党推薦で衆院議員に5選。平成2年引退。　[家]夫＝田中礼蔵（経済学者）

田中 光顕　たなか・みつあき
宮内相　学習院院長　警視総監　陸軍少将　伯爵　[生]天保14年9月25日（1843年）　[没]昭和14年3月28日　[出]土佐国高岡郡佐川（高知県佐川町）　旧姓＝浜田　幼名＝顕助，号＝青山，前名＝浜田辰弥　[歴]高知藩士。武市瑞山（半平太）に師事。明治維新に際して土佐勤王党に属して維新の王事に奔走し、明治元年兵庫県権判事となる。ついで大蔵権少丞、戸籍頭などを経て、4年岩倉遣外使節団員として欧米に派遣される。帰国後、7年陸軍省に入り、会計検査官となり、西南戦争では征討軍会計部長として活躍。同役後、会計局長などを経て、14年少将となり、21年予備役に編入される。この間、元老院議官、会計検査院長などを兼任。22年警視総監に転じ、25年子爵を授けられ、同年学習院院長、31年宮内大臣に就任。40年伯爵に昇ったが、同年本願寺武庫別荘買上げをめぐる収賄事件によって42年宮内大臣を辞任、政官界から引退した。大正7年臨時帝室編修局総裁。著書に「維新風雲回顧録」「歴代御製集」「維新夜話」。

田中 貢　たなか・みつき
衆院議員（日本進歩党）　東洋大学教授　[生]明治24年10月　[没]昭和36年12月21日　[出]広島県　[学]東京帝国大学政治科（大正6年）卒　商学博士　[歴]社会政策研究のため欧米に留学。その後明治大学教授、東京帝国大学経済学部講師、大日本産業報国会理事、鉄道省経済諮議員、内閣調査局参与、内務省委員等を歴任。昭和5年衆院議員に初当選。以来通算5回当選。著書に「日本工業政策」「繭生糸ノ将来」「商業政策」「商工政策及財政」「鉄鋼及機械工業」「独逸物価政策」「工業政策」等がある。

田中 弥助　たなか・やすけ
衆院議員（政友会）　第一法規出版創業者　出版人　俳人　[生]明治16年3月6日　[没]昭和18年10月9日　[出]長野県長野市中御所　俳名＝田中美穂　[歴]明治36年加除式出版の合名会社・令省社設立に参加。大正6年令省社を改組改称して大日本法令出版を設立。昭和18年同業の20余社を統合して第一法規出版を設立。戦後いち早く現行法規総覧・判例大系などの書籍を刊行、この分野で不動の地位を築いた。一方、長野県議を経て、11年衆院議員となった。また長野商工会議所会頭、長野商工会連合会長等も歴任した。俳句は明治の末、島田九万字と「葉月」「ウロコ」などを発刊して修業、のち臼田亜浪の「石楠」創刊に参加、同人となったが、間もなく「山」を出した。また一茶百年祭や善光寺奉讃俳句大会などを開催した。句集に「山霊」「美穂句集」「続美穂句集」、編著「善光寺句集」などがある。

田中 豊　たなか・ゆたか
元・衆院議員　[生]明治27年4月12日　[没]昭和63年5月16日　[出]千葉県　[学]大多喜中（明治45年）卒　[賞]長南町（千葉県）名誉町民（昭和45年），勲三等瑞宝章（昭和51年）　[歴]昭和22年4月に民主党から初当選。27年8月まで衆議院議員2期。

田中 養達　たなか・ようたつ
衆院議員（興亜議員同盟）　⊕明治18年6月　⊗昭和31年10月3日　⊕滋賀県　⊕愛知県立医学専門学校（明治41年）卒　⊕京都帝国大学産婦人科教室へ入り、医師として活躍。その後、坂田郡会議員、滋賀県議、同参本会員を歴任。第15回衆院議員補欠選挙で当選以来通算5期務める。

田中 隆三　たなか・りゅうぞう
衆院議員（立憲民政党）　文相　⊕元治1年10月（1864年）　⊗昭和15年12月6日　⊕秋田県　⊕東京帝国大学法科大学英法科（明治22年）卒　⊕農商務省に入り、鉱山監督官、衆議院書記官、法制局参事官、農商務省鉱山局長、行政裁判所評定官などをへて農商務次官となって退官。弁護士をしたのち実業界に入り、藤田鉱業、富士生命保険などの重役に就任する。その後政界に入り、衆院議員に7選。文部大臣などを歴任し、昭和8年に引退。11年枢密顧問官となった。趣味の古銭蒐集鑑定でも有名。

田中 亮一　たなか・りょういち
衆院議員（日本自由党）　⊕明治23年8月　⊗昭和20年12月26日　⊕佐賀県　⊕早稲田大学政治経済科（大正4年）卒　⊕千歳村長、神埼郡議、佐賀県議を経て、昭和3年佐賀1区より衆院議員初当選。通算5回当選を果たした。幣原内閣において、海軍政務次官、第二復員政務次官を務めた。

田中 六助　たなか・ろくすけ
衆院議員（自民党）　元・自民党幹事長　⊕大正12年1月23日　⊗昭和60年1月31日　⊕福岡県田川郡赤池町　⊕早稲田大学政経学部（昭和24年）卒業　⊕戦時中は海軍飛行予備学生。昭和24年に日本経済新聞社に入社。ロンドン支局長、政治部次長を務めたあと、池田元首相の勧めで政界に入る。福岡4区から38年以来連続8回当選。大平内閣の官房長官、鈴木内閣の通産相のあと党副幹事長2期、58年10月から幹事長を務めた。この間、鈴木内閣誕生の際は党内各派をとりまとめ、57年の中曽根内閣発足にも鈴木、田中、中曽根三派体制づくりで貢献したほか、後に新自由クラブとの連立を成功させている。また"地獄耳の六さん"といわれるほど情報収集力と行動力には定評があったが、同じ鈴木派の宮沢喜一とはしばしば対立し"一・六戦争"と評された。

棚橋 一郎　たなはし・いちろう
衆院議員（国民党）　郁文館創立者　教育家　⊕文久2年11月13日（1862年）　⊗昭和17年2月7日　⊕美濃国揖斐郡揖斐川町（岐阜県）　⊕東京大学文学部和漢文学科（明治16年）卒　⊕中村敬宇、井上円了に師事し、漢文・東洋史を修める。一高教師、女子高等師範教授などを歴任。明治22年郁文館を創立し、36年からは母が創った東京高等女学校でも教育に携わる。また21年政教社設立に同人として参加、雑誌「日本人」（のち「日本及日本人」）を発行。衆院議員、東京市議会副議長もつとめた。編著書に「英語大辞典」「仏教之前途」「論理学校授書 演繹法」「万国大年表」など。　⊕母＝棚橋絢子（東京女子学園創立者）、父＝棚橋大作（松邨）（漢学者）

棚橋 小虎　たなはし・ことら
元・衆院議員　元・参院議員　社会運動家　⊕明治22年1月14日　⊗昭和48年2月20日　⊕長野県東筑摩郡松本町（現・松本市）　⊕東京帝大（大正6年）卒　⊕大正6年友愛会に参加し、その一方で司法士となり友愛会本部に入る。7年日立争議で検挙され禁錮3カ月に処せられる。社会主義の理論家として活躍し、大原社会問題研究所の嘱託にもなる。12年ベルリン大学に入学し、その年入ソしプロフインテルン日本代表として出席。帰国後は日本労農党の創立に参加し、以後中間派の代表として活躍し、州本町議を経て、昭和5年衆議院議員選に立候補するが落選する。16年松本市議となり、戦後は社会党に入って参議院議員をつとめた。

田名部 匡省　たなぶ・まさみ
参院議員(無所属　青森)　無所属の会代表　元・衆院議員(新進党)　元・農水相　[生]昭和9年12月7日　[出]青森県八戸市　[学]立教大学経済学部(昭和32年)卒　[歴]立大、岩倉組ではアイスホッケー名DFとして活躍。スクォーバレー、インスブルック五輪に出場。引退後西武の監督、札幌五輪の監督を務めた。青森県議2期を経て、昭和54年自民党から当選して以来衆院議員に6選。平成3年10月三塚派を離脱し、加藤グループに加わる。同年宮沢内閣の農水相に就任。5年選挙後、離党し6年4月新生党に入党。同年12月新進党結成に参加。8年落選。10年無所属で参院選青森選挙区に当選。同年11月院内会派・参議院の会を経て、無所属の会代表。　[家]二女=田名部匡代(衆院議員)

田辺 国男　たなべ・くにお
元・衆院議員(自民党)　元・総務庁長官　[生]大正2年9月24日　[出]山梨県塩山市　[学]早稲田大学政経学部(昭和13年)卒　[賞]勲一等旭日大綬章(平成9年)　[歴]衆院議員に3度当選した後、昭和42年から山梨県知事を2期務め、美化・緑化運動や美術館建設を進めた。その後再び衆院議員に復帰。沖縄開発庁長官、総理府総務長官を歴任。山梨全県区より当選8回。実家は塩山市の造り酒屋で祖父は代議士、父はカミソリ将軍といわれた田辺七六。ボクシングファンでもあり、田辺ジムを経営している。平成5年落選。8年比例区で返り咲き。通算9期務めた。三塚派を経て、森派。12年引退。著書に「緑陰閑話」がある。　[趣]スポーツ，読書　[家]父=田辺七六(政治家・実業家)，長男=田辺篤(山梨県議)

田辺 熊一　たなべ・くまいち
衆院議員(立憲政友会)　[生]明治7年1月　[没]昭和15年4月17日　[出]新潟県　[学]東京法学院(明治34年)卒　[歴]巻町長、新潟県議を経て、明治41年衆院議員に初当選。以来通算9回当選。この間、鉄道会議議員を務め、また日本馬匹改良(株)取締役、日清紡績(株)取締役、東武銀行監査役、立憲政友会総務などを務める。

田辺 七六　たなべ・しちろく
衆院議員(日本進歩党)　実業家　[生]明治12年3月1日　[没]昭和27年8月1日　[出]山梨県　[歴]山梨県下の農村開発、製糸養蚕業につくす一方で、東北電力常務、千代田製紙社長、東京発電常務、関東瓦斯取締役などを歴任。大正4年県議となり、13年衆院議員に当選、7期務めた。政友会幹事長などを歴任し、戦時中は翼賛議員同盟会などに参加し、戦後は日本進歩党に属した。
[家]息子=田辺国男(衆院議員)，孫=田辺篤(山梨県議)

棚辺 四郎　たなべ・しろう
元・参院議員(自民党)　[生]大正1年8月17日　[没]昭和58年6月21日　[出]福島県　[学]高小卒　[歴]昭和21年平田村長、22年から福島県議4期、45年福島県農協五連会長を経て、46年から参院議員(自民党)を1期務める。

田辺 太一　たなべ・たいち
元老院議官　貴院議員(勅選)　外交官　漢学者　[生]天保2年9月16日(1831年)　[没]大正4年9月16日　号=田辺蓮舟
[歴]18歳で昌平黌に入り、幕府に用いられ甲府徽典館教授となる。安政6年外国方、外国奉行調役を経て、文久3年同組頭に進み、横浜鎖港談判使節池田長発に随行してパリに赴く。慶応3年徳川昭武遣欧使節の随員としてパリ博覧会に出席した。維新後横浜で輸入商を営んだが、徳川家の静岡移封後、沼津兵学校の教授となる。明治3年新政府に迎えられ、外務少丞に就任。4年岩倉遣外使節団に書記官長として随行。12年清国勤務、14年清国臨時代理公使となる。16年元老院議官、23年元老院廃止後は勅選貴院議員。晩年は維新史料編纂会委員を務め、名著「幕末外交談」(全2巻)を著わした。また詩文をたしなみ、「蓮舟遺稿」がある。
[家]父=田辺石庵(儒学者)，長女=三宅花圃(小説家・歌人)

田辺 為三郎　たなべ・ためさぶろう
衆院議員(憲政本党)　日清汽船監査役　漢詩人　実業家　[生]元治1年12月13日(1864年)　[没]昭和6年4月18日　[出]備中国浅口郡長尾(岡山県倉敷市)　号=碧堂,字=秋穀　[歴]金町製瓦、日本煉瓦会社重役を経て日清汽船監査役。後年二松学舎、大東文化大学教授となり作詩を講じた。衆院議員当選2回。実業のかたわら森春濤の茉莉吟社で漢詩を学び、のち国分青厓の影響を受けた。「碧堂絶句」「衣雲集」「凌滄集」「壮行集」などがある。

田部 長右衛門(23代目)　たなべ・ちょうえもん
島根県知事　衆院議員　[生]明治39年3月29日　[没]昭和54年9月15日　[出]島根県　[学]京都帝大経済学部(昭和8年)卒　[賞]紺綬褒章(昭和31年)　[歴]昭和17年衆院議員となる。30年からは自民党島根県連会長も兼ね、34年島根県知事に当選、3期つとめた。　[家]父=田部長右衛門(22代目)(貴族院議員),長男=田部長右衛門(24代目)(山陰中央テレビ社長)

田辺 輝実　たなべ・てるざね
貴院議員(勅選)　[生]天保12年11月(1841年)　[没]大正13年10月17日　[出]丹波国　幼名=源吾,号=賃松庵　[歴]江戸に出て山田兵庫らに学び、明治元年貢士、2年弾正小忠。6年以降、群馬、愛知、鹿児島、高知各県属を経て、14年高知県令となった。その後内務省大書記官に転じ、山林局長、土木局長、宮崎・佐賀・三重・宮城の各県知事を歴任、38年勅選貴院議員。

田辺 治通　たなべ・はるみち
元・逓信相　元・内相　逓信官僚　[生]明治11年10月17日　[没]昭和25年1月30日　[出]山梨県　[学]東京帝国大学法科大学仏法科(明治38年)卒　[歴]逓信省に入り、新潟郵便局長、東京逓信局長、大正13年通信局長などを経て、昭和2年大阪府知事となる。その後、満州国の参議府副議長などを歴任し、14年平沼内閣の内閣書記官長となり、さらに逓信相に就任。16年の近衛内閣では内相に就任。戦時中は翼賛会総務をつとめ、また大日本飛行協会会長に就任した。

田辺 碧堂　⇒田辺為三郎(たなべ・ためさぶろう)を見よ

田辺 誠　たなべ・まこと
元・衆院議員(社民党)　元・日本社会党委員長　民主党顧問　[生]大正11年2月25日　[出]群馬県前橋市　[学]逓信官吏練習所本科(昭和16年)卒　[賞]勲一等旭日大綬章(平成8年)　[歴]昭和16年逓信省に勤務。全逓群馬地本委員長、群馬県議を経て、35年以来衆院議員に当選11回。社会党旧佐々木派に一時籍を置き、その後右派の旧江田派へ。52年暮れから57年2月まで党国対委員長。党副委員長を経て、58年書記長、平成2年再び副委員長、3年委員長。5年辞任。8年引退。　[趣]スポーツ,剣道

田辺 良顕　たなべ・よしあき
高知県知事　元老院議官　[生]天保5年4月1日(1834年)　[没]明治30年2月8日　[出]越前国福井(福井県福井市城東)　字=子順　[賞]勲二等瑞宝章　[歴]代々福井藩士を務める家に生まれる。弘化4年(1847年)家督を継ぐ。武術に秀で、戊辰戦争では遊撃隊長として従軍。明治4年上京、東京府第一大区取締から少警視に進む。西南戦争に際しては陸軍中佐兼任で警視隊350人を率いて各地を転戦。のち権中警視、一等警視、巡査総長、内務権大書記官を歴任。16年高知県令(19年県知事と改められる)に就任、道路網や港湾の整備を行い、それまで陸の孤島だった高知開発の基礎を築いた。21年元老院議官となり、元老院廃止後は錦鶏間祗候の名誉を与えられた。晩年は京都に隠居した。

谷 伍平　たに・ごへい
元・北九州市長　元・国鉄常務理事　北九州市立美術館館長　[生]大正5年10月1日　[出]福岡県直方市　[学]東京帝大法学部(昭和14年)卒　[歴]昭和14年鉄道省に入り、門司鉄道局業務部長、運輸省大臣

官房文書課長などを経て、39年国鉄常務理事、40年東海道新幹線支社長をつとめ、42年以来北九州市長に当選5回。44年から国に先駆けた公害防止対策を次々にうちだして“灰色の街”を“緑の街”に変え、平成2年UNEPのグローバル500受賞式に同市特使として出席した。62年引退し、北九州市立美術館館長となる。

谷 重喜　たに・しげき
自由民権運動家　[生]天保14年4月24日(1843年)　[没]明治20年　[出]土佐国(高知県)　通称＝神兵衛　[歴]土佐高知藩士。明治3年陸軍に入り、大阪鎮台参謀長となる。のち板垣退助の立志社に参加し、10年副社長。西南戦争に際して挙兵を企てるが発覚し、禁獄1年。14年自由党の結成に尽力。

谷 干城　たに・たてき
農商務相　貴院議員　陸軍中将　子爵　[生]天保8年2月12日(1837年)　[没]明治44年5月13日　[出]土佐国高岡郡窪川村(高知県)　通称＝守部, 号＝隈山　[賞]旭日桐花大綬章(明治44年)　[歴]土佐藩士。安政3年(1856)江戸に遊び、安井息軒の塾に学び、武市瑞山の公武合体説を知る。明治維新のおりは東山道総督府大軍監。4年兵部権大丞、5年陸軍少将、6年熊本鎮台司令長官となり、7年佐賀の乱を鎮圧。台湾出兵の際は台湾蕃地事務参事として西郷従道を補佐。10年西南戦争では熊本鎮台司令官として熊本城を死守。11年陸軍中将、12年陸軍士官学校長、13年中部監軍部長。同年議会開設を建白して山県有朋らの主流派と対立し、陸軍を去る。17年学習院院長。18年第1次伊藤内閣の農商務相をつとめ、国粋主義の立場から井上馨らの条約改正案に反対し、下野。23～44年貴院子爵議員。農民保護を唱えて、地租増徴案・日露開戦に反対した。39年退役。「谷干城遺稿」(全2巻)がある。　[家]父＝谷万七(土佐藩校教授)

谷 正之　たに・まさゆき
外相　駐米大使　外交官　[生]明治22年2月9日　[没]昭和37年10月26日　[出]熊本県上益城郡　[学]東京帝国大学法科大学政治学科(大正2年)卒　[歴]外交官試験に合格し、書記官や参事官を歴任。昭和5年アジア局長となり、11年オーストリア公使を経て、14年外務次官、16年東条内閣の情報局総裁、17年同内閣の外務大臣兼情報局総裁となる。18年から20年にかけて中華民国大使に就任。戦後は公職追放となったが、29年外務省顧問となり、30年アジア・アフリカ会議代表代理、31年駐米大使、大蔵省顧問、国連第11回総会代表となった。

谷 洋一　たに・よういち
衆院議員(自民党　兵庫5区)　元・農水相　[生]大正15年12月1日　[出]兵庫県美方郡村岡町　[学]神戸第一商(昭和20年)卒　[賞]勲一等旭日大綬章(平成14年)　[歴]村岡町長2期、兵庫県公有林野協会長、県農業共済連盟理事、県過疎地域振興対策協会長を歴任後、昭和46年から兵庫県議に2選。51年以来、衆院議員に当選9回。56年自治政務次官、自民党報道局長、党国対副委員長、59年建設政務次官などののち、平成2年第2次海部改造内閣の北海道・沖縄開発庁長官に就任。12年第2次森連立内閣の農水相に就任。渡辺派を経て、村上・亀井派、のち江藤・亀井派。　[趣]登山, 魚捕り

谷垣 専一　たにがき・せんいち
衆院議員(自民党)　元・文相　[生]明治45年1月18日　[没]昭和58年6月27日　[出]京都府福知山市　[学]東京帝大法学部法律学科(昭和11年)卒　[歴]昭和11年農林省に入省。農林中央金庫監事だった昭和35年、衆院選に出馬して初当選。建設政務次官、厚生政務次官などを歴任、51年に落選したが、54年1月の補選で返り咲き、同年11月の第2次大平内閣で文部大臣をつとめた。宏池会(大平派・鈴木派)に所属、宮沢喜一を支える“七奉行”の一人に数えられてきたが、58年5月に引退を表明、療養を続けていた。
[家]長男＝谷垣禎一(衆院議員)

谷川 和穂　たにかわ・かずお

衆院議員(自民党　比例・中国)　元・法相　⑮昭和5年7月21日　⑰東京都港区　⑱慶応義塾大学法学部(昭和28年)卒、ハーバード大学大学院自治行政学専攻(昭和29年)修了、慶応義塾大学大学院政治学研究科(昭和31年)修士課程修了　⑲勲一等旭日大綬章(平成12年)　⑳ミネソタ州アドロフス大学助教授を経て、昭和33年以来衆院議員に当選9回。自民党国際部長、党情報局長、党婦人対策委員長、党副幹事長などを歴任。57年中曽根内閣の防衛庁長官に就任。58年12月の衆院選挙で現職の閣僚ながら落選。61年7月復帰、通算12期。平成元年宇野内閣の法相に就任。旧河本派を経て、高村派。　⑳読書、油絵、クラリネット演奏　⑳父=谷川昇(衆院議員)

谷川 寛三　たにがわ・かんぞう

元・科学技術庁長官　元・参院議員(自民党)　元・衆院議員　⑮大正9年6月24日　⑰高知県中村市　⑱東京帝大法学部政治学科(昭和18年)卒　⑲勲一等瑞宝章(平成5年)　⑳大蔵省に入省。主計局主計官、関東信越国税局長、銀行局検査部長を歴任。昭和43年理財局次長、44年東京国税局長を経て、45年関税局長に就任。51年衆院議員に当選、55年からは参院議員に2選。58年参院農林水産常任委員長を務めた。平成3年宮沢内閣の科学技術庁長官に就任。三塚派。4年引退。著書に「東南アジアの租税制度」「日本の税金」「清如蘭―土佐と日本と世界」、訳書に「コンラードの租税心理学」など。　⑳園芸、書画鑑賞、剣道

谷河 尚忠　たにかわ・なおただ

衆院議員(自由党)　⑮天保5年3月(1834年)　⑯大正7年6月27日　⑰岩手県　⑳岩手県議、同副議長、教育協会副会長などを経て、明治23年岩手1区より衆院議員に当選。以後、27年まで通算4回当選。また、高知県知事も務めた。

谷川 昇　たにかわ・のぼる

衆院議員(自由党)　内務省警保局長官僚　⑮明治29年5月27日　⑯昭和30年2月28日　⑰広島県加茂郡　⑱イリノイ大学政治経済学科卒、ハーバード大学大学院自治行政学専攻修了　⑳大正時代アメリカへ留学。13年内務省に入り、昭和17年東京市市民局長、18年東京都防衛局長。戦後は20年山梨県知事を経て、21年幣原内閣の警保局長。22年より衆院議員に当選2回、自由党幹事長内定の段階で公職追放。落選中の25年指名手配中の共産党徳田球一書記長に潜伏場所を提供、2月から8月まで逗子市川間町の台湾系中国人邸にかくまい、神戸港から北京への密出国に協力した秘話は、政界を驚かした。　⑳長男=谷川和穂(法相)

谷口 慶吉　たにぐち・けいきち

参院議員(自民党)　⑮明治34年11月10日　⑯昭和46年11月14日　⑰鹿児島県　⑱川辺中卒　⑳鹿児島県経済農協連会長を経て、昭和34年参院議員に当選。39年農林政務次官、参院運輸委員長をつとめた。

谷口 善太郎　たにぐち・ぜんたろう

元・衆院議員　元・日本共産党中央委員作家　⑮明治32年10月15日　⑯昭和49年6月8日　⑰石川県能美郡国府町和気(現・辰口町)　筆名=磯村秀次、須井一、加賀耿二、田井善三　⑱高小卒　⑳大正10年京都で清水焼工場に就職、11年京都府陶磁器従業員組合に加入、陶磁器工ストライキを指導。12年日本共産党京都支部創立に参加、13年京都労働学校を設立。昭和3年3.15事件で検挙されたが、結核で出所。病臥中に磯村秀次の名で「日本労働組合評議会史」を書く。また須井一、加賀耿二の筆名で「綿」「清水焼風景」などの小説を発表。15年中央公論特派員として中国を視察、16年大映に入社。戦後20年共産党再建に参加、京都府委員。24年衆院議員に当選。25年のレッドパージで追放され、27年解除、党京都府委員長。35年総選挙で

当選、以後連続6回当選。45年同党国会議員団長。この間36年から同党中央委員を務めた。

谷口 久次郎　たにぐち・ひさじろう
元・滋賀県知事　[生]明治19年6月15日　[没]昭和48年8月9日　[出]滋賀　[歴]永原村長、滋賀県会議員、県産業組合副会長などを経て、昭和27年県農連会長となる。33年滋賀県知事選に出馬して当選、連続2期つとめた。

谷口 弥三郎　たにぐち・やさぶろう
参院議員(自民党)　久留米大学学長　[生]明治16年8月13日　[没]昭和38年8月19日　[出]香川県三豊郡大野原町　[学]熊本医学校(明治35年)卒　医学博士　[歴]熊本医専教授、県立熊本病院婦人科、産科部長、日本医師会長等を歴任。昭和22年最初の参院選に当選、通算3期務める。その間、民主党参院議員総会長、両院議員総会長、自民党参院議員総会副会長、参院決算委員長等を務めた。また久留米大学学長、実権医学研究所所長(社)日本母性保護医協会会長等となる。著書に「妊娠悪阻及びその療法」「優性保護法詳解」など。

谷沢 龍蔵　たにざわ・りゅうぞう
衆院議員(大同倶楽部)　[生]嘉永5年6月(1852年)　[没]大正7年4月1日　[出]滋賀県　[学]小浜藩立学校　[歴]弁護士などを経て、大津町議、滋賀県議、県会議長、大津市議などを歴任した後、明治27年大津市より衆院議員に当選。以後、37年までに通算4回当選。また、大津地裁所属弁護士会長、法律取り調べ委員、琵琶湖治水会長なども務めた。

谷原 公　たにはら・いさお
元・衆院議員(日本進歩党)　[生]明治17年9月　[没]昭和57年11月6日　[出]徳島県　[学]明治大学法律科(大正3年)卒　[歴]小学校長、川上村長、徳島県議を経て、大正13年5月から昭和20年12月までの間に徳島1区から衆院議員に当選4回。徳島弁護士会長なども務めた。

谷森 真男　たにもり・さねお
貴院議員(勅選)　[生]弘化4年5月(1847年)　[没]大正13年12月10日　[出]江戸　[歴]明治2年官吏となり、少史などを経て、23年太政官権大書記官、さらに内閣書記官、元老院議官、香川県知事などを歴任、31年勅選貴院議員となった。維新当時、国事に尽力、また歴代天皇の御陵発見に貢献した。

頼母木 桂吉　たのもぎ・けいきち
東京市長　衆院議員(民政党)　逓信相　報知新聞社長　[生]慶応3年10月10日(1867年)　[没]昭和15年2月19日　[出]安芸国(広島県)　旧姓＝井上　[学]東京第一高等中学校(一高)卒　[歴]アメリカに留学し、帰国後浅草区議、東京市議をつとめる。また報知新聞記者、同社営業部長を経て実業界に入り、東京毎日新聞社、帝国通信社などの社長を歴任。大正4年東京市より衆院議員となり、連続9回当選。この間、公友倶楽部、憲政会に所属し、大正11年憲政会幹事長、13年同総務、14年～昭和2年逓信政務次官、4年民政党総務などを歴任し、11年広田内閣の逓信大臣となる。のち報知新聞社長、14年東京市長となった。
[家]養子＝頼母木真六(政治家)，妻＝頼母木駒子(バイオリニスト)

頼母木 真六　たのもぎ・しんろく
衆院議員(日本進歩党)　ジャーナリスト　[生]明治32年1月26日　[没]昭和43年8月3日　[出]東京　旧姓＝関　[学]慶応義塾大学文学部独文科(昭和9年)中退　[歴]カリフォルニア大学に学び、カリフォルニア州日米新聞記者、大阪朝日新聞サンフランシスコ特置員、東京朝日新聞記者となる。その後日本放送協会に入り、国際課長、部長を歴任。昭和17年衆院議員となり、運輸大臣秘書官となった。戦後はいちじ追放されたが、26年解除され、改進党副幹事長などをつとめた。
[家]養父＝頼母木桂吉(政治家)，養母＝頼母木駒子(バイオリニスト)

田畑 金光　たばた・かねみつ
元・いわき市長　元・参院議員　元・衆院議員(民社党)　[生]大正3年1月22日　[出]鹿児島県　[学]東京帝大法学部卒　[賞]勲二等旭日重光章(昭和59年)　[歴]昭和22年から福島県議2期を経て、28年から参院議員2期、42年から衆院議員2期、49年からいわき市長3期を歴任。61年落選した。

田畑 政一郎　たばた・まさいちろう
元・衆院議員(社会党)　[生]大正13年2月15日　[没]平成6年5月21日　[出]福井市　[学]北陸中卒　[歴]国鉄に勤務の後、福井県議、福井県労働組合評議会事務局長を歴任。昭和51年福井全県区から衆院議員に当選。連続2期務め、55年落選し引退。

田原 武雄　たはら・たけお
元・参院議員(自民党)　[生]明治43年12月15日　[没]昭和63年10月25日　[出]鹿児島県揖宿郡頴娃町　[学]陸士(昭和13年)卒　[賞]勲五等端宝章(昭和19年), 勲三等旭日中綬章(昭和58年)　[歴]戦後、頴娃町農業振興会長、頴娃町議などを経て、昭和50年から3年間、鹿児島県経済農協連合会長。52年から参院議員(鹿児島地方区)当選1回。56年沖縄開発政務次官をつとめた。

田原 春次　たはら・はるじ
衆院議員(社会党)　社会運動家　[生]明治33年7月28日　[没]昭和48年7月14日　[出]福岡県京都郡行橋町(現・行橋市)　[学]早稲田大学専門部法律学科(大正11年)卒, ミズーリ州立大学卒　[歴]大正12年留学渡米し、帰国後東京朝日新聞に入社。その後、全国大衆党の機関誌主任となって社会運動に専念し、農民運動にも参加。昭和12年社会大衆党より衆院議員となる。18年ニューギニア海軍民政府嘱託などをつとめて帰国。戦後は社会党創立発起人。27年以後衆院に5回当選。35〜44年政界引退まで部落解放同盟福岡県連委員長を務めた。

田渕 哲也　たぶち・てつや
元・参院議員(民社党)　[生]大正14年11月11日　[出]兵庫県神戸市　[学]大阪大学工学部(昭和21年)中退　[賞]勲二等旭日重光章(平成8年)　[歴]昭和26年大阪日産自動車入社。33年大阪日産自動車労組組合長。38年自動車労連販労組合長、40年自動車労連副会長を歴任。43年から参院議員に4選。平成4年引退。　[趣]囲碁

田渕 豊吉　たぶち・とよきち
衆院議員(無所属)　[生]明治15年2月23日　[没]昭和18年1月15日　[出]和歌山県御坊(現・御坊市)　[学]早稲田大学政治科(明治41年)卒　[歴]ベルリン大、ライプチヒ大、ミュンヘン大等に学ぶ。大正9年に衆院議員に初当選して以来、通算5期つとめる。

玉置 一徳　たまき・いっとく
衆院議員(民社党)　[生]明治45年7月3日　[没]昭和53年11月26日　[出]京都府　[学]京都帝国大学法学部卒　[歴]農協会長、京都府農業経済連会長、府農業会議議員等を歴任。京都府議を3期務める。昭和35年民社党結成に参加、衆院議員に初当選。以来通算5回当選。民社党国会対策副委員長、議案審査会会長、同党京都府連顧問を務める。また45年(社)南太平洋友好協会を設立し、戦没者の遺骨収集、法要を続けた。　[家]息子＝玉置一弥(衆院議員)

玉城 栄一　たまき・えいいち
元・衆院議員(公明党)　[生]昭和9年2月9日　[出]沖縄県平良市　[学]宮古高卒, 速記者養成所(昭和30年)卒　[歴]昭和44年那覇市議を経て、51年以来衆院議員に6選。平成5年引退。

玉置 和郎　たまき・かずお
衆院議員(自民党)　総務庁長官　宗教政治研究会会長　[生]大正12年1月1日　[没]昭和62年1月25日　[出]和歌山県御坊市　[学]北京中央鉄路学院本科(昭和16年)修了, 拓殖大学大学院(昭和41年)修了　[歴]終戦後、製塩、ゴム工場などさまざまな商売に手を出し、やがて上京、自

民党本部職員となる。早川労相秘書を経て、「成長の家」の支援で昭和40年以来、参院当選3回。党総務、参院行革委員長、農林政務次官、沖縄開発政務次官等歴任。40年代後半から青嵐会きっての“暴れん坊”として売り出す。52年には宗教政治研究会を設立、「参院のドン」「政界のフィクサー」「寝業師」の異名をとった。58年衆院にクラ替えし、2期。61年第3次中曽根内閣の総務庁長官に就任、在任中に死亡した。 [趣]剣道 [家]兄＝玉置修吾郎（御坊市長）

玉置 一弥　たまき・かずや
衆院議員（民主党 比例・近畿） [生]昭和19年7月8日 [出]京都府相楽郡加茂町 [学]同志社大学法学部（昭和41年）卒 [歴]昭和42年日産自動車に入社するが、53年衆院議員の父・玉置一徳が急死し、54年の補選で民社党から衆院議員に当選。5期つとめたのち、平成2年、5年落選。8年新進党より返り咲き。通算7期目。10年1月新党友愛に参加、4月民主党に合流。 [家]父＝玉置一徳（衆院議員）

玉置 吉之丞　たまき・きちのじょう
参院議員（緑風会） 衆院議員（立憲政友会） 和歌山県商工会議所会頭 [生]明治19年8月 [没]昭和36年4月7日 [出]和歌山県 [歴]和歌山県議を経て、昭和7年衆院議員に初当選、以来2期務める。22年参院議員に転じ1期。かたわら、昭南工業社長、和歌山県商工会議所会頭を歴任。

玉置 信一　たまき・しんいち
衆院議員（自由党） [生]明治28年7月 [没]昭和50年6月11日 [出]北海道 [学]満州法政学院政治学院政治経済科（大正12年）卒 [歴]留萌町議、同議長、北海道議、同参事会員を務める。昭和24年衆院議員に初当選。以来連続3回当選。その間、第5次吉田内閣の北海道開発政務次官、自由党総務、政調会海運部副部長などを務める。

玉沢 徳一郎　たまざわ・とくいちろう
元・衆院議員（自民党） 元・農水相 [生]昭和12年12月16日 [出]岩手県下閉伊郡田老町 [学]早稲田大学大学院国際政治学科（昭和40年）修了 [歴]反共政治団体MRAを経て、海部俊樹秘書となり、昭和44年衆院選に出馬。51年当選を果たし、以来7選。平成6年村山内閣の防衛庁長官。11年10月小渕第2次改造内閣の農水相に就任。12年4月森連立内閣でも留任したが、6月の総選挙で落選。13年参院選に立候補。三塚派を経て、森派。

田万 広文　たまん・ひろふみ
元・衆院議員（民社党） 弁護士 [生]明治39年5月17日 [没]昭和61年5月9日 [出]香川県 [学]京都帝大法学部卒 [賞]勲二等瑞宝章（昭和51年） [歴]昭和21年の衆院選挙で社会党公認で初当選以来35年まで当選5回。35年1月民社党結党と同時に民社党に入党。死刑囚の再審・財田川事件の弁護人としても活躍した。

田村 賢作　たむら・けんさく
元・参院議員（自民党） [生]明治37年7月5日 [没]平成1年1月11日 [出]茨城県 [学]栃木師範（昭和4年）卒 [賞]勲三等旭日中綬章 [歴]栃木県会議長などを経て、昭和40年参院栃木地方区から参院議員に当選1回。行政管理政務次官などを務めた。

田村 惟昌　たむら・これまさ
衆院議員（憲政本党） [生]安政3年3月（1856年） [没]大正15年7月30日 [出]富山県 [歴]富山県議、同副議長、県勧業諮問会員を経て、明治23年7月に衆院議員に初当選。以来、通算4回当選。また富山日報社社長を務めた。

田村 順之助　たむら・じゅんのすけ
衆院議員（政友本党） [生]安政5年8月（1858年） [没]昭和14年1月19日 [出]栃木県 [歴]栃木県議、同常置委員、同副議長を経て、明治27年3月に衆院議員に初当選。以来、通算11期つとめた。

田村 新吉　たむら・しんきち
貴院議員(多額納税)　衆院議員　神戸商業会議所会頭　実業家　[生]文久3年12月(1863年)　[没]昭和11年11月9日　[出]大阪・中之島　[学]シヨトクワ文学会理文科(米国)(明治17年)卒　[歴]明治10年神戸の輸出茶商に勤務。17年渡米、21年バンクーバーに日加貿易店を開業。30年神戸に本店を移し、各地に支店を設け、欧米、中国、南洋に業務を拡張した。また日加合同貯蓄銀行、日加信託、日本精米、東京内燃機工業各株式会社を経営。カナダ政府名誉事務官、44年神戸商業会議所副会頭、のち会頭となった。大正4年神戸市から衆院議員当選、7年臨時国民経済調査会委員などを務めた。8年ワシントンの国際労働会議資本家代表、14年多額納税者貴院議員となった。

田村 虎一　たむら・とらいち
元・衆院議員(自由党)　弁護士　[生]明治27年2月1日　[没]昭和58年7月11日　[出]山口県　[学]中央大学法学部(大正7年)卒　[歴]岩国町議、山口県議会副議長を歴任し、昭和22年山口二区から衆院当選一回。　[家]息子＝田村弥太郎(仙台高検検事長)

田村 元　たむら・はじめ
元・衆院議員(自民党)　元・衆院議長　元・通産相　[生]大正13年5月9日　[出]三重県松阪市　[学]慶応義塾大学法学部(昭和25年)卒　[賞]西ドイツ功労勲章大功労十字星章付大綬章(昭和63年), イタリア共和国有功勲章大十字章(平成1年), 勲一等旭日桐花大綬章(平成6年)　[歴]宮前中教諭、衆院議員前田穰秘書、中外炉工業勤務を経て、昭和30年以来衆院議員に14選。この間、35年建設政務次官、37年労働政務次官、43年衆院大蔵委員長、46年自民党広報委員長、47年田中内閣労働大臣、51年福田内閣運輸大臣、党国対委員長等を歴任。61年第3次中曽根内閣で通産大臣となり、竹下内閣でも留任。平成元年6月衆院議長に就任。大野派、村上派、水田派を経て、昭和50年から田中派、62年竹下派、のち無派閥。平成8年引退。　[家]父＝田村稀(衆院議員)

田村 秀吉　たむら・ひできち
衆院議員(日本進歩党)　[生]明治28年4月　[没]昭和30年10月9日　[出]徳島県　[学]東京帝国大学大学院政治科修了　[歴]内務省、青森県、帝都復興院などに務める。その後、弁護士として活躍。また大東亜研究所を主宰。昭和11年衆院議員初当選。以来3回連続当選。その間、大蔵省委員、小磯内閣の大蔵参与官を歴任。著書に「経済難局と軍費節約」「電力国家管理の現状と将来」がある。

田村 文吉　たむら・ぶんきち
参院議員(緑風会)　北越製紙社長　[生]明治19年9月22日　[没]昭和38年6月26日　[出]新潟県長岡市　[学]東京高等商業学校専攻部(明治43年)卒　[歴]越後鉄道経理課長を経て、大正4年北越製紙支配人に、昭和10年同社社長、25年会長となり、31年再度社長となる。また22年から2期参院議員をつとめ、吉田内閣の郵政相兼電気通信相となる。また紙パルプ連合会会長、国土審議会委員などを歴任した。　[家]父＝田村文四郎(北越製紙創業者)

田村 良平　たむら・りょうへい
元・衆院議員(自民党)　[生]大正6年10月13日　[没]平成7年12月16日　[出]高知県香美郡土佐山田町　[学]早稲田大学政経学部(昭和15年)卒　[賞]勲二等旭日重光章(昭和63年)　[歴]昭和22年高知県議に当選。5期つとめたあと、38年高知全県区から衆院議員に当選7回。45年建設政務次官、57年衆院地方行政常任委員長を務める。旧田中派二階堂系。平成2年引退。　[趣]乗馬　[家]長男＝田村公平(参院議員)

玉生 孝久　たもう・たかひさ
元・衆院議員(自民党)　[生]大正13年3月1日　[没]平成10年7月26日　[出]富山県婦負郡八尾町　[学]都立化学工業専門学校応用化学科(昭和20)卒　[賞]勲二等瑞宝章(平成6年)　[歴]八尾町議を経て昭和30

年以来富山県議を6期務める。43年富山県議会議長を経て46年自民党富山県連幹事長。51年から衆院議員を3期務め56年文部政務次官、57年国土政務次官を歴任。58年には落選したが61年の衆参同時選挙で返り咲いた。富山1区から通算4期。平成2年引退。旧中曽根派。
[趣]書道, 絵画, 古美術, 盆栽, スポーツ

田母野 秀顕　たもの・ひであき
自由民権運動家　[生]嘉永2年(1849年)　[没]明治16年11月29日　[出]陸奥国三春(福島県)　旧姓＝赤松　[歴]三春藩士の子に生れるが、幼くして父を失い、修験者田母野浄因に養われる。戊辰戦争の際、河野広中らと三春藩の恭順を説き、会津討伐の官軍に協力。のち河野らと共に自由民権運動に加わり、明治11年三師社を設立、自由党福島部の結成、「福島自由新聞」の創刊に尽力し、東北地方に民権論をおこした。国会開設運動、自由党結成などに活躍したが、15年福島事件に連座し、翌16年軽禁獄6年の刑を受け、石川島に幽閉され、獄死した。

田谷 充実　たや・じゅうじつ
元・石川県知事　[生]明治35年7月27日　[没]昭和38年2月27日　[出]石川　[学]京都帝国大学法律学科(昭和3年)卒　[歴]農林中金評議員、石川県農業協同組合中央会長などを経て、昭和30年石川県知事選挙に出馬して当選、連続2期つとめた。

樽井 藤吉　たるい・とうきち
衆院議員　社会運動家　[生]嘉永3年4月14日(1850年)　[没]大正11年10月25日　[出]大和国宇智郡霊安寺村(奈良県五条市)　別名＝森本藤吉, 号＝丹芳, 丹木　[歴]明治元年上京して、井上頼圀、林鶴梁に学ぶ。西南戦争時は西郷隆盛に加担した。15年長崎県島原で東洋社会党を結成、社会平等と公衆の最大福利を綱領に採択したが、翌年逮捕される。出獄後「佐賀日報」の編集に携わる。のち大陸に渡り、上海で東洋学館の設立に参加。朝鮮独立党の金玉均に交わり、18年大阪事件に連座。25年衆院議員に当選。東洋自由党を結成。一時森本姓を名のり、28年旧姓(樽井)に復帰する。30年には社会問題研究会幹事となり、足尾鉱毒事件にも関心を持つ。晩年は朝鮮や清国で鉱山を経営。著書に大アジア主義に基づく日韓対等合併を主張した「大東合邦論」や「明治維新発祥記」などがある。

田原 隆　たわら・たかし
元・衆院議員(自民党)　元・法相　[生]大正14年9月8日　[出]大分県西国東郡大田村　[学]九州大学工学部土木工学科(昭和24年)卒　工学博士　[賞]勲一等瑞宝章(平成8年)　[歴]昭和24年建設省入省。48年防災課長、50年九州地方建設局を経て退官。54年以来衆院議員に6選。平成3年宮沢内閣の法相に就任。8年落選。竹下派を経て、旧小渕派。　[趣]囲碁, 書道

俵 孫一　たわら・まごいち
衆院議員　商工相　民政党幹事長・政調会長　官僚　[生]明治2年5月7日　[没]昭和19年6月17日　[出]島根県浜田市　[学]帝国大学法科大学(現・東大法学部)英法科(明治28年)卒　[歴]明治42年朝鮮総督府臨時調査局副総裁、以後、三重・宮城県知事、北海道庁長官を歴任して政界に入る。大正13年憲政会・民政党から衆議院議員に初当選後、通算6回当選。加藤内閣の鉄道・内務各政務次官を経て、昭和4年民政党幹事長となり、浜口内閣に商工相として入閣。辞任後も党総務、政調会長を務め、党長老として戦前の政党政治に力を尽くした。太平洋戦争2年目、17年の翼賛選挙では推薦を受けながらも落選、2年後に死去。
[家]弟＝俵国一(冶金学者), 孫＝俵孝太郎(政治評論家)

団 伊能　だん・いのう
参院議員(民主党)　プリンス自動車工業社長　実業家　[生]明治25年2月21日　[没]昭和48年2月9日　[出]福岡県大牟田　雅号＝疎林庵宗鳥　[学]東京帝大文科大学哲学科(大正6年)卒　[歴]ハーバード大学、リヨン大学に留学し、帰国後東京帝大講師となり、助教授を経て、昭和21年貴族院議員に勅選される。22年か

ら2期参院議員となり、厚生政務次官、自由党総務などを歴任。またブリヂストン自転車工業社長、プリンス自動車工業社長、箱根ハイランドホテル会長、九州朝日放送社長なども歴任した。㊫父＝団琢磨(三井合名会社理事長), 弟＝団勝磨(発生生物学者), 長男＝団伊玖磨(作曲家)

丹下 茂十郎　たんげ・もじゅうろう
衆院議員(政友会)　㊐明治13年8月　㊰昭和13年2月4日　㊞愛知県　㊭20歳で学校中退、愛知県技手、同県属、農商務省事務官補、滋賀県産業主事、同理事官などを経て、大正13年以来衆院議員当選6回。政友会に属し愛知県党幹事長。その後大蔵参与官をつとめた。

丹後 直平　たんご・なおへい
衆院議員(立憲政友会)　㊐安政2年10月(1855年)　㊰大正9年3月17日　㊞新潟県　㊫東京帝国大学文学部　㊭北蒲原郡議、新潟県議、徴兵参事員などを経て、明治23年新潟県郡部より衆院議員に当選。以後、27年までの3期連続および35年から37年までの3期連続の通算6回当選を果たした。

【ち】

近岡 理一郎　ちかおか・りいちろう
衆院議員(自民党　山形3区)　元・科学技術庁長官　㊐大正15年9月7日　㊞山形県最上郡真室川町　㊫陸士(昭和20年)卒　㊭父は県議。真室川町議を経て、昭和34年以来山形県議に6選。54年県会議長を経て、55年衆院議員に当選。平成8年第2次橋本内閣で科学技術庁長官に就任。当選7回。竹下派、旧小渕派を経て、橋本派。

千頭 清臣　ちかみ・きよおみ
貴院議員(勅選)　二高教授　内務官僚　教育者　㊐安政3年11月8日(1856年)　㊰大正5年9月9日　㊞土佐国高知(高知県)　幼名＝徳馬　㊫東京大学文学部(明治13年)卒　㊭東大予備門で教え、明治19年英国留学。帰国後第一高等中学校教諭、次いで高知中学校長、造士館教授、二高教授を歴任。のち、内務書記官に転じ、栃木･宮城･新潟･鹿児島各県知事を務め、40年勅選貴院議員。その後一時東京日日新聞を経営した。著書に「ナポレオン伝」「坂本龍馬伝」など。

千阪 高雅　ちさか・たかまさ
貴院議員(勅選)　内務官僚　実業家　㊐天保12年閏1月19日(1841年)　㊰大正1年12月3日　㊞出羽国米沢(山形県)　幼名＝浅之助, 諱＝迪, 字＝康民, 通称＝与市, 左郎右衛門, 号＝梁川, 嘉遯斎　㊭文久3年家督を継ぎ、慶応2年米沢藩国家老、維新の変に軍事総督。明治3年大参事となり、4年藩主に従って英国遊学、6年帰国。内務省に入り、9年権少丞。10年西南戦争に従軍、陸軍中佐。12年石川県令、次いで内務大書記官、さらに岡山県令、同知事を歴任。のち退官して実業界に転じ、両羽銀行、宇治川水電、横浜水電、横浜倉庫、東京米穀商局取引所などの重役を務めた。27年〜大正元年勅選貴院議員。　㊫二男＝千阪智次郎(海軍中将)

地崎 宇三郎　ちざき・うさぶろう
元・衆院議員(自民党)　元・運輸相　地崎工業社主　㊐大正8年7月21日　㊰昭和62年11月11日　㊞北海道札幌市　㊫立命館大学経済専門部(昭和15年)中退　㊮藍綬褒章(昭和50年), 北海道開発功労賞(昭和63年)　㊭昭和19年地崎組社長、48年地崎工業と改称し、社主。38年から衆院に7選し、54年第2次大平内閣の運輸相に就任。58年引退。北海タイムズ会長、日刊スポーツ北海道本社社長、札幌大学理事長などもつとめた。酒豪で焼酎を愛し、またピカソを愛した。　㊙ゴルフ, 囲碁, 読書, 少林寺拳法　㊫長男＝地崎昭宇(地崎工業社長)

千田 謙蔵　ちだ・けんぞう

元・横手市長　⽣昭和6年10月22日　⽣地秋田県横手市　⽣東京大学経済学部商業学科(昭和28年)卒　藍綬褒章(平成4年)、勲三等瑞宝章(平成14年)　大学の自治権が問題となった東大ポポロ事件当時の学生自治会委員長。昭和27年逮捕され、一審、二審は無罪となったものの、38年最高裁で差し戻しとなり、58年3月懲役6月執行猶予2年の有罪が確定した。この間、帰郷して、茶販売業を経て、34年から横手市議を3期つとめ、46年には市長に当選した。5期務め、平成3年引退。この間、全国昭和市長会長、東北市長会副会長などをつとめた。市長退任後、自治大学校講師、欧州視察などをしていたが、5年再び市議として立候補し、当選。著書に「小さくともキラリと―かまくらのまちの市長日記」。

千田 正　ちだ・ただし

元・岩手県知事　元・参院議員　⽣明治32年4月28日　⽣昭和58年2月5日　⽣地岩手県　⽣早大商学部(大正14年)卒、ハイドルバーグ大(米国)(昭和2年)卒　勲一等瑞宝章(昭和47年)　欧米に留学後、昭和22年、岩手地方区から無所属で参議院に立候補し初当選、3期務める。38年岩手県知事となり、4期16年務めた。

千葉 三郎　ちば・さぶろう

労相　衆院議員(自民党)　⽣明治27年1月25日　⽣昭和54年11月29日　⽣地千葉県　⽣東京帝国大学仏法科(大正8年)卒、プリンストン大学大学院(大正9年)修了　時事新報、鐘紡、日本火工、相模鉄道、日本石油などの重役を務め、技術院次長、宮城県知事を歴任。大正14年以来衆院議員12選。昭和24年民主党政調会長、25年国民民主党結成で幹事長となり、改進党結成運動の時は荒木万寿夫らと一新会を作った。29年第1次鳩山一郎内閣の労相、のち自民党憲法調査会長をつとめ、51年引退。この間、東京農業大学学長、日本パラグアイ協会名誉会長もつとめた。著書に「創造に生きて」がある。

千葉 七郎　ちば・しちろう

元・衆院議員(社会党)　⽣明治38年9月27日　⽣昭和62年12月9日　⽣地岩手県東磐井郡千厩町　⽣高小(大正9年)卒　勲三等旭中綬章(昭和50年)　昭和の初めから農民運動に取り組む。新聞記者を経て千厩町議3期、岩手県議2期を務め、38年衆院議員に初当選して通算2期。49年社会党岩手県本部委員長、50年から同顧問。

千葉 千代世　ちば・ちよせ

元・参院議員(社会党)　⽣明治40年4月6日　⽣平成3年3月10日　⽣地千葉県安房郡大山村(現・鴨川市)　⽣文化女学校専門部(昭和4年)卒　勲二等瑞宝章(昭和52年)　15歳で上京、書生をしながら家庭科教師、保健婦の資格をとる。昭和4年港区の小学校の学校衛生婦、16年養護訓導。20年社会党結党と同時に入党。日教組婦人部長となり、平塚雷鳥や市川房枝らと交流。34年参院選全国区に初当選。社会労働委員長をつとめ、40年再選。51年衆院千葉3区から繰り上げ当選し、1期つとめた。54年引退。　読書、旅行、演劇

千葉 貞幹　ちば・ていかん

大分県知事　長野県知事　⽣嘉永5年2月10日(1852年)　⽣大正2年3月26日　⽣地大和国十津川(奈良県)　明治6年宮内省に勤務、のち司法省に転じて岡山、神戸の地方裁判所長を経て、大分県知事、長野県知事を歴任。

千葉 禎太郎　ちば・ていたろう

衆院議員(政友会)　神国生命保険会社社長　⽣弘化4年2月(1847年)　⽣昭和6年4月21日　⽣地上総国市原郡海上村(千葉県)　漢学を修める。千葉県内の戸長、村会議員、県会議員を経て、衆院議員当選5回、政友会に属した。実業界では神国生命保険会社社長、興業貯蓄銀行監査役、成田鉄道監査役を歴任。一方農業界、水産界、教育界で多くの名誉職を務めた。

千葉 信　ちば・まこと
参院議員（社会党）　[生]明治37年9月　[没]昭和45年12月26日　[出]北海道　[学]札幌通信生養生所普通科（大正8年）卒　[歴]札幌電信局事務員となり、同局主事を務める。後に全逓道地方委員長、北海道地方労組協議会議長、全逓電通顧問となる。昭和22年参院議員に初当選。以降3選。参院人事・決算・社会労働各委員長、左派社会党議員会長等を歴任、社会党議員会長となる。

中馬 興丸　ちゅうま・おきまる
衆院議員　尼崎市医師会長　医師　[生]明治4年2月　[没]昭和11年3月14日　[出]摂津国尼崎（兵庫県）　旧姓＝天崎　[学]東京帝国大学医学部（明治31年）卒　[歴]兵庫県立姫路病院副院長を務めた後、尼崎市に病院を開業した。尼崎市医師会長、尼崎訓盲院長を兼任。朝鮮平安漁業（株）取締役。大正14年以来衆院議員当選3回。

中馬 馨　ちゅうま・かおる
大阪市長　[生]明治37年11月20日　[没]昭和46年11月8日　[出]宮崎県児湯郡　[学]早稲田大学政治経済学部政治学科（昭和4年）卒　[歴]大阪市役所に入り、市民局長、総務局長などを経て、昭和23年助役となる。31年辞任するまで戦後大阪の復興に尽力する。38年大阪市長に当選、以後3期連続当選し、この間日本万国博覧協会理事、全国市長会長なども歴任した。　[家]息子＝中馬弘毅（衆院議員）

中馬 弘毅　ちゅうま・こうき
衆院議員（自民党　大阪1区）　国土交通副大臣　[生]昭和11年10月8日　[出]大阪府大阪市天王寺区　[学]東京大学経済学部（昭和36年）卒　[歴]昭和36年住友重機械工業に入社。この間、41年経済企画庁に出向。51年衆院議員に当選。3選。衆院運輸委員、新自由クラブ政策委員長を経て、59年環境政務次官、党幹事長代行に就任。61年落選。平成2年無所属で出馬し当選し、のち自民党入り。10年12月宮沢派を離脱し河野グループに参加。14年小泉改造内閣の国土交通副大臣に就任。通算7期目。　[家]父＝中馬馨（大阪市長）

中馬 辰猪　ちゅうまん・たつい
元・建設相　元・衆院議員（自民党）　[生]大正5年2月27日　[出]鹿児島県　[学]京都帝国大学法学部（昭和16年）卒　[賞]勲一等瑞宝章（昭和61年）　[歴]水産会社取締役、鹿児島県煙草耕作連嘱託を経て昭和24年以来衆院に10選。この間自民党九州地区代表、党総務、総合農政調査会、政調会、総務会各副会長、専売に関する特別委員長を歴任。33年運輸政務次官、36年農林政務次官、40年地方行政委員長。51年第2次三木内閣で建設大臣を務めた。　[趣]スポーツ, 柔道(6段), 読書, 散歩, ゴルフ

長 正路　ちょう・まさみち
元･衆院議員(社会党)　[生]明治43年1月　[没]昭和59年4月22日　[出]福岡県　[学]専修大学経済科卒　[歴]昭和20年の日本社会党創立に参加。28年衆議院福岡1区から当選、1期務めた。のち民社党結党と同時に同党福岡県連副委員長をしたこともある。

珍田 捨巳　ちんだ・すてみ
侍従長　枢密顧問官　外交官　伯爵　[生]安政3年12月24日（1857年）　[没]昭和4年1月16日　[出]陸奥国弘前（青森県弘前市）　[学]東奥義塾, アスベリー大学(明治14年)卒　[歴]津軽藩士の家に生まれ、藩学校を経て、東奥義塾に学ぶ。同義塾の第1回留学生として米国のアスベリー大へ留学。明治18年大隈重信の推挙で外務省入り。各国の領事、公使を歴任後、外務総務長官、外務次官を経て、41年駐独大使となり、条約改正の実現に尽力した。その後、駐米大使、駐英大使を歴任。この間、第一次大戦後の大正8年パリ講和会議に全権大使として出席。9年枢密顧問官に任ぜられ、10年宮内省御用掛となり、まだ皇太子だった昭和天皇の半年間の訪欧に随行。皇太子の信任あつく東宮大夫となり、13年の結婚の儀を挙行。昭和2年3月から4年1月まで侍従長を務め、天皇の即位礼を挙行した。

【つ】

塚田 十一郎 つかだ・じゅういちろう
元・参院議員 元・衆院議員 元・新潟県知事 弁護士 ㊓明治37年2月9日 ㊜平成9年5月23日 ㊞新潟県上越市 ㊫東京商科大学(現・一橋大学)卒 ㊥勲一等旭日大綬章 ㊊東京外国語大学、鹿島組を経て、昭和21年から連続8期衆院議員に当選。その間、郵政相、自治相、行管庁長官をつとめ、36年新潟県知事。41年贈賄事件で辞任した後、43年から通算3回参院議員に当選。

塚田 庄平 つかだ・しょうへい
元・衆院議員(社会党) ㊓大正7年6月25日 ㊜平成3年3月20日 ㊞北海道浦河郡浦河町 ㊫東京帝大法学部(昭和17年)卒 ㊥勲二等瑞宝章(平成2年) ㊊昭和17年北炭入社。北海道議、副議長を経て、47年以来北海道3区から衆院議員に4選。58年引退。

塚田 大願 つかだ・だいがん
元・参院議員(共産党) 社会運動家 ㊓明治42年11月15日 ㊜平成7年12月14日 ㊞新潟県南蒲原郡中之島村 幼名=武次 ㊫拓殖大学中退 ㊊昭和4年上京し、苦学しながら労働運動に参加。5年全協の活動に参加し、2回にわたって検挙される。7年共産党に入党し、8年共青中央委員となり、検挙されて懲役5年に処せられた。16年再度検挙され、18年に釈放された。戦後は共産党に参加し、全国オルグとして活動。36年中央委員、46年参院議員。著書に「一人は万人のために」「共産青年同盟の歴史」などがある。

塚田 徹 つかだ・とおる
元・衆院議員(自民党) ㊓昭和9年8月12日 ㊞新潟県 ㊫日本大学法学部政治経済科(昭和32年)卒, カリフォルニア州立サンフランシスコ大学大学院(昭和35年)修了 ㊊(株)光陽商事社長を経て、昭和38年衆院議員初当選以来通算3期。衆院内閣常任委員会理事、日本ユネスコ国内委員、自民党政調内閣部会副部会長等を歴任。52年建設政務次官を務める。

津金 佑近 つがね・すけちか
衆院議員 元・日本共産党中央委員・統一戦線部長 ㊜昭和53年8月7日 ㊫早稲田大学中退 ㊊昭和47年第33回衆議院議員総選挙に東京3区から出馬して当選。

塚原 俊平 つかはら・しゅんぺい
衆院議員(自民党) 元・通産相 元・労相 ㊓昭和22年3月12日 ㊜平成9年12月19日 ㊞茨城県水戸市 ㊫成蹊大学政経学部政治学科(昭和44年)卒 ㊊電通勤務を経て、昭和51年父の死で総選挙に出馬して当選。大蔵・労働各政務次官、逓信委員長、党青年局長・国対副委員長を歴任し、平成2年第2次海部内閣の労相、8年橋本内閣の通産相に就任。当選8回。旧三塚派。 ㊖父=塚原俊郎(労相)

塚原 俊郎 つかはら・としお
衆院議員(自民党) 労相 ㊓明治43年10月2日 ㊜昭和50年12月7日 ㊞茨城県 ㊫東京帝国大学文学部社会学科(昭和10年)卒 ㊊同盟通信社記者を経て、昭和20年内務省に入り内務書記官、地方局世論調査課長などを歴任。24年の衆院選挙に当選し、以後14回連続当選。その間、建設政務次官、予算委員会委員長、佐藤内閣の総務庁長官、労働大臣などを歴任した。
㊖長男=塚原俊平(衆院議員)

塚本 三郎 つかもと・さぶろう
元・衆院議員 元・民社党委員長 ㊓昭和2年4月20日 ㊞愛知県名古屋市中川区 ㊫中央大学法学部(昭和27年)卒
㊥勲一等旭日大綬章(平成9年) ㊊春日一幸衆院議員秘書を経て、昭和33年以来愛知2区より衆院議員に10回当選。この間、民社党県連委員長、副書記長を歴任し、49年から書記長。60年委員長に就任したが、"リクルート事件"に関連

して平成元年2月辞任。5年、8年落選。著書に「公明党を折伏しよう」がある。

塚本 重蔵　つかもと・じゅうぞう
元・衆院議員　元・参院議員　元・豊中市長　労働運動家　[生]明治22年2月20日　[没]昭和54年2月21日　[出]兵庫県加古郡尾上村(現・加古川市)　[学]仏教中学中退，大阪府立野田職工学校(夜間部)修了　[歴]中学中退後、鐘紡京都絹糸工場職工となる。兵役後は多くの仕事を転々として、大正5年頃大阪汽車製造会社旋盤工となり、友愛会に参加。10年大阪機械労働組合を結成し、組合長。以後総同盟の一員としてストライキの指導などに活躍。昭和2年社会民衆党から大阪府議となり、11年社会大衆党から衆院議員となる。戦後は社会党から参院議員となり、26年豊中市長となった。その後大阪北生活協同組合理事長。民社党。

塚本 清治　つかもと・せいじ
貴院議員　[生]明治5年11月　[没]昭和20年7月11日　[出]兵庫県　[学]東京帝国大学法科(明治35年)卒　[歴]明治神宮造営局長、内務省社会局長、内務次官、法制局長、内閣書記官長等歴任する。この間大礼使事務官、帝都復興院参与等となる。また、社会政策、国家総動員各審議会委員、土木会議員ともなった。

塚本 三　つかもと・ぞう
名古屋市長　衆院議員(翼賛議員同盟)　ジャーナリスト　[生]明治22年4月21日　[没]昭和27年8月25日　[出]愛知県名古屋市　旧姓＝井篦　[学]名古屋中学(明治40年)卒　[歴]日本陶器に入社し、森村組を経て、大正9年名古屋新聞政治記者となり、11年編集長、総務部長となる。10年以降名古屋市議に4回当選し、副議長、議長などを歴任。昭和12年衆院議員となり、1期つとめる。22年から名古屋市長に2選、27年全国市長会長になった。

津軽 承昭　つがる・つぐあきら
弘前藩知事　伯爵　[生]天保11年8月12日(1840年)　[没]大正5年7月19日　[出]江戸　別名＝長岡護明，旧名＝承烈　幼名＝寛五郎，号＝桃林亭，桃園，仙桃，琴調　[歴]熊本藩主細川斉護の四男に生まれ、安政4年陸奥国弘前藩主津軽順承の婿養子となり、6年襲封し第12代弘前藩主となった。西蝦夷地の警備と経営などの他、軍制改革を行い、新たに武器の製造にも乗り出した。元治2年京都御所南門の警備を命ぜられる。明治維新に際し、勤王方として箱館戦争に参加して功を立て、奥州触頭に任命され、一時東北15藩を配下とした。明治2年版籍奉還し、弘前藩知事となる。4年廃藩置県の実施により東京に移った。10年宮中祇候を拝命、のち麝香間祇候に転じる。17年伯爵。第十五国立銀行取締役を務めた。和歌をたしなみ、宮中の御題に対する詠進歌は多数にのぼる。　[家]実父＝細川斉護(熊本藩主)，養父＝津軽順承(弘前藩主)，養子＝津軽英麿(津軽家13代当主)

津軽 承叙　つがる・つぐみつ
貴院議員　子爵　[生]天保11年8月29日(1840年)　[没]明治36年12月6日　[歴]嘉永4年陸奥黒石藩主となる。明治2年版籍奉還により黒石藩知事に任命され、4年廃藩置県により免職。17年子爵、23年帝国議会の開設とともに貴族院議員となる。

津軽 英麿　つがる・ひでまろ
貴院議員　伯爵　[生]明治5年　[没]大正8年4月7日　[出]青森県　旧姓＝近衛　[賞]従三位勲四等　[歴]旧弘前藩主・津軽承昭の養子となる。明治19年欧州留学、ドイツ、スイスの大学で学び、37年帰国。40年韓国宮内府書記官、44年李王職事務官兼任。大正3年式部官、5年伯爵を継ぐ。7年貴院議員に当選。　[家]兄＝近衛篤麿(貴院議長)

津川 武一　つがわ・たけいち
元・衆院議員(共産党)　健生病院名誉院長　評論家　医師　⽣明治43年8月2日　⽋昭和63年9月4日　⽣地青森県南津軽郡浪岡町　⽉東京帝国大学医学部(昭和14年)卒業　㊿サンデー毎日大衆文芸賞入賞(昭和29年)「過剰兵」、青森県文芸協会賞(第2回)(昭和55年)　東大医学部副手を経て、昭和20年弘前市に津川診療所を開設。27年健生病院院長。38年青森県議2期を経て、44年以来衆院議員に5選。61年落選。小説家、文学研究者でもあり、著書に、小説集「農婦」「骨肉の炎」、評論「葛西善蔵」「癲癇の歌人定家」などがある。

次田 大三郎　つぎた・だいさぶろう
元・茨城県知事　元・貴族院議員　元・内務次官　内務官僚　⽣明治16年3月18日　⽋昭和35年9月15日　⽣地岡山県邑久郡幸島村(現・岡山市西大寺水門町)　幼名＝七五三郎　⽉東京帝国大学法科大学政治科(明治42年)卒　㊿明治42年内務省に入省。茨城県属、石川県事務官、内務書記官、大正13年茨城県知事、14年内務省土木局長・地方局長、昭和6年警保局長、内務次官などを経て、同年貴族院議員に勅選される。11年法制局長官、20年国務大臣兼内閣書記官長などを歴任。戦後は公職追放されたが、解除後首相建設委員などを歴任した。平成2年岡山市の母校・関西高校で日記が発見された。

津雲 国利　つくも・くにとし
衆院議員(自由党)　⽣明治26年10月18日　⽋昭和47年11月4日　⽣地東京府立第二中学校卒、安田保善社銀行員養成所(大正2年)卒　㊿安田、古河の銀行員、下野銀行相談役、下野新聞社顧問、下野日日新聞社顧問などを歴任し、昭和3年衆議員となり、以後当選8回。その間、拓務政務次官、政友会幹事、翼賛政治会常任総務などを歴任。その後防共護国団事件に関係して議員を除名された。戦後公職追放されたが、28年自由党から衆院議員に返り咲いた。38年落選。

津崎 尚武　つざき・なおたけ
衆院議員(無所属倶楽部)　⽣明治15年5月　⽋昭和37年8月29日　⽣地鹿児島県　⽉東京帝国大学法学部政治学科(明治42年)卒　㊿長野県属兼警視、更級郡長、長野県理事官、視学官を歴任をし、ニューヨーク土地建物社員、東亜産業取締役を務める。大正9年衆院議員となり、以来昭和21年まで当選7回。平沼内閣厚生政務官、大政翼賛会中央協力会議員、国際開発協会理事長、人口食糧協会会長などを務める。著書に「想と相」「どうなるか満州国」がある。

辻 維岳　つじ・いがく
大津県知事　⽣文政6年7月(1823年)　⽋明治27年1月4日　⽣地安芸藩藩士。文久2年執政に登用され藩政改革を推進。征長戦で幕長和解に奔走し、大政奉還を建議。維新後は参与、大津県知事、元老院議官を歴任。

辻 一彦　つじ・かずひこ
元・衆院議員(民主党)　⽣大正13年12月10日　⽣地福井県小浜市　⽉千葉農専(昭和16年)卒　㊿教師、福井県連青年団長、農業講習所講師を経て、昭和46年参院議員に社会党から当選。52年落選後、58年無所属で衆院選に出馬し当選。平成8年社民党を経て、民主党に参加。通算5期務めた。12年落選。党福井県本部副委員長、参院災害対策委員長などを歴任。

辻 嘉六　つじ・かろく
政友会後援者　日本化学産業代表取締役　実業家　⽣明治10年3月　⽋昭和23年12月21日　⽣地岐阜県岐阜市　㊿郷里の中学校を中退して上京し、鉱業その他の事業にたずさわり、大正11年日満実業(のち日本化学産業)を創立、代表取締役に就任。また児玉源太郎、原敬らの知遇を得、政友会系大物政治家と密接な関係を持ちつづけ、昭和20年の日本自由党創立に関与、政界の黒幕的存在として活躍。有望な政治家に貢ぐのを好み、亡命中の孫文、黄興などを援助した。戦後、衆議院不当財産取引調査委

員会でその政治献金を追及された。
㊎長女＝辻トシ子（コンサルタント）

辻 寛一　つじ・かんいち
元・衆院議員（自民党）　中日電機工業会長　㊐明治38年10月8日　㊑昭和58年11月9日　㊓岐阜県　㊫名古屋高商（現・名大経済学部）（大正15年）卒　㊛勲一等瑞宝章（昭和51年）　㊒名古屋新聞（現・中日新聞）で記者生活8年。昭和8年名古屋市議となり、愛知県議を経て、21年以来衆院に10選。防衛政務次官などを務める。戦後中日電機工業を設立、56年から会長を務めた。　㊎長男＝辻真先（作家）

辻 第一　つじ・だいいち
元・衆院議員（共産党）　医師　㊐大正15年2月6日　㊓京都府京都市　㊫京都大学医専卒　㊒昭和24年伏見保健所勤務、38年片桐民主病院長を経て、54年衆院議員に当選。党県医療対策委員長を務める。平成5年落選。8年比例区近畿ブロックで再選。通算6期務めた。12年引退。

辻 武寿　つじ・たけひさ
元・参院議員　元・公明党委員長
㊐大正7年4月3日　㊓埼玉県秩父郡両神村　㊫豊島師範（昭和13年）卒
㊒東京都大田区内の小学校教員を18年間務める。この間昭和15年創価学会に入信し、26年初代青年部長。31年参院選全国区から出馬し、初当選。以来2選。39年から42年まで公明党第2代委員長を務めた。のち創価学会副理事長、総務などを経て、50年副会長に就任。平成2年参議会議長。
㊪音楽，観劇，スポーツ

辻 英雄　つじ・ひでお
元・衆院議員（自民党）　㊐大正8年7月8日　㊓神奈川県　㊫東京帝大法学部（昭和18年）卒　㊛勲二等瑞宝章（平成1年）
㊒昭和18年高文行政科合格、内務省に入省。戦後は労働省のポストを歴任し、42年福岡県副知事に就任。46年退官。51年以来衆院議員に4選。外務、経企庁各政務次官を歴任。河本派。61年6月引退。西日本短期大学理事長もつとめた。
㊪将棋，歌舞伎

辻 寛　つじ・ひろし
衆院議員（憲政会）　㊐文久1年10月（1861年）　㊑昭和4年9月24日　㊓伊勢国三重郡水沢村（三重県）　㊫三重師範卒，東京専門学校政治経済科卒　㊛従六位勲三等　㊒中学校教員から、三重県会議員に。また、三重新聞を創設、社長。衆院議員当選3回、地方政界に重きをなした。

辻 文雄　つじ・ふみお
衆院議員（社会党）　洋画家　㊐明治26年7月　㊑昭和51年10月27日　㊓長崎県
㊫関西学院卒　㊒国画会に所属。衆院議員に当選2回。

辻 政信　つじ・まさのぶ
衆院議員（無所属）　参院議員（無所属クラブ）　陸軍大佐　㊐明治35年10月11日　㊑昭和43年7月20日（死亡宣告）
㊓石川県山中町　㊫陸士（大正13年）卒，陸大（昭和6年）卒　㊒陸士を首席、陸大を2番で卒業し、歩兵第7連隊中隊長として、昭和7年上海事変に出征。参謀本部に転じ、11年関東軍参謀部付、12年同参謀、13年少佐。14年のノモンハン事件では積極攻勢を主導するが大敗を喫す。15年支那派遣軍総司令部付、中佐。16年参謀本部に転じ、南方作戦を研究。太平洋戦争の緒戦では第25軍参謀としてマレー上陸作戦を敢行し、17年には参謀本部作戦班長としてガダルカナル作戦を指導。18年大佐。19年第33軍（ビルマ）参謀となりインパール作戦の事後処理にあたった。バンコクで敗戦を迎え、そのままタイ僧に変装して23年まで地下に潜行。帰国後、逃走記録「潜行三千里」を刊行、ベストセラーとなる。27年衆院議員（4期）、34年参院議員（1期）に当選。36年4月東南アジア旅行中にラオスで消息をたつ。その後、ソ連機でハノイへ向ったともいわれるが不明。43年7月20日死亡宣告がなされた。

辻井 民之助　つじい・たみのすけ
元・衆院議員　労働運動家　⽣明治26年6月3日　⽣昭和47年7月1日　出京都府京都市上京区西陣　学小学校（明治38年）卒　歴西陣織の徒弟となり、25歳で賃織業者として独立する。その間、社会主義運動に関心を抱き、大正8年友愛会に参加。10年西陣織物労働組合を組織し、同年総同盟関西労働同盟会副会長。11年共産党に入党。12年執行委員となるが、同年ソ連に亡命、帰国後の13年検挙され禁錮10カ月に処せられる。のち労働農民党、日本労農党などを経て社会大衆党に所属し、昭和10年社会大衆党から京都府議に当選。その後も京都府議、京都市議に度々当選。戦後は社会党に入り、衆院議員、京都府議、京都労働金庫理事長などを歴任した。

辻原 弘市　つじはら・ひろいち
元・衆院議員（社会党）　日本武道館常任理事・事務局長　⽣大正12年1月23日　⽣昭和60年10月19日　出和歌山県　学和歌山師範（昭和18年）卒　歴昭和27年和歌山2区から衆院議員に初当選し、51年12月の引退まで8期。衆院災害対策特別委員長などを歴任。昭和30年代初め、日ソ親善協会派遣の代表団長としてモスクワ訪問するなど親ソ派として知られた。

津島 源右衛門　つしま・げんえもん
衆院議員（立憲政友会）　貴院議員（多額納税）　金木銀行頭取　⽣明治4年6月　⽣大正12年3月4日　出青森県　学西津軽郡中学校　歴青森県議を経て、明治45年衆院議員に当選、のち多額納税により貴院議員となる。農業を営むほか、金木銀行頭取を務めた。

津島 寿一　つしま・じゅいち
蔵相　防衛庁長官　参院議員（自民党）　⽣明治21年1月1日　⽣昭和42年2月7日　出香川県坂出市　学東京帝大法科大学政治学科（明治45年）卒　歴大蔵省に入り、昭和2年には欧米駐在の財務官となって金解禁に伴うクレジット設定の衝にあたる。9年に帰国後は理財局長を経て岡田内閣の大蔵次官、日銀副総裁、北支開発会社総裁を歴任。太平洋戦争の終戦前後に蔵相を務め公職追放となったが、解除後は外務・大蔵両省顧問となり、26年日比賠償全権委員、27年外債会議日本首席代表としてフィリピン、インドネシアとの賠償交渉や米英との外債処理協定をまとめた。また28年には参院選全国区に当選、岸内閣の防衛庁長官を務めている。一方、多芸多才で知られ、日本棋院総裁、日本庭球協会会長、日本オリンピック委員会委員長、日本体育協会会長なども歴任し、著書に「閑適生活（全3巻）」がある。

対馬 孝且　つしま・たかかつ
元・参院議員（社会党）　⽣大正14年3月10日　出北海道苫前郡初山別村　学小樽中（旧制）中退　歴勲二等旭日重光章（平成7年）　歴三井美唄炭鉱労組書記長、炭労北海道事務局長を経て、昭和49年以来参院議員に3選。参院社会労働委員長を経て、61年参院国対委員長に就任。平成4年引退。

津島 文治　つしま・ぶんじ
参院議員（自民党）　元・衆院議員（自民党）　元・青森県知事　⽣明治31年1月20日　⽣昭和48年5月6日　出青森県金木町　学早稲田大学政治科（大正12年）卒　歴若くから政治家を志し、大正14年金木町長となり、昭和2年青森県議を経て、12年衆院議員に当選するが、選挙違反を問われて当選辞退。21年衆院議員に当選。22年公選初の青森県知事に当選し、3期9年余務める。33年から衆院議員2期、その間、外務、農林各政務次官を歴任し、40年参院議員となって当選2回。参院自民党副幹事長などをつとめた。　家父=津島源右衛門（貴院議員）、弟=太宰治（作家）

津島 雄二　つしま・ゆうじ
衆院議員（自民党　青森1区）　衆院予算委員長　元・厚相　⽣昭和5年1月24日　出東京都豊多摩郡和田堀町　学東京大学法学部（昭和28年）卒　歴在学中に司法試験に合格、昭和28年

大蔵省に入省、30年フルブライトで米国シラキュース大学に留学。38年駐仏大使館1等書記官などを含め6年間の欧米生活。大蔵省参事官、専売公社を経て49年退官し、51年青森1区から立候補。この時、夫人の津島姓に変える。夫人は太宰治の長女。以後9回当選。旧宮沢派。この間、平成2年第2次海部内閣の厚相に就任。6年6月村山内閣発足後、離党。海部元首相グループと新党みらいの統一会派"高志会"に所属するが、同年12月の新進党結成には不参加。7年3月自民党に復帰。12年7月第2次森連立内閣で厚相に就任。14年1月衆院予算委員長。旧小渕派を経て、橋本派。

都筑 馨六　つづき・けいろく
枢密顧問官　外務次官　文部次官　官僚　男爵　[生]万延2年2月17日(1861年)　[没]大正12年7月6日　[出]上野国高崎(群馬県)　旧姓=藤井　筆名=琴城, 雞助　[学]東京大学文学部政治学・理財学(明治14年)卒　法学博士(明治40年)　[歴]横浜修文館、カロルザル英学塾で英語を学ぶ。東大卒業後の明治15年ドイツに留学。ドイツ語、フランス語に習熟し、19年帰国、外務省に入る。外相井上馨の秘書官となり、のち女婿となる。20年渡仏。22年再び公使館書記官となる。23年山県有朋首相秘書官、のち法制局参事官、内務省土木局長、宮内省図書頭を歴任。30年文部次官、31年外務次官、32年勅選貴院議員。33年伊藤博文の政友会結成に参加。36年枢密院書記官長、40年特命全権大使。41年男爵。42年枢密顧問官となり、以来15年間この職にあった。

津田 出　つだ・いずる
元老院議官　貴院議員(勅選)　陸軍大輔　[生]天保3年3月(1832年)　[没]明治38年6月2日　[出]紀伊国(和歌山県)　号=芝山　[歴]蘭学、徂徠学を学び、和歌山藩の小姓業奥右筆組頭をつとめたが、幕末国事に関係して幽閉される。明治維新に際して許され、明治2年和歌山藩大参事となり財政面で活躍。他藩に先んじで郡県制、徴兵制を実施した。4年廃藩後、明治政府に入り大蔵少輔。6年以後陸軍省に入り、陸軍会計監査長となり、7年陸軍少将、陸軍大輔に進む。8年元老院議官ついで刑法草案審査委員となり、刑法、治罪法、陸軍刑法などの起草審査を行う。高等法院陪席裁判官をつとめ、23年勅選貴院議員となる。のち辞任し、大農法を唱えて千葉県の原野開拓などにあたった。維新三傑と合わせ四傑といわれる場合もあったと言われ、日本陸軍の徴兵制度を最初に発案実施したのが津田で、山県有朋は当面の責任者であったにすぎないという。徂徠学、蘭学の先輩として敬せられ、陸奥宗光をはじめ、数多くの人材を門下から輩出した。

津田 一朗　つだ・いちろう
元・羽曳野市長　[生]大正15年7月10日　[没]平成13年4月17日　[出]大阪府八尾市　[学]高小卒　[歴]昭和24年日本共産党に入党。レッドパージののち、30年高鷲町議に当選。のち合併で羽曳野市議となり、48年共産党推薦で羽曳野市長に当選し、4期務めた。平成元年落選。

津田 文吾　つだ・ぶんご
元・神奈川県知事　テレビ神奈川会長　[生]大正7年4月24日　[出]富山県　[学]東京帝大法学部(昭和16年)卒　[歴]神奈川県庁に入り、昭和26年民生部長、30年総務部長、34年副知事を経て、42年神奈川県知事に当選。2期つとめる。51年テレビ神奈川会長に就任。

津田 真道　つだ・まみち
貴院議員(勅選)　元老院議官　洋学者　啓蒙思想家　官僚　男爵　[生]文政12年6月25日(1829年)　[没]明治36年9月3日　[出]美作国津山城下林田(兵庫県)　幼名=喜久治, 真一郎, 行彦, 号=天外如来　法学博士　[歴]若くして国学、兵学を学び、さらに洋学を志して嘉永3年江戸に赴き箕作阮甫、伊東玄朴の門に入る。蕃書調所の創設とともに教授手伝並となる。文久2年西周らとオランダに留学し国法学などを学び、明治元年に帰国。同

年「泰西国法論」を刊行。以後、元老院議官、衆院副議長、勅選貴院議員を歴任し男爵となる。また明六社にも参加。他の著書に「如是我観」などがある。

土倉 宗明　つちくら・そうめい
衆院議員(自由党)　[生]明治22年9月2日　[没]昭和47年6月16日　[出]富山県　[学]早稲田大学政治経済科卒　[歴]牛込区議、東京会議、同参事会員を経て、衆院議員を戦前・戦後合わせて通算6期務める。この間、立憲政友会、民主自由党、自由党の各総務、衆院懲罰委員長を務めた他、第26回列国議会同盟会議(ロンドン)、第16回万国議員商事会議にも参列した。

土屋 香鹿　つちや・かろく
元・福岡県知事　弁護士　[生]明治39年8月28日　[出]静岡県　[歴]新潟県知事官房文書課長、京都府商工課長、福岡県副知事などを経て、昭和30年福岡県知事に当選。34年退任。

土屋 源市　つちや・げんいち
衆院議員(進歩党)　[生]明治21年7月　[没]昭和43年7月8日　[出]岡山県　[学]高松農(明治40年)卒　[歴]岡山県議を経て、衆院議員を1期つとめた。

土屋 清三郎　つちや・せいさぶろう
衆院議員(第一控室)　医師　[生]明治15年4月　[没]昭和21年3月3日　[出]千葉県　[学]東京慈恵医院医学校, 済生学舎卒　[歴]警視検疫医、岐阜県技師等を経たのち、医業に従事するとともに日本之医界社を経営して「日本之医界」「(英文)ジャパン・メヂカル・ウォールド」「(華文)東亜医学」などの雑誌を主宰。牛込区議ののち、大正6年衆院議員に当選、通算8期を務めた。

土屋 寛　つちや・ゆたか
衆院議員(日本進歩党)　尾道市長　[生]明治13年12月　[没]昭和25年11月12日　[出]広島県　[歴]栗原村長、広島県議、尾道市長などを務める一方、農林省経済更生部参与、雑品物価専門委員、一般農林水産物価格形成専門委員、食料農林水産物価格形成専門委員を歴任。昭和5年以来衆院議員に4回当選。派遣軍慰問議員団長として南支那を訪ねる。

土屋 義彦　つちや・よしひこ
元・埼玉県知事　元・参院議員(自民党)　[生]大正15年5月31日　[出]静岡県下田市　[学]中央大学商学部(昭和25年)卒　[賞]勲一等旭日桐花大綬章(平成11年), 日本工業大学名誉博士号(平成12年)　[歴]昭和34年以来埼玉県議2期を経て、40年参院議員に当選。48年参院大蔵委員長、54年第2次大平内閣の環境庁長官を歴任し、63年参院議長に就任。当選5回。旧三塚派。平成4年埼玉県知事選に出馬、当選。8年全国知事会長に就任。3期目途中の15年7月、自身の資金管理団体を統括していた長女が政治資金規正法違反(虚偽記載)の疑いで逮捕されたことを受け、知事を辞任した。日本体育協会理事、のち副会長なども務める。著書に「小が大を呑む—埼玉独立論」がある。　[趣]将棋　[家]長女=市川桃子(コンサルタント), 娘=土屋品子(衆院議員)

堤 ツルヨ　つつみ・つるよ
元・衆院議員　日本社会振興財団理事長　大阪オフィス実務学院長　[生]大正2年2月15日　[出]京都府　[学]京都女子師範(昭和7年)卒　[賞]勲三等宝冠章(昭和58年)　[歴]小学校訓導を経て、亡くなった夫・隆の地盤を継ぎ、昭和24年社会党から衆院議員に当選。のち民社党に所属し、5期つとめる。他に全国未亡人連合会顧問、婦人問題研究会理事等を歴任。　[趣]スポーツ, 読書　[家]夫=堤隆(政治家)

堤 猷久　つつみ・みちひさ
衆院議員(憲政本党)　[生]嘉永6年3月(1853年)　[没]大正14年1月20日　[出]福岡県　[歴]福岡県農務課長を経て、金辺鉄道監査役、若松築港取締役に就任。明治23年衆院議員となり、通算5期を務めた。

堤 康次郎　つつみ・やすじろう
衆院議長　西武鉄道創立者　実業家　⊕明治22年3月7日　⊗昭和39年4月26日　⊕滋賀県愛知郡秦荘町　⊘早稲田大学政経学科（大正2年）卒　⊕在学中から株に才覚を現わし、卒業後は雑誌、造船、真珠養殖を手がける。大正6年東京ゴムを設立して実業界に入り、以後、武蔵野鉄道（現・西武鉄道）・駿豆鉄道・近江鉄道を創設、堤コンツェルンを築いた。一方13年に民政党から衆院議員に当選し、以来当選13回。昭和7年拓務政務次官。戦後公職追放を経て、26年政界に復帰。28年から1年半衆院議長をつとめ、第19回通常国会に初めて警官隊を導入、第16回特別国会では会期を延長して警察法案を議決し、未曾有の大乱闘事件を引きおこした。事業哲学は"感謝と奉仕"だったが、実際の事業方法などによりしばしば東急の五島慶太と比較対照され、伊豆地方での開発競争は"箱根山の合戦"と呼ばれ、"ピストル堤"の異名をとる。　⑤長男＝堤清二（西武セゾングループ総帥）、二男＝堤義明（西武鉄道グループ総帥）、四男＝堤猶二（インターコンチネンタルホテルジャパン社長）、娘＝堤邦子（西武インターナショナルパリ代表）

綱島 正興　つなしま・せいこう
衆院議員（自民党）　弁護士　社会運動家　⊕明治23年3月12日　⊗昭和43年5月28日　⊕長崎県　⊘東京帝国大学独法科（大正6年）卒　⊕大正6年東京で弁護士を開業、鉱山労働運動や農民運動にも従事した。戦後昭和22年長崎2区から衆議院議員となり、当選8回。諸派から自由党に所属、衆院労働、農林、農林水産、内閣、懲罰各委員長、離島対策審議会長を歴任した。また自由党政調相談役、総務、農地問題調査会長、離島振興対策特別委員長のほか全国農地同盟会長も務めた。またワルシャワの第48回列国議会同盟会議に出席。

常岡 一郎　つねおか・いちろう
元・参院議員　「中心社」主幹　⊕明治32年1月12日　⊗昭和64年1月2日　⊕福岡県粕屋郡古賀町　⊘慶応義塾大学理財科卒　⊕勲二等瑞宝賞（昭和44年）　⊕昭和25年参院選全国区に緑風会から立候補して当選、37年まで二期務めた。

恒松 制治　つねまつ・せいじ
元・島根県知事　埼玉総合研究機構理事長　⊕財政学　農業経営学　地域政策　⊕大正12年1月21日　⊕島根県大田市　⊘京都帝国大学経済学部（昭和22年）卒　⊕勲二等旭日重光章（平成6年）　⊕昭和22年農林省に入省。23年農業総合研究所研究員を経て、33年学習院大学助教授に転じ、36年教授に就任。50年以来島根県知事に3選。62年引退し、63年4月独協大学教授となる。平成4～5年学長。のち埼玉総合研究機構理事長。国土審議会政策部会長もつとめる。著書に「地方財政論」「農林経営論」「変るか!地方自治」「自治を求めて—恒松県政12年の軌跡」など。　⑤父＝恒松於菟二（衆院議員）

恒松 隆慶　つねまつ・たかよし
衆院議員（政友会）　島根県会議長　実業家　⊕嘉永6年5月11日（1853年）　⊗大正9年6月29日　⊕石見国邇摩郡静間村（島根県）　旧姓＝楫野　⊕明治初年から島根県で戸長、村長、郡会議員、県会議員、同副議長、議長などを務めた。この間、県の農水、蚕糸、教育など公共事業に尽力。27年の第3回以来衆院議員当選10回、政友会に属し島根政界に重きをなした。さらに県内の農工銀行、石見銀行各取締役、ほか数社の重役を務めた。

恒松 安夫　つねまつ・やすお
元・島根県知事　⊕明治32年3月18日　⊗昭和38年5月20日　⊕島根県美濃郡　⊘慶応義塾大学文学部史学科（大正11年）卒　⊕慶応義塾高等部講師、同教授をつとめ、昭和19年退職して帰郷。この間六大学野球連盟理事長、慶大野球

部長などを歴任。戦後22年、島根県議となり、県会議長に就任。26年島根県知事となる。著書に「近代ヨーロッパ史」「近代米国政治経済史」などがある。 [家]祖父＝恒松隆慶（政治家）

津野田 是重 つのだ・これしげ
衆院議員（政友本党） 陸軍少将 [生]明治6年11月25日 [没]昭和5年9月2日 [出]東京 [学]陸士（第6期）（明治28年）卒,陸大（明治33年）卒 [歴]陸軍に入り、明治28年歩兵少尉に任官。日露戦争では第三軍参謀として出征し、38年1月5日水師営において乃木軍司令官とステッセル将軍が歴史的会見を遂げた際、その通訳をつとめた。大正4年歩兵第十一連隊長。8年陸軍少将、予備役に編入。9年奈良県から衆院議員に立候補し当選、1期務めた。 [家]三男＝津野田知重（信濃毎日新聞社顧問）

角田 真平 ⇒角田竹冷（つのだ・ちくれい）を見よ

角田 竹冷 つのだ・ちくれい
東京市議 衆院議員（憲政本党） 俳人 [生]安政3年5月2日（1856年） [没]大正8年3月20日 [出]駿河国沼津（現・静岡県富士市） 本名＝角田真平 別号＝聴雨窓 [歴]明治5年上京し沼間守一の門に入り、のち代言人となる。立憲改進党に入り、東京府会副議長、神田区会議長、東京市議を経て、24年衆院議員に当選。通算7選。秀英社、中央窯業各取締役、跡見女学校理事も務めた。一方、俳人としても知られ、28年秋声会をおこし、29年「秋の声」を、36年「卯杖」（42年「木太刀」と改題）を創刊。編著書に「俳諧木太刀」「聴雨窓俳話」「俳書解題」「点滴」（英訳句集）などがあり、没後「竹冷句鈔」が刊行された。 [家]息子＝角田竹涼（俳人）

椿 繁夫 つばき・しげお
元・参院議員（社会党） 元・全国金属委員長 労働運動家 [生]明治43年5月13日 [没]平成3年10月26日 [出]鳥取県東伯郡羽合町 [学]東京労働学校（昭和3年）修了 [歴]大正11年大阪で旋盤工見習、昭和3年東京労働学校修了後、大阪で日本大衆党入党。5年関西労働組合同盟書記長、12年大阪市議に当選。13年人民戦線事件で検挙された。戦後、日本社会党の創設に参加、社会党、総同盟中央委員、中央執行委員を経て、日本労働組合総同盟大阪連合会主事となった。25年全国金属労働組合委員長に推され、総評加盟。同年参院全国区議員に当選（以後、3回当選）、社会党参院議員会長を務め、45年全金委員長を辞任した。

津原 武 つはら・たけし
衆院議員（翼賛議員同盟） [生]明治1年10月 [没]昭和28年5月20日 [出]京都府 [学]関西法律学校卒,和仏法律学校卒 [歴]宮津町議、与謝郡議、同議長、京都府議、宮津町長等を歴任。大正4年衆院議員に当選、通算5期を務めた。また弁護士業務に従事、京都府弁護士会副会長のほか、丹後織物、丹後縮緬同業組合長、加悦鉄道社長、丹後縮緬工業組合理事長を務めた。

坪井 亀蔵 つぼい・かめぞう
元・衆院議員（国民協同党） 元・浜北市長 [生]明治33年12月16日 [没]平成2年3月23日 [出]静岡県 [学]浜松蚕業（大正8年）卒 [歴]赤佐村議、静岡県議を経て、昭和21年の総選挙で静岡3区から当選。連続2期務めた。38年以来浜北市長に2選。

坪井 九八郎 つぼい・くはちろう
貴院議員 実業家 男爵 [生]明治9年8月27日 [没]昭和3年10月7日 [出]東京 [学]京都帝国大学法科（明治40年）卒 [歴]明治31年家督相続、襲爵。40年日本製鋼所に入り、東京出張所勤務、43年台湾、45年上海から北京、ハルビン、南北満州、朝鮮の実業を視察。のち台湾製糖会社取締役、月島機械、愛国貯蓄銀行、

つほか

天津信託などの重役を務めた。44年貴院議員。大正4年渡米中、大隈重信内閣の成立で農商務省副参政官となり帰国、5年辞職。　家父＝坪井航三（海軍中将・男爵）

坪川 信三　つぼかわ・しんぞう
衆院議員（自民党）　生明治42年11月13日　没昭和52年11月20日　出福井県　学福井師範学校（昭和4年）卒　歴小学校訓導となり、北京大使館に出向して日本居留民の教育に従事する。湯沢三千男内相の秘書官を経て、昭和21年福井県から衆院議員に当選、以後34年福井市長に当選するまで5期連続当選。この間、郵政政務次官、通産常任委員長などを歴任。38年福井市長を辞め、再度衆院議員となり、5期当選。建設大臣、予算委員会委員長、総理府総務長官、沖縄開発庁長官などを歴任した。

坪山 徳弥　つぼやま・とくや
参院議員　栃木県農協中央会会長　生明治23年11月　没昭和45年12月28日　出栃木県　学宇都宮中（明治43年）卒　歴陸軍砲兵中尉となり、帝国軍人教育会地方委員等を務めた。また農業に従事し、栃木県馬匹畜産組合連合会副会長、姿川村長、栃木県議、議長等を歴任。昭和7年衆院議員に当選、通算3期を務めた。戦後の37年には参院議員に当選。

円谷 光衛　つむらや・みつえ
衆院議員（自由党）　生明治22年2月　没昭和37年3月6日　出福島県　学福島師範（明治42年）卒　歴小学校長、福島県視学、日本教育会福島県支部長、福島県教育会理事長を歴任。昭和21年に衆院議員に初当選、当選3回。経済安定本部嘱託、衆院文部委員長、自由党政調会文教委員長を務めた。

鶴岡 洋　つるおか・ひろし
参院議員（公明党　比例）　生昭和7年9月2日　出千葉県印旛郡酒々井町　学早稲田大学商学部（昭和32年）卒　歴西武鉄道、国土計画に勤務後、昭和44年衆院議員に当選。55年参院議員に転じる。4期目。公明幹事長を務める。平成10年11月公明は新党平和と合流し公明党を結成、副代表に就任。

鶴園 哲夫　つるぞの・てつお
元・参院議員（社会党）　生大正4年5月28日　出鹿児島県　学東京帝国大学農学部農業経済学科（大正15年）卒　賞勲二等旭日重光章（昭和60年）　歴昭和15年農林省に入省。全農林労働組合中央委員長、日本官公庁労働組合協議会副議長、国家公務員組合共闘会議議長を経て、34年鹿児島地方区から参院議員に初当選、以来3期務める。社会党参議院副会長もつとめた。

鶴原 定吉　つるはら・さだきち
衆院議員（政友会）　関西鉄道社長　大阪市長　実業家　生安政3年12月15日（1856年）　没大正3年12月2日　出筑前国福岡雁林ノ町（福岡県）　学東京大学文学部政治理財科（明治16年）卒　歴外務省に入り、天津領事、上海領事を務めた後、明治25年日本銀行に転じ、のち理事。32年辞任、欧米漫遊。33年立憲政友会創立で総務委員。34年大阪市長となり、電気事業の市営を断行。38年韓国統監府総務長官となり、40年の第三次日韓協約締結に当たった。41年辞任し関西鉄道、大日本人造肥料、中央新聞各社長などを務めた。45年福岡県から衆院議員当選、政友会相談役となった。

鶴見 祐輔　つるみ・ゆうすけ
衆院議員　参院議員　厚相　評論家　小説家　生明治18年1月3日　没昭和48年11月1日　出岡山県　学東京帝大法学部政治科（明治43年）卒　賞メルボルン大学名誉法学博士　歴内閣拓殖局、鉄道院に勤務。大正15年退官後、海外の対日世論緩和のため、欧米や豪州、イン

ド各国の大学を歴訪し、太平洋会議にも毎回出席して民間外交の推進に努めた。昭和3年以来衆院議員に4回当選し、米内内閣の内務政務次官から戦時中は翼政会、日政会顧問となり、戦後は進歩党結成に参加して幹事長に就任したが、のち公職追放となる。解除後の28年から参院議員1期、その間第1次鳩山内閣の厚相を務めた。英語に堪能で「チャーチル」「現代日本論」を英文で書いたほか、政治評論、小説・伝記ものなどベストセラーになった著書も多い。主なものは「母」「子」「ブルターク英雄伝」「英雄待望論」「自由人の旅日記」「後藤新平」（全4巻）「感激の生活」など。
[家]長女＝鶴見和子（社会学者・上智大学名誉教授），長男＝鶴見俊輔（評論家）

【 て 】

出口 広光　でぐち・ひろみつ
元・参院議員（自民党）　[生]大正14年11月17日　[没]平成12年10月30日　[出]秋田県秋田市　[学]東北大学法文学部経済学科（昭和24年）卒　[賞]勲二等瑞宝章（平成11年）　[歴]自治省に入り、昭和46年秋田県に出向。47年総務部長、52年出納長、54年副知事を歴任。58年参院議員に当選。平成元年落選。のち秋田県信用保証協会会長、県交通安全協会会長などを務めた。

手島 栄　てしま・さかえ
参院議員（自民党）　[生]明治29年12月10日　[没]昭和38年4月18日　[出]鳥取県　[学]東京帝国大学法律科（大正11年）卒　[歴]大正11年逓信省に入り昭和12年経理局長、15年管理局長、16年航空局長官、逓信次官などを歴任し、18年退官。戦後実業界に入り、20年国際電気通信社長、日本郵便逓送顧問などを歴任。31年参院議員となり2期当選。その間郵政大臣をつとめた。

手代木 隆吉　てしろぎ・りゅうきち
衆院議員（日本進歩党）　弁護士　[生]明治17年1月1日　[没]昭和42年3月31日　[出]北海道　号＝胡山　[学]北海道師範学校（明治39年）卒，中央大学法学部（大正7年）卒　[歴]小学校訓導、校長を経て、大正10年判検事登用試験に合格し、弁護士および弁理士を開業。13年憲政会に所属して衆院議員に当選し、以来6回当選。その間、拓務参与官、司法政務次官などを歴任。戦後、日本生活資財、松前タルク陶石社長となった。

出淵 勝次　でぶち・かつじ
貴院議員（勅選）　駐米大使　外交官　[生]明治11年7月25日　[没]昭和22年8月19日　[出]岩手県盛岡　[学]東京高商（現・一橋大学）専攻部（明治35年）卒　[歴]外務省に入り、京城理事庁理事官、ドイツ大使館書記官などを歴任し、その間政務局第一課長として中国問題を担当。大正7年大使館一等書記官となりアメリカに駐在し、9年には第一次世界大戦後最初の代理大使としてベルリンに行き、翌10年のワシントン会議では全権を補佐した。12年アジア局長、13年外務次官となり、昭和3年駐米大使となる。10年特派大使としてオーストラリア、ニュージーランドに赴いたのち外交官を退く。11年貴院議員となる。22年の参院議員選で当選するが、3カ月後に死去した。

寺井 純司　てらい・じゅんじ
衆院議員（政友会）　[生]嘉永3年5月（1850年）　[没]大正6年11月17日　[出]陸奥国津軽弘前（青森県）　[歴]慶応義塾で英語を学び、明治元年戊辰戦争で盛岡藩征討、箱館戦争に従軍。のち弘前英漢学校学係、小学校長となった。また町会、郡会、県会議員、副議長、議長を経て、衆院議員当選4回、政友会に属した。

寺内 寿一　てらうち・ひさいち
陸相　陸軍元帥　伯爵　[生]明治12年8月8日　[没]昭和21年6月12日　[出]東京　[学]陸士（11期）（明治32年），陸大（明治42年）卒　[歴]オーストリア、ドイツに駐在後、大正8年伯爵。11年近衛師団長、

昭和2年朝鮮軍参謀長、5年第5師団長、9年台湾軍司令官などを歴任し、10年大将・軍事参議官に昇進。11年広田内閣の陸相に就任。12年衆議院で軍部独裁化を非難した浜田国松代議士と“腹切り問答”を展開、同年内閣総辞職。7月勃発した日中戦争の全面化に伴い、北支那方面軍司令官となり、13年軍事参事官。16年太平洋戦争開戦後は南方軍総司令官として南方作戦全体を指揮、インパール作戦などを強行した。18年元帥となる。敗戦後シンガポールに抑留され、そのまま死去した。「元帥寺内寿一」（寺内寿一刊行会）がある。
[家]父＝寺内正毅（陸軍元帥・首相）

寺内 弘子　てらうち・ひろこ
元・参院議員（自民党）　[生]昭和11年4月9日　[出]山形市　[学]雪ケ谷高卒　[歴]参院議員秘書、生長の家政治連合婦人青少年問題対策部長を務める。昭和61年6月衆院選出馬のため辞職した自民党の藤井裕久の補充として参院議員に繰り上げ当選。平成元年落選。5年埼玉5区から無所属で衆院選に立候補。

寺内 正毅　てらうち・まさたけ
第18代首相　陸相　朝鮮総督　陸軍大将・元帥　伯爵　[生]嘉永5年閏2月5日（1852年）　[没]大正8年11月3日　[出]周防国吉備郡平井村（山口県山口市）　旧姓＝宇田　幼名＝寿三郎　[賞]大勲位菊花大綬章
[歴]13歳で長州藩御楯隊、さらに整備隊に参加、明治元年戊辰戦争には箱館の役に従軍。維新後大村益次郎に認められ大阪兵学寮に入り、4年陸軍少尉、10年西南戦争に従軍、負傷。16年駐仏公使館付、以後陸相秘書官、陸士校長、第1師団参謀、参謀本部第1局長となり新動員令制定。27年少将、日清戦争では大本営運輸通信長官、29年軍務局事務取扱、31年初代教育総監。次いで中将に進み、参謀本部次長、陸大校長を経て、35年第1次桂内閣の陸相に就任。第1次西園寺内閣、第2次桂内閣でも留任、山本権兵衛海相と日英陸海軍協定を締結。日露戦争の功で勲一等功一級。39年大将、40年子爵。43年韓国併合で初代朝鮮総督。44年伯爵、大正5年元帥。同年10月首相となり寺内内閣を組閣、シベリア出兵、軍備拡張、大衆課税増、言論弾圧を行い、非立憲内閣として世論の反発を受けた。7年米騒動事件で内閣崩壊。　[家]長男＝寺内寿一（陸軍元帥）

寺尾 博　てらお・ひろし
参院議員（緑風会）　農商務省農事試験場長　農学者　[専]作物学　[生]明治16年9月2日　[没]昭和36年7月16日　[出]静岡県　[学]東京帝大農科大学（明治42年）卒　農学博士（大正9年）　[賞]日本学士院賞（昭和18年）「水稲冷害の生理的研究」　[歴]農商務省農事試験場技手から技師、昭和16年同場長となり21年退官。同年貴院議員に勅選され、その後22年第1回参院選挙に全国区で当選、緑風会に所属。この間「稲の不稔性に関する突然異変及遺伝現象の研究」で農学博士。秋田県の陸羽支場に勤めた明治43年、稲の純系栽培を試み、人工交配によって水稲耐冷性品種「陸羽132号」の育成に成功、昭和9年東北地方を襲った大冷害に耐え、前年の豊作でその多収性を発揮した。18年「水稲冷害の生理的研究」で学士院賞を受賞した。退官後、農電研究所顧問となり、水稲の電熱育苗法の研究と普及に尽力した。

寺尾 豊　てらお・ゆたか
参院議員（自民党）　実業家　[生]明治31年1月23日　[没]昭和47年11月27日　[出]高知県　[学]立正大学高等師範部（昭和4年）卒
[歴]太平洋戦争中、関東正機代表取締役、高知造船社長として、中小型船舶の生産で財を成した。昭和21年高知県から衆院議員に当選したが、のち吉田茂に地盤を譲り、参院議員に当選5回。第2次吉田茂内閣の地方財政政務次官、31年参院副議長、33年第2次岸信介内閣の郵政相となり、参院予算・外務各委員長などを歴任。また皇室会議議員、日自党、民自党、自由党の各総務、自民党国対委員長なども務めた。

寺崎 覚　てらさき・さとる
元・衆院議員（日本農民党）　⊕明治27年8月　⊗昭和59年2月2日　⊕福岡県　⑰勲三等瑞宝章（昭和51年），久留米市功労者　⑱昭和22年から福岡3区で連続2期当選。日本農民党情報部長などを歴任。

寺沢 晴男　てらさわ・はるお
元・三宅村（東京都）村長　⊕昭和12年9月10日　⊕東京都三宅村（三宅島）　⑳国学院大学文学部卒　⑱中学校教諭、社会教育主事を経て、昭和48年故郷三宅島で喫茶店「サンライズ」を開店。55年三宅村村議に。三宅島官民空港に反対する会理事を務め、米軍機の夜間連続発着訓練（NLP）基地問題に対する危機感から立候補し、59年11月村長に当選。島民間の亀裂を憂いながらも、議会とともに基地建設反対運動を展開する。2期目の平成2年12月NLP問題、養護老人ホーム建設問題のこじれから辞任。

寺下 岩蔵　てらした・いわぞう
参院議員（自民党）　⊕明治39年3月15日　⊗昭和55年4月19日　⊕青森県　⑱昭和22年八戸市議、26年青森県議5期を経て、48年の補選で参院議員に初当選。自民党青森県連会長、北海道開発政務次官を歴任。

寺下 力三郎　てらした・りきさぶろう
元・六ケ所村（青森県）村長　⊕大正1年8月11日　⊗平成11年7月30日　⊕青森県上北郡六ケ所村　⑳青森県蚕業試験場講習科（昭和4年）卒　⑰田尻賞（第2回）（平成5年），多田謡子反権力人権基金人権賞（第8回）（平成8年）　⑱昭和4年以後、岩手、栃木両県下で蚕業指導員。14年朝鮮に渡り、朝鮮窒素で実験工として働く。帰国後、15年郷里・六ケ所村書記となり、35年助役を経て、44年村長に当選。同年発表された"むつ小川原開発"計画反対の先頭に立って活動。48年の村長選では、開発推進派の候補に敗れ、落選。続く核燃料サイクル事業でも反対運動の先頭に立った。

寺島 健　てらしま・けん
貴院議員（勅選）　逓信相　海軍中将　⊕明治15年9月23日　⊗昭和47年10月30日　⊕和歌山県　⑳海兵（第31期）（明治36年）卒、海大（大正3年）卒　⑱「敷島」に乗り、海大卒業後軍令部参謀、フランス駐在、第3艦隊参謀。大正11年フランス大使館付武官、「山城」艦長、第2艦隊・連合艦隊各参謀長、昭和5年海軍省教育局長、7年軍務局長、中将、8年練習艦隊司令官。ロンドン軍縮会議で条約締結の立場をとったため、9年条約派一掃の人事で予備役となった。浦賀ドック社長、大日本兵器社長を経て、16年東条英機内閣の逓相兼鉄道相、18年貴族院議員。平成3年逓信相在任中の閣僚会議メモが発見された。

寺島 権蔵　てらしま・ごんぞう
衆院議員（立憲民政党）　ジャーナリスト　⊕明治21年1月18日　⊗昭和15年4月9日　⊕富山県　⑳早稲田大学政治科（大正2年）卒　⑱大正2年扶桑通信社に入り、独立通信記者を経て東京毎日新聞政治部長。13年民政党所属衆院議員となり、広田弘毅内閣の商工参与官を務め、14年から富山県三日市町長を兼任、それぞれ5期。昭和2年富山県米穀商同業組合連合会長、5年富山日報、魚津製氷各社長。また日本海員掖済会三日市委員長、日本新聞協会評議員などを務めた。

寺島 誠一郎　てらじま・せいいちろう
貴院議員　伯爵　⊕明治3年9月9日　⊗昭和4年5月18日　⊕鹿児島県　⑳ペンシルベニア大学（明治28年）卒，パリ法科大学（明治32年）卒　⑱明治20年米国、仏国に留学。37年英・伊・白・独・墺など諸国を巡遊し、帰国後、外務省嘱託となる。38年外務大臣秘書官、のち貴族院議員に選ばれた。また三井信託監査役など実業界の面でも活躍した。　㊕父＝寺島宗則（外務大臣・伯爵），長男＝宗従（東京慈恵会常務理事）

寺嶋 宗一郎　てらしま・そういちろう
元・枚方市長　農民運動家　[生]明治25年11月5日　[没]昭和44年1月5日　[出]大阪府北河内郡山田村中宮(現・枚方市)　[学]小学校高等科1年修了　[賞]枚方市名誉市民(昭和43年)　[歴]大正8年大阪砲兵工廠職工となり、また農業を兼務。11年日農山田支部を結成し、農民学校を開設するなど農民運動を指導。14年日農大阪府連創立と同時に常務書記兼主筆となる。また日本労農党に参加し、山田村議、枚方市議などを経て、14年大阪府議となる。戦後は社会党に参加し、22年から枚方市長を5期務め、43年名誉市民となった。

寺島 宗則　てらじま・むねのり
外務卿　枢密院副議長　外交官　[生]天保3年5月23日(1832年)　[没]明治26年6月6日　[出]薩摩国知泉郷(鹿児島県)　幼名=徳太郎, 別名=松木弘安, 出水泉蔵, 松木弘庵, 前名=寺島陶蔵　[歴]天保7(1836)年、伯父・松木宗保の養子となり、弘化2(1845)年松木家を継いで弘安と名乗る。翌年藩命を受けて江戸で医学を学ぶ。万延元(1860)年幕府の蕃書調所教授となり、文久2(1862)年福沢諭吉らと遣欧使節に随行して渡英、2年間ロンドンに滞在。帰国したが攘夷党の勢力が強く藩に帰れず、松木弘庵と変称して幕府に仕え、開城所教授を務めた。慶応2年から寺島姓に改名、当初陶蔵と称した。明治元年新政府の参与外国事務掛を命ぜられ同年日西・日独通商条約調印の全権に参加。神奈川県知事を経て2年外務大輔。5年駐英大弁務使となった。次いで特命全権公使、6〜12年外務卿、文部卿、法制局長、元老院議長を経て15年アメリカ駐在公使。17年宮内省出仕に補せられ、伯爵となった。18年宮中顧問官、19年枢密顧問官、さらに24年枢密院副議長を歴任。一方、幕府蕃書調所在職中、島津斉彬に従って電信の実用化と実験に従事、2度の渡欧で電信の効用をつぶさに体験、この道の先達となった。神奈川県知事時代の明治2年京浜間に最初の電信事業を開業させた。また安政6年以来、横浜、神戸、長崎にあった英米仏各国の郵便局を明治8〜13年にかけ次々撤去させ郵便行政権を確保、植民地化の魔手を切除した。この間、わが国を万国郵便連合や万国電信連合に加盟させるなど、電信・郵政事業に並々ならぬ力量を発揮、“電信の父”といわれた。　[家]父=長野成宗(=祐照, 薩摩藩士), 養父=松木宗保, 長男=寺島誠一郎(貴院議員)

寺島 隆太郎　てらしま・りゅうたろう
衆院議員(自民党)　[生]明治45年3月　[没]昭和39年7月31日　[出]千葉県　[学]大東文化学院卒　[歴]報知新聞記者などを経て、昭和21年以来衆院に当選8回。厚生参与官、賠償政務次官、国土総合開発特別委員長、科学技術振興特別委員長、米価審議会委員を務め、のち衆院厚生委員長として米国を視察した。党内では、民主党政調会理事、総務、農村対策特別委員長、自民党総務を務めた。著書に「仏教反省時代」、訳書に「新民主義」がある。

寺園 勝志　てらぞの・かつし
元・鹿児島県知事　元・南日本放送会長　[生]明治34年7月25日　[没]平成10年2月11日　[出]鹿児島県始良郡栗野町　[学]東京帝大法学部卒　[賞]勲二等旭日重光章　[歴]鹿児島県副知事を経て、昭和30年鹿児島県知事に当選、3期務める。42年〜平成8年南日本放送会長、昭和46年鹿児島県社会福祉協議会会長、57年会長なども務めた。　[団]鹿児島県社会福祉協議会, 鹿児島県共同募金会

寺田 市正　てらだ・いちまさ
川内市長　衆院議員(日本進歩党)　[生]明治9年4月　[没]昭和33年8月21日　[出]鹿児島県　[学]明治法律学校(明治33年)卒　[歴]時事新報記者、自由通信社主幹、同副社長を務める。大正13年から衆院議員に当選8回。平沼内閣拓務政務次官を務め、派遣軍慰問議員団として満州および中支那へ派遣される。また、川内市長も務めた。

寺田 栄吉　てらだ・えいきち
元・衆院議員(民主党)　元・オーツタイヤ社長　⽣明治35年3月29日　没平成5年8月1日　出大阪府　号＝青胡　学明治大学商学部(昭和4年)卒　歴岸和田紡績常務、専務を経て、昭和15年社長に就任。16年合併により、大日本紡績常務、18年専務。戦後の21年初の衆院選に当選するが、同年大阪・高石町(現・高石市)の町長に転じる。39年からオーツタイヤ社長をつとめ、46年相談役に退いた。趣ゴルフ、俳句

寺田 熊雄　てらだ・くまお
元・参院議員(社会党)　元・岡山市長　弁護士　⽣大正1年9月12日　没平成8年2月24日　出千葉県千葉市　学東京帝大法学部法律学科(昭和11年)卒　歴東京地裁部長判事などをつとめ、昭和21年退官して弁護士を開業。34年岡山市長、49年参院議員に当選。2期つとめ、61年7月引退。著書に「政治活動の記録」。

寺田 栄　てらだ・さかえ
貴院議員(勅選)　衆院書記官長　⽣安政6年11月19日(1859年)　没大正15年1月13日　出福島県　歴明治10年国事犯で除籍され、別に一家を樹てた。その後東京裁判所判事となり、横浜・高崎各裁判所判事を経て、30年衆院書記官、大正6年書記官長となった。13年勅選貴院議員。

寺前 巌　てらまえ・いわお
元・衆院議員(共産党)　⽣大正15年2月20日　出北海道夕張市　学京都青年師範(昭和22年)卒　歴中学校教師、共産党京都府委副委員長を経て、昭和34年京都府議となり2期務める。44年衆院議員に当選。共産党国対副委員長、同京都府委員、同中央委員を歴任。62年6月党国対委員長に就任。平成8年の総選挙では小選挙区となった京都3区から当選。9期務めた。12年引退。

寺本 斎　てらもと・いつき
元・衆院議員　⽣明治34年8月9日　没昭和56年6月2日　出熊本県　学中央大学法学部(昭和12年)卒　歴大臣秘書官等を経て、昭和22年衆院選熊本1区で民主党から初当選。当選2回。第3次吉田内閣の郵政政務次官を務めた。

寺本 広作　てらもと・こうさく
元・熊本県知事　元・参院議員(自民党)　労災年金福祉協会理事長　⽣明治40年8月29日　没平成4年4月7日　出熊本県　学東京帝大法学部法律学科(昭和7年)卒　賞勲一等瑞宝章(昭和51年)　歴昭和7年内務省入省、のち労働省に転じる。労働基準局長などを経て、25年労働事務次官に就任。28年参院議員に当選、文部政務次官、外務委任委員長等を歴任。34年熊本県知事に転じ3期、46年再び参院議員に当選、52年引退後は労災年金福祉協会理事長となる。著書に「労働基準法解説」など。

田 健治郎　でん・けんじろう
衆院議員　貴院議員(勅選)　通信相　農商務相　通信官僚　男爵　⽣安政2年2月8日(1855年)　没昭和5年11月16日　出丹波国氷上郡下小倉村(現・兵庫県)　歴郷里で儒学などを学んだあと、明治7年熊谷県庁に出仕して官界入り。8年愛知県に転じ、以後、高知、神奈川、埼玉各県の警察部長を歴任。23年後藤象二郎通信相の下で書記官となり、郵務・通信局長を経て、通信次官を務めた。この間29年にはハンガリーで開かれた万国電信会議に参加する。その後、政友会結成に参加、35年衆院議員に当選するが36年脱党。同年大浦兼武通信相の下で再び次官となる。39年～大正15年勅選貴院議員。5年寺内内閣の通信相、8年台湾総督、12年第2次山本内閣の農商務相・司法相、15年枢密顧問官などを歴任。民間では関西鉄道会社や九州炭鉱の社長、南洋協会会頭、電気協会会長などをつとめた。明治40年男爵。家孫＝田英夫(政治家)

田 艇吉　でん・ていきち
衆院議員(自由党)　[生]嘉永5年9月(1852年)　[没]昭和13年11月27日　[出]兵庫県　[歴]兵庫県議、大阪市議を務め、帝国議会開設期から衆院議員に4選された。また、住友総本店支配人兼銀行監査員、阪鶴鉄道、柏原電燈、日本製炭、西宮土地、東洋製鋼所、由良電燈、千日土地建物の各社長、柏原合同銀行会長などを歴任した。

田 英夫　でん・ひでお
参院議員(社民党　比例)　元・社民連代表　ジャーナリスト　[専]国際問題　韓国・フィリピン問題　[生]大正12年6月9日　[出]東京・世田谷　[学]東京帝国大学経済学部(昭和22年)卒　[興]反核, 軍縮　[賞]勲一等旭日大綬章(平成13年)　[歴]昭和18年10月学習院から東大経済学部へ進むが、学徒動員で応召。復員後東大に復学。22年共同通信社に入社、第一次南極観測隊に参加し、労組委員長、社会・文化部長を歴任。37年TBSへ移り、ニュースキャスターとして「ニュースコープ」を担当。42年芸術祭参加番組「ハノイ・田英夫の証言」、43年米空母エンタープライズの佐世保入港などを放映して話題となるが、社内外の圧力でキャスターを解任された。45年TBSを退社して社会党に入党。46年6月の参院選全国区でトップ当選。52年9月離党し、53年3月社会民主連合を結成して、その代表となる。60年から常任顧問。平成元年東京選挙区に転じる。のち参議院フォーラム所属を経て、8年社民党に復帰。13年落選。15年4月繰り上げ当選。通算6期目。著書に「わが体験的政治論」「草の根核軍縮」。　[団]日本エッセイスト・クラブ　[家]祖父=田健治郎(枢密顧問官), 父=田誠(日本ホテル社長)

天坊 裕彦　てんぼう・ひろひこ
元・参院議員(自民党)　元・国鉄副総裁　[生]明治40年1月7日　[没]昭和59年3月23日　[出]大阪府　[学]東京帝大法学部政治学科(昭和4年)卒　[賞]勲一等瑞宝章(昭和52年)　[歴]昭和24年、国鉄発足と同時に理事。26年から30年まで同副総裁。31年、自民党から参院全国区に出馬、43年まで3期務める。この間、地方行政委員長、運輸委員長を歴任。阪神高速道路公団理事長もつとめた。

【と】

戸井 嘉作　とい・かさく
衆院議員(立憲民政党)　[生]文久2年1月(1862年)　[没]昭和20年4月27日　[出]神奈川県　[学]甲府神官学校　[歴](名)横浜商品倉庫、(株)横浜可鍛鉄製作所を設立してそれぞれの専務に就任。横浜市議、道路会議議員、立憲民政党総務となり、大正4年衆院議員に当選、通算7期を務めた。

土居 光華　どい・こうか
衆院議員　民権運動家　[生]弘化4年6月(1847年)　[没]大正7年12月　[出]淡路国三原郡倭文村(兵庫県)　号=淡山　[歴]森田節斎に師事し、和歌を橘千蔭、海上胤平らに学ぶ。維新時は岩倉具視に侍講している。明治7年民権派の「報国新誌」を創刊。徳島藩校教授、公議人、弁事を経て、翻訳を主とする北辰社の社長となり、「東海暁鐘新聞」を発行、岳南自由党総理などとなる。19年三重県飯高、飯野、多気三郡長に就任、ついで衆院議員となった。女子教育や被差別部落解放などにも先駆的な活動をした。著書に「孟子七篇」「七珠講義」「英国文明史」などがある。

土井 権大　どい・ごんだい
衆院議員　[生]明治12年11月　[没]昭和13年2月1日　[学]早稲田大学英語政治科(明治36年)卒　[賞]藍綬褒章　[歴]農業に従事。かたわら北米、ブラジル移民事業を推進した。大正6年以来衆院議員当選6回。日本興業会社代表取締役も務めた。

土井 たか子　どい・たかこ
衆院議員(社民党　兵庫7区)　元・衆院議長　社民党党首　[生]昭和3年11月30日　[出]兵庫県神戸市　本名＝土井多賀子　[学]京都女子大学英文科中退，同志社大学法学部卒，同志社大学大学院(昭和30年)修了　[歴]同志社大学で憲法の教鞭をとる。昭和44年衆院議員に兵庫2区から当選し、以来連続11回当選。衆院物価問題特別委員長、党外務部会長、党公害追放運動事務局長などを歴任し、58年社会党副委員長に就任。"おたかさん"の愛称をもち、開かれた社会党の顔となる。ベテラン官僚が緊張する論客でもある。61年9月初の女性委員長に就任し、3期つとめた。平成元年には反消費税を旗頭に空前のブームをまき起こして、参院選で自民党を大幅に上回る公認46人、推薦7人という大勝利をもたらし、同年8月の国会では参議院で首班指名された。2年の衆院選では公認136、推薦3議席を獲得。しかし、翌3年の統一地方戦で惨敗し、責任をとって委員長を辞任。5年非自民連立内閣の誕生により、憲政史上初の女性衆院議長となる。6年社会党は自民、さきがけの連立内閣に参加。8年1月社会党は党名を社会民主党に変更。同年9月社民党党首に復帰し、党の建て直しを図ったが、10月の総選挙では公認15議席で惨敗した。10年1月党首に再選。同年6月社民党は与党を離脱。7月の参院選でも改選議席12を5議席に減らした。12年1月、13年10月党首に再選。護憲派。[趣]パチンコ

土居 山義　どい・たかよし
元・三原市長　[生]大正13年5月17日　[出]広島県　[学]住友鋼管青年学校卒　[賞]勲五等双光旭日章(平成13年)　[歴]昭和21年三原車輌に入社し、25年労組書記長に就任。その後、41年三菱重工労連書記長、47年委員長を歴任し、54年以来三原市長に2選。62年落選。

土井 直作　どい・なおさく
衆院議員(民社党)　労働運動家　[生]明治33年11月1日　[没]昭和42年6月26日　[出]石川県鳳至郡　[学]日本労働学校(大正11年)卒　[歴]電気工となり総同盟に参加、多くの労働組合長を務めた。戦後昭和20年総同盟神奈川県連副会長、のち会長となった。日本社会党の結成に参加、中央執行委員、選挙対策部長、統制委員長を歴任。21年神奈川2区から衆議院選挙に立ち当選、片山哲内閣の初代労働政務次官となった。当選6回。のち民主社会党の結成に参加、同党顧問を務めた。

戸井田 三郎　といだ・さぶろう
衆院議員(自民党)　元・厚相　[生]大正7年6月12日　[没]平成8年10月13日　[出]東京　[学]中央大学法学部(昭和16年)卒　[歴]昭和30年衆院議員清瀬一郎秘書、大臣秘書官を経て、49年以来衆院議員に当選7回。52年厚生、57年郵政各政務次官、59年衆院社会労働委員長を歴任。平成元年海部内閣の厚相に就任。竹下派を経て、小渕派。[趣]水泳，ボウリング，ゴルフ　[家]二男＝戸井田徹(衆院議員)

藤 金作　とう・きんさく
衆院議員(立憲政友会)　[生]天保15年9月(1844年)　[没]昭和7年3月19日　[出]福岡県　[歴]村、郡の官吏を経て、村議、郡議、福岡県議、徴兵参事員等を歴任、明治27年より衆院議員に7期連続当選。植林事業にも携わった。

東海 散士　とうかい・さんし
衆院議員(憲政本党)　小説家　ジャーナリスト　[生]嘉永5年12月2日(1853年)　[没]大正11年9月25日　[出]安房国富津(千葉県)　本名＝柴四朗　[歴]明治元年戊辰戦争に従軍、官軍の会津城攻撃に対戦、落城後東京に拘禁。10年西南戦争では東京日日新聞に戦報を送った。11年渡米、ハーバード大学、ペンシルベニア大学で経済学を学び18年帰国。20年政治小説「佳人之奇遇」初編を刊行、文名をあげた。19～30年にかけ続編を執筆。一方国権主義を主張、農商務相・谷

干城に招かれ19年再び洋行。20年帰国、21年「大阪毎日新聞」主筆となり、また雑誌「経世評論」を発刊し、後藤象二郎の大同団結運動に尽力。25年第2回衆院選挙に福島から当選、憲政本党に所属、農商務次官、外務参政官などを務めた。著書は他に「東洋之佳人」「埃及近世史」などがある。 [家]弟＝柴五郎(陸軍大将)

堂垣内 尚弘　どうがきない・なおひろ
元・北海道知事 [専]土木工学 交通工学 [生]大正3年6月2日 [出]北海道札幌市 [学]北海道帝国大学工学部(昭和13年)卒 [興]地域開発論 [賞]フィンランド獅子一等騎士勲章(昭和55年)，勲一等瑞宝章(昭和63年)，外務大臣表彰(平成1年)，土木学会賞功績賞(平成3年)，北海道新聞スポーツ賞(特別賞)(平成13年) [歴]海軍省建設局に勤務し、昭和14年応召。21年復員し北海道庁土木部に勤務。25年経済安定本部に出向。27年北海道開発庁に転じ、室蘭開発建設部長、北海道開発局建設部長などを経て、40年北海道開発局長、同年北海道開発事務次官となる。46年以来北海道知事に3回当選。58年参院選に敗れ、北海学園大学教授に就任。臨教審委員、北方領土復帰期成同盟会長などを歴任。のち北海道体育協会会長、58年から北海道道路史調査会会長をつとめ、平成2年編著「北海道道路史」(全3巻)を刊行した。ほかに東日本学園名誉理事長もつとめる。 [団]日本土木学会，日本計画行政学会，日本地域学会，道連合遺族会(会長)，日本ボブスレー・リュージュ連盟(会長)，北方領土復帰期成同盟(会長) [趣]柔道 [家]息子＝堂垣内光弘(新日本鉄橋梁構造部)

道家 斉　どうけ・ひとし
貴院議員(勅選) [生]安政4年2月20日(1857年) [没]大正14年10月30日 [出]備前国岡山(岡山県) [歴]大学南校で語学を学び、明治17年農商務省に入り、水産局長、農商務局長を務めた。大正9年退官し、勅選貴院議員となる。また日本勧業銀行理事、産業組合中央会副会頭、農村電化協会長を務めた。11年第4回国際労働会議政府代表。

道源 権治　どうげん・ごんじ
衆院議員(立憲民政党) 貴院議員(多額納税) [生]明治2年1月 [没]昭和32年12月7日 [出]山口県 [学]東京専修学校 [歴]富田村議、村長、山口県議を経て、昭和5年衆院議員に当選、のち多額納税して貴院議員となる。県信用組合連合会長、郡農会長、富田町教育会長、恩賜財団済生会評議員等を歴任。

東郷 茂徳　とうごう・しげのり
外相 貴院議員(勅選) 外交官 [生]明治15年12月7日 [没]昭和25年7月23日 [出]鹿児島県東市来町美山 [学]東京帝大文科大学独文科(明治41年)卒 [歴]大正元年外務省に入り、昭和8年欧米局長。その間、国際連盟総会全権随員、ジュネーブ軍縮会議全権委員をつとめる。9年から欧亜局長、12年駐独大使、13年駐ソ大使を歴任後、16年10月東条内閣の外相兼拓務相に起用され、最終段階を迎えていた日米交渉にあたったが、まとまらなかった。同年暮れの開戦に先立ち、対米宣戦布告文を米国に手交するよう日本大使館に訓電したが、暗号解読が遅れ、真珠湾攻撃には間に合わなかった。翌17年に東条内閣の大東亜省設置に反対して辞任後、勅選貴院議員となる。20年4月鈴木貫太郎内閣で再度外相となり、軍部の本土決戦論に対してポツダム宣言受諾を強調、終戦工作に従事。戦後、A級戦犯として東京裁判で20年の禁固刑を受け、拘禁中に病没した。遺書に「東郷茂徳外交手記―時代の一面」がある。平成10年鹿児島県東市来町美山の生家近くに元外相東郷茂徳記念館が設立された。 [家]娘＝東郷いせ(「色無花火―東郷茂徳の娘が語る昭和の記憶」の著者)，孫＝東郷茂彦(国際ジャーナリスト)，東郷和彦(駐オランダ大使)

東郷 実　とうごう・みのる

衆院議員(自由党)　農学者　⊕明治14年11月12日　⊗昭和34年7月31日　⊕鹿児島県　⊕札幌農学校本科(明治38年)卒　農学博士(大正8年)　⊕ベルリン大学に留学、帰国後明治39年台湾総督府技師、大正8年養蚕所所長、10年総督官官房調査課長などを務めた。大正13年以来鹿児島2区から衆院議員に当選8回。政友会に属し、犬養毅内閣の通信参与官、斎藤実内閣の文部政務次官となり、政友会総務、政調会長、同中島派幹事長などを務めた。また東京商大、日本、東洋各大講師、小作調査会委員、戦時中は翼政会総務、同代議士会長などを歴任した。戦後公職追放、解除後の昭和27年衆議院議員に返り咲き自由党総務となった。著書に「日本植民論」。

東条 貞　とうじょう・ただし

衆院議員(無所属倶楽部)　⊕明治18年2月　⊗昭和25年11月29日　⊕北海道　⊕室蘭タイムス記者、北海中央新聞記者、北見実業新聞記者を経て、日刊網走新聞を創刊。のち農牧業に転じ、北海水産工業取締役に就任。網走町議、北海道議となり、昭和5年衆院議員に当選、通算5期を務めた。その間拓務大臣秘書官、阿部内閣の通信参与官、通信省委員を務めた。著書に「網走築港調査書」「北見之林業」など。

東条 英機　とうじょう・ひでき

第40代首相　陸相　内相　陸軍大将　⊕明治17年12月30日　⊗昭和23年12月23日　⊕東京・青山　⊕陸士(第17期)(明治38年)卒、陸大(大正4年)卒　⊕大正8～10年ドイツ駐在武官、昭和3年陸軍省整備局動員課長、9年歩兵第24旅団長など歴任。10年関東憲兵隊司令官、12年関東軍参謀長、13年陸軍次官となり、カミソリ東条と云われ能吏ぶりを発揮。統制派に属し、皇道派の山下奉文らと常に対立した。15年第2次近衛内閣の陸相に就任、日独伊三国同盟の締結、援蒋ルート切断、対南方武力行使などの政策を推進した。第3次近衛内閣でも留任。日米交渉に際し陸軍の強硬論を代表して内閣を倒し、16年首相兼陸相に就任、太平洋戦争開戦の最高責任者となる。同年大将に昇任。以後、自ら内相、軍需相、参謀総長を兼任し史上空前の権限を一手に集中したが、19年7月サイパン島が陥落した直後総辞職して予備役となる。敗戦後ピストル自殺を図るが失敗、極東国際軍事裁判(東京裁判)において最高の戦争責任を問われ、23年12月23日A級戦犯として絞首刑に処せられた。平成2年戦時の秘書官・鹿岡円平海軍大佐によるメモが「東條内閣総理大臣機密記録」として刊行された。7年には第二次大戦中、陸軍航空本部に対し、日本独自の原子爆弾を極秘で製造するように命じていたことが判明。
⊕父＝東条英教(陸軍中将)、息子＝東条輝雄(三菱自動車工業社長)、孫＝岩浪由布子(教育評論家)、東条英勝(演歌歌手)

任田 新治　とうだ・しんじ

参院議員(自民党)　⊕明治42年5月　⊗昭和45年12月16日　⊕石川県　⊕東京帝国大学農学部卒　農学博士　⊕昭和21年満州から引き揚げ帰国し農林省に入省。金沢農地事務局課長、奈良県農地部長を経て、30年農林省に復帰する。38年に北陸農政局長。全国ならびに石川県土地改良事業団体連合会顧問、奥能登農地開発促進協議会副会長、石川県農林統計協会会長を歴任。金沢工業大学教授。著書「意到筆随・アメリカの土壌保全」等。40年参院議員に初当選。以降2選。

藤堂 高潔　とうどう・たかきよ

津藩知事　伯爵　⊕天保8年9月20日(1837年)　⊗明治22年11月18日　⊕伊勢国津(三重県)　⊕津藩主・藤堂高猷の子として生まれ、嘉永4年世子として初めて藩に就く。元治元年父に代り上京、大和の変、禁門の変には京都守衛に当たり、明治元年鳥羽伏見の戦いでは政府軍に属して桑名城を攻撃した。2年帰

藩して藩政改革に当たり、4年家督を継いで津藩知事となったが、同年廃藩置県により免官になった。古今の史籍に精通して詩書画和歌に長じ、17年歌御会始の奉行を務めた。

藤堂 高邦　とうどう・たかくに
久居藩知事　子爵　[生]嘉永2年8月8日(1849年)　[没]明治35年4月6日　[出]伊賀国名張(三重県)　[歴]文久3年伊勢久居藩主を襲封。明治2年版籍奉還を建白し、久居藩知事に任命される。4年廃藩置県により解官、東京府貫属を命じられて上京。17年子爵。

桃原 用永　とうばる・ようえい
元・石垣市長　元・教師　[生]明治37年　[出]沖縄県石垣市　[学]沖縄県師範本科一部(大正12年)卒　[歴]名護尋常高等小学校、竹富小学校教諭を経て、大正15年から母校登野城小学校に8年。昭和の不況期、日本教育労働者組合八重山支部長として活躍、治安維治法で検挙される。沖縄日報記者を3年、のち竹富国民学校に復職、終戦。戦後八重山支庁文化部、石垣小学校長、登野城小学校長、大浜中学校長、石垣中学校長などを経て、石垣市長を務めた。著書に「戦後の八重山歴史」。

当真 嗣合　とうま・しごう
衆院議員(民政党)　ジャーナリスト　[生]明治17年11月10日　[没]昭和21年8月24日　[出]沖縄県首里　[学]国学院中退　[歴]明治39年琉球新報に入り、大正4年退社して沖縄朝日新聞社を設立した。昭和4年民政党から「窮乏の沖縄救済」を叫んで衆院議員に当選、以後沖縄航路の改善、沖縄県振興15年計画の実現に尽力。著書に「沖縄の経済難局と其対策」。

当間 重剛　とうま・じゅうごう
琉球政府行政首席　元・那覇市長　[生]明治28年3月25日　[没]昭和46年10月20日　[出]沖縄県那覇市　[学]京都帝大仏法科(大正9年)卒　[歴]神戸、長崎、那覇各地裁判事を経て昭和8年那覇市助役、14年那覇市長に当選、大政翼賛会沖縄県支部長となった。戦後は沖縄県民政府経済部長、法務部長、琉球上訴裁判所判事から28年再び那覇市長に当選。31年10月比嘉秀平首席が急死、11月琉球政府行政首席に任命され、軍用地問題についてアメリカ側と折衝、一応収拾した。退任後沖縄テレビ放送社長を務めた。「当間重剛回想録」がある。

堂森 芳夫　どうもり・よしお
衆院議員(社会党)　[生]明治36年8月1日　[没]昭和52年1月13日　[出]福井県三国町　[学]金沢医科大学(昭和4年)卒　医学博士　[歴]敦賀病院院長を経て、戦後昭和21年福井県から衆院議員(社会党)に当選。25年福井地方区から参院議員に当選。30年再び衆院議員に返り咲き、以後連続7回当選した。社会党国対副委員長、財務委員長、代議士会長などを歴任した。

東家 嘉幸　とうや・よしゆき
元・衆院議員(自民党)　元・国土庁長官　[生]昭和2年10月1日　[出]熊本県下益城郡城南町　[学]熊本県農技員養成所(昭和25年)卒　[賞]勲一等瑞宝章(平成10年)　[歴]昭和32年東南産業社長、56年会長。54年以来衆院議員に7選。61年建設政務次官。平成3年宮沢内閣の国土庁長官。10年12月宮沢派を離脱し河野グループに参加。11年体調不良のため辞職。共著に「はだか人生50年」がある。

遠山 正和　とおやま・まさかず
衆院議員(政友会)　[生]嘉永4年3月(1851年)　[没]明治40年11月8日　[出]讃岐国丸亀(香川県)　[歴]明治初期、香川県の区長、学区取締を務め、のち県会議員に選ばれ、同議長。また丸亀商業銀行、丸亀実業会社などの取締役を務めた。丸亀市から衆院議員当選3回、政友会に属した。

渡海 元三郎 とかい・もとさぶろう
元・衆院議員(自民党) 元・自治相 元・建設相 [生]大正4年3月13日 [没]昭和60年5月2日 [出]兵庫県 [学]京都帝大法学部(昭和14年)卒 [賞]勲一等旭日大綬章(昭和60年) [歴]曽根町長、兵庫県議を経て、昭和30年民主党から衆院議員に初当選。以来、連続10回当選。自治相、北海道開発庁長官、建設相をはじめ、筆頭副幹事長、幹事長代理などを歴任。58年12月の総選挙で落選、引退。[家]長男=渡海紀三朗(衆院議員)

戸叶 里子 とかの・さとこ
元・衆院議員 元・日本社会党婦人部長 [生]明治41年11月29日 [没]昭和46年11月7日 [出]長野県松本市 [学]同志社女子専門学校英文科(昭和4年)卒 [歴]昭和4年丸の内の国際連盟に勤め、5年朝日新聞記者の戸叶武と結婚。6年英語教室・愛宕塾の教師、14年青蘭女子商業英語教員となる。15年夫に従い上海に渡り、「大陸新報」記者となるが、2年後帰国。20年戦災で夫の郷里・宇都宮に帰る。21年栃木県から衆院選に立ち、最高点で当選、史上初の女性代議士の一人となる。のち、社会党に入党。その後連続11回当選。25年中央執行委員、28年右派社会党国際局渉外部長、32年社会党婦人部長、さらに外交の専門家として長年衆院外務委員を務め、社会党代議士会長としても活躍。母子保護、売春防止法立法などに尽力した。
[家]夫=戸叶武(参院議員)

栂野 泰二 とがの・たいじ
元・衆院議員(社会党) 弁護士 [生]大正15年1月3日 [没]平成14年2月14日 [出]島根県出雲市 [学]東京大学法学部政治学科(昭和25年)卒 [歴]日本生協連合会、ユニーバーサル販売など多数の消費団体、会社の顧問弁護士をつとめる。また、昭和51年衆院議員に旧島根全県区から社会党公認で当選。2期つとめ、衆院法務委員会、社会労働委員会等で活躍した。著書に「営業マンの法律知識」、「反権力の法律知識」(編著)、監修書に「マンガ営業マン必修六法」他。
[団]第二東京弁護士会

戸叶 武 とかの・たけし
参院議員(社会党) [生]明治36年2月11日 [没]昭和57年12月25日 [出]栃木県田沼町 [学]早稲田大学政経学部(大正14年)卒 [歴]ロンドン大学留学の後、朝日新聞記者、上海・大陸新報政治部長、宇都宮大学講師を経て、昭和28年以来栃木地方区から参院議員に4選。農林水産、運輸、交通安全対策特別委、公害対策・環境保全特別委の各委員長、社会党中央執行委員、同機関紙局長などを歴任した。
[家]妻=戸叶里子(衆院議員)

戸狩 権之助 とがり・ごんのすけ
衆院議員(政友会) 山形商業会議所会頭 [生]嘉永6年3月(1853年) [没]大正12年3月12日 [出]出羽国米沢(山形県) [歴]明治7年山形県会議員、次いで常置委員となった。22年米沢市会議員となり、24年県参事会員、また山形市会議長も務めた。28年山形運輸会社取締役、のち山形米穀生糸取引所理事長、山形商業会議所会頭などを務めた。35年以来衆院議員当選7回。

戸川 貞雄 とがわ・さだお
元・平塚市長 小説家 [生]明治25年12月25日 [没]昭和49年7月5日 [出]東京 [学]早稲田大学英文科(大正7年)卒 [歴]同人雑誌「地平線」「基調」などに関係し、大正10年「蠢く」を発表し、11年「屠牛場の群」を発表するなど新進作家として活躍。のち「不同調」に参加し「翻弄」などを発表。昭和期に入ってからは通俗小説作家となり、「女性の復讐」などを発表する。昭和30〜38年平塚市長を務めた。 [家]子=戸川猪佐武(政治評論家),菊村到(作家)

時岡 又左衛門 ときおか・またざえもん
衆院議員(自由党) 医師 [生]嘉永1年8月(1848年) [没]明治37年9月23日 [出]福井県 [歴]福井県議、副議長を経て、明治27年衆院議員に当選、通算4期を務めた。医業にも携わった。

時任 為基　ときとう・ためもと

貴院議員(勅選)　元老院議官　⑰天保12年(1841年)　⑱明治38年9月1日　⑲薩摩国鹿児島(鹿児島県)　㊥正四位勲二等　㊕維新後東京府典事、のち開拓使権大書記官、函館支庁長、宮崎県知事などを経て、元老院議官。さらに高知、静岡、愛知、大阪、宮城各府県知事を歴任した。31年退官し、勅選貴院議員となる。

徳川 昭武　とくがわ・あきたけ

水戸藩知事　⑰嘉永6年9月24日(1853年)　⑱明治43年7月3日　⑲江戸　㊕徳川斉昭の18子。慶応3年徳川幕府がフランスの招きによりパリ万国博覧会に使節を派遣する際、将軍慶喜の名代として渡仏。明治元年幕府倒壊の報を受けて帰国、同年慶篤の嗣となり水戸藩主を相続。2年新政府に協力して箱館戦争に功をあげ、版籍奉還で水戸藩知事となる。また北海道開拓に着手、天塩国(上川支庁の北半と留萌支庁の全域)を管理した。4年水戸藩知事を免ぜられ、10年フランスに留学、14年帰国後麝香間祗候となった。

徳川 家達　とくがわ・いえさと

貴院議長　徳川家第16代当主　日本赤十字社社長　IOC委員　公爵　⑰文久3年7月11日(1863年)　⑱昭和15年6月5日　⑲江戸　幼名＝徳川亀之助　㊕徳川家第16代当主。明治元年第15代徳川慶喜の大政奉還に伴い宗家を継ぎ家達と改名。同年駿河府中城主として70万石を賜封され、2年版籍奉還で静岡藩知事、3年廃藩置県で藩知事を退いた。10～15年英国に留学。17年公爵、23年貴族院議員、36～昭和8年貴族院議長。その間大正3年組閣の内命を辞退。11年第一次大戦後のワシントン軍縮会議に全権委員で出席。昭和11～14年IOC委員を務め、アジア初の東京五輪招致に尽力したが、幻の大会に終った。また16代様として日本赤十字社長、恩賜財団済生会、東京慈恵会、日米協会各会長を務めた。妻泰子は近衛文麿の伯母。㊈父＝徳川慶頼(田安家当主)、長男＝徳川家正(外交官)、弟＝徳川達孝(田安家当主)

徳川 家正　とくがわ・いえまさ

貴院議員　駐トルコ大使　⑰明治17年3月23日　⑱昭和38年2月18日　⑲東京　㊗東京帝大法科大学政治科(明治42年)卒　㊕明治42年外務省に入り、在中国公使館一等書記官、在英国大使館一等書記官、参事官を経て、大正14年在シドニー領事、昭和4年駐カナダ全権公使、9年駐トルコ全権大使、12年退官。15年公爵を襲爵し貴族院議員となり、21年最後の貴族院議長を務め、麝香間祗候。のち日本水難救済会会長。㊈父＝徳川家達(徳川家第16代当主・貴院院議長)、三女＝保科順子(「花葵―徳川邸おもいで話」の筆者)

徳川 圀順　とくがわ・くにゆき

貴院議長　⑰明治19年12月13日　⑱昭和44年11月17日　⑲東京　字＝子行、号＝濤山　㊗陸士(明治43年)卒　㊕水戸徳川第13代当主。少尉任官、近衛歩兵第1連隊付、大正3年予備役。明治44年貴院議員、昭和19年議長、21年公職追放で辞任。一方軍務を退いてからは日本赤十字社に入り、大正7年副社長、昭和19年社長、21年辞任。その間皇典講究所長、水戸育英会総裁。22年常磐興業を創立、社長となった。㊈父＝徳川篤敬(旧水戸藩主・侯爵)、妻＝徳川彰子(日本衛生婦人会会長)

徳川 達孝　とくがわ・さとたか

侍従長　貴院議員　伯爵　⑰慶応1年5月(1865年)　⑱昭和16年2月18日　㊕松平慶頼の四男。兄家達の徳川家継承で田安家当主に。明治17年伯爵を継ぎ、30年貴院議員となり、衆院議員選挙法改正調査会委員を務めた。大正3年～昭和3年侍従長。のち日本弘道会会長。伯爵。㊈父＝徳川慶頼(田安家当主)、兄＝徳川家達(徳川第16代当主)、息子＝徳川達成(伯爵)、孫＝徳川宗賢(学習院大学教授)

徳川 宗敬　とくがわ・むねよし
元・参院議員(緑風会)　神社本庁統理　日本博物館協会長　[生]明治30年5月31日　[没]平成1年5月1日　[出]東京・向島　旧名＝敬信　[学]東京帝大農学部林学科(大正12年)卒　農学博士(昭和16年)　[賞]勲二等旭日重光章(昭和42年)，勲一等瑞宝章(昭和56年)　[歴]出身は御三家の一つ、水戸徳川家。二男のため、大正5年20歳で一橋徳川家の養子となり、9年池田仲博侯爵の長女と結婚、12代目当主に。宮内省官吏、ベルリン留学を経て、貴院議員。戦後昭和22年参院議員となり、41年伊勢神宮大宮司、51年神社本庁統理。この間一貫して緑の保護運動に力を注ぎ、国土緑化推進委員会理事長も務める。また59年には家宝計5600点を茨城県立歴史館に寄贈した。　[家]妻＝徳川幹子(茨城県婦人会館顧問)，父＝徳川篤敬(侯爵)

徳川 茂承　とくがわ・もちつぐ
貴院議員　侯爵　[生]弘化1年1月15日(1844年)　[没]明治39年8月20日　[出]江戸　[歴]安政5年和歌山藩主徳川斉欔の養子となり襲封、将軍家茂から茂の一字を与えられ茂承と改名。参議に任ぜられ、6年権中納言となる。慶応2年長州再征の先鋒総督として広島に出陣、芸州口と石州口の戦闘を指揮したが、石州口戦線で敗北。家茂の死去に伴い15代将軍に推されたが固辞し、一橋(徳川)慶喜を推薦した。4年東海道総督に出兵を命ぜられ会津攻撃に参加した。明治2年和歌山藩知事に就任。17年侯爵。また貴院議員を務めた。　[家]父＝松平頼学(西条藩主)

徳川 慶勝　とくがわ・よしかつ
名古屋藩知事　[生]文政7年3月15日(1824年)　[没]明治16年8月1日　[歴]嘉永2年尾張藩主を襲封し、藩政改革を推進。安政の大獄で隠居するが、元治1年征長総督に就任。維新後は議定を経て明治3年名古屋藩知事となるが、廃藩置県により免官。

徳川 義親　とくがわ・よしちか
貴院議員　尾張徳川家19代目当主　徳川林政史研究所創立者　植物学者　侯爵　[生]明治19年10月5日　[没]昭和51年9月6日　[出]東京　幼名＝錦之丞　[学]東京帝大文科大学史学科(明治44年)卒，東京帝大理学部植物学科(大正3年)卒　[歴]旧福井藩主・松平春嶽の五男として生まれ、明治41年尾張徳川家・義礼の養嗣子となる。同年義礼の死後襲爵(侯爵)し、貴院議員(大正14年辞職)。大正7年徳川生物学研究所を、12年徳川林政史研究所を設立。また昭和6年には尾張徳川家に伝わる古文書や家宝類を管理するための財団・徳川黎明会を組織。この間、貴院改革運動や大川周明らの三月事件への関与、2.26事件では反乱幇助罪容疑をうけるなど、昭和史の表舞台・裏舞台に度々登場した。16年第25軍軍政顧問としてシンガポールに赴任、マレーやスマトラの占領行政に従事する傍ら、昭南博物館長・植物園長として南方の民俗や動植物の研究を行った。戦後は社会党を支援し党顧問となるが、公職追放を受ける。日ソ交流協会会長も務めた。また、狩猟家としても知られ、戦前マレー半島で虎狩りをしたことから“虎狩りの殿様”として親しまれた。自伝に「最後の殿様」がある。　[家]父＝松平慶永(春嶽)(旧福井藩主)，息子＝徳川義知(尾張徳川家20代当主・徳川黎明会会長)

徳川 慶喜　とくがわ・よしのぶ
貴院議員　徳川第15代将軍　公爵　[生]天保8年9月29日(1837年)　[没]大正2年11月22日　[出]江戸・小石川(東京都文京区)　旧姓＝一橋　幼名＝七郎麿，別名＝昭致　[歴]水戸藩主徳川斉昭の七男に生まれ、弘化4年(1847)一橋家を継ぐ。ペリー来航の際は米国の要求拒否を具申したが容れられず、将軍継嗣問題で井伊大老ら南紀派の推す慶福(家茂)に敗れ、安政の大獄では隠居謹慎を命じられる。井伊直弼没後は家茂の後見職となったが、慶応2年(1866)に家茂が没すると、徳川家最後の15代

将軍に就任。在職わずか1年の間にフランス公使レオン・ロッシュの助言により欧州式の各種制度をとり入れることで幕政の改革を図ったが、時勢には抗するすべもなく、慶応3年自ら大政を奉還、270年間の幕政に終止符を打った。これに対し賊軍との声もあったが、その後、勝海舟のとりなしで復権。以後、静岡県に住み、狩猟、謡曲、囲碁、写真などを楽しむ日を送る。やがて貴族院議員となって明治13年正二位に叙せられ、35年には公爵に列せられる。平成10年にはNHK大河ドラマ「徳川慶喜」でも取り上げられた。 [家]父＝徳川斉昭（水戸藩主），息子＝徳川慶久（公爵），孫＝高松宮喜久子，徳川慶光（公爵・貴院議員）

徳川 義宜　とくがわ・よしのり
名古屋藩知事　[生]安政5年5月24日（1858年）　[没]明治8年　[出]尾張国名古屋（愛知県）　[歴]徳川慶勝の第三子。文久3年6歳にして尾張家を継いだが、幕末維新の際、主として父・慶勝が国事に奔走した。慶応2年父に代って入京し、以来勤王のつとめに従った。版籍奉還後の明治2年名古屋藩知事を命ぜられたが、3年父と交代。4年東京に移り、病弱のため17歳で夭折した。

徳川 頼貞　とくがわ・よりさだ
貴院議員（侯爵）　参院議員　南葵音楽図書館主宰　[生]明治25年8月16日　[没]昭和29年4月17日　[出]東京　[学]学習院（明治45年）卒　[歴]大正2年ケンブリッジ大学留学、10年音楽研究のため欧州各地を遊学。12年日本初のパイプオルガン付き本格的コンサートホール南葵学堂（なんきがくどう）を東京･飯倉に設立し、南葵音楽図書館を経営、貴院議員をつとめた。昭和22年以来参院議員当選2回、外務委員長を務めた。この間万国議員同盟会議、万国音楽連盟会議などに出席。国際文化振興会副会長、ユネスコ国会議員連盟会長、日本フィリピン協会、日本ベルギー協会、全日本音楽協会各会長、日本赤十字社理事、南葵育英会総裁、イタリア国立サンタ・チェチリア音楽院、パリ高等音楽院各名誉評議員。音楽文献、古楽器など音楽コレクションで有名で、プロコフィエフ始め数多くの著名な作曲家とも親交があった。著書に「薈庭楽話（わいていがくわ）」。 [家]祖父＝徳川茂承（和歌山藩主），父＝徳川頼倫（和歌山藩主）

徳田 球一　とくだ・きゅういち
日本共産党書記長　衆院議員　[生]明治27年9月12日　[没]昭和28年10月14日　[出]沖縄県国頭郡名護村（現・名護市）　[学]日本大学専門部法律学科（大正9年）卒　[資]弁護士　[歴]苦学しながら日大夜間部に学び弁護士となる。大正9年日本社会主義同盟結成に参加。11年極東民族大会（モスクワ）に日本代表として出席。同年堺利彦、山川均らと日本共産党の創立に参加。翌年第1次共産党弾圧事件で検挙。13年解党決議後再建論を唱えて中央ビューローの中心となり、昭和2年'27テーゼを作成。3年第1回普選で労働農民党から出馬するが落選。同年3.15事件で検挙され、敗戦までの18年間非転向の獄中生活を送った。20年声明文「人民に問う」を発表し党書記長に選ばれ、21年以来衆院議員に3回当選するが、25年マッカーサー指令で追放されて地下活動に入った（日本共産党幹部公職追放）。同年10月中国に亡命、孫機関を編成。翌年'51年綱領に基づいた武装闘争を展開したが、党勢は激減した。27年結党30周年記念論文で自己批判する。28年10月北京で病死したが、発表はその2年後であった。著書「獄中十八年」「わが思い出」や「徳田球一全集」（全6巻）がある。

徳大寺 公弘　とくだいじ・きんひろ
貴院議員　公爵　[生]文久3年8月14日（1863年）　[没]昭和12年1月4日　[歴]英国に留学。のち宮内省御用掛となり明宮勤務。大正8年父・実則の死去により公爵を襲爵、貴院議員となる。 [家]父＝徳大寺実則（侍従長・公爵），弟＝高千穂宣麿（英彦山神社宮司）

徳大寺 実則　とくだいじ・さねつね
侍従長　宮内卿　内大臣　宮内官　公爵　[生]天保10年12月6日（1840年）　[没]大正8年6月4日　[出]京都　[歴]天保14年昇殿。文久2年権中納言、国事御用掛となり、3年議奏となるが、尊王攘夷運動に関わったため同年8月18日の政変で罷免される。慶応3年復権、明治1年参与、議定、内国事務総督となり、権大納言に任ぜられる。3年山口藩内訌に宣撫使として下向。4年宮内省に出任を命ぜられ、侍従長、宮内卿となり、長く明治天皇の側近に奉仕する。17年侯爵を授けられ、18年華族局長、のち爵位局長を歴任。24年内大臣兼侍従長。44年公爵に昇爵。明治天皇の没後辞職。明治23年より貴院議員も務めた。
[家]父＝徳大寺公純（右大臣），弟＝西園寺公望（首相），住友吉左衛門（15代目），息子＝徳大寺公弘（貴院議員），高千穂宣麿（英彦山神社宮司・博物学者）

徳富 蘇峰　とくとみ・そほう
貴院議員（勅選）　民友社創立者　国民新聞主宰　貴院議員（勅選）　評論家　新聞人　歴史家　[生]文久3年1月25日（1863年）　[没]昭和32年11月2日　[出]肥後国上益城郡津森村杉堂（熊本県益城町）　本名＝徳富猪一郎　[学]熊本洋学校卒，同志社英学校（明治13年）中退　[資]帝国学士院会員（大正14年・昭和21年辞退），帝国芸術院会員（昭和12年・21年辞退）　[賞]勲三等（大正4年），帝国学士院賞恩賜賞（第13回）（大正12年）「近世日本国民史」，文化勲章（昭和18年），熊本市名誉市民，水俣市名誉市民　[歴]熊本洋学校に学び、14歳の最年少で熊本バンドに参加。同志社を中退して明治14年郷里熊本に自由民権を旗印に大江義塾を開く。19年に上京して「将来之日本」を刊行。20年民友社を創立し、「国民之友」を創刊、23年には「国民新聞」を発刊して平民主義を唱え、一躍ジャーナリズムのリーダーとなる。しかし、次第に国家主義的な論調に変貌しはじめ、日清戦争には国民新聞社をあげてジャーナリズム方面から協力した。日清戦争後は内務省参事官になるなどして変節を非難されたが、桂内閣の論客として「国民新聞」に健筆をふるい、皇室中心の思想を唱えた。44年勅選貴族院議員、大正2年には政界を離れ、以後評論活動に力を注いだ。昭和4年経営不振から国民新聞社を退社。徳富の唱えた皇室中心の国家主義思想は第二次大戦下の言論・思想界の一中心となり、17年からは大日本言論報国会会長、日本文学報国会会長を務める。戦後はA級戦犯容疑者、公職追放の指名を受け、熱海に引き籠った。主著に「吉田松陰」「杜甫と弥耳敦」、「近世日本国民史」（全100巻）など。明治・大正・昭和3代にわたって言論界のオピニオン・リーダーとして重きをなした。平成10年山梨県山中湖村に山中湖文学の森・徳富蘇峰館が開館。
[家]父＝徳富一敬（漢学者），弟＝徳冨蘆花（小説家）

徳永 正利　とくなが・まさとし
元・参院議長（自民党）　[生]大正2年8月25日　[没]平成2年9月23日　[出]山口県豊浦郡菊川町　[学]海軍通信学校卒　[賞]勲一等旭日桐花大綬章（平成1年）　[歴]海軍中尉で終戦。戦後日本遺族会に入り事務局長となる。昭和34年参院全国区に当選、自民党参院議員会長、運輸相などを歴任して、55年参院議長に就任。57年比例代表制を導入。当選5回。平成元年引退。　[趣]柔道，囲碁（5段）

得能 通昌　とくのう・みちまさ
貴院議員（勅選）　大蔵省印刷局長　[生]嘉永5年1月（1852年）　[没]大正2年5月14日　[出]薩摩国荒田（現・鹿児島市）　[賞]勲二等　[歴]大蔵省管下の印刷局に入り、18年間勤務、印刷局長となった。日清・日露の両役には、よく戦時要求に応え、勲二等、年金500円を大賜された。印刷局長辞任後、勅選貴院議員となった。

徳安 実蔵　とくやす・じつぞう
元・衆院議員(自民党)　元・郵政相　⊕明治33年2月13日　⊗昭和63年2月7日　⊕鳥取県気高郡青谷町　⊗青谷実補習校卒　⊗勲一等瑞宝章(昭和45年)、勲一等旭日大綬章(昭和51年)　⊗大阪新報記者、運輸新聞社長、芝区(東京市)区議、東京市議などを経て、昭和27年以来衆院議員に9選。この間、37年第2次池田改造内閣総務長官、38年第3次池田内閣郵政相を歴任。51年落選。

床次 竹二郎　とこなみ・たけじろう
内相　鉄道相　逓信相　政友本党総裁　政友会顧問　⊕慶応2年12月1日(1866年)　⊗昭和10年9月8日　⊕薩摩国鹿児島(鹿児島県鹿児島市)　⊗東京帝大政治科(明治23年)卒　⊗徳島県・秋田県知事を経て、内務官僚の出世コースを歩み、明治44年西園寺内閣の原敬内相の次官に就任、大正2年には鉄道院総裁となった。同年政友会入りし、現職官吏の入党として話題に。翌3年には衆院議員に当選(以後通算8回)。この間7年原内閣、ついで高橋内閣の内相となり折からの社会運動の高揚に対抗した。原の死後は政権志向を強め、なりふりかまわず政界を遊泳したが、結局は失敗。13年に清浦内閣を支持して政友会を割り政友本党を結成して総裁に就任、のち憲政会と合流して民政党を発足させたが、翌年脱党、新党の画策も思うにまかせず、昭和4年政友会に復帰し顧問。6年犬養内閣の鉄道相、さらに9年には党議に反して岡田内閣の逓信相となったため政友会を除名され、逓相在任のまま急逝した。

床次 徳二　とこなみ・とくじ
元・衆院議員(自民党)　目白学園理事長　⊕明治37年2月4日　⊗昭和55年2月22日　⊕東京　⊗東京帝大政治学科(大正15年)卒　⊗勲一等旭日大綬章(昭和49年)　⊗昭和24年初当選以来、連続10回当選。衆院外務、文教委員長、外務政務次官、沖縄及び北方問題に関する特別委員長などを歴任。51年引退、のち目白学園理事長。

登坂 重次郎　とさか・じゅうじろう
元・衆院議員(自民党)　⊕大正2年4月3日　⊗平成9年3月22日　⊕茨城県水海道市　⊗水海道中(昭和3年)卒　⊗勲二等旭日重光章(平成1年)　⊗卒業後、税務署に勤務、昭和24年大蔵省入り。38年衆院選に当選。6期つとめ、56年引退。34年当時の池田勇人通産相(元首相)の秘書官を務め、経済企画、厚生政務次官などを歴任した。　⊗ゴルフ

戸沢 民十郎　とざわ・たみじゅうろう
衆院議員(立憲民政党)　⊕明治11年5月　⊗昭和27年9月23日　⊕香川県　⊗東京帝国大学法学部独法学科(明治42年)卒　⊗弁護士を営む。高松市議、香川県議を経て、大正13年から衆院議員に連続5回当選。第2次若槻内閣司法参与官、南満州太興理事、日支合弁天図鉄道公司総弁を歴任する。

戸沢 政方　とざわ・まさかた
元・衆院議員(自民党)　⊕大正8年5月4日　⊕神奈川県小田原市浜町　⊗東京帝国大学法学部(昭和19年)卒　⊗勲二等旭日重光章(平成4年)　⊗昭和19年内務省に入省。20年厚生省に転じ、42年官房長、45年保険局長、47年社会保険庁長官、48年事務次官を歴任して49年退官。51年以来衆院議員に4選。宮沢派。63年3月衆院法務委員長に就任し、"リクルート問題"を手がけた。平成2年落選。著書に「生活保護法の法解釈と運用」などがある。

戸沢 正実　とざわ・まさざね
新庄藩知事　子爵　⊕天保3年閏11月17日(1832年)　⊗明治29年8月13日　⊗出羽新庄藩主正令の長男。天保14年襲封。文久2年秋田都守衛を命ぜられた。慶応4年戊辰戦争に鎮撫使副総督沢為量らと庄内を攻撃。しかし消極的ではあったが、奥羽越列藩同盟に加盟、同盟軍の戦局不利になるやいち早く、7月秋田と共に同盟を脱退。そのために同盟軍に攻められ新庄城は落城、秋田に逃れるが、

10月帰城した。明治2年版籍奉還後、新庄藩知事となり、17年子爵授爵。

戸田 菊雄　とだ・きくお
元・衆院議員(社会党)　元・参院議員
㊓大正13年3月6日　㊒福島県いわき市　㊫仙台鉄道教習所普通部(昭和19年)卒　㊜勲一等瑞宝章(平成6年)　㊩国労仙台地本委員長、宮城県労評議長を経て、昭和40年参院議員に当選。2期つとめたあと、55年衆院議員に転じる。当選4回。平成5年落選。

戸田 忠綱　とだ・ただつな
曽我野藩知事　㊓天保11年12月3日(1840年)　㊚大正11年1月28日　㊒江戸宇都宮藩邸　㊩下野高徳藩主戸田忠至の長男。明治1年家督を相続して高徳藩主となるが、同年版籍奉還により高徳藩知事に任命される。3年藩地の移動により曽我野藩知事。4年廃藩置県により免官。

戸田 由美　とだ・よしみ
衆院議員(国民同盟)　大宮市長
㊓明治19年6月　㊚昭和40年7月23日　㊒長野県　㊫慶応義塾大学理財科(明治43年)卒　㊩南信毎日新聞社専務兼主筆、南信絹糸紡績専務、信産館製糸取締役を歴任する。内閣総理大臣秘書官を務め、大正13年から衆院に4回当選。満鮮蒙古方面視察のため派遣される。また大宮市長も務めた。

栃内 曽次郎　とちない・そうじろう
貴院議員(勅選)　連合艦隊司令長官　海軍大将　㊓慶応2年6月8日(1866年)　㊚昭和7年7月12日　㊒陸中国巌手郡上田村(岩手県盛岡市)　㊫札幌農学校予科卒, 海軍兵学校(明治10年)卒, 海軍大学校(明治24年)卒　㊩明治21年海軍少尉。27〜8年の日清戦争には大尉で従軍、30年"浅間"回航員で英国出張。37〜8年日露戦争では大佐となり"八幡丸""須磨"艦長とした活躍。42年少将、大正3年中将、9年大将となった。この間軍務局長、練習艦隊司令官、大湊要港部司令官、第2艦隊司令長官。日独戦役に第3戦隊、第4戦隊各司令、艦政本部長、海軍次官を歴任。大正10年第1艦隊司令長官、佐世保鎮守府司令長官を経て、13年退役。昭和7年勅選貴院議員。

戸塚 九一郎　とつか・くいちろう
建設相　衆院議員(自由党)　㊓明治24年3月27日　㊚昭和48年10月13日　㊒静岡県掛川　㊫東京帝大法科大学独法科(大正6年)卒　㊩大正6年内務省に入り、福島県、兵庫県などの理事官、警視庁衛生部長、大分県警察部長、京都、神奈川、兵庫各学務部長、昭和9年から徳島、山口、宮城、福岡各県知事を歴任。その後北海道庁長官、軍需省軍需官、軍需監視官、九州地方総監を務めた。戦後公職追放、26年解除、27年以来静岡1区から衆院議員に当選3回。第4次吉田茂内閣の労相兼建設相、第5次吉田内閣の建設相兼北海道開発庁長官を歴任した。

戸塚 進也　とつか・しんや
元・衆院議員(自民党)　元・参院議員
㊓昭和15年1月2日　㊒静岡県静岡市両替町　㊫日本大学法学部(昭和38年)卒　㊩両親が離別したため、母と2人で上京。母が孤児院の栄養士として住み込みで働いていたため、小学校から高校まで玉川学園の寮で暮らした。高校を卒業すると、通産省の初級職となり、日大の夜間に通った。その後、父親の元で働くため静岡県に帰郷。地元の若手経済人のリーダーとなり、昭和42年掛川市議、静岡県中小企業団体中央会理事、公害防止協会監事等歴任。46年静岡県議、49年以来参院議員に2選。党参院国対副委員長をつとめた。54年第2次大平内閣通産政務次官。58年衆院に転じる。当選3回。竹下派を経て、小渕派。平成5年、8年、12年落選。

土橋 一吉　どばし・かずよし
日本共産党中央委員会顧問　元・衆院議員　労働運動家　㊓明治41年5月1日　㊚昭和57年12月17日　㊒島根県多伎町　㊫明治大学法学部卒　㊩昭和9年東京中央郵便局に勤務。21年全逓初代委員長となり、当時日本最強といわれた全逓

40万組合員の支持を一身に集めた。23年12月日本共産党に入党。24年1月衆院議員に当選(東京7区)。25年8月マッカーサー指令で追放処分となり、密出国で中国に渡り、34年帰国。その後、10年かけて衆院議員に返り咲いた。当選3回。逓信委員などを務めた。

飛島 繁　とびしま・しげし
元・衆院議員(自由党)　元・藤沢市長　元・飛島組社長　[生]明治40年1月10日　[没]昭和61年2月1日　[出]神奈川県　[学]明治大学商学科(昭和6年)卒業　[賞]勲三等瑞宝章(昭和57年)　[歴]昭和8年から21年まで飛島建設の前身、飛島組社長。21年から藤沢市長を一期、24年から27年まで衆院議員(自由党)を歴任した。

富松 正安　とまつ・まさやす
自由民権運動家　[生]嘉永2年9月13日(1849年)　[没]明治19年10月6日　[出]常陸国下館(茨城県)　[歴]茨城県内の小学校教員をつとめるうち、自由民権運動に志す。明治12年民風社を創立、13年集会条例公布以後、教職を辞し運動に専念。14年自由党結成に参画、17年有為館を開き館長となる。同年加波山事件に加わり、各地潜伏の末、上総国市原郡姉ケ崎村で捕えられた。

苫米地 義三　とまべち・ぎぞう
衆院議員　運輸相　内閣官房長官　民主党幹事長　日産化学社長　実業家　[生]明治13年12月25日　[没]昭和34年6月29日　[出]青森県上北郡(現・十和田市)　[学]東京高工(現・東京工大)応用化学科(明治36年)卒　[歴]明治36年阿部製紙に入社、のち大阪曹達、大日本人造肥料などを経て、日産化学工業専務、昭和20年社長。全国肥料商業組合理事長、経団連理事なども歴任。戦後は政界に転じ、21年より衆議院当選3回。22年片山内閣の運輸相、民主党幹事長のあと、芦田内閣の国務相・官房長官に就任、"昭電事件"に対処した。24年の民主党分裂時には"野党派民主党"の最高委員長に、また翌年国協党などとの合同で国民民主党が発足するとその委員長となった。26年サンフランシスコ講話条約調任式に日本全権として出席。28年には参議院に鞍替えして全国区から当選、1期務めた。この間、27年の抜き打ち解散を違憲として最高裁に解散無効を提訴、28年の一審では勝訴したが、29年東京高裁判決で敗訴、60年最高裁は上告を棄却した。この訴訟は"苫米地訴訟"の名で有名に。

苫米地 英俊　とまべち・ひでとし
衆院議員　札幌短期大学学長　[生]明治17年12月1日　[没]昭和41年5月5日　[出]福井県大野市　[学]東京外国語学校英語本科(明治40年)卒　[歴]文部省から派遣され米英に留学、帰国後東京外語講師、小樽高商講師、大正5年教授、昭和10年校長、のち札幌短期大学学長となった。21年北海道1区から衆院議員となり4期、31年北海道地方区から参院議員1期を務めた。この間農林政務次官、民主自由党常任総務、自由党総務を歴任。著書に「国際貿易話法」「商業英語通信軌範」などがある。
[家]息子=苫米地和夫(和光証券会長),孫=苫米地英人(脳機能学者)

富井 清　とみい・きよし
元・京都市長　医師　尺八奏者(都山流)　[生]明治36年3月28日　[没]昭和49年5月19日　[出]三重県　号=富井舜山　[学]金沢医科大学医学専門部(大正14年)卒　医学博士　[歴]京都府立医科大学眼科副手を経て、昭和24年京都府保険医協会理事長、37年から4年京都府医師会長。また京都府公安委員も務め、42年民主統一戦線から京都市長に当選、1期務めて退任。一方尺八家として、大正10年都山流藤井隆山に入門、13年奥伝、隆清と号した。昭和6年師範、12年大師範、16年竹琳輔。清香会を組織して門弟を指導、京都三曲界に重きをなした。　[家]息子=富井黌山(尺八奏者)

富井 政章　とみい・まさあきら
枢密顧問官　東京帝国大学名誉教授　民法学者　男爵　㊔安政5年9月10日(1858年)　㊀昭和10年9月14日　㊇京都　㊫京都仏語学校, 東京外国語学校卒　法学博士(明治21年)　㊮帝国学士院会員　㊊明治10年東京外国語学校に学び、のちフランスのリヨンに渡る。16年帰国して、17年東京大学教授に就任。24年貴院議員に勅選される。36年東京帝大名誉教授。梅謙次郎らと民法典を起草。日露開戦時には対露強硬論を唱えた七博士の1人となる。帝国学士院会員、帝室制度審議会委員をつとめ、大正7年枢密顧問官及び議定官に親任される。15年男爵。また梅謙次郎と和仏法律学校(法政大)経営に当たり、明治33年には京都法政学校(立命館大)初代校長もつとめる。著書に「民法原論」「刑法論綱」「民法論綱」など。

富島 暢夫　とみしま・のぶお
衆院議員(新政会)　弁護士　㊔文久2年11月(1862年)　㊀昭和20年8月6日　㊇広島県　㊫東京帝国大学英法科(明治23年)卒　㊊大阪始審裁判所判事、松江地裁判事、横浜地裁判事を歴任、その後弁護士業務に従事。広島市議、議長、広島弁護士会長となり、明治35年衆院議員に当選、通算5期を務めた。広島瓦斯電軌監査役も務めた。

戸水 寛人　とみず・ひろんど
衆院議員(政友本党)　東京帝国大学教授　法学者　㊔文久1年6月(1861年)　㊀昭和10年1月20日　㊇加賀国金沢(石川県)　㊫東京帝国大学英法科(明治19年)卒　法学博士(明治32年)　㊊判事となり、東京始審裁判所に勤務。明治22年英国留学し、ミッドル・テンプル大学を卒業、27年帰国、東大法科教授となり、ローマ法などを担当。国家主義者で、36年小野塚喜平次らと政府の対露軟弱外交を非難、「七博士」の一人として意見書提出、またロシアのバイカル以東割譲を主張、"バイカル博士"といわれた。日露講和条約締結では5博士と連署、批准拒絶を請願、休職処分となった。大学側は全学教授総辞職で抗議、久保田文相は辞職、戸水は復職(戸水事件)。のち石川県から衆院議員当選5回。著書に「シドウィック哲学と羅馬法」「春秋時代楚国相続法」「物権と債権」「法政管見」などがある。

富田 健治　とみた・けんじ
貴院議員　衆院議員(自民党)　内閣書記官長　内務官僚　㊔明治30年11月1日　㊀昭和52年3月23日　㊇兵庫県　㊫京都帝国大政治科(大正10年)卒　㊛勲二等瑞宝章(昭和42年)　㊊内務省に入り、大阪府警察部長、内務省警保局長、長野県知事を歴任。その後第2、第3次近衛内閣の書記官長をつとめ、近衛の退陣から戦後の自殺まで、その側近として終始した。この間、昭和16年には貴族院議員に勅選され、戦後は追放解除後の27年に衆院議員となってからは自由党、のち自民党に属して当選4回。著書に「敗戦日本の内幕」がある。　㊜息子＝富田朝彦(宮内庁長官)

富田 幸次郎　とみた・こうじろう
衆院議長(民政党)　高知新聞社長・主筆　ジャーナリスト　㊔明治5年11月1日　㊀昭和13年3月23日　㊇高知県安芸郡川北村　俳号＝双川　㊫芸陽学舎(明治22年)卒　㊊板垣退助の自由民権運動に参加、高知で「土陽新聞」主筆、次いで「高知新聞」を創刊、社長兼主筆となる。明治41年以来高知県から衆院議員当選10回、憲政会幹事長、民政党総務、同幹事長を務めた。昭和6年臨時行財政審議会委員。同年第2次若槻礼次郎内閣の危機に、安達謙蔵らと政・民協力内閣工作に参画。8年復党し、常任顧問。12年以来没するまで衆院議長を務めた。その間帝国通信社、日本高速度鋼、日本紡織機各社長。また教科書調査会、選挙革正審議会各委員を務めた。

富田 鉄之助　とみた・てつのすけ
貴院議員(勅選)　日本銀行総裁(第2代)　富士紡績会社長　横浜火災保険社長　官僚　実業家　⽣天保6年10月16日(1835年)　⊗大正5年2月27日　号＝鉄耕
⽇安政3年江戸に出て、勝海舟の塾に入り、蘭学、航海術、砲術を学ぶ。慶応3年米国に留学、明治元年帰国。6年以降ニューヨーク副領事、上海総領事、外務省少書記官、ロンドン公使館一等書記官などを歴任。ついで大蔵省大書記官に転じ、15年日本銀行副総裁、21年第2代総裁に就任するが、翌年退任。23年勅選貴院議員となり、24年東京府知事に就任。27年辞し、その後は29年富士紡績創立に参加、初代会長となり、また30年横浜火災保険を創立し社長に就任、晩年までその経営にあたった。

富永 隼太　とみなが・はやた
衆院議員(立憲政友会)　⽣安政4年6月(1857年)　⊗大正15年10月25日　⾨長崎県　⽇長崎県議、徴兵参事員、学務委員等を歴任、明治23年衆院議員となり、通算5期を務めた。

富野 暉一郎　とみの・きいちろう
元・逗子市長　龍谷大学法学部教授　⾨地域環境政策　⽣昭和19年2月2日　⾨神奈川県逗子市　⾨京都大学理学部宇宙物理学科卒,東京大学大学院天文専攻博士課程中退　⾨父の死で大学院を中退、天文学者の夢をあきらめ、公害防止機器開発会社・ヘリオスの社長に。昭和57年に持ち上がった池子弾薬庫跡地への米軍住宅建設計画に対する反対運動を行い、市長のリコール運動を指揮。推されて市長選に出馬、59年11月逗子市長に当選。61年には逆に前市長派のリコールを受けるが、これを破る。62年8月池子に関する県知事からの要請を拒否して辞職したが、再び当選。3期つとめ平成4年引退。6年島根大学法文学部教授を経て、11年4月龍谷大学教授。著書に「市民自治がまちを変える」「グリーン・デモクラシー」などがある。　⾨バードウォッチング

富安 保太郎　とみやす・やすたろう
衆院議員(立憲政友会)　貴院議員(多額納税)　穂高銀行頭取　⽣元治1年5月(1864年)　⊗昭和6年10月26日　⾨福岡県　⾨明治学院高等学部(明治22年)卒　⾨福岡県議、議長を経て、明治41年衆院議員に当選、通算4期務めたのち、多額納税により貴院議員となる。穂高銀行頭取、九州製油社長、博多築港社長、立憲政友会総務を務めた。

冨吉 栄二　とみよし・えいじ
衆院議員(社会党)　⽣明治32年7月6日　⊗昭和29年9月26日　⾨鹿児島県姶良郡清水村(現・国分市)　⾨研数学館高等科(大正9年)卒　⾨学校教員となり、25歳の時、小作農仲間に推され鹿児島県議に当選。大正13年日本農民和合始良郡連合会を組織、14年日農鹿児島県連と改称、主事から会長となった。昭和11年鹿児島県から全国農民組合に推され衆院議員に当選、12年社会大衆党から再選した。戦後社会党に属し、中央執行委員。21年衆院議員に当選、計6期務め、22年片山哲内閣の逓信大臣。29年北海道視察の帰途、9月26日の洞爺丸事故で遭難死した。

友末 洋治　ともすえ・ようじ
元・茨城県知事　首都圏整備協会会長　⽣明治33年7月5日　⊗昭和63年10月23日　⾨広島県世羅郡世羅町　⾨日本大学法文学部(昭和2年)卒　⾨勲二等旭日重光章(昭和45年)　⾨官選の茨城県知事を経て、昭和22年4月、公選後初の同県知事に選出され、34年まで3期12年務めた。また、日本原子力研究所や動力炉・核燃料開発事業団など同県の原子力施設の誘致に尽力した。　⾨三男＝友末忠徳(茨城新聞社長)

友納 武人　とものう・たけと
元・衆院議員(自民党)　元・千葉県知事　⽣大正3年9月12日　⊗平成11年11月15日　⾨広島県広島市　⾨東京帝大法学部政治学科(昭和12年)卒　⾨勲二等旭日重光章(昭和59年)　⾨厚生省保険課長を経て、昭和26年千葉県副知事、38

年県知事となり3選。東京湾を埋め立て京葉工業地帯の基礎を築き"開発大明神"の異名をとる一方、住民の反発を招き、川鉄公害訴訟が起きた。46年成田闘争のヤマ場となった土地収用に伴う強制代執行を指揮した。51年千葉4区から衆院議員に4選。安倍派。平成2年引退。㊟囲碁,将棋 ㊥弟＝友納春樹(国際航業会長)

外山 正一　とやま・まさかず
文相　東京帝国大学総長　教育者　文学者　詩人　㊕嘉永1年9月27日(1848年)　㊞明治33年3月8日　㊋江戸・小石川柳町　幼名＝捨八、号＝ゝ山　文学博士(明治21年)　㊕開成所に学び、のちミシガン大学に留学し、帰国後東大教授に就任する。明六社の一員としても活躍し、明治22年正則学院を創立。東大文学部長、総長をもつとめた。33年には3カ月であるが教育行政上の手腕を買われて、第3次伊藤内閣の文部大臣の任にあった。また漢字廃止、ローマ字採用を主張したこともある。15年矢田部良吉、井上哲次郎と共に「新体詩抄」を刊行、その名を不朽ならしめた。創作詩「抜刀隊」は、のち仏人ルルーが作曲、鹿鳴館で演奏され、陸軍軍歌の典型となった。27年長詩「忘れがたみ」、ついで28年上田万年らと「新体詩歌集」を刊行。没後の42年「ゝ山存稿」が刊行された。教育、宗教、政治、文芸、美術等にわたって明治啓蒙期の学者として幅広く活躍した。

豊川 良平　とよかわ・りょうへい
貴院議員(勅選)　三菱銀行頭取　実業家　㊕嘉永5年1月16日(1852年)　㊞大正9年6月12日　㊋土佐国(高知県)　別名＝小野春弥　㊕慶応義塾(明治8年)卒　㊕明治3年豊臣・徳川・張良・陳平の1字ずつをとって豊川良平と名乗る。13年犬養毅と「東海経済新報」を創刊、一方いとこの岩崎弥太郎が設立した三菱商業学校、明治義塾などの経営にあたる。22年三菱傘下の第百十九銀行頭取に就任、28年三菱合資会社銀行部創設に伴い同部支配人・部長をつとめ、三菱銀行の基礎を作る。43年三菱合資管事。大正2年に引退するまで三銀行倶楽部委員長、東京手形交換所委員長などを歴任。大正期に入ると東京市議として市政刷新運動に参加、5年勅選貴院議員となった。

豊田 収　とよだ・おさむ
衆院議員(日本進歩党)　㊕明治15年11月　㊞昭和44年7月24日　㊋鳥取県　㊕東京帝国大学独法科(明治43年)卒　㊕オックスフォード大学に留学。鉄道書記官、鉄道監察官を歴任する。昭和3年から衆院議員に連続6回当選。岡田内閣大蔵参与官、鉄道会議議員、土木会議議員、鈴木内閣東亜政務次官となる。また、青山学院大学講師・中央大学講師なども務めた。

豊田 貞次郎　とよだ・ていじろう
貴院議員(勅選)　外相　日本製鉄社長　海軍大将　実業家　㊕明治18年8月7日　㊞昭和36年11月21日　㊋和歌山県　㊕海兵(第33期)(明治38年)卒、海大(大正8年)卒　㊕明治39年海軍少尉、44～大正3年英国に駐在、オックスフォード大に留学。帰国後第4戦隊参謀、英国大使館付武官を経て、昭和2年ジュネーブ軍縮会議随員、4年ロンドン軍縮会議随員、5年横須賀鎮守府参謀次長、6年軍務局長、7年広島工廠長、11年呉工廠長、12年佐世保鎮守府司令長官、13年航空本部長、15年第2次近衛文麿内閣の海軍次官、16年大将、商工相となり予備役。16年7月第3次近衛内閣外相。同年12月～20年7月日本製鉄社長。同年4月には鈴木貫太郎内閣の軍需相兼運輸通信相となり敗戦。貴族院議員となったが、公職追放、解除後31年日本ウジミナス会長など財界の要職に就いた。

豊田 豊吉　とよだ・とよきち
衆院議員(翼賛政治会)　㊕明治23年2月　㊞昭和18年11月11日　㊋茨城県　㊕早稲田大学商科(大正6年)卒　㊕著述業を営む。阿部内閣大蔵参与官、東京市助役、大蔵省委員、大政翼賛会東京市支部

423

参与を歴任。第30回列国議会同盟会議（イスタンブール）に参列する。この間、昭和5年から衆院議員を連続4期務めた。著書に「対支懸案の真相」がある。

豊田 文三郎　とよだ・ぶんざぶろう
衆院議員（大手倶楽部）　[生]嘉永6年7月（1853年）　[没]明治29年8月7日　[出]大阪　[歴]大阪府会議員、同常置委員を務め、大阪府2区から第1回、第4回衆院選に当選、大手倶楽部に所属。のち大阪電燈会社を創立、取締役。また大阪教育会、私立大阪衛生会を興し、育英、公共事業に尽力した。

豊田 雅孝　とよだ・まさたか
元・参院議員（自民党）　[生]明治31年9月5日　[没]平成3年2月14日　[出]愛媛県松山市　[学]東京帝大法学部政治学科（大正14年）卒　[賞]勲二等旭日重光章（昭和43年）　[歴]大正14年商工省入省。商工次官などを務め、昭和21年退官。22年商工中金理事長を経て、38年より参院議員に当選2回。のち、日本中小企業団体連盟会長、全国中小企業会館社長などを務める。主著に「日本経済の活路」「中小商工業の苦境打開策」など。　[趣]俳句, 俳画, 書道

豊永 長吉　とよなが・ちょうきち
衆院議員　[生]文政13年2月（1830年）　[没]明治44年7月23日　[出]長門国豊浦郡長府（山口県）　[賞]藍綬褒章, 正五位　[歴]尊王攘夷が叫ばれた幕末、坂本龍馬や真木菊四郎らと志士活動、維新の大業に尽力した。のち会社に勤めたが、公共事業に投じ褒章を受けた。山口県から第8回衆院議員選挙に当選した。

鳥居 一雄　とりい・かずお
元・衆院議員（新進党）　[生]昭和12年7月15日　[出]東京都大田区　[学]電気通信大学通信別科（昭和34年）卒　[歴]公明新聞編集局次長を経て、昭和44年衆院議員当選、以来8期。この間党県副本部長、党労働局次長を歴任。59年衆院科学技術委員長を務めた。平成6年新進党結成に参加。8年引退。　[趣]将棋, レコード鑑賞

鳥尾 小弥太　とりお・こやた
枢密顧問官　陸軍中将　子爵　[生]弘化4年12月5日（1847年）　[没]明治38年4月　[出]長門国萩城下河島村（山口県萩市川島）　別名＝中村一之助　[歴]幕末期は藩の奇兵隊に入り、尊攘運動に参加。明治元年戊辰戦争では、鳥尾隊を組織して転戦。明治3年和歌山藩に招かれて藩の兵制改革に当り、12月兵部省に出仕。4年陸軍少将、兵学頭となり、ついで軍務局長、大阪鎮台司令長官等を経て、9年中将に昇進、陸軍大輔から参謀局長に転じた。12年近衛都督となるが翌年病気のため辞職。15年初代統計委員長に推され、18年国防会議議員としてヨーロッパへ外遊。20年帰国後、反欧化主義を標傍、保守中正派を組織し、「保守新論」を発行。21年枢密顧問官となり、23年貴院議員、28年再び枢密顧問官を務めた。

【 な 】

内藤 功　ないとう・いさお
元・参院議員（共産党）　弁護士　[生]昭和6年3月2日　[出]東京　[学]明治大学法科（昭和27年）卒　[歴]明治大学講師を経て、昭和49年参院議員に全国区から当選、2期。平成元年落選。

内藤 久一郎　ないとう・きゅういちろう
元・衆院議員（立憲民政党）　[生]明治38年3月12日　[没]平成1年10月20日　[出]新潟県　[学]早稲田大学経済学部（昭和5年）卒　[歴]石地町長、新潟県議を経て、昭和11年新潟3区から衆院議員に当選、1期務めた。

内藤 健　ないとう・けん
元・参院議員（自民党）　[生]昭和7年5月11日　[出]徳島県　[学]穴吹高卒　[賞]勲三等旭日中綬章（平成14年）　[歴]昭和26年徳島県庁に入る。50年から徳島県議2期を経て、55年参院議員に当選。科学技術政務次官をつとめ、61年7月引退。

内藤 誉三郎　ないとう・たかさぶろう

元・参院議員（自民党）　元・文相　大妻女子大学長　⽣明治45年1月8日　没昭和61年3月16日　出神奈川県秦野市　学東京文理科大英文科（昭和11年）卒　賞勲一等瑞宝章（昭和57年）　歴大学卒業後文部省に入る。戦後、初等中等教育局長などを経て、昭和37年、文部事務次官。39年退官後、40年から3期、参院全国区に自民党から当選。参院文教委員長も務め、53年大平内閣で文相。58年政界を引退。初中局長時代、勤務評定や道徳教育を実施。自民党文教議員としても、日教組と妥協のない教育行政を推進し、「タカ三郎」「切られの誉三」などの異名をたてまつられた。
家弟＝諸星静次郎（東京農工大学長）

内藤 隆　ないとう・たかし

衆院議員（自民党）　⽣明治26年11月　没昭和54年7月22日　出富山県　学日本大学法学部卒　賞勲二等旭日重光章　歴北陸タイムス編集局長兼主筆などを経て、昭和24年富山1区から初当選、以来通算6回当選。自民党代議士会副会長、衆院行政監査特別委員長、吉田内閣国務大臣、緒方竹虎秘書官、厚生政務次官、衆院通信委員長、衆院運輸委員長を歴任する。

内藤 友明　ないとう・ともあき

元・衆院議員（自民党）　元・新湊市長　⽣明治27年12月　没平成4年3月14日　出富山県新湊市　学東京帝国大学農学実科（大正6年）卒　歴昭和22年から衆院議員に5期連続当選。第1次鳩山内閣の農林政務次官をつとめた。42年から新湊市長に3選。

内藤 久寛　ないとう・ひさひろ

貴院議員（勅選）　衆院議員（進歩党）　日本石油創業者　実業家　⽣安政6年7月22日（1859年）　没昭和20年1月29日　出新潟県　学高島学校卒　歴高島学校で英語を学び家業に従事。明治18年新潟県議。21年郷里石地町に日本石油会社を設立、社長。28年以来衆院議員当選2回したが、石油事業視察のため欧米旅行2回、その後は政治に深入りせず、大正3年日石秋田黒川油田が大噴出、10年宝田石油を合併、わが国の石油界を独占し、輸入精製も進め、石油王といわれた。14年勅選貴院議員。

内藤 政挙　ないとう・まさたか

延岡藩知事　育英事業家　子爵　⽣嘉永3年5月10日（1850年）　没昭和2年5月23日　出江戸　旧姓＝太田　幼名＝亀次郎　歴万延元年内藤政義の養子となり、文久2年延岡藩主となる。明治2年延岡藩知事に就任するが、4年廃藩により免ぜられた。漢籍を学び、同年横浜高等学校で英語を修め、ついで慶応義塾に入るが、眼を患って中退した。22年帰郷し、育英事業に専念、延岡高女、延岡女子職業学校、日平尋常高小、見立尋常高小の経営にあたった。また藩時代からの日平銅山を発展させ、大正初年見立に錫鉱を開発、延岡付近に電気を供給し、造林は杉、檜、楠など総数145万本にものぼった。　家父＝太田資始（掛川藩主）、養父＝内藤政義（延岡藩主）

内藤 頼直　ないとう・よりなお

高遠藩知事　⽣天保11年10月（1840年）　没明治12年8月17日　歴万延元年藩立の学問所・進徳館を設立。慶応元年の第2次長州征伐に出征。明治2年版籍奉還後は新政府の一官吏となった。

内藤 利八　ないとう・りはち

衆院議員（立憲自由党）　播但鉄道社長　姫路水力電気社長　⽣安政3年2月6日（1856年）　没大正10年7月1日　出播磨国神崎郡川辺村（岡山県）　歴中川卜陽に漢学を学び、さらに英語、政治学を修めた。明治6年岡山県の戸長、次いで県会議員、同常置委員、県会議長を務めた。立憲自由党結成に参加、23年の第1回以来衆院議員当選4回。また地方農蚕業の改良発展に尽力、26年播但鉄道会社を創立、社長となった。さらに姫路商業銀行監査役、姫路水力電気社長なども務めた。

内藤 魯一　ないとう・ろいち
衆院議員(政友会)　自由民権家　㊐弘化3年10月(1846年)　㊍明治44年　㊞福島藩家老職の家に生まれる。戊辰戦争では官軍に帰順。三河国重原に転封後は藩大参事となる。自由党結成にさいし常議員となり「日本憲法見込案」を起草。愛知県会議長を4期つとめ、明治39年以後衆院議員に当選2回。

名尾 良辰　なお・よしたつ
元・秋田県知事　㊐明治6年6月　㊍昭和42年11月9日　㊒佐賀県　㊫東京帝国大学法科(明治33年)卒　㊞佐賀鍋島藩新陰流師範という武術家系に生まれ、幼少から剣術に熟達。帝大時代に古賀廉造の書生となり、師を通じて政友会の原敬に心服する。文官高等試験合格後、大分県事務官、埼玉県警察部長、青森県内務部長などを経て、大正8年秋田県知事に就任。

名尾 良孝　なお・りょうこう
参院議員(自民党)　㊐大正6年3月18日　㊍平成3年5月6日　㊒青森県　㊫中央大学法学部(昭和16年)卒　㊮弁護士　㊯藍綬褒章(昭和54年)　㊞昭和34年埼玉県議(6期)、42年県会議会を経て、55年参院議員に当選。2期。宮沢派。　㊆父＝名尾良辰(秋田県知事)

中 助松　なか・すけまつ
衆院議員(自由党)　㊐明治36年10月　㊍昭和28年7月31日　㊒富山県　㊫明治大学政治経済科(昭和3年)卒　㊞東部運送役員、神奈川県競輪役員を務める。商工省委員、大東亜省委員、幣原内閣内務参与官を経て、昭和17年の翼賛選挙で衆院議員に当選。戦後は昭和27年から2期衆院議員を務めた。

中居 英太郎　なかい・えいたろう
元・宮古市長　元・衆院議員(社会党)　㊐大正6年9月27日　㊒岩手県　㊫早稲田大学法学部(昭和13年)中退　㊯勲三等瑞宝章(平成4年)　㊞家業を継承。木材統制組合、木材林産組合、岩手県製材業組合などの役員を経て、昭和23年社会党宮古支部長。22年以来、岩手県議2回当選。28年以来衆院議員当選2回。45年宮古市長に当選し、1期つとめる。平成元年7月宮古市長に15年ぶりで返り咲いた。5年落選。　㊚囲碁

中井 一夫　なかい・かずお
元・衆院議員(自民党)　弁護士　㊐明治22年11月20日　㊍平成3年10月18日　㊒大阪市　雅号＝中井和堂　㊫東京帝国大学英法科(大正6年)卒　㊯勲二等旭日重光章, 勲一等瑞宝章(昭和61年), 修交勲章崇礼章(韓国)(平成1年)　㊞京都、神戸各地裁判事ののち弁護士を開業。兵庫県議に2選の後昭和3年以来衆院議員に8選し、内務参与官、司法政務次官を歴任。のち、神戸市長も務めた。
㊚読書, 囲碁

永井 勝次郎　ながい・かつじろう
元・衆院議員(社会党)　元・社会党副委員長　㊐明治34年　㊍昭和62年12月31日　㊒北海道中川郡池田町　㊫札幌師範学校卒　㊯勲二等旭日重光章(昭和46年), 北見市名誉市民(昭和59年)　㊞昭和5年北見新聞記者として野付牛(現・北見市)町議に出馬。29歳の若さで初当選したのを皮切りに、同町議3期、北海道議1期を経て、戦後社会党に入党。衆院議員8期務め、北海道5区を「社会党王国」と呼ばれるまでに育てる。代議士引退後の48年から2年間、社会党副委員長の要職にあった。その後も社会党中央本部顧問もつとめた。　㊆息子＝永井哲男(衆院議員)

長井 源　ながい・げん
衆院議員(自民党)　弁護士　㊐明治27年8月　㊍昭和41年9月19日　㊒三重県
㊫明治大学法学部法律科(大正12年)卒
㊞松阪市議、三重県議、同副議長を経て、昭和11年三重2区より衆院議員に当選。6期。司法省委員、衆院懲罰委員長となる。また三重県弁護士会長、日本進歩党総務委員、改進党両院議員総会長、日本民主党代議士会長、自民党総務を歴任。

永井 孝信　ながい・たかのぶ
元・衆院議員(社民党)　元・労相　[生]昭和5年3月11日　[出]兵庫県加古川市　[学]鉄道教習所(昭和24年)卒　[賞]勲一等瑞宝章(平成12年)　[歴]国鉄に入社。昭和43年国労中央執行委員、51年総評政治局長などを経て、55年以来衆院議員に5選。平成7年党国対委員長。8年橋本内閣の労相に就任。同年引退。

中井 徳次郎　なかい・とくじろう
元・衆院議員(社会党)　[生]明治40年5月29日　[没]平成3年12月18日　[出]三重県上野市　[学]京都帝国大学法学部(昭和6年)卒　[賞]勲二等旭日重光章(昭和52年)　[歴]昭和8年満州電電入社。企画主計課長、文書課長を務める。引揚げ後、22年全国初の社会党公認市長として上野市長に当選し、2期務めた。28年三重1区から衆院議員に当選、通算6回当選。社会党三重県連会長、公害対策委員長、党中央執行委員、中小企業局長等を歴任した。　[家]息子=中井洽(衆院議員), 中井省(日本証券投資顧問業協会専務理事)

中井 弘　なかい・ひろし
元老院議官　貴院議員　[生]天保9年11月(1838年)　[没]明治27年10月10日　[出]薩摩国鹿児島平の馬場(鹿児島県)　号=桜洲　[歴]薩摩鹿児島藩士。脱藩して土佐藩にゆき、後藤象二郎の援助で渡英。維新後は外国官判事、駐イギリス公使館一等書記官などを経て、滋賀県知事、京都府知事を歴任。

中井 洽　なかい・ひろし
衆院議員(自由党　比例・東海)　元・法相　[生]昭和17年6月10日　[出]中国・吉林省　[学]慶応義塾大学経済学部(昭和44年)卒　[歴]在学中から父の秘書をつとめ、昭和47年衆院選に無所属で立候補。のち民社党に入り、51年当選。国対委員長などをつとめる。61年落選、平成2年再選。当選8回。党副書記長も務めた。6年5月永野茂門参院議員の後任として、羽田内閣の法相に就任。同年12月新進党の結成に参加。10年1月自由党に参加。
[趣]読書, スポーツ　[家]父=中井徳次郎(衆院議員), 弟=中井省(日本証券投資顧問業協会専務理事)

永井 道雄　ながい・みちお
元・文相　国連大学協力会理事長　[専]教育社会学　[生]大正12年3月4日　[没]平成12年3月17日　[出]東京都新宿区　[学]京都帝国大学文学部哲学科(昭和19年)卒, オハイオ州立大学大学院(昭和24年)博士課程修了　Ph.D.(オハイオ州立大学)　[賞]毎日出版文化賞(昭和40年)「日本の大学」, 吉野作造賞(第4回)(昭和43年)「大学の可能性」, NHK放送文化賞(昭和58年), 勲一等旭日大綬章(平成5年)　[歴]教育社会学者として京都大学教育学部助教授、東京工業大学教授を歴任したが、国民的基盤に立った大学改革を唱えて教壇を去り、昭和52年朝日新聞論説委員に。54年より国連大学特別顧問。この間、49年末から2年間、三木内閣の文相を務め、共通1次試験の導入などに取り組む。平成元年国際文化会館理事長、2年脳死臨調会長。情報通信学会会長、住友財団会長も務める。著書に「日本の大学」「大学の可能性」など。　[家]父=永井柳太郎(政治家)

中井 光次　なかい・みつじ
元・大阪市長　参院議員(民主党)　[生]明治25年10月25日　[没]昭和43年4月9日　[出]静岡県三島市　[学]東京帝大英法科(大正6年)卒　[歴]大正6年内務省に入り、福井、和歌山、栃木、兵庫各県勤務ののち岡山県学務部長。鳥取、千葉、新潟、兵庫各県警察部長。三重、京都、大阪各府県内務部長などを経て、昭和11年鳥取県知事。大阪市第一助役ののち20年大阪市長、21年退職。22年大阪地方区から参院議員に当選、日本民主党所属、参院人事委員長。26年議員を辞め大阪市長に当選、以来3回連続市長を務め38年退任。全国市長会会長のほか、福泉醸造工業取締役会長、日本生命相互保険会社監査役を務めた。

永井 柳太郎　ながい・りゅうたろう
衆院議員(翼賛政治会)　逓信相　評論家　戯曲家　[生]明治14年4月16日　[没]昭和19年12月4日　[出]石川県金沢市　[学]早稲田大学(明治38年)卒, オックスフォード大学　[歴]明治39年オックスフォード大学に留学。42年帰国し早大教授となり植民政策・社会政策を担当。44年雑誌「新日本」主筆となる。大正9年憲政会から衆院議員に当選し、8期つとめた。雄弁、隻脚の大衆政治家として常に時流と共に歩む。昭和6年民政党幹事長、7年斎藤内閣の拓相、12年第1次近衛内閣の逓信相、14年阿部内閣の逓信相兼鉄道相などを歴任。15年脱党して東亜新秩序論者に変貌し、太平洋戦争中は大政翼賛会興亜局長、翼賛政治会常任総務、大日本教育会長などを務めた。普通選挙実現を説いて原内閣を批判した「西レーニン、東に原敬」の演説が特に有名で、「永井柳太郎氏大演説集」(大日本雄弁会編)がある。　[家]長男＝永井道雄(教育学者・文相), 孫＝鮫島宗明(衆院議員)

中井川 浩　なかいがわ・ひろし
衆院議員(日本進歩党)　[生]明治33年9月　[没]昭和24年11月3日　[出]茨城県　[学]日本大学, 早稲田大学　[歴]茨城県議、文部大臣秘書官、商工大臣秘書官を経て、平沼内閣陸軍参与官、小磯内閣厚生政務次官、土木会議議員、文部省委員、対国民政府答訪特派大使随員を務める。この間、昭和7年から衆院議員に4回当選。翼賛政治会衆院部次長となり、派遣軍慰問のため満州へ派遣される。また、いばらぎ新聞社取締役も務めた。

仲井間 宗一　なかいま・そういち
衆院議員(日本進歩党)　弁護士　[生]明治24年3月13日　[没]昭和40年12月2日　[出]沖縄県　[学]日本大学専門部法律科卒　[歴]大正11年在学中に弁護士試験合格、12年那覇で弁護士開業。那覇弁護士会長を経て、昭和5年以来衆院議員当選4回。この間文部参与官、大政翼賛会東亜部副部長。また国語審議会、教育審議会、化学振興調査会各委員を務めた。29年米軍占領下、琉球政府の上訴裁判所首席判事、同中央教育委員会委員長、琉球大学理事長などを務め、晩年は沖縄政界の長老として重きをなした。

中内 力　なかうち・つとむ
元・高知県知事　[生]明治45年7月20日　[没]平成13年11月22日　[出]高知県高岡郡越知町　[学]城東中(昭和7年)卒　[賞]勲二等旭日重光章(平成4年)　[歴]昭和10年高知県庁に入り、30年民生部長、31年厚生労働部長、40年副知事、47年高知放送副社長を経て、50年以来知事に4選。平成3年5月〜12月全国知事会副会長。3年引退。のちFM高知社長をつとめた。

永江 一夫　ながえ・かずお
元・農相　元・民社党副委員長　[生]明治35年2月1日　[没]昭和55年4月23日　[出]岐阜県恵那郡陶村(現・瑞浪市)　[学]関西学院専門部(大正13年)卒　[賞]勲二等旭日重光章(昭和47年)　[歴]在学中、河上丈太郎、賀川豊彦の影響を受け、神戸の造船所の争議に参加。昭和4年以来神戸市議に連続4回当選。5年神戸自由労働組合組合長。12年社会大衆党中央執行委員となり、衆院議員初当選。20年社会党結党に参加、21年衆院議員。23年芦田内閣の農林大臣。35年民社党結成に参加、副委員長。44年の総選挙で落選、長男の一仁にバトンタッチし、政界から引退。　[家]長男＝永江一仁(衆院議員)

永江 一仁　ながえ・かずひと
元・衆院議員(民社党)　[生]昭和11年3月14日　[出]兵庫県神戸市　[学]関西学院大学経済学部(昭和40年)卒　[歴]昭和42年兵庫県議2期を経て、54年以来衆院議員に2選。61年落選。民社党兵庫県連委員長もつとめる。平成4年参院選に立候補したが落選。7年の参院選には民改連から、12年衆院選では民主党から立候補するが落選。　[家]父＝永江一夫(農相・民社党副委員長)

永江 純一　ながえ・じゅんいち
衆院議員(政友会)　三池銀行頭取　実業家　[生]嘉永6年2月9日(1853年)　[没]大正6年12月19日　[出]筑後国三池郡江浦村(福岡県大牟田市)　[歴]東京で法律を学び、郷里で自由党入党、明治19年福岡県会議員となった。25年の総選挙に選挙干渉を受け、爆漢に襲われた。31年立憲政友会に入り、衆院議員当選4回、政友会幹事長となった。また三池銀行頭取、三池土木、三池紡績、鐘ケ淵紡績などの重役を務めた。

中江 兆民　なかえ・ちょうみん
思想家　民権運動家　[生]弘化4年11月1日(1847年)　[没]明治34年12月13日　[出]土佐国(高知県)　本名＝中江篤介　通称＝竹馬, 篤助, 別号＝青陵, 秋水, 南海仙漁, 木強生, 火の番翁　[歴]土佐藩の軽格武士の家に生まれ、文久2年藩校文武館に入学。その後、長崎・横浜・江戸でフランス語学を学び、明治4〜7年岩倉使節団に随行してフランスに留学。帰国後、東京麹町に仏蘭西学舎(のち仏学塾)を開き、民権思想を教えた。14年「東洋自由新聞」を創刊して専制政府を批判、以後民権左派の理論的指導者となる。15年ルソーの「社会契約論」を翻訳・解説した「民約訳解」を刊行、民権派青年に大きな影響を与え、"東洋のルソー"といわれた。20年名著「三酔人経綸問答」を刊行。同年末保安条例で東京から追放、大阪で「東雲新聞」を発刊。23年第1回総選挙に当選したが、民党の墜落を憤って翌年辞任。以後、北海道、大阪などを転々、事業にも失敗を重ねて苦悶した。34年食道癌で余命一年半と宣告され、告発書「一年有年」「続一年有年」を著わした。「中江兆民全集」(全18巻)がある。　[家]息子＝中江丑吉(中国思想研究者)

中尾 栄一　なかお・えいいち
元・衆院議員(自民党)　元・建設相　[生]昭和5年1月27日　[出]山梨県甲府市　[学]青山学院大学英米文学科(昭和28年)卒, 早稲田大学大学院修了　[歴]昭和26年芦田均首相秘書、アジア協会専務理事、日経連地連委委員長兼幹事などを経て、42年以来衆院議員に10選。外務委員長など歴任し、62年経済企画庁長官、平成2年通産相、8年建設相に就任。12年落選。渡辺派、村上・亀井派を経て、江藤・亀井派。この間、建設相を務めていた8年に建設省発注工事の指名競争入札をめぐり、建設業者から業者選定に便宜を図ってほしいとの請託を受け、その見返りに現金や小切手計3000万円を受け取ったとして、12年7月受託収賄の疑いで東京地検特捜部に逮捕される。同月別に3000万円の賄賂を受け取っていたとして同容疑で再逮捕される。14年10月東京地裁は懲役2年、追徴金6000万円を言い渡す。　[趣]詩吟, 水泳, 読書　[家]二男＝水野賢一(衆院議員)

長尾 四郎右衛門　ながお・しろうえもん
衆院議員(議員倶楽部)　[生]安政2年12月(1855年)　[没]大正5年1月31日　[出]岐阜県　[歴]菅田町議、武儀郡議、岐阜県議、同常置委員、相続税審査委員、所得税調査委員、地方森林会議員を歴任。明治23年岐阜5区より衆院議員に当選、2期つとめる。多額納税により貴院議員。農林業・製糸業等を営み、濃飛農工銀行創立委員、同頭取となる。

中尾 辰義　なかお・たつよし
元・参院議員(公明党)　[生]大正5年4月1日　[出]鹿児島県串木野市　[学]大阪歯科医専(昭和15年)卒　[賞]勲一等瑞宝章(昭和61年)　[歴]昭和34年以来参院議員に4選。45年懲罰委員長、52年法務委員長などをつとめた。

中尾 宏　なかお・ひろし
元・衆院議員(自民党)　[生]大正13年5月19日　[没]平成4年7月12日　[出]鹿児島県川内市　[学]鹿児島高商(昭和19年)卒　[歴]国民共同党委員長で雑誌「改造」の社長だった山本実彦を頼って上京。雑誌「世界春秋」を発行したりしながら何度か立候補し、昭和47年鹿児島2区から衆院議員を1期務めた。58年雑誌「BIG・A」を発行。

長尾 元太郎　ながお・もとたろう
衆院議員(憲政会)　貴院議員(多額納税)　[生]明治7年11月　[没]昭和10年3月28日　[出]岐阜県　[学]東京高商, 慶応義塾　[歴]慶応義塾に学んだ後、菅田町議、同町長、同教育会長を務め、大正4年に衆院議員に初当選。以後連続2期つとめる。大垣銀行、美濃銀行等の要職にもついた。

長岡 半太郎　ながおか・はんたろう
大阪帝大総長　東京帝大名誉教授　理化学研究所長岡研究室主宰　物理学者　[生]慶応1年6月28日(1865年)　[没]昭和25年12月11日　[出]肥前国大村(長崎県大村市)　[学]東京帝大理科大学物理学科(明治20年)卒　理学博士(明治26年)　[資]帝国学士院会員(明治39年)　[賞]文化勲章(昭和12年)　[歴]明治23年東京帝大助教授となり、26～29年ドイツ留学を経て、29年31歳で教授に就任。磁気歪の研究から出発して、原子論、地球物理学、弾性論など当時の物理学のあらゆる分野の研究を行う。33年パリの第1回万国物理学会において磁気歪に関する総合講演をする。36年にはW.トムソンの原子模型に対し、何ら実験的根拠を伴わないまま、"土星型原子模型仮説"を提唱、これは6年後にラザフォードによって明らかにされた。その後は原子の分光学的研究を行い、W.パウリらの核スピンの提唱の基礎データを提供した。大正6年理化学研究所が創立されると物理部長を兼任、11年には同研究所で長岡研究室を主宰(～21年)。15年東大を定年退官、名誉教授。昭和6年大阪帝大創立と同時に初代総長に就任。以後、9年貴族院議員、14～23年帝国学士院院長を歴任。12年第1回文化勲章受章。戦後は各役職を退いた。"日本の物理学の父"と呼ばれる。

永岡 光治　ながおか・みつじ
元・宇佐市長　元・参院議員(社会党)　[生]大正2年6月13日　[没]平成6年5月1日　[出]大分県宇佐市　[学]中央大学予科(昭和9年)卒, 官練第一部行政科(昭和11年)卒　[賞]勲二等旭日重光章(昭和58年)　[歴]昭和11年逓信省入省。全逓委員長を経て、28年から参院議員に3選。党国対副委員長、参院内閣委員長、日本ILO理事等を歴任。50年からは宇佐市長を3期つとめ、60年10月引退。著書に「ヨーロッパの労働事情」「会議のあり方」など。　[趣]ゴルフ, 囲碁, スポーツ観戦　[家]長男＝永岡隆(川崎クリニック原町田病院長)

長岡 隆一郎　ながおか・りゅういちろう
貴院議員(勅選)　満州国国務院総務庁長　弁護士　[生]明治17年1月15日　[没]昭和38年11月1日　[出]東京　[学]東京帝大法科大学独法科(明治41年)卒　[歴]内務省に入り、和歌山県警察部長、内務省都市計画、土木各局長、社会局長官を歴任。昭和4年一時警視総監、同年勅選貴院議員となり、交友倶楽部に属した。9年関東州関東局総長、10年満州国国務院総務庁長となった。15年弁護士開業。著書に「世界の動き」「社会問題と地方行政」「官僚二十五年」などがある。

中沖 豊　なかおき・ゆたか
富山県知事　[生]昭和2年9月16日　[出]富山県富山市　[学]東京大学法学部(昭和25年)卒　[賞]日本文化デザイン賞(平成3年)「行政における文化、デザイン振興事業を促進」, 日本建築学会文化賞(平成7年)　[歴]昭和25年自治省に入省。40年石川県経済部長、42年消防庁防災救急課長、45年富山県総務部長、48年教育長、50年消防大学校校長を歴任して退官。51年危険物保安技術協会理事、53年日本船舶振興会理事などを経て、55年以来富山県知事に6選。

中垣 国男　なかがき・くにお
自民党顧問　元・衆院議員　元・法相　[生]明治44年6月24日　[没]昭和62年4月2日　[出]愛知県　[学]東洋大印度哲学科(昭和6年)卒　[賞]勲一等瑞宝章(昭和56年)　[歴]幡豆食品支配人、愛知商事等の取締役歴任の後、昭和22年以来衆院に9選。その間衆院決算委員長、民主党副幹事長、自民党副幹事長を経て37年には法務大臣をつとめた。51年引退。

中川 一郎　なかがわ・いちろう
衆院議員（自民党）　元・農水相　元・科学技術庁長官　⽣大正14年3月9日　⽋昭和58年1月9日　⽣地北海道広尾郡広尾町　学九州帝国大学農学部（昭和22年）卒　歴北海道庁を経て、昭和22年北海道開発庁に。大野伴睦長官の秘書官を務めたことがきっかけで、38年北海道5区から自民党所属で衆院議員に当選、以来55年の総選挙まで連続7回当選。この間、52年福田内閣の農相（のちの農水省）、55年鈴木善幸内閣の科学技術庁長官を務めた。また、48年に渡辺美智雄、中尾栄一、石原慎太郎らとタカ派の集団・青嵐会を結成、その代表人を務め、田中内閣打倒に動き、56年5月からは同会を衣替えした自由革新同友会の代表に。改憲問題、閣僚の靖国参拝、日中関係などについて右寄りの発言を繰り返し、若手タカ派の中心人物として57年鈴木首相辞任の時には総裁選に出馬するなど党内ニューリーダーの一人だった。"北海のヒグマ"と称され、野心溢れる政治家だったが、58年首つり自殺した。　家長男＝中川昭一（衆院議員）

中川 寛治　なかがわ・かんじ
元・衆院議員（進歩党）　小川温泉会長　⽣明治30年3月　⽋昭和59年11月29日　⽣地富山県　学早稲田大学政経科（大正8年）卒　歴昭和17年衆院議員、20年3月〜21年5月泊町長（現・朝日町）をつとめた。

中川 健蔵　なかがわ・けんぞう
台湾総督　貴院議員　⽣明治8年7月16日　⽋昭和19年6月26日　⽣地新潟県　学東京帝大卒　歴明治35年内務省入省。逓信省通信局長、満鉄理事、香川県知事、熊本県知事、北海道庁長官、東京府知事から浜口内閣の文部次官を経て、昭和7年台湾総督に就任。辞任後、11年貴院議員となり、14年から日本航空総裁を務めた。

中川 幸太郎　なかがわ・こうたろう
衆院議員（革新倶楽部）　⽣万延1年12月（1861年）　⽋昭和15年8月1日　⽣地兵庫県　歴農業・製油業・鉱業を営み、西丹貯蓄銀行頭取、丹陽煙草社長、山陰殖産社長、柏原銀行監査役、播丹鉄道取締役などを歴任する。兵庫県議、同議長を経て、大正4年から衆院議員を4期務めた。

中川 幸平　なかがわ・こうへい
参院議員（自民党）　⽣明治23年8月　⽋昭和44年8月9日　⽣地石川県　学石川県立工業学校（明治43年）卒　歴織物業を創業。小松織物工業組合・石川県織物統制組合各理事長、石川県議を経て、昭和22年参院議員に初当選。以降2選。参院建設・懲罰各委員長、第4次吉田内閣の行政管理政務次官等を歴任。また、北日本観光自動車会長となる。

中川 重春　なかがわ・しげはる
衆院議員（民主党）　男鹿市長　⽣明治23年6月　⽋昭和38年11月5日　⽣地秋田県　学早稲田大学専門部政治経済科　歴船川港町漁業組合長、中川汽船社長、船川電気社長、東北木材興業社長、羽後銀行取締役を歴任し、秋田県議、船川港町長、男鹿市長を務めた。この間、昭和11年から衆院議員に4選され、第1次吉田内閣逓信政務次官となった。また第33回列国議会同盟会議にも参列した。

中川 俊思　なかがわ・しゅんじ
衆院議員（自民党）　⽣明治36年1月20日　⽋昭和48年11月30日　⽣地広島県竹原市　旧姓＝堀川　学中央大学法学部（大正12年）中退　歴中国新聞、国民新聞記者を経て、昭和24年広島2区から衆院議員となり、通算8回当選。この間衆院商工、農林水産、決算各委員長、衆院海外同胞引揚および遺家族援護に関する特別委員長、厚生、通産各政務次官などを歴任した。

中川 望　なかがわ・のぞむ
枢密顧問官　⑭明治8年3月　㉒昭和39年4月1日　⑬宮城県　⑰東京帝国大学法科(明治34年)卒　㉘福島県・兵庫県・内務省の各参事官、内務書記官を務める。その後埼玉・神奈川各県内務部長、内務省衛生局長を歴任。山口・鹿児島・大阪各府県知事、復興局長官等歴任、その間に衆議院議員選挙法改正調査会幹事、軍事保護院参与、日本医療団評議員等となる。明治42年以降欧米・満州・青島出張在任した。

中川 秀直　なかがわ・ひでなお
衆院議員(自民党　広島4区)　沖縄開発庁長官　元・内閣官房長官　⑭昭和19年2月2日　⑬東京都新宿区　⑰慶応義塾大学法学部(昭和41年)卒　㉘昭和41年日本経済新聞社入社。政治部記者、議員秘書を経て、51年新自由クラブから衆院議員に当選。7期目。のち自民党に移る。平成6年10月新設の首相補佐に就任。8年橋本内閣の科学技術庁長官、12年第2次森連立内閣の内閣官房長官、沖縄開発庁長官に就任。同年10月右翼団体幹部との交際疑惑や女性問題をめぐる混乱の責任を取り、内閣官房長官を辞任。安倍派、三塚派を経て、森派。

仲川 房次郎　なかがわ・ふさじろう
衆院議員(自民党)　⑭明治28年6月　㉒昭和32年6月6日　⑬奈良県　㉘奈良県議、大淀町長を務め、昭和21年衆院議員に初当選、以来連続4回当選。第5次吉田内閣行政管理政務次官となった。また、大淀町農会長、奈良県木工組合理事長、東亜製薬社長などを歴任した。

中川 平太夫　なかがわ・へいだゆう
元・福井県知事　福井県農協五連名誉会長　⑭大正4年3月18日　㉒昭和62年6月14日　⑬福井県遠敷郡上中町　⑰福井師範(昭和10年)卒　㉓黄綬褒章(昭和49年)、勲一等瑞宝章(昭和61年)　㉘昭和22年野木村議、23年村長、26年福井県議、40年福井県農協四連会長を経て、42年以来福井県知事に5選。米価審議会委員、全国知事会副会長などをつとめ、62年引退。

中川 以良　なかがわ・もちなが
元・四国電力社長　元・参院議員　⑭明治33年1月29日　㉒平成9年10月24日　⑬山口県　⑰東京農業大学(大正12年)卒　㉓藍綬褒章(昭和41年)、勲二等旭日重光章(昭和45年)、志度町名誉町民(昭和54年)、香川県名誉県民(昭和59年)　㉘大正12〜14年ドイツ・ベルリン農業大学に留学。帰国後、朝鮮皮革社長、華北皮革社長などを経て、戦後、国民経済会議中小工業部委員長、皮革統制会理事長、皮革協会長などを歴任。昭和22年以来参院議員をつとめ、その間参院自由党幹事長、大蔵・通産各委員長を歴任。31年四国電力常務、32年副社長、35年社長に就任、41年会長、46年相談役。また四国経済連合会会長、日経連・経団連・関経連各常任理事もつとめた。

仲川 幸男　なかがわ・ゆきお
元・参院議員(自民党)　愛媛県川柳文化連盟会長　⑭大正5年9月15日　⑬愛媛県伊予市　⑰伊予農(昭和8年)卒　㉓勲二等瑞宝章(平成5年)　㉘昭和26年松山市議2期、34年愛媛県議6期を経て、55年から参院議員に2選。党副幹事長、農水政務次官、文教委員長など歴任。竹下派。川柳の愛好家としても知られ、平成元年にはリクルート事件や消費税導入などで揺れる政界を題材にした川柳集「続・国会の換気扇」を出版。4年引退。㉚川柳

中川 嘉美　なかがわ・よしみ
元・参院議員(新進党)　⑭昭和8年9月17日　⑬兵庫県芦屋市　⑰慶応義塾大学法学部(昭和31年)卒　㉘住友商事勤務を経て、昭和44年以来東京8区で公明党から衆院議員に4選。61年に落選、平成元年参院選比例区にまわり当選。6年新進党結成に参加。7年引退。

中川 利三郎　なかがわ・りさぶろう
元・衆院議員(共産党)　[生]大正9年2月28日　[没]平成9年4月22日　[出]秋田県秋田市　[学]立正大学高師科(昭和17年)卒　[歴]秋田市立高教諭、秋田市議2期、秋田県議3期を経て、昭和47年以来衆院議員に3選。61年落選。平成3年秋田県知事選に出馬した。　[趣]柔道(7段)

中倉 万次郎　なかくら・まんじろう
衆院議員(政友本党)　[生]嘉永2年12月(1849年)　[没]昭和11年2月6日　[出]長崎県　[歴]長崎県議等を経て、明治35年長崎5区より、衆院議員初当選。通算8期を務めた。また、長崎県農工銀行頭取、佐世保鉄道社長等をも務めた。

仲子 隆　なかこ・たかし
衆院議員　参院議員(国民民主党)　[生]明治25年11月　[没]昭和33年1月5日　[出]山口県　[歴]明治42年山口県訓導となる。後に、愛知県女子師範、同県第二高女の教諭、同附属小学校主事、地方視学官、山口県立徳山中学校長となる。昭和21年衆院議員初当選。25年参院議員に転じる。

中崎 敏　なかざき・とし
衆院議員(民社党)　[生]明治33年11月27日　[没]昭和38年5月17日　[出]島根県江津市　[学]東京商科大学(大正15年)卒　[歴]三井銀行、日本防火資材社長を経て、昭和13年東邦化学工業社長。戦後21年島根全県区で社会党から衆院議員となり、7期連続当選。社会党中央執行委員、35年民主社会党の結成に参加、中執委、同党島根県連会長を務めた。

中崎 俊秀　なかざき・としひで
衆院議員(大日本政治会)　医師　[生]明治7年12月　[没]昭和20年7月21日　[出]茨城県　[学]東京医学専門学校済生学舎(明治30年)卒　[歴]医師を開業。その後、鯉渕村長を務め、日露戦争においては陸軍三等軍医となった。復員後、水戸市議、茨城県議、水戸市長を歴任。昭和3年茨城1区より衆院議員に当選し、通算5期を務めた。また、茨城県医師会長、日本医師会議員をも務めた。

中沢 伊登子　なかざわ・いとこ
元・参院議員(民社党)　[生]大正4年8月20日　[出]静岡県　[学]大阪府立阿倍野高等女学校補修科(昭和8年)卒　[賞]勲二等瑞宝章(昭和60年)　[歴]神戸市生活指導研究会指導員、昭和38年宝塚市議等を経て、40年以来兵庫地方区から参院議員に当選。日本民主婦人の会会長もつとめた。

中沢 茂一　なかざわ・もいち
元・衆院議員(社会党)　[生]明治45年5月5日　[出]長野県　[学]日本大学法学部政治学科(昭和12年)卒　[歴]奥田製油所南方総局兼シンガポール所長を経て、長野県農協連合会嘱託、県農民連盟常任参与、信越林産工業協同組合理事長となる。昭和27年長野1区より衆院議員に当選、8期つとめる。衆院予算委員会理事、また社会党政策審議会副会長を務め、51年引退。信州包装社長となる。著書に「新ヒューマニズム論―ヒューマニズムの哲学と感性の探究」「人間性の燃える炎がヒューマニズム」。　[趣]音楽, 絵画

中路 雅弘　なかじ・まさひろ
元・衆院議員(共産党)　[生]大正15年7月14日　[没]平成14年1月14日　[出]京都府　[学]京都大学法学部中退　[歴]昭和22年共産党に入党。青年共産同盟中央委員を経て、28年より共産党神奈川県委員会副委員長。47年より衆院議員に当選。平成2年、5年落選するが、8年返り咲き。通算5期務めた。12年引退した。　[趣]史蹟めぐり

中島 巌　なかじま・いわお
元・衆院議員(社会党)　信南交通会長　[生]明治33年9月　[没]昭和56年3月8日　[出]長野県　[賞]勲三等旭日中綬章(昭和45年)　[歴]昭和20年信南交通社長を経て、長野県議となり、30年から38年まで衆院議員を3期つとめた。　[家]二男＝中島衛(衆院議員)

長島 銀蔵　ながしま・ぎんぞう
元・参院議員(自民党)　[生]明治34年11月　[没]昭和59年9月8日　[出]静岡県富士宮市　[賞]勲三等旭日中綬章(昭和47年)　[歴]横浜瓦斯化学工業社長などを務め多額納税者として21年5月から22年5月まで貴族院議員、25年6月の参院選で全国区から当選1回。

中島 久万吉　なかじま・くまきち
商工相　貴院議員　古河電工社長　日本工業倶楽部専務理事　実業家　男爵　[生]明治6年7月24日　[没]昭和35年4月25日　[出]神奈川県横浜市　[学]高等商業学校(現・一橋大学)(明治30年)卒　[歴]第1次桂内閣の首相秘書官から明治39年古河合名(古河鉱業)に入り、横浜護謨製造(横浜ゴム)、横浜電線製造(古河電工)各社長を歴任後、大正5年日本工業倶楽部創立とともに専務理事に就任。昭和7年には斎藤内閣の商工相となり、製鉄、ビール、製紙などの会社合併を推進する。だが2年後、足利尊氏を讃美したとして右翼の攻撃を受けたため大臣を辞任、帝銀事件にも連座して、一時政財界から退いた。その後15年には財界に復帰、戦後は日本貿易会を設立したほか国際電信電話創立委員長、文化放送会長を歴任。著書に「政界財界五十年」がある。[家]父＝中島信行(初代衆院議長)

中島 源太郎　なかじま・げんたろう
衆院議員(自民党)　元・文相　[生]昭和4年2月11日　[没]平成4年2月7日　[出]群馬県新田郡尾島町　[学]慶応義塾大学経済学部(昭和26年)卒　[歴]昭和29年富士重工業監査役を経て、44年群馬2区から衆院議員に当選、以来連続7期。通産、経企各政務次官、自民党調査局長、衆院外務委員長、衆院内閣委員長を歴任し、62年竹下内閣の文相をつとめた。三塚派。また、「黒の試走車」など旧大映で映画プロデューサーとしても活躍した。[趣]絵画　[家]父＝中島知久平(中島飛行機創始者), 二男＝中島洋次郎(衆院議員)

中島 茂喜　なかしま・しげき
衆院議員(自民党)　[生]明治42年2月　[没]昭和48年11月26日　[出]福岡県　[学]東京農業大学農学部卒　[歴]福岡県議などを経て、昭和21年から衆院議員に当選10回。裁判官訴追委員会委員長、自治政務次官、衆院国土計画委員長、衆院内閣委員長を歴任する。また、日本治山治水協会副会長、民主党代議士会長、自民党地方行政部会長、財務委員長となったほか、第49回列国議員同盟会議日本議員団代表も務めた。

中島 武敏　なかじま・たけとし
元・衆院議員(共産党)　[生]昭和3年9月20日　[出]北海道雨竜郡沼田村　[学]北海道大学予科卒, 東京大学文学部中退　[歴]昭和25年在学中に東大学生自治会中央委議長となって処分を受け中退。47年以来衆院議員に5選。57年共産党東京都委員長。平成2年落選。5年返り咲き。12年落選。通算7期。　[趣]スキー, 釣り, 美術鑑賞, 演劇鑑賞

中島 知久平　なかじま・ちくへい
衆院議員(政友会)　鉄道相　商工相　中島飛行機創設者　実業家　[生]明治17年1月1日　[没]昭和24年10月29日　[出]群馬県新田郡尾島町　[学]海軍機関学校(明治41年)卒　[歴]明治41年海軍機関学校卒業後、機関大尉としてアメリカ、フランスに留学、飛行術を学び航空界を視察する。軍人を断念し、大正6年郷里の町に友人と飛行機研究所を設立。のち、中島飛行機製作所に改称、昭和6年中島飛行機株式会社に改組、順調な経営を続け、敗戦の年、国家管理下におかれるまで、軍の盛衰とともに歩み続けた。製作した飛行機も多種多様で、終戦までの生産機数は日本最大で、全国生産台数の30％を占めた。一方、昭和5年衆院議員に当選以来5選、所属した政友会の金袋と云われ、13年政友会総裁に就任。以後、鉄道相、軍需相、商工相を歴任。戦後、A級戦犯となるが、22年釈放された。[家]長男＝中島源太郎(衆院議員), 孫＝中島洋次郎(衆院議員)

中島 信行　なかじま・のぶゆき

衆院議長　貴院議員（勅選）　男爵　⽣弘化3年8月（1846年）　⽣明治32年3月26日　⽣土佐国高岡郡新居村（高知県）　通称＝作太郎、号＝長城　⽣元治元年脱藩、坂本龍馬の海援隊に入った。戊辰戦争では会津攻撃に参加。維新後新政府の徴士、紙幣権頭、租税権頭などを経て、明治7年神奈川県令、9～13年元老院議官を歴任。14年自由党結成で副総理、次いで大阪に組織された立憲政党総理となる。急進的自由主義を唱え、女権拡張論者の妻中島俊子とともに民権を訴えた。20年保安条例に触れて東京を追われ横浜に移住。23年神奈川県から衆院議員に当選、初代衆院議長となった。25年駐イタリア公使、27年勅選貴院議員、29年男爵。　⽣妻＝中島俊子（女権拡張論者）、息子＝中島久万吉（実業家・政治家）

中島 英夫　なかじま・ひでお

元・衆院議員（社会党）　⽣大正9年10月　⽣昭和63年4月17日　⽣青森県　⽣盛岡工卒　⽣鉄鋼労連副委員長、日本鋼管川鉄労組委員長などを経て、昭和33年から衆院神奈川2区で当選5回。社会党代議士会副会長、同党総務局長などを歴任。

中島 鵬六　なかしま・ほうろく

衆院議員（立憲政友会）　⽣明治18年2月　⽣昭和6年2月17日　⽣宮城県　本名＝中嶋鵬六　⽣東京帝国大学独法科（明治45年）卒　弁護士を営む。仙台産馬畜産組合長、民政委員会委員を務める。この間、大正9年から衆院議員を通算3期務めた。

中島 錫胤　なかじま・ますたね

貴院議員（勅選）　元老院議官　男爵　文政12年12月8日（1829年）　⽣明治38年10月4日　⽣阿波国徳島佐古楠小路（徳島県）　旧姓＝三木　通称＝与市、永吉、直人、変名＝加茂象太郎、難破伝次郎、号＝無979、可庵　⽣昌平黌に学び、水戸藩の金子孫二郎らと交わり、万延元年桜田門外の変で金子らの救出を図り、投獄されたが、3年放免。文久3年京都等持院の足利尊氏木像を切った事件に関係、四国に逃れた。同年の七卿落ちの際、事をあげようとして捕まり、投獄6年。維新後出獄、徴士となって上京、元年刑法事務局権判事、2年兵庫県令。司法省に転じ、大審院判事などを経て、17年元老院議官。29年男爵、37年勅選貴院議員となった。

中島 衛　なかじま・まもる

元・衆院議員（新進党）　元・科学技術庁長官　⽣昭和10年12月23日　⽣長野県飯田市　⽣中央大学経済学部（昭和35年）卒　⽣信南交通に入社。飯田青年会議所を経て、昭和51年自民党から衆院議員に当選。平成4年宮沢改造内閣の科学技術庁長官に就任。6期。竹下派、羽田派、5年新生党を経て、6年新進党結成に参加。8年落選。　⽣父＝中島巌（衆院議員）

中島 守利　なかしま・もりとし

衆院議員（自由党）　⽣明治10年10月15日　⽣昭和27年1月28日　⽣東京　⽣独学して東京の新宿郵便局長、新宿町長となり、明治42年から東京府会議員。大正9年以来衆院議員当選6回、政友会に属した。昭和3年東京市会疑獄に連座、9年有罪となり議員失格。戦後自由党から衆院議員当選3回、党衆院議員総会長を務めた。

中島 弥団次　なかじま・やだんじ

衆院議員（進歩党）　⽣明治19年6月13日　⽣昭和37年12月21日　⽣高知県　⽣東京帝大政治科（明治45年）卒　⽣内務省に入り青森県属ののち、大蔵省に転じ専売局参事補、参事などを経て、大正13年同郷の先輩浜口雄幸蔵相の秘書官となり、昭和2年立憲民政党結成で浜口総裁秘書。3年第1回普通選挙に東京府2区から当選、以来連続6回当選。その間浜口首相秘書官、第2次若槻礼次郎内閣の鉄道参与官、広田弘毅内閣の大蔵政務次官を歴任した。戦時中は翼政会、日政会各総務を務め、戦後公職追放、25

年解除。また大洋漁業顧問、淀川製鋼所取締役、東京貿易監査役なども務めた。

中島 祐八　なかじま・ゆうはち
衆院議員（立憲国民党）　⽣嘉永7年7月（1854年）　没大正2年11月14日　出群馬県　学足利学校卒　経群馬県議、同常置委員を経て、明治25年衆院議員に当選。8期。また上野新聞を発刊。

中島 行孝　なかじま・ゆきたか
衆院議員　実業家　⽣天保7年8月（1836年）　没大正3年5月1日　出江戸　経明治の初期、石炭業を経営。東京府会、市会各議員を長く務めた。明治末年東京市から衆院議員に当選、時に80余歳、院内一の高齢で、その容姿からお婆さんといわれた。貧しい盗人に所持品を与えたり、貧民の用水争議に同情して訴訟費用を負担するなど気概の人であった。

長島 隆二　ながしま・りゅうじ
衆院議員（無所属）　⽣明治11年11月　没昭和15年10月8日　出埼玉県　学東京帝国大学法学部政治学科（明治35年）卒　経大蔵書記官、内閣総理大臣秘書官を務める。昭和11年まで衆院議員に初当選5回、この間、パリ講和会議を視察した。

仲小路 廉　なかしょうじ・れん
農商務相　貴院議員（勅選）　枢密顧問官　⽣慶応1年7月3日（1865年）　没大正13年1月17日　出山口県　学大阪府立開成学校卒　賞正三位勲一等　経明治20年判検事試験に合格、東京地裁検事となり、以後東京控訴院検事兼司法省参事官、行政裁判所評定官、通信省官房長、内務省土木局長、同警保局長、通信次官などを歴任。大正元年桂太郎内閣の農商務相、5年寺内正毅内閣に留任。勅選貴院議員、枢密顧問官を務めた。

長洲 一二　ながす・かずじ
元・神奈川県知事　経済学者　⽣大正8年7月28日　没平成11年5月4日　出東京都千代田区　学東京商科大学（現・一橋大学）（昭和19年）卒　賞メリーランド州立大学名誉法学博士号（平成1年）、スウェーデン北極星勲章、マレーシア・ペナン州勲一等州功労賞（平成3年）、勲一等瑞宝章（平成8年）　経三菱重工業に入社。戦後昭和22年横浜経済専門学校助教授、38年横浜国立大学教授を歴任。50年革新統一候補として神奈川県知事当選、54年全党支持で再選。57年全国の都道府県に先駆けて、公文書公開条例を制定した他、民際外交、ともしび運動、男女共同社会など独自の県政を展開した。5期務め、平成7年退任。同年から地方分権推進委員、県の第三セクター・湘南国際村協会社長、かながわ学術研究交流財団理事長などを務めた。著書に「南進する日本資本主義」「構造改革論の形成」「地方の時代と自治体革新」など。　趣仏典研究, 読書

永末 英一　ながすえ・えいいち
元・衆院議員（民社党）　元・民社党委員長　⽣大正7年1月2日　没平成6年7月10日　出福岡県田川郡金田町　学東京帝国大学法学部政治学科（昭和16年）卒　賞勲一等旭日大綬章（平成3年）　経ハーバード大学に留学。満鉄から海軍に応召。昭和21年永末世論研究所を設立。22年以来京都市議に2選。この間25年に同志社大学文学部講師。30年京都府議1期のあと、34年参院議員に初当選。38年以来衆院議員に10選。52年民社党副書記長兼国際局長、53年国会対策委員長、60年副委員長を経て、平成元年委員長に就任。5年引退。

中曽根 康弘　なかそね・やすひろ
衆院議員（自民党　比例・北関東）　第71・72・73代首相　世界平和研究所会長　⽣大正7年5月27日　出群馬県高崎市末広町　学東京帝国大学法学部政治学科（昭和16年）卒　賞レジオン・ド・ヌール・グラン・フィシエ勲章, 韓国修

交勲章光化章（昭和58年），チュラロンコン大学名誉政治学博士（タイ）（昭和62年），メリーランド州立大学名誉博士号（平成6年），大勲位菊花大綬章（平成9年），ドイツ功績勲章大十字章（平成10年）　㊟内務省に入り、警視庁監察官を経て昭和22年以来衆院議員に20選。民主党から改進党に属し、北村徳太郎派の青年将校として吉田批判を行う。保守合同後は河野派に属す。41年同派が分裂した際、22人を率いて中曽根派を結成。34年科学技術庁長官、42年運輸相、45年防衛庁長官、47年通産相、党幹事長などの重要ポストを歴任。55年第1次鈴木内閣発足の時、行政管理庁長官を引き受け、行政改革に取り組む。57年11月の総裁予備選に圧勝して首相に就任。"戦後政治の総決算"を掲げ、外交を軸とした強いリーダーシップを背景に世論の支持を獲得、61年の衆参同日選挙では衆院304議席という空前の大勝利を獲得。任期延長を含む5年間総理をつとめ、竹下登を後継者に指名して、62年11月退任した。平成元年政権当時に起きた"リクルート事件"が発覚、竹下後継に中曽根派の宇野宗佑外相を擁立するために、5月自民党を離党、派閥も離脱。2年6月渡辺派に復帰。同年11月事実上の特使としてイラクを訪問、人質問題等の解決を話し合う。3年復党、党最高顧問となる。8年の衆院選からは比例区北関東ブロック1位で立候補。9年2月、史上4人目の議員在職50年を迎えた。同年4月史上3人目の大勲位菊花大綬章を受章。11年3月村上・亀井派入り、同年7月江藤・亀井派となる。昭和63年より世界平和研究所会長。著書に「日本のフロンティア」「修正資本主義と社会連体主義」「日本の主張」がある。㊟読書，水泳，俳句　㊙兄＝中曽根吉太郎（全国木材組合連合会副会長），長男＝中曽根弘文（参院議員）

中田 幸吉　なかだ・こうきち
元・富山県知事　㊤大正4年　㊦昭和55年9月18日　㊥富山市　㊧東大農学部（昭和15年）卒　㊟大正4年、富山市の旧家に生まれ、昭和15年東大農学部卒業。農林省に入り、長野県農政部長などを経て、41年富山県農地部長、44年の選挙で知事に初当選。連続3期つとめるが、55年腹壁筋しゅとろく膜炎により、在職死亡。

中田 清兵衛　なかだ・せいべえ
貴院議員（多額納税）　第十二銀行頭取　実業家　㊤嘉永4年11月20日（1851年）　㊦大正5年11月12日　㊥越中国（富山県）　㊟薬種商・中田宗右衛門の長男に生まれる。家業の売薬業で財をなし、町年寄に任ぜられて苗字帯刀を許される。維新後、明治12年第百二十三国立銀行取締役、のち第十二銀行頭取に就任。また、金沢貯蓄銀行、北陸商業銀行を設立した。富山市議、富山電燈重役、富山商業会議所特別会員、富山売薬同業組合長などを務め、37年貴院議員（多額納税）となった。

永田 善三郎　ながた・ぜんざぶろう
衆院議員（立憲民政党）　㊤明治18年6月　㊦昭和25年12月6日　㊥静岡県　㊧早稲田大学政治経済科　㊟台湾日日新報記者、満州日日新聞編集長、永田鉱業社長、大連関東報社長、静岡民友新聞社長を務める。大正13年から衆院議員に当選5回。満州経済調査委員、広田内閣海軍参与官となったほか、第15回万国議院商事会議（ベルリン）に参列した。

永田 秀次郎　ながた・ひでじろう
貴院議員　拓相　鉄道相　東京市長　拓殖大学長　内務官僚　俳人　㊤明治9年7月23日　㊦昭和18年9月17日　㊥兵庫県緑町（淡路島）　俳号＝永田青嵐　㊧三高法学部（明治32年）卒　㊟明治35年郷里の州本中学校長を振り出しに、大分県視学官、福岡県内務部長、京都府警察部長、三重県知事などを経て、大正5年内務省警保局長となり、7年の米騒動に対処、退官して貴院議員となる。その後、東京市長後藤新平に請われて助役となり、12年市長に就任して大震災に遭遇、いったん辞任し、昭和5年市長に返り咲いた。その後、帝国教

育会長、教科書調査会長、拓殖大学長などを歴任。11年選挙粛正連盟理事長から広田内閣の拓相となり、さらに阿部内閣の鉄道相を務めたあと、17年陸軍の軍政顧問としてフィリピン滞在するが、マラリヤにかかり帰国。三高時代から高浜虚子と親しくして俳句をよくし、著書に「青嵐随筆」「浪人となりて」「永田青嵐句集」(遺句集)がある。 [家]息子=永田亮一(衆院議員), 孫=永田秀一(兵庫県議)

中田 政美　なかた・まさみ
衆院議員(自由党) [生]明治34年1月 [没]昭和51年7月15日 [出]鳥取県 [学]中央大学夜間部法科 [歴]建設事務次官を経て、衆院議員に当選1回。

永田 正義　ながた・まさよし
元・人吉市長 [生]明治44年3月13日 [没]平成7年8月26日 [出]熊本県人吉市 [学]早稲田大学専門部政治経済科(昭和8年)卒 [賞]ベトナム金星子功労賞, 勲三等瑞宝章(昭和63年), 人吉市名誉市民(平成4年) [歴]朝日新聞記者、中野正剛秘書、ベトナム協会専務理事などを経て、昭和42年以来人吉市長に5選。62年落選。

中田 吉雄　なかた・よしお
元・参院議員(社会党) [生]明治39年10月30日 [没]昭和60年5月1日 [出]鳥取県 [学]京都帝国大学(昭和8年)卒 [歴]鳥取県議、議会議長を経て昭和25年から参院(鳥取地方区)当選3回。この間、社会党政策審議会副会長。著書に「日本農業の将来」などがある。 [家]妻=中田正子(弁護士)

永田 亮一　ながた・りょういち
元・衆院議員(自民党) [生]明治44年9月26日 [没]平成9年1月13日 [出]兵庫県 [学]慶応義塾大学経済学部卒 [賞]勲一等瑞宝章(昭和57年) [歴]王子製紙勤務、柳学園高校教諭などを経て、昭和23年兵庫県教育委員長。27年以来衆院議員に当選10回。その間自治政務次官、外務政務次官、衆院法務委員長、衆院航特・外務委員長、衆院科技委員長、ロッキード問題調査特別委員長なども務めた。 [趣]油絵, 読書 [家]父=永田秀次郎(政治家・俳人), 長男=永田秀一(兵庫県議)

永田 良吉　ながた・りょうきち
衆院議員(自由党) [生]明治19年9月 [没]昭和46年5月11日 [出]鹿児島県 [学]鹿児島県立加治木中学校卒 [歴]農業の傍ら大隈鉱山を経営する。鹿児島県議、鹿屋市長を務め、昭和3年から衆院議員に当選8回。第31回列国議会同盟会議(ブリュッセル)、第20回万国議院商事会議(ロンドン)に参列する。また鹿児島県養蚕連合組合長、帝国飛行協会評議員などを務めた。

中田 騄郎　なかだ・ろくろう
衆院議員(第一控室) [生]明治15年4月 [没]昭和32年8月12日 [出]静岡県榛原郡勝間田村(現・榛原町) [学]東京法学院(現・中央大学)(明治34年)卒 [歴]弁護士となり、静岡市議を経て、昭和5年から衆院議員を1期つとめた。

中谷 貞頼　なかたに・さだより
衆院議員(立憲政友会) [生]明治20年2月 [没]昭和29年11月21日 [出]高知県 [学]東京帝国大学独法科(大正2年)卒 [歴]広島県警、警視庁に勤務ののち弁護士となる。明治漁業取締役、日本活動写真取締役、露領水産組合副会長を務め、日露漁業協約会議では漁業者代表最高顧問としてモスクワへ赴く。大正13年から連続4期衆院議員を務めた。 [家]息子=中谷健(大旺建設会長), 孫=中谷元(衆院議員)

中谷 武世　なかたに・たけよ
元・衆院議員(無所属倶楽部) 日本アラブ協会会長 [生]明治31年7月1日 [没]平成2年10月24日 [出]和歌山市 [学]東京帝大法学部卒 [賞]勲一等瑞宝章(昭和61年) [歴]昭和2年法政大講師を経て、7年教授に就任。8年大亜細亜協会を設立して常任理事となる。17年衆院議員に当選。戦後改進党中央常任委員となり、総選挙に4度立候補したが、いずれも落選した。49年日本アラブ協会会長となる。

中津井 真　なかつい・まこと
元・参院議員(自民党)　元・広島県議会議長　[生]明治36年4月1日　[没]昭和61年9月29日　[出]広島県比婆郡西城町　[学]広島教育養成所(大正9年)中退　[賞]勲二等瑞宝章(昭和49年)　[歴]昭和22年から広島県議を5期。その間、36年から1年間議長を務めた。41年参院広島地方区補欠選挙に当選。49年まで2期務め、沖縄開発政務次官などを歴任。大竹市名誉市民。

中西 一郎　なかにし・いちろう
元・参院議員(自民党)　[生]大正4年3月29日　[没]平成4年11月18日　[出]兵庫県神戸市　[学]東京帝大法学部(昭和16年)卒　[賞]勲一等瑞宝章(昭和63年)　[歴]昭和16年農林省に入省したが、海軍主計士官として従軍し主計大尉で終戦。21年農林省に復職。27年農林経済局経済課長、36年食糧庁業務第二部長、38年官房長、40年経済企画庁国民生活局長。47年補選で参院議員に当選し、以来4期。53年通産政務次官、55年自民党副幹事長などを歴任。58年第2次中曽根内閣では総理府総務長官、沖縄開発庁長官に就任。62年4月有機農業研究議員連盟を設立、代表世話人を務める。平成4年引退。三塚派。

中西 啓介　なかにし・けいすけ
元・衆院議員(保守党)　元・防衛庁長官　[生]昭和16年2月6日　[没]平成14年1月27日　[出]和歌山県和歌山市　[学]早稲田大学政経学部経済学科(昭和40年)卒　[歴]衆院議長秘書、通産大臣秘書、和歌山県肢障者連顧問を経て、昭和51年旧和歌山1区から衆院議員に当選、以来6選。自民党副幹事長、大蔵省政務次官などを歴任。小沢一郎の側近として知られ、竹下派、羽田派を経て、平成5年6月小沢らと自民党を離党し新生党結成に参加。8月細川内閣の防衛庁長官に就任するが、12月憲法発言で辞任。6年新進党結成に参加。7年議員を辞職。同年6月旧東京協和、安全の両信用組合の乱脈経営問題に絡み、衆院予算委員会で証人喚問を受けた。8年返り咲き。10年1月自由党に参加。12年保守党から立候補し落選、引退。通算7期務めた。著書に「日本がなければ世界はこまるか」「硝子のディフェンス」がある。　[趣]読書, 音楽鑑賞

中西 功　なかにし・こう
元・参院議員(共産党)　社会運動家　中国研究家　[専]中国問題　政治評論　[生]明治43年9月18日　[没]昭和48年8月18日　[出]三重県多気郡西外城田村土羽　[学]東亜同文書院(昭和7年)中退　[歴]在学中、中国共産主義青年団に参加、日支闘争同盟を組織、昭和5年検挙された。7年上海事変が起こり帰国、プロレタリア科学研究所に参加して逮捕されたが、9年満鉄に入社、大連、天津、上海各事務所に勤務。14年満鉄の支那抗戦力調査に従事する一方、反戦運動に参加、17年上海で逮捕され東京に護送。18年外患罪、治安維持法違反で起訴、獄中で「中国共産党史」を執筆した。20年死刑を求刑されたが、敗戦による政治犯釈放で出獄。以後「人民」「民報」の編集に従事、21年中国研究所創立に参加、日本共産党に入党。22年第1回参議院選挙に全国区から当選。同年社会主義革命論を主張し党主流と対立、24年「中西功意見書」を党に提出、翌年公然と党中央を批判して除名され、参院議員を辞任。30年復党、33年党神奈川県委員長。35年ハガチー訪日阻止闘争で検挙、起訴された。38年神奈川県委員長を辞任した。著書に「中国革命と毛沢東思想」「死の壁の中から」などがある。

仲西 三良　なかにし・さぶろう
衆院議員(日本進歩党)　[生]明治23年3月　[没]昭和31年12月6日　[出]福島県　[学]京都帝国大学法学部(大正9年)卒　[歴]東京地方裁判所予備検事、札幌区裁判所検事、人事調停委員、借地借家調停委員、金銭債務調停委員、内閣委員を務め、また弁護士を営んだ。昭和11年から連続3期衆院議員に選出された。福島県農会議員、矢吹町長なども務めた。

中西 績介　なかにし・せきすけ

衆院議員(社民党　比例・九州)　元・総務庁長官　社民党副党首　[生]大正15年2月6日　[出]福岡県田川郡香春町　[学]三重農専農学科(昭和20年)卒　[歴]福岡県立築上農高、田川農林高の教諭を経て、昭和40年福岡県高教組書記長に就任。51年衆院議員となる。平成8年橋本内閣の総務庁長官に就任。当選9回。今期限りでの引退を表明している。

中西 敏憲　なかにし・としかず

元·衆院議員(進歩党)　元·武生市長　[生]明治27年3月9日　[没]昭和57年10月6日　[出]福井県武生市　[学]東京帝大英法科(大正8年)卒　[賞]勲三等旭日中綬章(昭和49年)，武生市名誉市民(昭和49年)　[歴]昭和17年衆院議員に当選し、1期。小磯内閣大東亜参与官となる。36年から武生市長に3選した。福井鉱業、共栄印刷各社長を歴任。

中西 光三郎　なかにし・みつさぶろう

衆院議員(立憲政友会)　貴院議員(多額納税)　[生]弘化2年1月(1845年)　[没]明治43年7月10日　[出]和歌山県　[歴]和歌山県野上組郷長、小区長、和歌山県議、同常置委員、同議長を歴任。伊都、那賀各郡長となる。明治37年和歌山郡部より衆院議員に当選。1期。また多額納税により貴院議員となる。

中西 陽一　なかにし・よういち

石川県知事　[生]大正6年9月23日　[没]平成6年2月2日　[出]京都市　[学]京都帝大法学部(昭和17年)卒　[歴]昭和17年内務省に入ったが、すぐ兵役。戦後、大分県教学課長、京都府労政課長、30年石川県総務部長を経て、36年副知事。38年2月知事に初当選。平成3年全国最多選の8期目に入り、4年7月知事在職最長記録(29年5ケ月)を更新、30年11ケ月つとめた。

中西 六三郎　なかにし・ろくさぶろう

衆院議員(第1控室会)　司法官　弁護士　[生]慶応2年1月(1866年)　[没]昭和5年2月3日　[出]北海道　[歴]判事試補、敦賀治安裁判所判事、増毛治安裁判所判事、札幌地方裁判所判事を歴任する。のち弁護士の業務に従事。北海道議、同議長、鉄道会議議員、臨時法制審議委員を経て、明治37年北海道1区より衆院議員に当選、5期。立憲政友会総務、政友本党総務となる。第19回列国議会同盟会議(ストックホルム)に参加。

中野 明　なかの・あきら

元・参院議員(公明党)　元・衆院議員(公明党)　[生]大正15年1月22日　[没]平成8年3月8日　[出]大阪府大阪市　[学]市立扇町商(昭和18年)卒　[歴]三菱重工水島航空機、倉敷レーヨンを経て、昭和34年倉敷市議となる。のち高知に移って公明党高知県連会長となり、42年衆院議員に当選し、2期。47年落選し、52年参院に転じる。当選2回。平成元年引退。

永野 厳雄　ながの・いつお

参院議員(自民党)　[生]大正7年3月20日　[没]昭和56年10月8日　[出]東京　[学]東京帝大法学部(昭和16年)卒　[歴]昭和16年司法科試験合格。東京地検検事、弁護士、東洋パルプ常務、広島県知事の後、49年広島地方区から参院に当選(当選2回)。自民党法務部会長、参院地方行政委員長などを歴任。
[家]父=永野護(運輸相)，弟=永野健(三菱マテリアル会長)

永野 修身　ながの・おさみ

海相　海軍軍令部総長　海軍元帥　[生]明治13年6月15日　[没]昭和22年1月5日　[出]高知県高知市　[学]海兵(第28期)(明治33年)，海大(第8期)(明治43年)卒　[歴]日露戦争では旅順砲撃に参加。明治44年清国に派遣され、大正2年から米国に駐在してハーバード大学に学んだが、9年大使館付武官となり、有数なアメリカ通となる。進歩的なアイデアマンで、砲戦術の新機軸を編みだし、米国流の人事管理論を使って人事考課法を刷新、

また昭和3年海兵校長時代には実験的教育法のダルトン・プランを導入した。その後軍令部次長を経て、6年ジュネーブ軍縮会議全権委員、10年にはロンドン軍縮会議全権となって日本の同会議からの脱退を通告した。11年広田内閣の海相、12年連合艦隊司令長官となり、軍事参議官を経て、16年海軍軍令部総長に就任。対米開戦に際しては海軍部内の強硬意見を代表、開戦後は太平洋戦争の海軍作戦の最高責任者となる。19年元帥。戦後、A級戦犯に指名されたが裁判中に病死した。

中野 寛成　なかの・かんせい

衆院議員(民主党　大阪8区)　元・民社党書記長　㊐昭和15年11月26日　㊑長崎県長崎市　㊫関西大学法学部(昭和38年)卒　㊮在学中から民社党に入党。党大阪府連職員を経て、25歳で大阪府豊中市議になる。昭和51年衆院選以来連続9回当選。党国対副委員長、政審会長などをつとめ、平成6年6月党書記長。同年12月民社党を解党して新進党結成に参加、政審会長となる。10年党解散後は新党友愛を結成、4月民主党に参加。11年1月党政調会長、14年9月党幹事長。

中野 重治　なかの・しげはる

参院議員(共産党)　詩人　小説家　評論家　㊐明治35年1月25日　㊀昭和54年8月24日　㊑福井県坂井郡高椋村(現・丸岡町)　筆名＝日下部鉄　㊫東京帝国大学独文科(昭和2年)卒　㊔毎日出版文化賞(第9回)(昭和30年)「むらぎも」,読売文学賞(第11回)(昭和34年)「梨の花」,野間文芸賞(第22回)(昭和44年)「甲乙丙丁」,朝日賞(昭和52年)「中野重治全集・全28巻」　㊮四高時代から創作活動をし、東大入学後は大正14年「裸像」を創刊。東大新人会に参加し、林房雄らと社会文芸研究会を結成、翌15年マルクス主義芸術研究会に発展した。この年「驢馬」を創刊し「夜明け前のさよなら」「機関車」などの詩を発表。昭和2年「プロレタリア芸術」を創刊、3年蔵原惟人らと全日本無産者芸術連盟(ナップ)を結成し、プロレタリア文学運動の中心人物となる。6年日本共産党に入党。7年弾圧で逮捕され、2年余りの獄中生活をする。転向出所後は「村の家」「汽車の罐焚き」「歌のわかれ」「空想家とシナリオ」などを発表。戦後は新日本文学会の結成に参加し、荒正人らと“政治と文学論争”を展開。また22年日本共産党から立候補して3年間参院議員として活躍。25年党を除名され、のち復党したが、39年別派を結成、再び除名された。22年「五勺の酒」を発表した後も小説、評論の部門で活躍し、30年「むらぎも」で毎日出版文化賞を、34年「梨の花」で読売文学賞を、44年「甲乙丙丁」で野間文芸賞を受賞。ほかに「中野重治詩集」「斎藤茂吉ノオト」「愛しき者へ」(書簡集,上下)「中野重治全集」(全28巻,筑摩書房)などがある。　㊃妻＝原泉(女優),妹＝中野鈴子(詩人)

長野 重右衛門　ながの・じゅうえもん

衆院議員(民主党)　㊐明治31年7月1日　㊀昭和32年6月13日　㊑滋賀県　㊮31歳で滋賀県議となり、以後連続4回当選、各委員、副議長、議長などを務めた。昭和21年滋賀県から衆院選に当選(日本進歩党所属)、以来2回当選した。日本真綿協会会長、日本真綿工業組合連合会、日本真綿商工業組合各理事長、東洋メリヤス、協商織物各社長を務めた。

中野 四郎　なかの・しろう

衆院議員(自民党)　元・国土庁長官　㊐明治40年1月25日　㊀昭和60年10月21日　㊑愛知県　㊫豊山中中退　㊔勲一等旭日大綬章　㊮東京市議などを経て、昭和21年4月の戦後初の総選挙で政界入り、愛知4区から当選13回(落選中の31年から33年まで愛知碧南市長)。大平内閣で国土庁長官を務めたほか、衆院予算委員長、自民党国対委員長、党総務副会長などを歴任。衆院公職選挙法改正調査特別委員長として定数是正問題に取り組んでいた。

長野 士郎　ながの・しろう
元・岡山県知事　㊤大正6年10月2日　㊥岡山県総社市　㊫東京帝国大学政治学科(昭和16年)卒　㊇地方分権の充実　㊜勲一等旭日大綬章(平成11年)　㊞福岡県総務部長、自治大臣官房総務課など歴任し、昭和37年官房参事官、38年選挙局長、41年行政局長、44年財政局長を経て、46年自治事務次官に就任。47年に全野党共闘候補として岡山県知事選に出馬、自民党の現職知事を破って当選。当初は革新系といわれたが、2期目からは全党の支持を得て、6期つとめた。アイデアマンで岡山方式といわれるニューディール型の政策を次々と打ち出した。平成7年全国知事会会長。8年引退。　㊟読書, 散歩

中野 二郎三郎　なかの・じろうさぶろう
自由民権家　㊤嘉永6年3月4日(1853年)　㊦大正7年9月4日　㊥丹波国(京都府)　㊞明治期の自由民権家。亀山藩士で、明治維新後滋賀県の警部となる。明治13年頃から静岡県浜松で私塾を開き、15年自由党遠陽部の設立に参加、遠陽自由党常議員となった。19年6月自由党が企てた政府転覆事件(静岡事件)で逮捕され有期徒刑14年となり、30年特赦で出獄した。

長野 祐也　ながの・すけなり
元・衆院議員(自民党)　㊤昭和14年6月27日　㊥鹿児島市　㊫中央大学法学部政治学科(昭和38年)卒　㊞参院議員田中茂穂秘書、鹿児島県議を経て、昭和55年ダブル選挙で鹿児島1区から初当選。3期。渡辺派。57年ベルサイユサミットに、党機関紙「自由新報」の特派員として渡仏。62年厚生政務次官。平成2年落選。7年新進党から参院選に立候補するが落選。著書に「福祉は贅沢ではない」「いま、厚生省の時代」「照る日曇る日3000日」他。

中野 正剛　なかの・せいごう
衆院議員(無所属)　東方会総裁　ジャーナリスト　㊤明治19年2月12日　㊦昭和18年10月27日　㊥福岡県福岡市　幼名＝甚太郎, 号＝耕堂　㊫早稲田大学政経科(明治42年)卒　㊞東京朝日新聞に入り、政治評論を執筆。大正5年東方時論社に移り、主筆兼社長に就任。日本外交を批判した「講話会議を目撃して」がベストセラーとなる。9年以来衆院議員に当選8回。革新倶楽部、憲政会から立憲民政党に移り遊説部長。この間、大蔵参与官、逓信政務次官、民政党総務などを歴任。昭和6年安達謙蔵と共に脱党し、7年国民同盟を結成、ファシズムに走る。11年から全体主義政党・東方会(のち東方同志会)総裁として“アジア・モンロー主義”的な運動を展開、南進論、日独伊三国同盟などを提唱。15年大政翼賛会総務となるが、その権力強化に反発して17年を脱会。18年「戦時宰相論」を執筆して東条内閣を批判、憲兵隊の取調べを受け割腹自決した。雄弁で筆も立ち大衆的人気があった。
㊪弟＝中野秀人(詩人・評論家), 息子＝中野泰雄(亜細亜大学名誉教授)

長野 高一　ながの・たかいち
衆院議員(日本進歩党)　㊤明治26年3月19日　㊦昭和49年3月1日　㊥愛媛県今治　㊫私立大成中学校(明治44年)中退　㊞上京し大正11年東京自転車同業組合を結成、組合長となり、自転車税撤廃運動を展開。14年下谷区会議員、次いで東京府会議員、東京市会議員を務め、中小企業振興に尽力。昭和11年東京第2区から衆院議員となり、連続3回当選。19年小磯国昭内閣第1部長を務めた。戦後公職追放。上野信用金庫、朝日信用金庫理事長、上野観光連盟会長などを歴任。

中野 武雄　なかの・たけお
衆院議員(自由党)　㊤明治34年4月3日　㊦昭和44年6月28日　㊥京都府　㊫早稲田大学法学部英法科(昭和4年)卒　㊞京都市議、京都市参事会員を経て、昭和

21年から衆院議員に連続4回当選。第3次吉田内閣大蔵政務次官、日本自由党幹事、民主自由党総務となる。また京都市開拓協会長、近畿砂利社長、京都伏見農業協同組合連合会顧問なども務めた。

中野 猛雄　なかの・たけお
衆院議員（立憲政友会）　�生明治16年11月　㊞昭和25年8月27日　㊷熊本県　㊻早稲田大学政治経済科（明治40年）卒　㊭宮地岳村長、熊本県議を経て、昭和3年以来衆院議員に連続4回当選。また中西銀行取締役、肥州窯業社長、九州新聞社長なども務めた。

永野 鎮雄　ながの・ちんゆう
元・参院議員（自民党）　浄土真宗本願寺派監正局長　僧侶　�生明治41年7月25日　㊞昭和57年12月7日　㊷広島県　㊻東北帝大法文学部（昭和10年）卒、龍谷大学研究科（昭和15年）卒　㊭弘願寺住職となり、京都女子大学理事などを歴任。昭和32年には全日本仏教会代表として中国を訪問した。25年間連続して6回、本願寺派宗会議員、また29年から3回にわたって同派総務を務めた。43〜49年参院議員。　㊂兄＝永野護（運輸相）、永野重雄（日商会頭）、永野俊雄（五洋建設会長）、伍堂輝雄（日航会長）、弟＝永野治（石川島重工副社長）

中野 鉄造　なかの・てつぞう
元・参院議員（公明党）　�生昭和2年1月15日　㊷佐賀県佐賀市　㊻東京農業大学専門部（昭和23年）卒　㊸勲二等瑞宝章（平成9年）　㊭佐賀市議を経て、昭和55年から参院議員に2選。62年運輸委員長に就任。平成4年引退、公明党中央統制委員をつとめる。

中野 寅吉　なかの・とらきち
衆院議員（新自由党）　�生明治12年4月　㊞昭和37年7月5日　㊷福島県　㊻早稲田大学法律科（明治34年）卒　㊭北海道庁、台湾総督府、韓国統監府、朝鮮総督府、警視庁で警部を歴任する。また日本電気窯業、東洋ペイントの取締役

を務め、のち僧侶となった。大正9年から通算6期衆院議員に選出された。

長野 長広　ながの・ながひろ
衆院議員（自由党）　�生明治25年4月　㊞昭和40年3月23日　㊷高知県　㊻高知県立農林学校（明治42年）卒　㊭文部省社会教育官、宇都宮高等農林学校教授を歴任する。昭和11年以来衆院議員に当選7回。第1次吉田内閣文部政務次官、片山内閣内務政務次官、衆院文部委員長、日本進歩党総務委員、民主党国会対策委員長、自由党総務などを務める。著書に「農村教育新論」など。

中野 武営　なかの・ぶえい
衆院議員（無所属）　関西鉄道社長　�生弘化5年1月3日（1848年）　㊞大正7年10月8日　㊷讃岐国高松（香川県）　幼名＝権之助、作造、号＝随郷　㊻藩校講道館卒　㊭明治5年香川県史生、権少属を経て、農商務省権少書記官となるが、14年の政変で辞職。立憲改進党創立に参加し、事務委員。22年愛媛県議、同議長、東京市議、同議長を歴任。23年東京市より第1回総選挙に立候補し衆院議員に当選、8期。日本大博覧会評議員、東洋拓殖設立委員、関西鉄道社長、東京株式取引所理事長、東京商業会議所会頭を歴任。営業税廃止運動に参加した。

中野 文門　なかの・ぶんもん
元・参院議員（自民党）　�明治34年3月30日　㊞昭和63年10月9日　㊷大分市　㊻日本大学社会学科（昭和2年）卒　㊸勲二等旭日重光章（昭和46年）　㊭昭和8年神戸市議、14年兵庫県議に当選。神戸市会議長、兵庫県会議長を歴任。31年以来参院議員に2選。神戸森学園理事長もつとめた。　㊨囲碁（5段）

永野 護　ながの・まもる
元・参院議員（自民党）　元・運輸相　元・丸宏証券会長　�生明治23年9月5日　㊞昭和45年1月3日　㊷島根県浜田市　㊻東京帝大法科大学卒　㊭東洋製油取締役、横浜取引所理事、東京米穀取引所常務理事、山叶証券専務取締役、丸

広証券会長などを歴任。昭和17年以来、衆院議員を2期つとめ、31年参院議員に広島地方区から当選、32年第2次岸内閣で運輸相として入閣した。 弟=永野重雄(日商会頭)、永野俊雄(五洋建設会長)、伍堂輝雄(日航会長)、永野鎮雄(参院議員)、永野治(石川島重工副社長)、息子=永野厳雄(参院議員)、永野健(三菱マテリアル取締役相談役)

中橋 徳五郎　なかはし・とくごろう
内相　商工相　文相　衆院議員(政友会)　大阪商船社長　実業家　⽣文久1年9月10日(1861年)　沒昭和9年3月25日　出加賀国金沢(石川県金沢市)　旧姓=斎藤　号=狸庵　学金沢専門学校文学部卒、東京大学選科(明治19年)卒　勲一等旭日桐花大綬章　大学院で商法専攻。明治19年判事試補となり横浜始審裁判所詰。20年農商務省に移り、参事官、22年衆院制度取調局出仕となり欧米出張。帰国後衆院書記官、逓信省参事官、同監査局長、鉄道局長を歴任。31年岳父で大阪商船社長の田中市兵衛の要請で同社長に就任。台湾航路の拡大など社運をばん回、大正3年まで務めた。かたわら日本窒素、宇治川電気などで重役、熊本県水俣町に窒素肥料工場を建設。さらに渋沢栄一らと日清汽船を創設、取締役。一方衆院議員当選6回、政友会に入り、7年原敬、10年高橋是清両内閣の文相を務めた。13年政友本党、14年政友会復党。昭和2年田中義一内閣の商工相、6年犬養毅内閣内相となった。

中林 友信　なかばやし・ゆうしん
衆院議員(立憲民政党)　⽣明治4年2月　沒昭和3年2月18日　大阪府　学明治法律学校(明治26年)卒　破産管財人、泉北郡議、大阪府議、同郡部会議長、大阪府教育会副会長、泉北部衛生会副会長を歴任。明治35年大阪10区より衆院議員に当選。5期。また東京自由通信社主幹、日刊近畿新聞社主兼社長、大阪盲人学校主兼校長などもつとめる。

中林 佳子　なかばやし・よしこ
衆院議員(共産党 比例・中国)　⽣昭和20年12月2日　広島県神石郡豊松村　学島根大学教育学部(昭和43年)卒　小学校教師を経て、昭和54年以来衆院議員に2期。61年、平成8年落選。9年11月繰り上げ当選。通算4期目。

中原 健次　なかはら・けんじ
衆院議員　労農党書記長　労働運動家　⽣明治29年5月14日　沒昭和53年5月6日　岡山県玉島市(現・倉敷市)　学小学校卒　小学校を出たあと苦学して社会科学を学び、大正10年から労農運動に参加、総同盟岡山県連委員長、岡山市議などを歴任。昭和12年の人民戦線事件で検挙されたが、戦後、日本社会党結成に参加し、21年から代議士当選5回。この間、23年7月、片山内閣の公共料金値上げによる追加補正予算案に反対して総辞職に追い込んだあと、同年12月の労働者農民党(労農党)結成に参加し、初代書記長となった。29年には訪中、周恩来らの要人と会見している。

仲原 善一　なかはら・ぜんいち
元・参院議員(自民党)　⽣明治38年11月6日　沒昭和55年4月4日　鳥取県　学京都帝大農林経済学科(昭和7年)卒　昭和31年参院選鳥取地方区から自民党公認で当選。43年まで2期務め、北海道開発庁政務次官などを歴任した。

中部 幾次郎　なかべ・いくじろう
貴院議員(勅選)　林兼商店創立者　実業家　⽣慶応2年1月4日(1866年)　沒昭和21年5月19日　兵庫県明石市　年少から鮮魚運搬業に従事。明治38年わが国初の発動機船を開発し、その利用で日本海、朝鮮海域の漁場を開拓、機船底曳網漁業に進出。大正7年土佐捕鯨を買収、14年林兼商店(大洋漁業の前身)を設立、台湾漁業、蟹工船経営、さらに造船鉄工業も兼営した。昭和11年には大洋捕鯨、17年西大洋漁業統制会社、18年林兼重工業を設立、日本水産や日魯漁業と並ぶ総合水産会社に発展させた。

5～18年下関商工会議所会頭を務め、戦後の21年勅選貴族院議員。　[家]長男＝中部兼市（大洋漁業社長），二男＝中部謙吉（大洋漁業社長），三男＝中部利三郎（大洋漁業副社長）

中上川 アキ　⇒藤原あき（ふじわら・あき）を見よ

中牟田 倉之助　なかむた・くらのすけ
枢密顧問官　海軍中将　子爵　[生]天保8年2月（1837年）　[没]大正5年3月30日　[出]肥前国佐賀　[歴]戊辰戦争に際し東北に従軍する。明治2年函館の役には朝陽艦長として奮戦しその勇名を轟かす。3年海軍中佐に任ぜられ、4年少将にのぼる。8年江華島事件に際しては西部指揮官として朝鮮に出動。10年西南戦争に軍艦を率いて勲功をあげ、11年中将となる。横須賀・呉の鎮守府長官、海軍大学校校長などを歴任。26年には初代の海軍軍令部長となり、27年枢密顧問官となる。なお、17年華族に列して、子爵を授けられている。

中村 哲　なかむら・あきら
元・参院議員（社会党）　法政大学名誉教授　評論家　[専]憲法　政治学　民族学　[生]明治45年2月4日　[出]東京　[学]東京帝国大学法学部政治学科（昭和9年）卒　法学博士（昭和35年）　[歴]東京帝国大学助手、台北帝国大学助教授、教授を経て、戦後、法政大学教授となり30代で法学部長、昭和43年総長。学園紛争の際、自ら会見に臨むなど大学の自治を守るため尽力。平和憲法擁護にも熱心。58年参院に初当選。「現代用語の基礎知識」創刊以来書き続ける、ただ一人の執筆者。著書は「知識階級の政治的立場」「柳田国男の思想」「わが学芸の先人たち」など多数。　[団]日本政治学会，公法学会　[趣]洋画　[家]弟＝中村隆臣（広島大工学部教授）

中村 梅吉　なかむら・うめきち
元・衆院議長　元・法相　[生]明治34年3月19日　[没]昭和59年8月4日　[出]東京都練馬区南町　[学]法政大法科（大正11年）卒　[資]弁護士　[賞]勲一等旭日大綬章（昭和46年），勲一等旭日桐花大綬章（昭和58年）　[歴]三木武吉法律事務所で働いたのが機縁で政界に入り、東京府議を経て昭和11年、衆院議員に初当選。以後当選12回。保守合同後の31年、石橋内閣に法相として初入閣したあと、岸、池田、佐藤、田中各内閣で法相、建設相、文相などを歴任した。47年12月、田中内閣で第57代衆院議長に就任したが、48年5月、船田前議長の叙勲祝賀会の席上、国会の混乱収拾のいきさつにふれて「野党をごまかしておいた」と口をすべらし、半年足らずで辞任。50年引退。　[家]長男＝中村靖（衆院議員）

中村 嘉寿　なかむら・かじゅ
衆院議員（民主自由党）　[生]明治13年11月　[没]昭和40年12月30日　[出]鹿児島県　[学]ニューヨーク大学卒　[歴]紐育日米週報社員となり、ポーツマス平和会議に参列、ニューヨークに法律事務所を開く。雑誌「海外之日本」を創刊し社長となった他、東洋文化学会代表、海外貿易振興会代表、法政大学教授を務める。大正13年から衆院議員に当選6回。民主党会計監督、衆院図書館運営委員長を歴任し、第16回万国議院商事会議に参列する。著書に「伊藤公」、訳書に「単純生活」など。

中村 喜四郎（1代目）　なかむら・きしろう
参院議員（自民党）　[生]明治43年11月15日　[没]昭和46年12月21日　[出]茨城県　[学]東京文理科大学卒　[歴]北京工大教授、北京大使館等に勤務する。帰国後は、昭和22年茨城県立境高校教諭から、茨城県議に5期連続当選した。40年参院議員初当選。以来2期務める。党県連幹事長、同政調会長、研究学園都市特別委員長等を歴任。また、法務・決算・文教各委員会理事、文教委員長、党首都圏整備副委員長、首都圏整備審議会委員、政調学園

都市小委員長を務めた。剣道8段範士で茨城県学校剣道連盟会長も務めた。 [家]妻＝中村登美（参院議員），二男＝中村喜四郎（2代目）（衆院議員）

中村 喜四郎（2代目）　なかむら・きしろう
元・衆院議員（無所属）　元・建設相 [生]昭和24年4月10日 [出]茨城県猿島郡境町 [学]日本大学法学部（昭和47年）卒 [歴]故田中角栄の秘書に加わる。昭和47年父の一周忌に"喜四郎"の名前を継ぐ。51年茨城3区から無所属で立候補し、全国最年少の27歳で当選。すぐに自民党入りし田中派に所属。以来衆院議員に9選。建設、防衛政務次官を経て、党国対副委員長、平成元年"戦後生まれの初の大臣"として宇野内閣の科学技術庁長官、4年宮沢改造内閣の建設相に就任。竹下派を経て、小渕派。6年3月大手総合建設会社・鹿島からの斡旋収賄容疑で逮捕。その際、国会議員に対する逮捕許諾請求が27年ぶりに出された。同年4月完全黙秘のまま起訴される。7月の初公判では政治献金として現金授受を認めたうえで無罪を主張。8年賄賂とされた1000万円を含めて約5000万円の申告漏れが国税局に指摘され、追徴課税を受ける。9年10月東京地裁より懲役1年6ケ月、追徴金1000万円の実刑判決を言い渡される。13年5月東京高裁は控訴を棄却。15年1月最高裁は上告を棄却し実刑が確定。失職し、収監される。 [家]父＝中村喜四郎（1代目）（参院議員），母＝中村登美（参院議員）

中村 喜平　なかむら・きへい
衆院議員（政友会）　長浜生糸取引所理事長　長浜瓦斯社長 [生]文久2年9月（1862年） [没]大正15年8月 [出]近江国阪田郡神照村（滋賀県） [歴]縮緬生糸商を経営。滋賀県の長浜町長、県会議員、同参事会員を務めた。また長浜生糸取引所理事長、長浜瓦斯社長、長浜糸米取引所理事、同相談役、同審査委員など歴任。さらに滋賀県6区から衆院議員当選2回。

中村 啓一　なかむら・けいいち
元・参院議員（自民党　北海道） [専]選挙制度 [生]大正12年8月30日 [没]昭和62年7月7日 [出]富山県 [学]東北大学法学部（昭和21年）卒業 [歴]自治省から北海道庁に招かれ、昭和46年から52年まで副知事。52年北海道地方区から参院議員に初当選。55年北海道開発政務次官をつとめた。58年引退。 [趣]ゴルフ，柔道（4段）

中村 啓次郎　なかむら・けいじろう
衆院議長 [生]慶応3年10月（1867年） [没]昭和12年5月22日 [出]紀伊国和歌山（和歌山県） [学]東京英語学校卒 [歴]明治27～8年の日清戦争に陸軍省雇員で従軍、占領地総督府付。遼東還付ののち、台湾に渡航、台北弁護士会長となった。41年第10回総選挙以来衆院議員当選6回、逓信政務次官、衆院議長を務めた。田中義一内閣当時、不戦条約文中の「イン・ザ・ネームス」（人民の名において）が問題となり、収拾に尽力した。昭和11年立候補を辞退、政界から引退した。

中村 弘海　なかむら・こうかい
元・衆院議員（自民党） [生]大正14年6月21日 [出]長崎県 [学]久留米医科大学本科中退 [賞]紺綬褒章（昭和37年） [歴]長崎県教育委員、佐世保商工会議所副会頭、北松商工会議所会頭等を歴任。44年衆院議員初当選以来5期。49年建設政務次官、51年防衛政務次官、55年衆院科学技術常任委員長となる。自民党国会対策副委員長等ののち、党副幹事長も務めた。著書に「失礼中村弘海」がある。

中村 孝太郎　なかむら・こうたろう
陸相　陸軍大将 [生]明治14年8月28日 [没]昭和22年8月29日 [出]石川県 [学]陸士（明治34年）卒，陸大（明治42年）卒 [歴]明治35年少尉、歩兵第36連隊大隊副官で日露戦争に従軍。第1次大戦に第1師団第5兵站司令部参謀で出征。大正8年中佐、9年スウェーデン公使館付武官。12年陸軍省副官、昭和4年朝鮮軍参謀長、7年支那駐屯軍司令官、同年中将となり

第8師団長、10年教育総監部本部長。12年林銑十郎内閣の陸軍大臣となったが病気のため退任、軍事参議官、13年大将。のち朝鮮軍司令官、東部軍司令官を経て18年予備役。

中村 幸八　なかむら・こうはち
衆院議員（自民党）　⊕明治31年12月　㊙昭和41年11月18日　⊕静岡県　㊡東京帝国大学法学部政治科卒　㊕農商務省に入省、鉱山監督局長、軍需監理部長官などを歴任する。昭和24年から衆院議員に当選6回。外務政務次官、自由党政調会資源部長、自民党科学技術特別委員会委員長、衆院商工委員長などを務める。著書に「発明五十年史」がある。

中村 三之丞　なかむら・さんのじょう
運輸相　衆院議員（改進党）　⊕明治27年9月18日　㊙昭和54年7月8日　⊕京都　㊡早稲田大学政経学部（大正7年）卒　㊕大蔵大臣秘書官を経て、昭和7年立憲民主党から衆院議員当選。太平洋戦争中に翼賛議員となり、敗戦後公職追放。解除後の28年京都から衆院議員に当選、改進党に属した。通算8回当選。32年第1次岸信介内閣の運輸大臣、他に自民党相談役などを務め、38年引退した。

中村 茂　なかむら・しげる
元・衆院議員（社会党）　新都市政策研究会長　⊕大正9年11月9日　⊕長野県上田市　㊡名古屋通信講習所卒　㊞勲二等旭日重光章（平成3年）　㊕昭和13年上田郵便局に入り、全逓労組上田支部長、長野地区本部執行委員書記長を経て、32年社会党入党。全通信越地本委員長を経て、47年以来長野2区から衆院議員に当選6回。平成2年引退。

中村 重光　なかむら・じゅうこう
元・衆院議員（社会党）　⊕明治43年9月24日　㊙平成10年9月5日　⊕長崎県平戸市　㊡高小卒　㊞勲一等瑞宝章（昭和62年）　㊕長崎市議、長崎県議を経て、昭和35年以来衆院議員に9選。科学技術特別委員長などをつとめ、61年6月一時引退。62年4月長崎市長選に立候補したが落選。

中村 純一　なかむら・じゅんいち
元・衆院議員（民主自由党）　元・宇和島市長　⊕明治34年10月28日　㊙昭和60年10月2日　⊕愛媛県宇和島市　㊡東京帝大英法科（大正14年）卒　㊞勲二等瑞宝章（昭和46年）　㊕通信省に入り、関東庁通信局長、本省電務局長など歴任後、昭和20年に退官。24年1月から民主自由党の衆議院議員（愛媛3区）1期、30年5月から宇和島市長1期を務めた。

中村 順造　なかむら・じゅんぞう
参院議員（社会党）　⊕明治43年9月26日　㊙昭和44年2月1日　⊕山口県　㊡小卒　㊕国鉄に就職、中央鉄道教習所卒業。国鉄機関士、運輸省教官等となる。昭和27年国鉄機労中央執行副委員長、全国交通運輸労組協議会副議長等を歴任。32年機労中央執行委員長、同政治連盟議長等。34年参院議員初当選。以降2選。運輸常任委員、検察官適格審査委員、社会党本部統制委員をつとめた。

中村 正三郎　なかむら・しょうざぶろう
衆院議員（自民党　千葉12区）　元・法相　元・環境庁長官　⊕昭和9年7月18日　⊕東京　㊡慶応義塾大学法学部（昭和32年）卒　㊕昭和32年富士製鉄入社。35年父の衆院議員中村庸一郎秘書、桜金属工業、日東交通各社長を経て、54年以来衆院議員に8選。大蔵委員長などを歴任。平成3年宮沢内閣の環境庁長官、10年小渕内閣の法相、11年小渕改造内閣でも留任。同年3月米国人俳優、アーノルド・シュワルツェネッガーの入国関係書類私蔵疑惑などで国会が混乱したとして辞任。三塚派を経て、森派。政界でも有数の資産家。　㊕ヨット，スキューバダイビング，スキー，スノーボード　㊕父＝中村庸一郎（衆院議員）

中村 人生　なかむら・じんせい
元・能登川町(滋賀県)町長　㊓明治44年7月27日　㊞滋賀県　本名=中村甚誠(戸籍上は甚試)　㊫神崎商(昭和4年)卒　㊯菓子問屋・船甚の3代目。若い時家業を捨て大阪に出た。松竹の映画カメラマンとなり、ペンネームを人生と名乗った。満州事変から太平洋戦にかけて出征。戦後郷里能登川町で家業再興を図ったが失敗、日雇い労働をしながら青年団の演劇活動に傾倒。昭和37年能登川町長に初当選した。経歴から"ニコヨン町長"と呼ばれながら、累積赤字解消に奮闘、4年間で赤字を解消した。2回の不信任投票をはねのけ、3期10年にわたって町政を続けた。著書に「ニコヨン町長奮戦記」がある。

中村 是公　なかむら・ぜこう
貴院議員(勅選)　東京市長　鉄道院総裁　満鉄総裁　㊓慶応3年11月(1867年)　㊀昭和2年3月1日　㊞安芸国佐伯郡五日市村(広島県)　㊫東京帝国大学法科(明治26年)卒　㊯大蔵省に入り、明治29年台湾総督府事務官に転じ、38年総務局長。39年満鉄総裁となった後藤新平に起用されその副総裁、40年関東都督府民政長官兼任、41年満鉄総裁となった。大正2年退任、6年勅選貴院議員、鉄道院副総裁、7年総裁を歴任。13年東京市長となり震災復興に尽力した。

中村 高一　なかむら・たかいち
元・衆院副議長　元・衆院議員(社会党)　弁護士　㊓明治30年7月31日　㊀昭和56年7月27日　㊞東京府西多摩郡西秋留村(現・東京都あきるの市)　㊫早稲田大学英法科(大正12年)卒　㊯大正11年弁護士となり労農弁護士として活躍。昭和5年労農党中央執行委員。11年社会大衆党中央執行委員。一方、早くから自由法曹団に参加、8年の"自由法曹団事件"で検挙される。12年東京市議、18年から東京都議をつとめた。戦後、日本社会党結成に参加、総務局長、教宣局長などを歴任し、のち顧問となる。また、12年東京7区から衆院議員に初当選、46年まで当選8回。35年の日米安保条約改定時には衆院副議長をつとめた。著書に「三多摩社会運動史」など。

中村 直　なかむら・ただし
元・岩手県知事　元・衆院議員(自民党)　㊓大正1年11月27日　㊀平成8年8月3日　㊞岩手県紫波郡紫波町　㊫盛岡農学校(昭和5年)卒　㊛勲二等旭日重光章(平成4年)　㊯昭和13年岩手県庁に入る。25年医療局次長、30年総務部次長、35年医療局長、38年総務部長、42年副知事を歴任。49年退任後、岩手銀行専務を経て、51年衆院議員に当選。54年岩手県知事に転じ、3期つとめた。平成3年引退。

中村 太郎　なかむら・たろう
元・参院議員(自民党)　元・労相　㊓大正7年1月2日　㊞山梨県東山梨郡勝沼町　㊫早稲田大学法学部(昭和16年)卒　㊛勲一等瑞宝章(平成4年)　㊯家業の運送業から、昭和34年以来山梨県議4期を経て、49年から参院議員に3選。62年竹下内閣の労相に就任。平成元年参院税制等特別委員長、3年予算委員長。4年引退。竹下派。

中村 禎二　なかむら・ていじ
元・参院議員(自民党)　㊓明治36年2月9日　㊀平成3年6月9日　㊞長崎県西彼杵郡時津町　㊫長崎県立農学校(大正12年)卒　㊛勲二等瑞宝章(昭和52年)　㊯長崎県議5期、県議会議長を経て、昭和46年以来参院議員に2選。この間、49年科学技術政務次官、50年沖縄開発政務次官を歴任。

中村 時雄　なかむら・ときお
元・衆院議員(民社党)　元・松山市長　㊓大正4年6月12日　㊀平成13年3月20日　㊞愛媛県松山市　㊫北京大学農学院(昭和18年)卒　㊛勲二等旭日重光章(平成3年)　㊯松山商業を中退し、ブラジルへ単身で移民。間もなく帰国、中国で現地応召される。農林省食糧対策本部嘱託、農相秘書官を経て、昭和28年から衆院議員(社会、民社)に5回当選。50年から

松山市長を4期務め、行政改革を実施、市財政を立て直した。60年～平成3年全国市長会長を務めた。 [趣]読書, 映画
[家]長男＝中村時広（松山市長）

中村 俊夫　なかむら・としお
元・衆院議員（民主党） 弁護士 [生]明治31年7月 [没]昭和59年7月7日 [出]兵庫県 [学]京都帝大法律科（大正12年）卒 [賞]勲四等瑞宝章（昭和45年） [歴]昭和22年第1回総選挙で民主党から当選（1期）。全日本スキー連盟副会長などを務めた。

中村 利次　なかむら・としつぐ
参院議員（民社党） [生]大正6年3月3日 [没]昭和55年9月1日 [出]長崎県 [学]島原中（旧制）卒 [歴]東京電力労組委員長、電力労連副会長などを歴任し、46年以来参院全国区から当選2回。

中村 寅太　なかむら・とらた
衆院議員（自民党） [生]明治35年8月3日 [没]昭和53年2月14日 [出]福岡県糸島郡 [学]糸島農学校（昭和8年）卒 [歴]農業のかたわら普選運動に参加、昭和13年福岡県産業組合主事、17年農業会主事。戦後農村青年連盟を結成、22年福岡2区から衆院議員に当選、以来10期務めた。24年農民協同党結成に参加、書記長。27年改進党結成に加わり、党副幹事長。農林水産委員長を結て第2次岸信介内閣の法務政務次官。衆院懲罰委員長、石炭対策特別委員長などを務めた。39年第1次佐藤栄作内閣の運輸相、第3次佐藤内閣国家公安委員長、行政管理庁長官兼任。51年引退。

中村 波男　なかむら・なみお
元・参院議員（社会党） [生]明治44年9月28日 [没]平成7年7月12日 [出]岐阜県高富町 [学]富岡村尋常高小（大正15年）卒 [賞]勲二等瑞宝章（昭和56年） [歴]日本農民組合岐阜県連合会書記長代理、富岡村農地委員長、同農業協同組合長等を務める。昭和21年社会党岐阜県支部連合会結成に参加、政策審議会長、書記長、岐阜県連会長等を経て、26年県議となり、43年岐阜地方区から参院議員に当選。通算2期務めた。

中村 英男　なかむら・ひでお
元・衆院議員（社会党） 元・参院議員 [生]明治37年5月25日 [没]昭和63年2月14日 [出]島根県江津市 [学]日本歯科医専卒 [賞]江津市名誉市民（昭和56年） [歴]学卒後、歯科院を開業。昭和初期に農民運動を指導。21年社会党島根県連を結成し、副委員長に就任、のち委員長。島根県議に2回当選。27年から38年まで島根全県区選出で衆議院議員を5期、40年から52年まで島根地方区選出で参議院議員を2期務めた。 [趣]水墨画

中村 不二男　なかむら・ふじお
衆院議員（立憲民政党） [生]明治24年2月 [没]昭和16年5月9日 [出]長崎県 [学]長崎県立長崎中（明治42年）卒 [歴]長崎県議を経て、昭和7年から衆院議員に当選3回。また長崎日日新聞社取締役を務めたほか、長崎女子商業学校を設立した。

中村 正雄　なかむら・まさお
元・衆院議員（民社党） [生]大正3年2月13日 [没]平成14年4月4日 [出]岡山県総社市 [学]関西大学専門部法科（昭和11年）卒 [賞]勲一等旭日大綬章（昭和62年） [歴]国鉄に入り、戦後国鉄労組を結成。昭和22年旧社会党から大阪2区で参院議員に当選、4期。35年民社党結成に参加。党副書記長、副委員長、常任顧問など歴任。51年衆院議員に転じ、5期つとめ、平成2年引退した。

中村 正直　なかむら・まさなお
啓蒙学者 教育者 [生]天保3年5月26日（1832年） [没]明治24年6月7日 [出]江戸・麻布円波谷 本名＝中村敬太郎 号＝中村敬宇, 幼名＝釧太郎, 敬輔, 諱＝正直 文学博士（東京帝大）（明治21年） [賞]勲三等（明治24年） [歴]幼少から漢学を学び、嘉永元年昌平坂学問所で儒学を修めた。安政2年学問所教授方、4年勤番として甲府徽典館教頭、同年儒者勤向見習、文久2年儒官。慶応2年俊秀少年12人の英国留学監督としてロンドン滞在、明治元年帰国、将軍徳川家達の知事移封に従い静岡学問所教授。5年大蔵省翻訳御用、6年小石川に私塾同人社を

設立、さらに福沢諭吉らと明六社を設立、「明六雑誌」を発行。8年東京女子師範学校摂理嘱託、9年盲人教育のため盲訓院を設立、10年東京帝大文学部教授嘱託、14年同教授、19年元老院議官、23年女子高等師範学校長兼任、同年貴族院議員。その間小石川区議、東京市議を務めた。著書に「敬宇文集」「敬宇詩集」、自伝代わりの「自叙千文字」、翻訳に「西国立志編」「自由之理」「西洋品行論」など。

中村 又一　なかむら・またいち

衆院議員（改進党）弁護士　⊕明治23年10月　⊗昭和46年2月22日　⊕佐賀県　⊘明治大学法律科卒　⊕東京市議、東京市参事会員を務め、昭和11年衆院議員に初当選し、戦後の昭和21年から連続3回当選。第1次吉田内閣司法参与官、裁判官訴追委員会委員長、日本進歩党副幹事長、民主党総務、民主党顧問、国民民主党顧問、改進党顧問を歴任する。また弁護士、弁理士を営み、日本弁護士会理事、明治大学評議員、三菱化成工業顧問、麻布教育会長なども務めた。

中村 元雄　なかむら・もとお

貴院議員（勅選）　大蔵省主税局長　⊕天保10年（1839年）　⊗明治36年1月4日　⊕豊後国日田（大分県）　⊛正三位勲二等　⊕広瀬淡窓に学び、明治維新後日田県属、大分県権典司。その後大蔵省に勤め租税大属、大書記官、1等税官、主税局長を経て、群馬県知事となった。辞任後錦鶏間祇候を許され明治29年勅選貴院議員、30年内務次官兼臨時検疫局長官。

中村 靖　なかむら・やすし

元・衆院議員（自民党）　⊕昭和7年2月27日　⊕東京都豊島区　⊘早稲田大学法学部（昭和31年）卒　⊛勲二等旭日重光章（平成14年）　⊕父の秘書を経て、昭和51年衆院議員に当選。当選5回。旧渡辺派。文教委員長などを歴任。平成2年、5年、8年落選。著書に「近代道路技術」など。　⊛父＝中村梅吉（衆院議長）

中村 弥六　なかむら・やろく

衆院議員（中央倶楽部）　⊕安政1年12月（1855年）　⊗昭和4年7月7日　⊕長野県　⊘大学南校卒　林学博士　⊕ドイツに留学。独逸語学校教員、大阪師範学校教師兼監事、大蔵省御用掛、農商務省権少書記官、東京山林学校教授、東京農林学校教授、林務官、農商務技師、司法次官を歴任。明治23年長野郡部より衆院議員に当選。8期。臨時政務調査委員、司法事務に関する法令審査委員長となる。

中村 雄次郎　なかむら・ゆうじろう

枢密顧問官　陸軍中将　男爵　⊕嘉永5年2月（1852年）　⊗昭和3年10月10日　⊕伊勢国一志郡久居村　⊛維新後、軍事研究のためフランスに留学。明治7年帰国し参謀本部に勤務。また陸軍士官学校及び陸軍大学校の創設に関与した。30年陸軍士官学校長に任ぜられる。31年第3次伊藤内閣の陸相桂太郎に認められて陸軍次官となり、35年陸軍中将。退役後、八幡製鉄所長官に就任し、貴院議員に勅選され、40年男爵を賜わる。大正3年満鉄総裁、6年関東都督となる。9年宮内相となったが10年免職。11年枢密顧問官となった。

中村 雪樹　なかむら・ゆきき

萩町長　⊕天保2年1月16日（1831年）　⊗明治23年9月23日　⊕長門国萩平安古（山口県）　幼名＝誠一, 号＝栗軒, 天海　⊛萩藩医の二男として生まれる。嘉永3年明倫館に入り、6年八組士中村保和跡の家督を継承。吉田松陰に兵学を、吉松淳蔵に漢学を、近藤芳樹に国学を学ぶ。安政2年江戸に出て、安井息軒塾、羽倉簡堂塾に入り、3年水戸の会沢正志斎に学び、5年萩明倫館に戻った。6年御蔵元順番検使となり、文久2年差別方検使、3年右筆添役、吉田代官、元治元年政務座役、慶応元年干城隊頭取、3年石州出張中御蔵元役、御撫育方頭人などを務めた。維新後は、明治元年御用所役、参政、2年山口藩権大参事、4年山代部大属、5年山口県典事、山口県大

属を経て、7年退任。のち萩の巴城学舎校長、萩中学校長、山口県御用掛、阿武郡明倫小学校長などを歴任、22年には初代萩町長となった。23年上京し毛利家の編輯副総裁を務めた。

中村 庸一郎　なかむら・よういちろう
元・衆院議員(自民党)　桜護謨会長　㊗明治29年5月20日　㊣昭和58年11月13日　㊥千葉県安房郡三芳村　㊫専修大学専門部(昭和9年)卒　㊮紺綬褒章(昭和15年), 勲二等旭日重光章　㊭昭和17年から47年12月まで、戦後の公職追放時期を除き、8期衆院議員を務めた。この間21年日本エボナイト社長、成城学園理事長等を歴任。　㊯三男＝中村正三郎(衆院議員), 孫＝山口壮(衆院議員)

仲谷 義明　なかや・よしあき
元・愛知県知事　愛知医科大学理事長　ナゴヤ球場社長　㊗大正14年10月27日　㊣昭和63年11月18日　㊥愛知県　㊫東京帝大法学部政治学科(昭和23年)卒　㊭昭和23年に自治省に入省。35年桑原知事(当時)に請われて愛知県庁に。教育長、副知事を歴任し、50年2月知事に当選。2期つとめる。56年五輪誘致に失敗し、58年2月退任。同年ナゴヤ球場社長、60年愛知医科大学理事長となる。

中山 栄一　なかやま・えいいち
衆院議員(自民党)　㊗明治28年10月　㊣昭和51年8月21日　㊥茨城県　㊫早稲田大学商学部卒　㊮勲二等瑞宝章　㊭茨城県議を経て、昭和21年衆院議員に初当選、通算6期務める。北海道開発政務次官、行政管理政務次官、衆院災害対策特別委員長となり、農業視察のためヨーロッパに派遣され、議会制度調査のためアメリカ・南米などを視察している。党内では組織副委員長、代議士会副会長などを歴任した。

永山 武四郎　ながやま・たけしろう
陸軍中将　男爵　㊗天保8年(1837年)　㊣明治37年5月27日　㊥薩摩国(鹿児島県)　㊭明治4年陸軍大尉となり、5年開拓使八等出仕となって北海道に赴く。以後、18年屯田兵本部長、21～24年北海道長官を兼務するなど、北海道の開拓に尽力。その功績により特に男爵を授けられる。29年第7師団が置かれると同時に初代師団長に推され陸軍中将に昇進、33年休職となり、同年貴族院議員に勅選された。　㊯長男＝永山武敏(陸軍大佐), 四女＝阿部みどり女(俳人), 孫＝永山武臣(松竹会長)

永山 忠則　ながやま・ただのり
元・衆院議員(自民党)　元・自治相　㊗明治30年10月14日　㊣昭和59年6月13日　㊥広島県庄原市　㊫中央大学(大正13年)卒　㊮勲一等旭日大綬章(昭和44年)　㊭広島県議などを経て、昭和11年2月衆院議員初当選。51年12月引退まで当選11回。この間、自治相兼国家公安委員長、防衛政務次官などを歴任した。

中山 たま　なかやま・たま
衆院議員(民主党)　医師　㊗明治22年6月　㊣昭和46年10月5日　㊥兵庫県　㊫東京日本医学校(明治43年)卒　㊭医師を開業。日本海員掖済会明石保養院顧問、兵庫県立第一神戸高等女学校、諏訪山高等女学校、北神商業学校などで校医。昭和21年婦人参政権が認められた最初の衆院選挙に兵庫1区、無所属で当選、のち日本民主党に所属した。

中山 太郎　なかやま・たろう
衆院議員(自民党　大阪18区)　元・外相　㊗大正13年8月27日　㊥大阪府　㊫大阪高等医専(現・大阪医科大学)(昭和27年)卒　医学博士(昭和35年)　㊮スウェーデン北極星勲章コマンデール大十字V章(平成6年), 勲一等旭日大綬章(平成9年)　㊭元小児科医。おしどり議員といわれた福蔵、マサ夫妻の長男。昭和30年より大阪府議に4選、43年より参院に3選。46年労働政務次官、54年参院議運委員長、55年鈴木内閣総理府総務長官、

沖縄開発庁長官、58年自民党参院幹事長。合理的精神のアイデアマンといわれ、総務長官時代には日本学術会議の改革に着手、59年には超党派の集まり“参議院を考える会”の座長として、参院改革の提言をまとめた。61年辞職して、衆院議員に転じる。平成元年海部内閣の外相に就任。また科学通でも知られ、脳死・生命倫理・臓器移植問題調査会長を務める。9年臓器移植法の成立にかかわる。10年三塚派を離脱。12年1月憲法調査会会長。5期目。著書に「一億総背番号」「おまささん」など。
㊕ゴルフ, 絵画, 園芸　㊫父＝中山福蔵（参院議員）, 母＝中山マサ（衆院議員・厚生大臣）, 弟＝中山正暉（衆院議員）

中山 千夏　なかやま・ちなつ
元・参院議員（無党派市民連合）　作家　タレント　㊌昭和23年7月13日　㊘熊本県山鹿市　本名＝前田千夏　㊫麹町女子学園高等部卒　㊙日本文芸大賞（特別賞, 第1回）（昭和56年）, 月間最優秀外国フィクション賞（イギリス）（平成2年）
㊞11歳で菊田一夫に見いだされ、東京・芸術座で「がめつい奴」「がしんたれ」に出演し、天才子役といわれた。以後、女優、歌手、テレビタレント、司会者として活躍。小説でも注目され、「子役の時間」「羽音」などで第81回から連続3回直木賞候補に。昭和46年ジャズ・ピアニスト佐藤允彦と結婚したが、53年離婚。52年市民の政治参加を旗印として発足した革新自由連合に参加、代表となる（58年解散）。55年参院選に出馬し全国区第5位で当選。58年の参院比例区では無党派市民連合を結成し戦ったが当選者ゼロの完敗に終わる。61年参院東京地方区に出馬して落選。月刊誌「地球通信」編集長。他の著書に「国会積木くずし」「からだノート」「中国ノート」「ドント式がやってきた」「偏見自在」「ヒットラーでも死刑にしないの?」や訳書「古事記伝」など。　㊐死刑をなくす女の会（代表）

中山 利生　なかやま・としお
衆院議員（自民党　比例・北関東）　元・防衛庁長官　㊌大正14年3月16日　㊘茨城県　㊫日本大学法文学部卒　㊙勲一等旭日大綬章（平成10年）　㊞茨城県青年会議所副議長を経て、昭和44年から衆院議員9期。50年法務政務次官、51年自治政務次官、56年衆院地方行政常任委員長、のち公選法特別委員長を歴任。平成4年宮沢改造内閣の防衛庁長官に就任。12年比例区北関東ブロックから当選。竹下派、旧小渕派を経て、橋本派。
㊕囲碁（2段）, ゴルフ

中山 寿彦　なかやま・としひこ
参院議員（自民党）　医師　㊌明治13年12月　㊢昭和32年11月26日　㊘兵庫県　㊫東京帝大医科大学（明治41年）卒　㊞大正9年東京府豊多摩病院長、昭和13年東京府医師会長、17年府立下谷病院長、18年日本医師会副会長、勅選貴院議員、21年日本医師会長など歴任。22年以来参院議員全国区に当選2回。自由党に属し、27年第3次吉田茂内閣の国務相。29年自由党総務、次いで顧問。また国立公衆衛生院顧問、社会保障制度審議会副会長などを兼務した。

中山 福蔵　なかやま・ふくぞう
衆院議員　参院議員（自民党）　㊌明治20年6月　㊢昭和53年10月13日　㊘熊本県　㊫東京帝国大学法科卒　㊮弁護士
㊞昭和7年衆院議員に初当選し、以降3選。参院には、第1期の補欠選挙と第3期に当選している。民政党総務、自由党大阪支部長、参院法務・建設各委員長、裁判官弾劾裁判所裁判長等歴任。その他に、全日本薬業（連）会頭、（財）日本警察犬協会副会長、（社）日タイ協会・日本国連協力会各理事等をつとめた。
㊫妻＝中山マサ（厚生大臣）, 長男＝中山太郎（衆院議員）, 五男＝中山正暉（衆院議員）

中山 平八郎　なかやま・へいはちろう
衆院議員(憲政本党)　⊕弘化2年11月(1845年)　㊣昭和5年10月2日　㊍奈良県　㊞大阪府議、奈良県議、同議長を経て、明治27年奈良1区より衆院議員に当選。4期つとめる。

中山 マサ　なかやま・まさ
厚相　衆院議員(自民党)　⊕明治24年1月11日　㊣昭和51年10月11日　㊍長崎県長崎市　㊎長崎活水高女卒、オハイオ・ウエスリアン大学(米国)(大正5年)卒　㊞渡米してオハイオ・ウエスリアン大学を卒業、名誉法学博士号を受け帰国、長崎市の活水女子英語専門学校、長崎市立高等女学校教師を勤めた。昭和22年大阪2区から衆院選に当選、44年の引退まで8回当選。この間、衆院海外同胞引揚特別委員長、自由党婦人部長、自民党婦人局長、代議士会副会長を経て、28年第5次吉田内閣の厚生政務次官。35年7月第1次池田内閣の厚相に就任、初の女性大臣として脚光を浴びた。在任わずか5ケ月だったが、母子家庭への児童扶養手当支給を実現した。44年引退。㊣夫=中山福蔵(参院議員)、長男=中山太郎(衆院議員)、五男=中山正暉(衆院議員)

中山 正暉　なかやま・まさあき
衆院議員(自民党　大阪4区)　元・建設相　元・国土庁長官　⊕昭和7年6月14日　㊍大阪府大阪市西区西長堀　号=中山衆星　㊎中央大学法学部(昭和30年)卒　㊎勲一等旭日大綬章(平成14年)　㊞大学卒業と同時に衆院議員をしていた母・マサの秘書に。昭和38年から大阪市議を2期つとめ、44年以来衆院議員当選11回。49年労働政務次官、51年厚生政務次官、自民党国対副委員長、56年衆院外務常任委員長、58年衆院公選法改正調査特別委員長、62年竹下内閣の郵政相を歴任。平成7年11月辞任した江藤隆美総務庁長官の後任となる。11年10月小渕第2次改造内閣の建設相、国土庁長官に就任。12年4月森連立内閣でも留任。渡辺派を経て、村上・亀井派、同年7月江藤・亀井派。㊙写真、8ミリ映画、俳句、居合道(3段)　㊣父=中山福蔵(参院議員)、母=中山マサ(衆院議員・厚生大臣)、兄=中山太郎(衆院議員)

永山 盛輝　ながやま・もりてる
元老院議官　貴院議員　⊕文政9年8月5日(1826年)　㊣明治35年1月17日　㊍薩摩国鹿児島(鹿児島県)　㊞明治元年征東軍に薩摩藩兵の監軍として従軍し功をたてた。2年御東幸中用度司判事となり、ついで大蔵省の用度権大佑、民部省監督権大佑となった。さらに3年伊那県少参事、4年筑摩県新参事、6年筑摩県権令として学制の地方定着に尽力。同年から7年にかけて県下の230余校を巡察、各町村民に教育の功利的側面を説き、当時としては驚異的な就学率73%をあげ「教育権令」とよばれた。8年新潟県令、18年元老院議官を経て、24年勅選貴院議員となった。33年男爵。著書に「説諭要略」がある。

中山 与志夫　なかやま・よしお
朝日村(新潟県)村長　⊕明治44年12月9日　㊣平成13年1月10日　㊍新潟県　㊎国学院附属高等師範卒　㊎吉川英治文化賞(平6年度)　㊞中学校教師、新潟県議を経て、昭和33年から同県朝日村村長を通算10期務めた。県内6町村に呼びかけて"ニイガタ首長国連邦"をつくり、ふるさと指向の都会人に特産品の発送や観光イベントの企画をし、地域振興を図った。また約150年の伝統を持つ郷土芸能・大須戸能の保存・継承に貢献し、平成6年度吉川英治文化賞を受賞した。全国最高齢の自治体首長だった。

長与 専斎　ながよ・せんさい
貴院議員(勅撰)　内務省衛生局長　元老院議官　蘭方医　医政家　⊕天保9年8月28日(1838年)　㊣明治35年9月8日　㊍肥前国大村(長崎県)　字=乗継、号=松香　㊞大村藩侍医の子として生まれ、安政元年大坂の緒方洪庵の適塾に入門、5年福沢諭吉の後を受けて塾頭となる。文久元年長崎でポンペに、慶応2年ボー

453

ドゥインに師事。4年長崎精得館医師頭取、明治元年長崎府医学校学頭となる。4年上京して文部少丞、文部中教授を兼任。同年、岩倉遣外使節に随行し、ドイツ、オランダで医学教則、医師制度を調査、6年帰国。同年文部省医務局長、翌7年東京医学校校長を兼任、同校を本郷前田邸跡に新築、東京大学医学部と改称し、その副綜理となる。8年内務省医務局長、第七局長を経て、11年初代衛生局長となり、24年まで務めた。種痘法を実施し、輸入薬品を検査する司薬場、牛痘種継所などの設置、コレラなどの伝染病予防規則の布告、上下水を改良するための衛生工事を行うなど、わが国公衆衛生の基礎を築いた。この間日本薬局方編纂委員、中央衛生会会長、大日本私立衛生会会頭、元老院議官、貴院議員、宮中顧問官などを歴任した。著書に自伝「松香私志」「松香遺稿」がある。没後43年功により継嗣子称吉に男爵授爵。 家息子＝長与称吉（医師）、長与又郎（病理学者・東大総長）、岩永裕吉（同盟通信初代社長）、長与善郎（小説家）

仲吉 朝助　なかよし・ちょうじょ
首里市長　沖縄県農商課吏員　沖縄県農工銀行頭取　沖縄研究家　生慶応4年4月6日（1868年）　没大正15年9月3日　出沖縄県那覇市首里　学農科大学（現・東京大学農学部）（明治24年）卒　歴沖縄県農商課吏員、沖縄県農工銀行頭取、首里市長などを務めた。この間、明治36年5年がかりで完成した土地整理事業には、農商課にあってその推進役として重要な役割を果たした。また産業問題に関する多くの論説を発表し、「琉球地租の沿革概要」「琉球産業制度資料」「杣山制度論」「沖縄県糖業論」「沖縄県下糖業と農業経済」などの文献をまとめた。その後歴史研究、詩作に専念した。

仲吉 良光　なかよし・りょうこう
元・首里市長　生明治20年5月23日　没昭和49年3月1日　出沖縄県首里市（現・那覇市）　学早大（明治45年）卒　賞沖縄タイムス自治功労賞（昭和45年）　歴明治45年琉球新報記者となり、2年後退社。大正4年当真嗣らと「沖縄朝日新聞」を創刊、編集長となった。8年東京日日新聞に移り、12年からアメリカで記者活動。昭和15年首里市長に就任した。戦後、米軍収容所に入れられ、米軍司令官に沖縄の日本復帰を請願した。収容所を出て米軍任命によって戦後初の首里市長となった。直ちに祖国復帰運動を始め、危険人物視され、沖縄を追われるように昭和21年上京、沖縄諸島復帰期成会を結成、マッカーサー司令部などへ陳情運動を続けた。48年帰郷したが、復帰への貢献により45年沖縄タイムスの自治功労賞を受けた。著書に「沖縄祖国復帰運動記」など。

半井 清　なからい・きよし
元・横浜市長　生明治21年3月31日　没昭和57年9月3日　出岡山県　学東京帝大独法科卒　歴大正2年内務省に入省、大阪府知事などを経て、昭和16〜21年官選最後の横浜市長を務めた。34年横浜市長に再び当選。38年落選。この間、横浜商工会議所会頭、京浜不動産社長、横浜信用金庫会長を務めた。

名川 侃市　ながわ・かんいち
衆院議員（同交会）　生明治16年6月　没昭和19年8月19日　出広島県　学明治大学法律科（明治36年）卒　歴東京地方裁判所部長判事を務めたのち弁護士となり、第1東京弁護士会会長を務める。第15期補次選挙以来衆院に連続6回当選、犬養内閣司法参与官、斎藤内閣鉄道政務次官、立憲政友会総務を歴任した。

南雲 正朔　なぐも・せいさく
衆院議員（日本進歩党）　生明治36年1月　没昭和29年4月7日　出北海道　学中央大学法学部（昭和3年）卒　歴弁護士を営む。昭和11年以来衆院議員に当選3回。商工省委員、鈴木内閣大東亜参与官を務めた他、中国方面を視察している。

梨木 作次郎　なしき・さくじろう
元・衆院議員(共産党)　弁護士　社会運動家　㊐明治40年9月24日　㊟平成5年4月9日　㊞石川県石川郡蝶屋村(現・美川町)　㊫日本大学専門部法科(昭和3年)卒　㊷苦学して弁護士となり、昭和6年日本赤色救援会(現・日本国民救援会)に加入。解放運動犠牲者救援弁護士団の一員として、3.15事件、4.16事件、石川共産党事件などの治安維持法違反事件の公判闘争に取りくみ、8年日本労農弁護団一斉検挙事件で逮捕され、5年間弁護士資格停止となる。21年日本共産党入党、徳田球一ら獄中共産党員の釈放および迎え入れに奔走。24年共産党より衆院議員に当選(金沢1区)。その後、金沢弁護士会会長、自由法曹団常任幹事など歴任。珠洲市蛸島町の小学生殺人事件、山中事件など数々の冤罪事件を手がけた他、イタイイタイ病訴訟弁護団の副団長もつとめた。また、23年小松製作所労働争議に関連、建造物侵入罪で起訴されたこともある。(名古屋高裁差し戻しで無罪確定)。

灘尾 弘吉　なだお・ひろきち
元・衆院議長(自民党)　元・文相　元・厚相　㊐明治32年12月21日　㊟平成6年1月22日　㊞広島県佐伯郡大柿町　㊫東京帝大法学部法律学科(大正13年)卒　㊸勲一等旭日大綬章(昭和45年)，勲一等旭日桐花大綬章(昭和57年)　㊷大正13年内務省に入り、大分県知事、内務次官などを歴任。昭和27年以来衆院議員に12選。31～32年(石橋内閣・第1次岸内閣)、33年(第2次岸内閣)、38～39年(第2・3次池田内閣)、42～43年(第2次佐藤改造内閣)と4度文相を務め、31年に始まる勤務評定実施、33年の道徳時間特設などの重要文教政策を実施した。36～37年には厚相(第2次池田改造内閣)。54～55年衆院議長。58年引退。

夏堀 源三郎　なつぼり・げんざぶろう
衆院議員(自民党)　八戸商工会議所会頭　㊐明治20年4月　㊟昭和37年7月20日　㊞青森県三戸郡地引村(現・福地村)　㊫八戸中卒　㊷生家は豪農であったが、13歳の時破産し八戸に移住、家再興のため実業家をめざす。六ケ所村でイカ漁を行い、スルメ加工、かつお節工場を経営。昭和4年湊川魚市場組合長に就任。7年に株式会社に組織変更し、組合を母体とした八戸魚市場を創立、社長となった。12年には東北振興水産を創設、遠洋漁業の操業や開拓に情熱を傾ける。ほかに大洋冷凍母船、日南興産などの社長を歴任、八戸商工会議所会頭、青森県水産業会長、東北漁業出漁組合連合会長などを務める。昭和21年以来衆院議員に当選6回、衆院大蔵委員長、日本民主党総務を務めた。

夏目 忠雄　なつめ・ただお
元・参院議員(自民党)　元・長野市長　㊐明治41年9月8日　㊟平成9年9月30日　㊞長野県長野市　㊫東京帝大法学部(昭和7年)卒　㊷昭和9年副参事官として満州吉林省に赴任、14年満州国経済部参事官として帰日。戦後、日本水道社長を経て、30年長野県議(2期)、37年長野市長(3期)を歴任。49年参院議員に長野地方区(当時)から当選。無派閥で通し、56年参院本会議でただ1人予算案に反対投票をする。2期つとめ、61年7月引退。

名取 和作　なとり・わさく
貴院議員(勅選)　富士電機製造社長　㊐明治5年4月28日　㊟昭和34年6月4日　㊞長野県　㊫慶応義塾大学理財科(明治29年)卒，コロンビア大学経済学専攻　㊷明治30年古河鉱業所に入り、32年慶応義塾第1回留学生として米国留学、35年母校教授。41年退職、東京電力に入社。大正6年日本絹布常務。12年富士電機製造を設立、社長となり、昭和6年相談役、のち監査役、取締役。また3年には時事新報社取締役、6年社長、7年退任。21～22年貴院議員。鐘紡取締役、三越常務、信越化工取締役なども務めた。㊮三男＝名取洋之助(写真家)

鍋島 直縄　なべしま・なおただ

貴院議員（子爵）　⊕明治22年5月6日　⊗昭和14年4月29日　⊕佐賀県　東京外国語学校（明治44年）卒　大正3年ドイツ留学、ザクセン国立ターラント林科大学、ミュンヘン大学林学科に学ぶ。帰国後貴族院議員となり、研究会幹事、常務委員を務めた。その間司法大臣秘書官、海軍省参与官を経て、昭和11年広田弘毅内閣の内務政務次官。土木会議議員、中央社会事業委員会委員も歴任。大正13年以降佐賀第百六銀行頭取。
家 父＝鍋島直大（旧佐賀藩主）、息子＝鍋島直紹（参院議員）

鍋島 直紹　なべしま・なおつぐ

元・参院議員（自民党）　元・科学技術庁長官　⊕明治45年5月19日　⊗昭和56年11月16日　⊕佐賀県　九州帝大農学部（昭和11年）卒　昭和11年農林省入り。戦後、佐賀県森林組合長などを経て、26年から2期8年間佐賀県知事を務めた後、34年に佐賀地方区から参院議員に当選、連続当選4回。この間、42年の第2次佐藤内閣で科学技術庁長官を務める一方、参院河本派の代表格として参院議運委員長を5回も歴任した記録保持者。また佐賀藩の支藩、鹿島藩の第15代当主で、戦後、爵位（子爵）返上の第一号となった。陶磁器に造いがが深く「鍋島藩窯の研究」「色鍋島」など著書も多い。

鍋島 直虎　なべしま・なおとら

貴院議員　子爵　⊕安政3年3月5日（1856年）　⊗大正14年10月30日　⊕肥前国佐賀城下（佐賀県）　幼名＝欽八郎　佐賀藩主の家に生まれ、支藩・小城藩主の養子となり、11代目藩主。明治2年版籍奉還とともに小城藩知事となり、4年廃藩置県によって免職された。6年英国に留学後、外務省御用掛を務める。17年子爵に叙せられ、23年貴院議員となった。

鍋島 直彬　なべしま・なおよし

沖縄県初代県令　⊕天保14年12月11日（1843年）　⊗大正4年6月14日　号＝綱堂　嘉永元年家督をつぎ、原忠順を家老に起用して藩政を改革。尊攘論を唱え、宗主鍋島閑叟に協力、明治元年戊辰戦争には北陸道の先鋒をつとめた。2年鹿島藩知事となり、4年廃藩により免じられた。5年アメリカに留学、9年帰国し「米税撮要」を著わす。侍従、法制局出仕、侍補、文学御用掛などを歴任、12年初代沖縄県令となり、国語伝習所、師範学校、中学校、10余の小学校などを新設、また糖業振興に尽力した。14年元老院議官に進み、17年子爵を授けられ、23年以来貴院議員当選3回。生涯を通じて藩校弘文館をはじめ、郷党の育英事業に貢献した。

鍋島 幹　なべしま・みき

貴院議員　栃木県令　男爵　⊕弘化1年9月12日（1844年）　⊗大正2年9月1日　⊕肥前国（佐賀県）　勲一等旭日大綬章　伊藤祐元の三男で、鍋島藤陰の養子となる。明治元年5月仮代官となり、同年6月真岡県知事、4年日光県知事、栃木県令を経て、のち青森、広島各県知事を歴任した。28年男爵を授けられ、翌29年貴院議員を務めた。

鍋山 貞親　なべやま・さだちか

元・日本共産党指導者　世界民主研究所代表理事　社会主義運動家　政治評論家　⊕明治34年9月1日　⊗昭和54年8月18日　⊕大阪府東成郡鯰江村（現・大阪市城東区）　小学校（大正3年）卒　大阪でメリヤス職工などをし、社会主義運動に参加。評議会教育部長をつとめ、大正11年日本共産党入党。昭和2年モスクワのコミンテルンに派遣され、帰国後党中央常任委員に。4年4.16事件で検挙され、8年獄中佐野学と共同転向声明を発表、大量転向のきっかけをつくる。15年皇紀2600年恩赦で出獄。20年北京に移り、そこで敗戦を迎えた。戦後、世界民主研究所を設立し反共理論家として活躍。著書「社会民主主義との闘争」

「左翼労働組合と右翼との闘争」「私は共産党をすてた」「転向十五年」（共著）など。

並木 芳雄　なみき・よしお
衆院議員（自民党）　[生]明治41年4月　[没]昭和50年1月19日　[出]東京　[学]東京帝国大学法律科卒　[歴]ニューヨーク・ナショナル・シティ銀行に入社。マニラ支店で、駐日比島大使館に出向中終戦となり退社。昭和22年以来衆院議員に当選5回、民主党労働部長、改進党外交政策部長、日本民主党政調会外交部長を務めた。

奈良 武次　なら・たけじ
枢密顧問官　侍従武官長　軍人援護会会長　陸軍大将　男爵　[生]慶応4年4月6日（1868年）　[没]昭和37年12月21日　[出]下野国（栃木県）　[学]陸士（第11期）（明治22年）卒, 陸大（明治32年）卒　[歴]主に砲兵畑を歩いて日露戦争にも参加。その前後にドイツに駐在し、帰国後は軍務局砲兵課長、支那駐屯軍司令官、軍務局長などを歴任。大正7年12月第一次大戦後のパリ講和会議に参謀本部付として派遣されたあと、9年7月昭和天皇裕仁の皇太子時代の東宮武官長となる。10年3月から半年間の皇太子の欧州訪問には供奉員を務めたが、11年から昭和8年に予備役となるまでは侍従武官長として側近にあった。その間、大正13年大将に昇進。のち男爵。昭和11年12月国体擁護在郷将校会を結成、組閣問題をめぐって宇垣一成内閣を流産に導いた。12〜21年枢密顧問官、のち軍人援護会会長を務めた。平成10年日記及び回顧録（大正元年〜昭和37年）が公刊される。

楢崎 弥之助　ならざき・やのすけ
元・衆院議員（自由連合）　[生]大正9年4月11日　[出]福岡県福岡市博多区中呉服町　[学]九州帝国大学法文学部法科（昭和20年）卒　[賞]勲一等旭日大綬章（平成5年）　[歴]福岡市博多区にある老舗の呉服商の二男として生まれ、旧制の修猷館中、福岡高、九州大学で学んだ生粋の博多育ち。"部落解放の父"の松本治一郎に師事し、昭和20年日本社会党結党に参加。35年衆院議員に初当選。52年同党左派との路線問題で社会党を離党し、田英夫らと社会民主連合を結党、53年書記長に就任。58年12月の衆院選で落選後、同年9月の福岡市長選にも敗れたが、61年の総選挙で衆院議員に再選。平成6年社民連の解党で無所属となり、同年12月自由連合に参加。11期務め、8年引退。安保・防衛問題や汚職事件追及などで"国会の爆弾男"として知られ、51年の"リクルート事件"では会社側のもみ消し工作を告発した。
[家]息子＝楢崎欣弥（衆院議員）

楢橋 進　ならはし・すすむ
元・衆院議員（自民党）　[生]昭和9年6月3日　[没]平成2年1月11日　[出]福岡県久留米市　[学]慶応義塾大学経済学部卒　[歴]三井物産に入社。父の楢橋渡代議士（元運輸相）秘書を経て、昭和48年補選で衆院議員（自民党・福岡3区）に。4期務め、国土開発九州委副委員長、運輸政務次官、農林政務次官などを歴任。58年落選。　[家]父＝楢橋渡（衆院議員）

楢橋 渡　ならはし・わたる
衆院議員　運輸相　国民民主党最高顧問　弁護士　[生]明治35年3月22日　[没]昭和48年11月17日　[出]福岡県久留米市　[学]中大法学部卒, リヨン大（仏）卒, ソルボンヌ大（仏）卒　[歴]大正12年、20歳の時、独学で弁護士試験に合格、3年後渡仏してリヨン、ソルボンヌ両大学に学ぶ。帰国後、フランス政府を相手どり対外債務の東京市債事件を担当して勝訴、一躍有名となった。昭和14年上海に渡り、ホテル「北京飯店」の経営を手がけて軍政官界に顔を売り込み、17年衆院議員に当選。戦後の20年には幣原内閣の国務相兼書記官長となり、すぐれた語学力と交渉能力を駆使してのGHQ（連合国軍総司令部）高官との派手な社交でしばしば話題となる。その後34年、岸内閣の運輸相となったが、武州鉄道との汚職事件が問われ、48年に東京高

裁で懲役2年、執行猶予4年の刑が確定。その前年の47年に衆院に当選、政界に復帰したが、刑の確定後間もなく死去した。その風貌と弁舌から“怪物“と呼ばれ、「激流に棹さして」の著書がある。　[家]息子＝楢橋進（衆院議員）

奈良原 繁　ならはら・しげる
沖縄県知事　元老院議官　貴院議員（勅選）　地方行政官僚　男爵　[生]天保5年5月23日（1834年）　[没]大正7年8月13日　[出]薩摩国鹿児島城下高麗町（鹿児島県鹿児島市）　幼名＝三次, 前名＝喜八郎, 幸五郎　[歴]薩摩藩士で幕末期誠忠組の一員として国事に奔走し、文久3年薩英戦争で活躍。明治初年鹿児島県官として琉球処分に当り、11年内務省御用掛、12年内務権大書記官、14年農商務大書記官に任命され、ついで静岡県令、工部大書記官となった。17年大日本鉄道会社初代総裁となり、21年元老院議官、23年勅選貴院議員、宮中顧問官を歴任。25年から41年まで沖縄県知事を務め、皇民化・土地整理・港湾施設整備などで共同体社会を解体し、沖縄の本土化を推進した。最後の“琉球王”と呼ばれた。29年功により男爵。

成相 善十　なりあい・ぜんじゅう
元・参院議員（自民党）　[生]大正4年12月4日　[没]平成10年11月10日　[出]島根県出雲市　[学]慶応義塾大学法学部政治学科（昭和16年）卒　[賞]藍綬褒章（昭和51年），勲二等瑞宝章（平成2年）　[歴]島根県議6期、県会議長を経て、昭和52年参院議員に当選。60年参院農水委員長に就任。当選2回。平成元年落選。
[趣]囲碁, 柔道, 剣道

成川 尚義　なりかわ・なおよし
三重県知事　貴院議員　[生]天保12年8月20日（1841年）　[没]明治32年11月27日　[出]上総国山辺郡白幡村（千葉県）　[歴]幕末期に勝海舟に師事、官軍との折衝にあたるなど戦争収拾に尽力する。のちその功績が認められて明治政府に参加、若森県大参事、新川県参事、大蔵省書記官、三重県知事などを歴任。明治30年貴族院議員に選出。

成清 信愛　なりきよ・のぶえ
衆院議員（立憲政友会）　貴院議員（多額納税）　日出町（大分県）町長　[生]明治19年1月　[没]昭和21年10月10日　[出]福岡県小川村（現・瀬高町）　[学]早稲田大学法科（大正1年）中退　[歴]金鉱業、酒造業を営む傍ら、大分県山林会副会長、日出町長などを務め、昭和3年衆院議員に初当選する。また宇佐参宮鉄道、朝陽銀行等の要職にもついた。

成重 光真　なりしげ・みつま
元・衆院議員（社会革新党）　[生]明治31年9月　[没]昭和55年10月4日　[出]福岡県
[学]小倉工業学校機械科（大正7年）卒
[歴]小倉市議、同議長、福岡県議を経て、昭和22年福岡4区より衆院議員に当選。1期務めた。のち九州車輌会長となる。著書に「小倉市会の裏面相」など。

成田 栄信　なりた・しげのぶ
衆院議員（無所属）　[生]明治2年11月
[没]昭和21年1月1日　[出]愛媛県　[学]英吉利法律学校, 水産講習所卒　[歴]生保事業に従事したのち、東京社を創立して週刊雑誌を発行。明治45年愛媛2区から衆院議員に初当選。以来、通算5回つとめる。また日本織物、海南新聞社等の要職にもついた。

成田 知巳　なりた・ともみ
衆院議員　日本社会党委員長　[生]大正1年9月15日　[没]昭和54年3月9日　[出]香川県高松市　[学]東京帝国大学法学部（昭和10年）卒　[歴]昭和10年三井鉱山に入社、21年に三井化学文書課長を退職して戦後初の衆院選に日本社会党から当選し、以後連続12回当選。党内左派に属し、党総務局長、政策審議会長などを経て37年書記長に就任した。42年には「健保国会」での党独走の責任をとって時の佐々木更三委員長とともに辞任したが、翌43年に委員長となる。この間、60年安保（昭和35年）の際は左派の論客として活躍、また党内左右両派の仲裁役と

して挙党体制の確立に努力。さらに委員長になってからも、党体質改善のため、労組依存と議員党的体質、日常活躍の不足、を解消すべきだとする「成田三原則」を打ち出したが、思うにまかせなかった。

成田 直衛　なりた・なおえ
衆院議員(帝国党)　[生]嘉永1年9月(1848年)　[没]大正7年12月29日　[出]秋田県　[歴]藩立学校で漢学、武道を修める。秋田県議、鷹巣村長を経て、明治23年衆院議員に初当選。以後通算4回つとめる。また農業及び牧場を経営し、秋田県農工銀行頭取、秋田県育英会主事をも務めた。

成島 勇　なるしま・いさむ
衆院議員(民主党)　[生]明治24年5月　[没]昭和31年2月11日　[出]千葉県　[学]東北帝国大学農学科(大正4年)卒　[歴]千葉県議などを経て、農林省委員、農商務省委員、日本進歩党民情部長、政務調査会長、総務委員会副会長を務める。この間、昭和12年から衆院議員に当選3回。

成瀬 幡治　なるせ・ばんじ
元・参院議員(社会党)　[生]明治43年12月17日　[没]平成4年12月3日　[出]愛知県　[学]愛知第一師範専攻科(昭和10年)卒　[賞]勲二等旭日重光章(昭和56年)　[歴]愛知県教組初代委員長、学校生活協同組合理事長等を経て、昭和25年愛知地方区から参院議員に当選、以来4期務める。法務委員長、災害特別対策・公害および交通特別委員長を歴任。

南条 徳男　なんじょう・とくお
衆院議員(自民党)　弁護士　[生]明治28年7月7日　[没]昭和49年11月1日　[出]北海道室蘭市　[学]東京帝大法学部(大正9年)卒　[歴]弁護士、北海道議を経て、昭和11年衆院議員に当選。北海道4区から戦前3回、戦後8回、通算11回当選。翼賛議員で戦後追放、解除後の31年石橋湛山内閣、32年第1次岸信介内閣の各建設相、35年第1次池田勇人内閣の農相を歴任。衆院災害対策特別委員長、懲罰委員長、自由党総務、自民党総務会副会長、また大東文化大学理事長、学長も務めた。

難波 清人　なんば・きよと
衆院議員(昭和会)　[生]明治21年8月　[没]昭和15年10月11日　[出]岡山県　[学]明治大学法律科(大正2年)　[歴]中外商業新報経済市場部長、金川中学校理事長となった。第15回補欠選挙で衆院議員初当選。以降3選。

南部 利恭　なんぶ・としゆき
盛岡藩知事　伯爵　[生]安政2年10月9日(1855年)　[没]明治36年10月19日　[出]陸奥国盛岡(岩手県)　[歴]明治元年父利剛が朝敵となった責任を問われて隠居した後を継ぎ、13万石に減俸されて宮城県白石に転封された。のち70万両献金を条件に盛岡に復帰し、盛岡藩知事に就任、2年版籍奉還により盛岡県となり、ここに盛岡藩は消滅した。17年伯爵を授けられた。

南部 甕男　なんぶ・みかお
枢密顧問官　司法官　男爵　[生]弘化2年6月15日(1845年)　[没]大正12年9月19日　[出]土佐国高岡郡大野見郷熊秋村(高知県)　通称=南部静太郎, 号=南陽　[歴]若い頃から国事に奔走し、文久3年京都に赴き、明治維新では官軍に加わって各地を転戦する。明治2年兵部小録となり、4年司法権少判事となり、以後大阪、長崎などの裁判所長となる。14年司法権大書記官。以後司法省民事局長、高等法院予備裁判官、大審院部長、東京控訴院長、大審院長などを歴任。のち、枢密顧問官に任じ、宗秩寮審議官を務める。

南里 琢一　なんり・たくいち
衆院議員(政友本党)　[生]安政6年1月(1859年)　[没]昭和13年4月14日　[出]佐賀県　[歴]佐賀県小城郡会議員、郡参事会員、県議を経て、大正4年から衆院議員に3回選出された。

【 に 】

二位 景暢　にい・かげのぶ
衆院議員(進歩党)　[生]嘉永2年7月(1849年)　[没]大正13年1月13日　[出]佐賀県　[歴]明治23年衆院議員に初当選、以来4期務めた。また祐徳軌道取締役をも務めた。

新妻 イト　にいずま・いと
衆院議員　社会党婦人局長　社会運動家　[生]明治23年8月5日　[没]昭和38年7月15日　[出]神奈川県横浜市弁天通　旧姓=鈴木　別名=新妻伊都子　[学]紅蘭女学校(明治43年)卒　[歴]横浜の富裕な商店に生まれ、店の番頭と結婚したがほどなく離婚。大正5年渡米しサンフランシスコ・ビジネス・カレッジのタイプ科、英文速記科を卒業し、8年に帰国。12年相互職業婦人会を創設し、タイピスト女塾を経営。以後、職業婦人運動家として活躍し、昭和2年関東婦人同盟委員長。10年「家庭新聞」を創刊。戦後は21年社会党公認で衆院議員に当選。47年労働省婦人少年局の初代婦人課長に就任。
[家]夫=新妻莞(評論家)

仁尾 惟茂　にお・これしげ
貴院議員(勅選)　専売局長官　[生]嘉永1年12月28日(1848年)　[没]昭和7年4月11日　[出]高知県幡多郡伊屋村(現・大方町)　[歴]明治初期以来、福岡県収税長、大蔵省主税官、専売局長、煙草専売局長、同長官、初代専売局長官などを歴任した。その間韓国政府財政顧問、また煙草専売制度視察のため欧米、清国などに出張。40年勅選貴院議員となり錦鶏間祗候を許された。

丹尾 頼馬　にお・たのま
衆院議員(立憲政友会)　[生]安政5年9月(1858年)　[没]昭和3年7月8日　[出]福井県　[学]慶応義塾大学　[歴]農業を営むかたわら、戸長、村長、郡議、福井県議、同参事会員を務めた。明治35年衆院議員に初当選。以降4期務めた。後に北陸絹糸社長に就任。

二階堂 進　にかいどう・すすむ
元・衆院議員(自民党)　自民党最高顧問　[生]明治42年10月16日　[没]平成12年2月3日　[出]鹿児島県肝属郡高山村(現・高山町)　[学]南カリフォルニア大学政経科(昭和13年)卒, 南カリフォルニア大学大学院国際関係科(昭和16年)修了　[賞]南カリフォルニア大学名誉教授博士号(昭和61年), 勲一等旭日大綬章(平成2年), 国連平和賞(平成3年)　[歴]中学卒業後渡米。昭和16年帰国し、翌17年翼賛非推薦で総選挙に立候補するが落選。外務省嘱託、海軍司令官ののち戦後、21年衆院議員に当選。労働次官、北海道開発庁長官を経て、佐藤内閣で科学技術庁長官、田中内閣で官房長官、党幹事長を歴任。55年党総務会長、56年鈴木内閣、引き続き第一次中曽根内閣で幹事長、59年4月党副総裁に。外交通で知米派の代表。61年5月南カリフォルニア大学より名誉博士号を贈られた。当選16回。長く木曜クラブ(田中派)会長をつとめ、竹下派独立後も旧田中派を率いていたが、のち無派閥。平成8年引退。
[趣]囲碁, 盆栽

西 英太郎　にし・えいたろう
衆院議員(立憲民政党)　[生]元治1年9月3日(1864年)　[没]昭和5年8月4日　[出]肥前国(佐賀県)　[歴]佐賀藩士の子に生まれる。佐賀県毎日新聞、九州窯業の各社長を務めるなど、早くから実業家として知られた。小城郡議、佐賀県議を長く務めた後、第11回総選挙の補選で衆院議員となり、昭和5年に没するまで当選6回。憲政会総務、立憲民政党顧問を歴任した。

西 毅一　にし・きいち
衆院議員　自由民権運動家　[生]天保14年7月16日(1843年)　[没]明治27年3月28日　[出]備前国(岡山県)　旧姓=霜山　号=薇山　[歴]15歳で大阪に出て篠崎訥堂、後藤松蔭、森田節斎に学び、帰郷後節斎の門人西後村の学僕となり、のち後村

の養子となる。東京に出て田口江村に入門、塾長となった。明治2年清国の事情探索のため上海に渡って英語を学び、帰国後岡山藩外交応接方となる。4年廃藩後は学校督事として洋学の振興、女子教訓所の開設に貢献した。9年参事に任じ判事を兼ね、東京上等裁判所詰となり、のち辞して帰国した。10年清国に再渡航。12年備前・備中・美作の国会開設請願運動を組織、条約改正を主張し、岡山地方自由民権運動を指導、元老院に国会開設建白書を提出した。14年閑谷黌長となり、第1・2回衆院議員に当選。晩年は閑谷黌で教育に専念した。著書に「薇山遺稿」（全2巻）。

西 徳二郎　にし・とくじろう

外相　枢密顧問官　外交官　男爵　[生]弘化4年12月25日（1848年）　[没]明治45年3月13日　[出]薩摩国（鹿児島県）　[学]ペテルブルク大学法政科（明治8年）卒　[歴]明治元年戊辰戦争に黒田清隆に従い北越に従軍。3年大学少舎長、ロシア留学、9年フランス公使館2等書記見習、11年ロシア公使館2等書記官、同年11月～13年3月同代理公使、帰国後14年太政官大書記官、15年宮内大書記官兼務、19年駐露公使。日清戦争で情報収集に殊勲、男爵。30年枢密顧問官、同年第2次松方内閣、つづく第3次伊藤内閣で外相。31年駐清公使となり、32年義和国事件の処理に当たった。34年枢密顧問官再任。ロシアからの帰り、シベリアを横断、その報告書を陸軍省から出版。著書に「中央亜細亜紀事」。　[家]長男＝西竹一（馬術選手・陸軍大佐）

西五辻 文仲　にしいつつじ・あやなか

貴院議員（男爵）　[生]安政6年1月7日（1859年）　[没]昭和10年4月17日　旧姓＝五辻　幼名＝亀麿　[賞]従三位勲四等　[歴]幼時奈良興福寺中大聖院住職となったが、明治元年勅命で還俗、春日神社社司となり、2年家号を西五辻とする。昇殿を許され、4年家禄の内200石を陸海軍に奉還、6年元の家禄を賜り、17年男爵。この間開成学校でドイツ語を学び、6年宮内省に入り、宮中祗候御歌会講頌、青山御所助務を務めた。23年貴院議員、30年再選。

西尾 愛治　にしお・あいじ

元・鳥取県知事　元・日本海外協会理事　[生]明治35年8月1日　[没]平成2年4月30日　[出]鳥取市　[学]鳥取高農（現・鳥取大学）卒，九州帝大法文学部（昭和6年）卒　[賞]勲三等瑞宝章（昭和47年）　[歴]鳥取県庁経済部開拓第一課長を経て、昭和22年初の鳥取県公選知事に当選。27年4月鳥取市街地の3分の1を焼失した鳥取大火の復興に尽くした。2期目の28年、5カ月にわたる南米各国の移住事情視察をめぐり、リコール運動に発展し、任期途中で辞職、3選を目指した知事選で敗れた。

西尾 末広　にしお・すえひろ

民社党初代委員長　衆院議員　[生]明治24年3月28日　[没]昭和56年10月3日　[出]香川県高松市女木島　[学]柴山高小卒　[賞]勲一等旭日大綬章（昭和47年）　[歴]高等小学校卒業後、大阪に出て旋盤工見習から労働運動に投じ、日本労働総同盟副会長などを歴任。昭和3年、初の普通選挙で社会民衆党から衆院議員に初当選し、44年までに当選15回。この間、20年11月社会党の創建に参加し、21年片山哲委員長のもとで書記長を務めたあと片山内閣の官房長官、芦田内閣の副総理を歴任。また35年1月、社会党を脱党した西尾派が河上派の一部も合流して民主社会党（45年からは民社党）を結成すると、その初代委員長に就任した。しかし42年に党主の座を西村栄一に譲り、47年の総選挙には立候補しないまま政界を引退した。

西尾 武喜　にしお・たけよし

元・名古屋市長　名古屋都市センター理事長　愛知県市長会名誉会長　[生]大正14年1月10日　[出]岐阜県中津川市　[学]京都大学工学部（昭和24年）卒　[賞]日本インテリアデザイナー協会特別賞（平元年度），日本建築学会文化賞（平成2年）　[歴]父親は元中津川市長。名古

屋市役所に入り、水道局長など水道畑で32年。昭和56年助役を経て、60年から市長に3選。のち名古屋都市センター理事長を務める。名古屋市長時代の平成元年、同市の市制100周年記念事業として世界デザイン博覧会を開催。8年12月同博覧会の施設や備品を主催者のデザイン博協会から購入したのは、同博覧会の赤字隠しのためで違法な公金支出だとして、名古屋地裁に賠償金の支払いを命じられる。11年12月の二審でも敗訴。

西尾 彦朗　にしお・ひころう
元・中津川市長　[生]明治32年　[没]昭和61年2月5日　[出]岐阜県中津川市　[学]岐阜県師範(大正3年)卒　[歴]恵那郡蛭川小校長、岐阜県教育委員長、中津川市教育長を経て、昭和38年4月から中津川市議を一期務めた。43年5月、中津川市長に当選、二期務めた。　[家]長男＝西尾武喜(名古屋市長)

西尾 正也　にしお・まさや
元・大阪市長　[生]大正15年11月26日　[没]平成10年3月26日　[出]大阪府大阪市　[学]京都大学法学部(昭和25年)卒　[歴]昭和25年大阪市役所に入る。47年民生局長、48年市長室長、52年交通局長、58年助役を歴任。62年11月共産党を除く5党の推薦で市長に当選した。2期つとめ、平成7年引退。8年大阪21世紀協会理事長に就任。

西尾 邑次　にしお・ゆうじ
元・鳥取県知事　[生]大正10年2月19日　[出]鳥取県鳥取市　[学]東京高等農林農学科(昭和17年)卒　[賞]勲二等旭日重光章(平成12年)　[歴]昭和37年鳥取県人事課長、43年県議会事務局長、46年土木部次長、48年企画部長、53年副知事。58年より知事に4選。平成11年引退。

西岡 武夫　にしおか・たけお
参院議員(自由党　比例)　元・文相　[生]昭和11年2月12日　[出]長崎県長崎市　[学]早稲田大学教育学部(昭和33年)卒　[歴]両親が元国会議員の典型的二世議員。大学時代は雄弁部で活躍。長崎新聞取締役を経て、昭和38年27歳で国会議員に当選、以後当選11回。51年自民党を離党し、河野洋平らと共に新自由クラブを結成、幹事長に就任。54年党内の路線対立から新自由クラブを離党し、55年12月自民党に復党。同党の若手議員らと勉強会・新進会を結成。58年総選挙では落選したが、61年復帰。63年竹下改造内閣で文相となり、平成元年宇野内閣でも留任。日の丸・君が代の義務化を推進した。平成2年党総務会長。派閥は離党前が三木派、復党後は宮沢派、のち無派閥。5年12月再び離党し、6年1月改革の会を結成。同年12月新進党結成に参加。8年8月党幹事長に就任。10年1月自由党に参加し、長崎県知事選に立候補。12年衆院選に立候補。13年比例区から参院議員に当選し、国政に復帰した。　[家]父＝西岡竹次郎(長崎県知事)，母＝西岡ハル(衆院議員)，弟＝西岡公夫(長崎県議)

西岡 竹次郎　にしおか・たけじろう
長崎県知事　衆院議員(政友会)　長崎民友新聞社長　新聞人　[生]明治23年5月28日　[没]昭和33年1月14日　[出]長崎県長崎市　旧姓＝手島　[学]早稲田大学法科(大正5年)卒　[歴]在学中、都新聞記者となり、青年急進党を結成、「普選即行、治安警察法撤廃」を主張。大正5年雑誌「青年雄弁」を発行。6年普通選挙期成同盟幹事、8年青年改造連盟を結成、普選運動に尽力。この間検挙投獄7回。10年ロンドン大学留学、帰国後13年衆院議員に当選、中正倶楽部に属したが、選挙法違反で失脚。昭和3年の総選挙で議員に復帰、立憲政友会所属。戦時中は興亜議員同盟に属し、当選6回。一方大正13年「長崎民友新聞」を創刊、戦時統合で「長崎日報」となり、19年同紙会長。戦後「長崎民友新聞」を復刊、

社長。22年公職追放、25年解除、26年長崎県知事に当選、30年再選した。
㊲妻＝西岡ハル(参院議員)、長男＝西岡武夫(参院議員)、息子＝西岡公夫(長崎県議)

西岡 ハル　にしおか・はる
元・参院議員(自民党)　元・長崎民友社長
㊉明治38年12月21日　㊥昭和58年11月30日　㊊長崎県長崎市　㊋高女卒　㊐勲三等宝冠章(昭和52年)　㊕西岡竹次郎元長崎県知事の妻。戦後は公職追放となった竹次郎に代わって、長崎民友新聞の経営に参画。追放解除後、竹次郎は長崎県知事になり、ハルは昭和28年の参院選に全国区から立候補して当選した。33年竹次郎病没後、38年息子・武夫を衆院選に初当選させた。武夫の初登院の日、ハルが付き添った話は、政治家ファミリーのエピソードとして有名。
㊲夫＝西岡竹次郎(長崎県知事)、長男＝西岡武夫(参院議員)、息子＝西岡公夫(長崎県議)

西岡 広吉　にしおか・ひろきち
元・岡山県知事　元・福岡県知事　㊉明治26年9月2日　㊥昭和36年3月22日　㊊山口県　㊋東大独法科(大正13年)卒　㊕内務省勤務を経て、昭和21年官選岡山県知事に就任。続いて官選福岡県知事に就任するが22年退官、公選岡山県知事選挙に出馬して当選。

西方 利馬　にしかた・としま
衆院議員(日本進歩党)　㊉明治16年3月　㊥昭和48年11月8日　㊊山形県　㊋中央大学法律科(大正8年)卒　㊕山形県議、内閣東北局委員、内務省委員等のほか、中山葡萄・山形新聞社各社長を歴任。大正13年衆院議員に初当選、以来6期。立憲政友会総務もつとめた。

西川 貞一　にしかわ・さだいち
元・衆院議員(自由党)　宇部時報社相談役　㊉明治35年2月27日　㊥平成3年9月25日　㊊山口県美祢市　雅号＝日月荘閑人　㊐勲二等瑞宝章(昭和47年)　㊕関門日日新聞編集局長を経て、昭和11年以来衆院議員当選4回。20年大蔵参与官。27年宇部時報社に入社。社長、42年会長を歴任。

西川 甚五郎(13代目)　にしかわ・じんごろう
元・参院議員(自民党)　元・西川産業社長　実業家　㊉明治35年10月　㊥昭和42年5月16日　㊊滋賀県近江八幡市　㊋早稲田大学専門部商科(大正13年)卒　㊕天正年間から続く山形屋、のち東京・日本橋"西川ふとん店"13代目。昭和22年株式会社に改組。西川産業、近江蚊帳製造、滋賀ビル・日本橋西川ビル各社長、滋賀銀行取締役などを務めた。一方22年以来参院選に滋賀地方区から当選4回。参院決算委員長、25年大蔵政務次官、35年第1次池田内閣の北海道開発庁長官、自民党総務などを歴任した。

西久保 弘道　にしくぼ・ひろみち
貴院議員(勅選)　東京市長　警視総監　剣道範士　㊉文久3年5月15日(1863年)　㊥昭和5年7月8日　㊊佐賀県　㊕明治18年司法省法律学校仏法科に学び、21年広島陸軍偕行社仏語教師、のち大学に入り28年卒業。30年文官高等試験合格、愛知県参事官となり、以後石川県警察部長、山梨・静岡・茨城各県書記官、滋賀・愛知各県事務官を経て、福島県知事。次いで北海道庁長官、警視総監など歴任。退官後、勅選貴院議員、大正15年東京市長となった。一方大正7年千葉に弘道館を開き、8年より大日本武徳会副会長、武道専門学校長を務めた。昭和5年範士。

西沢 権一郎　にしざわ・ごんいちろう
元・長野県知事　㊉明治39年12月5日　㊥昭和55年12月31日　㊊長野県　㊋東京高等蚕糸(現・東京農工大学)卒　㊕昭和34年長野県知事に当選。以後6期連続当選。50年から5年間全国知事会副会長を歴任。55年4月脳内出血で倒れ、知事を辞任。

西沢 定吉　にしざわ・さだきち
衆院議員(立憲政友会)　[生]明治4年11月　[没]昭和16年9月24日　[出]山形県　[学]専修学校理財科(明治26年)卒　[歴]山形県議、同参事会員、東村山郡議、天童町長、県農会特別議員のほか、天童製粉社長、山形製紙・荘内電気各取締役を歴任。明治41年衆院議員に初当選。以降4選。第24回列国議会同盟会議(パリ)に参列した。

西田 郁平　にしだ・いくへい
衆院議員(翼賛議員同盟)　[生]明治15年2月　[没]昭和31年8月11日　[出]和歌山県　[学]東京帝国大学仏法科(明治43年)卒　[歴]海軍主計中尉の後、弁護士となる。和歌山市議、同議長、和歌山商工会議所顧問を務め、昭和5年から衆院議員に3期選出された。

西田 信一　にしだ・しんいち
元・参院議員(自民党)　元・北海道開発庁長官　元・科学技術庁長官　元・苫小牧埠頭社長　[生]明治35年10月15日　[没]平成15年4月10日　[出]北海道岩見沢市　[学]札幌工(大正13年)卒　[賞]勲一等瑞宝章(昭和47年)　[歴]昭和22年北海道議、31年以来自民党より参院議員当選3回。この間、第3次佐藤内閣北海道開発庁長官兼科学技術庁長官、原子力委員会委員長、札幌オリンピック担当相など歴任。一方、35年苫小牧埠頭を設立、アイデアと積極経営で地元のトップ企業に育て上げた。平成2年退任。　[趣]スケート, ゴルフ　[家]息子＝西田理(苫小牧埠頭社長)

西田 隆男　にしだ・たかお
参院議員(自民党)　元・労相　[生]明治34年10月12日　[没]昭和42年9月21日　[出]福岡県　[学]早稲田大学専門部法律科(大正13年)卒　[歴]炭抗夫から身を起こし、筑前炭鉱、第2筑前炭鉱経営者となった。昭和22年福岡県から衆院選に当選、その後参院議員に2回当選。同一選挙区の麻生太賀吉と対立、芦田均に接近、日本民主党所属。22年片山哲内閣の炭鉱国家管理案に西田案を作り社党と対立。芦田失脚後、鳩山一郎新党運動で鳩山自由党に巨額の資金を提供。29年第1次鳩山内閣で国務相、30年第2次鳩山内閣労相となった。また日本石炭鉱業会、九州石炭鉱業会各理事、日本石炭鉱業連盟常任理事なども務めた。

西田 天香　にしだ・てんこう
参院議員(緑風会)　一燈園創始者　宗教家　[生]明治5年2月10日　[没]昭和43年2月29日　[出]滋賀県長浜市　本名＝西田市太郎　[歴]滋賀県長浜の紙問屋に生まれる。明治24年北海道に渡り、開拓事業の監督となるが、小作農と資本主との紛争に苦悩を深め、3年余で辞職。懐疑と求道の放浪生活を送る。トルストイの「我が宗教」に啓発され、人生の理想は“無心”と悟る。明治38年京都に“一燈園”を設立、托鉢、奉仕、懺悔の生活に入った。大正10年その教話集「懺悔の生活」がベストセラーとなる。その後、中国や北アメリカにも進出、すわらじ劇団を設立した。戦後は22年参院議員となり、緑風会結成に参加。「西田天香選集」(全5巻)がある。

西田 八郎　にしだ・はちろう
元・衆院議員(民社党)　[生]大正11年2月14日　[出]滋賀県守山市　[学]守山高小卒　[賞]勲二等瑞宝章(平成4年)　[歴]ゼンセン同盟滋賀支部長、組織教宣局長を経て、昭和44年以来衆院議員に5選。61年6月引退。

西田 司　にしだ・まもる
衆院議員(自民党　比例・四国)　元・自治相　[生]昭和3年5月13日　[出]愛媛県喜多郡長浜町　[学]松山農(昭和21年)卒　[賞]勲一等旭日大綬章(平成14年)　[歴]父は県議、祖父は村長。昭和34年長浜町議、37年町会議長、38年町長(3期)を経て、51年衆院議員に当選。8期目。地方行政委員長などを経て、平成2年第2次海部改造内閣の国土庁長官、10年小渕内閣の自治相、国家公安委員長。12年第2次森連立内閣で再び自治相、国家公安委員長に就任。竹下派、旧小渕派を経て、橋本派。

西谷 金蔵 にしたに・きんぞう
衆院議員（政友会）　山陰製糸社長　鳥取県蚕糸業同業組合連合会会長　実業家　⽣安政5年8月（1858年）　⽋昭和8年12月15日　⽣伯耆国倉吉町（鳥取県）　因伯時報社、山陰製糸、倉吉倉庫などの社長をはじめ、因幡銀行、山陽水力電気、皆生温泉土地、四国生糸、帝国蚕糸、倉吉合同運送各株式会社の取締役を務めた。また横浜取引所、福岡レール（株）監査役のほか蚕糸業同業組合中央会評議員、鳥取県農会、鳥取県蚕糸業同業組合連合会各会長を兼務。明治27年の第3回以来衆院議員当選8回、鳥取県政友会支部長を務めた。

西中 清 にしなか・きよし
元・衆院議員（公明党）　⽣昭和7年6月3日　⽣大阪府池田市　⽋京都工芸繊維大学工芸学部（昭和31年）卒　聖教新聞記者、公明党京都府本部事務長を経て、昭和44年から衆院議員に7選。衆院交通安全委員長などを歴任。平成5年引退。

西野 元 にしの・げん
枢密院顧問官　十五銀行頭取　⽣明治8年11月29日　⽋昭和25年8月3日　⽣茨城県水戸市　⽋東京帝大法科大学政治科（明治35年）卒　大蔵省に入り、参事官、臨時国債整理局書記官、英国、欧米諸国に出張後、主計局予算課長、大正5年横浜税関長、主計局長を経て、11年大蔵次官、13年退官、勅選貴院議員。14年錦鶏間祗候を受け、十五銀行頭取となった。昭和2年の金融恐慌で休業となった十五銀行の復興に尽力。16年勧業銀行総裁、21年退任、枢密院顧問官となった。著書に「会計制度要論」「予算概論」がある。

西原 亀三 にしはら・かめぞう
実業家　⽣明治6年6月3日　⽋昭和29年8月22日　⽣京都府与謝郡雲原村（現・福知山市）　⽋小卒　家業の製糸業没落、父の死でデッチ奉公、京都、東京と転じ、郷里の先輩神鞭知常の知遇を得てアジア問題に関心。日露戦後、朝鮮に渡り、共益社を創立、綿製品の貿易に従事、寺内正毅朝鮮総督のもとに出入りした。大正5年帰国、のち中国渡航後、寺内内閣の北京政府援助政策に参画、交通銀行借款を取り決め、7年段祺瑞政権に対し1億4500万円の借款（西原借款）を供与した。しかし回収できず国民の非難を浴びた。その後東亜研究会などを設立、田中義一内閣を支持、昭和7年には宇垣一成擁立運動を行った。13年故郷に帰り雲原村村長を務めた。著書に「経済立国策」「夢の70年―西原亀三自伝」などがある。

西宮 弘 にしみや・ひろし
元・衆院議員（社会党）　仙台平和事務所代表　⽣明治39年5月14日　⽣茨城県日立市　⽋東京帝大法学部（昭和7年）卒　苦学して大学を卒業。（財）社会事業協会の研究生、岡山県庁勤務を経て、内務省に入省。昭和18～20年南方地区司令官（ジャワ）。戦後、岡山県、大分県、長野県などに勤め、岩手県出納長、宮城県総務部長を経て、32年宮城県副知事。34年退任し、翌35年から54年まで社会党より衆院議員に6期当選。以後仙台で平和運動、人権擁護運動を続け毎日街頭演説に立つ。　⽇アムネスティ　⽇読書, 水泳, テニス

西村 栄一 にしむら・えいいち
民社党委員長　衆院議員（民社党）　⽣明治37年3月8日　⽋昭和46年4月27日　⽣奈良県北葛城郡香芝町　⽋下谷高小卒　貧しい農家の生まれで、小学校を出ると上海のおじを頼ってフランス高等学院に学ぶ。大阪に帰って保険会社の給仕となり、31歳で大阪支店長。昭和6年全国労農大衆党中央委員。8年堺市議。全国サラリーマン組合を結成したが半年で官憲の解散命令。21年戦後初の総選挙で衆院議員に当選、社会党河上派に属し、23年芦田内閣の経済安定本部政務次官。28年2月の衆院予算委員会で吉田茂首相に質問中、吉田が"無礼じゃないか"と叫んだのに"何が無礼か、答弁できないのか君は"とやり返し、吉

田の“バカヤロウ”が飛び出して、いわゆる“バカヤロー解散”を引き起こす。左右両社の統一に反対、35年の民社党結成で西尾末広と行動を共にした。37年の党大会での初の公選で曽根益と争って書記長、42年西尾の後を受けて2代目党委員長に就任。 [家]息子＝西村真悟（衆院議員）

西村 英一　にしむら・えいいち
元・衆院議員　元・自民党副総裁　元・厚相　[生]明治30年8月28日　[没]昭和62年9月15日　[出]大分県東国東郡　[学]東北帝国大学工学部電気工学科（大正13年）卒　[賞]勲一等瑞宝章（昭和43年），勲一等旭日大綬章（昭和48年）　[歴]鉄道省に入省し、戦後運輸省鉄道総局電気局長から昭和24年衆院議員に当選。以来、当選11回を重ね、厚相、建設相など4つの閣僚を経験佐藤派・田中派にあって堂々と苦言を呈する“ご意見番”役を果たした。51年の田中元首相逮捕当時、田中派の七日会会長を務めた。54年党副総裁。55年6月の総選挙で落選。鈴木総裁の再選が正式決定されたのを機に副総裁を辞任した。58年9月政界を引退。質素な生活ぶりでも知られる。

西村 茂生　にしむら・しげお
衆院議員（自由党）　[生]明治18年2月　[没]昭和41年7月18日　[出]山口県　[学]農商務省水産講習所養殖科，東京帝国大学理科大学　[歴]岩国町議、山口県議、同副議長を経て昭和3年衆院議員に初当選。以降7期務めた。6年には犬養内閣の海軍参与官、14年には平沼内閣の陸軍政務次官となる。ほかに岩国市長、岩国商工会長、岩国証券会社重役、自由党総務などをも務めた。

西村 実造　にしむら・じつぞう
元・埼玉県知事　[没]昭和25年8月7日　[学]東京帝大英法科（大正8年）卒　[歴]日本郵船、満鉄鉄道総局水運局長などを経て、官選埼玉県知事に就任。昭和22年初の公選知事選挙に出馬して当選するが、24年収賄罪で起訴され辞任。

西村 尚治　にしむら・しょうじ
元・参院議員（自民党）　元・沖縄開発庁長官　[生]明治44年2月1日　[没]平成9年10月15日　[出]鳥取県東伯郡大栄町　[学]東京帝大法学部政治学科（昭和11年）卒　[賞]勲一等瑞宝章（平成1年）　[歴]逓信省に入省。戦後郵政省に移り、昭和35年簡易保険局長、36年郵務局長、37年事務次官、39年退官。40年参院議員に当選し、4期連続当選。51年三木内閣の沖縄開発庁長官に就任。平成元年落選。

西村 章三　にしむら・しょうぞう
元・衆院議員（自由党）　[生]昭和8年12月18日　[出]大阪府大阪市　[学]立命館大学法学部（昭和33年）卒　[歴]西村栄一の秘書を15年務めたあと、大阪府議1期を経て、昭和51年民社党から衆院議員に当選。平成2年落選。8年新進党の比例四国ブロックより返り咲き。10年1月自由党に参加。通算6期務めた。12年引退。

西村 甚右衛門　にしむら・じんうえもん
衆院議員（公同会）　[生]弘化4年1月（1847年）　[没]大正15年10月24日　[出]千葉県　[歴]漢学を修めたのち、千葉県議となり、東京醤油会社、東京乗合馬車会社を創立。明治23年衆院議員に初当選、以降連続4期務めた。

西村 真太郎　にしむら・しんたろう
衆院議員（憲政本党）　[生]安政6年11月（1859年）　[没]大正11年9月13日　[出]兵庫県　[歴]漢学を修めたのち、兵庫県議、播磨鉄道取締役、関西競馬倶楽部監事、社銀行・大阪四ツ橋銀行各頭取、西丹貯蓄銀行取締役等を歴任。明治27年衆院初当選、以来8期務めた。

西村 関一　にしむら・せきかず
元・衆院議員（社会党）　元・参院議員　元・日本基督教団堅田協会牧師　牧師　[生]明治33年6月4日　[出]滋賀県大津市　[学]自由メソヂスト神学校卒　[歴]近江兄弟社の牧師となり、賀川豊彦らの影響を受け社会問題に関心を持った。昭和33年日本社会党から立候補し衆議院議員に当選。その後も3回当選した。42年に

参議院地方区議員に当選、2期務めた。その間、部落差別問題、永源寺ダム紛争解決に尽力、原水協分裂の和解に務めた。またベトナム戦争下の40年ベトナムに平和を求めるキリスト者緊急会議の代表として渡米。日本基督教団堅田教会の牧師を務めながら、アムネスティ・インタナショナルで国際的な人権擁護運動に尽くした。著書に「イスラエル・インド紀行」など。 [家]娘＝西村光世（ハープ奏者）

西村 丹治郎 にしむら・たんじろう
衆院議員（民政党） [生]慶応2年10月（1866年） [没]昭和12年12月20日 [出]備前国吉備郡秦村（岡山県） 旧姓＝板野 [学]東京専門学校（明治23年）卒 [歴]欧州に留学し、政治、経済学を学び帰国。数年間新聞、雑誌に筆を執り、明治35年以来衆院議員当選12回、国民党、のち立憲民政党に属した。昭和6年第2次若槻礼次郎内閣の農林政務次官となり、他に文政審議会、米穀調査会各委員を務めた。列国議会同盟会議に出席し、欧米を視察した。

西村 直己 にしむら・なおみ
元・防衛庁長官 元・衆院議員（自民党） [生]明治38年10月8日 [没]昭和55年7月28日 [出]東京 [学]東京帝大政治学科（昭和4年）卒 [歴]昭和18年静岡県警察部長、21年高知県知事。戦後政界入り。24年静岡1区から衆院議員に初当選、以来連続10期衆院議員。51年の総選挙で引退。防衛庁長官2回、農相を歴任。自民党政調会長をつとめた。

西村 久之 にしむら・ひさゆき
衆院議長（自民党） 西村物産社長 [生]明治26年9月 [没]昭和39年2月4日 [出]長崎県 [学]早稲田大学商科 [歴]南松浦郡岐宿町議、長崎県議を経て、昭和21年衆院議員初当選。以後4選。衆院水産委員長、第三次吉田内閣の経済安定政務次官を務めた。後に福江製氷社長、長崎県鮮魚介藻配給統制組合理事長を歴任した。 [家]娘＝宇宿マサ子（長崎県議）

西村 正則 にしむら・まさのり
衆院議員（政友本党） [生]慶応2年4月（1866年） [没]大正13年4月30日 [出]石川県 [歴]石川県議、同参事会員、帝国農会議員等を経て、大正4年衆院議員に当選。以来4期務めた。後に朝鮮興農・北陸土木各社長をもつとめた。

西村 力弥 にしむら・りきや
元・衆院議員（社会党） [生]明治42年10月22日 [没]昭和60年5月6日 [出]山形市 [学]山形師範（昭和4年）卒 [歴]昭和27年から35年まで山形1区から衆院議員に当選5回。

西村 亮吉 にしむら・りょうきち
貴院議員 大分県令 [生]天保10年12月13日（1840年） [没]大正6年7月2日 [出]土佐国高知城下廿代町（高知県） [歴]土佐高知藩士。幕末期に尊皇攘夷運動に参加、維新後は大分県令、鳥取県知事などを歴任。明治25年貴族院議員。

西銘 順治 にしめ・じゅんじ
元・衆院議員（自民党） 元・沖縄県知事 [生]大正10年11月5日 [没]平成13年11月10日 [出]沖縄県島尻郡知念村久高 [学]東京帝国大学法学部政治学科（昭和23年）卒 [賞]勲二等旭日重光章（平成8年） [歴]外務省に入ったが半年で退官。のち沖縄に帰郷し、沖縄ヘラルド新聞の創設に参加した。沖縄社会大衆党に入党、昭和29年琉球立法院議員に当選、その後、琉球政府に入り、33年経済局長、36年計画局長。37年から那覇市長2期、43年沖縄自由民主党総裁となり、同年琉球政府行政主席公選選挙に出馬したが、復帰運動の指導者・屋良朝苗に敗れた。45年戦後初の沖縄国政参加選挙で衆院議員に当選、3期を歴任。53年沖縄県知事選で革新候補者を破り、戦後初の保守系知事に当選し、3期つとめた。平成5年衆院議員に復帰。通算4期。旧渡辺派。7年脳そく栓のため任期途中で倒れ、8年引退。著書に「沖縄と私」など。 [趣]ゴルフ [家]長男＝西銘順志郎（参院議員），三男＝西銘恒三郎（沖縄県議）

西山 亀七　にしやま・かめしち
参議院議員(自由党)　⽣明治15年5月15日　⽇昭和43年4月26日　出高知県　大正8年西山(名)代表社員となる。その後、高知トヨタ自動車、四国証券、高知県倉庫運送の社長を歴任し、高知県商工会議所顧問を務めるなど四国の実業界に重きをなす。昭和22年参院議員に当選した。

西山 敬次郎　にしやま・けいじろう
元・衆院議員(自民党)　⽣大正11年10月31日　⽇昭和63年1月15日　出兵庫県氷上郡市島町　学東京大学法学部政治学科(昭和24年)卒　歴通産省入省。昭和49年大阪通産局長、51年中小企業庁次長、52年貿易局長を歴任して退官。58年衆院議員に当選したが、61年1期で落選。

西山 志澄　にしやま・しちょう
衆院議員(政友会)　⽣天保13年6月6日(1842年)　⽇明治44年5月23日　出土佐国高知城下(高知県)　別名=植木志澄　歴土佐勤王党の武市半平太に従って尊王を唱えた。明治元年戊辰の役には板垣退助の部下として会津戦争に従軍。10年高知県土佐郡長となったが辞任して板垣、片岡健吉らの自由党創立に尽力。25年以来衆院議員当選2回。その間警視総監を務めた。晩年キリスト教を信仰、聖書を楽しんだ。

二条 厚基　にじょう・あつもと
貴院議員　公爵　⽣明治16年6月14日　⽇昭和2年9月11日　学東京帝大卒　歴学習院高等科を経て、東京帝国大学に学ぶ。大正8年家督を相続。貴族院議員となり、財団法人済生会理事長、日本青年館理事などを歴任。

西脇 晋　にしわき・しん
衆院議員(立憲民政党)　⽣明治15年1月　⽇昭和8年12月19日　出東京　学東京帝国大学独法科(明治40年)卒　歴大蔵省、税務監督官、東京監督局関税部長、税務監督官を歴任。のち弁護士および弁理士として活躍。第15回衆院議員補欠選挙で愛知2区から初当選。以来通算4期。この間、昭和7年斎藤内閣の外務参与官を務めた。

仁田 竹一　にった・たけいち
参院議員(自民党)　⽣明治27年2月　⽇昭和51年6月14日　出広島県　学呉中卒　歴広島県議、大柿町長、広島県教育委員長を経て、参院議員に当選1回。

蜷川 虎三　にながわ・とらぞう
元・京都府知事　京都大学名誉教授　経済学者　専統計学　⽣明治30年2月24日　⽇昭和56年2月27日　出東京・深川入船町　学水産講習所(現・東京水産大)(大正6年)卒, 京都帝大経済学部(大正12年)卒, 京都帝大大学院経済統計学専攻修了　経済学博士(昭和10年)「統計利用における基本問題」　歴生家は材木商。昭和2年京都帝大助教授、3年から2年間ドイツに留学、14年教授となり、20年はじめから1年ほど経済学部長を務めた。23年芦田内閣のとき中小企業庁の初代長官に就任。第2次吉田内閣の25年2月に辞任し、同年4月京都府知事選に社会党公認、共産党や労組を含む全京都民主戦線統一会議(民統)推薦で立候補し初当選、全国初の革新知事となった。2期以降は無所属で当選しており、連続7期28年間京都府知事の座を守り続けた。7選は当時では初の多選記録、また28年間、"反中央、反権力"の姿勢を貫き通した。統計学専攻の経済学博士で、著書に「統計利用における基本問題」「水産経済学」「統計学概論」「中小企業と日本経済」「憲法を暮らしの中に」などのほか、「蜷川虎三回想録」がある。

二宮 武夫　にのみや・たけお
元・衆院議員(社会党)　大分県労働金庫理事長　⽣明治44年12月18日　⽇昭和58年1月20日　出大分県大分郡挾間町　学大分師範卒　歴昭和26年から大分県議3期、35年大分1区から代議士2期。43年から46年まで社会党県本部委員長も務めた。

二宮 治重　にのみや・はるしげ
文相　陸軍中将　⊕明治12年2月17日　⊗昭和20年2月17日　⊕岡山県　⊕陸士(第12期)(明治33年)卒、陸大(明治43年)卒　⊕歩兵第20連隊付となり、日露戦争に従軍。大正7年軍務局課員、8年陸大教官兼参謀本部員、10年参謀本部課長、14年英国大使館付武官。参謀本部第2部長、同総務部長、昭和5年中将、参謀次長。6年宇垣一成内閣をめざす3月事件の首謀者となり、7年第5師団長となったが、皇道派から排撃され、9年中将で予備役。のち鮮満拓殖・満拓公社総裁となり、19年小磯国昭内閣の文相となったが、在職中に病死した。

二宮 文造　にのみや・ぶんぞう
元・参院議員(公明党)　元・公明党副委員長　⊕大正9年1月1日　⊕香川県　⊕東北帝国大学法文学部(昭和19年)中退　⊕昭和19年朝日新聞社入社、政治経済部記者を経て、34年高松市議に転じ、37年参院議員に当選、4期。参院法務委員長などをつとめ、61年7月引退。

仁礼 景範　にれ・かげのり
海相　海軍中将　子爵　⊕天保2年2月24日(1831年)　⊗明治33年11月22日　⊕薩摩国鹿児島郡荒国村(鹿児島県)　通称=平輔、源之丞　⊕安政6年誠忠組に参加、尊攘運動に投じた。文久3年薩英戦争でスイカ売りの決死隊に加わった。慶応3年米国留学、明治4年兵部省に入り、7年海軍大佐。10年西南の役には長崎臨時海軍事務局長官、13年少将、17年軍務局長、子爵。18年伊藤博文に従い清国訪問、同年中将。22年横須賀鎮守府司令長官、24年海大校長、25年第2次伊藤内閣の海相を歴任。26年予備役に編入され枢密顧問官となり、30年議定官。西郷従道、川村純義とともに海軍三元勲といわれた。

丹羽 久章　にわ・きゅうしょう
元・衆院議員(自民党)　⊕大正3年10月31日　⊗昭和60年8月23日　⊕愛知県名古屋市　⊕愛知県議4期をへて昭和42年に愛知1区から衆院に初当選。以来3選。通産、国土両政務次官を務めた。　⊕兄=丹羽兵助(国土庁長官)

丹羽 喬四郎　にわ・きょうしろう
衆院議員(自民党)　運輸相　内務官僚　⊕明治37年3月30日　⊗昭和53年3月30日　⊕東京市南青山　⊕東京帝大経済学部(昭和5年)卒　⊕昭和6年内務省に入り、大阪府警部補、長野県、満州国、埼玉県、厚生省、京都府などの勤務を経て、17年千葉県官房長、警視庁官房主事、情報局情報官を歴任、22年退職。22～25年公職追放。27年茨城3区から衆院議員となり、以来9回当選。34年自治省政務次官、38年衆院建設委員長、46年第3次佐藤栄作内閣の運輸相となった。衆院公職選挙法改正に関する調査特別委員長を6回重任。自民党副幹事長、地方行政部会長、建設部会長などを務めた。　⊕三男=丹羽雄哉(衆院議員)

丹羽 兵助　にわ・ひょうすけ
衆院議員(自民党)　元・労相　⊕明治44年5月15日　⊗平成2年11月2日　⊕愛知県東春井郡守山町(現・名古屋市守山区)　⊕関西学院大学神学部(昭和6年)中退　⊕勲一等旭日大綬章(昭和63年)　⊕父親が急死したため、大学を中退して家業の建築請負業を継ぐ。その後運送業「東春運輸」を設立、社長。昭和15年愛知県守山町議、26年愛知県議などを歴任後、30年以来衆院に12選。郵政、農林政務次官等を経て、49年第2次田中第2回改造内閣国土庁長官、57年中曽根内閣総務長官、63年竹下改造内閣労相に就任。河本派。平成2年10月陸上自衛隊守山駐屯地の記念式典に出席の折暴漢に襲われ、12日後に死去。　⊕旅行、読書　⊕弟=丹羽久章(政治家)

丹羽 雄哉　にわ・ゆうや
衆院議員(自民党　茨城6区)　元・厚相　[生]昭和19年4月20日　[出]茨城県新治郡玉里村　[学]慶応義塾大学法学部(昭和42年)卒　[歴]昭和42年読売新聞政治記者、大平正芳秘書を経て、54年父のあとを継ぎ、衆院議員に当選。8期目。平成4年宮沢改造内閣の厚相。11年10月小渕第2次改造内閣の厚相に就任。12年4月森連立内閣でも留任。宮沢派、加藤派を経て、堀内派。著書に「生きるために—医療が変わる」がある。　[家]父=丹羽喬四郎(運輸相)

【ぬ】

貫井 清憲　ぬくい・きよのり
元・神泉村(埼玉県)村長　元・衆院議員(自由党)　元・武蔵野銀行取締役　[生]明治25年4月28日　[没]昭和59年8月3日　[出]埼玉県　[学]富岡中卒　[歴]埼玉県議を務めたあと、昭和27年10月から衆院議員1期、28年5月から旧阿久原村長、合併後29年10月から57年10月まで神泉村長を7期務めた。　[家]長男=貫井清英(神泉村長)

温水 三郎　ぬくみ・さぶろう
参院議員(自民党)　[生]明治38年10月3日　[没]昭和51年10月22日　[出]宮崎県　[学]法政大学法学部(昭和6年)卒　[歴]昭和23年宮崎県農業会会長、同県農協中央会会長、農林中金理事等を歴任。昭和34年参院議員初当選。以降4選。農林政務次官、農林水産委員長、運輸委員長等を務めた。党政務調査会副会長、宮崎県連会長に就任した。

沼間 守一　ぬま・もりかず
東京府議　嚶鳴社主宰　ジャーナリスト　[生]天保14年12月2日(1843年)　[没]明治23年5月17日　[出]江戸　本名=沼間慎次郎　旧姓=高梨　号=弄花生　[歴]幕府伝習所で洋式兵術を学び、幕臣として戊辰戦争で戦う。維新後、明治5年新政府の租税寮に入り、司法省に転じて欧州に派遣される。一年間の滞欧中民権思想にふれ、帰国後法律講習会を主宰し、のち嚶鳴社と改組。判事、元老院権大書記官を歴任するが、12年辞職。同年東京横浜毎日新聞社長、東京府議。15年東京府会議長。国会開設・自由民権思想の普及に務め、自由党結成に参加したが、嚶鳴社を率いて立憲改進党に参加し、幹部となる。

沼田 宇源太　ぬまた・うげんた
衆院議員(憲政本党)　弁護士　[生]文久1年6月(1861年)　[没]明治44年8月12日　[出]秋田県　名=信訥, 幼名=半助, 号=雪窓　[学]東京法学院(明治24年)卒　[歴]慶応4年(1868年)戊辰戦争により父を失い、祖母である漢詩人・沼田香雪に抱かれて逃げる。のち祖母に養育され、東京法学院卒業後は弁護士として活動。その後、秋田県議、秋田魁新聞社理事などを務める。明治27年衆院議員に初当選。以来4期務めた。　[家]祖母=沼田香雪(漢詩人)

沼田 嘉一郎　ぬまた・かいちろう
衆院議員(立憲政友会)　[生]明治11年8月　[没]昭和12年11月12日　[出]大阪府　[歴]大阪市議、借地借家調停委員などを経て、大正13年から衆院議員に連続3期当選。

沼田 武　ぬまた・たけし
元・千葉県知事　[生]大正11年12月21日　[出]千葉県千葉市　[学]東京大学文学部社会学科(昭和23年)卒　[賞]勲一等瑞宝章(平成14年)　[歴]昭和23年千葉県庁入り。商工、労働、農林、総務部長などを歴任。50年から副知事を2期務め、56年知事に当選。平成13年引退、5期25年務めた。他に千葉県観光公社、千葉中小企業振興公社各会長、千葉都市モノレール社長、千葉テレビ放送相談役などを務める。　[家]兄=沼田真(日本自然保護協会会長)

【ね】

根岸 武香　ねぎし・たけか
貴院議員　国学者　考古学者　[生]天保10年5月15日(1839年)　[没]明治35年12月3日　[出]武蔵国大里郡吉見村冑山(埼玉県)　通称=根岸伴七　[歴]豪農根岸友山の子。平田篤胤に入門、さらに国学を安藤野雁に、漢学を寺門静軒に、剣道を千葉周作に学ぶ。維新の際は父と共に上洛して国事に奔走し、父の禁錮後はその釈放につとめた。明治3年弾正台巡察属に任じ、10年埼玉県八等属、のち埼玉県会議長となり、27年勅選貴院議員。考古学研究家でもあって、遺跡、遺物の研究保存に尽力し、吉見百穴地域の開拓者として有名である。また明道社を組織し、神道国教化を主張した。著書に「日本古印譜」「皇朝泉貨志」などがある。

根津 嘉一郎(1代目)　ねず・かいちろう
衆院議員(憲政会)　貴院議員(勅選)　根津コンツェルン総帥　東武グループ創立者　実業家　美術愛好家　[生]万延1年6月15日(1860年)　[没]昭和15年1月4日　[出]甲斐国聖徳寺村(山梨県)　[歴]20歳の時上京して漢学を学んだ後、郷里山梨に戻り村議、郡議、県議を経て、聖徳寺村村長。近代産業の勃興期、田舎の政治家にあきたらず上京、甲州財閥の先輩若尾逸平の「灯り(電力)と乗りもの(電車)に手を出せ」を胸に産業人に転身。機敏な才覚で東京電燈の株買い占め、東京市街鉄道会社の設立からやがて私鉄会社の設立、買収に力を注ぎ、明治38年東武鉄道の支配権を握って社長に就任。私鉄24社を支配下に収めた。さらに帝国石油、館林製粉、大日本製粉、日清製粉、太平生命保険、昭和火災保険、富国徴兵保険など事業範囲を拡大、根津コンツェルンの名で呼ばれるに至った。一方、明治37年に衆院議員に当選、4期つとめ、大正15年勅選貴院議員。また根津育英会を設立、武蔵高校を創立した。他に古美術愛好家としても知られ、没後、根津美術館が設立されている。　[家]長男=根津嘉一郎(2代目)(東武鉄道取締役相談役), 孫=根津公一(東武百貨店社長), 根津嘉澄(東武鉄道社長)

根本 正　ねもと・ただし
衆院議員(政友会)　日本禁酒同盟顧問　禁酒運動家　[生]嘉永4年10月(1851年)　[没]昭和8年1月5日　[出]常陸国五台村(茨城県那珂町)　[学]バーモント大学(米国)卒　[歴]明治2年上京、人力車の車夫をしながら啓蒙学者・中村正直、米国人宣教師に師事し、キリスト教に入信。10年渡米、小、中学校を経て、バーモント大学で学び23年帰国。板垣退助らの勧めで政界入りし、同年安藤太郎と日本禁酒同盟を組織、顧問となる。同時に自由党入り、のち政友会に属し、31年の第5回以来衆院議員当選11回。この間、義務教育の無償化や未成年者飲酒禁止法成立などの功績を残した。

根本 龍太郎　ねもと・りゅうたろう
元・衆院議員(自民党)　元・建設相　[生]明治40年5月25日　[没]平成2年3月19日　[出]秋田県大曲市　[学]京都帝国大学農学部農林経済学科(昭和7年)卒　[賞]勲一等旭日大綬章(昭和62年)　[歴]満州官吏、建国大学助教授から昭和22年以来衆院に秋田2区から当選13回。26年第3次吉田内閣の農相、29年から第1〜3次鳩山内閣の官房長官、32年第1次岸内閣、45年第3次佐藤内閣の建設相などを歴任した。58年落選。無派閥だがタカ派として知られた。　[趣]書道, 油絵

【の】

野上 元　のがみ・げん
元・参院議員(社会党)　元・全逓委員長　労働運動家　[生]大正4年1月1日　[没]昭和

47年11月19日　[出]大分県　[学]逓信講習所(大連)卒　[歴]満州国郵政総局に勤めた。敗戦後引き揚げ、千葉郵便局に勤務。全逓千葉地区委員長を経て、昭和30年全逓委員長となった。日本社会党から34年以来参院議員に連続3回当選。

野上 徹　のがみ・とおる
元・衆院議員(自民党)　新富観光サービス社長　[生]昭和13年9月11日　[出]東京都渋谷区　[学]東京大学文学部仏文科(昭和36年)卒　[歴]朝日新聞記者、富山県議2期を経て、昭和55年衆院議員に当選、2期。福田派を経て、加藤グループ。61年落選。平成8年無所属で衆院選に出馬するが、落選。新富観光サービス社長、新富自動車会長を務める。　[趣]囲碁, 将棋, 読書, スポーツ

野口 勝一　のぐち・かついち
衆院議員(自由党)　茨城日日新聞社長　[生]嘉永1年10月16日(1848年)　[没]明治38年11月23日　[出]常陸国磯原村(茨城県)　号=珂北, 北厳　[学]茨城師範卒　[歴]自由民権運動から政治の世界に入り、茨城県議・議長を経て、明治25年衆院議員に当選、以来3回当選。茨城新報主筆、茨城日日新聞社長なども務めた。また北厳塾を開き、子弟の教育に当たる一方、維新資料の収集につとめた。書画をよくし、蝦蟇の絵を得意とした。著書に「桜田始末」「印旛沼開疏論」「征露戦史」など。

野口 褧　のぐち・けい
衆院議員(議員倶楽部)　[生]安政5年11月(1858年)　[没]明治38年12月27日　[歴]埼玉県議、所得税調査委員を経て、第1回衆院選補欠選挙で初当選、以来3期務めた。

野口 幸一　のぐち・こういち
元・衆院議員(社会党)　[生]昭和4年8月13日　[没]平成5年10月29日　[出]滋賀県彦根市　[学]東京逓信講習所(昭和25年)卒　[歴]滋賀地評議長を経て、昭和51年以来滋賀全県区から衆院議員に5選。平成2年引退。

野口 忠夫　のぐち・ただお
元・衆院議員(社会党)　[生]明治44年3月25日　[没]平成7年7月28日　[出]福島県三春町　[学]福島県師範学校本科第二部(昭和4年)卒　[歴]昭和28年より福島県教員組合中央執行委員長3期、福島県学校生活協同組合理事長、福島県労働金庫理事、福島県教育委員会社会教育・産業教育各委員、福島県労働組合協議会副議長等を歴任した。33年衆院議員に当選。以来4期務めた。49年には参院議員にも当選。　[趣]スポーツ

野坂 昭如　のさか・あきゆき
元・参院議員　小説家　[生]昭和5年10月10日　[出]神奈川県鎌倉市　[学]早稲田大学文学部仏文科(昭和32年)中退　[賞]日本レコード大賞作詞賞(昭和38年)「オモチャのチャチャチャ」, 直木賞(第58回, 昭42年度)(昭和43年)「火垂るの墓」「アメリカひじき」, 講談社エッセイ賞(第1回)(昭和60年)「我が闘争 こけつまろびつ闇を撃つ」, パチンコ文化賞(第2回)(昭和62年), 吉川英治文学賞(第31回)(平成9年)「同心円」, 泉鏡花文学賞(第30回)(平成14年)「文壇」　[歴]大学在学中、様々なアルバイトをし、コント作家、CMソング作詞家などをする。昭和37年「プレイボーイ入門」を、38年「エロ事師たち」を、42年短編集「とむらい師たち」を刊行。43年戦争・占領体験を描いた「火垂るの墓」「アメリカひじき」で42年度下半期の直木賞を受賞、"焼跡闇市派"を自称し、歌手やタレントとしても知名度が高い。47年「面白半分」編集長として「四畳半襖の下張」裁判で刑事事件の被告となる。49年参院選に立候補、58年に当選するが、田中金権政治にけじめをつけるため議員を辞職、同年12月の衆院選に新潟3区より立候補した。平成元年アニメ化された「火垂るの墓」の印税などをもとに現代日本文学の仏語訳事業への協力基金を設け、運営組織"東西南北縦横斜の会"を設立、世話人になる。12年歌手活動を再開し、アルバム「ザ・平成唱歌集 巻之一」をリリース。13年参院選比例区に

自由連合から立候補。他の作品に「骨餓身峠死人葛」「俺はNOSAKAだ」「死の器」「一九四五・夏・神戸」「赫奕たる逆光私説三島由紀夫」「同心円」「かくて日本人は飢死する」「文壇」、絵本に「ウミガメと少年」、妹尾河童との共著に「少年Hと少年A」、「野坂昭如コレクション」(全3巻, 国書刊行会)などがある。 [団]日本ペンクラブ, 日本文芸家協会 [家]父＝野坂相如(新潟県副知事), 長女＝愛耀子(宝塚歌劇団団員), 兄＝野坂恒如(ジャズ評論家)

野坂 浩賢　のさか・こうけん

元・衆院議員(社民党)　元・建設相　元・内閣官房長官　[生]大正13年9月17日　[出]鳥取県　[学]法政大学専門部卒　[賞]勲一等旭日大綬章(平成8年)　[歴]労働運動に入り、鳥取県総評議長、同事務局長、西部地評議長を歴任。昭和30年から鳥取県議4期。44年から社会党鳥取県本部委員長を2期務めた後、47年衆院議員に当選。平成6年村山内閣の建設相に就任。7年の改造内閣では官房長官となる。通算7期つとめ、8年引退。のち同愛会博愛病院理事長。　[趣]乗馬, 将棋

野坂 参三　のさか・さんぞう

元・日本共産党議長　元・参院議員　元・衆院議員　[生]明治25年3月30日　[没]平成5年11月14日　[出]山口県萩市　旧姓＝小野　変名＝岡野進　[学]慶応義塾大学理財科(大正6年)卒　[賞]ベトナム金星勲章(昭和62年)　[歴]神戸商時代大逆事件に遭遇し影響を受ける。大卒後友愛会書記となり、機関誌「労働及産業」を編集。大正8年渡欧し、9年イギリス共産党入党。帰国後、日本労働総同盟顧問を経て、11年日本共産党の創立に参画。12年第1次共産党弾圧事件で検挙。出獄後、産業労働調査所を設立し所長。昭和3年3.15事件で再び検挙。6年同党中央委員となりコミンテルン日本代表として非合法裏にソ連に渡り、“'32年テーゼ”の作成に携わる。8年同執行委員会幹部会員。10年第7回大会に日本代表として出席、15年までモスクワのコミンテルンで活動した。同年中国で日本人反戦同盟を組織。戦後、21年帰国、衆院議員に当選するが、25年マッカーサーにより公職追放となる。地下活動を経て、30年六全協で第一書記、33年党中央委員会議長。31年から衆・参両院議員を通算25年つとめた。57年議長を宮本顕治に譲って名誉議長となるが、平成4年戦前の同志密告事件が発覚して除名された。著書に「亡命十六年」「野坂参三選集」(全2巻)、自伝「風雪のあゆみ」(全8巻)など。　[家]妻＝野坂龍(日本共産党名誉中央委員)

野坂 龍　のさか・りょう

日本共産党名誉中央委員　[生]明治29年9月28日　[没]昭和46年8月10日　[出]兵庫県神戸市　旧姓＝葛野　[学]東京女子高等師範学校(大正7年)卒　[歴]兵庫県の女子師範学校教員となったが、大正8年野坂参三と結婚。9年夫を追って渡英するが10年国外退去を求められ、その後仏、独などに滞在し11年帰国。総同盟婦人部で活躍し、12年共産党に入党、関東婦人同盟の創立に参加して執行委員となる。昭和3年の3.15事件で検挙されるが、翌4年病気保釈となる。6年、夫と共に非合法でソ連に入り、モスクワ放送などで活躍。22年帰国し、ただちに共産党の活動に参加。衆議院議員選挙では落選したが、党中央委員・婦人部長に就任。25年公職追放されるが、28年日本婦人団体連合会の結成を指導、30年婦人部長となり、のち名誉中央委員に選ばれた。　[家]夫＝野坂参三(衆院議員)

野崎 欣一郎　のざき・きんいちろう

元・滋賀県知事　[生]大正11年1月16日　[没]昭和50年4月1日　[出]滋賀県　[学]東京帝国大学法学部(昭和18年)卒　[歴]昭和34年滋賀県総務部長、40年副知事を経て、41年滋賀県知事選挙に出馬して当選。連続2期つとめた。

野崎 武吉郎　のざき・ぶきちろう
貴院議員　塩業家　[生]嘉永1年8月3日(1848年)　[没]大正14年10月25日　[出]備前国(岡山県)　諱=謇, 幼名=富太郎, 通称=武左衛門, 号=竜山　[歴]元治元年(1864年)祖父が亡くなると、翌年に家督を継ぎ、大庄屋格に任ぜられるとともに家業の製塩業に従事。明治時代に入ると、瀬戸内地方の塩業者によって組織された十州塩業同盟会に関与し、明治20年十州塩田組合本部長となる。また同年野崎家の経営方針を定めた「野崎家家則決議書」を制定、のちには180町歩以上の塩田を抱える大塩業者にまで成長した。23年貴院議員に選ばれ、台湾における塩田開発や塩専売法成立などで活躍し、39年まで在任。一方、私財を投じての慈善事業や教育事業にも当たり、道路の改修や学校建設を援助するなど地域の発展に貢献した。
[家]祖父=野崎武左衛門(塩業家)

野沢 清人　のざわ・きよんど
衆院議員(自民党)　[生]明治40年7月　[没]昭和34年10月18日　[出]栃木県　[学]東京薬学専門学校(昭和5年)卒　[歴]関東化学社長、東京薬科大学理事長、自民党政調会社会部長を務める。昭和27年以来衆院議員に当選3回。訪ソ議員団に参加し中国・ソ連・ヨーロッパを視察する。著書に「ソ連の乳房」がある。

野末 陳平　のずえ・ちんぺい
元・参院議員(無所属)　元・税金党代表　大正大学教授　[生]昭和7年1月2日　[出]山口県宇部市　本名=野末和彦　[学]早稲田大学文学部東洋哲学科(昭和29年)卒　[興]蓄財・税金問題　[賞]勲二等旭日重光章(平成14年)　[歴]ストリップの台本書き、女子プロレスのレフェリー、競輪の予想屋、セールスマンなどを経た後、民放テレビの脚本家として売り出す。のちタレントとしてもデビュー、黒メガネでエロと毒舌を売り物に昭和40年代前半を風靡した。46年参院選に初出馬、次々点で繰り上げ当選。政治資金の問題をつき、二院クラブの尖兵の一人として活躍。51年同クラブ除名となるが52年再選し、新政ク国対委員長・企画広報委員長。58年参院選では“税金党”を旗揚げ、東京地方区にクラ替えし、見事トップ当選を果たす。4期目途中の平成2年解党して自民党に移り、渡辺派に所属、自民党税制調査会副会長に就任。6年離党。同年5月新生党入りしたが、12月の新進党結成には不参加。のち大正大学教授。11年2月東京都知事選に無所属で立候補することを表明するが、3月立候補をとりやめ、舛添要一候補の支援に回る。14年友人で落語家の立川談志に弟子入りし、立川陳志いを名乗る。主著「頭のいい税金の本」はベストセラー。

野田 卯一　のだ・ういち
元・衆院議員(自民党)　元・建設相　[生]明治36年9月10日　[没]平成9年1月29日　[出]岐阜県岐阜市　[学]東京帝大法科(昭和2年)卒　[賞]韓国修交勲章(昭和47年), ラオス王国百万象白色日傘勲章(昭和50年), 勲一等旭日大綬章(昭和61年)　[歴]大蔵省に入り、昭和23年大蔵事務次官、24年専売公社副総裁を経て、25年自由党から参院議員に当選。26年第3次吉田内閣の建設相に就任。28年衆院議員に転じ、以後9選。51年経済企画庁長官をつとめた。　[家]孫=野田聖子(衆院議員)

野田 卯太郎　のだ・うたろう
逓信相　商工相　実業家　[生]嘉永6年11月21日(1853年)　[没]昭和2年2月23日　[出]筑後国三池郡池田村(福岡県)　号=大塊　[歴]自由党に入党。明治18年福岡県議を経て、30年衆院議員に当選、政友会創立に参加。のち幹事長、院内総務、副総裁などを歴任し、大正7年原内閣の逓相、13年第1次加藤高明内閣の商工相などを務める。また三池紡績社長をはじめ、三池土木、三池銀行などの重役を兼任、福岡県財界の第一人者となり、中央新聞社社長、東洋拓殖副総裁を歴任している。俳句は角田竹冷に学び、句集に「大塊句選」がある。

野田 俊作　のだ・しゅんさく
衆院議員(政友会)　参院議員(自民党)　[生]明治21年5月14日　[没]昭和43年7月27日　[出]福岡県　[学]東京帝大経済科(大正2年)卒　[歴]満鉄東京支社庶務課長を経て、大正13年以来衆院議員当選6回、政友会に属した。鉄道参与官、司法政務次官、政友会総務を歴任。その間朝鮮紡織、満州製麻、電通各取締役、西日本新聞社監査役を務めた。戦争中は議席を離れ、戦後昭和21年勅選貴院議員から福岡県知事となった。22年第1回以来参院議員当選3回、緑風会、のち自民党に属し、参院外務委員長を務めた。[家]父＝野田卯太郎(政治家・実業家)

野田 武夫　のだ・たけお
衆院議員(自民党)　自治相　[生]明治28年2月8日　[没]昭和47年6月7日　[出]熊本県飽託郡天明町　[学]早稲田大学法学部(大正3年)卒　[歴]東京朝日新聞政治部記者、神奈川新聞社長を経て、昭和11年立憲民政党から衆院議員となり、戦後を含め当選8回(神奈川2区、のち熊本1区)。衆院石炭対策特別委員長、外務委員長、自民党中国問題調査会長、第2次、第3次池田勇人内閣の総理府総務長官、43年第2次佐藤栄作内閣の自治相を歴任。また42年新政同志会(中曽根派)結成以来、座長をつとめた。

野田 毅　のだ・たけし
衆院議員(自民党　熊本2区)　元・自治相　元・建設相　元・保守党党首　[生]昭和16年10月3日　[出]東京都杉並区　[学]東京大学法学部(昭和39年)卒　[歴]大蔵省に入り、保土ケ谷税務署長などを経て、昭和47年自民党から衆院議員に当選。10期目。55年通産政務次官を経て、平成元年宇野内閣の建設相、3年宮沢内閣の経済企画庁長官に就任。5年9月渡辺派を離脱。6年6月村山内閣発足後、離党。海部元首相グループと新党みらいの統一会派"高志会"に所属し、同年12月新進党結成に参加。10年1月自由党に参加、幹事長を務める。11年1月自由党が連立政権に参加して発足した小渕改造内閣の自治相に就任。12年4月自由党が連立離脱するにあたり新党・保守党を結成、幹事長に就任し、自民、公明両党とともに森連立政権を発足。13年9月保守党党首に就任。14年12月党の分裂に伴い、自民党に復党。

野田 哲　のだ・てつ
元・参院議員(社会党)　[生]大正15年1月10日　[出]岡山県笠岡市　[学]笠岡商(昭和17年)卒　[賞]勲二等旭日重光章(平成8年)　[歴]福山市役所職員、自治労本部副委員長、公務員共闘事務局長などを経て、昭和49年参院全国区で初当選。以来3期。ロッキード事件や鉄建公団事件では"参議院の爆弾男"として活躍。社会党内では靖国神社問題の権威の一人。平成4年引退。[趣]釣り

野田 文一郎　のだ・ぶんいちろう
神戸市長　衆院議員(翼賛議員同盟)　弁護士　[生]明治5年3月　[没]昭和35年3月9日　[出]広島県　[学]関西法律学校(明治27年)卒　[歴]司法官試補、神戸地方裁判所、大阪控訴院各判事を歴任、その後弁護士に。大正9年衆院議員に兵庫1区から当選以来通算6期。その間浜口内閣の商工参与官、内閣調査局参与を務める。また神戸市長、神戸弁護士会長も務めた。

野中 英二　のなか・えいじ
元・衆院議員(自民党)　元・国土庁長官　[生]大正9年1月16日　[出]埼玉県　[学]慶応義塾大学法学部(昭和25年)卒　[賞]勲一等瑞宝章(平成3年)　[歴]埼玉県議を経て、昭和44年から衆院議員6期。50年国土政務次官、52年通産政務次官、55年衆院商工常任委員長を経て、平成元年宇野内閣の国土庁長官に就任。竹下派。平成2年、5年落選。[家]叔父＝野中徹也(衆院議員)

野中 徹也　のなか・てつや
衆院議員（翼賛議員同盟）　[生]明治26年1月　[没]昭和18年2月27日　[出]埼玉県　[学]東京帝国大学政治科（大正8年）卒　[歴]欧州と米国に留学し、政治経済学を専攻。高千穂高商講師、時事新報記者を経て、内務大臣秘書官となる。昭和3年衆院議員に当選。以来5期連続務めた。平沼内閣の文部参与官、国民同盟総務を歴任した。著書に「貨幣本質論」がある。

野々村 善二郎　ののむら・ぜんじろう
元・三陸町長　漁業組合運動家　[生]明治33年3月5日　[出]岩手県気仙郡綾里村（現・三陸町）　[学]盛岡高等農林卒　[歴]大正14年から昭和2年にかけて鮑争議を指導し、綾里村漁民運動のリーダーとなる。そのために暴力行為に問われ懲役4カ月に処せられる。労働農民党の結党に参加し、2年同党岩手県連合会執行委員となる。戦後、綾里村長を3期、三陸町長を1期つとめた。

野々山 一三　ののやま・いちぞう
元・参院議員　元・全交運事務局長　日中経済交流協会理事長　労働運動家　[生]大正12年9月24日　[出]愛知県刈谷市　[学]名古屋鉄道講習所（昭和17年）卒　[賞]勲二等瑞宝章（平成5年）　[歴]国鉄に入り、鉄道教習所を経て機関士となり米原機関区に勤務。戦後、国鉄労組民同派で活躍、昭和24年国鉄労働組合名古屋支部青年部長を経て、本部中央執行委員に。この間社会党に入党。32年書記長となり、国鉄新潟闘争の争議を収拾、「被解雇者を組合の代表としない」という藤林斡旋案をのんだ。34年国鉄志免炭鉱の払い下げ問題で現地闘争を組織したが、指導が妥協的だとする下部の突き上げで退任。全日本交通運輸労働組合協議会事務局長となり、37年参院全国区議員に当選。43年には落選したが46年に再選、社会党労働局長を務めた。

野原 覚　のはら・かく
元・衆院議員（社会党）　[生]明治43年2月1日　[没]平成11年4月6日　[出]長崎県　[学]立命館大学法律学部専門部（昭和13年）卒　[賞]勲二等瑞宝章（昭和55年）　[歴]大阪教組執行委員長、大阪府労働組合連合協議会議長、日教組近畿地区協議会委員長等を歴任し、昭和28年衆院議員に当選。以来4期務めた。社会党中央委員、同遊説部長、同国会対策副委員長、書記長を経て大阪府連合第一地区協議長、日本農民組合大阪府連顧問、党本部近畿圏整備副委員長に就任した。また議院運営委員会理事、公職選挙法に関する調査特別委員会理事等も務めた。

野原 正勝　のはら・まさかつ
元・衆院議員　元・労相　[生]明治39年3月16日　[没]昭和58年2月10日　[出]埼玉県秩父市　[学]宇都宮高等農林（大正15年）卒　[歴]大正15年営林局入り。川尻、盛岡営林署長を経て昭和22年総選挙に岩手1区から初当選、以来当選10回。農林水産委員長、自民党政調会長、農林政務次官、労働大臣などを歴任した。51年衆院選落選後、政界から引退した。

信正 義雄　のぶまさ・よしお
元・衆院議員（自由党）　元・滋賀弁護士会長　弁護士　[生]明治30年8月23日　[没]昭和60年12月2日　[出]奈良県　[学]関西大学（大正11年）卒　[歴]大津市議、同市会議長、滋賀県議、同県会副議長を経て、昭和17年5月～20年12月衆院議員。戦前から戦後にかけ滋賀弁護士会長を通算6期務めた。

野間 友一　のま・ともいち
元・衆院議員（共産党）　弁護士　[生]昭和7年10月5日　[出]兵庫県多紀郡篠山町　[学]早稲田大学法学部卒　[歴]昭和47年以来衆院議員に5選。共産党県副委員長をつとめる。平成2年落選。

野溝 勝　のみぞ・まさる
衆院議員　参院議員　農民運動家　⽣明治31年11月15日　⊗昭和53年8月22日　⊕長野県伊那町　⽂青森畜産学校(大正6年)卒、法政大(大正6年)中退　㳂大正6年長野県警獣医から技師。11年退職。同年杉山元治郎らと日本農民組合の結成に参加、中央委員長などをつとめた。長野県で日農の闘士として小作争議を指導。昭和6年県会議員、11年長野2区から衆院議員に当選。3期つとめ、25年から参院全国区で当選3回。この間芦田内閣の国務相、地方財政委員長。27年左派社会党書記長となる。全日農副委員長、書記長、会長を歴任。35年以来社会党顧問。著書に「日本農業再建の道」など。

野見山 清造　のみやま・せいぞう
元・衆院議員(自民党)　⽣明治38年3月10日　⊗昭和56年9月7日　⊕福岡県　⽂高小卒　㐂勲三等瑞宝章(昭和51年)　㳂昭和26年から福岡県議に3選し、35年県会議長(2期)、38年から衆院議員を1期つとめた。のち城南タクシー社長となる。

野村 嘉六　のむら・かろく
衆院議員(翼賛議員同盟)　弁護士　⽣明治6年8月10日　⊗昭和27年1月17日　⊕富山県　旧名=安次郎　⽂東京法学院(明治26年)卒　㳂明治35年富山区裁判所判事となり、富山地裁、大津地裁各判事を経て、39年退官。弁護士となり、41年富山県弁護士会会長。44年富山県会議員、45年衆院議員となり、以来連続10回当選。この間大正14、15年加藤高明内閣、第1次若槻礼次郎内閣の各商工参与官、昭和4年浜口雄幸内閣の文部政務次官を歴任。立憲民政党総務、鉄道会議議員を務め、21年勅選貴院議員。また9年から半年富山市長を務めた。

野村 吉三郎　のむら・きちさぶろう
外相　枢密顧問官　参院議員(自民党)　日本ビクター社長　海軍大将　外交官　⽣明治10年12月16日　⊗昭和39年5月8日　⊕和歌山県和歌山市　⽂海兵(第26期)(明治31年)卒、海大卒　㳂海兵教官等を経て、明治39年以降オーストラリア、ドイツに駐在。第1次大戦中は米国大使館付武官。のち軍令部次長、呉・横須賀両鎮守府長官などを歴任し、昭和7年第3艦隊長官として上海事変に参加、天長節爆弾事件で片眼となる。8年大将に進み軍事参議官。12年予備役、学習院長。14年阿部内閣の外相。15年第2次近衛内閣では駐米大使となり、16年太平洋戦争開戦直前の日米交渉に当たった。19〜21年枢密顧問官。敗戦後は日本ビクター社長に就任、29年には参院議員に当選し、吉田茂の側近をつとめた。著書に「米国に使して」がある。

野村 治三郎(8代目)　のむら・じさぶろう
衆院議員(立憲民政党)　野村銀行頭取　⽣明治10年10月　⊗昭和24年1月13日　⊕青森県野辺地町　幼名=常太郎　⽂慶応義塾中退　㐂野辺地町名誉町民(昭和51年)　㳂豪商野村家の7代治三郎の長男に生まれ、明治33年家督を継ぎ、治三郎を襲名。35年甲地村(現・東北町)長者久保の所有地に大平競馬場の造成を開始、39年には第1回青森県競馬会を開き、以後馬産振興に尽くす。また青森県農工銀行・野村銀行・上北銀行各頭取、野辺地電気社長としても活躍した。一方、地方森林会議員、恩賜財団済生会評議員、日本産業協会評議員を経て、大正4年衆院議員に当選。以来連続4期務めた。10年から野辺地町会議員。

野村 直邦　のむら・なおくに
海相　海軍大将　⽣明治18年5月15日　⊗昭和48年12月12日　⊕鹿児島県　⽂海兵(第35期)(明治40年)卒、海大(大正9年)卒　㳂第2戦隊参謀、駆逐艦「白雲」艦長。海大卒業後大正11年ドイツ駐在。帰国後第1潜水隊参謀、艦政本部員。昭和4年ドイツ大使館付武官、次い

で「羽黒」「加賀」艦長、潜水学校長、第2潜水戦隊司令官。10年連合艦隊参謀長、軍令部第3部長などを経て15年日独伊三国同盟軍事委員となり、18年までドイツ駐在。軍事参議官、横須賀鎮守府長官ののち19年大将。東条英機内閣末期の数日間、海相を務めたあと、海上護衛司令官、海運総監となった。戦後愛郷連盟会長。著書に「潜水艦U511号の運命」。

野村 万作　のむら・まんさく
元・奈良県知事　[生]明治32年2月12日　[学]東京帝国大学法学部英法科(大正13年)卒　[歴]青森県経済部長、滋賀県内政部長などを経て、昭和21年官選奈良県知事に任命される。22年奈良県最初の公選知事に当選し、奈良労働基準局や県立医科大学を設置。連続2期つとめ、26年に退任後は三栄相互銀行社長となった。

野村 ミス　のむら・みす
元・衆院議員(国民協同党)　[生]明治29年8月19日　[没]昭和54年3月15日　[出]新潟県倉俣村　[学]上野家政女学校高等科(大正8年)卒　[歴]小学校教諭を務め、昭和21年の総選挙で新潟2区から立候補し当選、初の女性代議士となる。22年参議院に移って引退。

野村 光雄　のむら・みつお
元・衆院議員(公明党)　[生]大正11年3月29日　[出]北海道愛別町　[学]愛別町立青年学校(昭和17年)卒　[歴]36歳まで農業を続けたあと、聖教新聞社に入って政治の道に進み、昭和38年札幌市議、42年北海道議2期を経て、51年から衆院議員に2選。

野村 素介　のむら・もとすけ
元老院議官　貴院議員(勅選)　男爵　[生]天保13年5月18日(1842年)　[没]昭和2年12月23日　[出]周防国吉敷郡長野村(山口県)　[歴]萩藩士の子。藩校明倫館に学び、安政6年江戸に出て桜田藩邸の有備館に入り、ついで塩谷宕陰に漢籍を、小島成斎に書道を学んだ。文久2年帰国して明倫館の舎長となる。3年野村正名の養子となり、慶応2年家督を継ぐ。維新の際は国事に奔走し、明治元年山口藩参政兼公儀人となり軍政主事となった。以降藩政改革に尽力。2年権大参事となり、4年欧州を視察し、翌年帰国。茨城県参事から文部省に出仕して文部少丞、文部大丞、教部大丞、大督学等を経て、10年文部大書記官、13年元老院大書記官、元老院議官を歴任。23年勅選貴院議員となった。33年男爵。　[家]娘＝大山久子(外交官大山綱介の妻)

野村 靖　のむら・やすし
逓信相　内相　枢密顧問官　子爵　[生]天保13年8月6日(1842年)　[没]明治42年1月24日　[出]長門国萩土原(山口県)　字＝子共, 通称＝入江嘉伝次, 入江和作, 野村靖之助, 変名＝桜井藤太(東太), 号＝靖録, 欲庵, 香夢庵主, 芳風　[賞]正二位旭日桐花大綬章　[歴]安政4年吉田松陰の門に入り、尊攘運動に奔走。文久2年横浜の英館焼き打ちに参加。禁門の変後、御楯隊を率いて幕長戦争に従軍。明治4年新政府に仕え、宮内権大丞、外務大書記となり、岩倉具視特命全権に従い欧米視察。6年帰国して外務権大丞、次いで神奈川県令、14年駅逓総監、19年逓信次官、21年枢密顧問官、24年フランス公使などを歴任。27年第2次伊藤博文内閣の内相、29年第2次松方正義内閣の逓相に就任。40年富美宮、泰宮両内親王御養育掛長となる。20年子爵。

野本 品吉　のもと・しなきち
衆院議員　参院議員(自民党)　[生]明治26年3月　[没]昭和43年1月28日　[出]群馬県　[学]群馬師範本科二部(大正2年)卒　[歴]県内小学校長、青年学校長、県視学等を歴任。昭和21年衆院議員に初当選、以降2選。28年参院議員に転じ、以降2選。参院自民党政策審議会副会長、参院法務委員長、裁判官訴追委員。日本退職公務員連盟会長等に就任。

野依 秀市　のより・ひでいち
衆院議員（自民党）　帝都日日新聞社長　ジャーナリスト　⊕明治18年7月19日　㊤昭和43年3月31日　⊕大分県中津市　別名＝野依不屈生　㊗慶応商業卒　㊞慶応商業夜学在学中、石山賢吉の協力で「三田商業界」を創刊、明治41年「実業之世界」と改め社長、会長となった。東京電灯の料金値下げ問題にからむ恐喝などで2回入獄。また浄土真宗に帰依、大正10年「真宗の世界」、15年「仏教思想」などを創刊した。昭和7年大分1区から衆院議員に当選。同年「帝都日日新聞」を創刊、19年東条英機内閣を攻撃し、度々発禁処分を受けた後廃刊。戦後は公職追放、解除後30年に再び衆院議員となった。33年には落選。同年「帝都日日新聞」を復刊、深沢七郎の「風流夢譚」問題をめぐって中央公論を攻撃、話題となった。著書に「宗教と社会主義と資本主義」「印度仏教史講和」などがある。

則元 由庸　のりもと・よしつね
衆院議員（民政党）　長崎日日新聞社長　弁護士　⊕文久2年2月(1862年)　㊤昭和6年8月6日　⊕肥後国熊本寺原町（熊本県）　㊗明治法律学校　㊞明治16年代言人試験合格し長崎で弁護士開業。31年長崎市会議員、次いで議長。のち衆院議員に当選、立憲民政党長崎県支部長。一方(株)長崎日日新聞社長を務めた。

野呂 恭一　のろ・きょういち
元・衆院議員（自民党）　⊕大正8年11月30日　㊤平成7年3月6日　⊕三重県　㊗東京高師（昭和19年）卒　㊞勲一等瑞宝章（平成2年）　㊞三重県議(5期)、同議長(2期)を経て、昭和38年衆院議員に当選。党県連幹事長(5期)、同顧問となり、防衛・法務政務次官、党人事局長を歴任し、54年第2次大平内閣の厚相に就任。当選7回。　㊛長男＝野呂昭彦（三重県知事）。

野呂田 芳成　のろた・ほうせい
衆院議員（自民党　秋田2区）　元・防衛庁長官　元・農水相　⊕昭和4年10月25日　⊕秋田県能代市浅内　㊗中央大学法学部（昭和28年）卒　㊞勲一等旭日大綬章（平成14年）　㊞昭和28年建設省に入り、都市計画課長、文書課長などを歴任して、52年参院議員に当選。58年衆院選に転じ当選、6期目。平成7年村山改造内閣の農水相をつとめる。10年11月額賀福志郎長官の後任として、小渕内閣の防衛庁長官に就任。11年1月小渕改造内閣でも留任。竹下派、旧小渕派を経て、橋本派。著書に「日本の進路を考える」。

【 は 】

芳賀 貢　はが・みつぐ
元・衆院議員（社会党）　農林漁業政策研究会会長　⊕明治41年1月13日　⊕北海道　㊞勲一等瑞宝章（昭和55年）　㊞北海道産業組合青年連盟創立、同理事長。上川農民総同盟創立、同執行委員長等を経て、昭和27年衆院議員初当選以来11期。43年衆院災害対策特別委員長、51年衆院決算常任委員長、その間、北海道開発特別委員長、代議士会長等を務める。著書に「農林年金と農民年金」「わが農政の闘い」など。　㊞読書

袴田 里見　はかまだ・さとみ
元・日本共産党副委員長　⊕明治37年8月11日　㊤平成2年5月10日　⊕青森県上北郡下田村（現・下田町）　㊗攻玉社中中退、クートベ（東洋勤労者共産主義大学）（昭和3年）卒　㊞大正8年高小卒業後上京、苦学して攻玉社中学に通ったが中退。電信工夫、製缶工などをしながら東京合同労組で活躍。大正14年モスクワのクートベ（東洋勤労者共産主義大学）で学び、昭和2年ソ連共産党に入党。3年帰国後、宮本顕治らと日本共産党再建運動に従事するが、同年治安維持法

違反で検挙。7年まで堺刑務所で服役。出獄後、再び地下活動に入り、8年中央委員。10年逮捕されるが、非転向を貫き、戦後釈放される。その後、党中央委、政治局員、幹部会員として活躍。この間、党代表としてモスクワ、北京などをしばしば訪問。45年党副委員長となるが、スパイ査問事件(7年12月)の供述も絡んで52年12月30日の統制委員会で除名処分を受けた。著書に「党とともに歩んで」「獄中記一九四五年」「私の戦後史」「昨日の同志・宮本顕治へ」など。　[家]弟＝袴田陸奥男(日本共産党員)

萩野 左門　はぎの・さもん
衆院議員(猶興会)　栃木県知事　[生]嘉永4年8月(1851年)　[没]大正6年12月30日　[出]新潟県　[歴]漢学を修めたのち、新潟県議、栃木県知事、新潟市長を歴任。明治27年衆院議員に当選。以来5選された。私立北越学館の創立者でもある。

萩元 たけ子　はぎもと・たけこ
元・衆院議員(社会党)　[生]明治33年2月　[没]昭和56年4月19日　[出]東京　号＝神吉妙子　[学]第一高女　[歴]昭和28年の衆院選で、長野4区から立候補した夫の隼人が投票日の4日前に急死したことから、身代わり立候補し最高点当選、1期だけ務めた。神吉妙子の号で、歌誌「潮音」の同人として活躍するかたわら、東京家庭裁判所の調停委員も務めた。　[家]夫＝萩元隼人(政治家)

萩原 寿雄　はぎわら・としお
元・衆院議員(国協党)　湘南養鶏社長　[生]明治29年4月　[没]昭和56年9月5日　[出]神奈川県　[学]東京帝国大学農学実科(大正8年)卒　[歴]昭和22年から25年まで衆院議員(神奈川3区)。全農連の前身・全国購買協同組合連合会の創設者。

箱田 六輔　はこだ・ろくすけ
玄洋社社長　自由民権運動家　[生]嘉永3年5月(1850年)　[没]明治21年1月19日　[出]筑前国福岡(福岡県)　旧姓＝青木　[歴]福岡藩士の次男に生れ、のち箱田氏の養子となる。明治元年戊辰戦争に参加、維新後征韓論に共鳴したが、佐賀の乱に際し鎮撫隊を組織して従軍。高場乱の塾に学ぶ。8年頭山満、平岡浩太郎らと矯志社、強忍社、堅志社を組織。翌9年萩の乱に参加し投獄される。釈放後、12年頭山らと向陽社を組織、初代社長となり、自民民権運動に参加。また筑前共愛会会長となり、愛国社、国会期成同盟などの全国的活動分野でも指導的役割をつとめた。14年向陽社を玄洋社と改めた際、一時平岡に社長を譲ったが、平岡が退いたのち再び社長に就任した。

橋口 隆　はしぐち・たかし
元・衆院議員(自民党)　国政研究会理事長　[生]大正2年10月1日　[出]鹿児島県　[学]東京帝大法学部(昭和13年)卒　[賞]勲二等旭日重光章(平成6年)　[歴]通産省に入省。広島・福岡各通産局長を経て、昭和42年以来衆院議員に6選。商工常任委員長、内閣常任委員長をつとめ、のち国政研究会理事長。　[趣]空手(5段)

橋田 邦彦　はしだ・くにひこ
文相　東京帝国大学教授　生理学者　教育行政家　[生]明治15年3月15日　[没]昭和20年9月14日　[出]鳥取県鳥取市　旧姓＝藤田　号＝無適　[学]東京帝大医科大学(明治41年)卒　医学博士　[歴]17歳のとき橋田家に入る。幼少より漢学を学ぶ。鳥取一中、一高を経て東京帝大医科に進み、明治42年同大助手。大正2年からヨーロッパへ留学(ストラスブルク大、チューリヒ大)。帰国後の7年東大医学部助教授、11年教授。昭和12年一高校長を兼ねる。15年第2次近衛内閣の文相となり、16年国民学校令を公布、「臣民の道」を文部省から刊行。同年第3次近衛・東条内閣で再任、教育審議会を廃止、戦時家庭教育指導要項を定め、大東亜建設文教政策を発表。中学・高校の年限短縮、学制改革勅令案を決定、18年内閣改造で文相辞任。19年教学錬成所長。「行としての科学」「正法眼蔵釈意」(2巻)など禅に関する著書がある。泉鏡花の「日本橋」の医学士葛木新三

は橋田の性格がモデルとされる。20年GHQの戦犯指名を受け、警察の迎えが来た際、服毒し20分後に死亡した。
[家]兄＝藤田敏彦（東北大教授）

橋本 敦　はしもと・あつし
元・参院議員（共産党）　弁護士　[生]昭和3年8月23日　[出]大阪府大阪市　[学]京都大学法学部（昭和26年）卒　[歴]昭和32年弁護士を開業。49年以来参院議員に4選。平成13年引退。

橋本 久太郎　はしもと・きゅうたろう
衆院議員（立憲政友会）　[生]安政2年1月（1855年）　[没]大正15年11月23日　[出]徳島県　[学]慶応義塾, 共慣義塾　[歴]徳島県議、地方衛生会委員、県徴兵参事員を経て阿波国教育会、同衛生会各評議員を務める。ほかに東京市麹町区長にも就任。明治25年衆院議員に当選、以来10期務めた。

橋本 欣五郎　はしもと・きんごろう
衆院議員（無所属倶楽部）　陸軍大佐　[生]明治23年2月19日　[没]昭和32年6月29日　[出]福岡県　[学]陸士（第23期）（明治44年5月）卒, 陸大（大正9年11月）卒
[歴]満州里特務機関長、トルコ公使館付武官など歴任の後、昭和5年参謀本部ロシア班長。同年根本博中佐、長勇大尉ら陸大卒の将校を中心に桜会を結成、未発に終わったクーデター計画3月事件（6年）および10月事件の主謀者。9年陸軍大佐。10月事件では行政処分。11年の2・26事件後の寺内粛軍人事で予備役とされたが、12年の日中戦争で砲兵連隊長として召集。揚子江上のイギリス砲艦レディバード号砲撃事件を引きおこし退役となった。以後大日本赤誠会を組織し、17年の総選挙に当選。18年翼賛政治会総務を務める。戦後A級戦犯として終身刑を科されたが、30年仮出獄。31年参院選全国区に立候補したが落選。中野雅夫著「橋本大佐の手記」は戦後発見された手記を紹介、解説したもの。

橋本 圭三郎　はしもと・けいざぶろう
貴院議員（勅選）　大蔵次官　日本石油社長　大蔵官僚　実業家　[生]慶応1年9月23日（1865年）　[没]昭和34年2月14日
[出]新潟県長岡市　[学]帝大法科大学（現・東大法学部）政治学科（明治23年）卒
[歴]明治23年司法省に入省。法制局参事官を経て、大蔵省に転じ、主税官、38年横浜税関長、40年臨時国債整理局長、主計局長、44年大蔵次官、大正2年農商務次官を歴任、2年退官。5年宝田石油社長、10年日本石油と合併後同副社長、15年～昭和19年社長。この間、9年満州石油理事長、14年東亜燃料工業設立で初代会長、16年帝国石油創立で初代総裁。大正元年～昭和21年勅選貴院議員。戦後22年公職追放、26年解除。

橋本 実梁　はしもと・さねやな
元老院議官　伯爵　[生]天保5年4月5日（1834年）　[没]明治18年9月16日　[賞]勲一等旭日大綬章　[歴]左近衛中将小倉輔季の子に生まれ、中納言橋本実麗の養子となる。文久元年侍従、2年国事御用係、3年3月左近衛少将となるが、同年8月18日の政変により謹慎。慶応3年1月復権し、同年12月王政復古とともに参与となる。4年戊辰戦争では東海道鎮撫総督として活躍し、閏4月左近衛中将に昇任。同年7月度会府知事、明治5年式部権助を経て、17年伯爵。18年元老院議官に任ぜられた。

橋本 繁蔵　はしもと・しげぞう
元・参院議員（自民党）　[生]明治40年7月15日　[没]昭和58年9月11日　[出]愛知県名古屋市　[学]那古野高小卒　[賞]勲二等瑞宝章（昭和52年）　[歴]愛知県議（6期）、県議会議長（11期）、全国都道府県議長会会長、自民党県連会長などを歴任後、昭和46年から52年までの参院議員。環境政務次官を務め、2期で政界を引退した。親分肌で“ハシシゲさん”の愛称で親しまれ、「趣味は政治」が口癖だった。

橋本 清吉　はしもと・せいきち
衆院議員(改進党)　⊕明治31年8月　⊗昭和30年7月2日　⊕三重県　⊕東京帝国大学法学部卒　⊕内務省に入り、保安課長、福島県知事などを経て、昭和15年第2次、第3次近衛文麿内閣の警保局長。その後岡山県知事を務めた。戦後公職追放、解除後の28年衆院議員に当選、改進党に所属、当選2回。

橋本 太吉　はしもと・たきち
衆院議員(正交倶楽部)　⊕明治5年6月　⊗昭和8年8月28日　⊕広島県　⊕慶応義塾大学(明治24年)卒　⊕醸造業を営むかたわら、尾道市議、尾道米塩取引所理事、尾道電燈社長、中外石油アスファルト・東海化学工業各取締役を歴任。明治41年衆院議員に当選、以来4期務めた。

箸本 太吉　はしもと・たきち
衆院議員(日本自由党)　⊕明治25年7月　⊗昭和36年7月25日　⊕石川県　⊕日本大学政治科　⊕中外商業新報社政治部記者を経て、万朝報社常務、専務兼主筆を務めた。昭和3年衆院議員に当選。以来5選された。14年平沼内閣の外務参与官、外務省委員に就任。また、日本大学総長秘書、日本加工紙工業会会長、大倉電気取締役もつとめた。

橋本 綱常　はしもと・つなつね
貴院議員　陸軍軍医総監　日本赤十字社病院初代院長　東京大学教授　陸軍軍医　医学者　子爵　⊕弘化2年6月20日(1845年)　⊗明治42年2月18日　⊕越前国福井常磐町(福井県)　幼名=破魔五郎　医学博士(明治21年)　⊕帝国学士院会員(明治39年)　⊕生家は代々医家。越前藩士で、藩校明道館に学び、半井仲庵らについて医学を修める。また、田代万ած에게 蘭学を、富田鴎波に詩学を学ぶ。文久2年長崎に赴き、オランダ人シントルレに師事。のち江戸に出て松本良順の塾に入り医学を修める。元治元年再び長崎で蘭医ボードウィンに師事。慶応2年藩の医学館外科教授となる。戊辰戦争で越後に出征し、野戦病院を創設。維新後、明治5年官命により欧州留学。10年陸軍軍医となり西南戦争に従軍。翌11年東京大学医学部教授。17年ジュネーブ条約(赤十字条約)加盟調査のため欧州へ赴き、帰国後日本赤十字社設立に尽力。18年陸軍軍医本部長、19年陸軍省医務局長に就任。同年日赤病院初代院長。ついで貴院議員、宮中顧問官、日本赤十字社監督となり、28年男爵授爵。38年陸軍軍医総監、39年帝国学士院会員。40年子爵となった。
⊕兄=橋本左内(幕末期の志士)

橋本 登美三郎　はしもと・とみさぶろう
元・衆院議員(自民党)　元・運輸相　⊕明治34年3月5日　⊗平成2年1月19日　⊕茨城県行方郡潮来町　⊕早稲田大学政経学部(大正15年)卒　⊕勲一等旭日大綬章(昭和46年)　⊕昭和2年朝日新聞入社。上海支局長を経て、戦後潮来町長を2期つとめ、24年衆院議員に当選。35年第1次池田内閣の建設相、39年佐藤内閣の官房長官に就任。引き続き党総務会長、運輸相の要職を占め、47年田中内閣成立後党幹事長。51年ロッキード事件に連座し、受託収賄罪で逮捕、起訴されて離党。57年6月、1審判決で懲役2年6ヶ月、執行猶予3年、追徴金500万円の判決を受け、61年5月東京高裁でも一審通り有罪となった。55年の総選挙で落選。上告中に死去。

橋本 富三郎　はしもと・とみさぶろう
元・岡山市長　元・合同新聞社長　⊕明治19年6月8日　⊗昭和30年5月3日　⊕滋賀県　⊕大正3年倉敷紡績に入社。昭和14年合同新聞社長を経て、20年岡山市長。

橋本 正之　はしもと・まさゆき
山口県知事　⊕大正1年12月16日　⊗昭和51年9月9日　⊕山口県　⊕京城大法科(昭和10年)卒　⊕内務省大臣官房調査部第一課長、山口県総務部長、副知事を経て、昭和33年衆院議員に当選。35年から山口県知事に4選。

橋本 宗彦　はしもと・むねひこ
土崎港町長　郷土史家　㊓天保13年1月16日(1842年)　㊰明治38年7月27日　㊥出羽国秋田郡秋田築地東上丁(秋田県)　旧姓=高階　初名=寅蔵, 甚之丞　㊧幕末は弓術の名手として活躍し、慶応2年(1865年)秋田藩の佐竹東家主催の弓術射行で一位となった。その後、秋田県山本郡能代で戸長を務めたのを経て明治22年土崎港町長に就任。26年に同辞職後は土崎郵便局長を務めた。また、公務の傍らで秋田県の歴史を研究、明治2年以来ほぼ独力で「秋田沿革史大成」を編纂を続け、31年に完成・刊行。
㊂子=橋本富治(教育者)

橋本 龍太郎　はしもと・りゅうたろう
衆院議員(自民党　岡山4区)　第82・83代首相　㊓昭和12年7月29日　㊥東京　㊫慶応義塾大学法学部政治学科(昭和35年)卒　㊮ベストドレッサー賞(平成2年), ネパール・ゴルカ・ダクシン・バフ勲章(平成11年)　㊧父は吉田内閣、岸内閣で厚生相などを務めた橋本龍伍。また弟・大二郎は高知県知事を務めるなど政治家一家として知られる。呉羽紡績社員、厚生相秘書を経て、昭和38年父の後を継ぎ25歳で衆院最年少議員として当選。当選13回。大平内閣の厚相などを歴任し、61年第3次中曽根内閣の運輸相、平成元年自民党幹事長に就任。同年8月海部内閣では蔵相を務める。"一龍戦争"と評されるなど小沢一郎のライバルとして将来を嘱望されるが、3年秘書が富士銀行の不正融資に関わり、同年10月蔵相を辞任。5年の総裁選では推されながら辞退し、党政調会長となる。6年村山連立政権内閣の通産相に就任。同年9月の党総裁選で総裁となり、副総理に就任。8年1月首相となり、社会党、新党さきがけとの連立を継承、同年10月の総選挙では単独過半数に迫る大勝利となり、11月首相に再選されると連立を解消して3年振りに自民党単独の第2次橋本内閣を発足。その後、自民党への入党者が相次ぎ、衆院での単独過半数を獲得するが、経済政策の失敗によって未曽有の不況を招き、10年7月の参院選では改選議席を大幅に下回る惨敗で退陣。12年7月旧小渕派を引き継ぎ、橋本派とする。同年12月第2次森改造内閣の沖縄開発庁長官に就任し、13年1月中央省庁再編で行政改革担当相、沖縄北方対策担当相となる。同年4月再び党総裁選に立候補した。　㊐日本山岳協会(名誉会長)
㊗剣道(錬士5段), 登山, 読書
㊂父=橋本龍伍(厚相), 母=橋本正(日本ユニセフ協会専務理事), 弟=橋本大二郎(高知県知事), 妻=橋本久美子

橋本 龍伍　はしもと・りょうご
衆院議員(自民党)　元・厚相　㊓明治39年6月2日　㊰昭和37年11月21日　㊥東京・目黒　㊫東京帝大法学部独法科(昭和9年)　㊧昭和9年大蔵省に入り、11年広島税務署署長、22年経済安定本部財政金融局企業課課長、23年内閣官房次長を歴任。24年より衆院議員に当選6回(民主自由党)。この間、26年第3次吉田改造内閣の厚相兼行政管理庁長官、33年第2次岸内閣の厚相兼文相また、党副幹事長、政調会副会長を歴任した。
㊂長男=橋本龍太郎(首相), 二男=橋本大二郎(高知県知事), 妻=橋本正(日本ユニセフ協会専務理事), 兄=橋本宇一(科学技術庁金属材料研究所長)

蓮池 公咲　はすいけ・こうさき
元・秋田県知事　元・畜産振興事業団理事長　㊓明治35年8月24日　㊰昭和43年1月14日　㊥新潟　㊫東北帝国大学法文学部法学科(昭和3年)卒　㊧昭和3年東北帝国大学法文学部法学科卒業後、農林事務官、大臣官房文書課長などを経て、21年官選秋田県知事に就任。地方自治法の施行により辞職し、22年秋田県最初の公選知事選挙に出馬して当選。26年退任後は東北工業会社総裁、畜産振興事業団理事長、日本大学教授などをつとめた。

長谷雄 幸久　はせお・ゆきひさ
元・衆院議員(公明党)　長谷雄法律事務所所長　弁護士　[専]憲法　[生]昭和8年8月14日　[出]大分県別府市　[学]日本大学法学部(昭和36年)卒　[歴]東京銀行を経て弁護士登録。昭和51年以来、衆院議員に当選2回。法務委員会、航空機輸入問題調査特別委員会、裁判官訴追委員会などの委員を歴任。55年政界を引退して長谷雄法律特許事務所を開業。著書に「予算制度改革の理論」「日本の将来」「続・日本の将来」「手形・小切手の実務知識」「わが国における議会制度確立の憲法理論」「協同組合の設立と運営のすべて」など。　[趣]邦楽, 旅行

長谷川 浩　はせがわ・こう
元・日本共産党政治局員　労働運動研究所代表理事　統一労働者党全国委員　社会運動家　[生]明治40年8月6日　[没]昭和59年2月25日　[出]東京都　[学]東京帝大法学部中退　[歴]在学中の昭和5年日本共産党に入党。治安維持法などでたびたび検挙され終戦まで服役。戦後、党政治局員となったが、25年6月公職追放(レッドパージ)で徳田球一、伊藤律らとともに地下潜行した。35年のハガチー事件の際、指揮者として逮捕される。36年8月党指導部と対立して離党。42年共産主義労働者党に参加。56年統一労働者党を結成、全国委員となる。著書に「2・1スト前後と日本共産党」。遺稿に「占領下の労働運動」。

長谷川 貞雄　はせがわ・さだお
貴院議員　海軍主計中将　[生]弘化2年5月20日(1845年)　[没]明治38年2月8日　[出]遠江国豊田郡川袋村(静岡県竜洋町)　[歴]明治5年海軍省に入り、会計局長、海軍主計総監を歴任。24年貴族院議員。

長谷川 正三　はせがわ・しょうぞう
元・衆院議員(社会党)　[生]大正3年2月23日　[没]昭和59年8月7日　[出]東京都　[学]豊島師範専攻科卒　[歴]都教組委員長、都労連書記長のあと昭和38年から東京7区選出で衆院6期。社会党都本部委員長、党本部中小企業局長などを務めた。

長谷川 四郎　はせがわ・しろう
元・衆院議員(自民党)　建設相　[生]明治38年1月7日　[没]昭和61年8月7日　[出]群馬県桐生市　[学]高小卒　[賞]勲一等旭日大綬章(昭和53年), 群馬県名誉県民　[歴]桐生商工会議所副会頭、群馬県議を経て、昭和24年以来群馬2区から衆院議員に連続14選。43年佐藤内閣の農相、47年衆院副議長、51年福田内閣の建設相を歴任、61年6月引退。椎名悦三郎派幹部として、ロッキード事件後の三木内閣誕生に動いた。また中川一郎の自殺後同派会長を代行した。のち福田派。

長谷川 信　はせがわ・しん
参院議員(自民党)　元・法相　[生]大正7年12月4日　[没]平成2年10月28日　[出]新潟県　[学]早稲田高等学院(昭和11年)中退　[歴]昭和30年長岡市議、38年新潟県議4期を経て、51年以来参院議員に3選。平成2年2月第2次海部内閣の法相に就任するが、9月脳卒中で倒れて辞任。竹下派。　[趣]古美術収集　[家]息子＝長谷川道郎(参院議員)

長谷川 仁　はせがわ・じん
元・参院議員(自民党)　[生]大正8年4月13日　[没]平成6年3月11日　[出]茨城県　[学]上智大学新聞学科(昭和13年)卒　[賞]韓国一等修交勲章(昭和45年), 中国民国大綬景星勲章(昭和47年), チャイナアカデミー名誉文学博士号(昭和47年), 勲二等瑞宝章(平成1年)　[歴]同盟通信を経て昭和21年産経新聞に入社。香港、台湾各支局長、東南アジア総局長などを歴任して、36年東京本社論説委員に就任。37年参院議員に当選し、43年再選。その間に防衛政務次官、参院外務委員長、参院沖縄及び北方問題特別委員長などを務めた。著書に「中国の運命を決する百人」「知らなすぎる中国」「ガンよ妻を返せ」他がある。　[趣]ゴルフ

長谷川 泰　はせがわ・たい

衆院議員　済生学舎創立者　医学教育家　医事行政官　⊕天保13年6月（1842年）　⊗明治45年3月11日　⊕越後国福井村（新潟県）　幼名＝泰一郎、号＝蘇山、柳塘　㊔父は漢方医。江戸に出て、坪井芳洲や佐倉順天堂の佐藤尚中に西洋医学を学ぶ。また、江戸の松本良順の塾に入り、幕府の医学所にも学んだ。慶応3年帰郷して長岡藩に仕え、北越戦争の藩医として従軍。明治2年大学東校開設とともに少助教兼中寮長となり、のち文部大助教。東京医学校、長崎医学校の校長を歴任。7年東京府病院長となり、9年東京本郷に私立の医学校・済生学舎を創立して医学生を養成。閉校までの20数年間に9600余人の医師を送り出した。この間、11年内務省御用掛となり、長与専斎を助けて衛生行政の根幹を確立した。20年国政医学会を創立、21年内務省衛生局長に昇任。一方、23年衆院議員に当選し3期務める。27年以後は教育に専心したが、36年の専門学校令を、私学を拘束するものとして学舎を閉じた。著訳書に「脚気新説」「内科要説」がある。

長谷川 峻　はせがわ・たかし

衆院議員（自民党　宮城2区）　元・労相　元・運輸相　元・法相　⊕明治45年4月1日　⊗平成4年10月9日　⊕宮城県栗原郡若柳町　㊗早稲田大学専門部政経科（昭和7年）卒　㊣モンゴル北極星勲章（平成4年）　㊔昭和8年九州日報社に入り、10年編集局長。20年緒方国務相秘書となり、28年から衆院議員に13選。48年第2次田中改造内閣の労相、49年三木内閣の労相、57年中曽根内閣の運輸相を経て、63年竹下改造内閣の法相に就任したが、僅か4日で辞任。衆院議運委員長、党国民運動本部長などを歴任。平成3年の安倍派の跡目争いの際には、三塚博を会長に指名する"裁定"を行った。

長谷川 保　はせがわ・たもつ

元・衆院議員（社会党）　聖隷福祉事業団創始者　元・聖隷学園理事長　社会福祉事業家　⊕明治36年9月3日　⊗平成6年4月29日　⊕静岡県浜松市　㊗浜松商（大正10年）卒、東京神学社神学校（昭和42年）中退　㊣キリスト教功労者（第14回）（昭和58年）　㊔上京して日本力行会海外学校に入学。内村鑑三著「来世と復活」が転機となって聖書に生きる者となり、大正12年受洗。15年キリスト教による社会事業・聖隷社を創立。昭和5年浜松市で聖隷社クリーニング店を開く傍ら、賀川豊彦らの影響で消費組合を結成。以降、貧しい結核患者を救療する事業を始める。27年社会福祉法人・聖隷保養園（48年に聖隷福祉事業団に改称）を設立、理事長に就任。37年心臓外科の聖隷浜松病院を開き、40年脳外科センター、43年がん病棟、48年高齢者ホーム・エデンの園、52年未熟児センターなどを次々に併設、56年には国内初のホスピスを設置した。また、24年遠州キリスト教学園（のち短大）を開校し、看護教育に努める。一方、21～41年衆院議員（社会党）に7回当選、社会保障や福祉の充実に力を注いだ。55年聖隷福祉事業団理事長を退任。聖隷学園理事長、聖隷学園浜松衛生短期大学学長、日本老人福祉財団会長も務めた。「夜も昼のように輝く」などの著書がある。

長谷川 豊吉　はせがわ・とよきち

衆院議員（無所属）　⊕嘉永5年2月（1852年）　⊗大正12年9月1日　⊕神奈川県　㊔漢学を修めたのち、戸長、県徴兵参事員、神奈川県議、同常置委員、水利組合会議員等を務める。明治35年衆院議員に当選。以来4期務めた。小田原通商銀行監査役、小田原電気鉄道・足柄肥料各取締役を歴任した。

長谷川 政友　はせがわ・まさとも

元・衆院議員（民主党）　⊕明治43年11月20日　⊗昭和55年3月14日　⊕福井県　㊗日本大学政治学科（昭和10年）卒　㊔昭和22年から衆院議員1期。のち国際道路産業社長、会長を歴任。

長谷川 芳之助　はせがわ・よしのすけ
衆院議員(無所属)　三菱会社鉱山部長　実業家　[生]安政2年12月15日(1856年)　[没]大正1年8月12日　[出]肥前国唐津(佐賀県唐津市)　[学]大阪開成学校卒, 大学南校卒, コロンビア大学鉱山学科(明治11年)卒　工学博士　[歴]明治8年コロンビア大学に留学し、つづいてドイツのフライブルク大学で製鉄業を学ぶ。帰国後の13年三菱会社に入り、鉱山部長となり、高島炭坑、尾去沢など多くの鉱山、炭坑の開発・採掘・経営に参画した。26年退社し、唐津で鉱山業を経営。また製鉄事業調査会委員として官営八幡製鉄所の設立(30年)に尽力した。35年鳥取県から衆院議員当選。対露同志会、太平洋会に参加、対外強硬論を展開した。

長谷場 純孝　はせば・すみたか
衆院議長　文相　[生]嘉永7年4月1日(1854年)　[没]大正3年3月15日　[出]薩摩国日置郡串木野郷(鹿児島県)　号＝致堂　[歴]藩校に学び西郷隆盛に認められた。明治6年警視庁少警部となる。征韓論に敗れ西郷が下野すると、ともに帰国、10年西南の役に田原坂で負傷、投獄されるが13年特赦出獄。九州改進党に入って中江兆民らと親交を持ち民権運動に参加。鹿児島県議、郡長を経て、23年以来鹿児島県から衆院議員当選数回、自由党、政友会に属し、41年衆院議長。44年第2次西園寺公望内閣の文相となった。大正3年再び衆院議長。「長谷場純孝獄中日記」がある。

長谷部 秀見　はせべ・ひでみ
元・美深町(北海道)町長　[生]大正2年6月23日　[没]平成12年6月12日　[出]北海道中川郡美深町　[学]美深尋常高小高等科(昭和2年)卒　[賞]北海道知事賞(昭和58年・62年), 勲四等瑞宝章(昭和63年), 美深町名誉町民(平成10年)　[歴]16歳で農家を継ぐ。美深町農協組合長を経て、昭和42年美深町長に当選。5期務めた。町内に日本一の赤字路線である国鉄美幸線があり、53年には東京・銀座や大阪・御堂筋で3000枚の切符をさばいたり、美幸線で見合いをさせて25組のカップルを誕生させるなど努力するが、60年9月廃止となった。62年4月引退。のち、長谷部よろず相談所を主宰。著書に「日本一赤字ローカル線物語」がある。

畑 英次郎　はた・えいじろう
元・衆院議員(民主党)　元・通産相　[生]昭和3年9月10日　[出]大分県日田市　[学]武蔵工専(昭和21年)中退　[賞]勲一等瑞宝章(平成12年)　[歴]日田市役所勤務、衆院議員広瀬正雄秘書を経て、昭和43年以来日田市長に3選。54年自民党から衆院議員に当選。郵政政務次官、厚生政務次官、衆院逓信委員長など歴任。当選7回。竹下派、羽田派を経て、平成5年6月新生党結成に参加。同年8月細川内閣の農水相に就任、6年4月羽田内閣では通産相をつとめる。同年12月新進党、8年12月太陽党結成に参加し、幹事長に就任。10年民政党を経て、民主党に合流。12年引退。　[趣]ゴルフ, スポーツ観戦, 読書

畑 俊六　はた・しゅんろく
陸相　陸軍元帥　[生]明治12年7月26日　[没]昭和37年5月10日　[出]東京　[学]陸士(第12期)(明治33年11月)卒, 陸大(明治43年11月)卒　[歴]父は会津藩士畑能賢。明治37年日露戦争に出征して負傷。参謀本部員、45年からドイツ、スウェーデン駐在。大正7年中佐、10年大佐、野砲16連隊長。12年参謀本部課長兼軍令部参謀、15年少将。昭和3年参謀本部第1部長、8年第14師団長、10年航空本部長、11年台湾軍司令官、12年軍事参議官、教育総監を歴任し陸軍大将。13年中支派遣軍司令官、14年侍従武官長、同年阿部内閣及び米内内閣の陸相。三国同盟を強硬に主張して辞職。16年支那派遣軍司令官、19年元帥。第2総軍司令官として敗戦を迎える。23年A級戦犯として終身刑の判決を受け、29年病気で仮出所。後、偕行社会長となる。続現代史資料「畑俊六日誌」(みすず書房)の他、伝記に梅谷芳光の「忠鑑畑元帥」がある。
[家]兄＝畑英太郎(陸軍大将)

羽田 孜　はた・つとむ
衆院議員(民主党・長野3区)　第80代首相　民主党最高顧問　[生]昭和10年8月24日　[出]東京　[学]成城大学経済学部(昭和33年)卒　[歴]小田急バス勤務を経て、昭和44年以来衆院議員に当選11回。郵政・農政政務次官、衆院農林水産委員長、党総務局長などを経て、60年農水相に就任。63年再任。平成3年蔵相。4年12月竹下派が分裂、羽田派を結成。5年6月衆院解散を機に自民党を離党、新生党を結成して党首となり、7月の総選挙では55議席を獲得して躍進した。8月細川内閣では外相兼副総理となり、6年4月首相に就任。日本新党、民社党などと院内会派・改新を結成するが、社会党の連立離脱で少数内閣となり、わずか2ケ月後の6月総辞職した。同年12月新進党結成に参加し、副党首に就任。7年12月党首選に立候補したが、小沢一郎に敗れる。8年1月“羽田派”を旗揚げ。同年12月新進党を離党し、太陽党を旗揚げ。10年1月民政党結成に参加、代表となる。同年4月民主、民政、新党友愛、民主改革連合からなる新党・民主党の幹事長に就任。のち最高顧問。　[趣]食べ歩き　[家]妻=羽田綏子(桜ケ丘保育園理事)，長男=羽田雄一郎(参院議員)，父=羽田武嗣郎(衆院議員)

秦 豊助　はた・とよすけ
拓務相　衆院議員(政友会)　徳島県知事　内務官僚　[生]明治5年8月27日　[没]昭和8年2月4日　[出]東京・築地　号=嘯月盡心庵　[学]帝大法科大学(現・東大法学部)(明治29年)卒　[歴]内務省に入り、明治36年福井県参事官、以後長崎県内務部長、45年秋田、大正3年徳島各県知事を歴任。4年退官。以後衆院議員当選7回、政友会に属し党幹事長、総務を務めた。13年海軍政務次官、14年商工政務次官、昭和6年犬養内閣の拓相となった。国光生命会社取締役も務めた。

羽田 武嗣郎　はた・ぶしろう
衆院議員(自民党)　[生]明治36年4月28日　[没]昭和54年8月8日　[出]長野県　[学]東北帝国大学法文学部法律学科(昭和4年)卒　[賞]勲一等瑞宝章(昭和48年)　[歴]東京朝日新聞政治部記者から鉄道大臣秘書官となる。昭和12年以来衆院議員に当選8回。農林政務次官、自由党政調副会長、自民党副幹事長、衆院建設委員長を歴任。　[家]息子=羽田孜(衆院議員)，孫=羽田雄一郎(参院議員)

畑 桃作　はた・ももさく
衆院議員(政友会)　[生]明治29年7月　[没]昭和24年3月5日　[出]群馬県北甘楽郡富岡町　[学]富岡中(大正4年)卒　[歴]昭和2年群馬県会議員選挙に日本農民党から立候補して当選、副議長に選出される。3年政友会に入党し、のち衆議院議員。

畑 和　はた・やわら
元・埼玉県知事　元・衆院議員(社会党)　弁護士　[生]明治43年9月29日　[没]平成8年1月26日　[出]埼玉県北埼玉郡礼羽村(現・加須市)　[学]東京帝国大学法学部(昭和10年)卒　[賞]ベスト・メン賞(平成3年)，勲一等旭日大綬章(平成3年)　[歴]学生時代は左翼運動に参加。大学卒業後、東京市役所に勤務するが、のち弁護士開業。戦後、昭和24年社会党県連書記長となり、26年から埼玉県議3期。35年から衆院議員4期を務めたのち、47年社会党をバックに埼玉県知事に初当選。54年秋に社会党を円満離党し、革新系無所属を名乗るが、55年の3選では各党のほか県の有力団体までがこぞって推薦や支援を打ち出す。63年5選を果たす。平成4年引退。6年弁護士活動を再開。のち埼玉県産業文化センター理事長。著書に「熱き想いを—21世紀へつなぐ地方自治」。
[家]兄=畑利雄(埼玉県信用金庫会長)

秦 豊　はた・ゆたか
元・参院議員(民社党)　[専]安全保障 防衛 外交　[生]大正14年2月6日　[没]平成15年7月29日　[出]愛媛県西条市　[学]関西大学専門部経済学科(昭和20年)中退　[賞]民間放送連盟民放大会報道活動奨励賞, ラジオ・テレビ記者会賞, 勲二等瑞宝章(平成7年)　[歴]NHKアナウンサー、RKB毎日解説委員、テレビ朝日ニュース・キャスターなどを歴任。テレビ番組のゲストと議論し、自分が納得するまで止めようとしない熱意と信念の持ち主。昭和49年全国区で社会党から初当選。当選2回。52年離党し、翌53年田英夫らと社民連を結成。のち再び離党して民社党に移る。61年の参院選では東京選挙区に転じたが落選。[趣]柔道(4段), 刀剣, 旅行

畠山 一清　はたけやま・いっせい
貴族院議員(勅選)　荏原製作所初代社長　実業家　[生]明治14年12月28日　[没]昭和46年11月17日　[出]石川県金沢市　号＝即翁　[学]東京帝大工科大学機械工学科(明治39年)卒　[賞]紺綬褒章(大正12年), 緑綬褒章(昭和15年), 藍綬褒章(昭和28年)　[歴]鈴木鉄工所入社。大正元年恩師井口在屋東大教授発明の"ゐのくちポンプ"の事業化に着手、9年荏原製作所を設立、ポンプ、化学機械など総合機械メーカーに発展させた。昭和21年勅選貴族院議員。一方、能楽、茶の湯をたしなみ、茶器や美術品を収集、35年(財)畠山文化財団、39年(財)畠山記念館を設立した。「即翁茶会記」がある。

秦野 章　はたの・あきら
元・参院議員(自民党)　元・法相　元・警視総監　政治評論家　[生]明治44年10月10日　[没]平成14年11月6日　[出]神奈川県藤沢市　[学]日本大学専門部政治科(昭和12年)卒　[賞]台湾大綬景星勲章(昭和61年), 勲一等瑞宝章(昭和62年)　[歴]昭和4年生家が倒産し、旧制中学中退。鎌倉で酒屋の小僧、横浜で貿易商のボーイ、生糸検査所などを経て、高文に合格。日大専門部を卒業し、香川県商工課長、茨城県警警務課長、大阪府警刑事部長、警視庁刑事部長を経て、42年私立大学出身者で初めての警視総監に就任。学園紛争や'70年安保をめぐる警備で陣頭指揮をとった。46年都知事選に出馬、美濃部知事に大差で敗れたが、49年参院神奈川地方区に初当選し、2期務めた。57年11月第2次中曽根内閣で法相に就任。無派閥ながら田中角栄元首相に近く、"ロッキード裁判"に関しての指揮権発動問題やマスコミ非難、田中擁護発言などで物議を醸した。61年7月引退。晩年は持ち前の歯に衣ぬ着せぬ発言で、政治評論家として活躍した。[趣]麻雀, 歌舞伎・絵画鑑賞

波多野 鼎　はたの・かなえ
元・農相　九州帝大教授　経済学者　[生]明治29年3月30日　[没]昭和51年9月29日　[出]愛知県小牧市　[学]東京帝大法科(大正9年)卒　経済学博士(昭和21年)　[歴]東大在学中、第2期新人会の同人。満鉄東亜経済調査局員、同志社大教授を経て、大正14年九州帝大法文学部講師、昭和5年助教授、9年教授。21年九州経済調査協会を設立、会長。22年社会党から参議院議員に当選。同年、片山首相の要請で農相に就任したが、左派社会党の反対により、3カ月で内閣は総辞職。その後、参院予算委員長。24年中大教授、28年中京大教授を歴任。28年参院選で落選。34年から民社党誕生の思想的母体である民主社会主義研究会議の議長をつとめた。著書に「価値学説史」(全3巻)、「社会思想史概説」「景気学説批判」「景気変動論」「経済学入門」「経済学史概論」など。

羽田野 次郎　はたの・じろう
元・衆院議員　インタープリンツ会長　[生]明治36年2月　[没]昭和63年4月29日　[出]大分県大野郡緒方町　[学]長崎高商卒　[歴]昭和24年大分1区で初当選(無所属)、衆院議員1期をつとめた。

旗野 進一　はたの・しんいち
元・衆院議員(自民党)　㊓明治44年9月20日　㊱平成1年6月18日　㊞新潟県　㊫朝鮮総督府警察講習所卒　㊮勲三等瑞宝章(昭和61年)　㊧新潟県議を経て、昭和47年衆院新潟2区から当選1回。

波多野 敬直　はたの・たかなお
宮内相　司法相　子爵　㊓嘉永3年10月10日(1850年)　㊱大正11年8月29日　㊞江戸　㊮正二位勲一等旭日桐花大綬章　㊧明治7年司法省に入り、12年判事、14年広島始審裁判所長、20年司法参事官、24年大審院判事、29年函館控訴院検事、31年東京控訴院検事、32年司法次官などを歴任。33年司法省総務長官兼官房長、36年第1次桂内閣の司法相、44年東宮大夫、大正3年宮内大臣となり、9年退官。この間、皇族制度や宮中財政など困難な問題を解決した。明治40年男爵、大正6年子爵。

羽田野 忠文　はたの・ちゅうぶん
元・衆院議員(自民党)　弁護士　㊓大正6年1月1日　㊞大分県　㊫法政大学専門部法科(昭和15年)卒　法学博士　㊮英国勲二等セントマイケルエンドセントジョージ勲章, 勲二等瑞宝章(平成9年)　㊧弁護士開業。大分県弁護士会長、日弁連理事、大分県議を経て、昭和44年以来衆院議員に4選。外務・法務各政務次官、衆院法務常任委員長をつとめた。

波多野 伝三郎　はたの・でんざぶろう
衆院議員(憲政本党)　福井県知事　㊓安政3年8月(1856年)　㊱明治40年2月13日　㊞越後国長岡(新潟県)　㊫共立学舎　㊧明治7年上京し、共立学舎に学び、のち同舎で教鞭をとり、12年舎長となる。13年文部省に入省するが翌年辞職。15年以降嚶鳴社、改進党に参加、さらに毎日新聞社員となり政治・言論活動に入る。21年新潟県議。24年以来衆院議員に当選5回。この間、30年第2次松方内閣の下で福井県知事に任命される(31年辞職)。また石油会社役員なども務めた。

波多野 林一　はたの・りんいち
参院議員(緑風会)　実業家　㊓明治19年12月　㊱昭和37年1月7日　㊞京都府　旧姓=山内　㊫早稲田大学商学科(明治43年)卒　㊧明治44年郡是製糸に入社。大正2年創立者波多野鶴吉の養子となり、7年常務、昭和9年専務、13年社長就任。33年会長。大日本蚕糸会副会頭も務めた。22年参院議員(緑風会)に当選。

蜂須賀 茂韶　はちすか・もちあき
貴院議長　文相　徳島藩主　侯爵　㊓弘化3年8月8日(1846年)　㊱大正7年2月10日　㊞江戸・大名小路　通称=氏太郎, 千松丸, 淡路守, 号=誠堂, 霰笠　㊮従一位　㊧明治元年徳島藩主。維新後版籍奉還で藩知事。4年廃藩置県で辞任。5年英国に留学、12年帰国、外務省御用掛となり、大蔵省関税局長、15年フランス公使、スペイン、ポルトガル、スイス、ベルギー公使兼任。19年元老院議官、23年東京府知事を経て、29年第2次松方正義内閣の文相に就任。のち貴院議員、同議長、枢密顧問官、大正5年会計調査官などを務めた。また北海道に雨竜農場を経営、日本地理学会会長も務めた。能楽を嗜み、俳句をよくするなど文化方面にも功績があり、歌集に「うしほのおと」がある。明治17年侯爵。㊎父=蜂須賀斉裕(徳島藩主)

八田 一朗　はった・いちろう
元・参院議員(自民党)　日本アマチュアレスリング協会会長　㊓明治39年6月3日　㊱昭和58年4月15日　㊞広島県江田島　㊫早稲田大学政経学部(昭和7年)卒　㊮藍綬褒章(昭和40年), 勲二等瑞宝章(昭和51年), オリンピック・オーダー(功労章)銀章(昭和57年)　㊧学生時代に柔道からレスリングに転向し、昭和7年のロサンゼルス五輪に日本のレスリング選手として初出場。戦後25年から33年間日本アマレス協会会長。「ライオンとにらめっこ」「そるぞ!」など独得の選手強化法で戦後のレスリング黄金時代を築き、27年のヘルシンキ五輪以来、計16個の五輪金メダルを物にした

が、35年のローマ五輪で惨敗したときは、自らも丸坊主で帰国。40年には参院議員に当選し、スポーツ議員第1号となる。一方、俳句もよくし高浜虚子に師事し、30年「ホトトギス」同人。句集に「俳気」がある。

八田 貞義　はった・さだよし
元・衆院議員（自民党　福島2区）　元・日本医大教授　[生]明治42年9月8日　[没]昭和61年12月20日　[出]福島県河沼郡河東町　[学]日本医大（昭和8年）卒　医学博士（昭和15年）　[賞]勲一等瑞宝章（昭和54年）　[歴]昭和22年日本医大教授となり、30年以来衆院議員に9選。池田内閣の官房副長官などをつとめる。58年落選し、引退。

八田 善之進　はった・ぜんのしん
枢密顧問官　内科医学者　[生]明治15年2月1日　[没]昭和39年1月7日　[出]福井県　[学]東京帝大医科大学（明治42年）卒　医学博士（大正6年）　[歴]母校医化学教室、青山内科を経て、愛知医学専門学校教諭、宮内省侍医となった。大正10年皇太子渡欧に随伴、昭和12年侍医頭から宮内省御用掛、枢密顧問官を歴任。また日本大学医学部創設に参画、3年日大医学科教授、のち医学科長、同駿河台病院長を務めた。退職後健康保険横浜中央病院長、28年社会保険中央病院長、38年辞職。

八田 宗吉　はった・むねきち
衆院議員（政友会）　[生]明治7年10月　[没]昭和13年1月16日　[出]福島県　旧名＝吉之丞　[歴]日本化学工業、福島県農工銀行、会津電力などの重役を務めた。大正6年以来衆院議員当選6回、政友会に属し、福島県政友会顧問を務めた。

八田 嘉明　はった・よしあき
貴院議員（勅選）　商工相　日本商工会議所会頭　[生]明治12年9月14日　[没]昭和39年4月26日　[出]東京・小石川　[学]東京帝大工科大学土木科（明治36年）卒　[歴]山陽鉄道、鉄道庁技師、鉄道省路線調査課長を経て大正12年同建設局長、15年鉄道次官となった。昭和4年退官、勅選貴族院議員。7年満鉄副総裁、12年東北興業総裁。13年第1次近衛文麿内閣の拓務相、14年平沼騏一郎内閣で商工相兼任、日本商工会議所会頭。16年帝国石油総裁。同年東条英機内閣の鉄道相、18年逓信・運輸通信相を務めた。戦後公職追放、解除後日本縦貫高速自動車道協会長、日本高架電鉄会長となった。　[家]息子＝八田豊明（熊谷組専務），八田恒平（大和副社長）

服部 一三　はっとり・いちぞう
貴院議員（勅選）　兵庫県知事　文部省書記官　[生]嘉永4年2月11日（1851年）　[没]昭和4年1月24日　[出]長門国吉敷（山口県）　[学]ロトゲルスカレッジ理学部（米国）卒　BS　[歴]漢学を修め、長崎で英語を学び明治2年米国に留学。8年帰国し、9年文部省督学局に出任。以後東京英語学校長、東大予備門主幹、東大総理補兼任、大阪専門学校総理を経て、文部省書記官となり、東大法学部長兼予備門長、同大幹事を歴任。16年農商務省御用掛兼務。同年米国、欧州を巡遊し、帰国後文部省書記官兼参事官。ついで普通学務局長、岩手・広島・長崎各県知事を経て、33年兵庫県知事となり、36年知事在任のまま勅選貴院議員。

服部 岩吉　はっとり・いわきち
衆院議員（日本自由党）　滋賀県知事　[生]明治18年11月　[没]昭和40年11月24日　[出]滋賀県　[歴]農業・酒造業を営む傍ら滋賀県金勝村長、県議を務め、昭和7年から衆院議員に当選4回。第1次吉田内閣の厚生政務次官、日本自由党代議士会副会長を歴任する。また滋賀県畜産組合連合会長、大津酒税組合理事長、滋賀県知事も務める。

服部 英明　はっとり・えいめい
衆院議員（翼賛議員同盟）　[生]明治12年3月　[没]昭和27年12月31日　[出]愛知県　[学]東京帝国大学独法科（明治40年）卒　[歴]大卒後、弁護士として働く。東京第一弁護士会評議員、麻布獣医畜産学校および麻布獣医専門学校理事、同教授

を務める。大正13年衆院議員に当選以来通算4期。

服部 教一　はっとり・きょういち
衆院議員(立憲民政党)　㊓明治5年7月　㊚昭和31年6月21日　㊍奈良県　㊫東京高等師範学校(明治32年)卒　㊑教育行政研究のため欧米各国に留学した。帰国後は、陸軍教授等を経て、文部省視学官兼書記官、鹿児島県・高知県・北海道庁各内務部長を歴任した。昭和5年衆院議員に当選、以来2選される。22年には参院議員にも当選した。また、北海道拓殖鉄道を創立して社長に就任、北海道高等専修学校および札幌法律学校等を設立、各校長となった。

服部 信吾　はっとり・しんご
参院議員(公明党　神奈川)　㊓昭和17年7月21日　㊚昭和62年4月25日　㊍神奈川県横浜市　㊫慶大文学部卒　㊑三井生命勤務、参院議員秘書を経て、昭和50年から横浜市議2期。58年参院議員に当選した。

服部 安司　はっとり・やすし
元・参院議員(自民党)　元・郵政相　㊓大正4年7月21日　㊍奈良県北葛城郡北上牧村　㊫中央商科短大商学科卒　㊑昭和15年県司法保護委員となり、33年以来衆院議員に7選。その間、内閣官房副長官、郵政政務次官、第2次福田内閣で郵相を歴任。60年2月補選で参院議員に当選、2期。宮沢派。平成4年引退。　㊙乗馬, ゴルフ　㊎三男＝服部三男雄(参院議員)

初見 八郎　はつみ・はちろう
衆院議員(憲政会)　㊓文久1年3月(1861年)　㊚昭和5年5月31日　㊍茨城県　㊑漢学と仏蘭西学を修めたのち新聞記者として活躍し、のちに各種学校の重役を歴任した。明治27年衆院議員に当選、以来4期務めた。

初村 滝一郎　はつむら・たきいちろう
元・参院議員(自民党)　元・労相　㊓大正2年11月5日　㊍長崎県南松浦郡奈良尾町(五島)　㊫五島中(昭和7年)卒　㊔勲一等旭日大綬章(平成4年)　㊑長崎県議、県会議長を経て、昭和45年から参院議員に4選。農水政務次官、参院政審会長、労相などを歴任。河本派。4年引退。　㊎息子＝初村謙一郎(衆院議員)

羽藤 栄市　はとう・えいいち
元・衆院議員(社会党)　元・今治市長　元・愛媛県副知事　㊓明治36年6月25日　㊚昭和60年11月22日　㊍愛媛県　㊫逓信官吏練修所卒　㊑旧電電公社四国電気通信局長、愛媛県副知事、社会党衆院議員1期を経て昭和37年から連続5期今治市長。

鳩山 威一郎　はとやま・いいちろう
元・参院議員(自民党)　元・外相　㊓大正7年11月11日　㊚平成5年12月19日　㊍東京都文京区　㊫東京帝国大学法学部(昭和16年)卒　㊔勲一等瑞宝章(平成1年)　㊑海軍時代を経て大蔵省に入り、経済企画庁長官官房長、理財、主計両局長などを歴任し、昭和47年6月大蔵省事務次官で退職。次官在任中に起きたドル・ショックの際は、円防衛策を水田蔵相の下で指揮。49年参院選に出馬、以来当選3回。福田内閣の外相をつとめる。中曽根派、無派閥を経て、渡辺派。平成4年引退。　㊙ゴルフ, 囲碁(3段)　㊎祖父＝鳩山和夫(衆院議長), 祖母＝鳩山春子(共立女子大創立者), 父＝鳩山一郎(首相), 母＝鳩山薫(共立女子学園理事長), 長男＝鳩山由紀夫(衆院議員), 二男＝鳩山邦夫(衆院議員), 姉＝古沢百合子(家庭生活研究会会長)

鳩山 一郎　はとやま・いちろう
第52·53·54代首相　自民党初代総裁　衆院議員　㊓明治16年1月1日　㊚昭和34年3月7日　㊍東京都文京区　㊫東京帝大英法科(明治40年)卒　㊑東京市議から、大正4年衆院議員(政友会)に当選。昭和6年犬養、7年斎藤内閣の文相に就任。8年京大滝川事件当時の文相として

大学の自治に介入。9年大蔵省疑獄事件に連座。政友会分裂の折には久原派の中核となった。戦後自由党結成に参加し初代総裁となるが、組閣寸前に公職追放となる。のち鳩山派を率いて、29年日本民主党を結成。同年ようやく首相就任の夢を果たし、保守合同を実現、自由民主党を結成し初代総裁に就任。3次まで組閣し、現自民党政権の原型をつくりあげた。31年にソ連を訪れ国交回復、また国連加盟を実現した。衆院議員通算15期。著書に「私の自叙伝」「鳩山一郎回顧録」など。平成11年「鳩山一郎・薫日記」が刊行された。 [家]父＝鳩山和夫(衆院議長・早大総長), 母＝鳩山春子(共立女子大創立者), 弟＝鳩山秀夫(東大教授・衆院議員), 妻＝鳩山薫(共立女子学園理事長), 長男＝鳩山威一郎(参院議員), 長女＝古沢百合子(家庭生活研究会会長), 孫＝鳩山由紀夫(衆院議員), 鳩山邦夫(衆院議員)

鳩山 和夫　はとやま・かずお

衆院議員(政友会)　衆院議長　早稲田大学総長　帝大法科大学教授　弁護士　法学者　[生]安政3年4月3日(1856年)　[没]明治44年10月4日　[出]江戸　[学]開成学校法律科(明治8年)卒　法学博士(第1号)(明治21年)　[歴]美作国勝山藩士・鳩山博房の四男。大学南校、開成学校を経て、明治8年渡米、コロンビア大、エール大で法律を学び、13年帰国。東大法学部講師となるが、15年辞任して代言人(弁護士)となり東京代言人組合長、東京府会議員を務めた。18年外務省権大書記官として条約改正に参画。19年帝大法科大学教授に就任、教頭。23年弁護士に復帰。25年以来衆院議員当選9回、立憲改進党、進歩党に属し29年衆院議長、31年外務次官を歴任。この間、東京専門学校校長、早大総長を務める。晩年立憲政友会入党。 [家]妻＝鳩山春子(共立女子大創立者), 長男＝鳩山一郎(首相), 二男＝鳩山秀夫(東大教授・衆院議員), 孫＝古沢百合子(家庭生活研究会会長), 鳩山威一郎(参院議員)

鳩山 邦夫　はとやま・くにお

衆院議員(自民党　比例・東京)　元・労相　元・文相　[生]昭和23年9月13日　[出]東京都文京区音羽　[学]東京大学法学部政治学科(昭和46年)卒　[歴]田中元首相の事務所で修業したあと初挑戦の昭和51年総選挙で自民党からトップ当選を果たした。曽祖父は第6代衆院議長、祖父は29年末から2年間にわたって首相、父は福田内閣の外相と続いた4代目。54年秋は落選したが、55年返り咲く。平成3年宮沢内閣の文相に就任。竹下派を経て、小渕派。5年6月衆院の解散を機に離党。6年4月羽田内閣の労相に就任。同年12月新進党結成に参加したが、8年9月離党し、兄・由紀夫らとともに民主党を結成。副代表を務めた。11年4月衆院議員を辞職、民主党からも離党して東京都知事選に立候補するが、落選。12年5月自民党に復帰。同年6月の総選挙では比例区東京ブロック2位で当選。当選8回。 [趣]釣り, チョウ採集　[家]祖父＝鳩山一郎(首相), 祖母＝鳩山薫(共立女子学園理事長), 父＝鳩山威一郎(政治家), 妻＝鳩山エミリ, 兄＝鳩山由紀夫(衆院議員), 長男＝鳩山太郎(東京都議), 長女＝高見華子(タレント)

鳩山 秀夫　はとやま・ひでお

衆院議員(立憲政友会)　東京帝大教授　民法学者　弁護士　[生]明治17年2月7日　[没]昭和21年1月29日　[出]東京　[学]東京帝大法科(明治41年)卒　法学博士(大正6年)　[歴]明治41年東大講師、43年助教授。44年〜大正3年欧州留学。5年教授となり民法講座担当。10、11年に国際連盟総会随員として参加。15年辞職して弁護士に転じ、昭和7年千葉2区から衆院選に当選した。ドイツ民法学の論理を用いて日本民法を体系づけ、著書に当時の学界に大きな影響を与えた「日本債権法総論」「日本債権法各論」(全2巻)や「日本民法総論」などがある。[家]父＝鳩山和夫(衆院議長), 母＝鳩山春子(共立女子大創立者), 兄＝鳩山一郎(首相)

花井 卓蔵　はない・たくぞう
衆院議員(正交倶楽部)　貴院議員(勅選)　弁護士　[生]慶応4年6月12日(1868年)　[没]昭和6年12月3日　[出]安芸国広島御調郡三原町(広島県)　旧姓=立原　[学]英吉利法律学校(現・中央大学)(明治18年)卒　法学博士(明治42年)　[歴]東京法学院大学部に学び、弁護士試験合格、直ちに弁護士開業。刑事弁護を専門に日比谷焼打事件、大逆事件などの弁護を担当。東京弁護士会会長、中央大講師を務めた。一方、明治31年以来広島県から衆院議員当選7回、議員同志倶楽部などを興し、普選法実現に努力。傍ら、刑事司法改革(刑法改正案・借地法案・陪審法案など作成)にも尽力。大正4年衆院副議長、11年勅選貴院議員となり、法制審議会委員も務めた。著書に「訴庭論草」(全8巻)など。

花城 永渡　はなぐすく・えいと
衆院議員(立憲政友会)　弁護士　[生]明治11年9月24日　[没]昭和13年2月1日　[出]沖縄県八重山　[学]日本大学専門部法律科(明治40年)卒　[歴]小学校長、会計検査院属を経て司法官試補となる。のちに、弁護士となり、那覇市議、議長等も務めた。大正9年衆院議員に当選、以来4選。那覇弁護士会長、沖縄産業取締役を歴任した。

葉梨 新五郎　はなし・しんごろう
衆院議員(自由党)　[生]明治34年2月20日　[没]昭和31年3月27日　[出]東京　[学]明治大学専門部中退, 国士館大学専門部中退　[歴]私立弘学館副館長、中央新聞、日本電報通信の記者、関東庁長官秘書官などを経て、昭和7年茨城1区から衆院選に当選、政友会、戦後自由党に属し、当選5回。衆院補助金等の臨時特例等に関する法律案特別委員長、同労働委員長、日本自由党総務を務めた。他に富士インキ、栄養化学工業、大稲計器各常務、新興採炭取締役会長、大阪時事新報、桜川紡績、日東農産、三綱商会などの社長を歴任。　[家]長男=葉梨信行(衆院議員)

葉梨 信行　はなし・のぶゆき
衆院議員(自民党　茨城3区)　元・自治相　[生]昭和3年12月16日　[出]東京都渋谷区　[学]北海道大学大学院理学系研究科(昭和29年)修士課程修了　[賞]勲一等旭日大綬章(平成12年)　[歴]福田一の秘書を経て、昭和42年衆院議員に当選。61年第3次中曽根内閣の自治相に就任。国家公安委員長、文教・社労各委員長、党副幹事長などを歴任。12年衆院選に茨城3区から立候補し、当選。当選12回。宮沢派、加藤派を経て、堀内派。　[家]父=葉梨新五郎(衆院議員)

花房 端連　はなぶさ・まさつら
岡山市初代市長　第二十二国立銀行頭取　[生]文政7年8月3日(1824年)　[没]明治32年4月7日　[出]備中国(岡山県)　旧姓=徳田　[歴]備中岡田藩士の次男に生まれ、岡山藩士の養子となる。岡山藩の少参事、大参事を歴任。廃藩後、工部省鉄道寮に出仕、鉄道権助となるが、明治9年辞任。同年第二十二国立銀行を岡山に創立し、頭取に就任。また16年岡山紡績会社を創設、22年岡山の市制施行にともない初代岡山市長となる。23年辞職。これより先、郷校閑谷黌の再興を図り、救貧院、感化院を創設、その他交通・産業の発展に尽した。　[家]三男=花房直三郎(統計学者)

花房 義質　はなぶさ・よしもと
枢密顧問官　駐朝鮮公使　駐露公使　外交官　[生]天保13年1月1日(1842年)　[没]大正6年7月9日　[出]備前国岡山(岡山県岡山市)　[歴]岡山藩の儒者について漢籍を学び、緒方洪庵門下で蘭学を学ぶ。慶応3年欧米に留学。帰国後、外国官御用命掛となり、外務大丞など歴任し、清国や朝鮮に駐在。明治5年朝鮮にて日韓貿易の交渉にあたる。6年ロシア公使館書記官として樺太千島交換条約締結にも携わる。13年朝鮮弁理公使。15年壬午軍乱に際し、全権として済物浦条約を結ぶ。のちロシア特命全権公使、農商務次官、宮中顧問官、宮内次官などを歴任し、44年枢密顧問官となる。また日本赤十字社社長も務めた。

花村 四郎　はなむら・しろう
衆院議員(自民党)　法相　弁護士　㊓明治24年8月30日　㊣昭和38年7月1日　㊕長野県　㊫日本大学法科(大正6年)卒　㊩弁護士を開業。東京弁護士会副会長。その間、万朝報主筆、高川穂高商講師などを務めた。一方、東京市議、東京府議を経て、昭和17年衆院議員に初当選、以後8回当選。この間、鳩山一郎の秘書官を務め、戦後鳩山派の日本自由党の結成に参加。29年鳩山内閣が誕生して第1次、第2次鳩山内閣の法相。のち裁判官弾劾裁判長などを歴任。鳩山引退後は石橋派から藤山派に属した。

華山 親義　はなやま・ちかよし
衆院議員(社会党)　㊓明治33年9月　㊣昭和47年8月10日　㊕山形県　㊫東京帝国大学法学部卒　㊩大東亜省会計課長から北京大使館総領事、山形県副知事を経て、昭和38年以来山形1区から衆院議員に当選3回。社会党県本部顧問となる。

羽仁 五郎　はに・ごろう
元・参院議員(無所属クラブ)　元・世界平和評議会評議員　歴史学者　評論家　㊓明治34年3月29日　㊣昭和58年6月8日　㊕群馬県桐生市　旧姓＝森　㊫東京帝国大学文学部国史学科(昭和2年)卒　㊩大正10年渡欧、ドイツ・ハイデルベルク大学で歴史哲学を学ぶ。昭和2年東京帝大卒業後、同大史料編纂所嘱託、日本大学・自由学園講師となり、3年日本大学教授、史学科を創設。三木清らとの討論により、歴史問題と唯物史観の構想に開眼。同年「新興科学の旗の下に」の創刊に参画、4年プロレタリア科学研究所創立に参加。6年マルクス主義学者として「日本資本主義発達史講座」では明治維新を執筆し、人民史観的考察で維新史研究に新時代を画す。その後も人民の抵抗精神を標榜し、治安維持法違反で2度逮捕され、終戦を獄中で迎えた。戦後、歴史研究会の再建に尽力、「日本人民の歴史」(24年)をまとめた。また22年には無所属で参院議員に当選。国立国会図書館の創設、破防法反対、学問・思想の自由保障委員会の中心になるなど精力的に活躍。2期つとめた後は著作に専念。23年より3期、日本学術会議会員。43年の「都市の論理」は大学紛争の全共闘運動に大きな影響を与えた。他に「転形期の歴史学」「歴史学批判序説」「明治維新」「ミケルアンヂェロ」などのほか、「羽仁五郎歴史論著作集」(全4巻, 青木書店)「羽仁五郎戦後著作集」(全3巻, 現代史出版会)がある。　㊎妻＝羽仁説子(評論家・教育家), 長男＝羽仁進(映画監督), 長女＝羽仁協子(コダーイ芸術教育研究所所長), 孫＝羽仁未央(映画監督・エッセイスト), 羽仁カンタ(市民運動家)

羽生 三七　はにゅう・さんしち
元・参院議員(社会党)　社会運動家　㊓明治37年1月13日　㊣昭和60年12月30日　㊕長野県下伊那郡鼎村(現・鼎町)　㊫松濤義塾　㊩山川均の指導を受け、大正11年秋、下伊那自由青年連盟を結成、機関誌「第一線」を発行、以後、社会主義運動や青年運動を続けた。13年長野青年共産党事件で検挙され、治安警察法違反で禁固4ケ月に処せられる。のち政治研究会、労働農民党に参加。昭和7年鼎村村議となり、10年社会大衆党から長野県議。のち国民運動研究会、昭和研究会に参加。戦後、20年社会党結党に参加。21年鼎村長に当選。22年4月第1回参院選挙に長野地方区から社会党公認で当選。以来連続5期トップ当選を続けたが、52年に政界を引退した。非武装中立論、日ソ国交回復促進など外交、防衛問題の論客として鳴らした。

羽根 盛一　はね・せいいち
元・福井県知事　㊓明治31年12月19日　㊫京都帝国大学経済学部(昭和2年)卒　㊩立命館大学助教授を経て内務省に勤務。昭和22年官選富山県知事。26年公職追放解除後、福井県副知事を経て、30年戦後2人目の公選知事として福井県知事に当選。34年知事退任後は吉崎ヘルスセンター会長となった。

馬場 鍈一　ばば・えいいち
蔵相　文相　貴院議員　財政家　[生]明治12年10月5日　[没]昭和12年12月21日　[出]東京・芝　[学]東京帝大法科大学(明治36年)卒　法学博士　[歴]高文をトップでパスし大蔵省入り。税関事務官、韓国総監府財政監査官などを経て法制局に転じ、参事官兼行政裁判所評定官から加藤友三郎内閣の法制局長官。大正11年から貴族院議員。昭和2年勧業銀行総裁。岡田内閣の審議会委員を経て広田内閣の蔵相に起用され、軍事費の大幅な支出増を許したことで知られる。また税制改革による増税案を発表したため猛烈なインフレを呼び、内閣崩壊の原因となった。その後軍部の強い要請で、12年に第1次近衛内閣の文相に就任。

馬場 辰猪　ばば・たつい
民権家　[生]嘉永3年5月15日(1850年)　[没]明治21年11月1日　[出]土佐国(高知県)　[学]慶応義塾　[歴]慶応義塾で経済学を専攻。明治3年と8年と2回に渡って渡英し、法律研究のかたわら英文で「日本語文典」「日英条約改正論」などを刊行。11年帰国し、小野梓の共存同衆会、14年国友会に所属して自由民権運動に参加し、14年自由党に入党。「朝野新聞」「自由新聞」紙上で論陣を張った。15年「天賦人権論」を刊行し、加藤弘之の“人権新説”を批判。この間訴訟鑑定所を開いて法律実務に従事し、明治義塾で教鞭を執る。のち板垣退助と対立し政界から離れ、19年渡米。新聞に「日本人監獄論」などを執筆して藩閥政府批判を続けたが、フィラデルフィアで客死した。著書に「馬場辰猪全集」(全4巻)など。
[家]弟＝馬場孤蝶(評論家)

馬場 富　ばば・とみ
元・参院議員(公明党)　[生]大正14年1月15日　[出]愛知県江南市　[学]海軍飛行学校予科(昭和18年)卒　[歴]昭和38年犬山市議、50年愛知県議を経て、52年から参院議員に2選。平成元年引退。

馬場 昇　ばば・のぼる
元・社会党書記長　元・衆院議員　[生]大正14年11月26日　[出]熊本県芦北郡芦北町　[学]熊本工専(昭和22年)卒　[賞]勲二等旭日重光章(平成8年)　[歴]熊本県評議長、水俣病対策熊本県民会議の議長として、水俣病被害者たちの闘いを支え、昭和47年12月衆院議員に初当選。当選7回。日教組副委員長、衆院災害特別委員長などを歴任。57年2月党書記長に就任したが、党内の派閥争いで、12月辞任。国会を舞台に水俣病の闘いを始め、“水俣病問題の馬場”と呼ばれる。平成5年落選。

馬場 元治　ばば・もとはる
衆院議員(自民党)　弁護士　[生]明治35年12月21日　[没]昭和43年6月23日　[出]長崎県南高来郡南串山町　[学]東京帝大法学部(大正14年)卒　[歴]弁護士を開業し、長崎市会、県会議員を経て、昭和11年長崎1区から総選挙に当選、19年小磯国昭内閣の厚生参与官。戦後公職追放、解除後自由党衆院議員に復帰、通算10期。衆院法務委員長を経て、30年第3次鳩山一郎内閣の建設相。他に自由党総務、自民党基本問題調査会副会長、代議士会長などを務めた。

浜井 信三　はまい・しんぞう
元・広島市長　[生]明治38年5月28日　[没]昭和43年2月26日　[出]広島県広島市三川町　[学]東京帝大法学部(昭和6年)卒　[歴]昭和7年広島商工会議所に勤め、10年広島市職員となる。配給課長時代の20年8月6日、爆心から3キロの自宅で被爆した。被爆直後から被災者への食糧確保と救援に活躍。助役を経て、22年初代公選広島市長に当選。同年から8月6日に平和式典と慰霊祭を実行、平和宣言を発表する。平和と核兵器禁止を世界に訴えるとともに、24年には広島平和記念都市建設法を制定、平和公園を建設。またアメリカ、ソ連を訪問、原爆禁止を訴え、41年原爆被災のシンボル「原爆ドーム」の保存募金運動の先頭に立つた。42年に退職するまで途中1期を

除いて通算4期16年広島市長を務めた。死去後の43年3月8日広島市民葬が行われた。著書に「原爆市長」がある。[家]息子＝浜井順三（大野石油店副社長）

浜尾 新　はまお・あらた
枢密院議長　文相　東京帝大総長　教育行政官　[生]嘉永2年4月20日（1849年）[没]大正14年9月25日　[出]但馬国豊岡（兵庫県豊岡市）　[学]慶応義塾, 大学南校　[歴]豊岡藩の藩命により英学・仏学を学び、ケンブリッジ大学から栄誉学位を受けた。明治5年大学南校の中監事、7年東京開成学校校長心得を経て、東大副総理として加藤弘之総長を助け創立当初の東大とともに歩いた。この間、文部省入りして学務局長、学術制度調査のため欧州派遣。明治26年帝大総長。30年第2次松方内閣の文相。その後、元老院議官、貴族院議員、枢密顧問官などを歴任。大正時代には東宮御学問所副総裁として7年間、のちの昭和天皇の教育を担当し、大正13年枢密院議長に就任。また海外の推理小説に造詣が深く、自らも創作し、多くの作家を育てた本格派推理文学の開拓者でもある。[家]孫＝浜尾実（東宮侍従）

浜口 雄幸　はまぐち・おさち
第27代首相　立憲民政党初代総裁　財政家　[生]明治3年4月1日　[没]昭和6年8月26日　[出]高知県長岡郡五台山村唐谷（現・高知市）旧姓＝水口　[学]帝大法科大学（現・東大法学部）政治学科（明治28年）卒　[賞]勲一等旭日桐花大綬章　[歴]山林官水口胤平の三男に生まれ、明治21年高知県安芸郡田野町の旧郷士浜口家の養子となる。三高、東大卒業後、大蔵省に入り、専売局長官を経て、大正元年逓信次官、3年大蔵次官となる。4年政界に転じ高知から衆院議員に当選、憲政会きっての財政通として活躍。加藤内閣の蔵相、若槻内閣の蔵相・内相を経て、昭和2年立憲民政党初代総裁に選ばれ、4年首相に就任。金融恐慌のなかで、軍縮・緊縮財政と金解禁を断行。"ライオン宰相"の異名をとる。深刻な不況と社会不安の激化した5年11月、東京駅で右翼青年に狙撃されて重傷を負う。容態が悪化して翌6年首相・総裁を若槻に譲り、8月永眠。平成元年日記が見つかる。[家]長男＝浜口雄彦（銀行家），二男＝浜口巌根（銀行家）

浜口 吉右衛門　はまぐち・きちえもん
衆院議員（立憲政友会）　貴院議員（多額納税）　ヤマサ醤油経営者　実業家　[生]文久2年5月（1862年）[没]大正2年12月11日　[出]紀伊国広村（和歌山県）　[学]慶応義塾　[歴]浜口家10世の主人としてヤマサ醤油および塩を経営。第4回衆院議員補欠選挙で初当選。以来、3期務め、明治40年貴院議員に多額納税者として当選。その他、富士瓦斯紡績社長、豊国銀行頭取、九州水力電気社長などを歴任。

浜田 国松　はまだ・くにまつ
衆院議長　政友会総務　[生]慶応4年3月10日（1868年）[没]昭和14年9月6日　[出]伊勢国宇治山田（現・三重県伊勢市）号＝孤松　[学]東京法学院（現・中央大学）（明治24年）卒　[歴]弁護士から政界に入り、明治37年以来衆院議員に当選12回。立憲国民党、革新倶楽部、立憲政友会に所属。この間、大正6年衆院副議長、14年政友会総務、昭和2年田中義一内閣の司法政務次官、9～11年衆院議長をつとめた。同じ三重2区の"憲政の神様"尾崎行雄とともに、清廉な政治家として憲政の擁護に尽力。自由主義的雄弁家として知られ、12年第70議会で寺内寿一陸相に腹切りを賭けて発言の誠実さを問うた、"腹切り問答"で一躍有名になった。

浜田 幸一　はまだ・こういち
元・衆院議員（自民党）　政治評論家　[生]昭和3年9月5日　[出]千葉県富津町青堀（現・富津市大堀）[学]木更津中（旧制）（昭和21年）卒, 日本大学農獣医学部拓殖科中退　[歴]廃品回収業の家に生まれ、20代で暴力団幹部となる。ヤクザから足を洗った後、君津郡連合青年団長、千葉県連合青年団長、日本青年団協議会

顧問などを歴任。この間沖縄を視察し政治に関心を深め、昭和34年富津町町議、37年千葉県議を経て、47年自民党より立候補し、衆院議員に当選。院内では、特異な経歴と人脈に加えて、あくの強い発言と党内抗争での派手な立ち回り等により、"暴れん坊ハマコー"の異名をつけられる。55年4月ラスベガスとばくツアー疑惑を浴びて、議員を辞職。しかし、58年12月の総選挙で再び立候補し当選。通算7回当選。62年竹下内閣の予算委員長に就任したが、宮本顕治殺人者発言事件で審議が空転し、63年2月辞任。平成3年社会党国対委員長への裏金発言で再び物議を醸す。5年引退。近年は「笑っていいとも！」「たけしのTVタックル」などバラエティ番組にも多く登場する。著書に「弾丸なき抗争」「不肖ハマコーがゆく」などがある。　趣ゴルフ、テニス、囲碁、野球　家弟＝浜田正雄（京葉銀行頭取）、息子＝浜田靖一（衆院議員）

浜田 卓二郎　はまだ・たくじろう
参院議員（無所属　埼玉）　元・衆院議員（自民党）　生昭和16年10月5日　鹿児島県姶良郡　学東京大学法学部（昭和40年）卒　歴昭和40年大蔵省に入省。52年主計局主査で退官。55年自民党から衆院議員に当選、宮沢派に所属。当選4回。平成5年落選、6年新生党に入党。8年新進党から衆院選に立候補するが落選。10年無所属で参院議員に当選。国会内の会派は公明所属。著書に「サバイバル日本の選択」「日本は甦る」がある。　家妻＝浜田麻記子（コスモ・ジェフィー社長）

浜田 尚友　はまだ・ひさとも
元・衆院議員（無所属倶楽部）　政治評論家　生明治42年6月　没昭和63年3月3日　鹿児島県国分市　学早稲田大学政経学部政治科卒　歴昭和7年東京日日新聞社（現・毎日新聞社）に入社。その後、厚生大臣秘書官などを経て、17年に鹿児島2区から衆院議員に初当選、2期務めた。戦後は国分市会議長などを経て政治評論家として活動した。

浜田 光人　はまだ・みつと
元・衆院議員（社会党）　生大正1年11月　没昭和63年1月31日　広島県呉市　学海軍砲術学校（昭和16年）卒　歴昭和23年から進駐軍労組広島県本部委員長、呉市議1期、広島県議3期。42年から衆院議員（広島2区）を1期務めた。

浜地 文平　はまち・ぶんぺい
元・衆院議員（自由党）　生明治26年2月22日　没昭和61年6月21日　三重県度会郡南島町　学三重県立師範第2部（現・三重大教育学部）（大正3年）卒　賞勲一等瑞宝章（昭和41年）、三重県民功労章（昭和41年）、南島町名誉町民（昭和43年）、伊勢市名誉市民（昭和55年）　歴父母に生き別れ祖母の手一つで育てられ、赤貧の中から身を起こした。小学校教師から30歳で吉津村長となり、大湊町長、三重県議（4期）を経て、昭和12年衆院議員に当選。以後、戦前2回、戦後6回当選。41年政界から引退。のち皇学館大理事長もつとめた。

浜名 信平　はまな・しんぺい
衆院議員（無所属）　生安政2年10月（1855年）　没大正5年1月29日　茨城県　歴漢学を修め、茨城県議、同常置委員、同副議長、同議長を歴任。のち、日英博覧会評議員を経て、明治27年衆院議員に当選。以来9期務めた。

浜西 鉄雄　はまにし・てつお
衆院議員（社会党　山口1区）　元・全逓地本委員長　生大正15年3月2日　没昭和62年11月21日　山口県下関市　学多々良航空製作所青年学校卒　歴山口県公労協副議長を経て、昭和58年以来衆院議員に2選。

浜野 清吾　はまの・せいご
元・衆院議員（自民党）　元・法相　王子運送会長　労働運動家　生明治31年4月28日　没平成2年6月24日　栃木県河内郡上三川町　学中央大学法科（大正13年）中退　賞勲一等瑞宝章（昭和46年）、勲一等旭日大綬章（昭和52年）　歴大正6年国鉄飯田町機関庫に機関士として就

職し、9年大日本機関車乗務員会に参加するが、同会は10年解散し、また解雇された。以後組合再建運動につとめ、15年全日本鉄道従業員組合を創立、本部書記となった。のち無産党を離れ、昭和7年東京府議、10年東京市議を経て、19年繰り上げで衆院議員に当選。戦後公職追放された。22年王子運送社長、のち会長。30年日本民主党から衆院議員に復帰し、通算9選。47年行政管理庁長官、49年法務大臣などを歴任した。
[趣]ゴルフ　[家]長男＝浜野剛（衆院議員）

浜野 剛　はまの・たけし
元・衆院議員（自民党）　[生]大正15年1月25日　[出]東京都北区　[学]中央大学経済学部（昭和25年）卒　[歴]昭和26年帝都高速度交通営団に入る。36年王子運送監査役、39年取締役、42年専務を経て、50年社長に就任。54年から衆院議員に6選。宮沢派。平成8年引退。
[家]父＝浜野清吾（法相）

浜野 徹太郎　はまの・てつたろう
衆院議員（日本進歩党）　弁護士
[生]明治18年7月　[没]昭和49年1月21日
[出]兵庫県　[学]中央大学専門部法律科（大正5年）卒　[歴]多年小学校訓導、弁護士業を経て、昭和5年衆院議員に当選。以来5期務めた。平沼内閣の司法参与官、司法省委員、鈴木内閣の司法政務次官を歴任した。また、神戸弁護士会長もつとめた。

浜本 万三　はまもと・まんぞう
元・参院議員（社会党）　元・労相　[生]大正9年9月9日　[出]広島県尾道市　[学]向東高小卒　[賞]勲一等瑞宝章（平成8年）
[歴]広島電気に勤務。電産県委員長、広島県労議長（15年間）を経て、昭和49年参院議員に当選。参院建設委員長を経て、平成6年村山内閣の労相をつとめた。7年引退。

早川 慎一　はやかわ・しんいち
参院議員（緑風会）　[生]明治29年3月
[没]昭和44年10月23日　[出]東京　[学]東京帝国大学法学部英法学科（大正9年）卒
[歴]鉄道省に入る。その後、鉄道書記官、鉄道局長を経て、日本通運（株）理事、同社長、大洋自動車（株）・（株）国際観光会館・日本ホテル（株）・朝日生命保険（相）各取締役。昭和22年参院議員初当選。以降2選。緑風会議員総会副議長、参院経済安定・建設各委員長もつとめる。

早川 崇　はやかわ・たかし
衆院議員（自民党）　元・労相　元・厚相　[生]大正5年8月21日　[没]昭和57年12月7日　[出]和歌山県田辺市　[学]東京帝国大学法学部（昭和16年）卒　[歴]内務省、海軍主計将校を経て、昭和21年衆院議員に初当選。以来、通算14回当選。38年池田内閣に自治相兼国家公安委員長として初入閣。その後、佐藤内閣の労相、三木内閣の厚相を歴任。保守党左派に身を置いた。学者ハダの政治家として知られ、「英国保守党史」（訳）「新保守主義の政治哲学」など著書も多い。

早川 龍介　はやかわ・りゅうすけ
衆院議員（憲政会）　[生]嘉永6年8月12日（1853年）　[没]昭和8年9月22日　[出]尾張国（愛知県）　[賞]勲四等　[歴]明治5年戸長、13年初代愛知県議を経て、23年以来愛知県から衆院議員当選10回。早くから農工業の振興に力を入れ、中国、朝鮮、米国を視察、殖産興業の発展に努めた。また財を投じ子弟に外国語を学ばせるなど国政、県政のために尽した。さらに信参鉄道取締役、愛知農工銀行、尾三農工銀行各監査役を務めた。

林 市蔵　はやし・いちぞう
大阪府知事　[生]慶応3年11月28日（1867年12月23日）　[没]昭和27年2月21日　[出]肥後国（熊本県）　[学]東京帝大法科（明治29年）卒　[歴]零落した貧乏士族の家に育ち、苦学して帝大に進む。内務官吏として各地を転勤、その間明治32年警察監獄学校教授となり、社会事業への関心を深める。41年三重県知事に就任、地

方自治の育成に尽した。のち大阪府知事となり、在任中に米騒動に遭遇、民生対策として小河滋次郎とともに大正7年方面委員(現・民生委員)制度を創設した。退官後も関西地方を中心に民間社会事業を指導、庶民信用組合の頭取として防貧事業に携わる。「民生委員の父林市蔵先生」がある。

林 包明　はやし・かねあき
自由党幹事　⊕嘉永5年(1852年)　⊗大正9年6月17日　⊕高知県　⊛藩立陸軍兵学校に学び、のち大阪に出て自由民権運動に参加、河野広中、片岡健吉らと交わり、明治13年自由党結成で幹事となった。15年政府に弾圧され東京で入獄。出獄後著述と子弟の教育に従事。18年日本英学館を設立、星亨、山田泰造らと「公論新報」を発行。20年保安条例により東京追放となるが、22年憲法発布で特赦された。

林 毅陸　はやし・きろく
枢密顧問官　慶応義塾大学学長　衆院議員(立憲政友会)　⊕明治5年5月1日　⊗昭和25年12月17日　⊕佐賀県　旧姓=中村　⊕慶応義塾大学文学科(明治28年)卒　法学博士　⑱帝国学士院会員(昭和11年)　⊛明治29年慶大理財科講師。34年パリ政治学校に留学、43年慶大政治科主任教授。45年以後衆院議員に当選4回。ベルギーの万国議員商事会議代表、大正8年パリのベルサイユ講和会議日本委員、10年ワシントン軍縮会議全権委員随員。12年慶大学長となり、昭和8年まで在任。11年帝国学士院会員、21年枢密顧問官。外交史の開拓者で著書に「欧州最近外交史」。

林 健太郎　はやし・けんたろう
元・参院議員(自民党)　元・国際交流基金理事長　東京大学名誉教授　⊕西洋史　⊕大正2年1月2日　⊕神奈川県横須賀市　⊕東京帝国大学文学部西洋史学科(昭和10年)卒　⑱日本文化論、現代世界政治・文明論　⑲ドイツ功労勲章大功労十字章(昭和47年)、イタリア・コメンダトーレ勲章(昭和55年)、ハイデルブルグ大学名誉博士、日本文芸大賞(特別賞、第8回)(昭和63年)、菊池寛賞(第36回)(昭和63年)、勲一等瑞宝章(平成2年)　⊛在学中唯物史観による西洋史研究を志し、戦中は反ファシズム論を展開。一高教授となるが終戦の前年に召集され、一等水兵として敗戦。戦後、東京大学助教授を経て、昭和29年教授。次第に保守的立場へ転向し、33年竹山道雄、高坂正顕らと日本文化フォーラムを結成。東大闘争では文学部長として170時間に及ぶ学生との団交に頑張り通す強さを見せた。48年から4年間東大総長。52年日本育英会会長、55年国際交流基金理事長を歴任。58年参院選比例代表区に自民党候補者名簿2位で当選、平成元年任期満了。著書に「世界の歩み」「史学概論」「ドイツ革命史1848-49年」「ワイマル共和国」「両大戦間の世界」「ドイツ史論集」「歴史と体験」「昭和史と私」「歴史からの警告」などがあり、随筆集に「赤門うちそと」がある。　⊚日本文化会議、史学会　㊕弟=林雄二郎(東京情報大学学長)、林四郎(筑波大学名誉教授)

林 権助　はやし・ごんすけ
枢密顧問官　宮内省式部長官　駐英大使　駐韓国公使　外交官　男爵　⊕安政7年3月2日(1860年)　⊗昭和14年6月27日　⊕陸奥国若松(福島県会津若松市)　⊕東京帝大法科中　⊛会津藩士の家に生まれる。明治20年外務省入り。北京公使館首席書記官から通商局長を経て、32年駐韓国公使となり、以後対韓外交の第一線で過ごし、37年の日韓議定書から日韓協約など日韓合併の基礎を作った。39年駐清国公使、41年駐伊大使を経て、大正5年駐中国公使に復し、寺内内閣が進めた対中強硬外交にも現地にあって協力した。8年関東府長官に就任、北方軍閥の援助に奔走。9年駐英大使。退官後、14年宮内省御用掛となり再渡欧、留学中の秩父宮親王の補導に当たる。昭和4年宮内省式部長官、9年から枢密顧問官。著書に「わが七十年を語る」がある。

499

林 譲治　はやし・じょうじ
衆院議長　副総理　自由党幹事長　俳人　[生]明治22年3月24日　[没]昭和35年4月5日　[出]高知県宿毛市　俳号=林鮒児, 別号=林寿雲　[学]京都帝大独法科(大正7年)卒　[歴]明治の自由民権の闘士で第1次大隈内閣の逓相をつとめた有造の二男。三菱倉庫に入社したが、高知県会議員を経て昭和5年の総選挙に出馬、当選、以来当選11回。6年犬養内閣の文相・鳩山一郎の秘書官となってから鳩山派幹部。戦後、第1次吉田茂内閣の書記官長。大野伴睦幹事長とともに内政に暗い吉田を助けた。第2次吉田内閣の副総理兼厚相。以来、益谷秀次も加えて"党人派御三家"を称す。25年同改造内閣の経済安定本部長官、副総理、26年衆院議長。その後、自由党幹事長、総務を経て引退。鮒児と号し、俳人としても知られ、政治家と新聞記者を中心にした東嶺会を主宰。富安風生に師事し、句集に「古袷」がある。
[家]父=林有造(逓相), 長男=林迶(参院議員), 二男=林迶(宿毛市長)

林 銑十郎　はやし・せんじゅうろう
第33代首相　陸相　陸軍大将　[生]明治9年2月23日　[没]昭和18年2月4日　[出]石川県金沢市　[学]陸士(明治29年)卒, 陸大(明治36年)卒　[歴]日露戦争に従軍後、大正2年ドイツに留学、4年から1年間イギリスに駐在。その後、7年歩兵第57連隊長、14年歩兵第2旅団長、昭和2年陸大校長、3年教育総監部本部長、4年近衛師団長、5年朝鮮軍司令官を歴任。6年満州事変の際、独断で朝鮮軍を旧満州に越境派遣し問題となる。7年大将。同年教育総監を経て、9年斎藤内閣の陸相に就任。続く岡田内閣にも留任したが、皇道派を排して統制派を登用したことから相沢事件が発生、辞任した。12年2月広田内閣総辞職後、宇垣内閣が陸軍の反対で流産したため、首相となって組閣したが、僅か4か月で総辞職においこまれた。15年内閣参議、17年大日本興亜同盟総裁。

林 大幹　はやし・たいかん
元・衆院議員(自民党)　元・環境庁長官　[生]大正11年2月23日　[出]千葉県香取郡東庄町　[学]金雞学院(昭和7年)卒　[賞]勲二等旭日重光章(平成4年), 勲一等瑞宝章(平成11年)　[歴]自民党本部に入り、昭和47年以来衆院議員に6選。環境委員長を務め、平成4年宮沢改造内閣の環境庁長官に就任。渡辺派。5年引退。
[家]息子=林幹雄(衆院議員)

林 大作　はやし・だいさく
元・衆院議員(社会党)　日本自転車振興会連合会顧問　[生]明治38年　[没]昭和60年11月26日　[出]愛知県八名郡賀茂村　[学]東京帝大法学部卒　[歴]三井物産から、政府が設立した交易営団に移り、上海支部長を務める。戦後片山哲の法律事務所で働き、昭和22年の総選挙で愛知5区から当選1回。

林 孝矩　はやし・たかのり
元・衆院議員(公明党)　[生]昭和13年3月8日　[出]大阪府　[学]関西大学法学部卒　[歴]聖教新聞記者、公明党関西本部国民生活部長、同奈良県連事務長等を経て、昭和44年衆院議員初当選以来3期務める。検察官適格審査会委員、衆議院決算委員会理事、同公選法特別委員、公明党中央委員、同決算部会会長、同奈良県本部長等を歴任。

林 董　はやし・ただす
外相　外交官　伯爵　[生]嘉永3年2月22日(1850年)　[没]大正2年7月10日　[出]江戸　旧姓=佐藤　幼名=信五郎, 董三郎　[歴]佐倉の私塾で学んだあと、横浜に出て英語を学び、慶応2年幕命で英国留学、明治元年帰国。榎本武揚軍に従って箱館で戦い、敗れた。3年釈放され、4年新政府の神奈川県出仕、のち外務省に入り岩倉具視欧米巡遊に随行。6年帰国、工部省に入り逓信省内信局長、香川・兵庫各県知事を経て、24年外務次官。30年駐ロシア公使、33年駐英公使となり日英同盟締結に尽力。39年第1次西園寺公望内閣の外相となり、日露・日仏協商締結を行う。44年第2次西園寺

内閣逓相。39年伯爵。著書に「後は昔の記」。

林 友幸 はやし・ともゆき
枢密顧問官 伯爵 ⑭文政6年2月6日（1823年）⑭明治40年11月8日 通称＝林周次郎, 半七, 号＝秋畝 ㊗尊攘運動に加わり奇兵隊参謀として活躍、馬関戦争、さらに第2次長州征討、戊辰戦争に参加。明治11年徴士会計官権判事となり、奥羽に出張。12年7月盛岡藩大参事、8月九戸県権知事。13年民部大丞兼六蔵大丞。14年中野県権知事を兼任する。17年内務大臣兼土木頭、18年内務少輔。元老院議官から23年貴院議員となる。28年宮中顧問官となり、33年枢密顧問官に就任した。その間、19年子爵、40年伯爵を授けられている。

林 虎雄 はやし・とらお
元・長野県知事 元・参院議員（社会党）⑭明治35年7月15日 ⑭昭和62年8月29日 ㊗長野県諏訪郡上諏訪町（現・諏訪市）㊗高島小卒 ㊗勲二等旭日重光章（昭和49年）㊗農民運動から社会大衆党に参加。昭和8年上諏訪町議、10年長野県議、16年諏訪市助役を歴任。戦後社会党の結成に参加し、21年衆院議員に当選。22年長野県知事に転じて3期つとめ、37年からは参院議員に2期。49年引退、信越放送相談役をつとめた。
㊗長男＝林壮司（信越放送社長）

林 信雄 はやし・のぶお
衆院議員（自由党）弁護士 ⑭明治32年5月5日 ⑭昭和49年12月1日 ㊗福岡県 ㊗明治大学法律科（大正9年）卒 ㊗郷里の福岡県小倉市で弁護士開業、日本弁護士会理事。一方福岡県会議員、小倉市長を務め、司法省委員。昭和17年翼賛政治体制協議会推薦で福岡4区から衆院議員に当選。戦後も1回当選、自由党所属。

林 百郎 はやし・ひゃくろう
元・衆院議員（共産党）弁護士 ⑭明治45年6月20日 ⑭平成4年6月1日 ㊗長野県岡谷市 ㊗中央大学法学部（昭和16年）卒 ㊗昭和16年に弁護士を開業、自由法曹団に所属し、三鷹事件等で活躍し、22年以来衆院議員に当選9回。衆院懲罰常任委員長、共産党国対委員長などを歴任し、党衆院議員団長もつとめた。61年6月引退。 ㊗読書
㊗兄＝林要一郎（片倉工業常務）

林 寛子 ⇒扇千景（おうぎ・ちかげ）を見よ

林 博太郎 はやし・ひろたろう
貴院議員 教育学者 伯爵 ⑭明治7年2月4日 ⑭昭和43年4月28日 ㊗東京・芝 ㊗東京帝大文科大学哲学科（明治32年）卒 文学博士（大正8年）㊗勲一等瑞宝章（昭和11年）㊗明治32年ヨーロッパ留学、教育学研究。37年学習院教授、39年東京高等商業学校教授、宮内省式部官兼務、40年伯爵。大正8年東大教授、昭和7〜10年南満州鉄道総裁、文部省教科書調査会長兼務。その間大正3年から昭和22年まで貴院議員を務め、予算委員長、文政審議会委員、議会制度審議会委員を歴任。また帝国教育会長、理科少年団創設などに尽力。戦後霞会館監事、39年高千穂商科大学理事長、さらに東海大教授を務めた。 ㊗祖父＝林友幸（山口藩士・伯爵）

林 平馬 はやし・へいま
衆院議員（民主党）⑭明治16年11月6日 ⑭昭和47年3月19日 ㊗福島県 ㊗日本体育会体操学校（明治40年）卒、日本大学法律科（大正2年）卒 ㊗小学校訓導、京城陶器専務、財団法人協調会参事、同修養団、日本体育会各理事などを経て、昭和3年福島2区から衆院議員となり、当選7回。立憲民政党、戦後日本進歩党、国民協同党、日本民主党（旧）に所属、国協党中央常任委、日本民主党顧問を務めた。この間14年平沼騏一郎内閣鉄道参与官、22年片山哲内閣の国務相となった。著書に「大国民読本」「天皇制

と輿論」「再軍備は是か非か」「終戦運動秘録」などがある。

林 保夫　はやし・やすお
元・衆院議員（民社党）　[生]昭和3年4月2日　[出]岡山県総社市（本籍）　[学]海兵（昭和20年）中退　[賞]勲三等旭日中綬章（平成10年）　[歴]昭和22年時事通信に入る。神戸支局長、経済解説編集長を歴任。47年日本経済教育センター事務局長。専務理事を経て50年には民社党岡山県連常任顧問執行委員長。民社党機関紙局副局長を経て国際局副局長。54年から衆院議員3期。平成2年落選。　[趣]書道

林 迶　はやし・ゆう
元・参院議員（自民党）　元・労相　[生]大正13年5月19日　[没]平成6年2月11日　[出]高知県宿毛市　[学]明治大学政経学部（昭和27年）卒　[歴]東邦レーヨンに勤務したのち、昭和46年の参院選に無所属で出馬して落選、49年参院補選で当選を果たし、3期つとめる。60年第2次中曽根内閣労相に就任。平成元年落選、2年衆院選に出馬したが、再び落選。5年3月コムラインビジネスデータ会長。　[趣]写真，ゴルフ　[家]祖父＝林有造（逓相），父＝林譲治（衆院議長），弟＝林迶（宿毛市長）

林 有造　はやし・ゆうぞう
農商務相　逓信相　衆院議員（政友会）　[生]天保13年8月17日（1842年）　[没]大正10年12月29日　[出]土佐国幡多郡宿毛村（現・高知県宿毛市）　本名＝林包直　旧姓＝岩村　[歴]幕末、脱藩して板垣退助らと尊王攘夷運動に投じ、戊辰戦争に従軍。維新後、明治3年渡英。4年高知藩少参事、同権大参事、4年高知県参事。6年外務省出仕。征韓論政変で板垣らと退官帰国、立志社に参加。西南の役で武器購入を図り発覚して投獄された。19年特赦出獄、20年建白運動に参加、保安条例で追放され、22年追放解除。23年愛国公党結成に参加。第1回以来衆院議員当選8回、自由党に属した。31年第1次大隈内閣の逓信相、33年立憲政友会創立に参加、第4次伊藤内閣の農商務相を務めた。政友会総務委員として活躍するが、のち脱党、政界を引退した。　[家]兄＝岩村通俊（貴院議員・男爵），弟＝岩村高俊（貴院議員・男爵），長男＝林譲治（衆院議長）

林 佳介　はやし・よしすけ
元・衆院議員（日本進歩党）　下関倉庫社長　サンデン交通会長　[生]明治33年7月18日　[没]昭和62年11月9日　[出]山口県下関市　[学]東京帝大法学部（大正13年）卒　[賞]藍綬褒章（昭和39年），勲二等瑞宝章（昭和45年）　[歴]昭和17年衆院議員に当選。戦後、20年下関瓦斯、48年下関商業開発、52年山口合同ガスの社長を歴任。この間、22年から56年までサンデン交通社長、45年から59年まで下関商工会議所会頭をつとめた。　[家]長男＝林義郎（衆院議員），三男＝林孝介（サンデン交通社長），父＝林平四郎（衆院議員）

林 義郎　はやし・よしろう
衆院議員（自民党　比例・中国）　元・蔵相　[生]昭和2年6月16日　[出]山口県下関市　[学]東京大学法学部（昭和25年）卒　[賞]勲一等旭日大綬章（平成12年）　[歴]通産省に入り、産業機械課長から昭和44年衆院議員に当選。以来、当選11回。経企、大蔵の政務次官などを経て、57年中曽根内閣の厚相に就任。党内で有数の政策通といわれ、国際経済問題に詳しい。平成元年自民党総裁選に立候補したが敗れた。4年宮沢改造内閣の蔵相。代々政治家の家柄の生まれ。旧田中派二階堂系、宮沢派、加藤派を経て、堀内派。　[趣]読書，ゴルフ　[家]父＝林佳介（衆院議員），息子＝林芳正（参院議員），祖父＝林平四郎（衆院議員），弟＝林孝介（サンデン交通社長）

林 頼三郎　はやし・らいざぶろう
貴院議員（勅選）　大審院長　中央大学総長　[生]明治11年9月6日　[没]昭和33年5月7日　[出]埼玉県行田市　旧姓＝三輪　[学]東京法学院（明治29年）卒　法学博士（大正9年）　[歴]明治30年司法省に入省。東京地裁部長、大審院検事、大正10年刑事局長、13年司法次官などを経て、昭

和7年検事総長、10年大審院長。11年広田弘毅内閣の法相、12年勅選貴族院議員、13年枢密顧問官となり、中央大学総長。戦後22年公職追放、解除後27年再び中大総長となり3選。私立学校振興会長、法制審議会委員を兼任。著書に「刑事訴訟法論」「日本陪審法要義」「刑法総論」などがある。

林 了　はやし・りょう
参院議員（緑風会）　歯科医　㊐明治41年3月9日　㊦昭和28年12月20日　㊞福井市　㊫日本大学歯科医学校　医学博士（昭和18年）　㊭昭和7年日本歯科医学校付属医院に勤め、12年城西病院歯科部長、19年日本大学歯科医学校長となり、23年日本歯科医師会理事、24年日本大学歯学部教授。25年日本歯科医師会事務局長、28年日本歯科医師会常務理事、同年6月参院議員となり、1期つとめた。

林 路一　はやし・ろいち
衆院議員（第一議員倶楽部）　㊐明治23年8月　㊦昭和13年6月27日　㊞北海道　㊭北海道議、道参事会員を経て、広田内閣の拓務参与官となる。昭和3年以来衆院議員に4回当選。台湾拓殖設立委員、旭川市街軌道監査役も務めた。

林田 亀太郎　はやしだ・かめたろう
衆院議員（政友会）　衆院書記官長　㊐文久3年8月15日（1863年）　㊦昭和2年12月1日　㊞肥後国（熊本県）　号＝雲梯，芳艸園　㊫帝国大学法科大学（現・東大法学部）政治科（明治20年）卒　㊭法制局参事官、臨時帝国議会事務局書記官を経て、明治23年国会開設で衆院書記官、農商務省参事官兼務。30年衆院書記官長となり、選挙法改正案を起草、単記無記名式大選挙区制を定めた。大正5年退官、9年以来衆院議員当選2回、政友会に属した。11年革新倶楽部に参加し、14年新正倶楽部を結成。一方、鮫川電力社長、東京毎夕新聞主筆も務めた。文筆にも長じ、著書に「明治大正政界側面史」「日本政党史」（全2巻）「芸者の研究」「林田亀太郎の政治史」（全3巻）などがある。

林田 哲雄　はやしだ・てつお
衆院議員（社会党）　全農中央委員　日農愛媛県連会長　農民運動家　㊐明治32年10月6日　㊦昭和33年2月14日　㊞愛媛県周桑郡小松町　㊫大谷大学中退　㊭寺の次男に生まれる。在学中社会問題に関心を抱き自由人連盟、日本社会主義同盟に加盟して放校処分となる。大谷派本願寺の社会事業研究所に入り、大谷大学図書館に勤めたが、大正11年帰郷して日農に参加、15年日農愛媛県連合会を組織し会長。昭和2年日農中央委員及び労働農民党中央委員となり、3年全農結成と同時に中央委員となる。4年の4.16事件で検挙されたが無罪となった。7年間に逮捕70数回、獄中生活5年2カ月におよぶ。13年、17年小松町議に当選。戦後社会党に参加し、21年から衆院議員を1期つとめた。　㊑妻＝林田スエ子（農民運動家）

林田 正治　はやしだ・まさはる
元・参院議員（自民党）　㊐明治25年8月　㊦（没年不詳）　㊞熊本県　㊫東京帝国大学法学部政治科卒　㊭大正7年内務省入省。秋田県警視、滋賀県理事長、静岡県事務官、鳥取・大分県書記官、神奈川・京都府警察部長、台南州内務部長、新升州知事等を経て、昭和21年衆院議員に当選し、1期を務める。27年熊本市長を経て、31年参院議員に転じ、通算2期務めた。

林田 悠紀夫　はやしだ・ゆきお
元・参院議員（自民党）　元・法相　㊐大正4年11月26日　㊞京都府綾部市　㊫東京帝大法学部政治学科（昭和14年）卒　㊮勲一等旭日大綬章（平成5年），ビンタン・ジャサ・プラタマ勲章（インドネシア）（平成7年），綾部市名誉市民（平成10年）　㊭綾部市郊外の旧東八田村長だった祖父が経済恐慌で疲弊した村の立て直しに打ち込むのを見て、大卒後、昭和14年農林省に入省。39年園芸局長を経て、41年から参院議員に5選。53年京

都府知事に転じ、61年4月まで2期8年にわたって務め、大阪、奈良との府県境地帯の関西学術研究都市づくりや高校の小学区制の実現などに尽くした。同年7月再び参院議員に転じ、62年竹下内閣の法相に就任。宮沢派。平成10年引退。14年郷里の綾部市里山交流研修センター内に林田記念文庫が創設された。

林屋 亀次郎 はやしや・かめじろう
元・参院議員(自民党) FM東京会長 ⊕明治19年9月9日 ㊣昭和55年5月4日 ㊗石川県金沢市 ㊈金沢商(明治37年)卒 ㊥勲一等瑞宝章(昭和47年) ㊗戦後第1回参院通常選挙で石川地方区から初当選。27年第4次吉田内閣で国務相。通算3期参院議員をつとめ、この間長く参院自民党議員会長のポストにあった。自民党内では大きな発言力をもっていたが、43年の参院選では落選、政界より引退した。 ㊕妻=林屋敏子(北陸大名誉理事長)

早速 整爾 はやみ・せいじ
蔵相 農相 衆院副議長 ⊕明治1年10月2日 ㊣大正15年9月13日 ㊗広島県三篠町 旧姓=中山 ㊈東京専門学校政治科卒 ㊥正三位勲一等 ㊗埼玉英和学校教師、博文館勤務後、「芸備日日新聞」主筆となり、のち経営に携わる。かたわら広島市会議長、広島商業会議所会頭、広島電燈、山口瓦斯、日清燐寸などの重役を兼任。明治35年以来衆院議員当選8回、その間花井卓蔵らと又新会、中正会を組織、のち憲政会領袖となり、大正4年衆院副議長、14年第2次加藤高明内閣農相、次いで第1次若槻礼次郎内閣の蔵相・農相を務めた。

原 菊太郎 はら・きくたろう
元・徳島知事 ⊕明治22年11月10日 ㊣昭和47年5月7日 ㊈盛岡高農卒 ㊗大正木管社長、徳島木材社長、徳島市長を経て、昭和30年徳島県公選知事に当選。連続3期つとめた。

原 健三郎 はら・けんざぶろう
元・衆院議員(自民党) ⊕明治40年2月6日 ㊗兵庫県津名郡浅野村斗ノ内(現・北淡町) ㊈早稲田大学政経学部(昭和6年)卒, コロンビア大学大学院, オレゴン大学大学院修士課程修了 ㊥勲一等旭日桐花大綬章(平成8年) ㊗コロンビア大学、オレゴン大学に留学。帰国後、講談社に入社。「現代」編集長などを務める。昭和21年第1回の総選挙で政界入りし、衆院副議長、43年及び46年労相、55年国土庁長官、61年衆院議長などを歴任した。党内最長老の一人。中曽根派、渡辺派を経て、村上・亀井派。当選20回で、平成8年2月議員在職50年の特別表彰を受けた。現役最高齢(93歳)の国会議員であったが、12年引退。またシナリオライターとしても知られ、主な作品に映画「ギターを持った渡り鳥」(日活)をはじめとする"渡り鳥シリーズ"がある。 ㊙洋酒集め, 鯉, 盆栽

原 茂 はら・しげる
元・衆院議員(社会党) ⊕大正2年1月26日 ㊣平成9年12月1日 ㊗長野県茅野市 ㊈東京外国語学校特別研修講座修了 ㊥勲一等瑞宝章 ㊗昭和27年衆院議員に当選以来10期務めた。予算・逓信・内閣・文教各委員を経て、科学技術庁特別委員長となり、水銀農薬の禁止、ガン、地震対策に取り組んだ。決算委員会理事、社会党中央執行委員、県本部委員長、代議士会長、長野県卓球連盟会長等を歴任。

原 修次郎 はら・しゅうじろう
鉄道相 拓務相 衆院議員(民政党) 花蓮港電気社長 実業家 ⊕明治4年5月 ㊣昭和9年3月6日 ㊗京都府丹波綾部町 ㊈中央大学卒 ㊗台湾総督府の台南県弁務署長、同警視を経て退官。実業界に入り、花蓮港電気(株)社長、花蓮港木材、東台湾木材各重役、塩水港製糖監査役などを務めた。明治45年夫人の郷里・茨城県から衆院議員当選、立憲民政党に属し総務となる。昭和6年第2次若槻礼次郎内閣の拓務相、次いで鉄道相となった。

原 善三郎　はら・ぜんざぶろう
衆院議員（実業同志倶楽部）　⊕文政10年4月（1827年）　⊗明治32年2月6日　⊕神奈川県　⊕生糸貿易業を営む。貿易商社頭取、第二回国立銀行頭取、横浜商法会議所頭取、横浜市議、同議長、同参事会員、農商工高等会議員、鉄道会議臨時議員等を歴任した。明治25年衆院議員に当選、以来3期務めた。後に東武鉄道・東洋汽船・富士紡績取締役になった。

原 惣兵衛　はら・そうべえ
衆院議員（日本進歩党）　⊕明治24年1月　⊗昭和25年1月30日　⊕兵庫県　⊕日本大学専門部法律科（大正7年）卒、ベルリン大学、ミュンヘン大学　⊕ドイツに留学の後、弁護士となる。大正13年以来衆院議員に当選6回。阿部内閣の鉄道政務次官、司法省委員、立憲政友会総務、南米視察議員団長を歴任し、第29回列国議員同盟会議（マドリード）に参列した。また東京毎日新聞社副社長も務めた。

原 敬　はら・たかし
第19代首相　内相　政友会総裁　⊕安政3年2月9日（1856年）　⊗大正10年11月4日　⊕陸奥国本宮村（岩手県盛岡市）　号＝一山、逸山　⊕司法省法律学校中退　⊕旧南部藩士。新聞記者から外務省入りし、外務次官、朝鮮公使などを歴任、明治30年退官して翌年大阪毎日新聞社長となる。33年立憲政友会創立に参画、35年岩手県から衆院議員に当選。第1次、第2次西園寺内閣、山本内閣の内相を務める。大正3年政友会総裁、7年首相となり最初の政党内閣を組閣、平民宰相として世論の支持を受ける。しかし強硬政策に対する世論の批判が高まる中で、大正10年11月4日、国鉄職員により東京駅頭で暗殺された。生涯授爵を拒む。「原敬日記」が残され、明治大正史の重要な資料となる。

原 彪　はら・たけし
衆院議員（改進党）　⊕明治37年10月　⊗昭和29年1月23日　⊕茨城県　⊕東京帝大経済学部商業科（昭和5年）卒　⊕三井物産から朝日組、賀田組各取締役を経て霞ケ浦造船所常務。昭和20年から土浦市長を2期務め、22年茨城3区から衆院選に当選、日本民主党所属。以後当選3回。衆院文部委員長、同党副幹事長、国民民主党代議士会長、改進党中央常任委員などを歴任。また土浦観光協会理事長、体育協会会長、霞ケ浦農科大学理事長も務めた。

原 忠順　はら・ただゆき
貴院議員（多額納税）　⊕天保5年8月21日（1834年）　⊗明治27年10月28日　⊕肥前国鹿島（佐賀県）　旧称＝弥太右衛門　⊕佐賀藩の支藩鹿島藩の藩士。藩命で江戸昌平黌に学び、高杉晋作ら諸藩の志士と親交を結ぶ。文久3年藩主鍋島直彬に従って上洛、公武間の周旋にあたり、慶応3年王政復古の発布前後には、佐賀藩論を勤王へ導いた。維新後は藩政改革に従事し、明治5年直彬と共にアメリカへ留学、「米政撮要」を著わした。一時中央政府に入ったが、12年直彬の初代沖縄県令就任に伴い、同県大書記官となる。14年帰郷して殖産興業に尽し、22年多額納税者として貴院議員となった。

原 玉重　はら・たましげ
元・衆院議員（自由党）　弁護士　⊕明治29年7月5日　⊗昭和58年7月31日　⊕岐阜県　⊕中大法律学科（大正9年）卒　⊕勲二等瑞宝章（昭和46年）　⊕大正10年三木武吉法律事務所で弁護士開業。三木に従って政界に転じ、昭和11～20年東京1区選出の衆院議員。31～39年原子燃料公社副理事長を務めた。

原 虎一　はら・とらいち
元・参院議員　元・総同盟総主事　労働運動家　⊕明治30年11月16日　⊗昭和47年7月3日　⊕岡山県御津郡今村田中（現・岡山市）　⊕早稲田工手学校卒　⊕大正10年総同盟に加入、13年関東鉄

工組合の反対派勢力を結集、東京鉄工組合を設立、主事となり、同時に総同盟中央執行委員。昭和10年第19回国際労働総会（ILO）に労働代表顧問として出席。12年東京市議に当選。戦後20年松岡駒吉を中心とした労働組合再建懇談会の組織結成中央準備委員を務め、21年日本労働組合総同盟（総同盟）第1回大会で左派の高野実を破って総主事に当選。22年第1回参院選全国区に社会党公認で当選。中労委委員を務めた。33年財団法人日本労働会館理事長となった。

原 彪　はら・ひょう
元・衆院議員　㊐明治27年11月24日　㊍昭和50年12月17日　㊚岡山県笠岡市　㊫東京帝大法学部政治学科（大正10年）卒　㊮鉄道教習所、明治大学各講師、法政大学教授を歴任。大正13年吉野作造、安部磯雄らと日本フェビアン協会を設立、15年日本独立労働協会、また社会民衆党に参加。昭和7年社会大衆党結成にも加わり、中央執行委員。戦後20年日本社会党結成に参加、中央執行委員。22年衆院議員当選、以来8回当選。28年左派社会党から衆院副議長。33年社党顧問、護憲連合代表委員、日中国交回復特別委員長として活躍。42年の衆院選で落選、党籍離脱。

原 夫次郎　はら・ふじろう
元・衆院議員　元・島根県知事　官僚　㊐明治8年6月14日　㊍昭和28年11月26日　㊚島根県　㊫和仏法律学校（明治29年）卒, グルノーブル大学法科卒, パリ大学大学院修了　㊮弁護士となり、5年間の留学後、東京地裁、東京控訴院各検事を経て、法相秘書官となる。その後、首相秘書官、法制局参事官を歴任して退官。大正9年衆院議員当選以来8回当選。民政党総務、昭和9年岡田啓介内閣の司法政務次官。戦後、公職追放、解除後の22年郷里島根県の初代公選知事となった。

原 文兵衛　はら・ぶんべえ
元・参院議長（自民党）　元・警視総監　㊐大正2年4月29日　㊍平成11年9月7日　㊚東京市神田区富松町（現・東京都千代田区東神田）　㊫東京帝大法学部（昭和11年）卒　㊬勲一等旭日桐花大綬章（平成8年）　㊮昭和11年内務省入省。神奈川県警本部長、警察庁保安局長、警視庁警務部長を経て、36年警視総監に就任。その後、40〜45年公害防止事業団理事長を務め、46年以来参院議員に東京選挙区から4選。この間、56年に鈴木改造内閣で環境庁長官、60年参院選挙制度特別委員長を務めた。平成4年参院議長に就任。同年日本ナショナル・トラスト協会会長。7年政界を引退。旧三塚派。同年8月元従軍慰安婦のための補償を行う任意団体・女性のためのアジア平和国民基金理事長。著書に「元警視総監の体験的昭和史」がある。　㊯柔道（6段）

原 保太郎　はら・やすたろう
貴族院議員　㊐弘化4年（1847年）　㊍昭和11年11月2日　㊚山口　㊮明治4年からアメリカ、イギリスに留学。9年に帰国し、兵庫県少書記、兵庫県大書記官、山口県令などを経て、19年山口県知事。28年福島県知事となり、北海道長官、農商務省山林局長を経て、36年貴族院議員に勅選。

原 嘉道　はら・よしみち
枢密院議長　法相　中央大学総長　法学者　弁護士　㊐慶応3年2月18日（1867年）　㊍昭和19年8月7日　㊚長野県上高井郡　㊫帝大法科大学（現・東大法学部）英法科（明治23年）卒　法学博士　㊮農商務省に入り参事官、鉱山監督官から、明治26年弁護士開業。民事訴訟の花形として活躍、また刑事事件でも“豚箱事件”で友人の木内京都府知事を弁護、小林大阪検事長を人権侵犯で辞職に追い込んだ。この間三井、三菱、興銀などの顧問を兼ね財界に信を得た。昭和2年田中義一内閣の法相となり、治安維持法に死刑条項を追加。6年枢密院顧問

官、13年副議長、15年議長。16年独ソ開戦後の御前会議で松岡洋右とともに対ソ開戦を唱えた。また5～13年中央大学総長を務めた。19年男爵。著書に「弁護士生活の回顧」。 [家]長男＝原寛（植物分類学者）

原口 兼済 はらぐち・けんさい
貴院議員 陸軍中将 男爵 [生]弘化4年2月17日（1847年） [没]大正8年6月18日 [出]豊後国森（大分県） 旧姓＝才木 [学]陸軍兵学寮 [歴]森藩士の才木家に生まれ、原口家の養子となる。明治5年陸軍少尉に任官。陸軍戸山学校長、近衛歩兵第一連隊長などを務め、日清戦争には第4師団参謀長として出征。31年台湾守備混成第1旅団長、33年歩兵第17旅団長を経て、36年休職。37年日露戦争により復帰、韓国駐剳軍司令官、教育総監部参謀長から新設の第13師団長となり、樺太を占領した。戦後、戦功により男爵を授けられ、40年予備役に編入。43年～大正7年貴院議員を務めた。

原口 純允 はらぐち・すみちか
元・衆院議員（無所属倶楽部） 元・鹿児島酸素社長 [生]明治31年2月14日 [没]昭和55年3月23日 [出]鹿児島県 [学]東京帝大商業学科（大正10年）卒 [歴]戦前の中国東北部（旧満州）で、満州青年同志会を組織して関東軍の青年将校らと結び、2・26事件の時には内乱罪に問われたが、予審で免訴となった。昭和17年鹿児島2区より衆院議員に初当選、2期務める。戦後、鹿児島酸素会社を設立、社長。のち相談役。

原口 忠次郎 はらぐち・ちゅうじろう
元・神戸市長 日本港湾協会名誉会長 [専]土木工学 都市計画 [生]明治22年11月12日 [没]昭和51年3月22日 [出]佐賀県小城郡 [学]京都帝大工学部土木科（大正5年）卒 工学博士（昭和18年） [賞]藍綬褒章（昭和39年），勲二等瑞宝章（昭和40年），神戸市名誉市民 [歴]大正8年内務省に入り、15年間荒川改修工事に従事する。その後満州に渡り道路建設、治水計画を担当、昭和13年から神戸土木出張所長。22年参院議員となるが、24年神戸市長に転じ、5期つとめた。

原口 初太郎 はらぐち・はつたろう
衆院議員（同交会） 貴院議員 [生]明治9年1月 [没]昭和24年4月30日 [出]東京 [学]陸軍士官学校，陸軍大学校卒 [歴]明治30年陸軍砲兵少尉となる。青島守備軍参謀、野砲兵第十七連隊長、駐米大使館付武官、陸軍技術会議議員を歴任、昭和5年予備役となる。7年衆院議員初当選。以降3選。議員当選後は、恩給金庫評議員等となった。貴院には20年12月から21年7月まで在任。

原島 宏治 はらしま・こうじ
公明党初代委員長 参院議員 創価学会理事長 宗教家 [生]明治42年12月4日 [没]昭和39年12月9日 [出]東京都西多摩郡奥多摩町 幼名＝鯉之助 [学]青山師範学校（昭和4年）卒 [歴]東京各地の小学校教員を26年。昭和15年創価教育学会（現・創価学会）の設立と同時に入信。18年の弾圧により、牧口常三郎、戸田城聖らが入獄した後、留守番役として苦闘。戦後同会再建に参加、21年同会理事。30年教職を引き、大田区会議員に当選。34年参院選全国区で当選。池田大作の創価学会会長就任と共に同理事長。学会の政治進出の本格化に伴い、37年参院で院内交渉団体公明会が結成されて幹事長。39年公明党が結党され、初代委員長に就任したが、心筋こうそくで急死。

原田 一道 はらだ・いちどう
貴院議員（勅選） 元老院議官 兵学者 陸軍少将 男爵 [生]文政13年8月21日（1830年） [没]明治43年12月8日 [出]備中国浅口郡西大島村（岡山県） 通称＝吾一，敬策 [賞]正三位 [歴]江戸に出て洋式兵学を修め、幕府の蕃書調所出役教授手伝、海陸軍兵書取調出役となり兵学を講じた。文久3年横浜鎖港談判使節池田長発らに加わり渡欧、兵書を収集。引続きオランダに留学、帰国後江戸で西周、大村益次郎らと洋学を教授。明治維新後徴士、兵学校御用掛、

大教授、太政官大書記官を歴任。14年陸軍少将、東京砲兵工廠長となった。19年元老院議官、のち勅選貴院議員、33年男爵。　[家]長男＝原田豊吉（地質学者）

原田 熊雄　はらだ・くまお
貴院議員　男爵　[生]明治21年1月7日　[没]昭和21年2月26日　[出]岡山県　[学]京都帝大法科大学政治科（大正4年）卒　[歴]明治43年男爵襲爵。学習院高等科、京大で同級の木戸幸一、近衛文麿と共に"園公三羽烏"といわれた。学生時代から西園寺公望のもとに出入りして信頼を得る。大正11年日銀入行、13年外遊後、加藤高明首相の秘書官。その後西園寺公望の秘書となり、昭和15年11月の死去まで、西園寺公の目と耳となった。政党政治の擁護と対英米協調路線を信奉する西園寺の意を受けて動き、常に軍部と対立、政財界や宮中の最高首脳間を情報収集に飛び回った。この間、6年貴院議員。時局悪化の折、病床にふし、昭和の政局の真相を書き残す必要を感じ、近衛夫人泰子を秘書として口述筆記を続け、その整理には親戚である作家里見弴が当たった。この「原田日記」は東京裁判で検事側の証拠として提出され、後天皇陛下の供覧にふされた。一般には「西園寺公と政局（原田日記）」（全8巻・別巻1, 岩波書店）として公刊され、昭和前期の第1級の政治史資料となった。　[家]父＝原田豊吉（東大教授），祖父＝原田一道（陸軍少将・男爵）

原田 憲　はらだ・けん
元・衆院議員（自民党）　元・運輸相　元・郵政相　[生]大正8年2月12日　[没]平成9年1月29日　[出]大阪府池田市　[学]明治大学専門部政治科（昭和17年）中退　[賞]勲一等旭日大綬章（平成3年）　[歴]昭和22年衆院議員に当選。43年第2次佐藤改造内閣の運輸相、48年第2次田中改造内閣の郵政相を歴任。61年対フィリピン経済援助に関する調査特別委の委員長に就任、"マルコス疑惑"の解明に取り組んだ。63年竹下改造内閣の経済企画庁長官に就任したが、1ケ月で辞任。竹下派を経て、小渕派。当選14回。平成8年落選。

原田 佐之治　はらだ・さのじ
衆院議員（立憲民政党）　[生]明治7年3月　[没]昭和11年12月22日　[出]徳島県　[歴]徳島県議、議長を経て、第13期総選挙補欠選挙に初当選し、以来連続5期選出される。また徳島県酒造試験所理事長、徳島毎日新聞社監査役、徳島倉庫社長などを歴任する。

原田 十衛　はらだ・じゅうえ
衆院議員（立憲政友会）　[生]文久1年12月（1862年）　[没]昭和16年8月7日　[出]熊本県　[歴]中江兆民の仏学塾に学び、自由通信社主筆となる。文部大臣秘書官、司法大臣秘書官、大蔵大臣秘書官、東京市助役を経て、衆院議員となる。明治41年以来連続7回当選。また日本博覧会理事、熊本米穀取引所理事長、小田原急行鉄道監査役などを歴任した。

原田 昇左右　はらだ・しょうぞう
衆院議員（自民党　静岡2区）　元・建設相　[生]大正12年7月15日　[出]静岡県焼津市　[学]東京帝大工学部機械学科（昭和21年）卒　[賞]勲一等旭日大綬章（平成14年）　[歴]農林省に入省。のち運輸省に転じ、昭和49年退官。51年衆院議員に当選。56年通産政務次官となる。平成元年海部内閣の建設相に就任。衆院税制特別委員長も務めた。当選9回。宮沢派を経て、旧加藤派。

原田 赳城　はらだ・たけき
衆院議員（立憲同志会）　[生]安政3年7月（1856年）　[没]大正14年8月15日　[出]島根県　[学]栃木県師範学校（明治7年）卒　[歴]栃木県属、同県足利一梁田郡書記、島根県属、同県那賀郡長、隠岐島司、島根県参事会員を歴任した。また島根県私立教育会長、太陽生命保険社長、総武鉄道取締役、栄城銀行専務取締役等に就任。明治31年衆院議員に当選、以来4期務めた。

原田 立　はらだ・たつる
元・参院議員(公明党)　[生]大正15年7月6日　[没]平成12年5月4日　[出]東京都目黒区　[学]小卒　[歴]聖教新聞社出版局次長を経て、昭和38年福岡県議となり、40年参院議員に当選。48年参院法務委員長をつとめる。当選4回。平成元年引退。

春木 義彰　はるき・よしあき
貴院議員　東京控訴院長　[生]弘化3年1月1日(1846年)　[没]明治37年12月17日　[出]大和国法隆寺村(奈良県)　通称=雄吉　[歴]文久3年師の伴林光平が天誅組の大和挙兵に参加し、翌元治元年獄死すると、その遺志を継いで慶応元年京都に出て志士と交わる。3年鷲尾隆聚らの高野山挙兵を援け、明治元年には鳥羽伏見戦争の脱兵と戦う。以後、錦旗奉行、総軍兵糧奉行などを務め、奥羽戦争にも従軍した。戦後兵部省の命令で十津川郷士の尊攘的動きの鎮撫にあたり、3年五条県設置に伴い、鷲尾知事を援けた。のち司法界に入り、6年司法権少検事、25年検事総長、36年東京控訴院長となり、翌37年勅選貴院議員となった。

春田 重昭　はるた・しげあき
元・衆院議員(公明党)　[生]昭和15年8月25日　[出]熊本県熊本市　[学]熊本工(昭和35年)卒　[歴]昭和35年神戸電機入社。42年守口市議、50年大阪府議を経て、51年から衆院議員に6選。平成5年引退。

坂西 利八郎　ばんさい・りはちろう
陸軍中将　[生]明治3年12月16日　[没]昭和25年5月31日　[出]和歌山県　号=菊潭　[学]陸軍士官学校(明治24年)卒, 陸軍大学校(明治33年)卒　[歴]明治25年砲兵少尉、野砲第6連隊付となり28年日清戦争に従軍。35年参謀本部員として清国派遣、37年袁世凱政権顧問。41年帰国し、ヨーロッパへ出張。43年野砲第9連隊長となり、44年から北京駐在武官、大正10年中将、12年黎元洪顧問。支那通として青木宣純の後継者となり、中国併呑論を主張した。昭和2年予備役、勅選貴族院議員となり21年まで務めた。講演集「隣邦を語る」がある。

番正 辰雄　ばんじょう・たつお
坂出市長　[生]大正5年9月15日　[没]平成1年4月16日　[出]香川県　[学]名古屋高工土木科(昭和14年)卒　[歴]昭和23年坂出市役所に入り、42年助役を経て、48年以来市長に4選。

板東 勘五郎　ばんどう・かんごろう
衆院議員(政友会)　[生]文久1年(1861年)　[没]大正7年3月23日　[出]阿波国那賀郡羽浦(徳島県)　[学]阿波那賀郡師範学校卒　[賞]従五位勲三等　[歴]教師などを経て、明治20年徳島県会議員となった。27年衆院議員に当選、政友会創立に尽力した。

坂東 幸太郎　ばんどう・こうたろう
衆院議員(民主党)　[生]明治14年4月　[没]昭和49年10月20日　[出]北海道　[学]早稲田大学政治経済科卒　[歴]旭川市議、同議長を経て、大正13年衆院議員に初当選し以来連続当選9回。阿部内閣鉄道参与官、衆院治安委員長、衆院地方制度委員長、立憲民政党遊説副部長、日本自由党総務、民主党代議士会長を歴任する。また、旭川商工会議所会頭なども務めた。雑誌「旭川評論」を発刊したほか「旭川回顧録」「議会の内幕」の著書がある。　[家]息子=坂東徹(旭川市長)

【 ひ 】

比嘉 秀平　ひが・しゅうへい
琉球政府行政主席(初代)　琉球民主党総裁　[生]明治34年6月7日　[没]昭和31年10月25日　[出]沖縄県読谷村　[学]早稲田大学英文科(昭和14年)卒　[歴]大正14年和歌山県高野山中学校教諭となり、昭和3年沖縄へ帰り、県立第二中学教諭、14年県立第三中学教頭となった。戦後は英語力と行政手腕を発揮して米軍の信頼を得、20年沖縄諮詢委員会通訳、

21年沖縄民政府翻訳課長。25年知事官房長、同年6月琉球諮詢委員会委員長を経て、26年4月琉球臨時中央政府主席。27年4月琉球政府と改称後も初代行政主席として留任。日本復帰尚早論を唱えて沖縄社会大衆党を脱党、同年与党・琉球民主党(のちの沖縄自由民主党)を結成、総裁となった。31年夏、米軍用地反対運動が激化、軍民の緩衝地帯的役割に苦悩の晩年を送り、同年急死した。

樋貝 詮三　ひがい・せんぞう
衆院議長　国務相　[生]明治23年4月3日　[没]昭和28年1月1日　[出]山梨県日川町　[学]中央大学法科, 京都帝大英法科(大正7年)卒　法学博士　[歴]通信省から内閣法制局に転じ、恩給局長、法政局部長、保険院長官を経て、戦後は21年の選挙に郷里・山梨から出馬して当選。同年公職追放の三木武吉に代わって衆院議長に就任。新憲法の国会審議中、皇室財産問題をめぐって総司令部と対立、辞任した。24年第3次吉田内閣の国務相となり、共産党対策、警察機構の強化などを推進した。賠償庁長官もつとめ25年退官。その間、中大教授も務める。また自由党顧問兼常任総務、山梨県支部長なども歴任。

檜垣 徳太郎　ひがき・とくたろう
元・参院議員(自民党)　伊予テレビ取締役相談役　全国農業会議所会長　[生]大正5年10月31日　[出]愛媛県松山市　[学]東京帝大法学部(昭和16年)卒　[賞]勲一等瑞宝章(昭和62年), 西ドイツ功労勲章大功労十字章(平成1年), 愛媛県功労賞(平成5年)　[歴]農家の次男に生まれる。高等小卒後5年間は農業を手伝い、独学して検定試験に合格、松山高校に。大学卒業後、農林省に勤務。昭和35年予算課長、37年農地局管理部長、38年畜産局長、41年官房長、43年食糧庁長官、44年農林事務次官を経て、46年参院議員に当選。以来3選。議運委員長、自民党総合農政調査会長などを務めて、57年中曽根内閣の郵政相に就任した。平成元年落選。平成3年伊予テレビ会長、7年社長に就任。　[趣]柔道(5段), スポーツ観戦, 読書, 散歩　[家]弟＝大西盛美(鈴木シャッター工業会長)

東浦 庄治　ひがしうら・しょうじ
参院議員　全国農業会理事　農政学者　[生]明治31年4月8日　[没]昭和24年9月2日　[出]三重県　[学]東京帝大経済学部(大正12年)卒　[歴]安田信託銀行を経て、帝国農会に入り、大正14年参事。農政、経済各部長を経て、昭和15年幹事長兼総務部長。かたわら東大農学部実科講師、東京農大講師を兼任。また産業組合中央会主事、農地開発営団監事、中央農業会理事を歴任。戦後全国農業会理事。22年には参院議員に当選、緑風会に属し、同会会務委員を務めた。著書に「日本農業概論」「農業団体の統制」「日本産業組合史」「日本農政論」などがあある。

東尾 平太郎　ひがしお・へいたろう
衆院議員(憲政本党)　[生]嘉永4年9月(1851年)　[没]大正8年10月8日　[出]大阪府　[歴]漢学を修めたのち大阪府議、同常置委員、同郡部会議長を歴任し、明治23年衆院議員に当選。以来7期務めた。また、パリ大博覧会評議員、高野鉄道社長等になった。

東久世 通禧　ひがしくぜ・みちとみ
枢密院副議長　貴院副議長　侍従長　伯爵　[生]天保4年11月22日(1833年)　[没]明治45年1月4日　[出]京都・丸太町　幼名＝保丸, 字＝煕卿, 号＝竹亭, 古帆軒, 通称＝大籔竹斎　[賞]勲一等　[歴]嘉永2年侍従、のち左近権少将。幕末、尊王攘夷を唱えた公家の一人。文久2年国事御用掛、3年国事参政となったが、同年8.18政変で三条実美ら6卿とともに長州兵に守られて西走(七卿落ち)、太宰府に移った。慶応3年王政復古で帰洛、参与となり、次いで外国事務総督、兵庫鎮台、横浜裁判所総督、外国官副知事などを歴任。明治4年侍従長となり岩倉具視の欧米巡遊に理事官として同行、5年帰国。のち、10年元老院議員、15年元老院副議長、21年枢密顧問官となり、23年貴院副議長、25年枢密院副

議長を務めた。明治17年伯爵。著書に高瀬真卿編「竹亭回顧録―維新前後」。

東久邇 稔彦　ひがしくに・なるひこ
第43代首相　元・皇族　元・陸軍大将　[生]明治20年12月3日　[没]平成2年1月20日　[出]京都府京都市　旧名＝東久邇宮稔彦　[学]陸士(明治41年)卒, 陸大(大正3年)卒　[歴]久邇宮朝彦親王第九男子。明治39年東久邇宮の称号を賜る。陸士、陸大を卒業後、大正9年からフランスに7年間留学し、自由主義の気風を身につけた。陸軍内部では皇道派と衝突し、左遷されたことも。師団長、軍事参事官、航空本部長を経て、昭和13年第2司令官として日中戦争に従軍。14年陸軍大将に昇進、16年太平洋戦争勃発とともに防衛総司令官。20年8月の敗戦後、首相として初の皇族内閣を組閣し、降伏文書調印と軍隊の復員・解体などの終戦処理にあたる。しかしGHQ側の占領政策に対して調整がとれず、10月総辞職。22年皇籍を離脱し、25年には"禅宗・ひがしくに教"の教祖にまつりあげられた。著書に「一皇族の戦争日記」「やんちゃ孤独」がある。　[家]父＝久邇宮朝彦, 妻＝東久邇聡子(明治天皇第九皇女), 長男＝東久邇盛厚(帝都高速度交通営団監事), 四男＝多羅間俊彦(ブラジル東京都友会会長), 兄＝賀陽宮邦憲, 久邇宮邦彦, 久邇宮多嘉

東園 基光　ひがしぞの・もとみつ
富山県知事　東京府信用購買組合連合会理事長　子爵　[生]明治8年3月　[没]昭和9年2月26日　[学]東京帝大法科(明治36年)卒　[歴]内務省に入り、茨城県、東京府の内務部長などを経て、大正8年富山県知事に就任。14年貴族院議員。

東中 光雄　ひがしなか・みつお
元・衆院議員(共産党)　弁護士　[生]大正13年7月23日　[出]奈良県奈良市　[学]同志社大学法学部政治学科(昭和24年)卒　[歴]昭和26年弁護士となり、29年東中法律事務所を開く。関西自由弁護士団幹事、関西トラック協会顧問を務める。44年以来衆院議員に10選。52年共産党中央委員となり、党国対副委員長などを歴任。平成12年落選。

樋上 新一　ひがみ・しんいち
元・衆院議員(公明党)　[生]明治40年6月25日　[没]昭和55年1月7日　[出]京都府　[学]京都市立商工専卒　[歴]昭和38年京都市議を経て、42年1月から47年12月まで京都1区から衆院議員に当選2回。

匹田 鋭吉　ひきた・えいきち
衆院議員(翼賛議員同盟)　[生]慶応4年4月(1868年)　[没]昭和19年11月9日　[出]岐阜県　[学]東京専門学校政治経済科(明治21年)卒　[歴]岐阜日日新聞社長兼主筆となり、土木会議議員、日本石炭設立委員等を経て、大正4年衆院議員に当選、以来7期務めた。立憲政友会総務に就任。

疋田 敏男　ひきた・としお
元・衆院議員(自民党)　[生]明治35年5月　[没]平成1年6月2日　[出]山口県下関市　[学]明治大学専門部法律科卒　[歴]昭和21年春に行われた戦後1回目の総選挙に立候補、当選。22年の選挙で落選した。

樋口 典常　ひぐち・のりつね
衆院議員(昭和会)　[生]慶応4年1月(1868年)　[没]昭和21年5月8日　[出]福岡県　[学]東京法学院(明治23年)卒　[歴]福岡県議、台湾総督府評議会員を経て、明治45年衆院議員に当選。以来4期務めた。岡田内閣の鉄道政務次官、台湾製塩取締役、台湾農林社長を歴任した。

樋口 秀雄　⇒樋口龍峡(ひぐち・りゅうきょう)を見よ

樋口 龍峡　ひぐち・りゅうきょう
衆院議員(第一控室会)　評論家　社会学者　[生]明治8年5月14日　[没]昭和4年6月6日　[出]長野県　本名＝樋口秀雄　[学]東京帝国大学哲学科(明治33年)卒, 東京帝国大学大学院　[歴]明治32年「社会」を編集し、また「帝国文学」の委員などもする。34年「美的生活論を読んで樗牛子に与ふ」を発表。35年哲学雑誌編集員となり「ニーチェ氏倫理説」を発表。39年「碧潮」を刊行。同年渡清し、

以後も評論家として幅広く活躍。自然主義に反論し「むら雲」「時代と文芸」「社会主義と国家」などを次々に刊行。44年「新日本」を編集し、大正4年衆院議員に当選。民政党総務を務めるなど、以後政治家として活躍した。

比佐 昌平　ひさ・しょうへい
衆院議員（翼賛議員同盟）　⊕明治17年3月　⊗昭和16年11月23日　⊕福島県　⊕早稲田大学政治経済科（明治41年）卒　⊕著述業を営み、大正13年衆院議員に初当選以来連続6回当選。第2次若槻内閣、第1次近衛内閣で陸軍参与官を歴任したほか、球恤審査会審査員を務めた。

久恒 貞雄　ひさつね・さだお
貴院議員（多額納税）　久恒鉱業社長　実業家　⊕明治3年4月　⊗昭和25年5月10日　⊕大分県　⊕大正9年久恒鉱業株式会社を創立、社長になる。14年衆院議員、昭和7年から14年まで貴院議員を務める。

久富 達夫　ひさとみ・たつお
元・内閣情報局次長　元・毎日新聞政治部長　元・国立競技場会長　新聞人スポーツ功労者　⊕明治31年10月2日　⊗昭和43年12月27日　⊕東京市深川　⊕東京帝大工学部（大正11年）卒、東京帝大法学部（大正14年）卒　⊕交通文化賞（昭和38年）、藍綬褒章（昭和39年）、ポール・ティサンディエ賞（国際航空協会）（昭和43年）、勲二等旭日重光章（昭和43年）　⊕大正14年大阪毎日新聞社に入り、アフリカに特派。昭和4年東京日日新聞（のちの毎日新聞）政治部に転勤、9～13年政治部長、編集総務。15年近衛文麿首相に望まれて内閣情報局次長。日本出版会会長、NHK専務理事を経て、再び情報局次長となり、終戦の玉音放送を進言。21年公職追放、26年解除後日本航空会社副会長、27年日本教科図書販売社長、33年国立競技場会長、オリンピック東京大会組織委員など歴任。アマのスポーツ界の指導者

で、自らも柔道、水泳、ラグビー、陸上競技をした。

久松 勝成　ひさまつ・かつしげ
松山藩知事　⊕天保3年6月24日（1832年）　⊗明治45年2月18日　⊕伊予国（愛媛県）　⊕安政3年松山藩主を継ぐ。財政危機に直面していた藩の財政立て直しを図るため、あいついで人数扶持給与などを令するが、万延元年神奈川台場の建設、元治元年、慶応2年の2度にわたる長州征伐などの軍費支出により財政は困窮を極めた。慶応3年養子定昭に家督を譲り、いったん隠居するが、翌年再び襲封。以後久松に復姓したり、15万両を献金するなど、親藩ながらも新政府に恭順を示し、明治2年版籍奉還と共に松山藩知事に就任、4年廃藩置県により退官した。

久松 定武　ひさまつ・さだたけ
元・愛媛県知事　元・参院議員（緑風会）　⊕明治32年4月29日　⊗平成7年6月7日　⊕愛媛県松山市　⊕東京帝大経済学科（大正12年）卒　⊕勲二等旭日重光章（昭和44年）、ブラジル騎士最高大十字章（昭和45年）、愛媛県功労賞（昭和51年）　⊕大正13年三菱銀行に入り、昭和6年ロンドン支店勤務となり、9年には欧米各国の農業政策を視察。17年退社。19年貴院議員、22年参院議員に当選。26年から5期20年間、愛媛県知事として活躍した。松山藩主の子孫。　⊕息子＝久松定成（愛媛大学農学部講師）

久松 定法　ひさまつ・さだのり
今治藩知事　⊕天保5年12月29日（1834年）　⊗明治34年9月18日　⊕江戸今治藩邸　⊕文久2年家督を相続して伊予今治藩主となる。明治2年版籍奉還により今治藩知事に任命される。4年廃藩置県により免職、東京に居住。

久松 義典　ひさまつ・よしのり
教育家　新聞記者　小説家　[生]安政2年10月(1855年)　[没]明治38年6月2日　[出]江戸　幼名＝芳次郎, 号＝狷堂　[学]東京英語学校中退　[歴]明治12年栃木の師範学校へ赴任し、間もなく校長となる。同年「泰西 雄弁大家集」正続2冊を刊行。栃木県内で自由民権の利を説き、15年辞職して上京、立憲改進党に入党すると共に報知新聞社に入社、「泰西 革命史鑑」を刊行。23年「北海道毎日新聞」主筆。この間、大阪新報社に招かれ改進主義を遊説。小説家、政治家、新聞記者として幅広く活躍し、その後も「代議政体月雪花」や、社会主義的な「近世社会主義評論」「社会小説 東洋社会党」などを刊行した。

土方 雄志　ひじかた・かつゆき
貴院議員(子爵)　[生]安政3年8月(1856年)　[没]昭和6年4月24日　[出]東京　[歴]明治23～30年、大正7～14年貴院議員。

土方 久元　ひじかた・ひさもと
宮内相　農商務相　国学院大学学長　伯爵　[生]天保4年10月16日(1833年)　[没]大正7年11月4日　[出]土佐国土佐郡秦泉寺村(高知県)　通称＝楠左衛門, 大一郎, 変名＝南大一郎, 号＝秦山　[歴]文久元年武市半平太の土佐勤王党に参加、尊攘運動に投じた。3年8.18の政変で三条実美ら七卿落ちに従い西下。のち倒幕運動に走り中岡慎太郎らと藩長連合実現に尽力。維新後徴士、江戸府判事、鎮将府弁事を経て、明治4年太政官出任。のち内務大輔、内閣書記官長、元老院議官、宮中顧問官を経て、20年農商務大臣、次いで宮内大臣、枢密顧問官兼任となった。31年辞任し、のち帝室制度取調局総裁、国学院大学長、東京女学館長などを務めた。明治28年伯爵。著書に「回天実記」(全2巻)がある。

肥田 景之　ひだ・かげゆき
衆院議員(中央倶楽部)　大東鉱業社長　[生]嘉永3年2月(1850年)　[没]昭和7年4月　[出]日向国都城(宮崎県)　[歴]藩校で和漢、兵学を修め、のち鹿児島造士館教授、都城神社祠官、鹿児島県警部などを歴任。その後第五国立銀行支配人、大東鉱業社長、日本電気興業、北海道瓦斯、内外化学薬品、大北電機、横浜正金銀行各重役を務めた。その間宮崎県から衆院議員当選数回、中央倶楽部に属した。国民外交同盟に参加、満蒙問題にもかかわった。

一松 定吉　ひとつまつ・さだよし
元・衆院議員　元・参院議員　司法官　弁護士　[生]明治8年3月18日　[没]昭和48年6月8日　[出]大分県豊後高田市　旧姓＝波多　[学]大分師範学校講習科卒, 明治法律学校(明治35年)卒　[賞]勲一等瑞宝章(昭和39年)　[歴]明治36年判検事登用試験に合格し、司法省に入省。大分・天草各裁判所判事、横浜・大阪各地裁検事、大阪控訴院・大審院各検事などを経て、大正9年弁護士を開業。また大阪市議から昭和3年以来衆院議員に連続8回当選。21年第1次吉田茂内閣国務相、逓相、22年片山哲内閣厚相、23年芦田均内閣の建設相を歴任。25年から参院議員2回当選。この間、日本進歩党幹事長、改進党幹事長、国民民主党総務会長、同最高顧問、自民党顧問などを務めた。著書に「風雪九十年〈前編〉」がある。

一松 政二　ひとつまつ・まさじ
参院議員(自民党)　東京油脂社長　[生]明治26年9月　[没]昭和49年3月15日　[出]大分県小楠村(現・中津市)　[学]東京高等商業学校(大正5年)卒　[歴]大正5年久原鉱業に入る。後に久原商事ニューヨーク支店長、日本鉱業運輸部長、日産汽船・樺太汽船・中山製鋼所各取締役、東京油脂社長等を歴任。昭和22年、25年参院議員に連続当選。参院商業、懲罰委員長、第3次吉田内閣の行政管理政務次官、自由党渉外部長、同常任総務をつとめた。

人見 勝太郎　ひとみ・かつたろう
茨城県令　⽣天保14年9月16日（1843年）　⽇大正11年12月　⽣京都　本名＝人見寧　京都二条城詰め鉄砲奉行組同心の子として城内に生まれ、剣術砲術や儒学を学ぶ。のち徳川義軍遊撃隊に加わり、遊撃隊長にもなる。明治元年冬に榎本武揚を総裁とする蝦夷共和国政府が成立したときには松前奉行を務めた。9年七等判事として司法省に出仕し、間もなく内務省に転じる。13年茨城県令に任じられ、5年4カ月にわたりその地位にあって腕をふるった。退官後も利根運河会社社長、台湾樟脳会社設立発起人などを歴任。

日向 輝武　ひなた・てるたけ
衆院議員（政友会）　草津鉱山重役　人民新聞社社長　⽣明治3年8月　⽇大正7年5月28日　⽣群馬県西群馬郡井出村　学東京専門学校（現・早稲田大学）卒　米国に留学、パシフィック大学で政治、経済学を学び、滞米10年、この間サンフランシスコで新聞を発行。明治30年帰国し、草津鉱山、茂浦鉄道重役となり、人民新聞社長、日本電報通信社取締役を兼任。35年以来群馬県から衆院議員当選5回。尾崎行雄らと同志研究会を組織、反政府運動に走ったが、のち政友会に入った。　家妻＝林きむ子（日本舞踊家）、四女＝林一枝（日本舞踊家）

日野 市朗　ひの・いちろう
衆院議員（民主党）　元・郵政相　弁護士　⽣昭和9年2月17日　⽇平成15年7月6日　⽣宮城県桃生郡河北町　学中央大学法学部（昭和31年）、中央大学大学院修了　昭和39年弁護士開業。仙台弁護士会副会長を経て、51年社会党から衆院議員に当選、以来8期務めた。同党政審会長を務め、平成8年には第一次橋本内閣の郵政相に就任。同年民主党に参加。のち同党代議士会会長。　家父＝日野吉夫（衆院議員）

日野 資秀　ひの・すけひで
貴院議員　伯爵　⽣文久3年5月（1863年）　⽇明治36年11月23日　学イギリス留学、東宮侍従を経て、明治33年貴族院議員。

日野 吉夫　ひの・よしお
元・衆院議員　元・社会党副委員長　社会運動家　⽣明治34年11月10日　⽇昭和53年5月27日　⽣宮城県桃生郡二俣村（現・河北町）　学小学校卒　検定試験で資格を得て小学教員をしていたが、のちに上京し教員をしながら日本独学青年同盟、全国労農青年同盟などに参加。昭和4年帰郷し宮城県内で農民運動に従事し全農県連合会書記長、社会大衆党全国委員などを歴任。12年社会大衆党から仙台市議となった。戦後社会党、日農の結成に参加し、22年から衆院議員を9期つとめた。　家息子＝日野市朗（衆院議員）

百武 三郎　ひゃくたけ・さぶろう
侍従長　枢密顧問官　海軍大将　⽣明治5年4月28日　⽇昭和38年10月30日　⽣佐賀県　学海兵（明治25年）卒、海大（明治33年）卒　佐賀藩士の家に生まれる。ドイツで3年間軍政を学んだあと、第3艦隊参謀長、佐世保鎮守府司令長官を歴任。大正15年軍事参議官、昭和3年海軍大将となってまもなく予備役に編入され、その後11年2.26事件で襲撃された鈴木貫太郎の後をうけ侍従長に就任。19年8月まで昭和天皇側近として在職した。同年9月枢密顧問官。　家弟＝百武源吾（海軍大将）、百武晴吉（陸軍中将）

平等 文成　びょうどう・ぶんせい
元・衆院議員（社会党）　⽣明治40年3月17日　⽇昭和45年12月12日　⽣長野県　学東京帝大文学部卒　北京大教授などを経て、戦後浅間山麓に入植し、昭和42年長野より衆院議員に当選、1期務めた。私学新報社長などを歴任。

平井 義一　ひらい・ぎいち
元・衆院議員（自民党）　⊕大正2年3月　⊕東京　⊕明治大学法学部（昭和14年）卒　⊕勲二等瑞宝章（昭和58年）
⊕東京地方専売局に勤務の後、計理士となる。麹町区議、東京市会議長秘書を経て、昭和22年衆院議員に当選。35年まで5期務める。この間、27年第4次吉田内閣郵政政務次官。また衆院運輸委員長、自由党総務、副幹事長を歴任した。41年自民党前国会議員会が結成され、常務理事、副会長などを経て、会長。平成元年より横綱審議委員となる。

平井 城一　ひらい・じょういち
元・香川県知事　⊕大正11年12月15日　⊕平成11年7月29日　⊕香川県高松市　⊕東京帝大法学部（昭和21年）中退
⊕香川県出納長、副知事を歴任後、昭和61年8月知事に当選。3期つとめ、平成10年引退。在任中の昭和63年、瀬戸大橋が開通。高松空港や四国横断自動車道の建設にも尽力した。

平井 卓志　ひらい・たくし
元・労相　元・参院議員（自由党）　四国新聞社主・会長　西日本放送社長　⊕昭和6年11月22日　⊕香川県高松市　⊕学習院大学政経学部（昭和30年）卒　⊕勲一等旭日大綬章（平成14年）　⊕昭和33年四国新聞社に入社。41年常務、45年専務を経て、48年社長、52年社主。のち会長。53年西日本放送社長を兼任。49年自民党から参院議員に当選。61年第3次中曽根内閣の労相に就任。平成7年新進党に転じる。10年1月自由党に参加。当選5回。同年引退。　⊛妻=平井温子(西日本観光社長)、息子=平井卓也（衆院議員)、平井龍司（四国新聞社監査役）

平井 太郎　ひらい・たろう
元・参院議員（自民党）　元・郵政相　元・四国商工会議所連合会長　実業家　⊕明治38年7月17日　⊕昭和48年12月4日　⊕香川県三木町　⊕明治大学商科（昭和3年）卒　⊕香川県高松商工会議所会頭、四国商工会議所連合会長、四国新聞社長、西日本放送会長、瀬戸内航空社長、四国電力取締役などを歴任。昭和25年以来香川地方区から参院議員に連続4回当選。この間、31～32年石橋湛山内閣、第1次岸信介内閣の郵政相、33～37年参院副議長のほか、同自民党幹事長、同自民党議員会長などを務めた。

平井 龍　ひらい・とおる
元・山口県知事　⊕大正15年1月3日　⊕山口県柳井市　⊕東京帝大法学部（昭和23年）卒　⊕勲一等瑞宝章（平成11年）
⊕昭和23年総理府に入る。38年自治省財政局調査課長、39年税務局市町村税課長を経て、40年山口県総務部長に転じ、49年副知事に就任。51年以来、知事に5選。平成8年引退。

平井 六右衛門　ひらい・ろくえもん
衆院議員　実業家　⊕慶応1年11月22日（1865年）　⊕大正10年10月19日　⊕陸奥国紫波郡日詰（岩手県）　⊕明治26年祖父の跡を継ぎ、岩手県下の大地主として不動の地位を占める。本業の酒及び醤油製造の傍ら、岩手銀行、盛岡銀行、花巻銀行、南部鉄瓶株式会社の各取締役、盛岡電気株式会社監査役などを務め、東北実業界の重鎮であった。また衆院議員、貴院議員にも選ばれた。

平石 磨作太郎　ひらいし・まさたろう
元・衆院議員（公明党）　⊕大正10年10月9日　⊕平成4年12月23日　⊕高知県長岡郡大豊町　⊕関西大学専門部法律学科（昭和18年）卒　⊕勲二等瑞宝章（平成3年）　⊕高知市役所を経て、公明党高知県本部に入る。昭和51年高知全県区から衆院議員に当選。5期つとめた。平成2年引退。

平泉 渉　ひらいずみ・わたる
元・衆院議員（自民党）　元・科学技術庁長官　元・経済企画庁長官　鹿島平和研究所会長　⊕昭和4年11月26日　⊕福井県勝山市　⊕東京大学法学部政治学科（昭和27年）卒　⊕ルイス・アンド・クラーク大学名誉法学博士号（米国）（昭和62年）、勲一等旭日大綬章（平成12年）　⊕昭和27年外務省に入り、国連代表部2等

書記官、在イラン大使官書記官等を歴任し、40年鹿島建設専務、45年副社長。なお40年以来参院に2期の後、46年科学技術庁長官をつとめ、51年以来衆院に当選6回。党国際局長、国際問題研副会長を歴任した後、60年末の第2次中曽根第2回改造内閣で経企庁長官に就任。旧宮沢派。平成8年落選。12年衆院選に比例区北陸信越ブロックから立候補。訳書にJ.W.フルブライト「アメリカ外交批判」など。 [家]妻=平泉三枝子(鹿島平和研究所常務理事), 父=平泉澄(東大教授), 兄=平泉洸(金沢工大名誉教授)

平生 釟三郎　ひらお・はちさぶろう
貴院議員(勅選)　文相　枢密顧問官　日本製鉄会長　実業家　[生]慶応2年5月22日(1866年)　[没]昭和20年10月27日　[出]岐阜県加納町　旧姓=田中　[学]東京高商(現・一橋大学)(明治23年)卒　[歴]明治23年韓国の税関吏として朝鮮に赴任。26年神戸商校長に就任するが、翌年東京海上火災に入社。大正6年大阪支店長、専務を経て、昭和8年川崎造船社長となる。10年貴院議員に勅撰され、翌11年広田内閣に文相として入閣。その後、12年日本製鉄会長、鉄鋼連盟会長、15年大日本産業報国会会長、17年枢密顧問官などを歴任。甲南学園理事長もつとめた。

平岡 市三　ひらおか・いちぞう
参院議員(自由党)　[生]明治31年12月　[没]昭和27年3月20日　[出]静岡県　[学]日本大学商学部(大正12年)卒　経済学博士　[歴]アメリカに留学。岳南商事(株)取締役、岳南工業(株)監査役、米国加州ガダループ日本人会書記長兼日本語学校長、日大専門部・同経済学部各教授、同大学監事、日本女子経済専門学校教授、日本女子高等商業学校講師、教授、静岡県田子浦高等学校長、(財)嘉悦学園理事、第2次吉田内閣の大蔵政務次官等となる。昭和22年参院議員当選、以来連続2選。

平岡 恵子　ひらおか・けいこ
日本共産党行動派中央委員会政治局員・書記局員・財政部長・婦人部長　[生]昭和18年5月4日　[出]香川県三興郡大野原町五郷井関　[学]香川県立観音寺商業学校(昭和37年)卒　[歴]昭和37年松阪屋大阪支店入社、同年全松阪屋労組大阪支部で職場委員。38年日本共産党入党。41年平岳秀男と、結婚。45年松阪屋退社。46年日本民主主義婦人同盟結成、副会長。75年奈良県上牧町会議員に当選。54年大阪に移転。55年日本共産党(行動派)再建され、中央委員会書記局員、婦人部長に選出。61年(刷新)日本母親大会代表。63年6月、権利・平和と民主主義の政府をめざす全国平和会議第1回大会準備会代表。[団]日本民主主義婦人同盟(委員長), (刷新)日本母親大会(代表)

平岡 浩太郎　ひらおか・こうたろう
衆院議員(憲政党)　玄洋社社長　赤池炭山経営　[生]嘉永4年(1851年)　[没]明治39年10月　[出]筑前国福岡(福岡県)　[歴]修猷館に学び、明治元年戊辰の役で奥羽に従軍、10年西南の役には謀叛組として挙兵を計画、投獄された。出獄後自由民権運動で活動。12年筑豊の赤池炭山を経営。のち頭山満らと向陽社を組織、玄洋社と改称し社長となった。27年衆院議員に当選、29年進歩党、31年憲政党結党に奔走。36年対露同志会に参加、日露戦争で中国に渡り、大陸膨張主義を唱えた。 [家]曽孫=田中健之(皇極社社主)

平岡 忠次郎　ひらおか・ちゅうじろう
元・衆院議員(社会党)　[生]明治44年8月17日　[没]平成1年6月20日　[出]埼玉県　[学]東京商大(昭和11年)卒　[賞]勲二等旭日重光章(昭和56年)　[歴]所沢市議を経て、昭和27年衆院埼玉2区から初当選。以後連続7回当選。社会党埼玉県連会長、同党中央執行委員などを務めた。

平岡 万次郎　ひらおか・まんじろう
衆院議員(憲政本党)　弁護士　[生]万延1年3月(1860年)　[没]大正12年2月3日　[出]兵庫県　[学]明治法律学校卒　[歴]弁護士となり、石川県専門学校講師、「裁判粋誌」編集員を務める。明治31年から衆院議員に連続4回選出された。

平川 篤雄　ひらかわ・とくお
元・衆院議員(改進党)　[生]明治44年2月　[没]平成8年6月29日　[出]広島県　[学]東京帝国大学国文科卒　[歴]師範学校教諭、国民学校長、広島昭和高等女学校教頭を務めた後、昭和21年以来衆院議員に当選4回。協同民主党事務局長、国民協同党事務局長、国民民主党副幹事長を歴任した。

平川 松太郎　ひらかわ・まつたろう
衆院議員(翼賛政治会)　弁護士　[生]明治10年5月　[没]昭和18年5月19日　[出]神奈川県　[学]東京法学院卒　[歴]弁護士となり、逓信大臣秘書官を経て、大正13年衆院議員に選出され、以来連続当選7回。昭和6年第2次若槻内閣逓信参与官、14年平沼内閣逓信政務次官を務める。また立憲民政党総務、大政翼賛会中央協力会議員となった。

平工 喜一　ひらく・きいち
元・衆院議員(社会党)　農民運動家　[生]明治25年2月10日　[没]昭和34年8月23日　[出]岐阜県稲葉郡北長森村前一色(現・岐阜市)　[学]小学校卒　[歴]名古屋鉄道の電車車掌をしていたが解雇されて、農業に従事し農民運動に入る。大正13年中部日本農民組合を結成し副会長に就任。のち分裂し、15年大和農民組合を結成。この間多くの農民運動を指導し、検挙、投獄された。のち第一線を退き、戦後は社会党に入り、昭和22年から衆院議員を1期務めた。

平島 敏夫　ひらしま・としお
元・参院議員(自民党)　[生]明治24年11月4日　[没]昭和57年2月14日　[出]宮崎県　[学]東京帝大英法科(大正7年)卒　[賞]勲二等瑞宝章(昭和40年)，勲二等旭日重光章(昭和45年)　[歴]昭和7年に衆院議員に初当選(同10年まで)。その後満鉄副総裁。31年宮崎地方区より参院議員に連続3回当選。運輸、予算、外務の各常任委員長を歴任。

平島 松尾　ひらしま・まつお
衆院議員(憲政会)　[生]安政1年11月(1854年)　[没]昭和14年8月13日　[出]福島県　[学]二本松藩学校　[歴]大蔵省出仕、福島県出仕となる。自由民権運動に加わり、明治14年自由党の結成に参加する。福島県議を経て、27年衆院議員に初当選。大正9年まで通算7期務めた。

平瀬 実武　ひらせ・さねたけ
元・鹿児島市長　[生]明治34年11月17日　[没]平成6年1月18日　[出]鹿児島市　[学]東京帝大農学部(大正15年)卒　[歴]鹿児島市議、鹿児島県議、串木野市長などを経て、昭和34年から一期鹿児島市長を務めた。

平田 東助　ひらた・とうすけ
内大臣　農商務相　枢密顧問官　貴院議員　伯爵　[生]嘉永2年3月3日(1849年)　[没]大正14年4月14日　[出]出羽国米沢(山形県米沢市)　旧姓＝伊東　[学]大学南校卒　法学博士(明治41年)　[歴]米沢藩医・平田亮伯の養子となる。明治4年大学小舎長となり、岩倉具視の欧米巡遊に随行、ドイツのハイデルベルヒ大学などで法律・政治を学び、9年帰国。内務を経て、11年大蔵権少書記官兼太政官権少書記官となり、15年伊藤博文の渡欧に随行。以後、太政官大書記官、法政局参事官、同部長を経て、27年枢密院書記官長、31年法制局長官を歴任。この間、23年貴院議員となり、幸倶楽部に属した。31年枢密顧問官、34年第1次桂内閣農商務相、41年第2次桂内閣内相をつとめ、大正6年臨時外交調査会委員、臨時教育会議総裁、8年宮内省御用掛、11年

内大臣となった。同年伯爵。 家孫=三島義温(尚友倶楽部理事)

平田 ヒデ ひらた・ひで
衆議院議員(社会党) 生明治35年6月23日 没昭和53年1月4日 出福島県 学奈良女子高等師範(大正15年)卒 歴相馬高女、盛岡高女教諭を経て、昭和30年衆院議員に当選1回。

平田 未喜三 ひらた・みきぞう
元・鋸南町(千葉県)町長 元・俳優 生明治40年1月30日 没平成3年1月27日 出千葉県安房郡鋸南町 学千葉県立安房中中退、日本映画俳優学校中退 歴郷里で定置網漁業を始め、沿岸漁業、造船鉄工と事業を拡張、昭和29年から通算12年鋸南町町長を務めた。また、28年の「蟹工船」以来、異色俳優として日活映画に度々出演、テレビも「小川宏ショー」などにレギュラー出演した。その後東京湾の浮島(個人所有)で薬草アロエ研究農園を経営。

平塚 常次郎 ひらつか・つねじろう
衆院議員(自民党) 運輸相 日魯漁業創立者 実業家 生明治14年11月9日 没昭和49年4月4日 出北海道函館市 学札幌露清語学校卒 賞勲一等瑞宝章(昭和39年) 歴北洋漁業の会社に勤め、日露戦争に従軍。戦後堤清六を助けて、明治39年堤商会を設立し鮭の缶詰製造を始め、大正9年日魯漁業を創立し常務となり、昭和13年社長に。戦後初の総選挙に当選し、21年第一次吉田内閣の運輸相に就いたが公職追放となる。解除後の27年衆院議員に返り咲いてからは、日中貿易促進議員連盟理事長、日中漁業協会会長、日ソ協会副会長などを務めて、日ソ漁業交渉や日中漁業協定の成立に活躍した。

平出 喜三郎 ひらで・きさぶろう
衆院議員(立憲政友会) 生明治9年3月 没昭和6年10月13日 出石川県 学慶応義塾高等科卒 歴函館市議を経て、明治45年以来衆院議員に当選4回。また函館新聞社主、函館商業会議所会頭、東京屑物市場社長なども務めた。

平沼 騏一郎 ひらぬま・きいちろう
第35代首相 枢密院議長 検事総長 男爵 司法官僚 生慶応3年9月28日(1867年) 没昭和27年8月22日 出岡山県津山市 号=機外 学東京帝大法科大学英法科(明治21年)卒 法学博士(明治40年) 歴明治21年司法省に入り、38年大審院検事、44年第2次西園寺内閣の司法次官、45年から10年間検事総長、大正10年大審院長、12年第2次山本内閣の法相、13年貴院議員、15年枢密院副議長、昭和11年同議長、14年首相、15年第2次近衛内閣の国務相、内相、20年枢密院議長を歴任。この間、大逆事件、シーメンス事件、治安維持法、企画院事件など狂信的ともみえる社会主義運動の抑圧、弾圧を行い、復古的日本主義を掲げた国本社を組織して軍部・右翼に支持された。リベラル派の西園寺らと対立し、帝人事件・国体明徴運動において影で糸を引いたと言われる。敗戦後、A級戦犯として終身刑を宣告され巣鴨に拘置されたが、27年病気のため仮出所後死去した。著書に「平沼騏一郎回顧録」など。独ソ不可侵条約後内閣退陣時の「複雑怪奇」の言が有名。
家孫=平沼赳夫(衆院議員)

平沼 専蔵 ひらぬま・せんぞう
衆院議員 横浜銀行創立者 生天保7年1月2日(1836年) 没大正2年4月6日 出武蔵国飯能(埼玉県) 歴横浜に出て商店奉公の後、慶応元年独立して羅紗唐桟輸入の商売を始め、明治11年には生糸売込問屋を営む。土地売買、米穀投機、株式投機を通じて利益をあげ、23年横浜銀行、金叶貯蓄銀行(のち平沼貯蓄銀行と改称)を設立。44年平沼銀行を創立。その他、東京瓦斯紡績、日清紡績など諸会社の経営に横浜共同電灯、日清紡績など諸会社の経営に参与。また多額納税貴院議員、衆院議員を歴任した。

平沼 赳夫 ひらぬま・たけお
衆院議員(自民党 岡山3区) 経済産業相 生昭和14年8月3日 出岡山県 学慶応義塾大学法学部法律学科(昭和

37年）卒　㉻昭和37年日東紡勤務を経て、中川一郎の秘書となり、55年衆院議員に当選。当選7回。自民党証券金融局長、62年大蔵政務次官などを務め、平成10年村山改造内閣の運輸相に就任。10年9月三塚派を離脱し亀井グループに参加。11年3月村上・亀井派、のち江藤・亀井派となる。12年7月第2次森連立内閣の通産相に就任。同年12月第2次森改造内閣でも留任。13年1月中央省庁再編で経済産業相となり、同年4月の小泉内閣でも留任。14年9月の小泉改造内閣でも留任。　㉻読売　㋩父＝平沼恭四郎（大協石油常務）、祖父＝平沼騏一郎（首相）

平沼 弥太郎　ひらぬま・やたろう
元・参院議員（自由党）　元・埼玉銀行頭取　㊎明治25年6月12日　㊼昭和60年8月12日　㊌埼玉県名栗村　㊻京華中（明治42年）卒　㉻飯野銀行会長を経て、昭和22年5月〜28年5月参院埼玉地方区議員1期。24年4月〜36年11月埼玉銀行頭取をつとめ、埼銀を日本一の地銀にのしあがらせた。　㋩息子＝平沼康彦（埼玉トヨペット社長）

平沼 亮三　ひらぬま・りょうぞう
横浜市長　衆院議員（立憲民政党）　日本体育協会名誉会長　実業家　スポーツ功労者　㊎明治12年2月25日　㊼昭和34年2月13日　㊌神奈川県横浜市西区平沼町　㊻慶応義塾大学（明治31年）卒　㉻文化勲章（昭和30年）　㉻幼少からスポーツが好きで26種目をこなし、慶応普通部で野球部選手。明治36年横浜市議、44年神奈川県議、大正4、13年衆院議員、昭和7年貴院議員、26年から横浜市長2期。財界では古河電気、麒麟麦酒、玉川電鉄、横浜ゴムなどの重役を歴任。かたわら大正4年大日本体育協会理事、14年全日本陸上競技連盟を創立、会長、同年体協副会長、昭和5年全日本体操連盟会長。7年ロサンゼルス五輪、11年ベルリン五輪の日本選手団長。また大正3年慶応野球部の米国遠征引率、14年東京六大学野球連盟結成時に副会長、の

ち会長を務めた。戦後昭和20年体協会長、21年公職追放、解除後27年体協名誉会長。30年の第10回神奈川国体に横浜市長として77歳の高齢で聖火リレー最終ランナーを務めた。54年野球殿堂入り。著書に「スポーツ生活六十年」。

平野 市太郎　ひらの・いちたろう
元・衆院議員　元・日本社会党香川県本部委員長　元・香川県議　農民運動家　㊎明治25年10月2日　㊼昭和56年10月6日　㊌香川県香川郡栗林村（現・高松市）　㊻柴山高小卒　㉻14歳のころから農民運動に専念し、大正14年日農香川郡連合会主事となる。昭和2年香川県議に初当選、以後敗戦まで県議として活躍した。21年、戦後初の衆院議員選挙に社会党公認で当選。社会党香川県本部の創設者の一人で、同委員長をつとめ、また、故成田知巳・元社会党委員長を入党させたことでも知られる。

平野 三郎　ひらの・さぶろう
元・岐阜県知事　元・衆院議員（自民党）　㊎明治45年3月23日　㊼平成6年4月4日　㊌岐阜県郡上郡八幡町　㊻慶応義塾大学（昭和6年）中退　㉻在学中左翼活動で検挙され、辞職。昭和22年郡上の八幡町長に初当選。24年より同県2区から衆議院議員に連続5期当選。元首相幣原喜重郎の衆議院議長時代の秘書役となり、38年「幣原先生から聴取した戦争放棄条項等の生まれた事情について」という報告書を憲法調査会に提出。同報告書は「平野文書」と呼ばれた。41年岐阜県知事に初当選、3期目の51年県発注の公共工事に絡む汚職事件で収賄容疑により書類送検され、辞職。55年岐阜地裁で有罪判決を受けた。著書に「平和憲法秘話」「笑わぬ象徴」「昭和の天皇―帝王学の神髄」など。

平野 成子　ひらの・しげこ
元・参院議員（社会党）　社会運動家　㊎明治32年5月　㊼昭和63年12月15日　㊌栃木県　本名＝平野シゲ　㊻東京美術学校中退　㉻昭和22年4月参院選（山梨地方区）に社会党から立候補して当選、

25年まで参院議員を務めた。農民運動を通じて結ばれた夫の平野力三・衆院議員と「おしどり議員」として話題になった。 [家]夫＝平野力三（農相）

平野 光雄　ひらの・みつお
衆院議員(翼賛議員同盟) [生]明治14年1月 [没]昭和33年7月26日 [出]静岡県慶応義塾大学政治科卒 [歴]時事新報記者などを経て、第14期衆院総選挙の補選に当選。6期務め、岡田内閣逓信参与官、立憲民政党総務を歴任する。昭和17年引退。また日本茶精取締役、伊勢製茶監査役、東亜防水布製造会長も務めた。

平野 力三　ひらの・りきぞう
元・衆院議員 元・農相 元・日刊農業新聞社長 [生]明治31年11月5日 [没]昭和56年12月17日 [出]岐阜県大和村 [学]拓殖大学中国語科（大正9年）卒, 早稲田大学政経科（大正12年）卒 [歴]日本農民党幹事長、皇道会常任幹事、日本農民組合会長を経て昭和11年衆院に当選。22年片山内閣の農相となったが、戦時中「皇道会」にかかわったとして半年で罷免され、23年には公職追放。25年追放解除で政界に復帰し、26年社会民主党（いわゆる平野新党）を結成、27年7月には農協党と合同して協同党を作り委員長となったが、10月には右派社会党に合流、29年には保全経済会事件に関係して警視庁の取り調べを受け同党を離党している。衆院当選7回（山梨県選出）。晩年は公職追放が占領軍の不当介入によるものだとして、名誉回復を米国政府に求め、米上院に名誉回復を決議させた。 [家]妻＝平野成子（参院議員）

平林 鴻三　ひらばやし・こうぞう
衆院議員（自民党 比例・中国） 元・郵政相 [生]昭和5年11月21日 [出]兵庫県武庫郡 [学]東京大学法学部（昭和29年）卒 [歴]昭和29年自治庁（現・自治省）に入り、46年鳥取県総務部長を経て、49年鳥取県知事に当選。3期務めたのち、58年衆院議員に転じる。当選5回。平成12年第2次森連立内閣の郵政相に就任。竹下派、旧小渕派を経て、橋本派。 [家]兄＝平林宏次（エフエム石川社長）

平林 太一　ひらばやし・たいち
元・参院議員（自由党） [生]明治30年1月6日 [没]平成1年6月22日 [出]山梨県 [賞]勲三等旭日中綬章（昭和42年） [歴]山梨県会議長を経て、昭和25年参院山梨地方区で当選、1期務めた。

平林 剛　ひらばやし・たけし
社会党書記長 衆院議員 [生]大正10年10月10日 [没]昭和58年2月9日 [出]長野県 [学]専門学校検定試験合格 [歴]高小卒後、専門学校検定試験に合格。全専売労組初代委員長をはじめ、社会党中執委、専売事業政治連盟会長などを歴任した。昭和29年から参院当選2回、38年以来衆院当選6回で、参院文教委員長、衆院物価問題特別委員長、党国対委員長のほか旧佐々木派の社会主義研究会の代表もつとめたが、57年12月党大会で書記長に選出されてからわずか2月後に死去した。

平松 時厚　ひらまつ・ときあつ
元老院議官 貴院議員 子爵 [生]弘化2年9月11日（1845年） [没]明治44年8月22日 [出]山城国（京都府） [歴]堂上公家の出で、少納言平松時言の長男に生れる。幕府の専横を憤り同志の公卿や各藩の志士と交際したため、元治元年（1864年）の禁門の変後、参朝を禁じられる。慶応3年（1867年）参朝をゆるされ、翌年戊辰戦争に従軍、文書を司る。維新後、新政府の参与となり、三河兼遠江鎮撫使、新潟県知事、同県令などを歴任し、明治17年子爵授爵、23年元老院議官に就任。また初期の議会以来貴院議員を務めた。
[家]孫＝一条尊昭（尼僧）

平松 守彦　ひらまつ・もりひこ
元・大分県知事 [生]大正13年3月12日
[出]大分県大分市大道町 [学]東京大学法学部（昭和24年）卒 [興]先端技術の地場企業への移転（テクノロジー・トランスファー），東京一極集中の是正と地方分離 [賞]年間最優秀プロデューサー賞（第

1回）（昭和58年），日本文化デザイン賞（第4回）（昭和58年），日本新語流行語大賞（特別功労賞）（昭和63年），南十字星ブラジル国家勲章大士官章（平成1年），マグサイサイ賞（公務員部門賞）（平成7年）　[歴]昭和24年商工省に入省。通産省産業公害課長、石油計画課長、電子政策課長などを経て、49年国土庁に出向、長官官房審議官に。50年大分県副知事となり、54年知事に当選。6期務めたのち、平成15年引退。2年九州地方知事会会長。役人時代の工業立地、電子政策などの仕事の経験を生かし、テクノポリス構想のモデルを作った。また「一村一品運動」などユニークな施策を進め、昭和58年年間最優秀プロデューサー賞を受賞。平成7年にはマグサイサイ賞公務員部門賞を受賞。5年にはパソコン通信を使って地方からの情報発信の拠点とするハイパーネットワーク社会研究所を設立。「一村一品のすすめ」「テクノポリスへの挑戦」「地方からの発想」などの著書がある。　[趣]読書, 早朝散歩, ゴルフ　[家]弟＝平松義郎（名古屋大学教授）

平山 岩彦　ひらやま・いわひこ
衆院議員（立憲民政党）　[生]慶応3年8月（1867年）　[没]昭和17年5月11日　[出]熊本県　[歴]熊本県議、県参事会員を経て、衆院議員を第11期補欠選挙以来4期務める。また肥後農工銀行監査役、菊池軌道取締役、熊本電気取締役ともなった。

平山 成信　ひらやま・なりのぶ
枢密顧問官　貴院議員（勅選）　日本赤十字社長　官吏　男爵　[生]安政1年11月6日（1854年）　[没]昭和4年9月25日　[出]江戸　[賞]正二位勲一等　[歴]明治4年左院に出任、権少書記、五等書記生となり、6年ウィーン万国博覧会事務官として出張。帰国後正院に出任、大蔵省書記官、元老院権大書記官などを経て、24年第1次松方正義内閣書記官長。以後枢密院書記官長、大蔵省官房長、宮中顧問官、行政裁判所評定官、27年勅選貴院議員、のち枢密顧問官を歴任。また帝国女専、日本高女、静修女学校などの校長を務め、一方日本赤十字社創立以来理事、次いで社長となる。産業協会、帝展の創設に尽力、また啓明会会長として学術振興に貢献した。大正13年男爵。　[家]父＝平山省斎（開明派幕臣）

平山 靖彦　ひらやま・やすひこ
衆院議員（中央交渉部）　貴院議員（勅選）　[生]弘化4年（1847年）　[没]大正1年12月9日　[出]広島県　[歴]広島、奈良、兵庫各県書記官を務め、奈良博物館長を兼ねた。明治23年第1回総選挙に当選し衆院議員となる。25年以降秋田、大分、佐賀の各県知事を歴任する。40年貴院議員に勅選された。

広岡 宇一郎　ひろおか・ういちろう
衆院議員（立憲政友会）　弁護士
[生]慶応3年7月（1867年）　[没]昭和16年4月8日　[出]兵庫県　[学]日本法律学校卒
[歴]弁護士を営む。大正4年衆院議員に初当選し、連続6回当選。田中内閣逓信政務次官、道路会議議員、鉄道会議議員、臨時海事法令調査委員を歴任する。また政友本党総務、立憲政友会顧問も務めた。

広川 弘禅　ひろかわ・こうぜん
農相　衆院議員（自民党）　[生]明治35年3月31日　[没]昭和42年1月7日　[出]福島県石川郡玉川村　本名＝広川弘　[学]曹洞宗大学（現・駒沢大学）中退　[歴]寺院に生まれる。大正8年上京し、東京労組役員から東京府議（社会民衆党）となり、のち政友会から都議を経て、昭和15年衆院議員に当選。戦前は鳩山派に属す。戦後は吉田茂の側近として、26年自由党総務会長、第3次吉田内閣の農相などを務めたが、やがて吉田と対立して、28年農相を罷免された。

広沢 賢一　ひろさわ・けんいち
元・衆院議員（社会党）　政治・経済評論家　㊓大正8年3月15日　㊍平成15年2月15日　㊞東京　㊫早稲田大学政経学部（昭和17年）卒　㊪勲四等旭日小綬章（平成11年）　㊘戦後、大内兵衛、鈴木茂三郎の社会主義政治経済研究所所員となる。その後、日本社会党政策審議会事務次長、組織部長企画室長を経て、昭和42年旧東京1区で衆院議員に当選、1期務めた。その後、労働大学講師、日中友好協会委員、木村経済研究所理事など歴任した。著書に「働く者の人生読本」「人間解放の経済学」「平和経済自立計画」など。　㊙釣り

広沢 真臣　ひろさわ・さねおみ
参議　㊓天保4年（1833年）　㊍明治4年1月9日　㊞長門国（山口県）　通称＝兵助, 号＝障岳　㊘文久2年長州藩の渉外関係を主宰、3年の下関外艦砲撃、元治元年の下関戦争に参加し、藩政の重要な地位にいたが、保守派のため同年12月萩の野山獄に投獄された。慶応元年2月出獄、後手当用掛、用所右筆役、用所役などを歴任。対幕府折衝にあたる一方、倒幕運動にも奔走する。維新後、下参与、徴士、軍務掛、内国事務掛、外国人参内掛などを歴任し、民部官副知事、民部大輔から参議にすすむが明治4年1月9日私邸にて暗殺される。

広沢 直樹　ひろさわ・なおき
元・衆院議員（公明党）　㊓昭和6年1月3日　㊞旧朝鮮　㊫県立追手前高卒　㊘徳島県議を経て、昭和42年から衆院議員に4選。衆院予算委員会理事、運営委員会理事、同大蔵委員会理事、災害対策特別委員会理事、四国地方開発審議会委員等を歴任。

広住 久道　ひろずみ・きゅうどう
衆院議員（憲政本党）　㊓嘉永5年10月（1852年）　㊍明治43年2月5日　㊞駿河国志太郡阿知ケ谷村（静岡県島田市）　㊘志太郡議、静岡県議等を経て、明治25年衆院議員となる。35年まで連続5回当選。のち六合村長となる。また日本赤十字社地方委員も務めた。

広瀬 和育　ひろせ・かずやす
貴院議員　藤田村（山梨県）村長　第十銀行頭取　㊓嘉永2年4月（1849年）　㊍大正14年4月29日　㊞甲斐国中巨摩郡藤田村（山梨県）　字＝致中, 号＝梧村, 東田外史　㊪藍綬褒章, 勲八等瑞宝章　㊘明治元年藤田村名主役、6年戸長、以後大正12年まで50年間村長を務めた。その間中臣摩郡参事会員、山梨県参事会員、県農会頭、第十銀行頭取、武田神社奉建会評議員などを歴任、貴院議員となった。一方荒地開墾、道路・橋梁の修治などに尽力。書や絵画に長じ、水仙をよく描いた。

広瀬 貞文　ひろせ・さだふみ
衆院議員（無所属）　㊓嘉永6年9月（1853年）　㊍大正3年4月15日　㊞大分県　㊫慶応義塾卒　㊘刑法・治罪法を学び、大審院書記となる。その後大分で家塾咸宜園を再興する。大分県教英中学校長、台湾総督府事務嘱託、日田町長等を歴任し、明治25年衆院議員となる。35年まで連続5回当選。また上海商務印書館で法律書の翻訳に携わった。著書に「淡窓詩話」がある。

広瀬 為久　ひろせ・ためひさ
衆院議員（立憲政友会）　㊓明治9年2月　㊍昭和16年3月1日　㊞岩手県　㊘仙人製鉄所社長、京浜電力常務取締役等を経て、大正9年衆院議員に当選。以来連続5期。また仙人山郵便局長、地方森林会議員、鉄道会議議員を歴任。

広瀬 徳蔵　ひろせ・とくぞう
衆院議員（民政党）　弁護士　㊓明治11年5月　㊍昭和8年5月8日　㊞大阪・北木幡町　㊫関西法律学校（夜間部）（明治34年）卒　㊘明治35年判検事、弁護士試験に合格、判事となった。39年退官し、弁護士開業。一方宝塚尼崎電気鉄道取締役、東神火災保険、城北土地、大阪土地建物、境川運河などの監査役を務めた。また大阪府会議員、同議長、大阪

市参事会員を経て、大正13年以来大阪府から衆院議員当選4回。昭和5年万国議員会議日本派遣議員団長として欧米を漫遊。7年民政党総務、のち同党大阪支部長、顧問を務めた。

広瀬 豊作　ひろせ・とよさく
蔵相　元・日野ヂーゼル工業会長　大蔵官僚　[生]明治24年11月17日　[没]昭和39年4月12日　[出]石川県金沢市　[学]東京帝大法科大学独法科(大正6年)卒　[歴]大蔵省に入り、預金部運用課長などを経て、昭和11年理財局長、のち主計局長。預金部資金局長後、15年第2次近衛文麿内閣の大蔵次官。16年退官、弁護士登録。陸軍嘱託でシンガポールに赴任。20年鈴木貫太郎内閣蔵相となるが、敗戦で辞任。その後、23～36年日野ヂーゼル工業会長、前田育徳会理事長、公安審査委員を務めた。著書に「無尽業法講義」「市街地信用組合論」「会計法」「朝鮮産業開発問題」。

広瀬 久忠　ひろせ・ひさただ
厚相　参院議員(自民党)　[生]明治22年1月22日　[没]昭和49年5月22日　[出]山梨県　[学]東京帝大法科大学政治科(大正3年)卒　[賞]勲一等瑞宝章(昭和39年)，勲一等旭日大綬章(昭和46年)　[歴]内務省に入り、三重、埼玉各県知事、土木、社会各局長、内務、厚生各次官を経て、昭和14年平沼騏一郎内閣の厚相、15年米内光政内閣法制局長官、19年小磯国昭内閣厚相を務め貴族院議員。戦後20年東京都長官。28年以来参院議員に当選2回。緑風会政調会長、自民党に移り大蔵委員長、憲法調査会委員長を歴任。　[家]父＝広瀬久政(政友会代議士)，弟＝川村茂久(甲府市長)

広瀬 秀吉　ひろせ・ひできち
社会党中央規律委員長　元・衆院議員　[生]大正7年2月2日　[出]栃木県真岡市　[学]中央大学法学部(昭和16年)卒　[賞]勲一等瑞宝章(平成1年)，朝鮮民主主義人民共和国親善勲章第一級(平成1年)　[歴]社会党栃木県本部書記長、中央委員などを経て、昭和35年以来栃木1区から衆院議員に9選。平成2年引退。　[趣]読書，将棋

広瀬 正雄　ひろせ・まさお
元・衆院議員(自民党)　元・郵政相　[生]明治39年7月3日　[没]昭和55年12月3日　[出]大分県　[学]九州帝大法文学部(昭和6年)卒　[歴]昭和20年から日田市長を3期務めたあと、27年大分1区から衆院議員に当選。以来、連続当選10期。郵政相、衆院逓信委員長、同ロッキード問題調査特別委員長などを歴任し、54年引退。

広瀬 与兵衛　ひろせ・よへえ
参院議員(自由党)　[生]明治24年1月3日　[没]昭和41年6月5日　[出]神奈川県　[学]中央大学卒　[歴]昭和22年参院議員に当選。参院自由党副会長、参院建設委員長、第4次吉田内閣文部政務次官等を歴任。

広田 幸一　ひろた・こういち
元・参院議員(社会党)　[生]大正4年8月2日　[出]鳥取県鳥取市　[学]関西大学専門部(昭和10年)中退　[歴]日本通運に入社。全日通鳥取支部委員長を経て、昭和34年より鳥取県議に5選、52年参院議員に当選。55年参院災害対策特別委員長をつとめた。　[趣]スポーツ，読書

広田 弘毅　ひろた・こうき
第32代首相　外相　外交官　[生]明治11年2月14日　[没]昭和23年12月23日　[出]福岡県福岡市鍛冶町　幼名＝丈太郎　[学]東京帝大法科大学政治学科(明治38年)卒　[歴]玄洋社と接して国権論に影響される。明治39年外務省に入省、外交官補となり、翌年北京へ赴任、外交官としての生活を開始する。大正12年欧米局長、15年オランダ公使、昭和5年ソ連大使を経て、8年から斎藤内閣及び岡田内閣の外相。中国に"広田三原則"を提示するなど大陸における権益拡大につとめた。11年岡田内閣のあとを受け組閣し、首相となる。"庶政一新"をスローガンに、軍部大臣現役制の復活、日独防共協定の調印、国防増強の"馬場財政"などを推進。12年1月寺内陸相と浜田国松の"腹切り問答"後総辞職し、貴

院議員(勅選)。同年6月第1次近衛内閣の外相、15年米内内閣の参議。東条英機を首相に推すなど軍事路線を進めた。敗戦後、東京裁判でA級戦犯として、文官中唯一人絞首刑を宣告され、23年12月23日処刑された。

広谷 俊二　ひろや・しゅんじ
元・日本共産党中央委員　社会運動家　㊓大正2年10月18日　㊞北海道小樽市　㊫二高(昭和7年)中退　㊑学生時代から社会主義運動に参加し、昭和7年検挙されて退学。8年共産党に入党し、全協小樽地方協議会を設立する。同年の全協4.25事件で検挙され懲役3年6カ月に処せられる。出獄後はサラリーマン生活を送るが、一方でサークル活動などをしていたため、18年予防拘禁される。戦後共産党の再建に尽力し、また小樽合同労組委員長などを歴任した。党中央委員を務めたが、52年党規律違反で除名された。著書に「現代日本の学生運動」「青年と人生論」「学生運動入門」など。

【 ふ 】

深井 英五　ふかい・えいご
日銀総裁　枢密顧問官　㊓明治4年11月20日　㊜昭和20年10月21日　㊞群馬県高崎市　㊫同志社(明治24年)卒　㊑国民新聞社、民友社に勤務。その後、松方正義の秘書を経て、明治34年日銀に転じ、検査局調査役、理事、副総裁を経て、昭和10年第13代日銀総裁に就任。この間、大正8年パリ講和会議、10年ワシントン軍縮会議の全権委員随員、昭和8年ロンドン国際経済会議の全権委員を務めた。一貫して“高橋財政”を支えてきたが、11年の2.26事件で高橋が暗殺され、12年2月総裁を辞任。同年貴族院議員に勅選され、13年枢密院顧問官に任命される。著書に「通貨調節論」「人物と思想」「回顧七十年」などがある。

深川 タマエ　ふかがわ・たまえ
元・参院議員(自民党)　㊓明治36年7月　㊞佐賀県　㊫九州帝国大学法文学部経済科卒　㊑昭和22年参院議員初当選以来2期務める。参院建設・懲罰委員長をつとめた。

深沢 吉平　ふかさわ・きちへい
衆院議員(日本進歩党)　㊓明治18年8月　㊜昭和32年12月15日　㊞北海道　㊑北海道議、道参事会員を務め、昭和11年以来衆院議員に3選される。また北海道興農公社取締役なども務めた。

深沢 豊太郎　ふかざわ・とよたろう
衆院議員(翼賛政治会)　㊓明治28年5月　㊜昭和19年12月19日　㊞静岡県　㊫明治大学卒, ベルリン大学　㊑栃木県会書記長、農林大臣秘書官、東京市議を経て、昭和5年衆院議員に初当選。19年に没するまで連続5回当選。拓務省委員、大東亜省委員を歴任。また明治大学評議員、順天中学理事も務めた。

深沢 晟雄　ふかざわ・まさお
元・沢内村(岩手県)村長　㊕医療福祉行政　㊓明治38年12月11日　㊜昭和41年1月28日　㊞岩手県和賀郡沢内村　㊫東北帝大法学部(昭和6年)卒　㊑昭和6年以後、上海銀行、台湾総督府、満州拓殖公社、北支開発山東鉱業などに勤め敗戦。帰郷して農業に従事したが、23年佐世保造船所に勤務、26年再び郷里で農業を営み、29年沢内村教育長、31年助役、32年5月村長に就任した。31年ごろから保健活動に関心を持ち、35年加藤邦夫医師を迎えて東北大内科、岩手医大小児科などの協力体制の下、医療行政を敷いた。32年から保健委員会、保健婦活動の推進、乳児死亡率半減計画を立て、雪道のブルドーザー開通など積極的行政を展開。33年には70歳以上の村民に養老年金を支給、35年65歳以上の国保10割給付、36年から60歳以上と乳児に国保10割給付を実施した。37年には乳児死亡率も0になり、さらに出稼ぎ労働力を村へ戻すための耕地倍増

政策などを推進し、寒村に行き届いた医療福祉行政を実施した。

深水 六郎　ふかみ・ろくろう
元・参院議員(自民党)　元・熊本放送社長　⊕明治34年11月19日　⊗平成7年1月4日　⊕熊本県水俣市　⊕東京帝国大学法学部政治学科(大正14年)卒　⊛勲二等旭日重光章(昭和47年)、前島賞(昭和52年)、マスコミ功労者顕彰(放送功労者部門)(平成8年)　⊕逓信省に入り、仙台逓信局長などを経て、昭和20年退官。22年から参院議員に2選。27年列国議会同盟会議に出席、欧米各国の議会制度を視察。33年ラジオ熊本社長となり、36年熊本放送と改称。53年会長に就任。63年6月取締役最高顧問、平成4年取締役を退任。　⊕囲碁、ゴルフ、スキー

深谷 隆司　ふかや・たかし
元・衆院議員(自民党)　元・自民党総務会長　元・通産相　⊕昭和10年9月29日　⊕東京都台東区浅草　⊕早稲田大学法学部(昭和35年)卒　⊛日本文芸大賞(第13回)(平成5年)「大臣日記」　⊕昭和38年台東区議、44年東京都議を経て、47年以来衆院議員に当選8回。党内で長いこと福祉、労働問題にかかわり、党青年局長・青年対策委員長・財政部会長、55年労働政務次官などを経て、平成2年第2次海部内閣の郵政相、7年村山改造内閣の自治相。10年党総務会長。11年10月小渕第2次改造内閣の通産相に就任。12年4月森連立内閣でも留任したが、6月の総選挙で落選。旧渡辺派を経て、10年12月山崎派結成に参加。浅草生まれのチャキチャキの江戸っ子代議士として活躍した。著書に「世界の今日と明日」「大臣日記」など。　⊕空手(6段)、拳法(3段)、マラソン、油絵

吹田 愰　ふきだ・あきら
元・衆院議員(新進党)　元・自治相　⊕昭和2年2月1日　⊕山口県熊毛郡田布施町　⊕柳井商(昭和20年)卒　⊛勲一等瑞宝章(平成12年)　⊕田布施町長、山口県議5期、県会議長を経て、昭和54年自民党から衆院議員に当選。62年衆院環境常任委員長、平成元年同内閣常任委員長、2年第2次海部改造内閣の自治相となる。3年10月三塚派を離脱し、加藤グループに加わる。5年総選挙後離党、6年4月新生党に入党し、同年12月新進党結成に参加。6期つとめる。8年山口県知事選、12年自民党から衆院比例区に出馬するが、落選。

福井 勇　ふくい・いさむ
元・衆院議員(自民党)　⊕明治36年5月20日　⊕愛知県　⊕浜松高等工業電気学科(大正15年)卒　⊛勲二等旭日重光章(昭和48年)　⊕京都市技師、技術院参技官、文部省科学官を務める。昭和24年衆院議員に初当選。愛知5区から通算6回当選し、28年文部政務次官、40年運輸政務次官を歴任。49年落選。50年参院議員に転じて愛知地方区補欠選挙で当選し、52年まで1期務める。また原子力技術の調査のため13回に渡り欧米を視察し、三菱原子力工業顧問も務めた。

福井 三郎　ふくい・さぶろう
衆院議員(政友本党)　⊕安政4年5月5日(1857年)　⊗昭和10年12月7日　⊕岡山県　⊕岡山師範学校卒　⊕甲府日日新聞記者、峡中新報主幹、東京米穀取引所監査役を務める。日清戦争の際朝鮮に渡り、排日運動に対抗して鶏林奨業団を組織する。明治36年以来衆院議員に6選される。

福井 甚三　ふくい・じんぞう
衆院議員(翼賛政治会)　⊕明治7年12月　⊗昭和20年1月17日　⊕奈良県　⊕衆院第14期総選挙の補選で初当選し、当選7回。昭和14年阿部内閣内務参与官となった他、土木会議議員、立憲政友会総務を務める。また生駒土地、大阪商品市場、大和日報の社長を歴任した。

福井 盛太　ふくい・もりた
衆院議員(自民党)　検事総長　弁護士　[生]明治18年7月14日　[没]昭和40年12月27日　[出]群馬県邑楽郡館林町　[学]東京帝大法科(大正8年)卒　[歴]弁護士となり、東海銀行などの顧問弁護士を経て、昭和22年現行検察庁法施行による初代の検事総長となる。「国民のための検察」をモットーに民主検察PRのため東京・銀座で市民の声を聞く集会を開くなど腐心した。在任中福島の平騒乱事件、下山事件、三鷹事件、松川事件など公安事件が続発、治安当局最高責任者として捜査を指揮した。退官後27年群馬2区から衆院議員に当選、3期つとめた。その後弁護士に返り咲いたが、活躍の場は少なかった。

福岡 精一　ふくおか・せいいち
衆院議員(立憲政友会)　弁護士　[生]安政2年4月(1855年)　[没]昭和17年4月9日　[出]愛知県　[歴]法律学を学び、弁護士を営む。愛知県議を経て、明治35年衆院議員となる。大正4年まで連続5期務めた。

福岡 世徳　ふくおか・せいとく
松江市長　衆院議員　[生]嘉永2年(1849年)　[没]昭和2年1月30日　[出]出雲国松江(島根県)　[歴]明治22年松江市制の施行にともない初代市長に就任、以後4期22年にわたって在任、44年に満期退任。

福岡 孝弟　ふくおか・たかちか
枢密顧問官　参事院議長　子爵　[生]天保6年2月5日(1835年)　[没]大正8年3月5日　[出]土佐国高知城下弘小路(高知県高知市)　通称=藤次, 号=南蘋　[歴]土佐藩士。吉田東洋に師事し、安政6年大監察、慶応3年参政となり、前藩主山内容堂の意をうけ後藤象二郎と上洛、将軍慶喜に大政奉還を説き、公議政体論を主張した。維新後新政府参与となり、五ケ条の御誓文起草に当たった。由利公正の原案に加筆、第一条を「列侯会議を興し万機公論に決すべし」と修正。また政体書公布に尽力した。明治3年高知藩少参事、同権大参事となり、板垣退助と藩政改革を行った。のち明治政府に出仕して、5年文部大輔、司法大輔となり、征韓論政変後辞職。8年元老院議官となるが下野、13年同議官に復帰。14年参議兼文部卿、16年参事院議長兼任、18年宮中顧問官、21年枢密顧問官を歴任。著書に「五事御誓文起草始末」がある。17年子爵。

福岡 日出麿　ふくおか・ひでまろ
元・参院議員(自民党)　[生]明治42年11月21日　[没]平成2年10月5日　[出]佐賀県佐賀郡　[学]東亜同文書院(昭和5年)中退　[賞]藍綬褒章(昭和45年), 勲二等瑞宝章(昭和60年)　[歴]第一酒造社長、佐賀中央銀行監査を経て、昭和30年佐賀県議(5期)、49年参院議員(2期)を歴任。61年7月引退。　[趣]読書, 将棋, 剣道(3段)

福岡 義登　ふくおか・よしと
三次市長　元・衆院議員(社会党)　[生]大正12年5月18日　[没]平成13年3月25日　[出]広島県三次市　[学]十日市高小卒, 国鉄技能者養成所(昭和15年)卒　[賞]勲二等瑞宝章(平成11年)　[歴]旧国鉄に入り、昭和22年国労広島支部執行委員長、36年広島県労組会議事務局長を経て、42年衆院議員に広島3区で当選。58年まで4期13年間、代議士として建設、運輸各常任委員会理事や国土総合開発審議会、中国地方開発審議会委員などを歴任。61年11月から三次市長に4選。　[趣]野球, 柔道, ゴルフ, 囲碁

福島 勝太郎　ふくしま・かつたろう
衆院議員(立憲政友会)　[生]慶応1年5月(1865年)　[没]大正10年10月6日　[出]静岡県　[学]エール大学法学部(明治26年)卒　[歴]静岡実業銀行取締役を務め、扶桑銀行を創立する。明治31年以来衆院議員に当選4回。また静岡農工銀行取締役も務めた。

福島 茂夫　ふくしま・しげお
元・参院議員(自民党)　福島病院理事長　医師　[生]大正6年11月28日　[出]埼玉県　[学]日本大学医学部(昭和17年)卒　[賞]勲二等瑞宝章(平成2年)　[歴]昭和20年福島病院を開業、院長に。46年以来埼玉県

議に2選、52年の参院選に日本医師会推薦で立候補し、全国区3位の高位当選を果す。自民党環境副部会長を務めたが、58年落選。平成元年再び立候補するが落選。

福島 譲二　ふくしま・じょうじ
熊本県知事　元・衆院議員（自民党）　元・労相　[生]昭和2年3月31日　[没]平成12年2月25日　[出]東京・本郷　[学]東京帝大法学部政治学科（昭和23年）卒　[歴]大蔵省審議官、首相秘書官などを経て、昭和51年熊本2区から衆院議員に当選、6期。環境政務次官、総務副長官などを歴任。平成元年海部内閣の労相に就任。竹下派。3年熊本県知事に当選。3期。議員時代から水俣病問題に取り組み、知事として未認定患者らの損害賠償訴訟の和解に尽力した。

福寿 十喜　ふくじゅ・じゅうき
川内市長　[生]大正3年5月26日　[没]昭和59年1月26日　[出]鹿児島県川内市　[学]関西大学専門部法律科（昭和11年）卒　[賞]藍綬褒章（昭和52年）　[歴]大阪府勤務のあと旧満州国官吏。戦後郷里に引き揚げ、昭和26年下東郷村議2期、32年から川内市議を5期（議長9年）。49年原子力発電所の慎重推進を唱えて川内市長に当選。全国原発所在市町村協議会副会長、鹿児島県市長会副会長、川薩総合開発期成会長などもつとめた。

福田 五郎　ふくだ・ごろう
衆院議員（民政党）　[生]明治10年9月　[没]昭和6年6月23日　[出]佐賀県　[学]京都帝国大学法科（明治38年）卒　[歴]司法省に入り、福岡地方、小倉区各裁判所判事を経て、熊本区、熊本地方、福島区、福島地方、仙台区、神戸地方各裁判所検事などを務めた。その後退官し、海運業を経営。大正3年以来衆議員当選3回、憲政会、のち民政党に属し、逓信参事官を務めた。

福田 繁芳　ふくだ・しげよし
衆院議員（自民党）　[生]明治38年3月　[没]昭和52年2月12日　[出]香川県　[学]関西大学法律学科卒　[歴]実業界に入り、流山鉄道、東海企業、日本土地建物の会長を歴任したほか、豊山学園理事長を務める。昭和21年以来衆院議員に当選7回。衆院文化委員長、民主党副幹事長、党両院議員総会長、国民民主党資金局長、改進党中央常任委員を歴任する。

福田 赳夫　ふくだ・たけお
第67代首相　元・衆院議員（自民党）　[生]明治38年1月14日　[没]平成7年7月5日　[出]群馬県群馬郡金古町足門（現・群馬町）　[学]東京帝国大学法学部法律学科（昭和4年）卒　[賞]日本棋院大倉賞（第18回）（昭和62年），群馬県名誉県民（平成2年），GA-UCSD科学功績賞（平成3年），茶道文化賞（第30回）（平成7年）　[歴]昭和4年大蔵省に入省し、官僚としてのエリート・コースを進む。22年には主計局長となるが、昭電疑獄事件に連座し、25年1月やむなく官界から身をひく。27年群馬県から衆院議員に立ち、以来連続14回当選。保守合同後の自民党で、幹事長、政調会長をつとめ、34年農相、40年蔵相、46年外相を歴任。この間、37年に岸派を継承して福田派を結成した。47年佐藤首相辞任後の総裁選で田中角栄に敗れ、以後10年に及ぶ“角福戦争”を続けた。51年大平正芳とともに“三木おろし”に走り、三木退陣後、72歳で首相となり、福田内閣を組閣。その後53年11月の総裁予備選で大平正芳に敗れ、首相を退くが、54年には大平退陣をせまる“四十日抗争”を繰り広げた。61年7月福田派を安倍晋太郎に譲ったのち、平成2年2月議席を長男継承させて引退した。　[家]弟＝福田宏一（参院議員），長男＝福田康夫（衆院議員），二男＝横手征夫（横手館社長）

福田 辰五郎　ふくだ・たつごろう
衆院議員（新政会）　弁護士　[生]明治2年10月　[没]大正7年8月5日　[出]埼玉県入間郡南畑村　[学]東京高等商業学校卒, 東京

法学院(現・中央大学)卒　法学博士
[歴]検事となり各地を回り、のち米国に留学、エール大、ワシントン大で学び明治35年帰国。官を辞して弁護士開業。また、埼玉県から衆院議員に当選した。実業界でも諸種の会社重役を務めた。

福田 篤泰　ふくだ・とくやす
元・衆院議員(自民党)　元・郵政相　[生]明治39年10月13日　[没]平成5年8月7日　[出]東京　[学]東京帝大経済学部(昭和5年)卒　[賞]勲一等旭日大綬章(昭和52年)
[歴]外務省に入り、吉田首相秘書を経て、昭和24年より東京7区から衆院議員に10回当選。34年総理府総務長官、38年第2次、第3次池田内閣防衛庁長官、40年佐藤内閣行政管理庁長官、北海道開発庁長官、47年衆院外務委員長、51年郵政相を歴任。54年落選し引退。
[趣]スポーツ, 釣り, 囲碁, ゴルフ, 柔道

福田 一　ふくだ・はじめ
自民党最高顧問　元・衆院議長　[生]明治35年4月1日　[没]平成9年9月2日　[出]福井県大野市　[学]東京帝大法学部仏法科(昭和2年)卒　[賞]勲一等旭日大綬章(昭和48年), 勲一等旭日桐花大綬章(昭和59年)　[歴]同盟通信社政治部長、シンガポール、サイゴン支局長、南方総局次長を経て、昭和24年以来衆院福井全県区から14選。大野派、船田派を経て、無派閥。その間池田内閣の通産相、田中内閣、三木内閣で自治相、福田内閣で法相を歴任。55～58年衆院議長、59年自民党最高顧問となる。平成2年引退。
[趣]囲碁(7段)

福田 久松　ふくだ・ひさまつ
衆院議員(憲政本党)　[生]嘉永1年12月(1848年)　[没]大正11年12月1日　[出]武蔵国(埼玉県)　[学]埼玉師範学校卒
[歴]埼玉県議を経て、明治25年以来衆院議員に当選4回。教育会委員、地方衛生会委員を務める。また埼玉県茶業組合連合会議所議長となった。著書に「経済要論」「大日本文明略史」「東洋の立憲政治」がある。

福田 英子　ふくだ・ひでこ
婦人解放運動家　自由民権運動家　[生]慶応1年10月5日(1865年)　[没]昭和2年5月2日　[出]備前国野田屋町(岡山県岡山市)　旧姓=景山　[学]新栄女学校　[歴]15歳で小学校助教。19歳で民権闘士小林樟雄と婚約。岡山で中島俊子の演説を聞いて婦人解放を志し、明治16年私塾・蒸紅学舎を設立したが、集会条例によって閉鎖。17年上京、18年大井憲太郎らと朝鮮改革のクーデターを計画、失敗し大阪事件に連座、投獄される。22年出獄後、大井との間に一子をなすが離別。25年アメリカ帰りの自由主義者・福田友作と結婚、3人の子をもうけるが、33年夫と死別。34年角筈女子工芸学校を開くなど実業教育を通して女性解放のために尽力。このころ、堺利彦らの平民社と交流。自叙伝「妾(わらわ)の半生涯」(37年)「わらはの思出」(38年)で文名を高める。40年雑誌「世界婦人」を発刊、安部磯雄、堺利彦らの寄稿を得、婦人の独立、人権の平等を主張するなど先駆的活動を続けた。また足尾鉱毒事件の犠牲となった栃木県谷中村の救援につくした。

福田 宏一　ふくだ・ひろいち
元・参院議員(自民党)　[生]大正3年1月23日　[没]平成11年3月18日　[出]群馬県群馬郡群馬町　[学]渋川中(昭和7年)卒
[賞]勲二等瑞宝章(平成4年)　[歴]昭和32年太陽誘導入社。のち福田赳夫の秘書を経て、55年参院議員に当選、2期。参院農林水産委員長をつとめた。三塚派。平成4年引退。　[家]兄=福田赳夫(首相)

福田 昌子　ふくだ・まさこ
衆院議員(社会党)　東和大学理事長　産婦人科医　[生]明治45年7月8日　[没]昭和50年12月30日　[出]福岡県築上郡吉富町　[学]東京女子医学専門学校(昭和9年)卒, 九州帝大医学部専科(昭和13年)卒　医学博士(昭和15年)　[歴]九州帝大医学部附属病院、済生会福岡病院、至誠会関西支部病院などに勤めた。昭和22年衆院議員となり、以来5回当選、社会党中

執委員などを歴任。のち婦人問題研究所を創設、所長兼附属福田診療所所長。42年東和大学を設立し、理事長となる。主著に「優生保護法解説」がある。
[家]弟＝福田敏南(福田学園理事長)

福田 雅太郎　ふくだ・まさたろう
枢密顧問官　陸軍大将　[生]慶応2年5月25日(1866年)　[没]昭和7年6月1日　[出]肥前国大村田ノ平郷(長崎県)　[学]陸士(明治20年)卒, 陸大(明治26年)卒　[歴]日清戦争に参加。明治30年ドイツ駐在、33年帰国し、陸軍大学校教官となる。のち、参謀本部付となり、日露戦争にかかわる。オーストリア駐在武官、歩兵第38・第53連隊長などを経て、大正7年第5師団長に就任。10年陸軍大将となる。12年関東大震災に際し、関東戒厳司令官として治安対策にあたる。13年甘粕事件に関連してアナーキストに狙撃されるが無事。昭和5年枢密顧問官。日本相撲協会会長。

福田 又一　ふくだ・またいち
衆院議員(憲政会)　[生]元治1年8月(1864年)　[没]昭和14年1月25日　[出]埼玉県　[学]英吉利法律学校卒　[歴]弁護士を営み、破産管財人、大日本博覧会評議員を歴任する。神田区議、同副議長、東京府議、東京市議、同副議長を経て、明治41年から衆院議員を3期務める。

福田 幸弘　ふくだ・ゆきひろ
参院議員(自民党)　元・国税庁長官　映画評論家　ノンフィクション作家　[専]戦記　映画評　税制　[生]大正13年12月3日　[没]昭和63年12月23日　[出]熊本県　[学]海軍経理学校(第34期)(昭和19年)卒, 東京大学法学部(昭和27年)卒　[歴]戦時中は軍艦「羽黒」でマリアナ沖海戦、フィリピン沖海戦に参加し、22年復員。26年に公職追放解除、27年大蔵省入省。54年一般消費税の導入の実現に主税局審議官として奔走。56年主税局長、57年国税庁長官。58年退官、日本損害保険協会副会長を経て、61年参院議員に当選。「連合艦隊―サイパン・レイテ海戦記」「戦中派の懐想」「霞が関映画時評」「税制改革の視点」など著書多数。
[団]日本文芸家協会

福田 喜東　ふくだ・よしはる
元・衆院議員(自由党)　弁護士　[生]明治38年5月26日　[没]昭和58年7月15日　[出]大分県宇佐郡四日市町(現・宇佐市)　[学]東京帝大法学部(昭和4年)卒　[賞]勲三等瑞宝章(昭和55年)　[歴]神奈川労働基準局長を経て、大分2区から昭和24年と28年の2回衆院議員に当選。この間、自由党政調副会長、全国森林組合連合会長を歴任。

福地 桜痴　⇒福地源一郎(ふくち・げんいちろう)を見よ

福地 源一郎　ふくち・げんいちろう
衆院議員(無所属)　東京日日新聞社長　ジャーナリスト　劇作家　小説家　[生]天保12年3月23日(1841年)　[没]明治39年1月4日　[出]肥前国長崎(長崎県長崎市)　号＝福地桜痴, 福地星泓, 福地吾曹子, 夢之舎主人, 幼名＝八十吉, 諱＝万世, 字＝尚甫　[歴]15歳の時オランダ通詞名村花蹊に蘭学を学び、安政5年江戸に出て英学を学んだ。また幕府に出仕して通訳、翻訳の仕事に従事。文久元年と慶応元年に幕府使節の一員として渡欧。明治元年条野採菊と共に佐幕派の新聞「江湖新聞」を発刊したが、新政府から逮捕、発禁処分を受けた。3年渋沢栄一の紹介で伊藤博文と会い意気投合、渡米する伊藤に随行。同年大蔵省御雇となり、4年には岩倉具視の率いる米欧巡遊に一等書記官として参加。7年条野採菊が創刊した「東京日日新聞」主筆に迎えられ、政府擁護の立場で自由民権派批判の筆をふるった。御用新聞の悪評もあったが、社説は好評だった。9年社長。11年東京府議に当選、12年議長に就任。15年水野寅次郎らと立憲帝政党を組織、北海道開拓使払い下げ問題で、21年東日社長を引退した。その後は演劇に深く関心、22年歌舞伎改良を提唱して歌舞伎座を建設、座主となる。9代目市川団十郎と投合、改良史劇を続々発表、人気一等となった。傍ら、史書の

著述に専念。団十郎の死で劇壇を退き、その後政界に転じ、37年衆議院議員に当選した。著書は「幕府衰亡論」「懐往事談」「幕末政治家」などの歴史物から小説「もしや草紙」「嘘八百」「伏魔殿」「大策士」「山県大弐」「水野閣老」、劇作「春日局」「侠客春雨傘」「大森彦七」「芳哉義士誉」など多数。

福永 一臣　ふくなが・かずおみ
元・衆院議員（自民党）　⊕明治40年5月11日　⊗昭和57年8月30日　⊕熊本県　⊕東京外語スペイン語科（昭和8年）卒　⊕勲一等瑞宝章（昭和55年）　⊕昭和22年以来、衆院熊本二区から当選11回。この間、32年に運輸政務次官となって"運輸族"の仲間入りし、航空業界に深く食い込んだほか、衆院水産、建設両委員長党副幹事長、党航空対策特別委員長などを歴任したが、ロッキード事件で黒色、灰色とされた7人の政治家の中でただ一人、金銭授受を認めていた。54年に政界から引退。

福永 健司　ふくなが・けんじ
元・衆院議長（自民党）　元・運輸相　元・厚相　元・労相　日本体育協会会長　⊕明治43年8月5日　⊗昭和63年5月31日　⊕滋賀県甲賀郡甲賀町　⊕東京帝大法学部（昭和8年）卒　⊕グランドウヒチアーレ・メリット勲章（イタリア），勲一等旭日桐花大綬章（昭和61年）　⊕昭和8年片倉製糸紡に入り、取締役を経て、22年埼玉県副知事となる。24年以来、衆院議員に埼玉5区より15選。吉田学校の優等生で、この間、内閣官房長官（4度）、労相、自民党総務会長、厚相、運輸相などを歴任。47年にはテルアビブ事件特派大使をつとめた。58年衆院議長。60年辞任し、自民党最高顧問となる。また58年から日体協会長をつとめた。宮沢派。　⊕二男＝福永信彦（衆院議員）

福間 知之　ふくま・ともゆき
元・参院議員（社会党）　⊕昭和2年9月20日　⊗平成12年1月7日　⊕大阪府大阪市　⊕市岡中（昭和18年）卒　⊕勲二等旭日重光章（平成9年）　⊕昭和21年松下電器入社。28年松下電器労組書記長、37年電機労連副執行委員長、39年金属労協議長を歴任後、49年参院議員に旧全国区、比例代表で当選、3期。通信委員長などを務め、平成4年引退。著書に「原子力は悪魔の手先か」がある。

福家 俊一　ふけ・としいち
元・衆院議員（自民党）　⊕明治45年3月3日　⊗昭和62年4月17日　⊕香川県高松市　⊕大阪府立生野中卒、早大専門部（昭和6年）中退　⊕勲四等瑞宝章，勲二等瑞宝章（昭和61年）　⊕少年時代は東京憲兵隊本部の給仕として働く。昭和12年、25歳で上海の国策新聞「大陸新報」の社長となる。17年東京1区から全国最年少で衆院初当選。戦後追放されたが33年に復帰し、香川1区から当選、国会対策副委員長に。次の池田内閣では運輸政務次官をつとめた。福田派の参謀を永年つとめてきたが、59年10月脱会、無派閥となる。政界の寝業師、政界の怪物の異名があるが選挙には弱く、通算6勝9敗。61年落選。

藤井 勝志　ふじい・かつし
元・衆院議員（自民党）　⊕大正4年4月13日　⊗平成8年1月25日　⊕岡山県後月郡芳井町　⊕東京帝国大学法学部政治学科（昭和16年）卒　⊕勲一等旭日大綬章（昭和61年）　⊕岡山県議を3期務めた後、昭和35年以来衆院議員に当選9回。この間、40年大蔵政務次官、42年通産政務次官、47年外務委員長、49年自民党政調副会長を歴任。52年福田改造内閣で労働大臣を務めたほか、党総務会長も歴任した。河本派。61年6月引退。　⊕剣道（6段），少林寺拳法（5段），ゴルフ

藤井 啓一　ふじい・けいいち
衆院議員（立憲民政党）　⽣慶応3年12月（1867年）　⽼昭和28年6月18日　⽣地長門国（山口県）　東京法学院卒　弁護士となり、破産管財人、民事調停委員、山口弁護士会長を務める。山口県議を経て、大正9年以来衆院議員に3回選出される。また下関市商業会議所顧問、朝鮮勧業取締役、長州鉄道取締役も歴任した。

藤井 真信　ふじい・さだのぶ
蔵相　大蔵省主計局長　大蔵官僚　⽣明治18年1月1日　⽼昭和10年1月31日　⽣地徳島県　東京帝大法科大学法律科（明治42年）卒　大蔵省に入り、明治45年欧米出張、帰国後大蔵書記官、主税局経理課長、大蔵大臣秘書官、東京税務監督局長などを経て、昭和2年主税局長、4年主計局長。9年5月大蔵次官、ついで7月岡田内閣の蔵相となり、高橋是清財政を継承、非常時日本の財政建て直しに尽力。10年度予算折衝中、過労で倒れた。

藤井 達也　ふじい・たつや
衆院議員（政友会）　⽣明治21年7月　⽼昭和9年12月16日　⽣地青森県　東京帝国大学独法科、シカゴ市ノースウエスタン大学法科（大正9年）卒　Ph.D.（ノースウエスタン大学）　昭和3年に衆院議員に初当選し、連続3期務め、犬養内閣の内務参与官となる。また中央衛生会臨時委員、保健衛生調査会委員、都市計画中央委員会委員も歴任した。

藤井 恒男　ふじい・つねお
元・参院議員（民社党）　⽣昭和3年7月12日　⽼平成3年9月28日　⽣地旧満州・大連　大連中卒　昭和21年東レ入社と同時に労組結成に参加。同労組委員長、ゼンセン同盟政治委員長から、46年参院選で全国区（のちに比例区）から当選、3期務めた。54年党選対委員長。平成元年引退。

藤井 裕久　ふじい・ひろひさ
衆院議員（自由党　神奈川14区）　元・蔵相　自由党幹事長　⽣昭和7年6月24日　⽣地東京　東京大学法学部（昭和30年）卒　昭和30年大蔵省入省。51年主計局主計官で退官し、52年参院議員に当選、2期。61年6月辞任して衆院選に神奈川3区から立候補したが落選。平成2年再出馬し、当選。4期目。自民党竹下派、羽田派を経て、5年6月新生党結成に参加。同年8月細川内閣の蔵相に就任。羽田内閣でも留任。6年12月新進党結成に参加。10年1月自由党に参加。11年1月幹事長。　ゴルフ、園芸、読書

藤井 丙午　ふじい・へいご
参院議員（自民党）　元・新日本製鉄副社長　実業家　⽣明治39年2月23日　⽼昭和55年12月14日　⽣地岐阜県加茂郡白川町　早稲田大学政治経済科（昭和6年）卒　藍綬褒章（昭和41年）　朝日新聞記者を経て、昭和12年日本製鉄に入社。戦後、経済同友会の創立に尽くしたが、22年第1回参院選で全国区から当選。25年日鉄が分割されて八幡、富士両製鉄が発足すると、八幡製鉄総務部長に復帰し、37年副社長に就任。45年同社と富士製鉄の合併による新日本製鉄が発足、副社長となり、48年には役員人事をめぐる"お家騒動"の末、相談役に退く。この間、財界と政界のパイプ役として財界政治部長の異名をとった。40〜48年国家公安委員。49年から自民党公認で岐阜地方区から参院議員に連続当選。　息子＝藤井国男（三晃金属常務）、三男＝藤井孝男（参院議員）

藤枝 泉介　ふじえだ・せんすけ
元・衆院副議長　元・自民党副幹事長　内務官僚　⽣明治40年12月3日　⽼昭和46年6月6日　⽣地栃木県宇都宮市　東京帝大法学部英法科（昭和5年）卒　内務省に入り、鹿児島県庁、愛媛・埼玉・群馬各県部長、群馬県副知事を経て、昭和24年以来群馬1区から衆院議員に当選8回。29年大蔵政務次官、35年第1次池田内閣の総理府総務長官、36年第2次池

田内閣の防衛庁長官、41年第1次佐藤内閣の運輸相、42年第2次佐藤内閣の自治相、44年衆院副議長などを歴任。憲法調査会委員、自民党副幹事長も務めた。兄・船田中、享二とともに"船田三兄弟"として知られる。　㊫兄＝船田中（衆院議長・自民党副総裁），船田享二（国務大臣・作新学院院長）

藤尾 正行　ふじお・まさゆき

元・衆院議員（自民党）　元・自民党政調会長　㊤大正6年1月1日　㊥東京都杉並区　㊫上智大学専門部新聞科（昭和15年）卒　㊫勲一等旭日大綬章（平成10年）　㊫昭和15年読売新聞社入社。同社特派員、農林放送事業団常務理事を経て、35年衆院選に立候補。38年以来衆院議員に11選。この間43年通産政務次官、衆院内閣常任委員長、55年鈴木内閣労働大臣などを務めた。建設政務次官当時の47年、渡良瀬川公害対策の陳情団への"足尾鉱毒"発言が問題になる。58年12月の総選挙後、党政調会長に就任し59年、60年も留任。61年文相となったが、就任直後からその言動が物議を醸し、9月「文芸春秋」での発言で中国・韓国等の強い抗議をうけ、罷免された。旧三塚派。平成8年引退。　㊫スポーツ，盆栽，読書，囲碁（2段）

藤生 安太郎　ふじお・やすたろう

衆院議員（日本自由党）　（社）国政審議調査会理事長　㊤明治28年8月　㊦昭和46年12月7日　㊥佐賀県　㊫東京外語学校支那語科卒　㊫月刊雑誌「道義」を主宰。昭和7年以来衆院議員を連続4期。衆院議長秘書、米内内閣の逓信参事官、逓信省委員を務める。講道館柔道7段の腕をもち、陸軍士官学校、東京高等学校、拓殖大学で柔道師範を歴任する。他に武道公論社長、国政審議調査会理事長、国際発明社長も務めた。

藤川 一秋　ふじかわ・いっしゅう

元・参院議員（自民党）　元・トピー工業社長　㊤大正3年9月14日　㊦平成4年8月17日　㊥愛知県額田郡額田町　㊫慶応義塾大学通信教育部経済学科（昭和28年）卒　㊫勲二等瑞宝章（昭和59年）　㊫愛知県庁勤務ののち、昭和10年上京して報知新聞社入社。14年東京シャリングに転じ、秘書、勤労、総務各部長。18年宮製鋼所と合併し、東都製鋼と改称。21年取締役、のち常務を経て、22年社長に就任。27年車輛工業社長、30年東都造機会長を兼任。39年合併によりトピー工業社長、43年会長、のち最高顧問。この間、49年参院議員に当選し、52年には行政管理政務次官も務めた。　㊫ゴルフ，囲碁，邦楽，読書，少林寺拳法（6段）　㊫長男＝藤川俊彰（アセント社長），二男＝藤川千秋（愛富社長）

伏木 和雄　ふしき・かずお

元・衆院議員（公明党）　㊤昭和3年8月9日　㊥東京都江東区　㊫東京都立化工（昭和19年）中退　㊫昭和38年神奈川県議を経て、42年以来衆院議員に9選。党国対委員長、衆院建設常任委員長、党副委員長等を歴任。鶴見川改修工事、横浜ベイブリッジ建設にも寄与した。平成5年引退。

藤沢 幾之輔　ふじさわ・いくのすけ

衆院議長　商工相　貴院議員（勅選）　㊤安政6年2月16日（1859年）　㊦昭和15年4月3日　㊥陸奥国仙台（宮城県仙台市）　号＝成天　㊫宮城英語学校卒　㊫茂松法学舎にも学び、明治12年司法試験合格、弁護士開業。22年仙台市会議員となり、議長。宮城県会議員、議長を経て25年以来衆院議員当選13回。改進党系に属し、憲政本党常議員、立憲同志会総務、憲政会総務、立憲民政党総務、衆院予算委員長などを歴任し、大正15年第1次若槻礼次郎内閣の商工相、昭和5年衆院議長、6年勅選貴院議員、9年から枢密顧問官をつとめた。

藤田 栄　ふじた・さかえ
元・参院議員(自民党)　伊豆新聞会長　㊓昭和5年4月10日　㊧静岡県富士市依田原　㊫早稲田大学商学部卒　㊞静岡新聞論説委員を経て、昭和58年補選で参院議員に当選。61年落選。

藤田 四郎　ふじた・しろう
貴院議員(勅選)　農商務省総務長官　日本火災保険社長　㊓文久1年6月18日(1861年)　㉜昭和9年1月9日　㊧越後国西蒲原郡弥彦村(新潟県)　㊫東京帝大法科大学(明治18年)卒　㊥正四位勲二等　㊞外務省御用掛から外交官試補となり、明治20年オーストリア、ドイツ各公使館に勤務。23年逓相秘書官、24年ウィーンの万国郵便会議に出席。その後、逓信省参事官、農商務省参事官、特許局長、農務局長、水産局長、31年農商務次官を歴任し、同年ワシントンのオットセイ保護問題万国会議に出席。33年農商務省総務長官、34年勅選貴院議員。のち日本火災保険社長、台湾製糖取締役会長、絹糸紡績相談役、台南農林取締役会長、南国産業監査役を務めた。

藤田 進　ふじた・すすむ
元・参院議員(社会党)　元・総評議長　大阪工大摂南大学総長・理事長　労働運動家　㊕経済政策　㊓大正2年2月10日　㉜平成15年3月1日　㊧広島県賀茂郡黒瀬町　㊫関西工学校土木科(昭和7年)卒　経済学博士(昭和35年)　㊥参議院永年在職議員表彰, 勲一等旭日大綬章(昭和58年)　㊞ミシガン州立ウェイン大学留学。広島県庁を経て、昭和12年広島電気に入社。戦後、労働運動に参加し、21年中国配電労組中央本部書記長、24年電産中央執行委員長。27年総評2代目議長に就任。炭労、電産の2大争議を指導した。28年社会党から参院議員に当選、5期務めた。一方、36年大阪工業大学教授となり、41年法人理事、44年理事長。62年総長も兼務。摂南大学、広島国際大学を創設した。黒龍江大学名誉教授、同済大学名誉教授。著書に「基幹産業社会化の動向」など。

藤田 スミ　ふじた・すみ
元・衆院議員(共産党)　元・共産党中央委員　㊓昭和8年4月3日　㊧大阪府堺市　㊫三国ケ丘高(昭和27年)卒　㊞昭和48年以来大阪府議3期を経て、54年衆院議員に当選。7期務めた。平成12年引退。"日本の母親を代表する政治家"として母親運動に尽力。

藤田 高敏　ふじた・たかとし
元・衆院議員(社会党)　㊓大正12年8月30日　㊧愛媛県西条市　㊫専検(昭和17年)　㊥勲二等旭日重光章(平成14年)　㊞昭和13年住友重機械工業に入社。住友機械労組副委員長、26年から愛媛県議4期を経て、38年以来衆院議員に8選。平成5年、8年落選。　㊚読書, スポーツ

藤田 高之　ふじた・たかゆき
衆院議員(立憲改進党)　東京上等裁判所検事　㊓弘化4年7月18日(1847年)　㉜大正10年5月28日　㊧安芸国広島(広島県)　通称=次郎, 号=九樹　㊞文久3年藩の句読師となり、慶応3年神機隊隊長。明治元年戊辰戦争で備中鎮圧に従い、軍監として武蔵に派遣され、さらに奥羽に転戦。7年司法省に出仕、司法少丞となり、13年東京上等裁判所検事。15年立憲改進党創立に参加。その後広島県から衆院議員に当選した。

藤田 達芳　ふじた・たつよし
衆院議員　東浜塩産社長　塩業家　㊓安政5年6月28日(1858年)　㉜大正12年6月21日　㊧伊予国新居郡多喜浜(愛媛県新居浜市)　旧姓=小野　㊫東京専門学校卒　㊞伊予多喜浜で製塩業を営む。明治11年多喜浜地区の代表者として瀬戸内海沿岸の製塩業者で構成された十州同盟塩戸会議に出席。東京専門学校の第一期生として卒業ののち、26年に東浜塩産株式会社を設立して社長に就任、衰微しつつあった多喜浜の製塩業復興に乗り出した。27年衆議院議員に当選、以来一貫して塩業の発展と塩の専売制確立に尽力し、大日本塩業同盟委員として香川県の鎌田勝太郎と共に「清国ヘノ塩輸出」を提案。また29年に

設立された大日本塩業協会の評議員や幹事なども務める。31年塩業調査会委員として台湾の製塩業を視察。34年には秋良貞臣と共に「塩田国有論」を唱え、38年の塩専売法の成立に貢献した。

藤田 藤太郎　ふじた・とうたろう
元・参院議員(社会党)　元・総評議長　労働運動家　㊝明治43年9月13日　㊞昭和51年5月2日　㊍京都府長岡京市　㊫立命館大学中退　㊯昭和3年新京阪鉄道に入り、21年阪急労働組合委員長、22年私鉄総連結成で初代委員長、26年総評副議長、28年総評議長。31年社会党から京都地方区・参院議員となり当選2回。社会党京都府本部委員長、原水禁京都会議議長、ILO協会副会長を務めた。

藤田 正明　ふじた・まさあき
元・参院議長(自民党)　㊝大正11年1月3日　㊞平成8年5月27日　㊍広島県広島市南区翠町　㊫早稲田大学商学部(昭和19年)卒　㊛勲一等旭日大綬章(平成4年)　㊯昭和19年藤田組(現・フジタ)に入社。35年常務、37年副社長を経て、40年参院議員に初当選。大蔵政務次官、参院大蔵委員長、51年総理府総務長官兼沖縄開発庁長官、55年自民党参院幹事長を歴任、61年7月参院議長となる。63年9月病気のため辞任。当選4回。平成元年引退。トウショウボーイの馬主としても有名だった。
㊇父＝藤田定市(フジタ創業者)，兄＝藤田一暁(フジタ社長・会長)，長男＝藤田雄山(広島県知事)，二男＝藤田公康(極東工業社長)

藤田 茂吉　ふじた・もきち
衆院議員　郵便報知新聞主幹　新聞記者　翻訳家　㊝嘉永5年6月25日(1852年)　㊞明治25年8月19日　㊍豊後国南海郡佐伯村(大分県佐伯市)　旧姓＝林　号＝藤田鳴鶴，鶴谷山人，九皐外史　㊫慶応義塾(明治7年)卒　㊯明治4年上京、慶応義塾に入学。8年報知社に入社し、直ちに「郵便報知新聞」(のちの「報知新聞」)主幹となって民権の立場から東京日日の福地源一郎と論戦した。以後、報知新聞で名記者として知られ、19年退社。この間、14年東京府会議員、15年立憲改進党に参加。日本橋区会議員、同区議長を歴任。20年甲信鉄道社長。23年東京府4区から衆院議員に当選し、25年再選。議員集会所に所属。著書に「文明東漸史」「済民偉業録」「春宵夜話」などがある。

藤田 義光　ふじた・よしみつ
元・衆院議員(自民党)　㊝明治44年11月30日　㊞昭和61年6月26日　㊍熊本県阿蘇郡阿蘇町　㊫中央大学法学部(昭和12年)卒　㊛エクアドル功労十字勲章　㊯朝日新聞記者を経て、昭和24年以来熊本1区から衆院議員に9選。自治政務次官、衆院内閣委員長などを歴任。53年物見遊山のつもりだったエクアドルでイカ、バナナ、石油の利権を拾い、国際派に転身。日本エクアドル議員連盟、同友好協会会長におさまり、エクアドルから功労十字勲章まで受けた。58年の総選挙で落選、61年の総選挙に自民党に公認されないまま無所属で出馬、出陣式で倒れ、選挙戦中に死去。

藤田 若水　ふじた・わかみ
広島市長　衆院議員(翼賛議員同盟)　弁護士　㊝明治9年12月　㊞昭和26年12月30日　㊍愛媛県　㊫東京専門学校(現・早稲田大学)行政科卒　㊯弁護士として働く。広島市議、広島県議、広島市部会議長を経て、第15回の衆院議員補欠選挙で広島1区より当選。以来通算5期。その間、昭和12年第1次近衛内閣の司法参与官を務める。また広島市長、広島弁護士会会長などを歴任。

藤波 孝生　ふじなみ・たかお
衆院議員(無所属　三重5区)　元・労相　元・官房長官　俳人　㊝昭和7年12月3日　㊍三重県伊勢市　号＝藤波孝堂　㊫早稲田大学商学部(昭和30年)卒　㊯郷里に帰って家業のまんじゅう屋を継ぐが、青年団活動を始め、昭和38年三重県議に当選。42年衆院議員に当選以来、連続9期。54年大平内閣の労相として初入閣。中曽根康弘の片腕として

活躍し、中曽根内閣発足時には官房副長官、ついで官房長官を務めた。派閥の後継者とみられていたが、平成元年5月リクルート事件の際、受託収賄罪で起訴され、離党。5年落選。6年9月東京地裁により無罪判決が出され、8年衆院議員返り咲く。通算11期目。渡辺派を経て、村上・亀井派。9年東京高裁は一審の無罪判決を破棄、懲役3年執行猶予4年、追徴金4270万円の有罪判決を下す。11年最高裁は二審判決を支持し、有罪が確定、再び自民党を離党。"孝堂"の号を持つ俳人政治家としても知られ、国文学研究資料館、俳句文学館の建設に貢献。句集「神路山」がある。ほかに「教育の周辺」「議事堂の朝」などの著書がある。 [団]俳人協会 [趣]野球

藤沼 庄平　ふじぬま・しょうへい
貴院議員(勅選)　衆院議員(政友会)　警視総監 [生]明治16年2月17日 [没]昭和37年1月2日 [出]栃木県 旧姓=若田部 [学]東京帝大法科大学政治科(明治42年)卒 [歴]昭和43年内務省に入り、岡山県都窪郡長、奈良・鹿児島・京都・大阪各府県警察部長、茨城県知事、内務省警保局長を歴任し、大正12年虎ノ門事件で辞職。昭和2年新潟県知事となり、3年栃木県から衆院選に当選、立憲政友会に属した。7年東京府知事、同年5月警視総監。8年勅選貴院議員。11年広田弘毅内閣の内閣書記官長。武徳会理事長。戦後東京都長官兼警視総監、枢密顧問官などを務めた後公職追放。のちニッポン放送顧問を務めた。

藤野 繁雄　ふじの・しげお
参院議員(自民党) [生]明治18年4月 [没]昭和49年3月17日 [出]長崎県 [学]東京高農卒 [歴]長崎県産業組合(連)会長、産業組合中央金庫評議員、長崎県生活物資配給統制組合(連)・同県農業会・同県指導農業協同組合(連)各会長、全国農業会幹事、家の光協会理事、全国農業協同組合監事協議会会長等になる。昭和22年参院議員初当選。以降3選。第2次吉田内閣の地方自治政務次官、自治政務次官、同県農林統計協会会長、参院農林水産委員長等を務めた。

伏見 康治　ふしみ・こうじ
元・参院議員(公明党)　大阪大学名誉教授　名古屋大学名誉教授 [専]理論物理学 [生]明治42年6月29日 [出]愛知県名古屋市 [学]東京帝国大学理学部物理学科(昭和8年)卒　理学博士(昭和15年) [資]ロシア科学アカデミー外国人会員 [興]巨大科学のとり扱い方, 地球未来学 [賞]毎日出版文化賞(昭和32年), 紫綬褒章(昭和48年), 藤原賞(昭和55年), 米国核融合協会功労賞(昭和63年), 勲二等旭日重光章(平成1年) [歴]昭和15〜36年大阪大学教授、36〜48年名大プラズマ研究所長、53年日本学術会議会長。58年比例代表制による参院選に公明党より立候補して当選、1期務めた。趣味は折り紙、夫人ともども名人の域に達し、「折り紙幾何学」を共著で出版。文筆家としても知られ「伏見康治著作集」(全8巻)がある。 [団]日本物理学会, 日本原子力学会, リンクス・リセウム技術同友会, 日露交流協会(名誉会長) [趣]折り紙, 文様, エッシャーの絵

伏見宮 貞愛　ふしみのみや・さだなる
伏見宮第21代　皇族　陸軍大将・元帥 [生]安政5年4月28日(1858年) [没]大正12年2月4日 [出]京都・今出川通清棲殿　幼名=敦宮, 別名=貞愛親王 [学]大学南校, 陸士(旧1期)卒, 陸大 [歴]孝明天皇の養子となるが、明治5年復帰して伏見宮家を継ぐ。西南の役に中尉をもって出征。近衛歩兵第4連隊長を経て、25年少将、日清戦争では歩兵第4旅団長として従軍。31年陸軍中将に進み、日露戦争に第1師団長として出征。37年陸軍大将。38年軍事参議官、のち特別大演習諸兵指揮官、特命検閲使等を歴任。大正4年元帥。明治天皇・大正天皇の親任厚く、大日本農会・大日本蚕糸会・帝国在郷軍人会などの総裁を歴任した。 [家]父=伏見宮邦家, 長男=伏見宮博恭(伏見宮第22代), 姉=村雲日栄(尼僧), 弟=東伏見宮依仁(海軍大将)

藤村 紫朗　ふじむら・しろう
貴院議員(勅選)　男爵　[生]弘化2年3月1日(1845年)　[没]明治42年1月4日　[出]肥後国熊本城下町寺原町(熊本県)　旧姓=黒瀬　初名=萱野平八, 前名=萱野嘉右衛門, 通称=四郎, 字=信卿　[歴]文久2年上洛、勤王志士と交わり、3年親兵に選ばれ、8.18の政変で三条実美ら七卿と長州へ西下、脱藩して元治元年長州軍の軍監となり禁門の変に参加、敗れた。慶応3年鷲尾隆聚の高野山挙兵に参加。明治維新に際して初めて藤村姓を称する。明治元年徴士・内国事務局権判事から軍監となり北越へ出征。2年監察司知事、次いで兵部省に出仕し京都府少参事、4年大阪府参事。以後山梨県令、同県知事、愛媛県知事を務めた。23年国会開設とともに勅選貴院議員。29年男爵。　[家]長男=藤村義朗(男爵・貴院議員)

藤村 義朗　ふじむら・よしろう
逓信相　貴院議員　国際電話社長　三井物産取締役　全国養蚕組合連合会会長　実業家　男爵　[生]明治3年12月4日　[没]昭和8年11月27日　[出]京都府　幼名=狐狸馬　[学]ケンブリッジ大学卒, セントジョンズ大学卒　[歴]明治42年家督を相続し男爵を襲爵。熊本済々黌教授を経て、明治27年三井鉱山に入社。30年欧米巡遊、31年三井物産に転じ、39年ロンドン支店勤務、42年帰国。本社人事課長、調査課長を経て、大正3年上海支店長、4年英国会社上海紡績有限公司専務を兼任、7年三井物産取締役となる。同年貴院議員、公正会に属し幹事をつとめる。歴代内閣批判で"カマキリ男爵"の異名をとる。9年大正日日新聞社長、10年全国養蚕組合連合会会長、13年清浦奎吾内閣の逓相。辞任後は東京瓦斯取締役、国際電話社長、蚕糸業界の役員などを務めた。著書に「東野選稿—藤村義朗遺稿」。　[家]父=藤村紫朗(男爵・貴院議員)

藤本 荘太郎　ふじもと・しょうたろう
堺市長　実業家　[生]嘉永2年4月12日(1849年)　[没]明治35年7月28日　[出]和泉国堺(大阪府)　号=湊霜　[歴]生家は代々糸物商で、真田紐製造を業とし、特に祖父庄左衛門は手織込緞通を創始した。父の没後、安政5年9歳で家業を継ぎ、文久2年模様摺込緞通を発明、以後テップ製造・麻緞通(ゴロス)の製織を始め、製品改良、斯業発展に尽くし、海外視察にも赴いて外国輸出も推進、堺緞通界は明治10～20年代の黄金時代を現出した。その間、堺市長など公職を務め、堺緞通業組合、大阪府緞通組合の組長、堺商法集会所(商業会議所)会頭などを歴任した。

藤本 捨助　ふじもと・すてすけ
衆院議員(自民党)　[生]明治27年12月12日　[没]昭和38年9月11日　[出]香川県　[学]東北帝国大学法文学部卒　[歴]法律学研究のため、アメリカ・イギリス・ドイツに2年間留学する。帰国後、高松高等商業学校教授、大阪商科大学講師を歴任。昭和12年から衆院議員を2期務め、国家総動員審議会委員となる。戦後は昭和30年以来連続当選3回。進歩党政務調査副会長、自民党総務、衆院社会労働委員長を歴任した他、社会保障制度審議会会長を務めた。著書に「日本民法総論」など。　[家]息子=藤本孝雄(衆院議員)

藤本 孝雄　ふじもと・たかお
元・衆院議員(自民党)　元・厚相　元・農水相　[生]昭和6年1月17日　[出]香川県高松市　[学]東京大学法学部(昭和29年)卒　[賞]勲一等旭日大綬章(平成13年)　[歴]父の秘書を経て、昭和38年衆院議員に当選。51年外務委員長、60年沖縄開発庁長官、62年竹下内閣の厚相、平成8年第2次橋本内閣の農水相。当選10回。12年落選。旧河本派。　[家]父=藤本捨助(衆院議員)

藤本 虎喜　ふじもと・とらき
元・衆院議員(国民協同党)　⊕明治25年2月　⊗昭和56年11月11日　⊕熊本県甲佐町　⊕鹿児島高農農学科卒　⊕熊本県近代文化功労者(平成9年)　⊕昭和21年戦後初の衆院議員に当選、1期務めた。熊本県農事試験場で農業技術と営農を指導。水稲晩化栽培法を考案した他、畑作の改良でも実績をあげた。

藤谷 豊　ふじや・ゆたか
元・斜里町(北海道)町長　元・(社)ナショナル・トラストをすすめる全国の会会長　⊕大正2年　⊗平成6年2月22日　⊕北海道白糠郡音別町　⊕網走中卒　⊕環境庁環境保全功労者表彰(昭和54年)、朝日森林文化賞(第1回)(昭和58年)、勲四等瑞宝章(昭和62年)、斜里町名誉町民　⊕昭和38～54年4期斜里町長をつとめる。52年知床国立公園の自然を守るため"知床100平方メートル運動"を発案、知床半島の土地購入を広く市民に呼びかけ、ナショナル・トラスト運動を推進。58年～平成4年ナショナル・トラストを進める全国の会会長も務めた。本業はサケ定置の網元、豊慶漁業部社長。

藤山 愛一郎　ふじやま・あいいちろう
元・衆院議員(自民党)　元・外相　日本国際貿易促進協会長　元・大日本製糖社長　実業家　⊕明治30年5月22日　⊗昭和60年2月22日　⊕東京都北区　⊕慶応義塾大学法学部政治科(大正7年)中退　⊕勲一等旭日大綬章(昭和42年)　⊕大正8年から財界活動に入って大日本製糖、日本化学工業各社長を務め、昭和16年44歳の若さで日本商工会議所会頭となり、日航会長なども歴任。32年岸首相の懇請で、非議員のまま「絹のハンカチをぞうきんに…」と評されながら外相に就任、日米安保条約の改定交渉に当たった。33年以来衆院選に当選6回、51年には政界を引退。この間、池田・佐藤両内閣の経企庁長官のほか自民党総務会長を務め、藤山派を結成して3度総裁選にのぞんだが、いずれも敗れた。また日中貿易促進、日中国交回復促進、両議連会長、政界引退後も国際貿易促進協会(国貿促)会長として、日中関係改善に情熱を傾けた。著書に「政治わが道」「社長くらし三十年」など。⊕父=藤山雷太(実業家)、弟=藤山勝彦(大日本製糖会長)、藤山洋吉(日東化学工業副社長)、長男=藤山覚一郎(大日本製糖会長)

藤山 雷太　ふじやま・らいた
貴院議員(勅選)　大日本製糖社長　東京商業会議所会頭　実業家　⊕文久3年8月1日(1863年)　⊗昭和13年12月19日　⊕肥前国松浦郡大里村(佐賀県伊万里市)　⊕長崎師範(明治13年)卒、慶応義塾(明治20年)卒　⊕佐賀藩士の三男に生まれる。長崎師範卒業後、郷里で小学校教師を務め、のち上京して慶応義塾に学ぶ。明治20年帰郷し、同年佐賀県議に選ばれ、ついで議長となり、外国人居留地買収問題などで活躍。のち上京、25年実業界に転じて師の福沢諭吉のすすめで三井銀行に入り、諭吉の義兄・中上川彦次郎を助けて三井財閥の改革にあたる。中上川に抜擢され芝浦製作所所長に就任、さらに中上川の内命で王子製紙の乗取りに成功。三井を去ったのち、東京市街電鉄、日本火災、帝国劇場などの創立に参加。42年大日本製糖会社(日糖)の不始末による破綻のあとをうけ、渋沢栄一の推挙で同社社長に就任し、再建に成功、一躍財界に重きをなした。以来、日糖を中心に台湾製糖、パルプ業の発展に貢献、藤山コンツェルンの基礎を築いた。大正6～14年東京商業会議所会頭。12年勅選貴院議員。他に藤山同族社長、大日本製氷会長、日印協会理事、また三井、安田、共同の各信託会社の相談役、取締役を務めるなど、その活動は多岐にわたり、財界の一方の雄として活躍した。著書に「満鮮遊記」「熱海閑談録」などがある。⊕長男=藤山愛一郎(実業家・政治家)、二男=藤山勝彦(大日本製糖会長)、息子=藤山洋吉(日東化学工業副社長)

藤原 あき　ふじわら・あき
参院議員　資生堂美容室顧問　タレント　⽣明治30年8月10日　⺠昭和42年8月8日　⽣東京　本名＝中上川アキ　⽣女子学習院卒　⽣三井財閥の大番頭・中上川彦次郎の三女。16歳で15歳年上の医博・宮下左右吉と結婚、昭和2年離婚。3年8月、2児を残し、世界のテナー藤原義江を追って渡欧、5年1月結婚し"世紀の恋"と騒がれた。以後25年間、藤原歌劇団の育成に腕をふるった。しかし28年夫の女性関係で離婚後、資生堂美容部長に就任。30年からNHKの人気番組「私の秘密」にレギュラー出演、お茶の間の人気者となった。37年参院選全国区に自民党から立候補、テレビで売った顔がものを言い116万票の大量得票でトップ当選、タレント議員第1号となった。参院文教委員、資生堂美容室顧問を兼ねたが任期半ばで死去した。著書に「おしゃれの四季」「雨だれの歌」がある。
⽣父＝中上川彦次郎（三井財閥の大番頭）、前夫＝藤原義江（テノール歌手）、宮下左右吉（阪大教授）

藤原 銀次郎　ふじわら・ぎんじろう
商工相　軍需相　王子製紙社長　実業家　⽣明治2年6月17日　⺠昭和35年3月17日　⽣長野県安茂里村（現・長野市）　⽣慶応義塾（明治23年）卒　⽣「松江日報」主筆をつとめ、明治28年26歳で三井銀行に移る。32年三井物産に転出し、台湾支店長、木材部長などを歴任。44年三井系の王子製紙に移り、専務、大正9年社長に就任。以来、日本の製紙の90％を占める巨大企業に育てる。昭和13年会長。この間、4年勅選貴院議員。14年藤原工業大学（後の慶大工学部）を設立。15年米内内閣の商工相、18年東条内閣の国務相、19年小磯内閣の軍需相など歴任。戦後は趣味に生きて静かに余生を送る。また、34年藤原科学財団を設立するなど教育、社会事業にも尽力。著書に「労働問題帰趨」「藤原銀次郎回顧八十年」など。

藤原 繁太郎　ふじわら・しげたろう
元・衆院議員（社会党）　⽣明治30年1月　⺠昭和56年5月28日　⽣東京　⽣早稲田大学商学部（大正12年）卒　⽣新聞記者を経て昭和22年長崎2区から衆院議員に当選。当選1回。長崎新聞社長も務めた。

藤原 孝夫　ふじわら・たかお
元・神奈川県知事　国立公園協会名誉会長　⽣明治29年11月20日　⺠昭和58年5月8日　⽣岡山市　⽣東京帝大政治学科（大正9年）卒　⽣勲二等旭日重光章（昭和42年）　⽣官選の山梨、千葉、神奈川県の各知事を務めた。　⽣女婿＝奥野誠亮（法相）

藤原 哲太郎　ふじわら・てつたろう
元・衆院議員（民社党）　⽣昭和2年11月10日　⽣静岡県伊東市　⽣中央大学経済学部（昭和30年）卒　⽣昭和42年東京都議5期を経て、58年衆院議員に当選、1期。61年に落選。

藤原 豊次郎　ふじわら・とよじろう
元・衆院議員（社会党）　社会運動家　医師　⽣明治32年1月12日　⺠昭和54年12月8日　⽣京都府竹野郡間人町（現・丹後町）　⽣北海道帝大医学部中退、千葉医科大学卒　⽣泉橋慈善病院眼科医となり、この間の昭和5年青砥無産者診療所を設立。その後立川市で眼科医を開業して医療団体協約運動を展開し、ついで市内に購買組合を組織。その後市川市議となり、35年社会党から衆議院議員となった。他方、戦時中、市内に在住していた郭沫若（のち中国科学院長）と親交があり、戦後も日中友好運動に尽力。

藤原 ひろ子　ふじわら・ひろこ
元・衆院議員（共産党）　⽣大正15年6月19日　⽣台湾　⽣京都第二高女（昭和19年）卒　⽣小学校教諭、京都市議を経て、昭和51年衆院議員に当選、4期。平成2年落選。　⽣夫＝藤原富造（京都市教組委員長）

藤原 房雄　ふじわら・ふさお
元・参院議員（公明党）　⽣昭和4年9月6日　出北海道小樽市　学室蘭工業大学電気工学科卒　歴通産省に入省。のち聖教新聞社北海道支局長を経て、昭和43年参院議員に当選、3期。参院科学技術振興対策特別委員長などをつとめ、61年衆院議員に転じ、2期。平成5年引退。

藤原 道子　ふじわら・みちこ
日本社会党顧問　元・参院議員　婦人運動家　⽣明治33年5月26日　没昭和58年4月26日　出岡山県宇野町（現・玉野市）　前名＝山崎道子　賞参院永年在職議員表彰（昭和47年）、勲一等瑞宝章（昭和47年）　歴家没落のため小学校5年で中退。印刷女工、派出看護婦、巡回産婆として働き、大正14年日本労農党の闘士・山崎釼二と結婚（のち昭和23年離婚）、夫とともに貧困と闘いながら農民運動にたずさわる。21年戦後初めての総選挙で衆院静岡2区から当選、初の婦人議員の1人となった。25年参院全国区に回り、4期連続当選を果たし、社会党婦人議員の代表格として、売春対策、婦人問題などで活躍、参院労働、法務、決算の各委員長を歴任した。家元夫＝山崎釼二（農民運動家・衆院議員）

伏屋 修治　ふせや・しゅうじ
元・衆院議員（公明党）　⽣昭和5年1月25日　出香川県高松市　学岐阜師範（昭和26年）卒　歴小学校教諭を経て、昭和51年以来衆院議員に5選。平成5年引退。

二上 兵治　ふたがみ・ひょうじ
貴院議員（勅選）　枢密顧問官　⽣明治11年2月25日　没昭和20年11月19日　出富山県　学東京帝国大学卒　歴通信書記官を経て、枢密院書記官に転じ、同議長秘書官、大正5年同書記官長となり、枢密院の特権擁護のため画策、伊東巳代治の智謀として活躍した。13年勅選貴院議員。昭和9年書記官長を辞任、行政裁判所長官を経て、14年枢密顧問官となる。

二木 謙吾　ふたつぎ・けんご
元・参院議員　宇部学園創立者　⽣明治30年1月1日　没昭和58年12月22日　出山口県　学山口師範（大正7年）卒　賞勲二等瑞宝章（昭和43年）、勲一等瑞宝章（昭和54年）　歴小学校教師を経て、昭和17年宇部学園を創設。宇部女子高、美祢中央高校長、山口芸術短期大学学長を歴任。一方、22年から山口県議を3期務めたあと、37年参議院山口地方区で自民党から当選。以来連続3期、参議院議員を務め、大蔵政務次官、文教、外務、ロッキード特別委の各委員長を歴任、55年引退した。家長男＝二木和夫（山口県議）、二男＝二木秀夫（参院議員）

二見 甚郷　ふたみ・じんごう
宮崎県知事　参院議員（自民党）　衆院議員（政友会）　⽣明治21年10月16日　没昭和43年11月17日　出宮崎県　学東京帝大法科大学政治学科（大正4年）卒　歴昭和3年衆院議員、駐タイ公使、宮崎市長、宮崎県知事を経て、34年参院議員に当選し、1期つとめた。

二見 伸明　ふたみ・のぶあき
元・衆院議員（自由党）　元・運輸相　⽣昭和10年2月10日　出東京　学早稲田大学大学院（昭和35年）修士課程修了　歴公明新聞に入社、政治部長、編集局長を経て、昭和44年公明党から衆院議員に当選。党副書記長を経て、政審会長。平成6年羽田内閣の運輸相に就任。同年12月新進党結成に参加。新進党の分裂では自由党に参加した。8期。12年落選。

二荒 芳徳　ふたら・よしのり
貴院議員（勅選）　ボーイスカウト日本連盟総コミッショナー　内務官僚　伯爵　⽣明治19年10月26日　没昭和42年4月21日　出愛媛県　旧姓＝伊達　前名＝九郎, 筆名＝二荒空山　学東京帝大法科大学政治学科（大正2年）卒　歴明治42年伯爵。大正3年内務省に入り、静岡県理事官、宮内省参事官、東宮御所御用掛などを経て、14年より勅

選貴院議員。戦後厚生省顧問、飯野海運監査役などを務めた。一方、戦前に大正11年少年団日本連盟初代理事長となり、昭和16年大日本少年団連盟に統合され副団長、戦後24年ボーイスカウト日本連盟として再建、顧問、30年同総コミッショナーも務めた。著書に「非教者の教育論」「わが魂をかへりみて」などがある。　㊫父＝伊達宗徳（旧宇和島藩主・侯爵），妻＝二荒拡子（北白川宮能久親王の五女）

淵上 房太郎　ふちがみ・ふさたろう
衆院議員（自民党）　㊓明治26年6月　㊗昭和51年2月28日　㊞福岡県　㊫東京帝国大学政治科卒　㊍青森県警察部長、広島県総務部長、沖縄県知事を歴任した後、昭和22年から衆院議員となり当選3回。日本自由党総務、衆院運輸委員長となる。著書に「現代産業と生産方式」、歌集に「ひうが」がある。

船越 衛　ふなこし・まもる
枢密顧問官　男爵　㊓天保11年（1840年）㊗大正2年12月23日　㊞安芸国（広島県）㊍大村益次郎について兵学を学び、文久3年上京、尊皇攘夷論を唱える。長州征伐では和解につとめる。維新後新政府の徴士、江戸府判事、軍務権判事となる。戊辰戦争では東北遊撃軍参謀として奥羽に出征。佐賀の乱、西南戦争に従軍。13年千葉県令を経て、21年元老院議官となる。石川県・宮城県知事などを歴任、27年貴院議員、43年枢密顧問官をつとめた。

船田 享二　ふなだ・きょうじ
元・衆院議員（改進党）　作新学院院長　ローマ法学者　㊓明治31年1月13日　㊗昭和45年3月14日　㊞栃木県宇都宮市　㊫東京帝国大学法学部英法科（大正10年）卒　法学博士（昭和18年）　㊕日本学士院恩賜賞（昭和45年）「羅馬法」　㊍大正15年京城帝大助教授、昭和3年教授となり、ローマ法を担当。戦後21年公職追放中の兄船田中の地盤栃木1区から衆院選に立候補、当選3回、改進党所属。23年芦田内閣の行政調査部総裁（行政管理庁長官に改変）兼賠償庁長官。兄の追放解除で学界に復帰、東大講師、作新学院院長を務めた。著書に「ローマ法入門」「羅馬法」（全5巻）「法思想史」「法律思想史」などがある。“船田三兄弟”の一人。
㊫兄＝船田中（衆院議長），弟＝藤枝泉介（衆院副議長），妻＝船田文子（主婦連副会長）

船田 中　ふなだ・なか
衆院議長　自民党副総裁　㊓明治28年4月24日　㊗昭和54年4月12日　㊞栃木県宇都宮市　㊫東京帝大法科大学英法科（大正7年）卒　㊕勲一等旭日桐花大綬章（昭和48年）　㊍大正7年内務省入省。昭和3年東京市助役、4年市長代理を経て、5年衆院議員に初当選、以来当選15回。戦前は政友会に属し、12年第1次近衛内閣の法制局長官。15年大政翼賛会政策局内政部長。戦後、公職追放を受け、解除後の26年自由党の衆院議員として政界に復帰。大野伴睦派に属し、30年第3次鳩山内閣の防衛庁長官に就任。また、自民党の外交調査会長、安全保障調査会長としてタカ派外交路線の推進役となる。親台湾・親韓国議員の代表的人物。38年12月～40年12月、45年1月～47年11月前後2回の衆院議長を経て、52年自民党副総裁に就任。作新学院理事長もつとめ、53年の“江川騒動”でも話題となった。著書に「青山閑話」がある。
㊫父＝船田兵吾（教育者），長男＝船田譲（栃木県知事），孫＝船田元（衆院議員），弟＝船田享二（政治家・ローマ法学者），藤枝泉介（衆院副議長）

船田 元　ふなだ・はじめ
元・衆院議員（自民党）　元・経済企画庁長官　船田教育会理事長　㊓昭和28年11月22日　㊞栃木県宇都宮市　㊫慶応義塾大学文学部（昭和51年）卒，慶応義塾大学大学院教育学専攻（昭和58年）修士課程修了　㊕シンガポール交換フェローシップ（平成9年）　㊍昭和53年作新学院総務部長となるが、54年祖父船田中の

急逝で、衆院選に栃木1区に自民党から出馬、25歳の全国最年少で当選。以来7選。初当選以来無派閥を続けていたが、59年夏田中派に入会。竹下派を経て、羽田派。平成4年宮沢改造内閣の経済企画庁長官に就任、39歳の戦後最年少大臣となる。5年6月大臣を辞任して、新生党結成に参加。6年12月新進党結成に参加したが、8年9月離党。10月無所属で当選。11月新会派"21世紀"を結成、9年1月自民党に復党した。10年12月山崎派に参加。12年落選。13年船田教育会理事長。11年参院議員の畑恵と再婚。 [趣]ゴルフ, 読書 [家]妻＝畑恵(参院議員), 祖父＝船田中(衆院議長), 父＝船田譲(衆院議員・栃木県知事), 母＝船田昌子(船田教育会理事長)

船田 譲　ふなだ・ゆずる
元・栃木県知事　元・参院議員(自民党)　作新学院院長　[生]大正12年6月13日　[没]昭和60年8月10日　[出]栃木県　[学]東京帝大農学部(昭和22年)卒　[歴]船田中衆院議長の長男。船田家が創設した地元私学、作新学院中等部長などを経て、昭和40年から参院議員2期、大蔵政務次官など歴任。49年12月から栃木県知事に3選。59年6月から肝機能障害で虎ノ門病院に入退院を繰り返し、同年12月退任。学者肌の知事として知られ、57年「素人知事奮戦記」を出版。知事退任後は作新学院長だった。　[家]父＝船田中(衆院議長), 妻＝船田昌子(船田教育会理事長), 長男＝船田元(衆院議員)

船橋 求己　ふなはし・もとき
元・京都市長　[生]明治44年8月14日　[没]昭和59年2月4日　[出]岡山市　[学]京都大学経済学部(昭和9年)卒　[歴]京都市役所に入り、住宅局長、水道局長などを経て、42年助役に就任。46年京都市長に当選し、以来3選。この間全国革新市長会副会長と全国市長会理事も務めた。3期目半ばの56年5月自宅で倒れ、7月引退した。

麓 純義　ふもと・じゅんぎ
衆院議員(立憲民政党)　弁護士　[生]元治1年8月28日(1864年)　[没]昭和10年2月8日　[出]鹿児島県名瀬市(奄美大島)　[学]東京法学院卒　[歴]代言人、のち弁護士となる。明治31年衆院議員に当選し、昭和3年まで通算4期選出。政友本党政務調査会長となる。また那覇市長も務めた。

古井 喜実　ふるい・よしみ
元・衆院議員(自民党)　[生]明治36年1月4日　[没]平成7年2月3日　[出]鳥取県八頭郡郡家町　[学]東京帝国大学法学部(大正14年)卒　[賞]勲一等瑞宝章(昭和48年), 勲一等旭日大綬章(昭和57年), 人民友好使者(中国人民対外友好協会)(平成3年), 東京都名誉都民(平成5年)　[歴]内務省に入り、地方・警保各局長、茨城・愛知県各知事を経て、終戦時は内務次官。その後弁護士となり、昭和27年衆院議員に当選。池田内閣厚相、大平内閣法相などを歴任し、日中国交正常化にも尽力した。当選11回。金権批判もするが、57年ロッキード事件に関し「首相には職務権限がない」と田中側主張を擁護する形の論文(「中央公論」4月号)を発表して話題をまいた。58年12月引退。その後は日中友好会館会長として両国の交流促進に努めた。　[団]日本公法学会

古井 由之　ふるい・よしゆき
衆院議員(立憲政友会)　[生]元治2年2月(1865年)　[没]昭和12年8月23日　[出]岐阜県　[歴]岐阜県議、県参事会員を経て、明治35年から衆院議員に連続4回当選。また地方森林会員、県農会理事、大垣共立銀行取締役、(株)丸三商店社長等も務めた。

古市 公威　ふるいち・きみたけ
枢密顧問官　貴院議員(勅選)　東京帝大名誉教授　土木工学者　男爵　[生]嘉永7年7月12日(1854年)　[没]昭和9年1月28日　[出]江戸　幼名＝兵庫郎, 通称＝造次, 諱＝孝粛　[学]大学南校, パリ大学理科(明治13年)卒　工学博士(明治21年)　[資]帝国学士院会員(明治39年)

[歴]姫路藩士の子。明治3年大学南校の貢進生となり、フランス語を修得。8年パリ大学理科に留学。13年内務省土木局に入省。19年帝大工科大学教授兼学長になり、21年わが国最初の工学博士。23年土木局長に任じられ、同年勅選貴院議員。その後、内務省初代技監、逓信省総務長官兼官房長・鉄道作業局長官・京釜鉄道会社総裁・韓国総監府鉄道管理局長官等を歴任。36年東京帝国大学名誉教授。大正3年土木学会初代会長。さらに理化学研究所長、万国工学会議会長などを歴任。8年男爵を授けられ、13年枢密顧問官に任じられる。また日仏協会・日仏会館理事長も務め、日仏文化交流に尽力した。

古内 広雄　ふるうち・ひろお
衆院議員(自民党)　[生]明治40年10月　[没]昭和47年11月5日　[出]宮城県　[学]東京帝大法学部卒　[歴]オーストリア、パキスタン、インドネシア各大使などを経て、昭和42年衆院議員に初当選、2期。　[家]兄＝古内広道(岩沼市長)

古川 喜一　ふるかわ・きいち
元・衆院議員(社会党)　[生]大正4年1月2日　[没]平成1年1月11日　[出]富山県　[賞]勲二等瑞宝章(昭和60年)　[歴]復員後、魚津市の日本カーバイドで、労組を結成し、初代書記長、そして委員長に。そのかたわら、社会党に入党し、昭和22年富山県議に初当選。5期をつとめた。そのあと国政に転じ、42年から衆議員に4回当選。初当選した42年秋、国会でイタイイタイ病をとりあげ、当時の園田厚相に公害病認定を迫った。53年には衆院石炭対策特別委員長も歴任した。64歳で引退。

古川 丈吉　ふるかわ・じょうきち
元・衆院議員(自民党)　[生]明治37年7月5日　[没]平成6年1月5日　[出]大阪府　[学]東京帝国大学法学部(昭和5年)卒　[賞]勲二等旭日重光章(昭和55年)　[歴]昭和30年大阪4区から衆院議員に初当選。以来連続当選6回。35年法務政務次官、自民党副幹事長、党総務、衆院運輸委員長、衆院逓信委員長を歴任。また旭冷蔵社長を務めた。　[趣]囲碁(4段)

古川 雅司　ふるかわ・まさし
元・衆院議員(公明党)　公明党中央委員　[生]昭和10年12月12日　[出]東京　[学]山形大学工学部電気工学科(昭和36年)卒　[歴]広島市議を経て、昭和44年以来衆院議員に5選。平成2年落選。

古沢 滋　ふるさわ・しげる
貴院議員　[生]弘化4年1月11日(1847年)　[没]明治44年12月22日　[出]土佐国高岡郡佐川(高知県)　[歴]土佐藩士。文久2年上洛し、倒幕運動に加わる。明治維新後に英国留学し、立憲思想、議会制度を研究。その後「日新真事誌」に寄稿し、明治6年「郵便報知新聞」の主筆となる。翌7年板垣退助らと愛国公党の結成に参画し、「民選議院設立建白書」を提出、自由民権運動の先頭に立った。また立志社、愛国社結成にも尽力、「大阪日報」社長、「自由新聞」主筆として民権論をひろめた。のち官界に入り、大蔵、内務、農商務、逓信の各省に勤務、また奈良、山口、石川の各県知事を歴任し、37年貴院議員に勅選された。

古島 義英　ふるしま・よしひで
衆院議員(自民党)　[生]明治18年6月　[没]昭和37年8月31日　[出]埼玉県　[学]日本大学法律科(明治39年)卒　[歴]司法官試補を経て、弁護士に。昭和5年衆院議員に初当選。以来通算7回当選。その間第1次吉田内閣の司法政務次官、裁判官弾劾裁判所裁判長、臨時法制調査会委員長、裁判官訴追委員長等を歴任。また民主自由党相談役、常任総務、自由党総務、自民党相談役を務める。

古荘 嘉門　ふるしょう・かもん
貴院議員(勅選)　衆院議員　国権党総理　[生]天保11年(1840年)　[没]大正4年5月　[出]肥後国熊本歩小路(熊本県)　幼名＝鶴吉, 養節　[歴]幕末長崎に留学、明治元年佐幕派の志士と交わり豊後鶴崎に帰り、有終館を設けた。のち司法省判事となり、14年民権論に対抗、熊本で佐々

友房らと紫溟会を結成、国家主義を唱えた。のち青森、大分各県書記官、森有礼文相に抜てきされ第一高等中学校長を歴任。条約改正問題で国権論を唱えて反対。23年国権党総理となり、以来衆院議員当選5回。この間台湾総督府内務部長、三重、群馬各県知事を務めた。31年勅選貴院議員となる。

古田 誠一郎　ふるた・せいいちろう
元・高槻市長　ボーイスカウト日本連盟先達　㊐明治36年6月　㊦平成4年12月3日　㊞和歌山市　㊫日大専門部（昭和4年）卒　㊧昭和4年日大専門部、ロンドンギルウェル指導者学校を卒業。少年団日本連盟指導者実修所員を経て、昭和22年初代公選高槻市長に当選、社会事業、児童保護事業に尽力した。

降旗 徳弥　ふるはた・とくや
元・衆院議員（自民党）　元・松本市長　㊐明治31年9月18日　㊦平成7年9月5日　㊞長野県松本市　㊫早稲田大学商学部（大正12年）卒　㊮松本市名誉市民，藤沢市名誉市民，ソルトレーク市名誉市民，勲二等旭日重光章　㊧温泉業、信濃日報社長、長野放送社長、長野県議、幣原首相秘書官を経て、昭和21年長野4区から衆院議員（進歩党）に当選、4期つとめた。23年吉田内閣逓信相。32年から3期松本市長。36年当時市長という強力な立場から、花いっぱいの会長をひきうけ、行政レベルで後援した。早稲田大学評議員、穂高CC会長などを兼任。㊎二男＝降旗正安（農村地域工業導入促進センター専務理事），三男＝降旗康男（映画監督）

降旗 元太郎　ふるはた・もとたろう
衆院議員（民政党）　信濃日報社長　帝国蚕糸取締役　㊐元治1年5月（1864年）　㊦昭和6年9月15日　㊞信濃国東筑摩郡本郷村（長野県）　㊫東京専門学校卒　㊮従四位勲二等　㊧明治19年本郷蚕種業組合を創立し、組合長。当時農商務省は繊維の細い秋蚕が米国で不評として、廃止の方針を出したが、抗争2年後、同省の非を認めさせた。以来東筑農事政良会長、信濃蚕業伝習所長、帝国蚕糸取締役などを歴任。一方扶桑新報、内外新報など新聞を発行、信濃日報社長となる。その間長崎県会議員、同参事会員を経て、29年普選期成同盟会を組織、31年以来長野県から衆院議員当選11回。山下倶楽部専任幹事を経て、憲政会結成に尽くし幹事。のち陸海、鉄道各政務次官、立憲民政党顧問を歴任した。

古屋 菊男　ふるや・きくお
元・衆院議員（民主党）　医師　㊐明治21年10月　㊦昭和55年2月1日　㊞山梨県　㊫金沢医学専門学校（大正1年）卒　㊧山梨県議、山梨県公安委員を経て昭和28年から衆院議員（山梨全県区）に当選1回。

降矢 敬義　ふるや・けいぎ
元・参院議員（自民党）　㊐大正9年10月25日　㊞山形県山形市　㊫東京帝国大学法学部法律学科（昭和17年）卒　㊧自治省入省。昭和43年自治大学校長、44年税務局長、45年消防庁長官、47年事務次官を歴任。52年から参院議員に2選。55年文教委員長、59年商工委員長、62年選挙制度特別委員長を歴任。平成元年落選。5年山形県知事選に立候補した。　㊮ゴルフ　㊎弟＝降矢時雄（警察庁九州管区警察局長）

古屋 貞雄　ふるや・さだお
元・衆院議員（社会党）　農民運動家　弁護士　㊐明治22年12月20日　㊦昭和51年1月4日　㊞山梨県東山梨郡七里村下於曽（現・塩山市）　㊫明治大学法科専門部特科（大正8年）卒　㊧大正10年自由法曹団弁護士となる。早くから農民運動に参加し、弁護士として各地の農民運動を支援する。また朝鮮や台湾でも弁護士活動をする。戦後自由法曹団員となり、また社会党に参加し衆院議員に3期当選。また社会党山梨県支部執行委員長、全日農中央常任委員などを歴任した。

古屋 亨　ふるや・とおる
元・衆院議員(自民党)　元・自治相 [生]明治42年1月6日 [没]平成3年6月20日 [出]岐阜県恵那市 [学]東京帝大法学部政治学科(昭和9年)卒 [資]弁護士 [賞]勲一等旭日大綬章(昭和62年) [歴]内務省に入省、群馬県警、岩手県特高などを経て、戦後昭和30年総理大臣官房調査室長、37年総理府総務副長官を歴任。42年政界に転じ、岐阜2区から衆院議員に当選、以来8期。48年自治政務次官を経て、59年11月第2次中曽根改造内閣で自治相に就任。54年中川派に入るが、その死後福田派、のち安倍派。平成2年引退。[趣]時刻表収集 [家]父＝古屋慶隆(衆院議員), 弟＝古屋茂(東大名誉教授), 娘＝渡辺みどり(テレビプロデューサー)

古谷 久綱　ふるや・ひさつな
衆院議員(政友会)　伊藤博文首相秘書官 [生]明治7年6月17日 [没]大正8年2月11日 [出]愛媛県 [学]同志社(明治16年)卒, ブリュッセル大学卒 [賞]従三位勲三等 [歴]国民新聞記者を経て、明治33年東京高商教授、同年伊藤博文首相秘書官となり、35年伊藤の欧米巡遊に随行。38年伊藤が韓国統監になるとその秘書官、41年伊藤枢密院議長秘書官。42年伊藤の死後宮内省勅任式部官となり、李王家御用掛兼任。大正3年辞任、4年以来愛媛県から衆院議員当選2回、政友会に属した。

古屋 慶隆　ふるや・よしたか
衆院議員(翼賛政治会) [生]明治12年12月 [没]昭和20年3月10日 [出]岐阜県 [学]明治大学法律科卒 [歴]町議、所得税調査委員を経て、大正4年衆院議員に当選。以来当選9回。加藤高明内閣、第1次若槻内閣の鉄道参与官を務め、昭和6年1月立憲民政党総務、同年4月第2次若槻内閣内務政務次官となる。その後国民同盟に移り総務を務める。
[家]息子＝古屋亨(衆院議員), 古屋茂(東大名誉教授)

不破 哲三　ふわ・てつぞう
日本共産党議長　衆院議員(共産党比例・東京) [生]昭和5年1月26日 [出]東京都中野区　本名＝上田建二郎 [学]東京大学理学部物理学科(昭和28年)卒 [歴]一高在学中に日本共産党入党、鉄鋼労連書記局書記となり、昭和39年共産党本部に勤務。41年中央委員を経て、45年書記局長。44年の総選挙で東京6区から衆院議員に当選。以来、当選11回。57年党委員長に。62年4月心疾患のため入院し、11月副議長となる。平成元年6月委員長に復帰。8年の総選挙から比例区東京ブロックの1位で当選。党自体も小選挙区で2人の当選者を出すなど、躍進をみせた。平成9年宮本顕治議長の正式引退に伴い、不破体制を確立。10年7月の参院選では改選議席を倍以上に増やし史上最多の23議席となった。同月訪中し、中国共産党の江沢民総書記と会談。32年ぶりの日中共産党の首脳会談で、両党の関係正常化を確認した。12年党議長に就任。15年今期限りでの引退を表明。著書は「スターリンと大国主義」「世界のなかの社会主義」「『資本主義の全般的危機』論の系譜と決算」「科学的社会主義における民主主義の探究」「日本共産党綱領と歴史の検証」「ソ連覇権主義の解体と日本共産党」「宮本百合子と12年」「新・日本共産党宣言」(共著)など多数。 [家]父＝上田庄三郎(教育評論家), 兄＝上田耕一郎(参院議員)

【ほ】

帆足 計　ほあし・けい
元・衆院議員(社会党)　元・参院議員(緑風会) [生]明治38年9月27日 [没]平成1年2月3日 [出]大分県日田市 [学]東京帝大経済学部(昭和6年)卒 [賞]勲二等旭日重光章(昭和50年) [歴]戦前は重要産業協議会事務局長、商工省参与などを歴任。戦後、経済復興幹事長を経て、昭和22年参院議員に当選。27年衆院に転じ、

以来7選。27年にはモスクワ、北京に赴き、日中貿易協定を締結した。44年公認のもつれから社会党を除名され、総選挙に無所属で立候補したものの落選した。著書に「日本経済の復興」「ソ連中国紀行」「みてきた中国」など。

坊 秀男　ぼう・ひでお
元・衆院議員(自民党)　元・蔵相　元・厚相　㊓明治37年6月25日　㊚平成2年8月8日　㊕和歌山県　㊫東京帝大法学部(昭和5年)卒　㊔勲一等旭日大綬章(昭和53年)　㊖都新聞、東京日日新聞記者、翼賛会財政部副部長などを歴任。戦後、昭和27年衆院議員に当選、以来11選。この間41年佐藤内閣の厚相、51年福田内閣の蔵相などを歴任。55年引退。空手道8段で、日本空手道連盟和道会会長などを兼務。㊗読書, 空手(8段)

北条 秀一　ほうじょう・ひでいち
元・参院議員(緑風会)　元・衆院議員(民社党)　㊓明治37年5月　㊚平成4年8月23日　㊕兵庫県　㊫東京商科大学卒　㊖昭和5年満鉄入社。調査部総務課長等を務め、21年引揚げ。22年参院議員、33年衆院議員に当選し、各1期務める。35年民主社会党(現・民社党)結成に参加。また引揚者団体全国連合会理事長、全国陸運貨物協会会長も歴任した。

北条 浩　ほうじょう・ひろし
参院議員(公明党)　創価学会会長　㊓大正12年7月11日　㊚昭和56年7月18日　㊕神奈川県三浦郡葉山町　㊫海兵(昭和19年)卒　㊖昭和26年創価学会に入会、池田大作現名誉会長(第3代会長)のもっとも親しい側近として事務総長、副会長、理事長などを歴任したあと、54年4月池田氏のあとを受けて第4代会長に就任。その間、39年公明党書記長、40年から参院議員1期をつとめ、同党副委員長にも就任した。

朴 春琴　ぼく・しゅんきん
元・衆院議員　㊓1891年4月17日　㊚1973年3月31日　㊕慶尚南道密陽県邑内三門里　㊫密陽漢文書塾卒, 日語学校卒　㊖1907年ごろ渡日。内鮮融和運動に投じ、'21年相愛会総本部を設立、李起東会長のもとで副会長となり、同会大阪本部、愛知県本部各会長を兼務、相愛会館常務理事。'32年東京府4区から衆院議員選に立候補、朝鮮人として初当選し、'37年にも再選。一方、朝鮮鉱業会社取締役、日鮮起業常務、片倉生命保険顧問、やまと新聞社顧問などを歴任した。'45年京城で大義党を結成、党首となり朝鮮独立運動家の一掃を試みたが失敗、朝鮮解放後民族反逆者に指名された。のち民団中央本部顧問などを務める。

星 長治　ほし・ちょうじ
元・参院議員(自民党)　㊓大正9年2月10日　㊚平成6年1月14日　㊕宮城県亘理郡亘理町　㊫仙台高等実務学校(昭和10年)卒　㊖亘理町議、宮城県議5期、県会議長を経て、昭和58年参院議員に当選。平成元年落選。4年参院補選に出馬。

星 亨　ほし・とおる
逓信相　衆院議員(政友会)　東京市参事会員　㊓嘉永3年4月(1850年)　㊚明治34年6月21日　㊕江戸・築地小田原町　幼名＝浜吉, 登　㊖横浜で英語を学び、大阪の塾で陸奥宗光に英語を教えた。その縁で明治7年横浜税関長となった。同年英国留学、法律を修め10年帰国、11年司法省付属代言人となる。15年自由党に入り「自由新聞」により藩閥政府を批判。16年福島事件の河野広中を弁護。17年官吏侮辱の罪に問われ、20年保安条例発布で東京を追われた。21年出版条例違反で入獄。22年出獄し、欧米漫遊。25年栃木県から衆院議員に当選、議長となったが、相馬事件などの嫌疑を受け除名。次の選挙に当選、29年駐米公使。31年憲政党基盤の大隈内閣成立を知り帰国、憲政党を分裂させ、33年立憲政友会創立に参加、第4次伊藤

内閣で逓信相となったが、東京市疑獄事件で辞職。のち東京市議、市参事会員となり、政友会院内総務として活躍した。政敵も多く、34年6月剣客・伊庭想太郎により東京市役所内で刺殺された。

星 一　ほし・はじめ
参院議員（国民民主党）　衆院議員（政友会）　星製薬創業者　実業家　⑮明治6年12月25日　㊺昭和26年1月19日　⑭福島県いわき市　㊥東京高商（現・一橋大学）卒、コロンビア大学（米国）政治経済科（明治34年）卒　㊟明治27年に渡米、7年間の留学中に英字新聞「ジャパン・アンド・アメリカ」を発刊。34年に400円を携えて帰国、製薬事業に乗り出し、43年星製薬を設立、のち星薬学専門学校（星薬科大学）を建学した。星製薬を"クスリハホシ"のキャッチフレーズで代表的な製薬会社に仕立て上げ、後に"日本の製薬王"といわれた。一方、41年衆院議員（政友会）に初当選。後藤新平の政治資金の提供者になるなど関係を深め、その世話で台湾産阿片の払い下げを独占した。そのため、大正13年に後藤が失脚したあと、召喚・逮捕（のち無罪）などが続き、昭和6年には破産宣告をする。12年以後衆院議員に連続3回当選。戦後、22年4月第1回参院選で全国区から出馬、48万余票を得票してトップ当選。当時、「名前が覚えやすいから」と陰口をたたかれ、4年後米国で客死する。　㊎長男＝星新一（SF作家）

星 廉平　ほし・れんぺい
衆院議員（立憲政友会）　⑮明治19年1月　㊺昭和42年6月23日　⑭宮城県　㊥宮城県立第二中学校卒　㊟宮城県議を経て、大正13年衆院議員に初当選、以来当選3回。また東北電燈、黒沢尻電力の役員も務めた。

星島 二郎　ほしじま・にろう
元・衆院議長　元・衆院議員（自民党）　⑮明治20年11月6日　㊺昭和55年1月3日　⑭岡山県倉敷市児島　㊥東京帝大法学部法律学科（大正6年）卒　㊟犬養木堂の秘書として政治を勉強しながら弁護士となり、大正9年以来、岡山2区から衆院議員に連続17回当選。戦前は普通選挙、婦人参政権を提唱。戦後、昭和21年商工相、26年講和会議全権委員などを歴任。29年、鳩山派37議員の一人として自由党を離党。日本民主党結成に参加して党最高委員となる。33年6月第2次岸内閣で47代衆院議長に就任したが、警職法騒動のため半年足らずで辞任。42年引退し、自民党顧問、共立女子大理事長などを務めた。　㊎弟＝星島四郎兵衛（名古屋鉄道病院院長）

保科 善四郎　ほしな・ぜんしろう
元・衆院議員（自民党）　元・海軍中将　⑮明治24年3月8日　㊺平成3年12月24日　⑭宮城県角田市　㊥海兵（第41期）（大正2年）卒、海大（大正14年）卒　㊙勲二等旭日重光章（昭和40年）　㊟昭和5年アメリカ駐在、エール大学で学び、6年アメリカ大使館付武官補佐官、10年軍務局第一課長、14年「陸奥」艦長、15年兵備局長。20年の御前会議に軍務局長として出席。戦後復員省に勤め、野村吉三郎元海軍大将の下で海空技術懇談会の世話役。懇談会は渡辺鋹蔵グループと合体し経団連防衛生産委員会となり、その審議室委員として最軍備計画を立案、産軍依存体制の基礎をつくる。30年宮城1区から衆院議員に4回当選。自民党国防部会で国防会議構成法などの立案審議に当たり、日本国防協会、海空技術調査会の各会長を務めた。　㊍読書, 園芸

星野 重次　ほしの・じゅうじ
元・参院議員（自民党）　⑮明治28年7月5日　㊺昭和60年8月1日　⑭山梨県大月市　㊥初狩高小卒　㊙勲三等瑞宝章（昭53年）　㊟山梨県議会議長、農林中央金庫評議員など歴任、昭和45年から参院議員（山梨地方区）を1期をつとめた。

星野 力　ほしの・つとむ
元・参院議員(共産党)　[生]明治39年12月2日　[没]平成6年3月11日　[出]新潟市　[学]京都帝国大学文学科(昭和4年)卒　[歴]党福岡県委員長、赤旗編集局長代理等を経て、昭和46年参院議員に当選。1期務め、共産党中央委員、参院国会対策委員長等を歴任。

星野 直樹　ほしの・なおき
貴院議員(勅選)　満州国総務長官　内閣書記官長　官僚　[生]明治25年4月10日　[没]昭和53年5月29日　[出]群馬県利根郡沼田町　[学]東京帝大法科大学(大正6年)卒　[歴]大学を出て大蔵省に入り、岸信介とともにキレ者とうたわれた。昭和7年満州国の日本人官吏となり、実業界の鮎川義介らと協力して産業計画を推進。12年には国務院総務長官となり、関東軍参謀長に就任した東条英機とともに満州国の財政経済を統轄する。15年に日本に帰り近衛内閣の国務相・企画院総裁となるが、16年企画院事件の責任をとって辞職、勅選貴院議員。同年東条内閣の書記官長に就任、東条側近として大きな発言力を持った。戦後はA級戦犯となり、23年3月に終身刑を宣告されたが、30年に釈放される。その後は政界入りは断ってダイヤモンド社社長のあと、旭海運社長、東京国際・羽田東急各ホテル社長などを歴任した。また大の巨人軍ファンで、正力松太郎に屋根つき野球場の計画を持ちかけたこともある。　[家]弟=星野芳樹(静岡新聞編集主幹)

星野 靖之助　ほしの・やすのすけ
元・衆院議員(無所属倶楽部)　元・大分放送会長　[生]明治32年1月1日　[没]昭和63年10月8日　[出]大分市　[学]慶応義塾大学経済学部(大正14年)卒　[賞]紫綬褒章(昭和39年),勲三等瑞宝章(昭和44年),勲三等旭日中綬章(昭和54年)　[歴]三井合名三井総元方情報主任の傍ら、内務、司法両省嘱託、昭和17年衆院議員に当選。23年三井建設社長、28年三友新聞社社長、32年三友住宅協会理事長、34年大分放送社長、51年会長を歴任した。　[趣]庭園,骨董,ゴルフ,釣り,読書

星野 芳樹　ほしの・よしき
元・参院議員(労農党)　元・静岡新聞編集主幹　ジャーナリスト　[生]明治42年3月30日　[没]平成4年5月31日　[出]群馬県沼田市　[学]静岡高中退　[賞]アジア・アフリカ賞(第5回)(昭和62年)　[歴]旧制高時代より左翼運動にのめり込み、昭和8年非合法運動で検挙、15年恩赦で出獄。その後上海に渡り、容海中学校の創設、引き揚げ促進運動などを手がけ、22年初の参院選で労働者農民党から当選、1期務める。29年からは静岡新聞の論説委員。32年以来、アフリカを度々訪れ、アフリカ専門記者として先駆的な役割を果たした。定年後、50年にケニア・ナイロビに日本から若者を招き、スワヒリ語を教える星野学校を創設した。63年病気のため帰国。著書に「動乱のアフリカを行く」「いろいろな民族さまざまな生き方」など。　[家]兄=星野直樹(内閣書記官長),父=星野光多(キリスト教指導者)

穂積 七郎　ほずみ・しちろう
元・衆院議員(社会党)　[生]明治37年9月30日　[没]平成7年12月10日　[出]愛知県八名郡七郷村(現・南設楽郡鳳来町)　別名=鈴木七郎　[学]東京帝国大学経済学部(昭和5年)卒　[歴]商工省工務局に勤務。昭和8年辞職し加藤完治の農民道場に入る。9年関西総同盟本部に入り、教育出版部員として「労働」などを編集。また日本労働学校主事として教宣活動に力を注ぐ。その後多くの争議を指導した。その後「中央公論」編集顧問となり、あわせて国家主義的学生運動にたずさわった。21年無所属で衆院議員に当選したが、22年公職追放され、28年左派社会党から衆院議員に当選し以後6期議員をつとめた。その間、日中友好運動などに尽力した。

穂積 真六郎　ほずみ・しんろくろう
参院議員(緑風会)　京城商工会議所会頭　実業家　[生]明治22年6月30日　[没]昭和45年5月23日　[出]東京　[学]東京帝大法科大学政治学科(大正2年)卒　[歴]大正3年朝鮮総督府事務官、13年同税関長、昭和7年同殖産局長、16年退官。京城電機、朝鮮興業各社長、17年京城商工会議所会頭、朝鮮商工会議所会頭兼任。戦後21年朝鮮引揚同胞世話会会長、引揚者団体全国連合会副委員長。22年全国区から第1回参院選に当選、緑風会に属した。その後、同和協会副会長、引揚同胞対策審議会委員、中央日韓協会副会長を経て25年友邦協会理事長。自伝「わが生涯を朝鮮に」がある。
[家]父=穂積陳重(法学者・東大教授), 兄=穂積重遠(法学者・東大教授)

穂積 陳重　ほずみ・のぶしげ
枢密院議長　帝国学士院院長　東京帝大教授　法学者　男爵　[生]安政3年7月11日(1856年)　[没]大正15年4月7日　[出]伊予国宇和島(愛媛県宇和島市)　[学]開成学校, ベルリン大学　法学博士(明治21年)　[資]帝国学士院会員(大正1年)　[歴]祖父重麿以来の国学者の家に生まれる。藩校明倫館に学び貢進生として明治7年開成学校で法学を専攻する。9年英・独に留学、法学を修める。13年に治外法権撤廃の件でベルリン万国国際法会議に出席。翌14年帰国。以後、15年より東京帝大法学部教授兼法学部長を務め、ドイツ法振興政策を推進。23年貴院議員に勅選。26年法典調査会主査委員となり、民法典を起草、民事訴訟法、戸籍法、国際法等を編纂。大正元年に帝国学士院会員、14年同院長。また大正4年に男爵に叙せられ、5〜14年枢密顧問官、14年3月枢密院副議長、同年10月議長となった。
[家]弟=穂積八束(法学者), 長男=穂積重遠(民法学者)

穂積 八束　ほずみ・やつか
貴院議員(勅選)　東京帝大法科大学学長　法学者　[生]万延1年2月25日(1860年)　[没]大正1年10月5日　[出]伊予国宇和島(愛媛県)　[学]東京大学文学部政治学科(明治16年)卒　法学博士　[歴]祖父重麿以来の国学者の家に生まれる。藩校明倫館で水戸の国学者山内憲元に師事。明治17年ドイツに留学、ベルリン大学、ストラスブルク大学各大学で学び、のちハイデルベルク大学に転じ、ラバント教授のもとで国法学を学んで21年帰国。東京帝大教授となり、憲法講座を担当した。ドイツ留学中に学んだ君主絶対主義の立場にたつ憲法論を唱え、台頭しつつあった民権学派の憲法理論に対して反対論を展開。旧民法の施行に際しては「民法出デテ忠孝亡ブ」という論文を発表、施行延期派の旗手となり、民法に家長権尊重を盛り込ませることに大きな役割を果たした。30年東京帝大法科大学学長、32年勅選貴院議員。大正元年の上杉・美濃部論争では、美濃部達吉の天皇機関説を批判した。著書に「憲法大意」「穂積八束博士論文集」など。
[家]兄=穂積陳重(法学者)

細川 嘉六　ほそかわ・かろく
参院議員(共産党)　評論家　社会運動家　[生]明治21年9月27日　[没]昭和37年12月2日　[出]富山県下新川郡泊町(現・朝日町)　[学]東京帝大法学部政治学科(大正6年)卒　[歴]住友総本店に入社後、読売新聞、東京帝大助手を経て、大正10年大原社会問題研究所研究員となった。植民地問題、労働問題の研究、調査に従事。15年ヨーロッパ留学、モスクワで会った片山潜に勧められ、帰国後、富山県から始まった米騒動の研究に専念。昭和8年共産党シンパとして治安維持法違反で検挙され有罪判決。大原社研の解散後、満鉄調査部嘱託、昭和研究会にも参加、風見章、尾崎秀実らと中国研究所を設立したが、17年雑誌「改造」8、9月号に発表した「世界史の動向と日本」が陸軍情報部の忌諱にふれ、共産主

義者の疑いで検挙され、横浜事件の発端となった。20年釈放され日本共産党に入党、22年全国区参議院議員に当選、25年再選、共産党国会議員団長を務めた。26年占領軍命令で公職追放された。社会科学研究所長も務めた。著書には「アジア民族論」「植民史」のほか「細川嘉六著作集」(全3巻)などがある。

細川 潤次郎　ほそかわ・じゅんじろう
枢密顧問官　貴院議員(勅選)　元老院議官　法制学者　男爵　[生]天保5年2月2日(1834年)　[没]大正12年7月20日　[出]土佐国高知(高知県高知市)　幼名=熊太郎, 諱=元, 号=十洲　文学博士(明治42年)　[歴]土佐藩校に学んだ後、長崎や江戸で蘭学・兵法・航海術・英学を修めて、帰藩し、藩政改革に着手。維新後、明治2年に学校権判事となり、開成学校を開く。新聞紙条例・出版条例の起草を行った。4年工部少丞として米国留学を命ぜられ、帰国後少議官、中議官、二等議官と進み、6年印刷局長、9年元老院議官となり、刑法草案、治罪法草案の起草に参画。会社条例編纂にも携わる。23年元老院廃止に伴い、貴院議員に勅選、24年副議長に推される。26年～大正12年まで枢密顧問官。この間、女子高等師範学校校長、華族女学校校長など兼任。明治33年男爵。著書に「十洲全集」(全3巻)がある。

細川 護立　ほそかわ・もりたつ
貴院議員(侯爵)　東洋文庫理事長　国宝保存会会長　美術収集家　[生]明治16年10月21日　[没]昭和45年11月18日　[出]東京　[学]東京帝大法学部中退　[歴]旧熊本藩主・細川護久の四男。藩士の子弟を教育、多くの英才を育てる。大正3年襲爵(侯爵)、貴族院議員となる。一方、東京地学協会会長、国宝保存会会長、戦後は正倉院評議員、文化財保護委員、ヌビア遺跡保護協力委員長、東洋文庫理事長などを歴任した。また、古美術品の研究者・コレクターとしても有名で、学術研究の振興に貢献。そのコレクションは"永青文庫"として知られる。
[家]父=細川護久(熊本藩知事), 長男=細川護貞(美術収集家・永青文庫理事長), 孫=細川護熙(首相), 近衛忠煇(日本赤十字社副社長)

細川 護成　ほそかわ・もりなり
貴院議員　東亜同文会副会長　侯爵　[生]慶応4年8月3日(1868年)　[没]大正3年8月26日　[出]熊本県　[学]学習院卒　[歴]英仏に留学、明治26年襲爵、27年帰国して貴院議員となった。叔父長岡護良子爵の影響を受け東亜問題に関心、東京・目白の東亜同文書院第2代院長となった。のち、東亜同文会副会長として中国各地を巡遊。中国留学生のための同院充実に努め、日華親善に尽力した。
[家]父=細川護久(熊本藩主), 弟=細川護立(侯爵・国宝保存会長)

細川 護久　ほそかわ・もりひさ
熊本藩知事　貴院議員(侯爵)　[生]天保10年3月1日(1839年)　[没]明治26年8月30日　[出]肥後国熊本城下町花畑邸(熊本県熊本市)　別名=長岡澄之助
[歴]旧熊本藩主・細川斉護の二男。兄・韶邦の世子となり、文久3年藩主名代として上洛、幕末の政局にあたる。明治3年兄に代わって熊本藩知事となり、進歩的な藩政改革を推進。4年には古城医学校、熊本洋学校を設立して開明的な教育に尽力した。のち侯爵を授けられ貴院議員を務める。

細川 護熙　ほそかわ・もりひろ
元·衆院議員(民政党)　元·熊本県知事　第79代首相　[生]昭和13年1月14日　[出]熊本県熊本市　[学]上智大学法学部(昭和38年)卒　[賞]経済界大賞(特別賞, 第12回)(昭和61年)　[歴]旧熊本藩主細川家の第18代当主。朝日新聞社会部記者を経て、昭和46年から連続2期参院議員に当選、52年自民党副幹事長、参院エネルギー対策特別委員長などを歴任。58年熊本県知事に転身。米国に飛び、テレビ出演するなど、火の国·熊本の売り込みに努め、県民に対しては"日本一づくり"運動を提唱。"知事は2期まで"という持論通り、平成3年引退。翌4年5月には日

本新党を旗揚げして参院議員に復帰(通算3期)。5年7月の衆院選では、自ら参院議員を辞職して熊本1区から当選するなど、一挙に35議席を獲得した。8月非自民連立政権の首相に就任。武村正義率いる新党さきがけと院内会派を結成、選挙制度改革を含む政治改革、政界再編を目指す。6年1月政治改革法案を成立させるが、佐川急便からの1億円借り入れ問題などをめぐり、予算委員会が1ケ月以上に渡り空転。4月同問題や資金運用にからむ不祥事の責任を取って辞任。さきがけとの院内会派は解消し、新生党、民社党などと院内会派・改新を結成。同年12月日本新党を解党して新進党結成に参加。8年1月"羽田派"に参加。9年6月新進党を離党、同年フロムファイブを結成、代表となる。10年1月国民の声、太陽党と合流した新党・民政党を結成、政権委座長に就任。同年5月60歳を機に2期目の途中で議員を辞職し、政界を引退。同年ジャパンタイムズ特別顧問。11年10月よりTBSラジオ「細川護熙のこの人に会いたい」でパーソナリティーを務める。著書に「自衛隊」「前進する農民」など。 [趣]テニス, 陶芸 [家]妻＝細川佳代子, 父＝細川護貞(美術収集家・永青文庫理事長), 祖父＝細川護立(美術収集家・東洋文庫理事長), 近衛文麿(首相), 弟＝近衛忠煇(日本赤十字社副社長)

細川 八十八　ほそかわ・やそはち
衆院議員(民主党) [生]明治35年5月 [没]昭和48年1月18日 [出]石川県 [歴]司法省司法保護委員、大阪市都島区地区方面委員長を経て、昭和21年大阪2区から衆院議員となり、当選2回。日本進歩党、日本民主党に属し、日本進歩党青年部長。丸十花緒工業代表取締役。

細川 韶邦　ほそかわ・よしくに
熊本藩知事 [生]天保6年6月28日(1835年) [没]明治9年10月23日 [出]肥後国熊本城下町花畑邸(熊本県) [歴]万延1年父の斎護の死により家督を相続、肥後熊本藩主となる。明治2年版籍奉還により熊本藩知事に任命されるが、佐幕派であったため、3年弟の護久に藩知事を譲り隠居。

細迫 兼光　ほそさこ・かねみつ
衆院議員(社会党) 弁護士 [生]明治29年11月28日 [没]昭和47年2月11日 [出]山口県厚狭郡厚西村(現・山陽町) [学]東京帝国大学法学部(大正11年)卒 [歴]東大時代新人会に参加。卒業と同時に弁護士となり自由法曹団に加入。大正15年労働農民党書記長となる。4年新労農党を結成、書記長。5年同党を除名。6年解放運動犠牲者救援弁護士団に参加。7年治安維持法で検挙され、以後郷里で弁護士活動をする。17年小野田市長。21年無所属で衆院議員に当選。その後公職追放処分をうけ、27年社会党に入党、28年衆院議員となり、41年に引退。この間、社会党中央委員、日ソ協会理事長などを歴任したほか、原水爆禁止運動を始めとする平和運動に尽力した。

細田 栄蔵　ほそだ・えいぞう
元・衆院議員(民主自由党) 元・飯能商工会議所会頭 実業家 [生]明治26年1月12日 [没]昭和39年2月13日 [出]埼玉県 [学]埼玉県立川越中学校卒 [歴]埼玉染絨取締役、所沢毛織物工業所、武蔵織物工業所各代表、武蔵織物、西武編織各社長、所沢毛織会長などを歴任。また埼玉県農業会理事、武蔵織物工業協同組合常務理事、関東羊毛工業協同組合理事長、飯能商工会議所会頭などを務めた。一方飯能町議、町長、埼玉県議を経て昭和24年埼玉2区から衆院選に当選、民主自由党に属した。

細田 吉蔵　ほそだ・きちぞう
元・衆院議員(自民党) [生]明治45年5月2日 [出]島根県松江市 [学]東京帝国大学法学部(昭和11年)卒 [資]弁護士 [賞]勲一等旭日大綬章(昭和61年) [歴]旧鉄道省に入省。昭和27年運輸省に移り、国鉄輸送局次長、鉄道監督局国鉄部長、観光局長などを経て、33年大臣官房長に就任。35年衆院選に出馬以来、島根全県区から当選10回。この間、47年衆院運

輸委員長、第二次田中改造内閣防衛庁長官、55年第二次大平内閣防衛庁長官、56年衆院安全保障特別委員長、57年自民党総務会長、58年第二次中曽根内閣運輸大臣を歴任。日本鉄道車両工業会長、日本地下鉄協会会長もつとめ、超党派の国会図書議員連盟を提唱するなどの文化活動でも知られる。安倍派。著書に「貨物輸送」など。平成2年引退。
㊙読書, 麻雀, 囲碁(3段), ゴルフ ㊗長男=細田博之(衆院議員)

細田 綱吉 ほそだ・つなきち
元・衆院議員 ㊤明治33年7月20日 ㊦昭和34年4月5日 ㊥長野県西筑摩郡大桑村 ㊥日本大学法律専門部(大正14年)卒 ㊥昭和2年弁護士となり、労農運動の弁護活動をする。また日本労農党、全国大衆党などの執行委員を歴任し、昭和12年東京市議となる。戦後は社会党に入り、21年から衆院議員に2選。党軍事基地対策特別委員会副委員長、自由法曹団幹事などを歴任した。

細田 徳寿 ほそだ・とくじゅ
元・大分県知事 ㊤明治37年 ㊦平成3年3月25日 ㊥茨城県水戸市 ㊥東京帝大(昭和3年)卒 ㊥昭和20～22年官選の大分県知事、公選になった22年から2期8年同知事を務めた。

細野 次郎 ほその・じろう
衆院議員(亦楽会) 実業家 ㊤慶応3年(1867年) ㊦大正5年6月15日 ㊥上野国伊勢崎(群馬県) ㊥東京帝国大学選科で法律を学び、明治23年郷里伊勢崎に商業銀行、また鉱山業を経営した。35年以来群馬県から衆院議員当選3回、中立議員として活躍。日露戦争開戦前に対露同志会の一員として開戦を主張、のち日露講和条約締結反対を唱え、38年9月5日の非講和国民大会が一転して日比谷焼打事件に発展するに及び、投獄された。のち無罪となり、長く東京日本橋に住んだが、任侠の人として"上州長脇差"といわれた。

細野 三千雄 ほその・みちお
衆院議員(社会党) 立教大学教授 労働運動家 弁護士 ㊤明治30年3月22日 ㊦昭和30年6月25日 ㊥愛知県海部郡八開村 ㊥東京帝大法科(大正9年)卒 ㊥司法官の子に生まれ、東大在学中は三輪寿壮らと新人会に属し、卒業後は大正11年、立教大学教授となったあと、弁護士として神戸の川崎造船争議や秋田県下の煙害争議など労農運動に携わり、14年結成の農民労働党はじめ日本労農党、社会大衆党などの本部役員を務めた。戦後は昭和22年に秋田第1区から代議士に初当選、以後当選5回。新憲法制定に際しては天皇制存続を主張し、23年には文部政務次官に就任している。また社会党分裂後は右派社会党の秋田県連会長に。

細谷 昭雄 ほそや・あきお
元・参議院議員(社会党) 全国出稼組合連合会会長 ㊤昭和2年1月10日 ㊥秋田県仙北郡神岡町 ㊥秋田大学芸学部(昭和25年)卒 ㊥昭和46年秋田県議2期を経て、54年以来衆院議員に2選。61年落選。平成元年参議員に当選、7年落選。元年全国出稼組合連合会会長に就任。
㊙自然散策, 読書

細谷 治嘉 ほそや・はるよし
元・衆院議員(社会党) ㊤大正1年9月21日 ㊦平成9年1月19日 ㊥千葉県長生郡白子町 ㊥横浜高工応用化学科(昭和8年)卒 ㊥勲一等瑞宝章(平成2年) ㊥昭和8～30年三井化学三池染料工業所に勤務。22年福岡県議2期を経て、30年以来大牟田市長に2選。38年福岡3区から衆院議員となる。52年衆院石炭対策特別委員長。当選9回。平成2年引退。
㊙園芸 ㊗息子=細谷治通(衆院議員)

堀田 正恒 ほった・まさつね
貴院議員(伯爵) ㊤明治20年10月21日 ㊦昭和26年3月16日 ㊥東京・麻布 旧姓=鍋島 ㊥東京帝大法科大学政治学科(大正4年)卒、東京帝大大学院(大正7年)修了 ㊥伯爵堀田正倫の養子。大学院に進み、大正7～昭和21年貴院

551

議員、研究会に属した。この間、大正9年第6回万国議員商事会議に出席、10年海軍参事官、昭和6年犬養毅内閣の海軍政務次官、斎藤実、岡田啓介両内閣にも留任。大日本農会会頭、帝国農会特別議員、東京農大理事も務めた。
[家]父=鍋島直柔(子爵)，養父=堀田正倫(伯爵)

堀田 正倫　ほった・まさとも

佐倉藩知事　伯爵　[生]嘉永4年12月6日(1851年)　[没]明治44年1月11日　[出]江戸　[歴]安政6年佐倉藩11万石の封を襲う。明治元年戊辰戦争の際には、上京して徳川氏のため哀訴したが、佐倉藩は方向曖昧であるとして謹慎を命ぜられた。まもなく許されて帰城し、両総房三州の触頭となる。2年佐倉藩知事に任命され、4年退官後、東京に移住し宮中祗候となった。20年旧領地佐倉に戻り、私立の農事試験場の設立、廃校問題の起った県立佐倉中学校の維持経営など、地方文化の向上、発展に尽した。
[家]父=堀田正睦(佐倉藩主)

堀田 正養　ほった・まさやす

逓相　貴院議員　子爵　[生]嘉永1年2月28日(1848年)　[没]明治44年5月9日
[出]出羽国亀田(秋田県)　[歴]文久3年宮川藩主堀田正誠の養子となり、家督を継ぎ、最後の宮川藩主となる。明治2年版籍奉還により宮川藩知事となり、4年廃藩後、東京赤坂、下谷、深川などの各区長を歴任。17年華族令発布により子爵。23年貴院議員に当選、研究会、尚友会の設立に参加。41年第1次西園寺内閣で逓信大臣に就任。その間、東京府会副議長、東京十五区会議長、鉄道会議員、鉄道国有調査会委員の他、日本興業銀行、満鉄などの設立委員を務めるなど、旧諸侯出身者のうち有為の人とみられ、特に鉄道政策への造詣が深かった。

堀田 連太郎　ほった・れんたろう

衆院議員(憲政本党)　[生]安政4年4月29日(1857年)　[没]大正4年12月20日　[出]信濃国松代(現・長野県)　[学]東京帝国大学採鉱冶金科(明治14年)卒　[歴]明治14年農商務省に出仕の後、15年三菱へ入社。鉱山長を経て、28年欧米の鉱山を視察する。帰国後、30年農商務省鉱山技監となり、3年間かけて足尾銅山の鉱毒除去にとり組む。31年以来衆院議員に連続5回当選。鉄道国有調査会委員などを務める。37年以降柵原鉱山、44年からは日本鉱業会社の経営にも携わった。

保利 耕輔　ほり・こうすけ

衆院議員(自民党　佐賀3区)　元・自治相　元・文相　[生]昭和9年9月23日　[出]東京・麹町　[学]慶応義塾大学法学部政治学部(昭和33年)卒　[歴]昭和30年日本精工に入り、49年フランス日本精工社長に就任。54年衆院議員に当選。当選8回。平成2年第2次海部内閣の文相に就任。11年10月小渕第2次改造内閣の自治相、国家公安委員長に就任。12年4月森連立内閣でも留任。竹下派、旧小渕派を経て、橋本派。　[趣]写真　[家]父=保利茂(衆院議長)

保利 茂　ほり・しげる

衆院議長　内閣官房長官　建設相　農相　労相　[生]明治34年12月20日
[没]昭和54年3月4日　[出]佐賀県唐津市
[学]中央大学経済学科(大正13年)卒
[賞]勲一等旭日大綬章(昭和47年)　[歴]「報知新聞」「東京日日新聞」記者から、昭和9年山崎農相秘書官となり、19年佐賀県から衆院議員に当選、以後当選12回。戦後、追放を受けるが、解除後24年日本民主党幹事長として民主自由党との保守合同を図り、25年自由党を誕生させた。同年第3次吉田内閣の労相、28年第5次吉田内閣の農相を務め、保守合同後42年第2次佐藤内閣の建設相、43年第2次・第3次佐藤内閣の官房長官、48年第2次田中内閣の行政管理庁長官、51～54年衆院議長などを歴任。また自民党総務会長、党幹事長もつとめ、佐藤派

幹部として政局に影響をあたえた。 [家]長男＝保利耕輔（衆院議員）

堀 末治　ほり・すえじ
参院議員（自民党）　[生]明治19年9月 [没]昭和51年10月16日　[出]北海道　[学]庁立小樽中学校卒　[歴]合同酒精（株）社長、同会長、旭川商工会議所会頭、日商理事となる。昭和22年参院議員初当選。以降3選。第3次吉田内閣の地方財政政務次官、参院文部・運輸・農林水産各委員長、同公職選挙法改正特別委員長、参院自由党副会長、自民党全国組織委員会副委員長、同総務、北海道総合開発審議会委員等を務めた。後に北海道銀行取締役となる。30年中華人民共和国国慶節に招かれ、訪中した。

堀 二作　ほり・にさく
高岡市長　富山県会議長　[生]嘉永2年（1849年）[没]昭和14年1月11日　[出]富山県　[歴]明治6年から郷里射水郡作道村（現高岡市）戸長、村長を務め、治水、道路改修、農事改良、産業振興を指導、29年庄川はんらんによる全村流失には復旧工事に全力を尽くした。23年富山県会議員、25年県会議長、同年高岡市長。自由党、政友会所属。のち高岡市長に再任され、射水郡農会長、私立高岡教育会長なども務めた。

堀 真琴　ほり・まこと
元・参院議員　中央労働学院長　政治学者　社会評論家　[生]明治31年5月24日 [没]昭和55年1月16日　[出]宮城県仙台市 [学]東京帝大政治学科（大正12年）卒，東京帝大大学院政治学専攻修了　[歴]慶大法学部講師、法政大教授、東京帝大講師などを経て、昭和22年の第1回参院選挙で社会党から全国区初当選。23年労農党の結成に参画、25年の参院選では同党候補として東京地方区で再選、31年まで参院議員。ほかに日本平和委員会理事長、中央労働学院院長などをつとめた。著書に「現代独裁政治論」「国家論」などがある。

堀 昌雄　ほり・まさお
元・衆院議員（社会党）　[生]大正5年12月7日　[没]平成9年8月29日　[出]京都府京都市　[学]大阪大学医学部（昭和16年）卒 [歴]大阪大学副手を経て、尼崎市に診療所を開設。昭和33年以来社会党から衆院議員に11選。党政審会長、58年党副委員長を歴任。平成5年引退。

堀内 一雄　ほりうち・かずお
元・衆院議員（自民党）　元・富士急行社長　[生]明治26年9月13日　[没]昭和60年12月11日　[出]山梨県　[学]陸大（大正14年）卒　[賞]勲一等瑞宝章（昭和48年）　[歴]昭和17年衆院議員に初当選。22年富士山麓電気鉄道（現富士急）社長に就任。37年9月、会長。30年の総選挙に自民党から出馬して再当選、以後4期連続当選。44年からはテレビ山梨の社長、48年から56年まで同会長を務めた。　[家]長男＝堀内光雄（衆院議員）

堀内 俊夫　ほりうち・としお
元・参院議員（自民党）　元・環境庁長官 [生]大正7年2月16日　[出]奈良県天理市 [学]奈良師範専攻科（昭和13年）卒　[賞]藍綬褒章（昭和50年）　[歴]昭和26年以来奈良県議3期、41年以来天理市長3期を経て、51年から参院議員に3選。57年参院文教委員長、62年竹下内閣の環境庁長官を歴任。平成元年引退。

堀内 光雄　ほりうち・みつお
衆院議員（自民党　山梨2区）　元・通産相　自民党総務会長　[生]昭和5年1月1日 [出]山梨県　[学]慶応義塾大学経済学部（昭和27年）卒　[賞]勲一等旭日大綬章（平成15年）　[歴]昭和28年富士山麓電鉄（現・富士急行）入社、37年社長。55年取締役、59年再び社長、のち会長に。平成9年退任。テレビ山梨会長も務める。また昭和51年衆院議員に当選。運輸、経済問題に強い代議士として活躍。著書に「人間の価値計算」などがあるほど勉強家で理論家。55年行政管理庁政務次官、59年総務庁政務次官を経て、平成元年宇野内閣の労相、9年第2次橋本改造内閣の通産相に就任。13年4月党総務会長。

この間、2年落選し、5年返り咲き。通算8期目。宮沢派を経て、加藤派。13年堀内派を結成、会長となる。 ⓡゴルフ、囲碁 ⓚ父=堀内一雄(衆院議員・富士急行社長)、長男=堀内光一郎(富士急行社長)、祖父=堀内良平(衆院議員)

堀内 良平　ほりうち・りょうへい
衆院議員(民政党)　富士山麓鉄道社長　実業家　ⓢ明治2年　ⓓ昭和19年7月4日　ⓗ山梨県　ⓔ東京法学院(現・中央大学)に学び郷里で育英塾を経営。明治32年郡会議員、議長を経て、40年山梨県会議員。のち小野金大と富士身延鉄道を創設、さらに富士山麓鉄道を創設・社長となった。大正7年には東京市街自動車を創設、専務。昭和5年山梨県から衆院議員となり、当選3回、民政党に属した。

堀江 実蔵　ほりえ・じつぞう
元・衆院議員(労農党)　ⓢ明治36年4月　ⓓ昭和61年1月9日　ⓗ鳥取県　ⓚ昭和22年4月から翌年12月まで衆院議員(労農党)。23年に日本園芸農協連理事会長。30年から連続4期鳥取県議(社会党)を務めた。

堀江 正夫　ほりえ・まさお
元・参院議員(自民党)　ⓢ大正4年6月16日　ⓗ新潟県西頸城郡能生町　ⓔ陸大(昭和18年)卒　ⓥ勲四等瑞宝章(昭和19年)、勲二等旭日重光章(平成1年)　ⓚ陸上自衛隊に入り、昭和44年第三師団長、46年陸幕副長、47年西部方面総監を歴任。48年三菱重工業顧問を経て、52年から参院議員に2選。平成元年引退。

堀川 恭平　ほりかわ・きょうへい
衆院議員(自民党)　ⓢ明治27年5月　ⓓ昭和45年9月29日　ⓗ岡山県　ⓔ早稲田大学政治経済科卒　ⓚ姫路市議、兵庫県議を経て、昭和21年衆院議員に初当選。以来当選8回。建設政務次官、民主党両院議員総会長、自民党国会対策副委員長、衆院商業委員長、衆院厚生委員長、衆院建設委員長、衆院決算委員長を歴任する。

堀木 鎌三　ほりき・けんぞう
元・厚相　元・参院議員(自民党)　運輸官僚　ⓢ明治31年3月17日　ⓓ昭和49年4月13日　ⓗ三重県松阪市　ⓔ東京帝国大学法学部英法科(大正11年)卒　ⓚ大正11年鉄道省に入り、鉄道大臣秘書官、名古屋鉄道局長、需品局・運輸局・業務局各局長、鉄道総局長官を歴任。昭和20年退官後鉄道弘済会理事長。25年全国区から参院議員となり、2回当選。32年第1次岸信介内閣厚生大臣となった。参院建設、予算各委員長、参院自民党政策審議会長などを務めた。

堀切 善次郎　ほりきり・ぜんじろう
貴院議員(勅選)　内相　内閣書記官長　内務官僚　ⓢ明治17年9月2日　ⓓ昭和54年11月1日　ⓗ福島県　ⓔ東京帝国大学法科大学(明治42年)卒　ⓚ内務省に入る。警視庁警視、岩手・山口各県事務官、京都府理事官、内務監察官、同省参事官、神奈川県知事、東京市長、拓務次官を歴任。昭和7年5月斉藤実内閣の法制局長官に就任、同時に内閣資源局長官をも兼任。8年3月同内閣の書記官長に転じる。同内閣総辞職後は、貴院勅選議員として活躍し、研究会に所属。20年幣原内閣の内務大臣となったが、戦後は追放により、公職から離れ、弁護士を開業した。　ⓚ兄=堀切善兵衛(政治家)

堀切 善兵衛　ほりきり・ぜんべえ
衆院議員　貴院議員(勅選)　駐伊大使　ⓢ明治15年5月4日　ⓓ昭和21年11月25日　ⓗ福島県　ⓔ慶応義塾大学理財科(明治37年)卒　ⓚ米国、英国、ドイツに留学、帰国後慶大経済学教授となり、時事新報記者を兼務。明治45年第11回衆院選に福島県から当選、以来10回当選。立憲政友会に属し会幹事、のち総務。大正10年高橋是清蔵相秘書官、大蔵参事官、農商務参与官、昭和4年衆院議長。6年犬養毅内閣大蔵政務次官。15年松岡洋右外相により駐イタリア大使に起用され、日独伊三国同盟に基づく混合専門委員会委員を務め、17年辞任。欧

州各国を回り19年帰国、20年勅選貴院議員。 [家]弟＝堀切善次郎(内務官僚)

堀越 寛介　ほりこし・かんすけ
衆院議員(憲政本党)　大日本生命保険社長　[生]安政6年7月(1859年)　[没]大正5年2月27日　[出]武蔵国(埼玉県)　[学]東京専門学校邦語政治科卒　[歴]川俣村議、埼玉県議を経て、明治23年第1回衆院総選挙に当選。その後37年まで通算4期務める。また大日本生命保険社長、東武鉄道監査役、自由新聞社長を歴任する。著書に「国会議員撰定鏡」「国務大臣責任概論」「立憲国民心得」がある。

堀之内 久男　ほりのうち・ひさお
衆院議員(自民党　比例・九州)　元・郵政相　[生]大正13年11月10日　[出]宮崎県都城市　[学]海兵(昭和19年)卒　[賞]勲一等旭日大綬章(平成13年)　[歴]中郷村長、宮崎県会議長、昭和44年都城市長2期を経て、51年以来衆院議員に通算8選。平成元年宇野内閣の農水相、8年第2次橋本内閣の郵政相に就任。旧渡辺派を経て、村上・亀井派、のち江藤・亀井派。
[趣]剣道

堀本 宜実　ほりもと・せんじつ
参院議員(自民党)　[生]明治33年　[没]昭和53年6月27日　[出]愛媛県　[学]麻布獣医畜産学校卒　[歴]愛媛県議(4期)、全国農業構造改善協会会長、自民党県連会長を経て、昭和31年参院議員初当選。以降3選。自民党総務、参院農林水産委員長、大蔵政務次官、通産政務次官等を歴任。39年コペンハーゲンで開催された、列国議会同盟会議に出席、帰途、欧米各国を歴訪した。自民党副幹事長、日本獣医師会会長、麻布獣医科大学理事長、農林水産委員となる。

本庄 繁　ほんじょう・しげる
枢密顧問官　陸軍大将　[生]明治9年5月10日　[没]昭和20年11月20日　[出]兵庫県　[学]陸士(第9期)(明治30年)卒, 陸大(明治40年)卒　[歴]日露戦争に歩兵第20連隊中隊長として参加後、陸大を出て明治41年から大正2年まで北京と上海に駐在、帰国後陸大教官などののち、8年には第11連隊長としてシベリア出兵に加わる。10年から13年までは満州で張作霖の軍事顧問を務めたあと、第4旅団長、支那公使館付武官、第10師団長を歴任して昭和6年8月、関東軍司令官となる。同年9月18日、満州事変が勃発した際、独断で独立守備隊や第2師団を出動させ奉天攻撃を命令。司令官としての独断専行が問題となって7年8月には軍事審議官に。そして8年侍従武官、13年に軍事保護院初代総裁となったが、名分のない日中戦争の成り行きを憂え、太平洋戦争突入時には「バカな奴らだ」と怒声を発したという。20年5月には枢密顧問官となり、終戦3カ月後には自決している。遺書に「満州事変は関東軍として自衛上やむを得なかった。当時の関東軍司令官である自分一人の責任だ…」とあった。遺稿に「本庄日記」がある。
[家]三男＝本庄三之(宇徳運輸社長)

本多 新　ほんだ・あらた
民権運動家　[生]天保14年閏9月5日(1843年)　[没]大正3年1月12日　[出]出羽国村山郡十日町(山形県山形市)　幼名＝茂助, 号＝暁山, 別名＝新平　[歴]慶応元年(1865年)江戸に上り、儒学者の安井息軒に入門。蝦夷地の開拓を志して建言書の提出など様々な運動を行い、明治5年には開拓使に採用されて北海道に渡り、開拓事業に従事した。のち室蘭で宿屋兼銭湯を開く。傍ら、自由民権運動に挺身し、国会開設を目指して13年元老院に建言書を出したほか、各地の有志に檄文を送った。14年自由党の創立大会に北海道唯一の党員として参加し、北海道で同志を募って15年には自由党札幌支部を創設。憲法発布後も北海道の参政権獲得や鉄道敷設、室蘭地方の公共事業などに力を尽くした。

本多 市郎　ほんだ・いちろう
参院議員(自民党)　衆院議員(無所属)　[生]明治28年11月　[没]昭和34年4月5日　[出]長崎県南高来郡　[学]中央大学法学部(大正14年)卒　[歴]青年時代尾崎行雄に

私淑、地方遊説弁士を務めた。東京市会議員を4期務め、昭和17年長崎1区から衆院議員となり、連続6回当選(無所属)。衆院商工委員長、24年第3次吉田茂内閣行政管理庁長官、27年第4次吉田内閣自治庁長官を歴任。31年全国区から参院選(自民党)に当選し1期務めた。

本田 英作　ほんだ・えいさく
衆院議員(自由党)　㊓明治18年4月　㊱昭和23年10月4日　㊤長崎県　㊫東京帝国大学英法科卒　㊸弁護士、長崎市議、長崎県議を務める。昭和3年衆院議員に当選、以来通算5期務め、第1次吉田内閣の外務政務次官、日本自由党代議士会副会長となった。

本田 親雄　ほんだ・ちかお
枢密顧問官　男爵　㊓文政12年9月6日(1829年)　㊱明治42年3月1日　㊤鹿児島　通称=弥右衛門, 弥平　㊸文久2年の寺田屋事変の際には双方の負傷者の救護に尽力する。戊辰戦争時には海軍参謀兼任陸軍参謀となり、のち越後府権判事に転じる。他権大書記官、大書記官等歴任し、13年元老院議官となる。その後行政裁判所評定官、貴院議員、錦鶏間祗候を経て40〜42年枢密院顧問官を務める。功により男爵に叙せられた。

本田 恒之　ほんだ・つねゆき
衆院議員(民政党)　弁護士　㊓文久2年4月(1862年)　㊱昭和9年2月4日　㊤肥前国島原(長崎県)　旧姓=下田　㊫専修学校(明治18年)卒　㊸明治9年鹿児島に遊学、ついで上京し専修学校で法律、経済学を学んだ。東京で代言人となり、雑誌「法叢」を発行。28年長崎で弁護士を開業、長崎市弁護士会長となった。また市会議員、県会議員に数回当選。45年以来衆院議員当選7回、民政党に属し、司法政務次官となった。のち国民同盟に参加、同党顧問、長崎支部長を務めた。

本田 貞次郎　ほんだ・ていじろう
衆院議員(政友会)　京成電気軌道会長　渡瀬水電社長　実業家　㊓安政5年1月(1858年)　㊱昭和12年2月26日　㊤下野国宇都宮(栃木県)　㊕紫綬褒章　㊸千葉県会議員、同参事会員、同議長を務めた。一方、京成電気軌道(現・京成電鉄)、大同電気各取締役会長、さらに渡瀬水電、葛飾瓦斯を創立して社長、三共電機工業取締役社長を兼任。また帝国鉄道協会、鉄道同志会、日本電気協会、日本経済連合会の理事、評議員を務めた。国府台学院総裁。千葉県から衆院議員当選5回、立憲政友会に属した。

本田 弥市郎　ほんだ・やいちろう
衆院議員(同交会)　㊓慶応4年1月(1868年)　㊱昭和19年12月29日　㊤三重県　㊫司法省法律学校卒　㊸農崎町議、大阪市議を経て、昭和3年衆院議員となる。当選4回。また日本産業銀行支配人、大阪厚生信用組合専務理事、大阪府信用組合連合会監事等も務めた。

本多 康穣　ほんだ・やすしげ
膳所藩知事　㊓天保6年12月6日(1835年)　㊱明治45年2月28日　㊤近江国膳所城内(滋賀県)　㊸膳所藩主の兄康融の養子となり、安政3年14代目藩主。京都御所警固を命じられる。慶応元年将軍の膳所城宿泊が中止になると、藩内の尊攘派藩士を処刑して幕府への忠誠を示そうとした。明治2年膳所藩知事となり、4年廃藩置県により免職。17年子爵となり、35年神道管長に任じられた。

本田 義成　ほんだ・よしなり
衆院議員(翼賛議員同盟)　㊓明治4年9月　㊱昭和27年4月12日　㊤東京　㊸東京市議、東京府警務委員長などを務め、大正13年衆院議員となる。以来当選4回。ブカレストでの第27回列国議会同盟会議に参列する。

本出 保太郎　ほんで・やすたろう
衆院議員（維新会）　大阪堂島米穀取引所理事　実業家　[生]慶応3年9月（1867年）　[没]大正6年7月6日　[出]大阪　[歴]阪北土地（株）、東洋生命保険（株）各重役を兼務し、大阪堂島米穀取引所理事を務めた。その間郡会議員となり、また大阪府郡部から衆院議員当選5回、維新会に属した。

本藤 恒松　ほんどう・つねまつ
元・衆院議員　社会運動家　[生]明治28年2月13日　[没]昭和58年3月19日　[出]長野県上高井郡綿内村（現・長野市）　[学]綿内小卒　[歴]大正13年北信農民組合結成、昭和2年社会民衆党長崎県連合会結成し幹事、10年日本農民組合総同盟中央執行委員となる。11年から長野県議3期、22年から衆院議員（社会党）1期をつとめ、30年三蔵酒造社長、同年から全国清酒復活期成同盟会会長などを歴任した。

本名 武　ほんな・たけし
元・衆院議員（自民党）　[生]明治44年10月10日　[没]平成6年4月12日　[出]北海道　[学]武蔵工業専門学校（昭和7年）卒　[賞]勲一等瑞宝章（昭和58年）　[歴]木材業経営を経て、昭和17年帯広市議。21〜51年衆院議員に当選10回。この間、47年第1次田中内閣の総務長官兼沖縄開発庁長官をつとめた。　[趣]読書, スポーツ

本間 俊一　ほんま・しゅんいち
衆院議員（自民党）　[生]大正1年11月　[没]昭和33年8月20日　[出]宮城県　[学]早稲田大学政治経済学部政治科卒　[歴]読売新聞記者、中新田町長を経て、昭和21年衆院議員に初当選。以来連続6回当選。第1次吉田内閣農林参与官、衆院水害地対策特別委員長、衆院決算委員長、第2次吉田内閣通商産業政務次官を歴任し、また自由党副幹事長なども務めた。著書に「戦後の教育改造」がある。

本間 光輝　ほんま・みつてる
大地主　豪商　[生]安政1年12月16日（1855年）　[没]大正11年4月30日　[出]出羽国酒田（山形県酒田市）　幼名＝恕一郎, 序一郎, 源吉　[歴]酒田の大地主本間光美の長男として生まれ、明治8年酒田本間家7代目当主となる。父が行なった農事改良と地方事業の振興への努力を継ぎ、自らも公共事業に尽力、政府にも多額の献納金をおさめた。明治維新に際しては、70万両の巨資を献じて庄内藩主の磐城への移封を救った。初代酒田町長を務め、21年本立銀行、30年本間農場、40年信成合成会社（本間店）を設立した。

本領 信治郎　ほんりょう・しんじろう
改進党中央常任委員　衆院議員（無所属倶楽部）　[生]明治36年10月8日　[没]昭和46年7月24日　[出]京都市　[学]早稲田大学政治経済学部経済科（昭和3年）卒　[歴]大学院に進み、のち早大付属第二早稲田高等学院講師、同教授、同大専門部政経科講師。欧州各国に留学、帰国後東方会、大政翼賛会に参加、総務局宣伝部副部長。昭和17年東京府5区から衆院選に当選。戦後公職追放、解除後改進党中央常任委員、日本民主党相談役などを務め、日本ラグビー協会理事。著書に「青年の信条」「日本ラグビー物語」がある。

【ま】

前尾 繁三郎　まえお・しげさぶろう
元・衆院議長　自民党最高顧問　[生]明治38年12月10日　[没]昭和56年7月23日　[出]京都府宮津市　[学]東京帝国大学法学部法律学科（昭和4年）卒　[賞]勲一等旭日大綬章（昭和51年）　[歴]昭和4年大蔵省に入り、9年和歌山税務署長、20年主税局国税第一課長、主税局長、22年造幣局長などを歴任。24年の総選挙で民主自由党から衆院議員に当選、通算12期。その間、32年第1次岸内閣の通産相、46

年第3次佐藤内閣の法相を歴任、48年5月〜51年12月衆院議長を務めた。また自民党内では幹事長(3期)、総務会長などを務め、池田首相の死後、宏池会(旧池田派)を引き継いで前尾派を結成したが、45年の総裁選に出馬せず、大平派に衣替えした。55年からは党最高顧問。読書家、蔵書家としても知られ、著書も多数。没後の57年遺族により蔵書約3万5千冊と有価証券約1億円が故郷の宮津市に寄贈され、58年同市は前尾記念文庫を開設した。平成12年"十二支"について研究した遺稿集「十二支攷」(全6巻)が刊行される。

前川 正一　まえかわ・しょういち
衆院議員(社会党)　日農香川県連会長　農民運動家　[生]明治31年2月1日　[没]昭和24年7月11日　[出]広島県広島市寺町　[学]同志社大学中退　[歴]大正10年香川県に帰郷し農民運動に入る。11年神戸で開かれた日農創立大会に参加し、12年日農香川県連合会を結成し、会長に就任。多くの小作争議を指導。その間検挙されて下獄し昭和3年に出所。同年全国農民組合結成とともに中央常任委員・組織部長となり、全国的に活躍。12年社会大衆党から衆院議員に当選。戦後は社会党の結成、日農の再建に尽力した。著書に「農民組合の話」「左翼農民運動組織論」など。

前川 忠夫　まえかわ・ただお
元・香川県知事　元・香川大学学長　[専]農業土木　[生]明治42年2月1日　[没]昭和63年6月25日　[出]香川県三豊郡高瀬町　[学]東京帝大農学部(昭和10年)卒　農学博士　[歴]昭和10年農林省に入省し、山形県の技官として農業用水の工事に携わる。その後、結核の療養を経て、15年東大講師となり、20年岩手大教授、30年香川大教授を歴任。39年第4代香川大学長に就任。溜池研究の権威。一方、49年革新・中道の統一候補として香川県知事選に出馬、自民党公認で7選をめざす金子正則知事を破り当選した。3期をつとめ、61年引退した。

前川 旦　まえかわ・たん
衆院議員(社会党　香川1区)　元・参院議員(社会党　香川)　[生]昭和5年3月10日　[没]昭和61年5月11日　[出]香川県高松市　[学]中大法学部(昭和28年)卒　[歴]森崎隆参院議員の秘書を経て、昭和31年左派社会党に入党。40年参院議員に当選、2期つとめたのち、54年成田知巳の後継者として衆院に転じ、3期連続当選。

前川 槙造　まえかわ・まきぞう
衆院議員(無所属)　[生]安政7年2月(1860年)　[没]明治35年7月12日　[出]大阪府　[学]東京専門学校卒　[歴]大阪府議、徴兵参事員、地方衛生会委員を務め、明治27年衆院議員に初当選。35年に死去するまで連続4回当選。また(株)朝日商社社長、中央セメント監査役なども務めた。

前島 英三郎　⇒八代英太(やしろ・えいた)を見よ

前島 密　まえじま・ひそか
貴院議員(勅選)　逓信次官　北越鉄道社長　官僚　男爵　[生]天保6年1月7日(1835年)　[没]大正8年4月27日　[出]越後国頸城郡下池部村(新潟県上越市)　旧姓=上野　幼名=房五郎　[歴]越後の豪農・上野家に生まれる。弘化4年江戸に出て医学を修め、のち幕府の箱館諸術調所で洋学を学ぶ。慶応2年幕吏前島錠次郎の家を継ぐ。明治2年民部、大蔵の両省に出仕、3年駅逓権頭兼租税権頭。飛脚に代わる郵便制度調査のため渡欧、4年帰国し、国営による全国均一料金の近代的郵便制度の確立に尽くした。"郵便""切手"などの名称も考案。また、電話官業を制定するなど功多く、次いで内務少輔、同大輔、駅逓総官、勧業局長、元老院議官などを歴任。大隈重信と親交があり、"明治14年の政変"で大隈と共に辞職し、立憲改進党に参加。19年東京専門学校長、21年逓信次官をつとめたが、実業界に入り、北越鉄道、東館汽船、石狩石炭、日清生命保険など各社の重役に就任した。35年男爵に叙せられ、38年勅選貴院議員。国字改良

論者としても有名で、晩年文部省の国語調査会委員になった。

前田 郁　まえだ・いく

衆院議員(自民党)　東京観光バス社長　[生]明治22年2月4日　[没]昭和40年3月30日　[出]鹿児島県　[学]明治大学経済学部卒　[歴]昭和22年衆院議員に初当選し、以来当選3回。衆院運輸委員長、第2次岸内閣運輸政務次官、日本自由党代議士会副会長を歴任する。また東京観光自動車社長、国際観光文化協会会長、日本有線放送連合会会長も務めた。

前田 勲男　まえだ・いさお

元・参院議員(自民党)　元・法相　[生]昭和18年2月4日　[出]和歌山県伊都郡高野口町　[学]慶応義塾大学法学部政治学科(昭和40年)卒　[歴]父前田佳都男の秘書を経て、昭和53年以来参院議員に4選。平成6年村山内閣の法相をつとめた。10年落選。竹下派を経て、小渕派。　[家]父＝前田佳都男(参院副議長)

前田 栄之助　まえだ・えいのすけ

元・衆院議員　社会運動家　[生]明治24年6月27日　[没]昭和52年8月1日　[出]広島県呉市　[学]呉高等小学校　[歴]旋盤工として呉海軍工廠に入るが、青年労働者で結成された「六・三倶楽部」に入り、大正12年解雇される。以後、社会運動に専念し、また14年結成の独立民衆党執行委員となる。昭和3年呉市議に当選。4年社会民衆党に合流して呉支部執行委員となり、6年広島県議に当選(3期)。戦後は社会党の結党に参加し、21年衆院議員に当選し、8期務め、衆参両院議員総会会長などを歴任した。

前田 佳都男　まえだ・かつお

参院議員(自民党)　科学技術庁長官　[生]明治43年11月24日　[没]昭和53年1月4日　[出]和歌山県　[学]東京帝国大学法学部政治科卒　[歴]英米仏独等に留学、航空輸送を研究した。逓信省に入省、小倉郵便局長、東京はじめ各逓信局部長、郵政省各局の課長、郵政局次長、大阪郵政局長、郵政審議会委員を務めた。昭和31年参院議員初当選。参院自民党副幹事長、第2次岸内閣の大蔵政務次官、運輸委員長を経て、第2次田中内閣の科学技術庁長官に就任した。また、原子力委員長、宇宙開発委員長、参院副議長を歴任。著書に「平凡社百科事典」執筆、「郵便物運送法解説」。　[家]息子＝前田勲男(参院議員)

前田 幸作　まえだ・こうさく

元・衆院議員(第二控室)　元・博多東亜倶楽部支配人　[生]明治28年4月　[没]昭和62年9月19日　[出]京都　[歴]独自の才気と弁舌に恵まれ、京都の寺田キネマ商会で声色弁士やセールスに活躍。京極中央館支配人だった32歳のとき、東亜キネマの重役に見込まれて東亜に入社。昭和2年博多東亜倶楽部支配人として博多に赴任。無料入場券を飛行機で散布するなど奇抜な宣伝を展開し、街の話題となる。5年東亜を退き、以後民衆倶楽部、世界館、大衆座などの経営に奮闘。6年には福岡県議に当選して政界に進出。11年衆院議員となり、戦後も福岡市議を4期務め“爆弾質問男”の異名をとった。晩年は銭湯経営のかたわら、全国公衆浴場環境衛生同業組合連合会副理事長などをつとめた。

前田 種男　まえだ・たねお

元・衆院議員　労働運動家　[生]明治35年12月9日　[没]昭和31年10月31日　[出]佐賀県杵島郡大町村(現・大町町)　[歴]大正6年大阪に出て発動機製造会社(のちダイハツ工業)に入社し、鋳物工となる。8年友愛会に参加。昭和5年総同盟大阪連合会の執行委員などをし、9年の大阪機械工作所の大争議をはじめ、多くの争議を指導。21年大阪金属労働組合を結成し、組合長、22年総同盟全国金属産業労働組合同盟組合長、同年社会党から衆院議員に当選、以後二期当選した。社会党大阪府連委員長、総同盟副会長などを歴任した。

前田 多門　まえだ・たもん
文相　貴院議員(勅選)　公明選挙連盟理事長　[生]明治17年5月11日　[没]昭和37年6月4日　[出]大阪　[学]東京帝大法科大学独法科(明治42年)卒　[歴]明治42年内務省に入り、都市計画課課長などを経て、大正9年東京市第三助役、11年東京市政調査会を設立。12年ILO政府代表としてジュネーブへ。昭和3年朝日新聞論説委員。13年退社後はニューヨークの日本文化会館館長、18年新潟県知事など歴任。20年貴院議員となり、東久邇内閣の文相に就任。幣原内閣でも留任し、異色の人材を起用し教育改革を推進するが公職追放となり、東京通信工業(現・ソニー)社長に就任。その後、日本育英会、日本ユネスコ国内委員会、日本ILO協会各会長、公明選挙連盟理事長などを歴任した。著書に「国際労働」「地方自治の話」「アメリカ人の日本把握」など。
[家]長男＝前田陽一(東大名誉教授・仏文学者)

前田 千夏　⇒中山千夏(なかやま・ちなつ)を見よ

前田 利同　まえだ・としあつ
富山藩知事　伯爵　[生]安政3年6月27日(1856年)　[没]大正10年12月23日　[出]江戸加賀藩邸　幼名＝茂松, 字＝稠松　[歴]加賀藩主の家に生まれ、富山藩主の養子となり、安政6年13代目藩主をつぐ。戊辰戦争では新政府に従って越後に派兵し、戦功により従4位下侍従に叙任。明治2年版籍奉還で富山藩知事となり、4年廃藩置県により免職となった。ロンドン、パリに留学後、外務省に入り、のち宮中顧問官、17年伯爵となった。

前田 利鬯　まえだ・としか
貴院議員　子爵　[生]天保12年6月12日(1841年)　[没]大正9年7月27日　[出]加賀国金沢(石川県)　[歴]加賀藩主前田斉泰の七男に生まれ、藩臣前田貞事の養子となるが、兄の大聖寺藩主前田利行が早世したため復籍、安政2年遺領を継ぐ。幕末、同藩は加賀藩に追随する佐幕主義をとっていたが、明治元年大勢が決して北越戦争が始まると、北陸道鎮撫総督高倉永祜に親書を奉呈して忠誠を誓い、また弾薬製造命令には贋金を鋳造してまでも資金調達をしてこれに応じ、自発的に越後新潟の警備にあたるなど勤王に努めた。維新の混乱期を一度も戦わず乗り切り、翌2年版籍奉還に際して藩知事に就任、4年廃藩を機に東京へ移り、以後宮中の諸職を歴任した。9年宮中祗候、11年御歌会講師、12年御書籍御道具取調宸翰取調御用掛、15年太政官御用掛、ついで御歌会講頭御人数、修史館御用掛を経て、20年掌典となり、御歌会始講頌御歌所参候などを努めた。この間17年子爵。30年貴院議員となった。

前田 利定　まえだ・としさだ
逓信相　貴院議員(子爵)　実業家　[生]明治7年12月10日　[没]昭和19年10月2日　[出]東京　[学]東京帝国大学独法科(明治35年)卒　[歴]明治29年襲爵。35年1年志願兵となり陸軍歩兵少尉、37年貴院議員(研究会)。大正11年加藤友三郎内閣の逓信相、13年清浦奎吾内閣の農商務相を務め、昭和19年まで貴院議員。また安田銀行、東武鉄道、川崎窯業、上毛鉄道会社などの重役を兼任。竹柏会門下で和歌に長じた。　[家]父＝前田利昭(子爵・旧七日市藩主)

前田 久吉　まえだ・ひさきち
元･参院議員(自民党)　元･サンケイ新聞社長　[生]明治26年4月22日　[没]昭和61年5月4日　[出]大阪府西成郡(現・大阪市西成区)　[学]小卒　[賞]勲一等瑞宝章(昭和40年), マスコミ功労者顕彰(平成3年)　[歴]新聞販売店員を経て、大正9年南大阪新聞、昭和8年日本工業新聞を創刊、16年産業経済新聞社となる。戦後、28年には参院議員に全国区から当選、2期つとめる。32年日本電波塔を設立、翌33年には東京タワーを完成させる。同年大阪放送、関西テレビを開局。その後、サンケイ新聞を去り、千葉県富津市の鹿野山山中にマザー牧場を造って経営

する一方、禅研修所を開き、禅の普及につとめた。 [趣]読書, 書道

前田 房之助　まえだ・ふさのすけ
衆院議員(自民党) [生]明治17年9月15日 [没]昭和40年2月18日 [出]兵庫県西宮市 [学]神戸高商(明治40年)卒 [賞]勲一等瑞宝章(昭和39年) [歴]兵庫県武庫部会議員、同部大社村長を経て、大正13年以来、兵庫2区から衆院議員に8回当選。この間大蔵参与官、広田弘毅内閣の逓信政務次官、小磯国昭内閣の運輸通信政務次官、民政党総務、同政調会長、翼賛政治会総務、日本民主党全国委員長、自民党総務などを歴任した。また西宮土地、尼崎宝塚電気鉄道各社長、正盛館坩堝会長なども務めた。

前田 正男　まえだ・まさお
元・衆院議員(自民党) 元・科学技術庁長官 [生]大正2年7月10日 [出]奈良県 [学]山梨高工機械科(昭和11年)卒 [賞]勲一等旭日大綬章(昭和58年) [歴]三井物産、三井精機工業勤務を経て、奈良工業協会常務理事、三協精機製作所監査、顧問となる。昭和22年以来衆院に11選。47年衆院内閣委員長、51年科技庁長官、のち自民党顧問を歴任。 [趣]旅行, ゴルフ

前田 正名　まえだ・まさな
農商務次官 貴院議員 [生]嘉永3年3月12日(1850年) [没]大正10年8月11日 [出]薩摩国鹿児島(鹿児島県) [歴]八木称平に師事。明治2年から8年間フランスに留学し、のちのパリ万博では事務次官及び総領事を務める。大久保利通の命を受けワイン造りに取り組み、兵庫県稲美町に欧州産ブドウの栽培と醸造を目的とした播州葡萄園を設立。18年にひとたび官を辞して各地の農園事業の振興に尽力。その後、21年山形県知事、東京農村学校長、23年農商務次官を歴任。さらに元老院議官、貴院議員に推される。退任後は地方産業団体の育成に努め、五二会などを興す。死後、男爵を授けられた。編著に英和辞典「薩摩辞書」がある。

前田 米蔵　まえだ・よねぞう
衆院議員(自由党) [生]明治15年2月17日 [没]昭和29年3月18日 [出]和歌山県 [学]東京法学院(現・中央大学)(明治35年)卒 [歴]弁護士を経て、大正6年立憲政友会より衆院議員に当選、以来9期。14年政友会幹事長となり、昭和2年田中義一内閣の法制局長官、6年犬養内閣の商工相、11年広田内閣の、14年平沼内閣の鉄道相を歴任。この間、12年鈴木喜三郎政友会総裁の辞任に際しては中島知久平を推し、久原房之助と対立した。15年大政翼賛会議会局長、のち大政翼賛政治会総務会長として政党なきあとの議会関係者の統轄・調整にあたった。19年小磯内閣の運輸通信相。戦後、日本進歩党結成に加わり、公職追放解除後の27年衆院議員に返り咲いたが、選挙違反事件、さらに落選とふるわなかった。

前原 一誠　まえばら・いっせい
参議 [生]天保5年3月20日(1834年) [没]明治9年12月3日 [出]長門国(山口県) 通称＝八十郎, 号＝梅窓 [歴]安政4年松下村塾に入り、吉田松陰に師事、その誠実さをとくに評価され、6年2月選ばれて長崎に留学、後西洋学所に学ぶ。文久2年松下村塾の仲間たちと共に脱藩。3年七卿方御用掛、元治元年高杉晋作らと挙兵し、藩権力を掌握。慶応元年千城隊頭取役。戊辰戦争では参謀として北越に赴任、後、徴士越後府判事となる。明治2年参議、兵部大輔などを歴任するが3年病気のため郷里に帰る。9年10月熊本の神風連の乱に呼応し、奥平謙輔らと萩で挙兵するが捕われ、同年12月3日反乱罪により処刑された。

真木 長義　まき・ながよし
貴院議員 海軍中将 男爵 [生]天保7年5月15日(1836年) [没]大正6年3月3日 [歴]佐賀藩士。安政元年藩の蘭学寮に学び、ついで長崎にある幕府設立の海軍伝習所に中牟田倉之助らと共に伝習生として派遣された。6年長崎伝習所廃止後は中牟田、佐野常民らと三重津に海軍所を創設し教官となる。明治元年戊

辰戦争では藩の電流丸艦長として戦った。ついで明治政府に出仕し、海軍中佐に任官、のち累進して中将となり、男爵を授けられた。

牧野 寛索　まきの・かんさく
衆院議員（自民党）［生］明治35年1月［没］昭和38年9月22日［出］山形県［学］中央大学法学部卒［歴］昭和21年衆院議員に初当選、以来当選4回。吉田内閣の総理大臣秘書官を2回務めたほか、法務政務次官、自由党幹事、衆院両院法規部長、裁判官訴追委員長を歴任した。

牧野 賤男　まきの・しずお
衆院議員（翼賛政治会）［生］明治8年2月［没］昭和18年12月30日［出］新潟県［学］明治法律学校, 東京法学院高等研究科卒［歴］司法官試補ののち弁護士となる。東京市議、東京府議などを経て、昭和3年以来衆院議員に当選6回。犬養内閣拓務参与官となったほか、帝国弁護士会理事、東京弁護士会副会長も務めた。

牧野 隆守　まきの・たかもり
衆院議員（自民党　福井2区）　元・労相［生］大正15年1月14日［出］福井県［学］東京大学法学部政治学科（昭和24年）卒［歴］昭和24年通商産業省に入省、38年在ドイツ大使館一等書記官、49年大阪通産局長となり、のち退官。54年衆院議員に当選。平成元年宇野内閣の官房副長官に就任。3年ペルーのテロで犠牲になった日本人3人の遺児育英基金を設立。5年落選。8年返り咲き。11年10月小渕第2次改造内閣の労相に就任。12年4月森連立内閣でも留任。通算6期目。渡辺派、村上・亀井派を経て、同年7月江藤・亀井派。

牧野 忠篤　まきの・ただあつ
貴院議員（子爵）　長岡市長［生］明治3年10月12日［没］昭和10年4月11日［学］慶応義塾別科（明治26年）卒［歴］明治11年家督を継ぎ、17年子爵、30年以来貴院議員当選6回、研究会幹部として活躍。29年に長岡初代市長。ほかに宝田石油社長、日本石油、長岡鉄道各重役、帝国農会会長、日本中央蚕糸会会長、米穀統制調査会、教科用図書審査会各委員などの要職を務めた。

牧野 忠毅　まきの・ただかつ
長岡藩知事［生］安政6年2月16日（1859年）［没］大正6年2月6日［歴］戊辰戦争で敗れて領地没収となった越後長岡藩の家名存続が許され、明治1年藩主となる。2年諸藩に先立って版籍奉還を願い出て、長岡藩知事に任命される。3年願いにより免官。

牧野 照　まきの・てらす
政客（自由党）［没］明治30年（?）［出］美作国苫田郡久田村（岡山県）［歴］山田方谷に学び上京、独逸義塾を創立、子弟教育に従事。その後山田顕義に認められ司法省に入り、次いで海軍省に移って参謀第2課長。のち板垣退助と知り合い自由党に入党、党の海軍意見を発表した。

牧野 伸顕　まきの・のぶあき
内大臣　宮内相　外相　文相　伯爵［生］文久1年10月22日（1861年）［没］昭和24年1月25日［出］薩摩国鹿児島（鹿児島県鹿児島市）［学］開成学校（現・東京大学）中退［歴］明治の元勲・大久保利通の二男に生まれ、牧野家の養子となる。明治4年父の洋行に随員として参加したのが機で知った同行の伊藤博文に引き立てられて法制局参事官、福井・茨城各県知事。30年からはイタリア、オーストリア・ハンガリーの各公使を歴任。40年以降は第1次西園寺内閣の文相、第2次同内閣の農商務相を務めたあと、大正2年第1次山本内閣の外相となり、8年のベルサイユ講和会議では次席全権として活躍した。10年から宮内相、14年からは内大臣として15年間、西園寺公望とともに昭和天皇の側近にあって軍部の横暴阻止に努める。このため右翼からは“君側の奸”として標的とされ、軍部急進派からも親英米派としてマークされるようになり、昭和10年病気を理由に辞任。翌年の2.26事件では神奈川県・湯河原の旅館に滞在中を襲われたが、九死に一生を得て隠退。のち帝室経済顧問、東

亜同文会会長、日本棋院総裁などを務めた。日本に野球を輸入した元祖としても知られ、著書に大正7年までの経歴を記した「牧野伸顕回顧録」がある。平成2年日記(大正10年～昭和13年)が公開された。　㋿父＝大久保利通(政治家)

牧野 良三　まきの・りょうぞう
法相　衆院議員(自民党)　㋲明治18年5月26日　㋰昭和36年6月1日　㋱岐阜県高山(現・高山市)　㋛東京帝大法科大学独法科(明治44年)卒　法学博士(昭和29年)　㋠高山市名誉市民(昭和36年)　㋻明治44年逓信省に入り、大正2年証券課長、3年退官。大阪商船を経て5年弁護士登録。その後文部省に入り、7年文相秘書官、のち参事官。9年立憲政友会に所属し、岐阜県から衆院議員に当選、以来10回当選。この間、昭和2年商工参与官、7年斎藤内閣の逓信次官。15年斎藤隆夫議員除名に反対投票。17年の翼賛選挙では推薦候補で当選。戦後公職追放、解除後の25年全国選挙管理委員。27年衆院議員当選、衆院予算委員長から30年第3次鳩山内閣の法相となった。著書に「投票用紙事件の表裏」「満鉄事件」「談合研究資料」「通信特別会計の研究」「競争入札と談合」などがある。
㋿兄＝牧野英一(刑法学者)

牧原 源一郎　まきはら・げんいちろう
元・衆院議員(進歩党)　㋲明治30年4月14日　㋰昭和61年8月3日　㋱福島県　㋛会津中卒　㋻昭和17年福島2区から翼賛政治体制協議会推薦で衆院議員に当選1回。

槇村 正直　まきむら・まさなお
元老院議官　貴院議員　㋲天保5年5月23日(1834年)　㋰明治29年4月21日　㋱長門国美祢郡大田村(山口県)　旧姓＝羽仁　通称＝安之進、半九郎　㋻嘉永3年杉田文佐衛門の養子となり、安政元年槇村五八郎満久の養子となる。慶応元年家督を相続し、明治元年上京。京都府に出仕し、議政官史官、権大参事、4年大参事、8年権大知事、10年知事に昇進。この間、府の勧業場を設け、舎密

局、授産所、養蚕所、製革場などを管理して産業の振興を計った。また、学校、図書館、病院の設立にも尽力。14年元老院議官に転じ、行政裁判所長官などを歴任。

牧山 耕蔵　まきやま・こうぞう
衆院議員(同交会)　㋲明治15年1月　㋰昭和36年6月5日　㋱東京　㋛早稲田大学政治経済学部卒　㋻京城居留民団議員、京城学校組合会議員を経て、大正6年4月長崎2区より衆院議員初当選。以後7回当選を果たし、第2次若槻内閣においては海軍政務次官を務めた。その他、政友本党代議士会長、立憲民政党総務をも務めた。また、朝鮮新聞社・長崎日日新聞社・佐世保新聞社等社長としても活躍した。

真崎 勝次　まざき・かつじ
衆院議員(自民党)　海軍少将　㋲明治17年12月22日　㋰昭和41年10月15日　㋱佐賀県　㋛海兵(明治39年)卒、海大選科(明治44年)卒　㋻軍令部、シベリア駐在を経て、大正14年ソ連大使館付武官、次いで「戸隠」艦長、大湊要港部参謀長、「山城」艦長を歴任。昭和8年少将。横須賀警備隊司令部を経て10年大湊要港司令官。兄の影響で海軍皇道派分子として活躍。11年予備役、17年翼賛選挙で衆院議員、20年大日本政治会総務。著書に「亡国の回想」がある。
㋿兄＝真崎甚三郎(陸軍大将)

正木 清　まさき・きよし
衆院議員(社会党)　社会運動家　㋲明治33年5月30日　㋰昭和36年4月12日　㋱福島県石城郡好間村(現・いわき市)　㋛小学卒　㋻炭抗の給仕などをし、大正10年上京。関東大震災で帰郷するが、13年小樽に移住し鉄筋工などをする。14年小樽総労働組合に参加、同組合が評議会に加盟すると共に北海道地方評議会常任執行委員となり多くの争議を指導。昭和3年の3.15事件で検挙され懲役2年に処せられた。出獄後は日雇労働者となり、6年新労農党に参加し、9年札幌市議に、12年社会大衆党道連合会

書記長、17年翼賛選挙で衆院議員となる。戦後社会党に入党。芦田内閣商工政務次官となり、33年衆院副議長になった。'60年安保条約の強行採決に反対して副議長を辞任。

正木 千冬　まさき・ちふゆ
元・鎌倉市長　元・国学院大学教授　[専]財政学　統計学　[生]明治36年12月10日　[没]昭和57年4月6日　[出]東京市牛込区矢来町　[学]東京帝国大学経済学部(大正15年)卒　[賞]勲二等瑞宝章　[歴]大毎記者、国民経済研究会常任理事を経て、参院予算委専門調査室長、国学院大教授を歴任。のち鎌倉市長選に当選、2期8年つとめた。

正木 照蔵　まさき・てるぞう
衆院議員(憲政会)　日本郵船業務調査主査　[生]文久2年7月(1862年)　[没]大正13年5月　[出]淡路国三原郡神代村(兵庫県)　字=光, 号=鶴山, 因果庵　[歴]代々村長の家系。漢学を学び、大阪で英語を修め、郷里で小学校教員となった。明治21年兵庫県会議員、のち報知新聞を経て、日本郵船会社に入社、外航課長、業務調査主査を歴任し、大正5年退社。衆院議員に当選、海運通として活躍し、13年引退した。詩歌、書画をよくした。

正木 良明　まさき・よしあき
元・衆院議員(公明党)　[生]大正14年3月16日　[没]平成9年6月9日　[出]大阪府堺市　筆名=吉秋雅規　[学]堺市工業学校(昭和20年)卒　[賞]勲二等旭日重光章(平成7年)　[歴]堺市役所勤務の後、昭和34年堺市議に当選。38年大阪府議となり、同年創価学会理事に。39年公明党大阪府連第5支部長、41年副幹事長。42年以来大阪5区から衆院に当選8回。党中央執行委員、政審会長を務める。平成2年引退。かたわら53年吉秋雅規のペンネームで作詞家として「呂宗助左の歌」でデビュー。ほかに「恋みれん」「ハネムーン」などがある。
[趣]読書, 短歌, 作詩

正森 成二　まさもり・せいじ
元・衆院議員(共産党)　弁護士　[生]昭和2年1月19日　[出]兵庫県神戸市　[学]東京大学法学部(昭和31年)卒　[歴]昭和33年弁護士登録。47年から衆院議員に9選。共産党国対副委員長などを歴任。平成8年の総選挙では比例区中国ブロックで1位当選を果たす。9年健康上の理由で辞職。著書に「働く者の労働法」など。

増岡 康治　ますおか・こうじ
元・参院議員(自民党)　[生]大正13年8月18日　[没]平成8年12月2日　[出]広島県広島市　[学]東京帝大工学部土木工学科(昭和21年)卒　[賞]勲二等瑞宝章(平成7年)
[歴]昭和21年内務省入省。23年建設省発足と同時に同省に入省。47年北陸地方建設局長、49年河川局長を歴任して、51年退官。52年参院議員に当選。大蔵政務次官、参院地方行政常任委員長などを歴任。当選2回。平成元年落選。3年首都圏建設資源高度センター社長に就任。6年3月参院議員に繰り上げ当選するが、7年落選。

増岡 博之　ますおか・ひろゆき
元・衆院議員(自民党)　元・厚相　[生]大正12年2月3日　[出]広島県呉市　[学]早稲田大学政経学部(昭和23年)卒　[賞]勲一等瑞宝章(平成6年)　[歴]昭和23年増岡組に入り、取締役東京営業所長、27年専務。故池田勇人首相の地盤を継いで、42年衆院議員に初当選。以来、通算8期。運輸政務次官、自民党交通部会長、衆院運輸委員長、大蔵委員長の他、議運委の理事、国対副委員長を歴任し、59年厚生大臣に就任。宮沢派。平成5年落選。
[趣]ゴルフ, 読書　[家]弟=増岡重昴(増岡組会長), 増岡正剛(増岡組社長)

増田 甲子七　ますだ・かねしち
元・衆院議員(自民党)　元・防衛庁長官　弁護士　[生]明治31年10月4日　[没]昭和60年12月21日　[出]長野県　[学]京都帝大法科(大正11年)卒　[賞]勲一等旭日大綬章(昭和43年)　[歴]大正11年内務省に入り、昭和20年福島県知事、21年北海道庁長官に就任。22年以来、長野4区から衆院

議員に当選10回。自由党の吉田政権下では、官僚出身の側近として重要され、運輸相、労相、官房長官などを歴任。その後建設相、自由党幹事長、42年には第2次佐藤内閣の防衛庁長官を務めた。54年に政界を引退、弁護士のかたわら自民党全国国会議員会会長として活躍した。

増田 義一 ますだ・ぎいち
衆院議員(日本進歩党) 実業之日本社創立者 [生]明治2年10月21日 [没]昭和24年4月27日 [出]新潟県 [学]東京専門学校政治科(明治26年)卒 [歴]代用教員や高田新聞記者をつとめて東京専門学校に入学。在学中、改進党の政治運動をする。読売新聞記者を経て、明治33年実業之日本社を創立し、「婦人世界」「日本少年」「少女の友」や文芸書を多く出版。また45年以来昭和17年までの間に衆院議員に8回当選。6年には衆院副議長も務めた。実業人としても大日本印刷会社などの創立に参与し、少年教育、社会事業に尽力した。著書に「金貨本位之日本」「青年と修養」などがある。 [家]長男=増田義彦(実業之日本社社長), 孫=増田義和(実業之日本社社長)

増田 盛 ますだ・さかり
元・参院議員(自民党) [生]大正2年4月11日 [没]平成3年9月23日 [出]岩手県胆沢郡前沢町 [学]京都帝大法学部(昭和12年)卒 [賞]勲二等旭日重光章(昭和61年) [歴]農林省に入省、振興局長などをつとめて退官。昭和43年以来参院議員に4選。61年無所属で出馬し落選。農水・行管・北海道開発各政務次官をつとめた。

増田 次郎 ますだ・じろう
衆院議員 日本発送電初代総裁 実業家 [生]慶応4年2月26日(1868年) [没]昭和26年1月14日 [出]駿河国藤枝(静岡県) 号=稲江 [学]東京英和学校中退 [歴]独学で普通文官試験に合格し、内務省に入省。後藤新平秘書官、満鉄総裁秘書官を経て、大正4年静岡から衆院議員。7年木曽電気興業常務、8年大阪送電常務。10年大同電力を設立し、13年副社長、昭和3年社長。14年日本発送電設立にあたり、大同電力の全資産を出資合体して初代総裁、16年退任し、台湾電力社長となった。この間、刑余者更生保護事業に尽力した。

増田 敏男 ますだ・としお
衆院議員(自民党 比例・北関東) 法務副大臣 [生]昭和4年4月20日 [出]埼玉県熊谷市 [学]熊谷高(昭和25年)中退 [歴]昭和34年熊谷市議、42年埼玉県議4期、県会議長を経て、57年熊谷市長に当選。61年5月再選されるが、僅か1ケ月で辞任して衆院選に埼玉3区から立候補、落選した。平成2年再出馬し、当選。4期目。自民党竹下派、羽田派、5年新生党を経て、6年新進党結成に参加。9年離党し、自民党に復帰。12年比例区北関東ブロックから当選。13年第2次森改造内閣の厚生労働副大臣、14年小泉改造内閣の法務副大臣に就任。宮沢派、加藤派を経て、堀内派。

増田 繁幸 ますだ・はんこう
衆院議員(大成会) 貴院議員(勅選) [生]文政8年6月(1825年) [没]明治29年3月14日 [出]宮城県 [学]仙台藩校養賢堂 [歴]仙台藩権参事、一ノ関県参事、宮城県議、同議長等を歴任した後、明治23年7月宮城1区より衆院議員に当選。

益谷 秀次 ますたに・しゅうじ
衆院議長 副総理 衆院議員(自民党) 弁護士 [生]明治21年1月17日 [没]昭和48年8月18日 [出]石川県宇出津町 [学]京都帝大法科大学法律学科(大正3年)卒 [賞]勲一等旭日大綬章(昭和39年) [歴]地裁判事から弁護士となったが、大正9年の総選挙で当選、政友会に入る。13年の同会分裂と政友本党発足で鳩山一郎と行動をともにして以来の鳩山派で、戦後は鳩山自由党の結成に参加。第1次吉田内閣のとき、吉田兼任外相の政務次官として吉田を知り、第2次吉田内閣の建設相、党総務会長、第3次吉田内閣では副総理を務め、当時、大野伴睦、林譲治とともに“党人派御三家”といわれ

た。吉田退陣後は池田派に所属し、保守合同直前の30年3月には保革双方から推されて衆院議長となり、3年余在任、一部には名議長の声も。その後、第2次岸内閣の副総理、行政管理庁長官などを歴任、35年の池田内閣発足で自由民主党の幹事長となったが、翌年退任、39年の池田から佐藤への政権移譲劇ではひそかに橋渡し役をつとめたあと、47年に政界を引退。衆院当選14回。政界きっての酒豪で、おとぼけでも知られた。

桝谷 寅吉 ますたに・とらきち
衆院議員（立憲民政党） �生明治11年11月 ㊥昭和28年12月15日 ㊦大阪府 ㊧建設業に従事し、大阪市議、南海興業（株）取締役などを務める。昭和3年以来衆院議員を連続4期務めた。

増原 恵吉 ますはら・けいきち
元・参院議員（自民党） 元・防衛庁長官 �生明治36年1月13日 ㊥昭和60年10月11日 ㊦愛媛県 ㊧東京帝大法学部政治学科（昭和3年）卒 ㊨勲一等旭日大綬章（昭和52年） ㊧昭和3年内務省入り、警察畑を歩いたのち、戦後香川県知事を経て警察予備隊本部長、防衛庁次長などを歴任。32年6月、香川地方区から参院議員に初当選し、当選4回。行政庁長官、北海道開発庁長官、防衛庁長官など歴任。特に防衛庁長官は佐藤内閣時代と田中内閣時代の二度にわたり就任したが、共に短期で引責辞任に追いこまれた。

真館 貞造 またち・ていぞう
衆院議員（立憲同志会） ㊤嘉永7年3月（1854年） ㊥昭和6年11月9日 ㊦石川県 ㊧石川県議などを経て、明治27年衆院議員となり、以来3期務める。農蚕業・織物業を営み、また七尾鉄道（株）取締役も務めた。

町田 忠治 まちだ・ちゅうじ
農相 内相 蔵相 衆院議員（民政党） 報知新聞社長 実業家 ㊤文久3年3月30日（1863年） ㊥昭和21年11月12日 ㊦秋田県秋田市 号＝幾堂 ㊧大学予備門（現・東大）選科（明治20年）卒 ㊧犬養毅を頼って上京、大学を出て朝野新聞や報知の記者となり、欧米を視察したあと、明治28年に東洋経済新報社を設立、主幹に。30年日本銀行に入り、32年在阪の山口銀行総理事などをして関西財界の有力者となるが、43年辞職。45年政界に入り、以来、秋田県から衆院議員に当選10回。この間、大正9～13年報知新聞社長。15年第1次若槻内閣、昭和4年浜口内閣、6年第2次若槻内閣の各農相、9年岡田内閣の商工相兼蔵相、19年小磯内閣の国務相を歴任。また10～15年民政党総裁を務め、戦前の政党人としては恵まれたコースをたどる。戦後は日本進歩党結成の際、総裁に推されたが、公職追放となったため、その地位を幣原喜重郎に譲った。"ノントー"（のんきなとうさん）の愛称で衆望を集める一方、財政通でもあり、「財政学」の著書がある。

町田 武須計 まちだ・ぶすけ
三重県議 桑名町長 ㊤天保9年1月26日（1838年） ㊥明治28年7月18日 ㊦伊勢国桑名（三重県） 通称＝伝太夫, 老之丞 ㊧伊勢桑名藩士。戊辰戦争で各地を転戦するが新政府軍に降伏。明治2年ゆるされ桑名藩権大参事。三重県会議員を経て、22年初代桑名町長に就任。

町村 金五 まちむら・きんご
元・参院議員（自民党） 元・衆院議員 元・自治相 元・北海道知事 ㊤明治33年8月16日 ㊥平成4年12月14日 ㊦北海道札幌市 ㊧東京帝大法学部政治学科（大正13年）卒 ㊨勲一等旭日大綬章（昭和55年） ㊧大正13年内務省入省。新潟県知事、警視総監、東京都次長などを経て昭和27年以来衆院議員に4選、34年以来北海道知事に3回当選。46年から参院議員となり、第2次田中改造内閣の自治

相兼国家公安委員長をつとめた。58年引退。 [趣]読書, 散歩 [家]次男＝町村信孝（衆院議員）

松井 郡治 まつい・ぐんじ
衆院議員（翼賛議員同盟） 弁護士 [生]明治4年1月 [没]昭和18年10月21日 [出]新潟県 [学]東京専門学校法律科卒 [歴]新潟地方裁判所等判事を歴任した後、弁護士として活躍。その後、新潟市議、同県議を経て、大正13年5月新潟1区より衆院議員初当選。通算4期を務めた。また、新潟弁護士会長、新潟新聞社監査役も務めた。

松井 慶四郎 まつい・けいしろう
外相 貴院議員（勅選） 外交官 男爵 [生]慶応4年3月5日（1868年） [没]昭和19年6月4日 [出]大阪 [学]東京帝大英法科（明治22年）卒 [歴]明治22年外務省入省。大正2年から牧野伸顕・加藤高明外相の下で外務次官。5年駐フランス大使となりベルサイユ講和会議全権委員をつとめた。13年清浦圭吾内閣の外相、のち貴院議員を経て、14年～昭和3年駐イギリス大使。14年退官し、枢密顧問官。著書に「松井慶四郎自叙伝」がある。 [家]娘＝田中千代（服飾デザイナー）

松井 茂 まつい・しげる
貴院議員 内務官僚 [生]慶応2年9月27日（1866年） [没]昭和20年9月9日 [出]広島県 [学]帝大法科大学（現・東大法学部）独法科（明治26年）卒, 帝大法科大学研究科警察法専攻（明治28年）修了 法学博士（明治43年） [歴]明治26年内務省入省。警視庁試補、消防部長、韓国警務局長、静岡・愛知各県知事、大正8～13年警察講習所長兼内務監察官などを歴任。退官後錦鶏間祗候、昭和8～20年貴院議員を務める。内務省警察講習所顧問、中央教化団体連合会理事長、日本赤十字社などの公職を兼ねた。著書に「日本警察要論」「自治と警察」「警察の根本問題」「警察読本」「松井茂自伝」などがある。

松井 豊吉 まつい・とよきち
衆院議員（自由党） [生]明治28年2月 [没]昭和34年1月23日 [出]群馬県 [歴]桐生市議を経て、昭和24年以来衆院議員に当選3回。衆院災害地対策特別委員長、第5次吉田内閣郵政政務次官を歴任する。また東光製作所、桐生織物工業、新田蚕糸工業、広桐工業の社長を務めたほか、民主自由党相談役、同総務、自由党総務となった。

松井 文太郎 まつい・ぶんたろう
衆院議員（立憲民政党） 福井商工会議所会頭 [生]慶応4年8月（1868年） [没]昭和8年9月2日 [出]福井県 [学]福井師範学校卒 [歴]福井県議、福井市議を経て、大正6年衆院議員となり、通算3期務める。また福井商業会議所会頭、野沢屋輸出店社長、福井染色社長、福井織物社長を歴任し、パリ万博には福井県出品人総代として参加した。

松井 誠 まつい・まこと
衆院議員 参院議員（社会党） 弁護士 [生]大正1年10月 [没]昭和47年11月10日 [出]新潟県 [学]東京帝国大学法学部（昭和11年）卒 [歴]在学中、高文行政科と司法科に合格。昭和19年に弁護士開業。昭和35年衆院議員初当選、以降2選。43年参院に転じ、2選。44年東ドイツにおける国際会議に出席。大蔵委員会委員、沖縄および北方問題に関する特別委員会委員、党県本部副委員長を務める。

松井 政吉 まつい・まさきち
元・衆院議員（社会党） 社会運動家 [生]明治39年3月27日 [没]平成5年9月19日 [出]新潟県南魚沼郡五十沢村宮（現・六日町） [学]専修大学経済科卒 [歴]小学卒業後家業を手伝っていたが17歳で上京し、様々な仕事をしながら専修大学に入学。在学中、学生運動、社会運動に参加。卒業後、全農長岡出張所のオルグとなり、昭和7年上京し全労で活躍。この間、全国大衆党、社会大衆党などに参加。17年の総動員法違反で検挙される。戦後、社会党の結成に参加し、24年衆院議員に当選、通算6回当選。党組織関係や党

内のまとめ役として活躍した。42年日本対外文化協会理事長に就任。著書に「戦後日本社会党私記」。

松浦 詮 まつうら・あきら
貴院議員 平戸藩知事 伯爵 茶道家 歌人 ⊕天保11年10月18日（1840年） ⊗明治41年4月11日 ⊕肥前国松浦郡平戸串崎（佐賀県） 字＝景武、義卿、通称＝朝五郎、源三郎、肥前守、号＝乾字、稽詢斎、松浦心月庵 ⑰正二位勲二等 ㊞安政5年肥前平戸藩主となり、尊王攘夷論者で、藩領の海防に努めた。明治元年戊辰戦争には奥羽征討に従軍。維新後制度寮副総裁、平戸藩知事、御歌会始奉行、明宮祇候、宮内省御用掛などを歴任。貴院議員となり、17年伯爵。文武に通じ、ことに茶道は石州流鎮信派家元で布引茶入など名器を収集。和歌にも長じ、心月庵と号し「蓬園月次歌集」などがある。
㊙長男＝松浦厚（貴院議員・伯爵）

松浦 厚 まつうら・あつし
貴院議員（伯爵） ⊕元治1年6月（1864年） ⊗昭和9年5月7日 ⊕長崎県平戸 ⑰従二位勲三等 ㊞明治17年英国留学、ケンブリッジ大学で国際公法を学び、欧州諸国を歴訪して26年帰国。41年伯爵を継ぎ、貴院議員に当選。旧藩内の殖産事業に尽力。昭和6年辞任し、素行会長、弓馬会長、華族乗馬会幹事、学習院評議会員などを務めた。 ㊙父＝松浦詮（平戸藩主・貴院議員・伯爵）

松浦 功 まつうら・いさお
元・参院議員（自民党） 元・法相 ⊕大正12年4月24日 ⊗平成14年12月28日 ⊕静岡県 ⑰東京帝大法学部（昭和21年）卒 ⑰勲一等瑞宝章（平成10年） ㊞山形県を経て、自治庁に入る。昭和42年北九州市助役、47年官房長、48年財政局長、51年消防庁長官、同年自治事務次官を歴任して、52年退官。55年から参院議員に3選。平成8年第2次橋本内閣の法相に就任。竹下派を経て、小渕派。10年引退した。 ㊙弟＝松浦慎（三菱建設副社長）

松浦 五兵衛 まつうら・ごへえ
衆院副議長（政友会） 政友本党幹事長 実業家 ⊕明治3年9月 ⊗昭和6年3月12日 ⊕静岡県小笠郡河城村（現・菊川町） ⑰東京法学院卒 ㊞静岡県議、同参事会員、県農会長となり、県産業の発達、海外進出に尽力し、掛川商業銀行頭取、富士鉱業社長など歴任。一方明治35年以来、衆院議員当選10回、衆院副議長を務めた。政友会に属し、分裂の際には政友本党に移り、幹事長に就任。

松浦 定義 まつうら・さだよし
衆院議員 参院議員（社会党） ⊕明治37年8月 ⊗昭和50年11月19日 ⊕岐阜県 ⑰横蔵村農業補習学校卒 ㊞北海道食糧調整委員長、全国農民連盟副委員長、国土総合開発審議会委員等を歴任。また、昭和25年6月北海道地方区より参院議員に当選。その後、33年、38年の2回、衆院議員に当選した。著書に、「東欧の農村」がある。

松浦 鎮次郎 まつうら・しげじろう
文相 貴院議員（勅撰） 九州帝大総長 教育者 教育行政家 ⊕明治5年1月10日 ⊗昭和20年9月28日 ⊕愛媛県 ⑰東京帝大法科大学政治科（明治31年）卒 ㊞内務省に入り、明治35年文部省参官、39年米英留学。のち専門学務局長、文部次官、京城帝大、九州帝大各総長に就任。その後、教育審議会委員、枢密顧問官、勅撰貴院議員を経て、昭和15年1〜7月米内内閣の文部大臣に就任、市町村義務教育費国庫負担法を成立させた。編著書に「明治以降教育制度発達史」（全12巻）、「教育行政法」などがある。

松浦 周太郎 まつうら・しゅうたろう
元・衆院議員 元・運輸相 ⊕明治29年5月2日 ⊗昭和55年6月8日 ⊕北海道中川郡美深町 ⑰勲一等瑞宝章（昭和41年）、勲一等旭日大綬章（昭和47年） ㊞昭和7年北海道議を経て、12年から衆院議員に当選12回。戦後、民主党政調副会長、改進党副幹事長などを経て、31

年労相、39年運輸相を歴任。51年引退した。 [家]妻＝松浦カツ（美深育成園理事長）

松浦 清一　まつうら・せいいち
元・参院議員（民社党） [生]明治35年12月1日 [没]昭和59年8月17日 [出]兵庫県 [学]小卒 [賞]勲二等瑞宝章（昭和48年） [歴]大正10年、日本海員組合の創立に参加。昭和25年、参院兵庫地方区に右派社会党から出馬、初当選。のち民社党結党に参加、37年まで2期務めた。

松浦 東介　まつうら・とうすけ
衆院議員（自民党） [生]明治40年4月 [没]昭和39年3月6日 [出]山形県 [学]山形県立寒河江中学校卒 [歴]山形県議、山形県畜産会長、山形県家畜商商業組合連合会長、山形県果樹振興協議会長、農業共済基金理事長などを歴任する。昭和21年衆院議員に初当選、以来当選7回。日本自由党、民主自由党、自由党、日本民主党を経て自民党。農林政務次官、衆院決算委員長、衆院農林委員長を務めた。

松浦 利尚　まつうら・としひさ
元・衆院議員（社会党） [生]大正14年10月6日 [出]宮崎県宮崎市 [学]奉天一中卒 [賞]勲二等瑞宝章（平成7年） [歴]宮崎県労評事務局長を経て、昭和44年衆院議員に当選。論客として知られる。61年落選、平成2年再選、通算5期つとめた。5年一旦引退。8年再び立候補するが、落選。

松尾 官平　まつお・かんぺい
元・参院議員（無所属） [生]昭和2年1月25日 [出]青森県三戸郡三戸町 [学]盛岡高農（昭和22年）卒，中央大学経済学部（昭和24年）中退 [賞]勲一等瑞宝章（平成10年） [歴]昭和34年三戸町商工会長、38年青森県議（5期）を経て、55年補選で自民党から参院議員に当選。平成元年落選したが、3年補選で当選。通算4期。竹下派、羽田派を経て、5年6月新生党結成に参加。6年参院の統一会派“新緑風会”代表となり、同年12月新進党結成に参加。7年副議長に就任。10年引退。

松尾 国松　まつお・くにまつ
岐阜市長　貴院議員（勅選） [生]明治7年7月29日 [没]昭和33年1月17日 [出]岐阜県岐阜市 [学]則武小中等科（明治21年）卒 [賞]岐阜市名誉市民（昭和31年） [歴]明治31年普通文官試験合格。32年岐阜県庁に入り、大正4年武儀郡長。土木課長、地方課長を経て14年岐阜市長となり、連続6選。昭和17年全国市長会会長、21年自治行政の功労により勅選貴院議員、同年辞任。31年市内美江寺公園に銅像が建てられた。
[家]長男＝松尾吾策（岐阜市長）

松尾 吾策　まつお・ごさく
元・岐阜市長 [生]明治36年1月6日 [没]昭和63年6月16日 [出]岐阜県岐阜市 [学]明治大学専門部法科（大正12年）中退 [賞]岐阜市名誉市民，藍綬褒章（昭和42年），勲三等旭日中綬章（昭和48年） [歴]内務省を経て、昭和7年岐阜県入り、一貫して土木畑を歩く。30年2月に岐阜市長に初当選以来、4期連続岐阜市長を務めた。父・国松も岐阜市長務めたため“親子市長”として知られ、コールタールを利用した簡易舗装の考案、横断歩道橋の導入など都市基盤整備に尽力。党派を超えたヒューマニストの定評が高く、38年中国使節団に「日中不再戦」の書を託し、友好都市の杭州市に碑が建立された。
[家]父＝松尾国松（岐阜市長）

松尾 四郎　まつお・しろう
衆院議員（翼賛議員同盟） [生]明治16年5月 [没]昭和33年7月17日 [出]奈良県 [学]大阪府立北野中学校卒 [歴]昭和3年衆院議員となり、以来連続5期務める。また大和銀行、吉野銀行、奈良信託の監査役を歴任し、大和電気、信貴生駒電気鉄道、大和貯蓄銀行、新日本工業など多くの会社の役員を務めた。

松尾 トシ子　まつお・としこ
元・衆院議員（民社党）　⽣明治40年7月14日　歿平成5年6月3日　出神奈川県横浜市　本名=松尾敏子　別名=松尾トシ　学日本女子大学卒、日本大学法学部（昭和24年）卒　勲勲二等瑞宝章（昭和52年）　歴横浜YMCA英語学校教師、横浜印書学校校長、日本女子英学院院長を経て、昭和21年社会党から衆院議員に当選、初の女性代議士の一人。6期つとめる。のち右派社会党中央執行委員、35年民主社会党結成に参加。38年政界から引退。他に神奈川県主婦連盟会長、松尾産業社長を歴任。著書に「英文速記術入門」「かく観かく戦う」「新日本財政と国民生活」など。
趣油絵，音楽

松岡 克由　⇒立川談志（たてかわ・だんし）を見よ

松岡 嘉兵衛　まつおか・かへえ
元・衆院議員（自民党）　⽣明治36年6月5日　歿平成1年7月31日　出静岡県榛原郡　学中泉農（大正11年）卒　歴昭和33年5月から同35年10月まで衆院議員（静岡1区）、大井川鉄道会社相談役なども務めた。

松岡 駒吉　まつおか・こまきち
衆院議長（社会党）　総同盟会長　労働運動家　⽣明治21年4月8日　歿昭和33年8月14日　出鳥取県岩美郡岩美町　学岩井高小（明治35年）卒　歴15歳で舞鶴海軍工廠の旋盤工となったあと、室蘭の日本製鋼所に移って総同盟の前身の友愛会室蘭支部長となってから労働運動一筋に。大正7年には本部主事となったが、骨の髄まで反共に徹した労使協調主義のクリスチャンで、12年には共産主義グループとの対立から主事を辞任する。その後15年に西尾末広らと社会民衆党を結成、さらに社会大衆党中央委員等をつとめたあと、昭和7年に日本労働組合会議副議長、総同盟組合長となり、10年に日本労働総同盟が結成されると会長に就任した。15年に政府が労働組合を産業報国会に統合したとき、これに抵抗して自ら総同盟を解体、世捨て人同様になった。戦後間もなく全国単一組織の労働組合結成を呼びかけ、21年の再建総同盟（日本労働組合総同盟）発足と同時に会長に就任。一方、戦後の社会党の結成に参加し、21年から衆院議員に当選6回。この間、22年に片山内閣が成立したあと、22年から24年まで、憲政史上ただ1人の社会党出身の衆院議長を務めた。

松岡 政保　まつおか・せいほ
元・琉球政府主席　元・沖縄電力社長　⽣明治30年9月18日　歿平成1年4月7日　出沖縄県金武村　学トライステート工科大学（米国）（大正13年）卒　歴明治45年渡米、苦学しながら大正13年インジアナ州トライステート工科大を卒業、昭和2年帰国。その後再び渡米。11年沖縄製糖嘱託、12年工場長。戦後20年諮詢会委員、21年沖縄民政府工務部長。25年沖縄群島知事選に落ちて松岡建設、松岡配電各社長となった。39年10月最後の琉球政府行政主席に就任。同年12月保守勢力を結集して沖縄民主党を結成。43年11月まで在任して沖縄の復興、主席公選の実現などに尽力した。47年沖縄電力社長。著書に「波乱と激動の回想」がある。

松岡 俊三　まつおか・としぞう
衆院議員（自由党）　⽣明治13年7月　歿昭和30年2月16日　出東京　学浄土宗大学（明治32年）卒、日本法律学校　歴日露戦争に従軍。都新聞社副社長を経て、雪の日本社を創立、「雪の日本」を発行して雪害救済運動を提唱する。大正9年衆院議員となり7期務め、この間、ワシントン軍縮会議に立憲政友会から派遣されたほか、米内内閣拓務政務次官となった。戦後は昭和27年から衆院議員を2期務めた。著書に「雪国の悲惨を語る」がある。

松岡 広吉　まつおか・ひろきち
箱根町長　⽣安政1年(1854年)　歿明治41年　籍神奈川県足柄下郡箱根町　歴宮ノ下から芦之湯を経由して箱根町に至る車道の開削に尽力、明治37年に完成させた。

松岡 平市　まつおか・へいいち
元・参院議員　⽣明治34年5月21日　歿昭和55年3月25日　籍佐賀県　学東京帝大英法科(大正14年)卒　勲二等瑞宝章(昭和46年)　歴昭和17年の翼賛選挙で佐賀2区から衆院議員に当選、在任1期。28年自由党から参院佐賀地方区で当選、1期つとめた。30年第3次鳩山内閣の北海道開発政務次官、自由党国対副委員長等を歴任。

松岡 松平　まつおか・まつへい
衆院議員(自民党)　弁護士　⽣明治37年12月25日　歿昭和50年3月1日　籍富山県　学中央大学法律科(大正13年)卒　歴中央大学法律科に学び、弁護士開業。また東亜特殊製鋼社長、東和産業会長を務め、昭和27年富山1区から衆院議員となり、30年再選。以後5回落選、47年返り咲いて当選3回。衆院商工委員長、自民党国対副委員長などを務めた。

松岡 康毅　まつおか・やすたけ
農商務相　貴院議員(勅選)　大審院検事総長　東京控訴院長　日本大学学長　男爵　法曹家　⽣弘化3年6月23日(1846年)　歿大正12年9月　籍徳島県　号=退堂　歴明治3年徳島藩に出仕、4年司法省大録、次いで小判事、東京、神戸各裁判所長、13年司法権大書記官、庶務課長を歴任。19年欧州に出張、20年遣外中大審院判事となり、民事刑事局長、高等法院陪席裁判官を経て、23年東京控訴院長、次いで検事となり大審院検事総長に就任。24年勅選貴院議員となり、以後、内務次官2回、行政裁判長官、39年第1次西園寺公望内閣の農商務相を務める。大正6年男爵、枢密顧問官。また詩文に長じ、日本大学学長を務めた。

松岡 洋右　まつおか・ようすけ
外相　衆院議員(政友会)　満鉄総裁　外交官　⽣明治13年3月4日　歿昭和21年6月27日　籍山口県熊毛郡　学オレゴン州立大学法科(明治34年)卒　歴明治26年渡米、苦学してオレゴン州立大学法科を卒業。35年帰国し、37年外務省入省。寺内毅総理大臣秘書官、パリ講話会議全権随員、上海総領事など歴任。大正10年退官して満鉄に入社、理事を経て、昭和2〜4年副総裁をつとめ、4年帰国。5年衆院議員(立憲政友会)に当選。満州事変後の7年国際連盟臨時総会首席全権となり、日本軍の満州撤退勧告案(リットン調査団報告書)採択に抗議して、8年日本の連盟脱退を宣言。10年〜14年満鉄総裁。15年には第2次近衛内閣の外相として大東亜共栄圏建設を提唱し、日独伊三国同盟を締結、枢軸外交を推進した。16年日ソ中立条約に調印したが独ソ開戦で破綻し、失脚。戦後、A級戦犯として審理中病死した。家長男=松岡謙一郎(テレビ朝日副社長)

松家 徳二　まつか・とくじ
衆院議員(立憲同志会)　⽣明治4年3月14日　歿昭和4年11月14日　籍香川県　歴香川県議を経て、明治35年8月香川郡部より衆院議員初当選。通算5期を務めた。

松方 幸次郎　まつかた・こうじろう
衆院議員(日本進歩党)　川崎造船所社長　実業家　美術蒐集家　⽣慶応1年12月1日(1866年)　歿昭和25年6月24日　籍薩摩国鹿児島(鹿児島県)　学東京帝大(明治17年)中退、エール大学(明治23年)卒、ソルボンヌ大学卒　歴明治17年米国・エール大学に留学し23年帰国。24年第1次松方内閣組閣に伴い、父の首相秘書官となる。一時、新聞事業経営や官途についたが、実業界に入り、29年川崎造船所初代社長に就任。軍艦や潜水艦の建造を軸に同社の基盤を確立し、昭和3年経済恐慌のため退陣するまでその発展に努めた。そのほか神戸瓦斯、川崎汽船、国際汽船、九州土地、旭石油、日ソ石油各社長、重役を歴任した。一方、

571

明治45年衆院に初当選、昭和11年から連続3期務め、政界でも活躍、国民使節として渡米し国際的に活動した。また第一次大戦のさいヨーロッパで絵画・彫刻・浮世絵を収集、これらは〈松方コレクション〉の名で知られる。 ㊙父＝松方正義(首相・公爵)、兄＝松方巌(銀行家)、弟＝松方三郎(義三郎)(登山家・ジャーナリスト)

松形 祐堯　まつかた・すけたか
宮崎県知事　㊗大正7年2月26日　㊗宮崎県　㊗九州帝大農学部(昭和16年)卒　㊗韓国修交勲章崇礼章(平成6年)　㊗昭和44年熊本営林局長、49年林野庁長官、53年林業信用基金理事長を経て、54年以来宮崎県知事に6選。 ㊙弟＝松形良正(えびの市長)

松方 正義　まつかた・まさよし
第4・6代首相　蔵相　枢密顧問官　内大臣　元老　財政家　公爵　㊗天保6年2月25日(1835年)　㊗大正13年7月2日　㊗薩摩国鹿児島(鹿児島県鹿児島市)　幼名＝金次郎、前名＝助左衛門、号＝海東、孤立　㊗島津久光の小姓として公武合体運動や討幕運動に関係し、禁門の変や長州攻略に参加後、日田県知事、民部大丞などを経て大蔵省に入り、権大丞、大蔵大輔、勧業頭など財政関係の役職を続け、明治13年内務卿に就任。14年の政変後に大蔵卿となり、18年から31年1月まで約13年間連続して初代の蔵相を務める。その間、2度にわたって首相を兼任しながら、地租改正や殖産興業政策を強力に推進し、紙幣兌換を断行するなど、近代日本の資本主義国化に必要な財政諸制度、銀行創立を含めた金融システムづくりのすべてに関与、主管し、"松方財政"と呼ばれる足跡を残した。しかし、24年に発足した第1次松方内閣は軍事予算削減などで閣内の意見調整ができず、不統一のため瓦解。また日清戦争のあとの29年に成立した第2次内閣も、せっかく抱きこんだ進歩党の党首、大隈重信外相と対立、政党側の間をまとめることができず総辞職した。明治、大正天皇の信任が厚く、後に枢密顧問官、内大臣として側近に仕え元老としても重きをなした。日本赤十字社長も務め、没後は国葬が営まれた。 ㊙長男＝松方巌(銀行家)、三男＝松方幸次郎(実業家・美術蒐集家)、十三男＝松方三郎(登山家・ジャーナリスト)

松川 昌蔵　まつかわ・しょうぞう
衆院議員(日本自由党)　㊗明治25年2月　㊗昭和48年4月23日　㊗岩手県　㊗岐阜地裁検事、水戸地裁検事、福島地裁若松支部判事を歴任した後、弁護士となる。岩手県議などを経て、昭和11年衆院議員となり以後当選3回。日本自由党政調会行政機構改革部長を務める。33年の総選挙では、椎名悦三郎候補の出納責任者として岩手県史上最大の選挙違反を起こした。

松木 弘　まつき・ひろむ
衆院議員(自由党)　弁護士　㊗明治12年4月　㊗昭和42年10月15日　㊗新潟県　㊗東京法学院(明治29年)卒　㊗新潟県議を経て、昭和7年衆院議員となり以来通算5期。米内内閣農林参与官、衆院懲罰委員長を歴任。また新潟県弁護士会長、新潟電力取締役、民主自由党相談役なども務めた。

松阪 広政　まつざか・ひろまさ
法相　検事総長　弁護士　㊗明治17年3月25日　㊗昭和35年1月5日　㊗京都府京都市宇治町　㊗東京帝大法科(明治43年)卒　㊗大学を出て司法省に入り、当時の検察の実力者だった塩野季彦に可愛がられて昭和12年、塩野法相のもとで刑事局長をふり出しに東京控訴院検事長、検事総長を歴任。この間、昭和五大疑獄や3.15事件、4.16事件の共産党検挙などを担当。戦争中は小磯、鈴木両内閣の法相を務めるなど戦時下の思想弾圧にらつ腕を発揮。敗戦後、貴族議員に勅選されたが、21年日米開戦時の検事総長を理由にA級戦犯に指名され、22年釈放される。その後は弁護士をしていたが、29年の造船疑獄の際は"法

相の指揮権発動"を構想した陰の人ともいわれた。

松沢 求策　まつざわ・きゅうさく
国会期成同盟創設者　松本新聞主筆　政客　自由民権論者　⽣安政2年(1855年)　没明治20年6月25日　出信濃国穂高(長野県)　号=鶴舟　歴明治8年武居用拙の塾で漢学を修めた。12年松本で「松本新聞」主筆となり、自由民権思想を広めた。13年奨国社創立に参加、代表として大阪の国会開設請願運動総代会に出席、同盟規約起草委員となり、上京して請願に奔走。同年河野広中、田中正造らと国会期成同盟結成、政党樹立を提案。14年「東洋自由新聞」を創刊、西園寺公望を社長に迎えたが、政府の圧力で西園寺は退社、真相糾明を訴えて投獄された。出獄後八丈島に会社を創立したが失敗。代言人試験問題漏洩の罪で再び入獄した。

松沢 兼人　まつざわ・けんじん
元・参院議員(社会党)　元・関西学院大学教授　社会運動家　⽣明治31年1月10日　没昭和59年5月23日　出新潟市　学東京帝国大学法学部政治学科(大正10年)卒　賞勲一等瑞宝章(昭和49年)　歴大正10年大阪市職員に。キリスト教を通じ早くから社会主義運動を志した草創期の活動家。12年から関西学院大文学部教授を務める傍ら神戸市議4期、兵庫県議1期をつとめる。戦後は、日本社会党の旗上げから参加し、昭和21年から連続3期衆院議員、28年から連続3期参院議員。このほか新潟短大、八代学院大の教授、学長を務め、著書に「経済学十講」などがある。

松沢 俊昭　まつざわ・としあき
衆院議員(社会党)　全日本農民組合連合会(全日農)会長　農民運動家　⽣昭和2年10月30日　没昭和60年11月10日　出新潟県五泉市　学新潟県立村松中(昭和20年)卒　歴昭和44年新潟2区から衆院議員に初当選以来、通算4期。全日農幹部として米価闘争をはじめ戦後の農民運動を指導した。また国交回復前か

らたびたび中国を訪れ、田中首相訪中の地ならし役を果たした。

松沢 雄蔵　まつざわ・ゆうぞう
衆院議員(自民党)　元・行政管理庁長官　⽣明治43年12月3日　没昭和58年6月12日　出山形県　学満蒙学校本科(昭和9年)卒　賞勲一等旭日大綬章(昭和56年)　歴昭和30年山形県二区から衆院議員に初当選、以来9回当選。建設政務次官、自民党副幹事長、49年から三木内閣の行管庁長官を務めた。農業問題に詳しく米価値上げの際にはいわゆる"ベトコン隊長"として活躍した。故川島正次郎に私淑、中間派の旧椎名派に属していた。

松下 軍治　まつした・ぐんじ
衆院議員(立憲同志会)　やまと新聞社主　新聞経営者　⽣慶応3年3月15日(1867年)　没大正4年10月23日　出信濃国水内郡津和村(長野県)　旧姓=坂戸　歴25歳で上京、漢方医宅の食客となり、株式、鉱山業を経営して蓄財。明治32年「時論日報」創刊、次いで33年「やまと新聞」を買収し社主となった。活動写真の地方巡業を後援、45年には地方版、夕刊、正午版を発行するなど読者サービスに努めた。その間40年以来東京市から衆院議員当選2回、立憲同志会に属した。

松下 正寿　まつした・まさとし
元・参院議員(民社党)　元・立教大学総長　弁護士　⽣国際法　⽣明治34年4月14日　没昭和61年12月24日　出京都府京都市　学立教大学商学部(大正11年)卒　哲学博士　賞勲二等旭日重光章(昭和49年)　歴米国のコロンビア大学に留学。昭和4年立教大学教授。戦後「米州国際法の基礎理論」がもとで公職追放になるが、解除後は復職。30〜42年立教大学総長。極東軍事裁判で東条英機の副弁護人を務めたり、岸首相の特使として英政府にクリスマス島の原水爆実験の中止要請に行ったこともある。42年自民・民社の推薦で東京都知事選に立候補したが落選。翌43年から1期東京

地方区選出の民社党参院議員をつとめた。50年にも都知事選に出馬したが敗れた。世界平和教授アカデミーの会長も務め、著書に「文鮮明 人と思想」「野に叫ぶ声」「聖徳太子―政治家として」などがある。 ㊟日本弁護士連合会 ㊚母＝亀徳しづ（助産婦）、兄＝亀徳正臣（青山学院大学教授）

松嶋 喜作　まつしま・きさく
元・参院副議長　元・日本興業銀行理事　元・富士航空社長　実業家　㊤明治24年10月7日　㊦昭和52年2月17日　㊥兵庫県明石　号＝進陽　㊧京都帝国大学（大正7年）卒　㊨日本興業銀行に入り、戦争中の戦時貸出に活躍、昭和16年理事となった。戦後21年大和証券に転じ会長。22年全国区参院議員に当選、自由党政務調査会長、24年参院副議長。その後、27年日本製鋼社長、東京螺子製作所社長、31年国鉄諮問委員、32年富士航空社長などを務めた。著書に「銀行講話」「中小商工業政策」。

松島 廉作　まつしま・れんさく
衆院議員（無所属）　㊤安政3年8月（1856年）　㊦昭和14年4月22日　㊥静岡県　㊧東京専門学校法律学科・経済学科　㊨農業を営み、明治25年2月衆院議員初当選。その後5回の当選を果たした。また、静岡民友新聞社を創立し社長を務めた。

松田 吉三郎　まつだ・きちさぶろう
衆院議員（立憲政友会）　㊤安政5年10月（1858年）　㊦昭和18年6月30日　㊥石川県　㊨石川県議を経て、明治23年衆院議員となり、通算9期を務めた。農業に従事したほか、北陸自由新聞を主管、のち加能合同銀行取締役に就任。

松田 源治　まつだ・げんじ
文相　拓務相　衆院副議長　民政党幹事長　㊤明治8年10月4日　㊦昭和11年2月1日　㊥大分県宇佐郡柳ケ浦　㊧東京法学院卒、日本法律学校（現・日本大学）（明治29年）卒　㊞勲一等　㊨明治30年司法官試補、福岡、佐賀各区裁判所検事代理を経て、31年弁護士開業。41年以来、衆院議員当選9回、政友会に属し、会幹事、大正9年内務省参事官、11年衆院副議長を歴任。13年床次竹二郎らと政友本党を結成、昭和2年民政党に合流し、同党総務、幹事長を務める。4年浜口内閣の拓務相、9年岡田内閣の文相となった。

松田 竹千代　まつだ・たけちよ
元・衆院議員（自民党）　㊤明治21年2月2日　㊦昭和55年12月1日　㊥大阪府泉南郡　㊧ニューヨーク大学　㊞勲一等瑞宝章（昭和39年）、勲一等旭日大綬章（昭和45年）　㊨14歳の時、米西部の荒野を夢みて単身渡米。その後苦学してニューヨーク大で経済、社会学を学ぶ。昭和3年大阪5区から衆院議員に初当選以来、立憲政友会―自由党―自民党と47年に引退するまで通算12期務めた。その間、郵政相、文相、衆院議長などを務め、野党との話し合いを重視するなど、「門戸開放主義」を貫いた。無類のきかん気、妥協しない性格だった。政界引退後は、ベトナム孤児福祉教育財団の理事長などで活躍。　㊚娘＝松田妙子（住宅産業研修財団理事長）、孫＝佐藤久美（コスモ・ピーアール社長）

松田 鉄蔵　まつだ・てつぞう
衆院議員（自民党）　㊤明治33年12月　㊦昭和49年10月30日　㊥北海道　㊨太成漁業会長、稲勢漁業社長、稲勢観光社長を歴任する。昭和24年衆院議員に初当選し、以後連続7回当選。北海道開発審議会委員、豪雪地帯対策審議会委員、自民党総務副会長、党国会対策副委員長、党水俣病対策特別委員長を務める。

松田 秀雄　まつだ・ひでお
東京市長　衆院議員（政友会）　㊤嘉永4年（1851年）　㊦明治39年1月23日　㊥近江国（滋賀県）　㊨明治22年東京の神田区議、24年東京府議、次いで副議長。28年東京から衆院議員に当選。29年東京府会議長代理、東京府農工銀行頭取となった。31～36年東京市長。37年神

田区から2級候補者として市会議員、市参事会員、38年同1級候補として市会議員に当選した。

松田 正一　まつだ・まさかず
衆院議員(民主自由党)　⑮明治17年12月　㉢昭和47年7月20日　⑰三重県　㊎京都法政大学法律科(明治39年)卒　㊟三重県議などを経て、昭和5年衆院議員に初当選、以来連続7回当選。米内内閣大蔵参与官、第1次吉田内閣運輸政務次官、衆院図書館運営委員長を歴任する。また日本進歩党常議員会長、党代議士会長、民主党総務委員も務めた。

松田 正久　まつだ・まさひさ
司法相　蔵相　文相　衆院議長　男爵　⑮弘化2年4月(1845年)　㉢大正3年3月5日　⑰肥前国(佐賀県)　旧姓=横尾　㊉正二位勲一等旭日桐花大綬章　㊟藩校に学び、明治初年陸軍省からフランスに留学、政治・法律を学んで帰国、陸軍翻訳官となり、のち検事となった。14年退官し、西園寺公望の東洋自由新聞に入社。廃刊後、鹿児島造士館教諭・教頭、次いで文部省参事官。その後九州進歩党に参加、長崎県議、同県会議長となる。23年以来佐賀県から衆院議員当選7回。31年大隈重信内閣法相。33年政友会に参画し、第4次伊藤博文内閣の文相となり、以後、37～39年衆院議長、39年西園寺内閣の司法相兼蔵相、44年第2次西園寺内閣、大正2年山本権兵衛内閣の各司法相を歴任。原敬と並ぶ政友会重鎮。3年男爵。

松田 道之　まつだ・みちゆき
官吏　⑮天保10年5月12日(1839年)　㉢明治15年7月6日　⑰因幡国鳥取(鳥取県)　旧姓=久保　㊟安政2年豊後国日田に行き広瀬淡窓の門に入る。5年帰国後、松田家の養嗣子となり、文久2年京都に赴き藩の周旋方として活動した。慶応元年周施方を辞めたが、明治元年山陰道鎮撫使・西園寺公望の奉迎を命じられ、同年閏4月徴士内国事務局権判事に任じられた。以後、新政府において京都府判事、大津県令、8年内務大丞、

12年東京府知事を歴任した。15年在職中に病に倒れ没した。

松田 三徳　まつだ・みのり
衆院議員(立憲政友会)　⑮明治19年6月　㉢昭和37年12月19日　⑰香川県　㊎慶応義塾大学法律科(明治42年)卒　㊟香川県議、相続税調査官、台湾総督官房秘書課長等を歴任、大正6年より衆院議員に4期連続当選。農業、塩業を営み、讃岐米肥社長、日本マグネシウム取締役を務めた。著書に「世界大戦後ノ我ガ国民思想」がある。

松平 勇雄　まつだいら・いさお
元・福島県知事　元・参院議員(自民党)　元・行政管理庁長官　⑮明治40年6月14日　⑰福島県大沼郡会津高田町　㊎早稲田大学商学部(昭和8年)卒　㊉勲一等旭日大綬章(昭和58年)　㊟三菱商事に入社。のち日東鉄専務となり、昭和20年社長。25年東洋鋼管社長を経て、26年参院議員に当選。4期つとめ、逓信・運輸各委員長を経て、41年佐藤内閣の行政管理庁長官に就任。51年福島県知事に初当選。3期つとめ、63年引退。㊨ゴルフ、カメラ、書道　㊔祖父=松平容保(会津藩主)、兄=松平慶雄(東京都浜離宮恩賜庭園管理所長)

松平 容大　まつだいら・かたはる
斗南藩知事　子爵　⑮明治2年　㉢明治43年　⑰東京小石川　㊟旧会津松平家の嗣子。父の容保の代で御家断絶となったが、明治2年家名再興再興が許され、3年斗南藩知事となるが、廃藩置県により免職、東京に居住。17年子爵。のち日清戦争に出征し、騎兵大尉で退役、貴族院議員に選出。

松平 定教　まつだいら・さだのり
貴院議員　子爵　⑮安政4年4月23日(1857年)　㉢明治32年5月21日　⑰伊勢国桑名(三重県)　㊟明治2年桑名藩知事。のちアメリカ留学を経て、外務省に勤務。

松平 忠和　まつだいら・ただかず
島原藩知事　子爵　⊕嘉永4年2月12日（1851年）　⊗大正6年6月8日　⊕常陸国水戸城内（茨城県）　⑱徳川慶喜の弟。常陸水戸藩徳川家より肥前島原藩の後嗣となり、文久2年家督を相続。明治2年版籍奉還により島原藩知事に任命される。4年廃藩置県により知藩事を免職され、東京に居住。

松平 忠礼　まつだいら・ただなり
上田藩知藩事　子爵　⊕嘉永3年6月14日（1850年）　⊗明治28年3月14日　⊕江戸上田藩邸　⑱安政6年10歳で家督を相続、信濃上田藩主となる。明治2年版籍奉還を願い出て許可され、知藩事に任命される。4年廃藩置県により免官、5年北アメリカに留学し、12年帰国。13年外務省御用掛、取調局に勤務。17年子爵。23年貴族院議員に選出されるが辞退。

松平 忠久　まつだいら・ただひさ
元・衆院議員（社会党）　⊕明治37年2月11日　⊗平成3年10月27日　⊕長野県上田市　⑳東京外国語学校中国語科（大正14年）卒、広東嶺南大学（昭和5年）卒、北京大学、ミシガン大学経済学部　⑳勲二等旭日重光章　⑱中国、アメリカに留学の後、昭和9年高文外交試験に合格。上海大使館報道部長、広東領事、南京領事等を歴任する。戦後、26年長野県副知事となり、28年衆院議員に当選、通算6期。45年衆院物価問題等特別委員長となる。また日中文教協会理事長、信濃園芸種苗社長を務めた。　⑳音楽、読書

松平 恒雄　まつだいら・つねお
参院議長　宮内相　外交官　⊕明治10年4月17日　⊗昭和24年11月14日　⊕東京　⑳東京帝大法科大学政治学科（明治35年）卒　⑱東大を出てすぐ外務省に入り、天津総領事、欧米局長、事務次官、駐米大使、駐英大使を歴任。駐英大使のときは昭和5年のロンドン海軍軍縮会議の全権として、若槻礼次郎首席を補佐し、補助艦艇の協定成立にこぎつけた。11年に退官、宮中に入っ

て宮内大臣となったが、20年6月、米空軍による皇居一部炎上の責任を追って辞任。21年6月枢密顧問官。同年の"鳩山追放"に伴う自由党の後継総裁選びでは後任の噂にものぼった。22年参院選に全国区から出馬して当選後は緑風会に属し、初代の参院議長となったが、在職中に病没した。殿様の出身でおっとりした性格だったが、親英米派としてはっきりした見識を持っていた。
⑱父＝松平容保（会津若松藩主）、妻＝松平信子（常磐会会長）、長男＝松平一郎（東京銀行会長）、長女＝秩父宮勢津子（秩父宮妃殿下）

松平 直亮　まつだいら・なおあき
貴院議員　伯爵　⊕元治1年（1864年）　⊗昭和15年10月7日　⊕出雲国松江（島根県）　⑱出雲松江藩の11代目、松平不昧（治郷）の末孫。明治以後貴院議員を務め伯爵。茶の湯を好み、不昧公の収集した伝来の名品を多数所持した。

松平 信正　まつだいら・のぶまさ
貴院議員　亀岡藩知事　子爵　⊕嘉永5年4月29日（1852年）　⊗明治42年10月28日　⊕丹波国亀山（京都府）　⑱慶応2年家督を相続して丹波亀山藩主となる。幕末の政局においては佐幕派であったが、のち新政府に恭順の意を表した。明治2年版籍奉還により藩知事となり、4年廃藩。

松平 乗承　まつだいら・のりつぐ
貴院議員　日本赤十字社副社長　子爵　⊕嘉永4年12月8日（1851年）　⊗昭和4年7月13日　⑱明治10年、佐野常民らと日本赤十字社の前身である博愛社を設立。宮内省、太政官の御用掛、貴族院議員、日本赤十字社副社長などを歴任。

松平 乗命　まつだいら・のりとし
岩村藩知事　子爵　⊕嘉永1年6月13日（1848年）　⊗明治38年11月15日　⊕江戸　⑱安政2年7歳で家督を相続、美濃岩村藩主となる。明治2年版籍奉還により藩知事に任命される。4年廃藩置県にともなう岐阜県の成立により免職、17年子爵。

松平 正直　まつだいら・まさなお
貴院議員(勅選)　内務次官　枢密顧問官　男爵　[生]天保15年2月26日(1844年)　[没]大正4年4月20日　[出]越前国福井(福井県)　通称=源太郎　[賞]正二位勲一等
[歴]安政5年家督相続。文久元年九州に遊学、明治元年戊辰の役に越後口軍監として会津征討に従軍。2年福井藩少参事、3年民部省に出仕、5年新潟県参事。7年内務省に転じ、10年内務権大書記官、11年宮城県権令、同県令を経て同県知事、24年熊本県知事、29年第2次松方正義内閣、31年第2次山県有朋内閣各内務次官を歴任。同年勅選貴院議員となり、33年男爵。のち石狩石炭、肥後酒精各役員、日本教育生命保険社長などを務めた。43年枢密顧問官。

松平 慶民　まつだいら・よしたみ
宮内大臣　宮内府長官　子爵　[生]明治15年3月13日　[没]昭和23年7月18日
[出]東京　[学]オックスフォード大学ベリオルカレッジ(英国)(明治41年)卒
[歴]中学まで学習院に学び、12年間英国に留学。明治39年松平侯爵家から分家して一家を創立、子爵となる。大正元年侍従になったあと、式部官、式部次長、式部長官、宗秩寮総裁を経て、終戦後の昭和21年1月最後の宮内大臣に。翌22年5月宮内省が宮内府になるとその長官となる。この間、大正期には長年の留学経験を生かし、皇太子裕仁親王(昭和天皇)の欧州訪問を若手として推進し、秩父宮雍仁親王の英国留学出発に同行。また皇族や華族たちを監督する宗秩寮総裁時代には歯に衣きせず皇族を叱りつけて"昭和の殿様"といわれ、宮内大臣·宮内府長官時代には占領政策のもとで皇室改革という激務にあたった。
[家]父=松平慶永(春嶽)(旧福井藩主)

松平 慶永　まつだいら・よしなが
民部卿　大蔵卿　福井藩主　[生]文政11年9月2日(1828年)　[没]明治23年6月2日
[出]江戸　字=公寧, 号=松平春嶽, 礫川, 通称=越前守　[歴]天保9年松平家を継ぎ福井藩主となり、藩財政再建のため天保改革を断行。嘉永6年6月黒船来航の際は、海防、攘夷を主張。安政5年勅許なしの日米通商条約の調印に反対、橋本左内を京都に送り、開国論を展開させる。また将軍継嗣問題では一橋慶喜の擁立で橋本左内らを活躍させたため、大老井伊直弼により謹慎処分をうける。文久2年一橋慶喜が将軍後見職になると政事総裁職に任命され、幕政改革を進めた。8月18日の政変後、朝儀参与となり一時京都守護職となる。慶応3年山内豊信、伊達宗城、島津久光らと四侯会議を開き、長州処分と兵庫開港を決め、大政奉還・王政復古には自重論を説く。明治政府成立後、議定、内国事務総督、民部卿、大蔵卿を歴任。3年一切の公職を辞し、その後20年間「逸事史補」など多くの著述に専念した。「松平春嶽全集」(全4巻)がある。　[家]父=田安斉匡, 息子=松平慶民(宮内大臣・子爵), 徳川義親(貴院議員・侯爵)

松平 頼寿　まつだいら・よりなが
貴院議長　大東文化学院総長　伯爵
[生]明治7年12月10日　[没]昭和19年9月13日　[出]東京　[学]東京専門学校(現・早稲田大学)邦語法律科(明治35年)卒　[歴]明治41年貴院議員となり、扶操会に属した。大正3〜昭和19年再び貴院議員。甲寅倶楽部、研究会に属し、昭和8年副議長、12年議長となった。また帝都教育会会長、大東文化学院総長、日本競馬会理事長、結核予防会顧問などを務めた。
[家]父=松平頼聡(旧高松藩主・伯爵)

松谷 与二郎　まつたに・よじろう
衆院議員(無所属)　弁護士　[生]明治13年6月4日　[没]昭和12年3月17日　[出]石川県金沢市　[学]明治大学卒　[歴]大正3年弁護士となり、10年頃から社会運動に入り、自由法曹団の創立に参加。社会運動関係の公判闘争で活躍。また日本労農党、全国大衆党などに参加。昭和5年と7年の衆院選で当選し代議士となる。やがて国家主義団体創設を計画し、9年には勤労日本党の総理となった。　[家]娘=松谷みよ子(児童文学作家)

松永 東 まつなが・とう
衆院議長　文相　衆院議員（自民党）　弁護士　㋲明治20年10月15日　㋳昭和43年1月22日　㊗長崎県高来郡小浜町　㋯早稲田大学商学部卒、日本大学法学部卒　㋱大正5年弁護士開業。東京市議、副議長、議長を務め、昭和7年以来衆院議員当選9回。29年に衆院議長、32年岸内閣の文相となり、日本自由党中央常任委員会議長、日本民主党最高委員、自民党顧問などを務めた。　㊕養子＝松永光（衆院議員）

松永 光 まつなが・ひかる
元・衆院議員（自民党）　元・蔵相　㋲昭和3年11月23日　㊗長崎県南高来郡　㋯早稲田大学法学部（昭和26年）卒　㋓勲一等旭日大綬章（平成11年）　㋱福岡地検検事を経て、昭和30年弁護士となる。44年以来衆院議員に連続10選。59年第2次中曽根内閣の文相、平成元年海部内閣の通産相、9年衆院予算委員長。10年1月辞任した三塚博蔵相の後を受け、蔵相に就任。12年落選。渡辺派、村上・亀井派を経て、江藤・亀井派。　㋡少林寺拳法　㊕父＝松永東（衆院議員）

松永 仏骨 まつなが・ぶっこつ
衆院議員（自由党）　㋲明治31年3月　㋳昭和31年5月5日　㊗滋賀県　㋯滋賀県師範学校　㋱真宗仏光寺派徳林寺住職となり、同派最高顧問を務める。また日本理化学工業、日本硬質硝子工業、大阪国策硝子、八紘製薬の社長を歴任。大阪府議を経て、昭和21年以来衆院議員に当選3回。衆院厚生委員長、自由党代議士会副会長を務める。

松永 義雄 まつなが・よしお
衆院議員（社会党）　参院議員（社会党）　弁護士　㋲明治24年7月15日　㋳昭和30年4月14日　㊗愛知県海部郡立田村　㋯東京帝国大学独法科（大正6年）卒　㋱大正6年弁護士を開業し、13年総同盟法律部員となり、野田争議などの弁護をする。15年社会民衆党の結党に参加し、以後社会大衆党中央執行委員などを歴任。昭和12年衆院議員となる。戦後社会党の結党に参加、中央執行委員、埼玉県連会長などを歴任し、21年、22年の衆院選に当選し、片山内閣法務政務次官などを歴任。25年参院議員となった。

松野 鶴平 まつの・つるへい
参院議長　鉄道相　衆院議員　㋲明治16年12月22日　㋳昭和37年10月18日　㊗熊本県菊鹿町　㋯城北学館中退　㋱地方政界を経て大正9年以来、戦前の衆院議員に連続7回当選し、政友会鳩山派に所属して内務政務次官、政友会幹事長、米内内閣の鉄道相などを歴任。この間、昭和7年の総選挙では選挙参謀をつとめたが、466議席中政友会議員304人を当選させて"選挙の神様"といわれた。戦後は日本自由党の結成に参加して党総務となり、21年5月に鳩山一郎総裁が公職追放となったため、後任に吉田茂を推して拒まれると、深夜に塀を乗り越えて吉田に面会し、"金のことでは迷惑はかけぬ"とくどき落としたというエピソードの持ち主で、自らも追放中の身ながらキングメーカーとして吉田政治に関与。解除後の27年に参院議員当選、31年には議長となって吉田ワンマン体制を支えたが、同年6月新教育委員会法案の採決の際は、混乱状態の参院本会議場に警官隊を導入、議会史に暗い記録を残した。寝業師として知られ、この間、吉田派と鳩山派の抗争では仲裁役をつとめて30年の保守合同への橋渡しをするなど、戦後政治のプロデューサーでもあった。　㊕三男＝松野頼三（衆院議員）、孫＝松野頼久（衆院議員）

松野 友 まつの・とも
元・穂積町（岐阜県）町長　㋲明治45年7月7日　㋳平成9年7月21日　㊗岐阜県大垣市　㋯岐阜女子師範卒　㋱3年間小学校の教諭を務めたのち、昭和22年4月公職追放中だった夫・松野幸泰に代わり、穂積村（現・穂積町）長に当選。以来連続11期。穂積町農協組合長も務めた。41年には全国に先駆けて、モーテル建設規制条令を制定した。平成2年同町開

発公社の脱税で町長を引責辞任したが、この間43年余りにわたって町政に携わり、女性町長としては最多選だった。 [趣]読書 [家]夫＝松野幸泰(国土庁長官), 二男＝松野幸昭(岐阜県議), 孫＝棚橋泰文(衆院議員)

松野 幸泰　まつの・ゆきやす
元・衆院議員(自民党) 元・国土庁長官 元・北海道開発庁長官 [生]明治41年10月13日 [出]岐阜県本巣郡穂積町 [学]名古屋育英商(大正15年)卒 [賞]勲一等旭日大綬章(平成1年) [歴]昭和11～21年岐阜県穂積村議を経て、26年岐阜県議に当選。33年から県知事を2期つとめたあと、42年以来衆院議員に8選。建設政務次官、自民党代議士会副会長、衆院地行委員長、国土庁長官、北海道開発庁長官を歴任。平成2年引退。旧田中派二階堂系を経て、宮沢派。 [趣]観劇, 園芸 [家]妻＝松野友(穂積町町長), 長男＝松野幸信(瑞穂市長), 二男＝松野幸昭(岐阜県議), 孫＝棚橋泰文(衆院議員)

松野 頼三　まつの・らいぞう
元・衆院議員(自民党) 政治評論家 [生]大正6年2月12日 [出]熊本県鹿本郡菊鹿町 [学]慶応義塾大学法学部政治学科(昭和15年)卒 [歴]戦後吉田首相の秘書官をつとめ、昭和22年衆院議員に当選。厚生政務次官などを経て、33年総理府総務長官、労相、40年防衛庁長官、翌年農相を歴任。54年航空機疑惑事件で日商岩井から5億円受領していたことがわかり、道義的責任を問われて辞任。自民党内では政調会長、総務会長を務めた。55年衆院選に無所属で立ち、当選。58年自民党に復党した。通算15期。無派閥。平成2年落選。著書に「保守本流の思想と行動」などがある。 [趣]読書 [家]父＝松野鶴平(鉄道相), 長男＝松野頼久(衆院議員)

松原 一彦　まつばら・かずひこ
衆院議員(同民協同党) 参院議員(自民党) [生]明治14年4月 [没]昭和41年2月18日 [出]大分県 [学]大分県師範学校(明治35年)卒 [歴]小学校長、東京府の社会教育主事、大分県勤労訓練所長等を歴任。昭和21年から2期衆院議員に、25年から1期参院議員に当選。衆院決算委員長、参院懲罰委員長、第3次鳩山内閣の法務政務次官、国民協同党代議士会長、自民党総務などを務めた。

松原 喜之次　まつばら・きのじ
衆院議員(社会党) [生]明治28年2月 [没]昭和46年11月13日 [出]大阪府 [学]京都帝国大学経済学部卒 [歴]昭和22年衆院議員に初当選し、以来当選6回。衆院大蔵委員長となる。また社会党政策審議会副会長、党財務委員長などの党要職を歴任したほか、鉄道建設審議会委員も務めた。

松原 芳太郎　まつばら・よしたろう
衆院議員(無所属) 貴院議員(多額納税) [生]文久1年12月(1861年) [没]昭和3年11月4日 [出]岐阜県 [歴]萩原村長、萩原村議、岐阜県議等を経て、明治27年衆院議員に当選、のち多額納税により貴院議員となる。大垣銀行、大垣共立銀行、濃飛農工銀行のそれぞれ取締役、岐阜県農事協会長などを歴任。

松前 重義　まつまえ・しげよし
元・衆院議員(社会党) 東海大学総長・理事長 国際武道大学学長 教育家 電気通信工学者 [生]明治34年10月24日 [没]平成3年8月25日 [出]熊本県上益城郡嘉島町 [学]東北帝国大学工学部電気工学科(大正14年)卒 工学博士 [賞]浅野賞(昭和10年), 電子通信学会功績賞(第3回・昭13年度), 毎日通信賞(第1回)(昭和14年)「無装荷ケーブル搬送通信方法の完成」, 勲一等瑞宝章(昭和46年), ソ連諸民族友好勲章(昭和53年), 勲一等旭日大綬章(昭和57年), 東ドイツ民族友好ゴールドスター章(昭和63年), モスクワ大学名誉博士号, マスコミ功労者顕彰(放送功労者部門)(平成8年)

[歴]通信省に入る。昭和7年篠原登とともに電話通信における無装荷ケーブル方式を発明、遠距離通話の改良に貢献した。11年青年道場・望星学塾設立。15年大政翼賛会総務部部長、16年逓信省工務局長。18年航空科学専門学校(東海大学の前身)を設立。19年当時の東条内閣を批判したことから、二等兵として異例の召集を受け、翌20年奇跡的に生還。終戦直後、逓信省総裁に就任したが公職追放を受け退官。27年熊本1区より衆院議員に当選、以後当選6回。原子力基本法の成立に努力し、原子力平和利用のレールを敷いた。42年以来東海大学総長。他にソ連・東欧との交流のための日本対外文化協会会長、日本武道館会長、国際柔道連盟会長、世界連邦建設同盟会長など幅広く活躍。平成元年東海大と提携関係にあるモスクワ大学に野球スタジアムを寄贈する。「松前重義著作集」(全10巻)がある。 [団]電気通信協会, 日本対外文化協会(会長) [趣]読書, 柔道(6段) [家]長男=松前達郎(参院議員), 二男=松前紀男(東海大学長), 三男=松前仰(衆院議員)

松前 達郎　まつまえ・たつろう

元・参院議員(無所属)　東海大学総長・理事長　国際武道大学理事長　全日本大学野球連盟会長 [専]電磁気材料学 [生]昭和2年2月19日 [出]長崎県 [学]東北大学工学部金属工学科(昭和25年)卒　工学博士(昭和37年) [資]ロシア科学アカデミー外国会員(平成1年) [賞]電電公社総裁表彰(昭和34年)「AIワイパの実用化発明」, ハンガリー星光章(昭和62年), ウィーン州大栄誉金章(昭和62年), モスクワ大学名誉博士(昭和62年), 勲一等瑞宝章(平成12年) [歴]昭和25年東北大学助手、26年電気通信省主任研究員、36年東海大学助教授を経て、38年教授に就任。47年理事、50年常務理事、平成3年総長。一方、昭和52年社会党から参院議員に当選。社民党を経て、無所属となり、4期つとめた。平成13年引退。10年全日本大学野球連盟会長。著書に「ヨーロッパ東と西」「ヨーロッパにおける科学技術」「平和戦略の道」「防衛の限界」「カウントダウン」など。 [趣]読書, 旅行, スポーツ, パソコン, アマチュア無線 [家]父=松前重義(東海大総長), 次弟=松前紀男(東海大学学長), 三弟=松前仰(衆院議員)

松実 喜代太　まつみ・きよた

衆院議員(立憲政友会) [生]慶応2年11月(1866年) [没]昭和28年5月2日 [出]北海道 [学]成城学校, 慶応義塾, 横浜商業学校(明治23年)卒 [歴]北海タイムス記者となり、のち札幌毎日新聞社を経営する。北海道議、北海道拓殖計画調査委員を務め、大正9年から衆院議員に連続5回選出された。

松村 謙三　まつむら・けんぞう

衆院議員(自民党)　農相　文相　厚相 [生]明治16年1月24日 [没]昭和46年8月21日 [出]富山県西礪波郡福光町 [学]早稲田大学政経科(明治39年)卒 [歴]報知新聞記者、富山県議を経て、昭和3年の第1回普通選挙で衆院議員に当選。以後公職追放期間を除き、連続当選。44年暮れの衆院解散で惜しまれながら第一線を引退した。この間、東久邇内閣の厚相・文相、幣原内閣の農相、鳩山内閣の文相を歴任。専門は農政で、農相時代に第1次農地改革を手がけた。晩年を中日友好事業に捧げたが、中日国交正常化の成る約1年前に死去した。

松村 光三　まつむら・こうぞう

衆院議員(自由党) [生]明治15年12月 [没]昭和37年6月3日 [出]栃木県 [学]東京高等商業学校専攻科(明治42年)卒, ベルリン高等商業学校, ベルリン大学 [歴]昭和3年初当選以来衆院議員に7回選出され、斎藤内閣商工参与官、平沼内閣大蔵政務次官、立憲政友会総務を歴任する。また明治大学講師、河端製作所社長も務めた。著書に「賃金論」がある。

松村 秀逸　まつむら・しゅういつ
元・参院議員(自民党)　陸軍少将　[生]明治33年3月1日　[没]昭和37年9月7日　[出]熊本県　[学]陸士卒, 陸大(昭和3年)卒　[歴]大正9年砲兵少尉任官。参謀本部付、野砲兵学校教官、10年兵器本廠付新聞班員となり、11年の2.26事件で「兵に告ぐ」の放送文を作成。13年3月関東軍参謀、同年7月軍務局付、14年大本営陸軍報道部長、15年情報局第2部第1課長、17年同第2部長心得、18年大本営陸軍報道部長、19年少将。20年2月大本営報道部は陸海軍一体となり同第1部長。同年7月広島の第59軍参謀長となり原爆被爆。戦後公職追放、解除後の31年参院選全国区に当選、参院法務委員長、自民党国防部長をつとめ、37年参院議員に再選された。戦争中の報道責任者として新聞統制を行ったり、「改造」「中央公論」の廃刊など、数々の言論統制を行った。

松村 真一郎　まつむら・しんいちろう
参院議員(緑風会)　[生]明治13年1月2日　[没]昭和38年6月2日　[出]大阪・道修町　[学]東京帝大法科大学英法科(明治39年)卒　[歴]農商務属、大臣秘書官、特許局、恩給局各審査官を経て、明治43年法制局参事官。法大、中大で英国契約法を講義。大正12年以来畜産・商務各局長、農林省水産・農務各局長をつとめ昭和4年農林次官。8年勅選貴院議員。また日本競馬会監事、日本輸出農産物社長を歴任。10年にはワシントン会議全権委員随員。戦後参院議員(緑風会)となり、21年中央競馬会長、24年全国農業共済協会長、さらに中央選管委委員長を務めた。

松村 時次　まつむら・ときじ
衆院議員(立憲同志会)　貴院議員(多額納税)　[生]安政2年2月(1855年)　[没]大正6年7月9日　[出]熊本県　[歴]熊本県議、玉名郡議、議長、熊本県農会玉名郡代表者等を歴任。明治36年衆院議員に当選、通算2期を務めたのち、多額納税により貴院議員となる。玉名銀行頭取、日韓殖産取締役、玉名製糸社長等も務めた。

松村 文次郎　まつむら・ぶんじろう
衆院議員(弥生倶楽部)　[生]天保10年3月2日(1839年)　[没]明治42年9月23日　[出]越後国刈羽郡柏崎村(新潟県柏崎市)　[歴]越後柏崎の豪族で、維新には官軍に宿舎を提供。明治6年柏崎小学校、柏崎洋学校創立に参画。12年新潟県会議員に当選し、初代議長。自由民権を唱え、鈴木昌司らと北越自由党を結成、加波山事件で河野広中、大阪事件で大井憲太郎を裏から支援した。23年第1回以来衆院議員当選2回、弥生倶楽部に属した。愛硯家として知られ、同好者の犬養毅と親交があった。

松村 雄之進　まつむら・ゆうのしん
衆院議員(無所属)　開拓者　[生]嘉永5年2月(1852年)　[没]大正10年2月22日　[出]筑前国久留米(福岡県)　号=鉄肝　[歴]若くして国事に奔走、明治4年長州奇兵隊の大楽源太郎が脱走して久留米に逃げ込み、藩主が政府に疑われたため大楽を暗殺、政治犯として入獄。11年出獄。13年藩士150戸を率いて福島県に移住、水用を開拓した。その後立憲帝政党結成、次いで大阪府警部となったが半年で辞任し神戸で茶の輸出商となった。28年日清戦争に従軍、戦後台湾新竹支庁長となり、「台湾制度考」を編纂、次いで29年雲林支庁長、30年北海道宗谷支庁長を歴任。35年久留米から衆院議員に当選。その後、大正2年対支連合会に加盟して満蒙問題に尽力した。

松室 致　まつむろ・いたす
枢密顧問官　貴院議員(勅選)　司法相　行政裁判所長官　司法官　[生]嘉永5年1月2日(1852年)　[没]昭和6年2月16日　[出]筑前国小倉(福岡県)　[学]東京帝国大学(明治17年)卒　法学博士(大正7年)　[賞]勲一等　[歴]明治17年判事補、18年判事となり、以後浦和始審裁判所判事、東京地裁所部長、東京控訴判事を経て、31年長崎控訴院検事長、34年同院長、39年検事総長、行政裁判所長官などを歴任。大正元年桂太郎内閣の司法相、3年帝室会計審査局長官、5年寺内正毅内閣

司法相。次いで勅選貴院議員、13年枢密顧問官。昭和3年会計検査官、懲戒裁判所長官などを務めた。著書に「改正刑事訴訟法論」。

松本 一郎　まつもと・いちろう
衆院議員(自民党)　[生]明治33年3月15日　[没]昭和43年10月26日　[出]三重県　[学]明治大学専門部卒　[歴]三重県議、三重県耕地協会長、三重県農業共済組合連合会長、三重県畜産会長を務める。昭和22年衆院議員となり当選4回。衆院建設委員長、民主党会計監督、民主自由党相談役を歴任する。

松本 英一　まつもと・えいいち
参院議員(社会党)　松本組社長　[生]大正10年1月5日　[没]平成6年7月19日　[出]福岡市　[学]明治大学政経学部(昭和18年)卒　[歴]松本治一郎参院副議長の秘書を経て、昭和43年参院議員に当選。5期務めた。部落解放同盟中央本部顧問、日中友好協会本部顧問を歴任。　[家]養父＝松本治一郎(参院副議長)，長男＝松本龍(衆院議員)

松本 学　まつもと・がく
貴院議員　内務省警保局長　世界貿易センター会長　[生]明治19年12月28日　[没]昭和49年3月27日　[出]岡山県　[学]東京帝国大学法学部卒　[歴]内務省に入り、神社局長、明治神宮造営局長、静岡・鹿児島・福岡各県知事、社会局長官を経て、昭和7年斎藤実内閣の警保局長となった。9～22年貴院議員。伊沢多喜男派、のち新官僚グループ国維会有力メンバー。その後、日本港湾協会会長、世界貿易センター会長を務めた。著書に「経済及社会問題」「文化と政治」がある。

松本 鼎　まつもと・かなえ
衆院議員(無所属)　貴院議員(勅選)　男爵　[生]天保10年4月(1839年)　[没]明治40年10月22日　[出]周防国三田尻(現・山口県)　僧名＝提山　[歴]萩東光寺の霖龍和尚の門に入り、通心寺の僧となる。松下村塾に学び、安政6年吉田松陰の死に際し、還俗して松本鼎と称する。禁門の変、境の役、奥羽征討に従軍、維新後、大阪府大属、熊本県書記官、和歌山県書記官を経て、明治16年和歌山県令、19年和歌山県知事、23年元老院議官となる。同年衆院議員となり1期。25年貴院議員に勅選される。死後男爵を授けられた。

松本 君平　まつもと・くんぺい
衆院議員(政友会)　ジャーナリスト　[生]明治3年4月　[没]昭和19年7月28日　[出]静岡県菊川町　[学]フィラデルフィア大学, ブラウン大学大学院　文学博士　[歴]「ニューヨーク・トリビューン」記者、「東京日日新聞」記者、「自由新聞」主筆を経て、雑誌「大日本」を発刊する。その後中国に渡り、英文紙「チャイナ・タイムス」、「週刊チャイナ・トリビューン」を天津で発行、また北京では「日刊新支那」を発刊する。明治37年に衆院議員となり、通算5期務め、広東軍政府顧問、田中義一内閣海軍参与官となった。「金貨本位論」「新聞学」「欧風米雲録」など多くの著書がある。

松本 賢一　まつもと・けんいち
元・参院議員(社会党)　[生]明治36年11月26日　[没]平成2年11月26日　[出]広島県　[学]東洋大学印度哲学科卒　[歴]農場経営、信用組合長を経て、昭和29年から呉市長に2選。37年広島地方区から参院議員に当選し、2期務める。参院決算委員長をつとめた。　[家]兄＝松本俊一(駐英大使)

松本 剛吉　まつもと・ごうきち
貴院議員(勅選)　衆院議員(憲政党)　[生]文久2年8月8日(1862年)　[没]昭和4年3月5日　[出]丹波国柏原(京都府)　旧姓＝今井　[歴]明治初年上京、中村正直の同人社に入り、千葉県巡査となった。17年神奈川、埼玉各県警部から31年憲政党入党、逓信相秘書官、農商務相秘書官を経て、37年以来兵庫県から衆院議員当選4回。45年選挙違反で起訴。大正5年逓信相秘書官、8年台湾総督府秘書官。昭和2年勅選貴院議員。板垣退助、星亨、原敬、山県有朋、西園寺公望ら

と深く交わり、政界の裏面に活躍、その「政治日誌」は貴重な資料となっている。著書に「夢の跡」がある。

松本 治一郎　まつもと・じいちろう
参院副議長　部落解放同盟初代委員長　部落解放運動家　[生]明治20年6月18日　[没]昭和41年11月22日　[出]福岡県筑紫郡豊平村金平(現・福岡市)　幼名＝次一郎　[学]住吉高小(明治33年)卒, 錦城中中退　[歴]明治44年土建業松本組を設立。部落差別撤廃運動を始め、大正11年筑前叫革団を結成。12年九州水平社委員長から、15年以降全国水平社中央委員会議長。その間、"徳川家達暗殺未遂事件" "福岡連隊爆破陰謀事件"などで投獄される。昭和11年以来、衆院選に3選。戦後21年部落解放全国委員会が結成され、中央執行委員長。22年社会党から参院に当選。初代参院副議長に選ばれたが、23年天皇への単独接見を拒否し、公職追放となる。26年解除後、政界に復帰し、28年から参院選に3選。また30年部落解放全国委員会が部落解放同盟と改称して初代執行委員長。同年社会党内に平和同志会をつくった。ほかに、日中友好協会会長を務めたり、アジア・アフリカ会議に日本代表とした参加。"部落解放の父"と呼ばれる。

松本 七郎　まつもと・しちろう
元・衆院議員(社会党)　[生]明治44年11月15日　[没]平成2年5月15日　[出]福岡県北九州市　[学]慶応義塾大学政治学科(昭和12年)卒　[賞]勲一等瑞宝章(昭和57年)　[歴]貴族院議員・松本健次郎の七男。慶応義塾大学法学部助手、高等部講師、黒崎窯業社員、時事新報記者を経て、昭和21年戦後初の総選挙で福岡2区から初当選。以後当選11回。日本社会党には結成当時から参加し、教宣局長、国際局長などを歴任。この間、'60年安保改定では岸首相と激しく論戦、「安保男」と呼ばれた。54年落選。　[趣]スポーツ, 読書　[家]父＝松本健次郎(明治鉱業社長・九州工大創立者), 祖父＝安川敬一郎(明治鉱業創立者), 兄＝松本馨(早稲田大学教授)

松本 十郎　まつもと・じゅうろう
元・衆院議員(自民党)　元・防衛庁長官　[生]大正7年5月22日　[出]兵庫県　茶名＝宗重　[学]東京帝大政治学科(昭和17年)卒　[賞]勲一等瑞宝章(平成12年)　[歴]大蔵省に入り昭和40年神戸税関長、41年銀行局検査部長、42年印刷局長を歴任。44年から衆院議員を6期務める。この間、49年総理府総務副長官、54年外務政務次官を経て自民党建設部会長、自民党兵庫県連会長を歴任。平成元年海部内閣の防衛庁長官に就任。3年三塚派を離脱し、加藤グループに加わる。5年落選。　[趣]ゴルフ, 音楽

松本 俊一　まつもと・しゅんいち
元・衆院議員(自民党)　元・外務事務次官　松本建設社長　外交評論家　[専]外交問題　[生]明治30年6月7日　[没]昭和62年1月25日　[出]台湾・台北　[学]東京帝国大学法学部(大正10年)卒業　[賞]勲一等瑞宝章(昭和42年)　[歴]大正10年外務省に入り、昭和17年事務次官、19年駐仏印大使として赴任。20年東郷外相の政務次官、21年公職追放を受け、家業の松本建設社長に就任。27年追放解除により外務省顧問となる。27年から29年まで駐英大使を務める。30年衆院議員に当選、鳩山内閣の日ソ交渉開始とともに全権をつとめた。初め日本民主党に属し、のち自由民主党に属す。第2次岸内閣では内閣官房副長官、北方領土復帰期成同盟会長を歴任した。著書に日ソ交渉を記した「モスクワにかける虹」がある。

松本 淳三　まつもと・じゅんぞう
元・衆院議員(社会党)　詩人　アナキスト　[生]明治27年1月1日　[没]昭和25年10月9日　[出]島根県美濃郡高城村(現・益田市)　本名＝松本淳造　[学]慶応義塾大学理財科(大正5年)中退　[歴]早くから詩人、アナキストとして知られ、日本社会主義同盟に参加し、また売文社社員となる。大正10年「中外」記者の時、自由人連盟の演説会で右翼に刺される。同年「種蒔く人」の同人となり、12年

「鎖」を創刊。のち日本労農党を経て、昭和3年日本大衆党結党に参加、以後全国大衆党などに参加。11年東京府議となる。戦後は社会党に参加、中央執行委員、島根県連委員長となり、21年衆院議員となった。著書に詩集「二足獣の歌へる」がある。

松本 烝治　まつもと・じょうじ
国務相　貴院議員(勅選)　東京帝大教授　商法学者　弁護士　[生]明治10年10月14日　[没]昭和29年10月8日　[出]東京　[学]東京帝大法科大学独法科(明治33年)卒　法学博士(明治43年)　[資]日本学士院会員(昭和26年)　[歴]農商務省参事官を経て、明治36年東京帝大助教授となり、39年から3年間欧州諸国に留学後、43年に教授となって商法、民法、ドイツ語の講座を担当。大正2年からは法制局参事官を兼ねて簡易生命保険法、破産法、手形法、小切手法など商法関係法の立案や制定にも参画、わが国における商法と商法学の確立者といわれた。だが8年には満鉄理事に迎えられて大学を離れ、10年副社長にまでなったが、翌年辞任。12年の震災後、山本内閣の法制局長官として非常立法の制定に当たり、13年退官後は勅選貴院議員となり、弁護士として活躍。その間、関西大学学長、斎藤内閣の商工相、第一東京弁護士会長などを歴任。戦後は幣原内閣の国務相となり憲法改正案要綱をまとめたが、“明治憲法の焼き直し”として連合国総司令部(GHQ)には採用されず、21年公職追放。25年からは公益事業委員長として電力事業の再編成に尽力した。著書に「改正商法大意」「商法解釈の諸問題」「私法論文集」(全3冊)「人、法及物」など。　[家]父＝松本荘一郎(鉄道庁長官)，娘＝田中千(田中耕太郎夫人)，息子＝松本正夫(哲学者)

松本 善明　まつもと・ぜんめい
衆院議員(共産党　比例・東北)　いわさきちひろ記念事業団副理事長　弁護士　[生]大正15年5月17日　[出]大阪府大阪市　[学]東京大学法学部政治学科(昭和24年)卒　[歴]海軍兵学校在学中に終戦。昭和23年大学在学中に日本共産党に入党。29年に弁護士となり、自由法曹団に所属。メーデー事件、松川事件などを担当。42年共産党より衆院議員に当選。党外交政策委員長、党国対委員長、書記局員、党幹部会委員、衆院議員団長などを歴任。平成2年落選。5年返り咲き。8年比例区東北ブロックに移る。通算11期目。一方、昭和25年童画家いわさきちひろと結婚。49年死別するが、63年「思い出のちひろ」を著した他、自宅跡地にちひろ美術館を建設、いわさきちひろ記念事業団副理事長をつとめる。　[趣]旅行, 絵画　[家]前妻＝いわさきちひろ(童画家)，長男＝松本猛(絵本評論家)

松本 滝蔵　まつもと・たきぞう
衆院議員　[生]明治34年3月　[没]昭和33年11月2日　[出]広島市　[学]明治大学商学部(昭和5年)卒, ハーバード大学大学院(昭和13年)修了　[歴]日本女子大学教授、フィリピン国立大交換教授、明大教授、理事を経て、昭和21年以来衆院議員当選5回。22年以後片山哲内閣、第1次岸信介内閣各外務政務次官、第1～3次鳩山一郎内閣官房副長官を歴任。フィリピン賠償全権委員、日ソ国交正常化全権委員顧問、サンフランシスコ講和会議派遣、ベルリン五輪、ヘルシンキ五輪、マニラ・アジア大会日本代表役員を務めた。またパシフィック・サービスセンター理事長、日本体育協会理事なども歴任した。

松本 忠雄　まつもと・ただお
衆院議員(無所属倶楽部)　日本タイムズ社長　[生]明治20年7月　[没]昭和22年7月4日　[出]長野県　[学]東亜同文書院(明治42年)卒　[歴]やまと新聞記者、加藤憲政会総裁秘書役、内閣総理大臣秘書役、東京市助役を経て、大正13年衆院議員に長野1区より初当選。以来連続7回当選。その間、斎藤内閣および岡田内閣の外務参与官、昭和12年第1次近衛内閣の外務政務次官を歴任。

松本 忠助 まつもと・ちゅうすけ
元・衆院議員(公明党) ⑤大正3年12月19日 ⑥昭和61年5月26日 ⑦茨城県古河市 ⑧茨城県立古河一高(昭和51年)卒 ⑨勲二等瑞宝章(昭和60年) ⑩昭和42年1月の第31回総選挙で東京9区から当選、以来5回。この間、衆院沖縄北方問題特別委員長、党副書記長などを務めた。

松本 恒之助 まつもと・つねのすけ
衆院議員(憲政会) ⑤慶応3年2月(1867年) ⑥大正15年6月1日 ⑦三重県 ⑧東京専門学校英語本科(明治21年)卒 ⑩津市議、津商業会議所特別議員を経て、明治37年衆院議員に当選。4期つとめる。また伊勢鉄道、伊勢新聞各社長、北海道拓殖銀行、三重県農工銀行各監査役を歴任する。

松本 昇 まつもと・のぼる
参院議員(自由党) 資生堂社長 実業家 ⑤明治19年5月27日 ⑥昭和29年6月9日 ⑦香川県綾歌郡国分寺町 ⑧早稲田大学商科(明治38年)中退、ニューヨーク大学商科(明治42年)卒 BCS ⑩明治38年渡米、昼間百貨店シンプソン・クロフォード商会に勤め、夜ニューヨーク大学商科に通った。大正2年帰国、三越本店営業部に入ったが、6年資生堂初代社長福原信三の招きで資生堂支配人となった。適正利潤、適正規模による定価売りの特約小売店方式(ボランタリー・チェーン組織)を整備し、資生堂の基礎を固めた。昭和2年専務を経て、15年2代目社長に就任。25年参議院議員(全国区、自由党)に当選。この間、日本中小企業連盟副会長、日本粧業会理事長、東京社会保険協会長、全国社会保険協会会長などを務めた。著書に「伸びゆくチェーン・ストア」がある。

松本 孫右衛門 まつもと・まごえもん
衆院議員(立憲政友会) ⑤明治6年1月 ⑥昭和23年9月6日 ⑦福島県 ⑧東京物理学校卒 ⑩東京株式取引所理事、東京信用銀行頭取、都新聞社取締役、東京信用商事取締役などを務める。明治37年衆院議員となり、通算4回当選。立憲政友会常議員、鉄道会議議員となる。

松本 幸男 まつもと・ゆきお
衆院議員(社会党) ⑤大正15年3月28日 ⑥昭和58年1月28日 ⑦埼玉県入間郡 ⑧高小卒 ⑩所沢市議1期、埼玉県議4期のあと昭和55年6月の衆院選で埼玉2区から初当選した。44年から県勤労者住宅生協理事長をつとめた。

松山 常次郎 まつやま・つねじろう
衆院議員(日本自由党) ⑤明治17年3月 ⑥昭和36年6月15日 ⑦和歌山県 ⑧東京帝国大学土木科卒 ⑩米国留学の後、陸軍工兵少尉、日高見農場経営を経て、大正9年衆院議員に当選。以来通算7期。その間、昭和11年広田内閣の外務参与官、15年米内内閣の海軍政務次官を務める。また中興電気会長、アジア技術協会長を歴任する。

松山 義雄 まつやま・よしお
衆院議員(自民) ⑤明治36年3月 ⑥昭和33年10月25日 ⑦埼玉県 ⑧中央大学法学部(大正12年)卒 ⑩弁護士を務め、日本弁護士協会理事、中央大学評議員、埼玉県土地改良協会長を歴任する。埼玉県副知事を経て、昭和27年衆院議員に初当選し、以来当選4回。衆院運輸委員長、自由党政調会相談役などを務める。

真鍋 勝 まなべ・かつ
衆院議員(自由党) ⑤明治14年12月 ⑥昭和38年6月7日 ⑦徳島県 ⑧東京帝国大学英文科(大正4年)卒、京都帝国大学法科(大正11年)卒 ⑩昭和3年衆院議員となり、当選5回。阿部内閣司法参与官、衆院懲罰委員長、民主自由党代議士会長を歴任する。また、弁護士を務め、錦桜学園理事長となった。

真鍋 儀十　まなべ・ぎじゅう
元・衆院議員（自民党）　俳人　芭蕉研究家　⽣明治24年9月16日　⺎昭和57年4月29日　⽣地長崎県壱岐郡芦辺町　俳号＝真鍋蟻十　⽂長崎師範卒、明治大学法学部卒　⾉勲二等旭日重光章（昭和48年）　歴普選運動に身を投じ、拘禁を60数回も受けたが、昭和5年民政党から代議士に初当選し、以後6回当選。内閣売春対策審議会委員、自民党風紀衛生対策特別委員会委員などをつとめた。俳人としては逓信省役人時代から片岡奈王に私淑、富安風生の指導を受け、27年「ホトトギス」入選。高浜虚子に師事し、のち同人となる。句集に「都鳥」がある。また芭蕉研究家としても知られ、代議士時代から深川芭蕉庵関連の資料を収集。56年4月江東区にオープンした芭蕉記念館に約3000点にのぼるそのコレクションをそっくり寄贈した。
所俳人協会

真鍋 賢二　まなべ・けんじ
参院議員（自民党　香川）　参院予算委員長　元・環境庁長官　⽣昭和10年7月14日　⽣地香川県三豊郡仁尾町　⽂岐阜大学農学部（昭和33年）卒　歴19年間大平正芳の秘書をつとめ、昭和52年参院議員に当選。59年参院文教委員長をつとめる。平成10年小渕内閣の環境庁長官、11年小渕改造内閣でも留任。13年参院予算委員長。通算4期。宮沢派、加藤派を経て、無派閥。

丸谷 金保　まるたに・かねやす
元・参院議員（社会党）　元・池田町（北海道）町長　⽣大正8年6月25日　⽣地北海道中川郡川合村（現・池田町）　⽂明治大学専門部法科（昭和17年）卒　⾉勲二等瑞宝章（平成1年）、池田町名誉町民（平成3年）　歴昭和20年復員し自宅で養鶏業などを営む。のち「北海民友新聞」を創刊。22年道議選に出馬。26年社会党に入党し、士幌村農民同盟の事務局長に。32年池田町長に当選。北海道で唯一の社会党町長として5期20年務め、「十勝ワイン」を開発。52年参院議員に転じた。2期12年務め、平成元年引退。
家娘＝田辺由美（ワインコーディネーター）

丸茂 重貞　まるも・しげさだ
元・環境庁長官　参院議員（自民党）　⽣大正5年5月29日　⺎昭和57年7月23日　⽣地群馬県吾妻郡　⽂東京医専（昭和15年）卒　医学博士　歴昭和21年群馬で開業、群馬県医師会長、日本医師会常任理事を経て37年参院議員に当選。参院自民党幹事長、大蔵政務次官、参院大蔵委員長を歴任、49年環境庁長官。

丸山 勇　まるやま・いさむ
元・衆院議員（公明党）　⽣大正15年7月3日　⺎昭和60年7月1日　⽣地新潟県　⽂日大豊山中卒　歴昭和44年に衆院静岡2区から当選1回。

丸山 孝一郎　まるやま・こういちろう
衆院議員（中央倶楽部）　興亜学校校長　教育家　⽣嘉永2年（1849年）　⺎明治45年5月　⽣地出羽国米沢（山形県）　歴明治初年米沢藩士から海軍に入り、海軍法務官。のち渡辺洪基らが興亜会を設立、中国語教育を目的とする付属興亜学校を創立、その校長となった。明治15年官立東京外国語学校中国語科が創設されて学生を引き継ぎ辞任。のち郷里で市会議員、市会議長、製糸会社社長を務めた。また米沢から衆院議員に当選、中央倶楽部に属した。

丸山 嵯峨一郎　まるやま・さがいちろう
衆院議員（政友本党）　弁護士　⽣慶応4年1月（1868年）　⺎昭和19年2月5日　⽣地新潟県　⽂東京帝国大学独法科（明治27年）卒　歴弁護士業に従事。明治31年新潟7区より衆院議員に当選。5期つとめる。また新潟県弁護士会長、同県競馬倶楽部会長となる。

丸山 作楽　まるやま・さくら
貴院議員（勅選）　歌人　[生]天保11年10月3日（1840年）　[没]明治32年8月19日　[出]江戸・芝三田四国町　[歴]坊主見習いとなり、その間平田鉄胤に学ぶ。文久、元治の頃は国事に奔走し、慶応2年入獄する。明治元年官途に就いたが、5年内乱のかどで終身禁錮刑に処せられ、13年恩赦で出獄。忠愛社をおこして「明治日報」を創刊。20年外遊。元老院議官、貴院議員などを歴任。歌集に没後の32年刊行された「盤之屋歌集」がある。

丸山 鶴吉　まるやま・つるきち
貴院議員（勅選）　警視総監　官僚　[生]明治16年9月27日　[没]昭和31年2月20日　[出]東京　[学]東京帝大法科大学政治学科（明治42年）卒　[歴]内務省に入り、警視庁保安部長、地方局救護課長、静岡県内務部長、朝鮮総督府警務局長などを歴任し、大正13年退職。14年政界革新を掲げて近衛文麿の新日本同盟に参加。昭和4年浜口内閣の警視総監となり、6年勅選貴院議員。社会事業・教化事業に関与し、壮年団運動・選挙粛正運動を展開した。18年大政翼賛会事務総長、のち宮城県知事、東北地方総監。戦後公職追放。解除後、武蔵野美術学校校長。著書に「七十年ところどころ」がある。

円山 雅也　まるやま・まさや
元・参院議員（新自由クラブ）　円山法律事務所所長　結婚科学総合研究所所長　弁護士　[専]民事訴訟法　[生]大正15年10月19日　[出]東京　[学]日本大学法学部（昭和25年）卒　[興]結婚の科学化　[賞]勲三等旭日中綬章（平成8年）　[歴]大学3年の時、最高裁判所、最高検察庁がそれぞれ主催した大学法学部対抗弁論大会で優勝。昭和28年裁判官となり31年弁護士を開業。テレビをはじめ各種マスコミで法律相談を担当する。52年参院議員に当選、57年法務政務次官を務めた。平成元年進歩党から再出馬するが落選。4年再び出馬。著書に「ビジネスマン喧嘩六法」「労組操縦法」「こんな相手を探しなさい」など。　[団]東京弁護士会　[家]父＝円山田作（日弁連会長）

丸山 名政　まるやま・めいせい
衆院議員（同志研究会）　[生]安政4年9月（1857年）　[没]大正11年11月21日　[出]信濃国須坂（長野県）　[学]明治法律学校修了　[歴]講法学舎、明治法律学校に学び、内務省地理局に勤務。明治14年「東京輿論新誌」の編集に従事、東京横浜毎日新聞記者、16年下野新聞主筆、18年代言人となる。弁護士、東京市議、東京府議を経て、第2回総選挙に長野県より出馬、衆院議員に。第8回総選挙では東京2区から当選。のち、東京市助役、日本証券社長、松本瓦斯取締役も務めた。著書に「通俗憲法論」「国会之準備」「憲法論 大日本帝国憲法註釈」がある。

【 み 】

三池 信　みいけ・まこと
参院議員（自民党　佐賀）　元・郵政相　[生]明治34年1月21日　[没]昭和63年2月20日　[出]佐賀県神崎郡三田川町　[学]九州帝国大学大工学部電気学科（大正15年）卒　[歴]昭和24年衆院議員に当選、12期つとめる。48年田中内閣の郵政相に就任。61年6月辞任して、参院から衆院に転じた大坪健一郎と入れ替わりに参院に移った。安倍派。　[趣]碁, ゴルフ

三浦 数平　みうら・かずへい
衆院議員（政友会）　大分市長　弁護士　[生]明治4年1月　[没]昭和4年9月7日　[出]大分県大分郡荏隈村　旧姓＝桜井　[学]明治法律学校卒　[歴]卒業後寺尾亨教授について国際私法を専攻。新房総主筆、朝日新聞記者から、判検事試験に合格して司法官試補となり、次いで大分町で弁護士、特許弁理士の事務所を開業。大分町会議員、同市会議員、同議長、県会議員を経て、大分市長を10年務めた。昭和元年郷里から衆院議員当選、3年再選、立憲政友会に属した。著書に「公民必携選挙法規と判決例」がある。
[家]息子＝三浦義一（国家主義者・歌人）

三浦 一雄　みうら・くにお
農相　衆院議員（自民党）　⊕明治28年4月22日　⊗昭和38年1月30日　⊕青森県　⊕東京帝国大学独法科（大正9年）卒　⊕大正9年農林省に入省。農林次官などを経て、昭和19年小磯国昭内閣の法制局長官兼内閣書記官長。翼賛会企画部長。戦後公職追放、解除後衆院議員となり当選6回。33年岸信介内閣の農相、改進党政策委員長自民党全国組織委員長、衆院予算委員長などを務めた。

三浦 梧楼　みうら・ごろう
貴院議員　枢密顧問官　陸軍中将　子爵　⊕弘化3年11月15日（1846年）　⊗大正15年1月28日　⊕長門国萩浜崎町（山口県）　別名＝五十部五郎　号＝三浦観樹、諱＝一貫、変名＝三浦一郎　⊕文久2年（1862年）三浦道庵の家督を継ぐ。3年奇兵隊に入隊、戊辰戦争に参加。明治3年以降兵部権少丞を経て、4年陸軍大佐兼兵部権大丞となり、のち陸軍中将に昇進。この間、広島鎮台司令官として神風連の乱、萩の乱を鎮圧、西南戦争にも従軍した。16年大山巌に随行して兵制視察のため渡欧、帰国後子爵。21年宮中顧問官兼学習院院長、23年貴院議員に勅選される。28年韓国公使を務めていた時に同国における日本勢力回復を図り、朝鮮王室の王妃であった閔妃暗殺のクーデターを起こして投獄された（のち無罪）。43年枢密顧問官に就任。晩年は政党間の斡旋を行うなど、政界の黒幕として活躍した。

三浦 盛徳　みうら・せいとく
衆院議員（立憲政友会）　⊕万延1年2月（1860年）　⊗大正5年9月17日　⊕秋田県　⊕同人社及び慶応義塾に学んだ後、教員となり、山本郡議、秋田県議を経て、明治36年3月衆院議員に初当選。以後連続4期つとめる。

三浦 隆　みうら・たかし
元・衆院議員（民社党）　桐蔭学園横浜大学法学部教授　⊕憲法　政治学　⊕昭和5年7月26日　⊕神奈川県横浜市神奈川区　⊕早稲田大学大学院（昭和35年）修了　⊕昭和50年関東学院大学教授を経て、54年以来衆院議員に3選。61年に落選。のち桐蔭学園横浜大学教授。
⊕父＝三浦寅之助（政治家）

三浦 辰雄　みうら・たつお
元・参院議員　元・林野庁長官　⊕明治33年11月12日　⊗平成1年3月17日　⊕東京　⊕東京帝国大学林学科（大正14年）卒　⊕勲二等瑞宝章（昭和46年）　⊕林野庁長官を経て、昭和25年6月参院全国区に当選し1期務めた。退任後、大同商事社長、会長を歴任。緑風会に所属。

三浦 虎雄　みうら・とらお
衆院議員（無所属倶楽部）　延岡市長　⊕明治16年5月　⊗昭和32年1月14日　⊕宮崎県　⊕京都帝国大学政治科（明治42年）卒　⊕海軍主計中佐となり、尼港事件に従軍する。昭和3年以来衆院議員に5回選出され、阿部内閣厚生政務次官となる。戦後は延岡市長を務めた。

三浦 寅之助　みうら・とらのすけ
衆院議員（自由党）　⊕明治32年6月18日　⊗昭和48年7月5日　⊕宮城県　⊕日本大学専門部法律科（大正10年）卒　⊕横浜市議、神奈川県議を経て、昭和21年衆院議員に初当選。以来当選4回。裁判官訴追委員会委員長、第5次吉田内閣法務政務次官を歴任する。また、横浜弁護士会長、日本自由党幹事なども務めた。著書に「苦闘の半生を語る」がある。
⊕二男＝三浦隆（衆院議員）

三浦 久　みうら・ひさし
元・衆院議員（共産党）　弁護士　⊕昭和6年1月1日　⊕秋田県北秋田郡阿仁合町　⊕明治大学法学部（昭和29年）卒　⊕弁護士となり、三井三池争議の弁護を担当。そのまま北九州市に住み、弁護士事務所を開設。昭和46年北九州市

長選に立候補したが敗れた。翌47年から衆院議員に5選。平成5年落選。カネミ油症弁護団副団長をつとめた。

三浦 安　みうら・やすし
貴院議員(勅選)　東京府知事　[生]文政12年8月18日(1829年)　[没]明治43年12月11日　[出]伊予国西条(愛媛県)
旧姓=小川　幼名=光太郎，通称=休太郎，五助，変名=内田敬之助，号=香瀾，雨窓，雷堂　[賞]従二位勲一等
[歴]西条藩から和歌山藩に移籍。江戸の昌平黌に学んだ。慶応3年土佐海援隊・坂本龍馬のいろは丸が和歌山藩船と衝突沈没、和歌山藩が償金を出して解決。坂本が京都で暗殺されたのは三浦が新撰組を教唆したと伝わり、海援隊に襲われ負傷。明治3年藩の参与。のち大蔵省に入り、内務権大丞、15年元老院議官。23年勅選貴院議員、36年東京府知事、のち宮中顧問官となった。

三浦 義男　みうら・よしお
宮城県知事　参院議員(自民党)　[生]明治28年1月　[没]昭和40年2月8日　[出]宮城県
[学]東京帝大工学部土木科(大正9年)卒
[歴]鉄道省を経て、参院議員に当選1回。

三上 英雄　みかみ・ひでお
元・衆院議員(立憲政友会)　弁議士
[生]明治26年3月29日　[没]昭和58年8月17日　[出]広島県　[学]日本大学法律学科卒，中央大学法律学科卒　[賞]勲二等瑞宝章(昭和42年)　[歴]昭和7年の総選挙で東京5区から初当選、代議士1期。その後、東京府議などを務めた。戦後は杉並区議。

三木 治朗　みき・じろう
元・参院副議長(社会党)　労働運動家
[生]明治18年4月16日　[没]昭和38年7月18日　[出]東京市四谷区忍町(現・東京都新宿区)　[学]西御田小学校(明治28年)卒
[歴]小間物問屋の小僧、赤羽陸軍工廠工員などを経て池貝鉄工所に旋盤工として入る。そこで大正2年友愛会に入り、同年室蘭の日本製鋼所に入り、友愛会室蘭支部を組織。5年上京し、以後多くの職場で組織化をすすめる。15年東京製鋼労働組合の主事に就任。同年社会民衆党結党大会で中央委員となる。昭和11年社会大衆党から川崎市議に当選。その間4年のILO総会に労働代表の随員として出席する。戦後は社会党に入り、参院議員となり、25年副議長になった。

三木 申三　みき・しんぞう
元・徳島県知事　[生]昭和3年10月4日
[出]徳島県麻植郡山川町　[学]徳島大学医学部(昭和29年)卒　[賞]勲二等瑞宝章(平成10年)　[歴]昭和34年三木病院を開業。42年以来徳島県議3期を経て、56年知事に就任。3期つとめた。平成8年衆院選に立候補。　[趣]囲碁，釣り

三木 武夫　みき・たけお
第66代首相　衆院議員(自民党)　[生]明治40年3月17日　[没]昭和63年11月14日
[出]徳島県板野郡土成町　筆名=庸山
[学]サウスウェスタン大学(昭和10年)卒，明治大学法律学科(昭和12年)卒
[賞]憲政功労表彰(昭和62年)　[歴]昭和12年大学卒業と同時に衆院議員に当選。戦争中も翼賛会非推薦で当選を果たし、以来連続19期、51年間議員をつとめる。戦後21年協同民主党の結成に参加、翌22年には国協党を創立して22年書記長となり、片山内閣の逓相として入閣。その後、小政党を遍歴、自民党合流後も小派閥三木派を率い、“バルカン政治家”と呼ばれた。31年幹事長、40年通産相、41年外相等を歴任。49年12月金脈問題で退陣した田中角栄のあとを受けて首相に就任、田中逮捕を敢行。党内での強い反対(三木おろし)にあい、51年辞任。55年派閥を河本敏夫に譲る。61年6月脳内出血で倒れて療養生活を送り、63年11月在職のまま死去。「信なくば立たず」をモットーに、一貫して政界浄化に取り組んだ。平成2年衆院名誉議員の称号が贈られた。　[趣]読書
[家]妻=三木睦子(全国発明婦人協会会長)，娘=高橋紀世子(参院議員)，孫=三木立(中央政策研究所監事)

三木 忠雄　みき・ただお
元・参院議員(公明党)　⊕昭和10年5月14日　⊕徳島県徳島市　⊕中央大学商学部(昭和37年)卒　⊕昭和34年創価学会事務局に入り、43年以来参院議員に4選。平成4年引退。

三木 武吉　みき・ぶきち
衆院議員(民主党)　⊕明治17年8月15日　⊕昭和31年7月4日　⊕香川県高松市　⊕東京専門学校(現・早稲田大学)(明治37年)卒　⊕明治45年弁護士開業。大正2年牛込区議を経て、6年衆議院議員に当選し、連続6期。"野次将軍"の異名をとる。11年東京市議、13年憲政会幹事長。15年市政刷新同盟を結成。昭和3年京成電車事件に連座し、一時引退、のち民政党から衆院に復帰。14年報知新聞社社長に就任。戦後、20年鳩山一郎らと日本自由党結成、翌21年衆院議長に選ばれたが、公職追放。解除後、28年党総務会長となるが、吉田茂と対立して分派自由党に加わり、反吉田活動を展開。29年改進党と合流して日本民主党を結成、鳩山内閣を実現した。30年保守合同を推進。代議士通算11期つとめた。

三木 行治　みき・ゆきはる
岡山県知事　医師　⊕明治36年5月1日　⊕昭和39年9月21日　⊕岡山県岡山市　⊕岡山医科大学(昭和4年)卒、九州帝大法文学部(昭和9年)卒　⊕医師、保険院衛生行政官を経て、厚生省に入り、昭和21年公衆保健局長、23年公衆衛生局長を歴任。26年岡山県知事選に革新系から出て当選。以後4期13年間の在任中は県内のがん実態調査、アイバンクの設立、精神障害児施設の開設など、医療、福祉その他の施策を国に先がけて実施。また28年からは「農業県から農工県への脱皮」をと"緑と太陽と空間"をキャッチフレーズに積極的に企業・工場誘致を図り、水島コンビナートの実現に奔走した。だが業なかばで急逝する。

三木 与吉郎　みき・よきちろう
貴族院議員(多額)　⊕明治6年　⊕昭和13年6月23日　⊕藍商と酒造業を経営して多額納税者となる。大正4年衆議院議員に当選、7年貴族院議員。

三木 与吉郎　みき・よきちろう
元・参院議員　三木産業会長　⊕明治35年12月21日　⊕昭和56年5月27日　⊕徳島県板野郡　⊕慶応高等部(大正15年)　⊕勲一等瑞宝章(昭和48年)　⊕昭和14年三木産業社長となり、17年から衆院議員1期、28年から参院議員3期。この間、参院通信・運輸・内閣・外務各委員長、自民党両院議員総会副会長をつとめた。　⊕長男=三木与吉郎(三木産業社長)、次男=三木俊治(徳島市長)

三木 喜夫　みき・よしお
衆院議員(社会党)　⊕明治42年8月　⊕昭和50年5月12日　⊕兵庫県　⊕兵庫県姫路師範学校卒　⊕小学校長を務めたのち、日本ユネスコ国内委員会委員、兵庫県教職員組合中央執行委員長、兵庫県官公労議長、兵庫県学校生活協同組合理事長、兵庫県教職員組合協議会会長を歴任する。昭和35年衆院議員に初当選し、以来当選4回。社会党兵庫県本部委員長、国会対策副委員長を務めた。

三崎 亀之助　みさき・かめのすけ
衆院議員(自由党)　貴院議員(勅選)　横浜正金銀行副総裁　⊕嘉永1年(1848年)　⊕明治39年3月16日　⊕東京帝国大学(明治17年)卒　⊕勲四等　⊕外務省御用掛となり、外務書記官として米国公使館駐在、さらに公使館書記官としてワシントン駐在、次いで外務省参事官となった。辞任後京都の「中外電報」に執筆。明治23年以来香川県から衆院議員当選2回、県治局長を務める。まもなく勅選貴院議員。のち正金銀行支配人、同副総裁となった。

三島 通庸　みしま・みちつね
福島県令　警視総監　子爵　㊌天保6年6月(1835年)　㊙明治21年10月23日　㊋薩摩国鹿児島城下上之園町(鹿児島県)　㊞薩摩藩士で、生家は代々鼓師範家であった。文久2年寺田屋事件に関係したが失敗。戊辰戦争では山陰、東北に従軍。維新後大久保利通の信任を受け、明治4年東京府権参事、翌年教部大丞を経て、7年酒田県令となり「わっぱ騒動」を鎮圧。15年福島県令となり、三方道路建設を命令。これに反対する農民、福島自由党員を弾圧、福島事件をひき起こし、土木県令、鬼県令といわれた。翌16年栃木県令を兼任。ここでも自由党の組織撲滅を図り、いわゆる加波山事件が起こった。17年内務省土木局長、18年警視総監に就任。20年保安条例の公布とともに民権家弾圧を強行、自由党員ら570名を東京から追放、3000人を検挙した。同年子爵。　㊕長男＝三島弥太郎(日銀総裁)

三島 通陽　みしま・みちはる
参院議員(緑風会)　ボーイスカウト日本連盟創設者　小説家　㊌明治30年1月1日　㊙昭和40年4月20日　㊋東京・麻布　筆名＝三島章道　㊎学習院高等科(大正5年)中退　㊎ブロンズ・ウルフ賞(昭和36年)　㊞同人誌「三光」発行、大正8年「TOMODACHI」創刊。「愛の雫」「若き旅」「地中海前後」「寺田屋騒動」「おめでたき結婚」「三島章道創作全集」「英雄一代」のほか「劇芸術小論集」「演劇論と劇評集」「回想の乃木希典」などがある。創作活動のほか、大正9年日本初の少年団、ボーイスカウト日本連盟を結成、12年少年団日本連盟副会長となった。昭和4年貴族院議員、19年文部参与官、20年幣原喜重郎内閣の文部政務次官を歴任。この間、数次にわたりボーイスカウト世界大会などに出席。戦後参院議員(緑風会、当選1回)となり、またボーイスカウト日本連盟理事長、総長を務め、ボーイスカウトの育成に尽力した。　㊕祖父＝三島通庸(福島県令・警視総監・子爵)、父＝三島弥太郎(日銀総裁)、妻＝三島純(ガールスカウト日本連盟初代会長)、娘＝三島昌子(ガールスカウト日本連盟会長)

水久保 甚作　みずくぼ・じんさく
衆院議員(立憲政友会)　参院議員(自由党)　㊌明治17年6月　㊙昭和48年3月20日　㊋宮崎県　㊎明治大学法学部卒　㊞明治40年裁判所書記、のち税務署職員となる。都城市議を経て、昭和3年衆院議員となり当選2回。戦後、22年から参院議員を1期務め、参院郵政委員長となった。また都城市農会総代、都市計画委員、都城新聞社副社長も務めた。

水田 三喜男　みずた・みきお
蔵相　通産相　衆院議員(自民党)　㊌明治38年4月13日　㊙昭和51年12月22日　㊋千葉県鴨川市　㊎京都帝大法学部(昭和6年)卒　㊞東京市役所職員や鉄鋼、石油関係会社の役員を経て、戦後昭和21年の総選挙に郷里の千葉県から出馬して初当選。以後、11回当選。自由党幹事長をしていた大野伴睦に認められてからの大野派だが、党人脈では珍しい財政経済通のマルクスボーイ。27年1月第3次吉田内閣改造で党政調会長、28年3月第4次内閣に経済審議庁長官として初入閣した。29年鳩山内閣の発足後は野党になった緒方自由党で再度政調会長となり、30年暮れに自由民主党が誕生すると3度政調会長に。その後、石橋内閣の通産相を経て、35年池田内閣の蔵相となり同内閣の"所得倍増計画"を財政面から支援。続く佐藤内閣でも第3次改造内閣まで引き続いて蔵相に起用されてその"金庫番"を務めた。39年の大野の死後は船田派に属したが、46年には村上派、藤山派を吸収して衆参両院20人の水田派を結成、3年後の田中内閣総辞職の際は"総裁候補"のささやきも聞かれた。　㊕二女＝水田宗子(城西国際大学学長)

水田 稔　みずた・みのる
元・衆院議員(社会党)　[生]大正14年1月25日　[出]岡山県岡山市　[学]長崎航空機乗員養成所(昭和19年)卒　[歴]昭和21年住友化学岡山工場に入る。31年児島市議、38年岡山県議を経て、51年衆院議員に当選。5期務め、平成5年落選。

水谷 長三郎　みずたに・ちょうざぶろう
衆院議員(民社党)　商工相　弁護士　[生]明治30年11月4日　[没]昭和35年12月17日　[出]京都府紀伊郡伏見町京橋(現・京都市)　[学]京都帝大法学部(大正10年)卒　[歴]在学中に友愛会に入り、河上肇らを指導者とする社会科学研究グループ労学会を組織。大学卒業後はマルクス主義を研究すると共に、弁護士として労働、農民運動を支援。昭和3年第1回の普選で労働農民党から衆院議員に当選。以来通算12期。労農大衆党、全国大衆党、社会大衆党などを経て、戦後は日本社会党結成に参画し、中央執行委員。片山、芦田内閣の商工相。社会党の左右分裂のさいは右派を代表し、35年民社党結成に参加した。

水谷 力　みずたに・つとむ
元・参院議員(自民党)　[生]大正15年1月19日　[没]平成6年8月6日　[出]三重県桑名市　[学]早稲田大学政経学部(昭和26年)卒　[賞]藍綬褒章(昭和57年)　[歴]桑名市議、三重県議7期、県会議長を経て、昭和58年参院議員に当選。平成元年落選。

水谷 昇　みずたに・のぼる
元・衆院議員(自由党)　元・桑名市長　[生]明治29年5月23日　[没]昭和63年7月31日　[出]三重県安芸郡河芸町　[学]三重師範二部(大正5年)卒　[賞]桑名市名誉市民,勲二等瑞宝章　[歴]教員生活をしたあと、桑名町議から三重県議、昭和22～28年4期衆院議員をつとめた。衆院図書館運営委員長、第3次吉田内閣文部政務次官等を歴任。34～50年桑名市長。今日の桑名市の基礎を築いた。

水野 清　みずの・きよし
元・衆院議員(自民党)　元・総務庁長官　元・建設相　[生]大正14年2月2日　[出]千葉県　[学]東北大学経済学部(昭和26年)卒　[賞]勲一等旭日大綬章(平成10年)　[歴]昭和26年NHKに入局、経済畑を担当。大臣秘書を経て、42年衆院議員に当選。以来、48年外務政務次官、55年自民党人事局長、56年衆院逓信委員長、58年第2次中曽根内閣の建設相、59年党副幹事長、平成元年党総務会長、同年8月海部内閣の総務庁長官を歴任。宮沢派。9期務め、8年引退。のち橋本首相の行政改革担当補佐官、行革推進七百人委員会代表世話人。　[趣]園芸,切手収集　[家]父＝水野葉舟(詩人),養子＝水野賢一(衆院議員)

水野 遵　みずの・じゅん
貴院議員(勅選)　台湾民政局長　衆院書記官長　[生]嘉永3年12月(1850年)　[没]明治33年6月15日　[出]愛知県名古屋　[歴]明治2年明治天皇の東京再幸に駅逓司付御雇をつとめ、3年名古屋藩史生となる。清国留学後海軍省に入り、7年台湾征伐に従軍。8年長崎英語学校長、16年参事院御用掛、のち法制局書記官、衆院書記官長などを経て、28年台湾民政局長。その後勅選貴院議員、台湾協会幹事を務めた。

水野 甚次郎　みずの・じんじろう
元・呉市長　[生]明治14年3月2日　[没]昭和33年8月12日　[出]広島　[歴]昭和3年五洋建設の前身である水野組をつぐ。7年貴族院議員。戦前戦後を通じて呉市長を3期つとめた。

水野 忠敬　みずの・ただたか
菊間藩知事　子爵　[生]嘉永4年7月(1851年)　[没]明治40年8月17日　[歴]出羽守水野忠誠の養嗣となり、慶応2年家督を相続して沼津五万石の藩主となる。3年江戸城大手門番をつとめ、明治元年戊辰戦争では初め徳川慶喜の命により駿府城を警守したが、征東軍の東上に際して朝命を奉じ、尾張藩の指揮に従うことを誓約し勤王証書を提出。この間蒲

原・三島間の警備に当てられ、また甲府城代に任じる。江戸開城後、徳川宗家の駿・遠両国への移封に伴いこれまでの藩領を上知し、上総国市原郡内に2万3千石余が与えられ、ここに移って菊間藩となった。2年藩知事に就任、4年廃藩置県により免ぜられる。17年子爵となり、27年頃より宮内省に出仕して御歌所参候をつとめた。

水野 忠弘　みずの・ただひろ
貴院議員　子爵　[生]安政3年6月18日(1856年)　[没]明治38年12月7日　[歴]慶応2年父忠精の辞職により11歳で襲封し、山形五万石の藩主となる。明治元年父とともに上洛し、勤王を誓約して従五位和泉守に叙任される。2年戊辰戦争では初め征討軍に従軍したが、のち奥羽列藩同盟に加わったため征討軍の攻撃を受け、降服。その後官軍の庄内藩攻撃に従軍した。同年山形藩知事となり、翌3年山形藩の廃止に伴い近江国浅井郡朝日山藩知事となったが、4年廃藩置県により免ぜられた。17年子爵。のち貴院議員を務めた。

水野 忠幹　みずの・ただもと
新宮藩知事　男爵　[生]天保9年11月7日(1838年)　[没]明治35年4月30日　[出]江戸　[歴]万延1年家督を相続して紀伊新宮藩主となり、明治2年新宮藩知事に任命される。4年廃藩置県により藩知事を免官、上京を命じられて東京に移住。17年男爵を授けられる。

水野 寅次郎　みずの・とらじろう
立憲帝政党の領袖　[生]安政1年(1854年)　[没]明治42年6月　[出]土佐国(高知県)　[歴]板垣退助の立志社に入ったが、明治10年西南の役に参加しようとして捕まった。その後板垣と意見が合わず「共行社」を組織。15年東洋新報社長となり、福地源一郎、丸山作楽の3人で立憲帝政党を結成、東京曙新聞を買収し、その主張を宣伝した。16年解党、内閣書記官となり、29年奈良県知事。32年帰郷。38年日露戦争終結に非講和を唱え県民大会を開いた。

水野 直　みずの・なおし
貴院議員(子爵)　[生]明治12年1月5日　[没]昭和4年4月30日　[出]東京・麹町平河町　[学]東京帝国大学法科(明治36年)卒　[賞]従三位勲一等瑞宝章　[歴]明治37年以来貴院議員当選5回、初め研究会、一時親和会、再び研究会に属した。影武者といわれ、別宅数か所、休憩所数十か所を設け、2台の専用車で1日80マイル以上駆け回ったという。大正14年加藤高明内閣の陸軍政務次官、続く若槻礼次郎内閣でも留任、昭和2年辞職と共に退官した。

水野 錬太郎　みずの・れんたろう
文相　内相　貴院議員(勅選)　内務官僚　[生]慶応4年1月10日(1868年)　[没]昭和24年11月25日　[出]江戸　[学]東京帝大法科大学英法科(明治25年)卒　[歴]大学卒業後、第一銀行を経て内務省に入り、神社、土木、地方局長を歴任。大正元年勅選貴院議員。2年内務次官となり、7年寺内内閣、11年加藤内閣、13年清浦内閣で内相をつとめた。この間、7〜11年朝鮮総督府政務総監。15年政友会に入党、昭和2年田中義一内閣の文相となった。だが久原房之助の入閣に反対し、いわゆる“優諚問題”を起こして辞任し、10年には岡田内閣の審議会委員になったことが党議に触れて離党する。その後は産業報国連盟会長として産報運動を推進、戦時中は大日本興亜同盟副総裁、興亜総本部統理に就任するなど国家主義的な傾向を強めた。このため戦後はA級戦犯として逮捕されたが、22年釈放。

水平 豊彦　みずひら・とよひこ
衆院議員(自民党)　元・内閣官房副長官　[生]昭和7年1月3日　[没]昭和61年6月18日　[出]愛知県名古屋市天白区　[学]名古屋工業大学建築科(昭和33年)卒業　[歴]日本住宅公団技師から自民党・早稲田柳右衛門代議士の秘書に転身。昭和34年から愛知県議に5選。その間49年に当時全国最年少の県会議長(42歳)となる。51年衆院議員に初当選。56年郵政政務次官、58年中曽根内閣の官房副長

官を務めた。当選4回。中曽根派。著書に「日本の中の名古屋」「草の根民主主義」がある。

水町 袈裟六　みずまち・けさろく
枢密顧問官　[生]元治1年3月11日(1864年)　[没]昭和9年7月10日　[出]佐賀　[学]東京帝国大学法科大学仏法科(明治22年)卒　法学博士　[歴]大蔵省に入省。明治24年大蔵参事官に任命され、31年経済状況視察のため、ヨーロッパ各国に出張。36年大蔵省理財局長、40年大蔵次官で財務特派員となる。日露戦争後の外債処理問題で、英・仏両国と交渉。44年退官。その後日本銀行副総裁兼横浜正金銀行頭取を務め、大正13年会計検査院長に就任し、昭和4年まで務める。院長辞任後、枢密顧問官、ロンドン条約精査委員、満州国財政委員等を歴任。

溝口 直亮　みぞぐち・なおすけ
貴院議員(勅選)　陸軍少将　伯爵　[生]明治11年4月11日　[没]昭和26年12月14日　[出]東京　[学]陸士(第10期)(明治31年)卒　[歴]明治38年旅順要塞副官として日露戦争従軍。41年軍務局課員、43年ドイツ、オーストリア駐在。大正8年伯爵、11年野砲第3連隊長、12年少将となり予備役。13年勅選貴院議員(研究会)、14年陸軍参与官、昭和4年陸軍政務次官、9〜10年宇垣一成擁立の新党結成に参加、17年翼賛政治会顧問。

溝淵 増巳　みぞぶち・ますみ
元・高知県知事　弁護士　[生]明治33年11月28日　[没]昭和59年1月17日　[出]高知県　[学]高小卒　[賞]勲一等瑞宝章(昭和51年)　[歴]独学で大阪府巡査から高等文官試験の行政、司法合格。大分県警務課長、広島県官房長、京都府警察部長などを歴任。昭和23年3月から27年1月まで国家地方警察本部次長。同年2月高知県副知事、30年12月から同県知事を5期務めた後、弁護士。「日本警察」「巡査の記録」などの著書がある。

三谷 軌秀　みたに・のりひで
衆院議員(政友会)　大阪土地社長　[生]安政5年1月(1858年)　[没]昭和9年3月8日　[出]土佐国長岡郡東豊永村(高知県)　[学]和仏法律学校(明治19年)卒　[賞]勲四等　[歴]明治22年大阪で公証人となる。大阪商業会議所特別議員、同市会議員、同府会議員、府会議長を歴任し、のち衆院議員当選2回。また大阪土地社長をはじめ、大和鉄道、参宮急行電鉄、大阪電気軌道、大阪合同紡績、同興紡織、中勢鉄道各重役を務めた。

三谷 秀治　みたに・ひでじ
元・衆院議員(共産党)　[生]大正4年8月5日　[没]平成11年10月20日　[出]鳥取県　[賞]多喜二百合子賞(第18回)(昭和61年)「火の鎖—和島為太郎伝」　[歴]プロレタリア作家同盟から社会運動に参加。戦後、昭和26年から大阪府議5期、47年旧大阪4区より衆院議員に当選4期務めた。共産党議員団部落対策委員長などを歴任。著書に「議員稼業ボロおまっせ」「解同朝田派と同和行政」「同和行政と民主主義」「火の鎖」「大塩平八郎」など。　[団]日本民主主義文学同盟, 大塩事件研究会

三田村 武夫　みたむら・たけお
衆院議員(自民党)　[生]明治32年6月11日　[没]昭和39年11月24日　[出]岐阜県　[学]内務省警察講習所(昭和2年)卒　[歴]内務省警保局、拓務省管理局に勤めたが、中野正剛に師事、退職して東方会に入り組織部長。戦前衆院議員に2度当選。中野没後、独立自由連盟を組織、昭和30年衆院議員に当選、のち日本民主党組織局長、自民党組織総局長、政調会選挙調査会副会長、衆院法務委員長などを歴任した。衆院当選5回。著書に「警察強制の研究」「昭和政治神録」など。

三井 徳宝　みつい・とくほう
衆院議員(立憲政友会)　[生]明治8年10月　[没]昭和27年4月5日　[出]北海道　[歴]山梨県より北海道に移住し野付牛町を開拓、農業・鉱山業等に従事する。帯広町議、北海道議、同副議長をつとめ

る。昭和3年北海道5区より衆院議員に当選。4期つとめる。また北海林産などの取締役、北海道拓殖銀行監査役を歴任のほか、栃木県新那須野を開拓、温泉を経営。

箕作 麟祥　みつくり・りんしょう
元老院議官　貴院議員　㊓弘化3年7月29日（1846年）　㊝明治30年11月29日　㊐江戸・津山藩邸　初名＝貞一郎　法学博士（明治21年）　㊧生後すぐに父を失い、祖父箕作阮甫について洋学を学ぶ。文久元年15歳で蕃書調所に出仕、3年祖父を継いで幕臣に列せられ外国奉行翻訳方につとめ、慶応3年パリ万国博覧会派遣使節徳川昭武一行に従ってフランスに留学。明治元年帰国、新政府に出仕して開成所御用掛を命ぜられ一等訳官、2年大学中博士、4年同大博士、6年翻訳局長、10年司法大書記、13年太政官大書記官に累進し、フランス民法典など西洋法律の翻訳に従事し、ボアソナードらとともに民法はじめわが国成文法の起草に尽力。この間明六社員として啓蒙活動にも力を注いだ。さらに東京学士院会員、元老院議官、司法次官、貴族院議員、行政裁判所長官、和仏法律学校（現・法政大学）校長を歴任。また民法・破産法・商法編纂委員となり、明治民法・商法編纂に貢献した。30年死に際して男爵を与えられた。訳書に「万国政体論」「デルソル氏仏国民法解釈」「仏蘭西法律書」など。　㊎父＝箕作省吾（地理学者），祖父＝箕作阮甫（蘭学者）

三塚 博　みつずか・ひろし
衆院議員（自民党　宮城3区）　元・蔵相　㊓昭和2年8月1日　㊐宮城県遠田郡小牛田町　㊫日本大学獣医学部卒，早稲田大学法学部（昭和26年）卒　㊮獣医師　㊥全日本文具協会ベスト・オフィス・ユーザー賞（平成3年）　㊧本間俊一衆院議員秘書、宮城県土地改良協会事務局長などを経て、昭和38年より宮城県議を2期。47年衆院議員に当選、以来当選10回。運輸政務次官、文部政務次官、自民党調査局長、党政調会長代理など歴任。60年12月第2次中曽根第2回改造内閣の運輸相、63年12月竹下改造内閣の通産相、平成元年宇野内閣の外相、同年8月海部総裁の下で党政調会長。3年安倍派を継ぎ、三塚派の領袖となる。同年党総裁選に出馬するが敗れ、宮沢総裁の下で再び政調会長。7年党幹事長。8年第2次橋本内閣の蔵相。9年改造内閣でも留任。10年1月辞任。同年12月森喜朗に派閥を継承、会派会長を辞任し名誉会長となる。　㊖釣り，剣道，合気道（3段），空手（3段）

三土 忠造　みつち・ちゅうぞう
衆院議員（立憲政友会）　内相　㊓明治4年6月25日　㊝昭和23年4月1日　㊐香川県　旧姓＝宮脇　㊫東京高等師範学校（明治30年）卒　㊧明治35年から4年間イギリスに留学、帰国後母校東京高師の教授となった。その後、東京日日新聞の記者となり編集長、相談役。韓国学政参与官を経て41年政界入り、衆院議員当選11回。政友会幹事、総務を務めたほか、大正9年大蔵参事官、ついで高橋是清内閣の内閣書記官長、加藤高明内閣の農商務・農林各政務次官。昭和2年田中義一内閣の文相、蔵相、6年犬養毅内閣の逓相、7年斎藤実内閣の鉄道相となった。辞任後の9年帝人事件に関連して偽証罪に問われ起訴されたが、12年全員無罪。15年枢密顧問官。戦後、幣原喜重郎内閣の内相兼運輸相、貴族院議員となった。　㊎弟＝宮脇長吉（衆院議員），宮脇梅吉（内務官僚）

三橋 八次郎　みつはし・はちじろう
元・参院議員（社会党）　㊓明治31年10月　㊝昭和59年12月27日　㊐青森県　㊫東京農業大学高等科（大正13年）卒　㊧愛媛県農事試験場長、同農事講習所長を経て、昭和25年6月愛媛地方区から当選1回。

三ツ林 弥太郎　みつばやし・やたろう
元・衆院議員(自民党)　元・科学技術庁長官　[生]大正7年11月22日　[出]埼玉県北葛飾郡幸手町　[学]埼玉県青年師範(昭和13年)卒, 奉天予備士官学校卒　[賞]勲一等旭日大綬章(平成10年)　[歴]青年学校教諭兼小学校訓導、埼玉県農業会勤務ののち、県指導農協連経営課長参事。昭和26年から県議を4期務め、39年県会議長。42年衆院議員に当選。党副幹事長、59年衆院運輸委員長を経て、61年第3次中曽根内閣の科学技術庁長官に就任。当選10回。三塚派を経て、森派。平成12年引退。　[趣]読書, 釣り　[家]二男=三ツ林隆志(衆院議員), 父=三ツ林幸三(衆院議員)

薬袋 義一　みない・ぎいち
衆院議員(政友会)　[生]安政1年(1854年)　[没]明治36年2月10日　[出]甲斐国中巨摩郡龍王村(山梨県)　[歴]山梨の県会議員、郡長を経て、明治25年から衆院議員当選2回。品川弥二郎と国民協会を創立、のち政友会に入り幹事となった。

水口 宏三　みなくち・こうぞう
参院議員(社会党)　全農林委員長　社会運動家　[生]大正3年7月21日　[没]昭和48年3月1日　[出]東京・本郷　[学]東京帝国大学農学部(昭和14年)卒　[歴]昭和14年農林省に入り、17～18年企画院に出向。戦後、強制供米制度に反対、21年農林省職員労働組合を結成、委員長となり官公庁民主化運動の先頭に立ち、人事への発言権確保に尽力。同年全官公庁共同闘争委員会議長となり22年の2.1ストを指導。その後農林省に復帰、27年食糧課長で退職。29年憲法擁護連合事務局長。33年警職法改悪反対国民会議の結成に努力、34年安保改定阻止国民会議事務局長となり、35年の安保闘争で各団体間とのとりまとめに活躍。38年臨時行政調査会専門委員を務め、46年社会党公認で参院全国区議員に当選した。著書「安保闘争史」などがある。

湊 徹郎　みなと・てつろう
衆院議員(自民党)　[生]大正8年11月24日　[没]昭和52年7月19日　[出]福島県　[学]東京帝大経済学部(昭和17年)卒　[歴]昭和36年福島県副知事となり、38年以来衆院議員に5選。党国対副委員長、衆院農林水産委員長等を歴任。

三鍋 義三　みなべ・よしぞう
衆院議員(社会党)　[生]明治31年1月　[没]昭和36年8月14日　[出]富山県　[学]京都武道専門学校卒　[歴]富山県呉羽中学校長を務め、また富山県教職員組合執行委員長、富山県勤労者福祉協会会長となる。昭和28年衆院議員に初当選し、以来当選4回。社会党統制委員、党北陸地方開発特別委員長を務めた。

南 次郎　みなみ・じろう
陸相　枢密顧問官　陸軍大将　[生]明治7年8月10日　[没]昭和30年12月5日　[出]大分県　[学]陸士(明治28年)卒, 陸大(明治36年)卒　[歴]明治36年騎兵第1連隊中隊長となり、37年日露戦争に従軍、同年12月大本営参謀、38年陸大教官、39年関東総督府陸軍参謀。大正3年騎兵第1連隊長、6年軍務局騎兵課長、8年支那駐屯軍司令官、12年陸士校長、15年第16師団長。昭和2年参謀次長、4年朝鮮軍司令官となり第1次山東出兵では全面侵略を主張。5年大将、6年第2次若槻礼次郎内閣の陸相となり、同年9月満州事変勃発、政府の不拡大方針にもかかわらず、関東軍の強硬策に引きずられた。若槻内閣倒壊で軍事参議官、9年関東軍司令官、11～17年朝鮮総督、17年枢密顧問官、20年大日本政治会総裁、貴族院議員。戦後、A級戦犯として極東軍事裁判にかけられ「知らぬ」「記憶にない」と繰り返し、23年終身禁錮の判決を受けたが、29年病気で仮出獄、30年病没した。

南 弘　みなみ・ひろし
貴院議員（勅選）　逓信相　枢密顧問官　⊕明治2年10月10日　⊗昭和21年2月8日　⊕富山県氷見市仏生寺　旧姓＝岩間　号＝青園　⊕帝大（現・東大）政学科（明治29年）卒　⑲内閣書記官、福岡県知事などを経て、明治41年から第1次・第2次西園寺内閣で書記官長となる。大正元年勅選貴院議員となり、7年原内閣文部次官、昭和7年台湾総督、同年斎藤内閣の逓信相、11年枢密顧問官を歴任。戦後は21年食糧緊急措置会審査委員長となったが、審議中急死した。

南 好雄　みなみ・よしお
元・運輸相　元・衆院議員（自民党）　⊕明治37年1月29日　⊗昭和55年9月4日　⊕石川県　⑳東京帝大独法科（昭和3年）卒　⑲商工省会計課長を経て、昭和24年に石川2区から自民党衆院議員に初当選して以来、連続7回当選。建設政務次官、衆院公選法改正特別委員長、運輸相を歴任。

峯山 昭範　みねやま・あきのり
元・参院議員（公明党）　近畿大学教養部教授　⊕昭和10年11月29日　⊕鹿児島県　⑳近畿大学法学部卒　⑲創価学会関西本部事務総局長を経て、昭和43年参院議員に全国区から当選。61年大阪選挙区に転じる。通算4期。平成4年引退。のち近畿大学教授に就任。著書に「庶民と政治」「憲法と核兵器」など。

美濃 政市　みの・まさいち
元・衆院議員　元・北海道幕別町農協組合長　⊕明治45年1月7日　⊗昭和63年9月28日　⊕北海道　⑳池田高小卒　㊣勲二等瑞宝章（昭和57年）　⑲北海道議を経て、昭和42年衆院議員に初当選、以来連続4回当選、社会党所属。衆院物価問題等特別委員長などを歴任。

箕浦 勝人　みのうら・かつんど
衆院副議長　逓信相　⊕嘉永7年2月15日（1854年）　⊗昭和4年8月30日　⊕豊後国臼杵（大分県）　⑳慶応義塾（明治8年）卒　㊣従三位勲一等　⑲実相寺の僧の二男で、のちに臼杵藩側用人箕浦家の養子となる。明治4年上京。8年報知新聞社に入り、27～大正2年社長に就任。この間明治12年宮城県師範学校長、13年神戸商業講習所長となり教育に従事。14年改進党に入党、15年東京府会議員、23年以来衆院議員に連続15回当選。29年農商務局長、31年逓信次官、36年衆院副議長を歴任。大正2年立憲同志会成立で加盟し、3年大隈重信内閣の逓信参与官、4年逓相となる。同志会が憲政会に合流後、加藤高明の下で役員。15年大阪松島遊廓移転にからむ疑獄に連座し、拘引されたが無罪判決を受ける。

美濃部 達吉　みのべ・たつきち
枢密顧問官　貴院議員（勅選）　東京帝大教授　憲法学者　行政法学者　⊕明治6年5月7日　⊗昭和23年5月23日　⊕兵庫県加古郡高砂（現・高砂市）　⑳東京帝大法科大学政治学科（明治30年）卒　法学博士　㊣帝国学士院会員（明治44年）　⑲日本における立憲主義的公法学の確立者。明治30年内務省に入るが、1年で辞して東大大学院学生となり、比較法制史の研究に従事。ドイツ留学を経て、33年東京帝大助教授、35年教授となる。36年より高等文官試験委員、帝国学士院会員、法制局参事官などを歴任。選挙法改正など立法にも関与した。大正末期以来、治安維持法を非難し、ロンドン軍縮条約批准を支持。昭和7年貴院議員に勅選されたが、帝人事件捜査の人権侵害を批判したため右翼勢力の攻撃を受けたほか、10年には天皇機関説で告訴され、著書「憲法撮要」などの発禁処分を受けて議員を辞職。天皇機関説とは主権（統治権）の主体は天皇ではなく、法人としての国家であり、天皇はただその機関としてこれを総攬しているというもの。戦後は21年に枢密顧問官に任命され、日本国憲法の審議に参

与、選挙管理委員会委員長などを務めた。「日本国法学」「行政法撮要」「憲法講和」「法の本質」「日本行政法」「日本国憲法原論」など多数の著書がある。
[家]長男＝美濃部亮吉（東京都知事），妻＝美濃部民子（菊池大麓の二女），兄＝美濃部俊吉（朝鮮銀行総裁）

美濃部 亮吉　みのべ・りょうきち
参議院議員　元・東京都知事　経済学者　[生]明治37年2月5日　[没]昭和59年12月24日　[出]東京都文京区　[学]東京帝国大学経済学部（昭和2年）卒　経済学博士（昭和28年）　[歴]大学を出てドイツに留学後、マルクス経済学者として昭和4年東大農学部講師、10年法政大学教授となり、13年人民戦線事件で大内兵衛らと投獄された。終戦で無罪となり、戦後、20年毎日新聞論説委員、21年内閣統計委事務局長、24年東京教育大学教授などを経て、42年東京都知事に初当選。以来3期12年にわたり、対話とスマイルで"革新都政"を推進、都営ギャンブルの廃止、福祉重点策の実施、公害問題との取り組みなどで独自の政策を貫いたが、高額退職金などから財政危機を招いて3期で引退。その後、55年の参院選で全国区に無所属で当選後は、無党派の参議院の会の代表を務めた。
[家]父＝美濃部達吉（憲法学者），息子＝小坂玄山（サクラ・ファーム主宰）

簑輪 幸代　みのわ・さちよ
元・衆院議員（共産党）　弁護士　[生]昭和17年4月5日　[出]愛知県名古屋市　[学]中央大学法学部（昭和40年）卒　[歴]弁護士を志していた司法修習生時代に共産党に入党。大学時代に知り合った簑輪弘隆と結婚し、オシドリ弁護士として、岐阜市に事務所を開設する。昭和49年参院選の地方区候補に出馬、55年には総選挙にも挑戦し、岐阜県初の共産党衆院議員誕生を果たす。共産党中央委員、婦人問題対策委員会事務局長をつとめるが、61年落選した。　[家]夫＝簑輪弘隆（弁護士）

箕輪 登　みのわ・のぼる
元・衆院議員（自民党）　元・郵政相　箕輪登内外問題研究所所長　医師　[生]大正13年3月5日　[出]北海道小樽市　[学]北海道帝大医専（昭和20年）卒　[賞]勲一等瑞宝章（平成6年）　[歴]小樽市に箕輪外科医院、朝里病院朝里温泉整備外科医院を開業、各病院長に。昭和42年以来北海道1区から衆院議員に8回当選。防衛政務次官、衆院運輸常任委員長、郵政相（鈴木改造内閣）などを歴任。59年自民党北海道連会長。竹下派。平成2年引退。3年脳こうそくで入院、リハビリの末、言語障害や右半身不随を克服。12年自らの経験を生かし、介護を予防し克服する会を設立。　[趣]長唄，柔道（4段）

三原 朝雄　みはら・あさお
元・衆院議員（自民党）　元・総務長官　元・防衛庁長官　元・文相　[生]明治42年8月20日　[没]平成13年3月7日　[出]福岡県遠賀郡遠賀町　[学]明治大学法学部（昭和7年）卒　[賞]勲一等旭日大綬章（昭和61年）　[歴]大学在学中に"愛国学生連盟"を創設、初代委員長になる。満州国総務庁に勤務し、復員後、農民運動に取り組み、税金闘争のリーダーともなって福岡県議に出馬。県議を5期つとめ、昭和38年以来衆院議員に自民党から当選8回。49年田中内閣で文相、51年福田内閣で防衛庁長官、53年大平内閣で総務長官を歴任。60年定数是正のための衆院公選法改正特別委員長に就任した。無派閥。タカ派のボスとしても知られ、自民党国防族の代表格として長く党安全保障調査会長を務めた。61年6月引退した。　[趣]囲碁，読書，スポーツ
[家]長男＝三原征彦（北九州市議），二男＝三原朝彦（衆院議員）

壬生 基修　みぶ・もとなが
元老院議員　[生]天保6年3月7日（1835年）　[没]明治39年3月5日　[出]京都　[歴]急進的な尊皇攘夷派として、朝権の挽回を図る。一時政変により失脚したが慶応4年1月太政官参与として復帰した。5月には三等陸軍将に任じ、6月には会津征

討越後口総督嘉彰親王の参謀として出征、明治2年1月に右近衛権少尉となった。ついで2月に越後府知事、10月東京府知事、4年12月には山形県権令等を歴任。8年7月元老院議官となった。

三室戸 敬光　みむろど・ゆきみつ
貴院議員　宮中顧問官　東京高等音楽院院長　子爵　⊕明治5年　⊗昭和31年　⊕京都　⊗明治法律学校（現・明治大学）卒　⊗藤原北家日野流の家柄に生まれる。宮内省に入り、書記官、皇宮主事、御歌所主事、主猟官などを歴任、宮中顧問官となった。東京高等音楽院長を兼任。大正11年襲爵、14年貴院議員となり、研究会に属した。昭和10年の天皇機関説問題では美濃部批判の強硬派の立場をとった。

宮井 茂九郎　みやい・もくろう
衆院議員（立憲政友会）　⊕嘉永6年9月（1853年）　⊗明治39年11月17日　⊕香川県　⊗高松県議、所得税調査委員等を経て、明治31年3月香川郡部より衆院議員初当選。以後、連続4回の当選を果たした。また、高松砂糖会社、讃岐紡績会社等を創立し取締役を歴任。

宮尾 舜治　みやお・しゅんじ
貴院議員（勅選）　帝都復興院副総裁　⊕慶応4年1月8日（1868年）　⊗昭和12年4月3日　⊕越後国（新潟県）　⊗東京帝大法科大学（明治29年）卒　⊗従三位勲二等　⊗大蔵省に入り、参事官に任ぜられ、明治30年税務監督官となり、煙草専売創立事務を担当。33年台湾総督府に転じ、税務課長、殖産局長兼専売局長などを経て、43年拓殖局第1部長、ついで関東都督府民政長官、愛知県知事、北海道庁長官など歴任。大正12年帝都復興院副総裁となり、後藤新平を助けて震災後の復興に尽力。退官後東洋拓殖会社総裁などをつとめ、昭和9年勅選貴院議員。12年市政改新同盟に加盟、東京市会議員となった。

宮川 一貫　みやかわ・いっかん
衆院議員（立憲政友会）　⊕明治18年1月　⊗昭和19年3月25日　⊕福岡県　⊗早稲田大学政治経済科（明治44年）卒　⊗柔道7段の免状を持ち、早稲田大学講師の他、独逸協会、拓殖大学、陸軍幼年学校で柔道教師を務め、講道館最高幹部となった。この間、昭和3年衆院議員となり当選3回。ロンドンで開かれた第26回列国議会同盟会議、ベルギーで開かれた第16回万国議院商事会議に参列した。

宮城 音五郎　みやぎ・おとごろう
元・宮城県知事　東北工業大学長　東北大名誉教授　⊕明治16年8月　⊗昭和42年9月14日　⊕埼玉　⊗東京帝国大学機械科（明治41年）卒　⊗仙台高工教授を経て、大正6年から2年間米英に留学。8年東北大学教授に就任、昭和20年停年により退官。27年宮城県知事選挙に出馬して当選。

宮城 タマヨ　みやぎ・たまよ
参院議員（緑風会）　社会教育家　⊕明治25年2月1日　⊗昭和35年11月19日　⊕山口県山口市　旧姓＝植田　⊗奈良女高師博物家事部（大正3年）卒　⊗大正9～12年大原社会問題研究所で社会事業、児童保護問題などを研究。少年法制定に伴い12～13年文部、司法両省からアメリカに派遣され少年保護、社会教育などを研究。帰国後、東京少年審判所で日本初の婦人保護司となった。15年退職し、大審院検事で少年保護制度確立に尽くした宮城長五郎（後法相）と結婚、17年死別。戦後22年の参院選全国区に当選、緑風会に所属。2期12年務め、婦人青少年問題の対策に努力、31年の売春防止法成立に有力な推進者となった。27年の破壊活動防止法案審議では「扇動条項」の削除を主張した。32年訪英し、ウエストミンスター寺院のチャイム・ベルに示唆を得て全国64ヵ所の少年院と婦人補導所に「母の鐘」を寄贈することを決意、34年私財を投じて完遂した。

宮城 長五郎　みやぎ・ちょうごろう
司法相　貴院議員（勅選）　検察官　[生]明治11年9月5日　[没]昭和17年6月25日　[出]埼玉県　[学]東京帝大法科大学（明治39年）卒　[歴]司法省に入り、東京地裁、大審院各検事、東京地裁検事正、長崎・名古屋各控訴院検事長などを歴任、昭和14年阿部内閣の司法相となった。15年から勅選貴院議員。検事時代は5.15事件、血盟団事件、神兵隊事件、帝人事件などを担当。また司法省保護課長の時、少年法制定など少年保護事業の確立につとめるとともに帝国更生会、司法保護協会各会長を務め、司法保護事業に尽力した。　[家]妻＝宮城タマヨ（参院議員）

三宅 秀　みやけ・しゅう
貴院議員（勅選）　東京帝国大学名誉教授　医学者　[専]病理学　医史学　裁判医学　衛生行政　[生]嘉永1年11月（1848年）　[没]昭和13年3月16日　医学博士（明治21年）　[資]帝国学士院会員　[賞]従三位勲二等　[歴]高島秋帆らの家塾に学び、文久3年遣欧使節に従ってフランスを巡遊。帰国後横浜でヘボンに英学を学び、さらに米軍医の内塾生となり3年間医学を修めた。明治3年大学に出仕、中助教、大助教、文部少教授、東京医学校校長心得を歴任。9年米国の医学会に出席後、東京帝国大学医学部長、東京医科大学教授兼学長となった。18年渡欧。21年日本初の医学博士号を取得。24年勅選貴院議員となり、東大初の名誉教授に推薦される。帝国学士院会員。著書に「病体剖観示要」「病理総論」「病理各論」「治療通論」などがある。

三宅 正一　みやけ・しょういち
元・衆院副議長　元・日本社会党副委員長　[生]明治33年10月30日　[没]昭和57年5月23日　[出]岐阜県恵那郡明智町　[学]早稲田大学政経学部政治学科（大正12年）卒　[歴]大学卒業後、新潟県で小作争議を指導。大正13年日本農民組合新潟県連結成に参加し、のち中央委員となる。昭和7年長岡市議、11年衆院議員に当選。以来通算15期。20年社会党結成に参加。29年日本社会党の統一大会準備委員長、43年から45年まで社会党副委員長、51年から54年まで衆院副議長を務めた。　[家]弟＝三宅寅三（眼科三宅病院院長）

三宅 徳三郎　みやけ・とくさぶろう
元・高松市長　元・香川県医師会長　[生]明治32年12月3日　[没]昭和57年4月10日　[出]香川県　[学]九州帝大卒　[歴]旧岩手医学専門学校教授、福岡県立歯学専門学校医学部長兼付属病院長、香川県医師会長、中四国医師会連合委員長を務めた。昭和42年5月から高松市長1期。

三宅 磐　みやけ・ばん
元・衆院議員（民政党）　横浜貿易新報社長　社会運動家　[生]明治9年6月8日　[没]昭和10年5月23日　[出]岡山市西田町　号＝操山　[学]東京専門学校英語政治科卒　[歴]明治32年大阪朝日新聞社経済部に入社。34年関西労働組合期成会結成に参加し、演説会で「都市と社会主義」などを発表。38年大阪同志会を設立。39年東京日日新聞に移り経済部長となる。41年横浜市政顧問となり、42年から「横浜貿易新報」社長兼主筆。その後、横浜市議、神奈川県議などを歴任し、昭和7年から3回衆院議員に当選した。著書に「都市の研究」がある。

宮古 啓三郎　みやこ・けいざぶろう
衆院議員（立憲政友会）　[生]慶応2年4月（1866年）　[没]昭和15年4月9日　[出]茨城県　[学]東京帝国大学仏法科（明治25年）卒　[歴]弁護士を務め、日本法律学校講師、法制審議会臨時委員、土木会議議員、立憲政友会総務を歴任する。この間、明治35年衆院議員となり、以来通算9期務めた。訳書に「一読奮起立志美談」「ル・ロア・ボリュー経済学」「民法講義」がある。

宮崎 栄治　みやざき・えいじ
衆院議員（立憲政友会）　⑮安政2年5月（1855年）　⑳大正4年1月25日　㊤長崎県　㊥長崎外語学校　第2回水産博覧会評議員を経て、明治23年7月長崎郡部より衆院議員初当選。通算8期を務めた。

宮崎 総五　みやざき・そうご
貴院議員　篤行家　⑮文政11年8月（1828年）　⑳明治42年4月24日　㊤駿河国安倍郡大里村弥勒（静岡県）　有渡・安倍郡長を経て、明治23年貴族院議員。安倍川への架橋、静岡病院の設立などに尽力した。

宮崎 辰雄　みやざき・たつお
元・神戸市長　神戸都市問題研究所理事長　⑮明治44年9月3日　⑳平成12年2月22日　㊤兵庫県神戸市　㊥立命館大学法経学部（昭和16年）卒　法学博士（名城大学）（昭和54年）　㊞日本都市計画学会石川賞（昭和56年）、レジオン・ド・ヌール勲章、天津市名誉市民、地域文化デザイン賞（平成1年）、勲一等瑞宝章（平成2年）　昭和12年神戸市役所に入る。整地部長、復興部長を経て、28年助役となり、以後4期16年間務め、44年市長に当選。5期20年間務めた。"株式会社神戸"と評され、新神戸トンネル、神戸ポートピア、新交通システム導入、マルク債発行など次々と成功させ、"アイデア市長"として知られた。63年神戸大学経営学部非常勤講師として、都市経営論を講義。平成元年引退。のち自ら設立した財団法人神戸都市問題研究所理事長。著書に「市民都市論」「都市の経営」などがある。

宮崎 一　みやざき・はじめ
衆院議員（日本進歩党）　弁護士　⑮明治19年11月　⑳昭和26年10月10日　㊤埼玉県　㊥東京帝国大学英法科（明治45年）卒　弁護士として働く。浦和町議、埼玉県議、同議長を経て、昭和7年衆院議員に当選。以来連続4期。その間米内内閣の陸軍参与官、司法省委員、20年幣原内閣の陸軍政務次官、次いで第一復員政務次官を歴任。また浦和弁護士会長も務めた。

宮崎 八郎　みやざき・はちろう
自由民権運動家　⑮嘉永4年（1851年）　⑳明治10年4月6日　㊤肥後国玉名郡荒尾村（現・熊本県荒尾市）　㊥熊本藩校時習館に学び、維新後藩命により東京に遊学、尺振八に英学、西周に万国公法を学ぶ。明治6年征韓論に際し左院に建議、翌7年岩倉具視襲撃の嫌疑を受けて入獄。同年台湾出兵に際し義勇兵を組織して従軍。帰国後、熊本に植木学校を主宰し、また霄月社を起こして自由民権を唱道。8年上京して海老原と交わり評論新聞社に入社、反政府の論調を張って新聞紙条例にふれ、再び入獄した。西南戦争では協同隊を組織して西郷軍に加わり、肥後荻原堤で戦死した。　㊕弟＝宮崎民蔵（社会運動家），宮崎滔天（革命家，評論家），宮崎弥蔵（革命家）

宮崎 正雄　みやざき・まさお
元・参院議員（自民党）　元・日本海新聞社長　⑮明治40年6月13日　⑳平成6年3月13日　㊤鳥取市　㊥東京文理科大学教育学科（昭和16年）卒　㊞勲二等瑞宝章（昭和52年）　㊥中学教師、高等師範学校教授、石川県地方事務官、鳥取県立鳥取図書館長、同教育長ほか、日本海新聞社長、会長を歴任。昭和40年鳥取地方区から参院議員に当選、以来通算2期務める。

宮崎 正義　みやざき・まさよし
元・参院議員（公明党）　⑮明治45年3月1日　㊤広島県　㊥東京工業専修学校建築科卒　㊞勲二等旭日重光章（昭和58年）　㊥海軍航空技術廠勤務、横須賀市議を経て、昭和40年以来参院に3選。44年参院科学技術特別委員長をつとめた。　㊐読書，俳句

宮崎 茂一　みやざき・もいち
元・衆院議員(自民党)　元・科学技術庁長官　[生]大正6年2月15日　[出]鹿児島県鹿児島市　[学]東京帝大工学部土木工学科(昭和14年)卒　[賞]勲一等瑞宝章(平成4年)　[歴]内務省に入省、昭和44年運輸省港湾局長などを経て、47年以来衆院議員に8選。63年竹下改造内閣の科学技術庁長官に就任。旧宮沢派。平成8年引退。

宮沢 喜一　みやざわ・きいち
衆院議員(自民党　比例・中国)　第78代首相　元・自民党総裁　[生]大正8年10月8日　[出]広島県福山市金山町　[学]東京帝国大学法学部政治学科(昭和16年)卒　[歴]昭和17年大蔵省入り。大平正芳とともに池田首相の秘書官を務め、28年33歳の若さで参院議員に当選。42年衆院に転じ、"ニューライトの旗手"と呼ばれた。池田、佐藤、福田、鈴木の歴代内閣で経企、通産、外務、官房長官の各大臣を歴任。政策通として定評があり、とくに通訳なしで外国の要人とわたり合える語学力は有名。59年10月初の党三役である総務会長、61年には蔵相となり、鈴木派を継承して宮沢派領袖となった。62年11月竹下内閣の蔵相兼副総理に就任したが、63年12月リクルートコスモス非公開株売買問題で責任をとって辞任。平成3年11月首相に就任。しかし佐川疑惑·金丸事件のさなか、公約の政治改革が実現できず、5年6月内閣不信任決議案が可決され衆院を解散。新生党、新党さきがけなど約50名の脱党者を出し、7月の衆院選では史上最低の223議席にとどまり退陣した。以後も、橋本内閣に金融システム安定化案、ブリッジバンク構想などを提言。10年7月には小渕内閣の蔵相に就任。元首相が蔵相となるのは高橋是清以来。同年12月派閥を加藤紘一に譲り、加藤派の名誉会長に就任。11年1月、10月の改造でも蔵相に留任。12年4月森連立内閣、7月第2次森連立内閣、12月第2次森改造内閣でも留任し、13年1月中央省庁再編で財務相となる。同月堀内派最高顧問。12年6月の総選挙では比例区中国ブロック1位で当選。当選12回。　[趣]能鑑賞　[家]父＝宮沢裕(衆院議員)，弟＝宮沢弘(参院議員)

宮沢 清作　みやざわ・せいさく
衆院議員(立憲政友会)　弁護士　[生]明治11年4月　[没]昭和14年3月14日　[出]宮城県　[学]日本大学(明治36年)卒　[歴]宇都宮地方·栃木区·仙台区·仙台地方各裁判所判事を歴任後、弁護士として活躍し、仙台弁護士会副会長、宮城県議等を務めた。また昭和5年7月宮城1区より衆院議員初当選。通算5期を務めた。

宮沢 胤勇　みやざわ・たねお
運輸相　衆院議員(自民党)　明治製革社長　実業家　[生]明治20年12月15日　[没]昭和41年6月2日　[出]長野県　[学]早稲田大学政治経済科(明治44年)卒　[歴]大正3年明治製革に入社、昭和10年取締役。桜組工業常務、早大講師を経て、12年スタンダード靴会社を設立。19年明治製革社長、36年会長。この間5年以来衆院議員当選6回、民政党に属し、陸軍政務次官をつとめたが、16年の予算討議で失言し、辞任。19年小磯国昭内閣の内閣参与。戦後公職追放、解除後民主党に入り、衆院内閣委員長、31年石橋湛山内閣、32年第1次岸信介内閣の各運輸相、のち自民党相談役などを歴任。他に皮革産業協会顧問、東京靴連盟会長を務めた。

宮沢 弘　みやざわ・ひろし
元·参院議員(自民党)　元·法相　[生]大正10年9月22日　[出]東京　[学]東京帝国大学法学部政治学科(昭和18年)卒　[歴]内務省に入り、昭和34年千葉県副知事、48年自治事務次官を経て、48年から広島県知事。2期8年をつとめ、56年11月の参院広島補選で当選以来3選。平成7年10月〜8年1月辞任した田沢智治法相の後を受け、村山改造内閣の法相を務める。旧宮沢派。10年引退。同年7月三菱総合研究所顧問に就任。　[家]長男＝宮沢洋一(衆院議員)，兄＝宮沢喜一(首相)

みやた

宮沢 裕　みやざわ・ゆたか
衆院議員（日本進歩党）　⽣明治17年1月　⽣昭和38年5月23日　⽣広島県沼隈郡金江村（現・福山市金江）　⽣東京帝大法学部政治学科（大正3年）卒
⽣内務省入省後、実業界に転じ、昭和3年以来衆院議員に6期連続当選。11年内閣調査局参与、15年鉄道政務次官をつとめた。著書に「平易なる思想論」「日本政治学原論」など。
⽣長男＝宮沢喜一（首相）、二男＝宮沢弘（参院議員）、三男＝宮沢泰（駐西ドイツ大使）

宮下 創平　みやした・そうへい
衆院議員（自民党　長野5区）　元・厚相　元・環境庁長官　⽣昭和2年11月10日　⽣長野県上伊那郡長谷村　⽣東京大学法学部（昭和28年）卒　⽣勲一等旭日大綬章（平成14年）　⽣昭和28年大蔵省に入り、主計官、主計局総務課長、審議官を経て、54年退官。同年秋、長野3区より無所属で出馬し当選。平成3年宮沢内閣の防衛庁長官に就任。6年8月侵略否定発言で辞職した桜井長官の後を受けて、村山内閣の環境庁長官を務めた。10年7月小渕内閣の厚相に就任。11年1月小渕改造内閣でも留任。当選8回。官僚出身の政策通として知られる。三塚派を経て、森派。

宮島 誠一郎　みやじま・せいいちろう
貴院議員（勅選）　⽣天保9年7月6日（1838年）　⽣明治44年3月15日　⽣出羽国米沢（山形県）　幼名＝熊蔵、号＝栗香、養浩堂　⽣勲四等　⽣明治元年戊辰の役に奥羽諸藩の対官軍戦争防止に奔走。3年新政府の待詔院出仕、4年左院小議官儀制課長、10年修史館御用掛、17年参議官補、22年宮内省爵位局主事を経て、29年勅選貴院議員。晩年は中国問題に力を入れた。著書に「戊辰日記」「国憲編纂起源」「養浩堂詩鈔」などがある。

宮島 滉　みやじま・ひろし
元・参院議員（自民党）　元・させぼ農協組合長　⽣昭和2年2月22日　⽣長崎県佐世保市　⽣日本大学法学部（昭和28年）卒　⽣勲三等旭日中綬章（平成9年）
⽣昭和39年佐世保市農協に入り、46年農協組合長、55年長崎県信用農協連合会長。56年全国新聞情報連理事、農林中央金庫管理委員、57年テレビ長崎取締役を歴任。58年参院議員に当選。平成元年落選。7年長崎県農協中央会会長に就任。させぼ農協組合長なども務めた。
⽣読書、ゴルフ

宮田 早苗　みやた・さなえ
元・衆院議員（民社党）　⽣大正8年6月12日　⽣山口県　⽣明倫高小（昭和7年）卒　⽣勲二等瑞宝章（平成1年）　⽣八幡製鉄一筋で生きて来た"八幡マン"。八幡・富士両製鉄の合併では、反対派が強かった組合の中で合併推進の旗を振った。昭和47年衆院議員に当選。4期。57年沖縄北方問題特別委員長に就任。61年6月引退。　⽣弟＝宮田義二（鉄鋼労連最高顧問）

宮田 重文　みやた・しげふみ
常陸太田市長　参院議員（自民党）　⽣明治31年3月　⽣昭和48年12月6日　⽣茨城県　⽣早稲田大学政治経済科卒　⽣茨城県町村会長、全国町村会常任理事を経て、第1回参院選の補欠選挙に初当選。以降2選。第4次吉田内閣の首都建設政務次官、地方制度調査会委員、参院自由党副幹事長、自民党副幹事長、裁判官弾劾裁判所裁判員、参院逓信委員長等を歴任。太田水道・関東住宅等各会社の社長もつとめた。

宮田 輝　みやた・てる
参院議員（自民党）　元・NHKアナウンサー　⽣大正10年12月25日　⽣平成2年7月15日　⽣東京都足立区　⽣明治大学専門部商科卒　⽣菊池寛賞特別賞（昭和42年）　⽣昭和17年NHKに入局してアナウンサーとなり、「素人のど自慢」「ふるさとの歌まつり」「三つの歌」「紅白歌合戦」などの番組で親しまれる。49年2

603

月退職し、その夏の参院選に259万票の全国区最高点で当選、3期つとめた。宮沢派。

宮田 光雄　みやた・みつお

貴院議員(勅選)　衆院議員(庚申倶楽部)　[生]明治11年11月25日　[没]昭和31年3月8日　[出]三重県　[学]東京帝大法科大学独法科(明治38年)卒　[歴]貴院書記官、臨時議院建築局経理部長、統計局参与などを経て、大正8年福島県知事。9年三重県から衆院議員に当選、はじめ無所属、のち庚申倶楽部に属し、11年加藤友三郎内閣の内閣書記官長。13年勅選貴院議員となり、昭和21年まで在任、研究会で重きをなした。この間、昭和2年田中義一内閣の警視総監となり、3.15、4.16の共産党弾圧を指揮した。14年政友会中島派総務、戦時中は興亜同盟協議会議長、翼賛会興亜総本部長などを務めた。

宮地 正介　みやち・しょうすけ

元・衆院議員(公明党)　[生]昭和15年6月26日　[出]東京・浅草　[学]早稲田大学政経学部政治学科(昭和39年)卒　[歴]参院議員秘書を経て、昭和51年公明党から衆院議員に当選。7期務めた。平成6年新進党、10年1月新党平和、同年11月新公明党結成に参加。12年引退。

宮之原 貞光　みやのはら・さだみつ

元・参院議員(社会党)　元・日教組委員長　[生]大正6年10月4日　[没]昭和58年10月29日　[出]鹿児島県奄美大島　[学]鹿児島師範学校二部(昭和13年)卒　[歴]昭和23年鹿児島県教組書記長を経て、37年から日教組委員長を9年間務め、学力テスト、中教審答申、超勤手当など一連の教育闘争を指導。46年7月の参院選で旧全国区から当選し、2期。党選挙対策委員長をつとめ、参院全国区制改革に取り組んだ。著書に「私の教育論」。

宮幡 靖　みやはた・やすし

衆院議員(自由党)　[生]明治33年8月　[没]昭和34年5月13日　[出]静岡県　[学]明治大学商学部(大正12年)卒　[歴]計理士・税理士を営み、静岡県計理士会長、名古屋地方税理士会長となる。昭和22年衆院議員となり、以来当選3回。第3次吉田内閣通商産業政務次官、民主自由党総務、自由党産業復興計画委員長、自由党総務を歴任した。

宮原 幸三郎　みやはら・こうざぶろう

衆院議員(民政党)　[生]文久2年12月(1862年)　[没]昭和9年8月31日　[出]安芸国呉(広島県)　[歴]郵便局長、広島県会議員、同参事会員、同議長、呉市会議員、同議長などを歴任。さらに所得税調査委員、土地賃貸価格調査委員、実地価修正委員などを務める。実業界でも呉貯蓄銀行、呉馬車鉄道、呉起業銀行、中国電機、呉瓦斯、博愛汽船などを創立、社長または重役を務めた。明治41年以来衆院議員当選3回、民政党に属し、県支部長老として重きをなした。

宮部 襄　みやべ・のぼる

衆院議員　民権運動家　[生]弘化4年4月8日(1847年)　[没]大正12年9月5日　幼名＝伝四郎, 勝之介　[歴]旧高崎藩士。儒学者安井息軒に師事。明治3年藩政改革を唱えたために投獄されるが、廃藩後は官吏となって8年には群馬県に出仕し、警保課長や学務課長を経て13年群馬県立師範学校校長。この間、自由民権派結社の有信社を創設し、群馬における民権運動を主導した。14年依願退官ののち自由党の創立に参画し幹事を務めるが、17年密偵殺人事件に連座して有期徒刑12年の刑を受けた。22年の帝国憲法発布の大赦で出獄し、32年の帝国党結党に参加して評議員に就任。その後、第7回・第8回総選挙に出馬するがいずれも落選し、37年の第9回総選挙で当選。はじめ大同倶楽部に所属したが幹部と対立して脱党し、立憲政友会に入党した。41年の第10回総選挙で落選ののち政界を引退。

宮本 邦彦　みやもと・くにひこ
元・参院議員(自由党)　宮本地質コンサルタント社長　⽣明治32年9月6日　⽇昭和59年4月24日　⽣長野市　⽇九州帝大農学部(昭和3年)卒　⽇勲三等旭日中綬章(昭和44年)　⽇戦後農林省に入省。東京農地事務局建設部長を退職して、昭和25年から自由党参院議員(全国区)を1期務めた。

宮本 顕治　みやもと・けんじ
日本共産党中央委員会名誉役員　元・参院議員　評論家　⽣明治41年10月17日　⽇山口県熊毛郡光井村(現・光市光井)　⽇東京帝国大学経済学科(昭和6年)卒　⽇松山高では社会科学研究会をつくり、東大ではマルクス主義の学習会を組織。昭和4年「改造」の懸賞文芸評論に芥川龍之介論「『敗北』の文学」で第一席となり、以降片山伸や広津和郎を論じて、プロレタリア文学運動の理論的な担い手となる。卒業後の6年日本共産党に入党し、翌7年党員文学者の中条百合子と結婚。まもなく地下にもぐり、8年2月第一評論集「レーニン主義文学闘争への道」を刊行、5月党中央委員となる。11月スパイ査問事件で検挙され、治安維持法違反などで終身刑となるが、非転向を貫く。戦後、20年10月網走刑務所から釈放され、中央委員・政治局員となるが、25年6月のレッド・パージにより公職追放。この間、共産党は分裂状態が続くが、30年六全協を経て、33年日本共産党中央委員会書記長、45年幹部会委員長に就任、戦後入党した不破哲三らを要職につけて宮本体制を確立した。52年から参院議員を2期務めた。57年委員長を引退し、中央委員会議長。平成元年議員を引退、党務に専念する。9年9月中央委員会議長を正式に引退、名誉議長。12年11月名誉役員。主な著書に「日本革命の展望」「宮本顕治現代論」(全3巻)「宮本顕治80年代論」(全9冊)「宮本百合子の世界」のほか、「宮本顕治文芸評論選集」(全4巻、新日本出版社)がある。　⽇妻=宮本百合子(プロレタリア作家)

宮本 小一　みやもと・こいち
貴院議員(勅選)　元老院議官　⽣天保7年(1836年)　⽇大正5年10月18日　⽇正二位勲二等　⽇昌平黌に学び詩文に長じた。明治初年外務省に出仕、元老院議官ののち勅選貴院議員となった。

宮脇 長吉　みやわき・ちょうきち
衆院議員(同交会)　⽣明治13年2月5日　⽇昭和28年2月16日　⽇香川県　⽇陸士(明治36年)卒、砲工学校卒　⽇陸軍航空兵大佐に累進。陸士教官、所沢気球隊長を歴任し、昭和2年退役。3年政友会から衆院議員に初当選、以後当選5回。戦時中は同交会に所属した。軍部の拡張主義に反対し、13年国家総動員法案を審議中の衆院委員会で、時の陸軍軍務局の佐藤賢了中佐から「だまれ」との失言を引き出し、問題を起こさせた。のち扶桑石油社長、日本鉱業開発取締役などをつとめた。　⽇兄=三土忠造(蔵相・内相)、息子=宮脇俊三(紀行作家)

三善 清之　みよし・きよゆき
衆院議員(立憲政友会)　⽣安政6年12月(1859年)　⽇昭和17年11月19日　⽇香川県　⽇陸軍士官学校(明治17年)卒　⽇大阪府訓導、工兵中尉になる。退官後大倉組に入り、軍用工事に従事、のちに岡山県技師、土木課長として児島湾開墾・宇野築港を指揮した。明治37年3月に香川2区から衆院議員に初当選。以後、通算4回当選した。

三好 重臣　みよし・しげおみ
枢密顧問官　陸軍中将　子爵　⽣天保11年(1840年)　⽇明治33年11月29日　⽇長門国萩　通称=軍太郎、変名=会田春輔、雅号=春畝、秋畝　⽇長州藩奇兵隊の参謀として太貫山、赤坂で幕府軍を撃退させた。のち品川弥二郎らと共に薩長連合において奇兵隊代表として出兵上京。明治3年陸軍大佐に任ぜられ、次に東北鎮台司令長官となり、10年の西南戦争には第2旅団長として出征、高瀬口の激戦において功を立てる。戦争後陸軍少将、中将と進み、第1団長、軍監、27年枢密院顧問官に任ぜられた。

三善 信二　みよし・しんじ
参院議員（自民党）　⊕大正10年1月30日　⊗昭和54年3月7日　⊕熊本県　⊕東京大学法学部卒　㊙昭和20年農林省に入省。農地局長、農林大臣官房長、食糧庁長官、農林事務次官を歴任。52年熊本地方区から参院議員に当選。

三好 退蔵　みよし・たいぞう
貴院議員（勅選）　大審院院長　司法官　弁護士　⊕弘化2年5月7日（1845年）　⊗明治41年8月20日　⊕日向国高鍋（宮崎県高鍋町）　㊙明治2年行政官に出仕、徴士待詔局参事、衆院権判官、大監察、厳原県権大参事、伊万里県少参事、司法大書記官、参事院外遊官補、司法少輔、司法次官、控訴院、大審院各評定官、大審院検事長、検事総長、大審院長（明治26〜29年）などを歴任。その間伊藤博文に随行、欧州で裁判制度を調査、21年再びドイツに派遣。退官後弁護士となり東京弁護士会会長に推され、30年勅選貴院議員。晩年は東京市養育院感化部顧問を務めるなど感化事業に力をいれた。

三好 竹勇　みよし・ちくゆう
元・衆院議員（民主党）　元・北海道水産会会長　元・白老漁協会長　⊕明治35年4月13日　⊗昭和62年11月25日　⊕石川県金沢市　⊕金沢医科大学附属薬学専門部（昭和2年）卒　㊙北海道に移住し、白老町で漁業に従事。昭和8〜22年白老村議、22〜24年衆院議員を1期務めた。水産関係では24〜52年白老漁協組合長を務め、この間、34〜40年北海道信漁連常務理事、39〜52年大日本水産会理事、41〜52年北海道水産会会長を兼務した。

三善 信房　みよし・のぶふさ
衆院議員（日本進歩党）　⊕明治15年5月　⊗昭和40年4月4日　⊕熊本県　⊕熊本県立熊本中学校（明治36年）卒　㊙熊本県議、県参事会員を経て、昭和7年衆院議員となり、以来当選4回。馬政局参与、20年鈴木貫太郎内閣厚生政務次官となる。九州畜産会会長、中央畜産会理事、九州興発（株）社長なども務めた。

三好 英之　みよし・ひでゆき
衆院議員（無所属）　参院議員（無所属）　⊕明治18年8月　⊗昭和31年2月14日　⊕鳥取県米子市　旧名＝栄次郎　⊕早稲田大学政治経済科（明治39年）卒　㊙山陰日日新聞社長、山陰実業銀行頭取、山陽水力電気専務を歴任。大正13年以来鳥取県から衆院議員当選6回、昭和28年参院議員当選1回。この間、昭和15年米内光政内閣の陸軍政務次官となり、戦争中大政翼賛会中央協力会員、翼賛政治会衆院部長を務めた。戦後追放、解除後日本再建連盟理事長、29年第1次鳩山内閣の北海道開発庁長官となった。

三輪 市太郎　みわ・いちたろう
衆院議員（政友会）　⊕慶応3年4月（1867年）　⊗昭和5年2月8日　⊕尾張国（愛知県）　㊙明治17年より土木事業を経営、愛知開墾（株）社長となり、ほかに日光川倉庫銀行監査役、東海道電気鉄道取締役を務めた。一方海部郡会議員、愛知県会議員、同副議長、議長を経て、衆院議員当選6回、愛知県政友会の長老として活躍した。

三輪 貞治　みわ・さだはる
元・参院議員（社会党）　⊕大正2年9月　⊗昭和63年1月31日　⊕宮崎県　⊕宮崎青年師範卒　㊙勲三等旭日中綬章（昭和58年）　㊙昭和25年、宮崎地方区から参院議員に当選1回。30年12月から参院商工委員長。

三輪 寿壮　みわ・じゅそう
衆院議員（社会党）　日本労農党書記長　弁護士　社会運動家　⊕明治27年12月15日　⊗昭和31年11月14日　⊕福岡県糟屋郡古賀村（現・古賀町）　⊕東京帝大法学部独法科（大正9年）卒　㊙東大在学中の大正8年、麻生久、赤松克麿らと新人会を創設。卒業後は弁護士となって労働総同盟や日本農民組合の法律顧問として労働争議や小作争議で闘った。15年労働農民党書記長となり、同年末、

同党右派が集まった日本労農党が発足すると、その書記長に就任する。昭和7年合法無産政党の統一体である社会大衆党の創設に参加したあと、12年には東京で社会大衆党から代議士に初当選したが、戦争の激化で同党解体後は近衛文麿の新体制運動に協力し、太平洋戦争中は大政翼賛会連絡部長、大日本産業報国会厚生部長を歴任。戦後は公職追放となるが、解除後の26年には第二東京弁護士会会長となり、昭電事件での西尾末広の弁護などをする。27年の総選挙で代議士に返り咲いたあとは河上丈太郎らと左右社会党の統一に尽力。無産政党の闘士ではあったが、岸信介ら保守政財界に一高時代からの知己が多く、社会党河上派の資金調達役でもあった。

三輪 信次郎　みわ・しんじろう
衆院議員(中正会)　⽣嘉永7年4月(1854年)　没昭和18年10月19日　出東京　学慶応義塾　㊟大蔵属を経て、明治36年3月東京市より衆院議員初当選。以後、連続3回当選を果たした。また、第15国立銀行役員をも務めた。

三輪 精一　みわ・せいいち
衆院議員(自民党)　⽣明治35年8月　没昭和39年6月14日　出青森県　学中央大学卒　㊟東京民友新聞、やまと新聞各記者を経て、日刊北辰日報を発行。社長兼主筆になる。のちに事業にも手を染め、青森県議を経て、昭和27年10月衆院議員に初当選。以後、通算4回当選。この間、第1次池田内閣建設政務次官や自民党幹事、国会対策副委員長等を務めた。

三輪 伝七　みわ・でんしち
衆院議員(立憲政友会)　⽣万延1年3月(1860年)　没大正3年11月12日　出山口県　学慶応義塾、同人社　㊟小周防村議、同議長、周防村議、周防村長、熊毛郡議、山口県議、同議長等を経て、明治27年3月山口郡部より衆院議員初当選。通算4期を務めた。また、所得税調査委員、郡農会副会長等も歴任。

【 む 】

向井 倭雄　むかい・しずお
衆院議員(立憲政友会)　⽣明治5年6月　没昭和21年8月12日　出大分県　㊟愛媛県周桑郡長、警視庁警視、京都市助役などを経た後、大正9年長崎1区より衆院議員当選。以後、昭和7年まで連続5期当選を果たした。在任中は、田中(義)内閣の時の通信参与官を務めた。

向井 忠晴　むかい・ただはる
元・蔵相　元・三井物産会長　ゼネラル石油顧問　実業家　⽣明治18年1月26日　没昭和57年12月19日　出東京　学東京高商(現・一橋大学)(明治37年)卒　賞勲二等旭日重光章(昭和39年)、勲一等旭日大綬章(昭和45年)　㊟明治37年三井物産に入社、昭和9年常務取締役、14年から会長、16年には三井財閥を統轄する三井総元方の理事長に就任、同財閥の大番頭として手腕を発揮した。20年貿易庁長官、27年日本工業倶楽部専務理事、第4次吉田内閣の蔵相に就任。その後は政財界から全て引退した。

向井 長年　むかい・ながとし
民社党副委員長　参院議員　⽣明治43年11月6日　没昭和55年6月23日　出奈良県　学日本大学法律学科(昭和7年)卒　㊟東邦電力奈良支店に入り、奈良総評議長4期を経て、昭和34年全労会議と電力労連の推薦を受け、社会党公認で参院全国区に初当選(3年議員)。35年の民社党結成に参加、民社党公認で37、43年、49年と通算4回当選した。

向山 一人　むかいやま・かずと
元・参院議員(自民党)　KOA会長　⽣大正3年2月10日　没平成7年12月21日　出長野県伊那市　学早大付属高等工学校(昭和11年)卒　賞紺綬褒章(昭和37年)、勲二等旭日重光章(平成4年)　㊟昭和15年興亜工業社(現・KOA)を創立。22年興亜電工社長となり30年伊那

市議、34年には長野県議に当選。38年建設省専門委員、39年興亜ソリッド社長、42年日経連常任理事を歴任。44年から衆院議員2期。52年KOA会長、60年長野県経営者協会長を経て、61年の衆参同日選挙で参院議員に転じて初当選。渡辺派。平成4年引退。囲碁、ゴルフ、柔道（四段）

麦田 宰三郎　むぎた・さいさぶろう
衆院議員（立憲政友会）　嘉永6年2月（1853年）　大正6年8月28日　広島県　広島県議、同常置委員、同副議長を経て明治31年広島郡部より衆院議員に当選。以来通算5期務めた。

武者 伝二郎　むしゃ・でんじろう
衆院議員（公同会）　嘉永7年1月（1854年）　明治34年9月3日　宮城県　宮城県議、伊具・亘理郡長、志田・玉造郡長を経て、明治23年宮城2区より衆院議員に当選。以後27年まで連続4期当選を果たした。

牟田口 元学　むだぐち・げんがく
貴院議員（勅選）　東京鉄道社長　実業家　弘化1年12月26日（1845年）　大正9年1月13日　肥前国（佐賀県）　号＝鷹村　佐賀藩士の長男に生まれる。明治元年戊辰の役で奥羽に転戦。4年工部省に出仕、12年文部省大書記官、さらに農商務省に移り山林局長。14年の政変で辞職し、立憲改進党に加盟、河野敏鎌と修身社を起こし訴訟鑑定に従事。22年実業界に転じ、東京馬車鉄道会社の整理に腕をふるい、社長。33年電化して東京電車鉄道と改称。39年同業2社を合併、東京鉄道会社となって社長に就任。44年市営化により退職し、以後、朝鮮瓦斯電気、小倉鉄道各社長、函館水電、日清生命、中央製糖、富士身延鉄道各取締役などを務めた。勅選貴族院議員。

陸奥 宗光　むつ・むねみつ
外相　枢密顧問官　衆院議員（無所属）　外交官　伯爵　天保15年7月7日（1844年）　明治30年8月24日　紀伊国和歌山（和歌山県）　幼名＝牛麿、通称＝小次郎、陸奥源二郎、陽之助、号＝福堂、土峰、六石　15歳で江戸に遊学3年。京都で勤王運動に参加、慶応3年脱藩し、坂本龍馬の海援隊に入った。鳥羽伏見の戦いが起こると岩倉具視に開国を説き、明治元年外国事務局御用掛となり、3年渡欧。神奈川県令を経て、5年大蔵省地租改正局長。7年薩長藩閥に抗して辞任。8年元老院議官に復帰、西南戦争に林有造らと反政府挙兵を企図したとして禁獄5年。16年赦され、17年渡欧。19年帰国して外務省に入り、21年駐米公使、23年山県内閣の農商務相、24年和歌山県から衆院議員当選。25年枢密顧問官、同年第2次伊藤内閣の外相となり、27年日英通商航海条約に調印して治外法権回収に成功した。日清戦争・三国干渉などの外交に従事、日清講和条約（下関条約）には伊藤とともに全権を務めた。28年伯爵。回顧録「蹇蹇録」がある。　二男＝古河潤吉（古河財閥2代目当主）

武藤 一忠　⇒武藤環山（むとう・かんざん）を見よ

武藤 運十郎　むとう・うんじゅうろう
元・衆院議員（社会党）　弁護士　明治35年1月6日　平成5年4月8日　群馬県碓氷郡八幡村　早稲田大学専門部（昭和2年）卒　法学博士（昭和25年）　弁護士開業後、日本借家人組合を組織し、委員長。昭和8年解放犠牲者救援事件に連座、22年社会党より衆院に当選、6期をつとめる。著書に「親族相続法読本」「借家法読本」「日本不動産利用権史論」など。　読書、散歩

武藤 嘉一　むとう・かいち

衆院議員(自由党)　武藤醸造社長　旭紡績社長　⽣明治30年2月20日　⽒昭和43年7月23日　⽥岐阜県　⼤慶応義塾大学理財科(大正9年)卒　⽥スタンフォード大学、プリンストン大学、コーネル大学各大学院、フランスのグルノーブル大学に留学。三菱海上火災保険を経て、大正13年慶大高等部教授。昭和4年武藤醸造代表社員となり、菊川酒造、旭紡績各社長兼任。かたわら岐阜市立薬専、岐阜農専各講師、富田女学校長、名城大教授を務めた。戦後21年以来衆院議員当選3回。24年第3次吉田茂内閣の通信政務次官となり、民主自由党総務を務めた。
⽥長男＝武藤嘉文(衆院議員)

武藤 嘉文　むとう・かぶん

衆院議員(自民党　岐阜3区)　元・外相　元・総務庁長官　⽣大正15年11月18日　⽥岐阜県各務原市　⼤京都大学法学部(昭和26年)卒　⽥エクアドル共和国大十字勲章(昭和63年)、勲一等旭日大綬章(平成12年)　⽣昭和26年武藤醸造に入り29年副社長、34年武藤本店社長。42年以来衆院議員に12選し、47年自治政務次官、52年自民党政調副会長、53年党副幹事長。54年第2次大平内閣の農水相を経て、平成2年第2次海部内閣の通産相。岐阜青年会議所理事長、日本青年会議所副会頭をつとめ、昭和39年には日本青年海外派遣団南欧中近東班団長として渡航。平成5年4月病気のため辞任した渡辺美智雄衆院議員に代わって第2次宮沢内閣の外相に就任。7年党総務会長。8年第2次橋本内閣の総務庁長官。旧渡辺派、のち江藤・亀井派。
⽥囲碁(3段)、剣道(3段)　⽥父＝武藤嘉一(衆院議員)

武藤 嘉門　むとう・かもん

元・岐阜県知事　岐阜県名誉県民　⽣明治3年10月3日　⽒昭和38年8月11日　⽥山形県　⼤東京法学院英法科中退　⽣明治40年岐阜県議会議員を経て、大正7年衆議院議員補欠選挙に当選、以後3選。昭和22年最初の岐阜県公選知事選挙に出馬して当選、連続3期つとめた。
⽥息子＝武藤嘉文(農水相)

武藤 環山　むとう・かんざん

衆院議員(国民協会)　熊本県議　⽣天保7年12月20日(1836年)　⽒明治41年5月19日　⽥肥後国菊池郡原村(熊本県)　本名＝武藤一忠　⽥文武に通じ、安政2年木下梅里に師事、のちその私塾の教授。菊池文芸倡方となり菊池文武講堂で経書を講じた。明治維新には諸種の公職に就き、14年自由民権論が起こると欽定憲法を主張し紫溟会を組織。のち国権党を結成、熊本県会議員となり、同参事会員、副議長として活躍。30年以来衆院議員当選2回。晩年は詩文を楽しみ、著書に「環山草堂詩文集」「男虎太編」がある。

武藤 金吉　むとう・きんきち

衆院議員(政友会)　帝国蚕糸重役　実業家　⽣慶応2年5月15日(1866年)　⽒昭和3年4月22日　⽥上野国山田郡休泊村龍舞(群馬県)　号＝龍山　⼤英吉利法律学校卒　⽥従四位勲二等　⽣自由党に入り自由民権を唱え、足尾鉱毒事件に活動。明治16年上京、法律学校卒業後は実業新聞、上野新聞を主宰。のち実業界に入り、帝国蚕糸、群馬農工銀行、山保毛織などの重役を務めた。23年以来群馬県から衆院議員当選8回、その間赤城事件に連座、獄中立候補して当選した。立憲政友会に属し、43年ベルギーの万国議員会議に出席、前後3回欧米漫遊。イタリア、中国の蚕糸業を視察、蚕糸業発展に尽した。生産調査会委員、大日本蚕糸会評議員、大日本蚕糸同業組合中央特別議員などを務めた。昭和2年田中義一内閣の内務政務次官に就任。

武藤 山治　むとう・さんじ

衆院議員　鐘淵紡績社長　実業家　⽣慶応3年3月1日(1867年)　⽒昭和9年3月10日　⽥尾張国海東郡鍋田村(愛知県)　旧姓＝佐久間　⼤慶応義塾卒　⽥美濃国(岐阜県)の豪農・佐久間国三郎の長男に生まれ、のち武藤家の養子となる。19歳

で渡米、カリフォルニア州のパシフィック大で学ぶ。明治20年帰国し、ジャパンガゼット新聞社に勤務する傍ら、日本で最初の広告取次業をはじめ、「博聞雑誌」を刊行。26年中上川彦次郎の誘いで三井銀行入り。27年鐘淵紡績に移り、兵庫工場支配人、本社支配人、41年専務を経て、大正10年社長。鐘紡を大阪紡、三重紡、富士紡とならぶ4大紡の一つに成長させた。12年実業同志会を創立、会長となり、13年以降衆院議員当選3回。昭和7年政界を引退、時事新報社長に。9年同紙の連載「番町会を暴く」で帝人事件火つけ役ともなるが、同年鎌倉で狙撃され死亡した。著書に「紡績大合同論」など多数。　[家]次男＝武藤糸治(鐘紡社長), 孫＝武藤治太(ダイワボウ社長)

武藤 山治　むとう・さんじ
元・衆院議員(社会党)　[生]大正14年7月8日　[没]平成13年5月29日　[出]栃木県足利市　[学]早稲田大学政経学部(昭和26年)卒, 早稲田大学大学院(昭和27年)中退　[賞]勲一等旭日大綬章(平成7年)　[歴]税務署、消防隊などで働きながら学業を続ける傍ら、昭和21年金子益太郎代議士秘書になる。27年大学院を中退し館林女子高教諭、30年から栃木県議を2期つとめ、35年衆院議員に当選、通算10期。財政金融政策委員長、52年党政審会長、58年右派の政権構想研究会代表、61年副委員長、63年党代議士会長を歴任。同年株式売買に絡む明電工事件で株売却益の授受疑惑が持たれ、平成4年衆院商工委員長を辞任。5年落選し、政界を引退した。　[趣]絵画, 将棋, 盆栽

武藤 武雄　むとう・たけお
元・衆院議員(社会党)　総評初代議長　労働運動家　[生]大正5年3月20日　[没]昭和53年10月20日　[出]茨城県那珂郡山方町　[学]小貫農(昭和5年)卒　[歴]常磐炭鉱の会社系鉱夫として勤め、昭和21年常磐炭鉱労働組合連合会の初代組合長となり、22年炭労(後の日本炭鉱労働組合)会長を経て25年総評結成と共に初代議長。26年の中央メーデーでは占領軍命令に従い中止。27年の労闘スト(破壊活動防止法案の国会審議、労働法規改悪反対)では、撤回から修正闘争に切り替えて炭労のストを延期させた。このため炭労臨時大会で不信任、委員長を解任され総評議長も辞任した。この後、出身の常磐炭鉱は全労系の全国石炭鉱業労組(全炭鉱)に加盟。33年福島3区、社会党から衆院選に立ち当選。35年民社党から立候補した衆院選には落選した。

武藤 常介　むとう・つねすけ
衆院議員(民主党)　参院議員(自民党)　[生]明治23年3月　[没]昭和38年8月6日　[出]茨城県　[学]茨城県師範(大正2年)卒　[賞]藍綬褒章(昭和33年)　[歴]小学校教員、茨城県太田町議、太田町長を務める。昭和22年から衆院議員を1期、28年から参院議員を2期務め、30年第3次鳩山内閣の労働政務次官となった。また改進党副幹事長、自民党副幹事長、国会対策副委員長などを歴任した。著書に「労働問題と労働行政」「欧米旅日記」がある。　[家]四男＝武藤格(ルミネ社長)

宗像 政　むなかた・ただし
衆院議員(立憲政友会)　貴院議員(勅選)　埼玉県知事　[生]嘉永7年1月(1854年)　[没]大正7年2月7日　[出]肥後国(現・熊本県)　旧姓＝田村　[学]開拓使札幌学校, 東京芝学校　[歴]明治10年西南の役に西郷軍中隊長として従軍。15年赦免され相愛社に入り、自由民権を唱える。17年上京し東亜学館を設立。27年衆院議員、29年埼玉県知事となる。31年に第2次松方内閣が総辞職した際も「我は壇の浦まで行く」と豪語して知事を辞さず、壇の浦知事の異名をとる。のち青森、福井、宮城、高知、熊本、東京の府県知事を歴任。大正4年再び衆院議員に選出され、6年には貴院議員に勅選された。

村尾 重雄　むらお・しげお
元・参院議員（民社党）　元・同盟副会長　労働運動家　⽣明治34年10月7日　⽢平成1年11月10日　⽣大阪市北区天神橋　⽣小学校卒　⽣藍綬褒章（昭和41年）、勲二等旭日重光章（昭和46年）　印刷工、鉄工などを経て、大正9年友愛会に入り、昭和15年の解散まで中堅幹部として大阪地方で活躍した。この間多くの争議に参加し、投獄されたりする。大正15年労働農民党に入り、以後社会民衆党、社会大衆党に属し、昭和14年大阪府議となる。戦後ただちに総同盟再建に参加。27年総同盟副会長。他に全国化学一般労働組合同盟会長。また社会党に入り22年参院議員となる。35年民主社会党に転じて中央執行委員を務めた。

村岡 兼造　むらおか・かねぞう
衆院議員（自民党　秋田3区）　元・内閣官房長官　⽣昭和6年8月27日　⽣秋田県本荘市　⽣慶応義塾大学経済学部（昭和29年）卒　⽣勲一等旭日大綬章（平成13年）　本荘市商工連理事、秋田県議2期を経て、昭和47年衆院議員に当選。平成元年宇野内閣の郵政相、2年第2次海部改造内閣の運輸相を経て、9年第2次橋本改造内閣の官房長官。10年自民党幹事長代理、12年総務会長。9期目。竹下派、旧小渕派を経て、橋本派。⽣読書、囲碁、ゴルフ　⽣長男＝村岡兼幸（村岡建設工業常務）

村上 勇　むらかみ・いさむ
元・衆院議員（自民党）　元・郵政相　元・建設相　⽣明治35年4月7日　⽢平成3年1月28日　⽣大分県佐伯市　⽣早稲田工手校（大正7年）卒　⽣勲一等旭日大綬章（昭和47年）　飛鳥組を経て、村上土建を設立し社長。昭和21年の総選挙に大分1区から出馬し当選。大野伴睦の側近となり、30年第3次鳩山内閣の郵政相、34年第2次岸内閣の建設相を歴任。39年大野死去後、大野派が分裂した時、村上派を結成した。49年三木内閣郵政相。58年の選挙に出馬せず引退。通算14期衆院議員を務めた。日本遺族会会長もつとめた。　⽣弟＝村上春蔵（参院議員）

村上 格一　むらかみ・かくいち
海相　海軍大将　⽣文久2年11月（1862年）　⽢昭和2年11月15日　⽣肥前国佐賀（佐賀県）　⽣海兵（明治17年）卒　明治19年少尉、日清戦争に「吉野」水雷長で従軍。30年フランスに留学。常備艦隊参謀を経て、36年「千代田」艦長、37年日露戦争の仁川海戦で露艦を撃沈。38年「吾妻」艦長で日本海海戦に奮戦。海軍教育本部第1部長、海軍省副官を経て、41年少将。再び海軍教育本部長、ついで艦政本部第1部長となり、大正元年中将に昇進。以後呉海軍工廠長、艦政本部長、技術本部長、第3艦隊司令長官を歴任し、7年大将。8年呉鎮守府司令長官、11年軍事参議官を経て、13年清浦奎吾内閣の海相となった。同年病気で辞職、12月予備役に編入。

村上 義一　むらかみ・ぎいち
運輸相　参院議員（同志会）　貴院議員（勅選）　日本通運社長　日本交通公社会長　運輸官僚　実業家　⽣明治18年11月10日　⽢昭和49年1月20日　⽣滋賀県　⽣東京帝大法科大学独法科（明治45年）卒　大正元年鉄道院に入り、昭和2年鉄道省神戸鉄道局長、3年大阪鉄道局長を経て、5年より満鉄理事。実業界に入り、12年朝鮮運送、15年日本通運各社長に就任。21年勅選貴院議員となり、同年幣原喜重郎内閣の運輸相。22年より参院議員当選3回、同志会に属し、参院議運委員長をつとめた。24年再び第3次吉田茂内閣の運輸相となる。また日本交通公社会長、近畿日本鉄道社長、経団連顧問もつとめた。

村上 恭一　むらかみ・きょういち
貴院議員（勅選）　⽣明治16年8月　⽢昭和28年12月21日　⽣東京　⽣東京帝国大学法科大学（明治40年）卒　通信省、枢密院各書記官、通信大臣秘書官兼同参事官、行政裁判所評定官兼枢密院議長秘書官、枢密院書記官長等を歴任し

た。また、貴院制度調査会、議会制度審議会各委員となる。明治44年英領香港、台湾出張。貴院には昭和14年8月から22年5月まで在任した。

村上 国吉　むらかみ・くにきち
衆院議員（日本進歩党）　⊕明治9年1月　㊣昭和32年12月13日　㊉京都府　㊋大阪府立農学校（明治31年）卒　㊎京都府何鹿郡会議員、綾部町議、京都府議、府参事会員を経て、大正13年衆院議員となり当選6回。昭和14年阿部内閣の農林政務次官となる。また村上農園を設立し経営にあたったほか、帝国農会評議員なども務めた。

村上 孝太郎　むらかみ・こうたろう
参院議員（自民党）　⊕大正5年6月29日　㊣昭和46年9月8日　㊉愛媛県今治市　㊋東京帝大法学部政治科（昭和14年）卒　㊎大蔵省に入って主計関係を歩み、医師から"あと半年"といわれた睾丸ガンを克服後、経企庁官房長、大蔵省官房長、同主計局次長を歴任して大蔵次官まで昇進。昭和46年には"走れコータロー"をテーマソングとして参院選で当選。だが、登院したのは1日だけで、3カ月後には癌に倒れた。　㊙父＝村上紋四郎（衆院議員）、弟＝村上信二郎（衆院議員）

村上 茂利　むらかみ・しげとし
元・衆院議員（自民党）　元・労働事務次官　⊕大正7年11月9日　㊣平成1年11月20日　㊉北海道天塩郡遠別町　号＝北海　㊋中央大学法学部（昭和16年）卒　法学博士　㊎労働省に入省、昭和37年職業訓練局長、38年労働基準局長、43年職業安定局長、44年事務次官を歴任して退官。51年以来北海道2区から衆院議員に3選。安倍派。61年に落選。また書家としても知られた。

村上 弘　むらかみ・ひろむ
元・衆院議員（共産党）　⊕大正10年9月24日　㊉広島県因島市　㊋通信官吏練習所行政科（昭和17年）卒　㊎9歳で大阪へ養子に出る。大阪中央電信局に勤務し、戦後共産党に入党。全逓地協会会長、大阪官公労協会会長を経て、昭和47年以来大阪3区から衆院議員に4選。この間国対委員長、党衆院議員団長、党副委員長を歴任。62年4月、不破委員長が心疾患で入院のため委員長代行となり、11月委員長に就任したが、平成元年6月病気で辞任。平成2年引退。

村上 正邦　むらかみ・まさくに
元・参院議員（無所属）　元・労相　⊕昭和7年8月21日　㊉福岡県田川郡添田町　㊋拓殖大学政経学部政治学科（昭和31年）卒　㊎玉置和郎参院議員秘書などを経て、昭和55年以来参院議員に4選。59年防衛政務次官、参院大蔵委員長を歴任。平成4年宮沢改造内閣の労相に就任。7年参院自民党幹事長。10年12月旧渡辺派会長。11年3月村上・亀井派を結成、会長となる。同年7月会長を辞任。12年1月憲法調査会会長。江藤・亀井派所属。著書に「政治にスジを通す」「混の東欧を探る」など。この間、ケーエスデー中小企業経営者福祉事業団（KSD）に有利な国会質問を行った見返りに、現金5000万円や資金管理団体事務所の家賃肩代わりなどの資金提供を受けていたことが明るみとなり、13年2月自民党を離党、同月辞職。同年3月受託収賄の疑いで東京地検特捜部に逮捕される。15年5月東京地裁は懲役2年2ケ月、追徴金7288万円の実刑判決を言い渡す。同月控訴。

村上 紋四郎　むらかみ・もんしろう
衆院議員（翼賛議員同盟）　⊕慶応1年8月（1865年）　㊣昭和20年1月21日　㊉愛媛県　㊎愛媛県議、同議長、地方衛生会議員を経て、今治市長となる。大正13年衆院議員に初当選。以来通算5期務めた。　㊙孫＝村上孝太郎（衆院議員）、村上信二郎（衆院議員）

村上 由　むらかみ・ゆかり
日本共産党中央監査委員長　社会運動家　[生]明治34年4月25日　[没]昭和48年9月29日　[出]北海道小樽郡銭函村(現・小樽市)　[学]高等小学校卒　[歴]大正9年札幌電気軌道の車掌となり、ストライキで解雇される。15年函館に全日本無産青年同盟支部を結成し、組織部長となる。この間労働農民党に参加。昭和2年共産党に入党するが、3年の3.15事件で検挙され懲役5年に処せられる。出獄後も党の再建に力を入れ11年再度検挙され14年まで在獄する。16年の日米開戦で予防拘禁される。戦後ただちに党再建と労働組合の組織化にあたり、北海道炭鉱労働組合連合会委員長、北海道労働組合会議事務局長などをつとめた。24年共産党北海道地方常任委員となってからは党務に専念し、33年から中央統制監査委員をつとめた。

村沢 牧　むらさわ・まき
参院議員(社民党)　[生]大正13年8月1日　[没]平成11年9月8日　[出]長野県下伊那郡南信濃村　[学]中央大学法学部(昭和29年)卒　[歴]昭和38年以来長野県議3期を経て、52年参院議員に当選。4期目の任期中に死去。

村島 喜代　むらしま・きよ
元・衆院議員(民主党)　[生]明治25年10月　[没]昭和57年3月11日　[出]新潟県　[学]長岡女子師範(明治44年)卒　[歴]昭和21年の衆院選挙に新潟1区から日本進歩党公認で出馬して当選、途中民主党にかわり1期務めた。

村瀬 直養　むらせ・なおかい
法制局長官　貴院議員(勅選)　商工組合中央金庫理事長　官僚　弁護士　[生]明治24年10月12日　[没]昭和43年8月8日　[出]栃木県宇都宮　[学]東京帝大法科大学独法科(大正3年)卒　[歴]大正3年農商務省入省。法制局書記官、昭和8年商工省商務局長、11年特許局長官、商工次官を歴任し、14年退官。15年第2次近衛文麿内閣法制局長官となり、第3次近衛内閣にも留任。16～21年勅選貴院議員。20年再び鈴木貫太郎内閣の法制局長官となり、敗戦後の東久邇捻彦内閣でも留任。21年弁護士登録。22年公職追放、解除後の28～33年商工中金理事長を務めた。36年日本電子計算機社長。

村瀬 宣親　むらせ・のぶちか
衆院議員(自民党)　[生]明治35年1月　[没]昭和41年12月13日　[出]愛媛県　[学]神戸高商　[歴]昭和22年衆院議員に初当選、以来通算4回当選。この間29年第1次鳩山内閣の経済審議政務次官を務めたのをはじめ、衆院科学技術振興対策特別委員長、35年第1次池田内閣の法務政務次官を務めた。

村田 敬次郎　むらた・けいじろう
元・衆院議員(自民党)　元・通産相　元・自治相　[生]大正13年2月12日　[没]平成15年4月2日　[出]愛知県豊橋市　[学]京都大学法学部(昭和24年)卒　[賞]勲一等旭日大綬章(平成7年)　[歴]鳥取県、自治庁、愛知県に勤めた後、昭和44年衆院議員に当選、以来10期連続当選を果たす。この間、建設政務次官、総理府総務副長官、党人事局長、衆院建設常任委員長を歴任して、59年中曽根内閣の通産相に就任。平成元年党政調会長、3年弾劾裁判所裁判長、4年宮沢改造内閣の自治相。三塚派を経て、森派。首都機能移転問題に取り組み、5年より新首都推進懇談会会長を務めた。12年引退。著書に「メガロポリスへの挑戦」。[趣]囲碁, 音楽, 写真

村田 省蔵　むらた・しょうぞう
逓信相　鉄道相　日本国際貿易振興協会会長　大阪商船社長　実業家　[生]明治11年9月6日　[没]昭和32年3月15日　[出]東京　[学]東京高商(現・一橋大)(明治33年)卒　[歴]大阪商船に入社、大正6年には専務となり、昭和9年から14年まで社長を務めたあと貴院議員に勅選される。この間、日中戦争が始まると、海運自治連盟を結成して理事長に就任。その後、第2次、第3次近衛内閣の逓信相や鉄道相を務め、戦争中はフィリピン派遣軍最高顧問、駐比大使を歴任する。戦

後は戦犯容疑で拘置されたが、22年には釈放され、26年には追放も解除されたあと、「日比友の会」を組織して29年の日比賠償会議の全権委員を務め、また同年から日本国際貿易振興協会会長として日中国交回復にも尽力、31年の国慶節には北京で毛沢東らと会見している。アジア解放が生涯の夢だった。

村田 保　むらた・たもつ
貴院議員(勅選)　大日本水産会副総裁　[生]天保13年(1842年)　[没]大正14年1月6日　[出]肥前国唐津(佐賀県)　号=水産翁　[賞]勲一等　[歴]早くから新政府に出仕、司法権大録、太政官兼内務大書記官を経て、明治23年勅選貴院議員。早くから水産業を志し、大日本水産会を創立、副総裁となり、また水産伝習所創立に尽力した。大正3年山本権兵衛内閣の末期、海軍収賄問題で弾劾演説をぶち、自らも議員を辞職した。著書に「治罪法註釈」「独逸法律書」「英国法家必携」などがある。

村田 秀三　むらた・ひでぞう
参院議員(社会党)　[生]大正10年5月4日　[没]昭和60年1月5日　[出]福島県白河市　[学]仙台逓信講習所卒　[歴]昭和31年全逓福島地本委員長(9期)。昭和40年参院地方区(福島県)に初当選、当選4回。社会労働委員長、災害対策特別委員長、参議院社会党国対副委員長(2回)。

村野 常右衛門　むらの・つねえもん
衆院議員(政友会)　貴院議員(勅選)　横浜倉庫社長　実業家　[生]安政6年7月25日(1859年)　[没]昭和2年7月30日　[出]武蔵国南多摩郡野津田村(現・東京都町田市)　[歴]豪農村野家の長男に生まれる。自由民権を唱え、明治14年石坂昌孝らと政治結社・融貫社を結成、地方自治に奔走。18年大井憲太郎らの大阪事件に連座、20年和歌山で入獄。22年憲法発布で特赦、以後鶴川村会議員、神奈川県会議員を経て、31年以来東京から衆院議員当選9回、この間政友会幹事長、総務をつとめた。大正11年勅選貴院議員。傍ら小田急電鉄敷設に尽力、横浜倉庫社長、横浜鉄道監査役などを務めた。

村松 愛蔵　むらまつ・あいぞう
衆院議員(立憲政友会)　自由民権運動家　[生]安政4年3月2日(1857年)　[没]昭和14年4月11日　[出]三河国田原(愛知県)　[学]ロシア語学校(神田ニコライ堂内),東京外国語学校露語科　[歴]田原藩の家老職の家に生まれる。明治5年15歳で上京、神田ニコライ堂内のロシア語学校、次いで東京外国語学校の露語科に学ぶ。12年田原に帰郷、翌13年旧士族と周辺の豪農、豪商層の青年に働きかけて民権政社・恒心社を結成。14年愛知自由党結成に参加。17年政府転覆を企てたのが発覚して下獄。出獄後、立憲自由党評議員などを務める。27年インド、トルコ、ロシア、朝鮮などを旅行。31年以来衆院議員に4選。はじめ自由党、のち立憲政友会に属す。42年日糖事件に連座して政界を引退。以後救世軍に入り、宗教活動に専念した。

村松 亀一郎　むらまつ・かめいちろう
衆院議員(民政党)　[生]嘉永6年1月5日(1853年)　[没]昭和3年9月22日　[出]陸前国登米郡錦織村(宮城県東和町)　[歴]明治12年仙台に法律学会を設立、東北七州会を組織、自由民権を鼓吹した。13年大阪で愛国社により、片岡健吉、河野広中らと国会開設請願書を政府に提出。仙台に本立社を設立して民権論を唱えた。22年仙台市会議員、同議長、市参事会員、27年宮城県会議員、同議長を経て、24年以来衆院議員当選12回。進歩党から改進党、憲政党、憲政本党、国民党、同志会、民政党と移った。代議会長、顧問を務め、大正8年選挙権拡張問題が起こると普選論を主張した。

村松 恒一郎　むらまつ・つねいちろう
衆院議員(立憲民政党)　[生]元治1年4月(1864年)　[没]昭和15年6月5日　[出]伊予国(愛媛県)　[学]同人社(明治17年)卒　[歴]高野山大学英学教師、東京朝日新聞などの記者を経て、明治39年政治雑誌「大国民」を発刊し、また日刊大東通信

社社長となる。41年衆院議員となり当選5回。社会事業調査会委員、立憲民政党総務を務めた。

村松 久義　むらまつ・ひさよし
参院議員(自民党)　[生]明治29年7月25日　[没]昭和47年5月12日　[出]宮城県　[学]東京帝大独法科(大正12年)卒, 東京帝大経済科(大正14年)卒　[歴]名古屋地裁判事を経て、昭和7年立憲民政党から衆院議員に当選。6期。34年参院議員に転じ、1期つとめる。　[家]父=村松亀一郎(政治家)

紫安 新九郎　むらやす・しんくろう
衆院議員(日本自由党)　[生]明治6年8月　[没]昭和27年7月8日　[出]兵庫県　[学]東京専門学校邦語政治科(明治32年)卒　[歴]鎮西日報主筆、万朝報記者を務める。その後、大蔵省副参政官、第2次若槻内閣の拓務政務次官、立憲民政党総務を歴任。明治45年衆院議員に初当選。以来通算10回当選。

村山 喜一　むらやま・きいち
元・衆院議員(社会党)　[生]大正10年7月21日　[没]平成8年8月16日　[出]鹿児島県始良郡蒲生町　[学]台南師範(昭和16年)卒　[歴]小学教員、鹿児島県評事務局長、鹿児島県議を経て、昭和35年から衆院議員に10期。国対委員長時代は参院全国区の比例代表制導入にタッチ。飛鳥田執行部時代は副委員長を務めた。平成2年衆院副議長。5年引退。

村山 喜一郎　むらやま・きいちろう
衆院議員(民政党)　[生]明治5年8月　[没]昭和42年2月28日　[出]秋田県　[歴]南秋田郡議、同議長を経て、大正9年から2期衆院議員をつとめた。

村山 達雄　むらやま・たつお
元・衆院議員(自民党)　元・蔵相　[生]大正4年2月8日　[出]新潟県長岡市　[学]東京帝大法学部(昭和12年)卒　[賞]勲一等旭日大綬章(平成5年)　[歴]昭和12年大蔵省に入り、35年主税局長。38年退任し、同年以来衆院に当選12回。43年運輸政務次官、46年法務政務次官、52年福田改造内閣大蔵大臣、55年鈴木内閣厚生大臣、63年竹下内閣大蔵大臣。平成元年宇野内閣でも留任。宮沢派を経て、加藤派。12年引退。　[趣]囲碁, ゴルフ

村山 富市　むらやま・とみいち
元・衆院議員(社民党)　第81代首相　元・社会民主党委員長　[生]大正13年3月3日　[出]大分県大分市　[学]明治大学専門部(昭和19年)卒　[賞]明治大学名誉博士号(平成6年)　[歴]昭和30年より大分市議2期、38年より大分県議3期を経て、47年以来衆院議員に8選。社会党社労部会長、後天性免疫不全症候群対策特別委員長、党国会対策委員長等を歴任。平成5年9月第13代日本社会党委員長となり、6年4月非自民連立政権から離脱。6月自民党、新党さきがけと連立を組んで首相に選出された。7年7月の参院選では、史上最低の16議席にとどまった。8月内閣を改造。8年1月退陣。同月社会党委員長に再選し、党名を社会民主党と変更。同年9月党の立て直しを計るため、土井たか子元衆院議長に復党を要請、自らは特別代表となる。のち特別顧問。11年超党派国会議員の団長として北朝鮮を訪問。12年政界を引退。エッセイ集「そうじゃのう」がある。
[家]二女=中原由利(村山首相秘書)

村山 道雄　むらやま・みちお
元・参院議員(自民党)　元・山形県知事　歌人　[生]明治35年3月31日　[没]昭和56年12月10日　[出]兵庫県　[学]東京帝大法学部政治学科(大正14年)卒　[賞]勲二等旭日重光章(昭和47年)　[歴]昭和20年官選の山形県知事に就任、22年からは公選で2期務めた。34年に山形全県区から参院議員に当選(当選1回)。アララギ派の歌人で「山形」「蔵王」などの歌集がある。

村山 龍平　むらやま・りょうへい
衆院議員　貴院議員(勅選)　朝日新聞創業者　新聞人　[生]嘉永3年4月3日(1850年)　[没]昭和8年11月24日　[出]伊勢国田丸(現・三重県)　号=香雪　[歴]国学者の子に生まれ、大阪で西洋雑貨店を経営

していたが、明治12年に大阪朝日新聞の創業に際して社主となり、14年からは上野理一との共同経営で社長に。21年には星亨の「めざまし新聞」を買収して「東京朝日新聞」を創刊、長谷川如是閑らを招いてその個性を発揮させ、政論紙からニュース本位の新聞に脱皮。また販売網の整備に努めた。31年東西朝日を経営上合併してから上野と交代で朝日新聞社長に就任。大正7年の米騒動関係の白虹筆禍事件で社長を一時退任したが、翌8年株式会社に改組、以後没年まで社長を務めた。明治24年から衆院議員に当選3回、昭和5年には貴族院議員に勅選されている。 [家]長女＝村山於藤(香雪美術館理事長), 孫娘＝村山美知子(朝日新聞社社主)

室 孝次郎　むろ・こうじろう
衆院議員(進歩党) [生]天保10年9月14日(1839年) [没]明治36年6月21日 [出]越後国高田本誓寺町(新潟県) 諱＝方義, 字＝子成, 変名＝正木小七郎, 号＝桜蔭 [歴]漢学、剣道、和歌を学び、勤王の志厚く、慶応2年京都に上って広く志士と交わった。明治元年戊辰の役には北陸道官軍の御用掛として従軍。3年高田藩聴訴掛、また同志と高田病院を創設。8年弥彦神社宮司、11年第8大区長、高田中学校長、12年西頸城部長。14年辞任し、信越鉄道敷設を計画、鈴木昌司らと頸城自由党を組織、のち上越立憲改進党を結成、21年さらに政友同盟会を創立、会長。23年以来衆院議員当選4回。29年進歩党頸城支部長、30年愛媛県知事となった。

【め】

目賀田 種太郎　めがた・たねたろう
枢密顧問官 男爵 [生]嘉永6年7月(1853年) [没]大正15年9月10日 [出]江戸 [歴]昌平黌に学び、明治3年米国留学を命ぜられる。帰国後文部省に出任、8年に官吏として再び渡米。以後司法省を経て、大蔵省少書記官となる。27年主税局長となり、日清、日露戦争時の経済を支える。税務監督局を創設し税官吏の養成を図る一方、関税自主権についての条約改正にも尽力した。37年8月貴院議員に勅選、同年10月韓国財政顧問に就任、40年に財政監査長官に進んだ。同年男爵を授けられ、大正12～15年枢密顧問官。専修大学の前身、専修学校の創設者として知られる。

目黒 今朝次郎　めぐろ・けさじろう
元・参院議員(社会党) [生]大正11年6月7日 [出]宮城県 [学]仙台鉄道教習所(昭和25年)卒 [賞]勲二等瑞宝章(平成4年) [歴]昭和39年動労副委員長、40年書記長、44年委員長を経て、49年以来参院議員に2選。参院運輸委員会理事、物価対策委員長などを歴任。61年7月引退。 [趣]ハイキング

【も】

毛利 柴庵　もうり・さいあん
和歌山県議 高山寺(真言宗)住職 「牟婁新報」主筆 僧侶 社会主義者 ジャーナリスト [生]明治4年9月28日 [没]昭和13年12月10日 [出]和歌山県新宮(現・新宮市) 本名＝毛利清雅 幼名＝熊二郎, 筆名＝田辺のマークス, 別名＝成石熊二郎 [学]高野山大学林(現・高野山大学)(明治28年)卒 [歴]高野山に学び、明治28年田辺の高山寺住職となる。33年牟婁新報社創立に参加し、主筆。34年東京遊学、35年「新仏教」同人となり、杉村縦横、高嶋米峰、堺利彦、木下尚江らと知る。36年再び「牟婁新報」主筆となり、紀州における社会主義の一牙城をつくった。43年の大逆事件後は地方政客の道を歩み、田辺町議を経て、和歌山県議在職中に没した。著書に「獄中の修養」「皇室と紀伊」など。

毛利 高範　もうり・たかのり
貴院議員　毛利式速記学校長　子爵　速記教育者　[生]慶応2年12月5日(1866年)　[没]昭和14年6月12日　[出]熊本県　旧姓=細川　前名=侃次郎　[歴]豊後佐伯藩主毛利高謙の養子となり、明治9年家督を相続して高範と改名。17年子爵。21年ドイツに留学、帰国後式部官となり、大正2年から貴院議員に3期当選。ドイツ留学中ドイツ系の速記ファルマン方式を学び、これを基礎に毛利方式を組み立てた。大正12年毛利式速記学校を創立、校長となる。娘泰子(近衛秀麿夫人)がこの方式で「原田日記」を速記した。著書に「毛利式日本速記法」「毛利式日本速記述」がある。

毛利 松平　もうり・まつへい
元・衆院議員(自民党)　元・環境庁長官　日本武道館理事長　[生]大正2年7月16日　[没]昭和60年5月24日　[出]愛媛県　[学]慶応義塾大学法学部政治学科(昭和13年)卒　[賞]勲一等瑞宝章　[歴]昭和33年以来愛媛3区から衆院議員に当選9回。58年引退。環境庁長官、外交調査会長代理などを歴任した。

毛利 元敏　もうり・もととし
豊浦藩知事　子爵　[生]嘉永2年5月3日(1849年)　[没]明治41年4月25日　[出]江戸・麻布　[歴]明治元年長府藩主毛利左京亮元周の家督を継ぎ、京都蛤門を守る。ついで手兵を北越に出征させ、同年9月丹羽口非常の警備を命ぜられ、11月帰藩。2年東京に行き、戊辰戦争の戦功により賞典禄2万石を賜り、豊浦藩知事となる。3年山口藩脱隊暴動鎮撫に尽力し、4年廃藩置県により退官。同年英国に留学し、7年帰国後は東京に住んだ。16年子爵。著書に「松の下葉」。
[家]父=毛利甲斐守元運(長府藩主)

毛利 元徳　もうり・もとのり
山口藩知事　貴院議員　公爵　[生]天保10年9月22日(1839年)　[没]明治29年12月23日　[出]周防国徳山(山口県)
諱=定広, 広封, 字=世敏, 通称=驥之尉, 長門守, 号=静斎, 萩の舎, 波支曽能, 躑躅園　[賞]従一位　[歴]萩藩主毛利慶親(敬親)の養子となり、文久3年父に代わって朝幕間周旋の指揮をとり、京都、江戸間を往来。尊攘を唱え、3年攘夷断行の勅命を出させることに成功、下関での米国船砲撃を実行。しかし8.18政変で入京を禁止され、禁門の変で官位を奪われた。幕府の長州征討に一時恭順に傾いたが、高杉晋作らの革新派が勝ち、慶応2年長州再征軍を破った。3年討幕の密勅を受けたが、王政復古となり明治元年官位を回復。鳥羽伏見の役に上洛、議定となる。2年山口に帰り家督を相続、山口藩知事となった。4年東京に移住。10年第十五国立銀行頭取、17年公爵、23年貴院議員となる。
[家]実父=毛利兵庫頭広鎮(徳山藩主), 養父=毛利慶親(萩藩主)

毛里 保太郎　もうり・やすたろう
衆院議員(立憲政友会)　[没]昭和13年5月13日　[出]福岡県　[歴]叡麓塾で漢学・政治・経済学を修める。新聞記者となり、静岡大勢新聞社主筆、門司新報社長になる。また門司市議、同参事会員を務め、明治35年8月に福岡3区から衆院議員に初当選。以来通算4回当選した。

最上 進　もがみ・すすむ
元・参院議員(自民党)　[生]昭和16年7月23日　[出]群馬県　旧姓=佐藤　[学]慶応義塾大学法学部政治学科(昭和40年)卒
[歴]昭和42年以来群馬県議2期を経て、49年参院議員に当選。当選2回。平成元年落選。5年衆院選、7年知事選、8年衆院選、12年衆院選に立候補するが落選。
[家]実父=佐藤勇(月島倉庫副社長), 養父=最上政三(衆院議員), 養母=最上英子(政治家), 弟=佐藤国雄(群馬県議)

最上 英子　もがみ・ひでこ
衆院議員(民主党)　参院議員(自民党)　自民党婦人局長　[生]明治35年12月19日　[没]昭和41年10月16日　[出]長野県　[学]和洋女子学院(大正8年)卒　[賞]勲二等宝冠章　[歴]19歳で最上政三と結婚。戦後、夫(衆院議員)が公職追放となり、その後

を継いで22年春の総選挙に群馬3区(民主党)より立候補、第2位で当選し、日本最初の婦人代議士の一人となる。衆院議員を2期、28年から参院議員を2期務め、32年第1次岸内閣の郵政政務次官となる。また最上女塾塾長、群馬県婦人厚生協会長、自民党婦人局長などを歴任した。 [家]夫=最上政三(衆院議員), 養子=最上進(参院議員)

最上 政三 もがみ・まさぞう
衆院議員(民政党) ジャーナリスト [生]明治24年8月21日 [没]昭和52年2月19日 [出]群馬県 [学]中央大学法学科(大正7年)卒 [歴]大正7年万朝報政治部記者となり、第1次大戦に従軍記者としてシベリア派遣。のち政治部長となり、黒岩涙香社長の「理想団」に参加、普選獲得運動に活躍。昭和5年以来衆院議員当選4回、立憲民政党に属した。電気通信委員会委員、鉄道省委員会委員を経て、20年逓信院政務官となった。戦後公職追放、解除後高崎市に群馬電通興業を創立、取締役会長に就任。戦後は妻英子が代わって衆参両院議員にそれぞれ2回当選した。 [家]妻=最上英子(政治家), 養子=最上進(参院議員)

門司 亮 もじ・りょう
元・衆院議員(民社党) [生]明治30年12月27日 [没]平成5年6月1日 [出]福岡県遠賀郡岡垣村(現・岡垣町) [学]吉木高小卒 [歴]浅野ドックなどで職工として働き、大正15年総同盟に加盟、同年横浜支部連合会会長となる。昭和7年社会大衆党に入党、中央執行委・神奈川県執行委に就任。9年横浜市議に当選、22年まで3期務め、この間、11年には県議にも当選した。戦後、社会党結成に参加。22年神奈川1区から衆院議員に初当選、以来47年まで10期つとめた。35年民主社会党結成に参加、党顧問。著書に「地方自治の一断面」など。

望月 右内 もちずき・うない
衆院議員(政友会) 東京電燈専務 [生]安政5年(1858年) [没]大正6年1月20日 [出]紀伊国(和歌山県) [歴]明治15年紀州で県会議員、同議長。23年帝国議会開会で上京、同志と鉄道同志会を組織、会長なった。45年以来衆院議員当選7回。この間、東京電燈会社専務取締役を長く務めた。

望月 邦夫 もちずき・くにお
元・参院議員(自民党) 元・水資源開発公団総裁 [生]大正7年2月27日 [没]平成2年3月5日 [出]滋賀県甲賀郡水口町 [学]京都帝大工学部土木工学科(昭和17年)卒 工学博士 [賞]勲二等旭日重光章(平成1年) [歴]建設省に入省し、昭和41年河川局計画課長、42年参事官、43年近畿地方建設局長を歴任して退官。49年参院議員に滋賀地方区から当選、1期つとめる。57年水資源開発公団総裁、ダム技術センター理事長を歴任。

望月 圭介 もちずき・けいすけ
逓信相 内相 衆院議員 [生]慶応3年2月27日(1867年) [没]昭和16年1月1日 [出]広島県 [学]攻玉社中退, 明治英学校中退 [歴]広島県の裕福な回船問屋の家に生まれ、14歳で勉学のため上京後、自由党に近づき、明治31年、30歳の若さで衆院議員に初当選し、以後当選13回。この間、政友会の原敬総裁に引き立てられて昭和2年、原内閣時代の政友会幹事長に就任する。その後、田中義一内閣の逓相、内相などを歴任したが、政友会にあっては鈴木総裁を中心とする主流派への反感を強めてやがて除名され、他の政友会脱退者らと昭和会を結成した。14年の政友会分裂後は中島知久平派に属し、後に米内内閣の参議などをつとめている。

望月 幸明 もちずき・こうめい
元・山梨県知事 [生]大正13年5月25日 [出]山梨県八幡村(現・山梨市) [学]東京帝大学法学部政治学科(昭和22年)卒 [歴]昭和23年山梨県庁に入り、41年教育長、43年総務部長、47年企画調整局長、

53年副知事を経て、54年以来山梨県知事に3選。平成3年引退、4年参院選に連合から立候補。

望月 小太郎　もちずき・こたろう
衆院議員(政友会)　英文通信社社長　㊓慶応1年11月(1865年)　㊙昭和2年5月19日　㊔甲斐国南巨摩郡身延村(山梨県)　㊫山梨師範卒, 慶応義塾卒, ロンドン大学卒, ミッドル・テンプル大学法科卒　㊴従五位勲三等　㊷英国に留学、ロンドン大学など卒業後も留まって日英実業雑誌を発行。のち欧州各国を巡遊して帰国。明治29年山県有朋に随行してロシア皇帝戴冠式に出席、30年伊藤博文に従い英国ビクトリア女皇即位60年式典参列。また大蔵省などの嘱託で米国を数回視察。35年以来山梨県から衆院議員当選7回、立憲政友会に属した。この間英文通信社を創立し、「日刊英文通信」「英文財政経済日報」を発行した。著書に「英文日本と亜米利加」「現時の日本」などがある。

望月 長夫　もちずき・たけお
衆院議員(国民党)　弁護士　㊓文久4年1月(1864年)　㊙大正9年2月9日　㊔近江国甲賀郡三雲村(滋賀県)　旧姓=山中　㊫明治法律学校(現・明治大学)(明治22年)卒　㊷弁護士となり、長く弁護士会長を務めた。明治24年滋賀県会議員となり、次いで衆院議員当選6回、国民党に属した。

望月 優子　もちずき・ゆうこ
参院議員(社会党)　女優　㊓大正6年1月28日　㊙昭和52年12月1日　㊔神奈川県横浜市　本名=鈴木美枝子　旧姓=里見　旧芸名=望月美恵子　㊫忍ケ岡高女(昭和5年)中退　㊴毎日映画コンクール女優主演賞(昭28年度)「日本の悲劇」, ブルーリボン賞助演女優賞(昭29年度)「晩菊」, ブルーリボン賞主演女優賞(昭32年度)「米」, 教育映画祭特別賞(昭35年度)「海を渡る友情」, アジア・アフリカ映画祭バンドン賞(第3回)(昭和39年)「荷車の歌」　㊷昭和5年榎本健一が座頭をしていた東京・浅草の第2次カジノフォーリーに望月美恵子の芸名で初舞台。7年新宿のムーラン・ルージュに入団、10年古川緑波一座、15年新生新派にも加わった。戦後は22年滝沢修らの第1次民芸に加わり、25年松竹と契約、「カルメン故郷に帰る」「現代人」など映画の脇役として活躍。26年に優子と改名。28年木下恵介の「日本の悲劇」で初の主演女優を務めたのを皮切りに、久松静児の「おふくろ」、今井正の「米」、山本薩夫の「荷車の歌」などで主演し、庶民の母親役の第一人者といわれた。35年児童劇映画「海を渡る友情」を監督。その後、「ヒロシマ1966」「ヒロシマの証人」に主演するなど、社会問題へ積極的に参加。46年には参院全国区に社会党から出馬して当選、沖縄返還特別委員会委員長などで活躍。52年の再出馬では落選した。著書に「生きて生きて生きて」「生きて愛して演技して」などがある。　㊕夫=鈴木重雄(サンケイ新聞文化部長), 妹=中村雅子(女優)

持田 若狭　もちだ・わかさ
衆院議員(大同倶楽部)　㊓万延1年9月(1860年)　㊙昭和6年2月28日　㊔栃木県　旧姓=若佐　㊫専修学校　㊷村議、下都賀郡議、栃木県議などを経て、明治31年8月に衆院議員に初当選。以来通算4回当選。また野州日報社長もつとめた。

基 政七　もとい・まさしち
元・参院議員(民社党)　労働運動家　㊓明治36年　㊙昭和61年3月9日　㊔福岡県糸島郡　㊷同盟会長を経て、昭和34年6月の参院選に全国区から出馬。当選。40年6月まで1期務め、参院地行委員などを歴任。

本岡 昭次　もとおか・しょうじ
参院副議長　参院議員(民主党　兵庫)　㊓昭和6年3月18日　㊔兵庫県神戸市　㊫兵庫師範予科卒　㊷兵庫県教組委員長、兵庫県総評議長などを経て、昭和55年社会党から参院議員に当選。平成7年離党、参議院フォーラムを経て、民

改連に入る。10年4月民主党に参加。13年参院副議長。4期目。

泉二 新熊　もとじ・しんくま
枢密顧問官　大審院長　検事総長　刑法学者　司法官　[生]明治9年1月2日　[没]昭和22年10月25日　[出]鹿児島県奄美大島　[学]東京帝大法科大学独法科(明治35年)卒　法学博士(大正5年)　[歴]明治35年司法省に入り、東京地裁検事、司法参事官を経て、大正2年東京控訴院検事、4年大審院判事、12年司法省行刑局長、昭和2年刑事局長、6年大審院部長判事に累進した。11年広田内閣時の検事総長、14年平沼内閣の大審院長に任ぜられる。16年退官し、17〜21年枢密顧問官。21年公職追放により退職、弁護士を開業。その刑法理論は折衷的客観主義の立場から刑事司法の解釈、実務論を展開、“泉二刑法”と称された。しかしその応報刑説は権威主義的な色彩が濃かった。著書に「刑法大要」「日本刑法論」(全2巻)など。

本島 等　もとしま・ひとし
元・長崎市長　[生]大正11年2月20日　[出]長崎県南松浦郡新魚目町(五島)　[学]京都大学工学部土木工学科(昭和24年)卒　[賞]藍綬褒章(昭和58年)，世界平和賞(米国)(平成1年)，ドイツ功労勲章一等功労十字章(平成14年)　[歴]生後間もなく洗礼を受ける。印刷工、給仕、書生などを転々とした後、旧制佐賀高へ入学。のち召集されて陸軍教育隊の教官を務めた。戦後、長崎市のカトリック系私立高校教師、長崎2区選出の白浜仁吉代議士の秘書などを経て、昭和34年に長崎県議に当選。県議5期の後、54年4月の統一地方選挙で長崎市長に当選。4期つとめ、平成7年落選。この間、被爆地の市長として核廃絶を国連軍縮特別総会などで訴える。昭和63年12月「天皇に戦争責任がある」と市議会で発言、以来全国的に波紋が広がり、“天皇戦争責任”問題は新たな論争をひきおこした。その後実弾入り脅迫状など右翼によるテロや抗議行動が続いていたが、平成2年1月長崎市庁舎前で右翼団体・正気塾メンバーに短銃で撃たれ重傷を負う。昭和37年自民党に入党、県連幹事長も務めたが、のち無所属。天皇戦争責任発言をめぐり「増補版・長崎市長への七三〇〇通の手紙」が出版されている。[趣]読書，囲碁

本島 百合子　もとじま・ゆりこ
衆院議員(民社党)　[生]明治40年8月3日　[没]昭和47年5月21日　[出]福岡県北九州市八幡区　[学]日本大学高等師範部地理歴史科(昭和4年)卒　[歴]万朝報、婦人毎日新聞記者を務める傍ら、婦人解放運動に活躍。昭和20年日本社会党結成に参加、婦人副部長、中央委員を務めた。35年民主社会党結成に参加、麻薬対策委員長、婦人部長など歴任。その間22年から都議を3期務め、33年以来東京3区から衆院議員に4回当選した。

元田 永孚　もとだ・ながざね
枢密顧問官　儒学者　男爵　[生]文政1年10月1日(1818年)　[没]明治24年1月21日　[出]肥後国(熊本県)　字＝子中，号＝東野，茶陽，東皐，猿岳樵翁　[歴]11歳の時、藩校時習館に入る。20歳で居寮生となった。その時の居寮長は横井小楠。明治4年5月宮内省に出仕し、8年侍講に任命され、以来20余年明治天皇の側近として儒学を講じた。19年宮中顧問官、21年枢密顧問官を歴任。24年男爵。儒教主義による国民教化、天皇中心の確立に尽力し、「教学大道」「幼学綱要」を執筆。ほかに「還暦之記」「古稀之記」(「元田永孚文書」)がある。23年には教育勅語の草案を作成した。

元田 肇　もとだ・はじめ
衆院議長　逓信相　鉄道相　[生]安政5年1月15日(1858年)　[没]昭和13年10月1日　[出]大分県　号＝国東　[学]東京大学法科(明治13年)卒　[歴]杵築藩(大分県)の儒学者の養子となって上京し、大学を出て弁護士となった後政界入り。第1回総選挙以来、衆院議員当選16回、勤続40年余で衆院副議長3回。この間、第1次山本権兵衛内閣で逓相、原敬内閣で初

代鉄道相、高橋是清内閣で衆院議長を務める。高橋内閣時代、首相の内閣改造に反対して一時政友会を除名されたが、間もなく復党、政友会の長老として大正、昭和の政界で重きをなした。昭和7年から枢密顧問官。小畑敏四郎、船田中の岳父にあたる。

本野 一郎　もとの・いちろう
外相　外交官　子爵　[生]文久2年2月23日(1862年)　[没]大正7年9月17日　[出]肥前国佐賀(佐賀県)　[学]東京外国語学校卒, リヨン大学法学部卒　法学博士(明治26年)　[歴]外交官の父と共に11歳の時パリへ、3年後帰国。20歳の時、再び渡欧し、英国を経て仏リヨン大学で学び法学士号を取得。明治23年外務省翻訳官試補となり、以後外交官としての道を歩む。29年在露公使館一等書記官、34年駐仏公使、39年駐露特命全権公使、41年同大使を歴任した。その後大正5～7年寺内正毅内閣の外務大臣を務めた。5年子爵。
[家]父=本野盛亨(外交官), 長男=本野盛一(外交官)

本山 政雄　もとやま・まさお
元・名古屋市長　元・名古屋国際センター理事長　名古屋大学名誉教授　[生]明治43年10月10日　[出]東京　[学]東京帝大文学部教育行政学科(昭和10年)卒, 東京帝大大学院人文科学研究科教育学専攻(昭和13年)修了　[賞]勲二等瑞宝章(昭和61年)　[歴]昭和13年千葉県立青年学校教員養成所教諭、のち国民生活学院教授を経て、20～28年三重師範(のち三重大学)教授、28～48年名古屋大学教授、この間、教育学部長を歴任。48年名古屋市長選挙に革新側の支持で立候補、現職・杉戸清を破って初当選、以来3期12年にわたって務め、60年引退。同年～平成2年名古屋国際センター理事長。教授時代には"愛知私学助成をすすめる会"の会長として住民運動を推進した運動を推進した。著書に「日本の教育裁判」「教育裁判と教育行政の理論」などがある。　[趣]読書

粟山 明　もみやま・あきら
元・衆院議員(自民党)　東日本政経研究会理事長　[生]大正10年1月23日　[出]福島県郡山市(本籍)　[学]京都帝国大学農学部(昭和19年)卒　[賞]勲三等旭日中綬章(平成3年)　[歴]昭和20年陸軍技術中尉で復員。34年木下産商シンガポール支店長、45年新日鉄シンガポール事務所長。49年日本在外企業協会専務理事、新日鉄参与を経て、54年から衆院議員2期。自民党福島県連会長、東日本政経研究会理事長を歴任したのち、61年衆院に返り咲く。宮沢派。平成2年落選。　[趣]読書, スポーツ　[家]養父=粟山博(衆院議員), 姉=粟山秀(衆院議員)

粟山 秀　もみやま・ひで
衆院議員(自民党)　[生]明治40年12月13日　[没]平成8年5月18日　[出]北海道　[学]日本女子大学家政学部　[歴]昭和38年衆院議員に当選。以来4期務めた。厚生政務次官、科学技術政務次官となった。自由民主党婦人局長、社会・農林等への各部会委員、中小企業基本政策調査会委員等を経て国民年金協会理事に就任。第3回国際消費者同盟会議(オスロ)および列国議会同盟会議(リマ)に出席した。　[家]弟=粟山明(衆院議員)

粟山 博　もみやま・ひろし
衆院議員(自民党)　[生]明治17年10月2日　[没]昭和34年9月20日　[出]福島県　[学]早稲田大学政経学部(明治45年)卒, カリフォルニア州立大学, ノースカロライナ大学大学院　[歴]第14回総選挙補欠選挙で初当選し、以来戦前・戦後にわたり衆院議員に10回選出。浜口内閣海軍参与官、改新党顧問、日本民主党顧問、自民党相談役を務めた。著書に「普通選挙論」がある。

桃井 直美　ももい・なおみ
元・高知県知事　[生]明治29年7月　[出]高知県　[学]東京帝国大学法学部独法科(大正13年)卒　[歴]愛媛県総務部長、埼玉県内政部長、官選岐阜県知事を経て、昭和23年高知県知事に当選、高知大学の

開校に尽力。退任後は吉田茂の秘書をつとめた。

百瀬 渡　ももせ・わたる
衆院議員(同交会)　[生]明治7年2月　[没]昭和20年12月21日　[出]長野県　[歴]日露戦役に従軍後、東筑摩郡議、同参事会員、長野県議、同参事会員を経て松本市長となった。また信濃日報社長に就任した。昭和5年衆院議員に初当選。以来4期務めた。

藻寄 鉄五郎　もより・てつごろう
衆院議員(立憲政友会)　[生]慶応2年5月(1866年)　[没]昭和10年9月8日　[出]石川県　[歴]明治31年衆院議員に石川郡部より当選。以来通算4期務めた。

森 有礼　もり・ありのり
文相　明六社会長　外交官　教育家　子爵　[生]弘化4年7月13日(1847年)　[没]明治22年2月12日　[出]薩摩国鹿児島城下春日町(鹿児島県)　幼名=助五郎, 通称=金之丞, 変名=沢井鉄馬, 沢井数馬　[賞]正二位勲一等旭日大綬章　[歴]藩校造士館に学び、慶応3年藩選抜生としてロンドン大学留学。明治元年帰国、新政府の公議所議長心得などを務め、廃刀論を建議し一時免官。3年駐米弁務使、6年外務大丞。同年福沢諭吉らと「明六社」を結成し、7年「明六雑誌」を創刊して文明開化、欧化主義の中心となる。8年清国公使、11年外務大輔、12年駐英公使。この年東京学士院会員となる。また契約結婚を唱え自ら実行。17年帰国し参事院議官兼文部省御用掛を経て、18年第1次伊藤博文内閣の文相となり、小学校令、中学校令、帝国大学令、師範学校令を公布、学制改革を行った。また、私財を投じて商法講習所(のちの一橋大学)を設立した。しかし、急進的な欧化主義者とみられ、22年憲法発布式典の日、国粋主義者・西野文太郎に暗殺された。　[家]息子=森明(神学者), 孫=森有正(哲学者・仏文学者), 関屋綾子(平和運動家)

森 恪　もり・かく
衆院議員　政友会幹事長　内閣書記官長　実業家　[生]明治15年12月28日　[没]昭和7年12月11日　[出]大阪府　[学]東京商工中(明治34年)卒　[歴]中学を出て三井物産上海支店に見習生で入り、後に天津支店長となるが、その間、商権拡張に大陸を奔走、さらに上海印刷、満州採炭の社長兼務などを経て大正9年に三井物産を退社、政界に入る。以来政友会代議士として当選5回、近衛文麿らと憲法研究会を組織する一方、軍部と結んで政友会、ひいては政界右傾化のけん引車となった。この間、昭和2年田中義一内閣の外務政務次官、4年政友会幹事長、6年犬養内閣の書記官長などを歴任。また晩年は国際連盟脱退論の中心に立ち、大東亜共栄圏構想の先駆者でもあった。

森 勝治　もり・かつじ
元・参院議員(社会党)　[生]大正4年10月11日　[没]平成12年8月1日　[出]栃木県　[学]帝京商卒　[賞]勲二等瑞宝章　[歴]郵便局勤務、埼玉県労評議長、埼玉県議を経て、昭和40年埼玉地方区から参院議員に当選、2期。逓信委員長などを務めた。また小学校唱歌「朝はどこから」の作詞者としても知られる。

森 兼道　もり・かねみち
元・衆院議員(立憲民政党)　[生]明治20年12月　[没]昭和56年1月29日　[出]鹿児島県　[学]日本大学専門部法律科(大正11年)卒　[歴]警視庁警部補、本所区議、東京市議を経て、昭和11年立憲民政党所属で衆院東京四区から当選1回。戦後は鹿児島県弁護士会長を務めた。

森 清　もり・きよし
衆院議員(自民党)　昭和火薬社長　[生]大正4年10月8日　[没]昭和43年6月9日　[出]千葉県　[学]京都帝大理学部(昭和13年)卒　[歴]兄暁が社長の日本冶金工業に入り取締役。昭和火薬社長も務めた。昭和27年以来衆院議員当選7回。この間行政管理、通産各政務次官、41年第1次佐藤栄作内閣の総理府総務長官(国務相)、

自民党副幹事長、全国組織委員長を務めた。 [家]父＝森矗昶（森コンチェルン創業者），兄＝森暁（衆院議員・昭和電工社長），妹＝三木睦子（全国発明婦人協会会長），弟＝森美秀（衆院議員），森禄郎（昭和化成品専務）

森 清　もり・きよし
元・衆院議員（自民党） [生]大正14年5月6日 [出]愛媛県新居浜市 [学]東京大学法学部政治学科（昭和23年）卒 [賞]勲二等旭日重光章（平成7年） [歴]自治省に入り、昭和47年消防大学校長を経て退官。51年愛媛2区から衆院議員に当選。福田派若手として改憲に活発に動き、自民党憲法調査会正副会長会議で主査に選ばれた。党選挙制度調査会副会長、衆院公職選挙法特別委員長などを歴任。当選4回。安倍派。平成2年引退。著書に「選挙制度の改革」など。

森 幸太郎　もり・こうたろう
農相 衆院議員（自由党） 滋賀県知事 [生]明治22年7月20日 [没]昭和39年2月4日 [出]滋賀県 [学]長浜農学校（明治39年）卒 [歴]農業、蚕種製造業、水産業を営み、村長、滋賀県議を務めた。昭和11年以来衆院議員当選7回。政友会、自由党に属し、農林政務次官、23年第2次吉田茂内閣の国務相、24年第3次吉田内閣の農相となった。29年民主党から滋賀県知事に当選。自民党顧問、全国内水面漁連名誉会長もつとめた。

森 暁　もり・さとる
元・衆院議員 元・昭和電工社長 [生]明治40年6月19日 [没]昭和57年2月12日 [出]千葉県 [学]京都帝大文学部（昭和9年）卒 [賞]藍綬褒章（昭和40年） [歴]森コンツェルンの創業者・森矗昶の長男で、昭和電工などの社長や千葉工大理事長などを務めた。昭和21年から2期千葉県から衆院議員に当選、自由党、民自党に所属。その後、29年日本冶金社長、33年昭和火薬社長、35年ナスステンレス社長、36年日本精線社長を歴任。 [家]父＝森矗昶（森コンツェルン創業者），弟＝森清（衆院議員），森美秀（衆院議員），森禄郎（昭和化成品専務），妹＝三木睦子（全国発明婦人協会会長），妻＝柴田早苗（女優），長男＝森矗一（ジャパンインベストメント社長）

森 茂生　もり・しげお
衆院議員（政友会） 桑名商業銀行頭取 [生]慶応1年5月25日（1865年） [没]昭和4年8月22日 [出]伊勢国桑名郡益生村（三重県） [学]慶応義塾卒 [歴]明治25年から三重県会議員に数回当選、副議長、参事会員を務めた。36年以来衆院議員当選3回、政友会に属した。実業界では桑名米穀取引所理事、桑名商業銀行頭取、日本染織会社監査役、桑名商業会議所副会長を歴任。

森 秀次　もり・しゅうじ
衆院議員（憲政会） [生]安政2年9月（1855年） [没]大正15年9月9日 [出]大阪府 [歴]大阪府議、同議長等を務め、全国2府24県地価修正同盟の常務委員として解決に尽力した。阪神土地取締役、大阪朝報社常務取締役を歴任。明治36年衆院議員に当選。以来4期務めた。

森 善治　もり・ぜんじ
元・中富良野町（北海道空知郡）町長 [生]明治39年11月10日 [出]北海道豊頃町 [歴]昭和22年北海道空知郡中富良野村長となり、39年の町制施行で同町長。50年春、無投票で9選された。この間、38年同村内サラリーマンの税金が高すぎるとして、村内381人のサラリーから一律39%を控除して住民税を課税。また同年から40年までの道市町村職員共済組合費299万円を公費負担にしたため旭川地検に背任罪で起訴された。43年旭川地裁は背任の認識なしとして無罪判決。札幌高裁は同年有罪、最高裁も49年高裁判決を支持した。しかし全国のサラリーマンからは歓迎され、他の税金訴訟に大きな刺激となった。

森 東一郎　もり・とういちろう
衆院議員(立憲政友会)　[生]弘化4年12月(1847年)　[没]昭和8年5月15日　[出]愛知県　[歴]愛知県議、同議長を経て、一宮紡績・愛知染色各社長、県農工銀行取締役、一宮米穀取引所理事長を歴任。明治23年衆院議員に当選。以来4期務めた。

森 矗昶　もり・のぶてる
衆院議員(政友会)　昭和電工社長　実業家　[生]明治17年10月21日　[没]昭和16年3月1日　[出]千葉県勝浦市　[学]高津高小(明治33年)卒　[歴]高等小学校卒業後、ヨード工場の見習い工となる。明治41年総房水産を設立し、ヨード生産を始める。大正11年森興業設立。15年日本沃度(ヨード)(のち日本電気工業と改称)を設立。さらに昭和3年昭和肥料、14年昭和電工などを設立し、20数社にまたがる森コンツェルンを形成。国産法による硫安の企業化、わが国初のアルミニウムの国産化の事業に成功した。この間、大正3年～昭和7年衆院議員に当選4回。　[家]娘＝三木睦子(三木武夫元首相夫人・全国発明婦人協会会長), 息子＝森暁(衆院議員・昭和電工社長), 森清(衆院議員), 森美秀(衆院議員), 森禄郎(昭和化成品専務), 孫＝森英介(衆院議員), 安西孝之(昭和エンジニアリング取締役相談役)

森 肇　もり・はじめ
衆院議員(中央倶楽部)　[生]元治1年6月(1864年)　[没]昭和2年1月23日　[出]愛媛県　[学]英吉利法律学校(明治38年)卒　[歴]弁護士となる。明治35年衆院議員となり以来3期務める。また伊予日日新聞社長、日本赤十字社社員なども歴任した。　[家]娘＝森律子(女優)

森 三樹二　もり・みきじ
衆院議員(社会党)　[生]明治36年6月　[没]昭和33年12月1日　[出]北海道　[学]中央大学法学部(昭和12年)卒　[歴]弁護士となり、日本弁護士協会理事、中央大学評議員を歴任する。昭和21年衆院議員に初当選し、以来当選6回。衆院懲罰委員長、衆院公職選挙法改正調査特別委員長、社会党憲法擁護特別委員会副委員長などを歴任する。著書に「日本国憲法要義」がある。

森 元治郎　もり・もとじろう
元・参院議員(社会党)　元・首相秘書官　[生]明治40年2月24日　[没]平成11年5月14日　[出]茨城県水戸市　[学]青山学院英文科(昭和5年)卒　[賞]勲二等旭日重光章(昭和52年)　[歴]同盟通信記者となり、ヨーロッパ特派員、共同通信論説委員、片山首相秘書官を経て、昭和31年より参院議員に3選。懲罰委員長、決算常任委員など歴任。のち国際協力事業団顧問を務めた。著書に「ある終戦工作」がある。　[趣]バラ栽培, 水泳

森 八三一　もり・やそいち
元・参院副議長(自民党)　[生]明治32年8月31日　[没]平成2年6月9日　[出]愛知県　[学]安城農林(大正6年)卒　[賞]勲一等瑞宝章(昭和47年), 勲一等旭日大綬章(昭和58年)　[歴]栃木県産組課長、全購連農産課長、日本藁工芸品統制常勤理事、全国農業会農産局長、全国販売農協連参事を経て、昭和25年以来参院議員に4選。29年農林委員長、46年参院副議長。32年愛知県農協中央会長、40年全国農協中央会長もつとめた。

森 美秀　もり・よしひで
衆院議員(自民党)　元・環境庁長官　[生]大正8年8月8日　[没]昭和63年5月15日　[出]千葉県勝浦市　[学]玉川学園専門部(昭和15年)卒　[歴]東亜道路副社長から兄(故森清)の後を継いで政界入りし、昭和44年以来千葉3区から当選7回。大蔵・経企政務次官、党国対副委員長を歴任後、60年12月環境庁長官に就任。河本派。　[家]父＝森矗昶(森コンツェルン創業者), 兄＝森清(衆院議員), 森暁(衆院議員・昭和電工社長), 弟＝森禄郎(昭和化成品専務), 姉＝三木睦子(全国発明婦人協会会長), 息子＝森英介(衆院議員)

森 喜朗　もり・よしろう
衆院議員(自民党　石川2区)　第85・86代首相　[生]昭和12年7月14日　[出]石川県能美郡根上町　[学]早稲田大学商学部(昭和35年)卒　[賞]チュニジア勲一等共和国勲章(平成8年)　[歴]父は"9期連続無競争当選"で知られる石川県根上町長・森茂喜。学生時代はラグビー選手。サンケイ新聞記者を経て、昭和44年衆院議員に当選。以来11選。文教部会長、福田内閣の官房副長官、第2次中曽根内閣の文相を経て、平成3年党政調会長、4年宮沢改造内閣の通産相、5年党幹事長、7年村山改造内閣の建設相に就任。のち党総務会長。10年再び党幹事長。同年12月三塚派を継ぎ、森派の領袖となる。12年4月小渕首相が脳こうそくで入院したのを受け、党総裁に選出され、首相に就任。公明、保守両党と連立し、森内閣を発足。失言があいついだことなどから、同年6月の総選挙では270議席から233議席に後退した。同年7月第2次森連立内閣を発足。同月九州・沖縄サミットを主催。同年12月第2次森改造内閣を発足。13年1月中央省庁を再編。同年4月退陣した。著書に「文相初体験」。[趣]ラグビー, ゴルフ　[家]父=森茂喜(石川県根上町長), 妻=森智恵子

森井 忠良　もりい・ちゅうりょう
元・衆院議員(民主党)　元・厚相　[生]昭和4年7月25日　[出]広島県呉市　[学]早稲田大学法学部(昭和28年)卒　[賞]勲二等旭日重光章(平成11年)　[歴]電電公社に入り、全電通呉分会委員長、広島県議3期を経て、昭和47年社会党から衆院議員に当選。61年落選、平成2年再選。通算7期。6年党国対委員長、7年村山改造内閣の厚相に就任。8年社民党を経て、民主党に参加。同年落選。

森丘 覚平　もりおか・かくへい
衆院議員(民政党)　[生]明治7年5月　[没]昭和2年12月1日　[出]富山県下新川郡大布施村　[学]慶応義塾卒　[歴]明治中期から郡会議員、同副議長、次いで富山県会議員、同参事会員、議長を歴任。45年以来衆院議員当選3回、民政党に属した。県政界元老。一方桜庄銀行、生地銀行各取締役、魚津銀行監査役などを務めた。

森岡 二朗　もりおか・じろう
貴院議員　日本職業野球連盟会長
[生]明治19年5月1日　[没]昭和25年12月20日　[出]奈良県　[学]東京帝国大学法科卒
[歴]高文行政科合格後、内務省入り、内務省警保局長、台湾総督総務長官等を歴任した後、貴院議員を務めた。昭和11年日本職業野球連盟が設立、大東京軍の取締役副会長となる。16年連盟の機構改革に際し初代会長、19年日本野球報国会会長となり、戦時中はプロ野球存続のため辛苦を重ねた。戦後公職追放となり、関係者からも忘れられた状態だったが、44年野球殿堂入りした。

森岡 昌純　もりおか・まさずみ
貴院議員　日本郵船初代社長　男爵
[生]天保4年12月1日(1833年)　[没]明治31年3月27日　[出]薩摩国(鹿児島県)　[歴]明治4年長崎県大参事となり、以後飾磨県権令、兵庫県権令、同県令、農商務少輔を歴任。三菱会社と共同運輸会社の合併方針が出されると、18年日本郵船会社創立委員長に任命され、創立後は初代社長に就任。沿岸近海航路から遠洋定期航路を可能にする基礎を築いた。23年貴院議員、31年男爵。

森川 仙太　もりかわ・せんた
元・衆院議員(日本進歩党)　元・有田市長　キング化学会長　[生]明治28年10月16日　[没]昭和56年12月27日　[出]和歌山県　[学]和歌山中(大正2年)卒　[賞]有田市名誉市民(昭和45年)　[歴]昭和17〜21年衆院議員、のち和歌山県製薬協会会長、日本除虫菊工業会会長を歴任。31〜41年有田市長をつとめ、45年同市名誉市民第1号となる。有吉佐和子作「有田川」の主人公の夫、川守貫太のモデルとなった。

森久保 作蔵　もりくぼ・さくぞう
三多摩自由党壮士　⊕安政2年(1855年)　㊣大正15年11月4日　⊕明治の初期、自由民権運動の波に乗り、三多摩自由党壮士の巨頭となった。18年大井憲太郎らの大阪事件に連座し入獄。出獄後政友会に属して活躍。22年条約改正に反対して大隈重信外相を襲撃した来島恒喜の爆弾は彼の手から出たといわれる。

森下 国雄　もりした・くにお
衆院議員(自民党)　⊕明治29年6月20日　㊣昭和50年5月7日　⊕栃木県塩谷郡阿久津村(現・高根沢町)　㊕早稲田大学政経学部(大正6年)卒　㊕勲二等旭日重光章(昭和41年)、勲一等瑞宝章(昭和44年)　㊕外務参与官、外務政務次官、特派大使を歴任し、昭和11年から衆院議員に10選。自民党代議士会長、道路調査会長、国土開発調査会長なども務めた。

森下 昭司　もりした・しょうじ
元・参院議員(社会党)　⊕昭和2年2月21日　㊣平成5年5月15日　⊕愛知県名古屋市　㊕日本大学経済学部(昭和27年)卒　㊕社会党愛知県連書記長、委員長を経て、愛知県議に5選のあと、昭和49年参院議員に当選、1期務めた。

森下 泰　もりした・たい
参院議員(自民党　大阪)　森下仁丹社長　⊕大正10年12月21日　㊣昭和62年11月14日　⊕大阪府　㊕京都帝大経済学部(昭和18年)卒、東京大学法学部(昭和24年)卒　㊕紺綬褒章(昭和24年)　㊕昭和18年森下仁丹社長に就任し、大阪青年会議所理事長、日本青年会議所会頭を務める。49年参院議員に全国区から当選し、のち大阪選挙区に転じて通算3期。環境政務次官、資源エネルギー委員長等を歴任。59年政治活動に専念するために会長に退いたが、電子体温計、消臭剤などの新路線がうまくいかず、61年5月社長に復帰した。旧田中派中立系。　㊕剣道、読書、ゴルフ、茶道　㊕祖父＝森下博(森下仁丹創業者)、妻＝森下美恵子(森下仁丹会長)、二女＝森下京子(森下仁丹取締役)

森下 政一　もりした・まさかず
参院議員(社会党)　⊕明治28年3月　㊣昭和32年3月5日　⊕大阪府　㊕早稲田大学商科(大正5年)卒　㊕アメリカに留学の後、大正14年関西大学講師となる。その後同大教授、大阪市助役を経て、昭和22年参院議員に初当選し、当選2回。芦田内閣の大蔵政務次官を務めた。

森下 元晴　もりした・もとはる
元・衆院議員(自民党)　元・厚相　⊕大正11年4月12日　⊕徳島県海部郡海部町　㊕東京高等農林(現・東京農工大学)(昭和17年)卒　㊕勲一等旭日大綬章(平成4年)　㊕徳島県の山林地主の五人兄弟の長男。敗戦は内蒙古の張家口で気象隊少尉で迎え、4万人の邦人を北京まで送り届けた。昭和38年から徳島全県区で衆院議員当選8回。農林、通産各政務次官、衆院社労委員長、厚相、党国会対策委員長を歴任。63年中曽根派事務総長に就任。平成元年リクルート事件の後、政界引退を表明、2年引退。　㊕登山、剣道(2段)　㊕父＝森下長一(森下林業会長)

守島 伍郎　もりしま・ごろう
衆院議員(民主自由党)　駐ソ公使　外交官　弁護士　⊕明治24年5月23日　㊣昭和45年6月4日　⊕福岡県　㊕東京帝大法科大学独法科(大正6年)卒　㊕大正7年外務省に入り、昭和9年東亜局一課課長を経て、17年駐ソ公使となった。終戦時の日ソ交渉に尽力。戦中、反枢軸派の外交官として筋を通した。戦後弁護士となり、極東軍事裁判(東京裁判)で広田弘毅の弁護人を務めた。24年福岡1区から衆院議員に当選1回。他に国際学友会理事長、日本国際連合協会専務理事などを務めた。著書に「苦悩する駐ソ大使館 日ソ外交の思い出」がある。

森島 守人　もりしま・もりと
衆院議員(社会党)　駐ポルトガル公使　在ニューヨーク総領事　外交官　[生]明治29年2月16日　[没]昭和50年2月17日　[出]石川県金沢市　[学]東京帝国大学法学部独法科(大正8年)卒　[歴]大正8年外務省に入り、昭和3〜10年奉天総領事代理、ハルビン総領事。次いでドイツ大使館1等書記官、東亜局長を経て、12年北京・上海大使館参事官、14年米国大使館参事官、さらに在ニューヨーク総領事、17年駐ポルトガル公使となり、21年退官。30年以来神奈川3区、社会党左派から衆院議員当選3回。左右統一後党国際局事務局長、外支部長、政策審議会外務部長を務めた。著書に「陰謀・暗殺・軍刀」「真珠湾・リスボン・東京」がある。

森田 欽二　もりた・きんじ
衆院議員(自民党)　[生]大正6年12月11日　[没]昭和54年4月13日　[出]福岡県　[学]福岡師範学校専攻科卒　[歴]福岡県議を7期、議長も務めた。昭和51年福岡1区から衆院議員に当選。

森田 景一　もりた・けいいち
元・衆院議員(公明党)　[生]昭和3年4月28日　[没]平成13年1月3日　[出]栃木県塩谷郡塩谷町　[学]立教工業理専卒　[賞]勲三等旭日中綬章(平成10年)　[歴]習志野市議1期、千葉県議3期を経て、昭和54年衆院議員に当選。3期。平成2年落選。公明党千葉県本部長もつとめた。

森田 茂　もりた・しげる
衆院議長　京都市長　[生]明治5年8月17日　[没]昭和7年11月30日　[出]高知県香美郡佐岡村　[学]明治法律学校(明治23年)卒　[賞]従四位勲二等　[歴]明治25年弁護士試験合格。32年高知県議、34年検事任官、京都地方裁判所検事補となるが、35年辞任し、弁護士開業。のち44年京都府議となり、同副議長、また、京都市議、同議長を歴任。関税調査会、行政裁判法及訴願法改正委員会各委員も務める。大正4年以来衆院議員当選6回、立憲民政党に属し、昭和2年衆院議長。列国議会同盟会議に出席して欧米漫遊。6年京都市長となり、京都市電気事業統一問題に尽力した。

森田 重次郎　もりた・じゅうじろう
元・衆院議院(自民党)　弁護士　[生]明治23年5月25日　[没]昭和63年5月12日　[出]青森県上北郡上北町　[学]青森師範(明治44年)卒　[賞]勲一等瑞宝章(昭和48年)　[歴]昭和12年、青森県から衆議院議員に初当選し、当選2回。戦後、公職追放され、27年に衆院青森1区からカムバック、連続5回当選。地方行政委員長、自民党中国開発委員長などを歴任。日本育英会の創設に参画。

森田 重郎　もりた・じゅうろう
元・参院議員(自民党)　元・新自由クラブ両院議員会長　[生]大正11年4月14日　[没]平成2年9月18日　[出]埼玉県秩父市　[学]中央大学経済学部(昭和21年)卒業　[歴]近江鉄道、西武都市開発、環境分析センターなどの社長を歴任し、昭和52年新自由クラブから参院議員に当選。のち自民党に移り、2期務めた。平成元年引退。　[趣]美術鑑賞

森田 たま　もりた・たま
元・参院議員(自民党)　随筆家　[生]明治27年12月19日　[没]昭和45年10月31日　[出]北海道札幌市　旧姓=村岡　[学]札幌高女中退　[歴]高女時代から文学を志し、「少女世界」「少女之友」などに投稿。18歳で上京、大正2年森田草平に師事し「新潮」などに「片瀬まで」「うはさ」などを発表。5年結婚のため筆を絶つ。中年期に入って文学活動を再開し、昭和7年「中央公論」に「着物・好色」を発表。11年の「もめん随筆」がベストセラーとなり女流随筆家としての地位を確立。また、37年自民党から参院全国区に立候補して当選、1期をつとめた。「随筆きぬた」「随筆ゆく道」「をんな随筆」「ぎゐん随筆」「森田たま随筆全集」(全3巻)など数多くの随筆集があるほか、小説「石狩少女」「招かれぬ客」、童話集「船の兵隊」などもある。29年にはアムステルダム国際ペン大会に日本代表として出席した。森

田たまパイオニア賞も創設された。
[家]娘=森田麗子(ファッション・コーディネーター)

森田 豊寿 もりた・とよひさ
衆院議員(日本自由党) 参院議員(自民党) [生]明治28年2月 [没]昭和37年1月6日 [出]静岡県 [学]千葉県立高等園芸学校(大正6年)卒 [歴]沼津市議を経て、昭和21年衆院議員に当選。22年参院議員に転じて2期務め、第5次吉田内閣経済審議政務次官となる。また全国農業会会長、日本茶業協会会長など農林関係団体の役員を歴任した。

森田 一 もりた・はじめ
衆院議員(自民党 比例・四国) 元・運輸相 [生]昭和9年5月14日 [出]香川県坂出市 [学]東京大学法学部(昭和32年)卒 [歴]大蔵省に入省し、昭和36年故大平総理大臣の長女芳子と結婚。39年大平の外相就任に伴い外相秘書官、44年大蔵省主計局主査に戻るが、大平の入閣のつど秘書官を務めた。52年大蔵省に戻り銀行局保険第二課長、理財局資金第二課長を歴任。55年大平の急死に伴い後継として立候補し当選。7期目。平成12年7月第2次森連立内閣の運輸相、北海道開発庁長官に就任。宮沢派を経て、加藤派。

森田 福市 もりた・ふくいち
衆院議員(大日本政治会) 貴院議員(多額納税) [生]明治23年6月 [没]昭和20年8月6日 [出]広島県 [学]日本大学法科卒 [歴]広島市議、広島県議、同副議長を経て、大正14年から昭和7年まで貴院議員。昭和7年衆院議員に当選。以来3期務めた。阿部内閣の司法政務次官となった。また中国四国商工会議所連合会長、日東鉱業汽船、東亜貿易等社長に就任した。

森田 政義 もりた・まさよし
衆院議員(立憲政友会) [生]明治17年9月 [没]昭和14年3月21日 [出]大阪府 [学]明治大学法律科(大正3年)卒 [歴]司法官試補を経て弁護士となる。大正13年から衆院議員を6期務め、立憲政友会総務となった。

守田 道輔 もりた・みちすけ
元・衆院議員(社会党) 農民運動家 [生]明治27年11月7日 [没]昭和57年10月28日 [出]山口県熊毛郡周防村小周防(現・光市) [歴]大正8年上京して堺利彦の門下生となり、その一方で友愛会に参加。11年帰郷して日農岡山県連合会を結成し、会長を務め、大道小作争議など多くの小作争議を指導。この間2カ月入獄したりする。昭和2年労働農民党に入党し、3年日本大衆党に参加。6年共産党徳山地方委員会を結成。8年検挙されて4年間入獄する。日米開戦で予防拘禁され、戦後は社会党山口県連を結成し、22年衆院議員となる。この間日農の再建にも尽力した。

森田 義衛 もりた・よしえ
元・参院議員(自民党) [生]明治36年11月29日 [没]昭和57年10月24日 [出]東京 [学]京都帝大経済学部(昭和4年)卒 [賞]勲二等瑞宝章(昭和50年) [歴]国鉄理事、関東総支配人を経て、昭和28年から34年まで参院議員(全国区選出)。その後、名古屋臨海鉄道会社初代社長をつとめた。

森近 運平 もりちか・うんぺい
社会運動家 [生]明治13年10月23日 [没]明治44年1月24日 [出]岡山県後月郡高屋村(現・井原市) 号=覓牛 [学]岡山県立農学校(明治33年)卒 [歴]農商務省農事試験山陽支部に勤務した後、明治35年岡山県庁に移る。この頃から社会主義思想に関心を抱き、37年「平民新聞」の読書会・岡山いろは倶楽部を組織する。同年免官され、38年大阪に移って大阪平民社を結成。同年上京し、39年日本社会党の結成に参加。40年大阪に戻り「大阪平民新聞」を刊行。その間

しばしば新聞紙条令違反で処罰された。41年上京し幸徳秋水方に同居する。42年岡山に帰り、温室栽培による園芸に従事していたが、43年大逆事件に連坐し、翌44年死刑に処せられた。

森戸 辰男　もりと・たつお
元・文相　元・衆院議員(社会党)　広島大学名誉教授・初代学長　元・中教審会長　経済学者　㊓明治21年12月23日　㊀昭和59年5月28日　㊂広島県福山市　㊫東京帝大法科大学経済学科(大正3年)卒　㊮文化功労者(昭和46年)，勲一等旭日大綬章(昭和49年)，広島市名誉文市民，福山市名誉市民　㊞大正5年東京帝大助教授、8年におきたクロポトキンの思想研究事件で朝憲紊乱の罪で禁固3ケ月を科せられ、9年休職処分となる。10年大原社会問題研究所所員となり、ドイツに留学してマルクス主義関係文献を収集。12年帰国後、論壇で活躍。戦後は社会党結成に参加し、昭和21年から衆院議員に3選。片山、芦田両内閣の文相を務めるとともに六・三・三制の学校制度、教育委員会の公選制など戦後の教育改革に尽力。25～38年広島大学学長、のち名誉教授。その後、中央教育審議会会長、日本育英会会長、国語審議会会長などを歴任した。著作に「クロポトキンの片影」「大学の顛落」「思想と闘争」「青年学徒に与う」「学問の自由と大学の自由」「第三の教育改革」「思想の遍歴」(上下)「社会主義思想史」、翻訳にブレンターノ「労働者問題」、メンガー「全労働収益権史論」など。

森中 守義　もりなか・もりよし
元・衆院議員(社会党)　元・参院議員　㊓大正8年10月24日　㊀平成9年10月1日　㊂熊本県玉名郡菊水町　㊫熊本逓信講習所(昭和13年)卒　㊮勲一等瑞宝章(平成1年)　㊞全逓中央執行委員、熊本県総評議長などを歴任後、昭和31年7月参院議員に当選。37年には落選したが、40年と46年には連続当選。運輸委員、国会対策委員長などをつとめる。54年衆院に転じ、以来連続3選。61年6月引退。

森部 隆輔　もりべ・りゅうすけ
衆院議員(日本進歩党)　参院議員(自民党)　㊓明治24年1月　㊀昭和53年8月6日　㊂福岡県　㊫東京高等農学校(明治44年)卒　㊮藍綬褒章(昭和31年)　㊞福岡県議を5期務めた後、昭和17年衆院議員となり当選1回。37年参院選挙に福岡地方区から立候補し当選、1期務める。また全国農業協同組合中央会副会長など農業団体役員を歴任。

森本 確也　もりもと・かくや
衆院議員(無所属)　㊓文久2年4月(1862年)　㊀昭和2年2月10日　㊂三重県　㊫三重県師範学校(明治10年)卒　㊞三重県議、同常置委員を経て、明治27年衆院議員に当選。以来通算5期務めた。

森本 駿　もりもと・しゅん
衆院議員(立憲政友会)　㊓安政5年12月(1859年)　㊀昭和19年10月17日　㊂兵庫県　旧姓＝桜井　㊞大蔵属、大蔵大臣秘書官、日本大博覧会評議員、出石町長を経て明治35年衆院議員に当選。以来連続4期務めた。

森本 省一郎　もりもと・しょういちろう
衆院議員(自由党)　長野県議　㊓文久1年(1861年)　㊀大正8年2月20日　㊂信濃国(長野県)　㊫松本師範卒　㊞郷里南安曇郡梓の小学校長に就任。明治15年上京して英語、漢詩を学び滞在数年。帰郷して松本新聞社入社。19年埴科郡首席郡書記となる。21年長野県会議員に当選、参事会員兼任。27年以来衆院議員当選2回、自由党に属した。大正元年政界を引退。詩文をよくした。

森本 靖　もりもと・せい
元・衆院議員(社会党)　㊓大正8年9月23日　㊂高知県　㊫大阪逓信講習所卒　㊮勲二等瑞宝章(平成1年)　㊞全逓中執委員、高知地区執行委員長、高知県総評副会長を経て県官公労協議会長、県地労委労働者委員を歴任。昭和30年以来衆議院に5選。　㊮碁

守屋 栄夫　もりや・えいふ
塩釜市長　衆院議員(日本進歩党)
[生]明治17年11月　[没]昭和48年2月1日
[出]宮城県　[学]東京帝国大学独法科卒
[歴]内務省監察官、朝鮮総督官房秘書課長、庶務部長、内務省社会部長を歴任。その後弁護士として働く。昭和3年第1回普通選挙において衆院議員に当選。以来連続6期。この間、9年岡田内閣の農林政務次官に就任。また塩釜市長を務めた。

守屋 此助　もりや・このすけ
衆院議員(国民党)　神中鉄道社長　平沼製材社長　[生]文久1年5月(1861年)　[没]昭和6年6月9日　[出]備中国小田郡大井村(岡山県)　[学]東京法学校卒　[歴]明治18年代言人、次いで弁護士として法律事務に従事。27年以来衆院議員当選8回、国民党に属した。39年以来実業界に入り、神中鉄道、平沼製材各社長、興亜起業取締役会長。また膠奥電気股份有限公司重役、横浜桟橋倉庫、青島電気、山東起業、京浜電気鉄道各取締役、日本火薬製造、火薬工業各監査役、さらに法政大学理事を務めた。

森山 鋭一　もりやま・えいいち
貴院議員(勅選)　法制局長官　弁護士
[生]明治27年12月17日　[没]昭和31年6月9日　[出]三重県桑名　[学]東京帝大法科大学独法科(大正8年)卒　[歴]大正8年内務省に入り、10年警察講習所教授、のち法政局参事官、同局第1、第2各部長、企画院参与などを経て、昭和16年東条英機内閣の法制局長官。18～21年勅選貴院議員。敗戦後21～26年公職追放、解除後東京都地方労働委員会委員となり、27年同委員長に就任。この間21年弁護士登録。

森山 欽司　もりやま・きんじ
衆院議員　自民党総務会副会長
元・運輸相　[生]大正6年1月10日　[没]昭和62年5月2日　[出]栃木県今市市　[学]東京帝大法学部(昭和16年)卒　[賞]勲一等旭日大綬章(昭和62年)　[歴]外務省に入り、外交官補、物価調査会事務局長などを経て、昭和24年以来栃木1区より衆院議員に13選。35年郵政政務次官、自民党政調副会長、48年第2次田中内閣の科学技術庁長官、53年大平内閣の運輸相を歴任した。三木派を経て、河本派に属し、同派代表世話人もつとめた。
[趣]ゴルフ, 切手収集, 写真　[家]妻＝森山真弓(衆院議員), 弟＝森山雅司(千代田社長)

森山 茂　もりやま・しげる
元老院議官　貴院議員　[生]天保13年9月(1842年)　[没]大正2年2月16日　[出]大和国式下郡常磐(奈良県)　[歴]幕末、菅沼一平の名で京坂に出て国事に奔走した。維新後、兵庫裁判所に出仕し、ついで外務省に転じて少録、大録、少記等に任ぜられ対朝鮮外交の交渉に専念、征韓論を唱えた。明治10年辞職。のち元老院権大書記官、大書記官、元老院議官、富山県知事、貴院議員を歴任した。

森山 真弓　もりやま・まゆみ
衆院議員(自民党　比例・北関東)　法相　元・文相　[生]昭和2年11月7日　[出]東京　旧姓＝古川　[学]東京大学法学部(昭和25年)卒　[賞]米国写真製造販売業者協会(PMDA)マン・オブ・ザ・イヤー(平成3年)　[歴]昭和25年労働省に入省。42年婦人少年局婦人課長、45年労政局労政課長、48年官房国際労働課長などを経て、49年婦人少年局長となる。55年参院選に自民党から当選、3期。平成元年海部内閣の環境庁長官を経て、官房長官に就任。大相撲の総理大臣杯授与の際には“女性を土俵にあげないのはおかしい”とものいいをつけた。4年宮沢改造内閣の文相。8年参院議員を辞職し、衆院議員に転じる。13年4月小泉内閣では法相に就任。14年9月の小泉改造内閣でも留任。旧河本派を経て、高村派。夫の故・欽司とおしどり議員で知られた。著書に「各国法制にみる職場の男女平等」「福祉国家の明暗」「女と国会とコーヒーカップ」「非常識からの出発」などがある。　[趣]ゴルフ, 書道, 華道, 茶道, 囲碁　[家]夫＝森山欽司(衆院議員)

諸橋 久太郎　もろはし・きゅうたろう
元・平市長　⽣明治26年5月　没昭和48年2月12日　学早大卒　職福島農工銀行取締役などを経て、昭和14年貴族院議員。26年平市長となり、3期つとめた。

門田 新松　もんでん・しんまつ
衆議院議員(立憲政友会)　⽣明治9年9月　没昭和34年4月10日　出東京　学東洋協会専門学校(明治36年)卒　職海軍嘱託として日露戦争に従軍。その後、中国大連市に日清興信所を設立。また大連株式商品取引所理事長、日清印刷所社長等を務める。大正9年衆院議員に埼玉3区より当選。以来通算4期。

【 や 】

矢尾 喜三郎　やお・きさぶろう
元・衆院議員　労働運動家　⽣明治34年9月28日　没昭和50年6月21日　出滋賀県大津市　学立命館大学法科(昭和2年)卒　職卒業後ただちに社会民衆党滋賀支部結成に参加。滋賀紡績労働組合など滋賀県下で多くの争議を指導する。昭和6年社会民衆党から大津市議となり、やがて国家社会主義にかたむいて日本国家社会党、愛国労働農民同志会などの役員を歴任。戦後社会党に入党し、21年衆院議員選に当選し、9期務めた。

矢追 秀彦　やおい・ひでひこ
元・衆院議員　元・公明党副委員長　⽣昭和8年12月8日　出兵庫県川西市　学大阪大学歯学部(昭和33年)卒　歯学博士　職大阪大学助手を経て、昭和40年以来参院議員に3選。58年衆院議員に転じ3期。公明党宣伝局長、副書記長を経て、平成元年副委員長となる。5年引退。

八百板 正　やおいた・ただし
元・参院議員(社会党)　全日農名誉会長　農民運動家　⽣明治38年4月12日　出福島県伊達郡飯野村(現・飯野町)　学福島中(大正13年)中退　賞勲一等旭日大綬章(平成2年)　職大正14年日本フェビアン協会に参加、日本労農党、戦後は社会党結成に参画。昭和4年福島県に戻り、東北新人会を結成、農民運動を指導。8年全農中央委員。社会大衆党全国委員を兼務。21年日農福島県連会長、32年日農書記長、37年全日農会長。また、戦後社会党の結成に加わり、22年以来衆院議員当選11回。社会党代議士会長、衆院逓信委員長などを務めた。55年参院議員に転じ当選2回。60年から日中農林水産交流協会長も務め、訪中は50回を越える。平成4年引退。　趣読書, 剣道, 美術鑑賞　家三女=八百板洋子(翻訳家)

八木 一郎　やぎ・いちろう
元・参院議員(自民党)　元・衆院議員(自民党)　⽣明治34年7月23日　没平成2年2月25日　出愛知県豊橋市　学東京高蚕(大正12年)卒　賞勲一等瑞宝章(昭和47年), 勲一等旭日大綬章(昭和59年)　職昭和22年より衆院議員に当選5回、衆院内閣委員長、農林政務次官を歴任。38年以来愛知地方区より参院議員に当選4回、参院商工委員長、外務委員長、予算常任委員長を歴任。著書に「絹の将来をアメリカに観る」。　趣読書, 将棋, 書道

八木 逸郎　やぎ・いつろう
衆院議員(翼賛議員同盟)　⽣文久3年9月(1863年)　没昭和20年1月4日　出大和国(奈良県)　学医科大学別課(明治15年)卒　Ph.D.(ロストック大学)　職ドイツに留学。帰国後、医師として働く。奈良市議、県議、市および県医師会長を歴任。明治41年衆院議員に当選。以来通算10期務めた。

八木 一男　やぎ・かずお
衆院議員(社会党)　㊓明治44年6月7日　㊛昭和51年9月11日　㊒奈良県　㊫東京帝国大学経済学部卒　㊞奈良県全労働組合協議会書記長、県総評事務局長を経て、昭和27年衆院議員に初当選し、以来当選8回。衆院産業公害対策特別委員長となる。党内では中央委員、奈良県本部委員長などを務めた。

八木 幸吉　やぎ・こうきち
衆院議員(第一控室)　参院議員(第十七控室)　㊓明治28年2月　㊛昭和51年7月26日　㊒大阪府　㊫慶応義塾大学理財科(大正6年)卒　㊞鐘渕紡績(株)に入社し、兵庫工場長となる。大正8年武藤山治秘書として第1回国際労働会議参列のため渡米する。昭和5年衆院議員となり1期、22年からは参院議員を2期務める。また実業同志会理事、大日本蚕糸会評議員、八木商店顧問等を歴任した。

八木 宗十郎　やぎ・そうじゅうろう
元・衆院議員　元・ちまきや社長　㊓明治32年9月7日　㊛昭和56年2月5日　㊒山口県山口市　㊫明治大学専門部商科卒　㊜勲三等瑞宝章(昭和44年)　㊞大正12年八木呉服店(ちまきや百貨店の前身)に入社。昭和12年(株)ちまきや八木取締役社長。17年に翼賛政治体制協議会から衆院議員に当選。戦前、戦後にかけて山口県政治・経済の中心的役割を担った。戦後はNHK経営委員など公職のかたわら、岸信介首相の後援会長として岸体制を陰で支えた。

八木 大介　⇒木本平八郎(きもと・へいはちろう) を見よ

八木 徹雄　やぎ・てつお
衆院議員(自民党)　内閣総務副長官　㊓大正5年1月31日　㊛昭和46年7月4日　㊒愛媛県　㊫大倉高等商業学校(昭和12年)卒　㊞南方軍政最高顧問砂田重政秘書官としてシンガポールに駐在する。戦後、愛媛県議を2期務め、昭和33年衆院議員に初当選し、以来当選5回。33年文部政務次官、43年第2次佐藤内閣総務副長官となる。また愛媛県タバコ耕作組合連合会長、東京経済大学評議員等を歴任した。

八木 昇　やぎ・のぼる
元・衆院議員(社会党)　㊓大正10年12月14日　㊒佐賀県佐賀郡富士町　㊫早稲田大学専門部政経科(昭和17年)卒　㊜勲一等瑞宝章(平成4年)　㊞佐賀県労働金庫理事長を経て、昭和30年以来衆院議員に9選。50年衆院科学技術特別委員長、57年党国際局長などをつとめ、61年6月引退。

八木 秀次　やぎ・ひでつぐ
参院議員(緑風会)　大阪大学総長　八木アンテナ社長　電気通信工学者　㊓明治19年1月28日　㊛昭和51年1月19日　㊒大阪府大阪市　㊫東京帝大工科大学電気工学科(明治42年)卒　工学博士(大正9年)　㊮日本学士院会員(昭和26年)　㊜文化勲章(昭和31年)　㊞仙台高工教授を経て、大正2年欧米に留学、ドイツでは電気工学者のバルクハウゼン、英国ではフレミングに師事。帰国後、8年東北帝大工学部教授となり、同大に電気通信研究所を設立、宇田新太郎とともに短波長ビームに関する研究をし、15年"八木・宇田アンテナ"を開発、レーダー、テレビなどに広く採用される。昭和7年大阪帝大理学部創設に尽力し、8年同大教授、17年理学部長に就任。同年東京工大学長、19年技術院総裁、21年大阪帝大総長、のち武蔵工業大学学長を歴任。一時右派社会党に属し、28年参院議員に当選。日本社会党顧問、民主社会主義連盟会長を兼務。また27年には八木アンテナ株式会社を設立、35年まで社長をつとめた。31年文化勲章受章。著書に「八木秀次随筆集」「技術人夜話」などがある。

谷口 武雄　やぐち・たけお
元・衆院議員(国民協同党)　㊓明治40年8月25日　㊛昭和63年10月24日　㊒茨城県　㊫中央大学法学部(昭和9年)卒　㊞昭和22年の総選挙に初当選(国民協同党)、衆院議員を1期務める。

矢後 嘉蔵　やごう・かぞう
元・衆院議員(社会党)　元・全日農富山県連合会会長　労働運動家　⽣明治33年9月25日　⽋昭和59年3月24日　出富山県婦負郡倉垣村荒屋(現・富山市)　学東京主計学校卒　歴戦前は、労働農民党(労農党)富山県連委員長、全農富山県連常任委員、富山市議、富山県農民組合連合会委員長などで活躍。戦後の昭和20年、立山重工労組を結成して委員長、社会党富山県連を結成して会長となる。22年衆院議員に当選、25年日農(のち全日農)富山県連会長として活躍した。家弟=矢後林蔵(労働運動家)

八坂 甚八　やさか・じんぱち
貴院議員(多額納税)　衆院議員(無所属団)　⽣嘉永6年10月(1853年)　⽋昭和4年3月29日　出肥前国(佐賀県)　歴佐賀県議、鳥栖町議等を歴任した後、明治30年9月から37年9月まで貴院議員として在任。45年衆院議員に佐賀郡部より当選。

八坂 善一郎　やさか・ぜんいちろう
元・衆院議員(民主党)　元・杵築市長　⽣明治28年1月23日　⽋昭和55年8月29日　出大分県　学早稲田大学(昭和8年)卒　歴昭和21年から22年まで衆院議員。30年から50年まで5期20年、杵築市長。自ら胸に日の丸バッジをつけ「軍隊の引き締まった精神を」と市職員にもバッジをつけさせるなど「日の丸市長」「タカ派市長」としても有名だった。

矢島 浦太郎　やじま・うらたろう
衆院議員(憲政会)　⽣安政7年2月(1860年)　⽋大正6年10月17日　出信濃国(長野県)　学長野県立師範学校　歴長野町議、長野市議、長野県議などを経て、明治36年衆院議員に当選。以来連続5期務めた。

矢島 中　やじま・なか
衆院議員(立憲政友会)　⽣嘉永4年7月(1851年)　⽋大正11年1月26日　出下野国(栃木県)　本名=矢嶋中　歴宇都宮市長、栃木県議、同常置委員などを歴任した後、明治35年衆院議員に当選。以来連続4期務めた。

矢嶋 三義　やじま・みよし
元・参院議員(社会党)　⽣明治44年11月16日　⽋平成8年4月19日　出大分県竹田市　旧姓=安部　学九州帝国大学附設教員養成所数学科(昭和8年)卒　賞勲二等瑞宝章(昭和57年)　歴中・高教師を経て、昭和25年全国区から参院議員に当選、通算2期務める。災害対策特別委員長をつとめた。

八代 英太　やしろ・えいた
衆院議員(自民党 東京12区)　元・郵政相　元・テレビ司会者　著社会福祉(障害者問題)　⽣昭和12年6月2日　出山梨県東八代郡八代町　本名=前島英三郎　学石和高(昭和31年)卒　賞ビクトリー賞(国際賞・全米賞、第7回)(平成5年)　歴昭和31年山梨放送に入り、38年芸能界にデビュー。テレビの司会などで活躍していたが、48年に公演先で舞台のセリ穴に落ちて半身不随に。52年参院に当選、車椅子の議員として活躍。58年比例代表制の採用に伴い、福祉党を旗上げし、再選されたが、翌59年自民党に入党、3期つとめる。平成7年落選。8年衆院議員に当選。2期目。11年10月小渕第2次改造内閣の郵政相に就任。12年4月森連立内閣でも留任。旧渡辺派を経て、旧小渕派。のち橋本派。　活DPI(障害者インターナショナル)

八代 六郎　やしろ・ろくろう
海相　枢密顧問官　海軍大将　男爵　⽣万延1年1月3日(1860年)　⽋昭和5年6月30日　出尾張国丹羽郡楽田村(愛知県)　旧姓=松山　学海兵(第8期)(明治14年)卒、海大選科卒　歴明治元年水戸浪士・八代逸平の養子となる。愛知英語学校で学んだ後、9年上京し海軍兵学校に入学。18年少尉となり、日清戦争従

軍、ロシア公使館付武官、和泉艦長を経て、日露戦争に浅間艦長として日本海海戦に参加。40年少将、第1艦隊、第2艦隊各司令官、44年中将。海大校長、舞鶴鎮守府司令長官を経て、大正3年大隈内閣の海相。のち第2艦隊司令長官、佐世保鎮守府司令長官となった。5年男爵、7年大将。軍事参議官を経て、9年退役、14年枢密顧問官。

安井 英二　やすい・えいじ
文相　内相　貴院議員(勅選)　[生]明治23年9月18日　[没]昭和57年1月9日　[出]東京　[学]東京帝国大学法科(大正5年)卒　[歴]内務省に入り、警保局事務官、岡山県知事、社会局労働部長、地方局長を歴任。昭和10年40歳代で大阪府知事になり、12年第1次近衛内閣の文部大臣に就任、当時“異例の若さの青年文相”ともてはやされた。13年貴院議員に勅選。15年第2次近衛内閣の内相となり、新体制運動を推進。引退したあと、33年から39年まで国家公安委員をつとめた。

安井 謙　やすい・けん
参院議員(自民党)　自民党最高顧問　日韓議員連盟会長　元・参院議長　[生]明治44年3月22日　[没]昭和61年3月10日　[出]岡山県岡山市　[学]京都帝大経済学部(昭和10年)卒　[賞]勲一等旭日桐花大綬章(昭和56年)　[歴]満鉄に入社。戦後、初代東京都知事となった実兄誠一郎の下で、知事秘書役を務めた。昭和25年6月参院東京地方区で初当選以来、連続6期当選。52年7月から55年7月まで参院議長を務め、辞任後は自民党に復党し、同党最高顧問に。参院自民党幹事長や、参院ILO特別委員長、自治相・国家公安委員長などを歴任。日仏友好議連、日本フィンランド交友議連、日韓議連の各会長も務めた。「ほどほど哲学」の著書がある。　[趣]ゴルフ, 囲碁, 柔道(6段), 水泳, 空手(6段)　[家]兄=安井誠一郎(東京都知事), 弟=安井三郎(雪印食品副社長)

安井 誠一郎　やすい・せいいちろう
東京都知事　衆院議員(自民党)　[生]明治24年3月11日　[没]昭和37年1月19日　[出]岡山県岡山市　[学]東京帝大法科大学独法科(大正6年)卒　[歴]内務省に入り、昭和3年第1回普選に落選。岡山県警察部長から東京市保健局長兼社会局長、宇垣一成秘書官、朝鮮総督府、拓務省、新潟県知事、東京市電気局長を務める。戦後は21年厚生次官を経て、22年から東京都知事を3期務める。35年衆院議員に当選したが、選挙後に倒れ療養中に死去。　[家]弟=安井謙(参院議長)

安井 藤治　やすい・とうじ
国務相　陸軍中将　[生]明治18年10月11日　[没]昭和45年7月9日　[出]富山県富山市　[学]陸士(明治38年)卒, 陸大(大正2年)卒　[歴]大正2年陸軍省軍務局課員、5年課長、6年ロシア駐在、8年東欧出張。昭和4年整備局動員課長、8年参謀本部戦史課長、10年東京警備参謀長などを経て、11年2.26事件の戒厳参謀長となり備忘録を残した。12年中将。同年日中戦争で第5独立守備隊司令官となり、北部満州の治安粛正作戦を指揮。ついで13年第2師団長、14年第6軍司令官を歴任し、16年予備役。17年東京市翼賛壮年団長、19年共同企業社長。20年鈴木貫太郎内閣の国務相となり、戦争の処理に当たった。

安井 吉典　やすい・よしのり
元・衆院副議長　[生]大正4年10月30日　[出]北海道上川郡東神楽町　[学]東北帝国大学法学部(昭和15年)卒　[賞]勲一等旭日大綬章(平成2年)　[歴]昭和15年三菱尾去沢鉱業所に勤務。22年東神楽村長3期を経て、33年北海道2区から衆院議員に11選。52年には社会党副委員長も務め、平成元年6月衆院副議長に就任。2年引退。著書に「真・地方時代の条件」「冬の日愛すべし―私の回想」「ヨーロッパの都市問題」(共著)など。　[趣]カメラ, 書道

保岡 興治　やすおか・おきはる
衆院議員（自民党　鹿児島1区）　元・法相　⊕昭和14年5月11日　⊕東京　⊕中央大学法学部（昭和39年）卒　⊕弁護士　⊕弁護士から、昭和47年奄美群島区（平成5年鹿児島1区に合区）選出の衆院議員となり、大蔵・国土政務次官などを歴任。田中弁護団の一員でもある。自民党田中派、二階堂グループを経て、竹下派。平成6年6月村山内閣発足後、離党。海部元首相グループと新党みらいの統一会派 "高志会"に所属し、同年12月新進党結成に参加。7年8月自民党に復帰。10年12月山崎派に参加。12年7月第2次森連立内閣の法相に就任。9期目。　⊕父＝保岡武久（衆院議員）

保岡 武久　やすおか・たけひさ
元・衆院議員（自民党）　⊕明治35年11月25日　⊕昭和58年2月7日　⊕鹿児島県奄美大島　⊕東京帝大政治学科（昭和2年）卒　⊕勲二等瑞宝章（昭和48年）　⊕内務省を経て、昭和22年鹿児島県副知事。29年衆院議員に奄美群島区から初当選。44年に引退するまで当選4回。内閣官房副長官、郵政政務次官など歴任。　⊕長男＝保岡興治（衆院議員）

安田 伊左衛門　やすだ・いざえもん
衆院議員（憲政会）　貴院議員（勅選）　日本中央競馬会理事長　⊕明治5年7月　⊕昭和33年5月18日　⊕岐阜県　⊕東京帝国大学農学乙科（明治26年）卒　⊕明治28年陸軍騎兵少尉、のち大尉に昇進。その間日清・日露の各戦争に従軍。45年衆院議員に当選。以来2期務め、貴院議員には昭和21年勅選される。その間東京競馬倶楽部を創立、会長となり、次いで日本中央競馬会理事長などを歴任。

安田 勲　やすだ・いさお
衆院議員（憲政本党）　⊕嘉永6年6月（1859年）　⊕大正6年6月9日　⊕千葉県　⊕慶応義塾　⊕千葉県議、同常置委員、徴兵参事員などを経て、明治23年衆院議員に当選。以来通算6期務めた。

安田 貴六　やすだ・きろく
元・衆院議員（自民党）　⊕大正1年10月21日　⊕昭和59年10月9日　⊕福島県須賀川市　⊕福島県立安積中（現・安積高）（昭和7年）卒　⊕昭和18年北海道庁に入り、農務部長、副知事を歴任。44年12月、北海道5区から衆院選に初当選以来4回当選し、経済企画、北海道開発、自治の各政務次官を務めた。58年12月の総選挙で落選した後健康を害し、引退を表明していた。

安田 修三　やすだ・しゅうぞう
元・衆院議員（社会党）　⊕昭和2年5月21日　⊕平成6年2月2日　⊕富山県富山市下木町（現・本町）　⊕中央大学法学部卒　⊕昭和23年富山重工労組書記長、26年富山県労協オルグ、36年富山県労協組織部長、41年全国一般富山地本委員長、42年全国一般中執、47年同副委員長を経て、54年以来衆院議員に4選。党富山県本部委員長などを歴任。平成5年落選。　⊕釣り、囲碁、将棋、8ミリカメラ、謡曲

安田 純治　やすだ・じゅんじ
元・衆院議員（共産党）　弁護士　⊕昭和6年8月4日　⊕福島県　⊕古河地方航空機乗務員養成所中退　⊕昭和25年松川事件の救援活動に参加したことから法律を志し、39年弁護士となる。51年以来衆院議員に当選2回。福島県弁護士会長もつとめた。

安田 善三郎　やすだ・ぜんざぶろう
貴院議員　安田財閥総帥　実業家　⊕明治3年10月15日　⊕昭和5年1月9日　⊕東京　別名＝伊臣貞太郎　⊕東京帝大法科大学（明治25年）卒　⊕明治25年安田製釘所に入り、30年財閥安田善次郎の養子となった。安田銀行など30有余の銀行、会社の重役となり、安田一門の枢機を総括、善次郎隠居後は安田王国の実権を握った。貴院議員を3期務めた。　⊕養父＝安田善次郎（安田財閥創始者）

安田 隆明　やすた・たかあき
元・参院議員（自民党）　元・科学技術庁長官　⊕大正5年9月17日　⊕石川県　⊕石川県立青年学校教員養成所（昭和12年）卒　⊕勲一等瑞宝章（昭和61年）　⊕少年時代に、父の会社が倒産し、苦労を重ねた。小学校教員を経て、石川県庁入りし、昭和42年副知事に。43年石川地方区から参院議員に当選、以来3選。47年通産政務次官。57年科学技術庁長官に就任。61年7月引退。

安田 幹太　やすだ・みきた
元・衆院議員（社会党）　元・八幡大学学長　弁護士　⊕法学　⊕明治33年1月2日　⊕昭和62年5月16日　⊕大分県豊後高田市　⊕東京帝国大学法学部（昭和12年）卒　法学博士（昭和24年）　⊕戦前、東京地裁判事、京城大教授を歴任。昭和22年大分2区から衆院議員に当選、1期つとめる。30年八幡大学長に就任した。⊕息子＝安田弘（福岡県弁護士会会長）

安武 洋子　やすたけ・ひろこ
元・参院議員（共産党）　⊕昭和3年7月26日　⊕兵庫県神戸市　⊕兵庫県立第二高女（昭和20年）卒　⊕昭和34年明石原水協副理事長、42年兵庫県総評婦人部長を経て、49年以来参院議員に2選。61年落選。

安恒 良一　やすつね・りょういち
元・参院議員（無所属）　⊕大正13年3月15日　⊕福岡県太宰府　⊕鞍手中（昭和18年）卒　⊕昭和21年西鉄入社。私鉄総連書記長、総評副議長などを経て、昭和52年社会党から参院議員に当選。当選3回。党選対委員長をつとめた。平成4年佐川急便グループとの不明朗な関係が問題となり、党を除名される。7年引退。　⊕麻雀

安永 英雄　やすなが・ひでお
元・参院議員（社会党）　⊕大正9年2月21日　⊕平成15年6月8日　⊕福岡県鞍手郡若宮町　⊕福岡師範卒　⊕勲二等旭日重光章（平成7年）　⊕福岡県教組委員長、福岡県労評議長を経て、昭和43年全国区から参院議員に当選。通算4期務めた。平成7年引退。参院建設委員長、社会党参院議員会長などを歴任した。

安場 保和　やすば・やすかず
貴院議員（勅選）　元老院議官　男爵　⊕天保6年4月17日（1835年）　⊕明治32年5月23日　⊕肥後国熊本城下建部一夜塘（熊本県）　幼名＝一平、号＝咬菜軒　⊕正三位勲一等　⊕横井小楠に学び、明治元年戊辰戦争に従軍。2年胆沢県大参事、次いで酒田県大参事、4年熊本藩少参事、同年大蔵大丞・租税権頭を歴任。5年岩倉具視使節団に従い欧米視察、帰国後福島県令、8年愛知県令を経て、13年元老院議官。19年福岡県令となり7年間地方行政に尽力。25年勅選貴院議員、29年男爵。30年北海道長官となったが31年退職。

安平 鹿一　やすひら・しかいち
衆院議員（社会党）　⊕明治35年1月3日　⊕昭和42年1月17日　⊕愛媛県温泉郡　⊕東京市会議員、府会議員を経て、戦前から労働運動、無産政党運動に投じた。戦後社会党の結成に参加、中央執行委員となり、昭和21年以来愛媛県から衆院議員当選6回、衆院労働委員長などを務め、社会党左派の闘将として活躍した。38年引退。

八角 三郎　やすみ・さぶろう
衆院議員（政友会）　海軍中将　⊕明治13年12月19日　⊕昭和40年1月20日　⊕岩手県　⊕海兵（明治34年）卒、海大（明治45年）卒　⊕日露戦争に従軍。大正3年軍令部参謀、6年第7戦隊参謀として第1次世界大戦に参加。7年支那公使館付武官、次いで「三笠」「金剛」などの艦長、水雷学校長を経て、昭和4年大湊要港部司令官。5年中将、6年予備役。7年以来岩手県から衆院議員連続4期当選、政友会に属した。この間、12年拓務政務次官、20年鈴木貫太郎内閣の内閣顧問をつとめた。著書に「思いいずることども」がある。

矢田部 理 やたべ・おさむ
元・参院議員（新社会党）　新社会党委員長　弁護士　⊕昭和7年2月15日　⊞茨城県久慈郡大子町　⊜中央大学法学部（昭和29年）卒　㊤弁護士となり、昭和41年矢田部法律事務所を開設。49年地方区から参院議員に当選、以来4期務める。通信委員長、環境特別委員長を歴任。平成8年1月の社会民主党への移行には参加せず、同年3月新社会党を結成、委員長となる。10年、13年参院選では比例区から立候補するが落選。著書に「リクルート疑獄の構造」など。

矢次 一夫 やつぎ・かずお
元・国策研究会代表常任理事　労働運動家　⊕明治32年7月5日　㊣昭和58年3月22日　⊞佐賀県　⊛中華民国勲一等章（昭和44年）　⊜小学校卒。20歳で上京、右翼の大物、北一輝の家に居候するなど政界に人脈を作り、大正14年労働事情調査所を設立して争議の調停に活躍。昭和8年には国策研究会を設立、政界、軍部に大きな影響力を持った。戦後公職追放となったが、28年には国策研究会を復活し、岸元首相から中曽根首相まで歴代首相と親しい関係を保ち続けた政界の黒幕的な存在だった。台湾、韓国との交流にも尽力した。著書に「昭和動乱私史」「昭和人物秘録」など。

八並 武治 やつなみ・たけじ
衆院議員（民政党）　⊕明治10年12月4日　㊣昭和22年7月10日　⊞大分県　⊜東京帝大独法科（明治44年）卒　㊤弁護士業を経て、大正4年逓信大臣秘書。のち憲政会に入り、9年以来東京7区から衆院議員当選7回。14年加藤高明内閣の法制参与官、昭和6年第2次若槻礼次郎内閣、7年斎藤実内閣の各司法政務次官、14年司法省行政委員を歴任。党では憲政会幹事長、党務委員長、立憲民政党総務を務めた。

八並 達雄 やつなみ・たつお
元・衆院議員（民主党）　⊕明治34年11月　㊣昭和56年6月5日　⊞大分県　⊜東京帝国大学独法科（大正14年）卒　㊤東京、横浜、前橋各地裁判事、東京控訴院部長を歴任。昭和22年の衆院選東京7区で民主党から初当選。当選1回。

梁井 淳二 やない・じゅんじ
元・衆院議員（民主自由党）　⊕明治30年5月　㊣昭和63年1月20日　⊞佐賀県　⊜東京帝大法学部政治学科卒　㊤昭和22年に佐賀全県区から衆院議員に当選1回。

柳川 宗左衛門 やながわ・そうざえもん
衆院議員（日本進歩党）　参院議員（緑風会）　⊕明治28年7月　㊣昭和53年11月8日　⊞茨城県　⊜東京市京北中学校（大正2年）卒　㊤農業を営む傍ら、全国購買組合連合会理事、全国農業会長、農林中央金庫理事、茨城相互銀行社長等を歴任する。この間、第21回総選挙補欠選挙に当選し衆院議員を1期、戦後は昭和22年第1回参院議員選挙に当選し1期務めた。

柳川 平助 やながわ・へいすけ
司法相　陸軍中将　⊕明治12年10月2日　㊣昭和20年1月22日　⊞佐賀県　旧姓=楠木　⊜陸士（明治33年）卒,陸大（明治45年）卒　㊤騎兵第13連隊付となり、明治37年日露戦争に従軍。大正4年陸大教官、7年北京陸大教官、9年国際連盟に派遣。12年騎兵第12連隊長、14年参謀本部課長、昭和2年騎兵第1旅団長となり第1次山東出兵に参加。4年騎兵学校長、6年中将。7年陸軍次官、9年第1師団長、10年台湾軍司令官、11年予備役。12年日中戦争で召集、第10軍司令官となり、杭州上陸作戦を指揮。13年興亜院総務長官、15年第2次近衛文麿内閣司法相、16年第3次近衛内閣国務相、のち大政翼賛会副総裁を歴任。著書に「日本心―覆面将軍柳川助清談」。

柳沢 徳忠　やなぎさわ・のりただ

三日市藩知事　子爵　⊕安政1年閏7月（1854年）　㊙昭和11年1月26日　㊙安政3年3歳で家督を相続、越後三日市藩主となり、明治2年版籍奉還により三日市藩知事に任命される。4年廃藩置県により免職。

柳沢 伯夫　やなぎさわ・はくお

衆院議員（自民党　静岡3区）　元・金融担当相　⊕昭和10年8月18日　⊕静岡県袋井市（本籍）　㊙東京大学法学部（昭和36年）卒　㊙大蔵省に入り米国領事官、官房参事官、内閣官房長官秘書官を歴任。昭和55年から衆院議員1期。自民党静岡県顧問を経て、61年衆院に返り咲く。平成10年小渕内閣の国土庁長官となるが、同年10月金融再生関連法の施行に伴い金融担当相に就任。同年12月金融システムの立て直しを担当する総理府の独立行政委員会・金融再生委員会の発足に伴い、委員長となる。11年1月小渕改造内閣でも留任。12年12月第2次森改造内閣の金融再生委員会委員長に就任し、13年1月中央省庁再編で金融担当相となる。同年4月の小泉内閣でも留任。通算6期目。宮沢派、加藤派を経て、堀内派。　㊙オペラ鑑賞　㊙妻=柳沢紀子（版画家）

柳沢 錬造　やなぎさわ・れんぞう

元・参議院議員（民社党）　⊕大正8年1月21日　⊕長野県埴科郡　㊙石川島重工業青年校（昭和12年）卒　㊙勲八等瑞宝章（昭和21年）、勲二等瑞宝章（平成1年）　㊙石川島重工業に入社。戦後、石川島播磨労組委員長、造船重機労連委員長を経て、昭和52年から参院議員に2選。平成元年引退。同盟副会長、国際MRA日本協会副会長なども務めた。

柳田 国男　やなぎた・くにお

枢密顧問官　国学院大学大学院教授　民俗学者　農政学者　詩人　⊕明治8年7月31日　㊙昭和37年8月8日　⊕兵庫県神東郡田原村辻川（現・神崎郡福崎町）　旧姓=松岡　筆名=久米長目など　㊙東京帝大法科大学政治学科（明治33年）卒　㊙日本芸術院会員（昭和22年）、日本学士院会員（昭和23年）　㊙朝日文化賞（昭和16年）、文化勲章（昭和26年）、文化功労者（昭和27年）、福崎町名誉町民　㊙在村の医者・漢学者松岡操の六男に生れる。幼少年期より文学的才能に恵まれ、短歌、抒情詩を発表。青年時代、田山花袋、島崎藤村、国木田独歩らと交わり、新体詩人として知られた。明治33年東京帝大卒業後、農商務省に入省。同時に早稲田大学（初め東京専門学校）で農政学を講じる。34年大審院判事柳田直平の養嗣子となる。35年内閣法制局参事官に転じ、大正3年貴族院書記官長に就任。この間、明治38年花袋、独歩、蒲原有明らと文学研究会竜土会を始め、40年藤村、小山内薫らとイプセン会を主宰。大正8年貴族院議長徳川家達と相容れず、書記官長を辞して下野。9年朝日新聞社入社、翌10年から12年まで国際連盟委任統治委員会委員としてジュネーブ在勤。13年から昭和7年まで朝日新聞論説委員をつとめる。のち、21年枢密顧問官に任官。一方、民間伝承に関心を深め早くから全国を行脚し、明治42年日本民俗学の出発点といわれる民俗誌「後狩詞記」を発表。43年新渡戸稲造、石黒忠篤らと郷土研究の郷土会を結成、大正2年「郷土研究」を発行。「石神問答」「遠野物語」「山の人生」「雪国の春」「桃太郎の誕生」「民間伝承論」「木綿以前の事」「不幸なる芸術」「海上の道」など多数の著書を刊行、"柳田学"を樹立した。また昭和22年に民俗学研究所を、24年には日本民俗学会を設立するなど、日本民俗学の樹立・発展につとめ、後世に大きな影響を与えた。この間、昭和26～36年国学院大学大学院教授として理論神道学の講座を担当。また、国語教育と社会科教育にも力を注ぎ、28年国立国語研究所評議会会長を務めた。専門の農政学においては産業組合の育成に尽力した。22年日本芸術院会員、23年日本学士院会員、26年文化勲章受章。詩集「野辺のゆき」、「定本柳田国男集」（全31巻・別巻5,筑摩書房）、文庫版「柳田国男全集」がある。

[家]兄＝井上通泰（歌人・国文学者・医学博士），弟＝松岡静雄（海軍軍人・民族学者・言語学者），松岡映丘（日本画家・東京美術学校教授），息子＝柳田為正（お茶の水女子大名誉教授・生物学者）

柳田 秀一　やなぎだ・ひでかず
衆院議員（社会党）　[生]明治38年5月　[没]昭和53年4月4日　[出]京都府　[学]岡山医科大学卒, 京都帝国大学大学院修了　[歴]昭和22年舞鶴市長となる。27年衆院議員に初当選し、以来当選8回。社会党中央執行委員、党国会対策委員長、東京オリンピック組織委員、列国議会同盟東京会議日本議員団代表を務めた。

柳田 桃太郎　やなぎだ・ももたろう
元・参院議員（自民党）　[生]明治40年2月13日　[出]福岡県北九州市　[学]長崎高商（昭和3年）卒　[賞]勲二等旭日重光章（昭和54年）　[歴]昭和3年大連市国際運輸勤務。満州国官吏、引き揚げ後農協理事、中央経済調査庁各部課長、門司市長、かたわら日本港湾協会理事、都市学会理事等を務める。昭和40年福岡地区から参院議員に初当選以来通算2期務める。参院公職選挙法特別委員長、内閣委員長、大蔵政務次官等を歴任。著書に「大都市合併促進法私案」「石油政策の展望」等がある。

柳原 三郎　やなぎはら・さぶろう
元・衆院議員（民主党）　[生]大正3年7月3日　[没]平成2年1月25日　[出]岐阜市　[学]日本大学卒　[歴]岐阜県議を経て、昭和24年岐阜1区から衆院議員初当選、30年まで連続3期務めた。会派の変遷に従って、所属は、民主党、国民民主党、改進党、日本民主党と移った。

柳本 直太郎　やなぎもと・なおたろう
名古屋市長　東京外国語学校校長　[生]嘉永1年3月7日（1848年）　[没]大正2年3月13日　[出]越前国福井（福井県）　[歴]文部省勤務を経て、兵庫県大書記官、長崎県大書記官、愛知県書記官などを歴任。明治27年名古屋市長に就任。

柳谷 清三郎　やなぎや・せいざぶろう
元・衆院議員（自民党）　元・能代市長　[生]明治33年10月1日　[没]昭和59年3月19日　[出]秋田県　[学]東大政治学科（昭和3年）卒　[賞]能代市名誉市民（昭和50年）　[歴]昭和21年から能代市長を通算5期。その間、33年から38年まで連続2期、衆院議員を務めた。戦後2回の能代大火の復興事業に尽くした。

柳原 前光　やなぎわら・さきみつ
元老院議長　枢密顧問官　貴院議員（伯爵）　公卿　外交官　[生]嘉永3年3月23日（1850年）　[没]明治27年9月2日　[出]京都　幼名＝次良麿　[歴]明治元年戊辰戦争の時に東海道鎮撫（先鋒）副総督として江戸城開城に尽力。維新後、外務省に入り、外務大丞として明治3年日清修好条規予備交渉のため清国に派遣。翌年条約締結の際副使として渡清、天津において李鴻章と会見し修好条約を締結。その後も駐清公使として副島種臣・大久保利通の対清交渉に随行した。元老院議官となり刑法・治罪法審議に従事。のち駐露大使、賞勲局総裁、元老院議長、枢密顧問官（23～24年）、宮中顧問等を歴任。皇室典範の制定にも参与。17年伯爵に叙せられ、貴院議員となる。
[家]父＝柳原光愛（公卿・権大納言），妹＝柳原愛子（大正天皇生母），次女＝柳原白蓮（歌人）

矢野 絢也　やの・じゅんや
元・衆院議員　元・公明党委員長　政治評論家　[生]昭和7年4月27日　[出]大阪府布施市（現・東大阪市）　[学]京都大学経済学部（昭和31年）卒　[賞]文芸春秋読者賞（第55回）（平成5年）「極秘メモ全公開」
[歴]在学中に創価学会に入会。大林組勤務を経て、昭和38年公明党から大阪府議に当選。40年からは創価学会副理事長、党中央幹部会員などを歴任。42年以来衆院議員に9選。初当選後ただちに書記長就任。45年の創価学会、公明党の言論出版妨害問題では政教分離による打開策に尽力した。これを機に江田三郎、佐々木良作とともに社公民路線を軸と

した野党再編の推進役をつとめ、61年12月～平成元年5月委員長をつとめた。平成5年政界を引退、以後政治評論家として新聞・雑誌・テレビに活躍。 [趣]音楽, 囲碁

矢野 庄太郎　やの・しょうたろう
蔵相　衆院議員(民主党)　[生]明治19年1月10日　[没]昭和24年6月21日　[出]香川県　[学]明治大学法科(明治40年)卒　[歴]明治44年内務省に入り、45年台湾総督府属。大正3年香川県警視、6年同県木田郡長。7年勝光山窯業代表取締役。昭和5年以来香川県から衆院議員当選7回、14年大蔵参与官。戦後20年厚生政務次官、22年片山哲内閣の蔵相を務める。また、自由党総務、選対部長、民主党顧問などを務めた。

矢野 俊比古　やの・としひこ
元・参院議員(自民党)　東京中小企業投資育成取締役　[生]大正13年1月1日　[出]東京都千代田区神田　[学]東京大学法学部政治学科(昭和23年)卒　[賞]勲一等瑞宝章(平成11年)　[歴]昭和23年商工省入省。49年基礎産業局長、53年産業政策局長などを経て、55年事務次官に。56年6月退官し、参院選に備えて2年間、全国行脚した。58年6月参院比例代表選に立候補し、当選。平成元年落選。2～8年東京中小企業投資育成社長。3年日本コンベンションセンター社長をつとめた。著書に「日本株式会社の反省」「新しい景気浮揚への方途」など。

矢野 酉雄　やの・とりお
参院議員(緑風会)　教育公論社長　生長の家教育部長・編集部長　教育家　ジャーナリスト　[生]明治30年10月6日　[没]昭和38年11月20日　[出]福岡県　号＝孤山　[学]福岡師範(大正6年)卒　[歴]中大法科、日大高等師範科に学び、福岡県で小学校訓導。のち沖縄女子師範、福岡県立嘉穂中各教諭を経て、昭和8年講談社に入り評論活動。11年「生長の家」に入り教育部長兼編集部長、本部理事。22年辞職し、全国区から参院議員に当選、緑風会に属し、第3次吉田茂内閣の厚生政務次官。のち教育公論社長、矢野経済研究所会長を務めた。著書に胎教と幼児教育」「日本を建設するもの」などがある。
[家]妻＝矢野克子(詩人, 徳田球一の妹)

矢野 龍渓　やの・りゅうけい
小説家　ジャーナリスト　[生]嘉永3年12月1日(1850年)　[没]昭和6年6月18日　[出]豊後国南海郡佐伯(現・大分県佐伯市)　本名＝矢野文雄　[学]慶応義塾(明治6年)卒　[歴]慶応義塾大阪分校校長、同徳島分校校長などを経て、明治9年「郵便報知新聞」副主筆。11年大蔵省書記官となり、のち太政官大書記官となり、14年下野する。15年大隈重信の立憲改進党結成に参加。「郵便報知新聞」を買取り、同紙上で論陣をはる。16年政治小説「経国美談」前篇を刊行(後篇は17年刊)。17年ヨーロッパ、アメリカを遊学し、19年帰国。23年冒険小説「浮城物語」を刊行。のち近事画報社顧問、大阪毎日新聞社副社長などを歴任。他の著書に「人権新説駁論」「周遊雑記」「新社会」、小説「不必要」などがある。

矢幡 治美　やはた・はるみ
元・大山町(大分県)町長　元・大山町農協組合長　ムラおこし運動家　[生]明治45年1月5日　[没]平成5年10月1日　[出]大分県日田郡大山町　[学]広島高工醸造科中退　[賞]勲四等瑞宝章, 西日本文化賞(社会文化部門)(昭和61年)
[歴]酒造屋の4代目。昭和30～46年大山村長・町長を4期つとめる。29年から大山町農協長(62年まで)を兼任、50年大分県農協中央会理事。"ウメ、クリ植えてハワイへ行こう"をキャッチフレーズに、36年から3次にわたるNPC運動(ムラおこし)を展開。一村一品運動の原点として知られた。 [趣]海外旅行, ビデオ, 音楽鑑賞, テニス

矢原 秀男　やはら・ひでお
元・参院議員(新進党)　[生]昭和5年2月2日　[出]広島県　[学]近畿大学法学部(昭和29年)卒　[歴]尼崎市議、兵庫県議2期を経て、昭和49年公明党から参院議員に

3選。58年参院運輸委員長をつとめる。平成6年新進党結成に参加。7年引退。

矢吹 省三　やぶき・せいぞう
貴院議員　男爵　[生]明治16年7月　[没]昭和25年12月27日　[出]東京　[学]東京帝国大学政治科(明治41年)卒　[歴]明治42年男爵を継承。横浜正会銀行勤務を経て、富士生命保険、東京タクシー自動車各取締役、東京貿易社長となる。大正7年〜昭和21年貴院議員、公正会所属。この間、大正14年加藤高明の外務政務次官、昭和4年浜口雄幸内閣の海軍政務次官、6年若槻礼次郎内閣外務政務次官、9年岡田内閣の大蔵政務次官を歴任。他に預金部資金運用委員長、議会制度審議会委員、鉄道会議臨時議員などを務めた。　[家]父=矢吹秀一(陸軍軍人)

藪仲 義彦　やぶなか・よしひこ
元・衆院議員(公明党)　[生]昭和11年3月4日　[出]東京都大田区　[学]中央大学経済学部(昭和39年)中退　[歴]公明党機関紙局政治部記者を経て、昭和51年から衆院議員に6選。平成5年引退。

山内 徳信　やまうち・とくしん
元・読谷村(沖縄県)村長　[生]昭和10年2月15日　[出]沖縄県中頭郡読谷村　[学]琉球大学文理学部史学科(昭和33年)卒　[歴]昭和33年沖縄県立読谷高校に赴任。41年中部農林高校、48年読谷高校などで社会科教師を17年間務める。49年読谷村長、6期務めた。この間、パラシュート降下訓練阻止行動など自ら平和運動の先頭に立ち、また文化村づくりを前面にうち出し、ユニークな村おこしを実践した。平成10年1月沖縄県出納長に就任するが、同年12月退任。11年山内平和憲法・地方自治問題研究所所長。12年基地の県内移設に反対する県民会議共同代表。著書に「叫び訴え続ける基地沖縄」「憲法を実践する村—沖縄・読谷村長奮闘記」、共著に「沖縄・読谷村の挑戦」などがある。　[趣]スポーツ, 読書

山内 広　やまうち・ひろし
衆院議員(社会党)　[生]明治40年9月　[没]昭和49年5月21日　[出]北海道　[学]北海道庁立函館商業学校卒　[歴]国鉄に勤務し、国鉄労組総連合会中央委員、函館地方労働組合会議議長、労働者農民党北海道地方本部執行委員長となる。この間、昭和22年から北海道議を4期、35年から衆院議員を3期務めた。

山尾 庸三　やまお・ようぞう
工部卿　法制局長官　宮中顧問官　子爵　[生]天保8年10月8日(1837年)　[没]大正6年12月22日　[出]周防国吉敷郡二島村長浜(山口県山口市)　変名=山尾要蔵　[賞]勲一等桐花大綬章　[歴]長州藩士の子に生まれ、吉田松陰らに学ぶ。嘉永5年江戸に上り、文久元年幕府の船でロシア領アムール地方に渡航。2年品川御殿山の外国公使館焼打ちに参加。3年伊藤博文らと渡英、グラスゴーで造船技術の見習い工として工業技術を学んだ。明治3年帰国。横浜造船所責任者となり、同年工部省創設に関わり、4年工部寮(のちの工部学校, 工部大学校)を設立、その責任者となる。民部権大丞、工部大輔などを経て、13年工部卿に就任。以後、参事院議官、同副議長、宮中顧問官、法制局長官、有栖川宮、北白川宮各別当を歴任。21〜31年臨時建築局総裁を務めた。20年子爵。

山岡 謙蔵　やまおか・けんぞう
元・衆院議員(自民党)　[生]大正15年9月5日　[没]平成2年9月14日　[出]高知市　[学]高知県立農(昭和18年)卒　[賞]藍綬褒章(昭和56年)　[歴]昭和34年高知市議、46年高知県議、57年県会議長を経て58年衆院議員に当選するが、61年1期で落選。

山岡 鉄舟　やまおか・てっしゅう
明治天皇侍従　無刀流創始者　剣客　[生]天保7年(1836年)　[没]明治21年7月　[出]江戸・本所大河端　旧姓=小野　諱=高歩, 通称=鉄太郎　[歴]幕臣小野朝右衛門の長男に生まれるが、早くに両親を失くし、弟妹養育の傍ら儒学や書を学

ぶ。安政2年(1855年)槍の師である山岡家を継ぐ。禅の修業も積み、一刀流の印可を受ける。千葉周作にも師事し、一刀正伝無刀流道場・春風館を開設、多くの門下を育てた。のち幕府講武所剣術心得を経て、文久2年(1862)浪士取締役として治安につとめる。慶応4年(1868)勝海舟の使者として駿府に赴き、西郷・勝会談を周旋して江戸無血開城への道を開いた。維新後、静岡県権大参事、茨城県参事、伊万里県知事を歴任し、明治5年明治天皇の侍従となった。幕末の三舟の一人。 [家]父=小野朝右衛門(旗本・飛弾郡代)

山岡 万之助　やまおか・まんのすけ
貴院議員(勅選) 日本大学総長 司法官僚 [生]明治9年4月11日 [没]昭和43年6月22日 [出]長野県岡谷市 [学]日本法律学校(現・日本大学)(明治32年)卒 法学博士 [歴]東京地裁判事となり、明治39年から3年間ドイツのライプツィヒ大学に留学。帰国後は日大教授となったが、平沼騏一郎らの知遇を得て司法省刑事局長、警保局長などを歴任。昭和4年から貴院議員を16年間務める。この間、8年からは日大総長に専念し、戦後の追放解除後も日大名誉総長として日大の発展に貢献、刑法、刑事政策学などに業績を残した。また15年に興亜同盟理事長に就任している。著書に「刑法原理」など。

山県 有朋　やまがた・ありとも
第3・9代首相 元老 枢密院議長 陸軍大将 元帥 公爵 [生]天保9年閏4月22日(1838年) [没]大正11年2月1日 [出]長門国萩城下川島庄(山口県萩市) 幼名=辰之助, 前名=小輔, 狂介 [歴]松下村塾に学び、高杉晋作・伊藤博文ら尊王派志士と交わる。文久3年(1863)奇兵隊軍監となり、4国連合艦隊に敗戦。また慶応2年(1866)第2次征長の役に参戦。戊辰戦争時は北陸鎮撫総督・会津征討越後国総督参謀。明治2年渡欧、3年帰国後兵部大輔、5年陸軍大輔・中将。徴兵令を制定し軍制を確立。6年陸軍卿に就任、佐賀の乱、西南の役に参軍。その後木戸・大久保の死去、大隈・板垣の失脚により、伊藤博文と共に藩閥政府の最高指導者となる。16年内務卿、18年第1次伊藤内閣の、21年黒田内閣の内相。20年保安条例を公布した。22年首相に就任し、教育勅語を発布。23年陸軍大将に進み、25年第2次伊藤内閣の法相、26年枢密院議長。日清戦争時は第1軍司令官、日露戦争時は参謀総長をつとめた。31年元帥。同年第2次内閣を組閣、33年軍部大臣現役武官制を制定。42年伊藤の死後は政界に絶大なる権力を振るったが、大正10年宮中某重大事件(皇太子妃選定問題)で各方面の非難を受け、枢密院議長を辞任した。終生の政党嫌いで知られる。著書に「懐旧記事」(全5巻)「山県有朋意見書」など。一方、近藤芳樹、井上通泰らに師事して和歌を学び、のち森鴎外らと歌会常磐会(明治39年～大正11年)を催した。歌集に「葉桜日記」「椿山集」「年々詠草」などがある。

山県 伊三郎　やまがた・いさぶろう
枢密顧問官 貴院議員(勅選) 逓信相 公爵 [生]安政4年12月23日(1857年) [没]昭和2年9月24日 旧姓=今津 [歴]ドイツに留学し、明治16年帰国。法制局参事官、徳島・三重各県知事、内務省地方局長、内務次官などを経て、明治39年逓信相。41年辞任し、勅選貴院議員。43年朝鮮副統監、ついで総督府設置で政務総監、朝鮮中枢院議長となり、半島の統治、開発に尽力した。のち、大正9年関東長官、11年枢密顧問官となる。 [家]養父=山県有朋(陸軍元帥・政治家)

山県 勝見　やまがた・かつみ
厚相 参院議員(自民党) 興亜火災海上保険会長 実業家 [生]明治35年2月28日 [没]昭和51年10月29日 [出]兵庫県西宮 旧名=辰馬 [学]東京帝大法学部(大正14年)卒 商学博士 [賞]勲一等瑞宝章 [歴]辰馬海上火災に入り、社長となる。次いで辰馬汽船(のち新日本汽船)社長、昭和25年船主協会会長。同年兵庫県か

ら第2回参院議員選に当選、27年吉田茂内閣の国務相、第4、第5次吉田内閣の厚相となった。また山県文庫を創刊、国鉄理事、自民党総務相談役も務めた。

山川 健次郎　やまかわ・けんじろう
枢密顧問官　東京帝大総長　物理学者　教育家　男爵　㊓安政1年7月17日(1854年)　㊣昭和6年6月26日　㊒陸奥国若松(福島県会津若松市)　㊫エール大学(土木工学)　理学博士(明治21年)　㊞会津藩士の家に生まれ、藩校日新館に学び、またフランス語を沼間守一らに学ぶ。その後明治3年に北海道開拓使の推挙で、ロシア・米国に留学。8年帰国後、9年に東京開成学校教授補(物理学)になる。14年東京大学理学部教授に就任。21年最初の理学博士取得者となる。以後26年帝大理科大学(東大理学部の前身)学長、34年東京帝大総長、40年明治専門学校総裁、44年九州帝大総長、大正2年再び東大総長、3年京都帝大総長を兼任。また、明治37年に勅選貴院議員、大正4年男爵を授けられ、12年枢密顧問官となり、昭和6年まで務めた。物理学を修める者の心得として「一に数学、二に数学、三に数学」と喝破したのは有名。
㊕兄=山川浩(政治家・陸軍少将), 妹=大山捨松(大山巌元帥夫人・社会奉仕家)

山川 端夫　やまかわ・ただお
貴院議員(勅選)　法制局長官　㊓明治6年12月　㊣昭和37年3月2日　㊒長崎県　㊫東京帝国大学法科大学(明治31年)卒　法学博士　㊞海軍省に入省、海軍省参事官、海軍大学校教授、を務めた後、外務省に入り、条約局長を務める。大正14年加藤高明内閣の法制局長官に就任。大正15年、つづく第1次若槻内閣においても法制局長官を務める。同年12月、貴院議員に勅選される。また国家総動員機関設置準備委員会委員長、臨時法制審議会委員などを歴任。

山川 均　やまかわ・ひとし
社会主義理論家　社会運動家　㊓明治13年12月20日　㊣昭和33年3月23日　㊒岡山県倉敷村(現・倉敷市)　㊫同志社(明治29年)中退　㊞堺利彦らと社会主義運動につとめ、大正11年共産党結成に参加。のち“山川イズム”を提唱し、共産党との関係を絶った。昭和2年雑誌「労農」を創刊、労農派の論客として活動。12年人民戦線事件で検挙される。戦後21年民主人民戦線を提唱し、民主人民連盟委員長となるが、胃がんのため2ケ年病臥する。22年社会党に入党。26年大内兵衛とともに社会主義協会を結成、社会党左派の理論的指導にあたった。著書は「日本民主革命論」「山川均自伝—ある凡人の記録」「山川均全集」ほか多数。
㊕妻=山川菊栄(婦人解放運動家), 長男=山川振作(東大名誉教授)

山川 浩　やまかわ・ひろし
貴院議員(勅選)　陸軍少将　男爵　㊓弘化2年11月6日(1845年)　㊣明治31年2月4日　㊒陸奥国若松(福島県会津若松市)　号=屠竜子　㊞会津藩士の家に生まれ、若くして父を失い、家督を相続。藩主松平容保の側近にあって、幕末の難局にあたる。慶応2年幕府樺太境界議定の派遣員に選ばれて露独仏3国を巡航し、攘夷の非を悟る。帰国後藩政改革を志したが、戊辰戦争で会津城は開城。幼君松平容大を守り、明治2年旧藩主松平家の再興が許されて陸奥斗南の地3万石が与えられると、斗南藩の権大参事に就任。藩士の移住・授産に尽力する。廃藩後上京、6年陸軍省に出仕し、10年西南戦争では西征別動軍参謀をつとめた。その後、名古屋鎮台参謀長、陸軍省人事局長などを経て、初代の高等師範学校校長、23年勅選貴族院議員、陸軍少将を歴任した。31年男爵。著書に「京都守護職始末」、歌集「さくら山集」など。
㊕弟=山川健次郎(物理学者・東京帝大総長), 妹=大山捨松(大山巌元帥夫人・社会奉仕家)

山川 良一　やまかわ・りょういち
元・参院議員（緑風会）　身延山鉄道社長　元・三井鉱山社長　⊕明治24年6月5日　⊕昭和57年8月19日　⊕長崎県　⊕九州帝大採鉱学科（大正4年）卒　⊕昭和22年三井鉱山社長となり、日本石炭協会初代会長、日本経営者団体連盟常任理事を歴任。25年から参院議員（全国区）を1期つとめた。34年身延山鉄道社長に就任。

山木 武夫　やまき・たけお
元・衆院議員（無所属）　⊕明治26年4月　⊕昭和58年10月11日　⊕山形県　⊕庄内農（明治43年）卒　⊕戦後初の総選挙で当選、衆院議員1期（保守系無所属）。その後、酒田市議会議長、同県信連会長、新堀農協組合長などを務めた。

山際 七司　やまぎわ・しちし
衆院議員　民権論者　⊕嘉永2年1月1日（1849年）　⊕明治24年6月9日　⊕越後国西蒲原郡黒崎村木場（新潟県）　⊕生家は庄屋。幼時遠藤朝陽に漢学を学び、のち東京に遊学。明治5年新潟に自立社を設立し、雑誌「喚醒」を発行。12年新潟県議となり、国会開設運動の先頭に立って越後の総代として元老院に建白書を提出した。自由党結成に奔走し、14年西園寺公望、松田正久らと「東洋自由新聞」を創刊。15年北辰自由党を結成し党首となる。16年高田事件で逮捕されたが釈放、18年には大阪事件に連座して禁錮2年。後藤象二郎の大同団結に共鳴、政府の条約改正に反対して活躍。23年第1回総選挙で衆院議員に当選した。

山口 義一　やまぐち・ぎいち
衆院議員（政友会）　⊕明治21年1月20日　⊕昭和10年4月15日　⊕大阪府堺　⊕東京帝大法科大学政治科（大正4年）卒　⊕京大大学院で社会政策を研究。大正9年以来郷里堺市から衆院議員当選5回、政友会に属し、近衛文麿らと貴院改革を唱えた。昭和2年田中義一内閣の大蔵参与官。政友会総務を経て、7年久原房之助の後をうけ幹事長を2期務めた。

山口 喜久一郎　やまぐち・きくいちろう
元・衆院議員　⊕明治29年5月11日　⊕昭和56年5月6日　⊕長崎県佐世保市　⊕早稲田大学専門部（大正5年）中退　⊕勲一等旭日大綬章（昭和42年）、佐世保市名誉市民　⊕昭和5年和歌山県議を振り出しに政界入りし、30代で県会議長を務めたあと、昭和17年の翼賛選挙に非推薦で衆院議員に当選、以来11期。戦後は党人派の大物とされながら吉田首相に反旗を翻したため"冷や飯"を食うことが多かったが昭和30年の保守合同後、33年の第2次岸内閣で行管庁長官、北海道開発庁長官に就任。40年12月には船田議長の後を継いで第52代衆議院議長に就いたが、その前に東京大証事件の同社社長の結婚式で仲人を務めていたことが明るみに出て、就任1年後の41年12月に辞任。

山口 好一　やまぐち・こういち
衆院議員（自民党）　⊕明治36年11月　⊕昭和44年3月19日　⊕栃木県　⊕東京帝国大学英法科（昭和2年）卒　⊕弁護士・税理士となる。昭和21年衆院に初当選し、以来当選7回。衆院地方行政委員長、衆院懲罰委員長、第3次吉田内閣法務政務次官、日本民主党顧問、自民党総務局長を歴任した。

山口 孤剣　やまぐち・こけん
社会主義者　詩人　⊕明治16年4月19日　⊕大正9年9月2日　⊕山口県下関　本名＝山口義三　⊕東京政治学校卒　⊕明治36年「破帝国主義論」を刊行し、平民社の反戦運動に参加。日露戦争後は凡人社を創立し「光」を創刊。また39年日本社会党の結成に参加、評議員となる。38年プロレタリア文学の先駆的雑誌「火鞭」を創刊した。情熱的な革命家として詩文を発表し、入獄を重ねながら活動。主な著書に「社会主義と婦人」「革命家の面影」「階級闘争史論」などがある。

山口 貞美　やまぐち・さだみ
元・布施村(島根県)村長　[生]大正14年　[出]岡山県　[学]関西大学史学科卒　[賞]勲五等双光旭日章(平成7年)　[歴]昭和38～57年5期連続村長を務めた。在任中、村有林に全国で初めて「ふるさとの森」を作り、都市生活者の会員に別荘を貸与したり、盆暮にしいたけやするめなど海の幸、山の幸を送ることを始めるなど、村の活性化に次々と新施策を展開、「離島のアイデア村長」として知られた。著書に「ふる里の森づくり」。

山口 重彦　やまぐち・しげひこ
参院議員(日本社会党)　山口自転車社長　[生]明治27年9月　[没]昭和40年10月19日　[出]東京　[学]東京府立工芸学校精密機械科卒　[歴]ダット自動車工場技師だったが、大正3年山口自転車工場を創設。東京自転車工業組合理事、東京市少年職業委員、協調会中小企業講座講師、厚生省労務管理調査委員、(株)山口自転車工場社長を務めた。2回にわたり、アメリカ・イギリス・フランス・ドイツ・イタリア・ソ連等十カ国を視察、工場管理事情を調査研究した。昭和28年参院議員初当選。以降2選。著書に「中小企業の組織化と近代化」「日本自転車工業の将来」。

山口 シヅエ　やまぐち・しずえ
元・衆院議員(自民党)　[生]大正6年10月31日　[出]東京都中央区日本橋小伝馬町　本名＝山口静江　[学]東京府立第七高女(昭和10年)卒　[賞]永年勤続議員表彰(昭和25年), 国連平和賞(昭和55年), 勲一等瑞宝章(昭和62年)　[歴]戦後の婦人参政権で立候補、第1号として当選。社会党から自民党に鞍替えし、当時節操がないなどといわれたが、昭和21年以来衆院に13回当選。経企政務次官、全国婦人連盟会長などを歴任。この間22年台東ビルを設立し、社長。著書に「骨のある子に育てよう」がある。　[趣]カメラ, 読書, 水泳, ダンス

山口 俊一　やまぐち・しゅんいち
衆院議員(民政党)　[生]万延1年12月(1860年)　[没]昭和8年10月1日　[出]丹波国天田郡細見村(京都府)　[歴]京都府の天田郡会議員、府会議員、同議長を経て、明治31年以来衆院議員当選4回、民政党顧問を務めた。かたわら、福知山米穀生糸取引所理事長、京都土木、帝国用達各社長も務めた。

山口 丈太郎　やまぐち・じょうたろう
衆院議員(社会党)　[生]明治42年4月16日　[没]平成3年2月5日　[出]兵庫県川辺郡猪名町　[学]六瀬第二補員学校(昭和4年)卒　[歴]昭和8年阪急入社。大阪地方労働委員会委員、京阪神急行電鉄労働組合副委員長、日本私鉄労働組合総連合中央委員等を経て、27年兵庫2区から衆院議員に当選。以来通算5期。その間社会党中央委員、同兵庫県支部連合会副会長を歴任。

山口 忠五郎　やまぐち・ちゅうごろう
衆院議員(進歩党)　[生]明治15年1月　[没]昭和30年10月8日　[出]静岡県　[歴]農業、土木建築請負業の一方、出生地の西益津村村長、志太郡議、静岡県議、同参事会員、同議長などを経て、昭和3年衆院選に出馬以来5回当選。立憲政友会に属し、15年政友会中島派総務。戦時中は翼賛議員同盟、翼賛政治会、大日本政治会、戦後進歩党に所属。また静岡県茶業組合連合会頭、県農会長、県畜産組合連合会長、藤枝合同運送、太陽アルミニューム、静岡日産自動車販売各社長、遠州銀行、日本紅茶、静岡新報各取締役などを務めた。

山口 恒太郎　⇒山口天来(やまぐち・てんらい) を見よ

山口 鶴男　やまぐち・つるお
社民党群馬県連代表　元・衆院議員(社民党)　元・社会党書記長　[生]大正14年10月4日　[出]群馬県吾妻郡草津町　[学]桐生工専化学工業科(昭和20年)卒　[賞]勲一等旭日大綬章(平成8年)　[歴]前橋商工教諭を経て、群馬県教組書記長。群馬県

議2期の後、昭和35年以来衆院議員に11選。47年から議院運営委員会の理事として、衆院議長の補佐に当たる。通称"議運のツルさん"。57年にその10年の功労に対し、異例の表彰を受けた。61年9月〜平成3年7月書記長を務める。平成5年細川内閣の予算委員長、6年村山内閣の総務庁長官を務めた。8年引退。12年衆院選に立候補するが、落選。
㊫読書, 登山

山口 天来　やまぐち・てんらい
元・衆院議員　元・博多電灯会社社長　ジャーナリスト　㊤明治6年2月　㊦昭和16年4月　㊥和歌山県　本名＝山口恒太郎　㊫英吉利法律学校(現・中央大学)卒　㊧徳富蘇峰の国民新聞に入るが、明治32年、福岡日日新聞(西日本新聞の前身)に移る。初めは巻きたばこをふかすばかりのずぼら記者であったが、月給が50円から70円に上ったので発奮。33年の北京・義和団の乱の際大活躍して主筆に昇進。38年の日露戦争終結時には、国力の疲弊を説く勇気ある自重論「講和と国民」を執筆。39年、実業界に転じ博多電灯会社社長、博多商業会議所会頭など務めた。上京して雑誌「新公論」や中央新聞を主宰のあと、大正6年から衆議員議員3期、立憲政友会総務を務めた。

山口 敏夫　やまぐち・としお
元・衆院議員(無所属)　元・労相　㊤昭和15年8月29日　㊥埼玉県東松山市　㊫明治大学法学部(昭和38年)卒　㊧労働省に入り、石田博英元労相の秘書官を務める。昭和40年くらしと政治研究所を設立。42年に26歳という全国最年少で自民党から衆院に当選。以来10選。三木派に所属し、河野洋平らとともにヤングパワーとして鳴らした。47年厚生政務次官。51年のロッキード事件発生後、河野らと新自由クラブを結成、55年幹事長。58年暮れ、自民党との連立政権誕生を実現させた。59年労働大臣となる。61年自民党復党後は渡辺派に属していたが、平成5年離党。6年新進党結成に参加、7年再び離党。同年6月旧東京協和、旧安全信用組合の二信組問題に絡み、衆院予算委員会で証人喚問を受け、11月には姉と弟が逮捕。12月背任の共犯容疑で検察庁から逮捕許諾請求が出され、6日逮捕された。その後、証人喚問での偽証でも告発された。同月背任、業務上横領、詐欺、議員証言法違反で起訴。8年の衆院選には立候補しなかった。12年3月東京地裁より懲役4年の実刑判決が下る。無罪を主張して控訴するが、15年2月東京高裁は改めて3年6ケ月の実刑判決を言い渡す。同年3月上告。　㊫ゴルフ, 読書　㊈父＝山口六郎次(衆院議員), 二男＝山口裕(俳優)

山口 弘達　やまぐち・ひろよし
貴院議員(子爵)　㊤万延1年3月23日(1860年)　㊦昭和7年7月11日　㊥江戸・赤坂　幼名＝長治郎, 号＝蕙石, 唯天　㊫学習院研究科卒　㊮従二位勲三等　㊧常陸牛久藩主弘敞の長子で、文久2年家督を相続し、従五位下周防守に任ぜられる。明治2年牛久藩知事、17年子爵。学習院教授を務め、貴院議員に5回選ばれた。また古法帖を研究、愛硯家として知られる。

山口 尚芳　やまぐち・ますか
貴院議員(勅選)　参事院議官　㊤天保10年5月11日(1839年)　㊦明治27年6月12日　㊥佐賀県武雄市　通称＝範蔵　㊧武雄藩士・山口尚澄の子として生まれる。名は「なおよし」「ひさよし」とも読む。長崎で蘭学を修め、さらに英語を習い、藩の蘭学校に入り、翻訳兼練兵掛。薩摩藩の小松帯刀と親しく、薩長の軍事同盟に尽力。明治元年外国事務局掛用掛となり、次いで判事、外国官判事、東京府判事、大蔵大丞、外務少輔などを経て、4年岩倉使節団に木戸孝允、大久保利通、伊藤博文らと共に特命全権副使に任じられ欧米派遣。帰国後8年元老院議官となり、13年元老院幹事、14年会計検査院長、同年参事院議官を歴任。23年勅選貴院議員。

山口 熊野　やまぐち・ゆや
衆院議員(政友本党)　[生]元治1年11月(1864年)　[没]昭和25年6月24日　[出]東京　[学]東京外国語学校　[歴]アメリカに渡り、邦字新聞「新日本」を発刊、また在留日本人愛国同盟を組織する。帰国後、京浜銀行監査役、自由新聞記者、自由通信社長を務める。この間、明治31年以来衆院議員に7回選出された。

山口 淑子　やまぐち・よしこ
元・参院議員(自民党)　アジア女性基金副理事長　元・女優　元・歌手　[生]大正9年2月12日　[出]旧満州・撫順　本名=大鷹淑子　芸名=李香蘭　[学]北京翊教女学院(昭和12年)卒　[賞]テレビ大賞優秀個人賞(昭48年度)，勲二等宝冠章(平成5年)　[歴]昭和13年満映入社、中国人女優・李香蘭として売り出す。戦争中「支那の夜」「蘇州の夜」が大ヒット、慰問歌手として活躍。戦後は山口淑子の名で「わが生涯の輝ける日」「暁の脱走」「醜聞(スキャンダル)」など多くの映画に出演。また米国に渡り、映画「東は東」、ブロードウェイ・ミュージカル「シャングリラ」などに出演。結婚のため、一時引退したが、44年フジテレビのワイドショー「3時のあなた」の司会者でカムバック、ベトナムや中近東などへ現地取材を行う。49年自民党から参議院に当選、以来、当選3回。環境政務次官、沖縄北方委員長、自民党婦人局長を歴任。日本パレスチナ友好議員連盟事務局長も務める。宮沢派。4年引退。以後は人権問題や中国などとの文化交流に尽力する。著書に「誰も書かなかったアラブ」、半生記「李香蘭 私の半生」(藤原作弥との共著)がある。昭和27年イサム・ノグチと結婚するが離婚、33年外交官と再婚。平成3年には浅利慶太台本・演出による劇団四季の「ミュージカル・李香蘭」が上演され大成功を収めている。　[家]夫=大鷹弘(駐ミャンマー大使)

山口 律雄　やまぐち・りつお
元・八基村(埼玉県)村長　元・埼玉県議　[没]平成9年1月7日　[歴]昭和22年から埼玉県大里郡八基村村長を1期、30年から埼玉県議を3期務めた。

山口 六郎次　やまぐち・ろくろうじ
衆院議員(自民党)　[生]明治29年7月21日　[没]昭和36年11月28日　[出]埼玉県　[学]明治大学専門部政治経済科卒　[歴]報知新聞記者を経て、明治大学役員、大日本体育協会理事、埼玉新聞社理事などを歴任する。昭和22年衆院議員に初当選し、以来当選5回。行政管理政務次官、自民党副幹事長、衆院法務委員長なども務めた。　[家]息子=山口敏夫

山崎 巌　やまざき・いわお
衆院議員(自民党)　自治相　内務官僚　[生]明治27年9月16日　[没]昭和43年6月26日　[出]福岡県大川市　[学]東京帝大独法科(大正8年)卒　[歴]大正8年内務省に入省。厚生省社会局長、静岡県知事、内務省土木・警保局長などを経て、昭和15年警視総監に就任し、16年の企画院事件の検挙などを指揮。また東条内閣時代に内務事務次官を務めたあと終戦直後の東久邇内閣の内相となったが、「政治犯の釈放」などで難色を示したため、連合国軍総司令部からの要求で罷免され、公職追放に。解除後の27年には総選挙に郷里から出馬して当選し、35年発足の第1次池田内閣の自治相兼国家公安委員長に就任した。だが同年10月には、社会党の浅沼委員長が刺殺された事件の責任を負って辞任している。　[家]兄=山崎達之輔(政治家)

山崎 岩男　やまざき・いわお
衆院議員(自由党)　青森県知事　[生]明治34年1月　[没]昭和39年11月23日　[出]青森県　[学]中央大学法学部英法科(大正15年)卒　[歴]青森県議、県参事会員を経て、昭和21年衆院議員に初当選。以来当選5回。衆院水害地対策特別委員長、衆院厚生委員長、第3次吉田内閣労働政務次官、自由党総務を歴任した。のち青森県知事を務めた。

山崎 釼二　やまざき・けんじ
衆院議員(第一控室)　全農静岡県連執行委員長　農民運動家　⽣明治35年9月19日　⽣昭和33年1月31日　⽣静岡県駿東郡御厨町(現・御殿場市)　⽣御殿場実業学校(大正7年)卒　⽣渡満し満鉄に勤務するが、この頃社会主義に関心を抱き、間もなく帰国し、東京帝大聴講生などになる。大正13年政治研究会に入会し、15年沼津に転居、以後静岡県東部の農民労働運動のリーダーとして活動。労働農民党に参加、また昭和6年全農静岡県連合会執行委員長となり、労働・小作争議を指導。同年沼津市議、10年静岡県議、11年衆院議員となる。17年インドネシアに渡り司政官としてケニンゴウ州知事を務め、21年に帰国。社会党に入党し、26年沼津市議に当選するが、28年離党し、29年ブラジルに移住、農園を経営した。　⽣元妻=藤原道子(社会党参院議員)

山崎 五郎　やまざき・ごろう
参院議員(自民党)　⽣大正2年9月　⽣昭和51年4月6日　⽣秋田県　⽣秋田県立能代中学校卒　⽣秋田県庁、内務省に勤める。のちに労働省労政局労働組合課長、公共企業体等労働委員会事務局長、中央労働委員会事務局長等を歴任。昭和43年参院議員初当選。以降2選。参院予算委員会理事、議員運営委員会理事、党労働問題調査会副会長、大阪政務次官を歴任。ILO日本代表として、ジュネーブへ出張、欧州諸国を歴訪した。党政務調査会労働部会部会長等を務めた。著書に「日本労働運動史」「労働協約の締結と運用」等。

山崎 拓　やまさき・たく
衆院議員(自民党　福岡2区)　元・建設相　自民党幹事長　⽣昭和11年12月11日　⽣旧満州・大連　⽣早稲田大学商学部(昭和34年)卒　⽣4年余りの会社勤務を経て、昭和42年福岡県議に当選。のち衆院選に転じたが落選、47年当選10回。53年厚生政務次官、55年防衛政務次官、自民党国対副委員長、59年11月内閣官房副長官を経て、平成元年宇野内閣の防衛庁長官、3年宮沢内閣の建設相に就任。7年党政調会長。10年参院選で大敗を喫し、政調会長を辞任。同年政策集団・近未来研究会を結成。12月には旧渡辺派を離脱して山崎派を旗揚げ。11年党総裁選に立候補するが、敗れる。12年11月森内閣不信任決議案を採決する衆院本会議を欠席。13年4月自民党幹事長に就任。　⽣囲碁、ソフトボール、柔道　⽣父=山崎進(相模女子大学長)

山崎 武三郎　やまさき・たけさぶろう
元・衆院議員(自民党)　弁護士　⽣昭和7年9月14日　⽣平成15年7月9日　⽣鹿児島県指宿市　⽣中央大学法学部(昭和30年)卒　⽣勲二等瑞宝章(平成14年)　⽣高卒後上京し、働きながら大学を卒業して昭和38年弁護士登録。47年上林山栄吉の後継者として衆院選に出馬するが落選。51年当選、4期務めた。61年落選。大蔵政務次官などを歴任した。

山崎 猛　やまさき・たけし
衆院議長　内相　運輸相　民主自由党幹事長　⽣明治19年6月15日　⽣昭和32年12月27日　⽣茨城県水戸市　⽣一高中退　⽣朝鮮併合後の明治43年、徳富蘇峰の招きで京城日報に入り、後大連に移って満州日報の社長に。大正9年埼玉県から衆議院議員に当選。終戦後は日本自由党に入党し、昭和21年三木武吉が公職追放されたあと、衆院議長を務める。23年に民主自由党の結成に参加して同党幹事長となり、芦田内閣総辞職後、民主党から次期首班候補に推されたが、益谷秀次の説得で辞退、議員を辞した。のち第3次吉田内閣の運輸相、国務相、経済審議庁長官を歴任する。当選10回。

山崎 竜男　やまざき・たつお
元・参院議員(自民党)　元・環境庁長官　[生]大正11年5月5日　[出]青森県青森市　[学]中央大学法学部(昭和18年)卒，青森医専(旧制)(昭和26年)卒　医学博士　[歴]産婦人科医を経て衆院議長秘書となり、昭和43年以来、参院に当選4回。行政管理政務次官、参院文教常任委員長、両院議員総会長を歴任。56年6月ロッキード裁判丸紅ルート公判のアリバイ証人として出廷した。61年の参院選では公認を得られなかったが当選を果たし、選挙後田中派から鈴木派に移った。平成元年宇野内閣の環境庁長官に就任。3年青森県知事選に出馬し落選。　[趣]カメラ，音楽，旅行　[家]父＝山崎岩男(青森県知事)，長男＝山崎力(参院議員)

山崎 達之輔　やまざき・たつのすけ
衆院議員　農相　[生]明治13年6月19日　[没]昭和23年3月15日　[出]福岡県　[学]京都帝大法科大学(明治39年)卒　[歴]台湾総督府参事官から文部省普通学務局長などを経て退官し、大正13年以後、衆議院議員当選7回。田中義一内閣の文部政務次官のあと、昭和9年、党議に反して農相に就き、政友会を除名された。のちに昭和会を結成し、林内閣では農相兼逓相を務める一方、斎藤隆夫演説事件を機に聖戦貫徹議員連盟を結成、政友会の中島知久平派と結んで民政党切り崩しと政友会自壊に奔走した。戦時中は翼賛政治協会委員として戦時協力体制をリードし、東条内閣改造に際しては翼政会を代表して農相、農商務相を務めている。　[家]息子＝山崎平八郎(衆院議員)，弟＝山崎巌(内務官僚)

山崎 常吉　やまざき・つねきち
衆院議員(社会党)　労働運動家　[生]明治24年1月15日　[没]昭和36年1月5日　[出]高知県香美郡夜須村　[学]小学校中退　[歴]高知市でブリキ工となり、のち大阪を経て、大正6年名古屋に移り、7年米騒動で検挙される。10年頃名古屋労働者協会に加盟し、11年名古屋自由労働者組合を組織して組合長となる。以後、多くの争議を指導し、昭和2年労働農民党から愛知県議となる。5年新労農党愛知県連会長、中央執行委員。また6年には全国労農大衆党から愛知県議となるが、のちち右傾化し、11年愛国従業員組合総連盟の会長に就任し、12年衆院議員に当選。戦後公職追放されたが、のちに社会党から衆院議員を1期務めた。

山崎 延吉　やまざき・のぶよし
衆院議員(第一控室)　貴院議員(勅選)　帝国農会副会長　愛知県立農林学校長　農業教育家　農政家　[生]明治6年6月26日　[没]昭和29年7月19日　[出]石川県金沢市長町　雅号＝我農生　[学]東京帝大農科大学農芸化学科(明治30年)卒　[歴]明治30年福島県立蚕業学校、32年大阪府立農学校を経て、34年〜大正9年愛知県立農林学校長を務める。明治38年より愛知県農事試験場長・農事講習所長を兼任。また全国篤農家懇談会を開くなど、青年会・農事講習・産業組合等の育成指導に尽力。大正4年私財を投じて我農園を開く。9年帝国農会に入り、幹事、特別議員、副会長、相談役を歴任。昭和4年私塾・神風義塾を開き、農本主義による農民教育を実施。一方、3年衆院議員に当選、21〜22年貴院議員を務めた。著書に「農村自治の研究」「農民教育論」「農村計画」「農村の経営」のほか「山崎延吉全集」(全7巻)がある。

山崎 昇　やまざき・のぼる
元・参院議員(社会党)　[生]大正11年6月28日　[出]北海道　[学]札幌一中卒　[賞]勲二等旭日重光章(平成4年)　[歴]昭和31年自治労中執副委員長、37年全道労協副議長などを経て、40年参院全国区より初当選。以来3選。社会労働委員長，公害・交通安全対策特別委員長など歴任。

山崎 恒　やまざき・ひさし
元・参院議員(改進党)　[生]明治34年7月1日　[没]昭和58年12月17日　[出]千葉県　[学]茂原農(大正8年)卒　[賞]勲三等旭日中綬章(昭和46年)　[歴]昭和22年5月から28年5月まで、改進党の参議院議員(当

選1回)。この間、参院農林委員長など歴任。

山崎 平八郎　やまさき・へいはちろう
衆院議員(自民党)　元・国土庁長官
㊓明治44年12月16日　㊚平成1年1月11日　㊞福岡県大川市　㊫九州帝大農学部(昭和14年)卒　農学博士　㊪勲一等瑞宝章(昭和63年)　㊖農林省に入省、九州農政局長を経て、昭和44年衆院議員に当選。7期。文部政務次官、農林政務次官、衆院農水委員長を経て、60年国土庁長官に就任。安倍派。　㊒ゴルフ
㊍父＝山崎達之輔(農相)

山崎 始男　やまさき・もとお
元・衆院議員(社会党)　㊓明治38年3月18日　㊚昭和58年10月9日　㊞岡山県
㊫慶応義塾大学政治学科(昭和6年)卒
㊖岡山県教育委員を経て昭和27年に衆院岡山二区で初当選して以来八期。産業公害特別委員長などを務め、51年に引退した。

山道 襄一　やまじ・じょういち
衆院議員(民政党)　㊓明治15年3月15日
㊚昭和16年5月11日　㊞広島県　㊫早稲田大学政経学部(明治39年)卒　㊖鳥取新報、大韓日報で主筆を務め、中国新聞記者を経て、明治45年以来衆院議員に当選10回。憲政会、民政党に属し、会幹事長、党幹事長を務めた。一時民政党脱党、国民同盟幹事長となったが、民政党に戻り政調会長。また文部参与官、鉄道政務次官を務め、昭和5年には第26回列国議会同盟会議に出席した。著書に「日本再建論」。

山下 栄二　やました・えいじ
元・衆院議員(民社党)　労働運動家　㊓明治34年10月14日　㊚平成2年1月9日
㊞鹿児島県始良郡西襲山村(現・隼人町)
㊫高等小学校卒　㊪勲二等旭日重光章(昭和46年)　㊖肥料問屋に奉公していたが、大正9年尼崎の久保田鉄工場に鋳物臨時工として入り、翌年の争議をきっかけに労働運動に入る。昭和3年の3.15事件では検挙されたが、不起訴となる。同年、社会民衆党から尼崎市議に当選。総同盟の幹部として労働運動を指導。また11年には兵庫県議となる。戦後社会党に入り、21年から衆院議員を8期つとめるが、35年民主社会党に転じた。なお、31年定年退職するまで久保田鉄工所に勤務し、のち顧問を経て、社友となる。

山下 元利　やました・がんり
衆院議員(自民党)　元・防衛庁長官　㊓大正10年2月22日　㊚平成6年3月14日
㊞京都府京都市下京区　㊫東京帝国大学法学部政治学科(昭和18年)卒　㊖少年期に両親を失い中学を中退。独学で専検に通って一高から東京帝大に進んだ。昭和18年大蔵省に入省。保守合同前の民主党時代に鳩山首相の秘書官を務めた。41年広島国税局長で退官。42年滋賀全県区から衆院議員に当選。47年田中内閣の内閣官房副長官、53年大平内閣の防衛庁長官、55年衆院議院運営委員長などを歴任。当選10回。旧田中派二階堂系を経て、無派閥。　㊒ゴルフ
㊍息子＝山下英利(参院議員)

山下 義信　やました・ぎしん
元・衆院議員(社会党)　童心寺(浄土真宗)住職　僧侶　㊓明治27年3月21日
㊚平成1年7月30日　㊞広島県　㊫明治大学中退　㊪勲二等瑞宝章(昭和41年)
㊖大正13年広島日刊新聞社長、のち百貨店経営、社会事業にたずさわり、昭和20年広島戦災児育成所創設、22年社会党より衆院議員当選、2期。党政審副会長、中央統制委員を歴任。原爆遺児後援会会長をつとめる。　㊒歌舞伎, 読書, 絵画

山下 谷次　やました・たにじ
衆院議員(立憲政友会)　㊓明治5年2月
㊚昭和11年6月5日　㊞東京　㊫香川県琴平明道黌(明治20年)卒, 京都尽誠社(明治24年)卒　㊖京都尽誠社、京都温智学会東山学院、東京郁文館の講師を歴任した後、東京商工学校を創立する。大正13年から衆院議員を5期務め、犬養

内閣文部参与官となる。漢文、政治などの著書も多く残した。

山下 千代雄　やました・ちよお
衆院議員（立憲政友会）　⊕安政4年9月（1857年）　㊣昭和4年2月4日　⊕山形県　㊻司法省法律学校卒　⊕明道館を創立し、自由民権を主張。内務省治局長を経て、明治27年衆院議員に初当選。以来通算5期務めた。

山下 ツ子　やました・つね
元・衆院議員（社会党）　⊕明治32年1月　㊣昭和62年7月12日　⊕熊本市　㊻東京女子高師文科卒　⊕昭和21年に行われた戦後初の衆院選で熊本全県区（当時）から出馬して当選、1期務めた。

山下 徳夫　やました・とくお
元・衆院議員（自民党）　元・厚相　専修大学理事長　⊕大正8年10月7日　⊕佐賀県伊万里市　㊻専修大学法学部（昭和19年）卒　㊹勲一等旭日大綬章（平成11年）、シルバー・ジュベリー勲章（パプアニューギニア）（平成13年）　⊕山下商店に入り、昭和23年社長。日本坑木協会、全国木材協会各理事、佐賀県木材協会長を歴任。この間22年以来佐賀県議を4期。県会議長に2選された後、44年以来衆院議員を10期務めた。厚生次官、通産次官など歴任後、59年運輸大臣に就任。61年には大臣経験者としては異例の衆院運輸委員長となり、国鉄改革法案に取り組んだ。62年1月総務庁長官。平成元年海部内閣の官房長官に就任するが、女性との交際問題が週刊誌に報道され、辞任。3年宮沢内閣の厚相。旧河本派。12年引退。　㊙旅行、読書、スポーツ観戦、剣道、柔道　㊃弟=山下武徳（山下石油社長）、山下義治（鳥越製粉社長）

山下 春江　やました・はるえ
元・衆院議員（自民党）　⊕明治34年8月9日　㊣昭和60年3月19日　⊕山口県　㊻日本女子体専（大正10年）卒　㊹勲一等瑞宝章（昭和46年）　⊕広島県立呉高女教諭、大阪毎日新聞記者を経て、昭和21年4月、戦後女性代議士第一号として初当選、以来6回当選。海外同胞引揚遺家族援護に関する特別委員長や厚生政務次官を務めたあと、37年7月、参院全国区に立候補当選2回、文教、物価対策特別各委員長や経済企画政務次官などを歴任。23年12月には当時の泉山蔵相の"大トラ事件"があり、話題を呼んだ。

山田 顕義　やまだ・あきよし
司法相　日本大学創始者　陸軍中将　伯爵　⊕天保15年10月9日（1844年）　㊣明治25年11月11日　⊕長門国松本村（山口県萩市）　通称=山田市之允、号=韓峯山人、空斎、不抜、養浩斎　⊕長州藩士。安政4年吉田松陰の松下村塾に学び、文久2年高杉晋作らの討幕誓書に加盟、元治元年禁門の変に参加、同年馬関戦争と第1次幕長戦争で活躍。慶応2年四境戦争に活躍、明治2年戊辰戦争に東征大総督参謀、箱館五稜郭の榎本武揚征討には陸海軍総参謀で従軍した。同年兵部大丞、4年岩倉具視遣外使節団理事官として米欧に随行。6年東京鎮台司令官、同年清国特命全権公使兼任（赴任せず）、7年佐賀の乱を鎮定、8年刑法草案を作成、10年西南戦争に別動隊第2旅団司令官として熊本で活躍、11年中将となった。この間、7～12年司法大輔。12年参議兼工部卿、14年司法卿、17年伯爵、18年第1次伊藤内閣の司法大臣、その後も黒田内閣、第1次山県内閣、第1次松方内閣の司法相を歴任した。この間20年から法律取締委員長を務め、法典整備に尽力し、"法典伯"の異名を取った。21年皇典講究所（現・国学院大学）所長となり、また22年には日本法律学校（現・日本大学）を創立。24年大津事件の責を負って司法相を辞任した。25年病死したとされるが、没後の平成元年日大学術調査団の石棺発掘調査によって坑道の立て坑での転落死と鑑定された。　㊃孫=山田顕貞（日大教授）

山田 勇　⇒横山ノック（よこやま・のっく）を見よ

山田 英介　やまだ・えいすけ
元・衆院議員(新進党)　司法書士　[生]昭和20年4月6日　[出]新潟県　[学]明治大学商学部(昭和43年)卒　[歴]昭和46年より司法書士、54年公明党から衆院議員に当選。平成6年新進党結成に参加。通算5期。8年落選。12年自由党から衆院選に立候補するが落選。

山田 喜之助　やまだ・きのすけ
衆院議員　東京弁護士会長　弁護士　[生]安政6年6月(1859年)　[没]大正2年2月20日　[出]大阪　[学]東京帝大法学部(明治14年)卒　[歴]代言人を営むかたわら東京専門学校講師をつとめ、また立憲改進党に入る。明治18年英吉利法律学校(現・中央大学)の創立に参画。のち司法権少書記官、19年司法省参事官、東京控訴院・大審院検事、23年大審院判事などを歴任。のち辞任し、東京弁護士会長をつとめた。また衆院議員となり、さらに衆議院書記官長、司法次官に任じた。38年の"日比谷事件"で首領の一人として下獄したこともあった。

山田 耕三郎　やまだ・こうざぶろう
元・参院議員(連合)　[生]大正6年1月15日　[出]滋賀県大津市　[学]膳所中(昭和9年)卒　[賞]勲二等瑞宝章(平成4年)　[歴]下阪本村長を振り出しに、大津市議、滋賀県議(4期)を経て、革新統一候補として大津市長に当選。障害乳幼児健診・大津方式、修学旅行全額公費負担などを実現し、"福祉の山耕"と呼ばれる。55年参院議員に当選、2期。美濃部亮吉、中山千夏の3人でミニ会派"一の会"を作り副代表をつとめた。平成元年発足した連合参議院に参加、代表をつとめた。4年引退。

山田 佐一　やまだ・さいち
参院議員(自由党)　[生]明治19年7月　[没]昭和35年4月2日　[出]愛知県　[歴]知多郡議、愛知県議を経て、昭和7年から衆院議員に当選。22年参院議員に転じ1期務める。参院郵政・予算・議院運営各委員長もつとめた。

山田 珠一　やまだ・じゅいち
衆院議員(憲政会)　熊本市長　[生]元治2年1月15日(1865年)　[没]昭和9年4月17日　[出]大分県草地村(現・豊後高田市)　[学]済々黌卒　[歴]熊本市議、熊本県議、県参事会員を経て、熊本市長となる。また熊本商業会議所議員、九州日日新聞社長も務めた。この間、明治37年以来衆院議員に5回選出された。

山田 荘哉　やまだ・しょうさい
貴院議員(多額納税)　衆院議員(立憲政友会)　[生]嘉永4年4月(1851年)　[没]大正6年10月1日　[出]信濃国(長野県)　旧名＝荘左衛門　[歴]長野県議、下高井郡議を経て、明治23年9月から30年9月まで貴院議員を務める。31年衆院議員に当選。

山田 節男　やまだ・せつお
広島市長　参院議員(民社党)　[生]明治31年12月26日　[没]昭和50年1月8日　[出]広島県　[学]東京帝国大学経済科(大正12年)卒　[歴]昭和5年オックスフォード大学に留学、翌年1年2ケ月間ILOの調査室員となる。帰国後、東京市社会局に勤務、社会事業家として"ケースワーカー"などの語を日本に最初に紹介した。22年広島地方区より参院議員に当選、通算3回当選。42年広島市長に転じる。広島市総合計画をたて、政令都市づくりの基礎を固めた。46年に再選されたが再任3年目で亡くなった。

山田 泰造　やまだ・たいぞう
衆院議員(自由党)　[生]天保14年1月(1843年)　[没]大正6年9月12日　[出]神奈川県　[歴]弁護士として働く。明治23年衆院議員に当選、以来連続5期務めた。

山田 武甫　やまだ・たけとし
衆院議員(自由党)　[生]天保2年12月(1831年)　[没]明治26年2月25日　[出]肥後国熊本(熊本県)　別名＝牛島五次郎　[歴]横井小楠に陽明学を学ぶ。幕末藩論が佐幕に傾くと、勤王を主張した。明治元年熊本藩会計権判事、4年熊本県参事となり、英学校、医学校を創設、徳富

蘇峰、北里柴三郎らの人材を出した。5年内務省に出仕、7年敦賀県令を経て、9年帰郷、蚕業会社を創設して社長。13年熊本師範校長。15年九州改進党を結成し九州における自由民権運動の中心となる。23年自由党を組織、熊本県から第1回衆院議員選に当選した。

山田 為暄 やまだ・ためのぶ
貴院議員（勅選）　警視総監　⊕天保13年（1842年）　⊗明治44年5月9日　⊕鹿児島県　旧姓＝園田　⊛従三位勲三等　㊣維新後新政府に仕え、兵庫県警察部長、高知県書記官、福岡・大分各県知事などを経て警視総監となった。明治33年勅選貴院議員。

山田 太郎 やまだ・たろう
元・衆院議員（公明党）　⊕大正7年3月24日　⊗平成14年12月23日　⊕岡山県岡山市　⊛慶応義塾大学文学部（昭和16年）卒　⊛勲二等旭日重光章（昭和63年）　㊣昭和17年鐘淵紡績勤務。39年創価学会理事となり、42年以来、旧岡山1区から衆院議員に6選。公明党国対副委員長、党岡山県本部長など歴任。58年引退した。　㊣読書, スポーツ

山田 長司 やまだ・ちょうじ
衆院議員（社会党）　⊕明治41年3月　⊗昭和47年3月2日　⊕栃木県　⊛日本大学法律学科卒　㊣時事新報記者、名古屋新聞記者を経て、日本輿論研究所長、日米会話学院理事長、日本週報社長、日中友好協会理事などを歴任する。昭和27年衆院議員に初当選し、以来当選6回。党内では栃木県連会長、党本部会計監査を務めた。

山田 徹一 やまだ・てついち
元・参院議員（公明党）　⊕大正10年3月12日　⊗平成9年2月28日　⊕岡山県岡山市　⊛関西中卒　㊣昭和40年全国区から参院議員に当選、以来通算2期を務める。参院懲罰委員長もつとめた。

山田 信道 やまだ・のぶみち
農商務相　会計検査院長　男爵　⊕天保4年11月3日（1833年）　⊗明治33年3月12日　⊕熊本県　通称＝井原十郎　⊛従二位勲一等　㊣水戸派の国学、山鹿流の兵学を学び、尊王攘夷を唱え、藩論を喚起した。寺田屋事件後は長州と結び、文久2年親兵に選ばれ、3年七卿落ちに従い長州へ下って拘禁5年。赦されて明治2年弾正少忠。江藤新平を弾劾し江刺県権知事に貶せられた。6年司法省に出仕、のち鳥取県令、福島・大阪・京都各府県知事を歴任、30年松方正義内閣の農商務相となった。31年会計検査院長。29年男爵。

山田 耻目 やまだ・はじめ
元・衆院議員（社会党）　元・国労書記長　⊕大正11年1月8日　⊗昭和63年4月18日　⊕山口県　⊛朝鮮総督府立鉄道養成所卒　㊣国鉄労組本部書記長、ILO協会理事を経て、昭和38年以来衆院に6選。社会青少年局長、党国民生活局長を歴任。

山田 久就 やまだ・ひさなり
元・環境庁長官　元・衆院議員（自民党）　裏千家最高顧問　⊕明治40年1月13日　⊗昭和62年12月15日　⊕京都　⊛東京帝国大学政治学科（昭和4年）卒　⊛勲一等旭日大綬章（昭和55年）　㊣昭和4年外務省に入り、30年駐イラン大使、33年外務事務次官、36年駐ソ大使などを歴任。39年退任。42年衆院議員に初当選し、以来連続4回当選。52～53年環境庁長官を務めた。著書に「べらんめい外交官」「北方領土問題」など。

山田 又司 やまだ・またじ
衆院議員（立憲政友会）　⊕明治17年9月　⊗昭和38年7月21日　⊕新潟県　⊛慶応義塾大学政治科（明治41年）卒　㊣長岡市議、新潟県議を経て、大正13年衆院議員に当選。以来通算5期。また長岡市青年会長、日本金鉱社長、会津石膏社長などを務めた。

山田 道兄　やまだ・みちえ
衆院議員(立憲民政党)　民友社社長
[生]明治13年9月　[没]昭和11年8月27日
[出]岐阜県　[学]早稲田大学政治経済科(明治40年)卒　[歴]小学校訓導、扶桑新聞主筆、東京毎日新聞・読売新聞各記者を経て、民友社を創立、社長に就任。大正13年衆院議員に初当選。以来連続4期。この間、昭和4年浜口内閣の農林参与官を務めた。

山田 弥一　やまだ・やいち
衆院議員(自民党)　[生]明治39年4月
[没]昭和53年8月5日　[出]静岡県　[歴]熱海市議、静岡県議を務め、全国都道府県議会議長団代表として地方自治制度調査のためアメリカを視察する。昭和27年衆院議員に初当選し、以来当選5回。自民党観光事業特別委員長となった他、(株)大月ホテル会長、全国旅館同業組合連合会長も務めた。

山田 譲　やまだ・ゆずる
元・参院議員(社会党)　[生]大正13年7月16日　[出]長野県　[学]東京大学法学部(旧制)(昭和23年)卒　[歴]労働省に入省、婦人少年局年少労働課長、群馬県労働基準局長等を歴任して退官。昭和51年群馬県知事選に立候補するが落選。群馬県労働者生活協同組合理事長を経て、55年参院議員に当選。参院国民生活経済特別委員長をつとめ、61年7月引退。著書に「先生といわれるほどの馬鹿になり」「さらば社会党」など。
[趣]旅行, ゴルフ　[家]兄=山田晶(京大教授)

山田 芳治　やまだ・よしはる
元・衆院議員(社会党)　元・京都府副知事
[生]大正13年10月5日　[没]平成1年12月31日　[出]和歌山県　[学]東京大学法学部政治学科(昭和23年)卒　[歴]昭和42年京都府副知事を経て、47年から衆院議員に2選。

山高 しげり　やまたか・しげり
参院議員　全国地域婦人団体連絡協議会会長　婦人運動家　[生]明治32年1月5日　[没]昭和52年11月13日　[出]三重県津市　別名=金子しげり　[学]東京女子高等師範学校(現・お茶の水女子大学)(大正8年)中退　[歴]大正8年結婚のため東京女高師を中退、9年国民新聞社に入社、13年主婦之友記者に転じ1年で退職。同年婦人参政権獲得期成同盟結成に参加、中央委員として昭和15年の同盟解散まで市川房枝と共に活躍した。その間、婦人の地位向上、母性保護運動、市政浄化運動に参加、12年母子保護法制定を議会に要請、成立にこぎつけた。17年大日本婦人会発会で理事となり戦時中は遺家族の援護に当たった。戦後20年新日本婦人同盟(25年に婦人有権者同盟)を結成、衆議院議員選挙法改正公布により婦人参政権が実現した。25年全国未亡人団体協議会を組織し事務局長、後理事長。27年全国地域婦人団体連絡協議会(地婦連)を結成、死去まで初代会長を務めた。37年参議院議員選挙全国区に無所属で立候補、次点となったが同年9月繰り上げ当選、40年再選、通算9年間議員を務めた。遺著に「母子福祉四十年」がある。

山手 満男　やまて・みつお
労相　衆院議員(自民党)　[生]大正2年1月20日　[没]昭和48年4月17日　[出]山口県
[学]京都帝国大学法学部(昭和12年)卒
[歴]昭和12年東洋紡績入社。中支、シンガポール、ジャワなどの軍委託煙草工場に派遣され、戦後四日市工場に帰った。その後、三重繊維工業、興亜商事、四日市織物各役員、伊勢毛織協組理事長などを務めた。一方、民主党遊説部長、党三重県副支部長を経て、24年以来三重県から衆院議員当選9回。30年第3次鳩山一郎内閣の大蔵政務次官、41年佐藤栄作内閣の労相となった。47年引退。

大和 与一　やまと・よいち
元・参院議員（社会党）　⽣明治41年12月3日　没昭和63年4月29日　出石川県加賀市塩屋町　学早稲田大学専門部政経科（昭和3年）卒　歴国労委員長などを経て、昭和28年参院全国区から初当選。34年群馬地方区に転じ、当選通算3回。参院運輸委員長、同建設委員長などを務めた。

山名 義済　やまな・よしなり
村岡藩知事　⽣天保7年2月21日（1836年）　没明治4年5月　出江戸　歴慶応4年新規立藩が認められ、初代但馬村岡藩主となる。明治3年村岡藩知事に任命される。

山中 郁子　やまなか・いくこ
元・参院議員（共産党）　⽣昭和7年4月19日　出東京都練馬区　筆名＝秋元有子　学早稲田大学第二文学部（昭和30年）卒　歴昭和27年電電公社（現・NTT）に入社し、電話交換手として、45年まで勤めた。この間、27年日本共産党に入党、全電通中央委員、東京市外電話支部書記長などを歴任。45年党本部の労組部に入り、平成6年まで中央委員会で活動、党婦人局長などを務めた。この間、昭和49年参院全国区に初当選、以来当選3回。平成4年引退。また、秋元有子のペンネームで小説も書く。著書に小説「はりみち」「翔ぶように」、「共産党員としての宮本百合子」「歩みつづけて」などがある。　所日本民主主義文学同盟　家夫＝山中光一（国文学研究資料館教授）

山中 吾郎　やまなか・ごろう
元・衆院議員（社会党）　⽣明治43年7月23日　没昭和58年6月2日　出和歌山県　学東京高師（昭和8年）卒　勲勲二等旭日重光章（昭和55年）　歴昭和33年5月の28回総選挙で岩手一区から初当選して以来連続6期衆院議員。この間、47年12月から48年11月まで衆院物価問題等特別委員長を務めた。

山中 貞則　やまなか・さだのり
衆院議員（自民党　鹿児島5区）　⽣大正10年7月9日　出鹿児島県曽於郡末吉町号＝隼人　学台北第二師範（昭和16年）卒　勲勲一等旭日大綬章（平成3年）　歴昭和21年南日本新聞支局長、22年鹿児島県議を経て、28年衆院議員に当選。45年佐藤内閣の総理府総務長官、その後環境庁長官、沖縄開発庁長官を経て、48年田中内閣の防衛庁長官、55年自民党税制調査会長、57年中曽根内閣の通産相となるが、58年病気のため辞任。党内随一の税制通。河野派、一時山中派の結成を試みたが、のち中曽根派を経て、旧渡辺派。平成2年わずか28票差で落選。5年返り咲き。10年12月山崎派結成に参加、11年江藤・亀井派入り。通算16期目。　所日本美術刀剣保存協会（会長）　趣刀剣、短歌、柔道

山中 日露史　やまなか・ひろし
衆院議員（社会党）　弁護士　⽣明治39年2月14日　没昭和46年5月20日　出北海道室蘭市　学中央大学法科（昭和2年）卒　歴弁護士を開業。のち室蘭市議、北海道議を各2期務めたあと、昭和22年以来社会党候補で北海道から衆院議員当選6回。北海道労働委員会会長、裁判官訴追委員などを務めた。

山梨 半造　やまなし・はんぞう
陸相　陸軍大将　⽣元治1年3月1日（1864年）　没昭和19年7月2日　出相模国（神奈川県）　学陸士（旧8期）（明治19年）卒、陸大（明治25年）卒　歴日清戦争に中尉で従軍、明治29年参本部員、31年軍事研究のためドイツ駐在、日露戦争には少佐、第2軍参謀として従軍。以後歩兵第51連隊長、44年少将、歩兵第30旅団長、参謀本部総務部長。大正3年第一次大戦には独立第18師団参謀として青島出征。5年中将、7年陸軍次官、10年高橋内閣の陸相、大将。12年軍事議官、14年予備役。昭和2年朝鮮総督となるが、朝鮮疑獄事件に連座し、4年辞任した。

山西 きよ　やまにし・きよ
元・小川町（茨城県）町長　⽣明治42年9月15日　没平成8年1月7日　出東京・日本橋　経昭和31年5月、航空自衛隊が茨城県東茨城郡小川町の百里ケ原に専用基地を造る計画を発表した際、「百里基地反対同盟」などの反対派に推され、32年4月小川町の町長に当選。一坪地主の一坪運動を展開したが、基地賛成派によるリコール請求が成立し、34年3月の町長選挙に敗れた。平成元年最高裁判決で上告を棄却された後も、反基地闘争のシンボル的存在として闘い続ける。自宅には、浅沼稲次郎（元社会党委員長・故人）が泊まりこんだ"闘争部屋"や、誘致派襲撃に備えた"カラクリ部屋"が残っている。

山根 正次　やまね・まさつぐ
衆院議員（無所属）　医師　⽣安政4年12月（1857年）　没大正14年8月29日　出山口県　号＝殿山　学東京帝国大学医学部（明治15年）卒　経長崎医学校教諭となる。司法省留学生として欧州巡遊、衛生行政制度を視察し、明治24年帰国。警察医長、医務局長、警視庁第3部長となり、内務省臨時検疫事務官、警視庁検疫委員長兼任。35年以来山口から衆院議員当選6回。また東京市議、同参事会員などをつとめ、40年朝鮮総督府衛生顧問となる。次いで日本医学専門学校長、国光生命保険会社医務監督。著書に「黴毒蔓延論」「禁酒禁煙論」「日本体育論」「赤痢病予防論」「医権論」などがある。

山内 一郎　やまのうち・いちろう
元・参院議員（自民党）　⽣大正2年2月15日　出福井県　学東京帝大工学部土木工学科（昭和11年）卒　賞勲一等瑞宝章（昭和59年）　経建設省に入り、経済安定本部建設局公共事業課に勤務後、河川局長、建設技監などを経て、昭和38年建設事務次官。40年以来参院に4選。この間49年国土政務次官、54年参院予算委員長、55年鈴木内閣の郵政相に就任。郵便料金値上げ、グリーンカード、電電公社資材調達、預貯金金利の一元化、郵貯制度など、歴代大臣のなかで最も多忙な大臣だった。61年参院政治倫理審査会長。平成元年落選、政界を引退。
趣ゴルフ、野球

山之内 一次　やまのうち・かずつぐ
貴院議員（勅選）　鉄道相　内閣書記官長　⽣慶応2年11月（1866年）　没昭和7年12月21日　学東京帝国大学法科（明治23年）卒　賞従二位勲一等　経内務省に入り、熊本県参事官、同警察部長、内務書記官、広島県書記官、法制局参事官、内務書記官を歴任。明治32年ブリュッセル万国花柳病予防会議に出席。34年青森県知事となり、以後逓信省鉄道局長、鉄道院理事、北海道長官を歴任。大正2年第1次山本権兵衛内閣書記官長、12年第2次山本内閣の鉄道相となった。大正3年勅選貴院議員。

山内 豊範　やまのうち・とよのり
高知藩知事　⽣弘化3年4月15日（1840年）　没明治19年7月13日　出土佐国高知城内（高知市）　経安政6年山内容堂隠居と同時に家督を継ぎ、16代土佐藩主となる。文久2年江戸参勤の途上朝廷の召命をうけて京に入り、京都警衛、国事周旋の内勅を受け、薩摩、長州と並んで勤王三藩と称せられた。同年勅使三条実美、副勅使姉小路公知が江戸に下る際、往復の護衛を勤める。藩政は隠居容堂の後見に拠って行い、幕府の長州征伐には大坂警備に任じた。明治元年戊辰戦争では藩兵を東山道、東北に派遣、その戦功によって父と共に賞典禄4万石を下賜された。2年薩長肥の3藩主と連名して版籍奉還の奏請書を提出、高知藩知事に就任。4年廃藩置県後は東京に住み、銀行、鉄道などの事業に協力する傍ら、私塾・海南学校を経営した。
家父＝山内豊資（12代土佐藩主）、養父＝山内容堂（16代土佐藩主）

山内 万寿治　やまのうち・ますじ
貴院議員(勅選)　海軍中将　男爵　㊐万延1年3月29日(1860年)　㊞大正8年9月18日　㊥江戸　㊫海兵(第6期)(明治12年)卒　㊎広島藩士の二男として生まれる。明治6年平民出身として初めて海軍兵学寮(のち海軍兵学校)に入学。12年首席で卒業、15年少尉に任官。17年ドイツ、オーストリアに留学して兵器製造の研究に従事。海軍兵器の向上に尽力し、山内式速射砲などを考案。呉海軍造兵廠長、36年呉鎮守府艦政部長、同年呉海軍工廠長などを歴任、38年海軍中将に昇進。39年呉鎮守府長官を経て、42年予備役に編入。この間、40年男爵となり、43年貴院議員に勅選。日本製鋼所会長などを務めたが、シーメンス事件に連座して大正4年依願免官となる。

山花 貞夫　やまはな・さだお
元·衆院議員(民主党)　元·日本社会党委員長　㊐昭和11年2月26日　㊞平成11年7月14日　㊥東京・本所　㊫中央大学法学部(昭和33年)卒　㊮弁護士　㊎25歳で弁護士となり、総評弁護団の一員としてもっぱら労働、公安事件を手がける。昭和51年社会党から衆院議員に当選。党中執委員、副書記長などを歴任。党内でのポジションは純粋中立で、"市民派"感覚の持ち主。平成3年書記長を経て、5年委員長に就任するが、同年の東京都議選で敗北。続く総選挙でも公認70議席という歴史的敗北を喫し、新生党、日本新党、公明党などと共に7党1会派の非自民連立政権を樹立、政治改革担当大臣となるが、選挙の責任をとって委員長を辞任した。6年8月社会党内に発足した中間・右派グループ・新民主連合の会長となる。7年離党して、民主の会を結成。8年市民リーグ結成。同年民主党に参加。8期務めた。共著に「選挙法全書」など。　㊇息子＝山花郁夫(衆院議員)，父＝山花秀雄(社会党副委員長)

山花 秀雄　やまはな・ひでお
元·衆院議員(社会党)　元·社会党副委員長　労働運動家　㊐明治37年3月22日　㊞昭和62年2月8日　㊥兵庫県神戸市　㊫浜山高小(大正5年)卒　㊎大正10年友愛会神戸合同労働組合に加入、13年東京合同労働組合に移り、15年労働農民党に入り、以後日本労働組合協議会、全国労農大衆党などに参加し、合法左翼の道を一貫して歩む。昭和12年日本無産党中央執行委員、同年人民戦線事件で検挙・投獄される。21年総同盟第1回全国大会で中央委員、23年副会長。全国化学産業労働組合同盟会長。総評結成にも参画。また日本社会党結成に参加、社会党中央執行委員、教宣局長などを歴任し、43年党副委員長、のち党顧問。21年以来衆院議員9期、参院議員1期を務めた。　㊇長男＝山花貞夫(衆院議員)，孫＝山花郁夫(衆院議員)

山原 健二郎　やまはら・けんじろう
元・衆院議員(共産党)　㊐大正9年8月11日　㊥高知県長岡郡本山町　㊫二松学舎専門校国語漢文科(昭和17年)卒　㊎昭和17年高知新聞記者。のち教師となり、高知県教組副委員長、県総評副委員長、高知県議2期を経て、44年衆院議員に当選。党国対副委員長などを務める。平成8年の総選挙では小選挙区となった高知1区から当選。10期務めた。12年引退。

山辺 常重　やまべ・つねしげ
衆院議員(立憲民政党)　㊐明治9年8月　㊞昭和19年7月29日　㊥東京　㊫東京法学院(明治35年)卒　㊎東京株式取引所仲買人を経て、巴商会支配人、日本勧業・中央屑物市場取締役等を歴任。また大原簿記学校理事に就任。大正9年衆院議員に当選。以来4期務めた。

山枡 儀重　やまます・ぎじゅう
衆院議員(民政党)　㊐明治22年4月　㊞昭和12年12月25日　㊥鳥取県東伯郡倉吉町　㊫京都帝大文科大学哲学科卒　㊎大阪市小学校訓導、愛知県第一師範教諭、大阪視学を経て鳥取新聞社長。

大正13年以来鳥取県から衆院議員当選5回。その間総理秘書官、文部参与官、欧米視察2回。立憲民政党に属した。

山宮 藤吉　やまみや・とうきち
元・衆院議員(立憲民政党)　⽣文久2年3月(1862年)　⓹昭和8年1月4日　⊕相模国高座郡萩園村(神奈川県茅ヶ崎市)　⊛独学で法学を学んだのち自由民権運動に関わり、明治26〜30年鶴嶺村(旧・萩園村)村長。32年神奈川県議選、45年・大正4年・13総選挙に各々当選。大正2年国民党を脱党し、改進党の県実力者として活躍。昭和3年政界を引退。江陽銀行常務もつとめた。

山村 新治郎(10代目)　やまむら・しんじろう
衆院議員(自民党)　行政管理庁長官　⽣明治41年3月2日　⓹昭和39年10月2日　⊕千葉県　⊗佐原中(大正15年)卒　⊛肥料・米穀商を経営。千葉県議を経て、昭和21年以来千葉県から衆院議員当選9回。その間労働政務次官、予算委員長などを務め、38年池田勇人改造内閣の国務相(行政管理庁長官)、第3次同内閣に留任。他に佐原造船社長、山村産業社長、会長も務めた。　⊛長男=山村新治郎(11代目)(衆院議員)

山村 新治郎(11代目)　やまむら・しんじろう
衆院議員(自民党)　元・運輸相　元・農相　⽣昭和8年4月28日　⓹平成4年4月12日　⊕千葉県佐原市　旧名=直義　⊗学習院大学政経学部政治学科中退　⊛父・山村新治郎の秘書をつとめ、昭和39年31歳で父の死による補選で初当選、以後9選。45年運輸政務次官のとき、日航機よど号ハイジャック事件で一般乗客の身替わりとして金浦空港から単独搭乗。無事に役目を果たし、大いに株を上げたのは有名。次の選挙ではトップ当選。58年第2次中曽根内閣の農水相、平成元年宇野内閣の運輸相を歴任。この間、川島派、椎名派を経て、竹下派に移る。4年予算委員長に在職中、二女に刺殺された。　⊛囲碁、ゴルフ　⊛父=山村新治郎(10代目・衆院議員)

山邑 太三郎　やまむら・たさぶろう
衆院議員(無所属)　山邑酒造代表　実業家　⽣明治13年2月　⓹昭和3年2月28日　⊕兵庫県　初名=宗太郎　⊗大阪高等商業学校(明治30年)卒　⊛灘の「桜正宗」醸造元。日露戦争に陸軍2等主計で従軍。明治43年兵庫県の魚崎町長を2期務め、大正9年以来兵庫県から衆院議員当選2回。山邑酒造代表のほか東醬油、日章火災海上保険、日章信託各社重役を兼ねた。

山本 伊三郎　やまもと・いさぶろう
参院議員(社会党)　⽣明治39年1月　⓹昭和46年7月8日　⊕大阪府　⊗関西大学専門部卒　⊛昭和21年以降大阪市職員組合委員長(9期)、30年以降、全日本自治団体労働組合中央執行委員長(3期)を務める。また、日中友好協会理事、大阪労組生協理事、大阪労金理事となる。34年参院議員に初当選。以降3選。社会労働委員長、内閣委員、大蔵委員、社会党公務員等共済制度対策特別委員長、自治体対策特別委員会副委員長、地方制度調査会委員等を歴任。著書に「年金制度の理論と現状」。

山本 勝市　やまもと・かついち
元・衆院議員(自民党)　元・中央学院大学教授　⊖経済理論　⽣明治29年3月20日　⓹昭和61年8月1日　⊕和歌山県　⊗京都大学経済学科卒業　経済学博士　⊛勲二等瑞宝章(昭和42年)　⊛和歌山高商教授、大東文化学院教授、文部省教学官などを経て、昭和21年埼玉全県区で日本自由党から衆院議員に初当選。以来、埼玉4区で当選5回。通産政務次官、大蔵委員長、衆院懲罰委員長などを歴任した。のち中央学院大教授。著書に「経済計算」「計画経済の根本問題」「福祉国家亡国論」など。

山本 粂吉　やまもと・くめきち
衆院議員(自民党)　⽣明治26年7月　⓹昭和49年2月17日　⊕東京　⊗明治大学　⊛東京弁護士会副会長、司法省委員を経て昭和11年衆院議員に当選。以来5期務めた。幣原内閣の大蔵参与官、

塩増産本部参与、裁判官弾劾裁判所第一代理裁判長、衆院内閣委員長となった。また、広瀬川電力社長、矢祭温泉取締役社長も務めた。

山本 敬三郎　やまもと・けいざぶろう
元・静岡県知事　元・参院議員(自民党)　[専]地方自治　地震対策　[生]大正2年8月17日　[出]静岡県　[学]東京帝国大学経済学部(昭和12年)卒業　[歴]昭和30年県議2期を経て43年から参議院議員1期、予算委員、大蔵政務次官を務める。49年7月以来静岡県知事、当選3回。東海大地震対策に取り組み、“地震知事”として有名。地方自治に経営感覚を持ち込み、機構改革、定員削減などをはかる行政改革に取り組むが、61年の知事選で斎藤滋与史との公認争いに敗れ引退した。[趣]読書, ゴルフ

山本 幸一　やまもと・こういち
元・衆院議員(社会党)　[生]明治43年2月20日　[没]平成8年2月17日　[出]岐阜県山県郡美山町　[学]浅草工業専修中退　[賞]勲一等旭日大綬章(昭和59年)　[歴]昭和3年労農党入党。日農執行委員、総同盟連会長などを経て、22年社会党から衆院議員、当選12回。党国体委員長、党副委員長、党書記長を歴任。58年末の総選挙で引退、全国中小商工業団体連合会会長、のち名誉会長。岐阜の小学校を卒業後上京、無産運動に飛び込み、検挙されること20回以上。治安警察で拷問をうけたが、59年勲一等旭日大綬章を受章。自伝「山幸風雲録」がある。

山本 厚三　やまもと・こうぞう
衆院議員(日本進歩党)　[生]明治14年5月　[没]昭和25年1月18日　[出]北海道　[学]東京高商(明治36年)卒　[歴]小樽市議を経て、大正9年衆院議員に当選。当選8回。浜口内閣鉄道参与官、広田内閣文部政務次官、立憲民政党総務を歴任。

山本 権兵衛　やまもと・ごんのひょうえ
第16・22代首相　海相　海軍大将　伯爵　[生]嘉永5年10月15日(1852年)　[没]昭和8年12月8日　[出]薩摩国鹿児島城下加治屋町(鹿児島県鹿児島市)　[学]海軍兵学寮(第2期)(明治7年)卒　[賞]大勲位菊花大綬章(昭和3年)　[歴]旧薩摩藩士。明治7年ドイツ軍艦で世界を周り艦務を研究。23年高千穂艦長、24年海軍省官房主事となり、日清戦争に従軍。28年軍務局長。31～38年第2次山県・第4次伊藤・第1次桂各内閣の海相に在任、日露戦争回避を唱えた。この間35年男爵、37年大将、40年伯爵。大正2年第3次桂内閣倒壊後、首相に就任。行財政の整理、文官任用令の改正など積極政策を進めたが、3年シーメンス事件(海軍高官汚職)の発覚によって総辞職。さらに12年第2次内閣を組閣、関東大震災後の復興にあたったが、同年アナーキスト・難波大助による虎ノ門事件(皇太子狙撃事件)のため総辞職、以後政界から去った。

山本 幸雄　やまもと・さちお
元・衆院議員(自民党)　元・自治相　[生]明治44年2月26日　[出]三重県桑名市　[学]東京帝大法学部(昭和11年)卒　[賞]勲一等瑞宝章(平成2年)　[歴]昭和11年内務省に入り、36年大阪府警本部長、37年建設省官房長、38年建設事務次官を歴任。同年、三重1区より衆院に当選し、以来7期。57年中曽根内閣の自治相に就任。竹下派。平成2年引退。

山本 実彦　やまもと・さねひこ
衆院議員(民政党)　改造社創業者　東京毎日新聞社長　出版人　[生]明治18年1月5日　[没]昭和27年7月1日　[出]鹿児島県川内市　号=亀城　[学]日本大学卒　[歴]「門司新報」主筆、「やまと新聞」ロンドン特派員を経て、大正4年東京毎日新聞社長に就任。8年改造社を設立、総合雑誌「改造」を創刊した。革新的な論文をかかげた「改造」は、大正時代の言論を「中央公論」とともにリード。またアインシュタインやバートランド・ラッセルらを招いての同社の講演会は日本の文

化に大きな影響を与えた。さらに改造社は大正から昭和にかけての大不況下に「現代日本文学全集」(全62巻)を1冊1円で発刊していわゆる“円本ブーム”をまき起こしたほか、「マルクス・エンゲルス全集」や「経済学全集」などでも成功を収めた。昭和5年と戦後21年に衆院議員に当選、21年には協同民主党を結成して委員長を務めた。

山本 正一　やまもと・しょういち
鎌倉市長　衆院議員(自民党)　㊌明治34年4月　㊀昭和54年9月17日　㊍東京　㊫日本大学専門部法律科　㊭鎌倉市議、神奈川県議を経て、昭和21年衆院議員に神奈川2区より当選。以来通算5期。その間第5次吉田内閣の北海道開発政務次官、民主党副幹事長、同国対副委員長、鳩山首相秘書官、裁判官弾劾裁判所裁判長等を歴任。33年鎌倉市長となり、45年退任。

山本 条太郎　やまもと・じょうたろう
衆院議員(政友会)　貴院議員　満鉄総裁　三井物産常務　実業家　㊌慶応3年10月11日(1867年)　㊀昭和11年3月25日　㊍越前国武生町(福井県武生市)　㊭小学校卒業後、明治14年三井物産横浜支店に奉公。21年上海支店勤務、34年同支店長、41年本店理事を経て、42年常務取締役。大正3年のシーメンス事件に連座して引退。その後、事業家として再出発、日本水力・日本火薬製造・大同肥料の社長などを務めた。9年以来福井県から衆院議員当選5回。政友会に属し、臨時政務調査会副会長、13年行政整理特別委員長、昭和2年幹事長を歴任。同年満鉄総裁となり4年まで在任、満州への経済進出を推進した。10年貴院議員。また、早くから井上馨・団琢磨の茶友として茶事を楽しんだ。

山本 慎平　やまもと・しんぺい
衆院議員(政友会)　㊌明治9年1月　㊀昭和23年5月21日　㊍長野県　㊫早稲田大学政治経済科(明治34年)卒　㊭長野新聞、新潟日報でそれぞれ主筆・社長を務める。長野県議、県参事会員を経て、大正13年衆院議員となり当選3回。著書に「新農村論」「恋、仏、天」などがある。

山本 杉　やまもと・すぎ
元・参院議員(自民党)　全日本仏教婦人連盟会長　㊌明治35年8月19日　㊀平成7年9月9日　㊍広島県　㊫東京女子医専(大正12年)卒　医学博士　㊯勲二等宝冠章(昭和48年)　㊭昭和34年以来参院議員2期、39年行政管理庁政務次官、44年物価対策特別委員長を歴任。全日本仏教会常務理事、全日本仏教婦人連盟理事長、家庭生活問題研究協会副会長、全日本母性連盟・至誠会各会長を務める。著書に「性の志向するもの」「私に夫を」「女性のための仏道入門」他。㊐日本女医会(理事)

山本 宣治　やまもと・せんじ
衆院議員(第一控室会)　労農党京都府連委員長　社会主義運動家　生物学者　㊌明治22年5月28日　㊀昭和4年3月5日　㊍京都府京都市新京極　㊫東京帝国大学理学部動物学科(大正9年)卒, 東京帝国大学大学院修了　㊭花簪屋を営むクリスチャンの長男に生まれ、病弱のため、中学を中退して独学。早くから社会主義を知り、明治40年カナダに渡ってブリタニア・ハイスクールで学び、44年帰国。三高を経て、東京帝大動物学科に入学、在学中は新人会に属し、大正9年卒業後同志社大学予科講師兼京都帝大理学部講師となり、生物学の講義、性教育を行う。11年米国のサンガー夫人の来日講演にあたって通訳となり、その講演をもとに「山峨女史家族制限法批判」を刊行。産児制限を説いて、無産階級の中に入ってゆく。12年大阪労働学校講師となり、13年には京都労働学校の創立に参加。大学を解職され、昭和2年労働農民党京都府連合会委員長となり、3年衆院議員に当選。3.15事件、左翼3団体解散命令などの弾圧のなかで、治安維持法の改悪に反対するなど共産党系の唯一の代議士として活躍するが、4年3月議会の会期中、宿舎で右翼黒田

保久二に刺殺された。著書に「性教育」「恋愛革命」「生物人類」（以上訳）、「山本宣治全集」（全8巻）、「山本宣治選集」（全5巻）など。平成10年伝記「山本宣治〈上・下〉」が発刊される。
[家]娘＝山本治子（歌人）

山本 壮一郎　やまもと・そういちろう
元・宮城県知事　地方分権推進委員会委員　[生]大正8年6月15日　[没]平成13年1月18日　[出]大阪府大阪市天王寺区大道　[学]東京帝大法学部政治学科（昭和18年）卒, 海軍経理学校(昭和19年)卒　[賞]宮城県名誉県民, 勲一等瑞宝章（平成1年）　[歴]昭和18年内務省に入省、19年海軍主計中尉として第2南遣艦隊司令部に配属され、南ボルネオで敗戦を迎える。21年内務省に戻り、広島県調査課長、自治省官房参事官を経て、35年宮城県総務部長、40年副知事。44年知事に当選、5期20年間にわたり宮城の地方自治の礎を築き、"地方自治の伝導者"と評された。平成元年引退。のち仙台空港ビル会長、テクノプラザみやぎ社長、宮城県国際交流協会会長。7年から地方分権推進委員会委員。東北七県自治協議会会長、東北開発推進協議会会長、全国知事会副会長をつとめた。　[家]弟＝山本研二郎（大阪市立大学学長）

山本 猛夫　やまもと・たけお
元・衆院議員（自民党）　[生]明治36年6月12日　[没]平成1年7月26日　[出]岩手県　[学]日本大学政治学科（大正12年）卒　[賞]勲二等瑞宝章（昭和49年）　[歴]毎日新聞政治部記者などを経て、昭和22年、衆院岩手1区で初当選。当選5回。郵政政務次官、党総務、衆院懲罰委員長などを務めた。

山本 達雄　やまもと・たつお
蔵相　日本銀行総裁　貴院議員（勅選）　男爵　[生]安政3年3月3日（1856年）　[没]昭和22年11月12日　[出]大分県　[学]慶応義塾中退, 三菱商業学校（明治13年）卒　[歴]岡山県、大阪の商法講習所で教頭を務める。明治16年郵便汽船三菱会社（現・日本郵船）に入り、郵船元山支店支配人、東京支店副支配人を歴任。23年日本銀行に転じ、26年営業局長、株式局長を経て、31年第5代目総裁に就任。36年総裁を辞任し、勅選貴院議員となる。その後日本勧業銀行総裁をつとめ、44年第2次西園寺公望内閣の蔵相、大正2年山本権兵衛内閣の農商務相、昭和7年斎藤実内閣の内相を歴任。この間、大正2年に政友会に入り、政友本党、民政党の最高幹部を務めた。財界人の政界進出の先駆的存在であった。9年男爵。

山本 経勝　やまもと・つねかつ
参院議員（社会党）　[生]明治37年11月　[没]昭和33年7月8日　[出]愛媛県　[学]日吉村高等小学校卒　[歴]昭和3年全国農民組合愛媛県南予地方協議会青年部長となる。後、農民運動に従事する。その間に、治安維持法違反として、5年間投獄される。12年福岡県遠賀郡日本炭鉱遠賀鉱業所で坑内夫となる。終戦後、日炭高松炭鉱労働組合書記長、日本炭鉱労働組合福岡地方本部執行委員長、同労組九州地方本部執行委員長、福岡地方労働委員会委員、日本炭鉱労働組合政治局員となる。第2回参院選の補欠選挙で初当選。以降2選。

山本 悌二郎　やまもと・ていじろう
農相　衆院議員（政友会）　台湾製糖常務　[生]明治3年1月10日　[没]昭和12年12月14日　[出]新潟県佐渡　[学]独逸協会学校（明治19年）卒　[歴]ドイツに留学、明治27年帰国し、二高講師、のち教授となる。30年退職、日本勧業銀行鑑定課長、33年台湾製糖設立に参画、常務となる。37年以来衆院議員当選11回、政友会に属し総務。昭和2年田中義一内閣、6年犬養毅内閣各農相。11年5.15事件で議員辞職、政友会顧問。他に南国産業、大正海上火災保険などの重役を務め、晩年は大東文化協会副会長となり、国体明徴運動に力を入れた。　[家]弟＝有田八郎（外相）

山本 利寿　やまもと・としなが
元・衆院議員(民主党)　元・参院議員(自民党)　[生]明治29年11月3日　[没]平成3年12月28日　[出]島根県　[学]関西学院大学社会学科(大正12年)卒, コロンビア大学大学院(昭和4年)修了　[賞]勲二等旭日重光章(昭和41年), 勲一等瑞宝章(昭和46年)　[歴]関西学院大学講師を経て、昭和18年マライ半島で陸軍司政官。戦後、シンガポール戦犯裁判所通訳、帰国後、浜田進駐軍首席通訳。22年島根県議を経て、24年民主党より衆院議員当選、2期つとめる。のち33年から参院議員を3期。　[趣]囲碁

山本 富雄　やまもと・とみお
参院議員(自民党)　元・農水相　[生]昭和3年11月5日　[没]平成7年3月16日　[出]群馬県吾妻郡草津町　[学]高崎中(昭和19年)卒　[歴]昭和30年草津町議3期、42年群馬県議3期を経て、52年参院議員に当選。当選3回。平成2年第2次海部内閣の農水相に就任。三塚派。　[趣]読書, スキー　[家]息子＝山本一太(参院議員)

山本 政弘　やまもと・まさひろ
社会党顧問　元・衆院議員(社会党)　[生]大正7年9月16日　[出]旧満州・撫順　[学]九州帝大法文学部法科(昭和17年)卒　[歴]満鉄に勤めたが1年で応召、海軍経理学校へ。昭和42年東京3区から衆院に当選、7期務める。50年松生丸事件で北朝鮮側と渡りあい、問題を解決した。社会主義協会所属、社会党副委員長もつとめる。61年に落選。　[趣]剣道(4段)

山本 茂一郎　やまもと・もいちろう
元・参院議員(自民党)　元・陸軍少将　[生]明治31年10月8日　[没]昭和53年5月13日　[出]和歌山県　[学]陸大卒　[歴]戦時中はジャワ派遣軍政監。軍人恩給連盟全国連合会長。昭和40年から参院全国区に当選2回。沖縄・北方問題特別委員長、農林政務次官などを務めた。没後、「私のインドネシア」が刊行された。

山本 弥之助　やまもと・やのすけ
元・盛岡市長　元・衆院議員　[生]明治40年6月27日　[没]昭和61年4月11日　[出]大阪市　[学]京大法学部(昭和7年)卒　[賞]勲二等瑞宝章(昭和52年)　[歴]昭和19年岩手県警察部長。29年から盛岡市長を3期務め、42年に衆議院議員。当選3回。40年から社会党岩手県本部顧問。

山本 勇造　⇒山本有三(やまもと・ゆうぞう)を見よ

山本 有三　やまもと・ゆうぞう
参院議員(緑風会)　小説家　劇作家　[生]明治20年7月27日(戸籍＝9月1日)　[没]昭和49年1月11日　[出]栃木県下都賀郡栃木町(現・栃木市)　本名＝山本勇造　[学]東京帝国大学独文科(大正4年)卒　[資]帝国芸術院会員(昭和16年)　[賞]文化勲章(昭和40年), 三鷹市名誉市民, 栃木市名誉市民　[歴]東大在学中、第3次「新思潮」に参加。大正9年「生命の冠」が明治座で上演され、劇作家としての地位を確立し、以後「嬰児殺し」「坂崎出羽守」「同志の人々」「海彦山彦」「西郷と大久保」「米百俵」などを発表。15年「生きとし生けるもの」を「朝日新聞」に連載し、小説家としても認められた。以後「波」「風」「女の一生」「真実一路」「路傍の石」などを発表、一時代の国民的作家となる。この間、昭和7年明治大学に文芸科が設けられ、初代学科長に就任。10～12年「日本少国民文庫」(16巻)を編集刊行し、児童読物に新機軸を開く。16年帝国芸術院会員。戦後は21年に貴院議員に勅選され、22年参院議員(緑風会)に全国区から当選し、28年の任期満了まで務め、文科委員長、文部委員長、ユネスコ国内委員長などを歴任。また国語問題につくしたところも多かった。40年文化勲章を受章。戦後の作品は「無事の人」にとどまるが、晩年の48年に「濁流」を連載し、未完に終わった。「山本有三全集」(全10巻, 岩波書店)、「山本有三全集」(全12巻, 新潮社)がある。平成8年三鷹市下連雀の旧山本邸を山本有三記念館として開

館。また、9年生家の隣にふるさと記念館が開設された。

山本 幸彦　やまもと・ゆきひこ
衆院議員(政友会)　⊕天保15年11月(1844年)　㊣大正2年5月23日　⊕土佐国高知城東南新町(高知県)　㊣藩立洋学校で英語を学び、明治8年高知県に勤め、9年学務課長心得。10年公選の戸長。13年高知中学校長心得、14年高知師範校長、同女子師範、同中学校長兼任。その間板垣退助の立志社を経て、14年自由党結成後党幹部となる。20年上京、保安条例に触れて投獄され、22年大赦出獄。伊藤博文の立憲政友会結成準備委員長となり、31年以来高知県から衆院議員当選3回。

山本 芳治　やまもと・よしじ
衆院議員(日本進歩党)　⊕明治14年9月　㊣昭和25年12月28日　⊕兵庫県　㊣東京帝国大学法科(明治42年)卒　㊣大阪市議、陸軍軍法会議指定弁護人を経て、大正13年に衆院議員に当選。以来5期務めた。第1次近衛内閣の厚生参与官となった。

山本 米治　やまもと・よねじ
元・参院議員(自民党)　⊕明治35年2月5日　㊣平成5年11月30日　⊕愛知県　㊣東京帝国大学法学部(大正15年)卒　㊣勲二等瑞宝章(平成1年)　㊣日銀ロンドン監督役付海外駐在参事を経て、ドイツ駐在中に日銀総裁代理として国際決済銀行理事を務める。のち日銀調査局長兼統計局長名古屋支店長、昭和24年外国為替管理委員安本副長官。25年から参院議員に2選し、大蔵政務次官、参院法務商工委員長を務めた。著書「為替管理論」「人生手帖」「議席十二年」など、訳書にフィッシャー「貨幣錯覚」などがある。　㊣長男＝山本逸郎(トーメン常務)、二男＝山本重喜(東レメディカル社長)、三男＝山本直己(港湾近代化促進協議会専務理事)、兄＝小牧実繁(滋賀大学学長)、弟＝三橋時雄(京大名誉教授)

山本 隆太郎　やまもと・りゅうたろう
衆院議員(立憲政友会)　⊕文久2年9月(1862年)　㊣昭和17年8月7日　⊕和歌山県　㊣和歌山県議、同常置委員、同参事会員となった。また、和歌山米穀株式綿糸取引所理事、関西土地興業取締役に就任した。明治27年衆院議員に当選。以来5期務めた。

谷村 貞治　やむら・ていじ
参院議員(自民党)　実業家　⊕明治29年3月　㊣昭和43年4月20日　⊕岩手県　㊣神田電気学校卒　㊣紫綬褒章、学術功績賞、紺綬褒章　㊣日端貿易工場長、昭和12年谷村新興製作所を創立、社長となる。谷村学院ならびに谷村学院高等学校を経営する。県政顧問、県経営者協会長、県体育協会長、県遺族会名誉会長、岩手医大理事を務める。34年参院議員に初当選。以降2選。著書「白萩荘随談」。

矢山 有作　ややま・ゆうさく
元・衆院議員(社会党)　⊕大正13年1月1日　⊕岡山県津山市　㊣中央大学法学部(昭和24年)卒　㊣会計検査院事務次官、津山市議、岡山県議2期を経て、昭和37年参院議員に当選。2期つとめたあと、51年衆院に転じて3期。61年落選。

屋良 朝苗　やら・ちょうびょう
元・沖縄県知事　⊕明治35年12月13日　㊣平成9年2月14日　⊕沖縄県中頭郡読谷村　㊣広島高師理科第二部(昭和5年)卒　㊣沖縄県功労章、沖縄タイムス賞、琉球新報賞、那覇名誉市民憲章、勲二等旭日重光章(昭和57年)、沖縄県特別功労者表彰(平成4年)　㊣沖縄県立第一高女や台北師範などで教鞭をとり、戦後、知念高校長、沖縄群島政府文教部長を歴任。昭和27年沖縄教職員会を創立、会長を16年間務め、また沖縄復帰運動に尽力した。43年革新に推されての公選で、琉球政府主席。47年復帰後初の沖縄県知事に当選。51年知事引退。沖縄精神衛生協会会長なども務めた。著書に「沖縄の夜明け」「私の歩んだ道」がある。

【 ゆ 】

湯浅 倉平　ゆあさ・くらへい
内大臣　宮内大臣　貴院議員(勅選)　[生]明治7年2月1日　[没]昭和15年12月24日　[出]福島県　[学]東京帝大法科大学政治科(明治31年)卒　[歴]内務省に入り、滋賀・兵庫各県参事官、鳥取・愛媛・長崎・神奈川各県内務部長、同地方局長、岡山・静岡各県知事を経て、大正4年警保局長となった。5年辞任後、勅選貴院議員。その後、12年警視総監、13年内務次官、14年朝鮮総督府政務総監、昭和4年会計検査院長を歴任し、8年宮内大臣、11年内大臣となり、天皇側近として軍部の無理押しに対処、元老西園寺公望の信を得た。軍部の反感も強く"君側の奸"として右翼テロ襲撃の対象となった。15年病気のため木戸幸一に引きつぎ辞任した。

湯浅 凡平　ゆあさ・ぼんぺい
衆院議員(新正倶楽部)　[生]慶応3年11月(1867年)　[没]昭和18年5月17日　[出]広島県　[学]慶応義塾(明治24年)卒　[歴]日本郵船社員、密陽銀行業務執行社員、上南水利組合長を経て横浜市議、同参事会員となった。明治45年衆院議員に当選。以来5期務めた。第20回列国議会同盟会議(ウィーン)に参列した。

油井 賢太郎　ゆい・けんたろう
元・参院議員(自由党)　[生]明治39年3月12日　[没]昭和59年7月23日　[出]福島市　[学]横浜商(大正14年)卒　[賞]勲三等旭日中綬章(昭和51年)　[歴]昭和22年の参院選で福島地方区から当選1回。参院地方行政委員長などを務めた。

結城 豊太郎　ゆうき・とよたろう
蔵相　日本銀行総裁　日本興業銀行総裁　安田銀行副頭取　銀行家　[生]明治10年5月24日　[没]昭和26年8月1日　[出]山形県東置賜郡赤湯町(現・南陽市)　[学]東京帝大法科大学政治学科(明治36年)卒　[歴]明治36年日本銀行に入行。名古屋支店長、大阪支店長、理事などを経て、大正10年請われて安田銀行に副頭取として入行。オーナー家と対立しながらも安田財閥の近代化を進めた。昭和5年日本興業銀行総裁に。"鷹"と呼ばれ、王子製紙合併や電力会社競争の調停に奔走。12年林銑十郎内閣の蔵相もつとめたが、軍財抱合財政といわれた。同年日本銀行総裁となり、19年まで戦時金融政策の元締として活躍した。この間、12年勅選貴院議員、日本商工会議所会頭、18年内閣顧問なども務めた。

湯川 宏　ゆかわ・ひろし
衆院議員(自民党)　[生]大正7年3月9日　[没]昭和61年9月26日　[出]和歌山県海南市　[学]東京帝国大学法学部政治学科(昭和16年)卒　[歴]大阪府副知事、関西経済同友会幹事、自民党地方局長などを歴任し、昭和51年衆院議員に当選。56年12月経済企画政務次官となる。当選5回。中曽根派。

雪沢 千代治　ゆきざわ・ちよじ
衆議院議員(自由党)　元・京都府知事　[生]明治22年4月1日　[没]昭和45年2月20日　[出]長崎県　[学]東京帝大卒　[歴]岩手、熊本、愛知、京都、愛媛の各府県知事を経て、昭和27年衆議院議員。

湯沢 三千男　ゆざわ・みちお
参院議員(自民党)　貴院議員(勅選)　内相　[生]明治21年5月20日　[没]昭和38年2月21日　[出]栃木県　[学]東京帝大法科大学経済科(明治45年)卒　[歴]明治45年内務省に入り、社会保険、労働各部長、宮城県知事、内務省土木局長、広島・兵庫各県知事、内務次官などを経て、昭和17年東条英機内閣の内相。18〜21年勅選貴院議員。また対満事務局、企画院各参与、翼賛会総務、大日本産業報告会理事長などを務めた。戦後公職追放、解除後29年中央社会保険医療協議会会長などを務め、34年栃木地方区から参院議員に当選、参院予算委員長、自民党総務などを歴任した。

豊 永光　ゆたか・えいこう
元・衆院議員(自民党)　元・名瀬市長　[生]大正5年10月3日　[没]平成13年7月12日　[出]鹿児島県名瀬市　[学]東京帝大法学部(昭和15年)卒　[歴]農林省に入り、官房広報課長、農地局農地開発機械公団監理官などを経て、昭和36年林野庁大阪営林局長、39年熊本営林局長。44年衆院議員に当選、1期務めた後、61年名瀬市長を務めた。　[趣]読書, 旅行

由谷 義治　ゆたに・よしはる
衆院議員(日本進歩党)　鳥取電機製造社長　[生]明治21年3月11日　[没]昭和33年10月8日　[出]鳥取県鳥取市川端　号=羊我　[学]早稲田大学商学部(明治40年)中退　[賞]鳥取市名誉市民(昭和42年)　[歴]鳥取市で運送業経営。大正8年鳥取市議当選、2期務め、9年県会議員となった。13年以来衆院議員当選6回。憲政会、民政党に属し、昭和6年国民同盟に参加、11年中野正剛らと東方会を結成、のち幹事長。14年社会大衆党との合同に奔走、中野と訣別。20年幣原喜重郎内閣の政務次官。戦後公職追放となり、鳥取電機製造社長に就任。日ノ丸運送社長、扶桑相互銀行取締役を兼任した。

湯地 幸平　ゆち・こうへい
貴院議員(勅選)　内務省警保局長　[生]明治3年4月　[没]昭和6年8月10日　[出]宮崎県宮崎郡田野村　[学]東京師範学校卒, 日本法律学校(明治28年)卒　[賞]従四位勲三等　[歴]明治35年文官高等試験合格、文部省嘱官から茨城県視学、福岡県などの事務官、警視庁警視、三重・愛知各県内務部長、台湾総督府警視総長、福井県知事、内務省警保局長などを歴任した。大正11年退官後、勅選貴院議員、帝国教員会評議員議長兼務。

湯地 定基　ゆち・さだもと
元老院議官　貴院議員(勅選)　[生]天保14年9月4日(1843年)　[没]昭和3年2月10日　[出]薩摩国鹿児島城下(鹿児島県)　通称=湯地治左衛門　[学]マサチューセッツ州立農科大学　[歴]薩摩藩士の長男として生まれる。弟・定監はのち海軍機関中将、妹・静子は陸軍軍人の乃木希典に嫁いだ。明治2年薩摩藩第2回留学生として英国に渡り、3年米国でマサチューセッツ州立農科大学に学ぶ。4年帰国。5年開拓使に出仕、ケプロンなど外国人顧問の通訳となる。のち開拓使大主典、同権少書記官、同少書記官、根室県令、北海道庁理事官、元老院議官を歴任。24年貴院議員に勅選。　[家]弟=湯地定監(海軍機関中将), 妹=乃木静子

柚木 慶二　ゆのき・けいじ
衆院議員(立憲政友会)　[生]安政6年9月(1859年)　[没]大正5年2月11日　[出]鹿児島県　[歴]西南の役に従軍。役後、育英黌を設立した。明治35年衆院議員に当選。以来6期務めた。三州社常議員、同志会常務委員、また、鹿児島県議もつとめた。

湯本 義憲　ゆもと・よしのり
衆院議員(無所属)　利根治水同盟会長　治水家　[生]嘉永2年2月(1849年)　[没]大正7年11月15日　[出]武蔵国北埼玉郡埼玉村(埼玉県)　別名=田島増太郎　[賞]従四位勲四等瑞宝章　[歴]明治16年埼玉県荒川沿岸水利組合委員。23年以来衆院議員当選4回。第1回帝国議会で治水法案を建議、24年採択され、貴衆両院の治水会常務幹事を務め、28年土木会議委員、30年岐阜県知事となった。退官後は農業に従事、32年利根治水同盟会長、43年内務省治水調査委員を務めた。

湯山 勇　ゆやま・いさむ
衆院議員(社会党)　[生]明治45年1月18日　[没]昭和59年6月16日　[出]愛媛県　[学]愛媛師範(昭和6年)卒　[歴]高校教諭、愛媛県教組委員長、愛媛地評議長などを経て昭和28年参院に初当選。35年以来衆院に7選。その間衆院災害対策特別委員長、社会党県本部委員長、ユネスコ国内委員などを歴任。33年国会で教育委員任命制をめぐって鳩山首相に質問した時の話は有名で、その様子は石川達三の小説「人間の壁」に詳しい。
[趣]植物分類

由利 公正　ゆり・きみまさ

貴院議員(勅選)　元老院議官　財政家　子爵　⊕文政12年11月11日(1829年)　⊗明治42年4月28日　⊕越前国足羽郡毛矢町(福井県)　別名=三岡八郎　字=義由, 通称=石五郎, 八郎, 号=雲軒, 銕牛, 好々庵, 方外　㊟弘化4年越前に来た横井小楠に財政を学んだ。嘉永6年ペリー来航に驚き, 藩の兵器製造に尽力。安政5年上洛, 橋本左内と国事に奔走。安政の大獄で帰藩, 藩財政の改革に従事。明治維新後, 祖先由利八郎以来の旧名由利を称し名を公正と改める。参与, 会計官知事となり, 太政官札の発行など財政, 金融政策を推進, "由利財政"といわれた。また五箇条の誓文を起草した。金札発行で部下の失策から引責辞任。4年東京府知事, 5年岩倉具視の欧米視察に随行。7年民選議院設立建白書に連名。8年元老院議官。20年子爵, 23年勅選貴院議員となる。

【 よ 】

横井 甚四郎　よこい・じんしろう

衆院議員(立憲政友会)　⊕万延1年10月(1860年)　⊗明治42年8月16日　⊕愛知県　㊥県立養成学校(明治9年)卒　㊟卒業後, 漢学を修めた。愛知県議, 同郡部会副議長を務める。また一宮銀行取締役に就任。明治31年衆院議員に当選。以来5期務めた。

横井 太郎　よこい・たろう

元・参院議員(自民党)　⊕明治32年6月17日　⊗昭和56年10月10日　⊕愛知県海部郡　㊥水産講習所(大正9年)卒　㊟昭和8年名古屋市議, 14年愛知県議を経て30年衆院議員1期, 41年の補選で参院議員1期。

横井 時雄　よこい・ときお

衆院議員(政友会)　同志社社長・校長　牧師　教育家　ジャーナリスト　⊕安政4年10月17日(1857年)　⊗昭和2年9月13日　⊕肥後国上益城郡沼山津村(熊本県)　別名=伊勢時雄, 伊勢又雄　㊥熊本洋学校(明治8年)卒, 同志社英学校英学科本科(明治12年)卒　㊟いちじ伊勢姓を名のる。熊本洋学校の米人校長ジェーンズの導きで明治9年徳富蘇峰らとキリスト教に入信。熊本バンドの一員となる。12年同志社卒業後, 愛媛県・今治教会, 東京・本郷教会の牧師となり伝導に活躍。「六合雑誌」「基督教新聞」の編集に従事。18年同志社教授。米国留学後, 30年同志社社長兼校長となるが, 翌年キリスト教主義をめぐる綱領削除問題で辞任。36年以来岡山県から衆院議員に当選2回, 日糖事件に関係して42年政界を引退。その間, 37年「東京日日新聞」主宰, 37〜39年姉崎正治と雑誌「時代思潮」を刊行。政界引退後は文筆に従事。大正8年パリ平和会議に出席。著書に「基督教新論」「我邦の基督教問題」がある。徳富蘆花の「黒い眼と茶色の目」に能勢又雄の名で登場している。
㊕父=横井小楠(熊本藩士・儒学者)

横江 金夫　よこえ・かねお

元・衆院議員(社会党)　⊕昭和9年6月22日　⊕愛知県名古屋市　㊥明治大学法学部(昭和33年)卒　㊟昭和38年愛知県議に当選し, 以来4選。党県本部書記長, 副委員長を歴任。2回の落選を経験したのち, 58年の総選挙で愛知6区から初当選。61年に落選。平成4年参院選に立候補。

横尾 竜　よこお・しげみ

通産相　参院議員(民主自由党)　播磨造船社長　⊕明治16年7月21日　⊗昭和32年1月7日　⊕佐賀県小城郡　㊥東京帝大工科大学造船科(明治40年)卒　㊟明治40年三菱長崎造船所技師, 大正10年神戸製鋼播磨造船工場工作課長, 次いで工場長を経て, 昭和4年播磨造船所創

立により取締役、18年社長に就任。26年会長。この間、24年参院議員地方区補欠選挙に自由党から当選、25年第3次吉田茂内閣の通産相となる。東洋航空工業社長、日本海事協会、造船工学会各理事も務めた。

横川 重次 よこかわ・じゅうじ
衆院議員(自民党) [生]明治27年11月 [没]昭和39年9月11日 [出]埼玉県 [学]早稲田大学哲学科(大正6年)卒, ベルリン大学 [歴]早稲田大学卒業後、ベルリン大学で社会学を専攻する。第15回総選挙補欠選挙で衆院議員に当選し、以来戦前戦後合わせて当選8回。昭和14年阿部内閣商工政務次官となる。また立憲政友会総務、自由党総務、同相談役、同会計監督を歴任した。

横川 正市 よこかわ・しょういち
元・参院議員(社会党) 日ソ貿易協会顧問 キリスト者政治連盟委員長 [生]大正4年1月8日 [出]北海道 [学]旭川師範附属小卒 [賞]勲二等旭日重光章(昭和60年) [歴]昭和7年郵政省に入り、旭川で郵便局員をつとめていた。全連に加盟し、旭川支部長、北海道地方連執行委員長、中央執行委員会書記長などをへて28年委員長。31年から3期参院議員をつとめ、49年政界を退く。クリスチャン。

横川 信夫 よこかわ・のぶお
元・栃木県知事 参院議員(自民党) [生]明治34年8月 [没]昭和50年11月10日 [出]栃木県宇都宮市 [学]東京帝大農学部卒 [歴]農林省勤務を経て、昭和28年林野庁長官。34年栃木県知事選に出馬して当選、連続4期つとめた。

横田 孝史 よこた・こうし
衆院議員(憲政会) [生]安政3年7月(1856年) [没]昭和9年12月6日 [出]兵庫県 [学]姫路師範学校卒 [歴]師範学校卒業後、医塾に学ぶ。薬局を開業し、薬業雑誌を発刊、また県薬剤師会頭、神戸薬業組合を歴任する。神戸市議、兵庫県議、県参事会員を経て、明治45年衆院議員に当選。以来連続3期務めた。

横田 甚太郎 よこた・じんたろう
元・衆院議員(共産党) 社会運動家 [生]明治40年3月16日 [没]平成15年5月3日 [出]大阪府三島郡吹田町(現・吹田市) [学]高小卒 [歴]大阪の三菱製錬所、国鉄吹田工場などに勤務し、大正12年農民運動に参加。昭和4年日農吹田支部を結成。労働農民党大阪府連合会常任委員。その間、しばしば検挙され、同年懲役2年執行猶予5年に処せられた。出獄後は関西友禅労組を結成し、数十日に及ぶ争議を指導。また無産者医療同盟の組織を作るため尽力し、8年三島無産者診療所を開設。12年吹田町議に当選。14年の共産主義者団の検挙に関連し、懲役5年に処せられた。戦後は日農と共産党の再建に尽力し、24年旧大阪3区から衆院議員に当選、1期務めた。

横田 千之助 よこた・せんのすけ
司法相 衆院議員(政友会) [生]明治3年8月22日 [没]大正14年2月5日 [出]下野国足利町(栃木県足利市) [学]東京法学院(現・中央大学)(明治25年)卒 [賞]勲二等旭日大綬章 [歴]星亨の書生となり、明治25年弁護士試験に合格、星の法律事務所に勤務。星の死後、日本木材輸出、有隣生命保険などの重役となり、42年以来衆院議員当選5回。立憲政友会に属し大正3年幹事長。7年原内閣の法制局長官となり、原敬の懐刀として活動。13年第2次憲政擁護運動で清浦内閣打倒を叫び、加藤内閣成立で司法相となった。

横田 虎彦 よこた・とらひこ
衆院議員(大同倶楽部) [生]安政3年12月(1856年) [没](没年不詳) [出]大阪府 [歴]ドイツ語と法律を学んだ後、弁護士業に従事する。大阪市議、同府議、同参事会員、大阪組合弁護士会長を歴任。また、関西日報、大阪自由新聞を発刊した。明治35年衆院議員当選。以来4期務めた。

横手 文雄　よこて・ふみお
元・衆院議員(民社党)　元・福井同盟会長　[生]昭和10年6月15日　[出]鹿児島県国分市　[学]近江高定時制(昭和31年)卒　[歴]昭和37年ゼンセン同盟愛知県支部に入り、45年静岡県支部次長、46年福井県支部長などを経て、54年民社党から衆院議員に当選、3期務める。"繊維族"の議員として知られ、商工委員会を舞台に活発な活動を展開するが、61年4月撚糸工連事件で東京地検特捜部から受託収賄の疑いで取り調べを受け、離党。5月1日起訴。7月の衆院選では落選した。平成元年11月東京地裁で懲役2年、執行猶予3年、追徴金200万円の有罪判決がでた。4年3月控訴審で無罪となるが、7年7月最高裁で差し戻し判決。8年12月東京高裁は一審判決を支持し、控訴を棄却。11年1月最高裁でも上告が棄却され、有罪が確定。

横堀 三子　よこぼり・さんし
衆院議員(大同倶楽部)　[生]嘉永5年9月(1852年)　[没]大正3年3月24日　[出]下野国那須郡黒羽藩(栃木県)　号=鉄研　[賞]従六位勲四等　[歴]明治11年栃木県の芳賀郡書記、12年県会議員、次いで同副議長、議長、18年芳賀郡長を歴任。この間改進党に参加、23年以来衆院議員当選4回。29年台湾総督府書記官。36年憲政党を脱党し、38年大同倶楽部に入る。詩と書をよくした。

横路 節雄　よこみち・せつお
衆院議員(社会党)　[生]明治44年1月2日　[没]昭和42年6月14日　[出]北海道夕張市　[学]札幌師範(昭和6年)卒　[歴]昭和6年小学校教師となり、22年北海道教職員組合委員長、日本教職員組合副委員長を経て、北海道道議。27年以来北海道1区から衆院議員当選8回。社会党中執委員、国会対策委員長、政審会長を歴任。29年造船疑獄の政府追及で名をあげ、60年安保改定では安保対策委員長として"極東の範囲"を追及するなど活躍した。34年北海道知事選に立候補したが落選。　[家]二男=横路孝弘(衆院議員)

横路 孝弘　よこみち・たかひろ
衆院議員(民主党　北海道1区)　元・北海道知事　[生]昭和16年1月3日　[出]北海道札幌市　[学]東京大学法学部(昭和41年)卒　[資]弁護士　[賞]ベスト・メン賞(第4回)(昭和63年)　[歴]昭和43年弁護士となり、全道労協顧問、労働学校講師などを務める。44年以来社会党から衆院議員に5選。58年4月北海道知事に転じ、3期務めた。平成7年国政復帰を目指すため知事を退く。8年民主党から衆院議員に当選。通算7期目。党副代表ののち、11年1月総務会長。同年9月、14年9月党代表選に出馬。この間、第1回冬季アジア競技大会の組織委員長も務めた。
[家]父=横路節雄(政治家)，妻=横路由美子

横山 勝太郎　よこやま・かつたろう
衆院議員(民政党)　弁護士　[生]明治10年11月15日　[没]昭和6年5月12日　[出]広島県比婆郡東城町　[学]日本法律学校(明治33年)卒　[賞]正五位勲三等　[歴]明治35年判検事試験に合格、司法官となり山口地方裁判所判事に。36年広島で弁護士開業、37年東京に事務所を開設。大正3年市会議員、6年以来衆院議員当選5回、民政党に属した。9年東京市の瓦斯疑獄では単独辞職。この間、東京弁護士会長、憲政会政調会長、幹事長、総務、民政党代議士会長などを務め、昭和4年浜口雄幸内閣の商工政務次官となった。

横山 金太郎　よこやま・きんたろう
衆院議員(立憲民政党)　[生]明治1年11月　[没]昭和20年9月25日　[出]広島県　[学]東京法学院(明治24年)卒　[歴]台湾総督府法院判官、破産管財人、広島県議、同副議長、同支部会議長、広島市議、同議長を歴任。明治37年衆院議員に当選、以来9期。第2次若槻内閣の文部政務次官、鉄道会議議員、広島市長の他、広島弁護士会長もつとめた。

横山 助成　よこやま・すけなり
東京府知事　警視総監　[生]明治17年1月1日　[没]昭和38年3月27日　[出]秋田県大館市　[学]東京帝大卒　[歴]山梨県警部、大分県警察部長、岡山・石川・京都・東京など各府県知事を経て、昭和12年警視総監に就任。14年勅選貴院議員となった。　[家]父＝横山勇喜(政治家)

横山 利秋　よこやま・としあき
元･衆院議員(社会党)　元･国労書記長　日ソ親善協会理事長　[生]大正6年10月10日　[没]昭和63年11月1日　[出]愛知県名古屋市　[学]中京商(昭和12年)卒　[歴]昭和8年国鉄に入社。25年国労本部企画長、28年書記長、社会党教宣局長、日本ILO協会常任理事を歴任。昭和30年以来衆院に11選。衆院物価対策特別委員長、決算委員長などをつとめた。61年落選。

横山 寅一郎　よこやま・とらいちろう
衆院議員(立憲政友会)　[生]万延元年6月(1860年)　[没]大正12年5月22日　[出]長崎県　[学]大村藩五教館　[歴]私立大村中学校を創立した。長崎県議、長崎市長、臨時博覧会評議員等を務めた。明治37年衆院議員に当選、以来5期。また国光生命保険専務取締役となった。

横山 ノック　よこやま・のっく
元･参院議員　元･大阪府知事　タレント　[生]昭和7年1月30日　[出]兵庫県神戸市　本名＝山田勇　旧グループ名＝漫画トリオ, 旧芸名＝秋田Kスケ　[学]神戸楠高小(昭和20年)卒　[賞]上方漫才大賞奨励賞(第3回)(昭和43年), 教育功労賞(南アフリカ共和国)(特別賞)(平成11年)　[歴]米軍通訳を経て、昭和30年宝塚新芸座入座。その後秋田Aスケ・Bスケに弟子入り、秋田Kスケの名で秋田Oスケとコンビを組む。次に横山ノックの名で横山アウトとコンビを組んだ後、34年漫画トリオを結成。“パンパカパーン、今週のハイライト”の時事コントで人気を博す。主な出演に「2時のワイドショー」「EXテレビ」など。また、43年以来参院議員に通算4選。民社党に所属していたが平成6年12月解党後、無所属。7年3月辞職して大阪府知事選に立候補、政党の応援を一切受けずに当選した。2期目の任期途中の11年12月辞職。　[趣]少林寺拳法

横山 フク　よこやま・ふく
元･参院議員(自民党)　日本助産婦会初代会長　元･助産婦　[生]明治40年2月16日　[没]平成3年11月4日　[出]東京市神田区須田町(現･東京都千代田区)　[学]東京府立第一高女卒, 日本大学法学部(夜間)卒　[賞]勲二等宝冠章(昭和52年)　[歴]職業婦人を目指して、三省堂編集室に勤務のかたわら、夜は速記塾に通う。昭和2年東京府産婆会に書記として就職。それがきっかけで独学で産婆(助産婦)の資格を取り、板橋で産婆を開業。戦後、30年に日本助産婦会を結成、以来30年に亘って会長を務めた。一方、23年に板橋区議に当選、28年から参院議員に3選。34年第2次岸内閣科学技術政務次官等を歴任した。

横山 実　よこやま・みのる
青森市長　青森テレビ社長　[生]明治36年11月5日　[没]昭和49年8月14日　[出]青森県青森市　[学]青森師範(大正12年)卒　[賞]青森市名誉市民(昭和48年), 勲三等瑞宝章(昭和49年)　[歴]青森県議を経て、昭和22年青森市長となり、連続4期を務め、戦後の復興、青森港1万トン岸壁の完成に尽力した。その後、青森テレビ社長、青森信用金庫理事長などを務めた。

与謝野 馨　よさの・かおる
元･衆院議員(自民党)　元･通産相　元･文相　[生]昭和13年8月22日　[出]東京都千代田区　[学]東京大学法学部(昭和38年)卒　[歴]日本原子力発電勤務、中曽根康弘秘書を経て、昭和51年以来衆院議員に7選。59年通産次官、平成4年党国対副委員長、6年村山内閣の文相、8年第2次橋本内閣の官房副長官、10年小渕内閣の通産相に就任。11年1月小渕改造内閣でも留任。12年落選。旧渡辺派を経て、村上･亀井派、同年7月江藤･亀井派。議員時代からCS放送の朝日ニュースター「政策神髄」のキャスターを務め

る。 [家]祖父＝与謝野鉄幹(歌人), 祖母＝与謝野晶子(歌人), 父＝与謝野秀(外交官), 母＝与謝野道子(評論家), 弟＝与謝野達(欧州復興開発銀行)

吉秋 雅規 ⇒正木良明(まさき・よしあき) を見よ

吉井 幸蔵 よしい・こうぞう
貴院議員 海軍軍人 伯爵 [生]安政2年10月(1855年) [没]昭和2年10月7日 号＝友昌, 嘉左衛門 [学]海兵(明治14年)卒 [歴]明治2年私費で英国に留学、6年米独英3国に留学を命じられた。14年少尉補より海軍少尉となり、18年中尉に進み、以後比叡分隊長、軍事部出仕、参謀本部海軍部第3局課長を歴任し、海軍大尉となる。ついで西郷海軍大臣に随行して訪欧。24年家督を相続。のち海軍少佐に進み、日清戦争では武蔵副艦長として威海衛攻撃で戦功をあげ、金鵄勲章を受ける。のち侍従武官を経て、30年予備役となり、同年貴族院議員に当選。黎明期にあった日本の海軍屈指の国際派として山本権兵衛を助け、海軍力の近代化に尽力した。 [家]父＝吉井友実, 息子＝吉井勇(歌人), 吉井千代田(日本薬史学会常任幹事)

吉井 友実 よしい・ともざね
枢密顧問官 伯爵 [生]文政11年2月(1828年) [没]明治24年4月22日 [出]薩摩国(鹿児島県) 通称＝仁左衛門, 仲助, 幸輔 [歴]安政3年藩の財務官として大阪に出て諸国の有司志士と交流。6年誠忠組に参加して国事に奔走、文久2年藩政改革により、徒目付役に。3年島津久光に従って上洛、勅使大原重徳の東下に際し、山科兵部と名を改め、その従士として江戸に赴いた。明治元年徴士、参与、軍務局判事を務め、のち司法、民部、工部、宮内各省の要職を歴任。8年元老院議官となる。14年日本国有鉄道会社のを創立と共に社長に就任。17年再び宮内次官となって伯爵を授けられた。21年4月枢密顧問官を兼任。24年枢密顧問官専任となる。

吉井 光照 よしい・みつてる
元・衆院議員(公明党) [生]昭和6年1月4日 [出]山口県防府市 [学]防府高(昭和24年)卒 [歴]荒物商、防府市議、山口県議4期を経て、昭和54年以来衆院議員に4選。平成5年引退。

吉植 庄一郎 よしうえ・しょういちろう
衆院議員(立憲政友会) [生]慶応1年9月(1865年) [没]昭和18年3月10日 [出]千葉県 [学]千葉県立中学校(明治16年)卒 [歴]北海道で開墾に従事し、北海タイムス・中央新聞社各社長となる。植民制度調査のため南米に渡航した。明治37年衆院議員に当選、以来9期。田中内閣の商工政務次官、政友本党総務等を歴任した。 [家]息子＝吉植庄亮(歌人・政治家)

吉植 庄亮 よしうえ・しょうりょう
元・衆院議員(無所属倶楽部) 歌人 [生]明治17年4月3日 [没]昭和33年12月7日 [出]千葉県印旛郡 号＝愛剣 [学]東京帝国大学経済科(大正5年)卒 [歴]父・庄一郎経営の中央新聞に勤務し、大正10年文芸部長になり、のち政治部に移る。13年帰郷し、印旛沼周辺の開墾事業に着手。昭和11年衆院議員となり百姓代議士として活躍、3選したが戦後公職追放となった。歌は明治33年頃から「新声」などに投稿し、金子薫園に師事。大正10年「寂光」を刊行し、11年「橄欖」を創刊。13年「日光」同人となり、昭和3年「くさはら」を刊行。他の歌集に「大陸巡遊吟」「開墾」「風景」「霜ぶすま」などがあり、随筆集に「馬と散歩」「百姓記」などがある。 [家]父＝吉植庄一郎(衆院議員)

吉浦 忠治 よしうら・ちゅうじ
元・衆院議員(公明党) [生]大正15年7月16日 [没]平成12年2月15日 [出]佐賀県三養基郡基山町 [学]日本大学文学部(昭和29年)卒 [賞]勲二等瑞宝章(平成8年) [歴]東京で21年間中学校教師をつとめた後、昭和51年旧千葉3区から衆院議員に当選、4期つとめた。交通安全対策特別

委員長、農水委理事などを歴任。平成2年落選。

吉江 勝保　よしえ・かつやす
衆院議員(自由党)　参院議員(自民党)
[生]明治33年4月　[没]昭和45年9月17日
[出]山梨県　[学]東京帝国大学法学部英法科(昭和2年)卒　[歴]昭和2年内務省入省。佐賀県警察部長、内務書記官を経て、ジャワに派遣されケデリ州長官として終戦を迎える。21年帰還し、22年初代公選山梨県知事となる。27年衆院議員に当選し1期務め、31年から参院議員を3期務める。自民党総務、参院内閣委員長等を歴任した。

芳川 顕正　よしかわ・あきまさ
枢密院副議長　逓信相　司法相　文相　貴院議員　官僚　伯爵　[生]天保12年12月10日(1842年)　[没]大正9年1月10日
[出]阿波国麻殖郡川田村(徳島県)　本名=芳川賢吉　旧姓=原田　前名=高橋賢吉, 号=越山　[歴]医師・高橋文昨の養嗣子となるが、のち姓名を芳川賢吉と改める。漢学を修め、長崎で英学、医学を学んだ。明治3年大蔵省に仕官、4年伊藤博文の渡米に随行。帰国後、紙幣頭、工部大書記官、電信局長などを経て、13年外務少輔、15年東京府知事となり市の区画整理を行った。内務次官から23年山県内閣の文相となり、教育勅語の制定に関与する。25年司法相、次いで内務相、逓信相を歴任。その後、33年貴院議員、43年枢密顧問官となり、また国学院大学長も務めた。45年～大正6年枢密院副議長。明治29年子爵、40年伯爵。

吉川 兼光　よしかわ・かねみつ
衆院議員(民社党)　[生]明治35年10月27日　[没]昭和48年3月31日　[出]福岡県行橋市　[学]専修大学経済科(大正14年)卒
[歴]早大政治科を経て専大、のちウィーン大学に留学。大阪毎日新聞記者、京城日報調査部長、中大講師、船橋農林学校長などを歴任。昭和21年以来千葉1区から衆院議員当選7回。社会党中執委員、宣伝部長、その後民主社会党に参加、中執委員、統制委員長、国会議員団副団長、顧問を務めた。日本農民組合連合会委員長。著書に「政治学大意」がある。

吉川 吉郎兵衛　よしかわ・きちろうべえ
衆院議員(日本進歩党)　[生]明治3年4月
[没]昭和23年1月20日　[出]大阪府　[歴]日清・日露戦役に従軍。大阪府議、同参事会員、大阪市議を経て、大正9年衆院議員に当選。以来8期務めた。浜口内閣の陸軍参与官、中央電力調整委員会委員等を歴任した。

吉川 末次郎　よしかわ・すえじろう
参院議員(社会党)　[生]明治25年12月1日
[没]昭和51年11月20日　[出]京都市　[学]京都薬学校卒, 同志社大学卒　[歴]大正9年から11年にかけて欧米に留学。15年社会民衆党の創立に参加し、昭和2年京都支部を結成して支部長。のち総同盟京都支部の再建に尽力し、社会民衆党、社会大衆党の常任中央執行委員などを歴任。12年ごろ右傾化し社会大衆党を除名されて東方会に参加。5年東京市嘱託となり、東京府議に当選。戦後は社会党から参院議員に当選した。

芳沢 謙吉　よしざわ・けんきち
外相　貴院議員(勅選)　外交官　[生]明治7年1月24日　[没]昭和40年1月5日　[出]新潟県高田市　[学]東京帝大英文科卒
[歴]明治32年外務省に入り、人事課長、中国公使館参事官、政務局長、アジア局長兼米局長を経て、大正12年～昭和4年中国公使。その間、ソ連のカラハン駐中国大使と国交樹立の交渉をし、大正14年には日ソ基本条約を締結した。その他国民政府軍の北伐に伴う南京事件、済南事件などに対処、革命ソ連代表との交渉は予備、正式合わせて138回にも及んだ。昭和5年駐フランス大使を経て、7年犬養内閣の外相となったが、辞任後は貴院議員に勅選された。また、15年蘭印使節、16～19年仏印大使を務め、退官後の20年外務省顧問、次いで、枢密顧問官に就任。戦後の追放解除後は27年から3年間、駐台湾大使を務め、

辞任後も自由アジア擁護連盟代表、自由アジア協会長として台湾擁護に奔走した。著書に「外交六十年」など。
[家]孫＝緒方貞子（国連難民高等弁務官）

吉田 安　よしだ・あん
衆院議員（日本民主党）　[生]明治23年2月　[没]昭和50年3月5日　[出]熊本県　[学]明治大学専門部法律科（大正5年）卒　[歴]司法官試補の後、弁護士となる。熊本県議、熊本市議、参事会員を経て、昭和21年衆院議員に初当選。以来当選4回。日本進歩党、民主党、国民民主党、改進党、日本民主党に所属し役職を歴任した他、第1次吉田内閣司法参与官、第3次吉田内閣郵政政務次官を務めた。

吉田 磯吉　よしだ・いそきち
衆院議員（立憲民政党）　[生]慶応3年5月（1867年）　[没]昭和11年1月17日　[出]福岡県　[歴]芦屋鉄道、平山炭礦、吉田商事、若松魚市場、若松運輸の社長を歴任し、石炭鉱業互助会顧問となる。この間、大正4年衆院議員となり当選5回。立憲政友会総務を務めた。

吉田 円助　よしだ・えんすけ
元・酒生村村長　福井新聞会長　[生]明治22年12月20日　[没]昭和46年4月15日　[出]福井県　[学]福井農林学校（明治41年）卒　[賞]藍綬褒章，勲三等瑞宝章　[歴]大正12年酒生村村長となり、昭和6年から福井県会議員2期、27年再び酒生村村長に復帰、通算7期村長を務めた。一方8年に福井新聞専務となり、以後社長、社主を務めた。戦後追放で社主を辞任、25年会長となった。この間8時間勤務制、編集局長が新聞製作工程の中心として管理する大編集局制の実施など、合理化を推進した。

吉田 清成　よしだ・きよなり
枢密顧問官　元老院議官　子爵　[生]弘化2年3月（1845年）　[没]明治24年8月3日　[出]鹿児島　変名＝永井五百介，幼名＝巳之次，通称＝太郎　[歴]藩吏となり、元治元（1864）年に薩摩藩留学生として米英に7年間留学。帰国後明治4年に大蔵省御用掛となり大久保利通・大隈重信らを補佐し、秩禄処分の実施にあたった。7年駐米公使、11年日米新条約の締結に成功。15年外務大輔、19年農商務次官、20年5月子爵に叙せられ、同年7月元老院議官に、翌年から24年まで枢密顧問官に任ぜられた。

吉田 敬太郎　よしだ・けいたろう
元・衆院議員（無所属）　元・若松市長　バプテスト連盟牧師　[生]明治32年5月　[没]昭和63年7月28日　[出]福岡県北九州市若松区　[学]東京商大卒　[賞]キリスト教功労者（第11回）（昭和55年）　[歴]三菱金属鉱業社員、大倉高商講師をへて炭鉱経営。昭和11年九州石油を設立。福岡県議2期を経て、17～20年まで衆院議員。戦時中、東条首相を批判して投獄され生死の境をさまよう。戦後は牧師となり、26年若松市長に当選。北九州市発足まで3期つとめた。　[家]養父＝吉田磯吉（侠客，政治家）

吉田 賢一　よしだ・けんいち
元・衆院議員　元・民社党本部顧問　弁護士　[生]明治27年11月15日　[没]昭和57年6月11日　[出]兵庫県明石郡明石町（現・明石市）　[学]日本大学法律専門部（大正9年）卒　[歴]高小卒業後、25歳まで理髪職人をし、その後日大に入学、卒業後弁護士となる。日農顧問弁護士として多くの争議を支援、弁護した。昭和7年全国労農大衆党から明石市議に当選。また全農では法律部長をつとめた。のち8年に皇国農民同盟を作り理事長に就任し、12年衆院選に当選。8期。戦後社会党に属して代議士となり、35年民主社会党の結党に参加し、同党兵庫県連会長などを務めた。

吉田 顕三　よしだ・けんぞう
衆院議員（中正倶楽部）　大阪府立病院長　医師　[生]嘉永1年4月8日（1848年）　[没]大正13年3月1日　[出]広島県山県郡　[賞]フランス・カムホジュ三等勲章　[歴]漢籍を修め、大阪で医学を学び、京都で西周の塾に入り英学を修めた。明治2年甲鉄艦の医官、以来海陸軍の医務に従事。

5年英国留学。7年軍医少監となり、次いで軍務局副長、海軍病院長を経て、14年大阪医学校長兼大阪府立病院長。33年の北清事変に際しては赤十字病院船弘済丸医長となり各国の病兵治療に当たった。35年以来衆院議員当選2回。

吉田 重延　よしだ・しげのぶ
元・衆院議員(自民党)　㊝明治42年2月14日　㊱平成1年8月7日　㊞熊本県　㊫東京帝大農学実科卒　㊜勲二等旭日重光章(昭和55年)　㊩昭和28年から衆院熊本2区で連続7回当選。自治政務次官、衆院大蔵委員長などを務めた。

吉田 茂　よしだ・しげる
第45・48・49・50・51代首相　自由党総裁　㊝明治11年9月22日　㊱昭和42年10月20日　㊞東京　㊫東京帝大法科大学政治学科(明治39年)卒　㊜大勲位菊花大綬章(昭和39年)　㊩高知の自由党の名士・竹内綱の五男として生まれ、福井の貿易商・吉田健三の養子として成長した。明治39年東京帝大卒業後、外務省入省。天津・奉天総領事、スウェーデン公使を経て、昭和3年外務次官、のちイタリア大使、11年駐英大使などを歴任し、14年退官。戦後、東久邇内閣・幣原内閣で外相をつとめ、21年鳩山一郎の後任として自由党総裁となり組閣、憲法改正、農地改革を実施。23～29年民主自由党(のち自由党)総裁として第2次～第5次吉田内閣を組閣、親米政策を推進。26年サンフランシスコ講和条約・日米安保条約に調印。28年バカヤロー解散、29年造船疑獄事件の指揮権発動などで批判が強まり辞職するが、42年没するまで元老的存在として影響力を持ち続けた。23年以来、衆院議員当選7回(高知県全県区)。葬儀は国葬で行われた。最後の政治家らしい政治家といわれる。著書に「回想十年」(全4巻)「大磯随想」「世界と日本」など。のち功績を記念し吉田賞が創設された。
㊇実父=竹内綱(衆院議員), 長男=吉田健一(評論家), 次女=麻生和子(麻生セメント取締役), 孫=麻生太郎(衆院議員), 麻生泰(麻生セメント社長), 三笠宮信子

吉田 茂　よしだ・しげる
厚相　貴院議員(勅選)　内閣調査局長官　㊝明治18年9月2日　㊱昭和29年12月9日　㊞大分県臼杵　㊫東京帝大法科大学独法科(明治44年)卒　㊩明治44年内務省に入り、石川県警視、内務書記官などを務め、大正12年東京市助役。昭和3年内務省神社局長、4年社会局長官、9年岡田啓介内閣書記官長、10年内閣調査局長官を経て、12～21年勅選貴院議員。この間、15年米内光政内閣の厚相、18年福岡県知事、19年小磯国昭内閣の軍需相を歴任。戦後公職追放、国維会に参加し、28年神社本庁事務総長となった。

吉田 資治　よしだ・すけはる
日本共産党名誉幹部会委員　労働運動家　㊝明治37年1月11日　㊞富山県高岡市　㊫早稲田工手学校(大正12年)卒　㊩大正11年東京電灯入社。15年関東電気労働組合に加入。昭和3年共産党入党。4年4.16事件で検挙され、治安維持法違反で懲役6年、12年4月まで入獄した。17年にも検挙され、19年4月出獄した。戦後共産党再建に参加し、全日本金属労働組合委員長となる。21年産別会議結成に参加、22～23年事務局長、24～31年議長を歴任。33年共産党中央統制監査委員会副議長、36年同議長、45年中央委員会幹部会委員を経て、52年名誉幹部会委員となる。

吉田 セイ　よしだ・せい
元・衆院議員(国協党)　歯科医師　㊝明治42年12月24日　㊱昭和51年7月26日　㊞山口県　旧姓=林　㊫広島女子高等歯科医学校(昭和6年)卒　㊩歯科医師の傍ら砲丸投げ選手として活躍、昭和15年の幻の東京五輪にも出場予定だった。戦後、21年に日本婦人党から衆院議員に当選、のち国協党に移り、27年までつとめた。

吉田 善吾　よしだ・ぜんご
海相　海軍大将　[生]明治18年2月4日　[没]昭和41年11月14日　[出]佐賀県　[学]海兵（第32期）（明治37年）卒, 海大（大正4年）卒　[歴]海兵では後の連合艦隊司令長官、山本五十六と同期。大正4年第3艦隊参謀をふり出しに、教育局、軍務局、軍令部の課長、班長を経て昭和6年連合艦隊参謀、8年軍務局長となる。日中戦争開始後は第2艦隊長官、連合艦隊長官を務め、14年阿部内閣の海相に就任。米内・近衛両内閣でも海相として日独伊の三国同盟には最後まで反対。その後は軍事参議官、支那方面艦隊長官、海大校長などを歴任した。

吉田 忠三郎　よしだ・ちゅうざぶろう
元・参院議員（社会党）　元・国労委員長　労働運動家　[生]大正6年8月4日　[没]平成6年8月18日　[出]北海道爾志郡熊石町　号＝吉田鶴峰　[学]札幌高等法律経済専門学校卒　[賞]勲二等旭日重光章（昭和62年）　[歴]国鉄に入り、札幌市議、国労委員長などを経て、昭和37年から参院議員に3選。社会労働委員長、交通安全対策委員長、党財務副委員長、国対委員長、日ソ議員連盟副会長等を歴任。

吉田 法晴　よしだ・ほうせい
元・参院議員（社会党）　元・衆院議員　元・北九州市長　[生]明治41年3月13日　[没]昭和56年1月19日　[出]福岡県　[学]同志社大学法学部（昭和11年）卒　[歴]昭和11年日本炭鉱に入社。戦後の22年福岡県議となり、25年に参院議員に当選、38年まで3期13年間参院議員を務めた。38年3月政令都市に昇格した北九州市長に当選、1期務めた。その後、47年から51年までは衆院議員。

吉田 正雄　よしだ・まさお
元・衆院議員　元・参院議員　[生]大正12年3月25日　[出]新潟県長岡市　[学]東京物理学校理化学科（昭和20年）卒　[賞]勲三等旭日中綬章（平成9年）　[歴]新潟県労組評議会議長、新潟県労働審議会委員を歴任し、昭和52年参院議員に当選。建設常任委員長を務めた。平成2年衆院議員に転じる。5年落選。6年和田静夫元衆院議員らと護憲市民全国協議会を結成、事務局長に。　[趣]古典音楽鑑賞, スキー, 登山

吉田 実　よしだ・みのる
参院議員（自民党）　元・富山県知事　[生]明治43年3月19日　[没]昭和57年11月16日　[出]富山県大島町　[学]東京帝大経済学部（昭和11年）卒　[歴]昭和31年から富山県知事4期、44年衆院議員を経て、49年参院議員に当選。

吉田 之久　よしだ・ゆきひさ
元・衆院議員（民社党）　元・参院議員（民主党）　[生]大正15年12月4日　[没]平成15年3月24日　[出]奈良県磯城郡田原本町　[学]海兵卒, 京都大学文学部（昭和24年）卒　[賞]勲一等瑞宝章（平成11年）　[歴]海軍兵学校卒後、昭和20年春に美幌航空隊へ。千歳航空隊で終戦を迎えた。関西電力の労組活動を経て、30年から奈良県議に2選。35年民社党結成に参加し、42年衆院議員に当選。56年衆院沖縄・北方問題特別委員長、民社党副委員長などを務めた。当選7回、平成2年落選。4年参院補選で連合から出馬し圧勝。同年7月民社党に戻る。6年新進党、10年1月新党友愛結成に参加。同年4月民主党に合流。2期務め、13年引退。

吉武 恵市　よしたけ・えいち
元・参院議員（自民党）　元・衆院議員　元・厚相　[生]明治36年2月25日　[没]昭和63年2月3日　[出]山口県萩市　[学]東京帝大法学部政治学科（昭和3年）卒　[賞]勲一等旭日大綬章（昭和49年）　[歴]昭和3年内務省入省。20年富山県知事を経て、22年初代労働事務次官に就任。24年山口1区から衆院議員に当選、3期。26年のサンフランシスコ講和条約締結に日本全権代理として出席し、第3次吉田内閣では労相と厚相を兼任。34年参院山口地方区に転じて、以来3期つとめ、この間、第3次池田内閣の自治相、参院自民党幹事長を歴任した。52年引退。

吉富 簡一　よしとみ・かんいち

衆院議員(無所属)　山口県会議長　防長新聞社長　⑭天保9年1月19日(1838年)　⓶大正3年1月18日　⑭周防国吉敷郡矢原村(山口県)　諱＝篤敬、通称＝美之助、藤兵衛、号＝桂花楼、静思、楽水　⑭周防国・矢原村の豪農で、代々村長。慶応元年井上馨の鴻城軍組織化に尽力、幕長戦に活躍。明治2年脱隊騒動に木戸孝允を援けた。3年小菅県大属、4年大蔵省大属。同年帰郷し7年先収会社頭取、10年山口協同会社社長となる。12～23年山口県会議長を務め、この間16年鴻城憲政党を組織、幹事となる。17年防長新聞社を創立、社長。23年以来衆院議員当選3回。

吉永 時次　よしなが・ときじ

広島県知事　元・警視総監　⑭明治35年　⑭岡山県　⑰東京帝大卒　⓶昭和4年宮崎県警察部長となり、茨城・広島・愛知・兵庫各県警察部長を経て、和歌山・茨城・広島各県知事を歴任。17年警視総監に就任、18年退官した。

吉野 信次　よしの・しんじ

運輸相　参院議員(自民党)　貴院議員(勅選)　⑭明治21年9月17日　⓶昭和46年5月9日　⑭宮城県　⑰東京帝大法科大学独法科(大正2年)卒　㊣勲一等瑞宝章(昭和39年)　⑭農商務省に入り、農商務相秘書官、商工省文書課長、工務局長を経て、昭和6年商工次官。次いで特許局長官、東北興業総裁、東北振興電力社長を歴任。12年第1次近衛文麿内閣商工相となり、戦時統制経済への途を開いた。13～21年勅選貴院議員。この間、13～16年満州重工業開発副総裁、のち翼賛政治会常任総務、18年愛知県知事を務めた。戦後公職追放、解除後の28年宮城地方区から参院議員当選、30年第3次鳩山一郎内閣の運輸相となった。31～40年武蔵大学学長。著書に「さざなみの記」がある。　㊣兄＝吉野作造(政治学者)

吉浜 智改　よしはま・ちかい

具志川村(沖縄県島尻郡)村長　久米島農業会会長　⑭明治18年9月2日　⓶昭和32年1月18日　⑭沖縄県久米島具志川村　⑭朝鮮駐屯軍の憲兵軍曹として3年間軍務につき、昭和7年具志川村長。戦時中は村の農業会会長として久米島駐屯海軍通信隊に食糧の補給を行った。20年3月26日アメリカ軍は慶良間列島に上陸、4月1日沖縄本島に上陸し、6月26日久米島にも上陸、敗北の混乱の中、久米島の日本軍通信隊長は不安と恐怖に戦く住民をスパイ容疑者として捕らえ、見せしめのためと、その妻子を含め20人(うち10人は8月15日以後)を惨殺、家もろとも焼き払った。吉浜は、当時の様子を日記に書き残したが、玉砕を唱えいきり立つ住民らに玉砕をいましめ、生き延びるための無抵抗主義を説き、何度か命を狙われた。22年9月赴任した具志川中学校校長は村民が語る「久米島虐殺記録」を、吉浜の同意を得て「吉浜日記」にまとめ同中学創立10周年記念誌に「本校の教育を育てるもの・久米島の戦争記」として掲載、46年6月号の「世界」に転載された。

吉原 正隆　よしはら・まさたか

衆院議員(立憲政友会)　貴院議員(多額納税)　⑭明治14年11月　⓶昭和15年6月24日　⑭福岡県　⑰京都帝大学経済科(明治39年)卒　⑭農業を営む。朝鮮鎮海では貸家業を経営。明治45年衆院議員に当選、以来4期。後に逓信大臣秘書官となった。大正14年9月から15年6月まで貴院議員として在任した。また、青島出征軍慰問のため派遣された。

吉原 米治　よしはら・よねはる

元・衆院議員(社会党)　⑭昭和3年2月8日　⑭島根県大田市　⑰宇部工専機械科(昭和20年)卒　㊣勲二等瑞宝章(平成10年)　⑭石見交通勤務、県評副議長、昭和41年以来大田市議3期を経て、51年衆院議員に当選、5期。平成2年落選。社会党島根県本部委員長もつとめた。

吉松 喬　よしまつ・たかし
元・参院議員　[生]明治30年5月25日　[没]昭和62年9月17日　[出]福岡県　[学]東大法学部卒　[歴]鉄道省東京鉄道局長、陸軍司政長官などを経て昭和22年5月に参院全国区で無所属で初当選したが、公職追放のため2カ月足らずで議員資格消滅となった。

吉村 午良　よしむら・ごろう
元・長野県知事　[生]大正15年2月13日　[出]長野県長野市　[学]東京帝大法学部(昭和23年)卒　[賞]勲一等瑞宝章(平成14年)　[歴]昭和37年総理府統計局調査部経済統計課長、40年長野県総務部長、45年公営企業管理者、46年副知事を経て、55年以来知事に5選。長野冬季五輪組織委員会副会長も務める。平成12年退任。

吉村 鉄之助　よしむら・てつのすけ
衆院議員(政友本党)　実業家　[生]安政5年8月1日(1858年)　[没]昭和12年8月28日　[出]近江国大津(滋賀県)　[歴]江若鉄道社長などを経て、大正6年衆議院議員。

吉村 真事　よしむら・まこと
元・参院議員(自民党)　日本港湾振興団体連合会会長　[生]昭和3年3月31日　[出]大阪府大阪市西淀川区佃町　[学]東京大学工学部土木学科(昭和27年)卒　[賞]勲二等瑞宝章(平成10年)　[歴]昭和27年運輸省に入省。53年第二港湾建設局長、55年港湾局長を歴任し退官。58年参院議員に当選。平成元年落選。のち日本港湾振興団体連合会会長。　[団]日本土木学会

依田 銈次郎　よだ・けいじろう
群馬県知事　長野県知事　山形県知事　広島県知事　内務官僚　弁護士　[生]万延1年7月(1860年)　[没]昭和8年9月28日　[出]丹波国篠山(兵庫県)　[学]明治法律学校(明治15年)卒　[歴]篠山藩士の家に生まれる。明治9年上京、15年明治法律学校を卒業して弁護士となる。自由民権運動に参加、帝国議会開設のために奔走。27年判事に任官。31年宮崎県警察部長、41年石川県内務部長、東京府内務部長を経て、45年群馬県知事。のち長野、山形、広島の各県知事を歴任し、大正11年退官。

依田 実　よだ・みのる
元・衆院議員(新自由クラブ)　[生]昭和5年7月25日　[出]東京　[学]東京大学文学部(昭和28年)卒　[賞]勲三等旭日中綬章(平成12年)　[歴]NHKプロデューサー、中曽根康弘事務所長を経て、昭和51年以来衆院議員を2期務めた。また新自由クラブ企画広報委員長、全国組織委員長を歴任。東京都文化振興会常務理事を務める。著書に「中華人民共和国」など。

四ツ谷 光子　よつや・みつこ
元・衆院議員　日本共産党監査委員会責任者　[生]昭和2年5月5日　[出]大阪府　[学]大阪府専(現・大阪府立女子大学)卒　[歴]西淀中教師、大阪教職員組合婦人部長、大阪母親大会副委員長を経て、昭和54年大阪7区から衆院議員に当選、2期つとめた。

米内 光政　よない・みつまさ
第37代首相　海相　海軍大将　[生]明治13年3月2日　[没]昭和23年4月20日　[出]岩手県盛岡市　[学]海兵(明治34年)卒, 海大(大正3年)卒　[歴]日露戦争で日本海海戦に参加。大正3年旅順要港部参謀など、のち横須賀鎮守府長官などを経て、昭和11年連合艦隊司令長官。この間大正4～6年ロシアに、9～11年ベルリンに駐在。12年大将。同年から林・第1次近衛・平沼各内閣の海相をつとめ、日中戦争不拡大論を唱えた。15年首相に就任するが、日独伊三国軍事同盟締結に反対し、陸軍側と対立、半年で辞職。その後小磯・鈴木・東久邇・幣原各内閣の海相をつとめ、太平洋戦争終結と海軍の解体に当たった。国際的視野が広く、正確な現状把握で終始陸軍強硬派と対決、降伏を主張し続けるなど良識のある提督として幅広い支持を受けた。

米内山 義一郎　よないやま・ぎいちろう
元・衆院議員(社会党)　[生]明治42年11月4日　[没]平成4年10月5日　[出]青森県上北郡浦野館村　[学]青森中卒　[歴]昭和3年全農青森県連合会の創立に参加して執行委員となり、上北地方で農民運動に参加。また青年団でも活躍し、13年日本革新農村協議会青森県支部に参加。のち満州に渡り、16年満州開拓地赤化事件で検挙される。戦後、社会党の結成に参加し、38年衆院議員に当選、以後通算3期つとめた。

米津 政敏　よねきず・まさとし
貴院議員　子爵　[生]嘉永4年3月29日(1851年)　[没]明治28年10月30日　[歴]慶応1年出羽長瀞藩主となり、明治2年版籍奉還により長瀞藩知事に任命される。4年常陸竜ヶ崎に藩庁をうつし、藩名も竜ヶ崎藩に改称するが廃藩。のち子爵、貴族院議員。

米窪 満亮　よねくぼ・みつすけ
労相　衆院議員(社会党)　日本海員組合副会長　労働運動家　小説家　[生]明治21年9月16日　[没]昭和26年1月16日　[出]長野県塩尻　筆名＝米窪太刀雄　[学]商船学校(現・東京商船大学)(大正3年)卒　[歴]山国に育って海にあこがれ、商船学校を出たが、学生時代、米窪太刀雄の筆名で練習船・大成丸の船海日記を朝日新聞に連載、夏目漱石の激賞を受け「海のロマンス」として出版した。日本郵船の船長時代に「マドロスの悲哀」を著して会社を追われた後は、海上労働者の待遇改善を要求する運動に身を投じ、大正8年、ILO(国際労働機関)日本代表として国際会議に出席。11年日本海員組合に入り、その副会長を経て昭和11年には日本労働組合会議の副議長に就任。翌12年、社会大衆党から衆院議員に初当選し、以来当選4回。戦後は海員組合を再建、日本社会党結成に参加し、22年には片山内閣の国務相、初代労相を務めた。

米倉 昌達　よねくら・まさよし
貴院議員　日本医科大学教授　子爵　薬学者　[生]明治19年7月　[没]昭和12年2月17日　旧姓＝山口　[学]東京帝大医科大学薬学科(明治44年)卒　[歴]大正5年襲爵。6年伝染病研究所に入り、東大医学部化学教室副手、医学部付属分院薬局長、日本医学専門学校教授、千葉医科大講師などを経て、12年京都薬学専門学校長、のち日本医科大教授、同学生監兼予科主任となる。この間、7年貴院議員に互選され、研究会に属した。

米倉 竜也　よねくら・りゅうや
元・衆院議員(国民協同党)　元・参院議員(緑風会)　元・全国農協中央会長　[生]明治18年8月6日　[没]昭和55年10月24日　[出]長野県堀金村　[学]盛岡高農農科(明治40年)卒　[賞]藍綬褒章(昭和31年)，勲三等旭日中綬章(昭和39年)　[歴]昭和21年衆院議員、22年参院議員にそれぞれ当選(各1期)。39年から1年間、全国農協中央会長、44年から長野県農協中央会顧問。

米沢 隆　よねざわ・たかし
衆院議員(民主党　比例・九州)　[生]昭和15年1月28日　[出]旧満州・大連　[学]京都大学法学部(昭和39年)卒　[歴]昭和44年全旭化成労組連書記長、46年宮崎県議を経て、51年衆院議員に当選。平成元年民社党書記長に就任。2年党委員長に推されたが辞退。6年6月大内啓伍党委員長の辞任表明を受け、委員長に就任。同年12月民社党を解党し新進党の結成に参加、副党首となり、7年12月～8年8月幹事長をつとめた。8年落選。12年には民主党から衆院比例区九州ブロックに立候補するが落選。14年繰り上げ当選。当選8回。

米田 東吾　よねだ・とうご
元・衆院議員(社会党)　[生]大正4年5月7日　[没]平成8年11月22日　[出]新潟県小須戸町　[学]高小卒　[賞]勲二等旭日重光章(昭和62年)　[歴]昭和26年全逓新潟地本委員長、信越地本委員長、新潟県労

組協議会議長を歴任後、42年以来衆院議員に6選。

米田 正文　よねだ・まさふみ
元・参院議員（自民党）　全国治水期成同盟会長　[生]明治37年8月14日　[没]昭和59年6月20日　[出]福岡県田川郡添田町　[学]九州大学土木科（昭和3年）卒　工学博士　[賞]勲二等旭日重光章（昭和49年）　[歴]昭和3年に内務省に入省。建設省近畿地方建設局長、河川局長、技監を経て33年同省事務次官。34年6月に参院全国区で初当選。43年―49年まで同福岡地方区参院議員を務めた。このほか、学術会議会員にも選任された。

米田 稔　よねだ・みのる
衆院議員（立憲政友会）　[生]慶応4年1月（1868年）　[没]大正10年12月2日　[出]石川県　[歴]松任町議、同町長を経て、加能新聞社長、大阪新報主幹を歴任、明治41年衆院議員に当選。以来4期。鉄道会議議員となった。

米田 吉盛　よねだ・よしもり
元・衆院議員　神奈川大学名誉理事長　[生]明治31年11月10日　[没]昭和62年5月17日　[出]愛媛県内子町　[学]中大法科（大正15年）卒　[歴]昭和17年愛媛1区から翼賛政治会で当選。以来、日本進歩党、民主党などを経て自民党に。30年から神奈川1区へ移り、38年まで当選4回。また昭和3年4月横浜市に神奈川大学の前身、横浜専門学校を創立。24～43年同大学長を務めた。

米原 昶　よねはら・いたる
元・衆院議員（共産党）　[生]明治42年2月7日　[没]昭和57年5月31日　[出]鳥取県　[学]一高卒　[歴]昭和24年鳥取全県区から衆院に当選。その後東京2区に転じ、当選計3回。共産党の機関紙「赤旗」編集局長などを歴任。同党名誉幹部会委員。[家]娘＝米原万里（翻訳家），父＝米原章三（貴院議員），兄＝米原穣（日本海テレビ社長），弟＝米原弘（東大名誉教授）

米山 久　よねやま・ひさ
元・衆院議員（社会党）　歌人　[生]明治30年1月　[没]昭和56年2月9日　[出]石川県金沢市　[学]石川県立第一高女（大正3年）卒　[歴]昭和初期から婦人参政権運動に携わり、昭和21年4月、戦後初の衆院選挙では石川全県区でトップ当選した。また、歌人としても活躍、歌集「あけぼの」「白蓉」などを出版している。

米山 文子　よねやま・ふみこ
元・衆院議員　[生]明治35年4月25日　[没]平成10年1月2日　[出]東京・麹町　[学]東京府立女子師範学校卒　[歴]小学校教師となるが、疎開で教職を退き、家族で赤湯に移る。夫の八弥は敗戦を機に政治団体・中道会を結成、新潟に滞在中だった尾崎行雄から夫婦で民主主義論の講義を受ける。21年4月婦人参政権最初の総選挙で中道会から立候補し、当選。初の女性代議士39人の一人となった。

【 り 】

李 香蘭　⇒山口淑子（やまぐち・よしこ）を見よ

竜野 喜一郎　りゅうの・きいちろう
元・衆院議員（民主自由党）　元・大川市長　[生]明治35年9月27日　[没]昭和56年5月29日　[出]福岡県　[学]東京帝大法学部（大正14年）卒　[賞]勲二等瑞宝章（昭和48年）　[歴]昭和20年に官選鹿児島県知事。24年から1期、福岡3区選出の衆院議員。法務政務次官、29年初代の福岡県大川市長などを務めた。

【 わ 】

若尾 幾造　わかお・いくぞう
衆院議員（立憲政友会）　貴院議員（多額）　実業家　[生]安政4年12月8日（1857年）

若尾 逸平　わかお・いっぺい

貴院議員　甲府市長　実業家　⊕文政3年12月6日（1820年）　㉛大正2年9月7日　㊲甲斐国巨摩郡在家塚村（山梨県）　㊱緑綬褒章（明治32年）　㊺19歳で江戸に出て種々の商売を営んだのち、安政6年横浜開港と共に生糸、綿製品、砂糖などの貿易に従事。また若尾式製糸機を発明し、文久2年甲府に小工場を興した。明治10年紙幣乱発による紙幣価値の下落を利用して生糸の買占めで巨利を博し、大地主となった。22年横浜正金銀行取締役となり、26年山梨貯蓄銀行を創立。一方、東京馬車鉄道、東京電灯などの事業に関与し、次第に甲州財閥の中軸としての若尾財閥を形成していった。32年甲府市長、33年貴院議員をつとめた。しかし地元山梨県下の蚕糸業支配を強引に進めたため、農民の強い反感を買い、地租改正時の農民一揆や米騒動では襲撃の対象となった。

若尾 璋八　わかお・しょうはち

衆院議員（立憲政友会）　貴院議員（勅選）　東京電燈社長　実業家　⊕明治6年7月27日　㉛昭和18年1月10日　㊲山梨県　旧姓＝広瀬　㊻東京法学院（明治26年）卒　㊺卒業後、若尾銀行支配人となる。のち東京電燈に移り、常務、副社長を経て、大正12年社長に就任。昭和5年まで不況期の電力業界の中心となって活躍した。この間、大正6年衆院に当選、以来3期務め、また昭和2年8月から18年1月まで貴院議員に在任、犬養内閣の鉄道政務次官を務めた。

㉛昭和3年4月29日　㊲甲斐国（現・山梨県）　幼名＝隣之助、前名＝林平　㊺明治29年家督を相続して幾造を襲名。家業の蚕糸業を発展させる一方、日本鉄道、日清紡績など二十数社の役員を歴任する。38年から1年間貴院多額納税議員を務め、45年以降衆院議員に3期選出された。

若木 勝蔵　わかき・かつぞう

参院議員（社会党）　北海道教育会副会長　⊕明治30年1月　㉛昭和44年11月9日　㊲北海道　㊻札幌師範学校本科第一部（大正5年）卒　㊺小学校長、北海道教員組合中央執行委員長、北海道教育会副会長を経て、昭和22年北海道地方区から参院議員に2選。参院文部委員長をつとめた。

若槻 礼次郎　わかつき・れいじろう

第25・28代首相　民政党総裁　貴院議員（勅選）　男爵　⊕慶応2年2月5日（1866年）　㉛昭和24年11月20日　㊲出雲国松江（島根県松江市雑賀町）　旧姓＝奥村　雅号＝克堂　㊻東京帝大法科大学仏法科（明治25年）卒　㊺18歳の時叔父の養子となる。明治25年大蔵省入り。主税局長を経て、39年・41年大蔵次官。44年勅選貴院議員（昭和22年5月まで）。大正元年12月第3次桂内閣、3年第2次大隈内閣の蔵相、13年加藤内閣の内相をつとめ、治安維持法、普通選挙法を制定。この間、立憲同志会を経て、5年憲政会に入り、15年同会総裁となって第1次若槻内閣を組閣したが、幣原外交への批判に金融恐慌が重なって昭和2年4月総辞職。同年6月憲政会と政友本党の合同による立憲民政党結成で同党顧問。5年ロンドン軍縮会議に首席全権として出席、海軍軍令部の反対を押し切って条約に調印した。6年男爵。同年民政党総裁となり再び首相に就任するが、不拡大方針を貫けず、満州事変勃発後辞職。9年民政党総裁も辞任。以後重臣として反東条運動などを展開した。

若林 正武　わかばやし・まさたけ

元・参院議員（自民党）　⊕大正2年1月8日　㉛昭和59年8月22日　㊲長野県　㊻東京大学林学科（昭和12年）卒　㊺林野庁長官を経て昭和43年全国区から当選1回。参院地方行政委員長、北海道開発政務次官を務めた。

若林 義孝　わかばやし・よしたか
元・箕面市長　元・衆院議員　⽣明治33年5月　⽢昭和56年5月17日　⽣三重県上野市　⚭京都帝大法学部卒　⽢敦賀県長、日本人造皮革工業連合会長、黒住教顧問などを歴任。昭和21年の衆院選岡山全県区に自由党から当選するなど当選2回。昭和31年から40年まで大阪府箕面市長を務めた。　⚭娘＝麻生弥寿子（アイ・ビー商事社長）

若宮 貞夫　わかみや・さだお
衆院議員（同交会）　逓信次官　⽣明治8年1月5日　⽢昭和21年9月8日　⽣東京　⚭東京帝大政治科卒　⚭逓信省に入り、管船局長兼高等海員審判所長、戦時船舶管理局長、逓信次官、航空局長官などを歴任。昭和3年以来衆院議員（政友会）に当選6回、陸軍政務次官、政友会幹事長、衆院予算委員長などを歴任。また、無線電信講習所長、電信協会会長、国連協会理事なども務めた。政党解消後は同交会に属し、戦時中議席を離れる。　⚭娘＝橋本正（日本ユニセフ協会専務理事）

脇 栄太郎　わき・えいたろう
衆院議員（立憲政友会）　⽣弘化4年10月（1847年）　⽢明治41年12月7日　⽣広島県　⚭賀茂郡書記、広島県議、同議長を経て、山陽鉄道・中国紡績各重役、私立関西中学校財団理事を歴任。明治23年衆院議員に初当選。以来4期務めた。

脇坂 行三　わきざか・ぎょうぞう
衆院議員（立憲政友会）　⽣嘉永2年2月（1849年）　⽢大正3年9月7日　⽣滋賀県　⚭医師となり地方衛生会委員、滋賀県議などを務める。また、滋賀県農工銀行取締役に就任した。第1回補欠選挙で衆院議員に当選。以来5期。

脇坂 安斐　わきさか・やすあや
竜野藩知事　子爵　⽣天保10年11月（1839年）　⽢明治41年2月7日　⚭文久2年播磨竜野藩主を襲封。明治2年版籍奉還を願い出て許され、竜野藩知事に任命される。4年廃藩置県により免職。

鷲野 米太郎　わしの・よねたろう
衆院議員（立憲政友会）　⽣明治16年7月　⽢昭和12年4月5日　⽣京都府　⚭京都帝国大学独法科（大正4年）卒　⚭小学校教員、台湾総督府国語学校助教授、中学校教諭、京都市助役を経て、大正13年衆院議員となり当選3回。また日本防水化学研究所長、大原防水工業（株）社長となり、コロイド化学研究に業績を残した。

鷲尾 隆聚　わしのお・たかつむ
太政官参与　元老院議員　伯爵　⽣天保13年12月25日（1842年）　⽢明治45年3月4日　⽣京都　⚭諸藩の藩士を高野山に集め、京都の同志と呼応、大阪城の攻略を企画し、また紀州藩に帰順を迫った。慶応4年1月参与、明治2年8月陸軍少将になり、3年3月には五条県知事に就任した。ついで6年5月に愛知県令、12年5月に大書記官等を歴任、15年元老院議員となった。

早稲田 柳右衛門　わせだ・りゅうえもん
元・衆院議員（自民党）　⽣明治33年2月25日　⽢昭和59年4月15日　⽣愛知県小牧市　⚭享栄商卒　⚭勲一等瑞宝章（昭和45年）、勲一等旭日大綬章（昭和50年）、瀬戸市名誉市民、小牧市名誉市民　⚭瀬戸市議を経て、昭和21年衆院議員に初当選後、47年まで連続12回当選。この間、郵政政務次官ほか、大蔵、商工、九州開発特別、近畿圏整備などの各委員長を歴任する一方、愛知用水の建設に尽力。また35年から13年間、自民党愛知県連会長を務めた。　⚭野球、書道、和歌、読書

和田 一仁　わだ・かずひと
元・衆院議員（民社党）　⽣大正13年7月30日　⽣東京都港区西新橋　⚭明治大学政経学部（昭和23年）卒　⚭勲二等瑞宝章（平成6年）　⚭商工省勤務、西尾末広の秘書を経て、昭和35年民社党の結成に参加。54年衆院議員に当選、5期つとめる。平成5年落選。

和田 耕作　わだ・こうさく
元・衆院議員（民社党）　㊗明治40年1月18日　㊦高知県　㊣京都帝大経済学部（昭和5年）卒　㊨勲二等瑞宝章（昭和52年），勲二等旭日重光章（昭和59年）　㊞昭和9年満鉄に入社。12年内閣企画院調査官、東亜研究所主事。17年応召、バターン作戦に参加。戦後、ソ連に5年間抑留。25年日本フェビアン研究所事務局長、35年民主社会主義研究会議初代事務局長を歴任。同年民社党の結成に参加し、42年以来衆院に6選。58年退任。53年衆院沖縄北方問題特別委員長、のち民社党中執委員、党代議士会長をつとめた。引退後、近代日本史の研究に従事。著書に「私の昭和史」「社会改革への提言」「歴史の中の帝国日本」などがある。　㊨囲碁（6段）

和田 貞夫　わだ・さだお
元・衆院議員（社民党）　㊗大正14年1月5日　㊦大阪府和泉市　㊣成器商（昭和18年）卒　㊨勲二等瑞宝章（平成7年）　㊞昭和22年大阪府に勤務。34年から大阪府議3期を経て、47年以来衆院議員に2選。61年落選したが、平成2年再選。通算4期。8年引退。

和田 静夫　わだ・しずお
元・衆院議員　元・参院議員（社会党）　㊗大正15年10月1日　㊦石川県金沢市　㊣専修大学大学院法学研究科私法学専攻（昭和32年）修了　㊞日本硬質陶器労組組合長、自治労組織部長などを歴任後、昭和43年参院議員に当選。3期つとめたあと61年6月辞任し、衆院選に東京1区から立候補したが落選。62年4月には東京都知事選に出馬した。平成2年の衆院選では埼玉1区から出馬し当選、1期つとめる。5年落選。6年9月社会党を離党し、護憲市民全国協議会を結成。8年新社会党から衆院選に、13年自由連合から参院選比例区に出馬。

和田 鶴一　わだ・つるいち
参院議員（自民党）　㊗明治45年3月　㊦和歌山県　㊣日本大学法文学部卒　㊞和歌山県漁業協同組合連合会長、県信用漁業協同組合連合会長、県議等を経て、昭和37年和歌山地方区から参院議員に当選。2期を務めた。

和田 豊治　わだ・とよじ
貴院議員（勅選）　富士瓦斯紡績社長　実業家　㊗文久1年11月18日（1861年）　㊙大正13年3月4日　㊦豊前国下毛郡中津町（大分県）　㊣慶応義塾（明治18年）卒　㊞中津藩士の長男に生まれる。明治18年武藤山治と共に渡米し、24年帰国。日本郵船、三井銀行、鐘ケ淵紡績東京本店支配人、三井呉服店を経て、34年富士紡績に迎えられる。専務として社運を挽回し、39年東京瓦斯紡績との合併により富士瓦斯紡績が成立、大正5年社長に就任。6年大橋新太郎らと日本工業倶楽部を設立し、財界の世話役として活躍。鐘紡の武藤山治と並んで紡績業界の巨頭といわれた。11年勅選貴院議員。

和田 春生　わだ・はるお
元・衆院議員（民社党）　元・参院議員　元・全労会議書記長　政治評論家　放送ジャーナリスト　㊗大正8年3月15日　㊙平成11年10月17日　㊦東京・四谷左門町　㊣鳥羽商船航海科（昭和14年）卒　㊨甲種一等航海士　㊞山下汽船に勤務。昭和21年全日本海員組合専従役員（組織部長・副組合長）、29年全労会議書記長、37年国際自由労連執行委員、39年同盟副会長、40年国際自由労連アジア地域会長。44年東京7区から衆院議員、49年全国区から参院議員に当選。57年以降、ラヂオ日本のニュース論説を担当。総評分裂の際、全労会議結成の中心になり、全労解体まで10年にわたり書記長を務め、右派労働戦線の旗手的存在として知られた。著書に「労働運動入門」など。　㊨民主社会主義研究会議, 全日本船舶職員協会, 国策研究会　㊨建築設計, 写真, 水泳, ヨット, ゴルフ

和田 彦次郎　わだ・ひこじろう
衆院議員（無所属）　貴院議員（勅選）　⽣安政6年6月（1859年）　没昭和14年7月12日　出広島県　経明治25年衆院議員となり当選8回。31年農商務省農務局長となり、以後商工局長、総務長官、日本大博覧会事務総長、日英博覧会事務官長を歴任する。44年貴院議員に勅選される。また鉄道会議議員2期、国有財産調査会委員も務めた。

和田 博雄　わだ・ひろお
元・社会党副委員長　元・参院議員　俳人　⽣明治36年2月17日　没昭和42年3月4日　出埼玉県川越市　経東京帝大法学部英法科（大正14年）卒　歴農林省に入省。昭和16年企画院事件に連座して逮捕される。20年9月復職し、10月農政局長となり、戦後の農政改革に従事。21年第一次吉田内閣の農相、22年片山内閣の国務相、経済安定本部長官、物価庁長官。片山内閣総辞職後、社会党に入党。27年以来、岡山1区から衆院議員に6回当選。この間、29年左派社会党書記長、国際局長を経て、39年初代副委員長となる。大型政策マンとして期待されたが結局未完の大器に終り、41年政界を引退した。俳人としては、「早蕨」の内藤吐天に師事し、句集に「冬夜の駅」「白雨」があるが、42年句会に向かう途中芝公園の路傍で死去した。

渡部 一郎　わたなべ・いちろう
元・衆院議員（公明党）　⽣昭和6年9月24日　出旧満州・大連　経東京大学工学部応用化学科（昭和31年）卒　歴聖教新聞を経て、昭和39年公明新聞編集長、42年以来衆院議員に9選。その間党中執、日中有効議員連盟副会長、日中友好国民協議会世話人を歴任。平成5年引退。のち国連のための世界国会議員会議事務局長。　趣読書、音楽　家妻＝渡部通子（参院議員）

渡辺 栄一　わたなべ・えいいち
元・衆院議員（自民党）　元・建設相　⽣大正7年10月11日　没平成9年6月16日　出岐阜県美濃加茂市　経名古屋高商（現・名古屋大学）（昭和13年）卒　勲勲一等旭日大綬章（平成2年）　歴家業の酒造業に従事したのち、太田町長2期を経て、昭和28年より美濃加茂市長に3期。38年衆院議員に当選、以来10期。この間自民党副幹事長、衆院懲罰委員長、第2次大平内閣建設相などを務めた。竹下派を経て、小渕派。平成5年引退。　家父＝渡辺栄三郎（御代桜醸造社長）

渡辺 治　わたなべ・おさむ
衆院議員（無所属）　大阪毎日新聞社長　⽣安政3年2月（1856年）　没明治26年10月15日　出常陸国水戸（茨城県）　字＝台水　経慶応義塾修了　歴時事新報記者となり、のち今日新聞を買収、都新聞と改称して経営。明治22年大阪毎日新聞主筆となり、23年株式会社に改組して取締役、さらに社長となり、経営難の同紙を本山彦一らと更生した。23年茨城県から衆院議員に当選1回。

渡辺 勘吉　わたなべ・かんきち
元・参院議員（社会党）　⽣明治43年1月　没昭和63年10月31日　出岩手県　経小樽高商卒　勲勲三等旭日中綬章（昭和55年）　歴昭和37年参院岩手地方区で当選、参院議員1期。全国農協中央会農政局長もつとめた。

渡辺 勘十郎　わたなべ・かんじゅうろう
衆院議員（政友会）　東京市収入役　⽣元治1年10月17日（1864年）　没大正15年10月4日　出豊前国宇佐郡柳ケ浦村　旧姓＝今井　経英吉利法律学校（明治22年）卒　歴東京に出て星亨に従い自由党で活躍。明治22年英吉利法律学校卒業後、米国に渡航、帰国後殖民協会を創立し、移民事業の確立に努めた。31年政界に入り、自由党で活躍。32年自由通信社を設立、主幹。40年には東京市助役となり、42年収入役に就任。41年衆院議員に当選1回。

渡辺 驥　わたなべ・き
貴院議員(勅選) 大審院検事長 [生]天保7年9月9日(1836年) [没]明治29年6月21日 [出]信濃国松代(長野県) 通称＝左太郎, 号＝中洲 [歴]佐久間象山に学び、のち京都に出て勤王の志士と交わり、戊辰戦争には東北で転戦。明治2年刑部省に出仕、3年弾正少忠、のち司法省に転じ10年司法大書記官、12年太政官大書記官、13年勅任検事となり大審院検事長に就任。元老院議官を経て、23年勅選貴院議員。

渡辺 清　わたなべ・きよし
貴院議員 行政官 男爵 [生]天保6年3月15日(1835年) [没]明治37年12月30日 [出]肥前国大村(長崎県) [歴]明治元年戊辰戦争では東征軍監、東征大総督参謀として関東各地に転戦。さらに奥羽追討総督参謀として奥羽に進撃して偉功をたてた。維新後、民部省権判事、民部権大丞兼三陸磐城両羽按察使判官として東北地方の民政に当たり、4年厳原藩知事、大蔵大丞を経て、7年福岡県令となる。以後14年元老院議官、21年福島県知事を歴任、20年には功により男爵を授けられ、貴院議員に2度当選した。

渡辺 国武　わたなべ・くにたけ
蔵相 大蔵次官 子爵 [生]弘化3年(1846年) [没]大正8年5月11日 [出]信濃国諏訪(長野県) 旧姓＝小池 [歴]明治7年大蔵省租視寮七等、次いで六等出仕から高知県令。その後、14年福岡県令、大蔵省主計局長、大蔵次官を経て、25年第2次伊藤博文内閣の蔵相となった。33年政友会創立委員として伊藤博文を助け、第4次伊藤内閣の蔵相に再任。38年子爵。

渡辺 洪基　わたなべ・こうき
衆院議員(無所属) 貴院議員(勅選) 帝国大学初代総長 官僚 [生]弘化4年12月23日(1848年) [没]明治34年5月24日 [出]越前国武生(福井県武生町) [学]慶応義塾大学(明治1年)卒 [歴]漢学、蘭学を修め、佐藤舜海、福沢諭吉の塾で学ぶ。明治2年大学少助教となり、4年に外務省に入った。10月に岩倉全権大使に随行して欧米に出向する。帰国後、太政官大書記官兼外務大書記官となり、「外交志略」を編集。その後、11年学習院次長、13年太政官法制部主事、15年元老院議官、18年東京府知事、19年帝国大学初代総長、23年駐オーストラリア公使を歴任。25年衆院議員に選出され1期務める。30年12月～34年5月勅選貴院議員。33年立憲政友会の創立に参画。著書に「維新前後政治の観察」がある。

渡部 恒三　わたなべ・こうぞう
衆院副議長 衆院議員(無所属 福島4区) 元・通産相 [生]昭和7年5月24日 [出]福島県南会津郡田島町 [学]早稲田大学大学院(昭和32年)修士課程修了 [賞]勲一等旭日大綬章(平成15年) [歴]福島県議を経て、昭和44年衆院議員に当選、11期。49年通産政務次官、51年文部政務次官、56年衆院商工委員長を経て、58年第2次中曽根内閣の厚相、平成元年海部内閣の自治相、3年衆院予算委員長、同年宮沢内閣の通産相に就任。自民党竹下派、羽田派、5年新生党を経て、6年新進党結成に参加、のち総務会長。8年11月衆院副議長に就任。 [趣]読書, 登山, 囲碁(3段)

渡辺 紘三　わたなべ・こうぞう
元・衆院議員(自民党) [生]昭和17年1月28日 [出]新潟県北蒲原郡紫雲寺町 [学]早稲田高中退 [歴]昭和47年以来新潟2区から衆院議員6期。建設、郵政各政務次官、衆院逓信委員理事など歴任。59年衆院逓信委員長。竹下派。平成2年病気のため引退。 [趣]ゴルフ

渡辺 三郎　わたなべ・さぶろう
元・衆院議員(社会党) [生]大正15年12月23日 [没]平成15年2月14日 [出]山形県米沢市 [学]米沢商(昭和18年)卒 [賞]勲二等瑞宝章(平成10年) [歴]山形県労評事務局長から昭和41年山形県議となり、社会党山形県本部書記長などを経て、旧山形1区で社会党から出馬し、47年衆院議員に当選。5期務め、党国会対策副委員長など歴任。61年の総選挙

では党の公認が得られないまま無所属で出馬、除名処分となり、落選した。

渡辺 修　わたなべ・しゅう
衆院議員(政友本党)　松山電気軌道社長　宇和水力電気社長　[生]安政6年12月10日(1859年)　[没]昭和7年10月15日　[出]伊予国宇和郡岩谷村(愛媛県)　本名＝渡辺脩　[学]慶応義塾(明治14年)卒　[歴]物価新報を経て、明治15年農商務省御用掛、32年愛媛県、33年香川県各内務部長。35年以来愛媛県から衆院議員当選8回、政友会に属した。この間佐世保市長、大阪電燈常務、松山電気軌道、宇和水力電気、大阪電球などの社長を歴任。電気協会会長、また日本瓦斯、第一火災海上、南予製紙、京都電気鉄道などの重役、大阪三品取引所理事長、横浜取引所理事も務めた。

渡辺 省一　わたなべ・しょういち
元・衆院議員(自民党)　元・科学技術庁長官　[生]昭和5年4月21日　[没]平成12年9月29日　[出]北海道美唄市　[学]中央大学経済学部(昭和28年)卒　[賞]勲一等瑞宝章(平成12年), 美唄市名誉市民　[歴]衆院議員篠田弘作の秘書を経て、昭和38年北海道議に当選、4期つとめる。54年衆院議員に当選、6期。北海道開発政務次官、自治政務次官を歴任。平成3年自民党道連会長。5年6月科学技術庁長官。8年落選。旧宮沢派。　[趣]ゴルフ, 読書, 麻雀

渡辺 惣蔵　わたなべ・そうぞう
元·衆院議員　元·社会党北海道連書記長　社会運動家　[生]明治40年1月15日　[没]昭和60年1月25日　[出]北海道札幌市苗穂町　[学]日本大学専門部政治科(昭和4年)卒　[賞]勲二等瑞宝章(昭和52年)　[歴]小学校を出て農業に従事しながら通信教育で独学、日大専門部に入ったが、在学中から無産政党運動に身を投じた。昭和6年東京製パン争議の他、7年武蔵野館争議をはじめ多くの映画争議を指導。8年全労全国映画劇場従業員組合書記長、全労中央委員·出版部長。13年人民戦線事件で検挙され1年半拘留された。戦後の20年に社会党北海道支部連合会(現·社会党道本部)の結成に尽力し、初代書記長を経て33年委員長に。また北海道4区から、27年以降5期、衆院議員に当選。党中執委員も務め、中央政界でも活躍していたが、51年に政界を引退。東京で自由民権運動史の研究に打ち込んでいた。

渡辺 武　わたなべ・たけし
元・参院議員(共産党)　[生]大正4年3月24日　[出]静岡県沼津市　[学]九州大学法文学部経済学科(昭和16年)卒　[歴]福岡経専教授を務めた後、昭和21年日本共産党に入党。日本共産党中央委員、同党中央委員会経済調査部長、同経済政策委員会責任者、43～55年参議院議員などを経て、日本共産党中央委員会顧問に。著書に「戦後日本資本主義と日米経済関係」「ドイツ大インフレーション」「講座現代日本とマルクス主義〈第1巻〉/日本資本主義分析」(共著)。

渡辺 武三　わたなべ・たけぞう
衆院議員(民社党)　[生]大正11年10月10日　[没]昭和57年4月23日　[出]愛知県　[学]豊田青年工科学校(昭和18年)卒　[歴]昭和30年豊田市議、42年トヨタ自動車労組執行委員長を経て、44年から衆院議員連続5回当選。この間、建設委員会、交通安全特別委員会に所属。

渡辺 千秋　わたなべ・ちあき
宮内大臣　枢密顧問官　伯爵　[生]天保14年5月(1843年)　[没]大正10年8月27日　号＝楓関, 幼名＝鍋太郎　[歴]漢学を藩校長善館で修め、明治維新においては倒幕運動に参加。維新後伊那県に出任、高島藩准少参事、筑摩県典事、鹿児島県大書記官、鹿児島県令を歴任。明治25年内務次官となり、27年7月貴院議員に勅選される。以後宮内省に入り、内蔵頭を経て宮内次官に就任。35年に男爵を授けられ、40年子爵に、43年宮内大臣に任じられ、44年伯爵に叙せられた。42～43年には枢密顧問官もつとめた。　[家]孫＝渡辺昭(ボーイスカウト日本連盟総長)

渡辺 千冬　わたなべ・ちふゆ

法相　貴院議員(子爵)　実業家
⊕明治9年5月1日　⊗昭和15年4月18日
⊕長野県松本市　⊗東京帝大法科大学(明治33年)卒　⊗子爵渡辺国武の養子。大学を出て実業界に入り、日本製鋼所、北海道炭砿汽船、日仏銀行などの重役を歴任。明治41年衆議院議員に当選、1期務める。大正9年襲爵後は貴族院議員に選ばれて研究会で重きをなし、浜口内閣、第2次若槻内閣で法相を務めた。その後は大阪毎日新聞取締役、枢密顧問官などのほか関東国粋会総裁に就いたこともある。
⊛実父=渡辺千秋(伯爵・宮内相)、養父=渡辺国武(子爵・政治家)、息子=渡辺武(銀行家)、渡辺慧(物理学者)

渡辺 銕蔵　わたなべ・てつぞう

元・衆院議員(民政党)　元・東宝社長
⊕明治18年10月14日　⊗昭和55年4月5日　⊕大阪府大阪市　⊗東京帝大政治学科(明治43年)卒　法学博士(大正6年)　⊗東大経済学部教授を経て、昭和11年民政党から衆議院議員に当選。戦時中は日独伊三国同盟に反対。22年から25年まで東宝社長、会長を務め、この間、23年4月社員270人の解雇を断行、"東宝争議"が起きた。争議は泥沼化し、同年8月東京地裁が争議団のこもる砧撮影所占有解除の仮処分を執行した際には、武装警官1800人と米軍戦車、飛行機を出動させた。その後は映倫の委員長、反共の自由アジア協会理事長をつとめた。著書に「自滅の戦い」「反戦反共40年」など。
⊛息子=渡辺文夫(東京海上火災保険会長)

渡辺 秀央　わたなべ・ひでお

参院議員(自由党　比例)　元・衆議院議員(自民党)　元・郵政相　⊕昭和9年7月5日　⊕新潟県栃尾市　⊗拓殖大学政経学部(昭和32年)卒　⊗タイ一等王冠章(昭和63年)　⊗雑貨商の家に育ち、中曽根康弘の秘書から政治家に。昭和51年以来衆院議員7期。57年通産政務次官、のち内閣官房副長官を経て、平成3年宮沢内閣の郵政相に就任。8年落選。旧渡辺派。10年参院選比例区に自由党から当選。私学連委員長、拓殖大学理事もつとめた。
⊛読書、スポーツ

渡辺 文雄　わたなべ・ふみお

元・栃木県知事　⊕昭和4年1月8日　⊕栃木県宇都宮市　⊗東京大学法学部(昭和28年)卒　⊗勲一等瑞宝章(平成14年)　⊗昭和28年農林省に入省。官房予算課長、食糧庁砂糖類課長、官房審議官などを歴任。58年夏、水産庁長官就任後、日韓漁業交渉、日ソ200カイリ内漁業交渉、日ソサケ・マス交渉など難交渉をまとめる。59年農林水産事務次官となり、同年12月栃木県知事に当選、4期務める。平成12年新人の福田昭夫前今市市長にわずか875票差で敗れた。　⊗ゴルフ

渡辺 政之輔　わたなべ・まさのすけ

日本共産党中央委員長　労働運動家
⊕明治32年9月7日　⊗昭和3年10月6日
⊕千葉県東葛飾郡市川町根本(現・市川市)　⊗東京・亀戸の永峰セルロイド工場の職工となり、大正8年新人会に入会。友愛会城東連合会にも参加、急進派として活動。11年創立直後の日本共産党に入党。12年検挙、13年出獄し、東京東部合同労働組合を結成。15年第3回党大会で中央委員に選出され、昭和2年党代表の1人としてモスクワに赴き、いわゆる「27年テーゼ」を作成。帰国後、工場細胞の組織化や「赤旗」創刊などを指導。翌年党中央委員長に選ばれたが、コミンテルン会議出席の帰途台湾で警官隊に追われ自殺した。著書に「左翼労働組合の組織と政策」「渡辺政之輔集」がある。
⊛母=渡辺てう

渡辺 美智雄　わたなべ・みちお
衆院議員(自民党)　元・副総理　元・外相　元・蔵相　[生]大正12年7月28日　[没]平成7年9月15日　[出]栃木県那須郡那須町　[学]東京商科大学(現・一橋大学)附属商学専門部(昭和19年)卒　[資]税理士　[歴]終戦後、行商、税理士などを行い、昭和30年栃木県議を振り出しに政界入り、38年栃木1区から衆院議員に当選。以来、連続当選11回。51年厚相、53年農相を歴任。55年鈴木内閣の蔵相となり、財政再建に尽力。テレビ、マスコミにしばしば出演、ミッチーの名で親しまれる。60年12月第2次中曽根第2回改造内閣の通産相に就任。62年自民党政調会長を務め、平成2年2月旧中曽根派を引き継ぎ、渡辺派領袖となる。3年宮沢内閣の副総理・外相。5年4月病気のため辞任。同年7月総裁選に立候補したが、河野洋平に敗れた。　[家]息子＝渡辺喜美(衆院議員)

渡部 通子　わたなべ・みちこ
元・参院議員(公明党)　[生]昭和7年4月5日　[出]兵庫県　[学]早稲田大学法学部卒　[歴]潮出版社取締役を経て、昭和44年衆院議員に当選。その後公明党国民生活局長を経て、52年参院議員に当選(兵庫)。57年9月「月刊ペン」事件で証言台に立つ。63年より国連支援交流協会女性・こども・命・未来を守る会事務局長。[趣]読書　[家]夫＝渡部一郎(衆院議員)

渡辺 貢　わたなべ・みつぐ
元・衆院議員(共産党)　[生]昭和3年3月4日　[出]東京都　[学]中央大学法学部卒　[歴]大蔵省事務官を経て、衆院議員を2期つとめた。埼玉中央医療生協顧問などを兼任。

渡辺 泰邦　わたなべ・やすくに
衆院議員(社会党)　[生]明治24年8月　[没]昭和24年10月5日　[出]東京　[学]早稲田大学政治経済科専門部　[歴]函館新聞記者、函館区会議員、函館市議を経て、昭和5年衆院議員となり当選4回。関税調査委員会委員、商工省委員、大政翼賛会中央協力会議員となった。

渡辺 祐策　わたなべ・ゆうさく
衆院議員(政友会)　宇部セメント社長　実業家　[生]元治1年6月16日(1864年)　[没]昭和9年7月20日　[出]長門国厚狭郡宇部村(山口県宇部市)　[学]協興学舎卒　[歴]農業に従事、宇部村役場勤務。宇部村会議員や助役を務める。宇部村海岸に一大炭脈を発見、沖ノ山炭鉱、本山炭鉱の経営に成功し、明治30年宇部石炭鉱業組合を結成。以後、経営業務を拡張して宇部電気鉄道、宇部鉄工所各社長となった。45年以来、衆院議員当選4回、政友会山口県支部長を務める。大正12年宇部セメント社長に就任。ほかに宇部紡績所、宇部窒素工業の創立など関連事業の育成に努め、宇部地域の発展に尽力した。これら企業は昭和17年設立の宇部興産の土台となった。
[家]二男＝渡辺剛二(宇部興産会長)

渡部 行雄　わたなべ・ゆきお
元・衆院議員(社会党)　[生]大正14年1月27日　[没]平成9年9月16日　[出]福島県会津若松市　[学]東京物理学校(昭和17年)中退　[資]司法書士　[賞]勲二等旭日重光章(平成7年)　[歴]司法書士、福島県議4期を経て、昭和51年以来衆院議員に6選。全日農福島県連会長などをつとめる。平成5年引退。

渡辺 良夫　わたなべ・よしお
厚相　衆院議員(自民党)　[生]明治38年10月29日　[没]昭和39年11月4日　[出]長野市　[学]大阪商科大学高商部(昭和6年)卒　[歴]国民新聞記者となり、情報局、外務省情報部各嘱託、児玉秀雄国務相秘書官、吉田茂首相秘書官を委嘱される。昭和22年以来新潟県から衆院議員当選8回。24年第3次吉田内閣の建設政務次官、34年第2次岸内閣の厚相となった。自民党副幹事長、総務、政調副会長などを務めた。

渡辺 朗　わたなべ・ろう
元・衆院議員(民社党)　元・沼津市長　東海大学教授　[生]大正14年7月23日　[没]平成4年2月3日　[出]鳥取県境港市　[学]東京大学文学部(昭和27年)卒　[歴]米国留学後、ビルマ・ラングーンのアジア社会党会議事務局、ウィーンの国際青年運動本部で活動。民社党創設に参画し、昭和51年から衆院議員に当選4回。衆院沖縄・北方委員長、党国際局長をつとめた。61年7月落選、9月沼津市長に当選した。平成2年引退。東海大学教授でもあり、著書に「ナショナリズム研究」など。　[家]長男＝渡辺周(衆院議員)

綿貫 民輔　わたぬき・たみすけ
衆院議員(無所属　富山3区)　元・建設相　[生]昭和2年4月30日　[出]富山県東砺波郡井波町　[学]慶応義塾大学経済学部(昭和25年)卒　[歴]昭和28年トナミ運輸常務、30年社長。富山県議を経て、44年富山2区から出馬以来、衆院議員に11選。その間、通産政務次官、郵政政務次官、自民党副幹事長、衆院大蔵常任委員長、衆院法務委員長を歴任し、61年第3次中曽根内閣の国土庁長官兼北海道・沖縄開発庁長官、平成2年第2次海部内閣の建設相に就任。3年党幹事長。竹下派、旧小渕派を経て、橋本派。著書に「欧州中近東の旅」がある。　[家]父＝綿貫佐民(代議士)

亘 四郎　わたり・しろう
衆院議員　参院議員(自民党)　[生]明治32年11月　[没]昭和52年4月4日　[出]新潟県　[学]ラットガーズ大学(大正14年)卒　[歴]昭和21年衆院議員に初当選し連続当選7回。第3次吉田内閣厚生政務次官、衆院国土総合開発特別委員長となる。その後、新潟県知事を2期務め、49年参院議員に新潟地方区から立候補し当選する。この間、日本自由党幹事、民主自由党常任総務、自由党総務、自民党相談役を歴任した。

新訂 政治家人名事典 明治~昭和

2003年10月27日 第1刷発行

発 行 者／大高利夫
編集・発行／日外アソシエーツ株式会社
　　　　　〒143-8550 東京都大田区大森北1-23-8 第3下川ビル
　　　　　電話(03)3763-5241(代表) FAX(03)3764-0845
　　　　　URL http://www.nichigai.co.jp/

　　　　電算漢字処理／日外アソシエーツ株式会社
　　　　印刷・製本／株式会社平河工業社

不許複製・禁無断転載　　　　　　　《中性紙三菱クリームエレガ使用》
(落丁・乱丁本はお取り替えいたします)
ISBN4-8169-1805-1　　　　　　Printed in Japan, 2003

> 本書はディジタルデータでご利用いただくことが
> できます。詳細はお問い合わせください。

分類	書名	詳細
歴史	ノーベル賞受賞者業績事典 新訂版	A5・740頁 定価(本体6,800円+税) ノーベル賞人名事典編集委員会編 2003.7刊
歴史	事典 近代日本の先駆者	A5・680頁 定価(本体9,515円+税) 富田 仁 編 1995.6刊
歴史	来日西洋人名事典 増補改訂普及版	B6・730頁 定価(本体4,660円+税) 武内 博 編著 1995.1刊
歴史	公卿人名大事典	A5・1,050頁 定価(本体18,252円+税) 野島寿三郎 編 1994.7刊
文学	和歌・俳諧史人名事典	A5・530頁 定価(本体12,000円+税) 2003.1刊
文学	詩歌人名事典 新訂第2版	A5・840頁 定価(本体16,000円+税) 2002.7刊
文学	新訂 作家・小説家人名事典	A5・880頁 定価(本体9,800円+税) 2002.10刊
文学	現代評論家人名事典 新訂第3版	A5・710頁 定価(本体16,000円+税) 2002.3刊
芸術・芸能・スポーツ	漫画家人名事典	A5・520頁 定価(本体8,500円+税) まんがseek・日外アソシエーツ編集部共編 2003.2刊
芸術・芸能・スポーツ	音楽家人名事典 新訂第3版	A5・780頁 定価(本体14,200円+税) 2001.11刊
芸術・芸能・スポーツ	新訂増補 歌舞伎人名事典	A5・950頁 定価(本体16,000円+税) 野島寿三郎 編 2002.6刊
芸術・芸能・スポーツ	芸能人物事典 明治 大正 昭和	A5・640頁 定価(本体6,600円+税) 1998.11刊
芸術・芸能・スポーツ	スポーツ人名事典 新訂第3版	A5・790頁 定価(本体8,800円+税) 2002.1刊
芸術・芸能・スポーツ	プロ野球人名事典2003	A5・730頁 定価(本体3,200円+税) 森岡 浩 編著 2003.4刊

現代の知を代表する12万人を収録〈最新第5版〉
新訂 現代日本人名録2002 B5・4分冊 セット定価(本体79,000円+税) 2002.1刊

●お問い合わせ・資料請求は… データベースカンパニー
日外アソシエーツ
〒143-8650 東京都大田区大森北1-23-8
TEL.(03)3763-5241 FAX.(03)3764-0845
ホームページ http://www.nichigai.co.jp/